Jagdrecht in Baden-Württemberg

Kurzkommentar zum
Jagd- und Wildtiermanagementgesetz
mit den einschlägigen Regelungen
des Tierschutz-, Naturschutz- und
Waffenrechts

Prof. Dr. Michael Brenner
Friedrich-Schiller-Universität Jena

Martin Bürner
Diplom-Verwaltungswirt, Rechtsökonom
Geschäftsführer des Landesjagdverbandes
Baden-Württemberg

Sören Kurz
Rechtsanwalt, Justitiar des
Landesjagdverbandes Baden-Württemberg

Herausgeber bis zur 11. Auflage
Manfred Nagel
Diplom-Verwaltungswirt Polizei (FH)

12., vollständig neu bearbeitete Auflage, 2015

BOORBERG

Bearbeiter:
Brenner §§ 1–16, 26–28
Bürner §§ 17–25, 52–65
Kurz §§ 29–51, 66–72

Zitiervorschlag:
Brenner, in: Brenner/Bürner/Kurz, Jagdrecht Baden-Württemberg, § 3 Rdnr. 4

Bibliografische Information der Deutschen Nationalbibliothek | Die Deutsche Nationalbibliothek verzeichnet diese Publikation in der Deutschen Nationalbibliografie; detaillierte bibliografische Daten sind im Internet über www.dnb.de abrufbar.

12. Auflage, 2015
ISBN 978-3-415-05432-5

Titelfoto: © Dario Airoldi – Fotolia | Satz: Dörr + Schiller GmbH, Curiestraße 4, 70563 Stuttgart | Druck und Bindung: Gulde Druck, Hechinger Straße 264, 72072 Tübingen

Richard Boorberg Verlag GmbH & Co KG | Scharrstraße 2 | 70563 Stuttgart
Stuttgart | München | Hannover | Berlin | Weimar | Dresden
www.boorberg.de

Vorwort

Das vom Landtag Baden-Württemberg am 12. November 2014 beschlossene neue Jagd- und Wildtiermanagementgesetz (JWMG), welches das bisherige Landesjagdgesetz Baden-Württemberg (LJagdG) ablöst, macht eine Neuauflage des bewährten Jagdrechtskommentars von Kümmerle/Nagel notwendig. Der vorliegende Kurzkommentar gibt einen ersten Überblick über die beschlossenen Änderungen. Dabei stützt sich die Kommentierung auch auf die im Gesetzgebungsverfahren vom Ministerium erstellte Gesetzesbegründung.

Das Jagdwesen in Baden-Württemberg fand ursprünglich seine wesentlichen gesetzlichen Grundlagen im Bundesjagdgesetz in der Fassung vom 29. September 1976 (BGBl. I S. 2849), zuletzt geändert durch Art. 1 des Gesetzes vom 29. Mai 2013 (BGBl. S. 1386), sowie im Landesjagdgesetz in der Fassung vom 1. Juni 1996 (GBl. 1996 S. 369), zuletzt geändert durch das Gesetz vom 10. November 2009 (GBl. S. 645 S. 658).

Das nunmehr beschlossene JWMG ist ein sog. Vollgesetz und stützt sich auf die den Ländern im Bereich des Jagdwesens zustehende Abweichungskompetenz. Es kodifiziert das Recht des Jagdwesens umfassend, mit Ausnahme des Rechts der Jagdscheine. Dadurch findet zukünftig in Baden-Württemberg mit Ausnahme des Rechts der Jagdscheine nur noch ein Gesetz im Bereich des Jagdwesens Anwendung.

Im Koalitionsvertrag vom 9. Mai 2011 hatten die Regierungsparteien BÜNDNIS 90/DIE GRÜNEN und SPD vereinbart, das Jagdgesetz zu überarbeiten. Es sollte sich stärker an wildtierökologischen Anforderungen und dem Tierschutz ausrichten, die Wildfütterung abschaffen und vorsehen, dass sich die Jagd in Schutzgebieten am Schutzzweck auszurichten hat. Vor dem Hintergrund dieser Vorgaben und im Bewusstsein der gesellschaftlichen, ökologischen und ökonomischen Bedeutung, die der Jagd in Baden-Württemberg zukommt, soll das JWMG das bisher geltende Jagdrecht weiterentwickeln. Diese Erwartung des Gesetzgebers beruht auf der Einschätzung, dass sich die Rahmenbedingungen für die Jagd während der letzten Jahrzehnte durch gesellschaftliche, wirtschaftliche und natürliche Entwicklungen grundlegend verändert haben. Wildbiologische Kenntnisse hätten sich erweitert und die gesellschaftlichen Erwartungen an die Jagd angeblich gewandelt.

Zur Vorbereitung des neuen Gesetzes führte das Ministerium für Ländlichen Raum und Verbraucherschutz im Zeitraum Dezember 2012 bis März 2014 ein umfassendes Beteiligungsverfahren unter der Mitwirkung zahlreicher Verbände und Vereinigungen durch. Ein erster Entwurf wurde dann nach entsprechenden Stellungnahmen der Verbände und Vereinigungen abgeändert und schließlich im Herbst 2014 im Rahmen des vorgesehenen Gesetzgebungsverfahrens, nach förmlicher Anhörung der Verbände, mit knapper Mehrheit der Regierungsfraktionen BÜNDNIS 90/DIE GRÜNEN und SPD beschlossen.

Zwar wurden zahlreiche Bestimmungen des geltenden Jagdrechts als bewährte Normen im neuen JWMG übernommen. Nichtsdestotrotz stellt das JWMG den Beginn eines Paradigmenwechsels dar. So wird der ursprüngliche, das Jagdrecht prägende Eigentumsbegriff, offensichtlich zugunsten vermeintlicher Verbesserungen im Bereich des Natur- und Tierschutzes, merklich eingeengt. Deutlich wird dies beispielweise an der faktischen Unmöglichkeit der Fütterung, der Unvollständigkeit der Wildtierliste in den sog. Managementstufen, dem Wildtierruhekorridor in den Monaten März und April, der kompletten Streichung der Befugnisse zur Thematik des Jagdschutzes, der stärkeren Berücksichtigung von Natur- und Tierschutz auf Beiratsebene, dem faktischen Verbot von Totfangfallen sowie der Einschränkung der Hundearbeit am Naturbau.

Darüber hinaus beinhaltet das JWMG grundlegende Änderungen im Bereich des Wildschadensrechts, weiter die Umsetzung der EGMR-Rechtsprechung, der Jagdausübung aus ethischen Gründen widersprechen zu können, die Verpflichtung der jagdausübungsberechtigten Personen, sich am Wildtier-Monitoring zu beteiligen, die Einführung eines Wildtierberichts, die gesetzliche Einführung eines Wildtierbeauftragten, die Änderung der Abschussregelung für Rehwild sowie die Abschaffung des Kreisjagdamtes.

Mit dem vorliegenden Kurzkommentar soll sowohl den unmittelbaren Adressaten, also den Jägerinnen und Jägern, als auch der Verwaltung sowie den Jagdscheinanwärtern, Ausbildern und Prüfern ein erster systematischer Überblick über die zahlreichen Änderungen an die Hand gegeben werden. Die ausführliche Einarbeitung der Durchführungsverordnung und neuer Rechtsprechung bleibt einer weiteren Auflage dieses Kommentars vorbehalten.

März 2015

Michael Brenner Martin Bürner Sören Kurz

Inhaltsverzeichnis

A. Kommentar

B. Ergänzende Vorschriften

---

* Entwurfsfassung vom 27.1.2015.

Abkürzungsverzeichnis

a. A.	andere Ansicht
Abs.	Absatz
a. F.	alte Fassung
AG	Amtsgericht
AKB	Allgemeine Bedingung für die Kraftfahrtversicherung
Alt.	Alternative
Art.	Artikel
Aufl.	Auflage
AUR	Agrar- und Umweltrecht (Zeitschrift)
AWaffV	Allgemeine Waffengesetz-Verordnung
Az.	Aktenzeichen
BayObLG	Bayerisches Oberstes Landesgericht
BGB	Bürgerliches Gesetzbuch
BJagdG	Bundesjagdgesetz
BNatSchG	Bundesnaturschutzgesetz
BKA	Bundeskriminalamt
BT	Bundestag
BT-Drucks.	Bundestagsdrucksache
BVerfG	Bundesverfassungsgericht
BVerfGE	Entscheidungen des Bundesverfassungsgerichts (Amtliche Sammlung)
BVerwG	Bundesverwaltungsgericht
BW	Baden-Württemberg
DVO	Durchführungsverordnung
DVO JWMG	Verordnung zur Durchführung des Jagd- und Wildtiermanagementgesetzes
EBO	Eisenbahn-Bau- und Betriebsordnung
EGMR	Europäischer Gerichtshof für Menschenrechte
EMRK	Europäische Menschenrechtskonvention
ff.	fort folgende
FFH-Richtlinie	Fauna Flora Habitat-Richtlinie
GABl.	Gemeinsames Amtsblatt des Landes Baden-Württemberg
GBl.	Gesetzblatt des Landes Baden-Württemberg
GemO	Gemeindeordnung für Baden-Württemberg
GG	Grundgesetz für die Bundesrepublik Deutschland
ha	Hektar
Hrsg.	Herausgeber
Hs.	Halbsatz
i. V. m.	in Verbindung mit
JPrO	Jägerprüfungsordnung
JPrOVwV	Jägerprüfungsordnungsverwaltungsvorschrift
JWMG	Jagd- und Wildtiermanagementgesetz
LJagdG	Landesjagdgesetz (Baden-Württemberg)
LT-Drucks.	Landtagsdrucksache

LVwVfG	Landesverwaltungsverfahrensgesetz
NJW	Neue Juristische Wochenzeitschrift
NJW-RR	NJW-Rechtsprechungs-Report
Nr.	Nummer
NStZ	Neue Zeitschrift für Strafrecht
NuR	Natur und Recht (Zeitschrift)
NVwZ	Neue Zeitschrift für Verwaltungsrecht
NVwZ-RR	Neue Zeitschrift für Verwaltungsrecht – Rechtsprechungs-Report
o. Ä.	oder Ähnliches
OLG	Oberlandesgericht
OVG	Oberverwaltungsgericht
PolG	Polizeigesetz
RdL	Recht der Landwirtschaft
Rdnr.	Randnummer
S.	Satz
s.	siehe
StGB	Strafgesetzbuch
StVO	Straßenverkehrsordnung
StVG	Straßenverkehrsgesetz
TierGesundhG	Tiergesundheitsgesetz
TierNebG	Tierische Nebenprodukte Beseitigungsgesetz
TierSchG	Tierschutzgesetz
Urt.	Urteil
u. U.	unter Umständen
VkSA	Verkehrssicherheitsarbeit
VwV	Verwaltungsvorschrift
VG	Verwaltungsgericht
VGH	Verwaltungsgerichtshof
vgl.	vergleiche
WaffG	Waffengesetz
WaffVwV	Allgemeine Verwaltungsvorschrift zum Waffengesetz
WHG	Wasserhaushaltsgesetz
z. B.	zum Beispiel

Übersicht über die erläuterten Vorschriften

§	JWMG	DVO JWMG	Sonstiges
	Abschnitt 1 **Allgemeine Bestimmungen**		
1	Anwendungsbereich		
2	Ziele des Gesetzes		
3	Jagdrecht und Jagdausübungsrecht		
4	Anzeige- und Ablieferungspflichten		
5	Wildtiermanagement, Jagd und Hege		
6	Duldung von Hegemaßnahmen		
7	Wildtiere und Managementstufen		
8	Begriffsbestimmungen		
9	Vorgaben des Artenschutzrechtes		
	Abschnitt 2 **Jagdbezirke**		
10	Eigenjagdbezirke		
11	Gemeinschaftliche Jagdbezirke		
12	Gestaltung der Jagdbezirke		
13	Befriedete Bezirke, Ruhe der Jagd		
14	Befriedung von Grundflächen aus ethischen Gründen		
15	Jagdgenossenschaft	§ 1 Satzung der Jagdgenossenschaft § 2 Versammlung der Jagdgenossenschaft	
16	Jagdnutzung durch die Jagdgenossenschaft		
	Abschnitt 3 **Beteiligung Dritter an der Jagd**		
17	Jagdpacht		
18	Anzeige von Jagdpachtverträgen		
19	Höchstzahl von pachtenden Personen		

§	JWMG	DVO JWMG	Sonstiges
20	Nichtigkeit von Jagdpacht-verträgen		
21	Erlöschen des Jagdpachtvertrages		
22	Rechtstellung der mitpachtenden Personen		
23	Tod der pachtenden Person		
24	Wechsel im Eigentum der Grundfläche		
25	Jagderlaubnis		
	Abschnitt 4 **Jagdschein**		
26	Jägerprüfung, Jagdschein		JPrO vom 7.2.2011
27	Gebühren für Jägerprüfung und Jagdschein		
28	Jagdabgabe		
	Abschnitt 4 **Besondere Rechte und Pflichten bei der Jagdausübung**		
29	Wegerecht		
30	Jagdeinrichtungen		
31	Sachliche Verbote	§ 9 Sachliche Verbote (Lex Frisch-linge)	
32	Ausübung der Fangjagd mit Fallen	§ 7 Fallensachkundenachweis § 8 Fangjagd mit Fallen	Anlage 1 bis 3
33	Fütterung, Kirrung	§ 3 Fütterung von Wildtieren § 4 Fütterungskonzeptionen § 5 Kirrung § 6 Beseitigungspflicht	
34	Abschussziele		
35	Abschussplan und Streckenliste	§ 11 Vorbereitung Abschussplan § 12 Wirkung und Änderung des Abschussplanes § 13 Streckenliste, Jagdstatistik § 14 Wildtierökologische Daten-erhebung	
36	Steuerung des Wildbestandes		
37	Aussetzen von Wildtieren		

§	JWMG	DVO JWMG	Sonstiges
38	Verhinderung vermeidbarer Leiden und Schmerzen		
39	Wildfolge	§ 21 Anerkennung von Nachsuchengespannen, Jagdhundeausbildung	
40	Örtliche Verbote		
	Abschnitt 6 Sicherung der Nachhaltigkeit		
41	Jagd-und Schonzeiten	§ 10 Jagdzeiten	
42	Wildruhegebiete , Gebiete mit besonderen Schutzanforderungen		
43	Beitrag zum Wildtiermonitoring		
44	Wildtierbericht		
45	Besondere Hegemaßnahmen		
46	Generalwildwegeplan		
47	Hegegemeinschaften		
48	Wildtierschutz		
49	Schutz der Wildtiere vor Hunden und Hauskatzen		
50	Bekämpfung von Tierseuchen bei Wildtieren		
51	Verringerung der Störung und Beunruhigung bei Wildtieren		
	Abschnitt 7 Wild- und Jagdschaden		
52	Fernhalten der Wildtiere		
53	Schadensersatzpflicht bei Wildschaden		
54	Umfang der Ersatzplicht bei Wildschaden		
55	Schutzvorrichtungen gegen Wildschaden		
56	Schadensersatzpflicht bei Jagdschaden		
57	Geltendmachung des Schadens	§ 16 Wildschadensschätzerinnen und Wildschadensschätzer § 17 Schadensanmeldung	

§	JWMG	DVO JWMG	Sonstiges
	Abschnitt 8 Verwaltungsbehörden und Beiräte		
58	Jagdbehörden		
59	Landesbeirat Jagd- und Wildtiermanagement		
60	Beirat bei der unteren Jagdbehörde		
61	Fachberatung		
62	Sachliche Zuständigkeit, Anordnungen im Einzelfall		
63	Örtliche Zuständigkeit		
64	Anerkennung von Vereinigungen, Übertragung von Aufgaben		
65	Staatseigene Jagden		
	Abschnitt 9 Straf- und Bußgeldvorschriften		
66	Strafvorschriften		
67	Ordnungswidrigkeiten		
68	Einziehung von Gegenständen		
69	Verbot der Jagdausübung		
	Abschnitt 10 Schlussbestimmungen		
70	Ermächtigungen	§ 18 Bestätigte Hegegemeinschaften § 15 Schutzvorrichtungen § 19 Gebiet der Hegegemeinschaften § 20 Organisation der Hegegemeinschaften	
71	Unberührtheitsklausel		
72	Übergangs- und Schlussbestimmungen	§ 22 Ordnungswidrigkeiten § 23 Übergangsbestimmungen § 24 Inkrafttreten, Außerkrafttreten	

Jagd- und Wildtiermanagementgesetz (JWMG)

vom 25. November 2014 (GBl. S. 550)*

Inhaltsübersicht

* Artikel 1 des Gesetzes zur Einführung des Jagd- und Wildtiermanagementgesetzes. Gemäß Artikel 3 Absatz 1 tritt das JWMG am **1. April 2015** in Kraft. Gemäß Artikel 3 Absatz 2 tritt § 31 Absatz 1 Nummer 4 am **1. Januar 2016** in Kraft. Gemäß Artikel 3 Absatz 3 treten § 33 Absatz 2 und 3, die §§ 34 und 35, § 67 Absatz 1 Nummer 11 und 12 sowie § 67 Absatz 2 Nummer 5 bis 8 am **1. April 2016** in Kraft. Gemäß Artikel 3 Absatz 4 tritt § 43 am **1. April 2017** in Kraft.

Abschnitt 1 Allgemeine Bestimmungen

§ 1 Anwendungsbereich

Das Jagdrecht, ohne das Recht der Jagdscheine, bestimmt sich abweichend vom Bundesjagdgesetz ausschließlich nach diesem Gesetz und den aufgrund dieses Gesetzes erlassenen Verordnungen. Abweichend von Satz 1 bleiben die aufgrund des § 36 des Bundesjagdgesetzes erlassenen bundesrechtlichen Rechtsverordnungen und die Vorschriften des § 38 a und § 39 Absatz 2 Nummer 5 des Bundesjagdgesetzes anwendbar.

§ 2 Ziele des Gesetzes

Dieses Gesetz trägt dazu bei,

1. die Jagd als naturnahe und nachhaltige Nutzungsform des Grundeigentums und als Kulturgut unter Berücksichtigung der berührten öffentlichen und privaten Belange, insbesondere der Belange des Tier- und Naturschutzes und der Tiergesundheit, zu erhalten und weiterzuentwickeln,
2. gesunde und stabile heimische Wildtierpopulationen unter Berücksichtigung gesellschaftlicher, ökologischer und ökonomischer Belange so zu erhalten und zu entwickeln, dass sie in einem angemessenen Verhältnis zu der Leistungs- und Funktionsfähigkeit des Naturhaushalts und den landeskulturellen Verhältnissen stehen,
3. im Bestand bedrohte Wildtierarten zu schützen, ihre Populationen zu stärken und ihre Lebensräume zu erhalten und zu verbessern sowie die biologische Vielfalt zu sichern,
4. geeignete Instrumente des Wildtiermanagements zum Umgang mit Wildtieren und zur Sicherung und Verbesserung ihrer Lebensgrundlagen zu etablieren und zu stärken,
5. Beeinträchtigungen einer ordnungsgemäßen land-, forst- und fischereiwirtschaftlichen Nutzung durch Wildtiere zu vermeiden,
6. die Belange des Tierschutzes aus der besonderen Verantwortung für das Tier als Mitgeschöpf in allen Bereichen der Jagd und des Wildtiermanagements, insbesondere den nach Tierschutzrecht gebotenen vernünftigen Grund für das Töten von Tieren, zu berücksichtigen,
7. wildtierökologische Kenntnisse zu gewinnen, zu verbessern und ihre Beachtung zu gewährleisten.

§ 3 Jagdrecht und Jagdausübungsrecht

(1) Das Jagdrecht ist die ausschließliche Befugnis, auf einem bestimmten Gebiet Wildtiere im Sinne des § 7 Absatz 1 zu hegen, auf sie die Jagd auszuüben und sie sich anzueignen. Mit dem Jagdrecht ist die Pflicht zur Hege nach Maßgabe des § 5 Absatz 4 verbunden.

(2) Die Pflicht zur Hege lässt die aufgrund anderer Vorschriften bestehenden gleichartigen Verpflichtungen, insbesondere solcher auf der Grundlage des Naturschutzrechts, unberührt.

(3) Das Jagdrecht auf einem Grundstück steht der Person zu, in deren Eigentum das Grundstück steht. Es ist untrennbar mit dem Eigentum an dem Grundstück verbunden. Als selbständiges dingliches Recht kann es nicht begründet werden. Auf Flächen, an denen kein Eigentum begründet ist, steht das Jagdrecht dem Land zu.

(4) Das Jagdrecht darf nur in Jagdbezirken nach Maßgabe des Abschnitts 2 ausgeübt werden. Jagdbezirke, in denen die Jagd ausgeübt werden darf, sind entweder Eigenjagdbezirke (§ 10) oder gemeinschaftliche Jagdbezirke (§ 11). In einem Eigenjagdbezirk ist jagdausübungsberechtigt diejenige Person, in deren Eigentum die dem Eigenjagdbezirk nach § 10 zugehörigen Grundflächen stehen (Inhaber oder Inhaberin des Eigenjagdbezirks). An die Stelle dieser Person tritt die Person, der als Nutznießerin die Nutzung des ganzen Eigenjagdbezirks zusteht. In gemeinschaftlichen Jagdbezirken steht die Wahrnehmung des Jagdrechts der Jagdgenossenschaft zu.

(5) Die Jagdausübung umfasst das Aufsuchen, Nachstellen, Erlegen und Fangen von Wildtieren. Bei der Jagdausübung sind insbesondere die Anforderungen des Tierschutzes und die Grundsätze der Waidgerechtigkeit (§ 8 Absatz 1) zu beachten.

(6) Das Recht zur Aneignung umfasst auch die ausschließliche Befugnis, sich kranke oder verendete Wildtiere, Eier von Federwild und Abwurfstangen anzueignen. Dem Recht zur Aneignung unterliegen nicht

1. Wildtiere, deren Arten in Anhang IV Buchstabe a der Richtlinie 92/43/EWG des Rates vom 21. Mai 1992 zur Erhaltung der natürlichen Lebensräume sowie der wild lebenden Tiere und Pflanzen (ABl. L 206 vom 22.7.1992, S. 7), zuletzt geändert durch Richtlinie 2013/17/EU (ABl. L 158 vom 10.6.2013, S. 193), in der jeweils geltenden Fassung, genannt sind, sowie
2. lebende Wildtiere der sonstigen dem Schutzmanagement unterliegenden Arten.

Die zuständige Naturschutzbehörde entscheidet über Ausnahmen von Satz 2 nach § 45 Absatz 6 oder 7 des Bundesnaturschutzgesetzes.

§ 4 Anzeige- und Ablieferungspflichten

(1) Trifft die jagdausübungsberechtigte Person kranke, verletzte oder verendete Wildtiere an, deren Arten nach den Vorschriften des Bundesnaturschutzgesetzes streng geschützt sind, hat sie dies der unteren Jagdbehörde unverzüglich anzuzeigen.

(2) Die untere Jagdbehörde kann von der jagdausübungsberechtigten Person verlangen, dass diese ihr tot aufgefundene Wildtiere, deren Arten dem Schutzmanagement unterliegen und an denen nach § 3 Absatz 6 ein Aneignungsrecht besteht, für einen angemessenen Zeitraum und gegen angemessene Entschädigung überlässt, soweit dies zu Lehr-, Wissenschafts- und Forschungszwecken erforderlich ist.

(3) Erlangt eine Person an Orten, an denen sie zur Ausübung der Jagd nicht berechtigt ist, Besitz oder Gewahrsam an lebenden oder verendeten Wildtieren oder an sonstigen Gegenständen im Sinne des § 3 Absatz 6 Satz 1, hat sie diese unverzüglich entweder der jagdausübungsberechtigten Person, der Gemeindebehörde oder nächsten Polizeidienststelle abzuliefern oder anzuzeigen. Die nach Satz 1 befasste Behörde hat die Anzeige unverzüglich an die am Fundort jagdausübungsberechtigte Person weiterzuleiten und ihr die abgelieferten Gegenstände zur Verfügung zu stellen, soweit ein Aneignungsrecht besteht; bei Wildtieren der dem Schutzmanagement unterliegenden Arten gibt sie die Gegenstände an die zuständige Naturschutzbehörde ab, soweit kein Aneignungsrecht besteht. Besteht die Gefahr des Verderbs, sind die Gegenstände im Interesse der jagdausübungsberechtigten Person zu verwerten. Ist die jagdausübungsberechtigte Person nicht festzustellen, entscheidet die Behörde über den Verbleib der Gegenstände, deren Verwertung und Erlös.

(4) Zur Anzeige nach Absatz 3 Satz 1 sind auch die Personen, die ein Fahrzeug führen, verpflichtet, wenn sie Schalenwild an- oder überfahren oder Besitz oder Gewahrsam an angefahrenem oder überfahrenem Schalenwild erlangen. Das weitere behördliche Verfahren richtet sich nach Absatz 3 Satz 2 bis 4.

§ 5 Wildtiermanagement, Jagd und Hege

(1) Zum Wildtiermanagement gehören alle in diesem Gesetz näher beschriebenen Tätigkeitsbereiche und Maßnahmen, die im Hinblick auf die Ziele des Gesetzes das Vorkommen, das Verhalten und die Populationsentwicklung von Wildtieren beeinflussen oder Erkenntnisse hierüber oder zum Umgang mit Wildtieren bringen. Die Steuerung des Wildtiermanagements im Rahmen dieses Gesetzes ist eine öffentliche Aufgabe. Jagd und Hege leisten wesentliche Beiträge zum Wildtiermanagement.

(2) Zum Wildtiermanagement gehören insbesondere
1. die Wildtierforschung,
2. die Erfassung, Beobachtung und Überwachung bestimmter Wildtierarten und ihrer Lebensräume (Wildtiermonitoring),
3. die Erstellung und Umsetzung von Fachkonzepten und Fachplänen,
4. die Information und Beratung in Fragen des Umgangs mit Wildtieren.

Die in Satz 1 aufgeführten im Rahmen des Wildtiermanagements vorgesehenen Maßnahmen und damit verbundenen Verpflichtungen lassen andere gleichartige Maßnahmen und Verpflichtungen zum Schutz, zur Pflege und zur Überwachung der betreffenden Arten, insbesondere diejenigen nach den Vorschriften des Naturschutzrechts, vorbehaltlich der Rechte der jagdausübungsberechtigten Personen, unberührt.

(3) Die Jagd dient der nachhaltigen Nutzung von Wildtieren und trägt insbesondere dazu bei
1. Beeinträchtigungen einer ordnungsgemäßen land-, forst- und fischereiwirtschaftlichen Nutzung zu vermeiden,
2. dem Entstehen und Ausbreiten von Tierseuchen entgegenzuwirken und
3. die biologische Vielfalt mit jagdlichen Mitteln zu erhalten und der Ausbreitung invasiver Arten entgegenzuwirken.

(4) Die Hege trägt insbesondere dazu bei
1. gesunde und stabile Populationen heimischer Wildtierarten so zu erhalten und zu entwickeln, dass sie in einem angemessenen Verhältnis zu der Leistungs- und Funktionsfähigkeit des Naturhaushalts und den landeskulturellen Verhältnissen stehen,
2. den Lebensraum der Wildtierarten zu erhalten und zu pflegen, dabei die biologische Vielfalt zu erhalten und zu verbessern sowie
3. den Bestand bedrohter Wildtierarten zu stabilisieren.

Die Maßnahmen der Hege müssen den Zielen des Satzes 1 und wildtierbiologischen Anforderungen entsprechen. Die Hege muss so durchgeführt werden, dass Beeinträchtigungen einer ordnungsgemäßen land-, forst- und fischereiwirtschaftlichen Nutzung, insbesondere Wildschäden, möglichst vermieden, sowie die Ziele des Naturschutzes nicht beeinträchtigt werden.

§ 6 Duldung von Hegemaßnahmen

Wer sein Jagdrecht nach § 17 verpachtet hat, hat auf den betroffenen Grundflächen Maßnahmen der jagdausübungsberechtigten Person im Rahmen des Wildtiermanagements und der Hege im Sinne des § 5 in zumutbarem Umfang und, soweit angemessen, gegen eine Entschädigung zu dulden. Bei Jagdgenossenschaften gilt diese Verpflichtung auch für ihre Mitglieder. Die Verpflichtung nach Satz 1 gilt entsprechend für Nutzungsberechtigte, wenn die Eigentümerin oder der Eigentümer nicht Nutzerin oder Nutzer der Grundfläche ist.

§ 7 Wildtiere und Managementstufen

(1) Wildtiere im Sinne dieses Gesetzes sind die wild lebenden Tiere der Tierarten, die in der Anlage zu diesem Gesetz aufgeführt sind oder durch Rechtsverordnung diesem Gesetz unterstellt werden.

(2) Die oberste Jagdbehörde wird ermächtigt, diesem Gesetz durch Rechtsverordnung wild lebende Vogel- und Säugetierarten nach dem in Absatz 9

geregelten Verfahren zu unterstellen, wenn die Arten in Baden-Württemberg vorkommen oder in absehbarer Zeit vorkommen können und

1. die jagdliche Nutzung der Tiere dieser Arten bei Vorliegen eines Bestandes mit ausreichender Größe, Vitalität und Stabilität nachhaltig möglich und die Verwertung der Tiere dieser Arten üblich sind oder
2. die Regulation dieser Arten zum Schutz anderer Rechtsgüter oder bestimmter Tierarten mit jagdlichen Mitteln geeignet ist und erforderlich ist oder erforderlich sein kann, insbesondere um gesellschaftliche Konflikte, Beeinträchtigungen des Naturhaushaltes, Beeinträchtigungen der land-, forst- und fischereiwirtschaftlichen Nutzung oder Tierseuchen zu vermeiden, oder
3. die Personen, denen das Jagdrecht oder das Jagdausübungsrecht zusteht, oder Einrichtungen, die das Gesetz im Rahmen des Wildtiermanagements vorsieht, zum Wildtiermonitoring, zur Hege oder zum Schutz dieser Arten wesentlich beitragen können.

Die oberste Jagdbehörde wird ermächtigt, durch Rechtsverordnung nach dem in Absatz 9 geregelten Verfahren bestimmte Arten von Wildtieren, die durch Rechtsverordnung dem Gesetz unterstellt sind, aus dem Anwendungsbereich des Gesetzes zu entlassen.

(3) Die Wildtiere unterliegen einem
1. Nutzungsmanagement,
2. Entwicklungsmanagement oder
3. Schutzmanagement

nach Maßgabe dieses Gesetzes und der aufgrund dieses Gesetzes erlassenen Vorschriften. Die oberste Jagdbehörde wird ermächtigt, nach dem in Absatz 9 geregelten Verfahren und nach Maßgabe der Absätze 4 bis 6 durch Rechtsverordnung, die in der Anlage dieses Gesetzes aufgeführten Arten der Wildtiere abweichend von der Anlage und die Arten der Wildtiere, die diesem Gesetz nach Absatz 2 unterstellt sind, einer Managementstufe zuzuordnen. Die oberste Jagdbehörde entscheidet nach Inkrafttreten des Gesetzes erstmals über die Zuordnung, sobald ein Wildtierbericht nach Maßgabe des § 44 erstellt ist. Die Arten der Wildtiere sind erneut zuzuordnen, soweit sich die für die Zuordnung maßgeblichen tatsächlichen und rechtlichen Umstände ändern. → aufgrund des ausgewerteten Wildtierberichtes

(4) Dem Nutzungsmanagement werden folgende Arten der Wildtiere zugeordnet, soweit sie nicht nach Absatz 5 dem Entwicklungsmanagement oder nach Absatz 6 dem Schutzmanagement unterliegen:

1. Arten, die in für sie geeigneten Lebensräumen in Baden-Württemberg Bestände mit einer für die nachhaltige jagdliche Nutzung ausreichenden Größe, Vitalität und Stabilität aufweisen und bei denen die Verwertung der Tiere üblich ist,

oberste Jagdbehörde = Regierungsebene/Land
obere " = Regierungspräsidium
untere " = Landratsamt

2. Arten, deren weiterer Ausbreitung die Ziele des Gesetzes entgegenstehen,
3. Arten, deren Regulation mit jagdlichen Mitteln zum Schutz anderer Rechtsgüter oder bestimmter Tierarten geeignet und erforderlich ist.

(5) Dem Entwicklungsmanagement werden folgende Arten der Wildtiere zugeordnet, soweit sie nicht nach Absatz 6 dem Schutzmanagement unterliegen oder soweit nicht die Ziele des Gesetzes ihrer weiteren Ausbreitung oder ein Regulationsbedürfnis entgegenstehen:
1. Arten, die nicht in allen in Baden-Württemberg für sie geeigneten Lebensräumen Bestände mit einer für die nachhaltige jagdliche Nutzung ausreichenden Größe, Vitalität und Stabilität aufweisen,
2. Arten, deren Bestände in Baden-Württemberg allgemein und anhaltend stark zurückgehen,
3. Arten, deren Bestandsstatus in Baden-Württemberg nicht hinreichend geklärt ist und für die deshalb eine Bestandsbeeinträchtigung im Sinne der Nummer 1, 2 oder 4 oder eine Bestandsgefährdung im Sinne von Absatz 6 Nummer 1 in Baden-Württemberg nicht ausgeschlossen werden kann,
4. Arten, die einer besonderen Hege oder besonderer Maßnahmen der Überwachung, der Pflege, Erhaltung oder Stärkung des Bestandes nach diesem Gesetz oder besonderer Beschränkungen der Jagdausübung bedürfen.

(6) Dem Schutzmanagement werden folgende Arten der Wildtiere zugeordnet:
1. Arten, deren Bestände in Baden-Württemberg gefährdet sind,
2. Arten, die aufgrund ihrer natürlichen Lebensweise in Baden-Württemberg lediglich in geringen Beständen vorkommen,
3. Arten,
   a) die nach den Vorschriften des Bundesnaturschutzgesetzes zu den streng geschützten Arten gehören,
   b) die in Anhang IV Buchstabe a der Richtlinie 92/43/EWG genannt sind, oder
   c) die nach den Vorschriften der Richtlinie 2009/147/EG des Europäischen Parlaments und des Rates vom 30. November 2009 über die Erhaltung der wildlebenden Vogelarten (ABl. L 20 vom 26.1.2010, S. 7), geändert durch Richtlinie 2013/17/EU (ABl. L 158 vom 10.6.2013, S. 193), in der jeweils geltenden Fassung, in Deutschland nicht bejagt werden dürfen.

Mit Hegemaßnahmen, durch Unterstützung des Wildtiermonitorings und Berichtswesens (§ 43) und durch die Mitwirkung an der Erstellung und Umsetzung von Fachkonzepten (§ 45) tragen insbesondere die Inhaberinnen und Inhaber des Jagdrechts und die jagdausübungsberechtigten Personen zum Schutzmanagement bei.

(7) Die Jagd darf nach Maßgabe dieses Gesetzes und aufgrund dieses Gesetzes ausgeübt werden auf Wildtiere, deren Arten dem Nutzungsmanagement oder dem Entwicklungsmanagement zugeordnet sind. Für Wildtierarten, die dem Schutzmanagement zugeordnet sind, darf keine Jagdzeit bestimmt werden. Auf Wildtiere der dem Schutzmanagement unterliegenden Arten finden die §§ 36 und 51 Absatz 1 keine Anwendung; die Vorschriften des Naturschutzrechts bleiben unberührt. Die jagdausübungsberechtigten Personen haben die nach § 45 Absatz 7 des Bundesnaturschutzgesetzes zulässigen Maßnahmen, die Arten des Schutzmanagements betreffen, zu dulden.

(8) Ist eine dem Gesetz unterliegende Wildtierart als invasive Art einzustufen, erstellt die oberste Jagdbehörde unter Mitwirkung wissenschaftlicher Einrichtungen und anderer betroffener Landesbehörden ein Fachkonzept, das die Ziele, Mittel und Maßnahmen zum Management der invasiven Art festlegt. Die Jagdbehörden haben die Festlegungen bei ihren Entscheidungen und Maßnahmen zu beachten. Wildtiere invasiver Arten dürfen nicht gehegt werden.

(9) Die oberste Jagdbehörde trifft die Entscheidungen nach Absatz 2 und 3 unter Berücksichtigung der Empfehlungen des Landesbeirats (§ 59) und im Benehmen mit der obersten Naturschutzbehörde. Sind Arten betroffen, die dem Schutzmanagement zugeordnet sind oder die bei einer Unterstellung unter dieses Gesetz dem Schutzmanagement zuzuordnen wären, trifft sie die Entscheidung im Einvernehmen mit der obersten Naturschutzbehörde. Grundlage der Entscheidung ist der Wildtierbericht für Baden-Württemberg (§ 44), den die oberste Jagdbehörde dem Landesbeirat zur Beratung vorlegt. Die oberste Jagdbehörde beteiligt weitere auf Landesebene bei den Ministerien eingerichtete Beiräte und vergleichbare Beratungsgremien, soweit sie fachlich betroffen sind.

§ 8 Begriffsbestimmungen

(1) Waidgerechtigkeit ist die gute fachliche Praxis der Jagdausübung. Eine Jagdausübung ist nur waidgerecht, wenn sie allen rechtlichen Vorgaben sowie allen allgemein anerkannten, geschriebenen oder ungeschriebenen Regelungen und gesellschaftlichen Normen zur Ausübung der Jagd, insbesondere im Hinblick auf den Tierschutz, die Tiergesundheit, den Schutz der natürlichen Lebensgrundlagen, das Verhalten gegenüber anderen Inhaberinnen und Inhabern des Jagdrechts, jagdausübungsberechtigten Personen und der Bevölkerung sowie im Hinblick auf die Jagdethik, entspricht.

(2) Zum Schalenwild gehören Rot-, Dam-, Sika-, Reh-, Gams-, Muffel- und Schwarzwild.

(3) Treibjagd im Sinne dieses Gesetzes und des § 6 Absatz 2 des Feiertagsgesetzes ist die Jagd, bei der mehr als 15 Personen als Treiberinnen oder Treiber oder als Schützinnen oder Schützen teilnehmen.

(4) Gesellschaftsjagd im Sinne dieses Gesetzes und des § 16 Absatz 3 des Bundesjagdgesetzes ist die Jagd, an der mehr als acht Personen teilnehmen.

(5) Bewegungsjagd ist eine Gesellschaftsjagd, bei der Wildtiere für einen kurzen Zeitraum beunruhigt und in Bewegung gesetzt werden. Sie dient insbesondere der Regulierung einer Wildtierpopulation nach wildtierökologischen Erkenntnissen.

(6) Das Jagdjahr beginnt am 1. April und endet am 31. März.

§ 9 Vorgaben des Artenschutzrechts

Die Jagdbehörden haben ihre Maßnahmen nach diesem Gesetz oder einer Rechtsverordnung auf der Grundlage dieses Gesetzes unter Beachtung der Vorgaben

1. des Artikels 7 Absatz 4 sowie der Artikel 8 und 9 Absatz 1 und 2 der Richtlinie 2009/147/EG sowie
2. der Artikel 14 bis 16 der Richtlinie 92/43/EWG

zu treffen.

Abschnitt 2 Jagdbezirke

§ 10 Eigenjagdbezirke

(1) Zusammenhängende Grundflächen mit einer land-, forst- oder fischereiwirtschaftlich nutzbaren Fläche von mindestens 75 Hektar, die im Eigentum ein und derselben Person oder Personengemeinschaft stehen, bilden einen Eigenjagdbezirk.

(2) Die Landesgrenze unterbricht den Zusammenhang von Grundflächen, die nach Absatz 1 einen Eigenjagdbezirk bilden, nicht. Für den im Land Baden-Württemberg liegenden Teil eines Eigenjagdbezirks gelten die Vorschriften dieses Gesetzes.

(3) Ist eine Personenmehrheit oder eine juristische Person Eigentümerin oder Nutznießerin eines Eigenjagdbezirks und wird die Jagd weder durch Verpachtung noch durch mit der Jagd beauftragte Personen oder durch anerkannte Wildtierschützerinnen oder Wildtierschützer ausgeübt, ist

jagdausübungsberechtigt diejenige Person, die von der verfügungsberechtigten Person der unteren Jagdbehörde benannt wird. Die untere Jagdbehörde kann der verfügungsberechtigten Person hierzu eine angemessene Frist setzen. Wird innerhalb der Frist keine geeignete Person benannt, kann die untere Jagdbehörde die zur Ausübung und zum Schutze der Jagd erforderlichen Anordnungen auf Kosten der verfügungsberechtigten Person treffen. Als jagdausübungsberechtigte Personen dürfen auf Jagdbezirken bis zu 250 Hektar nicht mehr als drei Personen und für jede weitere angefangene 100 Hektar je eine weitere Person zugelassen werden.

(4) Der Eigentümer oder die Eigentümerin eines Eigenjagdbezirks kann mit Zustimmung der Jagdgenossenschaft eines angrenzenden gemeinschaftlichen Jagdbezirks für den Zeitraum der gesetzlichen Mindestpachtdauer gegenüber der unteren Jagdbehörde auf die Selbständigkeit des Eigenjagdbezirks verzichten; in diesem Fall wird der Eigenjagdbezirk für den Zeitraum der gesetzlichen Mindestpachtdauer Bestandteil des gemeinschaftlichen Jagdbezirks, sofern die untere Jagdbehörde dies im Hinblick auf Erfordernisse der Jagdpflege nicht ablehnt.

(5) Die oberste Jagdbehörde kann durch Rechtsverordnung Vorschriften über die Erklärung von vollständig eingefriedeten oder an der Bundesgrenze liegenden zusammenhängenden Grundflächen mit einer land-, forst- oder fischereiwirtschaftlich nutzbaren Fläche von weniger als 75 Hektar zu Eigenjagdbezirken erlassen und die Jagdausübung in diesen Bezirken abweichend regeln.

§ 11 Gemeinschaftliche Jagdbezirke

(1) Alle Grundflächen einer Gemeinde oder einer abgesonderten Gemarkung, die nicht zu einem Eigenjagdbezirk gehören, bilden einen gemeinschaftlichen Jagdbezirk, wenn sie im Zusammenhang mindestens 150 Hektar umfassen.

(2) Die untere Jagdbehörde kann auf Antrag zusammenhängende Grundflächen, die zu verschiedenen Gemeinden gehören, im Übrigen aber den Anforderungen des Absatzes 1 genügen, zu einem gemeinschaftlichen Jagdbezirk zusammenlegen. Sie hat dem Antrag bei Vorliegen der Voraussetzungen nach Satz 1 stattzugeben, wenn der Antrag von Grundstückseigentümerinnen oder Grundstückseigentümern gestellt wird, die zusammen über mehr als die Hälfte der zusammenhängenden Grundflächen verfügen.

(3) Die untere Jagdbehörde kann auf Antrag die Bildung neuer selbständiger gemeinschaftlicher Jagdbezirke durch Teilung mindestens eines bestehenden gemeinschaftlichen Jagdbezirks zulassen, wenn die Jagdgenossenschaft sie beschlossen hat, jeder Teil die Mindestgröße von 250 Hektar hat

und auf jedem Teil eine den Erfordernissen der Jagdpflege entsprechende Jagdausübung möglich ist. Ein Unterschreiten der Mindestgröße von 250 Hektar bis zu einer Größe von 150 Hektar kann die untere Jagdbehörde unter Berücksichtigung der Belange der Jagdpflege zulassen.

(4) Sind Gemeinden verschiedener Landkreise oder Stadtkreise betroffen, entscheidet die nächsthöhere gemeinsame Jagdbehörde.

§ 12 Gestaltung der Jagdbezirke

(1) Natürliche und künstliche Wasserläufe, Wege, Triften und Eisenbahnkörper sowie ähnliche Flächen bilden, wenn sie nach Umfang und Gestalt für sich allein eine ordnungsmäßige Jagdausübung nicht gestatten, keinen Jagdbezirk für sich, unterbrechen nicht den Zusammenhang eines Jagdbezirks und stellen auch den Zusammenhang zur Bildung eines Jagdbezirks zwischen getrennt liegenden Flächen nicht her.

(2) Jagdbezirke können durch schriftliche Vereinbarung der Beteiligten (Jagdgenossenschaft, Inhaberinnen oder Inhaber eines Eigenjagdbezirks) abgerundet werden, indem sie Grundflächen abtrennen, angliedern oder austauschen. Die Vereinbarung bedarf der Genehmigung der unteren Jagdbehörde und wird erst mit deren Erteilung rechtswirksam; dies gilt auch für die Aufhebung und die Änderung einer Vereinbarung.

(3) Kommt eine Vereinbarung nach Absatz 2 nicht zustande, kann die untere Jagdbehörde die Abrundung von Amts wegen vornehmen.

(4) Abrundungen sind nur zulässig, wenn und soweit sie aus Erfordernissen der Jagdpflege und Jagdausübung notwendig sind und wenn dadurch nicht ein Jagdbezirk seine gesetzliche Mindestgröße verliert. Durch Abrundung soll die Größe der Jagdbezirke möglichst wenig verändert werden.

(5) Grundflächen, die zu keinem Jagdbezirk gehören, hat die untere Jagdbehörde nach den Erfordernissen der Jagdpflege und Jagdausübung benachbarten Jagdbezirken anzugliedern. Werden diese Grundflächen vollständig von einem anderen Jagdbezirk umschlossen, sind sie Bestandteil dieses Jagdbezirks; Absatz 7 gilt entsprechend.

(6) In laufende Jagdpachtverträge darf nur mit Zustimmung der Vertragsparteien eingegriffen werden. Wird der Abrundung nicht zugestimmt, tritt diese erst mit Beendigung des Jagdpachtvertrages der nicht zustimmenden Vertragspartei, bei mehreren nicht zustimmenden Vertragsparteien mit Beendigung des am längsten laufenden Jagdpachtvertrages der nicht zustimmenden Vertragsparteien in Kraft. Der Zustimmung bedarf es insoweit nicht, als Jagdpachtverträge vor ihrem Ablauf verlängert oder neu abgeschlossen werden und im Zeitpunkt der Verlängerung oder des Neuab-

schlusses ein Abrundungsverfahren bereits anhängig und dies den Vertragsparteien bekanntgegeben ist.

(7) Bei der Angliederung von Grundflächen an einen Eigenjagdbezirk hat dessen Inhaberin oder Inhaber an die Eigentümerin oder den Eigentümer der angegliederten Grundflächen eine angemessene Entschädigung zu zahlen.

(8) Erstreckt sich eine Abrundung auf das Gebiet mehrerer unterer Jagdbehörden und ist ein Einvernehmen der unteren Jagdbehörden nicht zu erzielen, so ist die nächsthöhere gemeinsame Jagdbehörde zuständig. Abrundungen über die Landesgrenze hinweg bedürfen unbeschadet der Zuständigkeit der unteren Jagdbehörde (Absätze 2 und 3) der Bestätigung der oberen Jagdbehörde.

§ 13 Befriedete Bezirke, Ruhen der Jagd

(1) Auf Grundflächen, die zu keinem Jagdbezirk gehören, und in befriedeten Bezirken ruht die Jagd.

(2) Befriedete Bezirke sind
1. Gebäude, die zum Aufenthalt von Menschen dienen, und Gebäude, die mit solchen Gebäuden räumlich zusammenhängen,
2. Hofräume und Hausgärten, die unmittelbar an ein für den ständigen Aufenthalt von Menschen bestimmtes Wohngebäude angrenzen und durch irgendeine Umfriedung begrenzt oder sonst vollständig abgeschlossen sind,
3. Friedhöfe.

(3) Die untere Jagdbehörde kann durch Anordnung ganz oder teilweise zu befriedeten Bezirken erklären
1. öffentliche Anlagen und Grundflächen, die durch Einzäunung oder auf andere Weise gegen den Zutritt von Menschen abgeschlossen und deren Zugänge absperrbar sind,
2. Grundflächen im Gebiet eines Bebauungsplanes oder innerhalb der im Zusammenhang bebauten Ortsteile,
3. öffentliche Parke und Grünflächen, Bestattungswälder,
4. Wildparke, Wildfarmen, Tiergärten und Tierparke,
5. bewirtschaftete Anlagen der Teichwirtschaft und der Fischzucht,
6. Gehege und ähnliche Einrichtungen nach § 34 des Landeswaldgesetzes sowie Tiergehege nach § 43 des Bundesnaturschutzgesetzes.

(4) Die untere Jagdbehörde kann Eigentümerinnen, Eigentümern oder Nutzungsberechtigten von Grundflächen, auf denen die Jagd ruht, oder den von ihnen Beauftragten die Ausübung der Jagd auf Wildkaninchen, Füchse,

Steinmarder und andere Wildtierarten des Nutzungs- oder Entwicklungsmanagements und die Aneignung der gefangenen oder erlegten Tiere für eine bestimmte Zeit auch ohne Jagdschein genehmigen. Die Genehmigung nach Satz 1 setzt voraus, dass die Empfängerin oder der Empfänger der Genehmigung die erforderliche Artenkenntnis besitzt, im Falle einer Beschränkung auf die Fangjagd über einen Sachkundenachweis nach § 32 verfügt und bei Einbeziehung einer Jagdausübung mit Schusswaffen nach § 17 Absatz 1 Nummer 4 des Bundesjagdgesetzes ausreichend versichert ist. Die waffenrechtlichen Vorschriften bleiben unberührt.

(5) Die untere Jagdbehörde kann auf Grundflächen, auf denen die Jagd ruht, der jagdausübungsberechtigten Person oder der von dieser beauftragten Person eine bestimmte Jagdausübung unter Beschränkung auf bestimmte Wildtierarten des Nutzungs- oder Entwicklungsmanagements und auf eine bestimmte Zeit genehmigen, soweit dies aus Gründen der Abwehr von Gefahren für die öffentliche Sicherheit und Ordnung oder zur Abwehr von Gefahren durch Tierseuchen erforderlich ist. Die waffenrechtlichen Vorschriften bleiben unberührt. Das Aneignungsrecht hat diejenige jagdausübungsberechtigte Person, der oder deren Beauftragten die Jagdausübung genehmigt wurde.

(6) Krankgeschossene, schwerkranke oder aus sonstigen Gründen schwer verletzte Wildtiere, die auf Grundflächen überwechseln, auf denen die Jagd ruht oder in denen nur eine beschränkte Jagdausübung gestattet ist, oder sich dort befinden, dürfen auch dort bejagt werden. Dies gilt nicht für Gebäude, die zum Aufenthalt von Menschen dienen. Der jagdausübungsberechtigten Person steht das Aneignungsrecht zu. Die Grundstückseigentümerin oder der Grundstückseigentümer oder die nutzungsberechtigte Person ist unverzüglich zu benachrichtigen; diese Personen sind zur Herausgabe der Wildtiere verpflichtet.

§ 14 Befriedung von Grundflächen aus ethischen Gründen

(1) Grundflächen, die zu einem gemeinschaftlichen Jagdbezirk gehören und im Eigentum einer natürlichen Person stehen, sind auf Antrag der Person zu befriedeten Bezirken zu erklären (Befriedung), wenn die Person glaubhaft macht, dass sie die Jagdausübung aus ethischen Gründen ablehnt. Eine Befriedung ist zu versagen, soweit Tatsachen die Annahme rechtfertigen, dass ein Ruhen der Jagd auf der vom Antrag umfassten Fläche bezogen auf den gesamten jeweiligen Jagdbezirk die Belange

1. der Erhaltung eines artenreichen und gesunden Wildtierbestandes sowie der Pflege und Sicherung seiner Lebensgrundlagen,
2. des Schutzes der Land-, Forst- und Fischereiwirtschaft vor übermäßigen Wildschäden,

3. des Naturschutzes, der Landschaftspflege oder des Tierschutzes,
4. des Schutzes vor Tierseuchen oder der Seuchenhygiene,
5. der Gewährleistung der Sicherheit des Verkehrs auf öffentlichen Verkehrswegen oder der Abwendung sonstiger Gefahren für die öffentliche Sicherheit und Ordnung

gefährdet. Ethische Gründe nach Satz 1 liegen insbesondere nicht vor, wenn die antragstellende Person

1. selbst die Jagd ausübt oder die Ausübung der Jagd durch Dritte auf einem ihr gehörenden Grundstück duldet oder
2. zum Zeitpunkt der behördlichen Entscheidung einen Jagdschein gelöst oder beantragt hat.

Der Antrag ist schriftlich oder zur Niederschrift bei der unteren Jagdbehörde zu stellen. Der Entscheidung über den Antrag hat neben der Anhörung der antragstellenden Person eine Anhörung der Jagdgenossenschaft, des Jagdpächters oder der Jagdpächterin, angrenzender Grundeigentümerinnen und Grundeigentümer, des Jagdbeirats sowie der Träger öffentlicher Belange vorauszugehen. Die untere Jagdbehörde kann zur Glaubhaftmachung des Umstands, dass die Person die Jagdausübung aus ethischen Gründen ablehnt, eine Versicherung an Eides statt verlangen und abnehmen.

(2) Die Befriedung soll mit Wirkung zum Ende des Jagdjahres erfolgen, in dem über den Antrag entschieden wird. Sofern dies der Jagdgenossenschaft unter Abwägung mit den schutzwürdigen Belangen der Antragstellerin oder des Antragstellers nicht zuzumuten ist, kann die untere Jagdbehörde einen späteren Zeitpunkt, der jedoch nicht nach dem Ende des betreffenden Jagdpachtvertrages liegt, bestimmen.

(3) Soweit dies zur Wahrung der Belange nach Absatz 1 Satz 2 erforderlich ist, kann die Befriedung räumlich auf einen Teil der Antragsfläche, zeitlich sowie dahingehend beschränkt werden, dass eine nach Art und Umfang bestimmte Jagdausübung, insbesondere Bewegungsjagden, durch die Jagdausübungsberechtigten des gemeinschaftlichen Jagdbezirks auf der befriedeten Fläche zu dulden sind.

(4) Die Befriedung erlischt vorbehaltlich der Sätze 2 und 3 drei Monate nach Übergang des Eigentums an der befriedeten Grundfläche auf eine dritte Person. Stellt die dritte Person während des Laufs der Frist nach Satz 1 einen Antrag auf erneute Befriedung, erlischt die bestehende Befriedung mit dem Wirksamwerden der behördlichen Entscheidung über den Antrag. Verzichtet die dritte Person vor Ablauf der Frist nach Satz 1 auf einen Antrag auf erneute Befriedung, erlischt die bestehende Befriedung mit dem Zugang der Verzichtserklärung bei der unteren Jagdbehörde. Die

Befrieder aus eth. Gründen muss sich an der Kostenaufteilung beteiligen, bekommt aber bei eigenem Schaden keinen Ersatz! Er muss die Überjagung dulden, d.h. Jagd läuft über sein Gelände ohne Jagdausübung.

Grundeigentümerin oder der Grundeigentümer hat den Eigentumswechsel der unteren Jagdbehörde anzuzeigen. Die Befriedung ist zu widerrufen, wenn die Grundeigentümerin oder der Grundeigentümer
1. schriftlich gegenüber der unteren Jagdbehörde den Verzicht auf die Befriedung erklärt oder
2. die Jagd ausübt, einen Jagdschein löst oder die Ausübung der Jagd durch Dritte auf einem ihr oder ihm gehörenden Grundstück duldet.

Die Befriedung ist in der Regel zu widerrufen, wenn Tatsachen bekannt werden, die den Anspruch auf Erklärung zum befriedeten Bezirk entfallen lassen. Die Befriedung ist unter den Vorbehalt des Widerrufs zu stellen für den Fall, dass ein oder mehrere weitere begründete Anträge auf Befriedung in demselben Jagdbezirk gestellt werden und nicht allen Anträgen insgesamt ohne Gefährdung der Belange nach Absatz 1 Satz 2 stattgegeben werden kann.

(5) Die untere Jagdbehörde kann eine beschränkte Jagdausübung auf den befriedeten Grundflächen anordnen, soweit dies zur Vermeidung übermäßiger Wildschäden, der Gefahr von Tierseuchen, aus Gründen des Naturschutzes, der Landschaftspflege oder des Tierschutzes, der Seuchenhygiene, der Gewährleistung der Sicherheit des Verkehrs auf öffentlichen Verkehrswegen oder der Abwendung sonstiger Gefahren für die öffentliche Sicherheit oder Ordnung erforderlich ist. Widerspruch und Klage gegen die Anordnung haben keine aufschiebende Wirkung. Kommt die Grundeigentümerin oder der Grundeigentümer der Anordnung nicht nach, kann die untere Jagdbehörde für deren oder dessen Rechnung die Jagd ausüben lassen.

(6) Den Ersatz für Wildschäden an Grundstücken, die zum gemeinschaftlichen Jagdbezirk gehören, hat die Grundeigentümerin oder der Grundeigentümer der befriedeten Grundfläche nach dem Verhältnis des Flächenanteils ihrer oder seiner Grundfläche an der bejagbaren Gesamtfläche des gemeinschaftlichen Jagdbezirks anteilig zu tragen. Dies gilt nicht, sofern die schädigenden Wildtiere auf der befriedeten Grundfläche nicht vorkommen oder der Schaden auch ohne die Befriedung der Grundfläche eingetreten wäre.

(7) Die Grundeigentümerin oder der Grundeigentümer der befriedeten Fläche und die zur Nutzung der befriedeten Fläche berechtigte Person haben keinen Anspruch auf Ersatz von Wildschäden. Die Grundeigentümerin oder der Grundeigentümer und die zur Nutzung der befriedeten Fläche berechtigte Person haben auf der befriedeten Grundfläche die Maßnahmen der jagdausübungsberechtigten Personen des gemeinschaftlichen Jagdbezirks zur Erfüllung ihrer Verpflichtung nach § 43 im Rahmen des geltenden Rechts und soweit erforderlich zu dulden.

(8) Die Grundsätze der Wildfolge sind im Verhältnis des gemeinschaftlichen Jagdbezirks zu der nach Absatz 1 befriedeten Grundfläche entsprechend anzuwenden. Einer Vereinbarung nach § 39 bedarf es nicht. Die Grundeigentümerin oder der Grundeigentümer des befriedeten Grundstücks ist über die Notwendigkeit der Wildfolge, soweit Belange des Tierschutzes nicht entgegenstehen bereits vor Beginn der Wildfolge, unverzüglich in Kenntnis zu setzen.

(9) Das Recht zur Aneignung von Wildtieren steht in den Fällen des Absatzes 3 und der nach Absatz 5 behördlich angeordneten Jagd und der Wildfolge nach Absatz 8 der jagdausübungsberechtigten Person des Jagdbezirks oder der zur Jagd beauftragten Person zu.

(10) Die Absätze 1 bis 9 sind auf Grundflächen, die einem Eigenjagdbezirk kraft Gesetzes oder auf Grund behördlicher Entscheidung angegliedert sind, entsprechend anzuwenden.

§ 15 Jagdgenossenschaft

(1) Die Eigentümerinnen und Eigentümer der Grundflächen, die zu einem gemeinschaftlichen Jagdbezirk gehören, bilden eine Jagdgenossenschaft. Eigentümerinnen und Eigentümer von Grundflächen, auf denen die Jagd nicht ausgeübt werden darf, gehören der Jagdgenossenschaft nicht an. Die Jagdgenossenschaft hat ein Verzeichnis ihrer Mitglieder unter Angabe der jeweiligen Grundflächenanteile im gemeinschaftlichen Jagdbezirk zu erstellen und bei Bedarf fortzuführen.

(2) Die Jagdgenossenschaft ist eine Körperschaft des öffentlichen Rechts. Sie steht unter der Aufsicht des Staates; die Aufsicht wird von der unteren Jagdbehörde ausgeübt. Der Aufsichtsbehörde stehen gegenüber der Jagdgenossenschaft die gleichen Befugnisse zu, wie sie den Rechtsaufsichtbehörden gegenüber den Gemeinden nach Maßgabe der Vorschriften der Gemeindeordnung zustehen.

(3) Die Jagdgenossenschaft wird durch den Jagdvorstand gerichtlich und außergerichtlich vertreten. Der Jagdvorstand ist von der Jagdgenossenschaft zu wählen. Solange die Jagdgenossenschaft keinen Jagdvorstand gewählt hat, werden die Geschäfte des Jagdvorstandes auf Kosten der Jagdgenossenschaft vom Gemeinderat wahrgenommen.

(4) Die Jagdgenossenschaft hat eine Satzung zu beschließen, die der Genehmigung der unteren Jagdbehörde bedarf. Die oberste Jagdbehörde kann im Einvernehmen mit dem Innenministerium durch Rechtsverordnung Mindestanforderungen für die Satzung aufstellen, Vorschriften über die Einberufung, Bekanntgabe und Durchführung der Versammlung der Jagd-

genossenschaft erlassen, das Verfahren bei der Verpachtung gemeinschaftlicher Jagdbezirke sowie die Rechnungslegung regeln. Kommt die Jagdgenossenschaft der Aufforderung der unteren Jagdbehörde zum Beschluss einer Satzung nicht innerhalb einer gesetzten angemessenen Frist nach, kann die untere Jagdbehörde eine Satzung für die Jagdgenossenschaft erlassen. Vor der Verpachtung des Jagdrechts an eine Pächterin oder einen Pächter, die oder der erstmals einen Jagdpachtvertrag mit der Jagdgenossenschaft schließt, ist die Jagdgenossenschaft zur Beschlussfassung einzuberufen.

(5) Beschlüsse der Jagdgenossenschaft bedürfen sowohl der Mehrheit der anwesenden und vertretenen Jagdgenossen, als auch der Mehrheit der bei der Beschlussfassung vertretenen Grundfläche. Für Wahlen kann die Satzung abweichend von Satz 1 bestimmen, dass ein Beschluss nur der Mehrheit der anwesenden und vertretenen Mitglieder der Jagdgenossenschaft bedarf. Bei Abstimmungen über Verpachtungen ist das Mitglied der Jagdgenossenschaft, das sich um die Pacht bewirbt, stimmberechtigt.

(6) Die Jagdgenossenschaft kann für ihren durch sonstige Einnahmen nicht gedeckten Finanzbedarf Umlagen von ihren Mitgliedern erheben. Umlagen der Jagdgenossenschaft können wie Gemeindeabgaben beigetrieben werden.

(7) Durch Beschluss der Jagdgenossenschaft kann die Verwaltung der Jagdgenossenschaft längstens für die Dauer der gesetzlichen Mindestpachtzeit dem Gemeinderat mit dessen Zustimmung übertragen werden. Die Kosten der Geschäftsführung trägt die Jagdgenossenschaft.

(8) Für gemeinschaftliche Jagdbezirke nach § 11 Absatz 2 kann der Jagdvorstand, vorbehaltlich der Wahl durch die Jagdgenossenschaft, von der unteren Jagdbehörde oder im Falle des § 11 Absatz 4 von der nächsthöheren gemeinsamen Jagdbehörde bestimmt werden.

§ 16 Jagdnutzung durch die Jagdgenossenschaft

(1) Die Jagdgenossenschaft kann das Jagdrecht durch Verpachtung wahrnehmen oder die Jagd für eigene Rechnung durch angestellte oder sonst beauftragte Jägerinnen und Jäger wahrnehmen lassen. Die Jagdgenossenschaft kann die Verpachtung auf den Kreis ihrer Mitglieder beschränken. Für angestellte oder sonst beauftragte Jägerinnen und Jäger gelten die Vorschriften des § 17 Absatz 3, 5 und 6 sowie des § 19 Absatz 1 entsprechend; die beauftragten Personen sind im Rahmen ihrer Beauftragung innerhalb ihres Dienstbereiches jagdausübungsberechtigte Personen. Mit Zustimmung der unteren Jagdbehörde kann die Jagdgenossenschaft die Jagd ruhen lassen.

(2) Die Jagdgenossenschaft beschließt über die Verwendung des Reinertrages der Jagdnutzung. Beschließt die Jagdgenossenschaft, den Reinertrag nicht an ihre Mitglieder nach dem Verhältnis des Flächeninhaltes ihrer beteiligten Grundflächen zu verteilen, kann jedes Mitglied der Jagdgenossenschaft, das dem Beschluss nicht zugestimmt hat, die Auszahlung seines Anteils verlangen. Der Anspruch erlischt, wenn er bis zum Ablauf eines Monats nach Bekanntmachung der Beschlussfassung nicht schriftlich oder mündlich zu Protokoll des Jagdvorstandes geltend gemacht wird.

Abschnitt 3 Beteiligung Dritter an der Jagd

§ 17 Jagdpacht

(1) Die Wahrnehmung des Jagdrechts in seiner Gesamtheit kann an Dritte verpachtet werden. Die pachtende Person ist jagdausübungsberechtigte Person. Ein Teil des Jagdausübungsrechts kann nicht Gegenstand eines Jagdpachtvertrages sein. Nur Teilgebiet ist unzulässig! Jedoch kann z.B. eine bestimmte Wildart aus dem Vertrag herausgenommen werden

(2) Die Verpachtung eines Teils eines Jagdbezirks bedarf der Zustimmung der unteren Jagdbehörde. Diese darf der Teilverpachtung nur zustimmen, wenn sowohl der verpachtete als auch der verbleibende Teil die Mindestgröße von 75 Hektar bei Eigenjagdbezirken und von 250 Hektar bei gemeinschaftlichen Jagdbezirken haben und jeweils eine den Erfordernissen der Jagdpflege entsprechende Jagdausübung in Revieren möglich ist. Der Verpachtung eines Teils von geringerer Größe an die jagdausübungsberechtigte Person eines angrenzenden Jagdbezirks oder an die angrenzende Jagdgenossenschaft ist zuzustimmen, soweit dies einer besseren Reviergestaltung dient und die Pachtdauer diejenige des angrenzenden Jagdbezirks nicht übersteigt.

(3) Die Gesamtfläche, auf der einer pachtenden Person die Wahrnehmung des Jagdrechts zusteht, darf nicht mehr als 1 000 Hektar umfassen. Die Inhaberin oder der Inhaber eines oder mehrerer Eigenjagdbezirke mit einer Gesamtfläche von mehr als 1 000 Hektar darf nur zupachten, wenn zugleich die Wahrnehmung des Jagdrechts im gleichen Umfang verpachtet wird; bei einer Gesamtfläche von weniger als 1 000 Hektar darf die Inhaberin oder der Inhaber nur bis zu einer Gesamtfläche von höchstens 1 000 Hektar, auf der sie oder er jagdausübungsberechtigt ist, zupachten. Ist ein Jagdpachtvertrag mit mehreren pachtenden Personen geschlossen oder liegt ein Fall der Unterverpachtung vor, gelten die Sätze 1 und 2 entsprechend mit der Maßgabe, dass auf die Gesamtfläche nur die Flächen angerechnet werden, die nach dem Jagdpachtvertrag anteilig auf die jeweilige pachtende Person entfallen. Grundflächen, auf denen die Jagd ruht, bleiben

bei der Ermittlung der Flächenobergrenzen nach den Sätzen 1 bis 3 unberücksichtigt. Die untere Jagdbehörde kann für besondere Einzelfälle Ausnahmen von Satz 1 und 2 unter Berücksichtigung der Belange der Jagdpflege zulassen. Solche Ausnahmen sind auf bestimmte Jagdpachtflächen zu beschränken. Örtlich zuständig ist die Behörde, in deren Bezirk die Jagdpachtfläche oder deren größerer Teil liegt.

(4) Der Jagdpachtvertrag ist schriftlich abzuschließen. Die Pachtdauer hat mindestens sechs Jahre zu betragen. In begründeten Fällen, insbesondere wenn zu besorgen ist, dass ansonsten ein geeignetes Pachtverhältnis nicht zustande kommt, kann sie mit Zustimmung der unteren Jagdbehörde bis auf drei Jahre abgesenkt werden. Ein laufender Jagdpachtvertrag kann auch auf kürzere Zeit verlängert werden. Beginn und Ende der Pachtzeit sollen mit Beginn und Ende des Jagdjahres zusammenfallen.

(5) Pachtende Person darf nur sein, wer einen auf seinen Namen lautenden gültigen Jahresjagdschein besitzt und einen solchen während dreier Jagdjahre in Deutschland besessen hat. Für besondere Einzelfälle kann die untere Jagdbehörde Ausnahmen zulassen, die auf bestimmte Jagdpachtflächen beschränkt sind. Örtlich zuständig ist die Behörde, in deren Bezirk die Jagdpachtfläche oder deren größerer Teil liegt. Jagdgenossenschaften sind in den Fällen des Absatzes 2 Satz 3 pachtfähig.

(6) Die Fläche, auf der einer jagdausübungsberechtigten Person nach Absatz 3 die Wahrnehmung des Jagdrechts zusteht, ist von der unteren Jagdbehörde in den Jagdschein einzutragen.

§ 18 Anzeige von Jagdpachtverträgen

(1) Die verpachtende Person hat der unteren Jagdbehörde den Abschluss des Jagdpachtvertrages unter Vorlage der Vertragsurkunde innerhalb eines Monats anzuzeigen. Dies gilt auch für die Aufhebung und jede Änderung des Pachtvertrages.

(2) Die untere Jagdbehörde kann den Jagdpachtvertrag binnen drei Wochen nach Eingang der Anzeige beanstanden, wenn die Vorschriften über die Pachtdauer nicht beachtet sind oder zu erwarten ist, dass durch ein vertragsgemäßes Verhalten die Vorschriften des § 3 Absatz 1 Satz 2 verletzt werden oder eine den Erfordernissen der Jagdpflege entsprechende Jagdausübung nicht gewährleistet ist. Mit der Beanstandung sind die Vertragsparteien aufzufordern, den Jagdpachtvertrag binnen einer Frist von mindestens drei Wochen nach Zustellung des Beanstandungsbescheides aufzuheben oder in bestimmter Weise zu ändern. Kommen die Vertragsparteien dieser Aufforderung nicht nach, gilt der Jagdpachtvertrag mit Ablauf der Frist als aufgehoben, sofern nicht eine Vertragspartei innerhalb der

Frist einen Antrag auf gerichtliche Entscheidung durch das erstinstanzlich zuständige Amtsgericht stellt. Das Gericht kann entweder den Jagdpachtvertrag aufheben oder feststellen, dass er nicht zu beanstanden ist; die Vorschriften des Gesetzes über das gerichtliche Verfahren in Landwirtschaftssachen gelten entsprechend mit der Maßgabe, dass das Gericht ohne Zuziehung ehrenamtlicher Richterinnen und Richter entscheidet.

(3) Vor Ablauf von drei Wochen nach Anzeige des Jagdpachtvertrages durch eine Vertragspartei darf die pachtende Person die Jagd nicht ausüben, sofern nicht die untere Jagdbehörde die Ausübung zu einem früheren Zeitpunkt gestattet. Im Falle einer Beanstandung nach Absatz 2 darf die pachtende Person die Jagd erst ausüben, wenn die Beanstandung behoben oder durch rechtskräftige gerichtliche Entscheidung festgestellt ist, dass der Jagdpachtvertrag nicht zu beanstanden ist.

§ 19 Höchstzahl der pachtenden Personen

(1) Die Zahl der pachtenden Personen, die nebeneinander in einem Jagdbezirk zugelassen werden können (Mitpacht), wird bei Jagdbezirken bis 250 Hektar auf drei beschränkt. In größeren Jagdbezirken kann für jede weitere angefangene 100 Hektar je eine weitere pachtende Person zugelassen werden. Die Sätze 1 und 2 gelten auch für verpachtete Teile eines Jagdbezirks nach § 17 Absatz 2.

(2) Jagdpacht im Sinne der §§ 17, 18 und 20 bis 24 ist auch die Weiterverpachtung und Unterverpachtung. In diesen Fällen findet Absatz 1 mit der Maßgabe Anwendung, dass die Zahl der jagdausübungsberechtigten Personen die zulässige Zahl der pachtenden Personen nicht übersteigen darf.

§ 20 Nichtigkeit von Jagdpachtverträgen

(1) Ein Jagdpachtvertrag, der bei seinem Abschluss oder seiner Verlängerung gegen § 17 Absatz 1 Satz 3, Absatz 2, 3 oder 5 oder § 19 verstößt, ist nichtig.

(2) Die untere Jagdbehörde kann für die Dauer eines über die Nichtigkeit oder die Beanstandung des Pachtvertrages anhängigen Verfahrens die zur Ausübung und zum Schutze der Jagd erforderlichen Anordnungen treffen. Die Kosten der Anordnung und ihrer Durchführung hat die im Verfahren unterliegende Partei zu tragen.

§ 21 Erlöschen des Jagdpachtvertrages

(1) Die pachtende Person hat auf Verlangen der für ihren Jagdbezirk zuständigen unteren Jagdbehörde vor Beginn eines Jagdjahres nachzuweisen, dass sie einen für das kommende Jagdjahr gültigen Jagdschein besitzt oder die Voraussetzungen für dessen Erteilung erfüllt hat. Dies gilt nicht für die nach § 17 Absatz 2 Satz 3 pachtende Jagdgenossenschaft.

(2) Der Jagdpachtvertrag erlischt, wenn der pachtenden Person der Jagdschein unanfechtbar entzogen worden ist. Er erlischt auch dann, wenn die Gültigkeitsdauer des Jagdscheines abgelaufen ist und entweder die untere Jagdbehörde die Erteilung eines neuen Jagdscheines unanfechtbar abgelehnt hat oder die pachtende Person die Voraussetzungen für die Erteilung eines neuen Jagdscheines innerhalb einer von der unteren Jagdbehörde gesetzten Frist nicht erfüllt. Die pachtende Person hat der verpachtenden Person den aus dem Erlöschen des Jagdpachtvertrages entstehenden Schaden zu ersetzen, wenn sie ein Verschulden trifft.

(3) Ist die pachtende Person aus Gründen, die sie nicht zu vertreten hat, gehindert, bis zum Ablauf der Gültigkeitsdauer des alten einen neuen Jagdschein zu erwerben oder die Voraussetzungen für dessen Erteilung zu erfüllen, hat sie dies der für ihren Jagdbezirk zuständigen unteren Jagdbehörde unverzüglich schriftlich mitzuteilen. In diesem Fall erlischt der Jagdpachtvertrag erst dann, wenn die pachtende Person nicht innerhalb einer von der Jagdbehörde gesetzten angemessenen Frist einen Jahresjagdschein erworben oder die Voraussetzungen für dessen Erteilung erfüllt hat. Solange ein Jagdschein nicht erteilt ist, kann die untere Jagdbehörde die zur Ausübung und zum Schutze der Jagd erforderlichen Anordnungen auf Kosten der pachtenden Person treffen.

§ 22 Rechtsstellung der mitpachtenden Personen

Ist ein Jagdpachtvertrag mit mehreren pachtenden Personen geschlossen, bleibt er, wenn er im Verhältnis zu einer dieser Personen gekündigt wird oder erlischt, mit den übrigen bestehen; dies gilt nicht, wenn der Jagdpachtvertrag infolge des Ausscheidens einer pachtenden Person den Vorschriften des § 17 Absatz 3 nicht mehr entspricht und dieser Mangel bis zum Beginn des nächsten Jagdjahres oder, wenn dies mit zumutbarem Aufwand nicht mehr möglich ist, bis zum Ablauf von vier Wochen nach Beginn des neuen Jagdjahres nicht behoben wird. Ist im Falle des Satzes 1 einer verbleibenden Vertragspartei das Fortbestehen des Jagdpachtvertrages aufgrund des Ausscheidens einer pachtenden Person nicht zuzumuten, kann sie den Jagdpachtvertrag mit sofortiger Wirkung kündigen; die Kündigung muss unverzüglich nach Erlangung der Kenntnis von dem Kündigungsgrund erfolgen.

§ 23 Tod der pachtenden Person

(1) Im Fall des Todes einer pachtenden Person haben die Erben der unteren Jagdbehörde die jagdausübungsberechtigten Erben unter Beachtung des § 19 zu benennen. Ist keiner der Erben pachtfähig (§ 17 Absatz 5), haben die Erben der unteren Jagdbehörde eine pachtfähige Person als jagdausübungsberechtigte Person zu benennen.

(2) Die untere Jagdbehörde kann den Erben eine angemessene Frist zur Benennung der jagdausübungsberechtigten Person setzen. Kommen die Erben der Aufforderung innerhalb der Frist nicht nach, kann die untere Jagdbehörde die zur Ausübung und zum Schutze der Jagd erforderlichen Anordnungen auf Kosten der Erben treffen.

§ 24 Wechsel im Eigentum an der Grundfläche

(1) Werden die Grundflächen eines Eigenjagdbezirks ganz oder teilweise veräußert, finden die Vorschriften der §§ 566 bis 567 b des Bürgerlichen Gesetzbuchs entsprechende Anwendung. Das Gleiche gilt im Falle der Zwangsversteigerung nach den Vorschriften der §§ 57 bis 57 b des Gesetzes über die Zwangsversteigerung und die Zwangsverwaltung; das Kündigungsrecht der Ersteherin oder des Erstehers ist jedoch ausgeschlossen, wenn nur ein Teil des Eigenjagdbezirks versteigert ist und dieser Teil nicht allein schon die Erfordernisse eines Eigenjagdbezirks erfüllt.

(2) Wird eine zu einem gemeinschaftlichen Jagdbezirk gehörige Grundfläche veräußert, hat dies auf den Jagdpachtvertrag keinen Einfluss; die Erwerberin oder der Erwerber wird vom Zeitpunkt des Erwerbes an auch dann für die Dauer des Jagdpachtvertrages Mitglied der Jagdgenossenschaft, wenn die veräußerte Grundfläche an sich mit anderen Grundflächen der Erwerberin oder des Erwerbers zusammen einen Eigenjagdbezirk bilden könnte. Das Gleiche gilt für den Fall der Zwangsversteigerung einer Grundfläche.

§ 25 Jagderlaubnis

(1) Die jagdausübungsberechtigte Person kann einer dritten natürlichen Person (Jagdgast) die Erlaubnis erteilen, sich in bestimmtem Umfang an der Jagdausübung zu beteiligen (Jagderlaubnis). Bei mehreren jagdausübungsberechtigten Personen muss eine Jagderlaubnis von allen jagdausübungsberechtigten Personen erteilt sein. Die jagdausübungsberechtigten Personen

können sich gegenseitig zur Erteilung von Jagderlaubnissen schriftlich bevollmächtigen.

(2) Die untere Jagdbehörde kann aus Gründen der Jagdpflege oder der öffentlichen Sicherheit für bestimmte Jagdbezirke die Erteilung von Jagderlaubnissen oder eine sonstige Beteiligung anderer an der Jagd beschränken oder ganz untersagen.

(3) Soweit der Jagdgast bei der Jagdausübung nicht von einer jagdausübungsberechtigten Person, einer anerkannten Wildtierschützerin oder einem anerkannten Wildtierschützer begleitet wird, hat er eine schriftliche Jagderlaubnis bei sich zu führen. Sofern eine jagdausübungsberechtigte Person gemäß Absatz 1 Satz 3 bevollmächtigt ist und den Jagdgast begleitet, bedarf es der Begleitung oder einer schriftlichen Jagderlaubnis der bevollmächtigenden Person nicht.

(4) Der Jagdgast ist nicht jagdausübungsberechtigte Person im Sinne dieses Gesetzes.

Abschnitt 4 Jagdschein

§ 26 Jägerprüfung, Jagdschein

(1) Bei der Jägerprüfung sind ausreichende Kenntnisse und Fertigkeiten auf den in § 15 Absatz 5 des Bundesjagdgesetzes und bei der Falknerprüfung solche auf den in § 15 Absatz 7 des Bundesjagdgesetzes genannten Gebieten nachzuweisen.

(2) Die oberste Jagdbehörde wird ermächtigt, durch Rechtsverordnung das Nähere über die Jägerprüfung und die Falknerprüfung, insbesondere die Zulassungsvoraussetzungen, die jagdliche Ausbildung, die Prüfungsgebiete, die Berufung der Prüferinnen und Prüfer, das Prüfungsverfahren und die Bewertung der Prüfungsleistungen zu regeln (§ 15 Absatz 5 und 7 des Bundesjagdgesetzes).

(3) Die oberste Jagdbehörde kann die Organisation und Durchführung der Jägerprüfung an sachkundige Dritte übertragen (Beleihung), wenn

1. diese zuverlässig sind,
2. keine überwiegenden öffentlichen Interessen entgegenstehen und
3. gewährleistet ist, dass die Vorschriften des Jagdrechts über die Jägerprüfung eingehalten werden.

Die Beleihung kann mit Nebenbestimmungen versehen werden, insbesondere befristet, unter Bedingungen erteilt und mit Auflagen oder dem Vorbehalt des Widerrufs verbunden werden. Die Beleihung und deren Widerruf sind öffentlich bekannt zu machen.

(4) Der Jagdschein wird von der unteren Jagdbehörde erteilt, in deren Bezirk die den Antrag stellende Person ihre Wohnung, bei mehreren Wohnungen ihre Hauptwohnung hat; abweichend von § 13 Absatz 1 Satz 2 Nummer 3 des Nationalparkgesetzes (NLPG) ist die Nationalparkverwaltung des Nationalparks Schwarzwald nicht für Entscheidungen nach den §§ 15 bis 18a des Bundesjagdgesetzes zuständig. Hat die den Antrag stellende Person im Geltungsbereich des Grundgesetzes keine Wohnung, ist die untere Jagdbehörde zuständig, in deren Bezirk die den Antrag stellende Person die Jagd ausüben will. Jagdscheine werden nach § 15 des Bundesjagdgesetzes als Tagesjagdschein, als Einjahresjagdschein für die Dauer eines Jagdjahres oder als Dreijahresjagdschein für die Dauer von drei Jagdjahren ausgestellt.

(5) Für die Zulassung von Ausnahmen nach § 15 Absatz 6 des Bundesjagdgesetzes ist die untere Jagdbehörde zuständig, in deren Bereich die Bewerberin oder der Bewerber die Jagd ausschließlich oder vornehmlich ausüben will.

§ 27 Gebühren für Jagdschein und Jägerprüfung

Für die Erteilung des Jagdscheines und die Teilnahme an der Jägerprüfung werden Gebühren erhoben. Für die Erhebung der Gebühren und Auslagen gilt bei Wahrnehmung dieser Aufgaben durch die Landratsämter oder durch Dritte das Landesgebührengesetz und bei Wahrnehmung dieser Aufgaben durch die Stadtkreise das Kommunalabgabengesetz.

§ 28 Jagdabgabe

(1) Neben der Gebühr für den Jagdschein ist eine Jagdabgabe zu entrichten, die an das Land abzuführen und für Zwecke der Jagdförderung, der jagdlichen und wildbiologischen Forschung sowie der Wildschadensverhütung zu verwenden ist. Die anerkannten Vereinigungen der Jägerinnen und Jäger können Vorschläge für die Verwendung der Mittel aus der Jagdabgabe im Rahmen der Zweckbestimmung nach Satz 1 einreichen. Die oberste Jagdbehörde entscheidet über die Verwendung nach Anhörung derjenigen anerkannten Vereinigungen der Jägerinnen und Jäger, welche die Inhaberinnen und Inhaber eines baden-württembergischen Jahresjagdscheines für Inländer oder diesen Gleichgestellte vertreten, die zusammen mehr als 25 vom Hundert des jährlichen Aufkommens an der Jagdabgabe aufbringen.

(2) Für die Jagdabgabe finden die §§ 9, 11, 18, 21 und 22 des Landesgebührengesetzes entsprechende Anwendung.

(3) Die oberste Jagdbehörde wird ermächtigt, durch Rechtsverordnung im Einvernehmen mit dem Finanzministerium die Höhe der Jagdabgabe festzusetzen. Beim Tagesjagdschein beträgt die Jagdabgabe mindestens 20 Euro und höchstens 30 Euro. Im Übrigen beträgt sie für jedes Jagdjahr, für das der Jagdschein gültig ist, mindestens 38 Euro und höchstens 60 Euro.

Abschnitt 5 Besondere Rechte und Pflichten bei der Jagdausübung

§ 29 Wegerecht

Wer die Jagd ausübt, aber den Weg zum Jagdbezirk nicht auf einem zum allgemeinen Gebrauch bestimmten Weg oder nur auf einem unzumutbaren Umweg nehmen kann, ist zum Betreten und, soweit erforderlich, zum Befahren eines fremden Jagdbezirks in Jagdausrüstung auch auf einem nicht zum allgemeinen Gebrauch bestimmten Weg befugt, der nötigenfalls von der unteren Jagdbehörde festgelegt wird (Jägernotweg). Bei Benutzung des Notwegs dürfen Schusswaffen nur ungeladen und in einem Überzug oder mit verbundenem Schloss oder zerlegt mitgeführt werden. Der Eigentümer oder die Eigentümerin des Grundstücks, über das der Notweg führt, hat Anspruch auf eine angemessene Entschädigung.

§ 30 Jagdeinrichtungen

(1) Die jagdausübungsberechtigte Person darf auf land- und forstwirtschaftlich genutzten Grundstücken besondere Anlagen wie Ansitze, Jagdhütten, Futterplätze und andere ähnliche Jagdeinrichtungen nur mit Zustimmung der Grundeigentümerin oder des Grundeigentümers errichten; die Eigentümerin oder der Eigentümer ist zur Erteilung der Zustimmung verpflichtet, wenn ihr oder ihm die Duldung der Anlage zugemutet werden kann und sie oder er eine angemessene Entschädigung erhält.

(2) In gemeinschaftlichen Jagdbezirken sind die nach Absatz 1 auf fremdem Grund und Boden errichteten Ansitze der Jagdnachfolgerin oder dem Jagdnachfolger auf ihr oder sein Verlangen gegen angemessene Entschädigung zu überlassen.

(3) Das Betreten von Jagdeinrichtungen ohne besondere Befugnis ist nicht zulässig.

§ 31 Sachliche Verbote

(1) Verboten ist im Rahmen der Jagdausübung,

1. ohne eine innerhalb der zurückliegenden 12 Monate unternommene Übung in der Schießfertigkeit an Bewegungsjagden teilzunehmen oder mit Schrot auf Vögel zu schießen,
2. mit Schrot auf Schalenwild zu schießen, ausgenommen ist der Fangschuss,
3. auf Wildtiere mit Bolzen oder Pfeilen, Posten oder gehacktem Blei zu schießen,
4. Schalenwild mit Munition, deren Inhaltsstoffe ein nachgewiesenes Risiko für eine Gefährdung der Gesundheit von Verbraucherinnen und Verbrauchern bei Verzehr des Wildbrets besitzen, zu erlegen, ausgenommen ist der Fangschuss,*
5. mit Bleischrot die Jagd an und über Gewässern auszuüben,
6. mit Schrot in Vogelgruppen zu schießen, es sei denn, eine Verletzung von Vögeln durch Randschrote ist nach dem gewöhnlichen Geschehensablauf nicht zu erwarten,
7. a) auf Rehwild mit Büchsenpatronen zu schießen, deren Auftreffenergie auf 100 Meter (E 100) weniger als 1000 Joule beträgt; ausgenommen ist der Fangschuss,
   b) auf alles übrige Schalenwild mit Büchsenpatronen unter einem Kaliber von 6,5 mm zu schießen; im Kaliber 6,5 mm und darüber müssen die Büchsenpatronen eine Auftreffenergie auf 100 Meter (E 100) von mindestens 2000 Joule haben; ausgenommen ist der Fangschuss,
   c) auf Wildtiere mit halbautomatischen oder automatischen Waffen, die mehr als zwei Patronen in das Magazin aufnehmen können, zu schießen,
   d) auf Wildtiere mit Pistolen oder Revolvern zu schießen; ausgenommen ist die Abgabe von Fangschüssen, wenn die Mündungsenergie der Geschosse mindestens 200 Joule beträgt, sowie die Bau- und Fallenjagd, wenn die Mündungsenergie der Geschosse mindestens 100 Joule beträgt,
8. die Bewegungsjagd bei Nacht oder, wenn Wildtiere durch besondere Umstände großflächig einer stark erhöhten Verletzungsgefahr ausgesetzt sind, auszuüben,
9. Schalenwild sowie Federwild zur Nachtzeit zu erlegen; als Nachtzeit gilt die Zeit von eineinhalb Stunden nach Sonnenuntergang bis eineinhalb Stunden vor Sonnenaufgang; ausgenommen von dem Verbot ist

* § 31 Absatz 1 Nummer 4 tritt am 1. Januar 2016 in Kraft.

das Erlegen von Schwarzwild und in der Zeit nach Sonnenuntergang bis 22 Uhr das Erlegen von weiblichem Rotwild und Rotwildkälbern,

10. a) künstliche Lichtquellen, Spiegel, Vorrichtungen zum Anstrahlen oder Beleuchten des Zieles und Nachtzielgeräte, die einen Bildwandler oder eine elektronische Verstärkung besitzen und für Schusswaffen bestimmt sind, beim Fang oder Erlegen von Wildtieren zu verwenden,
    b) Tonbandgeräte oder elektrische Schläge erteilende Geräte beim Fang oder Erlegen von Wildtieren zu verwenden sowie zur Nachtzeit an künstlichen Lichtquellen Federwild zu fangen,
    c) Vogelleim, Fallen, Angelhaken, Netze, Reusen oder ähnliche Einrichtungen sowie lebende Lockvögel bei der Jagd auf Federwild zu verwenden,
11. Saufänge, Fang- oder Fallgruben anzulegen,
12. Schlingen jeder Art, in denen sich ein Wildtier fangen kann, aufzustellen,
13. Selbstschussgeräte zu verwenden,
14. Wildtiere aus Luftfahrzeugen, Kraftfahrzeugen oder fahrenden Wasserfahrzeugen zu erlegen; das Verbot umfasst nicht das Erlegen von Wildtieren aus Kraftfahrzeugen durch Körperbehinderte mit Erlaubnis der unteren Jagdbehörde,
15. die Hetzjagd auf gesunde Wildtiere auszuüben,
16. Wildtiere zu vergiften oder vergiftete oder betäubende Köder zu verwenden,
17. die Baujagd mit einem Hund am Naturbau auszuüben, es sei denn, sie ist erforderlich, um eine Gefahr für die öffentliche Sicherheit abzuwehren,
18. Arzneimittel, natürliche und synthetische Lockmittel, die aufgrund ihrer Inhaltsstoffe die Gesundheit von Wildtieren oder Menschen gefährden können, sowie Lockmittel, die Tierseuchen verbreiten können, an Wildtiere zu verabreichen oder auszubringen.

(2) Die in Absatz 1 Nummer 7 Buchstabe a und b vorgeschriebenen Energiewerte und Mindestkaliber können unterschritten werden, wenn von einem staatlichen oder staatlich anerkannten Fachinstitut die Verwendbarkeit der Munition für bestimmte jagdliche Zwecke und die tierschutzgerechte Tötungswirkung bestätigt wird. Auf der kleinsten Verpackungseinheit der Munition sind das Fachinstitut, das die Prüfung vorgenommen hat, sowie der Verwendungszweck anzugeben.

(3) Die oberste Jagdbehörde wird ermächtigt, die Verbote des Absatzes 1 durch Rechtsverordnung zu erweitern oder einzuschränken, soweit dies aus besonderen Gründen erforderlich ist, insbesondere aus Gründen der Tierseuchenbekämpfung, zur Vermeidung erheblicher land-, forst- und fi-

schereiwirtschaftlicher Schäden, zur Abwehr von Gefahren für Leib oder Leben von Menschen oder für erhebliche Sachwerte, zum Schutz der Wildtiere, aus Gründen des Tierschutzes, zu wissenschaftlichen Lehr- und Forschungszwecken oder bei Störung des biologischen Gleichgewichts. Unter den gleichen Voraussetzungen können die Verbote auch durch Einzelanordnung der obersten Jagdbehörde eingeschränkt und Ausnahmen zugelassen werden. Einschränkungen und Ausnahmen sind nur unter Beachtung der Vorgaben des § 9 zulässig.

(4) Die oberste Jagdbehörde wird ermächtigt, durch Rechtsverordnung die Zuständigkeit für bestimmte Einzelanordnungen nach Absatz 3 Satz 2 auf die oberen oder unteren Jagdbehörden zu übertragen.

(5) Die untere Jagdbehörde kann aus besonderen Gründen im Sinne des Absatzes 3 unter Beachtung der Vorgaben des § 9 Ausnahmen zulassen von den Verboten des Absatzes 1 Nummer 9.

§ 32 Ausübung der Fangjagd mit Fallen

(1) Bei der Verwendung von Fallen ist ein tierschutzgerechter Fang sicherzustellen und dafür Sorge zu tragen, dass Gefahren für Menschen und nicht bejagbare Tiere vermieden werden. Verwendet werden dürfen nur Fallen, deren Bauart zugelassen ist und die auf ihre zuverlässige Funktion überprüft sind.

(2) Lebendfangfallen müssen nach ihrer Bauart so beschaffen sein, dass sie einen unversehrten Fang gewährleisten.

(3) Die Fangjagd mit Fallen, die töten, ist verboten. Unter den Voraussetzungen des § 31 Absatz 3 kann die untere Jagdbehörde ausnahmsweise Totfangfallen zulassen. Totfangfallen müssen nach ihrer Bauart sofortiges Töten gewährleisten und dürfen nur in geschlossenen Räumen, Fangbunkern oder Fanggärten mit geeigneter Verblendung nach oben oder auf andere Weise so aufgestellt werden, dass von ihnen keine Gefährdung von Menschen, besonders geschützten Tieren oder Haustieren ausgeht.

(4) Für Eigentümerinnen, Eigentümer oder Nutzungsberechtigte von Grundflächen, auf denen die Jagd ruht, genügt für eine im Rahmen des § 13 Absatz 4 erlaubte Fangjagd ein Fallensachkundenachweis. Dieser ist zu erteilen, wenn die volljährige Bewerberin oder der volljährige Bewerber an einem mindestens 20 Stunden umfassenden Fallenlehrgang einer auf Grund der Vorschriften der Jägerprüfungsordnung anerkannten ausbildenden Person oder der Jagdschule des Landesjagdverbandes teilgenommen hat. Die oberste Jagdbehörde wird ermächtigt, durch Rechtsverordnung das

Nähere über die Erteilung von Sachkundenachweisen, insbesondere das Verfahren zu regeln.

(5) Die oberste Jagdbehörde wird ermächtigt, durch Rechtsverordnung die Bauart bestimmter Fallen zuzulassen sowie nähere Vorschriften zu erlassen über die Funktionenüberprüfung, Verwendung und Registrierung der Fallen und über die Kontrolle des Falleneinsatzes.

§ 33 Fütterung, Kirrung

(1) Im Rahmen der Hegeverpflichtung nach § 3 Absatz 1 Satz 2 haben die Inhaberinnen und Inhaber des Jagdrechts und die jagdausübungsberechtigten Personen die natürlichen Lebensgrundlagen der Wildtiere zu schützen, zu erhalten und gegebenenfalls zu verbessern, insbesondere durch Maßnahmen der Reviergestaltung und Äsungsverbesserung den Wildtieren eine natürliche Äsung zu sichern.

(2)* Die Fütterung von Schalenwild, einschließlich der Fütterung zur Ablenkung, ist verboten. Abweichend von Satz 1 ist in Ausnahmefällen eine Fütterung durch jagdausübungsberechtigte Personen nach Maßgabe des Absatzes 3 zulässig, wenn die Fütterung der obersten Jagdbehörde angezeigt und eine Konzeption zur Fütterung vorgelegt wird, welche die Anforderungen der Sätze 3 bis 8 beachtet. Die Konzeption muss wildtierökologische Erkenntnisse beachten, sich insbesondere auf den Lebensraum des Schalenwildes beziehen und mindestens 2 500 Hektar jagdbare Fläche umfassen. Sie muss die verfolgten Ziele, die zu verwendenden Futtermittel und Einrichtungen sowie den Umfang und die Art und Weise der Fütterung darstellen. Eine Fütterung ist nur zulässig, soweit sie aus den in § 31 Absatz 3 genannten Gründen erforderlich ist. Zur Fütterung dürfen nur solche Futtermittel ausgebracht werden, die der natürlichen Nahrung des Schalenwildes entsprechen und artgerecht sind. Ablenkfütterungen für Schwarzwild dürfen im Rahmen der Konzeption nur innerhalb des Waldes und mit einem Abstand von mehr als 300 Metern zum Waldrand betrieben werden. In dem Bereich bis zu einem Abstand von 300 Metern von der Grenze eines Jagdbezirks sind Fütterungen unzulässig, es sei denn, die in dem angrenzenden Jagdbezirk jagdausübungsberechtigte Person hat schriftlich zugestimmt.

(3)* Nach Ablauf von drei Monaten nach Vorlage der Fütterungskonzeption und Anzeige der geplanten Fütterung durch die jagdausübungsberechtigten Personen darf die Fütterung auf Grundlage der Konzeption für die folgenden sechs Jahre durchgeführt werden, es sei denn, die oberste Jagdbe-

* § 33 Absatz 2 und 3 treten am 1. April 2016 in Kraft.

hörde beanstandet, dass die Konzeption den Anforderungen nach Absatz 2 nicht entspricht. Im Umkreis von 300 Metern um zulässig betriebene Fütterungen ruht die Jagd.

(4) Wildenten, Wildgänse und Schwäne, die diesem Gesetz unterliegen, dürfen nur von jagdausübungsberechtigten Personen und nur dann gefüttert werden, wenn die untere Jagdbehörde wegen Futternot eine Fütterung anordnet oder ihre Fütterung zur Ablenkung außerhalb der Jagdzeit und bis spätestens sechs Wochen vor Beginn der Jagdzeit stattfindet.

(5) Das Anlocken von Wildtieren mit geringen Futtermengen zur Erleichterung der Bejagung (Kirrung) ist während der Jagdzeit erlaubt. Während der allgemeinen Schonzeit nach § 41 Absatz 2 ist die Kirrung auch auf den Flächen, auf denen die Jagdausübung auf Schwarzwild zulässig bleibt, unzulässig. In dem Bereich bis zu einem Abstand von 100 Metern von der Grenze eines Jagdbezirks sind Kirrungen und sonstige Maßnahmen zum Anlocken von Wildtieren unzulässig, es sei denn, die in dem angrenzenden Jagdbezirk jagdausübungsberechtigte Person hat den Maßnahmen schriftlich zugestimmt. Die Kirrung von Schwarzwild ist nur im Wald zulässig.

(6) Die untere Jagdbehörde kann aus besonderen Gründen Ablenkungsfütterungen und Kirrungen zeitlich, räumlich und auf bestimmte Wildtierarten begrenzt untersagen.

(7) Die oberste Jagdbehörde wird ermächtigt, durch Rechtsverordnung nähere Bestimmungen zu treffen

1. über die Anforderungen, die an eine Konzeption nach Absatz 2 zu stellen sind,
2. zur Verhinderung einer missbräuchlichen Wildfütterung, Ablenkungsfütterung und Kirrung,
3. zu bestimmten Gebieten, in denen Ablenkungsfütterungen und Kirrungen untersagt sind, wenn die Gebiete dadurch beeinträchtigt werden können,
4. über die zulässigen Futter- und Kirrmittel, Fütterungs- und Kirrungseinrichtungen sowie die Art und Weise des Ausbringens der Futter- und Kirrmittel.

s. DVO § 3 Positiv-Liste

§ 34 Abschussziele*

(1) *Der Abschuss der Wildtiere ist so zu regeln, dass er den Zielen des Gesetzes nach § 2 entspricht. Die unteren Forstbehörden erstellen in den staatlichen und kommunalen Eigenjagdbezirken sowie in den gemein-*

---

* Die §§ 34 und 35 treten am 1. April 2016 in Kraft.

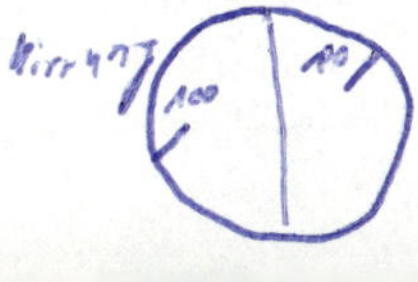

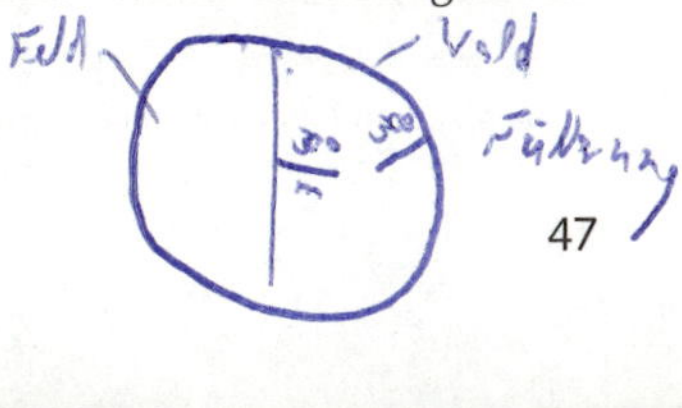

schaftlichen Jagdbezirken für die einzelnen Jagdreviere forstliche Gutachten über den Einfluss des Wildverbisses auf die Erreichung waldbaulicher Ziele. Die Gutachten sollen Vorschläge zur Abschussplanung enthalten. Die übrigen betroffenen Fachbehörden bei den unteren Verwaltungsbehörden nehmen, soweit erforderlich, zur Erreichung der Ziele nach § 2 Stellung.

(2) *Im Falle der Jagdpacht haben die Vertragsparteien eine Zielvereinbarung über den Abschuss von Rehwild im Pachtgebiet zu treffen. In den übrigen Fällen haben die Inhaberinnen oder Inhaber eines Eigenjagdbezirks sowie die Jagdgenossenschaften die Ziele hinsichtlich des Abschusses von Rehwild im jeweiligen Jagdbezirk festzusetzen (Zielsetzung). Zielvereinbarung und Zielsetzung müssen den Vorgaben des Absatzes 1 entsprechen und alle drei Jahre nach Vorliegen des Gutachtens nach Absatz 1 neu erstellt werden; sie sollen Maßnahmen der Hege und des Wildtiermanagements, die das jeweilige Gebiet betreffen, berücksichtigen und können solche Maßnahmen vorsehen. Sie können auch Aussagen über den Abschuss anderer Wildtiere enthalten.*

(3) *Kommt eine Zielvereinbarung nach Absatz 2 Satz 1 nicht zustande, haben die Vertragsparteien dies der unteren Jagdbehörde binnen einen Monats nach Beginn des Jagdjahres anzuzeigen. Die untere Jagdbehörde kann von den in Absatz 2 genannten Personen verlangen, ihr den Inhalt der Zielvereinbarung oder Zielsetzung mitzuteilen.*

(4) *Die oberste Jagdbehörde wird ermächtigt, durch Rechtsverordnung nähere Bestimmungen zur Form und zum Inhalt der Zielvereinbarung und der Zielsetzung nach Absatz 2 zu treffen.*

§ 35 Abschussplan und Streckenliste*

(1) *Für Rot-, Gams-, Sika-, Dam- und Muffelwild hat die untere Jagdbehörde einen Abschussplan festzusetzen, soweit hierfür keine Hegegemeinschaft nach § 47 Absatz 2 oder 4 zuständig ist oder die oberste Jagdbehörde nach Absatz 8 Nummer 4 nichts anderes bestimmt. In begründeten Ausnahmefällen kann die untere Jagdbehörde abweichend von Satz 1 von der Festsetzung absehen. Besteht keine Zielvereinbarung oder Zielsetzung im Sinne des § 34 Absatz 2, kann sie einen Abschussplan für Rehwild festsetzen, soweit dies erforderlich ist, um eine den Vorgaben des § 34 Absatz 1 entsprechende Jagdausübung sicherzustellen.*

(2) *Der Abschussplan legt den Abschuss für einen Zeitraum von ein bis drei Jahren, getrennt nach Wildtierarten und Geschlecht mit Ausnahme*

---

* Die §§ 34 und 35 treten am 1. April 2016 in Kraft.

von Jungtieren im ersten Lebensjahr, beim Rotwild auch nach Altersstufen, fest.

(3) *Die jagdausübungsberechtigten Personen haben für die in Absatz 1 Satz 1 genannten Wildtierarten und bei Aufforderung durch die untere Jagdbehörde auch für Rehwild zum Ende des Abschussplanzeitraums nach Absatz 2 bis zum 15. April einen Vorschlag für den Abschussplan einzureichen. Bei Jagdverpachtung muss der Planvorschlag im Einvernehmen mit der verpachtenden Person erfolgen.*

(4) *Die untere Jagdbehörde setzt den Abschussplan auf der Grundlage des § 34 Absatz 1 fest. Ist das Gebiet einer bestätigten Hegegemeinschaft betroffen, ist diese anzuhören. Ist ein Abschussplan für eine Wildtierart festgesetzt, dürfen die von dem Plan erfassten Wildtiere nur auf Grund und im Rahmen des Plans erlegt werden.*

(5) *Die jagdausübungsberechtigte Person ist verpflichtet, den Abschussplan notfalls unter Hinzuziehung anderer Personen, welche die Jagd ausüben dürfen, zu erfüllen. Die untere Jagdbehörde trifft die zur Erfüllung des Abschussplans erforderlichen Anordnungen; § 36 Absatz 4 findet entsprechende Anwendung.*

(6) *Die jagdausübungsberechtigte Person hat über erlegte und verendete Wildtiere* mit Ausnahme *der vor Beginn ihrer Jagdzeit verendeten Jungtiere eine Liste* (Streckenliste) *zu führen, die der unteren Jagdbehörde auf Verlangen jederzeit, spätestens jährlich am Ende des Jagdjahres, zu übermitteln ist. Darüber hinaus kann die untere Jagdbehörde anordnen, ihr jeden Abschuss von Schalenwild, das einem Abschussplan unterliegt, zu melden und das erlegte Stück oder Teile desselben vorzulegen.*

(7) *In den Fällen des Absatzes 1 Satz 1 setzt eine Hegegemeinschaft nach § 47 Absatz 2 oder 4 den Abschussplan für von ihr bewirtschaftete Wildtierarten anstelle der unteren Jagdbehörde fest und trifft die Anordnungen nach Absatz 5 Satz 2 und Absatz 6 Satz 2.*

(8) *Die oberste Jagdbehörde wird ermächtigt, durch Rechtsverordnung*

1. *nähere Bestimmungen über die Abschusspläne, die Überwachung ihrer Einhaltung und ihre zwangsweise Durchsetzung zu treffen,*
2. *nähere Bestimmungen über die fachlichen Anforderungen und das Verfahren zur Erstellung der Gutachten nach § 34 Absatz 1, die Erhebung und Verarbeitung von Daten über die Verhältnisse in den Jagdbezirken, insbesondere über den Bestand der Wildtierarten, sowie über den Inhalt und die Übermittlung der Streckenliste zu treffen,*
3. *unter besonderer Berücksichtigung der Hegegrundsätze nach § 5 Absatz 4 Rotwildgebiete auszuweisen, aufzuheben und für die Bejagung des Rotwildes besondere Bestimmungen zu erlassen,*

4. zu bestimmen, dass auf die in Absatz 1 Satz 1 genannten Arten die Vorschriften des § 34 und des Absatzes 1 Satz 3 für Rehwild Anwendung finden, wenn die Ziele des Gesetzes nicht entgegenstehen.

(9) *In Abweichung von Absatz 4 Satz 3 kann die oberste Jagdbehörde für bestimmte Jagdbezirke*

1. zu wissenschaftlichen Zwecken,
2. zu Forschungszwecken oder
3. zur Durchführung von Pilotprojekten

durch Einzelanordnung die jagdausübungsberechtigte Person von der Pflicht, Abschüsse von Schalenwild nur auf Grund und im Rahmen eines Abschussplans durchzuführen, entbinden. Die Ausnahme ist nur zulässig, wenn die jagdausübungsberechtigte Person und

1. bei gemeinschaftlichen Jagdbezirken die Jagdgenossenschaft,
2. bei Eigenjagdbezirken die Inhaberin oder der Inhaber des Eigenjagdbezirks

zugestimmt haben.

§ 36 Steuerung des Wildtierbestandes im Einzelfall

(1) Die untere Jagdbehörde kann anordnen, dass die jagdausübungsberechtigte Person, unabhängig von den Vorschriften zu Jagd- und Schonzeiten, innerhalb einer bestimmten Frist in bestimmtem Umfang den Wildtierbestand zu verringern oder einzelne Wildtiere zu erlegen hat, wenn dies mit Rücksicht auf überwiegende Gründe des öffentlichen Interesses, insbesondere auf die Interessen der Land-, Forst- und Fischereiwirtschaft und die Belange des Naturschutzes, der Landschaftspflege, zur Bekämpfung von Tierseuchen oder zur Abwehr von Gefahren für die öffentliche Sicherheit notwendig ist.

(2) Die untere Jagdbehörde kann die Jagdausübung auf bestimmte Arten von Wildtieren in bestimmten Jagdbezirken oder in bestimmten Revieren dauernd oder zeitweise gänzlich verbieten oder beschränken, soweit dies auf Grund der Bestandssituation der Arten erforderlich ist, um die Bedrohung des Bestandes zu verhindern. Weist der Wildtierbericht für Arten des Entwicklungsmanagements auf ein Erfordernis nach Satz 1 hin, hat die untere Jagdbehörde die geeigneten Maßnahmen nach Satz 1 zu treffen.

(3) Soweit die in Absatz 1 oder 2 genannten Voraussetzungen vorliegen, kann die untere Jagdbehörde im Einzelfall anordnen, dass die jagdausübungsberechtigte Person mit jagdlichen Mitteln an der Umsetzung reviergreifender Konzepte, die den Zielen des § 5 Absatz 3 und 4 dienen, mitwirkt oder ihre Jagdausübung an derartigen Konzepten ausrichtet, so-

weit dies erforderlich und der jagdausübungsberechtigten Person zumutbar ist. Die untere Jagdbehörde kann dazu eine bestimmte Art und einen bestimmten Umfang der Jagdausübung vorschreiben.

(4) Kommt die jagdausübungsberechtigte Person einer Anordnung nach den Absätzen 1 bis 3 nicht nach, kann die untere Jagdbehörde die Anordnung nach den Vorschriften des Landesverwaltungsvollstreckungsgesetzes durchsetzen, insbesondere für Rechnung der jagdausübungsberechtigten Person den Wildtierbestand verringern lassen. Die erlegten Wildtiere sind gegen einen angemessenen Aufwendungsersatz der jagdausübungsberechtigten Person zu überlassen.

§ 37 Aussetzen von Wildtieren

(1) Tiere der diesem Gesetz unterstellten Arten dürfen nur mit Genehmigung der obersten Jagdbehörde in der freien Natur ausgesetzt werden. Bei Arten, die dem Schutzmanagement unterliegen, bedarf die Genehmigung des Einvernehmens der obersten Naturschutzbehörde; Absatz 3 bleibt unberührt. Dem Aussetzen dürfen die in § 5 Absatz 3 und 4 genannten Ziele und Belange nicht entgegenstehen.

(2) Absatz 1 gilt nicht für eingefangene oder aufgezogene Wildtiere, die der Natur entnommen worden sind, um sie aufzuziehen, gesundzupflegen, tierärztlich oder wissenschaftlich zu untersuchen oder vor dem Verlust zu bewahren, und im Anschluss daran wieder freigelassen werden. Dasselbe gilt für die nach § 13 Absatz 4 gefangenen Wildtiere, sofern sie im Jagdbezirk der jeweiligen Gemeinde freigelassen werden.

(3) Absatz 1 gilt nicht für Fasanen und Rebhühner, die zur Bestandsstützung ausgesetzt werden. Diese Tiere dürfen im laufenden und folgenden Jagdjahr nicht erlegt werden.

§ 38 Verhindern vermeidbarer Schmerzen und Leiden der Wildtiere

(1) Die zur Jagdausübung befugten Personen sind verpflichtet, den Wildtieren Schmerzen oder Leiden zu ersparen, die über das unvermeidbare Maß hinausgehen. Um krankgeschossene Wildtiere vor das unvermeidbare Maß übersteigenden Schmerzen oder Leiden zu bewahren, sind diese unverzüglich zu erlegen; das gleiche gilt für schwerkranke oder auf andere Weise schwer verletzte Wildtiere, es sei denn, dass es genügt und möglich ist, sie zu fangen und zu versorgen. Erlegt die zur Jagdausübung befugte Person im Falle des Satzes 2 ein Wildtier der nach den Vorschriften des Bundesnaturschutzgesetzes streng geschützten Arten, hat sie das Wildtier an eines der Chemischen und Veterinäruntersuchungsämter Stuttgart, Karlsruhe oder

Freiburg oder an das Staatliche Tierärztliche Untersuchungsamt Aulendorf – Diagnostikzentrum zur Untersuchung abzugeben und unter Vorlage des Untersuchungsbefundes der unteren Jagdbehörde darzulegen, dass das Erlegen zur Verhinderung unnötiger Schmerzen und Leiden erforderlich war; die untere Jagdbehörde setzt die höhere Naturschutzbehörde über den Vorgang in Kenntnis.

(2) Die jagdausübungsberechtigte Person ist verpflichtet, für eine unverzügliche und fachgerechte Nachsuche krank geschossener, schwerkranker oder auf andere Weise schwer verletzter Wildtiere auch über die Grenze des Jagdbezirks hinaus zu sorgen.

(3) Bei Such- und Bewegungsjagden sowie bei jeglicher Bejagung von Federwild sind geeignete Jagdhunde mitzuführen und zur Nachsuche zu verwenden. Für sonstige Nachsuchen sind brauchbare Jagdhunde bereitzuhalten und einzusetzen, wenn es nach den Umständen erforderlich ist. Die oberste Jagdbehörde wird ermächtigt, durch Rechtsverordnung nähere Bestimmungen zu treffen über die Anforderungen, die nach Absatz 2 sowie Satz 1 und 2 an die Eignung der Jagdhunde zu stellen sind, und die Ausbildung der Jagdhunde zur Wahrung der Belange des Tierschutzes zu regeln.

§ 39 Wildfolge

(1) Ein krankgeschossenes, schwerkrankes oder aus sonstigen Gründen schwer verletztes Wildtier, das in ein fremdes Jagdrevier wechselt, darf verfolgt werden, um es vor vermeidbaren Schmerzen oder Leiden zu bewahren (Wildfolge), wenn die Wildfolge mit der jagdausübungsberechtigten Person dieses Jagdreviers schriftlich vereinbart worden ist. Die Vereinbarung muss die Wildfolge zumindest nach Maßgabe des Absatzes 2 Nummer 1 bis 5 erlauben.

(2) Wenn eine schriftliche Vereinbarung nach Absatz 1 nicht besteht, darf die Wildfolge nach folgender Maßgabe ausgeübt werden:

1. Wechselt ein krankgeschossenes, schwerkrankes oder aus sonstigen Gründen schwer verletztes Wildtier über die Grenze des Jagdreviers und ist es für einen sicheren Schuss erreichbar, ist es von der zur Jagdausübung befugten Person von ihrem Jagdrevier aus zu erlegen und am Erlegungsort zu versorgen. Wildtiere sind auch zu versorgen, wenn sie in Sichtweite im Nachbarrevier verenden.
2. Wildtiere darf die zur Jagdausübung befugte Person sicherstellen, muss sie aber unverzüglich der Reviernachbarin oder dem Reviernachbarn abliefern.

3. Das Erlegen von Wildtieren im benachbarten Revier ist der dort jagdausübungsberechtigten Person oder deren Vertretung durch die das Wildtier erlegende Person unverzüglich zu melden.
4. Wechselt ein krankgeschossenes, schwerkrankes oder aus sonstigen Gründen schwer verletztes Wildtier über die Grenze des Jagdreviers und ist es für einen sicheren Schuss nicht erreichbar, hat die zur Jagdausübung befugte Person die Stelle des Überwechselns, gegebenenfalls den Anschuss nach Möglichkeit kenntlich zu machen. Die jagdausübungsberechtigte Person des Nachbarreviers oder deren Vertretungsperson ist unverzüglich zu benachrichtigen. Für die Nachsuche hat sich die zur Jagdausübung befugte Person oder eine mit den Vorgängen vertraute Person zur Verfügung zu stellen. Kann nur durch sofortige Aufnahme oder Weiterführung der Nachsuche mit einem geeigneten Jagdhund ein krankgeschossenes, schwerkrankes oder aus sonstigen Gründen schwer verletztes Wildtier vor vermeidbaren Schmerzen oder Leiden bewahrt werden, darf die zur Jagdausübung befugte Person Nachbarreviere für die Nachsuche mit geeigneten Jagdwaffen betreten, wenn sie die jeweiligen jagdausübungsberechtigten Personen zuvor nicht oder nicht unverzüglich benachrichtigt hat. Nach Beendigung der Nachsuche sind letztere unverzüglich zu benachrichtigen.
5. Zum Zwecke der Wildfolge dürfen anerkannte Nachsuchegespanne ohne Zustimmung der jagdausübungsberechtigten Personen des angrenzenden Reviers die Reviergrenzen unter Mitführung geeigneter Jagdwaffen sowie in Begleitung einer weiteren zur Nachsuche ausgerüsteten Person, die Inhaberin eines Jagdscheins ist und ebenfalls geeignete Jagdwaffen führen darf, überschreiten, die Wildtiere erlegen und versorgen. Nach Beendigung der Nachsuche sind die jagdausübungsberechtigten Personen unverzüglich zu benachrichtigen.

(3) Ein erlegtes Wildtier, das der Abschussplanung unterliegt, ist auf den Abschussplan derjenigen Person anzurechnen, in deren Revier das Wildtier angeschossen wurde.

(4) Die oberste Jagdbehörde wird ermächtigt, zur Sicherstellung einer ordnungsgemäßen und wirksamen Durchführung der Wildfolge durch Rechtsverordnung nähere Bestimmungen über die Anerkennung der Nachsuchegespanne und deren Voraussetzungen zu treffen.

(5) Das Überjagen von Hunden auf angrenzende Jagdreviere ist von den jagdausübungsberechtigten Personen der angrenzenden Jagdreviere bei bis zu drei auf derselben Grundfläche durchgeführten Bewegungsjagden im Jagdjahr zu dulden, wenn ihnen die Durchführung der Bewegungsjagd spätestens 48 Stunden vor Beginn angekündigt wurde. Wenn es die jagdausübungsberechtigte Person des angrenzenden Jagdreviers verlangt, dürfen

die auf der Bewegungsjagd eingesetzten Jagdhunde nur mit einem Mindestabstand von 200 Metern zur Reviergrenze geschnallt werden.

§ 40 Örtliche Verbote

An Orten, an denen die Jagdausübung nach den Umständen des Einzelfalles die öffentliche Ruhe, Ordnung oder Sicherheit stören oder das Leben von Menschen gefährden würde, darf die Jagd nicht ausgeübt werden.

Abschnitt 6 Sicherung der Nachhaltigkeit, Wildtierschutz

§ 41 Jagd- und Schonzeiten

(1) Die Jagd auf Wildtiere darf nur zu bestimmten Zeiten ausgeübt werden (Jagdzeiten). Außerhalb der Jagdzeiten sind Wildtiere mit der Jagd zu verschonen (Schonzeiten). Ist eine Jagdzeit für eine Wildtierart nicht bestimmt, ist die Art während des ganzen Jahres mit der Jagd zu verschonen.

(2) In der Zeit vom 1. März bis 30. April sind sämtliche Wildtiere mit der Jagd zu verschonen (allgemeine Schonzeit). Abweichend von Satz 1 sind die Jagd auf Schwarzwild im Wald bis zu einem Abstand von 200 Metern vom Waldaußenrand und in der offenen Landschaft sowie das Aufsuchen und Nachstellen im Rahmen der Ausbildung von Jagdhunden zulässig.

(3) In den Setz- und Brutzeiten dürfen bis zum Selbständigwerden der Jungtiere die für die Aufzucht notwendigen Elterntiere, auch die von Wildtieren ohne Schonzeit, nicht bejagt werden. Die obere Jagdbehörde kann für bestimmte Arten von Wildtieren, die nicht dem Schutzmanagement unterliegen, aus besonderen Gründen, insbesondere bei Störung des biologischen Gleichgewichts oder bei schwerer Schädigung der Landeskultur, oder in Einzelfällen zu wissenschaftlichen Lehr- und Forschungszwecken Ausnahmen unter Beachtung der Vorgaben des § 9 zulassen.

(4) Die oberste Jagdbehörde wird ermächtigt, unter Beachtung der Ziele und Maßgaben dieses Gesetzes sowie der in § 9 genannten Vorgaben durch Rechtsverordnung für die Arten von Wildtieren, die dem Nutzungs- oder Entwicklungsmanagement unterliegen, Jagd- und Schonzeiten im Sinne des Absatzes 1 zu bestimmen. Dabei kann es für verschiedene Gebiete oder Naturräume unterschiedliche Jagd- und Schonzeiten bestimmen.

(5) Die oberen Jagdbehörden werden ermächtigt, unter Beachtung der Ziele und Maßgaben dieses Gesetzes sowie der in § 9 genannten Vorgaben durch Rechtsverordnung

Rehwild Schwarzw; Fasan, Dachs, Hase, Marder

1. für bestimmte Arten von Wildtieren, die dem Nutzungs- oder Entwicklungsmanagement unterliegen, aus besonderen Gründen, insbesondere aus Gründen der Tierseuchenbekämpfung und der Landeskultur, zur Vermeidung übermäßiger Wildschäden, zu wissenschaftlichen Lehr- und Forschungszwecken, bei Störung des biologischen Gleichgewichts oder der Wildhege, für bestimmte Gebiete die Schonzeiten abzukürzen oder aufzuheben oder besondere Jagdzeiten zu bestimmen,
2. Ausnahmen von dem Jagdverbot in den Setz- und Brutzeiten nach Absatz 3 Satz 1 unter den Voraussetzungen des Absatzes 3 Satz 2 zu bestimmen.

(6) Die untere Jagdbehörde kann unter Beachtung der Vorgaben des § 9
1. für den Lebendfang von Wildtieren, deren Arten nicht dem Schutzmanagement unterliegen, in Einzelfällen Ausnahmen von Absatz 1 Satz 2 zulassen,
2. für bestimmte Gebiete oder für einzelne Jagdbezirke unter den Voraussetzungen des Absatzes 5 Nummer 1 im Einvernehmen mit der oberen Jagdbehörde auch durch Einzelanordnung die Schonzeiten mit Ausnahme der Schonzeiten nach Absatz 2 abkürzen oder aufheben oder besondere Jagdzeiten bestimmen.

(7) Das Sammeln der Eier von Federwild und Ausnehmen der Gelege ist verboten. Die zuständige Naturschutzbehörde entscheidet über Ausnahmen von Satz 1 nach § 45 Absatz 7 des Bundesnaturschutzgesetzes.

§ 42 Wildruhegebiete, Gebiete mit besonderen Schutzanforderungen

(1) Gebiete, in denen ein besonderer Schutz der Wildtiere oder bestimmter Wildtierarten aus wissenschaftlichen oder hegerischen Gründen, wegen ihrer Bedeutung als Ruhe-, Fortpflanzungs- oder Nahrungsstätte oder ihrer Bedeutung für die Verbindung ihrer Lebensräume erforderlich ist, können durch Rechtsverordnung der oberen Jagdbehörde im Benehmen mit der höheren Naturschutzbehörde zu Wildruhegebieten erklärt werden.

(2) In der Rechtsverordnung sind der Schutzgegenstand, der wesentliche Schutzzweck und die dazu erforderlichen Ge- und Verbote sowie Schutz- und Pflegemaßnahmen zu bestimmen. Sie kann auch Regelungen enthalten über notwendige Beschränkungen der Jagdausübung, der wirtschaftlichen Nutzung, des Gemeingebrauchs an oberirdischen Gewässern oder der Befugnis zum Betreten des Gebietes. Soweit eine hiernach getroffene Anordnung enteignende Wirkung hat, ist die betroffene Person in Geld angemessen zu entschädigen; die §§ 7 bis 16 des Landesenteignungsgesetzes gelten entsprechend.

(3) Vor Erlass der Rechtsverordnung sind die betroffenen Eigentümerinnen, Eigentümer und sonstigen Berechtigten anzuhören. § 74 Absatz 1, 2 und 7 sowie § 35 Absatz 2 des Naturschutzgesetzes sind entsprechend anzuwenden.

(4) Die untere Jagdbehörde kann durch Rechtsverordnung oder Einzelanordnung das Betreten von Teilen der offenen Landschaft und des Waldes

1. zum Schutz der den Wildtieren als Setz-, Brut- und Nistgelegenheiten dienenden Lebensbereiche,
2. zur Durchführung zulässiger Fütterungsmaßnahmen

vorübergehend untersagen oder beschränken. Absatz 3 gilt entsprechend.

(5) Die Jagdausübung in Schutzgebieten nach den Vorschriften des Naturschutzrechts und des Landeswaldgesetzes darf dem jeweiligen Schutzzweck nicht widersprechen. Die für die Erklärung zum Schutzgebiet zuständige Behörde trifft für Naturschutzgebiete, Kernzonen von Biosphärengebieten, flächenhafte Naturdenkmale und für Bann- und Schonwälder die dazu erforderlichen Regelungen im Rahmen der hierfür geltenden Vorschriften des Naturschutzrechts und des Landeswaldgesetzes im Benehmen mit der Jagdbehörde derselben Verwaltungsebene. Die Wahrnehmung des Jagdrechts ist zu gestatten, soweit der Schutzzweck nicht entgegensteht. Die Jagd und das Wildtiermanagement im Nationalpark Schwarzwald müssen den Vorschriften des Nationalparkgesetzes und den Vorgaben des Nationalparkplans entsprechen.

(6) Bei Querungshilfen für Wildtiere, insbesondere Grünbrücken und Grünunterführungen, ist die Jagdausübung in einem Umfeld von 250 Metern, gemessen vom Zugangsbereich der Querungshilfe, untersagt. Davon nicht erfasst werden die in §§ 38 und 39 geregelten Rechte und Pflichten. Die untere Jagdbehörde kann abweichend von Satz 1 eine nach Art, Umfang und Dauer bestimmte Jagdausübung im Benehmen mit der höheren Naturschutzbehörde unter Beachtung der Vorgaben des § 9 zulassen, soweit dies aus besonderen Gründen, insbesondere aus Gründen der Tierseuchenbekämpfung oder zur Vermeidung erheblicher land- und forstwirtschaftlicher Schäden, erforderlich ist.

§ 43 Beitrag zum Wildtiermonitoring*

Die jagdausübungsberechtigte Person hat der unteren Jagdbehörde zum Ende jeden Jagdjahres über ihre Beobachtungen zu Wildtieren und zu den Verhältnissen im jeweiligen Jagdrevier und Jagdjahr, insbesondere zu Bestand, Lebensraum und Zustand, zu berichten. Die Pflichten zum Monito-

* § 43 tritt am 1. April 2017 in Kraft.

ring nach dem Tiergesundheitsgesetz und den darauf beruhenden Rechtsvorschriften bleiben unberührt. Die oberste Jagdbehörde wird ermächtigt, zum Zweck der fortlaufenden und systematischen Erfassung, Beobachtung und Überwachung der Wildtiere, für Zwecke der Wildtierforschung und zu dem Zweck, die tatsächlichen Grundlagen für Maßnahmen des Wildtiermanagements zu ermitteln, in einer Rechtsverordnung nähere Bestimmungen über die nach Satz 1 anzugebenden Daten, deren Erhebung und Verarbeitung zu treffen.

§ 44 Wildtierbericht

Maßgabe für Einteilung in Managementstufe

(1) Die oberste Jagdbehörde erstellt alle drei Jahre und bei besonderer Veranlassung einen Wildtierbericht für Baden-Württemberg. Dabei werden wissenschaftliche Einrichtungen und andere betroffene Landesbehörden beteiligt. Die Aussagen des Wildtierberichts zu Wildtierarten, die nach den Vorschriften des Bundesnaturschutzgesetzes streng geschützt sind, trifft die oberste Jagdbehörde im Einvernehmen mit der obersten Naturschutzbehörde.

(2) Grundlage des Wildtierberichts sind die Ergebnisse der Wildtierforschung für Baden-Württemberg. Dazu zählen insbesondere wissenschaftliche Bestandserhebungen, die Gutachten nach § 34 Absatz 1 und Streckenlisten nach § 35 Absatz 6, die Ergebnisse des Wildtiermonitorings nach § 43 sowie die Berichte nach Artikel 17 der Richtlinie 92/43/EWG und Artikel 12 der Richtlinie 2009/147/EG.

(3) Der Wildtierbericht hat Aussagen zu treffen über

1. die Bestandssituation und Bestandsentwicklung der in Baden-Württemberg vorkommenden Arten der Wildtiere sowie die Ursachen für Bestandsveränderungen,
2. den Lebensraum dieser Arten,
3. die Gebiete, in denen die Bestandssituation bestimmter Arten von Wildtieren, die dem Entwicklungsmanagement unterliegen, eine Beschränkung der Jagdausübung oder eine Jagdruhe erfordert,
4. die in Baden-Württemberg auftretenden Konflikte mit Wildtieren.

(4) Der Wildtierbericht hat Empfehlungen darüber zu enthalten, ob diesem Gesetz weitere in Baden-Württemberg wild lebende Tierarten unterstellt, in welche Managementstufe nach § 7 die dem Gesetz unterliegenden Arten der Wildtiere zugeordnet und ob Tierarten aus dem Anwendungsbereich des Gesetzes entlassen werden sollen. Er soll Empfehlungen zu Maßnahmen der Hege und des Wildtiermanagements im Sinne des § 5 enthalten.

(5) Die Zuständigkeiten für die europarechtlichen Berichtspflichten bleiben unberührt.

§ 45 Besondere Hegemaßnahmen

Die Inhaberinnen und Inhaber des Jagdrechts und die jagdausübungsberechtigten Personen sollen zur Erreichung der Ziele des § 5 Absatz 4 in angemessenem Umfang besondere Hegemaßnahmen, die zugunsten von dem Entwicklungs- und Schutzmanagement zugeordneten Wildtierarten erforderlich werden, ergreifen und sich an der Aufstellung und Umsetzung von revierübergreifenden Konzepten zur Erreichung dieser Ziele beteiligen.

§ 46 Generalwildwegeplan

(1) Der Generalwildwegeplan stellt die Flächen und Korridore in Baden-Württemberg dar, die für die Vernetzung der Waldlebensräume der Wildtiere im Rahmen eines länderübergreifenden Biotopverbundes unter Berücksichtigung der gegebenen Flächennutzung erforderlich sind. Der Generalwildwegeplan soll auf bestehende Barrieren, die der Vernetzung der Lebensräume entgegenstehen oder diese erschweren, und auf Maßnahmen, welche die Vernetzung der Lebensräume fördern können, hinweisen.

(2) Die oberste Jagdbehörde erstellt den Generalwildwegeplan unter Beteiligung wissenschaftlicher Einrichtungen alle zehn Jahre oder bei besonderer Veranlassung. § 44 Absatz 2 gilt entsprechend. Der Generalwildwegeplan ist zu begründen.

(3) Der Inhalt des Generalwildwegeplans ist von öffentlichen Stellen als Informations-, Planungs- und Abwägungsgrundlage bei raumbedeutsamen Planungen und Maßnahmen sowie Entscheidungen über die Zulässigkeit raumbedeutsamer Maßnahmen im Rahmen der fachgesetzlichen Abwägungssystematik zu berücksichtigen.

§ 47 Hegegemeinschaften

(1) Die jagdausübungsberechtigten Personen, Inhaberinnen und Inhaber der Eigenjagdbezirke und Jagdgenossenschaften mehrerer zusammenhängender Jagdbezirke können sich auf privatrechtlicher Grundlage zusammenschließen, um Maßnahmen der Bejagung, der Hege und des Wildtiermanagements jagdbezirksübergreifend abzustimmen und nach einheitlichen Grundsätzen durchzuführen (Hegegemeinschaft). Die untere Jagdbehörde wirkt auf die Bildung einer Hegegemeinschaft hin, wenn dies aus den in § 5 Absatz 3 und 4 genannten Gründen geboten ist. Entspricht eine Hegegemeinschaft nach ihrer räumlichen Abgrenzung den Erfordernissen der Hege, ist sie von der unteren Jagdbehörde auf Antrag zu bestätigen. Die Hegegemeinschaft soll fachkundige Vertreterinnen und Vertreter betroffener Interessengruppen, Verbände und Einrichtungen beteiligen.

(2) Eine oder mehrere Hegegemeinschaften im Sinne des Absatzes 1 bilden eine Körperschaft des öffentlichen Rechts, wenn

1. auf ihren Antrag hin die oberste Jagdbehörde feststellt, dass es aus den in § 5 Absatz 3 und 4 genannten Gründen, insbesondere zur großräumigen Bewirtschaftung bestimmter wandernder Wildtierarten oder zum Schutz gefährdeter Wildtierarten, nach wildökologischen und jagdfachlichen Erkenntnissen in dem Gebiet der Hegegemeinschaften erforderlich ist, Maßnahmen der Bejagung, der Hege und des Wildtiermanagements jagdbezirksübergreifend abzustimmen und in abgestimmter Weise durchzuführen, und
2. alle jagdausübungsberechtigten Personen, Inhaberinnen und Inhaber der Eigenjagdbezirke und die Jagdgenossenschaften des betroffenen Gebiets Mitglieder der antragstellenden Hegegemeinschaften sind.

Die Hegegemeinschaft übernimmt als Körperschaft des öffentlichen Rechts die in der Feststellung nach Satz 1 Nummer 1 durch die oberste Jagdbehörde bezeichneten Aufgaben.

(3) Soweit es im Einzelfall aus den in § 5 Absatz 3 und 4 genannten Gründen, insbesondere zur großräumigen Bewirtschaftung bestimmter wandernder Wildtierarten oder zum Schutz gefährdeter Wildtierarten, nach wildökologischen und jagdfachlichen Erkenntnissen in einem bestimmten Gebiet erforderlich ist, im Rahmen einer Hegegemeinschaft Maßnahmen der Bejagung, der Hege und des Wildtiermanagements jagdbezirksübergreifend abzustimmen und in abgestimmter Weise durchzuführen, kann die oberste Jagdbehörde die jagdausübungsberechtigten Personen, die Inhaberinnen und Inhaber der Eigenjagdbezirke und die Jagdgenossenschaften des Gebiets auffordern, innerhalb einer bestimmten Frist eine Hegegemeinschaft zu bilden. Die Aufforderung muss bestimmte Aufgaben der Hegegemeinschaft im Rahmen des Satzes 1 für das betroffene Gebiet bezeichnen und auf die Rechtsfolge des Absatzes 4 hinweisen.

(4) Wird die Aufforderung nach Absatz 3 innerhalb der Frist nicht befolgt, bilden fortan alle jagdausübungsberechtigten Personen, Inhaberinnen und Inhaber der Eigenjagdbezirke und Jagdgenossenschaften des betroffenen Gebiets kraft Gesetzes eine Hegegemeinschaft als Körperschaft des öffentlichen Rechts mit den in der Aufforderung bezeichneten Aufgaben. Dies gilt auch, wenn die Aufforderung befolgt wird und die oberste Jagdbehörde den Adressaten der Aufforderung gegenüber nach Ablauf einer diesen gesetzten Frist feststellt, dass die gebildete Hegegemeinschaft die bezeichneten Aufgaben nicht erfüllt.

(5) Aufgaben der Hegegemeinschaft nach Absatz 2 oder 4 können insbesondere sein

1. die jagdbezirksübergreifende Abstimmung von Hegemaßnahmen zur Gestaltung des Lebensraumes von Wildtieren, auch im Zusammenwirken mit anderen Personen und Einrichtungen im Bereich der Landschaftspflege,
2. die Festsetzung und Durchsetzung der Abschusspläne für bestimmte von der Hegegemeinschaft zu bewirtschaftende Arten von Wildtieren,
3. die jagdbezirksübergreifende Steuerung des Abschusses, insbesondere zur Anpassung der Wildtierbestände an den Lebensraum unter Beachtung land- und forstwirtschaftlicher Erfordernisse, und die Kontrolle der Abschussregelungen,
4. die Entwicklung und Durchführung von jagdbezirksübergreifenden Konzepten im Rahmen des Wildtiermanagements, insbesondere zum Schutz bestimmter Wildtierarten und zur Vermeidung übermäßiger Wildschäden,
5. die Vereinbarung von Wildfolgeregelungen.

(6) Eine Hegegemeinschaft nach Absatz 2 oder 4 steht unter der Aufsicht der unteren Jagdbehörde. Der Aufsichtsbehörde stehen die gleichen Befugnisse zu, wie sie den Rechtsaufsichtbehörden gegenüber den Gemeinden nach Maßgabe der Vorschriften der Gemeindeordnung zustehen.

(7) Eine Hegegemeinschaft nach Absatz 2 oder 4 hat sich eine Satzung zu geben, die der Genehmigung der Aufsichtsbehörde bedarf. Stellt die Hegegemeinschaft innerhalb einer von der Aufsichtsbehörde bestimmten Frist keine Satzung auf, die den Vorschriften dieses Gesetzes oder aufgrund dieses Gesetzes entspricht, erlässt die Aufsichtsbehörde die Satzung und macht sie auf Kosten der Hegegemeinschaft bekannt. Die Satzung hat insbesondere Regelungen zu treffen über die Beschlussfassung, Stimmengewichtung, Organe und Umlagen der Hegegemeinschaft.

(8) Eine Hegegemeinschaft nach Absatz 2 oder 4 kann für ihren durch sonstige Einnahmen nicht gedeckten Finanzbedarf Umlagen von den Mitgliedern erheben. Die Umlagen können wie Gemeindeabgaben beigetrieben werden.

§ 48 Wildtierschutz

(1) Die jagdausübungsberechtigten Personen können anerkannte Wildtierschützerinnen und Wildtierschützer beauftragen, in ihren Jagdrevieren die Befugnisse des § 49 wahrzunehmen und Aufgaben im Rahmen der Hege und des Wildtiermanagements zu übernehmen. Die Wildtierschützerinnen und Wildtierschützer können in mehreren Jagdrevieren beauftragt werden. Anerkannte Wildtierschützerinnen und Wildtierschützer sind im Rahmen ihrer Beauftragung zur Jagdausübung in den jeweiligen Jagdrevieren be-

fugt. Die Befugnis erlischt spätestens, sobald das Jagdausübungsrecht der beauftragenden Person entfällt.

(2) Die untere Jagdbehörde erkennt eine Person auf Antrag als Wildtierschützerin oder Wildtierschützer für einen bestimmten Jagdbezirk an, wenn auf sie ein gültiger Jagdschein ausgestellt ist, sie die fachliche und persönliche Eignung besitzt und die jeweilige jagdausübungsberechtigte Person ihr Einverständnis erklärt. Die untere Jagdbehörde kann die Anerkennung widerrufen, wenn die Voraussetzungen nach Satz 1 nicht mehr vorliegen oder die Wildtierschützerin oder der Wildtierschützer dies beantragt.

(3) Die unteren Jagdbehörden sollen mit anerkannten Wildtierschützerinnen und Wildtierschützern in deren Aufgabenbereich zusammenarbeiten. In diesem Rahmen können die anerkannten Wildtierschützer den öffentlichen Stellen und privaten Personen insbesondere bei Fragen der Hege und Habitatgestaltung, des Wildtiermonitorings, der Jagd in Schutzgebieten in Abstimmung mit der für die Erklärung zum Schutzgebiet zuständigen Behörde, des Umgangs mit Wildtieren im Siedlungsraum und bei Unfällen mit Wildtieren als Ansprechpartner dienen.

§ 49 Schutz der Wildtiere vor Hunden und Hauskatzen

(1) Die jagdausübungsberechtigte Person und anerkannte Wildtierschützerinnen und Wildtierschützer dürfen in ihrem Jagdbezirk Hunde, die erkennbar Wildtieren nachstellen und diese gefährden, mit schriftlicher Genehmigung der Ortspolizeibehörde im Einzelfall töten, wenn

1. das Einwirken auf ermittelbare Halterinnen und Halter sowie Begleitpersonen erfolglos war und
2. andere mildere und zumutbare Maßnahmen des Wildtierschutzes, insbesondere das Einfangen des Hundes, nicht erfolgsversprechend sind.

Das Recht nach Satz 1 umfasst nicht die Tötung von Blinden-, Hirten-, Jagd-, Polizei- und Rettungshunden, die als solche kenntlich sind.

(2) Die jagdausübungsberechtigte Person und anerkannte Wildtierschützerinnen und Wildtierschützer dürfen in ihrem Jagdbezirk streunende Hauskatzen mit Genehmigung der unteren Jagdbehörde in Wildruhegebieten nach § 42 und mit Genehmigung der zuständigen Naturschutzbehörde in Schutzgebieten nach den Vorschriften des Naturschutzrechts im Einzelfall töten, sofern der Schutzzweck es erfordert und andere mildere und zumutbare Maßnahmen nicht erfolgversprechend sind.

(3) Lebend gefangene Hunde und Katzen sind als Fundsachen zu behandeln.

§ 50 Bekämpfung von Tierseuchen bei Wildtieren

(1) Tritt eine nach den Vorschriften des Tiergesundheitsrechts anzeigepflichtige Tierseuche bei Wildtieren auf oder treten Erscheinungen auf, die den Ausbruch einer solchen Tierseuche befürchten lassen, so haben die jagdausübungsberechtigten Personen und die zur Jagdausübung befugten Personen dies unverzüglich der nach Tiergesundheitsrecht zuständigen Behörde anzuzeigen. Die untere Jagdbehörde wirkt bei den zur Bekämpfung der Seuche erforderlichen Maßnahmen der zuständigen Behörden mit.

(2) Soweit nichts anderes bestimmt ist, haben die jagdausübungsberechtigten Personen und solche Personen, die zur Jagdausübung befugt sind, ohne Jagdausübungsberechtigte zu sein, unverzüglich die erlegten oder verendet aufgefundenen Wildtiere, bei denen sich Erscheinungen zeigen, die den Ausbruch einer anzeigepflichtigen Tierseuche befürchten lassen, oder Teile derselben der Untersuchung zur Abklärung der Krankheitsursache zuzuführen.

§ 51 Verringerung der Störung und Beunruhigung von Wildtieren

(1) Es ist verboten, Wildtiere unbefugt an ihren Zuflucht-, Nist-, Brut- oder Einständen durch Aufsuchen, Fotografieren, Filmen oder sonstige Handlungen zu stören. Das Verbot steht einer ordnungsgemäßen Ausübung der Land- und Forstwirtschaft, der Jagd und Fischerei nicht entgegen.

(2) Die untere Jagdbehörde kann in Einzelfällen zu wissenschaftlichen Lehr- und Forschungszwecken für bestimmte Arten von Wildtieren Ausnahmen von dem Verbot nach Absatz 1 unter Beachtung der Vorgaben des § 9 zulassen.

(3) Soweit dies zur Verringerung der Beunruhigung von Wildtieren erforderlich ist, kann die untere Jagdbehörde in Notzeiten für bestimmte Gebiete durch Allgemeinverfügung anordnen, dass sich das Recht zum Betreten des Waldes und der offenen Landschaft zum Zwecke der Erholung auf das Betreten von Straßen und Wegen beschränkt und Hunde dabei an der Leine zu führen sind. Widerspruch und Anfechtungsklage gegen die Anordnungen nach Satz 1 haben keine aufschiebende Wirkung. Die Notzeit und die Anordnungen nach Satz 1 sind öffentlich bekanntzugeben. Während der Notzeit ruht die Jagd in den von der Anordnung nach Satz 1 erfassten Gebieten.

(4) Notzeit im Sinne des Gesetzes ist der Zeitraum, in dem besondere Umweltbedingungen zu einer schwerwiegenden Beeinträchtigung des Energiehaushaltes der Wildtiere führen und eine besondere Ruhe und Schonung der Wildtiere erfordern.

(5) Soweit dies zur Verringerung der Beunruhigung von Wildtieren erforderlich ist, kann die untere Jagdbehörde für den Zeitraum der allgemeinen Schonzeit (§ 41 Absatz 2) durch Allgemeinverfügung für bestimmte Gebiete anordnen, dass beim Betreten des Waldes zum Zwecke der Erholung Hunde an der Leine zu führen sind.

Abschnitt 7 Wild- und Jagdschaden

§ 52 Fernhalten der Wildtiere

(1) Die jagdausübungsberechtigte Person sowie die Eigentümerin oder der Eigentümer oder die nutzungsberechtigte Person eines Grundstücks sind berechtigt, Wildtiere von den Grundstücken fernzuhalten oder zu verscheuchen, soweit dies zur Verhütung von Wildschäden erforderlich ist. Die Eigentümerin oder der Eigentümer und die nutzungsberechtigte Person eines Grundstücks haben nach Satz 1 erforderliche, vorübergehend vorgesehene Einrichtungen zur Fernhaltung von Wildtieren in zumutbarem Umfang zu dulden, soweit sie nach sonstigen Vorschriften zulässig sind.

(2) Die jagdausübungsberechtigte Person darf bei Maßnahmen im Sinne des Absatzes 1 die Grundstücke nicht beschädigen, die Eigentümerin oder der Eigentümer oder die nutzungsberechtigte Person darf die Wildtiere weder gefährden noch verletzen.

§ 53 Schadensersatzpflicht bei Wildschaden

(1) Wird ein Grundstück, das zu einem gemeinschaftlichen Jagdbezirk gehört oder einem gemeinschaftlichen Jagdbezirk angegliedert ist, durch Schalenwild oder Wildkaninchen beschädigt, so hat die Jagdgenossenschaft der geschädigten Person den Wildschaden zu ersetzen. Der aus dem Vermögen der Jagdgenossenschaft geleistete Ersatz ist von den einzelnen Mitgliedern der Jagdgenossenschaft nach dem Verhältnis des Flächeninhalts ihrer beteiligten Grundstücke zu tragen. Hat bei einer Jagdverpachtung die pachtende Person den Ersatz des Wildschadens ganz oder teilweise übernommen, so trifft die Ersatzpflicht die pachtende Person. Die Ersatzpflicht der Jagdgenossenschaft bleibt bestehen, soweit die geschädigte Person Ersatz von der pachtenden Person nicht erlangen kann. Die Ansprüche der Jagdgenossenschaft gegen ihre Mitglieder werden nach § 15 Absatz 6 Satz 2 beigetrieben.

(2) Wildschaden durch Schalenwild oder Wildkaninchen an Grundstücken, die einem Eigenjagdbezirk angegliedert sind, hat die Eigentümerin oder der Eigentümer oder die nutznießende Person des Eigenjagdbezirks zu

ersetzen. Bei Jagdverpachtung haftet die pachtende Person, wenn diese sich im Jagdpachtvertrag zum Ersatz des Wildschadens verpflichtet hat. In diesem Falle haftet die Eigentümerin oder der Eigentümer oder die nutznießende Person nur, soweit die geschädigte Person Ersatz von der pachtenden Person nicht erlangen kann.

(3) Bei Grundstücken, die zu einem Eigenjagdbezirk gehören, richtet sich, abgesehen von den Fällen des Absatzes 2, die Verpflichtung zum Ersatz von Wildschaden nach dem zwischen der geschädigten Person und der jagdausübungsberechtigten Person bestehenden Rechtsverhältnis. Sofern nichts anderes bestimmt ist, ist die jagdausübungsberechtigte Person ersatzpflichtig, wenn sie durch unzulänglichen Abschuss den Schaden verschuldet hat.

(4) Wird durch ein aus einem Gehege ausgetretenes und dort gehegtes Stück Schalenwild Wildschaden angerichtet, so ist ausschließlich die Person zum Ersatz verpflichtet, der die Aufsicht über das Gehege obliegt.

(5) Wildschaden an Grundstücken, auf denen die Jagd nicht ausgeübt werden darf, wird nicht erstattet. Diese Grundstücke bleiben bei der Berechnung der anteiligen Ersatzleistung für den Wildschaden an anderen Grundstücken gemäß Absatz 1 Satz 2 außer Ansatz, soweit kein Fall des § 14 Absatz 6 vorliegt.

§ 54 Umfang der Ersatzpflicht bei Wildschaden

(1) Nach § 53 ist auch der Wildschaden zu ersetzen, der an den getrennten, aber noch nicht eingeernteten Erzeugnissen eines Grundstücks eintritt.

(2) Werden Bodenerzeugnisse, deren voller Wert sich erst zur Zeit der Ernte bemessen lässt, vor diesem Zeitpunkt durch Wildtiere beschädigt, so ist der Wildschaden in dem Umfang zu ersetzen, wie er sich zur Zeit der Ernte darstellt. Bei der Feststellung der Schadenshöhe ist jedoch zu berücksichtigen, ob der Schaden nach den Grundsätzen einer ordentlichen Wirtschaft durch Wiederanbau im gleichen Wirtschaftsjahr ausgeglichen werden kann.

(3) Wildschaden an Maiskulturen ist den geschädigten Personen nur zu 80 vom Hundert zu ersetzen, es sei denn, die geschädigte Person weist nach, dass sie die üblichen und allgemein zumutbaren Maßnahmen zur Abwehr von Wildschäden unternommen hat. § 55 Absatz 1 dieses Gesetzes und § 254 des Bürgerlichen Gesetzbuches bleiben unberührt.

↳ wenn Mais für Biogas angebaut, dann Industrieprodukt und somit keine Ersatzpflicht!

§ 55 Schutzvorrichtungen gegen Wildschaden

(1) Ein Anspruch auf Ersatz von Wildschaden ist nicht gegeben, wenn die geschädigte Person die zur Abwehr von Wildschaden getroffenen Maßnahmen verhindert oder unwirksam macht.

(2) Gärten, Obstgärten, Baumschulen, Alleen, einzeln stehende Bäume sowie Forstkulturen anderer als der im Jagdbezirk vorkommenden Hauptholzarten und Freilandpflanzungen von Garten- oder hochwertigen Handelsgewächsen gelten als Sonderkulturen im Sinne dieses Gesetzes. Wildschaden, der an Sonderkulturen entsteht, wird nicht ersetzt, wenn die Herstellung üblicher Schutzvorrichtungen unterblieben ist, die unter gewöhnlichen Umständen zur Abwendung des Schadens ausreichen. Hauptholzarten sind diejenigen Baumarten, die im jeweiligen Jagdbezirk einen Flächenanteil von mindestens fünf vom Hundert im Ausgangsbestand aufweisen, es sei denn, es ist vertraglich etwas anderes bestimmt.

(3) Streuobstwiesen, die wie Grünland genutzt werden und auf denen regelmäßig weniger als 150 Obstbäume je Hektar stehen, sind keine Sonderkulturen im Sinne des Gesetzes. Nicht ersatzpflichtig sind Wühlschäden an Streuobstwiesen, wenn zum Schadenszeitpunkt das Fallobst nicht fachgerecht abgeerntet ist.

(4) Wildschäden an Weinbergen sind zu ersetzen, auch wenn Schutzvorrichtungen zur Abwendung des Schadens nicht errichtet sind.

§ 56 Schadensersatzpflicht bei Jagdschaden

(1) Wer die Jagd ausübt, hat dabei die berechtigten Interessen der Eigentümerinnen, Eigentümer und Nutzungsberechtigten von Grundstücken zu beachten, insbesondere besäte Felder und nicht abgemähte Wiesen möglichst zu schonen. Die Ausübung der Treibjagd auf Feldern, die mit reifender Halm- oder Samenfrucht oder mit Tabak bestanden sind, ist verboten; die Such- und sonstige Bewegungsjagd ist nur insoweit zulässig, als sie ohne Schaden für die reifenden Früchte durchgeführt werden kann.

(2) Die jagdausübungsberechtigte Person haftet der Eigentümerin oder dem Eigentümer oder der nutzungsberechtigten Person eines Grundstücks für jeden aus missbräuchlicher Jagdausübung entstehenden Schaden; sie haftet auch für den Jagdschaden, der von einer ihrer Wildtierschützerinnen, einem ihrer Wildtierschützer oder einem ihrer Jagdgäste verursacht wird.

§ 57 Geltendmachung des Schadens

(1) Der Anspruch auf Ersatz von Wild- oder Jagdschaden erlischt, wenn die geschädigte Person den Schadensfall nicht binnen einer Woche, nachdem sie von dem Schaden Kenntnis erhalten hat oder bei Beachtung gehöriger Sorgfalt erhalten hätte, bei der Gemeinde, auf deren Gemarkung das beschädigte Grundstück liegt, anmeldet. Bei Schaden an forstwirtschaftlich genutzten Grundstücken genügt es, wenn der Schaden einmal jährlich bis zum 15. Mai angemeldet wird. Die Anmeldung soll die als ersatzpflichtig in Anspruch genommene Person bezeichnen und den geltend gemachten Schaden beziffern.

(2) Die Gemeinde bescheinigt der geschädigten Person die Anmeldung des Wild- oder Jagdschadens. Sie gibt die Anmeldung unverzüglich der als ersatzpflichtig in Anspruch genommenen Person bekannt.

(3) Nach Ausstellung der Bescheinigung über die Anmeldung des Wild- oder Jagdschadens weist die Gemeinde die geschädigte Person und die als ersatzpflichtig in Anspruch genommene Person auf die von den unteren Jagdbehörden nach Absatz 4 anerkannten Wildschadensschätzerinnen und Wildschadensschätzer hin.

(4) Die unteren Jagdbehörden erkennen Personen auf deren Antrag als Wildschadensschätzerinnen oder Wildschadensschätzer auf die Dauer von fünf Jahren an, wenn diese geeignet und befähigt sind, zum Zweck der gütlichen außergerichtlichen Einigung Wild- und Jagdschäden zu schätzen, hierzu Ortstermine durchzuführen und auf eine gütliche Einigung hinzuwirken. Die oberste Jagdbehörde wird ermächtigt, durch Rechtsverordnung nähere Bestimmungen über das Verfahren in Wild- und Jagdschadenssachen und zum Zwecke der Förderung einer außergerichtlichen gütlichen Einigung in Wild- und Jagdschadenssachen nähere Bestimmungen über die Anforderungen an Personen zu treffen, welche die unteren Jagdbehörden als Wildschadensschätzerinnen oder Wildschadensschätzer anerkennen.

Abschnitt 8 Verwaltungsbehörden, Beiräte

§ 58 Jagdbehörden

(1) Oberste Jagdbehörde ist das Ministerium für Ländlichen Raum und Verbraucherschutz. Es ordnet und beaufsichtigt das gesamte Jagdwesen und Wildtiermanagement nach den gesetzlichen Vorschriften.

(2) Obere Jagdbehörde ist das zuständige Regierungspräsidium. Die obere Jagdbehörde beaufsichtigt die unteren Jagdbehörden und ist für die ihr nach diesem Gesetz und auf Grund dieses Gesetzes zugewiesenen Aufga-

ben zuständig. Abweichend von Satz 1 ist auf dem Gebiet des Nationalparks Schwarzwald (§ 2 NLPG) die Nationalparkverwaltung gemäß § 13 Absatz 1 Satz 2 Nummer 3 NLPG obere Jagdbehörde.

(3) Untere Jagdbehörden sind die Landratsämter und in den Stadtkreisen die Gemeinden als untere Verwaltungsbehörden; abweichend hiervon ist auf dem Gebiet des Nationalparks Schwarzwald (§ 2 NLPG) die Nationalparkverwaltung gemäß § 13 Absatz 1 Satz 2 Nummer 3 NLPG untere Jagdbehörde.

§ 59 Landesbeirat Jagd und Wildtiermanagement

(1) Zur Beratung der obersten Jagdbehörde wird ein Beirat gebildet.

(2) Der Beirat besteht aus fünf Vertreterinnen oder Vertretern aus dem Kreis der anerkannten Vereinigungen der Jägerinnen und Jäger, je drei Vertreterinnen oder Vertretern der Landwirtschaft, der Forstwirtschaft sowie aus dem Kreis der anerkannten Naturschutzverbände mit Ausnahme der Vereinigungen der Jägerinnen und Jäger, je zwei Vertreterinnen oder Vertretern aus dem Kreis der Jagdgenossenschaften, der Gemeinden, der Tierschutzverbände, einer Vertreterin oder einem Vertreter der Veterinärverwaltung sowie je einer Vertreterin oder einem Vertreter der im Landtag vertretenen Fraktionen. Vorsitzendes Mitglied des Beirats ist die Ministerin oder der Minister der obersten Jagdbehörde oder die zu ihrer oder seiner Vertretung bestimmte Person. Die oberste Jagdbehörde beruft die Mitglieder des Beirats auf Vorschlag der jeweiligen Fachverbände. Solange ein Fachverband nicht besteht oder wenn kein Vorschlag eingeht, werden die Mitglieder von der obersten Jagdbehörde in entsprechender Zusammensetzung ausgewählt. Für jedes Mitglied ist ein stellvertretendes Mitglied zu bestimmen. Der Vorschlag der Fachverbände und die Berufung der Mitglieder sowie der stellvertretenden Mitglieder sollen Frauen zur Hälfte berücksichtigen.

(3) Der Beirat ist in allen Fragen von grundsätzlicher und allgemeiner Bedeutung sowie in allen wichtigen Einzelfragen zu hören. Er ist ferner einzuberufen, wenn die Mehrheit der Mitglieder dies beantragt.

(4) Die Mitglieder des Beirats sind ehrenamtlich tätig; sie werden auf die Dauer von sechs Jahren berufen. Abberufung aus wichtigem Grund ist zulässig. Den Aufwand, der ihnen bei der Ausübung ihrer Aufgaben entsteht, trägt das Land.

§ 60 Beirat bei der unteren Jagdbehörde

(1) Bei der unteren Jagdbehörde mit Ausnahme der Nationalparkverwaltung des Nationalparks Schwarzwald wird ein Beirat eingerichtet. Dem Beirat sollen fünf Vertreterinnen oder Vertreter der Jägerinnen und Jäger, je eine Vertreterin oder ein Vertreter der Jagdgenossenschaften, der Landwirtschaft, der Forstwirtschaft, der Gemeinden im Zuständigkeitsgebiet der unteren Jagdbehörde, der unteren Naturschutzbehörde sowie der unteren Veterinärbehörde angehören. Bestehen auf dem Gebiet, für das die untere Jagdbehörde zuständig ist, Hegegemeinschaften nach § 47 Absatz 1 Satz 3, Absatz 2 oder 4, soll dem Beirat ein Vertreter je Hegegemeinschaft angehören.

(2) Vorsitzendes Mitglied des Beirats ist die Leiterin oder der Leiter der unteren Verwaltungsbehörde oder die sie oder ihn vertretende Person. Die untere Jagdbehörde regelt das Verfahren zur Bestellung und Abberufung der Mitglieder des Beirats sowie das Verfahren zu seiner Beteiligung nach Absatz 3. Die Vorschriften des § 59 Absatz 2 Satz 3 bis 6 sowie Absatz 4 Satz 1 und 2 gelten entsprechend.

(3) Der Beirat soll die untere Jagdbehörde in jagdlichen Fragen von grundsätzlicher Bedeutung beraten. Grundsätzliche Bedeutung haben insbesondere

1. Maßnahmen nach § 51 Absatz 3,
2. Grundsätze der Abschussplanung,
3. die Ausweisung von Wildruhegebieten nach § 42,
4. die Einrichtung von Hegegemeinschaften nach § 47 durch die oberste Jagdbehörde.

§ 61 Fachberatung

(1) Die unteren Jagdbehörden mit Ausnahme der Nationalparkverwaltung sollen ein Angebot für eine fachkundige Beratung und Unterstützung im Umgang mit Wildtieren und in Fragen des Wildtiermanagements bereithalten. Die bei der unteren Jagdbehörde für die Fachberatung zuständigen Personen (Wildtierbeauftragte) sollen die zur Erfüllung ihrer Aufgaben erforderliche berufliche Qualifikation und eine im Bereich des Jagdwesens, des Wildtiermanagements und des Naturschutzes angemessene Sachkunde besitzen sowie die Voraussetzungen für die Erteilung eines Jagdscheins nach § 15 Absatz 5 Satz 1 des Bundesjagdgesetzes erfüllen. Aufgabe der Fachberatung kann es insbesondere sein,

1. öffentliche Stellen, insbesondere Gemeinden sowie Hegegemeinschaften, private Personen und die Öffentlichkeit in Fragen des Umgangs mit

Wildtieren zu informieren und zu beraten sowie beim Umgang mit Wildtieren zu unterstützen,
2. die Aufstellung abgestimmter Konzepte sowie deren Umsetzung, insbesondere im Bereich der Bejagung, zu koordinieren und zu betreuen,
3. Kontakte zwischen den im Bereich des Wildtiermanagements tätigen oder von diesem Bereich betroffenen Personen zu vermitteln und den Austausch der Interessen und Kenntnisse zu fördern,
4. Maßnahmen im Bereich des Wildtiermonitorings zu unterstützen und zu koordinieren,
5. die Verbreitung wildtierökologischer Kenntnisse zu fördern.

In arten- und naturschutzfachlichen und -rechtlichen Fragen verbleibt es bei der Zuständigkeit der Naturschutzbehörden.

(2) Die Forstliche Versuchs- und Forschungsanstalt Baden-Württemberg, die Wildforschungsstelle Baden-Württemberg und die Landesanstalt für Umwelt, Messungen und Naturschutz Baden-Württemberg erstellen im Hinblick auf die Aufgaben nach Absatz 1 ein Fortbildungs- und Informationsangebot und fördern den Wissensaustausch der für die Fachberatung zuständigen Personen.

§ 62 Sachliche Zuständigkeit, Anordnungen im Einzelfall

(1) Soweit nichts anderes bestimmt ist, ist die untere Jagdbehörde zuständige Behörde im Sinne des Bundesjagdgesetzes.

(2) Soweit nichts anderes bestimmt ist, können die unteren Jagdbehörden im Einzelfall die Anordnungen treffen, die zur Beseitigung festgestellter oder zur Verhinderung künftiger Verstöße gegen dieses Gesetz oder die aufgrund dieses Gesetzes erlassenen Rechtsverordnungen erforderlich sind.

(3) Die untere Jagdbehörde kann
1. bei längerer Erkrankung oder sonstiger längerer Verhinderung der jagdausübungsberechtigten Person oder
2. im Falle eines Verbots der Jagdausübung (§ 69),

die zur ordnungsgemäßen Wahrnehmung des Jagdrechts erforderlichen Maßnahmen auf Kosten der jagdausübungsberechtigten Person treffen.

§ 63 Örtliche Zuständigkeit

Soweit im Bundesjagdgesetz zum Recht der Jagdscheine, in diesem Gesetz oder aufgrund dieses Gesetzes nichts anderes bestimmt ist, ist die Jagdbehörde in allen Angelegenheiten örtlich zuständig, die sich auf Jagdbezirke ihres Gebietes beziehen. Erstreckt sich ein Jagdbezirk oder das Gebiet einer

Hegegemeinschaft auf das Gebiet mehrerer Jagdbehörden, so ist die Jagdbehörde zuständig, in deren Gebiet der der Fläche nach größte Teil des Jagdbezirks oder der Hegegemeinschaft liegt. In Zweifelsfällen bestimmt die nächsthöhere gemeinsame Jagdbehörde auf Antrag einer der beteiligten Jagdbehörden oder eines sonstigen Beteiligten die örtlich zuständige Jagdbehörde.

§ 64 Anerkennung von Vereinigungen, Übertragung von Aufgaben

(1) Die oberste Jagdbehörde erkennt eine landesweit organisierte Vereinigung der Jägerinnen und Jäger auf Antrag an, wenn sie
1. nach ihrer Satzung vorwiegend das Jagdwesen, den Tier- und Naturschutz sowie die Ziele dieses Gesetzes fördert,
2. nach § 5 Absatz 1 Nummer 9 des Körperschaftsteuergesetzes von der Körperschaftsteuer befreit ist, weil sie gemeinnützige Zwecke verfolgt,
3. die Gewähr für eine sachgerechte, rechtmäßige und satzungsgemäße Tätigkeit bietet, wobei Art und Umfang ihrer bisherigen Tätigkeit, der Mitgliederkreis sowie ihre Leistungsfähigkeit zu berücksichtigen sind,
4. im Zeitpunkt der Anerkennung seit mindestens drei Jahren im Sinne der Nummer 1 tätig gewesen ist.

(2) Die oberste Jagdbehörde kann sachkundigen Personen einschließlich anerkannter Vereinigungen der Jägerinnen und Jäger Aufgaben auf dem Gebiet des Jagdwesens, insbesondere im Bereich der Aus- und Fortbildung, der Prüfung von Fallen, der Ausbildung und Prüfung von Jagdhunden und der Anerkennung von Nachsuchegespannen, übertragen, soweit
1. diese Personen zuverlässig und nach ihrer Organisation, Ausstattung und personellen Besetzung in der Lage sind, die zu übertragenden Aufgaben zu erfüllen,
2. sie eine den Zielen des Gesetzes entsprechende Aufgabenerfüllung versprechen,
3. keine überwiegenden öffentlichen Interessen entgegenstehen und
4. die Personen gewährleisten, dass sie die maßgeblichen rechtlichen Bestimmungen einhalten.

(3) Die Vorschriften des § 26 Absatz 3 Satz 2 und 3 gelten im Falle einer Beleihung entsprechend.

§ 65 Staatseigene Jagden

(1) Das Jagdrecht in den Eigenjagdbezirken des Landes wird in der Regel von den Forstbehörden ausgeübt.

(2) Die Befugnisse der unteren und der oberen Jagdbehörde werden sowohl bei der in Absatz 1 genannten Nutzungsform des Jagdrechts als auch bei der Verpachtung eines staatlichen Jagdbezirks von den zuständigen Forstbehörden wahrgenommen; ausgenommen davon bleiben die Befugnisse, die sich auf Grund der §§ 15 bis 18a des Bundesjagdgesetzes sowie auf Grund der §§ 12, 26 und 50 dieses Gesetzes ergeben.

Abschnitt 9 Straf- und Bußgeldvorschriften

§ 66 Strafvorschriften

(1) Mit Freiheitsstrafe bis zu zwei Jahren oder mit Geldstrafe wird bestraft, wer

1. entgegen einer vollziehbaren Anordnung nach § 36 Absatz 2 Wildtiere erlegt,
2. entgegen § 41 Absatz 1 Satz 3 Wildtiere nicht mit der Jagd verschont,
3. entgegen § 41 Absatz 3 ein Elterntier bejagt.

(2) Handelt der Täter fahrlässig, so ist die Strafe Freiheitsstrafe bis zu einem Jahr oder Geldstrafe; in den Fällen des Absatzes 1 Nummer 3 gilt dies jedoch nur, wenn ein Wildtier der dem Schutzmanagement unterliegenden Arten betroffen ist.

§ 67 Ordnungswidrigkeiten

(1) Ordnungswidrig handelt, wer

1. entgegen § 4 Absatz 3 Satz 1 Wildtiere oder sonstige Gegenstände einer der dort genannten Stellen nicht unverzüglich abliefert oder ihr den Besitz oder Gewahrsam nicht unverzüglich anzeigt oder entgegen § 10 Absatz 3 Satz 4 mehr Jagdausübungsberechtigte zulässt, als nach dieser Vorschrift zugelassen werden dürfen,
2. auf vollständig eingefriedeten Grundflächen die Jagd entgegen einer durch Rechtsverordnung nach § 10 Absatz 5 vorgeschriebenen Beschränkung ausübt,
3. entgegen § 13 Absatz 6 Satz 2 in Gebäuden, die dem Aufenthalt von Menschen dienen, jagt,
4. entgegen § 13 Absatz 6 Satz 4 als Grundstückseigentümer oder Grundstückseigentümerin oder nutzungsberechtigte Person Wildtiere nicht herausgibt,
5. in befriedeten Bezirken die Jagd ausübt oder dort einer Beschränkung der Jagd (§ 13) zuwiderhandelt,
6. den Abschluss, die Änderung oder Aufhebung eines Jagdpachtvertrages nicht innerhalb der Frist des § 18 Absatz 1 anzeigt,

7. auf Grund eines nach § 20 Absatz 1 nichtigen Jagdpachtvertrages oder entgegen § 18 Absatz 3 die Jagd ausübt,
8. als Jagdgast entgegen § 25 Absatz 3 die Jagd ausübt,
9. gegen ein Verbot des § 31 Absatz 1 Nummer 3, 8 bis 12, 14, 15, 17 oder 18 verstößt,
10. entgegen § 32 Absatz 1 Satz 2 oder Absatz 4 Fallen verwendet oder unter Missachtung des § 32 Absatz 3 Totfangfallen aufstellt,
11. *entgegen § 33 Absatz 2 oder 3 füttert,**
12. *einen Abschussplan entgegen § 35 Absatz 5 Satz 1 nicht erfüllt,**
13. den Vorschriften des § 37 Absatz 1 oder Absatz 3 Satz 2, § 40 oder § 51 Absatz 1 Satz 1 zuwiderhandelt,
14. es entgegen § 39 Absatz 2 unterlässt, das Überwechseln von krankgeschossenen, schwerkranken oder aus sonstigen Gründen schwer verletzten Wildtieren der jagdausübungsberechtigten Person des Nachbarreviers oder deren Vertreterin oder Vertreter unverzüglich zu melden, oder mitgenommene Wildtiere der jagdausübungsberechtigten Person des Nachbarreviers nicht unverzüglich abliefert,
15. als jagdausübungsberechtigte Person, Wildtierschützerin oder Wildtierschützer entgegen § 49 Absatz 1 oder 2 und ohne sonstige Befugnis Hunde oder Katzen tötet,
16. das berechtigte Aufsuchen, Nachstellen, Erlegen oder Fangen von Wildtieren behindert,
17. zum Verscheuchen von Wildtieren Mittel anwendet, durch die Wildtiere verletzt oder gefährdet werden (§ 52 Absatz 2),
18. den Vorschriften des § 56 Absatz 1 zuwiderhandelt und dadurch Jagdschaden anrichtet.

(2) Ordnungswidrig handelt ferner, wer vorsätzlich oder fahrlässig
1. entgegen § 4 Absatz 4 als die ein Fahrzeug führende Person Schalenwild an- oder überfährt und dies nicht unverzüglich einer der in § 4 Absatz 3 genannten Stellen anzeigt,
2. entgegen einer vollziehbaren Anordnung der unteren Jagdbehörde gemäß § 10 Absatz 3 Satz 3 oder gemäß § 25 Absatz 2 die Jagd ausübt,
3. den Vorschriften des § 31 Absatz 1 Nummer 1, 2, 4 bis 7, 13 oder 16 zuwiderhandelt,
4. gegen die Vorschriften des § 33 Absatz 4 verstößt,
5. *entgegen § 33 Absatz 3 Satz 2 die Jagd ausübt,**
6. *Wildtiere, die nur im Rahmen eines Abschussplans bejagt werden dürfen, erlegt, bevor der Abschussplan festgesetzt ist, oder den Abschussplan überschreitet (§ 35 Absatz 4),**

---

* § 67 Absatz 1 Nummer 11 und 12 und Absatz 2 Nummer 5 bis 8 treten am 1. April 2016 in Kraft.

7. *entgegen § 35 Absatz 6 Satz 1 die Streckenliste nicht, nicht richtig oder nicht rechtzeitig der unteren Jagdbehörde übermittelt,**
8. *entgegen einer vollziehbaren Anordnung nach § 35 Absatz 6 Satz 2 einer Abschussmelde- oder Vorlagepflicht nicht nachkommt,**
9. entgegen § 38 Absatz 3 Satz 1 geeignete Jagdhunde nicht mitführt oder verwendet oder entgegen § 38 Absatz 3 Satz 2 bei sonstigen Nachsuchen nicht bereithält oder den Umständen entsprechend einsetzt,
10. außerhalb einer befugten Jagdausübung Hunde in einem nicht befriedeten Gebiet außerhalb seiner Einwirkungsmöglichkeit frei laufen lässt,
11. die Jagd ausübt, obwohl ihm die Jagdausübung verboten ist (§ 69),
12. entgegen § 41 Absatz 1 Satz 2 oder Absatz 2 Wildtiere nicht mit der Jagd verschont,
13. gegen die Vorschrift des § 42 Absatz 6 verstößt,
14. entgegen § 50 Absatz 1 das Auftreten oder den Verdacht des Auftretens einer Tierseuche bei Wildtieren nicht unverzüglich der zuständigen Behörde anzeigt oder entgegen § 50 Absatz 2 nicht unverzüglich die genannten Wildtiere der Untersuchung zuführt,
15. einer Anordnung nach § 51 Absatz 3 Satz 1 zuwiderhandelt und unbefugt während bekanntgemachter Notzeiten die in der Anordnung bezeichneten Gebiete außerhalb von Straßen oder Wegen betritt oder dort einen Leinenzwang nicht einhält oder wer in Gebieten, für die eine Notzeit bekanntgemacht ist, entgegen § 51 Absatz 3 Satz 4 die Jagd während der Notzeit ausübt,
16. einer Anordnung nach § 51 Absatz 5 zuwiderhandelt,
17. einer auf Grund dieses Gesetzes erlassenen Rechtsverordnung zuwiderhandelt, soweit sie für einen bestimmten Tatbestand auf diese Bußgeldvorschrift verweist.

(3) Ordnungswidrig handelt ferner, wer fahrlässig entgegen § 41 Absatz 3 ein Elterntier bejagt, soweit dieser Verstoß nicht bereits nach § 66 Absatz 2 strafbar ist.

(4) Die Ordnungswidrigkeit kann mit einer Geldbuße bis zu 5 000 Euro geahndet werden.

(5) Zuständige Verwaltungsbehörde (§ 36 Absatz 1 Nummer 1 des Gesetzes über Ordnungswidrigkeiten) für die Verfolgung und Ahndung von Ordnungswidrigkeiten nach diesem Gesetz und dem Bundesjagdgesetz ist die untere Jagdbehörde.

---

* § 67 Absatz 1 Nummer 11 und 12 und Absatz 2 Nummer 5 bis 8 treten am 1. April 2016 in Kraft.

§ 68 Einziehung von Gegenständen

(1) Ist eine Straftat nach § 66 oder eine Ordnungswidrigkeit nach § 67 Absatz 1 bis 3 dieses Gesetzes oder nach § 39 Absatz 2 Nummer 5 des Bundesjagdgesetzes begangen worden, so können
1. Gegenstände, auf die sich die Straftat oder Ordnungswidrigkeit bezieht, und
2. Gegenstände, die zu ihrer Begehung oder Vorbereitung gebraucht worden oder bestimmt gewesen sind,

eingezogen werden.

(2) § 74a des Strafgesetzbuches und § 23 des Gesetzes über Ordnungswidrigkeiten sind anzuwenden.

§ 69 Verbot der Jagdausübung

(1) Wird gegen jemanden
1. wegen einer Ordnungswidrigkeit nach § 67, die er unter grober oder beharrlicher Verletzung der Pflichten bei der Jagdausübung begangen hat, eine Geldbuße festgesetzt, oder
2. wegen einer Straftat, die er bei oder im Zusammenhang mit der Jagdausübung begangen hat, eine Strafe verhängt,

so kann ihm in der Entscheidung für die Dauer von einem Monat bis zu zwei Jahren verboten werden, die Jagd auszuüben.

(2) Das Verbot der Jagdausübung wird mit der Rechtskraft der Entscheidung wirksam. Für seine Dauer wird ein erteilter Jagdschein, solange er nicht abgelaufen ist, amtlich verwahrt; das gleiche gilt für einen nach Ablauf des Jagdjahres neu erteilten Jagdschein. Wird er nicht freiwillig herausgegeben, so ist er zu beschlagnahmen.

(3) Ist ein Jagdschein amtlich zu verwahren, so wird die Verbotsfrist erst von dem Tage an gerechnet, an dem dies geschieht. In die Verbotsfrist wird die Zeit nicht eingerechnet, in welcher der Täter auf behördliche Anordnung in einer Anstalt verwahrt wird.

(4) Über den Beginn der Verbotsfrist nach Absatz 3 Satz 1 ist der Täter im Anschluss an die Verkündung der Entscheidung oder bei deren Zustellung zu belehren.

Abschnitt 10 Schlussbestimmungen

§ 70 Ermächtigungen

Die oberste Jagdbehörde wird ermächtigt, durch Rechtsverordnung

1. das Nähere zu Hegegemeinschaften nach § 47 Absatz 2 und 4 zu bestimmen hinsichtlich
   a) der Bildung der Hegegemeinschaften sowie des Verfahrens, einschließlich der Bereitstellung und Übermittlung der erforderlichen personenbezogenen Daten, und der Kriterien zur Festlegung deren Gebiets,
   b) der Aufgaben der Hegegemeinschaft,
   c) der Anforderungen an die Satzung der Hegegemeinschaft,
   d) der Organe der Hegegemeinschaft, deren Befugnisse und Aufgaben, der Geschäftsführung und Vertretung,
   e) der Beschlussfassung und Stimmengewichtung, bei der die jeweils vertretene bejagbare Grundfläche zu berücksichtigen ist,
   f) der Umlage von Kosten, die für die Erledigung der Aufgaben der Hegegemeinschaft anfallen, und deren Beitreibung,
   g) der beratenden Mitwirkung der von den Aufgaben und dem Gebiet der Hegegemeinschaft betroffenen Interessengruppen, Verbände und Einrichtungen durch fachkundige Vertreterinnen und Vertreter,
   h) der Neugestaltung des Gebiets der Hegegemeinschaft sowie des Ausscheidens von Mitgliedern.
2. die behördliche Überwachung des gewerbsmäßigen Ankaufs, Verkaufs und Tausches sowie der gewerbsmäßigen Verarbeitung von Wildbret und die behördliche Überwachung der Wildhandelsbücher sowie im Einvernehmen mit der obersten Naturschutzbehörde das Aufnehmen, die Pflege und die Aufzucht verletzter oder kranker Wildtiere und deren Verbleib zu regeln, wobei die Vorschriften sich auch auf tote Wildtiere, auf Teile der Wildtiere sowie auf die Nester und die aus Wildtieren gewonnenen Erzeugnisse erstrecken können,
3. das Nähere über die Bestätigung von Hegegemeinschaften nach § 47 Absatz 1 Satz 3 und die Beteiligung von Hegegemeinschaften nach § 35 Absatz 4 Satz 2 und § 60 Absatz 1 Satz 3 zu regeln,
4. zur Gewährleistung der Ziele nach §§ 2 und 5 Absatz 3 sowie der Anforderungen des § 5 Absatz 4 das Hegen oder Aussetzen bestimmter Wildtierarten zu beschränken oder zu verbieten,
5. die Wildschadensersatzpflicht nach § 53 auf andere Wildtierarten auszudehnen,
6. zu bestimmen, welche Schutzvorkehrungen als üblich anzusehen sind (§ 55 Absatz 2 Satz 2).

§ 71 Unberührtheitsklausel

Vorschriften des Lebensmittelrechts, Tiergesundheitsrechts und Tierschutzrechts bleiben unberührt.

§ 72 Übergangs- und Schlussbestimmungen

(1) Die Vorschriften dieses Gesetzes über Jagdpachtverträge und Verträge über entgeltliche Jagderlaubnisse finden auf Jagdpachtverträge und Verträge über entgeltliche Jagderlaubnisse, die bei Inkrafttreten dieses Gesetzes rechtswirksam bestehen, keine Anwendung; für diese Verträge gelten die vor dem Inkrafttreten geltenden Vorschriften. Satz 1 gilt nicht für Verlängerungen dieser Verträge.

(2) Mit Inkrafttreten dieses Gesetzes endet die Amtszeit der vor Inkrafttreten berufenen Mitglieder des Jagdbeirats nach § 34 des Landesjagdgesetzes und der Beisitzer des Kreisjagdamts nach § 35 des Landesjagdgesetzes.

(3) Abweichend von § 1 bleiben die §§ 21 und 39 Absatz 2 Nummer 3 des Bundesjagdgesetzes bis zum Ablauf des 31. März 2016 anwendbar.

(4) Bis zu dem Zeitpunkt, in dem § 19 Absatz 2 Satz 1, § 20 Absatz 1 Satz 1 und 2, § 27, § 40 Absatz 1 Nummer 9 und 13 sowie § 40 Absatz 2 Nummer 4 und 5 des Landesjagdgesetzes außer Kraft treten, ist die untere Jagdbehörde für Maßnahmen aufgrund dieser Vorschriften zuständig sowie zuständige Verwaltungsbehörde (§ 36 Absatz 1 Nummer 1 des Gesetzes über Ordnungswidrigkeiten) für die Verfolgung und Ahndung von Ordnungswidrigkeiten.

(5) Die §§ 68 und 69 finden entsprechende Anwendung, soweit Ordnungswidrigkeiten nach den in Absatz 3 und 4 genannten Vorschriften begangen worden sind.

(6) Rechtsverordnungen, die zur Durchführung des Landesjagdgesetzes ergangen sind, bleiben in Kraft. Die oberste Jagdbehörde wird ermächtigt, die nach Satz 1 fortgeltenden Vorschriften durch Rechtsverordnung aufzuheben.

(7) Wildschutzgebiete, die zum Zeitpunkt des Inkrafttretens dieses Gesetzes bestehen, gelten als Wildruhegebiete (§ 42 Absatz 1).

Anlage
(zu § 7 Absatz 1 und 3)

Die im Folgenden aufgeführten Tierarten sind Wildtiere im Sinne des Gesetzes. Die Tierarten sind zum Zeitpunkt des Inkrafttretens des Gesetzes den Managementstufen nach § 7 Absatz 3 bis 6 nach der folgenden Aufstellung zugeordnet; eine abweichende Zuordnung durch Rechtsverordnung nach § 7 Absatz 3 bleibt unberührt:

1. Haarwild

Tierart:	Zuordnung:
Dachs (Meles meles)	Nutzungsmanagement
Damwild (Dama dama)	Nutzungsmanagement
Fuchs (Vulpes vulpes)	Nutzungsmanagement
Gamswild (Rupicapra rupicapra)	Nutzungsmanagement
Hermelin (Mustela erminea)	Nutzungsmanagement
Marderhund (Nyctereutes procyonoides)	Nutzungsmanagement
Mink (Neovison vison)	Nutzungsmanagement
Muffelwild (Ovis ammon musimon)	Nutzungsmanagement
Nutria (Myocastor coypus)	Nutzungsmanagement
Rehwild (Capreolus capreolus)	Nutzungsmanagement
Rotwild (Cervus elaphus)	Nutzungsmanagement
Schwarzwild (Sus scrofa)	Nutzungsmanagement
Sikawild (Cervus nippon)	Nutzungsmanagement
Steinmarder (Martes foina)	Nutzungsmanagement
Waschbär (Procyon lotor)	Nutzungsmanagement
Wildkaninchen (Oryctolagus cuniculus)	Nutzungsmanagement
Baummarder (Martes martes)	Entwicklungsmanagement
Feldhase (Lepus europaeus)	Entwicklungsmanagement
Iltis (Mustela putorius)	Entwicklungsmanagement
Luchs (Lynx lynx)	Schutzmanagement
Wildkatze (Felis silvestris)	Schutzmanagement

2. Federwild

Tierart:	Zuordnung:
Blässhuhn (Fulica atra)	Nutzungsmanagement
Elster (Pica pica)	Nutzungsmanagement
Höckerschwan (Cygnus olor)	Nutzungsmanagement
Kanadagans (Branta canadensis)	Nutzungsmanagement
Nilgans (Alopochen aegyptiacus)	Nutzungsmanagement
Rabenkrähe (Corvus corone)	Nutzungsmanagement
Reiherente (Aythya fuligula)	Nutzungsmanagement
Ringeltaube (Columba palumbus)	Nutzungsmanagement
Stockente (Anas platyrhynchus)	Nutzungsmanagement
Tafelente (Aythya ferina)	Nutzungsmanagement
Türkentaube (Streptopelia decaoctoa)	Nutzungsmanagement
Fasan (Phasianus colchicus)	Entwicklungsmanagement
Graugans (Anser anser)	Entwicklungsmanagement
Krickente (Anas crecca)	Entwicklungsmanagement
Pfeifente (Anas penelope)	Entwicklungsmanagement
Rostgans (Tadorna ferruginea)	Entwicklungsmanagement
Schnatterente (Anas strepera)	Entwicklungsmanagement
Waldschnepfe (Scolopax rusticola)	Entwicklungsmanagement
Auerhuhn (Tetrao urogallus)	Schutzmanagement
Habicht (Accipiter gentilis)	Schutzmanagement
Haselhuhn (Tetrastes bonasia)	Schutzmanagement
Hohltaube (Columba oenas)	Schutzmanagement
Kormoran (Phalacrocorax carbo)	Schutzmanagement
Rebhuhn (Perdix perdix)	Schutzmanagement
übrige Enten (Unterfamilie Anatinae) ohne Säger (Gattung Mergus)	Schutzmanagement
übrige Gänse (Gattungen Anser und Branta)	Schutzmanagement
Wanderfalke (Falco peregrinus)	Schutzmanagement

Achtung! BWildSchV § 2
→ Jagdrecht, aber Veräußerungsverbot

Verordnung des Ministeriums für Ländlichen Raum und Verbraucherschutz zur Durchführung des Jagd- und Wildtiermanagementgesetzes (DVO JWMG)*

Auf Grund von § 15 Absatz 4 Satz 2 im Einvernehmen mit dem Innenministerium, § 31 Absatz 3 Satz 1, § 32 Absatz 4 Satz 3 und Absatz 5, § 33 Absatz 7 Nummer 1 bis 4, § 35 Absatz 8 Nummer 1 und 2, § 38 Absatz 3 Satz 3, § 39 Absatz 4, § 41 Absatz 4, § 43 Satz 3, § 57 Absatz 4 Satz 2, § 70 Nummer 1, 3 und 6 und § 72 Absatz 6 Satz 2 des Jagd- und Wildtiermanagementgesetzes (JWMG) vom 25. November 2014 (GBl. S. 550) wird verordnet:

Inhaltsübersicht

§ 1 Satzung der Jagdgenossenschaft

Die Satzung der Jagdgenossenschaft muss Bestimmungen enthalten über

1. Name und Sitz der Jagdgenossenschaft,
2. die Erfassung aller Mitglieder der Jagdgenossenschaft in einem Verzeichnis unter Angabe der jeweiligen Grundflächenanteile am gemeinschaftlichen Jagdbezirk,

* Entwurfsfassung vom 27.1.2015.

3. die Organe der Jagdgenossenschaft,
4. die Versammlung der Jagdgenossenschaft und ihre Aufgaben,
5. den Jagdvorstand, seine Zusammensetzung und seine Aufgaben,
6. das Verfahren bei der Verpachtung gemeinschaftlicher Jagdbezirke,
7. die Haushalts- und Kassenführung,
8. die Kassen- und Rechnungsprüfung,
9. die Form öffentlicher Bekanntmachungen der Jagdgenossenschaft.

§ 2 Versammlung der Jagdgenossenschaft

(1) Die Versammlung der Jagdgenossenschaft wird vom Jagdvorstand einberufen. Die Einladung zur Versammlung ist mindestens zwei Wochen zuvor ortsüblich bekannt zu geben.

(2) Die Versammlung der Jagdgenossenschaft ist einzuberufen, wenn dies mindestens ein Zehntel der Mitglieder, die mindestens ein Zehntel der bejagbaren Grundflächen des gemeinschaftlichen Jagdbezirks vertreten, verlangt.

(3) Die Versammlung der Jagdgenossenschaft ist nach § 15 Absatz 4 Satz 4 JWMG auch dann einzuberufen, wenn bei einer Verpachtung an mehrere Personen eine Pächterin oder ein Pächter in das Pachtverhältnis eintritt, die oder der erstmals einen Jagdpachtvertrag mit der Jagdgenossenschaft schließt, und im Übrigen ein bereits bestehender Vertrag mit den anderen Pächterinnen oder Pächtern fortgeführt wird.

(4) Zur Verringerung des Verwaltungsaufwandes kann auch nach Abschluss der Versammlung der Jagdgenossenschaft festgestellt werden, welche Beschlüsse die Versammlung gefasst hat, wenn die Erstellung des Flächenverzeichnisses vor der Versammlung einen unverhältnismäßigen Aufwand darstellt und die Stimmabgabe in der Versammlung namentlich erfasst wurde.

§ 3 Fütterung von Wildtieren

(1) Unzulässig ist eine Fütterung von Wildtieren, welche die Anforderungen an eine ordnungsgemäße Hege nach § 5 Absatz 4 JWMG nicht erfüllt oder welche die Belange des Naturschutzes, des Tierschutzes oder der Tiergesundheit oder die Maßnahmen nach § 33 Absatz 1 JWMG gefährdet oder beeinträchtigt. § 30 des Bundesnaturschutzgesetzes und § 30a des Landeswaldgesetzes bleiben unberührt.

(2) Unzulässig ist eine Fütterung, bei der Futtermittel ausgebracht werden, die nicht artgerecht sind oder nicht der natürlichen Äsung entsprechen.

Bei der Fütterung einer Wildtierart ist zu gewährleisten, dass die Futtermittel von anderen Wildtierarten nicht oder nur in unschädlichem Umfang aufgenommen werden. Unzulässig ist eine Fütterung auch, wenn

1. Futtermittel für Schalenwild außerhalb von Einrichtungen oder Plätzen, die den Anforderungen der Fütterungshygiene entsprechen, ausgebracht werden,
2. wiederkäuendes Schalenwild mit anderen Futtermitteln als Heu, Grünfuttersilage, Rüben, heimisches Frisch- oder Fallobst, heimischer Obsttrester oder Rosskastanien gefüttert wird,
3. Schwarzwild mit anderen Futtermitteln als Getreide einschließlich Mais gefüttert wird,
4. Erzeugnisse, die tierisches Protein enthalten, oder Erzeugnisse von Fetten aus Gewebe warmblütiger Landtiere oder Erzeugnisse von Fischen oder Mischfuttermittel, die diese Erzeugnisse enthalten, für die Fütterung von Wildtieren verwendet werden, ausgenommen davon sind Aufbrüche und sonstige Teile von gesunden Wildtieren, welche im betreffenden Jagdrevier zur Strecke gekommen sind,
5. verdorbene Futtermittel dargeboten oder Futtermittel nach Ablauf des zulässigen oder von der Jagdbehörde angeordneten Verwendungszeitraums nicht unverzüglich beseitigt werden.

(3) Für die Fütterung von Damwild und die Fütterung von Rotwild in Rotwildgebieten kann die oberste Jagdbehörde im Rahmen der Fütterungskonzeption nach § 33 Absatz 2 Satz 2JWMG als Beimischung gehäckselte Maispflanzen oder Maissilage jeweils ohne gesonderte Zugabe von Körnermais oder anderen Kraftfuttermitteln zulassen. Die oberste Jagdbehörde kann andere als die in Absatz 2 genannten Futtermittel im Einzelfall zum Zwecke der Wildtierforschung zulassen.

(4) Fütterung nach Absatz 1 bis 3 ist auch die Ablenkungsfütterung.

§ 4 Fütterungskonzeptionen

(1) Konzeptionen nach § 33 Absatz 2 JWMG müssen den Zielen und Anforderungen der Hege nach § 5 Absatz 4 JWMG entsprechen. Sie haben die wildtierökologischen Erkenntnisse hinsichtlich der betroffenen Wildtierarten, insbesondere zu deren Lebensraum, Art- und Schadverhalten, zu beachten.

(2) Konzeptionen nach § 33 Absatz 2 JWMG müssen

1. im Zusammenhang bejagbare Grundflächen von mindestens 2 500 Hektar erfassen,

2. das von dem Fütterungsvorhaben erfasste Gebiet darstellen, in seinen wesentlichen Eigenschaften beschreiben und die erfassten Jagdbezirke und Jagdreviere mit ihren jeweiligen Flächen und dort jagdausübungsberechtigten Personen angeben,
3. die mit der Fütterung verfolgten Ziele darstellen,
4. unter Darstellung der Umstände des Einzelfalls begründen, weshalb die Fütterung geeignet und aus den in § 31 Absatz 3 JWMG genannten Gründen, auch unter Berücksichtigung beeinträchtigter privater und öffentlicher Belange, erforderlich ist,
5. die geplanten Maßnahmen unter Angabe der zu verwendenden Futtermittel und Einrichtungen einschließlich des Standorts, des Umfangs und der Dauer der Fütterung darstellen und
6. die Organisation der Maßnahmen beschreiben und die verantwortlichen Personen angeben.

Das von dem Fütterungsvorhaben erfasste Gebiet soll auf Karten dargestellt werden.

(3) Die Konzeption ist der obersten Jagdbehörde schriftlich und in elektronischer Form zu übermitteln. Die Konzeption ist von den auf den erfassten Grundflächen jagdausübungsberechtigten Personen, den Inhaberinnen oder Inhabern erfasster Eigenjagdbezirke, bei gemeinschaftlichen Jagdbezirken auch vom Vorstand der Jagdgenossenschaft zu unterzeichnen. Die oberste Jagdbehörde bestätigt den Eingang der Konzeption.

§ 5 Kirrung

(1) Für die Kirrung gilt § 3 Absatz 1 und Absatz 2 Satz 3 Nummer 2, 3, 4 und 5 entsprechend. Abweichend von § 3 Absatz 2 Satz 3 Nummer 2 darf bei der Kirrung dem Obsttrester Hafer bis zu einem Volumenanteil in Höhe von 10 Prozent beigemischt werden.

(2) Unzulässig ist eine Kirrung auch, wenn
1. die Kirrung von Schwarzwild außerhalb des Waldes erfolgt,
2. für eine Kirrung von wiederkäuendem Schalenwild mehr als zehn Liter Futtermittel (§ 3 Absatz 2 Satz 3 Nummer 2) oder für eine Kirrung von Schwarzwild mehr als ein LiterFuttermittel (§ 3 Absatz 2 Satz 3 Nummer 3) je Kirrung vorhanden sind,
3. für Schwarzwild je angefangene 100 Hektar Waldfläche mehr als eine Kirrung betrieben wird, wobei je Jagdrevier zumindest zwei Kirrungen zulässig sind,
4. die Beschickung von Luderplätzen zur Raubwildbejagung so erfolgt, dass das Lockmittel auch für Schwarzwild zugänglich ist,

5. für eine Kirrung von Federwild mehr als ein Liter Futtermittel je Kirrung verwendet wird,
6. Rehwild außerhalb des Zeitraums vom 1. September bis 31. Januar gekirrt wird.

Kirrung im Sinne des Satzes 1 ist das Ausbringen des Futtermittels zum Anlocken der Wildtiere mit dem Ziel der Erlegung an einer oder mehreren Stellen in räumlich-funktionalem Zusammenhang.

§ 6 Beseitigungspflicht

Wer eine Kirrung, Fütterung oder Ablenkungsfütterung entgegen den Bestimmungen des § 33 JWMG oder dieser Verordnung angelegt hat oder betreibt, ist zu deren umgehender Beseitigung verpflichtet. Beseitigungspflichtig ist auch die jagdausübungsberechtigte Person, spätestens drei Tage nach Aufforderung durch die untere Jagdbehörde.

§ 7 Fallensachkundenachweis

(1) Ein Fallensachkundenachweis nach § 32 Absatz 4 Satz 1 JWMG wird von der unteren Jagdbehörde auf Antrag nach dem in der Anlage 1 dargestellten Muster erteilt.

(2) Die Antragstellerin oder der Antragsteller haben der unteren Jagdbehörde durch Vorlage einer Ausbildungsbestätigung der nach § 32 Absatz 4 Satz 2 JWMG anerkannten Personen oder Einrichtungen die Teilnahme an dem in § 32 Absatz 4 Satz 2 JWMG vorgeschriebenen Fallenlehrgang nachzuweisen.

(3) Antragstellerinnen und Antragstellern müssen im Rahmen des Lehrgangs die rechtlichen Grundlagen der Fallenjagd, Grundzüge des Tierschutz- und des Artenschutzrechts, ausreichende Artenkenntnisse sowie ausreichende Kenntnisse über Funktion, artenspezifischen Einsatz, Einbau und Wartung von Tot- und Lebendfangfallen sowie für den Lebendfang die anschließende tierschutzgerechte Behandlung der gefangenen Tiere, jeweils in Theorie und Praxis, vermittelt worden sein. Die Bestätigung über diese Ausbildung nach Absatz 2 muss dem in der Anlage 2 dargestellten Muster entsprechen.

§ 8 Fangjagd mit Fallen

(1) Für Haarwild dürfen zum Lebendfang nur Fallen der in Anlage 3 festgelegten Fallentypen A bis E verwendet werden.

(2) Aus besonderen Gründen kann die untere Jagdbehörde über Absatz 1 hinaus weitere Fallentypen im Einzelfall zum Lebendfang zulassen, soweit diese einen unversehrten Fang im Sinne des § 32 Absatz 2 JWMG gewährleisten.

(3) Für den Totfang von Wildtieren darf nur der in Anlage 3 festgelegte Fallentyp F (Abzugseisen – Auslösung auf Zug –) verwendet werden. Auf die Verwendung von Totfangfallen ist im unmittelbaren Gefahrenbereich durch wetterbeständige Schilder mit schriftlichem Gefahrenhinweis und Piktogramm hinzuweisen.

(4) Fallen sind vor ihrer jeweiligen Verwendung durch die jagdausübende Person auf ihre Funktionsfähigkeit und Sicherheit zu überprüfen. Sämtliche für die Fangjagd bestimmten zulässigen Fallen sind von der Eigentümerin oder dem Eigentümer bei der Prüfstelle anzumelden und dauerhaft und unverwechselbar zu kennzeichnen. Zur Kennzeichnung sind Nummernschilder an der Falle anzubringen, die von der Prüfstelle ausgegeben werden. Die Anmeldung von Fallen muss spätestens innerhalb von drei Monaten nach Erwerb erfolgen.

(5) Vor der erstmaligen Verwendung muss die jagdausübende Person Totfangfallen auf eigene Kosten von der Prüfstelle auf ihre Funktionsfähigkeit und Sicherheit überprüfen lassen. Die Überprüfung ist alle vier Jahre zu wiederholen. Die Prüfstelle bescheinigt das Ergebnis der Überprüfung. Sie führt ein Verzeichnis über das Ergebnis der Überprüfungen mit Namen und Anschriften der Eigentümerinnen und Eigentümer der Totfangfallen; das Verzeichnis ist mindestens zehn Jahre lang aufzubewahren.

(6) Fallen, die entgegen Absatz 4 Satz 2 nicht angemeldet oder gekennzeichnet sind oder deren Funktionsfähigkeit und Sicherheit durch die Überprüfung nach Absatz 4 Satz 1 und Absatz 5 nicht bestätigt wird, dürfen nicht verwendet werden.

(7) Die nach Absatz 1 zulässigen und nach Absatz 2 zugelassenen Fallen sind durch die jagdausübende Person zu kontrollieren:

1. Fallen der Fallentypen A, B, C und E mindestens zweimal täglich morgens und abends,
2. Fallen des Fallentyps D mindestens alle zwei Stunden.

(8) Die Prüfstelle, welche die Aufgaben nach § 8 Absatz 4 und 5 wahrnimmt, wird von der obersten Jagdbehörde im Gemeinsamen Amtsblatt des Landes Baden-Württemberg bekannt gegeben. Die Prüfstelle gibt den Jagdbehörden auf Verlangen Auskunft über die vorgenommenen Prüfungen, Anmeldungen und Kennzeichnungen und übermittelt ihnen dabei die erhobenen Daten.

§ 9 Sachliche Verbote

Vom Verbot des § 31 Absatz 1 Nummer 7 Buchstabe b JWMG ist das Schießen auf gestreifte Frischlinge ausgenommen. Für das Schießen auf gestreifte Frischlinge gilt § 31 Absatz 1 Nummer 7 Buchstabe a JWMG entsprechend.

§ 10 Jagdzeiten

(1) Die Jagd darf ausgeübt werden auf

1. Rotwild
   Kälber vom 1. August bis 31. Januar,
   Schmalspießer und Schmaltiere vom 1. Mai bis 15. Juni und vom 1. August bis 31. Januar,
   Hirsche und Alttiere vom 1. August bis 31. Januar,
2. Damwild
   Kälber vom 1. September bis 31. Januar,
   Schmalspießer und Schmaltiere vom 1. Mai bis 31. Mai vom 1. August bis 31. Januar,
   Hirsche und Alttiere vom 1. September bis 31. Januar,
3. Sikawild
   Kälber vom 1. September bis 31. Januar,
   Schmalspießer und Schmaltiere vom 1. Mai bis 31. Mai und vom 1. August bis 31. Januar,
   Hirsche und Alttiere vom 1. September bis 31. Januar,
4. Rehwild
   Kitze vom 1. September bis 31. Januar,
   Schmalrehe vom 1. Mai bis 31. Januar,
   Ricken vom 1. September bis 31. Januar,
   Böcke vom 1. Mai bis 31. Januar,
5. Gamswild
   Geißen und Kitze vom 1. September bis 31. Januar,
   Böcke vom 1. September bis 31. Januar,
6. Muffelwild
   Widder vom 1. Mai bis 31. Mai und vom 1. September bis 31. Januar,
   Schafe und Lämmer vom 1. September bis 31. Januar,
7. Schwarzwild
   vom 1. Mai bis 28. Februar unbeschadet der nach § 41 Absatz 2 Satz 2 JWMG vom 1. März bis 30. April zulässigen Bejagung des Schwarzwildes,
8. Dachs
   vom 1. August bis 31. Dezember,
   Jungdachse vom 1. Juni bis 31. Dezember,

9. Fuchs
   vom 1. August bis 28. Februar,
   Jungfüchse vom 1. Mai bis 28. Februar,
10. Hermelin
   vom 15. November bis 28. Februar,
11. Marderhund
   vom 1. August bis 28. Februar,
12. Mink
   vom 1. August bis 28. Februar,
13. Nutria
   vom 1. August bis 28. Februar,
14. Steinmarder
   vom 16. Oktober bis 28. Februar,
15. Waschbär
   vom 1. August bis 28. Februar,
16. Wildkaninchen
   vom 1. Oktober bis 15. Februar,
   Jungkaninchen vom 1. Mai bis 15. Februar,
17. Baummarder
   vom 16. Oktober bis 28. Februar,
18. Feldhase
   vom 1. Oktober bis 31. Dezember,
19. Iltis
   vom 16. Oktober bis 28. Februar,
20. Blässhuhn
   vom 1. Oktober bis 15. Januar,
21. Elster
   vom 1. September bis 31. Dezember,
22. Höckerschwan
   vom 1. November bis 15. Januar,
23. Kanadagans
   vom 1. September bis 15. Januar,
24. Nilgans
   vom 1. September bis 15. Januar,
25. Rabenkrähe
   vom 1. September bis 31. Januar,
26. Reiherente
   vom 1. Oktober bis 15. Januar,
27. Ringeltaube
   vom 1. November bis 10. Februar,
28. Stockente
   vom 1. September bis 15. Januar,

29. Türkentaube
    vom 1. November bis 31. Januar,
30. Fasan
    vom 1. Oktober bis 31. Dezember,
31. Graugans
    vom 1. September bis 15. Januar,
32. Pfeifente
    vom 1. September bis 31. Dezember,
33. Schnatterente
    vom 1. September bis 15. Januar,
34. Waldschnepfe
    vom 1. Oktober bis 31. Dezember.

Soweit die in Satz 1 bestimmten Zeiträume auf den 28. Februar enden, tritt in Schaltjahren an die Stelle des 28. Februar der 29. Februar.

(2) Die Bestimmungen des § 41 Absatz 3 JWMG sowie die aufgrund des § 41 Absatz 5 und 6 JWMG getroffenen Bestimmungen bleiben unberührt. Die von den Jagdbehörden auf der Grundlage des § 41 Absatz 3 Satz 2, Absatz 5 und 6 JWMG zugelassenen Ausnahmen und Abweichungen von den Jagd- und Schonzeiten sind jährlich für den Zeitraum zwischen dem 1. Januar und dem 31. Dezember jeden Jahres mit Angabe der Gründe und Anzahl der erlegten Vögel in dem zur Meldung von der Europäischen Kommission vorgegebenen elektronischen Meldeformular über die oberste Jagdbehörde an die oberste Naturschutzbehörde zu übermitteln.

§ 11 Vorbereitung des Abschussplans

(1) Die jagdausübungsberechtigte Person hat den Abschussplan jeweils für ein Jagdjahr einzureichen. Soweit ein Abschussplan für Rehwild erforderlich ist (§ 35 Absatz 1 Satz 3 JWMG), hat sie den Plan für drei Jagdjahre einzureichen.

(2) Der Abschussplan ist von der jagdausübungsberechtigten Person, bei Jagdverpachtung auch von der verpachtenden Person zu unterzeichnen und bis 15. April des Jagdjahres, für das der jeweilige Abschussplan nach Absatz 1 aufzustellen ist, der unteren Jagdbehörde vorzulegen. Bei fehlendem Einvernehmen der verpachtenden Person oder bei Einwendungen von Mitgliedern der Jagdgenossenschaft gegen den Abschussplan sind die Gründe, einschließlich eventueller Änderungsvorschläge, im Abschussplan von der verpachtenden Person oder dem Jagdvorstand zu vermerken.

§ 12 Wirkung und Änderung des Abschussplans

(1) Ein nach § 35 Absatz 4 JWMG festgesetzter Abschussplan gilt auch für den Rechtsnachfolger der jagdausübungsberechtigten Person.

(2) Ein festgesetzter Abschussplan kann von der unteren Jagdbehörde auf Antrag der jagdausübungsberechtigten Person oder von Amts wegen geändert werden, wenn
1. sich die für die Abschussplanung maßgebenden Verhältnisse wesentlich geändert haben oder
2. die Abschussplanung auf fehlerhaften Angaben der jagdausübungsberechtigten Person beruht.

Vor der Änderung des Abschussplans ist die verpachtende Person, im Falle einer Jagdnutzung durch Anstellung oder Beauftragung (§ 16 Absatz 1 Satz 1 JWMG) der Jagdvorstand der beteiligten Jagdgenossenschaft oder bei Eigenjagdbezirken dessen Inhaberin oder Inhaber anzuhören.

§ 13 Streckenliste, Jagdstatistik

(1) Für die Führung der Streckenliste ist der von der unteren Jagdbehörde zur Verfügung gestellte Vordruck oder ein von der obersten Jagdbehörde zur Verfügung gestelltes Online-Portal zu verwenden. Die Streckenliste ist schriftlich oder elektronisch an die untere Jagdbehörde oder elektronisch über ein von der obersten Jagdbehörde zur Verfügung gestelltes Online-Portal zu übermitteln.

(2) In der Streckenliste sind bei verendeten Wildtieren auch Angaben über Verkehrsverluste zu machen sowie die Anzahl der nach § 49 Absatz 2 JWMG getöteten Hauskatzen anzugeben.

(3) Die unteren Jagdbehörden übermitteln jährlich die anonymisierten Daten der Streckenlisten und der Abschusspläne ihres Zuständigkeitsbereichs an die Wildforschungsstelle.

(4) Die untere und die oberste Jagdbehörde erheben mit der Übermittlung nach Absatz 1 die mit der Streckenliste verbundenen personenbezogenen Daten der jagdausübungsberechtigten Personen und dürfen diese speichern und für die Wildtierforschung nutzen. Eine Übermittlung der Inhalte der Streckenlisten an Dritte darf nur in anonymisierter Form erfolgen, es sei denn, nach den Bestimmungen des Landesdatenschutzgesetzes ist eine darüber hinaus gehende Übermittlung zulässig.

§ 14 Wildtierökologische Datenerhebung

(1) Für wissenschaftliche Zwecke oder für Lehr- und Forschungszwecke kann die untere Jagdbehörde von der jagdausübungsberechtigten Person über § 35 Absatz 6 JWMG hinaus im begründeten Einzelfall weitere Angaben über die Verhältnisse in ihrem Jagdbezirk und über den Bestand der dort vorkommenden Wildtierarten verlangen.

(2) Berichte über Beobachtungen nach § 43 Satz 1 JWMG sind der unteren Jagdbehörde elektronisch über ein von der obersten Jagdbehörde zur Verfügung gestelltes Online-Portal zu übermitteln.

(3) Die untere und die oberste Jagdbehörde erheben mit der Übermittlung nach Absatz 2 die mit den Berichten verbundenen personenbezogenen Daten der jagdausübungsberechtigten Personen und dürfen diese speichern und für die Wildtierforschung nutzen. Eine Übermittlung der Inhalte der Berichte an Dritte darf nur in anonymisierter Form erfolgen, es sei denn nach den Bestimmungen des Landesdatenschutzgesetzes ist eine darüber hinausgehende Übermittlung zulässig.

§ 15 Schutzvorrichtungen

Als übliche Schutzvorrichtungen im Sinne des § 52 Absatz 2 Satz 2 JWMG gelten wilddichte Zäune mit folgenden Mindesthöhen:

1. 2,50 m zum Schutz gegen Muffelwild,
2. 1,80 m zum Schutz gegen Rot-, Dam- und Sikawild,
3. 1,50 m zum Schutz gegen Reh-, Gams- und Schwarzwild; übliche Schutzvorrichtungen gegen Schwarzwild erfordern zur Gewährleistung der Standsicherheit ausreichende Einlassungen im Boden,
4. 1,00 m über und 0,30 m in der Erde zum Schutz gegen Wildkaninchen.

§ 16 Wildschadenschätzerinnen und Wildschadensschätzer

(1) Eine Befähigung im Sinne des § 57 Absatz 4 Satz 1 JWMG ist unbeschadet anderer Qualifizierungen anzunehmen,

1. bei öffentlich bestellten und vereidigten Sachverständigen auf dem Gebiet der Land- und Forstwirtschaft einschließlich des Garten- und Weinbaus, die eine Qualifikation im Bereich der außergerichtlichen Streitschlichtung und wildtierökologische Kenntnisse nachweisen können,
2. bei Antragstellerinnen oder Antragstellern, die an einem mehrtägigen Grundlehrgang zum Thema Wildschadensschätzung teilgenommen, die Lehrgangsprüfung der Wildforschungsstelle Baden-Württemberg bestanden und mindestens alle fünf Jahre an einem Fortbildungslehrgang teil-

genommen haben; entsprechende Lehrgänge hat die Wildforschungsstelle Baden-Württemberg anzubieten.

(2) Die unteren Jagdbehörden führen Verzeichnisse der von ihnen anerkannten Wildschadensschätzerinnen und Wildschadensschätzer und erheben mit deren Einverständnis die personenbezogenen Daten, die eine Kontaktaufnahme ermöglichen. Soweit das Einverständnis der Wildschadensschätzerinnen und Wildschadensschätzer vorliegt, stellen die unteren Jagdbehörden die Verzeichnisse den Gemeinden zur Wahrnehmung der Aufgabe nach § 57 Absatz 3 JWMG zur Verfügung und machen die Verzeichnisse öffentlich zugänglich.

§ 17 Schadensanmeldung

(1) Der Anspruch auf Ersatz von Wild- oder Jagdschaden ist bei der Gemeinde, auf deren Gemarkung das beschädigte Grundstück liegt, innerhalb der in § 57 Absatz 1 Satz 1 JWMG bestimmten Frist oder bis zu dem in § 57 Absatz 1 Satz 2 JWMG bestimmten Stichtagen schriftlich oder zur Niederschrift anzumelden.

(2) Die Bescheinigung nach § 57 Absatz 2 JWMG muss den Tag der Anmeldung und die geschädigte Person bezeichnen sowie Angaben zum Ort und zur Art des Schadens enthalten.

(3) Soweit die als ersatzpflichtig in Anspruch genommene Person mit Anschrift benannt wird, übermittelt die Gemeinde dieser Person unverzüglich eine Abschrift der Bescheinigung.

(4) Mit der Bescheinigung kann der Hinweis auf die anerkannten Wildschadensschätzerinnen und Wildschadensschätzer verbunden werden.

§ 18 Bestätigte Hegegemeinschaften

(1) Eine Hegegemeinschaft entspricht den Erfordernissen der Hege nach § 47 Absatz 1 Satz 3 JWMG, wenn sie zusammenhängende Jagdbezirke umfasst, die nach ihrer Lage, Größe, den sonstigen tatsächlichen Verhältnissen und auf Grund ihrer natürlichen Grenzen dem Lebensraum der Wildtiere oder einzelner Wildtierarten entsprechen und dadurch eine abgestimmte großräumige Hege oder Abschussregelung gewährleisten.

(2) Mit dem Antrag auf Bestätigung als Hegegemeinschaft sind vorzulegen:
1. eine Darstellung der räumlichen Abgrenzung der Hegegemeinschaft unter Angabe der von ihr umfassten Jagdbezirke,
2. ein Verzeichnis der jagdausübungsberechtigten Personen und Jagdgenossenschaften, die der Hegegemeinschaft beigetreten sind, und

3. Unterlagen über die Rechtsform der Hegegemeinschaft und deren Vertretung.

§ 19 Gebiet der Hegegemeinschaften

(1) Das Gebiet einer Hegegemeinschaft nach § 47 Absatz 2 und 4 JWMG wird unter Berücksichtigung wildökologischer und jagdfachlicher Gesichtspunkte bestimmt und soll das jagdbezirksübergreifend abgestimmte Zusammenwirken bei der Jagdausübung, der Hege oder Maßnahmen des Wildtiermanagements ermöglichen. Insbesondere sind bei der Bestimmung des Gebiets zu berücksichtigen

1. das Vorkommen der von den Aufgaben der Hegegemeinschaft betroffenen Wildtierarten und deren geeigneter Lebensraum, einschließlich natürlicher und künstlicher Barrieren, der Struktur und Qualität des Lebensraumes sowie der bestehenden Flächennutzung,
2. die besonderen artspezifischen und landeskulturellen Erfordernisse, die ein abgestimmtes Vorgehen bedingen, insbesondere die Gefährdung einer Wildtierart und ihr Schadenspotential,
3. die Anzahl der Jagdbezirke, die Anzahl der jagdausübungsberechtigten Personen und die Beteiligung Dritter an der Jagdausübung.

Das Gebiet einer Hegegemeinschaft soll die Jagdbezirke vollständig erfassen.

(2) Die unteren Jagdbehörden übermitteln der obersten Jagdbehörde auf Anforderung für ihren Zuständigkeitsbereich Angaben zu Lage und Größe der Jagdbezirke, Angaben zu den jagdausübungsberechtigten Personen mit Name und Anschrift, Lage und Größe der Fläche, auf dem den Personen das Jagdausübungsrecht zusteht, sowie Angaben zu den bestehenden Jagdgenossenschaften mit Name, Sitz und Jagdvorstand.

(3) Die oberste Jagdbehörde stellt das Gebiet, die Mitglieder und die Aufgaben der Hegegemeinschaft fest und übermittelt die entsprechenden Daten an die untere Jagdbehörde als Aufsichtsbehörde nach § 47 Absatz 6 JWMG. Die Aufsichtsbehörde beruft die Mitglieder der gebildeten Hegegemeinschaft zu deren erster Versammlung ein und leitet diese Versammlung.

(4) Für Änderungen des Gebiets einer Hegegemeinschaft finden die Absätze 1 bis 3 entsprechende Anwendung.

§ 20 Organisation der Hegegemeinschaften

(1) Mitglieder einer Hegegemeinschaft nach § 47 Absatz 2 und 4 JWMG sind alle in ihrem Gebiet jagdausübungsberechtigten Personen, Inhaberin-

nen und Inhaber der von dem Gebiet erfassten Eigenjagdbezirke und die von dem Gebiet erfassten Jagdgenossenschaften.

(2) Die Hegegemeinschaft führt ein Verzeichnis ihrer Mitglieder unter Angabe der jeweiligen Grundflächenanteile und bejagbaren Flächenanteile und schreibt das Verzeichnis bei Bedarf fort. Die Aufsichtsbehörde und die für das Gebiet der Hegegemeinschaft zuständigen unteren Jagdbehörden stellen die hierfür erforderlichen Daten zur Verfügung.

(3) Organe der Hegegemeinschaft sind die Versammlung der Mitglieder und der Vorstand. Für den Inhalt der Satzung der Hegegemeinschaft findet § 1 mit Ausnahme der Nummer 6 entsprechende Anwendung.

(4) Die Versammlung fasst ihre Beschlüsse bei Wahlen und Abstimmungen mit der Mehrheit der bei der Beschlussfassung vertretenen bejagbaren Grundfläche. Stimmberechtigt sind die Inhaberinnen und Inhaber von Eigenjagdbezirken sowie die Jagdgenossenschaften für die Grundflächen, auf denen ihnen das Jagdrecht zusteht; sie können ihr Stimmrecht an die auf diesen Flächen jagdausübungsberechtigten Personen übertragen. Für Wahlen kann die Satzung bestimmen, dass ein Beschluss der Mehrheit der bei der Beschlussfassung anwesenden und vertretenen Mitglieder der Hegegemeinschaft bedarf.

(5) Wählt die Versammlung binnen angemessener Frist keinen Vorstand, hat die Aufsichtsbehörde einen Notvorstand zu bestellen, der die Geschäfte auf Kosten der Hegegemeinschaft führt.

§ 21 Anerkennung von Nachsuchegespannen, Jagdhundeausbildung

(1) Die oberste Jagdbehörde überträgt die Entscheidung über die Anerkennung von Nachsuchegespannen im Sinne des § 39 Absatz 2 Nummer 5 JWMG nach § 64 Absatz 2 JWMG Vereinigungen der Jägerinnen und Jäger. Als Nachsuchegespann sind Nachsucheführerinnen oder Nachsucheführer durch diese Vereinigungen anzuerkennen, wenn sie
1. einen auf ihren Namen lautenden gültigen Jagdschein besitzen,
2. einen oder mehrere für die Nachsuche geeignete Jagdhunde führen,
3. die erforderliche Eignung, Fachkenntnis und Leistungsfähigkeit besitzen, Nachsuchen fachgerecht und ordnungsgemäß durchzuführen,
4. sich bereit erklären, die Aufgabe eines Nachsuchegespannes mit der gebotenen Einsatzbereitschaft unentgeltlich wahrzunehmen.

Für die Nachsuche geeignet nach Satz 2 Nummer 2 sind Jagdhunde,
1. die erfolgreich an einer Verbandschweißprüfung oder Verbandsfährtenschuhprüfung gemäß den Richtlinien des Jagdgebrauchshundeverbands

oder an der Vorprüfung des Klubs Bayerische Gebirgsschweißhunde oder des Vereins Hirschmann teilgenommen haben,
2. für die vergleichbare Leistungsnachweise von Zuchtvereinen auf natürlicher Schweißfährte vorliegen oder
3. für die eine entsprechende Bestätigung der Brauchbarkeit für Nachsuchen unter erschwerten Bedingungen nach der Brauchbarkeitsprüfungsordnung des Landesjagdverbandes Baden-Württemberg e.V. (Fährte mit mindestens 20 Stunden Stehzeit, mindestens 1000 Meter lang, maximal 0,25 Liter Schweiß) oder vergleichbaren Prüfungen, die von Richterinnen oder Richtern des Jagdgebrauchshundeverbands mit der Sonderqualifikation Schweiß abgenommen wurden, vorliegen.

(2) Anerkannte Nachsuchegespanne dürfen abweichend von § 31 Absatz 1 Nummer 7 Buchstabe c JWMG zum Zwecke einer sicheren Nachsuche auch halbautomatische Waffen, die mehr als zwei Patronen in das Magazin aufnehmen können, zum Erlegen von Schalenwild einsetzen.

(3) Bei der Ausbildung von Jagdhunden ist den Anforderungen des Tierschutzes vollumfänglich Rechnung zu tragen Dabei kann in Gutachten, Leitlinien und einschlägigen Empfehlungen der zu berücksichtigende Rahmen vorgegeben werden.

§ 22 Ordnungswidrigkeiten

Ordnungswidrig im Sinne des § 67 Absatz 2 Nummer 17 JWMG handelt, wer
1. entgegen § 3 eine Fütterung oder Ablenkungsfütterung oder entgegen § 5 eine Kirrung vornimmt,
2. einer vollziehbaren Anordnung nach § 6 nicht, nicht vollständig oder nicht rechtzeitig nachkommt,
3. entgegen § 8 Absatz 1 bis 3 Lebend- oder Totfangfallen verwendet, die nicht den festgelegten Fallentypen entsprechen oder nicht zugelassen sind,
4. entgegen § 8 Absatz 3 Satz 2 auf die Verwendung von Totfangfallen nicht hinweist, entgegen § 8 Absatz 6 Fallen verwendet,
5. entgegen § 8 Absatz 7 Fallen nicht kontrolliert.

§ 23 Übergangsbestimmungen

(1) Die Versammlung der Jagdgenossenschaft ist spätestens bis zum Ablauf von sechs Jahren nach Inkrafttreten dieser Verordnung einzuberufen.

(2) Die zum Zeitpunkt des Inkrafttretens dieser Verordnung auf der Grundlage des bis dahin geltenden Rechts von den unteren Jagdbehörden bestell-

ten Wildschadensschätzerinnen und Wildschadensschätzer gelten bis Ablauf ihrer Bestellung als anerkannt im Sinne des § 57 Absatz 4 Satz 1 JWMG. Die Wildforschungsstelle Baden-Württemberg kann Personen, die vor Inkrafttreten dieser Verordnung an Lehrgängen zum Thema Wildschadensschätzung teilgenommen haben, die Teilnahme auf die nach § 16 Absatz 1 Nummer 1 erforderlichen Lehrgänge anrechnen.

(3) Fütterungskonzeptionen nach § 4 können vor dem 1. April 2016 vorgelegt werden.

(4) Für diejenigen Fallen, die nach den Bestimmungen des JWMG und dieser Verordnung für die Fangjagd zulässig sind und nach der vor Inkrafttreten des JWMG geltenden Rechtslage ordnungsgemäß angemeldet und gekennzeichnet wurden, ist keine erneute Anmeldung und Kennzeichnung erforderlich. Die unteren Jagdbehörden übermitteln der Prüfstelle die bei ihnen vorliegenden Daten dieser Anmeldungen und Kennzeichnungen.

§ 24 Inkrafttreten, Außerkrafttreten

(1) Diese Verordnung tritt am 1. April 2015 in Kraft, soweit in Absatz 2 nichts anderes bestimmt ist.

(2) Abweichend von Absatz 1 treten die §§ 4, 11 bis 14 am 1. April 2016 und § 14 Absatz 2 und 3 am 1. April 2017 in Kraft.

(3) Die Durchführungsverordnung des Ministeriums für Ernährung und Ländlichen Raum zum Landesjagdgesetz (LJagdG DVO) vom 5. September 1996 (GBl. S. 601), zuletzt geändert durch Verordnung vom 15. Juli 2008 (GBl. S. 286), wird mit Wirkung zum 1. April 2015 aufgehoben. Abweichend von Satz 1 werden die §§ 9 bis 12 der in Satz 1 genannten Verordnung mit Wirkung zum 1. April 2016 aufgehoben.

Anlage 1
(zu § 7 Absatz 1)

„Untere Jagdbehörde" „Ort", „Datum"

Az.: „Aktenzeichen"

Fallensachkundenachweis
gemäß § 32 Absatz 4 JWMG

für „Herrn/Frau"

„Vorname und Familienname", wohnhaft in „Anschrift",

geboren am „Geburtsdatum", in „Ort".

„Herr/Frau" „Familienname" hat durch Vorlage einer Ausbildungsbestätigung nachgewiesen, dass er am „Datum" an einem Fallenlehrgang nach § 32 Absatz 4 Satz 2 JWMG bei „Name der Einrichtung/der Lehrperson" in „Ort des Lehrgangs" teilgenommen und dabei die erforderliche Sachkunde erworben hat.

Der Fallensachkundenachweis wird hiermit erteilt.

(Unterschrift und Dienstsiegel)

Anlage 2
(zu § 7 Absatz 3)

„Name der Einrichtung/der Lehrperson im Sinne des § 32 Absatz 4 Satz 2 JWMG“ „Ort“, „Datum“

Bestätigung über die Ausbildung in Fallensachkunde
gemäß § 32 Absatz 4 JWMG

für „Herrn/Frau“

„Vorname und Familienname“, wohnhaft in „Anschrift“,

geboren am „Geburtsdatum“, in „Ort“.

„Herr/Frau“ „Familienname“ nahm am „Datum/Angabe der Ausbildungstage“ an einem mindestens 20 Ausbildungsstunden umfassenden Lehrgang mit dem Titel „Bezeichnung des Lehrgangs“ bei „Name der Lehrperson und Bezeichnung der Einrichtung“ in „Ort des Lehrgangs“ teil.

Im Rahmen des Lehrgangs wurden die rechtlichen Grundlagen der Fallenjagd, Grundzüge des Tierschutz- und des Artenschutzrechts, ausreichende Artenkenntnisse sowie ausreichende Kenntnisse über Funktion, artenspezifischen Einsatz, Einbau und Wartung von Tot- und Lebendfangfallen sowie für den Lebendfang die anschließende tierschutzgerechte Behandlung der gefangenen Tiere, jeweils in Theorie und Praxis, vermittelt.

(Unterschrift der Lehrperson)

Anlage 3
(zu § 8 Absatz 1 und 3)

Liste der für die Fangjagd mit Lebend- und Totfangfallen zugelassenen Fallentypen und der für sie geltenden Bauvorschriften

1. **Fallentyp A** – eine Kastenfalle für Tiere ab Fuchsgröße mit folgenden Mindestgrößen für den Fangraum:
   Länge: 130 cm
   Breite: 25 cm
   Höhe: 25 cm.
2. **Fallentyp B** – eine Kastenfalle für Tiere unter Fuchsgröße mit folgenden Mindestgrößen für den Fangraum:
   Länge: 100 cm
   Breite: 15 cm
   Höhe: 15 cm
3. **Fallentyp C** – eine Röhrenfalle für alle Haarwildarten, vorwiegend für den unterirdischen Einbau, mit folgenden Mindestgrößen für den Fangraum.
   Länge: 200 cm
   Durchmesser: 25 cm.
4. **Fallentyp D** – eine Kastenfalle aus Casanetengitter für Jungfüchse zum Einschieben in den Röhreneingang, mit folgenden Mindestgrößen für den Fangraum.
   Eberswalder Jungfuchsfalle:
   Länge: 100 cm
   Breite: 25 cm
   Höhe: 25 cm
   Fuchswelpenfalle nach Carius:
   Länge: 100 cm
   Breite: 20 cm
   Höhe: 20 cm (Eingang) und 40 cm (Fangraum)

Weitere Vorgaben zu den Fallentypen A bis D (Liste Nummer 1 bis 4):
Die aufgeführten Fallentypen müssen so beschaffen sein, dass eine Verletzung von Tieren ausgeschlossen ist. Drahtgitter ist als Baumaterial nicht zugelassen. Kontrollöffnungen aus Draht sind zulässig, falls Verletzungen der Tiere ausgeschlossen sind. Röhrenfallen müssen eine ausreichende Druckfestigkeit aufweisen. In geschlossenem Zustand müssen die Fangräume abgedunkelt sein.

Abweichend hiervon ist bei Fallentyp D Casaneten-Drahtgitter zulässig und eine Abdunkelung entbehrlich.

5. **Fallentyp E** – Abzugseisen (Auslösung auf Zug) für Haarwild mit folgenden Bügelweiten und Klemmkräften:
- Bügelweite 37 cm (+/– 10 %), Mindestklemmkraft 150 Newton
- Bügelweite 46 cm (+/– 10 %), Mindestklemmkraft 175 Newton
- Bügelweite 56 cm (+/– 10 %), Mindestklemmkraft 200 Newton
- Bügelweite 70 cm (+/– 10 %), Mindestklemmkraft 300 Newton

Weitere Vorgabe zum Fallentyp F:
Abzugseisen mit den Bügelweiten 37 cm (+/– 10 %) und 46 cm (+/– 10 %) dürfen nur für Marder und Iltis verwendet werden.

A. Kommentar

Jagd- und Wildtiermanagementgesetz (JWMG)

Artikel 1 des Gesetzes vom 25. November 2014 (GBl. S. 550)

– Kommentar –

Inhaltsübersicht

Abschnitt 1 Allgemeine Bestimmungen

§ 1 Anwendungsbereich

Das Jagdrecht, ohne das Recht der Jagdscheine, bestimmt sich abweichend vom Bundesjagdgesetz ausschließlich nach diesem Gesetz und den aufgrund dieses Gesetzes erlassenen Verordnungen. Abweichend von Satz 1 bleiben die aufgrund des § 36 des Bundesjagdgesetzes erlassenen bundesrechtlichen Rechtsverordnungen und die Vorschriften des § 38 a und § 39 Absatz 2 Nummer 5 des Bundesjagdgesetzes anwendbar.

1 Durch die Föderalismusreform I, mit der das Grundgesetz im Jahr 2006 weitreichend geändert wurde und insbesondere auch die Zuständigkeiten zwischen Bund und Ländern neu verteilt wurden (Gesetz zur Änderung des Grundgesetzes, BGBl. 2006 I S. 2034), hat zwar der Bund die konkurrierende Gesetzgebungskompetenz für das Jagdwesen gem. Art. 74 Abs. 1

Nr. 28 GG behalten; indes wurde mit Art. 72 Abs. 3 S. 1 Nr. 1 i.V.m. Art. 125b Abs. 1 GG den Ländern die Möglichkeit eröffnet, abweichende Regelungen über das Jagdwesen zu treffen, freilich mit Ausnahme des Rechts der Jagdscheine. Vor diesem Hintergrund hat der Baden-Württembergische Landesgesetzgeber von seinem Abweichungsrecht Gebrauch gemacht und das JWMG als Vollgesetz erlassen, was ihm aufgrund der bundesrechtlichen Vorgabe des Art. 72 Abs. 3 Satz 1 Nr. 1 GG möglich war. Dadurch wird in Baden-Württemberg mit Ausnahme des Rechts der Jagdscheine zukünftig nur noch ein Gesetz im Bereich des Jagdwesens Anwendung finden. Allerdings ist Voraussetzung für die Abweichungsgesetzgebungskompetenz auch ein tatsächlich abweichendes Gesetz; bloß deklaratorische Wiederholungen von im BJagdG enthaltenen Regelungen wären nicht ausreichend, um den Anspruch an ein Vollgesetz zu erfüllen.

Keine Gesetzgebungskompetenz kommt dem Land für das Recht der Jagdscheine zu, da das Grundgesetz die Regelung des Rechts der Jagdscheine als abweichungsfeste Angelegenheit des Bundes deklariert hat. Dies hat zur Folge, dass die §§ 15–18a und 41 BJagdG zum Recht der Jagdscheine wie auch die hierauf bezogenen Ordnungswidrigkeitentatbestände nach § 39 Abs. 1 Nr. 4 und 9 BJagdG sowie § 39 Abs. 2 Nr. 1 1. Alt. BJagdG weiterhin auch mit Geltung für das Land Baden-Württemberg anwendbar bleiben. Insoweit war dem Land ein legislatives Tätigwerden untersagt. 2

Mit § 1 S. 2 will der Gesetzgeber ausweislich der Gesetzesbegründung erreichen, dass die Regelungen des BJagdG über den Erwerb, den Besitz und den Handel mit bestimmten Wildtieren im Bundesgebiet einheitlich gelten, weil nur auf diese Weise den wirtschaftlichen Zusammenhängen im Bundesgebiet Rechnung getragen werden kann. Als Folge hiervon bleibt die Bundeswildschutzverordnung zur Gänze anwendbar, ebenso die hierauf bezogenen Straf- und Bußgeldbestimmungen des BJagdG. 3

§ 2 Ziele des Gesetzes

Dieses Gesetz trägt dazu bei,

1. **die Jagd als naturnahe und nachhaltige Nutzungsform des Grundeigentums und als Kulturgut unter Berücksichtigung der berührten öffentlichen und privaten Belange, insbesondere der Belange des Tier- und Naturschutzes und der Tiergesundheit, zu erhalten und weiterzuentwickeln,**
2. **gesunde und stabile heimische Wildtierpopulationen unter Berücksichtigung gesellschaftlicher, ökologischer und ökonomischer Belange so zu erhalten und zu entwickeln, dass sie in einem angemessenen Verhältnis zu der Leistungs- und Funktionsfähigkeit des Naturhaushalts und den landeskulturellen Verhältnissen stehen,**

3. im Bestand bedrohte Wildtierarten zu schützen, ihre Populationen zu stärken und ihre Lebensräume zu erhalten und zu verbessern sowie die biologische Vielfalt zu sichern,
4. geeignete Instrumente des Wildtiermanagements zum Umgang mit Wildtieren und zur Sicherung und Verbesserung ihrer Lebensgrundlagen zu etablieren und zu stärken,
5. Beeinträchtigungen einer ordnungsgemäßen land-, forst- und fischereiwirtschaftlichen Nutzung durch Wildtiere zu vermeiden,
6. die Belange des Tierschutzes aus der besonderen Verantwortung für das Tier als Mitgeschöpf in allen Bereichen der Jagd und des Wildtiermanagements, insbesondere den nach Tierschutzrecht gebotenen vernünftigen Grund für das Töten von Tieren, zu berücksichtigen,
7. wildtierökologische Kenntnisse zu gewinnen, zu verbessern und ihre Beachtung zu gewährleisten.

1 § 2 stellt die Ziele des Gesetzes den anderen Bestimmungen als Leitlinie und Rahmen voran. Die Norm formuliert den gesetzgeberischen Anspruch, das Jagdrecht im Bewusstsein der gesellschaftlichen, ökologischen und ökonomischen Bedeutung, die der Jagd in Baden-Württemberg zukommt, weiterzuentwickeln. Begründet wird dieser Anspruch vom Gesetzgeber damit, dass sich die Rahmenbedingungen während der letzten Jahrzehnte durch gesellschaftliche, wirtschaftliche und natürliche Entwicklungen teilweise grundlegend verändert und sich wildbiologische Kenntnisse erweitert hätten; zudem hätten sich, so der Gesetzgeber, die Erwartungen an die Jagd gewandelt (vgl. LT-Drucks. 15/5789 S. 69). Vor dem Hintergrund dieser geänderten Rahmenvorgaben erhebt das Gesetz den Anspruch, das Jagdrecht neuen, auch wildtierökologischen Erkenntnissen wie auch den an das Jagdwesen gestellten Anforderungen, insbesondere des Naturschutzes und des Tierschutzes, anzupassen. Mit der Weiterentwicklung des Jagdrechts will das JWMG einen Beitrag dazu leisten, die Jagd als eine ursprüngliche Form der Nutzung natürlicher Lebensgrundlagen durch den Menschen in Baden-Württemberg zukunftsfähig zu erhalten und in diesem Rahmen auch die von der Jagd berührten Belange des Natur- und Tierschutzes sowie die Interessen der Land-, Forst- und Fischereiwirtschaft zu wahren.

2 Indes ist anzumerken, dass in der Formulierung dieser sämtlichen Ziele des Gesetzes die verfassungsrechtlich abgesicherte Eigentumsverortung des Jagdrechts und des Jagdausübungsrechts einen auffällig kleinen Stellenwert eingeräumt bekommen hat. Von einigen dürren Worten in der Gesetzesbegründung abgesehen, bezeichnet lediglich Nr. 1 die Jagd als Nutzungsform des Grundeigentums, ohne dass dies vom Gesetzgeber näher ausformt worden wäre. Demgegenüber wirkt die Vielzahl der anderen, in

§ 2 als Ziele des Gesetzes formulierten Aspekte geradezu erdrückend und legt, zumindest bei einer vordergründigen Wahrnehmung, nicht nur den Eindruck nahe, dass die grundgesetzlich fundierte Eigentumsverortung des Jagdrechts wie auch des Jagdausübungsrechts in den Augen des Gesetzgebers zur kleinen Münze verkommt, sondern lässt auch die Befürchtung wachsen, dass das Jagdrecht vornehmlich in den Dienst des Naturschutzes gestellt wird und damit seiner Bedeutung als eigenständiges Rechtsgebiet zunehmend verlustig geht.

Die in § 2 formulierten Ziele sind in Anlehnung an die Leitlinien für ein Jagd- und Wildtiermanagementgesetz definiert, die in dem dem Gesetzgebungsverfahren vorausgegangenen Verfahren der von der Novellierung des Jagdrechts betroffenen Verbände und Interessengruppen erarbeitet wurden. Aufgegriffen werden die Ziele und die Zieldefinitionen des § 2 an verschiedenen Stellen des JWMG. Hervorzuheben ist freilich, dass mit der Aufzählung der Ziele kein Vorrang einzelner Ziele verbunden ist, sie sind sämtlich gleichwertig. Zudem erhebt das Gesetz auch lediglich den Anspruch, zur Erreichung der Ziele beizutragen, nicht hingegen, diese umfassend zu erfüllen. 3

Nr. 1 definiert die Jagd als Nutzungsform des Grundeigentums wie auch als Kulturgut und erhebt den Anspruch, die so verstandene Jagd unter Berücksichtigung der berührten öffentlichen und privaten Belange, insbesondere der Belange des Tier- und Naturschutzes und der Tiergesundheit, zu erhalten und weiter zu entwickeln. 4

Nr. 2 zielt darauf, gesunde und stabile heimische Wildpopulationen so zu erhalten und zu entwickeln, dass sie in einem angemessenen Verhältnis zu der Leistungs- und Funktionsfähigkeit des Naturhaushalts und den landeskulturellen Verhältnissen stehen.

Nr. 3 formuliert als Ziel, im Bestand bedrohte Wildtierarten zu schützen, ihre Populationen zu stärken und ihre Lebensräume zu erhalten und zu verbessern sowie die biologische Vielfalt zu sichern. Damit ist auch die Schale des Schutzmanagements angesprochen, die in § 7 Abs. 3 S. 1 Nr. 3 und Abs. 6 näher konkretisiert ist und zur Folge hat, dass auf Wildtiere, die dieser Schale zugeordnet sind, aufgrund von § 7 Abs. 7 S. 2 die Jagd nicht ausgeübt werden darf.

Nr. 4 macht den Anspruch des Gesetzes deutlich, geeignete Instrumente des Wildtiermanagements zum Umgang mit Wildtieren und zur Sicherung und Verbesserung von deren Lebensgrundlagen zu etablieren und zu stärken.

Nach Nr. 5 trägt das Gesetz dazu bei, Beeinträchtigungen einer ordnungsmäßigen land-, forst- und fischereiwirtschaftlichen Nutzung durch Wildtiere zu vermeiden. Damit ist auch der Aspekt der Schadensminimierung angesprochen, womit vor allem die Vermeidung von Verbissschäden und Schäden im Feld gemeint ist.

Aufgrund von Nr. 6 will das Gesetz zudem dazu beitragen, die Belange des Tierschutzes zu berücksichtigen, insbesondere den nach Tierschutzrecht gebotenen vernünftigen Grund für das Töten von Tieren; in diesem Kontext nimmt der Gesetzgeber erkennbar Bezug auf die Staatszielbestimmung des Art. 20 a GG.

Schließlich soll nach Nr. 7 das JWMG zur Gewinnung und Verbesserung wildtierökologischer Kenntnisse beitragen und ihre Beachtung gewährleisten.

§ 3 Jagdrecht und Jagdausübung

(1) Das Jagdrecht ist die ausschließliche Befugnis, auf einem bestimmten Gebiet Wildtiere im Sinne des § 7 Absatz 1 zu hegen, auf sie die Jagd auszuüben und sie sich anzueignen. Mit dem Jagdrecht ist die Pflicht zur Hege nach Maßgabe des § 5 Absatz 4 verbunden.

(2) Die Pflicht zur Hege lässt die aufgrund anderer Vorschriften bestehenden gleichartigen Verpflichtungen, insbesondere solcher auf der Grundlage des Naturschutzrechts, unberührt.

(3) Das Jagdrecht auf einem Grundstück steht der Person zu, in deren Eigentum das Grundstück steht. Es ist untrennbar mit dem Eigentum an dem Grundstück verbunden. Als selbständiges dingliches Recht kann es nicht begründet werden. Auf Flächen, an denen kein Eigentum begründet ist, steht das Jagdrecht dem Land zu.

(4) Das Jagdrecht darf nur in Jagdbezirken nach Maßgabe des Abschnitts 2 ausgeübt werden. Jagdbezirke, in denen die Jagd ausgeübt werden darf, sind entweder Eigenjagdbezirke (§ 10) oder gemeinschaftliche Jagdbezirke (§ 11). In einem Eigenjagdbezirk ist jagdausübungsberechtigt diejenige Person, in deren Eigentum die dem Eigenjagdbezirk nach § 10 zugehörigen Grundflächen stehen (Inhaber oder Inhaberin des Eigenjagdbezirks). An die Stelle dieser Person tritt die Person, der als Nutznießerin die Nutzung des ganzen Eigenjagdbezirks zusteht. In gemeinschaftlichen Jagdbezirken steht die Wahrnehmung des Jagdrechts der Jagdgenossenschaft zu.

(5) Die Jagdausübung umfasst das Aufsuchen, Nachstellen, Erlegen und Fangen von Wildtieren. Bei der Jagdausübung sind insbesondere die Anforderungen des Tierschutzes und die Grundsätze der Waidgerechtigkeit (§ 8 Absatz 1) zu beachten.

(6) Das Recht zur Aneignung umfasst auch die ausschließliche Befugnis, sich kranke oder verendete Wildtiere, Eier von Federwild und Abwurfstangen anzueignen. Dem Recht zur Aneignung unterliegen nicht

1. Wildtiere, deren Arten in Anhang IV Buchstabe a der Richtlinie 92/43/EWG des Rates vom 21. Mai 1992 zur Erhaltung der natürlichen Lebensräume sowie der wild lebenden Tiere und Pflanzen (ABl. L 206 vom 22.7.1992, S. 7), zuletzt geändert durch Richtlinie 2013/17/EU (ABl. L 158 vom 10.6.2013, S. 193), in der jeweils geltenden Fassung, genannt sind, sowie
2. lebende Wildtiere der sonstigen dem Schutzmanagement unterliegenden Arten.

Die zuständige Naturschutzbehörde entscheidet über Ausnahmen von Satz 2 nach § 45 Absatz 6 oder 7 des Bundesnaturschutzgesetzes.

I. Absatz 1

§ 3 Abs. 1 übernimmt nahezu wortgleich die Formulierung in § 1 Abs. 1 S. 1 BJagdG. Das Jagdrecht, das als Bestandteil der grundrechtlich abgesicherten Eigentumsgarantie Verfassungsrang genießt und durch Art. 14 Abs. 1 GG umfassend geschützt ist, insbesondere gegenüber unverhältnismäßigen Einschränkungen, stellt die Befugnis dar, unter Ausschluss Dritter Wildtiere zu hegen, auf sie die Jagd auszuüben und sie sich anzueignen. Jagdrecht, Hegerecht und Aneignungsrecht stehen mithin in einem untrennbaren Zusammenhang. Dies macht das Gesetz in der Weise deutlich, dass das Jagdrecht neben der Pflicht zur Hege (vgl. § 5 Abs. 4), deren Kehrseite das eigentumsrechtlich abgesicherte Recht zur Hege ist, die Jagdausübung (vgl. Abs. 5) sowie das Recht zur Aneignung (vgl. Abs. 6) umfasst; letztere stellt die unmittelbare Frucht des Jagdausübungsrechts dar. Dabei richtet sich der Eigentumserwerb nach den für herrenlose bewegliche Sachen geltenden Regeln des BGB, mithin insbesondere nach § 958 BGB i. V. m. §§ 854, 855 BGB. Das Aneignungsrecht bezieht sich neben erlegtem aber auch auf gefangenes Wild, auf krankes, auf verendetes und auf Fallwild, auch wenn dies in Abs. 6 nicht mehr ausdrücklich aufgeführt ist, sowie auf Abwurfstangen und Eier von Federwild. 1

Grundsätzlich steht das Jagdrecht dem Eigentümer auf seinem Grund und Boden zu; es ist untrennbar mit dem Eigentum an dem Grundstück verbunden, Abs. 3 S. 2. Indes darf es nicht zuletzt aus Gründen der Hege nur in Jagdbezirken, mithin in Eigenjagdbezirken oder in gemeinschaftlichen Jagdbezirken, ausgeübt werden. Das Jagdrecht stellt ein absolutes Recht dar, das den Schutz des § 823 BGB genießt (BGH, NJW-RR 2004, 100); es ist zudem durch § 1004 BGB geschützt. Die Tatsache, dass nach S. 2 mit dem Jagdrecht die Pflicht zur Hege verbunden ist, macht deutlich, dass an der Jagdausübung ein öffentliches Interesse besteht. Die Jagdausübung ist daher nicht nur grundrechtlich verbürgte Eigentumsnutzung, sondern zugleich eine legitime und gesetzlich vorgeschriebene Form der Naturnutzung und damit praktizierter Umweltschutz. 2

3 Angesichts der verfassungsrechtlichen Verankerung des Jagdrechts in der grundgesetzlichen Eigentumsgarantie kommt dessen Umschreibung in Abs. 1 und der in Abs. 3 enthaltenen Zuweisung des Jagdrechts zu Grund und Boden indes lediglich deklaratorische Bedeutung zu; das Jagdrecht als solches ist verfassungsrechtlich vorgegeben und determiniert, weil es als Ausfluss der Eigentumsgarantie kraft verfassungsrechtlicher Anordnung als Eigentum i.S. der Verfassung anzusehen ist. Hieran wird zugleich auch die Parallele zum Baurecht deutlich, da auch die Baufreiheit aus dem Eigentumsgrundrecht fließt. Dies liegt ganz wesentlich in der Erkenntnis begründet, dass das Grundeigentum nicht losgelöst von potentiellen Nutzungen betrachtet werden kann; ohne die Möglichkeit, Grund und Boden – auch jagdlich – nutzen und Erträge aus dem Grundeigentum ziehen zu können, wäre dieses weitgehend entwertet (s. in diesem Zusammenhang auch BVerfGE 35, 263 (276); *H.-J. Papier*, in: Maunz/Dürig, Grundgesetz, Stand 2014, Art. 14, Rdnr. 57; *O. Depenheuer*, in: v. Mangoldt/Klein/Starck (Hrsg.), Grundgesetz, Bd. I, 6. Aufl. 2010, Art. 14, Rdnr. 116). Da das Innehaben von Grundeigentum letztlich nur sinnvoll ist, wenn es genutzt werden und gegebenenfalls Erträge erbringen kann, versteht es sich nahezu von selbst, dass auch solche Nutzungsmöglichkeiten und Nutzungschancen von der Eigentumsgarantie umfasst sein müssen. Mit anderen Worten steht auch vor diesem Hintergrund das „Ob" der Zuweisung des Jagdrechts zum Schutzbereich der Eigentumsgarantie nicht im Ermessen des Gesetzgebers.

4 Auch das vom Jagdrecht zu unterscheidende Jagdausübungsrecht ist als „Eigentum" i.S. von Art. 14 GG anzusehen (*H.-J. Papier*, in: Maunz/Dürig, Grundgesetz, Stand 2014, Art. 14, Rdnr. 204), auch wenn es dem Grundeigentümer nur zusteht, wenn sein Grundstück aufgrund seiner Größe einen eigenen Jagdbezirk bildet. Ist das nicht der Fall, steht das Jagdausübungsrecht bekanntlich der Jagdgenossenschaft zu; erst in deren Hand wird es dann zu „handhabbarem", mithin rechtlich nutzbarem Eigentum (*Metzger*, in: Lorz/Metzger/Stöckel, Jagdrecht. Fischereirecht, 4. Aufl., 2011, § 3 BJagdG, Rdnr. 5). In jedem Fall aber genießt das Jagdausübungsrecht in gleicher Weise den verfassungsrechtlichen Schutz des Eigentums wie das Jagdrecht.

5 Hervorzuheben ist, dass das Kennzeichen des verfassungsrechtlich geschützten Eigentums und damit sowohl des Jagdrechts als auch des Jagdausübungsrechts dessen Privatnützigkeit ist. Die Privatnützigkeit stellt ohne Frage den Kernbegriff der verfassungsrechtlichen Eigentumsdogmatik und die Substanz des verfassungsrechtlichen Eigentumsbegriff dar, der Gedanke mithin, dass Eigentum dem Eigentümer von privatem Nutzen sein soll. Aus der Privatnützigkeit des Eigentums folgt aber zugleich, dass dieses im Grundsatz davor gefeit ist, in den Dienst der Verwirklichung fremder und insbesondere öffentlicher Zwecke gestellt zu werden. Vor diesem

Hintergrund hat der Gesetzgeber auch gut daran getan, das Jagdrecht und das Jagdausübungsrecht nicht in den – fremdbestimmten – Dienst einer öffentlichen Aufgabe „Steuerung von Wildtierpopulationen" zu stellen, wie dies im Gesetzgebungsverfahren zunächst noch angedacht war. Denn eigentumsrechtlich kann die Einbettung des Jagdrechts in ein umfassendes Wildtiermanagement, das als öffentliche Aufgabe begriffen wird, durchaus als Abspaltung des eigentumsrechtlich determinierten Nutzungs- und Aneignungsrechts begriffen werden; und dass die hierfür vom Bundesverfassungsgericht für zwingend erforderlich gehaltenen besonderen Gründe auch im jagdlichen Kontext vorliegen – im Gegensatz etwa zum Wasserhaushaltsrecht, wo sie vom Gericht bejaht worden sind (BVerfGE 58, 300; s. insoweit insbesondere § 1a Abs. 4 WHG) –, ist auch nicht im Ansatz erkennbar. Letztlich würde durch eine solche Ausgestaltung privates Eigentum instrumentalisiert und in den Dienst der Verwirklichung öffentlicher Zwecke gestellt werden, auch wenn diese Ausgestaltung den Namen „Wildtiermanagement" trägt; damit würde es seine verfassungsrechtlich vorausgesetzte und geforderte privatnützige Zuordnung zum Eigentümer in einem verfassungsrechtlich nicht mehr hinnehmbaren Maße verlieren.

Ungeachtet dessen ist aber nicht zu verkennen, dass durch das nunmehr 6
im Gesetz ausgeformte Wildtiermanagement dem Jagdrecht wie auch dem Jagdausübungsrecht eine Vielzahl von Einschränkungen und Gemeinwohlbindungen auferlegt ist, deren Summeneffekt sowohl das eigentumsrechtlich verankerte Jagdrecht als auch das Jagdausübungsrecht nicht unerheblich ausdünnen. Angesichts der im Gesetz zutage tretende Kumulation vielfacher Eigentumsbelastungen, die der Jagd aufgegeben werden, wird man daher zu konstatieren haben, dass bei einer diese sämtlichen Belastungen und Einschränkungen wägenden gesamthaften Betrachtung für weitere Einschränkungen des Jagdrechts und des Jagdausübungsrechts kein allzu großer Spielraum mehr verbleiben dürfte.

II. Absatz 2

Abs. 2 übernimmt den Regelungsinhalt des § 1 Abs. 2 S. 1 Hs. 2 BJagdG; da- 7
nach entbindet die Hegepflicht nicht von anderen gleichartigen Verpflichtungen, namentlich solcher auf der Grundlage des Naturschutzrechts. Die Hege, die sich indes nur auf Wildtiere im Sinne des § 7 Abs. 1 bezieht, nicht hingegen auf andere, dem JWMG nicht unterliegende Wildtiere, entbindet mithin nicht von anderen gleichartigen Verpflichtungen. Damit legt der Gesetzgeber der Hege ein weites Verständnis zugrunde, bringt aber in der Verpflichtung, auf anderen gesetzlichen Grundlagen beruhende hegerische Maßnahmen zu ergreifen, zugleich zum Ausdruck, dass praktizierte Hege auch eine Erscheinungsform des Naturschutzes ist.

8 Die ausschließliche Befugnis und Pflicht zur Hege steht Maßnahmen, die aufgrund anderer Vorschriften mit derselben oder vergleichbaren Zielrichtung erlassen werden, nicht entgegen. Daher gewährt die jagdrechtliche Hegebefugnis keinen Anspruch auf Unterlassung solcher Maßnahmen, die nach anderen, insbesondere naturschutzrechtlichen Vorschriften, zum Schutz und zur Pflege der Wildtierarten zulässig sind. Letztlich statuiert Abs. 2 damit eine Duldungspflicht gegenüber artenschutzrechtlichen Hegemaßnahmen, die die jagdrechtliche Hegepflicht einschränken können. Doch wird insoweit in jedem Einzelfall zu beachten sein, dass Hege auch grundrechtlich geschützte Eigentumsbetätigung ist. Steht mithin eine naturschutzrechtlich begründete Hegemaßnahme in Rede, so muss im konkreten Fall durchaus geprüft werden, ob diese keinen unverhältnismäßigen Eingriff in das jagdliche Hegerecht, das in der Eigentumsgarantie des Grundgesetzes verankert ist, darstellt.

III. Absatz 3

9 Abs. 3 statuiert eine Bindung des Jagdrechts an das Grundeigentum und nimmt damit die Regelungen des § 3 Abs. 1 und 2 BJagdG auf. Das Jagdrecht stellt ein gesetzlich näher ausgeformtes Nutzungsrecht an Grund und Boden dar, das untrennbar mit dem Eigentum an Grund und Boden verbunden ist. Die Nutzbarkeit – auch die jagdliche Nutzbarkeit – des Grundeigentums ist mithin essentieller Bestandteil des Eigentums (vgl. insoweit auch *O. Depenheuer*, Eigentum, in: D. Merten/H.-J. Papier, Handbuch der Grundrechte, Bd. 5, 2013, § 111, Rdnr. 43 ff.); sie fließt aus dem Eigentumsrecht und genießt deshalb den Schutz der verfassungsrechtlichen Eigentumsgarantie – was nicht zuletzt auch im Hinblick auf die Einschränkung von Jagdzeiten, die eine Reduzierung der jagdlichen Nutzbarkeit zur Folge hat, von wesentlicher Bedeutung ist.

10 Insbesondere ist das Jagdrecht nicht vom Grundeigentum abgespalten und einem öffentlich-rechtlichen Verwaltungs- und Nutzungsregime unterworfen ist, wie dies in Deutschland für das Wasser- und das Bergrecht und in einigen anderen europäischen Ländern auch für das Jagdrecht verwirklicht worden ist. Das Jagdrecht ist vielmehr unmittelbar an die Rechtsstellung des Grundstückseigentümers angebunden und daher nach deutscher Verfassungsrechtslage untrennbarer Bestandteil des Grundeigentums.

11 Inhaber des Jagdrechts ist daher auch nur der Grundstückseigentümer, nicht hingegen ein bloßer Nießbrauchs- oder Erbbauberechtigter. Die Vorgabe des S. 3, wonach das Jagdrecht als selbständiges dingliches Recht nicht begründet werden kann, macht zudem deutlich, dass der Gesetzgeber bedingungslos am Grundsatz der Verbundenheit von Jagdrecht und Eigentum festhält. Daher ist beispielsweise auch keine gesonderte Pfändung des Jagdrechts möglich. Aus der untrennbaren Verbindung von Grundstück

und Jagdrecht folgt auch, dass das Recht mit dem Grundstück, zu dem es gehört, untergeht.

Auf eigentumslosen Flächen steht das Jagdrecht dem Land zu. 12

IV. Absatz 4

Abs. 4 bindet die Ausübung des Jagdrechts an die in § 10 und 11 genannten 13
Eigenjagdbezirke und gemeinschaftlichen Jagdbezirke. Damit werden die Regelungen des § 3 Abs. 3 BJagdG und des § 4 BJagdG zusammengefasst und übernommen.

Zudem enthält Abs. 4 Regelungen über das Jagdausübungsrecht und 14
übernimmt insoweit den Regelungsinhalt des § 7 Abs. 4 BJagdG. Dabei ist unter Jagdausübungsrecht die allgemeine Befugnis zu verstehen, das Jagdrecht auf einer bestimmten Fläche auszuüben, umfassend zu nutzen und andere davon auszuschließen. Das Gegenteil des Jagdausübungsrechts ist die Jagdruhe. Jagdausübungsberechtigt ist nach Abs. 4 S. 2 im Eigenjagdbezirk der Inhaber oder die Inhaberin des Grundeigentums, mithin der Eigenjagdbesitzer oder die Eigenjagdbesitzerin. An deren Stelle kann die Nutznießerin oder der Nutznießer treten. Diese sämtlichen Personen sind jagdausübungsberechtigte Personen im Sinne des Gesetzes. In gemeinschaftlichen Jagdbezirken steht hingegen die Wahrnehmung des Jagdrechts der Jagdgenossenschaft zu. Jagdausübungsberechtigt können zudem die Personen sein, an die das Jagdausübungsrecht nach § 17 verpachtet wird (vgl. § 17 Abs. 1 S. 2), des Weiteren Personen, die nach § 16 Abs. 1 S. 1 Alt. 2 angestellt oder sonst beauftragt sind (§ 16 Abs. 1 S. 3). Darauf hinzuweisen ist, dass nichtjagdausübungsberechtigte Personen im Sinne des Gesetzes Jagdgäste nach § 25 Abs. 4 sowie Wildtierschützerinnen und Wildtierschützer nach § 48 sind; sie sind lediglich zur Jagdausübung befugt.

Für den Fall, dass der Jagdgenossenschaft das Recht zur Wahrnehmung 15
des Jagdrechts in einem gemeinschaftlichen Jagdbezirk zusteht, kann diese das Recht verpachten oder die Jagd durch angestellte Jägerinnen und Jäger oder sonst beauftragte Personen ausüben lassen (§ 16 Abs. 1 S. 1). Die Jagdgenossenschaft ist eine Körperschaft des öffentlichen Rechts und als solche nicht jagdausübungsberechtigte Person im Sinne des Gesetzes und insbesondere auch als solche nicht jagdausübungsfähig.

V. Absatz 5

Die Definition der Jagdausübung in Abs. 5 übernimmt im Wesentlichen die 16
Definition in § 1 Abs. 4 BJagdG. Danach wird das Aufsuchen, Nachstellen, Erlegen und Fangen von Wildtieren als Jagdausübung begriffen. Während das Aufsuchen das Aufspüren von Wild meint (hierzu BayObLG, NStZ 1983, 371), ist unter dem Begriff des Nachstellens ein Verfolgen zum Zwe-

cke des Beutemachens zu verstehen; dem Nachstellen muss mithin ein bestimmter Zweck zu Grunde liegen. Erlegen bedeutet Töten eines Tieres, während unter Fangen der Zugriff auf ein Tier zu verstehen ist, durch den es der Empfänger lebend in die Gewalt bekommt (*Metzger*, in: Lorz/Metzger/Stöckel, Jagdrecht. Fischereirecht, 4. Aufl., 2011, § 1 BJagdG, Rdnr. 15).

17 Die bisher nach § 1 Abs. 3 BJagdG bestehende Pflicht zur Beachtung der allgemein anerkannten Grundsätze der Waidgerechtigkeit bei der Jagdausübung hat der Gesetzgeber nunmehr in S. 2 konkretisiert. Neben den Grundsätzen der Waidgerechtigkeit, die in § 8 Abs. 1 näher ausgeformt sind, sind auch die Anforderungen des Tierschutzes zu beachten; auch diesem muss die Jagdausübung gerecht werden. Damit ist vor allem die Maxime gemeint, dass Tieren keine vermeidbaren Leiden zugefügt werden dürfen. S. 2 ist damit auch als Ausformung von Art. 20a GG zu verstehen.

VI. Absatz 6

18 Abs. 6 gestaltet das Recht zur Aneignung näher aus und übernimmt damit zum größeren Teil die Regelung des § 1 Abs. 5 BJagdG. Danach bezieht sich das Aneignungsrecht auf kranke oder verendete Wildtiere, Eier von Federwild und Abwurfstangen. Nicht aufgenommen wurde der Begriff des Fallwildes, mithin des auf natürlichem Wege zugrunde gegangenen Wildes, da der Unterscheidung von Fallwild und verendetem Wild im JWMG keine Bedeutung mehr zukommt.

19 Für Eier von Federwild galt bislang schon ein grundsätzliches Verbot des Sammelns und Aneignens. Das in § 22 Abs. 4 S. 4 BJagdG enthaltene Verbot des Ausnehmens der Gelege von Federwild war den Vorgaben der Vogelschutzrichtlinie geschuldet. Nunmehr verbietet § 41 Abs. 7 das Sammeln der Eier und das Ausnehmen der Gelege, wobei freilich die zuständige Naturschutzbehörde nach § 45 Abs. 7 eine Ausnahme erteilen kann.

20 Des Weiteren schließt S. 2 Nr. 1 das Recht zur Aneignung für Wildtiere aus, deren Arten dem Besitzverbot aufgrund von Art. 12 Abs. 2 der FFH-Richtlinie unterworfen sind. Daneben schließt S. 2 Nr. 2 auch die dem Schutzmanagement unterliegenden Wildtierarten vom Recht zur Aneignung aus; es handelt sich hierbei um diejenigen Tierarten, die aufgrund ihrer gesetzlichen oder exekutiven Zuordnung zur Schale des Schutzmanagements nicht bejagt werden dürfen. Die Bestimmung steht damit in einem sachlichen Kontext zu § 7 Abs. 7 S. 2. Ausnahmen, die eine Aneignung ermöglichen, sind nach S. 3 möglich; sie sind von der zuständigen Naturschutzbehörde unter Beachtung der Bestimmungen der FFH-Richtlinie vorzunehmen. Aus dem Kreis der dem Schutzmanagement unterliegenden Arten sind indes von dem Aneignungsrecht tot aufgefundene Wildtiere der Arten umfasst, die nicht in Anhang IV lit. a der FFH-Richtlinie genannt sind. Darauf hinzuweisen ist, dass die Vorschriften zu den Vermarktungs-

verboten des Art. 6 der Richtlinie 2009/147/EG, der Verordnung (EG) 338/97, der §§ 44 und 45 BNatSchG sowie der Bundeswildschutzverordnung unberührt bleiben.

§ 4 Anzeige- und Ablieferungspflichten

(1) Trifft die jagdausübungsberechtigte Person kranke, verletzte oder verendete Wildtiere an, deren Arten nach den Vorschriften des Bundesnaturschutzgesetzes streng geschützt sind, hat sie dies der unteren Jagdbehörde unverzüglich anzuzeigen.

(2) Die untere Jagdbehörde kann von der jagdausübungsberechtigten Person verlangen, dass diese ihr tot aufgefundene Wildtiere, deren Arten dem Schutzmanagement unterliegen und an denen nach § 3 Absatz 6 ein Aneignungsrecht besteht, für einen angemessenen Zeitraum und gegen angemessene Entschädigung überlässt, soweit dies zu Lehr-, Wissenschafts- und Forschungszwecken erforderlich ist.

(3) Erlangt eine Person an Orten, an denen sie zur Ausübung der Jagd nicht berechtigt ist, Besitz oder Gewahrsam an lebenden oder verendeten Wildtieren oder an sonstigen Gegenständen im Sinne des § 3 Absatz 6 Satz 1, hat sie diese unverzüglich entweder der jagdausübungsberechtigten Person, der Gemeindebehörde oder nächsten Polizeidienststelle abzuliefern oder anzuzeigen. Die nach Satz 1 befasste Behörde hat die Anzeige unverzüglich an die am Fundort jagdausübungsberechtigte Person weiterzuleiten und ihr die abgelieferten Gegenstände zur Verfügung zu stellen, soweit ein Aneignungsrecht besteht; bei Wildtieren der dem Schutzmanagement unterliegenden Arten gibt sie die Gegenstände an die zuständige Naturschutzbehörde ab, soweit kein Aneignungsrecht besteht. Besteht die Gefahr des Verderbs, sind die Gegenstände im Interesse der jagdausübungsberechtigten Person zu verwerten. Ist die jagdausübungsberechtigte Person nicht festzustellen, entscheidet die Behörde über den Verbleib der Gegenstände, deren Verwertung und Erlös.

(4) Zur Anzeige nach Absatz 3 Satz 1 sind auch die Personen, die ein Fahrzeug führen, verpflichtet, wenn sie Schalenwild an- oder überfahren oder Besitz oder Gewahrsam an angefahrenem oder überfahrenem Schalenwild erlangen. Das weitere behördliche Verfahren richtet sich nach Absatz 3 Satz 2 bis 4.

I. Absatz 1

Abs. 1 enthält eine Verpflichtung der jagdausübungsberechtigten Personen, 1
kranke, verletzte oder verendete Wildtiere, deren Arten nach Maßgabe des BNatSchG streng geschützt sind, der unteren Jagdbehörde unverzüglich an-

zuzeigen. Die Rechtfertigung für diese Anzeigepflicht ist darin zu sehen, dass an denjenigen Wildtieren, die zu den nach Naturschutzrecht streng geschützten Arten gehören, ein besonderes öffentliches Interesse besteht. Aus diesem Grund ergänzt Abs. 1 allgemeine Mitwirkungspflichten des Jagdausübungsberechtigten am Wildtiermonitoring um eine Anzeigepflicht. Auf diese Weise soll Wissenschafts- und Forschungszwecken gedient werden. Die Pflicht zur Anzeige ist eine aus dem Jagdrecht fließende, auch die Sozialbindung des Eigentums konkretisierende Pflicht, die sich ausschließlich an die jagdausübungsberechtigten Personen richtet. Die Informationen, die die unteren Jagdbehörden auf diese Weise erhalten, werden von diesen an die mit dem Monitoring dieser Arten befassten Einrichtungen (zum Beispiel die Forstliche Versuchs- und Forschungsanstalt), an die untere Naturschutzbehörde und an sonstige Behörden weitergeleitet, für die die Informationen von Interesse sein könnte.

II. Absatz 2

2 Abs. 2 statuiert das Recht der unteren Jagdbehörde, von der jagdausübungsberechtigten und aneignungsberechtigten Person die Überlassung solcher Wildtiere zu verlangen, die von dieser Person tot aufgefunden wurden und deren Arten dem Schutzmanagement unterliegt. Begründet wird dies damit, dass an denjenigen Arten, die zwar dem Aneignungsrecht nach § 3 Abs. 6 unterliegen, aber zu den dem Schutzmanagement unterworfenen Arten gehören, ein besonderes öffentliches Interesse besteht, so dass die Pflicht letztlich auch Ausdruck der Sozialbindung des Eigentums ist. Dieses öffentliche Interesse kann in Lehr-, Wissenschafts- und Forschungszwecken bestehen. Die Überlassung muss freilich zur Erfüllung dieser öffentlichen Zwecke erforderlich sein; mithin darf ein milderes und weniger in das individuelle Aneignungsrecht des Jagdausübungsberechtigten eingreifendes Mittel, mit dem die angestrebten Zwecke in gleicher Weise erfüllt werden können, nicht bestehen. So können im Einzelfall bei einem tot aufgefundenen Wildtier Untersuchungen beispielsweise zu der Todesursache vorgenommen werden, die wichtige, ggf. auch dem Schutz der gesamten Art dienende Erkenntnisse liefern können. Insoweit tritt das sofortige, aus dem Jagdrecht fließende Aneignungsrecht und das individuelle Interesse an dem einzelnen Wildtier hinter diesen öffentlichen Zweck zurück. Allerdings besteht die Pflicht zur Überlassung nur für einen angemessenen Zeitraum, dessen Länge sich vornehmlich nach den insoweit erforderlichen Untersuchungen richten dürfte. Zudem ist eine angemessene Entschädigung zu leisten, deren Höhe sich auch nach dem Zustand des Tieres und einem gegebenenfalls bestehenden Verkehrswert, freilich unter Berücksichtigung von Verkehrsverboten und sonstigen, insoweit zu berück-

sichtigenden Aspekten richten wird. Unberührt von der Bestimmung bleiben die Vorschriften des BNatSchG.

III. Absatz 3

Abs. 3 übernimmt im Wesentlichen die bisherigen Regelungen des § 1 Abs. 1 LJagdG a.F. Die Norm erfasst die Fälle, in denen getötetes oder fluchtunfähiges Wild oder sonstige Gegenstände des Jagdrechts zufällig oder durch eine Notstandshandlung in die Hände eines Nichtjagdausübungsberechtigten gelangen. Sie statuiert eine Pflicht zur unverzüglichen Ablieferung oder Anzeige in den Fällen, in denen lebendes oder verendetes Wild, Abwurfstangen oder Eier von Federwild in Besitz oder Gewahrsam genommen wurden. Dabei ist unter Gewahrsam das von einem Herrschaftswillen getragene tatsächliche Herrschaftsverhältnis eines Menschen über eine Sache zu verstehen, während nach § 854 BGB der Besitz einer Sache durch die Erlangung der tatsächlichen Gewalt über die Sache erworben wird. Ungeachtet der Tatsache, dass der Gewahrsamsbegriff im Strafrecht, der Besitzbegriff hingegen im Zivilrecht verankert ist, ergeben sich in der Praxis für den Betroffenen keine wesentlichen Unterschiede. 3

Die Pflicht zur unverzüglichen Ablieferung oder Anzeige besteht immer dann, wenn lebendes oder verendetes Wild, Abwurfstangen oder Eier von Federwild in Besitz oder Gewahrsam genommen werden. Ob die Ablieferung bzw. Anzeige gegenüber dem Jagdausübungsberechtigten, der Gemeindebehörde oder der nächsten Polizeidienststelle erfolgt, obliegt der Entscheidung der nicht berechtigten Person. Jedenfalls muss die Ablieferung oder Anzeige unverzüglich erfolgen, mithin ohne schuldhaftes Zögern, § 121 BGB. Unverzüglich bedeutet indes nicht sofort, so dass dem Pflichtigen durchaus ein Zeitaufwand für dringend wahrzunehmende andere Angelegenheiten von ca. einer Stunde eingeräumt werden kann; doch wird aber der Zeitraum von einer Stunde kaum überschritten werden dürfen, da ansonsten von Unverzüglichkeit nicht mehr gesprochen werden kann. Angesichts der Tatsache, dass ein Unfall mit Haarwild i.d.R. auch eine Gefahrenquelle für andere Verkehrsteilnehmer darstellt, wird man dem Betroffenen in diesem Fall aber durchaus abverlangen können, dass er zumindest die nächste Polizeidienststelle mit seinem Handy, sofern vorhanden, verständigt und über den Unfall und die Unfallstelle informiert. 4

Erfolgt die Anzeige bei der Gemeindebehörde oder der Polizeidienststelle, so hat diese nach S. 2 die Anzeige unverzüglich an die am Fundort jagdausübungsberechtigte Person weiterzuleiten und ihr das lebende oder verendete Wildtier oder die sonstigen Gegenstände zur Verfügung zu stellen, freilich nur, soweit ein Aneignungsrecht besteht. Bei den dem Schutzmanagement unterliegenden Wildtierarten gibt die Behörde die Gegenstände an die zuständige Naturschutzbehörde ab, allerdings nur dann, 5 wenn ein Aneignungsrecht nicht besteht; diese Regelung wurde neu in das Gesetz aufgenommen.

6 Eine Verwertung der Gegenstände kommt nur in Betracht, wenn ihnen der Verderb droht, weil z. B. der Jagdausübungsberechtigte nicht erreichbar ist oder es sich nicht sofort klären lässt, wo genau der Fundort war (S. 3). Allerdings sind die Gegenstände im Interesse der jagdausübungsberechtigten Person zu verwerten; dies bedeutet auch, dass ein möglicher Erlös dem Jagdausübungsberechtigten zugeführt werden muss.

7 Bleiben die Nachforschungen ohne Ergebnis und ist der Jagdausübungsberechtigte nicht festzustellen, entscheidet die Behörde innerhalb des rechtlichen Rahmens frei über den Verbleib der Gegenstände, deren Verwertung und den Erlös (S. 4). Die bisher in § 1 Abs. 1 S. 4 LJagdG a. F. enthaltene Vorgabe, dass der Erlös wohltätigen Zwecken zuzuführen ist, wurde vom Gesetzgeber zu Gunsten der Verwaltungspraktikabilität abgeschafft.

IV. Absatz 4

8 Abs. 4 konkretisiert die in Abs. 3 enthaltene Verpflichtung für den Fall, das durch einen Fahrzeugführer Schalenwild an- oder überfahren oder Besitz oder Gewahrsam an angefahrenem oder überfahrenem Schalenwild erlangt wurde. Das behördliche Verfahren ist identisch mit dem Verfahren in den Fällen, in denen eine Person auf andere Art und Weise Besitz oder Gewahrsam an lebenden oder verendeten Wildtieren oder an sonstigen Gegenständen erlangt.

V. Exkurs: Rechtsfragen bei Wildunfällen

9 Mit Blick auf die in der Praxis überaus zahlreich vorkommenden Wildunfälle ist von Bedeutung, dass die örtlichen Polizeidienststellen über entsprechende Revierkarten verfügen, um die Erreichbarkeit des Jagdausübungsberechtigten zu gewährleisten (Erheben von Daten zur Vorbereitung auf die Gefahrenabwehr). Nach der VwV-Verkehrsunfall (GABl. 1996 S. 352) ist jedenfalls der Jagdausübungsberechtigte unverzüglich zu verständigen, wenn bei einem Verkehrsunfall Wild verletzt oder getötet wurde.

10 Wenn der Verursacher des Unfalls das überfahrene Stück in den Kofferraum seines Fahrzeugs einlädt, um dem Jagdausübungsberechtigten das Aneignungsrecht zu sichern bzw. es bei der Polizei abzuliefern, so begeht er keine Jagdwilderei. Indes lässt sich aus dem Vorgang des Beladens selbst nicht feststellen, welche Absicht damit verfolgt wird; daher bleibt stets zu bedenken, dass sich derjenige, der überfahrenes Wild in sein Fahrzeug einlädt, objektiv gesehen der Jagdwilderei verdächtig macht.

Ordnungswidrig handelt, wer vorsätzlich entgegen § 4 Abs 3 Wildtiere oder sonstige Gegenstände einer der dort genannten Stellen nicht unverzüglich abliefert oder ihr den Besitz oder Gewahrsam nicht unverzüglich anzeigt (§ 67 Abs. 1 Nr. 1). 11

Der Fahrer, der sich von der Unfallstelle entfernt, begeht keine Verkehrsunfallflucht i. S. von § 142 StGB, da Wild herrenlos ist. Anders liegt der Fall, wenn zugleich ein Fremdschaden vorliegt. Nach § 32 Abs. 2 StVO obliegt dem Verursacher zudem die Pflicht, das von ihm überfahrene und getötete Wild von der Fahrbahn zu schaffen. Ist der Verursacher dazu selbst nicht in der Lage, muss er die Gefahrenstelle absichern, um Gefahren von anderen Verkehrsteilnehmern abzuwehren. Das Wild bleibt jedoch herrenlos bis zur Aneignung durch den Jagdausübungsberechtigten. 12

In jedem Fall gebietet es der Grundsatz der Waidgerechtigkeit, dass der Jagdausübungsberechtigte, sofern er informiert wurde, sofort zur Unfallstelle kommt, wenn das Stück verletzt wurde oder eine Nachsuche erforderlich ist. Dazu sollte es selbstverständlich sein, dass eine geeignete Schusswaffe mitgeführt wird. Wenn im Straßenverkehr ein Reh angefahren wird und die örtliche Polizeidienststelle den Jagdausübungsberechtigten hiervon unterrichtet, kann dieser daher nicht mit einer Langwaffe im Kaliber 9,3 × 62 mm erscheinen und geltend machen, er habe keine geeignete Waffe dabei, weshalb er das Reh mit dem Jagdmesser abfangen (töten) müsse (vgl. *Blase*, Die Jägerprüfung, S. 82). 13

Das Aneignungsrecht von Wild steht ausschließlich dem Jagdausübungsberechtigten zu. In der Regel kann an- oder überfahrenes Schalenwild zumindest nach Durchführung der Fleischbeschau im eigenen Haushalt teilweise verwertet werden. Der Jagdausübungsberechtigte muss entscheiden, ob er sich das überfahrene Wild aneignen will oder nicht. 14

Der Unfallverursacher haftet nicht für Verlust oder Minderung des Wildbrets, weil es sich bei Wild um eine herrenlose Sache handelt, die nunmehr in „beschädigtem" Zustand durch den Jagdausübungsberechtigten angeeignet wird. Auch bei kranken, sonst verendeten oder durch Raubwild gerissenen Stücken geht der Jagdausübungsberechtigte seiner „Beute" verlustig. Der Verursacher verletzt weder fremdes Eigentum oder ein sonstiges anderes Recht (Aneignungsrecht) i. S. v. § 823 Abs. 1 BGB noch eine fremde Sache i. S. v. § 7 Abs. 1 StVG. Immaterielle Schäden (entgangene Jagdfreuden) sind nicht ersatzfähig. 15

Für den Fall, dass durch die Verletzung der Anzeigepflicht des Fahrzeugführers dem Jagdausübungsberechtigten ein Schaden entstanden ist, weil durch die nicht unverzügliche Benachrichtigung (d. h. durch schuldhaftes Verzögern) das Wildbret genussuntauglich geworden ist, kann ein Schadensersatzanspruch bestehen, insbesondere für den Fall, dass durch die Verzögerung das Wildbret verdorben wird. Die Vorschrift dient nämlich u. a. auch dem Zweck, dem Jagdausübungsberechtigten das Aneignungs- 16 recht am Wildbret zu sichern. In sämtlichen Fällen hat dieser jedoch die Kausalität zwischen verspäteter Meldung und eingetretenem Schaden zu beweisen; der Jagdausübungsberechtigte muss den Nachweis führen, dass die mit dem Aneignungsrecht verbundene Verwertungsmöglichkeit des Wildes durch die verspätete Anzeige unmöglich geworden ist (AG Geislingen, Urt. vom 23.1.1998).

17 Darüber hinaus ist die zuständige Polizeibehörde von Amts wegen verpflichtet, unverzüglich den Jagdausübungsberechtigten zu unterrichten. (Ziff. 5.3.5 VwV-VkSA). Erleidet dieser durch die Verletzung dieser Pflicht einen Schaden, so liegt ein Fall der Amtshaftung vor, für den das Land als Träger der Polizei einzustehen hat. Eine allgemeine Verzichtserklärung auf eine Benachrichtigung über im Straßenverkehr angefahrenes Wild ist nicht möglich, da ansonsten die korrekte Führung der Streckenliste nicht mehr gewährleistet wäre.

18 Wer in der Lage ist, in einer solchen Situation das leidende Tier sachkundig zu töten, kann sich auf die mutmaßliche Einwilligung des Jagdausübungsberechtigten berufen, da er nur dessen Pflichten übernimmt, oder aber auf rechtfertigendem Notstand nach § 35 StGB, wenn zuständige Personen nicht rechtzeitig erreichbar sind und das Leiden des Tieres beendet werden muss. Dem Tierschutz muss in solchen Fällen Vorrang eingeräumt werden.

19 Ist der Jagdausübungsberechtigte oder sein Vertreter nicht erreichbar, kann die Polizei das getötete Stück sicherstellen, wobei ein Antrag auf Sicherstellung nicht erforderlich ist. Vielmehr wird das Einverständnis des Jagdausübungsberechtigten vermutet. Da das Wild unter Umständen einen erheblichen Wert darstellt, kann im Einzelfall das Aneignungsrecht des Jagdausübungsberechtigten nur durch eine Sicherstellung erhalten werden. Das Belassen am Unfallort führt erfahrungsgemäß zum Verlust des Stückes. Die zuständige Polizeibehörde kann sich hierbei Dritter bedienen (z. B. einer Metzgerei, die einen entsprechenden Kühlraum besitzt). Dabei ist den Belangen des Jagdausübungsberechtigten Rechnung zu tragen, der auch für die entstehenden Kosten aufzukommen hat. Einzelheiten hierzu enthält § 3 DVO PolG.

20 Steht fest, dass es am Unfallort zu einem Zusammenstoß zwischen dem Fahrzeug und Wild gekommen ist, kann dies dem Verursacher auf Verlangen bestätigt werden. Bei Bestehen einer Teilkasko-Versicherung werden solche Schäden mit Haarwild erfasst (§ 12 Abs. 1 I d AKB). Wer Ansprüche gegenüber seiner Versicherung geltend machen will, muss nicht nur das Vorliegen der Voraussetzungen darlegen, sondern auch den Beweis antreten (OLG Jena, Urt. vom 12.5.1999). Eine rechtliche Verpflichtung zur Ausstellung einer Bescheinigung besteht nicht. Es sollte sich von selbst verstehen, dass der Jagdausübungsberechtigte (oder sein Vertreter) zur Klärung des Wildunfalls beiträgt. Bestehen jedoch Zweifel, ob es zu einer Berüh-

rung mit dem Wild gekommen ist, darf keine Bescheinigung über einen Wildunfall ausgestellt werden. Sofern der Jagdausübungsberechtigte für die Wildunfallbescheinigung eine Gebühr erheben will, wäre dies mit dem Verursacher zu vereinbaren (vgl. AG Weilburg, Az. 5 C 364/95). Erfolgt keine Bestätigung des Wildunfalls durch den Jagdausübungsberechtigen, stellt die Polizei dem Verkehrsteilnehmer die notwendigen Informationen zur Verfügung (Ziff. 5.3.5 VwV-VkSA).

Probleme entstehen dann, wenn der Jagdausübungsberechtigte von seinem Aneignungsrecht keinen Gebrauch macht, da in diesem Fall das Wild herrenlos bleibt. Um die Sicherheit des Straßenverkehrs wiederherzustellen, sind durch die Polizei die zuständigen Stellen zu benachrichtigen. Herrenlose Körper von Wild sind, wenn sie auf öffentlichen Straßen anfallen, vom Träger der Straßenbaulast unverzüglich dem Beseitigungspflichtigen zu melden (§ 7 Abs. 3 Nr. 2 TierNebG). 21

Auch verendetes Wild ist in die Streckenliste einzutragen (§ 35 Abs. 6). 22
Bei verendetem Wild sind auch Angaben über Verkehrsverluste zu machen. Im Übrigen werden die Verluste durch Verkehrsunfälle ohnehin nur unvollständig erfasst. Öffentliche Stellen, die einen nicht angeeigneten Tierkörper entsorgen, haben keine Unterrichtspflicht über Art, Alter und Geschlecht des entsorgten Wildes gegenüber dem Jagdausübungsberechtigten.

§ 5 Wildtiermanagement, Jagd und Hege

(1) Zum Wildtiermanagement gehören alle in diesem Gesetz näher beschriebenen Tätigkeitsbereiche und Maßnahmen, die im Hinblick auf die Ziele des Gesetzes das Vorkommen, das Verhalten und die Populationsentwicklung von Wildtieren beeinflussen oder Erkenntnisse hierüber oder zum Umgang mit Wildtieren bringen. Die Steuerung des Wildtiermanagements im Rahmen dieses Gesetzes ist eine öffentliche Aufgabe. Jagd und Hege leisten wesentliche Beiträge zum Wildtiermanagement.

(2) Zum Wildtiermanagement gehören insbesondere
1. **die Wildtierforschung,**
2. **die Erfassung, Beobachtung und Überwachung bestimmter Wildtierarten und ihrer Lebensräume (Wildtiermonitoring),**
3. **die Erstellung und Umsetzung von Fachkonzepten und Fachplänen,**
4. **die Information und Beratung in Fragen des Umgangs mit Wildtieren.**

Die in Satz 1 aufgeführten im Rahmen des Wildtiermanagements vorgesehenen Maßnahmen und damit verbundenen Verpflichtungen lassen andere gleichartige Maßnahmen und Verpflichtungen zum Schutz, zur Pflege und zur Überwachung der betreffenden Arten, insbesondere diejenigen

nach den Vorschriften des Naturschutzrechts, vorbehaltlich der Rechte der jagdausübungsberechtigten Personen, unberührt.

(3) Die Jagd dient der nachhaltigen Nutzung von Wildtieren und trägt insbesondere dazu bei
1. Beeinträchtigungen einer ordnungsgemäßen land-, forst- und fischereiwirtschaftlichen Nutzung zu vermeiden,
2. dem Entstehen und Ausbreiten von Tierseuchen entgegenzuwirken und
3. die biologische Vielfalt mit jagdlichen Mitteln zu erhalten und der Ausbreitung invasiver Arten entgegenzuwirken.

(4) Die Hege trägt insbesondere dazu bei
1. gesunde und stabile Populationen heimischer Wildtierarten so zu erhalten und zu entwickeln, dass sie in einem angemessenen Verhältnis zu der Leistungs- und Funktionsfähigkeit des Naturhaushalts und den landeskulturellen Verhältnissen stehen,
2. den Lebensraum der Wildtierarten zu erhalten und zu pflegen, dabei die biologische Vielfalt zu erhalten und zu verbessern sowie
3. den Bestand bedrohter Wildtierarten zu stabilisieren.

Die Maßnahmen der Hege müssen den Zielen des Satzes 1 und wildtierbiologischen Anforderungen entsprechen. Die Hege muss so durchgeführt werden, dass Beeinträchtigungen einer ordnungsgemäßen land-, forst- und fischereiwirtschaftlichen Nutzung, insbesondere Wildschäden, möglichst vermieden, sowie die Ziele des Naturschutzes nicht beeinträchtigt werden.

I. Das System des Wildtiermanagements

1 § 5 gestaltet das System des Wildtiermanagements, eines der Herzstücke des JWMG, näher aus. Seine Konkretisierung findet das System in § 7, insbesondere in dessen Abs. 3 bis 7, in denen die verschiedenen Managementstufen näher ziseliert werden. Ziel des Wildtiermanagements ist es ausweislich der Gesetzesbegründung, ein artenspezifisches Regelungssystem zu verwirklichen, „bei dem sich der Katalog der dem Jagdrecht unterliegenden Tierarten auf Basis nachvollziehbarer Kriterien und wissenschaftlich fundierter Erkenntnisse ergibt und die Tierarten nach festen Kriterien einem Nutzungs-, Entwicklungs- oder Schutzmanagement mit spezifischen Regelungen zugeordnet werden“ (vgl. Gesetzesbegründung, LT-Drucks. 15/5789 S. 71). Dabei sollen die Wildtiere den verschiedenen Managementstufen unter Berücksichtigung der Empfehlungen der Wildtierforschung, insbesondere des Wildtierberichts, sowie nach Maßgabe des Artenschutzrechts zugeordnet, gegebenenfalls auch neu zugeordnet werden.

2 Die Zuordnung einer Wildtierart zu einer der drei Managementstufen hat weitreichende Folgen, nicht zuletzt für deren Bejagbarkeit; denn die

Managementstufen unterscheiden sich nicht nur hinsichtlich der allgemeinen Zulässigkeit der Bejagung, sondern auch mit Blick auf Jagd- und Schonzeiten und im Hinblick auf Maßnahmen zur Steuerung des Wildtierbestandes wie auch zur Umsetzung besonderer Hegemaßnahmen. Insbesondere hat die Zuordnung einer Wildtierart zur Kategorie des Schutzmanagements zur Folge, dass für diese Wildtierart eine Jagdzeit nicht bestimmt werden darf, § 7 Abs. 7 S. 2.

Bestandteile des Wildtiermanagements sind (vgl. Gesetzesbegründung, LT-Drucks. 15/5789 S. 72) 3

- die Verpflichtung der jagdausübungsberechtigten Personen, sich am Wildtiermonitoring mit eigenen Beiträgen zu beteiligen,
- die Einführung eines auf das gesamte Landesgebiet bezogenen Wildtierberichts, der auf der Grundlage der Wildtierforschung erstellt wird und insbesondere Empfehlungen für Maßnahmen des Wildtiermanagements enthält,
- die Einführung einer gesetzlichen Grundlage für die Fachberatung zum Thema Wildtiere bei den unteren Verwaltungsbehörden,
- die gesetzliche Verankerung des bereits bestehenden Generalwildwegeplans und dessen Berücksichtigung, sowie
- die Einführung von Hegegemeinschaften, soweit eine abgestimmte revierübergreifende Umsetzung von Maßnahmen der Hege und des Wildtiermanagements erforderlich ist; dies kann in Ausnahmefällen auch in der Organisationsform einer Körperschaft des öffentlichen Rechts geschehen.

II. Absatz 1

Abs. 1 definiert den Begriff des Wildtiermanagements, freilich in einem sehr ausholenden Sinn. Zugleich wird die Reichweite des Wildtiermanagements durch den gesetzlichen Rahmen des JWMG begrenzt, da zum Wildtiermanagement – lediglich – die im JWMG näher beschriebenen Tätigkeitsbereiche und Maßnahmen zählen. Dem Wildtiermanagement unterfallen demnach diejenigen Tätigkeitsbereiche und Maßnahmen, die zur Verwirklichung der Ziele des Gesetzes das Vorkommen, das Verhalten und die Populationsentwicklung von Wildtieren beeinflussen oder Erkenntnisse hierüber oder Erkenntnisse zum Umgang mit Wildtieren bringen. 4

Indes sind Jagd und Hege nicht Bestandteil des Wildtiermanagements, auch wenn Jagd und Hege wesentlichen Einfluss auf die Entwicklung der Bestände von Wildtierarten und deren Lebensräumen nehmen; auch zahlreiche weitere Faktoren wirken auf Vorkommen, Verhalten und Populationsentwicklung von Wildtierarten ein, insbesondere die land- und forstwirtschaftliche Bodennutzung, die Verkehrs- und Siedlungsentwicklung, der fortschreitende Klimawandel, der Erholungs- und Freizeitanspruch der 5

Bevölkerung sowie der Tourismus. Angesichts dieser vielfältigen Ansprüche an den Raum besteht ein wesentliches Anliegen des Gesetzes darin, diese mit Hilfe des Wildtiermanagements zu einem Ausgleich zu bringen. Angesichts der Tatsache, dass das Jagdrecht eigentumsrechtlich verankert ist und damit grundrechtlichen Schutz genießt, darf dieses im Rahmen dieses Ausgleichs wie auch im Gefüge des Wildtiermanagements freilich nicht zur kleinen Münze verkommen und dem Wildtiermanagement untergeordnet werden.

6 S. 2 stellt klar, dass die Steuerung des Wildtiermanagements im Rahmen dieses Gesetzes eine öffentliche Aufgabe ist. Danach stehen die öffentlichen Aufgabenträger in der Verantwortung für die Steuerung des Wildtiermanagements, auch wenn punktuell private Personen in das Wildtiermanagement eingebunden sind und sie punktuell an der Aufgabenerledigung im Rahmen des Wildtiermanagements mitwirken. Mit dieser Ausgestaltung ist der Gesetzgeber von der noch im ursprünglichen Gesetzentwurf enthaltenen Vorstellung abgerückt, dass Jagd und Hege Bestandteil der öffentlichen Aufgabe Wildtiermanagement sind; dies hätte bedeutet, dass das eigentumsrechtlich zu verortende und abgesicherte Jagdrecht einer öffentlichen Aufgabe zu- und untergeordnet worden wäre, was verfassungsrechtlich überaus bedenklich gewesen wäre. Nunmehr wird – lediglich – die Steuerung des Wildtiermanagements im Rahmen des Gesetzes als öffentliche Aufgabe begriffen; Jagd und Hege leisten nurmehr wesentliche Beiträge zum Wildtiermanagement, sind diesem aber nicht untergeordnet. Damit wird klargestellt, dass die Maßnahmen der öffentlichen Aufgabenträger Unterstützung und Ergänzung finden sollen durch Private, die im Rahmen ihrer verfassungsrechtlich geschützten Eigentumsposition und der damit verbundenen Allgemeinwohlverpflichtung das Wildtiermanagement flankieren.

III. Absatz 2

7 Abs. 2 zählt – exemplarisch und nicht abschließend – die Einrichtungen und Maßnahmen auf, die das Gesetz zur Erfüllung der öffentlichen Aufgabe Wildtiermanagement bereithält, wie auch die Tätigkeitsbereiche, denen das Gesetz mit Blick auf das Wildtiermanagement eine wichtige Bedeutung zumisst.

1. Nummer 1

8 Nach S. 1 Nr. 1 ist ein wesentlicher Bestandteil des Wildtiermanagements die Wildtierforschung, die sowohl von Forschungseinrichtungen im Geschäftsbereich des Ministeriums für ländlichen Raum und Verbraucherschutz, beispielsweise die nicht rechtsfähige Forstliche Versuchs- und For-

schungsanstalt Baden-Württemberg und die Wildforschungsstelle am Landwirtschaftlichen Zentrum für Rinderhaltung, Grünlandwirtschaft, Milchwirtschaft, Wild und Fischerei Baden-Württemberg, und weiteren staatlichen Einrichtungen, etwa Universitäten, als auch von unabhängigen Forschungseinrichtungen, die auf dem Gebiet der Wildtierökologie und den das Jagdwesen im Übrigen betreffenden Forschungsbereichen tätig sind, betrieben wird. Die Ergebnisse der Wildtierforschung finden vor allem in den Wildtierbericht nach § 44 Eingang. Sie stellen zudem Grundlagen für weitere Maßnahmen und Entscheidungen im Rahmen des Wildtiermanagements dar.

2. Nummer 2

S. 1 Nr. 2 enthält eine Legaldefinition des Begriffs des Wildtiermonitoring. **9** Hierunter sind die Erfassung, Beobachtung und Überwachung bestimmter Wildtierarten und ihrer Lebensräume zu verstehen. In den Augen des Gesetzgebers kommt dem Wildtiermonitoring deshalb besondere Bedeutung zu, weil es als notwendige Entscheidungsgrundlage für Maßnahmen der Behörden wie auch insbesondere des Verordnungsgebers begriffen wird. Neben der Aufstellung von Konzepten und Plänen einschließlich des Generalwildwegeplans und konkreten Anordnungen und Verpflichtungen der Behörden ist das Wildtiermonitoring insbesondere für das Wildtiermanagement und in diesem Rahmen für die Zuordnung von Wildtierarten zu einer der drei Managementstufen von grundlegender Bedeutung. Darüber hinaus kommt aber auch den jagdausübungsberechtigten Personen eine wesentliche Bedeutung im Zusammenhang mit dem Monitoring zu; diesen obliegt nämlich die Pflicht, das Monitoring durch eigene Angaben zu unterstützen (vgl. § 43).

3. Nummer 3

Die Erstellung und Umsetzung von Fachkonzepten und Fachplänen i. S. v. **10** S. 1 Nr. 3 zielt auf integrative Beteiligungsverfahren unter Einbeziehung der betroffenen Personenkreise, um auf diese Weise eine hohe Akzeptanz der Konzepte und Pläne zu erreichen. Vorläufer solcher Verfahren waren der Aktionsplan Auerhuhn, die Rotwildkonzeption Südschwarzwald, der Handlungsleitfaden Wolf und die Arbeitsgruppe (AG) Luchs.

4. Nummer 4

Die Information und Beratung in Fragen des Umgangs mit Wildtieren nach **11** S. 1 Nr. 4 nimmt einen großen Personenkreis in den Blick. Neben den Jagdausübungsberechtigten kommen insoweit die zuständigen Mitarbeiter bei den unteren Verwaltungsbehörden in Betracht (§ 61), darüber hinaus die

Wildtierschützerinnen und Wildtierschützer (§ 48), sowie weitere Anstalten und Forschungseinrichtungen mit ihren Informationsangeboten.

12 S. 2 formuliert eine Unberührtheitsklausel in Anlehnung an § 37 Abs. 2 BNatSchG. Damit wird klargestellt, dass die Vorschriften des Naturschutzrechts, insbesondere des Artenschutzrechts, und die auf der Grundlage des Naturschutzrechts vorgesehenen Maßnahmen unberührt bleiben. Dies gilt freilich nur vorbehaltlich der Rechte der jagdausübungsberechtigten Personen, womit insoweit ein Vorrang des Jagdrechts vor dem Naturschutzrecht statuiert wird.

IV. Absatz 3

13 Abs. 3 formuliert die Ziele, denen die Jagd dient. Damit trägt der Gesetzgeber der Erkenntnis Rechnung, dass die Jagd eine der ursprünglichen Formen der Nutzung natürlicher Ressourcen durch den Menschen darstellt, womit auch der vernünftige Grund für das Töten von Tieren verdeutlicht wird. Die Anbindung der Jagd an den Grundsatz der Nachhaltigkeit ist dabei im ureigenen Interesse der Jägerschaft. Nr. 1 stellt die Jagd zudem in den Dienst der Vermeidung von Beeinträchtigungen einer ordnungsgemäßen land-, forst- und fischereiwirtschaftlichen Nutzung. Nr. 2 hingegen überantwortet der Jagd auch die Aufgabe, dem Entstehen und Ausbreiten von Tierseuchen entgegenzuwirken. Nr. 3 schließlich weist der Jagd die Aufgabe zu, die biologische Vielfalt mit jagdlichen Mitteln zu erhalten, was letztlich auch Ausdruck der Hegeverpflichtung der Jagdausübungsberechtigten ist. Zudem soll die Jagd der Ausbreitung invasiver Arten entgegenwirken, wobei der Begriff der invasiven Art entsprechend § 7 Abs. 2 Nr. 9 BNatSchG übernommen wird

V. Absatz 4

14 Abs. 4 definiert die Ziele der Hege. Nach überkommenem Verständnis, das auch in § 1 Abs. 2 BJagdG zum Ausdruck kommt, ist die Hege des Wildes auf den Schutz und die Pflege wildlebender Tiere, die dem Jagdrecht unterliegen, gerichtet. Das Ziel der Hege besteht in der Erhaltung eines den landschaftlichen und landeskulturellen Verhältnissen angepassten artenreichen und gesunden Wildbestandes; darüber hinaus zielt die Hege auch auf die Pflege und die Sicherung seiner Lebensgrundlagen (*Metzger*, in: Lorz/Metzger/Stöckel, Jagdrecht. Fischereirecht, 4. Aufl., 2011, § 1 BJagdG, Rn. 7). Insbesondere ist Hege stets auch konkreter und angewandter Naturschutz; der Heger, auch wenn er sich jagdlich betätigt, ist stets auch Naturschützer, da er den Hegeauftrag des Gesetzes erfüllt. Diesem klassischen Verständnis fühlt sich auch Abs. 4 S. 1 verpflichtet, indem als Aufgabe der Hege die Erhaltung und Entwicklung gesunder und stabiler Populationen

heimischer Wildtierarten definiert wird, die Erhaltung von deren Lebensraum und die Erhaltung und Verbesserung der biologischen Vielfalt sowie die Stabilisierung von im Bestand bedrohten Wildtierarten.

Nach S. 2 müssen die Hegemaßnahmen diesen Zielen wie auch wildtierbiologischen Anforderungen entsprechen; die Jagdausübungsberechtigten sind mithin gehalten, die gesetzlichen Hegeziele zu beachten. Damit nimmt der Gesetzgeber Bindungen der Jagdausübungsberechtigten auf, die diesen auch bislang schon oblagen; denn nach § 1 Abs. 1 S. 2 BJagdG ist mit dem Jagdrecht die Pflicht zur Hege verbunden. Eingeschränkt wird die Hege, die stets auch Ausdruck freiheitlicher Eigentumsbetätigung und insoweit grundrechtlich geschützt ist, indes in erheblichem Maße durch das Verbot der Fütterung von Wildtierarten nach § 33, zumal der im Gesetz vorgesehenen Ausnahmemöglichkeit in der jagdlichen Praxis kaum Bedeutung zukommen wird. 15

Aus den rechtlichen Vorgaben für die Hege kann sich im Einzelfall auch die Verpflichtung ergeben, bestimmte Tierarten nicht zu hegen, zum Beispiel Neozoen. Maßgeblich für die entsprechende Beurteilung ist stets, dass die Ziele des Gesetzes durch die Hege nicht beeinträchtigt werden dürfen. 16

Dieser Vorgabe trägt letztendlich auch S. 3 Rechnung, da durch Hegemaßnahmen Beeinträchtigungen einer ordnungsgemäßen land-, forst-und fischereiwirtschaftliche Nutzung – und damit insbesondere Wildschäden – möglichst vermieden werden sollen. Zudem dürfen die Ziele des Naturschutzes nicht beeinträchtigt werden. 17

§ 6 Duldung von Hegemaßnahmen

Wer sein Jagdrecht nach § 17 verpachtet hat, hat auf den betroffenen Grundflächen Maßnahmen der jagdausübungsberechtigten Person im Rahmen des Wildtiermanagements und der Hege im Sinne des § 5 in zumutbarem Umfang und, soweit angemessen, gegen eine Entschädigung zu dulden. Bei Jagdgenossenschaften gilt diese Verpflichtung auch für ihre Mitglieder. Die Verpflichtung nach Satz 1 gilt entsprechend für Nutzungsberechtigte, wenn die Eigentümerin oder der Eigentümer nicht Nutzerin oder Nutzer der Grundfläche ist.

Derjenige, der sein Jagdrecht nach § 17 verpachtet hat, hat aus naheliegenden Gründen auf den verpachteten Grundflächen Maßnahmen im Rahmen des Wildtiermanagements und der Hege zu dulden. Nach S. 2 gilt diese Duldungspflicht bei Jagdgenossenschaften auch für deren Mitglieder. S. 3 erweitert die Duldungspflicht auf Nutzungsberechtigte, wenn die Eigentümerin oder der Eigentümer nicht Nutzerin oder Nutzer der entsprechenden 1

Grundfläche ist, S. 3. § 6 gestaltet damit nicht nur den Wirkungsbereich und die Reichweite der allgemeinen Hegeverpflichtung näher aus, sondern auch das Wildtiermanagement und in dessen Rahmen vorzunehmende Handlungen.

2 Von Bedeutung ist in diesem Zusammenhang, dass die Hegeverpflichtung in erster Linie die das Jagdrecht verpachtende Person als Inhaberin des Jagdrechts selbst trifft. Gleichwohl verpflichtet § 6 diese Person nicht zur Durchführung eigener Hegemaßnahmen, indes im Falle einer Verpachtung zur Duldung entsprechender Maßnahmen, die vom Jagdausübungsberechtigten wahrgenommen werden. Auf diese Weise werden die Personen in das System der Hege und des Wildtiermanagements einbezogen, die das Land bewirtschaften, aber das Jagdrecht verpachtet haben. Damit trägt das Gesetz der Erkenntnis Rechnung, dass die Personen, die das Land bewirtschaften, vielfach nicht mehr mit der Inhaberin oder dem Inhaber des Jagdrechts bzw. der auf der betroffenen Fläche jagdausübungsberechtigten Person identisch sind. Durch die Duldungspflicht berücksichtigt der Gesetzgeber mithin, dass jagdliche und landwirtschaftliche Nutzung häufig getrennt verpachtet sind und diese Konstellation zu Interessenskonflikten führen kann, die wiederum in negativer Weise auf das Wildtiermanagement durchschlagen und wirksame und ggf. sogar erforderliche Maßnahmen erschweren können. Um zu verhindern, dass die jagdausübungsberechtigte Personen aufgrund privatrechtlicher Verhältnisse gehindert ist, ihrer Hegeverpflichtung nachzukommen, statuiert das Gesetz nunmehr eine entsprechende Duldungspflicht. Damit wird zugleich sichergestellt, dass die Eigentümerinnen und Eigentümer an der Umsetzung von Maßnahmen im Rahmen des Wildtiermanagements jedenfalls mittelbar beteiligt werden, da sie die entsprechenden Maßnahmen hinzunehmen haben.

3 Letztlich zielt das Gesetz mit der Bestimmung darauf, dass das Anlegen von Äsungsflächen, Blühstreifen, Hecken oder Feldgehölzen auf wirtschaftlich nicht genutzten Grundflächen möglich sein muss und durch die Grundstückseigentümerin bzw. den Grundstückseigentümer nicht verhindert werden kann.

4 Allerdings müssen die Hegemaßnahmen zumutbar sein; mithin kommen nur solche Maßnahmen in Betracht, die einer ordnungsgemäßen Hege entsprechen und die unter Berücksichtigung der andernorts durchzuführenden Maßnahmen auch erforderlich sind. In diesem Zusammenhang ist insbesondere zu berücksichtigen, ob die Maßnahmen der Grundstückseigentümerin bzw. dem Grundstückseigentümer auch Vorteile bringen, namentlich mit Blick auf die Schadensvermeidung. Dies ist auch bei der im Einzelfall zu gewährenden angemessenen Entschädigung zu berücksichtigen, die sich im Übrigen nach dem Verkehrswert der jeweiligen Beeinträchtigung bzw. der Inanspruchnahme der Grundfläche richtet.

§ 7 Wildtiere und Managementstufen

(1) Wildtiere im Sinne dieses Gesetzes sind die wild lebenden Tiere der Tierarten, die in der Anlage zu diesem Gesetz aufgeführt sind oder durch Rechtsverordnung diesem Gesetz unterstellt werden.

(2) Die oberste Jagdbehörde wird ermächtigt, diesem Gesetz durch Rechtsverordnung wild lebende Vogel- und Säugetierarten nach dem in Absatz 9 geregelten Verfahren zu unterstellen, wenn die Arten in Baden-Württemberg vorkommen oder in absehbarer Zeit vorkommen können und

1. die jagdliche Nutzung der Tiere dieser Arten bei Vorliegen eines Bestandes mit ausreichender Größe, Vitalität und Stabilität nachhaltig möglich und die Verwertung der Tiere dieser Arten üblich sind oder

2. die Regulation dieser Arten zum Schutz anderer Rechtsgüter oder bestimmter Tierarten mit jagdlichen Mitteln geeignet ist und erforderlich ist oder erforderlich sein kann, insbesondere um gesellschaftliche Konflikte, Beeinträchtigungen des Naturhaushaltes, Beeinträchtigungen der land-, forst- und fischereiwirtschaftlichen Nutzung oder Tierseuchen zu vermeiden, oder

3. die Personen, denen das Jagdrecht oder das Jagdausübungsrecht zusteht, oder Einrichtungen, die das Gesetz im Rahmen des Wildtiermanagements vorsieht, zum Wildtiermonitoring, zur Hege oder zum Schutz dieser Arten wesentlich beitragen können.

Die oberste Jagdbehörde wird ermächtigt, durch Rechtsverordnung nach dem in Absatz 9 geregelten Verfahren bestimmte Arten von Wildtieren, die durch Rechtsverordnung dem Gesetz unterstellt sind, aus dem Anwendungsbereich des Gesetzes zu entlassen.

(3) Die Wildtiere unterliegen einem

1. Nutzungsmanagement,

2. Entwicklungsmanagement oder

3. Schutzmanagement

nach Maßgabe dieses Gesetzes und der aufgrund dieses Gesetzes erlassenen Vorschriften. Die oberste Jagdbehörde wird ermächtigt, nach dem in Absatz 9 geregelten Verfahren und nach Maßgabe der Absätze 4 bis 6 durch Rechtsverordnung, die in der Anlage dieses Gesetzes aufgeführten Arten der Wildtiere abweichend von der Anlage und die Arten der Wildtiere, die diesem Gesetz nach Absatz 2 unterstellt sind, einer Managementstufe zuzuordnen. Die oberste Jagdbehörde entscheidet nach Inkrafttreten des Gesetzes erstmals über die Zuordnung, sobald ein Wildtierbericht nach Maßgabe des § 44 erstellt ist. Die Arten der Wildtiere sind

erneut zuzuordnen, soweit sich die für die Zuordnung maßgeblichen tatsächlichen und rechtlichen Umstände ändern.

(4) Dem Nutzungsmanagement werden folgende Arten der Wildtiere zugeordnet, soweit sie nicht nach Absatz 5 dem Entwicklungsmanagement oder nach Absatz 6 dem Schutzmanagement unterliegen:

1. Arten, die in für sie geeigneten Lebensräumen in Baden-Württemberg Bestände mit einer für die nachhaltige jagdliche Nutzung ausreichenden Größe, Vitalität und Stabilität aufweisen und bei denen die Verwertung der Tiere üblich ist,

2. Arten, deren weiterer Ausbreitung die Ziele des Gesetzes entgegenstehen,

3. Arten, deren Regulation mit jagdlichen Mitteln zum Schutz anderer Rechtsgüter oder bestimmter Tierarten geeignet und erforderlich ist.

(5) Dem Entwicklungsmanagement werden folgende Arten der Wildtiere zugeordnet, soweit sie nicht nach Absatz 6 dem Schutzmanagement unterliegen oder soweit nicht die Ziele des Gesetzes ihrer weiteren Ausbreitung oder ein Regulationsbedürfnis entgegenstehen:

1. Arten, die nicht in allen in Baden-Württemberg für sie geeigneten Lebensräumen Bestände mit einer für die nachhaltige jagdliche Nutzung ausreichenden Größe, Vitalität und Stabilität aufweisen,

2. Arten, deren Bestände in Baden-Württemberg allgemein und anhaltend stark zurückgehen,

3. Arten, deren Bestandsstatus in Baden-Württemberg nicht hinreichend geklärt ist und für die deshalb eine Bestandsbeeinträchtigung im Sinne der Nummer 1, 2 oder 4 oder eine Bestandsgefährdung im Sinne von Absatz 6 Nummer 1 in Baden-Württemberg nicht ausgeschlossen werden kann,

4. Arten, die einer besonderen Hege oder besonderer Maßnahmen der Überwachung, der Pflege, Erhaltung oder Stärkung des Bestandes nach diesem Gesetz oder besonderer Beschränkungen der Jagdausübung bedürfen.

(6) Dem Schutzmanagement werden folgende Arten der Wildtiere zugeordnet:

1. Arten, deren Bestände in Baden-Württemberg gefährdet sind,

2. Arten, die aufgrund ihrer natürlichen Lebensweise in Baden-Württemberg lediglich in geringen Beständen vorkommen,

3. Arten,

a) die nach den Vorschriften des Bundesnaturschutzgesetzes zu den streng geschützten Arten gehören,

b) die in Anhang IV Buchstabe a der Richtlinie 92/43/EWG genannt sind, oder

c) **die nach den Vorschriften der Richtlinie 2009/147/EG des Europäischen Parlaments und des Rates vom 30. November 2009 über die Erhaltung der wildlebenden Vogelarten (ABl. L 20 vom 26.1.2010, S. 7), geändert durch Richtlinie 2013/17/EU (ABl. L 158 vom 10.6.2013, S. 193), in der jeweils geltenden Fassung, in Deutschland nicht bejagt werden dürfen.**

Mit Hegemaßnahmen, durch Unterstützung des Wildtiermonitorings und Berichtswesens (§ 43) und durch die Mitwirkung an der Erstellung und Umsetzung von Fachkonzepten (§ 45) tragen insbesondere die Inhaberinnen und Inhaber des Jagdrechts und die jagdausübungsberechtigten Personen zum Schutzmanagement bei.

(7) Die Jagd darf nach Maßgabe dieses Gesetzes und aufgrund dieses Gesetzes ausgeübt werden auf Wildtiere, deren Arten dem Nutzungsmanagement oder dem Entwicklungsmanagement zugeordnet sind. Für Wildtierarten, die dem Schutzmanagement zugeordnet sind, darf keine Jagdzeit bestimmt werden. Auf Wildtiere der dem Schutzmanagement unterliegenden Arten finden die §§ 36 und 51 Absatz 1 keine Anwendung; die Vorschriften des Naturschutzrechts bleiben unberührt. Die jagdausübungsberechtigten Personen haben die nach § 45 Absatz 7 des Bundesnaturschutzgesetzes zulässigen Maßnahmen, die Arten des Schutzmanagements betreffen, zu dulden.

(8) Ist eine dem Gesetz unterliegende Wildtierart als invasive Art einzustufen, erstellt die oberste Jagdbehörde unter Mitwirkung wissenschaftlicher Einrichtungen und anderer betroffener Landesbehörden ein Fachkonzept, das die Ziele, Mittel und Maßnahmen zum Management der invasiven Art festlegt. Die Jagdbehörden haben die Festlegungen bei ihren Entscheidungen und Maßnahmen zu beachten. Wildtiere invasiver Arten dürfen nicht gehegt werden.

(9) Die oberste Jagdbehörde trifft die Entscheidungen nach Absatz 2 und 3 unter Berücksichtigung der Empfehlungen des Landesbeirats (§ 59) und im Benehmen mit der obersten Naturschutzbehörde. Sind Arten betroffen, die dem Schutzmanagement zugeordnet sind oder die bei einer Unterstellung unter dieses Gesetz dem Schutzmanagement zuzuordnen wären, trifft sie die Entscheidung im Einvernehmen mit der obersten Naturschutzbehörde. Grundlage der Entscheidung ist der Wildtierbericht für Baden-Württemberg (§ 44), den die oberste Jagdbehörde dem Landesbeirat zur Beratung vorlegt. Die oberste Jagdbehörde beteiligt weitere auf Landesebene bei den Ministerien eingerichtete Beiräte und vergleichbare Beratungsgremien, soweit sie fachlich betroffen sind.

I. Allgemeines

1 Eines der Herzstücke des neuen JWMG stellt § 7 dar, der das überkommene Jagdrecht in ein Wildtiermanagement umgestaltet. Damit soll das Jagdrecht fortgeschrieben werden, und zwar in dem ausholenden Sinn, der in der Zielsetzung der Gesetzesbegründung niedergelegt ist (LT-Drucks. 15/5789, S. 69 ff.). In ganz erheblichem Maße dient das Wildtiermanagement der Erfüllung der in § 2 des Gesetzes genannten Ziele; es zielt mithin vor allem darauf, die von der Jagd berührten öffentlichen und privaten Belange auszugestalten, gesunde und stabile heimische Wildpopulationen zu erhalten und zu entwickeln, den Bestand bedrohter Wildtierarten zu schützen, ihre Populationen zu stärken und ihre Lebensräume zu erhalten und zu verbessern sowie die biologische Vielfalt zu sichern, Beeinträchtigungen einer ordnungsgemäßen land-, forst- und fischereiwirtschaftlichen Nutzung durch Wildtiere zu vermeiden sowie Belange des Tierschutzes zu berücksichtigen. Ergänzend zu den Vorgaben des § 7 soll das Gesetz zudem dazu beitragen, geeignete Instrumente des Wildtiermanagements zum Umgang mit Wildtieren und zur Sicherung und Verbesserung ihrer Lebensgrundlagen zu etablieren und zu stärken.

II. Absatz 1

2 § 7 Abs. 1 und § 3 Abs. 1 stehen in einem engen Zusammenhang. Als Wildtiere, die dem Gesetz unterworfen sind und damit als Gegenstand des Jagdrechts begriffen werden, bestimmt das Gesetz die wildlebenden Tiere derjenigen Tierarten, die in der Anlage zum Gesetz aufgeführt oder im Wege einer durch die Exekutive erlassenen Rechtsverordnung dem Gesetz unterstellt sind. Diejenigen Wildtiere, die vom Gesetz- oder Verordnungsgeber dem Gesetz unterworfen sind, unterliegen entweder dem Nutzungs-, dem Entwicklungs- oder aber dem Schutzmanagement im Sinne von Abs. 3. Erstaunlich ist es freilich, dass der Gesetzgeber in der Anlage weder den Wolf noch den Biber oder den Kolkraben aufgeführt hat. Eine sachliche Begründung für die Nichtunterstellung dieser Wildtierarten unter das Gesetz ist nicht erkennbar.

3 Indes bedeutet die Tatsache, dass bestimmte Tierarten dem Gesetz unterstellt sind, nicht zugleich auch, dass sie uneingeschränkt bejagt werden dürfen. Dies folgt insbesondere daraus, dass nach Abs. 7 S. 2 für dem Schutzmanagement unterworfene Wildtierarten eine Jagdzeit nicht bestimmt werden darf.

III. Absatz 2

4 Die in Abs. 2 der Exekutive erteilte Ermächtigung, durch Rechtsverordnung unter bestimmten Voraussetzungen weitere wildlebende Vogel- und Säuge-

tierarten nach dem in Abs. 9 geregelten Verfahren dem JWMG zu unterstellen, eröffnet der Exekutive ein schnelles Handeln in den Fällen, in eine der alternativ geltenden Voraussetzungen des S. 1 Nr. 1 bis 3, die als Ausformung des Art. 20a GG interpretiert werden können, erfüllt sind, und ergänzt damit die Unterstellung verschiedener Wildtierarten unter das Gesetz durch den Gesetzgeber selber. Damit kann der Katalog der im Anhang zum JWMG genannten Wildtierarten, der durch den Gesetzgeber selbst aufgestellt worden ist, durch den Verordnungsgeber und damit durch die Exekutive erweitert werden.

Darüber hinaus enthält Abs. 2 eine zweite, ebenfalls weitreichende 5 Handlungsermächtigung an die Exekutive. So kann nach S. 2 die oberste Jagdbehörde bestimmte Arten von Wildtieren, die im Wege des Verordnungserlasses dem Gesetz unterstellt wurden, aus dem Anwendungsbereich des Gesetzes wieder entlassen. Dabei stellt die Herausnahme solcher Vogel- und Säugetierarten, die von der obersten Jagdbehörde dem JWMG unterstellt worden sind, den actus contrarius zu deren Unterstellung unter das Gesetz dar.

In beiden Fällen dieses exekutiven Handelns ist das in Abs. 9 niederge- 6 legte Verfahren zu beachten, womit eine sachgerechte Entscheidung sichergestellt werden soll.

Voraussetzung für die Unterwerfung einer Tierart durch Rechtsverord- 7 nung unter den Geltungsbereich des JWMG ist nach Abs. 2 S. 1, dass es sich um eine wild lebende, mithin herrenlose Vogel- oder Säugetierart handelt. Darüber hinaus muss die Art in Baden-Württemberg bereits vorkommen oder aber jedenfalls in absehbarer Zeit vorkommen können, was eine prognostische Einschätzung der obersten Jagdbehörde voraussetzt. Insoweit dürfte davon auszugehen sein, dass die Art jedenfalls innerhalb eines bestimmten überschaubaren Zeitraumes in Baden-Württemberg vorkommen wird, was einen Zeitraum von 2 bis 4 Jahren umschließen wird. Da sich diese Einschätzung auf tatsächliche Anhaltspunkte stützen muss, wird sich die oberste Jagdbehörde bei ihrer Entscheidung vorrangig auf Erkenntnisse der Wildtierforschung beziehen und stützen. Gestützt werden kann die Prognose aber auch auf entsprechende Vorkommen in einem benachbarten Bundesland oder in einem angrenzenden europäischen Land, was die Einschätzung zu tragen vermag, dass die Wildtierart auch in absehbarer Zeit in Baden-Württemberg vorkommen wird. Für die letztgenannte Variante ist mithin daran zu denken, dass die Wildtierart bereits in einem anderen Bundesland oder in einem angrenzenden europäischen Land vorkommt und ein Übertreten dieser Wildtierart nach Baden-Württemberg zu erwarten ist. Nach Einschätzung des Gesetzgebers kann bei Brutvögeln zur Beurteilung des Vorkommens auf das Reproduktionsvorkommen abgestellt werden; bei ziehenden Arten werden andere Kriterien heranzuziehen sein. Jedenfalls begründet der Nachweis einzelner Exemplare in Baden-Württemberg noch kein Vorkommen; vielmehr muss insoweit die Annahme hinzutreten, dass die Art in Baden-Württemberg bereits einen Lebensraum gefunden hat. In jedem Fall aber muss eines der in Nrn. 1 bis 3 genannten weiteren Kriterien hinzutreten, um eine wild lebende Vogel- oder Säugetierarten dem Geltungsbereich des Gesetzes unterstellen zu können.

8 Abs. 2 S. 1 Nr. 1 erlaubt dem Verordnungsgeber, eine Vogel- und Säugetierart dem JWMG zu unterstellen, wenn die Bestandssituation der Art im gesamten Bundesland Baden-Württemberg die jagdliche Nutzung erlaubt, ohne dass langfristig durch diese Nutzung Nachteile für den Erhalt des Bestandes zu erwarten sind; die jagdliche Nutzung der Wildtiere dieser Arten soll daher nur bei Vorliegen eines Bestandes mit ausreichender Größe, Vitalität und Stabilität nachhaltig in Betracht kommen können. Diese Tatbestandsvoraussetzungen sind indes vage; was als Bestand mit ausreichender Größe, Vitalität und Stabilität zu begreifen ist, definiert das Gesetz nicht näher.

9 Zu weit holt der Gesetzgeber indes aus, wenn er die jagdliche Nutzung dieser Wildtierarten an das Tatbestandsmerkmal der Üblichkeit der Verwertung geknüpft wissen will. Ein solch einengendes Verständnis begegnet schon deshalb Bedenken, weil dies letztlich eine Engführung der jagdlichen Eigentumsnutzung auf ein konsumptives Verständnis der Jagd und damit eine konsumptive Eigentumsnutzung bedeutet, was weder von der Verfassung gefordert noch Kennzeichen des verfassungsrechtlichen Eigentumsbegriffs ist. Denn es gibt eine Reihe anderer Gründe, die das Töten von Wildtieren rechtfertigen können, selbst dann, wenn diese Tiere keiner Verwertung zugeführt werden. Dabei muss stets die Erkenntnis berücksichtigt werden, dass in einer dicht besiedelten Kulturlandschaft wie der Baden-Württembergs der Jäger als Regulator unersetzlich ist, da das natürliche Gleichgewicht durch den Menschen gehörig durcheinander gebracht wurde. Daher würde schon aus diesem Grund eine Anbindung des Tötens von Wildtieren an das Erfordernis der üblicherweise vorzunehmenden Verwertung eine auch unter Berücksichtigung von Art. 20a GG sachlich nicht gerechtfertigte Einschränkung der Eigentumsnutzung bedeuten.

10 Abs. 2 S. 1 Nr. 2 nimmt den Gedanken des Rechtsgüterschutzes auf und ermöglicht eine Unterwerfung von wildlebenden Vogel- und Säugetierarten unter den Geltungsbereich des JWMG, wenn die Regulation der entsprechenden Arten zum Schutz anderer Rechtsgüter oder zum Schutz bestimmter Tierarten mit jagdlichen Mitteln geeignet und erforderlich ist oder erforderlich sein kann, mithin ein milderes Mittel nicht ersichtlich ist. Schutzgüter der Norm sind damit sowohl Belange der Allgemeinheit als auch private Rechtsgüter. Insoweit nimmt Nr. 2 nicht Bezug auf die Bestandssituation der einzelnen Art, sondern konzentriert sich auf den Rechtsgüterschutz, so dass die Unterwerfung bestimmter Wildtierarten unter das JWMG insbesondere zur Abwehr oder zur Vermeidung von Tierseu-

chen, aber auch im Hinblick auf die Abwehr von Gefahren für die Artenvielfalt (Prädatorenbejagung) in Betracht kommt. In der Praxis dürfte freilich die Wildschadensabwehr im Vordergrund stehen.

Weniger Bedeutung in der Verordnungspraxis dürfte der Variante des Abs. 2 S. 1 Nr. 3 zukommen, wonach eine Unterstellung bestimmter Wildtierarten unter das JWMG dann in Betracht kommt, wenn Personen, denen das Jagdrecht oder das Jagdausübungsrecht zusteht, oder Einrichtungen, die das Gesetz im Rahmen des Wildtiermanagements vorsieht, einen wesentlichen Beitrag zum Wildtiermonitoring, zur Hege oder zum Schutz dieser Arten wesentlich beitragen können. Die Norm stellt damit vornehmlich darauf ab, dass durch die Unterstellung unter das JWMG für das Wildtiermonitoring, die Hege oder den Schutz dieser Arten besondere Vorteile begründet werden. 11

Die Ermächtigung in Abs. 2 S. 2, durch Rechtsverordnung bestimmte Arten von Wildtieren, die durch Rechtsverordnung dem Gesetz unterstellt sind, aus dem Anwendungsbereich des Gesetzes zu entlassen, stellt den actus contrarius zur Unterstellung bestimmter Wildtierarten unter das Gesetz im Wege des Verordnungserlasses dar. Dies bedeutet zugleich, dass diejenigen Wildtierarten, die vom Gesetzgeber selbst dem Geltungsbereich des Gesetzes unterstellt worden sind, auf der Grundlage des Abs. 2 nicht durch Rechtsverordnung aus dem Geltungsbereich des Gesetzes entlassen werden können. 12

IV. Absatz 3

Abs. 3 etabliert das sog. Schalenmodell mit den drei Schalen des Nutzungsmanagements, des Entwicklungsmanagements und des Schutzmanagements. Abhängig von der Schutzbedürftigkeit der verschiedenen Wildtierarten, will der Gesetzgeber mit Hilfe dieses Modells eine differenzierte Behandlung dieser Arten auch im Hinblick auf die jagdliche Nutzung erreichen, je nachdem, ob sie eines absoluten Schutzes bedürftig sind oder mehr oder weniger umfassend bejagt, mithin jagdlich genutzt werden können. 13

Verschlechtert sich die Bestandssituation einer Tierart, kann diese in eine höhere Schutzstufe, insbesondere in die Schale des Schutzmanagements, eingeordnet werden; verbessert sich hingegen die Bestandssituation einer Wildtierart, so ist nicht zuletzt mit Blick auf die jagdliche Eigentumsnutzung und deren verfassungsrechtlicher Absicherung die Zuordnung zum Nutzungsmanagement sachlich, vor allem aber auch verfassungsrechtlich geboten, da das Nutzungsmanagement eine umfängliche Bejagung zulässt. 14

Ihre nähere Konkretisierung erfahren die drei Schalen in den Absätzen 4 bis 6. Die drei, in Abs. 3 genannten Stufen stehen zudem in einem engen sachlichen Zusammenhang mit der Befugnis der obersten Jagdbehörde 15 nach Abs. 2, dem Gesetz durch Rechtsverordnung weitere wildlebende Vogel- und Säugetierarten zu unterstellen. Macht die oberste Jagdbehörde von dieser Befugnis Gebrauch, so muss sie zugleich eine Zuordnung der im Wege des Verordnungserlasses dem JWMG unterstellten Vogel- und Wildtierarten zu einer der drei Managementstufen des Abs. 3 vornehmen.

16 Abs. 3 macht es erforderlich, dass jede Wildtierart, die dem JWMG durch Gesetz oder Rechtsverordnung unterstellt ist, einer der drei Managementschalen zugeordnet wird; es gibt mit anderen Worten keine dem Geltungsbereich des JWMG unterstellte Wildtierart, die nicht einer Managementkategorie zugeordnet ist. Zudem stehen die drei Stufen in einem Verhältnis der Exklusivität zueinander; mit anderen Worten kann keine Wildtierart zugleich zwei verschiedenen Managementschalen angehören.

17 Die Zuordnung einer Wildtierart zu einer der drei Managementstufen zieht entsprechende rechtliche, aber auch jagdliche Konsequenzen nach sich, insbesondere im Zusammenhang mit der Zulässigkeit der Jagdausübung wie auch im Hinblick auf die Jagd- und Schonzeiten. Aus jagdlicher Sicht bedeutet die Zuordnung einer Wildtierart zur Kategorie des Schutzmanagements den größten – und damit zugleich rechtfertigungsbedürftigsten – Eingriff, da dem Schutzmanagement zugeordnete Wildtierarten nicht bejagt werden dürfen. Die jagdliche Eigentumsnutzung wird in dieser Schale unmöglich gemacht.

18 Abs. 3 S. 2 enthält eine weitreichende Ermächtigungsgrundlage an die oberste Jagdbehörde, mithin das zuständige Ministerium. Dieses wird nicht nur ermächtigt, nach dem in Abs. 9 geregelten Verfahren und unter Berücksichtigung der Abs. 4 bis 6 Wildtierarten, die aufgrund von Abs. 2 und damit durch Rechtsverordnung dem JWMG unterstellt sind, einer Managementstufe zuzuordnen, sondern insbesondere auch dazu, eine von der durch den Gesetzgeber beschlossenen Anlage abweichende Zuordnung einzelner Wildtierarten zu den Managementstufen vorzunehmen. Verfassungsrechtlich bedenklich erscheint dies insbesondere deshalb, weil in diesem Fall eine Entscheidung des Gesetzgebers durch eine Entscheidung der Exekutive geändert werden kann, einschließlich der Möglichkeit, eine Tierart, die aufgrund ihrer Zuordnung zum Nutzungs- oder Entwicklungsmanagement bislang jagdlich nutzbar war, durch Zuordnung zur Schale des Schutzmanagements ihrer jagdlichen Nutzung vollständig zu entziehen. Dass diese Entscheidung durch den Verordnungsgeber getroffen werden darf, erscheint mit Blick auf die Eigentumsrelevanz dieser Entscheidung und die sog. Wesentlichkeitstheorie des Bundesverfassungsgerichts, wonach für die Grundrechtsverwirklichung wesentliche Entscheidung durch den Gesetzgeber selbst getroffen werden müssen und nicht durch die Exekutive getroffen werden dürfen, verfassungsrechtlich außerordentlich fragwürdig.

19 Nach Inkrafttreten des Gesetzes erfolgt eine entsprechende Entscheidung der obersten Jagdbehörde erstmals dann, wenn ein Wildtierbericht

nach Maßgabe des § 44 vorliegt. Darüber hinaus erfolgt eine erneute Zuordnung der verschiedenen Arten der Wildtiere, soweit sich die für die Zuordnung maßgeblichen tatsächlichen und rechtlichen Umstände ändern, Abs. 3 S. 4. Die Zuordnung erfolgt nach Maßgabe des in Abs. 9 geregelten Verfahrens wie auch nach Maßgabe der Kriterien, die in den Absätzen 4 bis 6 enthalten sind.

V. Absatz 4

Abs. 4 formuliert die Kriterien, anhand derer eine Wildtierart dem Nut- 20
zungsmanagement zuzuordnen ist. Dabei ist es ausreichend, wenn eine der Nr. 1 bis 3 erfüllt ist. Das Nutzungsmanagement stellt die unter jagdlichen Gesichtspunkten am wenigsten in das Jagdrecht und das Jagdausübungsrecht eingreifende Kategorie dar. Allerdings lässt die Formulierung des Gesetzes den Schluss zu, dass eine Zuordnung einer Wildtierart zum Nutzungsmanagement nur dann in Betracht kommt, soweit eine Zuordnung nach Abs. 5 oder Abs. 6 ausscheidet. Mit anderen Worten ist eine Zuordnung zu der Kategorie des Entwicklungs- oder Schutzmanagements vorrangig gegenüber einer Zuordnung zur Kategorie des Nutzungsmanagements.

1. Nummer 1

Nach Abs. 4 Nr. 1 kommt die Zuordnung zur Schale des Nutzungsmanage- 21
ments für diejenigen Arten von Wildtieren in Betracht, die in für sie geeigneten Lebensräumen in Baden-Württemberg Bestände mit einer für die nachhaltige jagdliche Nutzung ausreichenden Größe, Vitalität und Stabilität aufweisen. Letztlich kommt es in diesem Zusammenhang darauf an, dass die jagdliche Nutzung ohne Nachteile und Gefahren für den Erhalt des Bestandes in Baden-Württemberg möglich ist. Damit wird dem Prinzip der Nachhaltigkeit besondere Bedeutung zugemessen, was auch die Verpflichtung einschließt, die Bestände für die Zukunft als jagdlich nutzbar zu erhalten.

Eine die jagdliche Eigentumsgarantie nicht hinreichend würdigende Ver- 22
engung stellt freilich die Anbindung der jagdlichen Nutzbarkeit an die übliche Verwertung der Tiere dar; bei genauer Betrachtung würde dies nämlich bedeuten, dass z. B. der Waschbär, der üblicherweise nicht verwertet wird, nicht der Schale des Nutzungsmanagements unterstellt werden dürfte, jedenfalls nicht nach Nr. 1. Darüber hinaus begegnet das Erfordernis, dass die Wildtierart üblicherweise verwertet wird, schon deshalb Bedenken, weil dies letztlich eine Engführung der jagdlichen Eigentumsnutzung auf ein konsumptives Verständnis der Jagd bedeuten würde. Das Kriterium der üblichen Verwertung sieht sich damit den gleichen Bedenken ausgesetzt wie mit Blick auf Abs. 2 S. 1 Nr. 1 (s. hierzu bereits oben, Rdnr. 9).

2. Nummer 2

23 Nr. 2 ermöglicht eine Unterstellung von Wildtierarten unter die Kategorie des Nutzungsmanagements für den Fall, dass deren weiterer Ausbreitung die Ziele des Gesetzes entgegenstehen. Damit ist der Fall gemeint, dass die Ausbreitung bestimmter Arten aus fachlichen Gründen zu verhindern ist; dies gilt unabhängig von der jeweiligen Bestandssituation. Nr. 2 wird daher vor allem bei Neozoen, aber auch mit Blick auf Schalenwildarten in Betracht kommen. In jedem Fall wird bei einer Zuordnung auf der Grundlage von Nr. 2 darzulegen sein, dass eine Bejagung der betreffenden Arten der Erreichung der Ziele des Gesetzes dient.

3. Nummer 3

24 Abs. 4 Nr. 3 dient dem Rechtsgüterschutz, dessen Wahrung auch mit jagdlichen Mitteln möglich sein soll. Dem Nutzungsmanagement können daher auch Arten zugeordnet und damit der jagdlichen Nutzung unterworfen werden, deren Regulation mit jagdlichen Mittel zum Schutz anderer Rechtsgüter geeignet und erforderlich ist; hierunter sind sowohl öffentliche als auch private Rechtsgüter zu subsumieren. Damit wird durch die Bestimmung auch der Schutz des Privateigentums ermöglicht, wenn dieses beispielsweise durch Verbiss geschädigt wird. Zudem können Tierarten dem Nutzungsmanagement unterworfen werden, deren Regulation zum Schutz bestimmter anderer Tierarten geeignet und erforderlich ist. In beiden Fällen muss freilich die Eignung der Regulation mit jagdlichen Mitteln wie auch deren Erforderlichkeit nachgewiesen werden; insbesondere darf ein milderes Mittel als die jagdliche Nutzung nicht in Betracht kommen.

VI. Absatz 5

25 § 7 Abs. 5 nennt die Voraussetzungen, unter denen Wildtierarten dem Entwicklungsmanagement zugeordnet werden können. Auch insoweit – und vergleichbar der Ausgestaltung in Abs. 4 – gilt, dass eine solche Zuordnung bereits dann möglich ist, wenn lediglich eine der Nrn. 1 bis 4 erfüllt ist; die Nrn. 1 bis 4 stehen mithin in einem Verhältnis der Alternativität zueinander, sie müssen nicht kumulativ erfüllt sein. Aus naheliegenden Gründen kann dem Entwicklungsmanagement jedoch eine Tierart dann nicht zugeordnet werden, wenn im Sinne von Abs. 4 Nr. 2 deren weiterer Ausbreitung die Ziele des Gesetzes entgegenstehen oder aber ein Regulationsbedürfnis im Sinne von Abs. 4 Nr. 3 besteht. Auch ist die Zuordnung einer Wildtierart zur Kategorie des Schutzmanagements gegenüber der Zuordnung zur Kategorie des Entwicklungsmanagements vorrangig, was sich bereits aus dem Gesetzeswortlaut ergibt.

1. Nummer 1

Nr. 1 stellt auf die Bestandssituation im gesamten Bundesland Baden-Württemberg ab. Problematisch erscheint an dieser Ausgestaltung indes, dass die Zuordnung einer Wildtierart zu dieser Kategorie damit auch dann möglich ist, wenn in einzelnen Regionen Baden-Württembergs ein hinreichend gesicherter Bestand dieser Wildtierart vorhanden ist. Die Norm ermöglicht mithin eine Zuordnung einer Wildtierart zu der Kategorie des Entwicklungsmanagements auch dann, wenn diese Wildtierart im Rheintal in ausreichender Anzahl und in gesichertem Bestand vorkommt, nicht hingegen auf den Höhen der Schwäbischen Alb oder des Schwarzwaldes. Dieser das ganze Land umfassende Bezugspunkt erscheint wenig sachgerecht. 26

2. Nummer 2

Nr. 2 ermöglicht eine Zuordnung einer Wildtierart zur Kategorie des Entwicklungsmanagements für den Fall, dass deren Bestände in Baden-Württemberg allgemein und anhaltend stark zurückgehen. Die jagdliche Nutzung dieser Art soll nur bei Einhaltung besonderer Anforderungen in Betracht kommen können, um diese Art nicht zu gefährden. Dabei ist ausweislich der Gesetzesbegründung ein anhaltender Trend ohne deutliche Erholung des Bestandes erforderlich, für dessen Ermittlung auf den alle drei Jahre erscheinenden Wildtierbericht abzustellen ist. Letztlich wird daher eine Auswertung mehrerer Wildtierberichte erforderlich sein, um einen anhaltenden Rückgang feststellen zu können. 27

3. Nummer 3

Nr. 3 erlaubt die Zuordnung einer Wildtierart zur Kategorie des Entwicklungsmanagements, wenn deren Bestandsstatus in Baden-Württemberg nicht hinreichend geklärt ist und für die deshalb eine Bestandsbeeinträchtigung oder -gefährdung in Baden-Württemberg nicht ausgeschlossen werden kann. Problematisch an dieser Variante ist indes ihre inhaltliche Unbestimmtheit. Denn die Zuordnung zur Kategorie des Entwicklungsmanagements, die mit jagdlichen Einschränkungen verbunden ist, an einen nicht hinreichend geklärten Bestandsstatus zu knüpfen, heißt letztlich nichts anderes, als über den Bestand nichts zu wissen, aber gleichwohl an dieses Nichtwissen eine jagdrechtlich und jagdlich bedeutsame Entscheidung zu knüpfen, die zudem in eigentumsrechtlicher Hinsicht bedeutsam ist, weil sie die jagdliche Eigentumsausübung Einschränkungen unterwirft. Im Übrigen erscheint es bedenklich, wenn der Gesetzgeber aus einem nicht hinreichend geklärten Bestand den Rückschluss auf eine Bestandsbeeinträchtigung oder Bestandsgefährdung zieht. Letztlich bedeutet dies, an Nichtwissen auch eigentumseinschränkende und damit grundrechtsrele- 28 vante Folgen zu knüpfen, was auch mit Blick auf das Rechtsstaatsprinzip verfassungsrechtlichen Bedenken begegnet.

4. Nummer 4

29 Nr. 4 schließlich ermöglicht die Zuordnung einer Wildtierart zur Kategorie des Entwicklungsmanagements, wenn diese Art einer besonderen Hege oder aber besonderer Schutzmaßnahmen oder besonderer Beschränkungen der Jagdausübung bedarf. In diesen sämtlichen Konstellationen muss mithin eine besondere Notwendigkeit für die Zuordnung zum Entwicklungsmanagement dargelegt werden können. Verfassungsrechtlich bedenklich erscheint es indes, wenn die Zuordnung einer Wildtierart zum Entwicklungsmanagement mit dem Argument erfolgen kann, dass diese Art einer besonderen Beschränkung der – wie auch immer gearteten – Jagdausübung bedarf; hierbei handelt es sich um eine Generalklausel reinsten Wasser, die jegliche rechtsstaatliche Bestimmtheit vermissen lässt.

VII. Absatz 6

30 Die weitreichendste Einschränkung des Jagdrechts und des Jagdausübungsrechts enthält Abs. 6. Die Norm formuliert die Kriterien, aufgrund derer eine Wildtierart der Schale des Schutzmanagements zuzuordnen ist, mit der Folge, dass für die dieser Kategorie unterworfenen Wildtierarten eine Jagdzeit nicht bestimmt werden darf, § 7 Abs. 7 S. 2. Ausreichend für diese Zuordnung ist es, wenn eine der in Abs. 6 genannten Varianten erfüllt ist.

31 Von S. 1 Nr. 1 werden diejenigen Arten erfasst, deren Bestand in Baden-Württemberg gefährdet ist. Dabei richtet sich die Beurteilung der Gefährdung nach der Roten Liste (§ 42 NatSchG). Die Beurteilung der Gefährdung bei wandernden Arten, insbesondere bei Wasserwild, richtet sich nach dem Rastvogelbestand, nicht hingegen nach dem Brutvogelbestand, so dass es in Baden-Württemberg auf den Herbst- und Überwinterungsbestand ankommt. Arten, die in diesem Verständnis nicht als gefährdet anzusehen und einzustufen sind, können aber gleichwohl nach Nr. 2 der Schale des Schutzmanagements zugeordnet werden.

32 Auf der Grundlage von Abs. 6 S. 1 Nr. 2 sind Arten, die aufgrund ihrer natürlichen Lebensweise in Baden-Württemberg lediglich in geringen Beständen vorkommen, ebenfalls dem Schutzmanagement zuzuordnen. Freilich bleibt auch insoweit offen, wann Bestände in Baden-Württemberg „gering" sind; eine hinreichende und angesichts der weitreichenden Folgen rechtsstaatlich gebotene Konturierung weist dieses Tatbestandsmerkmal nicht auf.

33 Des Weiteren ordnet S. 1 Nr. 3 die Unterstellung derjenigen Arten unter die Kategorie des Schutzmanagements an, die nach Maßgabe des BNatSchG zu den streng geschützten Arten gehören (lit. a), die in den Ar-

tenkatalogen der FFH-Richtlinie (lit. b) und der Vogelschutzrichtlinie (lit. c) aufgeführt sind und für die nach europäischem Recht besondere Beschränkungen der Bejagung bestehen. Dabei stellt lit. c darauf ab, ob die Bejagung der Vogelart in Deutschland nach Maßgabe der Vogelschutzrichtlinie zulässig ist (vgl. Art. 7 Vogelschutzrichtlinie).

Durch Abs. 6 S. 2 werden die Inhaberinnen und Inhaber des Jagdrechts wie auch des Jagdausübungsrechts mit Blick auf die Durchsetzung des Schutzmanagements in besonderer Weise verpflichtet; ihnen wird aufgegeben, durch Hegemaßnahmen, durch Unterstützung des Wildtiermonitorings und Berichtswesens (43) wie auch durch die Mitwirkung an der Erstellung und Umsetzung von Fachkonzepten (§ 45) zu einem effizienten Schutzmanagement beizutragen. Den Inhabern des Jagdrechts wie auch den jagdausübungsberechtigten Personen wird damit eine besondere Verantwortung für diejenigen Wildtierarten auferlegt, die der Schale des Schutzmanagements durch Gesetz oder durch Rechtsverordnung unterstellt sind. **34**

VIII. Absatz 7

§ 7 Abs. 7 formuliert die Rechtsfolgen, die an die Einordnung einer Wildtierart in eine der drei Managementschalen geknüpft sind. So darf nach S. 1 die Jagd nach Maßgabe der näheren gesetzlichen Ausgestaltung lediglich auf Wildtiere ausgeübt werden, deren Arten dem Nutzungsmanagement oder dem Entwicklungsmanagement zugeordnet sind. Daraus folgt, dass das Entwicklungsmanagement im Grundsatz dieselbe jagdliche Nutzung ermöglicht wie das Nutzungsmanagement, die Zuordnung einer Wildtierart zum Entwicklungsmanagement jedoch zugleich als eine Art Vorwarnstufe für eine mögliche Zuordnung zur Kategorie des Schutzmanagements dient. **35**

Darüber hinaus verweist die Einstufung in das Entwicklungsmanagement aber zudem sowohl auf besondere Sorgfaltspflichten und Anforderungen als auch auf mögliche Einschränkungen der Jagdausübung; damit wird eine Relativierung des Grundsatzes markiert, dass dem Entwicklungsmanagement unterliegende Wildtierarten grundsätzlich bejagt werden dürfen. Zu nennen ist insoweit insbesondere § 44 Abs. 3 Nr. 3, wonach der Wildtierbericht Aussagen zu treffen hat über die Gebiete, in denen die Bestandssituation bestimmter Arten von Wildtieren, die dem Entwicklungsmanagement unterliegen, eine Beschränkung der Jagdausübung oder eine Jagdruhe erfordert. Zudem kann für den Fall, dass der Wildtierbericht für dem Entwicklungsmanagement zugeordnete Wildtierarten auf das Erfordernis eines Verbots oder einer Beschränkung hinweist, die untere Jagdbehörde die geeigneten Maßnahmen treffen (§ 36 Abs. 2 S. 2), was im Regelfall durch Allgemeinverfügung erfolgen wird. Zudem kann die oberste Jagdbehörde, mit- **36** hin das zuständige Ministerium, auch durch Rechtsverordnung Jagd- und Schonzeiten festsetzen, freilich unter Beachtung der Ziele und Maßgaben des Gesetzes sowie der in § 9 genannten Vorgaben. Dies schließt die Möglichkeit ein, für verschiedene Gebiete oder Naturräume unterschiedliche Jagd- und Schonzeiten zu bestimmen, vgl. § 41 Abs. 4.

37 Unzulässig ist hingegen die Ausübung der Jagd auf Wildtiere, die dem Schutzmanagement zugeordnet sind; für diese darf eine Jagdzeit nicht bestimmt werden. Auch Ausnahmen von der insoweit geltenden ganzjährigen Schonzeit können nicht bestimmt werden, vgl. § 41.

38 S. 3 dient der Abgrenzung des Jagdrechts vom Naturschutzrecht. Davon abgesehen, dass die Bestimmung die Vorschriften des Naturschutzrechts für unberührt bleibend erklärt, finden für dem Schutzmanagement unterliegende Wildtierarten auch die §§ 36 und 51 Abs. 1 keine Anwendung. Dies wiederum bedeutet, dass die Entscheidung über die Zulässigkeit bestimmter Maßnahmen, wie etwa das Aufsuchen, Nachstellen, Fangen oder Erlegen von Tieren der dem Schutzmanagement unterliegenden Arten, nicht auf der Grundlage von § 36 Abs. 1 erfolgt, sondern sich nach den Vorschriften des Naturschutzrechtes bemisst, mithin nach § 45 Abs. 7 BNatSchG. Die Rechtfertigung für entsprechende Maßnahmen findet sich mithin in der naturschutzrechtlichen Ausnahmegenehmigung. Dies gilt auch für das Störungsverbot des § 51; mit Blick auf die dem Schutzmanagement zugeordneten Wildtierarten gelten an dessen Stelle die naturschutzrechtlichen Vorschriften; deren Durchsetzung obliegt der zuständigen Naturschutzbehörde.

39 S. 4 normiert eine Duldungspflicht der jagdausübungsberechtigten Personen im Hinblick auf die nach Maßgabe von § 45 Abs. 7 BNatSchG getroffenen Maßnahmen, freilich nur mit Blick auf solche Arten, die dem Schutzmanagement zugewiesen sind.

40 Darauf hinzuweisen ist, dass aufgrund dieser Regelungssystematik die Kormoranverordnung bestehen bleibt, da der Kormoran durch die Anlage zu § 7 Abs. 1 und 3 der Schale des Schutzmanagements zugeordnet ist.

IX. § 7 Abs. 8

41 Abs. 8 befasst sich mit den dem JWMG unterliegenden invasiven Arten. Hierbei handelt es sich in der Definition des § 7 Abs. 2 Nr. 9 BNatSchG um Arten, deren Vorkommen außerhalb ihres natürlichen Verbreitungsgebiets für die dort natürlich vorkommenden Ökosysteme, Biotope oder Arten ein erhebliches Gefährdungspotential darstellt. Insoweit wird auch die Jägerschaft in die Pflicht genommen, deren Beiträge zum Wildtiermonitoring für eine solche Einstufung von wesentlicher Bedeutung sind.

42 Ist eine Wildtierart als invasive Art einzustufen, so hat die oberste Jagdbehörde ein Fachkonzept zu erstellen, das auf das Management der invasi-

ven Art zielt; entsprechende Ziele, Mittel und Maßnahmen sind von der obersten Jagdbehörde zu formulieren. Auf der Grundlage dieses Fachkonzepts hat dann die Bejagung zu erfolgen, wobei zulässiger Inhalt des Fachkonzepts auch sein kann, Ausnahmen von sonst allgemein gültigen Geboten oder Verboten zu formulieren, etwa im Hinblick auf den Elterntierschutz, die Bejagung während der allgemeinen Schonzeit oder den Einsatz bestimmter Fallen. In diesem Zusammenhang wird auf Maßnahmen zurückzugreifen sein, die auf der Grundlage von §§ 36 und 41 getroffen werden können.

Invasive Neozoen werden im Regelfall dem Nutzungs- oder Entwick- **43**
lungsmanagement zugeordnet sein, so dass deren Bejagung nach Maßgabe der jeweiligen Schale in Betracht kommt. Bei invasiven Arten entfällt nicht nur die Hegeverpflichtung; es besteht auch ein Hegeverbot.

X. § 7 Abs. 9

§ 7 Abs. 9 formuliert bestimmte Verfahrensanforderungen, die sich auf den **44**
Erlass von Rechtsverordnungen beziehen, die auf der Grundlage von Abs. 2 und Abs. 3 erlassen werden. Bei diesen Entscheidungen sind die Empfehlungen des Landesbeirats zu berücksichtigen; sie sind zudem im Benehmen mit der obersten Naturschutzbehörde zu treffen. Ein Einvernehmen ist indes nicht erforderlich. Stehen Arten in Rede, die dem Schutzmanagement zugeordnet sind oder dem Schutzmanagement zuzuordnen wären, kann die Entscheidung der obersten Jagdbehörde nur im Einvernehmen mit der obersten Naturschutzbehörde getroffen werden, mithin einvernehmlich; gegen den Willen der obersten Naturschutzbehörde kommt eine Entscheidung mit anderen Worten nicht zustande. Damit wird eine qualifizierte Beteiligung der Naturschutzverwaltung durch das Einvernehmenserfordernis im Gesetz niedergelegt. Als Grundlage der behördlichen Entscheidung ist der Wildtierbericht für Baden-Württemberg heranzuziehen. Weitere Beiräte und vergleichbare Beratungsgremien sind zu beteiligen, allerdings nur, soweit sie fachlich betroffen sind. Anderen Beiräten ist es unbenommen, den Wildtierbericht zum Gegenstand ihrer Beratungen zu machen.

§ 8 Begriffsbestimmungen

(1) Waidgerechtigkeit ist die gute fachliche Praxis der Jagdausübung. Eine Jagdausübung ist nur waidgerecht, wenn sie allen rechtlichen Vorgaben sowie allen allgemein anerkannten, geschriebenen oder ungeschriebenen Regelungen und gesellschaftlichen Normen zur Ausübung der Jagd, insbesondere im Hinblick auf den Tierschutz, die Tiergesundheit, den Schutz der natürlichen Lebensgrundlagen, das Verhalten gegenüber anderen In-

haberinnen und Inhabern des Jagdrechts, jagdausübungsberechtigten Personen und der Bevölkerung sowie im Hinblick auf die Jagdethik, entspricht.

(2) Zum Schalenwild gehören Rot-, Dam-, Sika-, Reh-, Gams-, Muffel- und Schwarzwild.

(3) Treibjagd im Sinne dieses Gesetzes und des § 6 Absatz 2 des Feiertagsgesetzes ist die Jagd, bei der mehr als 15 Personen als Treiberinnen oder Treiber oder als Schützinnen oder Schützen teilnehmen.

(4) Gesellschaftsjagd im Sinne dieses Gesetzes und des § 16 Absatz 3 des Bundesjagdgesetzes ist die Jagd, an der mehr als acht Personen teilnehmen.

(5) Bewegungsjagd ist eine Gesellschaftsjagd, bei der Wildtiere für einen kurzen Zeitraum beunruhigt und in Bewegung gesetzt werden. Sie dient insbesondere der Regulierung einer Wildtierpopulation nach wildtierökologischen Erkenntnissen.

(6) Das Jagdjahr beginnt am 1. April und endet am 31. März.

I. Absatz 1

1 In § 8 Abs. 1 S. 1 nimmt der Gesetzgeber den überkommenen und tradierten Begriff der Waidgerechtigkeit auf. Das ist ein Novum insofern, als dieser im BJagdG nicht näher definiert ist; vielmehr verweist dessen § 1 Abs. 3 lediglich auf die allgemein anerkannten Grundsätze deutscher Waidgerechtigkeit (dort Weidgerechtigkeit geschrieben). Nach überkommener Lesart wird unter dem Begriff der Waidgerechtigkeit in diesem Sinn die Gesamtheit der sittlich begründeten Regeln verstanden, die bei der Jagdausübung in Deutschland zu beachten sind, unabhängig davon, ob sie durch den Gesetzgeber vorgegeben, in der jagdlichen Literatur als pflichtgemäßes Handeln identifiziert oder in der ungeschriebenen Jagdpraxis als Pflicht befolgt werden (*Metzger*, in: Lorz/Metzger/Stöckel, Jagdrecht. Fischereirecht, 4. Aufl., 2011, § 1, Rdnr. 16; vgl. auch OVG Rheinland-Pfalz, NVwZ-RR 2001, 733; Schuck, § 1, Rdnr. 27). Maßgeblich ist bei der inhaltlichen Umzäunung des Begriffs mithin auf die maßgeblichen Wertvorstellungen der Jägerschaft abzustellen. Da diese Wertvorstellungen aber durchaus Änderungen unterworfen sind, wird man die allgemein anerkannten Grundsätze deutscher Waidgerechtigkeit schlechterdings nicht in einer Aufzählung vollständig und abschließend niederlegen können.

2 Gleichwohl unternimmt der Gesetzgeber nunmehr in § 8 Abs. 1 S. 1 den Versuch, diese Grundsätze – freilich losgelöst von deren deutscher Ausformung – jedenfalls ansatzweise in eine Definition einzubetten und die überkommenen Inhalte der Waidgerechtigkeit in dieser aufgehen zu lassen, in-

dem die Waidgerechtigkeit als die gute fachliche Praxis der Jagdausübung begriffen wird. Damit wird der Versuch unternommen, die inhaltliche Unbestimmtheit des Begriffs zu beseitigen und deren Inhalt schärfer zu konturieren.

Diesem Zweck dient insbesondere S. 2, der die Jagdausübung nur dann als waidgerecht beschreibt, wenn sie allen rechtlichen Vorgaben sowie allen allgemein anerkannten, geschriebenen oder ungeschriebenen Regelungen und gesellschaftlichen Normen zur Ausübung der Jagd entspricht. Damit wird zugleich die Vorgabe des § 3 Abs. 5 S. 2 präzisiert, die verlangt, dass bei der Jagdausübung auch die Grundsätze der Waidgerechtigkeit zu beachten sind. Als wesentliche Kennzeichen des Grundsatzes der Waidgerechtigkeit erfasst das Gesetz den Tierschutz, die Tiergesundheit, den Schutz der natürlichen Lebensgrundlagen – womit Bezug genommen wird auf die Staatszielbestimmung des Art. 20 a GG – sowie das Verhalten gegenüber Dritten; in diesem Kontext kommt auch der Jagdethik die ihr gebührende Bedeutung zu. Dieses überaus weite, letztlich auf gerichtliche Auslegung angelegte Verständnis der Waidgerechtigkeit dürfte die Offenheit des Begriffs in die Zukunft hinein sichern und auf diese Weise ein sich den ändernden gesellschaftlichen und rechtlichen Umständen anpassendes Begriffsverständnis ermöglichen. 3

Auch wenn § 8 Abs. 1 im Gegensatz zu § 1 Abs. 3 BJagdG das Adjektiv „deutsch“ nicht verwendet, sondern lediglich den Begriff der Waidgerechtigkeit gebraucht, so wird doch unabhängig hiervon der Begriff der Waidgerechtigkeit auch in Beziehung zu setzen sein zu den der deutschen Rechtsordnung immanenten rechtsethischen Werte und Prinzipien (vgl. *Metzger*, in: Lorz/Metzger/Stöckel, Jagdrecht. Fischereirecht, 4. Aufl., 2011, § 1, Rdnr. 17). Damit ist vor allem der Schutz der natürlichen Lebensgrundlagen und der Tiere angesprochen, die durch Art. 20 a GG einen besonderen Schutz erfahren haben, zudem Leben und körperliche Unversehrtheit der Menschen und deren Eigentum, Rechtsgüter mithin, die durch Art. 2 Abs. 2 S. 1 und Art. 14 Abs. 1 GG umfassenden grundrechtlichen Schutz genießen. Darüber hinaus finden sich im Begriff der Waidgerechtigkeit aber auch solche Wertentscheidungen wieder, die sich aus dem Unionsrecht ergeben, insbesondere aus dessen naturschützenden Normen, etwa der Europäischen Vogelschutzrichtlinie, die zudem in § 7 Abs. 6 S. 1 Nr. 3 c besondere Erwähnung gefunden hat. 4

Bei schweren oder wiederholten Verstößen gegen allgemein anerkannte Grundsätze deutscher Waidgerechtigkeit kann der Jagdschein versagt oder eingezogen werden, §§ 17 Abs. 2 Nr. 4 und 18 S. 1 BJagdG. 5

II. Absatz 2

6 In Abs. 2 werden Rot-, Dam-, Sika-, Reh-, Gams-, Muffel- und Schwarzwild als dem Schalenwild zugehörig qualifiziert. Damit übernimmt die Bestimmung den Regelungsgehalt des § 2 Abs. 2 BJagdG mit der auf die Hufe der Tiere bezogenen Bezeichnung. Indes hat der Gesetzgeber auf die Aufzählung derjenigen Schalenwildarten verzichtet, die in Baden-Württemberg nicht vorkommen; aus diesem Grund sind Wisente, das Stein- und das Elchwild entfallen. Verzichtet hat der Gesetzgeber zudem auf die in § 2 Abs. 4 BJagdG enthaltene Differenzierung zwischen Hochwild und Niederwild; diese überkommene Unterscheidung findet im JWMG keinen Widerhall mehr.

III. Absatz 3

7 Während § 42 LJagdG a.F. als Treibjagd im Sinne der Vorschriften des BJagdG, des LJagdG und des Gesetzes über die Sonntage und Feiertage die Jagd definierte, bei der mehr als vier, bei der Jagd auf Schalenwild im Wald mehr als acht Schützen oder mehr als vier Personen, die das Wild aufscheuchen, teilnehmen, begreift § 8 Abs. 3 JWMG als Treibjagd nunmehr die Jagd, bei der mehr als 15 Personen als Treiberinnen oder Treiber oder als Schützinnen oder Schützen teilnehmen. Dies bedeutet, dass bis zur Zahl von 15 Teilnehmern an der Jagd – sei es als Schütze oder als Treiber – eine Treibjagd im Sinne des Gesetzes und des Gesetzes über die Sonntage und Feiertage nicht vorliegt. Der Gesetzgeber will mit dieser Neujustierung erreichen, dass die jagdausübungsberechtigten Personen bei der Organisation von Bewegungsjagden mehr Spielraum erhalten, der im Einzelfall Bedeutung für eine wirksame Wildschadensabwehr erlangen kann.

IV. Absatz 4

8 § 8 Abs. 4 übernimmt den bewährten Regelungsgehalt von § 42 Abs. 2 LJagdG a.F. Gesellschaftsjagd stellt damit einen Sammelbegriff für verschiedene Arten der kollektiven Jagdausübung dar, von denen die Bewegungsjagd, die in Abs. 5 genannt ist, eine gängige Variante darstellt.

V. Absatz 5

9 Abs. 5 enthält eine Definition der Bewegungsjagd. Dabei stellt die Bewegungsjagd eine Form der Gesellschaftsjagd dar. Eine gewisse Engführung bedeutet es freilich, wenn in S. 2 als vornehmliche Form und zugleich Rechtfertigung der Bewegungsjagd die Regulierung einer Wildtierpopulation nach wildtierökologischen Erkenntnissen begriffen wird.

VI. Absatz 6

Die Definition des Jagdjahres orientiert sich an § 11 Abs. 4 BJagdG; insoweit hat der Landesgesetzgeber mit guten Gründen keine abweichende Regelung getroffen. 10

§ 9 Vorgaben des Artenschutzrechts

Die Jagdbehörden haben ihre Maßnahmen nach diesem Gesetz oder einer Rechtsverordnung auf der Grundlage dieses Gesetzes unter Beachtung der Vorgaben

1. **des Artikels 7 Absatz 4 sowie der Artikel 8 und 9 Absatz 1 und 2 der Richtlinie 2009/147/EG sowie**
2. **der Artikel 14 bis 16 der Richtlinie 92/43/EWG**

zu treffen.

§ 9 statuiert besondere rechtliche Bindungen der Jagdbehörden. Maßnahmen der Jagdbehörden, die auf der Grundlage des JWMG oder auf der Grundlage einer Rechtsverordnung ergehen, die aufgrund des JWMG erlassen wurde, haben die einschlägigen Bestimmungen der FFH-Richtlinie und der Vogelschutzrichtlinie zu beachten, die im Gesetz ausdrücklich genannt sind. Umfasst hiervon sind insbesondere Entscheidungen über Ausnahmen von Artenschutzbestimmungen. Bedeutung entfaltet § 9 danach vornehmlich bei Entscheidungen, die nach § 31 Abs. 3 und 5 und nach § 41 getroffen werden. 1

Indes statuiert die Norm letztlich eine Selbstverständlichkeit, sind doch die Jagdbehörden bei ihrem Handeln aufgrund des Rechtsstaatsprinzips und des darin enthaltenen Grundsatzes der Gesetzmäßigkeit der Verwaltung auch ohne ausdrücklichen Hinweis im Gesetz neben dem Grundgesetz und dem Unionsrecht an sämtliche Gesetze, mithin auch an das JWMG und an Rechtsverordnungen, die auf dessen Grundlage ergehen, gebunden. 2

Abschnitt 2 Jagdbezirke

§ 10 Eigenjagdbezirke

(1) Zusammenhängende Grundflächen mit einer land-, forst- oder fischereiwirtschaftlich nutzbaren Fläche von mindestens 75 Hektar, die im Eigentum ein und derselben Person oder Personengemeinschaft stehen, bilden einen Eigenjagdbezirk.

(2) Die Landesgrenze unterbricht den Zusammenhang von Grundflächen, die nach Absatz 1 einen Eigenjagdbezirk bilden, nicht. Für den im Land Baden-Württemberg liegenden Teil eines Eigenjagdbezirks gelten die Vorschriften dieses Gesetzes.

(3) Ist eine Personenmehrheit oder eine juristische Person Eigentümerin oder Nutznießerin eines Eigenjagdbezirks und wird die Jagd weder durch Verpachtung noch durch mit der Jagd beauftragte Personen oder durch anerkannte Wildtierschützerinnen oder Wildtierschützer ausgeübt, ist jagdausübungsberechtigt diejenige Person, die von der verfügungsberechtigten Person der unteren Jagdbehörde benannt wird. Die untere Jagdbehörde kann der verfügungsberechtigten Person hierzu eine angemessene Frist setzen. Wird innerhalb der Frist keine geeignete Person benannt, kann die untere Jagdbehörde die zur Ausübung und zum Schutze der Jagd erforderlichen Anordnungen auf Kosten der verfügungsberechtigten Person treffen. Als jagdausübungsberechtigte Personen dürfen auf Jagdbezirken bis zu 250 Hektar nicht mehr als drei Personen und für jede weitere angefangene 100 Hektar je eine weitere Person zugelassen werden.

(4) Der Eigentümer oder die Eigentümerin eines Eigenjagdbezirks kann mit Zustimmung der Jagdgenossenschaft eines angrenzenden gemeinschaftlichen Jagdbezirks für den Zeitraum der gesetzlichen Mindestpachtdauer gegenüber der unteren Jagdbehörde auf die Selbständigkeit des Eigenjagdbezirks verzichten; in diesem Fall wird der Eigenjagdbezirk für den Zeitraum der gesetzlichen Mindestpachtdauer Bestandteil des gemeinschaftlichen Jagdbezirks, sofern die untere Jagdbehörde dies im Hinblick auf Erfordernisse der Jagdpflege nicht ablehnt.

(5) Die oberste Jagdbehörde kann durch Rechtsverordnung Vorschriften über die Erklärung von vollständig eingefriedeten oder an der Bundesgrenze liegenden zusammenhängenden Grundflächen mit einer land-, forst- oder fischereiwirtschaftlich nutzbaren Fläche von weniger als 75 Hektar zu Eigenjagdbezirken erlassen und die Jagdausübung in diesen Bezirken abweichend regeln.

I. Absatz 1

1 § 10 Abs. 1 übernimmt in seinem S. 1 nahezu wortgleich die bisherige Formulierung in § 7 Abs. 1 S. 1; zudem findet sich auch der bisherige § 4 LJagdG a.F. in der Formulierung wieder. Erkennbar hat sich auch in den Augen des Gesetzgebers die bisherige Ausgestaltung der Mindestgröße eines Eigenjagdbezirks von 75 Hektar bewährt.

2 Eigenjagdbezirke entstehen mithin nach alter wie nach neuer Regelung kraft Gesetzes. Für den Fall, dass eine rechtlich unklare Lage gegeben ist, kann diese durch behördliche Feststellung beseitigt werden, die darauf ge-

richtet ist, dass kraft Gesetzes ein Eigenjagdbezirk entstanden ist; dies stellt einen konstitutiv-feststellenden Verwaltungsakt dar (VG Weimar, Urteil vom 10.10.1994, RdL 1995, 124).

Bedeutsam ist, dass ein räumlicher Zusammenhang, der vom Gesetz für die Flächen eines Eigenjagdbezirks und dessen Bildung gefordert wird, bereits dann gegeben, wenn sich Grundflächen nur an einem Punkt berühren (BVerwG, RdL 1968, 80). Keinen Zusammenhang stellen freilich Angliederungsflächen dar; sie können diesen auch nicht herstellen. Weitere Voraussetzungen an taugliche Verbindungsstücke werden jedoch nicht gestellt. 3

Des Weiteren müssen die zusammenhängenden Grundflächen eine land-, forst- oder fischereiwirtschaftlich nutzbare Fläche aufweisen; hierzu zählt auch die Erwerbsgärtnerei (Metzger, in: Lorz/Metzger/Stöckel, Jagdrecht. Fischereirecht, 4. Aufl., 2011, § 7 BJagdG, Rdnr. 3); diesen Wirtschaftszweigen muss die in Rede stehende Fläche in irgendeiner Weise dienen und dienstbar gemacht werden können (weitere Beispiele bei *Metzger*, in: Lorz/Metzger/Stöckel, Jagdrecht. Fischereirecht, 4. Aufl., 2011, § 7 BJagdG, Rdnr. 3). 4

Die im Gesetz niedergelegte Mindestgröße für Eigenjagdbezirke stellt eine sich aus der Sozialbindung des Jagdausübungsrechts ergebende zulässige Bestimmung von Inhalt und Schranken des Eigentums dar und ist als solche verfassungskonform (VGH Kassel, NJW 1955, 1810). Ungeachtet desssen ist es aus Gründen der Wildhege erwünscht, dass Jagdbezirke größer als 75 Hektar sind, so VGH Kassel, NJW 1955, 1810. Von Bedeutung ist des Weiteren, dass für die Berechnung der Mindestgröße allein die nutzbare Fläche zählt. Weitere Voraussetzung ist schließlich, dass die zusammenhängende Grundfläche im Eigentum ein und derselben Person oder Personengemeinschaft steht; das Gesetz verlangt mithin Eigentum im Sinne des bürgerlichen Rechts. Eine bloße Nutznießerschaft ist insoweit nicht ausreichend. Ohne Bedeutung ist es, ob Eigentümer der betreffenden Grundflächen natürliche oder juristische Personen sind; auch Gemeinden können demnach Eigentümer sein. 5

II. Absatz 2

Abs. 2 nimmt die bisherigen und in den Augen des Gesetzgebers bewährten Regelungen des § 7 Abs. 2 S. 1 und S. 3 BJagdG auf und führt diese zusammen. Die Regelung ist aus jagdlicher Hinsicht sinnvoll. Eine rechtliche Selbstverständlichkeit stellt die in S. 2 enthaltene Regelung dar. Dies folgt daraus, dass die Gesetzgebungsgewalt eines Bundeslandes auf das Gebiet dieses Bundeslandes beschränkt ist, mithin für Grundstücke, die in einem anderen Bundesland liegen, keine verbindliche Regelung durch dieses Bundesland erlassen werden kann. 6

III. Absatz 3

7 Abs. 3 regelt den Fall, dass nicht eine natürliche Person, sondern eine Personenmehrheit oder eine juristische Person Eigentümerin oder Nutznießerin eines Eigenjagdbezirkes ist, mithin einer Fläche, die mindestens 75 Hektar umfasst. Wird die Jagd in diesem Eigenjagdbezirk nicht auf der Grundlage einer Verpachtung ausgeübt und auch nicht durch eine mit der Jagd beauftragte Person oder durch anerkannte Wildtierschützerinnen oder Wildtierschützer, ordnet das Gesetz an, dass jagdausübungsberechtigt in diesem Fall diejenige Person ist, die von der verfügungsberechtigten Person, mithin der entsprechenden Eigentümerin oder Nutznießerin, der unteren Jagdbehörde benannt wurde. Damit wird der aus dem Eigentum fließenden Bestimmungsbefugnis in weitgehendem Maße Rechnung getragen. Kommt die verfügungsberechtigte Person dieser Verpflichtung zur Nennung nicht nach, auch nicht innerhalb einer von der unteren Jagdbehörde hierzu gesetzten angemessenen Frist, kann die untere Jagdbehörde eine Ersatzvornahme anordnen. Diese ist mit Blick auf die Anzahl der jagdausübungsberechtigten Personen an die Grenzen gebunden, die in Abs. 3 S. 4 enthalten sind.

8 Ersetzt wird in Abs. 3 der bisher verwendete Begriff der angestellten Jäger, der auch in § 10 Abs. 2 S. 1 BJagdG verwendet wird, durch den Begriff der mit der Jagd beauftragten Personen; dieser Begriff ist weitergehend als der der angestellten Jäger.

9 Entfallen sind die Regelungen zu den bestätigten Jagdaufseherinnen und Jagdaufsehern, die bislang in § 4 Abs. 2 S. 1 i.V.m. § 25 BJagdG und § 30 LJagdG a.F. enthalten waren. Diese werden nunmehr ersetzt durch die anerkannten Wildtierschützerinnen und Wildtierschützer, die das Gesetz nunmehr in § 48 vorsieht.

IV. Absatz 4

10 Ein Novum gegenüber der bisherigen Rechtslage enthält Abs. 4, da die Norm erstmals die Möglichkeit vorsieht, den Verzicht auf die Selbständigkeit eines Eigenjagdbezirks für die Dauer der gesetzlichen Mindestpachtdauer zu erklären. Die Erklärung erfolgt gegenüber der unteren Jagdbehörde. Voraussetzung für die Wirksamkeit der Verzichtserklärung ist jedoch die Zustimmung der Jagdgenossenschaft eines angrenzenden Jagdbezirks; dies erfährt seine sachliche Rechtfertigung dadurch, dass dieser angrenzende Jagdbezirk gemeinsam mit dem Eigenjagdbezirk einen neuen Jagdbezirk bilden soll. Damit bietet Abs. 4 neben der Möglichkeit, zwei Jagdbezirke gemeinsam zu verpachten, eine weitere Möglichkeit zur einverständlichen Gestaltung von Jagdrevieren.

Allerdings ist der unteren Jagdbehörde ein weitgehendes Mitspracherecht eingeräumt. Nur wenn diese die neue Gestaltung nicht ablehnt, kann sie zum Tragen kommen. Dabei ist die untere Jagdbehörde freilich in ihrer Entscheidung insofern gebunden, als Erfordernisse der Jagdpflege der Zusammenlegung nicht entgegenstehen dürfen, mithin die Zusammenlegung aus jagdfachlichen und auch hegerischen Gründen sinnvoll sein muss. Die Rechtsfolge des wirksamen Verzichts besteht darin, dass der Eigenjagdbezirk Bestandteil des gemeinschaftlichen Jagdbezirks wird und in diesem aufgeht, mit der weiteren Folge, dass der Eigentümer bzw. die Eigentümerin Mitglied der Jagdgenossenschaft der zusammengeführten Jagdbezirke wird. **11**

Bei der Verpachtung des neu gebildeten Jagdbezirks sind die umsatzsteuerrechtlichen Vorschriften und die sich aus der Zusammenlegung ergebenen Rechtsfolgen zu beachten. **12**

V. Absatz 5

§ 10 Abs. 5 übernimmt die bisher in § 7 Abs. 3 BJagdG und § 4 Abs. 3 LJagdG a. F. enthaltenen Regelungen. Danach kann die oberste Jagdbehörde Vorschriften über die Erklärung bestimmter zusammenhängender Grundflächen mit einer land-, forst- oder fischerwirtschaftlich nutzbaren Fläche von weniger als 75 Hektar zu Eigenjagdbezirken erlassen; zudem kann sie die Jagdausübung in diesen Bezirken abweichend regeln. Problematisch an der Regelung ist freilich, dass sie wenig bestimmt ist und ein hinreichendes Programm insbesondere für eine abweichende Regelung der Jagdausübung in diesen Bezirken nicht erkennen lässt, obwohl dies mit Blick auf das rechtsstaatliche Bestimmtheitsgebot nicht zuletzt deshalb erforderlich wäre, weil die Einschränkung der Jagdausübung zugleich eine Einschränkung des jagdlichen Eigentumsrechts darstellt. **13**

§ 11 Gemeinschaftliche Jagdbezirke

(1) Alle Grundflächen einer Gemeinde oder einer abgesonderten Gemarkung, die nicht zu einem Eigenjagdbezirk gehören, bilden einen gemeinschaftlichen Jagdbezirk, wenn sie im Zusammenhang mindestens 150 Hektar umfassen.

(2) Die untere Jagdbehörde kann auf Antrag zusammenhängende Grundflächen, die zu verschiedenen Gemeinden gehören, im Übrigen aber den Anforderungen des Absatzes 1 genügen, zu einem gemeinschaftlichen Jagdbezirk zusammenlegen. Sie hat dem Antrag bei Vorliegen der Voraussetzungen nach Satz 1 stattzugeben, wenn der Antrag von Grundstückseigentümerinnen oder Grundstückseigentümern gestellt wird, die zusam-

men über mehr als die Hälfte der zusammenhängenden Grundflächen verfügen.

(3) Die untere Jagdbehörde kann auf Antrag die Bildung neuer selbständiger gemeinschaftlicher Jagdbezirke durch Teilung mindestens eines bestehenden gemeinschaftlichen Jagdbezirks zulassen, wenn die Jagdgenossenschaft sie beschlossen hat, jeder Teil die Mindestgröße von 250 Hektar hat und auf jedem Teil eine den Erfordernissen der Jagdpflege entsprechende Jagdausübung möglich ist. Ein Unterschreiten der Mindestgröße von 250 Hektar bis zu einer Größe von 150 Hektar kann die untere Jagdbehörde unter Berücksichtigung der Belange der Jagdpflege zulassen.

(4) Sind Gemeinden verschiedener Landkreise oder Stadtkreise betroffen, entscheidet die nächsthöhere gemeinsame Jagdbehörde.

I. Absatz 1

1 § 11 Abs. 1 übernimmt die Regelung des § 8 Abs. 1 BJagdG, da sich diese in den Augen des Gesetzgebers bewährt hat. Damit wird erreicht, dass auch auf eigenjagdfreien Grundflächen die Ausübung des Jagdrechts ermöglicht wird und eine flächendeckende Bejagung wie auch eine effektive und nachhaltige Hege ermöglicht und insbesondere auch gefördert wird.

2 Gemeinschaftliche Jagdbezirke entstehen kraft Gesetzes, wenn die Voraussetzungen des § 11 Abs. 1 erfüllt sind. Im Gegensatz hierzu entstehen gemeinschaftliche Jagdbezirke auf der Grundlage von Abs. 2 und Abs. 3 durch einen auf den konkreten Einzelfall bezogenen, von einem Antrag abhängigen Verwaltungsakt. Den gemeinschaftlichen Jagdbezirken kommt auch nach Maßgabe des JWMG zentrale Bedeutung zu, machen sie doch einen erheblichen Teil der bejagbaren Fläche in Baden-Württemberg aus.

3 Bedeutsam ist, auch unter eigentumsrechtlichen Gesichtspunkten, dass ein gemeinschaftlicher Jagdbezirk zwar kraft Gesetzes, aber unter relativ geringen Anforderungen entsteht. Voraussetzung ist nach § 11 Abs. 1 lediglich, dass die entsprechenden Flächen einem Gemeindegebiet oder einer abgesonderten Gemarkung zuzurechnen sind und im Zusammenhang mindestens 150 Hektar umfassen. Eine bestimmte Nutzbarkeit, vor allem eine jagdliche Nutzbarkeit, ist insoweit nicht gefordert, so dass Grundflächen jeglicher Art in der Lage sind, einen gemeinschaftlichen Jagdbezirk zu bilden bzw. Bestandteil desselben zu werden und zu sein (vgl. *Metzger*, in: Lorz/Metzger/Stöckel, Jagdrecht. Fischereirecht, 4. Aufl., 2011, § 8, Rdnr. 2). Daher zählen auch die gesamte Ortslage sowie Wege zu der Fläche, die einen gemeinschaftlichen Jagdbezirk begründet. Isolierte Grundflächen, die von anderen Jagdbezirken vollständig umschlossen werden und die gesetzlichen Voraussetzungen für die Entstehung eines gemeinschaftlichen Jagdbezirkes nicht erfüllen, sind jagdbezirksfrei, mit der Folge, dass

dort die Jagd ruht (vgl. § 13, wonach auf Grundflächen, die zu keinem Jagdbezirk gehören, die Jagd ruht). In der Praxis werden solche Exklaven regelmäßig an benachbarte Jagdbezirke angegliedert, was auch unter der Geltung des JWMG weiterhin möglich ist.

II. Absatz 2

Abs. 2 führt die Regelungen von § 8 Abs. 2 BJagdG und § 5 Abs. 1 LJagdG a. F. zusammen. Ihren Grund findet die Regelung letztlich darin, dass die Zugehörigkeit von Grundflächen, die keiner Eigenjagd angehören, zum Gebiet verschiedener Gemeinden der Entstehung eines gemeinschaftlichen Jagdbezirkes kraft Gesetzes entgegensteht, da die Voraussetzungen des Abs. 1 insoweit nicht erfüllt sind. Für diesen Fall ermöglicht Abs. 2 die Zusammenlegung dieser Flächen zu einem gemeinschaftlichen Jagdbezirk, was zur Bildung des Jagdbezirks nicht kraft Gesetzes, sondern durch Verwaltungsakt führt. **4**

Voraussetzung einer solchen Zusammenlegung ist indes, dass durch die Zusammenlegung die gesetzliche Mindestgröße, die in Abs. 1 genannt ist, erreicht wird (vgl. insoweit auch VGH Kassel, HessVGRspr 1965, 107). Abzugrenzen ist die Zusammenlegung von der Angliederung. **5**

Voraussetzung für eine Zusammenlegung auf der Grundlage von Abs. 2 ist auch insoweit, dass die Grundflächen zusammenhängen; damit soll eine ordnungsgemäße Jagdausübung wie auch eine sinnvolle Hege ermöglicht werden. Mit der Zusammenlegung nach Abs. 2 entsteht kraft Gesetzes eine Jagdgenossenschaft nach § 15. **6**

Nach S. 2 hat die untere Jagdbehörde dem Antrag stattzugeben, wenn die Voraussetzungen nach Abs. 1 vorliegen; dies gilt jedoch nur dann, wenn der Antrag von Grundstückseigentümerinnen oder Grundstückseigentümern gestellt wird, die zusammen über mehr als die Hälfte der zusammenhängenden Grundfläche verfügen. Die Entscheidung über den Antrag stellt dann einen gebundenen Verwaltungsakt dar; der unteren Verwaltungsbehörde kommt insoweit kein Ermessen zu. Über Ermessen verfügt sie lediglich dann, wenn der Antrag von Grundstückseigentümerinnen oder Grundstückseigentümern gestellt wird, die zusammen über weniger als die Hälfte der zusammenhängenden Grundflächen verfügen. **7**

III. Absatz 3

§ 11 Abs. 3 fügt die Regelungen des § 8 Abs. 3 BJagdG und des bisherigen § 5 Abs. 3 LJagdG a. F. zusammen. Durch eine auf Antrag erfolgende Teilung entstehen durch einen rechtsgestaltenden Verwaltungsakt rechtlich selbständige gemeinschaftliche Jagdbezirke mit getrennten Jagdgenossenschaften (VG Freiburg, NuR 2002, 205; OVG Münster, RdL 1956, 312). Vorausset- **8** zung für eine solche Teilung ist, dass mindestens ein gemeinschaftlicher Jagdbezirk besteht, der von seiner Größe her eine Teilung zulässt. Bei dem Teilungsverfahren handelt es sich um ein Antragsverfahren, das den Beschluss der Jagdgenossenschaft des bestehenden gemeinschaftlichen Jagdbezirks voraussetzt; zudem muss durch die Teilung jeder Teil eine Mindestgröße von 250 Hektar besitzen. Schließlich muss auf jedem neu geschaffenen Jagdbezirk eine den Erfordernissen der Jagdpflege entsprechende Jagdausübung möglich sein, was eine umfassende Berücksichtigung der betroffenen Belange bei der zu treffenden Entscheidung voraussetzt. Als Leitlinie wird dabei zu gelten haben, dass eine Aufteilung in reine Feld- und Waldjagden in der Regel nicht den Erfordernissen der Jagdpflege entspricht. Bei der Entscheidung der unteren Jagdbehörde, die nach pflichtgemäßem Ermessen zu treffen ist, sind diese sämtlichen Belange mit dem ihnen gebührenden Gewicht zu berücksichtigen.

9 Nach S. 2 kann die Mindestgröße von 250 Hektar bis zu einer Größe von 150 Hektar unterschritten werden, wenn dies die Belange der Jagdpflege zulassen. Sichergestellt ist mit der Mindestgröße von 150 Hektar, dass damit auch bei einer Teilung und für den Fall des Unterschreitens der Mindestgröße von 250 Hektar jedenfalls die Mindestgröße von 150 Hektar für gemeinschaftliche Jagdbezirke gewahrt bleibt, wie sie in § 11 Abs. 1 genannt ist.

IV. Absatz 4

10 § 11 Abs. 4 übernimmt die Zuständigkeitsregelung des § 5 Abs. 3 LJagdG a. F. Aus naheliegenden Grüßen sind daher bei Konstellationen, die Flächen in verschiedenen Landkreisen oder Stadtkreisen betreffen, nicht die unteren Jagdbehörden zuständig, sondern vielmehr die nächst höhere gemeinsame Jagdbehörde. Dies ist als obere Jagdbehörde das zuständige Regierungspräsidium.

§ 12 Gestaltung der Jagdbezirke

(1) Natürliche und künstliche Wasserläufe, Wege, Triften und Eisenbahnkörper sowie ähnliche Flächen bilden, wenn sie nach Umfang und Gestalt für sich allein eine ordnungsmäßige Jagdausübung nicht gestatten, keinen Jagdbezirk für sich, unterbrechen nicht den Zusammenhang eines Jagdbezirks und stellen auch den Zusammenhang zur Bildung eines Jagdbezirks zwischen getrennt liegenden Flächen nicht her.

(2) Jagdbezirke können durch schriftliche Vereinbarung der Beteiligten (Jagdgenossenschaft, Inhaberinnen oder Inhaber eines Eigenjagdbezirks) abgerundet werden, indem sie Grundflächen abtrennen, angliedern oder

austauschen. Die Vereinbarung bedarf der Genehmigung der unteren Jagdbehörde und wird erst mit deren Erteilung rechtswirksam; dies gilt auch für die Aufhebung und die Änderung einer Vereinbarung.

(3) Kommt eine Vereinbarung nach Absatz 2 nicht zustande, kann die untere Jagdbehörde die Abrundung von Amts wegen vornehmen.

(4) Abrundungen sind nur zulässig, wenn und soweit sie aus Erfordernissen der Jagdpflege und Jagdausübung notwendig sind und wenn dadurch nicht ein Jagdbezirk seine gesetzliche Mindestgröße verliert. Durch Abrundung soll die Größe der Jagdbezirke möglichst wenig verändert werden.

(5) Grundflächen, die zu keinem Jagdbezirk gehören, hat die untere Jagdbehörde nach den Erfordernissen der Jagdpflege und Jagdausübung benachbarten Jagdbezirken anzugliedern. Werden diese Grundflächen vollständig von einem anderen Jagdbezirk umschlossen, sind sie Bestandteil dieses Jagdbezirks; Absatz 7 gilt entsprechend.

(6) In laufende Jagdpachtverträge darf nur mit Zustimmung der Vertragsparteien eingegriffen werden. Wird der Abrundung nicht zugestimmt, tritt diese erst mit Beendigung des Jagdpachtvertrages der nicht zustimmenden Vertragspartei, bei mehreren nicht zustimmenden Vertragsparteien mit Beendigung des am längsten laufenden Jagdpachtvertrages der nicht zustimmenden Vertragsparteien in Kraft. Der Zustimmung bedarf es insoweit nicht, als Jagdpachtverträge vor ihrem Ablauf verlängert oder neu abgeschlossen werden und im Zeitpunkt der Verlängerung oder des Neuabschlusses ein Abrundungsverfahren bereits anhängig und dies den Vertragsparteien bekanntgegeben ist.

(7) Bei der Angliederung von Grundflächen an einen Eigenjagdbezirk hat dessen Inhaberin oder Inhaber an die Eigentümerin oder den Eigentümer der angegliederten Grundflächen eine angemessene Entschädigung zu zahlen.

(8) Erstreckt sich eine Abrundung auf das Gebiet mehrerer unterer Jagdbehörden und ist ein Einvernehmen der unteren Jagdbehörden nicht zu erzielen, so ist die nächsthöhere gemeinsame Jagdbehörde zuständig. Abrundungen über die Landesgrenze hinweg bedürfen unbeschadet der Zuständigkeit der unteren Jagdbehörde (Absätze 2 und 3) der Bestätigung der oberen Jagdbehörde.

I. Absatz 1

§ 12 Abs. 1 übernimmt wortgleich die Regelung in § 5 Abs. 2 BJagdG. Damit 1
wird der Tatsache Rechnung getragen, dass bestimmte Grundflächen für sich allein genommen regelmäßig eine ordnungsgemäße Jagdausübung

nicht ermöglichen, ebenso wenig eine Hege des Wildes. Dies resultiert aus der Tatsache, dass es sich bei den im Gesetz genannten Beispielen – natürliche und künstliche Wasserläufe, Wege, Triften und Eisenbahnkörper – zumeist um lange schmale Grundflächen handelt. Ein solcher Grundstückszuschnitt muss daher auch für ähnliche, vergleichbare Flächen gelten; sie müssen mithin in ihrer Ausgestaltung den Wasserläufen, Wegen, Triften und Eisenbahnkörpern vergleichbar sein und dürfen ebenfalls keinen jagdlichen und hegerischen Wert aufweisen (OVG Mecklenburg-Vorpommern, AUR 2010, 1995).

2 Die Formulierung im Gesetz bedeutet zugleich, dass solche Flächen, die nach ihrer äußeren Gestalt Wasserläufen, Wegen, Triften und Eisenbahnkörpern nicht ähnlich sind, nicht unter § 12 Abs. 1 fallen (vgl. insoweit auch BVerwGE 59, 342; BVerwGE 85, 33).

3 Ungeachtet der Vorgaben des Abs. 1 können die dort genannten Flächen aber nach allgemeinen Grundsätzen zu einem Jagdbezirk gehören oder ihm angegliedert werden (*Metzger*, in: Lorz/Metzger/Stöckel Jagdrecht. Fischereirecht, 4. Aufl., 2011, § 5 BJagdG, Rn. 9). Maßgeblich wird jedenfalls stets die Maxime zu beachten sein, dass die in Abs. 1 genannten Flächen, wenn sie die im Gesetz genannten Voraussetzungen erfüllen, als nicht vorhanden zu denken sind (Mitzschke/Schäfer, Kommentar zum Bundesjagdgesetz, 4. Aufl. 1982, § 5, Rn. 39).

II. Absatz 2

4 § 12 Abs. 2 übernimmt im Wesentlichen die bisherige Regelung des § 2 Abs. 1 LJagdG a. F. Präzisiert wird die darin vorgesehene Abrundung indes dadurch, dass das Gesetz unter Abrundung die Abtrennung, die Angliederung oder den Austausch von Grundflächen versteht. In jedem Fall kann eine Abrundung nur zur Wirksamkeit gelangen, wenn die Voraussetzungen des Abs. 4 gegeben sind.

5 Beteiligte eines Abrundungsvertrages können nur Jagdgenossenschaften und Eigenjagdbesitzer sein, nicht hingegen Jagdpächter. Stets ist Schriftlichkeit der Vereinbarung erforderlich. Die Abrundung bedarf zudem immer der Genehmigung der unteren Jagdbehörde.

6 Die Genehmigung ist zu erteilen, wenn die gesetzlichen Voraussetzungen, insbesondere die Vorgaben des Abs. 4, erfüllt sind; es handelt sich insoweit um eine gebundene Entscheidung. Da die Abrundung für die betroffenen Jagdrechtsinhaber einschneidende Folgen haben kann, muss die die Abrundung billigende Genehmigung so ausgestaltet sein muss, dass den verschiedenen Interessen aller betroffenen Jagdrechtsinhaber in adäquater Weise Rechnung getragen wird und insbesondere die Erfordernisse der Jagdausübung und der Hege hinreichend berücksichtigt werden. Die Vornahme eines solchen Interessenausgleichs unter Berücksichtigung der Er-

fordernisse der Jagdpflege und der Jagdausübung muss aus der Abrundungsverfügung hervorgehen. Andernfalls kann von einer pflichtgemäßen und damit nachvollziehbaren Ermessensentscheidung nicht gesprochen werden (VG Stade, Urteil vom 29.10.1984 – 4 A 123/83). Liegt eine hinreichende Berücksichtigung dieser Erfordernisse nicht vor bzw. ist diese nicht möglich, darf die Genehmigung nicht erteilt werden. Erst mit Erteilung der Genehmigung wird die Vereinbarung rechtswirksam.

Die Abrundungsvereinbarung stellt einen öffentlich-rechtlichen Vertrag 7 im Sinne von §§ 54 ff. LVwVfG dar, was daraus resultiert, dass nach Maßgabe der jagdgesetzlichen Zielvorstellungen ein Rechtsverhältnis auf dem Gebiet des öffentlichen Rechts begründet, geändert oder aufgehoben werden soll. Abrundungsverträge auf freiwilliger Basis sollen grundsätzlich unbefristet abgeschlossen werden.

Da die Aufhebung und die Änderung einer Vereinbarung den actus con- 8 trarius zum Abrundungsvertrag darstellen, bedürfen auch diese der Genehmigung der unteren Jagdbehörde.

III. Absatz 3

Abs. 3 übernimmt die bisherige Regelung des § 2 Abs. 2 LJagdG a. F. Danach 9 kann die untere Jagdbehörde zum Zwecke der Abrundung von Amts wegen erst dann tätig werden, wenn eine Vereinbarung nach Maßgabe von Abs. 2 nicht zustande gekommen ist. Die Abrundung stellt einen rechtsgestaltenden Verwaltungsakt i. S. von § 35 LVwVfG dar.

IV. Absatz 4

Abs. 4 enthält, im Wesentlichen wortgleich mit § 2 Abs. 3 LJagdG a. F., eine 10 Reihe von Vorgaben für zulässige Abrundungen. Dabei stellt der Gesetzgeber vorrangig auf die Erfordernisse der Jagdpflege und Jagdausübung ab; eine Abrundung kommt daher nur dann in Betracht, wenn sie für die Erfordernisse der Jagdpflege und Jagdausübung notwendig, mithin erforderlich ist. Eine bloße Eignung der Abrundung ist danach nicht ausreichend. Auch kommt eine Abrundung dann nicht in Betracht, wenn sie lediglich aus Zweckmäßigkeitsgründen oder aus ökonomischen Erwägungen heraus, z. B. zur Bildung eines neuen Jagdbezirks, erfolgen soll. Weiterhin darf durch die neue Abrundung ein Jagdbezirk seine gesetzliche Mindestgröße nicht verlieren; die Abrundung darf mithin nicht zu einem Unterschreiten der gesetzlich vorgeschriebenen Mindestgröße führen. Keinen Grund für eine Abrundung stellt jedenfalls die bloße Berichtigung des Grenzverlaufs entlang einer Wald-Feld-Grenze dar.

Durch Abrundung soll die Größe der Jagdbezirke möglichst wenig ver- 11 ändert werden.

V. Absatz 5

12 § 12 Abs. 5 nimmt die Regelung des § 2 Abs. 4 LJagdG a. F. auf. Die Entscheidung stellt eine gebundene Entscheidung der unteren Jagdbehörde dar; dieser kommt insoweit kein Ermessen zu. Lediglich im Hinblick auf die Frage, welchem oder welchen der benachbarten Jagdbezirke die nicht zu einem Jagdbezirk gehörenden Grundflächen anzugliedern sind, kommt der unteren Jagdbehörde Ermessen insofern zu, als sie diese Entscheidung nach den Erfordernissen der Jagdpflege und der Jagdausübung zu treffen hat.

13 Neu in das Gesetz aufgenommen wurde Abs. 5 S. 2, der die gesetzliche Angliederung von Enklaven vorsieht, Flächen mithin, die vollständig von einem anderen Jagdbezirk umschlossen sind. Ohne die nunmehr getroffene gesetzliche Regelung hätte die zuständige Behörde im Einzelfall durch Anordnung diese Grundflächen dem sie umgebenden Jagdbezirk angliedern müssen. Da jedoch in einem solchen Fall eine Angliederung an einen anderen Jagdbezirk ohnehin nicht in Betracht kommen kann, ist die vom Gesetzgeber vorgesehene Regelung folgerichtig. Die betreffenden Jagdflächen werden dann kraft gesetzlicher Anordnung Bestandteil des sie umgebenden Jagdbezirks. Der Verweis auf Abs. 7 hat zur Folge, dass der Eigentümerin oder dem Eigentümer der angegliederten und vollständig umschlossenen Grundfläche eine angemessene Entschädigung zusteht.

VI. Absatz 6

14 § 12 Abs. 6 nimmt im Wesentlichen den Inhalt des bisherigen § 2 Abs. 5 LJagdG a. F. auf. Abs. 6 stellt sicher, dass in laufende Jagdpachtverträge nur mit Zustimmung der Vertragsparteien eingegriffen und damit nicht gegen deren Willen eine Neugestaltung vorgenommen werden kann. Allerdings ermöglicht Abs. 6 auch, dass am Verfahren Beteiligte eine im Interesse der Jagdpflege und Jagdausübung notwendige Abrundung nicht auf Dauer verhindern können; jedenfalls nach Ablauf des am längsten laufenden Jagdpachtvertrages kann die Abrundung auch ohne Zustimmung umgesetzt werden.

15 Eine Zustimmung ist nicht erforderlich, wenn Jagdpachtverträge vor ihrem Ablauf verlängert oder neu abgeschlossen werden und im Zeitpunkt der Verlängerung oder des Neuabschlusses ein Abrundungsverfahren bereits anhängig ist. Neu gegenüber der alten Rechtslage ist der für diesen Fall nunmehr im Gesetz enthaltene Zusatz, dass das Abrundungsverfahren den Vertragsparteien auch bekannt gegeben sein muss; nur in diesem Fall entfällt das Zustimmungserfordernis. Diese Klarstellung sorgt für mehr Rechtsklarheit.

16 Ohne ausdrückliche Erwähnung dürfte das Verfahren nach Abs. 6 auch für die Aufhebung von Abrundungen gelten.

VII. Absatz 7

Abs. 7 nimmt im Wesentlichen die bisherige Regelung des § 2 Abs. 6 LJagdG a.F. auf und statuiert eine Entschädigungspflicht der Inhaberin oder des Inhabers des Eigenjagdbezirks, dem die angegliederten Grundflächen zugeschlagen werden. Im Gegensatz zur bisherigen Regelung entfällt das Erfordernis der jährlich im Voraus zu zahlenden angemessenen Entschädigung. Damit sollen flexiblere Auszahlungsvereinbarungen ermöglicht werden. 17

VIII. Absatz 8

Abs. 8 übernimmt die bisherige Regelung des § 2 Abs. 7 und folgt allgemeinen verwaltungsrechtlichen Grundsätzen. Ist ein Einvernehmen der von der Abrundung betroffenen unteren Jagdbehörden für den Fall nicht zu erzielen, dass sich die Abrundung auf das Gebiet mehrerer unterer Jagdbehörden erstreckt, ist die nächsthöhere gemeinsame Jagdbehörde zuständig; dies ist im Regelfall die obere Jagdbehörde nach § 58 Abs. 2 S. 1. Bei Abrundungen über die Landesgrenze hinweg bedarf es zudem der Bestätigung der oberen Jagdbehörde. 18

§ 13 Befriedete Bezirke, Ruhen der Jagd

(1) Auf Grundflächen, die zu keinem Jagdbezirk gehören, und in befriedeten Bezirken ruht die Jagd.

(2) Befriedete Bezirke sind

1. **Gebäude, die zum Aufenthalt von Menschen dienen, und Gebäude, die mit solchen Gebäuden räumlich zusammenhängen,**
2. **Hofräume und Hausgärten, die unmittelbar an ein für den ständigen Aufenthalt von Menschen bestimmtes Wohngebäude angrenzen und durch irgendeine Umfriedung begrenzt oder sonst vollständig abgeschlossen sind,**
3. **Friedhöfe.**

(3) Die untere Jagdbehörde kann durch Anordnung ganz oder teilweise zu befriedeten Bezirken erklären

1. **öffentliche Anlagen und Grundflächen, die durch Einzäunung oder auf andere Weise gegen den Zutritt von Menschen abgeschlossen und deren Zugänge absperrbar sind,**
2. **Grundflächen im Gebiet eines Bebauungsplanes oder innerhalb der im Zusammenhang bebauten Ortsteile,**
3. **öffentliche Parke und Grünflächen, Bestattungswälder,**
4. **Wildparke, Wildfarmen, Tiergärten und Tierparke,**
5. **bewirtschaftete Anlagen der Teichwirtschaft und der Fischzucht,**

6. Gehege und ähnliche Einrichtungen nach § 34 des Landeswaldgesetzes sowie Tiergehege nach § 43 des Bundesnaturschutzgesetzes.

(4) Die untere Jagdbehörde kann Eigentümerinnen, Eigentümern oder Nutzungsberechtigten von Grundflächen, auf denen die Jagd ruht, oder den von ihnen Beauftragten die Ausübung der Jagd auf Wildkaninchen, Füchse, Steinmarder und andere Wildtierarten des Nutzungs- oder Entwicklungsmanagements und die Aneignung der gefangenen oder erlegten Tiere für eine bestimmte Zeit auch ohne Jagdschein genehmigen. Die Genehmigung nach Satz 1 setzt voraus, dass die Empfängerin oder der Empfänger der Genehmigung die erforderliche Artenkenntnis besitzt, im Falle einer Beschränkung auf die Fangjagd über einen Sachkundenachweis nach § 32 verfügt und bei Einbeziehung einer Jagdausübung mit Schusswaffen nach § 17 Absatz 1 Nummer 4 des Bundesjagdgesetzes ausreichend versichert ist. Die waffenrechtlichen Vorschriften bleiben unberührt.

(5) Die untere Jagdbehörde kann auf Grundflächen, auf denen die Jagd ruht, der jagdausübungsberechtigten Person oder der von dieser beauftragten Person eine bestimmte Jagdausübung unter Beschränkung auf bestimmte Wildtierarten des Nutzungs- oder Entwicklungsmanagements und auf eine bestimmte Zeit genehmigen, soweit dies aus Gründen der Abwehr von Gefahren für die öffentliche Sicherheit und Ordnung oder zur Abwehr von Gefahren durch Tierseuchen erforderlich ist. Die waffenrechtlichen Vorschriften bleiben unberührt. Das Aneignungsrecht hat diejenige jagdausübungsberechtigte Person, der oder deren Beauftragten die Jagdausübung genehmigt wurde.

(6) Krankgeschossene, schwerkranke oder aus sonstigen Gründen schwer verletzte Wildtiere, die auf Grundflächen überwechseln, auf denen die Jagd ruht oder in denen nur eine beschränkte Jagdausübung gestattet ist, oder sich dort befinden, dürfen auch dort bejagt werden. Dies gilt nicht für Gebäude, die zum Aufenthalt von Menschen dienen. Der jagdausübungsberechtigten Person steht das Aneignungsrecht zu. Die Grundstückseigentümerin oder der Grundstückseigentümer oder die nutzungsberechtigte Person ist unverzüglich zu benachrichtigen; diese Personen sind zur Herausgabe der Wildtiere verpflichtet.

I. Absatz 1

1 § 13 Abs. 1 übernimmt den Inhalt von § 6 S. 1 BJagdG. Danach werden jagdbezirksfreie Flächen und befriedete Bezirke von der Jagdausübung ausgenommen.

2 Bei jagdbezirksfreien Flächen handelt es sich um solche Flächen, für die eine Zugehörigkeit zu einem Eigenjagdbezirk oder einem gemeinschaftlichen Jagdbezirk nicht gegeben ist. Freilich sind diese Flächen aus Gründen

des Wild- und Jagdschutzes unerwünscht, indes nicht stets vermeidbar (*Metzger*, in: Lorz/Metzger/Stöckel, Jagdrecht. Fischereirecht, 4. Aufl., 2011, § 6, Rdnr. 1). Soweit möglich, sind jagdbezirksfreie Flächen freilich zu vermeiden, namentlich durch Abrundung (OVG Lüneburg, RdL 1991, 291).

Unter Ruhen der Jagd ist – lediglich – das Ruhen der Jagdausübung zu 3
verstehen; das Jagdausübungsrecht wird dem Betroffenen insoweit genommen (vgl. auch BayObLG, NJW 1993, 2760). Nicht hingegen wird hierdurch der Bestand des Jagdrechts angetastet, was aus eigentumsrechtlichen Gründen auch gar nicht möglich wäre (so auch *Metzger*, in: Lorz/Metzger/Stöckel, Jagdrecht. Fischereirecht, 4. Aufl., 2011, § 6, Rdnr. 6). Innerhalb befriedeter Bezirke kommt das Jagdausübungsrecht dem Eigentümer des jeweiligen Grundstücks zu, der Inhaber des Jagdrechts ist; freilich darf dieser von dem Jagdausübungsrecht nicht Gebrauch machen. Die Ausübung der Hege bleibt ihm indes unbenommen. Anzumerken ist, dass die Nachsuche oder andere notwendige Folgehandlungen aus einer zulässigen Jagdausübung in einem angrenzenden Bereich gestattet sein müssen, insbesondere dann, wenn eine Rechtfertigung aus dem Tierschutz oder aber aus dem Schutz der Öffentlichkeit folgt (*Frank*, in: Schuck (Hrsg.), Bundesjagdgesetz, 2010, Rdnr. 9). Dies schließt das Recht ein, angeschossenes Wild nachzusuchen.

II. Absatz 2

Abs. 2 übernimmt die exemplarische Aufzählung befriedeter Bezirke, die 4
bislang in § 3 Abs. 1 LJagdG a. F. enthalten war. Dass die in Abs. 2 genannten Gebäude und Flächen zu befriedeten Bezirken kraft Gesetzes erklärt werden, folgt aus der Natur der Sache. Dabei sind als Gebäude i. S. von Nr. 1 unbewegliche Bauwerke zu verstehen, die fest mit dem Boden verbunden sind. Hierzu gehören auch Wochenendhäuser, nicht jedoch z. B. Gartenhäuser, Feldscheunen, Viehhütten oder Wohnwagen. Voraussetzung für die Befriedung in jagdrechtlichem Sinne ist, dass es sich um Gebäude handelt, die dem (zumindest zeitweisen) Aufenthalt von Menschen dienen, oder um Gebäude, die mit solchen räumlich zusammenhängen.

Die in Nr. 2 genannten Hofräume und Hausgärten von Bedeutung müs- 5
sen unmittelbar an eine Behausung anschließen und umfriedet oder sonst vollständig abgeschlossen sind. Der Begriff „durch irgendeine Umfriedung begrenzt“ ist in dem Sinne zu verstehen, dass alle Maßnahmen des Eigentümers oder Nutzungsberechtigten ausreichend sind, die eine Abgrenzung nach außen hin für jedermann kenntlich machen. Außerdem muss es sich um Hofräume oder Hausgärten handeln, die an ein für den ständigen Aufenthalt von Menschen dienendes Wohngebäude anstoßen. Die an Wochenendhäuser anstoßenden Grundstücke zählen auch dann nicht zum befriedeten Bezirk, wenn sie durch Zäune oder auf andere Weise umfriedet sind.

Das Gleiche gilt für andere umfriedete Grundstücke (z. B. Obstanlagen) im Jagdbezirk, sofern sie nicht ganz oder teilweise befriedet wurden.

6 Bei den Friedhöfen ist erkennbarer Schutzzweck der Befriedung die Wahrung des Haus- und des Gräberfriedens. Zu beachten ist, dass durch einen Schutzzaun eine Fläche noch nicht zu einem befriedeten Bezirk wird (VG Münster, Urteil vom 14.3.2008 – Az. 10 K 382/08). Dagegen ist das Vorhandensein von Hindernissen, die nur mit Kraftanstrengung überwunden werden können, für eine Befriedung nicht erforderlich (OVG Münster, EJ III, S. 5, Nr. 8).

III. Absatz 3

7 Abs. 3 übernimmt in seinen Nrn. 1 und 6 die Regelungen des § 3 Abs. 2 LJagdG a. F., wobei in Nr. 1 die bisher im Gesetz verwendeten Begriffe „Eingänge und Einsprünge“ durch den allgemeineren Begriff des Zugangs ersetzt werden. In jedem Fall ist die Erklärung eines Grundstücks zum befriedeten Bezirk ein den Eigentümer begünstigender Verwaltungsakt. Dem Eigentümer fehlt es regelmäßig an der Klagebefugnis zur Anfechtung eines derartigen Verwaltungsakts (VGH BW, Urteil vom 30.01.1992). Das Jagdrecht, das mit dem Grund und Boden untrennbar verbunden ist, bleibt freilich auch in befriedeten Bezirken bestehen; lediglich die Jagd ruht dort, mithin die Jagdausübung.

8 Während Nr. 1 wie auch Nr. 6 voraussetzt, dass die betroffenen Anlagen und Grundflächen sowie die Gehege und ähnlichen Einrichtungen auf irgendeine Weise gegen den Zutritt von Menschen abgeschlossen sind, gilt dies nicht für die neu in das Gesetz aufgenommene Nr. 2, wonach auch Grundflächen im Gebiet eines Bebauungsplans oder innerhalb der im Zusammenhang bebauten Ortsteile durch Anordnung ganz oder teilweise zu befriedeten Bezirken erklärt werden können; damit sind Flächen gemeint, die innerhalb eines Bebauungsplans i. S. v. § 30 BauGB liegen. Da der Bebauungsplan die Grenzen seines Geltungsbereichs selber festlegt, was durch Beschluss des insoweit zuständigen Gemeinderats erfolgt, kommt es nicht auf die tatsächlich vorhandene Bebauung an, sondern lediglich auf die durch den Bebauungsplan vorgegebenen Grenzen desselben. Die weitere Variante von Abs. 3 Nr. 2 umfasst die innerhalb der im Zusammenhang bebauten Ortsteile i. S. v. § 34 BauGB. Dabei ist die Schwierigkeit zu beachten, dass die Grenzen des im Zusammenhang bebauten Ortsteils erst ermittelt werden müssen, da sie nicht, wie im Falle eines Bebauungsplans, parzellenscharf in einem Plan niedergelegt sind. Dies verlangt der unteren Jagdbehörde eine bauplanungsrechtliche Einschätzung ab, die verwaltungsgerichtlich vollumfänglich überprüft werden kann.

9 Nr. 3 führt neben den öffentlichen Parks und Grünflächen erstmals Bestattungswälder (auch Friedwälder) als sich immer größerer Beliebtheit er-

freuender Bestattungsorte auf, die zu befriedeten Bezirken erklärt werden können; dabei ist die Parallele zu Abs. 2 Nr. 3 unverkennbar und wird bei der Ermessensentscheidung der unteren Jagdbehörde auch in gewichtiger Weise zu berücksichtigen sein. Weiterhin sind in Nr. 4 Wildparks, Wildfarmen und Tiergärten und Tierparks, in Nr. 5 bewirtschaftete Anlagen der Teichwirtschaft und der Fischzucht genannt. In diesem Kontext stellen Tiergärten Einrichtungen dar, in denen das Wild zu anderen als zu jagdlichen Zwecken gehalten wird. Insbesondere ist das in Tiergärten befindliche Wild nicht herrenlos. Ein Damwildgehege zum Zwecke der Fleischproduktion ist ein Tiergarten in diesem Sinn, wenn nach der Flächengröße das Einfangen, das Ergreifen und das Töten der dort gehaltenen Tiere jederzeit ohne Bejagung im eigentlichen Sinne möglich ist (BayObLG, Urteil vom 9.12.1987).

In diesen sämtlichen Fällen wird darauf abzustellen sein, dass die Erklä- 10
rung zu befriedeten Bezirken stets zur Vermeidung von Konflikten im Zusammenhang mit der Jagdausübung oder zum Schutz bestimmter Rechtsgüter oder Interessen vorgenommen werden kann, freilich nur, soweit dies erforderlich ist, mithin ein milderes Mittel nicht erkennbar ist. Im Einzelfall dürfte auch ein Anspruch der Betroffenen auf Erklärung bestimmter Flächen zu befriedeten Bezirken bestehen, der verwaltungsgerichtlich durchgesetzt werden kann. Bestehen wird ein solcher Anspruch freilich nur dann, wenn dies zum Schutz individueller Recht zwingend geboten ist.

IV. Absatz 4

Abs. 4 sieht die Möglichkeit einer beschränkten Jagdausübung vor, die von 11
der unteren Jagdbehörde genehmigt werden kann. Die Genehmigung kann sich neben der Jagd auf Wildkaninchen, auf Füchse und auf Steinmarder jedoch nur auf solche anderen Wildtierarten beziehen, die dem Nutzungs- oder Entwicklungsmanagement, nicht hingegen dem Schutzmanagement angehören. Sachlich bedeutet Abs. 4 eine weitgehende Übernahme des bisherigen § 3 Abs. 4 LJagdG a. F. Bei ihrer Entscheidung, die eine Ermessensentscheidung darstellt, hat die untere Jagdbehörde insbesondere zu prüfen, ob die beschränkte Jagdausübung in dem betroffenen Areal erforderlich ist, mit anderen Worten nicht andere mildere Mittel in Betracht kommen können.

Neben der Ausübung der Jagd kann auch die Aneignung der gefangenen 12
oder erlegten Tiere genehmigt werden, auch für eine bestimmte Zeit. Wird die Genehmigung Personen erteilt, die nicht im Besitz eines Jagdscheins sind, hat die untere Jagdbehörde zu prüfen und sicherzustellen, dass die antragstellende Person die je nach Genehmigungsinhalt erforderliche Artenkenntnis besitzt, was S. 2 besonders betont. Unberührt von der Genehmigung bleiben die waffenrechtlichen Vorschriften.

V. Absatz 5

13 Neben der Möglichkeit, eine Genehmigung nach Abs. 4 zu erteilen, sieht Abs. 5 eine weitere Ausnahmeregelung zur beschränkten Jagdausübung in befriedeten Bezirken und anderen Flächen vor. Damit wird der unteren Jagdbehörde ein weiteres Instrument an die Hand gegeben, die Jagdausübung auf befriedeten Grundflächen zu ermöglichen, um Gefahren für die öffentliche Sicherheit und Ordnung abzuwehren oder der Gefahr von Tierseuchen entgegenzuwirken. Letztlich wird damit eine Möglichkeit geschaffen, solche Wildtiere zu bejagen, die in den Siedlungsraum eindringen und dadurch Konflikte verursachen. Wie auch bei Abs. 4, so kommt bei Abs. 5 ebenfalls nur die Jagdausübung auf solche Wildtierarten in Betracht, die dem Nutzungs- oder Entwicklungsmanagement angehören, nicht hingegen auf solche, die der Schale des Schutzmanagements unterworfen sind.

14 Darüber hinaus enthält die Vorschrift verschiedene Einschränkungen; so darf nur eine bestimmte Jagdausübung genehmigt werden, die auf bestimmte Wildtierarten beschränkt sein muss und auch nur auf eine bestimmte Zeit erlaubt werden darf. Im Gegensatz zu Abs. 4 verlangt Abs. 5, dass die Genehmigung nur jagdausübungsberechtigten Personen erteilt werden darf; diese können mit ihrer Sachkenntnis und ihren jagdlichen Mitteln im Einzelfall dazu beitragen, den Gefahren durch Wildtiere zu begegnen oder aber aus Gründen des Tierschutzes einzelne Wildtiere zu bejagen. Unberührt bleiben insoweit polizeiliche Zuständigkeiten und Maßnahmen, insbesondere unaufschiebbare Maßnahmen bei Gefahr im Verzug. Das Aneignungsrecht kommt derjenigen jagdausübungsberechtigten Person zu, der oder deren Beauftragten die Ausübung genehmigt wurde. Zudem bleiben die waffenrechtlichen Vorschriften unberührt. Die Entscheidung über die Erteilung der Genehmigung liegt im pflichtgemäßen Ermessen der unteren Jagdbehörde. Sie hat zu prüfen, ob die in Abs. 5 genannten gesetzlichen Voraussetzungen erfüllt sind. Bei der zu erteilenden Genehmigung handelt es sich um eine personenbezogene Erlaubnis, die nicht übertragbar ist. Beschränkt ist der Personenkreis, dem die Genehmigung erteilt werden kann, auf Eigentümer und Nutzungsberechtigte eines befriedeten Bezirks.

VI. Absatz 6

15 In Abs. 6 hat der Gesetzgeber die bisherige Regelung des § 18 LJagdG a. F. übernommen. Die Bestimmung ermöglicht die Bejagung von krankgeschossenen, schwerkranken oder aus sonstigen Gründen schwerverletzten Wildtieren, die auf befriedete Grundflächen überwechseln oder aber auf solche, auf denen nur eine beschränkte Jagdausübung gestattet ist. Diese Tiere dürfen auch auf den befriedeten Grundflächen bejagt werden, auch wenn sie

sich dort bereits befinden, worunter insbesondere die Konstellation zu verstehen ist, dass ein dort befindliches Tier aus Gründen des Tierschutzes erlegt werden muss. In diesen Fällen steht der jagdausübungsberechtigten Person das Aneignungsrecht zu; die Grundstückseigentümerin oder der Grundstückseigentümer ist zur Herausgabe der erlegten Wildtiere verpflichtet. Diese bzw. die nutzungsberechtigte Person des befriedeten Grundstücks, auf das das Wildtier überwechselt, ist unverzüglich zu benachrichtigen.

§ 14 Befriedung von Grundflächen aus ethischen Gründen

(1) Grundflächen, die zu einem gemeinschaftlichen Jagdbezirk gehören und im Eigentum einer natürlichen Person stehen, sind auf Antrag der Person zu befriedeten Bezirken zu erklären (Befriedung), wenn die Person glaubhaft macht, dass sie die Jagdausübung aus ethischen Gründen ablehnt. Eine Befriedung ist zu versagen, soweit Tatsachen die Annahme rechtfertigen, dass ein Ruhen der Jagd auf der vom Antrag umfassten Fläche bezogen auf den gesamten jeweiligen Jagdbezirk die Belange

1. **der Erhaltung eines artenreichen und gesunden Wildtierbestandes sowie der Pflege und Sicherung seiner Lebensgrundlagen,**
2. **des Schutzes der Land-, Forst- und Fischereiwirtschaft vor übermäßigen Wildschäden,**
3. **des Naturschutzes, der Landschaftspflege oder des Tierschutzes,**
4. **des Schutzes vor Tierseuchen oder der Seuchenhygiene,**
5. **der Gewährleistung der Sicherheit des Verkehrs auf öffentlichen Verkehrswegen oder der Abwendung sonstiger Gefahren für die öffentliche Sicherheit und Ordnung**

gefährdet. Ethische Gründe nach Satz 1 liegen insbesondere nicht vor, wenn die antragstellende Person

1. **selbst die Jagd ausübt oder die Ausübung der Jagd durch Dritte auf einem ihr gehörenden Grundstück duldet oder**
2. **zum Zeitpunkt der behördlichen Entscheidung einen Jagdschein gelöst oder beantragt hat.**

Der Antrag ist schriftlich oder zur Niederschrift bei der unteren Jagdbehörde zu stellen. Der Entscheidung über den Antrag hat neben der Anhörung der antragstellenden Person eine Anhörung der Jagdgenossenschaft, des Jagdpächters oder der Jagdpächterin, angrenzender Grundeigentümerinnen und Grundeigentümer, des Jagdbeirats sowie der Träger öffentlicher Belange vorauszugehen. Die untere Jagdbehörde kann zur Glaubhaftmachung des Umstands, dass die Person die Jagdausübung aus ethischen Gründen ablehnt, eine Versicherung an Eides statt verlangen und abnehmen.

(2) Die Befriedung soll mit Wirkung zum Ende des Jagdjahres erfolgen, in dem über den Antrag entschieden wird. Sofern dies der Jagdgenossenschaft unter Abwägung mit den schutzwürdigen Belangen der Antragstellerin oder des Antragstellers nicht zuzumuten ist, kann die untere Jagdbehörde einen späteren Zeitpunkt, der jedoch nicht nach dem Ende des betreffenden Jagdpachtvertrages liegt, bestimmen.

(3) Soweit dies zur Wahrung der Belange nach Absatz 1 Satz 2 erforderlich ist, kann die Befriedung räumlich auf einen Teil der Antragsfläche, zeitlich sowie dahingehend beschränkt werden, dass eine nach Art und Umfang bestimmte Jagdausübung, insbesondere Bewegungsjagden, durch die Jagdausübungsberechtigten des gemeinschaftlichen Jagdbezirks auf der befriedeten Fläche zu dulden sind.

(4) Die Befriedung erlischt vorbehaltlich der Sätze 2 und 3 drei Monate nach Übergang des Eigentums an der befriedeten Grundfläche auf eine dritte Person. Stellt die dritte Person während des Laufs der Frist nach Satz 1 einen Antrag auf erneute Befriedung, erlischt die bestehende Befriedung mit dem Wirksamwerden der behördlichen Entscheidung über den Antrag. Verzichtet die dritte Person vor Ablauf der Frist nach Satz 1 auf einen Antrag auf erneute Befriedung, erlischt die bestehende Befriedung mit dem Zugang der Verzichtserklärung bei der unteren Jagdbehörde. Die Grundeigentümerin oder der Grundeigentümer hat den Eigentumswechsel der unteren Jagdbehörde anzuzeigen. Die Befriedung ist zu widerrufen, wenn die Grundeigentümerin oder der Grundeigentümer

1. **schriftlich gegenüber der unteren Jagdbehörde den Verzicht auf die Befriedung erklärt oder**
2. **die Jagd ausübt, einen Jagdschein löst oder die Ausübung der Jagd durch Dritte auf einem ihr oder ihm gehörenden Grundstück duldet.**

Die Befriedung ist in der Regel zu widerrufen, wenn Tatsachen bekannt werden, die den Anspruch auf Erklärung zum befriedeten Bezirk entfallen lassen. Die Befriedung ist unter den Vorbehalt des Widerrufs zu stellen für den Fall, dass ein oder mehrere weitere begründete Anträge auf Befriedung in demselben Jagdbezirk gestellt werden und nicht allen Anträgen insgesamt ohne Gefährdung der Belange nach Absatz 1 Satz 2 stattgegeben werden kann.

(5) Die untere Jagdbehörde kann eine beschränkte Jagdausübung auf den befriedeten Grundflächen anordnen, soweit dies zur Vermeidung übermäßiger Wildschäden, der Gefahr von Tierseuchen, aus Gründen des Naturschutzes, der Landschaftspflege oder des Tierschutzes, der Seuchenhygiene, der Gewährleistung der Sicherheit des Verkehrs auf öffentlichen Verkehrswegen oder der Abwendung sonstiger Gefahren für die öffentliche Sicherheit oder Ordnung erforderlich ist. Widerspruch und Klage ge-

gen die Anordnung haben keine aufschiebende Wirkung. Kommt die Grundeigentümerin oder der Grundeigentümer der Anordnung nicht nach, kann die untere Jagdbehörde für deren oder dessen Rechnung die Jagd ausüben lassen.

(6) Den Ersatz für Wildschäden an Grundstücken, die zum gemeinschaftlichen Jagdbezirk gehören, hat die Grundeigentümerin oder der Grundeigentümer der befriedeten Grundfläche nach dem Verhältnis des Flächenanteils ihrer oder seiner Grundfläche an der bejagbaren Gesamtfläche des gemeinschaftlichen Jagdbezirks anteilig zu tragen. Dies gilt nicht, sofern die schädigenden Wildtiere auf der befriedeten Grundfläche nicht vorkommen oder der Schaden auch ohne die Befriedung der Grundfläche eingetreten wäre.

(7) Die Grundeigentümerin oder der Grundeigentümer der befriedeten Fläche und die zur Nutzung der befriedeten Fläche berechtigte Person haben keinen Anspruch auf Ersatz von Wildschäden. Die Grundeigentümerin oder der Grundeigentümer und die zur Nutzung der befriedeten Fläche berechtigte Person haben auf der befriedeten Grundfläche die Maßnahmen der jagdausübungsberechtigten Personen des gemeinschaftlichen Jagdbezirks zur Erfüllung ihrer Verpflichtung nach § 43 im Rahmen des geltenden Rechts und soweit erforderlich zu dulden.

(8) Die Grundsätze der Wildfolge sind im Verhältnis des gemeinschaftlichen Jagdbezirks zu der nach Absatz 1 befriedeten Grundfläche entsprechend anzuwenden. Einer Vereinbarung nach § 39 bedarf es nicht. Die Grundeigentümerin oder der Grundeigentümer des befriedeten Grundstücks ist über die Notwendigkeit der Wildfolge, soweit Belange des Tierschutzes nicht entgegenstehen bereits vor Beginn der Wildfolge, unverzüglich in Kenntnis zu setzen.

(9) Das Recht zur Aneignung von Wildtieren steht in den Fällen des Absatzes 3 und der nach Absatz 5 behördlich angeordneten Jagd und der Wildfolge nach Absatz 8 der jagdausübungsberechtigten Person des Jagdbezirks oder der zur Jagd beauftragten Person zu.

(10) Die Absätze 1 bis 9 sind auf Grundflächen, die einem Eigenjagdbezirk kraft Gesetzes oder auf Grund behördlicher Entscheidung angegliedert sind, entsprechend anzuwenden.

I. Allgemeines

§ 14 orientiert sich im Wesentlichen an der bundesgesetzlichen Ausgestaltung des im Jahr 2013 in das BJagdG übernommenen § 6 a. Dieser war aufgrund des Urteils des Europäischen Gerichtshofs für Menschenrechte (EGMR) vom 26.6.2012 und dem darin konstatierten Verstoß gegen Art. 1 1

Protokoll Nr. 1 (Schutz des Eigentums) der Europäischen Menschenrechtskonvention (EMRK) in das BJagdG aufgenommen worden (vgl. hierzu den Gesetzentwurf der Bundesregierung, BT-Drucksache 17/12046). In dem Urteil hatte der EGMR festgestellt, dass die mit der Zwangsmitgliedschaft in Jagdgenossenschaften verbundene Pflicht eines Grundeigentümers, die Ausübung der Jagd durch Dritte auf seinem Grundstück trotz entgegenstehender ethischer Motive zu dulden, gegen Art. 1 Protokoll Nr. 1 (Schutz des Eigentums) der EMRK verstößt. Die Bundesrepublik Deutschland war als Unterzeichnerstaat der EMRK verpflichtet, das Urteil umzusetzen und eine konventionskonforme Rechtslage herzustellen. Nachdem der Landesgesetzgeber mit dem JWMG ein Vollgesetz verwirklicht hat, oblag nunmehr diesem die Pflicht, die Vorgaben des EGMR-Urteils auf landesgesetzlicher Ebene umzusetzen.

II. Absatz 1

2 Nach Maßgabe von § 15 Abs. 1 gehören Eigentümer von Grundstücken mit einer Fläche von weniger als 75 Hektar kraft Gesetzes einer Jagdgenossenschaft an. Da diese Eigentümer auf ihren Flächen die Bejagung durch Dritte dulden müssen, wenn die Jagdgenossenschaft die Jagd auf den Genossenschaftsflächen verpachtet hat oder aber durch angestellte Jäger ausüben lässt, ermöglicht § 14 Abs. 1 nunmehr solchen Grundeigentümern, die von Gesetzes wegen Mitglieder einer Jagdgenossenschaft sind, diese Zwangsmitgliedschaft unter bestimmten Voraussetzungen aufzulösen und damit die Jagdausübung auf ihrem Grund und Boden unmöglich zu machen, da nach § 15 Abs. 1 S. 2 Eigentümerinnen und Eigentümer von Grundflächen, auf denen die Jagd nicht ausgeübt werden darf, der Jagdgenossenschaft nicht angehören. Allerdings ist diese Möglichkeit nur dann gegeben, wenn es sich beim Eigentümer um eine natürliche Person handelt und diese glaubhaft macht, dass sie die Jagdausübung aus ethischen Gründen ablehnt. Wird dem Antrag stattgegeben, ist die betreffende Grundfläche zum befriedeten Bezirk zu erklären, mit der Folge, dass auf der betreffenden Grundfläche Jagdruhe besteht. Dies wiederum bedeutet, dass diese Fläche von der Bejagung im gemeinschaftlichen Jagdbezirk, dem das Grundstück aber nach wie vor angehört, ausgenommen ist.

3 Für die Befriedung eines Grundstücks aus ethischen Gründen bedarf es eines entsprechenden Antrags. Die Antragstellung bemisst sich nach Maßgabe des LVwVfG. Antragsberechtigt sind nur natürliche Personen, nicht hingegen, wie noch im Gesetzgebungsverfahren angedacht, auch juristische Personen des Privatrechts. Davon abgesehen, dass damit allerlei dubiosen Sekten und sonstigen Vereinigungen das Recht eingeräumt worden wäre, durch Erwerb von „Sperrgrundstücken“ eine sinnvolle Jagdausübung in einem bestimmten Gebiet mehr oder weniger unmöglich zu machen, ist

die nunmehrige Ausgestaltung auch deshalb zutreffend, weil die Ablehnung der Jagd aus ethischen Gründen Ausdruck einer persönlichen Überzeugung und Gewissensentscheidung ist. Und nach ganz herrschender Meinung ist die Gewissensfreiheit das Grundrecht der lebenden natürlichen Personen (*H. Bethge*, Gewissensfreiheit, in: Isensee/Kirchhof (Hrsg.), Handbuch des Staatsrechts, Bd. 7, 3. Aufl. 2009, § 158, Rdnr. 12.), weswegen Personenvereinigungen, insbesondere juristischen Personen, die Gewissensfreiheit nicht zukommt (so mit Recht *H. Bethge*, Gewissensfreiheit, in: Isensee/Kirchhof (Hrsg.), Handbuch des Staatsrechts, Bd. 7, 3. Aufl. 2009, § 158 Rdnr. 13, unter Bezugnahme auf *P.J. Tettinger*, Juristische Personen des Privatrechts als Grundrechtsträger, in: Merten/Papier (Hrsg.), Handbuch der Grundrechte, Bd. 2, 2006, § 51 Rdnr. 64; *M. Morlok*, in: Dreier (Hrsg.), Grundgesetz, Bd. I, 2. Aufl. 2004, Art. 4 Rdnr. 41 f.). Die Gewissensfreiheit ist von der Verfassung als höchstpersönliches Individualrecht gewährleistet; und diese „einzigartige Singularität" (*H. Bethge*, Gewissensfreiheit, in: Isensee/Kirchhof (Hrsg.), Handbuch des Staatsrechts, Bd. 7, 3. Aufl. 2009, § 158 Rdnr. 13) führt dazu, dass die Gewissensfreiheit schon „ihrem Wesen nach" nicht auf Personenvereinigungen anwendbar ist, was in Art. 19 Abs. 3 GG aber als Grundvoraussetzung für die Anwendbarkeit von Grundrechten auf juristische Personen statuiert ist.

Die der Jagdausübung widersprechende Person muss ihre ethischen Motive glaubhaft machen, was bedeutet, dass eine bloße Behauptung nicht ausreicht. Vielmehr muss der Antragsteller seine verfahrensrechtlich bedeutsame Behauptung, die auch für die Jagdausübung mit erheblichen Konsequenzen verbunden ist, mit Hilfe der Glaubhaftmachung bekräftigen. Dies erfordert, dass objektive Umstände nachgewiesen werden müssen, die das Vorliegen einer ernsthaften und echten Gewissensentscheidung nachvollziehbar machen. Dabei kann die Glaubhaftmachung auch durch eine eidesstattliche Versicherung erfolgen. 4

Ethische Gründe in diesem Sinn liegen dann nicht vor, wenn die antragstellende Person selbst die Jagd ausübt oder die Ausübung der Jagd durch Dritte auf einem ihr gehörenden Grundstück duldet oder zum Zeitpunkt der behördlichen Entscheidung einen Jagdschein gelöst oder beantragt hat. Diese objektiven Umstände stehen im Widerspruch zu einer vom Antragsteller behaupteten Motivation (S. 3). 5

Hat der Antragsteller ethische Gründe für die Ablehnung der Jagd auf seinem Grund und Boden glaubhaft dargelegt, so ist sein Interesse an einer Befriedung und der daraus folgenden Jagdruhe gleichwohl mit den Interessen des Allgemeinwohls und gegebenenfalls auch mit geschützten Interessen Dritter abzuwägen. Daher ist der Antrag auf Befriedung zu versagen, wenn einer der in Abs. 1 S. 2 Nr. 1 bis 5 genannten Gründe diesem Ansinnen entgegensteht. In diesen Fällen ist die Durchbrechung des jagdlichen Systems durch Befriedung gegenüber den Interessen der Allgemeinheit 6 nachrangig. Da das Wild nicht an Grundstücksgrenzen Halt macht, sondern seinen artspezifischen Bedürfnissen mit Blick auf Verhalten und Lebensraum folgt, muss die Befriedung mit den die Bejagung rechtfertigenden Gründen in einen sachgerechten Ausgleich gebracht werden.

7 Daher kann beispielsweise der Befriedung eine mögliche Erschwerung der Durchführung von Bewegungsjagden in dem betroffenen Jagdbezirk entgegenstehen; denn ohne Bewegungsjagd lassen sich unter Umständen einzelne, dem Gemeinwohl verpflichtete Ziele der Jagd nicht erreichen, insbesondere der Schutz der Land-, Forst- und Fischereiwirtschaft vor übermäßigen Wildschäden. Aus diesem Grund wird auch stets zu berücksichtigen sein, ob nicht eine räumliche oder zeitlich befristete Beschränkung nach Maßgabe von Abs. 3 ausreichend sein kann, nicht zuletzt mit Blick auf die Wahrung des Verhältnismäßigkeitsgrundsatzes.

8 Abs. 1 S. 5 enthält weitere verfahrensrechtliche Anforderungen, die vor allem auf die Anhörung der Betroffenen zielen. Der weitgezogene Kreis der Anzuhörenden ist deshalb gerechtfertigt, weil der Wegfall von Grundstücken infolge einer Befriedung im Einzelfall zu erheblichen Behinderungen bei der Jagdausübung auf der betroffenen Jagdfläche führen kann. Daneben kann die Befriedung auch Auswirkungen auf eine effiziente Bejagung haben. In diesem Zusammenhang ist insbesondere die Gefahr zu vergegenwärtigen, dass befriedete Grundstücke ggfs. zu Rückzugsgebieten für das Wild werden können und aus diesem Grund ein Anstieg der Wildpopulation die Folge sein kann, mit der weiteren Folge eines Anstiegs von Wildschäden auf den benachbarten Flächen.

9 Eigenjagdbezirke sind von der Möglichkeit einer Befriedung durch den Gesetzgeber nicht erfasst worden. Dies liegt nahe, da für diese eine Befriedungsmöglichkeit weder erforderlich noch zweckmäßig wäre. Der Inhaber einer Eigenjagd muss nicht die Ausübung der Jagd durch Dritte auf seinem Grundstück dulden; er kann vielmehr selber über die Wahrnehmung und Ausübung des Jagdrechts in seinem Eigenjagdbezirk entscheiden, so dass insoweit eine gesetzliche Regelung entbehrlich war.

III. Absatz 2

10 Abs. 2 sieht vor, dass die Befriedung im Regelfall mit Wirkung zum Ende des Jagdjahres erfolgen soll, in dem über den Antrag entschieden wird. In Fällen der Unzumutbarkeit für die Jagdgenossenschaft kann ein späterer Zeitpunkt durch die untere Jagdbehörde bestimmt werden, der jedoch nicht nach dem Ende des betreffenden Jagdpachtvertrages liegen darf. Damit hat der Landesgesetzgeber eine von § 6a Abs. 2 S. 1 BJagdG abweichende Regelung getroffen, nach der die Befriedung mit Wirkung zum Ende des Jagdpachtvertrages erfolgen soll. Der Gesetzgeber hat sich mithin dafür entschieden, glaubhaft gemachten ethischen Überzeugungen einer

durch das Gesetz der Jagdgenossenschaft zwangsweise zugeordneten Person den Vorrang vor den Vermögens- und Eigentumsinteressen der Jagdgenossenschaft und einer betroffenen Jagdpächterin oder eines betroffenen Jagdpächters einzuräumen. Dies erscheint deswegen ausreichend, weil die Auswirkungen auf eine ordnungsgemäße Jagdpflege regelmäßig bereits im Rahmen des Abs. 1 zu berücksichtigen sind; insoweit sind die jagdlichen Belange im Falle einer Befriedung angemessen zu gewichten. Unbeschadet bleibt die in S. 2 vorgesehene Möglichkeit, einen späteren Zeitpunkt festzulegen, sofern der gesetzlich als Regelfall vorgesehene Zeitpunkt der Jagdgenossenschaft nicht zuzumuten ist.

IV. Absatz 3

Abs. 3 sieht die Möglichkeit vor, die Befriedung, soweit dies erforderlich ist, räumlichen oder zeitlichen Beschränkungen zu unterwerfen. Solche Beschränkungen hat die den Antrag auf Befriedung stellende Person zu dulden; ihr Befriedungsanspruch wird insoweit beschränkt. Insbesondere sieht das Gesetz eine Beschränkungsmöglichkeit dahingehend vor, dass bestimmte Arten der Jagdausübung, insbesondere Bewegungsjagden durch die Jagdausübungsberechtigten des gemeinschaftlichen Jagdbezirks, innerhalb dessen die befriedete Fläche liegt, auf der befriedeten Fläche zu dulden sind. Dies resultiert aus der Überlegung, dass gerade Bewegungsjagden ein besonders effizientes Mittel darstellen, um den Bestand an Wildtieren zu verringern und dadurch Wildschäden zu vermeiden. Letztlich nimmt Abs. 3 damit Bezug auf die in Abs. 1 S. 1 Nrn. 1 bis 5 genannten Aspekte, die einen Befriedungsanspruch ausschließen können. 11

V. Absatz 4

Abs. 4 S. 1 statuiert ein automatisches Erlöschen der Befriedung kraft Gesetzes nach Übergang des Eigentums an der befriedeten Grundfläche auf eine andere Person, was von der Grundeigentümerin oder dem Grundeigentümer nach S. 4 der unteren Jagdbehörde anzuzeigen ist. Dies ist konsequent, ist der ethische Befriedungsanspruch doch an das jeweilige Individuum gebunden, er steht in einem untrennbaren Zusammenhang mit der höchstpersönlichen Einstellung des jeweiligen Grundstückseigentümers zur Jagd. Daher ist es sachgerecht, die Befriedung eines Grundstücks dann nicht fortleben zu lassen, wenn die Person des Eigentümers wechselt, was durch Tod des Grundeigentümers oder aber durch Veräußerung des Grundstücks eintreten kann. Die Befriedung ist mithin nicht grundstücks-, sondern personengebunden und geht daher auch nicht auf einen Grundstückserwerber über. Dabei dient die vorgesehene Karenzzeit von drei Monaten der Wahrung der Rechtssicherheit und vermeidet, dass sich der jagdliche 12

Status eines Grundstücks einschließlich der damit verbundenen rechtlichen Folgen innerhalb einer zu kurzen Zeit ändert, die es Dritten unmöglich machen würde, darauf rechtzeitig zu reagieren.

13 Ausnahmen von diesem Grundsatz statuieren S. 2 und S. 3, die Sonderregelungen mit Blick auf den Zeitpunkt des Erlöschens der bestehenden Befriedung enthalten. Umfasst hiervon sind Konstellationen, in denen der neue Eigentümer aus in seiner Person liegenden ethischen Gründen eine erneute Befriedung beantragt oder in denen der neue Eigentümer auf die Beantragung einer erneuten Befriedung verzichtet. In diesen Fällen erlischt die bestehende Befriedung kraft Gesetzes mit dem Wirksamwerden der behördlichen Entscheidung über den Antrag bzw. mit dem Zugang der Verzichtserklärung bei der unteren Jagdbehörde.

14 Ein Widerruf der Befriedung – mithin die Aufhebung des rechtmäßigen Verwaltungsaktes, der die Befriedung ausspricht, nach den allgemeinen verwaltungsrechtlichen Regeln – kommt dann in Betracht, wenn die Grundeigentümerin oder der Grundeigentümer auf die Befriedung verzichtet oder aber ihr bzw. sein Verhalten im Zusammenhang mit der Befriedung widersprüchlich ist, weil sie bzw. er selbst die Jagd ausübt, einen Jagdschein löst oder die Ausübung der Jagd auf einem ihr bzw. ihm gehörenden Grundstück duldet. Insoweit kommt der Behörde kein Ermessen zu. Es handelt sich bei der Widerrufsentscheidung vielmehr um eine gebundene Entscheidung.

15 Darüber hinaus ist die Befriedung nach S. 6 in der Regel aufzuheben, wenn Tatsachen bekannt werden, die den Anspruch auf Erklärung zum befriedeten Bezirken entfallen lassen. Die Regelung ist als Auffangtatbestand für die Fälle zu begreifen, die nicht bereits von S. 5 Nrn. 1 und 2 abgedeckt sind. Auch insoweit wird man freilich auf ein widersprüchliches Verhalten des Antragstellers abzustellen haben.

16 Nach S. 7 ist eine Befriedung dann unter Widerrufsvorbehalt zu stellen, wenn die Besorgnis besteht, dass durch mehrere Anträge auf Befriedung in demselben Jagdbezirk gegebenenfalls die in Abs. 1 S. 2 genannten Belange gefährdet werden könnten. Damit wird es der unteren Jagdbehörde ermöglicht, bei Eintreten einer solchen Gefährdung den Verwaltungsakt unter erleichterten Bedingungen zu widerrufen. Wenn eine solche Gefährdung zu besorgen ist, kommt der unteren Jagdbehörde freilich kein Ermessen im Hinblick auf die Frage zu, ob sie die Befriedung mit einem Widerrufsvorbehalt zu versehen hat.

17 Soweit in Abs. 4 keine besonderen Regelungen getroffen werden, gelten im übrigen die verwaltungsverfahrensrechtlichen Vorschriften über den Widerruf und die Rücknahme von Verwaltungsakten, mithin die §§ 48 ff. LVwVfG.

VI. Absatz 5

Sofern eine Versagung der Befriedung aufgrund der in Abs. 1 S. 2 Nrn. 1 – 5 genannten Belange nicht in Betracht kommt, kann aufgrund von Abs. 5 eine beschränkte Jagdausübung auf den befriedeten Grundflächen angeordnet werden, soweit dies erforderlich ist, um den in S. 1 genannten Belangen Rechnung zu tragen. Dies bedeutet zugleich, dass ein milderes Mittel als die beschränkte Jagdausübung nicht in Betracht kommen darf. Ihre Rechtfertigung findet die Regelung darin, dass für den Fall, dass ein Grundstück infolge der Befriedung aus der Bejagung des gemeinschaftlichen Jagdbezirks herausfällt, auf dieser Grundfläche auch keine Wildregulierung mehr stattfinden kann. Aus diesem Grund wird auf dem betreffenden Gebiet vielfach ein Rückzugsgebiet für Wild entstehen, was regelmäßig einen Populationsanstieg zur Folge haben wird, der ein regulierendes Eingreifen vor allem wegen übermäßiger Wildschäden, auch auf Nachbargrundstücken, oder wegen der Gefahr von Wildseuchen erfordert. Vor diesem Hintergrund ermöglicht Abs. 5 ein jagdliches Einschreiten aufgrund behördlicher Anordnung auch auf solchen Grundflächen, die aus ethischen Gründen befriedet worden sind. 18

Widerspruch und Klage gegen eine entsprechende behördliche Anordnung, mit der die Bejagung ermöglicht wird, haben mit Rücksicht auf die vorrangigen Allgemeinwohlbelange keine aufschiebende Wirkung, Abs. 5 S. 2; der Suspensiveffekt von Widerspruch und Anfechtungsklage entfällt mithin kraft gesetzlicher Anordnung. Kommt die Grundeigentümerin bzw. Grundeigentümer der behördlichen Anordnung nicht nach, kann die untere Jagdbehörde für deren oder dessen Rechnung die Jagd ausüben lassen, mithin eine Ersatzvornahme nach den allgemeinen verwaltungsrechtlichen Regeln anordnen. 19

VII. Absatz 6

Abs. 6 regelt die Haftung des Grundeigentümers für Wildschäden, die außerhalb seiner aus ethischen Gründen befriedeten Fläche im gemeinschaftlichen Jagdbezirk entstehen. Dabei sieht S. 1 eine anteilige Haftung der Grundeigentümerin oder des Grundeigentümers der befriedeten Grundfläche nach dem Verhältnis des befriedeten Grundflächenanteils zu der Gesamtfläche des gemeinschaftlichen Jagdbezirks vor. Letztlich ist dies zugleich Ausdruck des Solidaritätsgedankens, der in der Zusammenfassung von Grundstücken in gemeinschaftlichen Jagdbezirken zum Tragen kommt; denn nur die Zusammenfassung von Grundstücken in gemeinschaftlichen Jagdbezirken ermöglicht eine flächenübergreifende jagdliche Nutzung, die zugleich auf die Vermeidung von Wildschäden zielt. Entstehende Wildschäden sind von den Jagdgenossen des gemeinschaftlichen Jagdbezirks als 20

Solidargemeinschaft jeweils anteilig zu tragen. Da aufgrund der Befriedung eines Grundstücks diese Solidarkonzeption durchbrochen und auf den befriedeten Flächen die Jagd nicht mehr ausgeübt werden darf, mithin auch eine Regulierung des Wildtierbestandes mit jagdlichen Mitteln in dem befriedeten Bezirk nicht mehr möglich ist, ist es nur konsequent, wenn der Eigentümer des befriedeten Bezirks anteilig an der Haftung für Wildschäden beteiligt wird.

21 Dies gilt freilich nicht, wenn das Schäden verursachende Wild auf dem befriedeten Grundstück nicht vorkommt. In diesem Fall geht von der befriedeten Fläche kein erhöhtes Risiko von Wildschäden aus; diesem Umstand trägt S. 2 Rechnung, indem die Grundeigentümerin bzw. der Grundeigentümer für diesen Fall von der Pflicht befreit wird, anteilig Ersatz für Wildschäden zu leisten. Gleiches gilt für den Fall, dass der Schaden auch ohne die Befriedung der Grundfläche eingetreten wäre.

VIII. Absatz 7

22 Abs. 7 schließt Ansprüche der Grundeigentümerin bzw. des Grundeigentümers einer befriedeten Fläche auf Ersatz von Wildschäden ebenso aus wie Ansprüche einer zur Nutzung der befriedeten Fläche berechtigten Person. Dies ist folgerichtig; denn wer aus ethischen Gründen eine Bejagung des in seinem Eigentum stehenden Grundstücks ablehnt, nimmt im Umkehrschluss alle damit verbundenen Konsequenzen in Kauf, insbesondere eine höhere Konzentration von Wild auf seinen befriedeten Flächen sowie daraus resultierende Wildschäden. Ergänzend ist darauf hinzuweisen, dass bereits nach geltendem Recht Eigentümer von Flächen, die aus anderen als ethischen Motiven befriedet waren, der Jagdgenossenschaft nicht angehörten (§ 9 Abs. 1 S. 2 i.V.m. § 6 BJagdG) und folglich als Geschädigte auch keinen Anspruch auf Wildschadensersatz gegen die Jagdgenossenschaft hatten.

23 Darüber hinaus statuiert S. 2 eine Duldungspflicht der Grundeigentümer und der zur Nutzung der befriedeten Fläche berechtigten Personen im Hinblick auf Maßnahmen des Wildtiermonitoring, zu denen die jagdausübungsberechtigte Person nach Maßgabe von § 43 verpflichtet ist. Allerdings besteht diese Duldungspflicht nur im Rahmen des geltenden Rechts und nach Maßgabe konkreter Erforderlichkeit.

IX. Absatz 8

24 Abs. 8 regelt die Wildfolge mit Blick auf befriedete Bezirke. S. 1 erklärt die Grundsätze der Wildfolge, die in § 39 niedergelegt sind, für befriedete Grundflächen für entsprechend anwendbar. Dies bedeutet, dass krankgeschossenes, schwerkrankes oder aus sonstigen Gründen schwer verletztes Wild, das in einen befriedeten Bezirk einwechselt, verfolgt werden darf,

um es vor vermeidbaren Schmerzen oder Leiden zu bewahren. Die Bestimmung dient damit in erster Linie dem Tierschutz und will auch auf befriedeten Bezirken ein gleiches Tierschutzniveau gewährleisten. Im Gegensatz zu § 39 Abs. 1 S. 1 bedarf es nach S. 2 im Zusammenhang mit befriedeten Bezirken einer entsprechenden Vereinbarung nicht. Ungeachtet dessen ist aber die Grundeigentümerin bzw. der Grundeigentümer des befriedeten Grundstücks über die Notwendigkeit der Wildfolge unverzüglich, soweit Belange des Tierschutzes nicht entgegenstehen, bereits vor Beginn der Wildfolge, in Kenntnis zu setzen.

X. Absatz 9

Abs. 9 stellt eine notwendige Folgeregelung zu Abs. 3 und Abs. 5 dar. Danach steht in den Fällen, in denen unter den gesetzlich genannten Voraussetzungen auch in befriedeten Bezirken die Jagd ausgeübt werden kann, das Recht zur Aneignung von Wildtieren der jagdausübungsberechtigten Person bzw. der zur Jagd beauftragten Person zu. **25**

XI. Absatz 10

Abs. 10 trägt der Tatsache Rechnung, dass sich die Betroffenheit von Eigentümern derjenigen Grundstücke, die einem Eigenjagdbezirk kraft Gesetzes oder aufgrund behördlicher Entscheidungen angegliedert sind, nicht wesentlich von der Situation der Eigentümer von Grundstücken in gemeinschaftlichen Jagdbezirken unterscheidet. Aus diesem Grund erklärt die Bestimmung die Abs. 1 bis 9 über die Befriedung von Grundflächen aus ethischen Gründen für entsprechend anwendbar. **26**

§ 15 Jagdgenossenschaft

(1) Die Eigentümerinnen und Eigentümer der Grundflächen, die zu einem gemeinschaftlichen Jagdbezirk gehören, bilden eine Jagdgenossenschaft. Eigentümerinnen und Eigentümer von Grundflächen, auf denen die Jagd nicht ausgeübt werden darf, gehören der Jagdgenossenschaft nicht an. Die Jagdgenossenschaft hat ein Verzeichnis ihrer Mitglieder unter Angabe der jeweiligen Grundflächenanteile im gemeinschaftlichen Jagdbezirk zu erstellen und bei Bedarf fortzuführen.

(2) Die Jagdgenossenschaft ist eine Körperschaft des öffentlichen Rechts. Sie steht unter der Aufsicht des Staates; die Aufsicht wird von der unteren Jagdbehörde ausgeübt. Der Aufsichtsbehörde stehen gegenüber der Jagdgenossenschaft die gleichen Befugnisse zu, wie sie den Rechtsaufsichtbehörden gegenüber den Gemeinden nach Maßgabe der Vorschriften der Gemeindeordnung zustehen.

(3) Die Jagdgenossenschaft wird durch den Jagdvorstand gerichtlich und außergerichtlich vertreten. Der Jagdvorstand ist von der Jagdgenossenschaft zu wählen. Solange die Jagdgenossenschaft keinen Jagdvorstand gewählt hat, werden die Geschäfte des Jagdvorstandes auf Kosten der Jagdgenossenschaft vom Gemeinderat wahrgenommen.

(4) Die Jagdgenossenschaft hat eine Satzung zu beschließen, die der Genehmigung der unteren Jagdbehörde bedarf. Die oberste Jagdbehörde kann im Einvernehmen mit dem Innenministerium durch Rechtsverordnung Mindestanforderungen für die Satzung aufstellen, Vorschriften über die Einberufung, Bekanntgabe und Durchführung der Versammlung der Jagdgenossenschaft erlassen, das Verfahren bei der Verpachtung gemeinschaftlicher Jagdbezirke sowie die Rechnungslegung regeln. Kommt die Jagdgenossenschaft der Aufforderung der unteren Jagdbehörde zum Beschluss einer Satzung nicht innerhalb einer gesetzten angemessenen Frist nach, kann die untere Jagdbehörde eine Satzung für die Jagdgenossenschaft erlassen. Vor der Verpachtung des Jagdrechts an eine Pächterin oder einen Pächter, die oder der erstmals einen Jagdpachtvertrag mit der Jagdgenossenschaft schließt, ist die Jagdgenossenschaft zur Beschlussfassung einzuberufen.

(5) Beschlüsse der Jagdgenossenschaft bedürfen sowohl der Mehrheit der anwesenden und vertretenen Jagdgenossen, als auch der Mehrheit der bei der Beschlussfassung vertretenen Grundfläche. Für Wahlen kann die Satzung abweichend von Satz 1 bestimmen, dass ein Beschluss nur der Mehrheit der anwesenden und vertretenen Mitglieder der Jagdgenossenschaft bedarf. Bei Abstimmungen über Verpachtungen ist das Mitglied der Jagdgenossenschaft, das sich um die Pacht bewirbt, stimmberechtigt.

(6) Die Jagdgenossenschaft kann für ihren durch sonstige Einnahmen nicht gedeckten Finanzbedarf Umlagen von ihren Mitgliedern erheben. Umlagen der Jagdgenossenschaft können wie Gemeindeabgaben beigetrieben werden.

(7) Durch Beschluss der Jagdgenossenschaft kann die Verwaltung der Jagdgenossenschaft längstens für die Dauer der gesetzlichen Mindestpachtzeit dem Gemeinderat mit dessen Zustimmung übertragen werden. Die Kosten der Geschäftsführung trägt die Jagdgenossenschaft.

(8) Für gemeinschaftliche Jagdbezirke nach § 11 Absatz 2 kann der Jagdvorstand, vorbehaltlich der Wahl durch die Jagdgenossenschaft, von der unteren Jagdbehörde oder im Falle des § 11 Absatz 4 von der nächsthöheren gemeinsamen Jagdbehörde bestimmt werden.

§ 15 orientiert sich im Wesentlichen an § 9 BJagdG und § 6 LJagdG a. F. Die Bestimmung gestaltet die Voraussetzungen an die Bildung einer Jagdgenossenschaft näher aus und qualifiziert diese als unter der Aufsicht des Staates stehende Körperschaft des öffentlichen Rechts, mithin als einen Träger mittelbarer Staatsverwaltung. 1

I. Absatz 1

1. Satz 1

Abs. 1 übernimmt den Regelungsgehalt von § 9 Abs. 1 BJagdG. Danach bilden die Eigentümerinnen und Eigentümer der Grundflächen, die zu einem gemeinschaftlichen Jagdbezirk gehören, kraft Gesetzes eine Jagdgenossenschaft. Eines besonderen Errichtungsaktes bedarf es insoweit nicht. In der Jagdgenossenschaft sind damit zwangsweise alle Eigentümerinnen und Eigentümer der Grundflächen eines gemeinschaftlichen Jagdbezirks zusammengeschlossen, auf denen die Jagd ausgeübt werden darf. Hierzu zählen auch Gemeinden, wenn sie Eigentümer von Grundstücken sind, sowie andere juristische Personen. Einem Eigentümer gleichgestellt ist der Nutznießer, der an die Stelle des Eigentümers tritt, wenn sich die Nutznießung auf die ganze Einzelfläche bezieht, nicht hingegen der Grundstückspächter (*Metzger*, in: Lorz/Metzger/Stöckel, Jagdrecht. Fischereirecht, 4. Aufl., 2011, § 9 BJagdG, Rdnr. 4). Aus der gesetzlichen Mitgliedschaft kann ein Grundeigentümer weder entlassen werden noch selbst kündigen. 2

Die Zwangsmitgliedschaft ist verfassungsgemäß. Sie verstößt nicht gegen die Eigentumsgarantie (Art. 14 GG) und den allgemeinen Gleichheitssatz und insbesondere nicht gegen die allgemeine Handlungsfreiheit des Art. 2 Abs. 1 GG, da sie durch vernünftige Erwägungen des Gemeinwohls gerechtfertigt ist. Die verfassungsrechtliche Zulässigkeit der Zwangsmitgliedschaft bemisst sich am Grundrecht der durch Art. 2 Abs. 1 GG geschützten allgemeinen Handlungsfreiheit, was seinen Grund darin findet, dass der Schutzbereich der in Art. 9 Abs. 1 GG verankerten Vereinigungsfreiheit lediglich privatrechtliche Vereinigungen sowie das Recht, diesen beizutreten oder fernzubleiben, erfasst, nicht hingegen öffentlich-rechtlich ausgestaltete. Da das Element der Freiwilligkeit konstituierend für eine Art. 9 Abs. 1 GG unterfallende Vereinigung ist, unterliegen öffentlich-rechtliche Körperschaften mit gesetzlich angeordneter Pflichtmitgliedschaft von vornherein nicht dem Vereinsbegriff des Art. 9 Abs. 1 GG. Da mithin der Schutzbereich dieser Norm schon gar nicht eröffnet ist, schützt auch die sog. negative Vereinigungsfreiheit nicht gegen die Anordnung einer Pflichtmitgliedschaft in einer Kammer (vgl. insoweit ausführlich und zusammenfassend BVerfG, NVwZ 2002, S. 335/336 m. w. N. zur Rechtsprechung). Art. 9 Abs. 1 GG scheidet damit als verfassungsrechtlicher Prüfungsmaß- 3 stab für die Zulässigkeit der Zwangsmitgliedschaft in Körperschaften des öffentlichen Rechts aus. Einschlägig ist insoweit vielmehr Art. 2 Abs. 1 GG, so dass für die gesetzliche Anordnung einer Zwangsmitgliedschaft insbesondere zu prüfen ist, welchem Zweck diese dient und ob die Zwangsmitgliedschaft zur Erfüllung dieses Zwecks verhältnismäßig, mithin geeignet, erforderlich und zumutbar ist. Angesichts der wichtigen Aufgaben, die das Gesetz den Jagdgenossenschaften zugewiesen hat, lässt sich für diese die Verhältnismäßigkeit des Eingriffs fraglos bejahen.

4 Auch gemeindeeigene Wegflächen bedingen die Zugehörigkeit zur Jagdgenossenschaft. Es handelt sich dabei um eine nach Art. 14 Abs. 1 S. 1 GG zulässige Bestimmung des Eigentumsinhalts. Bei landeseigenen Flächen, die Bestandteil eines gemeinschaftlichen Jagdbezirks sind, wird das Land durch das zuständige Forstamt vertreten.

5 Da der Bestand der Jagdgenossenschaft kraft Gesetzes an das Bestehen eines gemeinschaftlichen Jagdbezirks geknüpft ist, geht die Jagdgenossenschaft unter, wenn das Gemeinschaftsrevier zu bestehen aufhört, denn die Entstehung und der Untergang der Jagdgenossenschaft beruht ohne Rücksicht auf den Willen der an ihr beteiligten Jagdgenossen unmittelbar auf Gesetz (s. Erster Erlass des IM zur Durchführung der Gemeindereformgesetze, Nr. 4.5 vom 23.7.1974, GABl. S. 721; VG Stuttgart, Urt. vom 3.8.1982 – JE II Nr. 63). Allerdings bleibt die Jagdgenossenschaft im Liquidationsstadium bis zur Erledigung der notwendigen, mithin nicht auf das Fortbestehen bezogenen Aufgaben wie auch der endgültigen Abwicklung handlungsfähig (*Metzger*, in: Lorz/Metzger/Stöckel, Jagdrecht. Fischereirecht, 4. Aufl., 2011, § 9 BJagdG, Rdnr. 3, unter Bezugnahme auf *Munte*, in: Schuck (Hrsg.), Bundesjagdgesetz, 2010, Rdnr. 2, 3).

2. Satz 2

6 Nicht zur Jagdgenossenschaft gehören Eigentümerinnen und Eigentümer von Grundflächen, auf denen die Jagd nicht ausgeübt werden darf (s. auch § 9 Abs. 1 S. 2 BJagdG). Hierzu zählen insbesondere die aus ethischen Gründen befriedeten Grundflächen, da auf diesen Flächen die Jagd dauerhaft nicht ausgeübt werden darf. Entfällt die Befriedung, weil ethische, der Jagdausübung entgegenstehende Gründe entfallen, werden die Eigentümer der betreffenden Grundstücke wieder kraft Gesetzes Mitglieder der Jagdgenossenschaft. Die Gestattung einer begrenzten Jagdausübung ist in allen diesen Fällen ohne Bedeutung.

7 Da ein Betretungsverbot für Bahnanlagen nach § 62 Abs. 1 EBO einem Jagdverbot gleichkommt, wird die „Bahn" nicht Jagdgenossin (§ 9 Abs. 1 S. 2 BJagdG). Gleiches gilt sinngemäß für Autobahnen und Kraftfahrtstraßen, die von Fußgängern nicht betreten werden dürfen.

3. Satz 3

Abs. 1 S. 3 verpflichtet die Jagdgenossenschaft, ein Verzeichnis ihrer Mitglieder unter Angabe der jeweiligen Grundflächenanteile im gemeinschaftlichen Jagdbezirk zu erstellen und bei Bedarf fortzuführen. Damit wird die bisher über die Satzungsregelung und die Durchführungsverordnung bestehende Verpflichtung zur Aufstellung eines Jagdkatasters ausdrücklich im Gesetz statuiert. Diese Verpflichtung obliegt dem Jagdvorstand, der auch Sorge dafür zu tragen hat, dass das Jagdkataster ständig fortgeschrieben wird. Auf diese Weise will der Gesetzgeber erreichen, dass durch die Erstellung des Jagdkatasters das Eigentumsrecht der Jagdrechtsinhaberinnen und Jagdrechtsinhaber gewährleistet wird und diese in anteiliger, d. h. auf die Größe ihres Grundstücksanteils bezogenen Art und Weise an den Rechten und Pflichten, die ihnen das JWMG auferlegt, teilhaben können. Die seit 1.1.2008 geltende „Rahmenvereinbarung Jagd" zwischen dem Verband der Jagdgenossenschaften und Eigenjagdbesitzer und dem Landesvermessungsamt regelt die Bereitstellung und Nutzung von Geobasisinformationen des Liegenschaftskatasters und der Landesvermessung für die Jagdgenossenschaften. 8

II. Absatz 2

In Abs. 2, der die Regelung des § 6 Abs. 1 LJagdG a. F. übernimmt, werden die Jagdgenossenschaften als Körperschaften des öffentlichen Rechts charakterisiert, die unter der Aufsicht des Staates stehen; diese wird von der unteren Jagdbehörde ausgeübt. Bei den Jagdgenossenschaften handelt es sich um sog. Realkörperschaften, da die Mitgliedschaft aus dem Eigentum an einem bestimmten Grundstück folgt. Körperschaften sind öffentlich-rechtlich ausgestaltete Personenverbände, die „ihre Angelegenheiten" selbst verwalten und damit zugleich die Staatsverwaltung entlasten sollen. Auf diese Weise werden die Prinzipien der Selbstverwaltung und der Dezentralisation verwirklicht, freilich nur unter staatlicher Aufsicht. 9

Die Befugnisse, die den Aufsichtsbehörden gegenüber den Jagdgenossenschaften zustehen, sind nunmehr durch einen Verweis im Gesetz aufgeführt; sie orientieren sich am Gemeinderecht, da die Aufsichtskonstellation insoweit vergleichbar ist: Die unteren Jagdbehörden als zuständige Aufsichtsbehörden überwachen die Jagdgenossenschaften als Selbstverwaltungskörperschaften. Die Befugnisse der Aufsicht sind daher aus naheliegenden Gründen die gleichen, die auch gegenüber den Gemeinden zur Anwendung gebracht werden können; es handelt sich hierbei um das Informationsrecht, das Beanstandungsrecht, das Anordnungsrecht, die Ersatzvornahme und, als ultima ratio, die Bestellung eines Beauftragten (vgl. §§ 120 ff. GemO). 10

III. Absatz 3

11 Abs. 3 übernimmt die Regelung des § 9 Abs. 2 BJagdG, wonach die Jagdgenossenschaft durch den Vorstand gerichtlich und außergerichtlich vertreten wird. Neben dem Jagdvorstand, der von den Jagdgenossen zu wählen ist, ist die Jagdgenossenschaftsversammlung das zweite – und oberste – Organ der Jagdgenossenschaft, die nach Abs. 4 S. 4 vor der Verpachtung des Jagdrechts an eine Pächterin oder einen Pächter, die oder der erstmals einen Jagdpachtvertrag mit der Jagdgenossenschaft schließt, zur Beschlussfassung einzuberufen ist. In jedem Fall hat die Versammlung der Jagdgenossen eine Auffangzuständigkeit und trifft diejenigen Entscheidungen, die nicht durch Satzung oder eigenen Beschluss einem anderen Organ zugewiesen sind (*Metzger*, in: Lorz/Metzger/Stöckel, Jagdrecht. Fischereirecht, 4. Aufl., 2011, § 9 BJagdG, Rdnr. 12).

12 Für den Fall, dass die Jagdgenossenschaft, aus welchen Gründen auch immer, keinen Jagdvorstand gewählt hat, werden die Geschäfte des Jagdvorstandes vom Gemeinderat wahrgenommen, und zwar auf Kosten der Jagdgenossenschaft, vgl. S. 3. Damit wird die bisherige Regelung des § 6 Abs. 6 S. 2 LJagdG a. F. in konturierterer Form in das JWMG übernommen. Der Gemeinderat wird insoweit als Notvorstand tätig, ist dann aber verpflichtet, ohne schuldhaftes Zögern auf die Wahl eines Jagdvorstandes hinzuarbeiten. Nur als Verwalter der Jagdgenossenschaft (Abs. 7), nicht aber als (Not-)Jagdvorstand ist der Gemeinderat berechtigt, über die Jagdverpachtung zu entscheiden (VGH BW, Entsch. v.9.10. 1987). In diesem Fall ist eine Versammlung der Mitglieder der Jagdgenossenschaft einzuberufen, die über die Verpachtung entscheidet.

IV. Absatz 4

13 Abs. 4 enthält Einzelheiten über die Satzung der Jagdgenossenschaft, deren Inhalt und das Verfahren. Dabei wird die Regelung des § 6 Abs. 2 LJagdG a. F. übernommen, ergänzt um verordnungsrechtliche Vorgaben zur Rechnungslegung. Mithin hat nach Abs. 4 S. 1 die Jagdgenossenschaft eine Satzung zu beschließen, die der Genehmigung der unteren Jagdbehörde bedarf. Bei der satzungsgebenden Versammlung der Mitglieder der Jagdgenossenschaft muss eine Abstimmung über den vorgelegten Satzungsentwurf vorgenommen werden; dieser Beschluss hat sich an den Vorgaben des Abs. 5 zu orientieren. Erhält der Entwurf keine Mehrheit, bedarf es weiterer Beratung und Abstimmung, bis die entsprechende Mehrheit erzielt werden kann. Gegebenenfalls muss eine weitere satzungsgebende Versammlung einberufen werden.

14 Kommt die Jagdgenossenschaft dieser Verpflichtung nicht nach, kann die untere Jagdbehörde die in Abs. 2 S. 3 genannten aufsichtsrechtlichen

Befugnisse zur Anwendung bringen und die Jagdgenossenschaft auf diese Weise zur Verabschiedung einer Satzung verpflichten. Als letztes Mittel sieht S. 3 vor, dass für den Fall, dass die Jagdgenossenschaft der Aufforderung der unteren Jagdbehörde zum Beschluss einer Satzung innerhalb einer gesetzten angemessenen Frist nicht nachkommt, die untere Jagdbehörde im Wege der Ersatzvornahme eine Satzung für die Jagdgenossenschaft erlassen kann; diese gilt dann als Satzung der Jagdgenossenschaft. Durch das Dulden einer Verpachtung ohne Jagdgenossenschaftssatzung durch die Jagdbehörde bleibt die bestehende Rechtspflicht zur Aufstellung einer Satzung unberührt. Verpachtungsbeschlüsse sind somit nicht rechtswirksam abgeschlossen.

Die Satzung sowie jede Änderung muss von den Mitgliedern der Jagdgenossenschaft beschlossen und von der unteren Jagdbehörde genehmigt werden. Hierzu bedarf es der Einberufung einer Genossenschaftsversammlung durch den Jagdvorstand. Zudem bedarf es der Einberufung der Jagdgenossenschaft zur Beschlussfassung vor der Verpachtung des gemeinschaftlichen Jagdbezirks für den Fall, dass eine Pächterin oder ein Pächter erstmals mit der Jagdgenossenschaft einen Jagdpachtvertrag abschließt; damit soll die Verantwortung der Mitglieder und die Rückbindung der Geschäftsführung an die Mitglieder gestärkt werden, so die Intention des Gesetzgebers. **15**

Die Mindestanforderungen für die Satzung sind in der Durchführungsverordnung zu regeln, die nur einvernehmlich, d.h. einverständlich zwischen oberster Jagdbehörde und Innenministerium erlassen werden kann. Darüber hinaus kann die Rechtsverordnung Bestimmungen über die Einberufung, die Bekanntgabe und die Durchführung der Versammlung der Jagdgenossenschaft enthalten. Zudem kann die Rechtsverordnung das Verfahren bei der Verpachtung gemeinschaftlicher Jagdbezirke und die Rechnungslegung regeln. **16**

Die durch Rechtsverordnung zu regelnden Mindestanforderungen an die Satzung dürften sich auch unter der Geltung des JWMG an der bisherigen Ausgestaltung des § 1 LJagdG DVO orientieren; danach muss die Satzung der Jagdgenossenschaft Bestimmungen enthalten über den Namen und den Sitz der Jagdgenossenschaft, die Erfassung aller Mitglieder der Jagdgenossenschaft in einem Verzeichnis unter Angabe der jeweiligen Grundflächenanteile am gemeinschaftlichen Jagdbezirk (vgl. insoweit auch Abs. 1 S. 2), ihre Organe, die Versammlung der Jagdgenossenschaft und ihre Aufgaben, den Jagdvorstand, seine Zusammensetzung und seine Aufgaben, das Verfahren bei der Verpachtung gemeinschaftlicher Jagdbezirke, das Haushalts-, Kassen- und Rechnungswesen sowie die Form öffentlicher Bekanntmachungen der Jagdgenossenschaft. Aus naheliegenden Gründen wird die Rechtsverordnung zudem Bestimmungen enthalten über die Frage, unter welchen Voraussetzungen die Jagdgenossenschaft einzuberufen ist. **17**

V. Absatz 5

18 Abs. 5 formuliert die Voraussetzungen an Beschlüsse der Genossenschaftsversammlung und orientiert sich an § 9 Abs. 3 BJagdG. Die Beschlüsse können indes nur wirksam sein, wenn die Versammlung ordnungsgemäß einberufen wurde (vgl. hierzu VG Trier, RdL 2007, S. 279). Zudem sind in der Einladung die Tagesordnungspunkte so genau zu bezeichnen, dass die Jagdgenossen entscheiden können, ob sie sich an der Willensbildung zu einer bestimmten Thematik beteiligen und daran mitwirken wollen (OVG Schleswig, RdL 1991, 276).

19 Mitgliederversammlungen einer Jagdgenossenschaft sind nicht öffentlich. Es haben nur die Jagdgenossen des gemeinschaftlichen Jagdbezirks und deren Bevollmächtigte Zutritt. Daher ist sicherzustellen, dass der Versammlungsraum nur von Jagdgenossen oder deren Vertretern betreten werden kann. Dies ist bereits beim Einlass auf Grund eines aktuellen Jagdkatasters zu überprüfen. Nur auf diese Weise kann eine Beschlussfassung der Jagdgenossenschaft vorbereitet und kontrolliert werden, und zwar sowohl in Bezug auf die namentliche Feststellung der Mitglieder als auch im Hinblick auf die von ihnen vertretene Grundfläche. Über die Zulassung anderer Personen bedarf es der einstimmigen Beschlussfassung der anwesenden Jagdgenossen. Im Übrigen sind alle wesentlichen Beschlüsse nachvollziehbar zu protokollieren. Geleitet wird die Versammlung vom Vorsitzenden oder seinem Vertreter.

20 Abs. 5 formuliert im Hinblick auf Beschlüsse der Jagdgenossenschaft zwei Voraussetzungen. Zum einen muss ein Beschluss von der Mehrheit der an der Genossenschaftsversammlung teilnehmenden und vertretenen sowie stimmberechtigten Jagdgenossen getragen werden; zum anderen muss der Beschluss die Mehrheit der in der Versammlung vertretenen Grundfläche auf sich vereinigen. Mit anderen Worten ist die Mehrheit der in der Versammlung vertretenen Köpfe wie auch die Mehrheit der Fläche erforderlich, um einen wirksamen Beschluss der Jagdgenossenschaft treffen zu können. Erforderlich, aber zugleich ausreichend für eine Beschlussmehrheit ist es demnach, wenn eine Stimme mehr als die Hälfte der anwesenden und vertretenen Jagdgenossen, die ihre Stimme gültig abgegeben haben, und 1 ha mehr als die Hälfte der diesen Personen zuzurechnenden Grundfläche für eine Beschlussvorlage abgegeben werden (so auch *Metzger*, in: Lorz/Metzger/Stöckel, Jagdrecht. Fischereirecht, 4. Aufl. 2011, § 9 Rn. 15). Die Tatsache, dass sich jeder Jagdgenosse in der Versammlung mit dem Gewicht der seinem Grundeigentum entsprechenden Stimme vertreten lassen kann, bedarf einer verfahrensrechtlichen Ausgestaltung in der Satzung der Genossenschaft. Insbesondere ist die Vertretung schriftlich nachzuweisen; sie gilt dann für die Gesamtfläche des Vertretenen und

muss gegebenenfalls von allen Miteigentümern unterschrieben sein. Miteigentümer können ihr Stimmrecht nur einheitlich ausüben.

Der Beschluss der Genossenschaftsversammlung kann nach Maßgabe des Verwaltungsprozessrechts angefochten werden. Als Verwaltungsakt kann ein Beschluss allerdings nur dann interpretiert und mit der verwaltungsgerichtlichen Anfechtungsklage angefochten werden, wenn er die persönliche Rechtsstellung eines Jagdgenossen als Mitglied der Jagdgenossenschaft betrifft, mithin eine individuelle Regelung trifft, und Außenwirkung besitzt (OVG Niedersachsen, NuR 2002, 759); dies ergibt sich aus den Tatbestandsmerkmalen des § 35 LVwVfG. Zudem muss der Kläger nach § 42 Abs. 2 VwGO geltend machen können, durch den Beschluss möglicherweise in eigenen Rechten verletzt zu sein. 21

Auch für Wahlen ist von der Notwendigkeit dieser doppelten Stimmenmehrheit auszugehen, was sich aus der Formulierung in S. 2 ergibt. Allerdings kann nach S. 2 durch Satzung von dieser Regel abgewichen und in der Satzung bestimmt werden, dass ein Beschluss lediglich der Mehrheit der anwesenden und vertretenen Mitglieder der Jagdgenossenschaft bedarf, die Mehrheit der Fläche mithin für eine wirksame Beschlussfassung nicht erforderlich sein soll. 22

Schließlich bestimmt S. 3, dass bei Abstimmungen über Verpachtungen das Mitglied der Jagdgenossenschaft, das sich um die Pacht bewirbt, stimmberechtigt sein soll. Bei dieser Regelung handelt es sich um ein Novum, durch das insbesondere § 34 BGB verdrängt wird. Die Regelung ist indes verfassungsrechtlich vorgegeben; denn es ist kein Grund ersichtlich, warum ein Mitglied der Jagdgenossenschaft sich nicht um die Pacht des gemeinschaftlichen Jagdbezirkes soll bewerben können, im Gegenteil: Das verfassungsrechtlich abgesicherte Eigentum, auf das sich auch ein einer Jagdgenossenschaft zugehöriger Eigentümer bzw. eine Eigentümerin berufen kann, steht einer Regelung entgegen, wonach ein Jagdgenosse von der Bewerbung um die Pacht ausgeschlossen werden kann, da ansonsten sein Eigentumsrecht leerliefe. 23

Die Jagdgenossenschaftsversammlung ist das oberste Organ der Jagdgenossenschaft. Sie entscheidet auch darüber, welche Aufgaben dem Jagdvorstand übertragen werden; der Jagdvorstand ist lediglich das ausführende Organ, ähnlich der Aufgabenverteilung zwischen Gemeinderat und Bürgermeister. Eine wesentliche, der Versammlung zu übertragende Entscheidung liegt auch darin, unter welchen Voraussetzungen die Genossenschaftsversammlung dem Gemeinderat die Verpachtung des gemeinschaftlichen Jagdbezirks überträgt (z. B. Auswahlbedingungen für Pächter und Begehungsscheininhaber, Abschussplanung, Wildschadensersatz). Ein von der Genossenschaftsversammlung getroffener Entschluss bleibt gültig, bis er widerrufen wird. 24

VI. Absatz 6

25 Abs. 6 stellt klar, dass die Jagdgenossenschaft Umlagen erheben kann. Auf diese Weise soll der durch sonstige Einnahmen nicht gedeckte Finanzbedarf der Jagdgenossenschaft abgedeckt werden können. In der Praxis ist damit vor allem der Fall gemeint, dass die Einnahmen aus der Verpachtung den Finanzbedarf der Jagdgenossenschaft nicht abdecken.

S. 2 übernimmt die bisherige Regelung des § 6 Abs. 4 LJagdG a.F. Umlagen der Jagdgenossenschaft können danach wie Gemeindeabgaben beigetrieben werden. Maßgeblich ist insoweit das Verwaltungsvollstreckungsgesetz, das die entsprechenden Vorschriften enthält.

VII. Absatz 7

26 Abs. 7 übernimmt den Regelungsgehalt des § 6 Abs. 5 LJagdG a.F. Nach Maßgabe dieser Bestimmung kann durch Beschluss der Jagdgenossenschaft deren Verwaltung dem Gemeinderat übertragen werden, mithin nur mit deren Zustimmung. Neu an der nunmehrigen Regelung ist, dass die Übertragung nur befristet möglich ist, und zwar längstens für die Dauer der gesetzlichen Mindestpachtzeit, also für die Dauer von sechs Jahren (vgl. § 17 Abs. 4 S. 1). Auf diese Weise will der Gesetzgeber die Rückbindung der Entscheidungen an die Mitglieder wie auch die Kontrollmöglichkeiten stärken. Nach Ablauf der Mindestpachtzeit bedarf es einer erneuten Übertragung, die wiederum der Zustimmung des Gemeinderats bedarf.

27 Zu unterscheiden ist zwischen der Stellung des Gemeinderats als Jagdvorstand kraft gesetzlicher Anordnung nach Abs. 3 S. 3 und seiner Stellung als Verwalter der Jagdgenossenschaft nach Abs. 7. Wird indes die Verwaltung der Jagdgenossenschaft dem Gemeinderat nach Abs. 7 übertragen, so ist dieser der gewählte Jagdvorstand.

28 Bei dem Beschluss einer Jagdgenossenschaft, mit dem die Verwaltung auf den Gemeindevorstand übertragen wird, ist die Gemeinde als Mitglied der Jagdgenossenschaft nicht wegen Befangenheit ausgeschlossen. Die Gemeinde, die über einen Eigenjagdbezirk verfügt, ist jedoch für diese Fläche nicht stimmberechtigt. Sie kann aber über das Wegenetz oder über zum gemeinschaftlichen Jagdbezirk gehörende Flächen unter 75 ha der Jagdgenossenschaft angehören. Als Jagdgenosse darf die Gemeinde über die Übertragung der Verwaltung auf den Gemeinderat nur abstimmen, wenn ihre Stimme nicht entscheidend für den Beschluss ist (VGH BW, Urt. vom 5.11.1991). Für ihren Eigenjagdbezirk bleibt die Gemeinde jedenfalls Verpächterin, nicht die Jagdgenossenschaft. Lediglich die Fläche des gemeinschaftlichen Jagdbezirks wird von der Jagdgenossenschaft verpachtet. Die angrenzende gemeindeeigene Fläche bildet kraft Gesetzes einen Eigenjagdbezirk. Für diese Fläche entfällt das Stimmrecht der Gemeinde, da sie insoweit nicht Mitglied der Jagdgenossenschaft ist.

Bringt die Gemeinde ihren Eigenjagdbezirk in den gemeinschaftlichen Jagdbezirk ein und verzichtet auf die Selbstständigkeit, ist der richtige Empfänger für die Verzichtserklärung die Jagdgenossenschaft (s. *Hertel*, AgrarR 1996, S. 313). Diese kann die Aufnahme ablehnen oder ihr zustimmen. Bei Zustimmung wird ein gemeinschaftlicher Jagdbezirk verpachtet. Wird eine solche – durch eine Eigenjagd der Gemeinde vergrößerte – Revierfläche verpachtet, dann sind für die Aufteilung des Reviers in Jagdbögen nur die Regelungen für die gemeinschaftlichen Jagdbezirke heranzuziehen (*Deuschle*, Der Jäger in Baden-Württemberg 2/1998, S. 11). Verlangt der Eigenjagdbesitzer die Wiederherstellung der Selbständigkeit, ist dies, was Form und Empfänger der Erklärung anbetrifft, wie beim Verzicht zu behandeln. Im öffentlichen Interesse und zum Schutze des Bestandes bestehender Jagdpachtverträge kann die Selbständigkeit nur nach Ablauf des Jagdpachtvertrages wiederhergestellt werden (*Hertel*, AgrarR 1996, S. 313). **29**

VIII. Absatz 8

Abs. 8 übernimmt die Regelung des § 6 Abs. 3 LJagdG a. F. Danach kann für einen gemeinschaftlichen Jagdbezirk, dessen Grundflächen zu verschiedenen Gemeinden gehören und der auf Antrag von der unteren Jagdbehörde zu einem gemeinschaftlichen Jagdbezirk zusammengelegt wurde, der Jagdvorstand von der unteren Jagdbehörde oder, falls Gemeinden verschiedener Landkreise oder Stadtkreise betroffen sind, von der nächsthöheren gemeinsamen Jagdbehörde bestimmt werden. Indes steht diese Möglichkeit unter dem Vorbehalt, dass eine Wahl durch die Jagdgenossenschaft erfolgt; eine solche Wahl ist vorrangig. Eine später erfolgende Wahl des Jagdvorstandes durch die Jagdgenossenschaft macht die Entscheidung der unteren bzw. der nächsthöheren gemeinsamen Jagdbehörde obsolet; der Wahlentscheidung der Mitglieder der Jagdgenossenschaft gebührt der Vorrang vor der behördlichen Entscheidung. **30**

§ 16 Jagdnutzung durch die Jagdgenossenschaft

(1) Die Jagdgenossenschaft kann das Jagdrecht durch Verpachtung wahrnehmen oder die Jagd für eigene Rechnung durch angestellte oder sonst beauftragte Jägerinnen und Jäger wahrnehmen lassen. Die Jagdgenossenschaft kann die Verpachtung auf den Kreis ihrer Mitglieder beschränken. Für angestellte oder sonst beauftragte Jägerinnen und Jäger gelten die Vorschriften des § 17 Absatz 3, 5 und 6 sowie des § 19 Absatz 1 entsprechend; die beauftragten Personen sind im Rahmen ihrer Beauftragung innerhalb ihres Dienstbereiches jagdausübungsberechtigte Personen. Mit Zustimmung der unteren Jagdbehörde kann die Jagdgenossenschaft die Jagd ruhen lassen.

(2) Die Jagdgenossenschaft beschließt über die Verwendung des Reinertrages der Jagdnutzung. Beschließt die Jagdgenossenschaft, den Reinertrag nicht an ihre Mitglieder nach dem Verhältnis des Flächeninhaltes ihrer beteiligten Grundflächen zu verteilen, kann jedes Mitglied der Jagdgenossenschaft, das dem Beschluss nicht zugestimmt hat, die Auszahlung seines Anteils verlangen. Der Anspruch erlischt, wenn er bis zum Ablauf eines Monats nach Bekanntmachung der Beschlussfassung nicht schriftlich oder mündlich zu Protokoll des Jagdvorstandes geltend gemacht wird.

I. Absatz 1

1 Abs. 1 übernimmt die Regelungen des § 10 Abs. 1 und 2 BJagdG. Danach kann die Jagdgenossenschaft das Jagdrecht entweder durch Verpachtung wahrnehmen oder aber die Jagd für eigene Rechnung durch angestellte oder sonst beauftragte Jägerinnen und Jäger wahrnehmen lassen. Die Verpachtung, die den Regelfall der jagdlichen Nutzung darstellen dürfte, stellt freilich keinen Verwaltungsakt dar, weil der Beschluss der Jagdgenossenschaft nicht die Tatbestandsmerkmale des § 35 LVwVfG aufweist. Ungeachtet dessen ist die Klage eines Jagdgenossen gegen die Jagdgenossenschaft, die auf die Feststellung der Rechtswidrigkeit oder die Unwirksamkeit eines Jagdpachtvertrages gerichtet ist, nur dann zulässig, wenn dieser die Verletzung von Mitgliedschafts- oder Mitwirkungsrechten geltend machen kann.

2 Mit der Regelung trägt das Gesetz dem Umstand Rechnung, dass die Jagdgenossenschaft als Körperschaft des öffentlichen Rechts zwar Inhaber des Jagdausübungsrechts ist, als juristische Person tatsächlich aber nicht in der Lage ist, davon selbst Gebrauch zu machen. Dieses Defizit wird durch eine Verpachtung oder durch die Anstellung oder Beauftragung einer Jägerin oder eines Jägers ausgeglichen.

3 Zulässig ist es, den Kreis der Pächter auf die Jagdgenossen zu beschränken, Abs. 1 S. 2. Insbesondere darf nach § 15 Abs. 5 S. 3 bei Abstimmungen über Verpachtungen das Mitglied der Jagdgenossenschaft, das sich um die Pacht bewirbt, an der Abstimmung teilnehmen.

4 Ergänzend sieht S. 3 für angestellte oder sonst beauftragte Jägerinnen und Jäger vor, dass bei diesen die Voraussetzungen des § 17 Abs. 3 (höchstens zur Bejagung zustehende Flächen), des § 17 Abs. 5 (Jagdpachtfähigkeit) und des § 19 Abs. 1 (Höchstzahl der pachtenden Personen) erfüllt sein müssen. Zudem müssen die im Rahmen der Beauftragung bejagten Flächen nach § 17 Abs. 6 in den Jagdschein eingetragen sein. Diese sämtlichen Personen sind Jagdausübungsberechtigte im Sinne des Gesetzes, die beauftragten Personen im Rahmen ihrer Beauftragung innerhalb ihres Dienstbereichs. Da die vom Gesetz für die Jagdpacht formulierten Bestim-

mungen auch für die Fälle der Anstellung oder Beauftragung gelten, werden auf diese Weise gleiche Qualitätsstandards in der Bejagung sichergestellt. Die Regelungsziele der Bestimmungen zur Jagdpacht werden analog erreicht.

S. 3 sieht schließlich die Möglichkeit vor, dass mit Zustimmung der unteren Jagdbehörde die Jagdgenossenschaft die Jagd ruhen lassen kann. 5

II. Absatz 2

Abs. 2 übernimmt die Regelung des § 10 Abs. 3 BJagdG. Danach beschließt die Jagdgenossenschaft über die Verwendung des Reinertrages der Jagdnutzung. In den Fällen, in denen dem Gemeinderat die Verpachtung insgesamt übertragen wurde, bestimmt dieser über die Verwendung des Reinerlöses, soweit die Satzung der Jagdgenossenschaft nicht etwas anderes besagt. Beschließt die Jagdgenossenschaft die Nichtauszahlung des Jagdpachtanteils, so muss die Bekanntmachung des Beschlusses hinreichende Gründe für die Kenntnisnahme durch die Jagdgenossen bieten, um rechtswirksam zu sein (VG Aachen, EJ III, S. 19, Nr. 6). Für den Fall, dass die Jagdgenossenschaft beschließt, den Reinertrag nicht an ihre Mitglieder nach dem Verhältnis des Flächeninhalts ihrer beteiligten Grundflächen zu verteilen, sieht S. 2 einen Auskehranspruch derjenigen Mitglieder der Jagdgenossenschaft vor, die dem Beschluss nicht zugestimmt haben; diese können die Auszahlung ihres Anteils verlangen. Diesen Anspruch muss der betreffende Jagdgenosse binnen eines Monats nach Bekanntmachung der Beschlussfassung schriftlich oder mündlich zu Protokoll des Jagdvorstandes geltend machen, S. 3. Sofern die Jagdgenossenschaft bzw. der Gemeinderat den Beschluss für die Dauer der Jagdpacht gefasst hat, beginnt die Monatsfrist nach Ablauf des jeweiligen Jagdjahres (31.3.). Der Jagdgenosse kann seinen Anspruch auch für mehrere Jahre im Voraus, mithin bis auf Widerruf, geltend machen. Für von der Jagdgenossenschaft in früheren Jahren gebildete Rücklagen besteht nachträglich kein Anspruch auf Auszahlung (BayVGH, Beschl. vom 11.3.1999). 6

Da der Auskehranspruch nach dem Verhältnis des Flächeninhalts der beteiligten Grundstücke zu verteilen ist (§ 10 Abs. 3 S. 2 BJagdG), sind alle Grundstücke der Jagdgenossenschaft mit einzubeziehen, mithin nicht nur diejenigen des Jagdbogens, in dem die Grundstücke des Jagdgenossen liegen. Mit anderen Worten sind die Gesamteinnahmen der Jagdgenossenschaft abzüglich der notwendigen Auslagen im Verhältnis zur Gesamtfläche der Jagdgenossenschaft aufzuteilen (VGH BW, Urt. vom 15.10.1998). Die im Jagdbezirk liegenden befriedeten Bezirke stellen keine beteiligten Grundstücke der Jagdgenossenschaft dar. Unterschiedliche Pachtpreise für Feld- und Waldgrundstücke sind unbeachtlich. Gesellschaftliche Veranstaltungen stellen keine Pflichten der Grundeigentümer dar und sind daher 7 als Kosten von den Gesamteinnahmen nicht abzugsfähig (BVerwG, Urt. vom 5.5.1994 – Az. 3 C 13.93). Kosten für Aufwendungen, die von Jagdgenossen getätigt werden, um den Wert der Jagd zu steigern oder zu erhalten, sind bereits in der erzielten Jagdpacht enthalten.

Abschnitt 3 Beteiligung Dritter an der Jagd

§ 17 Jagdpacht

(1) Die Wahrnehmung des Jagdrechts in seiner Gesamtheit kann an Dritte verpachtet werden. Die pachtende Person ist jagdausübungsberechtigte Person. Ein Teil des Jagdausübungsrechts kann nicht Gegenstand eines Jagdpachtvertrages sein.

(2) Die Verpachtung eines Teils eines Jagdbezirks bedarf der Zustimmung der unteren Jagdbehörde. Diese darf der Teilverpachtung nur zustimmen, wenn sowohl der verpachtete als auch der verbleibende Teil die Mindestgröße von 75 Hektar bei Eigenjagdbezirken und von 250 Hektar bei gemeinschaftlichen Jagdbezirken haben und jeweils eine den Erfordernissen der Jagdpflege entsprechende Jagdausübung in Revieren möglich ist. Der Verpachtung eines Teils von geringerer Größe an die jagdausübungsberechtigte Person eines angrenzenden Jagdbezirks oder an die angrenzende Jagdgenossenschaft ist zuzustimmen, soweit dies einer besseren Reviergestaltung dient und die Pachtdauer diejenige des angrenzenden Jagdbezirks nicht übersteigt.

(3) Die Gesamtfläche, auf der einer pachtenden Person die Wahrnehmung des Jagdrechts zusteht, darf nicht mehr als 1 000 Hektar umfassen. Die Inhaberin oder der Inhaber eines oder mehrerer Eigenjagdbezirke mit einer Gesamtfläche von mehr als 1 000 Hektar darf nur zupachten, wenn zugleich die Wahrnehmung des Jagdrechts im gleichen Umfang verpachtet wird; bei einer Gesamtfläche von weniger als 1 000 Hektar darf die Inhaberin oder der Inhaber nur bis zu einer Gesamtfläche von höchstens 1 000 Hektar, auf der sie oder er jagdausübungsberechtigt ist, zupachten. Ist ein Jagdpachtvertrag mit mehreren pachtenden Personen geschlossen oder liegt ein Fall der Unterverpachtung vor, gelten die Sätze 1 und 2 entsprechend mit der Maßgabe, dass auf die Gesamtfläche nur die Flächen angerechnet werden, die nach dem Jagdpachtvertrag anteilig auf die jeweilige pachtende Person entfallen. Grundflächen, auf denen die Jagd ruht, bleiben bei der Ermittlung der Flächenobergrenzen nach den Sätzen 1 bis 3 unberücksichtigt. Die untere Jagdbehörde kann für besondere Einzelfälle Ausnahmen von Satz 1 und 2 unter Berücksichtigung der Belange der Jagdpflege zulassen. Solche Ausnahmen sind auf bestimmte Jagdpachtflä-

chen zu beschränken. Örtlich zuständig ist die Behörde, in deren Bezirk die Jagdpachtfläche oder deren größerer Teil liegt.

(4) Der Jagdpachtvertrag ist schriftlich abzuschließen. Die Pachtdauer hat mindestens sechs Jahre zu betragen. In begründeten Fällen, insbesondere wenn zu besorgen ist, dass ansonsten ein geeignetes Pachtverhältnis nicht zustande kommt, kann sie mit Zustimmung der unteren Jagdbehörde bis auf drei Jahre abgesenkt werden. Ein laufender Jagdpachtvertrag kann auch auf kürzere Zeit verlängert werden. Beginn und Ende der Pachtzeit sollen mit Beginn und Ende des Jagdjahres zusammenfallen.

(5) Pachtende Person darf nur sein, wer einen auf seinen Namen lautenden gültigen Jahresjagdschein besitzt und einen solchen während dreier Jagdjahre in Deutschland besessen hat. Für besondere Einzelfälle kann die untere Jagdbehörde Ausnahmen zulassen, die auf bestimmte Jagdpachtflächen beschränkt sind. Örtlich zuständig ist die Behörde, in deren Bezirk die Jagdpachtfläche oder deren größerer Teil liegt. Jagdgenossenschaften sind in den Fällen des Absatzes 2 Satz 3 pachtfähig.

(6) Die Fläche, auf der einer jagdausübungsberechtigten Person nach Absatz 3 die Wahrnehmung des Jagdrechts zusteht, ist von der unteren Jagdbehörde in den Jagdschein einzutragen.

I. Absatz 1

Gegenstand des Jagdpachtvertrages ist das aus dem Jagdrecht des Grund- **1**
eigentümers abgetretene Recht zur Ausübung des Jagdrechts (Jagdausübungsrecht in seiner Gesamtheit). Das bedeutet, dass nicht ein Jagdbezirk, sondern das Jagdausübungsrecht in einem Jagdbezirk an Dritte verpachtet wird. Das Jagdausübungsrecht kann nur in seiner Gesamtheit verpachtet werden. Somit wäre ein Jagdpachtvertrag nichtig, wenn beispielsweise die Jagd auf bestimmte Wildarten beschränkt ist. Es ist nicht möglich, dass sich die verpachtete Person, im Gegensatz zur bisherigen Rechtslage, das Jagdausübungsrecht auf eine bestimmte Wildtierart vorbehalten kann. Eine solche Regelung würde den Zielen des auf nachhaltiges und umfassendes Wildtiermanagement angelegten Gesetzes widersprechen.

Jagdpacht ist eine Rechtspacht und keine Grundstückspacht. Daraus **2**
folgt, dass dem Pächter bei Störung seines Jagdausübungsrechts durch Dritte kein Besitzschutz zusteht. Dennoch ist er nicht schutzlos möglichen Eingriffen Dritter in sein Jagdausübungsrecht ausgeliefert, da das Jagdausübungsrecht ein sonstiges Recht im Sinne des § 823 Abs. 1 BGB darstellt. Er kann deshalb bei Verletzung des Rechts Schadensersatz fordern und gegen vorhandene Störungen auf Beseitigung oder gegen zu erwartende Störungen auf vorbeugende Unterlassung gemäß § 1004 BGB klagen.

II. Absatz 2

3 Mit Zustimmung der unteren Jagdbehörde darf ein Teil eines Jagdbezirks verpachtet werden, wenn sowohl der verpachtete als auch der verbleibende Teil die Mindestgröße von 75 ha bei Eigenjagdbezirken und von 250 ha bei gemeinschaftlichen Jagdbezirken haben. Ein Teil von geringerer Größe darf an die jagdausübungsberechtigte Person eines angrenzenden Jagdbezirks oder an die angrenzende Jagdgenossenschaft (Neuregelung im JWMG) verpachtet werden, wenn dies einer besseren Reviergestaltung dient und die Pachtdauer diejenige des angrenzenden Jagdbezirks nicht übersteigt.

Durch die Teilverpachtung werden Jagdbezirke in Jagdbögen bzw. Jagdreviere unterteilt. Von der Verpachtung eines Teils eines Jagdbezirks ist wiederum die Teilung eines Jagdbezirks in mehrere selbständige Jagdbezirke zu unterscheiden. Der Unterschied besteht darin, dass im ersten Fall der gemeinschaftliche Jagdbezirk und die Jagdgenossenschaft insgesamt erhalten bleiben, während im zweiten Fall mehrere selbständige Jagdbezirke mit mehreren selbständigen Jagdgenossenschaften entstehen.

III. Absatz 3

4 Die Pachthöchstfläche ist gesetzlich auf 1.000 ha begrenzt. Der Inhaber eines oder mehrerer Eigenjagdbezirke mit einer Gesamtfläche von mehr als 1.000 ha darf nur zu pachten, wenn er Flächen mindestens gleicher Größenordnungen verpachtet. Ziel ist hier die Förderung der Qualität der Bejagung.

Ist ein Jagdpachtvertrag mit mehreren pachtenden Personen (Mitpächter) geschlossen oder liegt ein Fall der Unterverpachtung vor, gilt dasselbe mit der Maßgabe, dass auf die Gesamtfläche nur die Flächen angerechnet werden, die nach dem Jagdpachtvertrag anteilig auf die jeweilige pachtende Person entfallen.

Anders als bisher werden Flächen, auf denen dem Pächter aufgrund einer entgeltlichen Jagderlaubnis die Ausübung des Jagdrechts zusteht, nicht auf diese Flächen angerechnet. Außerdem wird im Gesetz klargestellt, dass Grundflächen auf denen die Jagd ruht, bei der Berechnung der Flächenobergrenzen nicht berücksichtigt werden. Zwar gehören diese nach § 11 zum Jagdbezirk; aber nach § 13 ruht auf diesen Flächen die Jagdausübung. Eine Anrechnung bei der Berechnung der Flächenobergrenzen ist deshalb nicht begründet. Die gesetzliche Regelung sieht Ausnahmen dann vor, wenn dies im Hinblick auf die Belange der Jagdpflege zweckmäßig ist. Eine Überschreitung der Pachthöchstfläche zieht die Nichtigkeit des Pachtvertrages nach sich. Verträge können nicht durch nachträgliche Abverpachtung der Flächen geheilt werden. Vielmehr ist ein Neuabschluss der ursprünglich geschlossenen Verträge vorzunehmen. Die gleichzeitige Flächenabgabe an Dritte um so die maximale Fläche von 1.000 ha einzuhalten, ist im Vertrag nachweisbar zu dokumentieren.

IV. Absatz 4

Der Jagdpachtvertrag ist schriftlich abzuschließen. Im Hinblick auf die 5
Rechtssicherheit und die Überwachung durch die zuständigen Behörden ist dies erforderlich. Der Pachtvertrag stellt eine privatrechtliche Vereinbarung dar, auf welche die Vorschriften des BGB Anwendung finden. Wird die Schriftform des Jagdpachtvertrages nicht beachtet, gilt der Vertrag als nichtig. Die Nichtigkeit wirkt ab sofort. Rechtsfolge ist, dass ein wirksamer Pachtvertrag von Anfang an überhaupt nicht zustande kommt, und ein Neuabschluss eines Vertrages in Frage kommt. Der Jagdpachtvertrag kann angefochten werden, sollte einer der Vertragspartner beim Abschluss eines Vertrages einem Irrtum unterliegen oder wenn einer der Vertragspartner beim Abschluss arglistig getäuscht oder widerrechtlich durch Drohung bestimmt worden ist.

Im Gegensatz zur bisherigen Rechtslage wird die gesetzliche Mindest- 6
pachtdauer von 9 auf 6 Jahre gesenkt. Das öffentliche Interesse an einer Mindestpachtdauer ergibt sich aus den Zielen des Gesetzes. Im Rahmen kurzfristiger Jagdpachten können Jagd und Hege wesentliche Beiträge zur Erreichung des Zieles nicht leisten. Der bisherigen Pachthöchstdauer von 9 Jahren als Sollvorschrift stehen nach Auffassung des Gesetzgebers festzustellende Schwierigkeiten bei der Jagdverpachtung, sowie die damit verbundene Schwächung der Rechte der Grundeigentümer entgegen.

Die Vertragsparteien können einvernehmlich eine kürzere, mindestens 3-jährige Pachtdauer vereinbaren, wenn die untere Jagdbehörde aufgrund besonderer Umstände zustimmt. Aufgrund der hohen Anforderungen die die Ziele des Gesetzes in § 2 Nr. 2, 3 und 5 vorgeben, ist daran ein sehr strenger Maßstab anzulegen. Es muss quasi eine Nichtverpachtbarkeit des Revieres vorliegen und dies vom Verpächter gegenüber der unteren Jagdbehörde dokumentiert und bewiesen werden. Bei Verlängerungen der Pachtverträge wird unter Beibehaltung der bisherigen Rechtslage auf eine Mindestpachtdauer verzichtet. Grundsätzlich ist die Verlängerung des Jagdpachtvertrages stets möglich. Hierbei sind die gleichen formalen Voraussetzungen zu beachten, die auch beim Neuabschluss eines Pachtvertrages gelten. Also Schriftform, Pachthöchstfläche, Pächterhöchstzahl etc.

V. Absatz 5

Pachten darf nur wer einen auf seinen Namen lautenden gültigen Jahres- 7
jagdschein besitzt und einen solchen während dreier Jahre in Deutschland

besessen hat. Durch den Besitz eines Jagdscheins während voller dreier Jagdjahre werden aktuelle jagdliche Fertigkeiten und Kenntnisse nachgewiesen. Während dreier Jahre bedeutet, dass der Betreffende dreimal 365 Tage lang einen gültigen Jahresjagdschein besessen haben muss. Jugendjahrscheine und Tagesjagdscheine werden hierbei nicht berücksichtigt. Ein Jagdpachtvertrag kann jedoch bereits vorher abgeschlossen werden. Die Pacht darf erst nach der Pachtfähigkeit beginnen. Für besondere Einzelfälle kann die untere Jagdbehörde Ausnahmen zulassen, die auf bestimmte Jagdpachtflächen beschränkt sind. Die Möglichkeit der Jagdpacht durch die angrenzende Jagdgenossenschaft nach Abs. 5 S. 3 vereinfacht die Gestaltung der Jagdbezirke nach den Erfordernissen der Jagdpflege.

VI. Absatz 6

8 Die Norm regelt die Erfordernis, Flächen, auf der einer jagdausübungsberechtigte Person die Wahrnehmung des Jagdrechts zusteht zu dokumentieren. Eine Eintragung der Flächen bezüglich entgeltlicher Jagderlaubnisse ist durch den Wegfall in Abs. 3 nicht mehr erforderlich.

§ 18 Anzeige von Jagdpachtverträgen

(1) Die verpachtende Person hat der unteren Jagdbehörde den Abschluss des Jagdpachtvertrages unter Vorlage der Vertragsurkunde innerhalb eines Monats anzuzeigen. Dies gilt auch für die Aufhebung und jede Änderung des Pachtvertrages.

(2) Die untere Jagdbehörde kann den Jagdpachtvertrag binnen drei Wochen nach Eingang der Anzeige beanstanden, wenn die Vorschriften über die Pachtdauer nicht beachtet sind oder zu erwarten ist, dass durch ein vertragsgemäßes Verhalten die Vorschriften des § 3 Absatz 1 Satz 2 verletzt werden oder eine den Erfordernissen der Jagdpflege entsprechende Jagdausübung nicht gewährleistet ist. Mit der Beanstandung sind die Vertragsparteien aufzufordern, den Jagdpachtvertrag binnen einer Frist von mindestens drei Wochen nach Zustellung des Beanstandungsbescheides aufzuheben oder in bestimmter Weise zu ändern. Kommen die Vertragsparteien dieser Aufforderung nicht nach, gilt der Jagdpachtvertrag mit Ablauf der Frist als aufgehoben, sofern nicht eine Vertragspartei innerhalb der Frist einen Antrag auf gerichtliche Entscheidung durch das erstinstanzlich zuständige Amtsgericht stellt. Das Gericht kann entweder den Jagdpachtvertrag aufheben oder feststellen, dass er nicht zu beanstanden ist; die Vorschriften des Gesetzes über das gerichtliche Verfahren in Landwirtschaftssachen gelten entsprechend mit der Maßgabe, dass das Gericht ohne Zuziehung ehrenamtlicher Richterinnen und Richter entscheidet.

(3) Vor Ablauf von drei Wochen nach Anzeige des Jagdpachtvertrages durch eine Vertragspartei darf die pachtende Person die Jagd nicht ausüben, sofern nicht die untere Jagdbehörde die Ausübung zu einem früheren Zeitpunkt gestattet. Im Falle einer Beanstandung nach Absatz 2 darf die pachtende Person die Jagd erst ausüben, wenn die Beanstandung behoben oder durch rechtskräftige gerichtliche Entscheidung festgestellt ist, dass der Jagdpachtvertrag nicht zu beanstanden ist.

I. Absatz 1

Jagdpachtverträge, auch bei Unterverpachtung, sind der unteren Jagdbehörde innerhalb eines Monats anzuzeigen, in deren Zuständigkeit der Jagdbezirk liegt. Die Regelung gilt auch für Änderungen oder die Aufhebung der Verträge. Die untere Jagdbehörde wird nur tätig, wenn Beanstandungsgründe vorliegen. Die Verträge bedürfen zwar keiner Genehmigung, können aber beanstandet oder aufgehoben werden. Im Falle der Beanstandung werden die Vertragsteile durch Beanstandungsbescheid (Verwaltungsakt) aufgefordert, den Vertrag aufzuheben oder in bestimmter Weise zu ändern. Dabei gilt die Dreiwochenfrist. Wird binnen der Frist beim Amtsgericht ein Antrag auf gerichtliche Entscheidung gestellt, ist die Entscheidung des Gerichts maßgebend. 1

Folge ist die Aufhebung des Vertrages oder die Feststellung, dass er nicht zu beanstanden ist. Das Gericht entscheidet ohne Zuziehung ehrenamtlicher Richter. Eine Vertragsaufhebung führt zum nachträglichen Erlöschen des wirksam zustande gekommenen Pachtvertrages.

II. Absatz 2

Vor Ablauf der dreiwöchigen Beanstandungsfrist darf die Jagd nicht ausgeübt werden, sofern die untere Jagdbehörde dies nicht durch Verwaltungsakt zu einem früheren Zeitpunkt gestattet. Beanstandungsgründe liegen insbesondere dann vor, wenn die Vorschriften über die Pachtdauer nicht beachtet werden oder eine den Erfordernissen der Jagdpflege entsprechende Jagdausübung nicht gewährleistet ist. Letzte Regelung ist neu und bedarf der Praxis der weiteren Konkretisierung. Nach Ablauf der Frist gilt der Vertrag als nicht beanstandet, so dass die Jagd ausgeübt werden darf. 2

§ 19 Höchstzahl der pachtenden Personen

(1) Die Zahl der pachtenden Personen, die nebeneinander in einem Jagdbezirk zugelassen werden können (Mitpacht), wird bei Jagdbezirken bis 250 Hektar auf drei beschränkt. In größeren Jagdbezirken kann für jede weitere angefangene 100 Hektar je eine weitere pachtende Person zugelas-

sen werden. Die Sätze 1 und 2 gelten auch für verpachtete Teile eines Jagdbezirks nach § 17 Absatz 2.

(2) Jagdpacht im Sinne der §§ 17, 18 und 20 bis 24 ist auch die Weiterverpachtung und Unterverpachtung. In diesen Fällen findet Absatz 1 mit der Maßgabe Anwendung, dass die Zahl der jagdausübungsberechtigten Personen die zulässige Zahl der pachtenden Personen nicht übersteigen darf.

Absatz 1

1 Die Regelung übernimmt die bewährten Regelungen des Landesjagdgesetzes.

Die Regelung stellt klar, wie viele Personen als Pächter auf welcher Fläche die Jagd ausüben können um die Qualität der Bejagung nicht zu gefährden oder eine Übernutzung des Jagdbezirkes zu verhindern. Die Beiträge von Jagd und Hege zur Erreichung der Ziele nach § 5 dieses Gesetzes sind auf kleineren Flächen nicht realisierbar. Die Regelung stellt außerdem klar, dass die in Abschnitt 2 für Jagdbezirke vorgegebenen Mindestflächengrößen nicht durch eine Mehrzahl von Pächterinnen oder Pächter umgangen werden können. Die Regelung gilt nicht nur für den Fall, dass Personen nebeneinander eine Jagd pachten (Mitpächter) sondern auch im Falle der Unterverpachtung. Auch in diesen Fällen gilt, dass die zulässige Zahl der Jagdausübungsberechtigten die zulässige Höchstzahl nicht überschreiten darf. Nachdem eine Trennung zwischen entgeltlichen und unentgeltlichen Jagderlaubnis in der gesetzlichen Neuregelung weggefallen ist, finden Jagderlaubnisscheine bei der Berechnung der Pächterhöchstzahl keine Berücksichtigung mehr.

§ 20 Nichtigkeit von Pachtverträgen

(1) Ein Jagdpachtvertrag, der bei seinem Abschluss oder seiner Verlängerung gegen § 17 Absatz 1 Satz 3, Absatz 2, 3 oder 5 oder § 19 verstößt, ist nichtig.

(2) Die untere Jagdbehörde kann für die Dauer eines über die Nichtigkeit oder die Beanstandung des Pachtvertrages anhängigen Verfahrens die zur Ausübung und zum Schutze der Jagd erforderlichen Anordnungen treffen. Die Kosten der Anordnung und ihrer Durchführung hat die im Verfahren unterliegende Partei zu tragen.

I. Absatz 1

1 Rechtsfolge eines nichtigen Vertrages ist, dass ein wirksamer Pachtvertrag von Anfang an überhaupt nicht zustande kommt, so dass nur ein Neuabschluss eines Vertrages in Frage kommt. Nichtigkeitsgründe sind die Ver-

pachtung eines Teils des Jagdausübungsrechts, die Verletzung der Mindestgröße der Jagdbezirke, der Pachthöchstfläche und die Überschreitung der Pächterhöchstzahl, wobei Jagderlaubnisscheine keine Rolle mehr spielen. Die angeführten Erfordernisse gelten auch bei Vertragsverlängerungen.

II. Absatz 2

Für den Zeitraum eines schwebenden Verfahrens über die Nichtigkeit, kann die untere Jagdbehörde auf Kosten der im Verfahren unterliegenden Partei Anordnungen zum Schutze oder zur Ausübung der Jagd treffen. 2

Beispiel: *Wildschweine verwüsten jede Nacht die Äcker. Die untere Jagdbehörde ordnet die Bejagung auch ohne wirksamen Pachtvertrag an.*

§ 21 Erlöschen des Jagdpachtvertrages

(1) Die pachtende Person hat auf Verlangen der für ihren Jagdbezirk zuständigen unteren Jagdbehörde vor Beginn eines Jagdjahres nachzuweisen, dass sie einen für das kommende Jagdjahr gültigen Jagdschein besitzt oder die Voraussetzungen für dessen Erteilung erfüllt hat. Dies gilt nicht für die nach § 17 Absatz 2 Satz 3 pachtende Jagdgenossenschaft.

(2) Der Jagdpachtvertrag erlischt, wenn der pachtenden Person der Jagdschein unanfechtbar entzogen worden ist. Er erlischt auch dann, wenn die Gültigkeitsdauer des Jagdscheines abgelaufen ist und entweder die untere Jagdbehörde die Erteilung eines neuen Jagdscheines unanfechtbar abgelehnt hat oder die pachtende Person die Voraussetzungen für die Erteilung eines neuen Jagdscheines innerhalb einer von der unteren Jagdbehörde gesetzten Frist nicht erfüllt. Die pachtende Person hat der verpachtenden Person den aus dem Erlöschen des Jagdpachtvertrages entstehenden Schaden zu ersetzen, wenn sie ein Verschulden trifft.

(3) Ist die pachtende Person aus Gründen, die sie nicht zu vertreten hat, gehindert, bis zum Ablauf der Gültigkeitsdauer des alten einen neuen Jagdschein zu erwerben oder die Voraussetzungen für dessen Erteilung zu erfüllen, hat sie dies der für ihren Jagdbezirk zuständigen unteren Jagdbehörde unverzüglich schriftlich mitzuteilen. In diesem Fall erlischt der Jagdpachtvertrag erst dann, wenn die pachtende Person nicht innerhalb einer von der Jagdbehörde gesetzten angemessenen Frist einen Jahresjagdschein erworben oder die Voraussetzungen für dessen Erteilung erfüllt hat. Solange ein Jagdschein nicht erteilt ist, kann die untere Jagdbehörde die zur Ausübung und zum Schutze der Jagd erforderlichen Anordnungen auf Kosten der pachtenden Person treffen.

I. Absatz 1

1 Die bewährten Bestimmungen des Landesjagdgesetzes wurden mit sprachlichen Änderungen übernommen und um die Berücksichtigung der neu aufgenommenen „Pachtfähigkeit der angrenzenden Jagdgenossenschaft“ ergänzt.

II. Absatz 2 und 3

2 In Abs. 2 wurde der Begriff „fristgemäß“ durch die Redewendung „innerhalb einer von der unteren Jagdbehörde gesetzten Frist“ ersetzt. Voraussetzung für das Fortbestehen eines Jagdpachtvertrages ist, dass der Pächter ständig im Besitz eines Jahresjagdscheines ist. Nur wenn Gründe, die er nicht zu vertreten hat, ihn daran hindern, rechtzeitig einen neuen Jagdschein zu erwerben und er dies der unteren Jagdbehörde unverzüglich mitteilt, erlischt der Jagdpachtvertrag nicht sofort. Der Jagdpachtvertrag erlischt erst dann, wenn der Jagdpächter nicht innerhalb einer von der Jagdbehörde gesetzten angemessenen Frist einen Jahresjagdschein erworben hat oder die Voraussetzungen für dessen Erteilung erfüllt. Solange die Versagung eines Jagdscheins noch nicht unanfechtbar ist, muss von der Gültigkeit des bestehenden Jagdpachtvertrages ausgegangen werden. Ein nach diesem Zeitpunkt erteilter Jagdschein kann den erloschenen Jagdpachtvertrag nicht wieder in Kraft setzen.

3 Bei Verschulden des Pächters an der Entziehung bzw. Nichterteilung des Jagdscheines hat er dem Verpächter den aus der Beendigung des Pachtvertrages entstehenden Schaden zu ersetzen. Ein Verschulden liegt immer dann vor, wenn der Pächter die Entziehung bzw. Nichterteilung zu vertreten hat. Dies betrifft Vorsatz oder Fahrlässigkeit. Es liegt kein Verschulden vor, wenn der Pächter schwer erkrankt und aus diesem Grund die erforderliche körperliche Eignung verliert. Die Schadensersatzpflicht des Pächters gegenüber dem Verpächter entfällt in einem solchen Fall.

§ 22 Rechtsstellung der mitpachtenden Personen

Ist ein Jagdpachtvertrag mit mehreren pachtenden Personen geschlossen, bleibt er, wenn er im Verhältnis zu einer dieser Personen gekündigt wird oder erlischt, mit den übrigen bestehen; dies gilt nicht, wenn der Jagdpachtvertrag infolge des Ausscheidens einer pachtenden Person den Vorschriften des § 17 Absatz 3 nicht mehr entspricht und dieser Mangel bis zum Beginn des nächsten Jagdjahres oder, wenn dies mit zumutbarem Aufwand nicht mehr möglich ist, bis zum Ablauf von vier Wochen nach Beginn des neuen Jagdjahres nicht behoben wird. Ist im Falle des Satzes 1 einer verbleibenden Vertragspartei das Fortbestehen des Jagdpachtvertra-

ges aufgrund des Ausscheidens einer pachtenden Person nicht zuzumuten, kann sie den Jagdpachtvertrag mit sofortiger Wirkung kündigen; die Kündigung muss unverzüglich nach Erlangung der Kenntnis von dem Kündigungsgrund erfolgen.

Die bewährten Regelungen des § 13a Bundesjagdgesetz wurden übernommen. Ergänzt wurde lediglich, dass bei einer Behebung des Mangels nach § 17 Abs. 3 (Überschreitung der Pachthöchstfläche) eine vierwöchige Frist zur Behebung des Mangels gilt, wenn zuvor die Behebung nicht mit zumutbarem Aufwand möglich war. Dem Mangel kann in der Regel durch Aufnahme eines neuen Mitpächters abgeholfen werden. 1

Mitpacht liegt immer dann vor, wenn mehrere Personen gemeinsam das Jagdausübungsrecht im gleichen Revier oder im gleichen Jagdbezirk pachten. Die Mitpächter bilden dann im Innenverhältnis untereinander eine Gemeinschaft gemäß § 432 BGB sowie eine Gesellschaft bürgerlichen Rechts gemäß §§ 705 ff BGB mit den sich daraus ergebenden Rechten und Pflichten.

Aus dieser Rechtstellung resultiert gegenüber dem Verpächter und Dritten deren Mitgläubigerschaft (§§ 428 – 432 BGB) und dass diese Gesamtschuldnerschaft nach § 427 BGB sind. Aus der obengenannten Rechtsstellung steht den Mitpächtern im Innenverhältnis die Wahrung der Rechte aus dem Jagdpachtvertrag gemeinsam zu. Für alle Maßnahmen ist deshalb die Zustimmung aller Mitpächter erforderlich (§ 709 BGB). Auch das Jagdausübungsrecht steht den Mitpächtern im gesamten Revier gemeinsam zu, so dass erlegtes Wild, soweit keine anderen Absprachen bestehen, Gemeinschaftseigentum wird. Es können nur gemeinsam durch Einverständnis Entscheidungen getroffen werden, z.B. bei der internen Aufteilung des Reviers, zur Verteilung des Abschusses, zur Regelung der Finanzierung, zur Verwertung des erlegten Wildes, zur Durchführung von Gesellschaftsjagden, zur Erteilung von Jagderlaubnisscheinen, zur Erstellung von Jagdeinrichtungen, zur Änderung, Verlängerung oder Kündigung des Jagdpachtvertrages u.a. Eine Handlung eines Mitpächters ist deshalb immer dann unwirksam, wenn einer der Mitpächter entgegen der bestehenden Rechtslage Handlungen alleine und ohne Einverständnis der anderen Mitpächter vornimmt.

Veräußerungserlöse sowie sonstige Einnahmen aus erlegtem Wild sind gemeinschaftliches Vermögen aller Mitpächter. Ist innerhalb eines dringend abzuschließenden Gesellschaftsvertrages nichts anders vereinbart, haben sich die Mitpächter zu gleichen Teilen an Gewinn und Verlust zu beteiligen.

Ein Mitpächter kann nur aus wichtigem Grund nach § 723 BGB das Pachtverhältnis kündigen. Die Rechtsfolge ist dann sein Ausscheiden. Aus dem Pachtvertrag zwischen Verpächter und den verbleibenden Mitpächtern bleibt jedoch das vormals geschlossene Jagdpachtverhältnis fortbestehen. Nach dem Ausscheiden eines Mitpächters hat jede Vertragspartei jedoch das Recht, nicht weiter am Jagdpachtvertrag festhalten zu müssen, wenn ihr das Fortbestehen des Vertragsverhältnisses nicht zumutbar ist. Sie kann den Vertrag mit sofortiger Wirkung kündigen. Die Kündigung muss unverzüglich nach Erlangung der Kenntnis des Kündigungsgrundes erfolgen.

Bei Streitigkeiten der Mitpächter untereinander über die Art und Weise der Jagdausübung liegt kein eigener Unterlassungsanspruch eines einzelnen Mitpächters gegenüber den anderen Mitpächtern vor; vielmehr kann er im Rahmen des vorhandenen Gesellschaftsvertrages einen Anspruch gegenüber anderen Mitpächtern geltend machen. Ein solcher Gesellschaftsvertrag entfaltet keine Bindungswirkung gegenüber dem Verpächter, sondern regelt lediglich die Rechtsbeziehungen der Mitpächter untereinander.

§ 23 Tod der pachtenden Person

(1) Im Fall des Todes einer pachtenden Person haben die Erben der unteren Jagdbehörde die jagdausübungsberechtigten Erben unter Beachtung des § 19 zu benennen. Ist keiner der Erben pachtfähig (§ 17 Absatz 5), haben die Erben der unteren Jagdbehörde eine pachtfähige Person als jagdausübungsberechtigte Person zu benennen.

(2) Die untere Jagdbehörde kann den Erben eine angemessene Frist zur Benennung der jagdausübungsberechtigten Person setzen. Kommen die Erben der Aufforderung innerhalb der Frist nicht nach, kann die untere Jagdbehörde die zur Ausübung und zum Schutze der Jagd erforderlichen Anordnungen auf Kosten der Erben treffen.

Absatz 1 und 2

1 Die bewährten Bestimmungen des Landesjagdgesetzes wurden übernommen. Im Falle des Todes eines Mitpächters entscheidet das Vereinbarte zwischen den Gesellschaftern insbesondere beim Vorhandensein eines Gesellschaftsvertrages darüber, ob sich die im Innenverhältnis bestehende Gesellschaft auflöst oder fortbesteht. In Bezug auf den Jagdpachtvertrag ändert sich im Verhältnis zwischen den verbleibenden Mitpächtern und dem Verpächter das Rechtsverhältnis nicht. Hinzu kommt, dass kraft Gesetzes anstelle des verstorbenen Mitpächters der oder die Erben in den Vertrag eintreten. Sollte kein jagdpachtfähiger Erbe vorhanden sein, haben die Erben der unteren Jagdbehörde eine pachtfähige Person als jagdausübungsberechtigte Person zu benennen. Dabei kann die untere Jagdbehörde den Erben eine angemessene Frist setzen. Kommen die Erben der Aufforderung inner-

halb der Frist nicht nach, kann die untere Jagdbehörde die zur Ausübung und zum Schutz der Jagd erforderlichen Anordnungen auf Kosten der Erben treffen.

In vielen Pachtverträgen werden die gesetzlichen Regelungen ausgeschlossen, um dem Verpächter einen größeren Handlungsspielraum bei der Fortführung des Vertragsverhältnisses einzuräumen.

§ 24 Wechsel im Eigentum an der Grundfläche

(1) Werden die Grundflächen eines Eigenjagdbezirks ganz oder teilweise veräußert, finden die Vorschriften der §§ 566 bis 567b des Bürgerlichen Gesetzbuchs entsprechende Anwendung. Das Gleiche gilt im Falle der Zwangsversteigerung nach den Vorschriften der §§ 57 bis 57b des Gesetzes über die Zwangsversteigerung und die Zwangsverwaltung; das Kündigungsrecht der Ersteherin oder des Erstehers ist jedoch ausgeschlossen, wenn nur ein Teil des Eigenjagdbezirks versteigert ist und dieser Teil nicht allein schon die Erfordernisse eines Eigenjagdbezirks erfüllt.

(2) Wird eine zu einem gemeinschaftlichen Jagdbezirk gehörige Grundfläche veräußert, hat dies auf den Jagdpachtvertrag keinen Einfluss; die Erwerberin oder der Erwerber wird vom Zeitpunkt des Erwerbes an auch dann für die Dauer des Jagdpachtvertrages Mitglied der Jagdgenossenschaft, wenn die veräußerte Grundfläche an sich mit anderen Grundflächen der Erwerberin oder des Erwerbers zusammen einen Eigenjagdbezirk bilden könnte. Das Gleiche gilt für den Fall der Zwangsversteigerung einer Grundfläche.

Die bewährten Regelungen des LJagdG a. F. wurden übernommen. 1

Bestehende Jagdpachtverträge werden beim Wechsel von Eigentümern an Grundflächen nicht hinfällig. Der Grundsatz „Kauf bricht nicht Miete" (§ 566 BGB) gilt auch für die Jagdpacht.

Wird ein zu einem gemeinschaftliches Jagdbezirk gehörendes Grundstück veräußert, hat dies zunächst keinen Einfluss auf den laufenden Pachtvertrag. Der Erwerber wird Mitglied der Jagdgenossenschaft. Selbst wenn das erworbene Grundstück mit anderen Grundstücken des Erwerbers einen Eigenjagdbezirk bildet, bleibt er für die Dauer des laufenden Jagdpachtvertrages Mitglied der Jagdgenossenschaft.

§ 25 Jagderlaubnis

(1) Die jagdausübungsberechtigte Person kann einer dritten natürlichen Person (Jagdgast) die Erlaubnis erteilen, sich in bestimmtem Umfang an der Jagdausübung zu beteiligen (Jagderlaubnis). Bei mehreren jagdaus-

übungsberechtigten Personen muss eine Jagderlaubnis von allen jagdausübungsberechtigten Personen erteilt sein. Die jagdausübungsberechtigten Personen können sich gegenseitig zur Erteilung von Jagderlaubnissen schriftlich bevollmächtigen.

(2) Die untere Jagdbehörde kann aus Gründen der Jagdpflege oder der öffentlichen Sicherheit für bestimmte Jagdbezirke die Erteilung von Jagderlaubnissen oder eine sonstige Beteiligung anderer an der Jagd beschränken oder ganz untersagen.

(3) Soweit der Jagdgast bei der Jagdausübung nicht von einer jagdausübungsberechtigten Person, einer anerkannten Wildtierschützerin oder einem anerkannten Wildtierschützer begleitet wird, hat er eine schriftliche Jagderlaubnis bei sich zu führen. Sofern eine jagdausübungsberechtigte Person gemäß Absatz 1 Satz 3 bevollmächtigt ist und den Jagdgast begleitet, bedarf es der Begleitung oder einer schriftlichen Jagderlaubnis der bevollmächtigenden Person nicht.

(4) Der Jagdgast ist nicht jagdausübungsberechtigte Person im Sinne dieses Gesetzes.

I. Absatz 1

1 Im JWMG wird das Recht der Jagderlaubnisse vereinfacht. Hinsichtlich der erforderlichen Voraussetzungen und ihrer wesentlichen Auswirkungen wird auf eine Unterscheidung zwischen entgeltlichen und unentgeltlichen Jagderlaubnissen verzichtet. Damit werden die Anforderungen für die Erteilung und die Wirksamkeit der entgeltlichen Jagderlaubnisse deutlich herabgesetzt und damit Verwaltungsaufwand reduziert.

Nach Auffassung des zuständigen Ministeriums waren die bisherigen Regelungen zur entgeltlichen Jagderlaubnis schwer kontrollierbar. Durch die neue Regelung wird die Eigenverantwortung der jagdausübungsberechtigten Personen ,die Jagderlaubnisse ausstellen, erhöht. Die Beteiligung Dritter an der Jagdausübung wird so flexibler und unbürokratischer gehandhabt.

II. Absatz 2

2 Die Jagderlaubnis kann örtlich, sachlich und zeitlich beschränkt werden. Die Beschränkungen sind im Jagderlaubnisschein zu vermerken. Der Jagderlaubnisschein ist ein schriftlicher Nachweis darüber, dass der Inhaber im Revier des Ausstellers die Jagd ausüben darf. Bei Mitpächtern bedarf es der Zustimmung aller Mitpächter. Sie können sich aber gegenseitig zur Erteilung von Jagerlaubnissen schriftlich bevollmächtigen. Beschränkungen oder die Untersagung sind seitens der Unteren Jagdbehörde aus Gründen der Jagdpflege oder der öffentlichen Sicherheit möglich. An die Beschränkung oder Untersagung sind jedoch hohe Anforderungen zu stellen.

III. Absatz 3

Ohne Begleitung des oder der Jagdausübungsberechtigten oder einer anerkannten Wildtierschützerin oder eines anerkannten Wildtierschützers darf der Jagdgast die Jagd ausüben, wenn er eine schriftliche Jagderlaubnis bei sich führt. Die Jagdausübung ist nur im Rahmen der Erlaubnis zulässig. Wird sie unbefugt überschritten kann eine Bestrafung wegen Jagdwilderei nach §§ 292, 294 StGB erfolgen. Begleitung bedeutet jedoch nicht, dass sich ein Jagdausübungsberechtigter oder ein Wildtierschützer/eine Wildtierschützerin ständig in unmittelbarer Nähe des Jagdgastes aufhalten muss. Die Entfernung zum Jagdgast muss jedoch so bemessen sein, dass die Berechtigung zum Jagen in kürzester Zeit und zumutbarem Aufwand durch einen befugten Kontrolleur (z. B. Polizei, Forstbeamter in seinem Dienstbezirk) überprüft werden kann. Es ist nicht erforderlich, dass sich die Begleitperson in Sicht oder Hörweise des Jagdgastes befindet. Es genügt, wenn jeder den Aufenthaltsort des anderen kennt, so dass man sich gegenseitig jederzeit erreichen kann. Der Jagdgast der die Jagd ausübt, muss angeben können, wo sich der Begleitende im Jagdrevier aufhält. 3

Im Zweifelsfall ist eine schriftliche Jagderlaubnis angebracht. Angestellte Jäger oder sonst beauftragte Jägerinnen und Jäger nach § 16 Abs. 1 JWMG oder Wildtierschützerinnen und Wildtierschützer nach § 48 JWMG benötigen keine schriftliche Jagderlaubnis.

Die Jagderlaubnis beinhaltet kein Recht auf Ausübung des Wildtierschutzes. Diese steht ausschließlich den Jagdausübungsberechtigten sowie den bestätigten Wildtierschützerinnen und Wildtierschützern sowie den öffentlichen Stellen zu. Die Pflicht krankgeschossenes oder schwerkrankes Wild unverzüglich zu erlegen und es von vermeidbaren Schmerzen und Leiden zu bewahren gilt für Jedermann, der im betreffenden Revier befugt die Jagd ausübt; somit auch für den Jagdgast. 4

Die Jagderlaubnis gewährt lediglich das Recht, ständig oder nicht ständig eine unbestimmte oder bestimmte Zahl von Wild zu erlegen. Der Jagdausübungsberechtigte bleibt vorbehaltlich einer anderen Vereinbarung der Beteiligten, Eigentümer des Wildbrets.

Das Aneignungsrecht des Jagdausübungsberechtigten wird nicht verletzt, wenn er einer Übereignung zustimmt oder er einer Aneignung des Wildes durch den Jagdgast zugestimmt hat. In Jagdpachtverträgen ist die Ausstellung von entgeltlichen Jagderlaubnissen oftmals ausgeschlossen um einer verdeckten Unterverpachtung vorzubeugen. Eine Jagderlaubnis wird gegen Entgelt erteilt, wenn hierfür ein Geldbetrag zu entrichten oder eine bestimmte Gegenleistung für eine Jagderlaubnis (z. B. Bau und Übertragung von Jagdeinrichtungen) zu erbringen ist.

Hegebeiträge sind stets ein Entgelt für die Jagderlaubnis, soweit diese nicht als geringfügig anzusehen sind. Daraus folgt, dass vom Inhaber der 5

Jagderlaubnis eingebrachte Einrichtungen oder Gegenstände auch nach Ende der Jagdausübung in seinem Eigentum bleiben und mitgenommen werden können, es sei denn es wurde etwas Anderes vereinbart.

Bei einer generellen Übertragung des Aneignungsrechts auf den Jagderlaubnisinhaber wird dieser zum Inhaber des Jagdrechts (Unterpächter), was oftmals vom Verpächter nicht gewollt ist.

IV. Absatz 4

6 Hier wird klargestellt, dass der Jagdgast nicht jagdausübungsberechtigte Person im Sinne dieses Gesetzes ist. Da die Jagderlaubnis im Gegensatz zum Jagdausübungsrecht kein absolutes Recht darstellt, steht den Inhabern die Abwehr von Schadensersatzansprüchen bei rechtswidrigen Eingriffen in sein Recht nicht zu. Der Jagdgast übt lediglich fremdes Recht aus. Eine Jagderlaubnis ist jederzeit und ohne Angaben von Gründen widerrufbar.

Auch angestellte Jäger oder beauftragte Jäger im Sinne des § 16 sind nicht Jagdausübungsberechtigte im Sinne des Gesetzes.

Sie üben das Jagdausübungsrecht für den Jagdausübungsberechtigten lediglich im Rahmen eines Anstellungsverhältnisses oder eines Auftragsverhältnisses entgeltlich oder unentgeltlich aus. Auch die Befugnisse der anerkannten Wildtierschützerinnen und Wildtierschützer stehen diesen nicht zu.

Abschnitt 4 Jagdschein

§ 26 Jägerprüfung, Jagdschein

(1) Bei der Jägerprüfung sind ausreichende Kenntnisse und Fertigkeiten auf den in § 15 Absatz 5 des Bundesjagdgesetzes und bei der Falknerprüfung solche auf den in § 15 Absatz 7 des Bundesjagdgesetzes genannten Gebieten nachzuweisen.

(2) Die oberste Jagdbehörde wird ermächtigt, durch Rechtsverordnung das Nähere über die Jägerprüfung und die Falknerprüfung, insbesondere die Zulassungsvoraussetzungen, die jagdliche Ausbildung, die Prüfungsgebiete, die Berufung der Prüferinnen und Prüfer, das Prüfungsverfahren und die Bewertung der Prüfungsleistungen zu regeln (§ 15 Absatz 5 und 7 des Bundesjagdgesetzes).

(3) Die oberste Jagdbehörde kann die Organisation und Durchführung der Jägerprüfung an sachkundige Dritte übertragen (Beleihung), wenn
1. diese zuverlässig sind,
2. keine überwiegenden öffentlichen Interessen entgegenstehen und

3. gewährleistet ist, dass die Vorschriften des Jagdrechts über die Jägerprüfung eingehalten werden.

Die Beleihung kann mit Nebenbestimmungen versehen werden, insbesondere befristet, unter Bedingungen erteilt und mit Auflagen oder dem Vorbehalt des Widerrufs verbunden werden. Die Beleihung und deren Widerruf sind öffentlich bekannt zu machen.

(4) Der Jagdschein wird von der unteren Jagdbehörde erteilt, in deren Bezirk die den Antrag stellende Person ihre Wohnung, bei mehreren Wohnungen ihre Hauptwohnung hat; abweichend von § 13 Absatz 1 Satz 2 Nummer 3 des Nationalparkgesetzes (NLPG) ist die Nationalparkverwaltung des Nationalparks Schwarzwald nicht für Entscheidungen nach den §§ 15 bis 18 a des Bundesjagdgesetzes zuständig. Hat die den Antrag stellende Person im Geltungsbereich des Grundgesetzes keine Wohnung, ist die untere Jagdbehörde zuständig, in deren Bezirk die den Antrag stellende Person die Jagd ausüben will. Jagdscheine werden nach § 15 des Bundesjagdgesetzes als Tagesjagdschein, als Einjahresjagdschein für die Dauer eines Jagdjahres oder als Dreijahresjagdschein für die Dauer von drei Jagdjahren ausgestellt.

(5) Für die Zulassung von Ausnahmen nach § 15 Absatz 6 des Bundesjagdgesetzes ist die untere Jagdbehörde zuständig, in deren Bereich die Bewerberin oder der Bewerber die Jagd ausschließlich oder vornehmlich ausüben will.

I. Allgemeines

Der vierte Abschnitt des JWMG enthält verschiedene Regelungen, die zwar in einem sachlichen Zusammenhang mit der Erteilung des Jagdscheins stehen, die indes nicht in die dem Bund ausschließlich zustehende Kompetenz des Rechts der Jagdscheine eingreifen; denn mit Blick auf diese Materie besitzt das Land keine Gesetzgebungskompetenz. Die nunmehr im Gesetz befindlichen Regelungen nehmen die bisher im LJagdG a. F. enthaltenen Regelungen zur Jägerprüfung und zur Erteilung des Jagdscheins auf und enthalten Bestimmungen über Gebühren für Jagdschein und Jägerprüfung und die Jagdabgabe. 1

II. Absatz 1

§ 26 übernimmt im Wesentlichen die bisherige Regelung des § 14 LJagdG a. F. 2
So sind nach Abs. 1 bei der Jägerprüfung ausreichende Kenntnisse und Fertigkeiten in den bundesgesetzlich vorgegebenen Gebieten nachzuweisen, und zwar im Rahmen einer Prüfung. Eine weitergehende Ausgestaltungs-

befugnis kommt dem Land nicht zu, insbesondere keine Befugnis zur Verschärfung der Prüfungsanforderungen.

III. Absatz 2

3 Aufgrund von Abs. 2 wird die oberste Jagdbehörde ermächtigt, durch Erlass einer entsprechenden Verordnung die Jägerprüfung und die Falknerprüfung näher auszugestalten und dabei die Zulassungsvoraussetzungen ebenso zu konkretisieren wie die jagdliche Ausbildung (neu in das JWMG aufgenommen), die Prüfungsgebiete, die Berufung der Prüferinnen und Prüfer, das Prüfungsverfahren und die Bewertung der Prüfungsleistungen. Diese gesetzliche Ermächtigung zum Erlass der Rechtsverordnung ist hinreichend bestimmt, da sie das Programm, das durch die Rechtsverordnung konkretisiert und verwirklicht wird, mit hinreichender Bestimmtheit ausgestaltet und daher dem verfassungsrechtlich vorgegebenen Grundsatz der Vorhersehbarkeit genügt.

IV. Absatz 3

4 Abs. 3 ermächtigt die oberste Jagdbehörde, die Organisation und Durchführung der Jägerprüfung an sachkundige Dritte zu übertragen. Damit ist die Möglichkeit der Beleihung im Gesetz niedergelegt – wobei die gesetzliche Fundierung einer solchen Übertragung zugleich zwingende rechtsstaatliche Voraussetzung ist, um die Erfüllung staatlicher Aufgaben auf Private auslagern zu können. In der Praxis werden mit dieser Aufgabe in erster Linie die Kreisjägervereinigungen betraut werden, da bei diesen davon auszugehen ist, dass sie die in S. 1 Nrn. 1 – 3 genannten Voraussetzungen erfüllen. Die Beleihung kann mit Nebenbestimmungen versehen werden, was sich nach § 36 LVwVfG richtet. Beleihung und Widerruf sind öffentlich bekannt zu machen.

V. Absatz 4

5 Abs. 4 enthält verfahrensrechtliche Bestimmungen im Zusammenhang mit der Erteilung des Jagdscheins. Danach wird der Jagdschein von der für den Bezirk des Wohnsitzes des Bewerbers zuständigen unteren Jagdbehörde erteilt. Er wird als Tagesjagdschein (für 14 aufeinander folgende Tage), als Einjahresjagdschein oder als Dreijahresjagdschein für die Dauer von drei Jagdjahren nach bundeseinheitlichem Muster erteilt, Abs. 4 S. 3. Die zeitliche Befristung der Jagdscheine auf ein oder drei Jahre ermöglicht der Behörde die präventive Kontrolle über das Vorliegen der Zuverlässigkeitsvoraussetzungen nach § 17 BJagdG. Das Jagdjahr beginnt am 1. April und endet am 31. März des folgenden Jahres. Der Jagdschein gilt im gesamten

Bundesgebiet. Neben der Gebühr für den Jagdschein ist eine Jagdabgabe zu entrichten, vgl. §§ 27, 28.

Voraussetzung für die erste Erteilung eines Jagdscheins ist, dass der Bewerber in der Bundesrepublik Deutschland die Jägerprüfung bestanden hat. Inhalt und Verfahren der Jägerprüfung in Baden-Württemberg sind in der JPrO sowie der JPrOVwV festgelegt. Für die Zulassung zur Jägerprüfung ist der Besuch einer von der unteren Jagdbehörde anerkannten Ausbildungsstätte (§ 5 JPrO) erforderlich. Bislang war dem Landesjagdverband die Organisation und Durchführung der Jägerprüfung in Baden-Württemberg im Wege der Beleihung übertragen. Bei den ihm übertragenen Aufgaben unterliegt der Landesjagdverband der Rechts- und Fachaufsicht des zuständigen Ministeriums. Das Ministerium ist Widerspruchsbehörde und Klagegegner bei Streitigkeiten im Zusammenhang mit der Durchführung der Jägerprüfung. 6

Für einen deutschen Staatsangehörigen ist stets die deutsche Jägerprüfung erforderlich. Eine im Ausland abgelegte Jägerprüfung eines Deutschen kann nicht anerkannt werden, da Ausnahmen nur für Ausländer zugelassen werden können. Auf § 15 Abs. 6 BJagdG, der bei der Erteilung eines Ausländerjagdscheines Ausnahmen vom Bestehen der Jägerprüfung zulässt, können sich deutsche Staatsangehörige nicht berufen, was weder gegen Art. 3 GG noch gegen das unionsrechtliche Diskriminierungsverbot verstößt (BayVGH, Urt. vom 20.10.1994). Die Ausnahmeregelungen in § 15 Abs. 5 BJagdG vorletzter und letzter Satz sind abschließend. 7

Ob einem ausländischen Bewerber ein Jahresjagdschein für Ausländer erteilt werden kann, ist im Ermessenswege zu entscheiden. Zuständig ist die Jagdbehörde, in deren Bereich der Bewerber die Jagd ausschließlich oder vornehmlich ausüben will (§ 14 Abs. 4 LJagdG a. F.). Nach den ministeriellen Richtlinien entsprechen der deutschen Jägerprüfung nur die Jagdscheine aus Österreich, Schweden und der Schweiz (nur die Kantone Basel-Land, Schaffhausen, Thurgau und Aargau). Die einzelnen Bundesländer handhaben die Anerkennung ausländischer Jägerprüfungen unterschiedlich. Darin sieht der VGH BW keinen Verstoß gegen den Gleichheitsgrundsatz. Der Anspruch auf Gleichbehandlung besteht nur gegenüber der konkret zuständigen Verwaltungsbehörde (VGH BW, Urt. vom 14.1.1999). Im Übrigen sind die Anforderungen bei der Jägerprüfung in den einzelnen Bundesländern auch unterschiedlich, sollen aber in naher Zukunft vereinheitlicht werden. 8

Tagesjagdscheine für Ausländer können einem ausländischen Bewerber erteilt werden, wenn er in seinem Heimatland die Jägerprüfung bestanden hat. Das BJagdG (§ 15 Abs. 5 u. 6) verbietet nicht, auch die Entscheidung über einen Wiederholungsantrag auf Erteilung eines Ausländerjagdscheines von einer Prüfung der Befähigung des Ausländers zur Jagd abhängig zu machen (OVG Hamburg, Urt. vom 23.3.1995).

9 Wer die Jagd ausübt, obwohl er keinen gültigen Jagdschein mit sich führt oder den Jagdschein auf Verlangen nicht vorzeigt, handelt ordnungswidrig (vgl. § 39 Abs. 1 Nr. 9 und Abs. 2 Nr. 1 BJagdG). Der Nichtbesitz eines Jahresjagdscheines hat Folgen für die Jagdpacht (vgl. § 11 Abs. 5 und 6, § 13 BJagdG). Wer Schusswaffen zur befugten Jagdausübung, zum Jagdschutz oder im Zusammenhang damit führt, benötigt keinen Waffenschein. Befugte Jagdausübung bedeutet, dass das materielle Recht (Jagderlaubnis) und das formelle Recht (gültiger Jagdschein) vorhanden sein müssen.

10 Die erste Erteilung eines Falknerjagdscheines ist davon abhängig, dass der Bewerber zusätzlich zur eingeschränkten Jägerprüfung eine Falknerprüfung bestanden hat (vgl. § 15 Abs. 7 BJagdG, § 16 JPrO).

11 Fehlen die Zuverlässigkeit oder persönliche Eignung i. S. der §§ 5 und 6 WaffG, darf nur ein Falknerjagdschein erteilt werden.

12 Eine Ergänzung weist Abs. 4 gegenüber der bisherigen Rechtslage insofern auf, als für Entscheidungen nach den Vorschriften des BJagdG zu Jagdscheinen die Nationalparkverwaltung des Nationalparks Schwarzwald nicht betroffen ist; es bleibt danach bei der Zuständigkeit der unteren Jagdbehörden der betroffenen Landkreise.

§ 27 Gebühren für Jagdschein und Jägerprüfung

Für die Erteilung des Jagdscheines und die Teilnahme an der Jägerprüfung werden Gebühren erhoben. Für die Erhebung der Gebühren und Auslagen gilt bei Wahrnehmung dieser Aufgaben durch die Landratsämter oder durch Dritte das Landesgebührengesetz und bei Wahrnehmung dieser Aufgaben durch die Stadtkreise das Kommunalabgabengesetz.

1 § 27 übernimmt vollumfänglich die bisherige Regelung des § 14a LJagdG a. F. Danach können für die Erteilung des Jagdscheines und die Teilnahme an der Jägerprüfung Gebühren erhoben werden, da es sich insoweit um Leistungen der Verwaltung handelt. Lediglich die Rechtsgrundlage für die Erhebung der Gebühren ist eine andere, je nachdem, welche Behörde die Aufgaben wahrgenommen hat.

§ 28 Jagdabgabe

(1) Neben der Gebühr für den Jagdschein ist eine Jagdabgabe zu entrichten, die an das Land abzuführen und für Zwecke der Jagdförderung, der jagdlichen und wildbiologischen Forschung sowie der Wildschadensverhütung zu verwenden ist. Die anerkannten Vereinigungen der Jägerinnen und Jäger können Vorschläge für die Verwendung der Mittel aus der Jagdabgabe im Rahmen der Zweckbestimmung nach Satz 1 einreichen. Die

oberste Jagdbehörde entscheidet über die Verwendung nach Anhörung derjenigen anerkannten Vereinigungen der Jägerinnen und Jäger, welche die Inhaberinnen und Inhaber eines baden-württembergischen Jahresjagdscheines für Inländer oder diesen Gleichgestellte vertreten, die zusammen mehr als 25 vom Hundert des jährlichen Aufkommens an der Jagdabgabe aufbringen.

(2) Für die Jagdabgabe finden die §§ 9, 11, 18, 21 und 22 des Landesgebührengesetzes entsprechende Anwendung.

(3) Die oberste Jagdbehörde wird ermächtigt, durch Rechtsverordnung im Einvernehmen mit dem Finanzministerium die Höhe der Jagdabgabe festzusetzen. Beim Tagesjagdschein beträgt die Jagdabgabe mindestens 20 Euro und höchstens 30 Euro. Im Übrigen beträgt sie für jedes Jagdjahr, für das der Jagdschein gültig ist, mindestens 38 Euro und höchstens 60 Euro.

I. Absatz 1

§ 28 übernimmt im Wesentlichen die Regelung des § 14b LjagdG a.F. Die 1
an das Land abzuführende und neben der Gebühr für den Jagdschein zu erhebende Jagdabgabe ist für Zwecke der Jagdförderung, der jagdlichen und wildbiologischen Forschung sowie der Wildschadensverhütung zu verwenden. Dabei kommt den anerkannten Vereinigungen der Jägerinnen und Jäger ein Vorschlagsrecht hinsichtlich der Verwendung der Mittel aus der Jagdabgabe zu, die indes auf Zwecke der Jagdförderung, der jagdlichen und wildbiologischen Forschung und der Wildschadensverhütung begrenzt sein müssen. Die Entscheidung der obersten Jagdbehörde erfolgt nach Anhörung derjenigen anerkannten Vereinigungen der Jägerinnen und Jäger, die zusammen mehr als 25 % des jährlichen Aufkommens an der Jagdabgabe aufbringen. Dies bedeutet eine Absenkung der bisherigen Anforderungen des Anhörungsrechts einer Vereinigung nach § 38 Abs. 3 LJagdG a.F. um die Hälfte, da nach dieser Bestimmung Vereinigungen der Jäger solche waren, die nachweislich mehr als die Hälfte der Inhaber eines baden-württembergischen Jahresjagdscheins für Inländer oder diesen Gleichgestellte vertraten. Mit dieser Regelung will der Gesetzgeber der Pluralität in der Verbandsorganisation Rechnung tragen.

II. Absatz 2

Abs. 2 verweist im Zusammenhang mit der Erhebung der Jagdabgabe auf 2
die insoweit einschlägigen Bestimmungen des Landesgebührengesetzes. Damit hat der Gesetzgeber § 14b Abs. 1 S. 2 LJagdG a.F. in das JWMG übernommen, freilich mit der Ergänzung um den Verweis auf § 9 Landesgebührengesetz.

III. Absatz 3

3 Abs. 2 enthält eine Verordnungsermächtigung zur Bestimmung der Höhe der Jagdabgabe. Damit wird die Regelung des § 14b Abs. 2 LJagdG a. F. übernommen, freilich mit der Klarstellung, dass die Abgabe für jedes Jagdjahr berechnet wird. Abs. 3 gibt einen betragsmäßigen Rahmen mit Ober- und Untergrenzen für den Tagesjagdschein und den Jagdschein vor, ohne nähere Kriterien für die Bestimmung der Abgabe aufzuführen.

Abschnitt 5 Besondere Rechte und Pflichten bei der Jagdausübung

§ 29 Wegerecht

Wer die Jagd ausübt, aber den Weg zum Jagdbezirk nicht auf einem zum allgemeinen Gebrauch bestimmten Weg oder nur auf einem unzumutbaren Umweg nehmen kann, ist zum Betreten und, soweit erforderlich, zum Befahren eines fremden Jagdbezirks in Jagdausrüstung auch auf einem nicht zum allgemeinen Gebrauch bestimmten Weg befugt, der nötigenfalls von der unteren Jagdbehörde festgelegt wird (Jägernotweg). Bei Benutzung des Notwegs dürfen Schusswaffen nur ungeladen und in einem Überzug oder mit verbundenem Schloss oder zerlegt mitgeführt werden. Der Eigentümer oder die Eigentümerin des Grundstücks, über das der Notweg führt, hat Anspruch auf eine angemessene Entschädigung.

1 § 29 JWMG übernimmt den Regelungsgehalt des § 15 LJagdG a. F. Die Norm ist insoweit wortgleich bis auf die nunmehr geschaffene Ausnahme, dass Hunde nicht mehr an der Leine geführt werden müssen und nunmehr ausdrücklich auch das „Befahren" erlaubt ist.

2 Auf den Jägernotweg besteht ein Rechtsanspruch, wenn ein Jagdbezirk von den zur Jagdausübung Befugten nicht auf einem zum allgemeinen Gebrauch bestimmten Weg oder nur auf einem unzumutbaren Umweg erreicht werden kann. Allerdings kommt dem Jägernotweg in der Praxis keine Bedeutung mehr zu. Vielmehr ist vom Sachverhalt des Jägernotwegs die in der Praxis häufig vorkommende Problematik der Benutzung eines Feld- oder Waldweges durch einen fremden Jagdbezirk als Zufahrt zum eigenen Revier zu unterscheiden. Hier finden eben die Regeln des § 29 JWMG keine Anwendung, da der benutzte Wald- oder Feldweg regelmäßig zum allgemeinen Gebrauch bestimmt ist und somit ein Weg vorhanden ist.

3 Die Benutzung solcher Feld- und Waldwege zum Zwecke des Gelangens in das eigene Revier durch ein fremdes Jagdrevier ist dann erlaubt, wenn der Weg für land- und/oder forstwirtschaftliche Zwecke oder für Anlieger

frei gegeben ist und keine wesentlichen Beeinträchtigungen des fremden Jagdausübungsrechts verursacht werden (so auch *Mark G. v. Pückler*, in: Wild und Hund 10/2006, 108, 110).

§ 30 Jagdeinrichtungen

(1) Die jagdausübungsberechtigte Person darf auf land- und forstwirtschaftlich genutzten Grundstücken besondere Anlagen wie Ansitze, Jagdhütten, Futterplätze und andere ähnliche Jagdeinrichtungen nur mit Zustimmung der Grundeigentümerin oder des Grundeigentümers errichten; die Eigentümerin oder der Eigentümer ist zur Erteilung der Zustimmung verpflichtet, wenn ihr oder ihm die Duldung der Anlage zugemutet werden kann und sie oder er eine angemessene Entschädigung erhält.

(2) In gemeinschaftlichen Jagdbezirken sind die nach Absatz 1 auf fremdem Grund und Boden errichteten Ansitze der Jagdnachfolgerin oder dem Jagdnachfolger auf ihr oder sein Verlangen gegen angemessene Entschädigung zu überlassen.

(3) Das Betreten von Jagdeinrichtungen ohne besondere Befugnis ist nicht zulässig.

I. Absatz 1

Abs. 1 übernimmt weitestgehend den Regelungsinhalt des § 16 Abs. 1 LJagdG a. F., wobei die Beispielsaufzählung auf die Jagdeinrichtungen mit der größeren Bedeutung beschränkt ist. Von dem Begriff „Anlagen" sind auch Kanzeln, Leitern, Hochsitze, Erdsitze, Sitzschirme, Salzlecken, Pirschwege, Luderplätze, Wildäcker, Fangbunker, Wildkameras o. Ä. erfasst. Auch wurde der Begriff der „Futterplätze" wieder mit aufgenommen. **1**

Der ehemals in § 16 Abs. 1 LJagdG a. F. verwendete Begriff der „Genehmigung" wurde durch den juristisch korrekten zusammenfassenden Begriff der „Einwilligung" ersetzt. **2**

Die Einwilligung ist vor Errichtung der Anlage einzuholen. Sie ist dann zu erteilen, wenn zwei Voraussetzungen gegeben sind. Zum einen muss die Errichtung der Anlage dem Grundeigentümer zugemutet werden können. Zum anderen ist gegebenenfalls eine angemessene Entschädigung zu zahlen. **3**

II. Absatz 2

Abs. 2 übernimmt wortgleich den Regelungsgehalt des früheren § 16 Abs. 2 LJagdG a. F. **4**

III. Absatz 3

5 Neu hinzugefügt wurde Abs. 3, wonach das Betreten von Jagdeinrichtungen ohne besondere Befugnis unzulässig ist. Diese sprachliche und damit rechtliche Klarstellung ist zu begrüßen. Das Benutzen fremden Eigentums ist stets unbefugt. Das Besteigen eines Hochsitzes ist nicht immer erst dann unbefugt, wenn der Jagdpächter ein Verbotsschild angebracht hat (OLG Stuttgart, Urteil vom 12.11.1976 – 5086/76, VersR 1977, 384 – a. A. OLG Braunschweig, Urteil vom 25.9.1991 – 3 U 106/90; LG Gießen, Urteil vom 28.2.2001 – 1 S 497/00.

§ 31 Sachliche Verbote

(1) Verboten ist im Rahmen der Jagdausübung,

1. ohne eine innerhalb der zurückliegenden 12 Monate unternommene Übung in der Schießfertigkeit an Bewegungsjagden teilzunehmen oder mit Schrot auf Vögel zu schießen,

2. mit Schrot auf Schalenwild zu schießen, ausgenommen ist der Fangschuss,

3. auf Wildtiere mit Bolzen oder Pfeilen, Posten oder gehacktem Blei zu schießen,

4. Schalenwild mit Munition, deren Inhaltsstoffe ein nachgewiesenes Risiko für eine Gefährdung der Gesundheit von Verbraucherinnen und Verbrauchern bei Verzehr des Wildbrets besitzen, zu erlegen, ausgenommen ist der Fangschuss,*

5. mit Bleischrot die Jagd an und über Gewässern auszuüben,

6. mit Schrot in Vogelgruppen zu schießen, es sei denn, eine Verletzung von Vögeln durch Randschrote ist nach dem gewöhnlichen Geschehensablauf nicht zu erwarten,

7. a) auf Rehwild mit Büchsenpatronen zu schießen, deren Auftreffenergie auf 100 Meter (E 100) weniger als 1000 Joule beträgt; ausgenommen ist der Fangschuss,

b) auf alles übrige Schalenwild mit Büchsenpatronen unter einem Kaliber von 6,5 mm zu schießen; im Kaliber 6,5 mm und darüber müssen die Büchsenpatronen eine Auftreffenergie auf 100 Meter (E 100) von mindestens 2000 Joule haben; ausgenommen ist der Fangschuss,

c) auf Wildtiere mit halbautomatischen oder automatischen Waffen, die mehr als zwei Patronen in das Magazin aufnehmen können, zu schießen,

---

* § 31 Absatz 1 Nummer 4 tritt am 1. Januar 2016 in Kraft.

d) **auf Wildtiere mit Pistolen oder Revolvern zu schießen; ausgenommen ist die Abgabe von Fangschüssen, wenn die Mündungsenergie der Geschosse mindestens 200 Joule beträgt, sowie die Bau- und Fallenjagd, wenn die Mündungsenergie der Geschosse mindestens 100 Joule beträgt,**

8. **die Bewegungsjagd bei Nacht oder, wenn Wildtiere durch besondere Umstände großflächig einer stark erhöhten Verletzungsgefahr ausgesetzt sind, auszuüben,**
9. **Schalenwild sowie Federwild zur Nachtzeit zu erlegen; als Nachtzeit gilt die Zeit von eineinhalb Stunden nach Sonnenuntergang bis eineinhalb Stunden vor Sonnenaufgang; ausgenommen von dem Verbot ist das Erlegen von Schwarzwild und in der Zeit nach Sonnenuntergang bis 22 Uhr das Erlegen von weiblichem Rotwild und Rotwildkälbern,**
10. a) **künstliche Lichtquellen, Spiegel, Vorrichtungen zum Anstrahlen oder Beleuchten des Zieles und Nachtzielgeräte, die einen Bildwandler oder eine elektronische Verstärkung besitzen und für Schusswaffen bestimmt sind, beim Fang oder Erlegen von Wildtieren zu verwenden,**

    b) **Tonbandgeräte oder elektrische Schläge erteilende Geräte beim Fang oder Erlegen von Wildtieren zu verwenden sowie zur Nachtzeit an künstlichen Lichtquellen Federwild zu fangen,**

    c) **Vogelleim, Fallen, Angelhaken, Netze, Reusen oder ähnliche Einrichtungen sowie lebende Lockvögel bei der Jagd auf Federwild zu verwenden,**
11. **Saufänge, Fang- oder Fallgruben anzulegen,**
12. **Schlingen jeder Art, in denen sich ein Wildtier fangen kann, aufzustellen,**
13. **Selbstschussgeräte zu verwenden,**
14. **Wildtiere aus Luftfahrzeugen, Kraftfahrzeugen oder fahrenden Wasserfahrzeugen zu erlegen; das Verbot umfasst nicht das Erlegen von Wildtieren aus Kraftfahrzeugen durch Körperbehinderte mit Erlaubnis der unteren Jagdbehörde,**
15. **die Hetzjagd auf gesunde Wildtiere auszuüben,**
16. **Wildtiere zu vergiften oder vergiftete oder betäubende Köder zu verwenden,**
17. **die Baujagd mit einem Hund am Naturbau auszuüben, es sei denn, sie ist erforderlich, um eine Gefahr für die öffentliche Sicherheit abzuwehren,**
18. **Arzneimittel, natürliche und synthetische Lockmittel, die aufgrund ihrer Inhaltsstoffe die Gesundheit von Wildtieren oder Menschen gefährden können, sowie Lockmittel, die Tierseuchen verbreiten können, an Wildtiere zu verabreichen oder auszubringen.**

(2) Die in Absatz 1 Nummer 7 Buchstabe a und b vorgeschriebenen Energiewerte und Mindestkaliber können unterschritten werden, wenn von einem staatlichen oder staatlich anerkannten Fachinstitut die Verwendbarkeit der Munition für bestimmte jagdliche Zwecke und die tierschutzgerechte Tötungswirkung bestätigt wird. Auf der kleinsten Verpackungseinheit der Munition sind das Fachinstitut, das die Prüfung vorgenommen hat, sowie der Verwendungszweck anzugeben.

(3) Die oberste Jagdbehörde wird ermächtigt, die Verbote des Absatzes 1 durch Rechtsverordnung zu erweitern oder einzuschränken, soweit dies aus besonderen Gründen erforderlich ist, insbesondere aus Gründen der Tierseuchenbekämpfung, zur Vermeidung erheblicher land-, forst- und fischereiwirtschaftlicher Schäden, zur Abwehr von Gefahren für Leib oder Leben von Menschen oder für erhebliche Sachwerte, zum Schutz der Wildtiere, aus Gründen des Tierschutzes, zu wissenschaftlichen Lehr- und Forschungszwecken oder bei Störung des biologischen Gleichgewichts. Unter den gleichen Voraussetzungen können die Verbote auch durch Einzelanordnung der obersten Jagdbehörde eingeschränkt und Ausnahmen zugelassen werden. Einschränkungen und Ausnahmen sind nur unter Beachtung der Vorgaben des § 9 zulässig.

(4) Die oberste Jagdbehörde wird ermächtigt, durch Rechtsverordnung die Zuständigkeit für bestimmte Einzelanordnungen nach Absatz 3 Satz 2 auf die oberen oder unteren Jagdbehörden zu übertragen.

(5) Die untere Jagdbehörde kann aus besonderen Gründen im Sinne des Absatzes 3 unter Beachtung der Vorgaben des § 9 Ausnahmen zulassen von den Verboten des Absatzes 1 Nummer 9.

1 Bisher waren die sachlichen Verbote in § 19 BJagdG, § 23 LJagdG a.F. und § 6 LJagdG DVO geregelt. Diese sind nunmehr abschließend in § 31 JWMG enumerativ aufgezählt. Gemäß § 31 Abs. 3 JWMG wird die oberste Jagdbehörde ermächtigt, diese Verbote durch Rechtsverordnung zu erweitern oder einzuschränken, soweit dies aus besonderen Gründen erforderlich ist. Darüber hinaus wird die oberste Jagdbehörde gemäß § 31 Abs. 4 JWMG weiter ermächtigt, durch Rechtsverordnung die Zuständigkeit für bestimmte Einzelanordnungen nach Abs. 3 S. 2 JWMG auf die oberen oder unteren Jagdbehörden zu übertragen. § 31 Abs. 5 JWMG regelt, dass die untere Jagdbehörde aus besonderen Gründen im Sinne des Abs. 3 dieser Norm unter Beachtung der Vorgaben des § 9 JWMG (Vorgaben des Artenschutzrechts) Ausnahmen von den Verboten des Abs. 1 Nr. 9 zulassen kann.

2 Folgende Regelungen (sachliche Verbote), die bisher in § 19 Abs. 1 BJagdG geregelt waren, entfallen künftig:

- das Verbot der Lappjagd innerhalb von 300 Metern von der Bezirksgrenze, sowie das Verbot, die Jagd durch Abklingeln der Felder auszuüben, da diesen Jagdarten in Baden-Württemberg keine praktische Bedeutung mehr zukommt,
- die Ausnahme vom Verbot der Jagd auf Federwild zur Nachtzeit mangels praktischer und rechtlicher Anwendungsfelder,
- das Verbot, Belohnungen für den Abschuss oder Fang von Federwild auszusetzen, zu geben oder zu empfangen,
- die Netzjagd auf Seehunde, da diese Tierart in Baden-Württemberg nicht vorkommt,
- das Verbot der Such- und Treibjagd auf Waldschnepfen im Frühjahr mit der Begründung, dass es aufgrund veränderter Rahmenbedingungen in Baden-Württemberg keine praktische Notwendigkeit mehr gebe,
- das Verbot der Brackenjagd auf einer Fläche von weniger als 1.000 ha. Dies ebenfalls mit der Begründung, dass aufgrund veränderter Rahmenbedingungen in Baden- Württemberg keine praktische Notwendigkeit für dieses Verbot mehr besteht,
- das Verbot zum Sammeln von Abwurfstangen ohne schriftliche Erlaubnis des Jagdausübungsberechtigten. Diese Handlungen sind aufgrund des dem Jagdausübungsberechtigten zustehenden Aneignungsrechts und damit durch die Verwirklichung des in Betracht kommenden Straftatbestandes der Wilderei bereits erfasst,
- das Verbot zum spätesten Zeitpunkt für das Aussetzen von eingefangenen und aufgezogenen Wildtieren, da dafür die Beschränkung des Aussetzens der dort genannten einzelnen Wildtiere in Baden-Württemberg keine Notwendigkeit besteht. Die Regelungen zum Aussetzen von Wild sind nunmehr in § 37 JWMG neu gefasst.

Folgende neuen sachlichen Verbote, die teils jedoch nur neu untergliedert 3
sind, werden nunmehr von § 31 JWMG umfasst:

I. Absatz 1

1. Nummer 1

Neu aufgenommen wurde nunmehr das Verbot an Bewegungsjagden teilzu- 4
nehmen oder mit Schrot auf Vögel zu schießen ohne sich innerhalb der zurückliegenden 12 Monate in der Schießfertigkeit geübt zu haben. Begründet wird dies damit, dass für diese Jagdarten besondere Anforderungen an die Schießfertigkeit zum Schutz von Personen und anderer Rechtsgüter zu stellen sind. Hierbei handelt es sich um die Übung der Schießfertigkeit und damit nicht um die Erbringung einer bestimmten Schießleistung. Ob und wie die Übung nachgewiesen werden muss, lässt das Gesetz offen.

2. Nummer 2 und Nummer 3

5 Diese entsprechen dem § 19 Abs. 1 Nr. 1 des BJagdG mit der Ausnahme, dass nunmehr der Schrotschuss auf Schalenwild als Fangschuss erlaubt ist. Dies war bereits in der Vergangenheit einhellige Meinung, wenn der Schrotschuss das einzige Mittel ist, Schalenwild von vermeidbaren Schmerzen und Qualen zu befreien. So bisher auch sinngemäß § 22a BJagdG. Die Ausnahme ist nunmehr erstmals kodifiziert. Flintenlaufgeschosse fallen nicht unter den Begriff von Posten (Schrote mit großen Durchmessern).

3. Nummer 4

6 Diese Norm betrifft insbesondere das Verbot der Verwendung von Bleimunition. Begründet wird dieses Verbot mit der Stellungnahme des Bundesinstituts für Risikobewertung vom 3.12.2010 (Nr. 040/2011), wonach Menschen durch den Verzehr von mit Blei kontaminiertem Wildfleisch Gesundheitsschädigungen erleiden können. Insoweit sollten diese vermeintlichen Gefahren durch ein Verbot bleihaltiger Munition bei der Jagd auf Schalenwild wirksam ausgeschlossen werden. Mittelbar soll dieses Verbot auch Tiere, die das Fleisch von erlegten Tieren möglicherweise aufnehmen, schützen. Weiter wird in der Begründung ausgeführt, dass bei der Beurteilung, ob eine gesundheitsschädigende Wirkung vorliegt, insbesondere die in Artikel 14 Absatz 4 Verordnung (EG) Nr. 178/2002 genannten Gesichtspunkte zu berücksichtigen sind und für deren Nachweis eine Stellungnahme des Bundesinstituts für Risikobewertung besondere Bedeutung zukommt.

Die nunmehr in Nummer 4 gewählte Formulierung ist für den Adressaten zu unbestimmt. Die Rede ist lediglich von Inhaltsstoffen, für die ein nachgewiesenes Risiko für eine Gefährdung der Gesundheit von Verbraucherinnen und Verbrauchern nachgewiesen ist. Bei welchen Inhaltstoffen dies der Fall sein soll, lässt das Gesetz offen. Auch ist der Stoff Blei nicht explizit aufgeführt oder erwähnt. Darüber hinaus ist ungeklärt, welche anderen Stoffe gegebenenfalls ebenfalls eine Gefährdung für die Gesundheit darstellen.

Weiter stellt sich vorliegend die Frage, ob das Land Baden- Württemberg diesbezüglich überhaupt Gesetzgebungskompetenz besitzt. Da der Regelungsbereich der Munition originär dem Waffenrecht zuzuordnen ist, ist das Waffengesetz als Bundesgesetz einer Änderung durch die Länder nicht zugänglich.

Weiter könnte ein solches Bleiverbot nach Auffassung der EU-Kommission gegen die europäische Chemikalienverordnung REACH verstoßen. Will ein EU Mitgliedstaat eine Substanz verbieten lassen, muss dieser Staat sein Verbot umfassend begründen und die benannten Gefahren per Gutachten nachweisen. Insoweit ist die EU der Auffassung, dass ein Dossier zur Gefahrenermittlung durch Blei erarbeitet und der zuständigen Behörde ECHA (European Chemicals Agency) vorgelegt werden müsse.

Auf Grund der divergierenden Meinungen ist zu erwarten, dass bei der kurzfristig anstehenden Novellierung des Bundesjagdgesetzes hinsichtlich eines Bleiverbotes eine bundesgesetzliche und einheitliche Regelung auf den Weg gebracht werden wird, die den oben genannten Bedenken Rechnung trägt.

4. Nummer 5

Hier wird im Wesentlichen § 6 der LJagdG DVO übernommen, wonach **7**
Bleischrot für die Jagd an und über Gewässern verboten ist.

5. Nummer 6

Neu ist das Verbot mit Schrot in Vogelgruppen zu schießen, es sei denn, **8**
eine Verletzung von Vögeln durch Randschrote ist nach dem gewöhnlichen Geschehensablauf nicht zu erwarten. Begründet wird dieses Verbot damit, dass eine Gefährdung von einzelnen Vögeln durch Randschrote abseits der Schrotgarbe gegeben ist und mit dieser Norm ausgeschlossen werden könne. Ob insoweit der Schuss auf Vogelgruppen zulässig ist, hängt von der Einschätzung des jeweiligen Schützen, von der Entfernung zwischen den einzelnen Vögeln, der Schussdistanz sowie der eingesetzten Waffe ab.

6. Nummer 7

a) Das Verbot regelt die Mindestauftreffenergie. Dieses Verbot entspricht **9**
im Wesentlichen dem § 19 Abs. 1 Nr. 2a BJagdG wobei nunmehr die in Baden-Württemberg nicht vorkommenden Seehunde nicht mehr erfasst sind und nunmehr klarstellend ergänzt wird, dass zum Zwecke des Fangschusses aus Tierschutzgründen von diesem Verbot abgewichen werden kann.

b) Das Verbot betrifft das Mindestkaliber. Dieses Verbot übernimmt vollumfänglich den Regelungsgehalt des § 19 Abs. 1 Nr. 2 BJagdG ebenfalls mit der ergänzenden Ausnahmeregelung zum Fangschuss aus Tierschutzgründen.

c) Die Regelung übernimmt den Regelungsinhalt des § 19 Abs. 1 Nr. 2c BJagdG.

d) In dieser Regelung werden nunmehr § 19 Abs. 1 Nr. 2d BJagdG sowie der Inhalt des § 23 Abs. 1 Nr. 2 LJagdG a.F. zusammengefasst.

7. Nummer 8

10 Diese Norm verbietet unter bestimmten Voraussetzungen die Bewegungsjagd, so bei Nacht oder wenn Wildtiere durch bestimmte Umstände großflächig einer stark erhöhten Verletzungsgefahr ausgesetzt sind. Dies kann beispielsweise bei hoher Schneelage oder Harsch der Fall sein.

8. Nummer 9

11 Nr. 9 stellt eine Modifizierung der Regelung des § 19 Abs. 1 Nr. 4 BJagdG dar. Entfallen sind die vormaligen Ausnahmen hinsichtlich der Jagd auf Möwen, Waldschnepfen, Auer-, Birk- und Rackelwild. Begründet wird dies damit, dass keine jagdpraktische Notwendigkeit mehr bestehe.

Die Ausnahmeregelung für weibliches Rotwild und Kälber, welche bisher in § 6 LJagdG DVO geregelt war, wurde nunmehr in diese Ziffer übernommen. Zur Begründung wurde ausgeführt, dass das Ziel sei, vermeidbare Beunruhigung zu reduzieren. Allerdings erscheint diese Ausnahmeregelung für Rotwild tierschutzwidrig, da, wie beim Rehwild, auch hier die Problematik des Ansprechens bei schlechten Lichtverhältnissen besteht.

9. Nummer 10

12 a) Der § 19 Abs. 1 Nr. 5 a BJagdG wurde nunmehr in zwei Buchstaben (a und b) aufgeteilt. Das Verbot des Fangens von Federwild zur Nachtzeit an Leuchttürmen und Leuchtfeuern entfällt mangels praktischer Anwendungsfelder.

Zielscheinwerfer sind für Schusswaffen bestimmte Vorrichtungen, die das Ziel beleuchten. Ein Ziel wird dann beleuchtet, wenn es mittels Lichtstrahl bei ungünstigen Lichtverhältnissen oder Dunkelheit für den Schützen erkennbar dargestellt wird. Dabei ist es unerheblich, ob das Licht sichtbar oder unsichtbar (z. B. Infrarot) ist und ob der Schütze weitere Hilfsmittel für die Zielerkennung benötigt. Künstliche Lichtquellen sind Scheinwerfer jeder Art, auch Taschenlampensets, die beim Fang oder Erlegen von Wild aller Art verwendet oder genutzt werden. Mit Feststellungsbescheid hat das BKA solche Lampensets zu verbotenen Gegenständen erklärt (BAnz Nr. 89 vom 11.5.2006).

Nachtsichtgeräte oder Nachtzielgeräte sind für Schusswaffen bestimmte Vorrichtungen, die eine elektronische Verstärkung oder einen Bildwandler und eine Montageeinrichtung für Schusswaffen besitzen. Zu Nachtzielgeräten zählen auch Nachtsichtvorsätze und Nachtsichtaufsätze für Zielhilfsmittel (Zielfernrohre).

c) Hier wurden die Regelungen des § 23 Abs. 1 Nr. 1 LJagdG a. F. und des § 19 Abs. 1 Nr. 5 b BJagdG übernommen. Eine Änderung ist insoweit vorgenommen worden, als dass nur noch der Begriff der lebenden Lockvögel verwendet wird. Dieser Begriff umfasst sowohl geblendete als auch verstümmelte Vögel.

10. Nummer 11

Hier wurde der Regelungsgehalt des § 19 Abs. 1 Nr. 7 BJagdG übernommen. 13

11. Nummer 12

Hier wurde § 19 Abs. 1 Nr. 8 BJagdG insoweit übernommen, als dass nur 14
noch die Aufstellung der Schlingen erfasst wird. Das Verbot der Schlingen gilt auch für Schlingen innerhalb von Fallen. Unter Schlingen versteht man Schleifen aus Draht oder anderen Materialien. In der Regel wird zugleich der Tatbestand des § 17 TierSchG erfüllt sein. Es wird insoweit auch auf § 292 Abs. 2 Nr. 2 StGB verwiesen. Die Herstellung, das Feilbieten und der Erwerb entfallen als der Jagdausübung vorgelagerte Handlungen.

12. Nummer 13

Verbot von Selbstschussgeräten, bisher in § 19 Abs. 1 Nr. 9 BJagdG enthal- 15
ten.

13. Nummer 14

Dieses Verbot modifiziert den Gehalt des § 19 Abs. 1 Nr. 11 BJagdG inso- 16
weit, als dass bei Wasserfahrzeugen eine Jagdausübung nunmehr aus dem stehenden Fahrzeug nicht mehr verboten ist. Die Jagdausübung aus Kraftfahrzeugen ist auch dann nicht zulässig, wenn es sich um krankgeschossenes oder schwerkrankes Wild handelt. Jedoch kann dann der Schuss im Rahmen einer Notstandshandlung gemäß § 34 StGB gerechtfertigt sein.

14. Nummer 15

Hier wurde der Inhalt des § 19 Abs. 1 Nr. 13 BJagdG insoweit übernommen, 17
als dass das Verbot nur mit Blick auf gesunde Tiere gilt. Dies aufgrund der Tatsache, dass sich eine Nachsuche auf verletzte Tiere, die aus Tierschutzgründen geboten ist, als Hetze darstellen könnte.

15. Nummer 16

Hier wurde der Gehalt des § 19 Abs. 1 Nr. 15 BJagdG unverändert übernom- 18
men.

16. Nummer 17

Als neues sachliches Verbot wurde nun ein Verbot der Baujagd mit Hunden 19
am Naturbau eingeführt. Zur Begründung wird ausgeführt, dass es bei die-

ser Form der Jagdausübung zu tierschutzwidrigen Kämpfen zwischen dem Bauhund und dem sich im Bau befindlichen Dachs kommen könne. Beim Kampf von Hund und Dachs im Bau könnten sich die Tiere erhebliche Verletzungen zufügen. Angesichts der verzweigten Bausysteme mit häufig zahlreichen Zugängen könne der Nachweis, dass sich kein Dachs im Bau aufhält, in der Regel nicht mit völliger Gewissheit geführt werden. Vor dem Hintergrund, dass die Bejagung des Dachses effektiv am Ansitz durchgeführt werden könne, sei es aus Tierschutzgründen geboten, die Baujagd einzuschränken. Am Kunstbau hingegen, der durch bauliche Vorkehrungen sicherstellt, dass sich kein Dachs darin aufhalten kann, ist diese Bejagung zulässig. Ebenfalls zulässig ist sie, wenn ohne die Baujagd eine Gefahr für die öffentliche Sicherheit nicht abgewehrt werden kann. Dies könnte beispielsweise dann der Fall sein, wenn Infrastruktureinrichtungen gefährdet sind.

Bei diesem neuen Verbot handelt es sich um eine einschneidende Beschränkung der Baujagd. Erfahrene Baujäger wissen in der Regel, ob der Bau vom Dachs befahren ist oder nicht und werden ihren Hund insoweit auch vorsätzlich keiner offensichtlichen Gefahr aussetzen. Darüber hinaus dient die Baujagd nicht der Dachsbejagung sondern der Fuchsbejagung und ist damit wichtiger Bestandteil der Prädatorenreduktion.

Zulässig dürfte die Baujagd weiterhin dann sein, wenn der Bau aufgrund künstlicher baulicher oder konstruktiver Veränderungen, beispielsweise dem Einbau einer Betonröhre oder dem Verschließen einzelner Öffnungen, nicht mehr als Naturbau zu qualifizieren ist, da eben mit derlei Maßnahmen zum einen die Gewissheit, ob der Bau von Dachsen befahren ist, erlangt werden kann, zum anderen hierdurch die Verletzungsgefahr minimiert wird.

17. Nummer 18

20 Hier wird der Regelungsgehalt des § 20 Abs. 3 LJagdG a.F. übernommen. Ergänzt wird das Verbot um das Ausbringen der genannten Stoffe. Hierdurch wird klargestellt, dass es auch genügt, wenn die verbotenen Stoffe geruchlich aufgenommen werden. Erfasst werden künftig auch natürliche Lockmittel, soweit sie unter Umständen schädliche Wirkungen mit sich bringen können, sowie Lockmittel, die aus seuchenhygienischer Sicht abzulehnen sind.

II. Absatz 2

21 Hier wird der Inhalt des § 19 Abs. 3 BJagdG übernommen und insoweit ergänzt, dass eine tierschutzgerechte Tötungswirkung bestätigt werden muss.

§ 32 Ausübung der Fangjagd mit Fallen

(1) Bei der Verwendung von Fallen ist ein tierschutzgerechter Fang sicherzustellen und dafür Sorge zu tragen, dass Gefahren für Menschen und nicht bejagbare Tiere vermieden werden. Verwendet werden dürfen nur Fallen, deren Bauart zugelassen ist und die auf ihre zuverlässige Funktion überprüft sind.

(2) Lebendfangfallen müssen nach ihrer Bauart so beschaffen sein, dass sie einen unversehrten Fang gewährleisten.

(3) Die Fangjagd mit Fallen, die töten, ist verboten. Unter den Voraussetzungen des § 31 Absatz 3 kann die untere Jagdbehörde ausnahmsweise Totfangfallen zulassen. Totfangfallen müssen nach ihrer Bauart sofortiges Töten gewährleisten und dürfen nur in geschlossenen Räumen, Fangbunkern oder Fanggärten mit geeigneter Verblendung nach oben oder auf andere Weise so aufgestellt werden, dass von ihnen keine Gefährdung von Menschen, besonders geschützten Tieren oder Haustieren ausgeht.

(4) Für Eigentümerinnen, Eigentümer oder Nutzungsberechtigte von Grundflächen, auf denen die Jagd ruht, genügt für eine im Rahmen des § 13 Absatz 4 erlaubte Fangjagd ein Fallensachkundenachweis. Dieser ist zu erteilen, wenn die volljährige Bewerberin oder der volljährige Bewerber an einem mindestens 20 Stunden umfassenden Fallenlehrgang einer auf Grund der Vorschriften der Jägerprüfungsordnung anerkannten ausbildenden Person oder der Jagdschule des Landesjagdverbandes teilgenommen hat. Die oberste Jagdbehörde wird ermächtigt, durch Rechtsverordnung das Nähere über die Erteilung von Sachkundenachweisen, insbesondere das Verfahren zu regeln.

(5) Die oberste Jagdbehörde wird ermächtigt, durch Rechtsverordnung die Bauart bestimmter Fallen zuzulassen sowie nähere Vorschriften zu erlassen über die Funktionenüberprüfung, Verwendung und Registrierung der Fallen und über die Kontrolle des Falleneinsatzes.

Bei den Bestimmungen zur Fallenjagd sind zahlreiche Änderungen vorgenommen worden. Gravierendste Änderung ist das in Abs. 3 nunmehr festgeschriebene Verbot der Jagd mit Totfangfallen. 1

I. Absatz 1

Neu ist nunmehr, dass bei der Verwendung von Fallen sprachlich ein tierschutzgerechter Fang sicherzustellen ist und dafür Sorge zu tragen ist, dass Gefahren für Menschen und nicht bejagbare Tiere vermieden werden. Verwendet werden dürfen nur Fallen, deren Bauart zugelassen ist und die auf ihre zuverlässige Funktion hin überprüft sind. 2

II. Absatz 2

3 Abs. 2 wurde nunmehr sprachlich neu gefasst. Lebendfangfallen müssen nach ihrer Bauart einen unversehrten Fang gewährleisten.

III. Absatz 3

4 Die Fangjagd mit Fallen, die töten, ist nunmehr verboten. Allein unter den Voraussetzungen des § 31 Abs. 3 JWMG kann die untere Jagdbehörde ausnahmsweise Totfangfallen zulassen. Sind diese zugelassen, so müssen sie, wie bisher, sofortiges Töten gewährleisten und dürfen nur in geschlossenen Räumen, Fangbunkern oder Fanggärten mit geeigneter Verblendung nach oben oder auf andere Weise verwendet werden. Eine Gefährdung von Menschen, besonders geschützten Tieren oder Haustieren muss vermieden werden.

IV. Absatz 4

5 Das Recht zur Fallenjagd für Grundstückseigentümer oder Nutzungsberechtigte von Grundflächen, auf denen die Jagd ruht, ist wie bisher erlaubt. Der Bewerber muss volljährig sein und nunmehr einen Fallenlehrgang, der 20 Stunden umfasst (bisher 15 Stunden) bei einer, aufgrund der Vorschriften der Jägerprüfungsordnung anerkannten ausbildenden Person oder der Jagdschule des Landesjagdverbandes, teilgenommen haben.

V. Absatz 5

6 Abs. 5 enthält eine Ermächtigungsgrundlage der obersten Jagdbehörde, durch Rechtsverordnung die Bauart bestimmter Fallen zuzulassen sowie nähere Vorschriften über die Funktionenüberprüfung, Verwendung von Registrierung der Fallen und über die Kontrolle des Falleneinsatzes zu erlassen.

§ 33 Fütterung, Kirrung

(1) Im Rahmen der Hegeverpflichtung nach § 3 Absatz 1 Satz 2 haben die Inhaberinnen und Inhaber des Jagdrechts und die jagdausübungsberechtigten Personen die natürlichen Lebensgrundlagen der Wildtiere zu schützen, zu erhalten und gegebenenfalls zu verbessern, insbesondere durch Maßnahmen der Reviergestaltung und Äsungsverbesserung den Wildtieren eine natürliche Äsung zu sichern.

(2)* Die Fütterung von Schalenwild, einschließlich der Fütterung zur Ablenkung, ist verboten. Abweichend von Satz 1 ist in Ausnahmefällen eine

---

* § 33 Absatz 2 und 3 treten am 1. April 2016 in Kraft.

Fütterung durch jagdausübungsberechtigte Personen nach Maßgabe des Absatzes 3 zulässig, wenn die Fütterung der obersten Jagdbehörde angezeigt und eine Konzeption zur Fütterung vorgelegt wird, welche die Anforderungen der Sätze 3 bis 8 beachtet. Die Konzeption muss wildtierökologische Erkenntnisse beachten, sich insbesondere auf den Lebensraum des Schalenwildes beziehen und mindestens 2 500 Hektar jagdbare Fläche umfassen. Sie muss die verfolgten Ziele, die zu verwendenden Futtermittel und Einrichtungen sowie den Umfang und die Art und Weise der Fütterung darstellen. Eine Fütterung ist nur zulässig, soweit sie aus den in § 31 Absatz 3 genannten Gründen erforderlich ist. Zur Fütterung dürfen nur solche Futtermittel ausgebracht werden, die der natürlichen Nahrung des Schalenwildes entsprechen und artgerecht sind. Ablenkfütterungen für Schwarzwild dürfen im Rahmen der Konzeption nur innerhalb des Waldes und mit einem Abstand von mehr als 300 Metern zum Waldrand betrieben werden. In dem Bereich bis zu einem Abstand von 300 Metern von der Grenze eines Jagdbezirks sind Fütterungen unzulässig, es sei denn, die in dem angrenzenden Jagdbezirk jagdausübungsberechtigte Person hat schriftlich zugestimmt.

(3)* Nach Ablauf von drei Monaten nach Vorlage der Fütterungskonzeption und Anzeige der geplanten Fütterung durch die jagdausübungsberechtigten Personen darf die Fütterung auf Grundlage der Konzeption für die folgenden sechs Jahre durchgeführt werden, es sei denn, die oberste Jagdbehörde beanstandet, dass die Konzeption den Anforderungen nach Absatz 2 nicht entspricht. Im Umkreis von 300 Metern um zulässig betriebene Fütterungen ruht die Jagd.

(4) Wildenten, Wildgänse und Schwäne, die diesem Gesetz unterliegen, dürfen nur von jagdausübungsberechtigten Personen und nur dann gefüttert werden, wenn die untere Jagdbehörde wegen Futternot eine Fütterung anordnet oder ihre Fütterung zur Ablenkung außerhalb der Jagdzeit und bis spätestens sechs Wochen vor Beginn der Jagdzeit stattfindet.

(5) Das Anlocken von Wildtieren mit geringen Futtermengen zur Erleichterung der Bejagung (Kirrung) ist während der Jagdzeit erlaubt. Während der allgemeinen Schonzeit nach § 41 Absatz 2 ist die Kirrung auch auf den Flächen, auf denen die Jagdausübung auf Schwarzwild zulässig bleibt, unzulässig. In dem Bereich bis zu einem Abstand von 100 Metern von der Grenze eines Jagdbezirks sind Kirrungen und sonstige Maßnahmen zum Anlocken von Wildtieren unzulässig, es sei denn, die in dem angrenzenden Jagdbezirk jagdausübungsberechtigte Person hat den Maßnahmen schriftlich zugestimmt. Die Kirrung von Schwarzwild ist nur im Wald zulässig.

* § 33 Absatz 2 und 3 treten am 1. April 2016 in Kraft.

(6) Die untere Jagdbehörde kann aus besonderen Gründen Ablenkungsfütterungen und Kirrungen zeitlich, räumlich und auf bestimmte Wildtierarten begrenzt untersagen.

(7) Die oberste Jagdbehörde wird ermächtigt, durch Rechtsverordnung nähere Bestimmungen zu treffen
1. **über die Anforderungen, die an eine Konzeption nach Absatz 2 zu stellen sind,**
2. **zur Verhinderung einer missbräuchlichen Wildfütterung, Ablenkungsfütterung und Kirrung,**
3. **zu bestimmten Gebieten, in denen Ablenkungsfütterungen und Kirrungen untersagt sind, wenn die Gebiete dadurch beeinträchtigt werden können,**
4. **über die zulässigen Futter- und Kirrmittel, Fütterungs- und Kirrungseinrichtungen sowie die Art und Weise des Ausbringens der Futter- und Kirrmittel.**

1 Die gesetzlichen Vorschriften zur Fütterung wurden nunmehr komplett neu gefasst. Zwar hat sich ein kategorisches Verbot, so wie noch in der Koalitionsvereinbarung der Regierungsparteien vorgesehen, nicht durchgesetzt. Dieses ist nunmehr einem sogenannten Verbot mit Anzeigevorbehalt in § 33 Abs. 2 JWMG gewichen. Allerdings erscheinen die Voraussetzungen für die Zulässigkeit einer Fütterung hierfür insbesondere aufgrund der Tatsache, dass eine Konzeption vorgelegt werden muss, die mindestens 2500 Hektar jagdbare Fläche umfasst, als unpraktikabel und gewissermaßen einem Verbot gleichkommend.

Begründet wird das Fütterungsverbot damit, dass nach Ergebnissen der wildtierbiologischen bzw. tierökologischen Forschung Futtermittelgaben an Wildtiere einen Energieeintrag in die jeweiligen Ökosysteme darstellen, der Wildtierbestände induzieren kann, die nicht mehr den landschaftlichen und landeskulturellen Verhältnissen angepasst seien. Eine Fütterung soll in diesem Fall zu Wildschäden an land- oder forstwirtschaftlichen Flächen beitragen. Darüber hinaus soll die Fütterung ein Eingriff in die natürlichen Vorgänge mit vielfältigen Folgen darstellen. Weiter sollen sich die angeblich hohen Schalenwildbestände nachteilig auf die Biodiversität und damit auf das Allgemeingut auswirken. Durch Fütterung, insbesondere bei energiereichen Futtermitteln, soll der Stoffwechsel des Wildes auf einem unnatürlich hohen Niveau gehalten werden.

2 Die im Gesetz festgeschriebenen massiven Einschränkungen der Fütterung sind zum einen mit der statuierten Hegeverpflichtung und damit verbunden auch mit dem Tierschutzgedanken nicht in Einklang zu bringen. Zum anderen stellen diese eine Eigentumsverletzung dar, die möglicherweise der Verfassung zuwider läuft. Dies zum einen aufgrund der Tatsache,

dass die Fütterung an sich als Bestandteil des Jagdrechts eingeschränkt bzw. verboten wird. Zum anderen jedoch aufgrund der Tatsache, dass Schäden, beispielsweise Schälschäden durch Rotwild, die aufgrund fehlender Fütterung beziehungsweise fehlender Fütterung in Kombination mit Beunruhigung entstehen, vom Grundstückseigentümer zu tragen sind. Auch erscheint die unter strengen Voraussetzungen zulässige Fütterung nicht realitätsnah. Dies aufgrund der Tatsache, dass Futtermittel lange vor der Fütterungszeit vor Ort geschafft werden müssen und insoweit es einer Vorbereitung bedarf, die möglicherweise jedoch dann zum Zeitpunkt der Fütterung aufgrund der Witterung nicht mehr möglich ist.

I. Absatz 1

Abs. 2 übernimmt den bewährten Regelungsinhalt des § 19 Abs. 1 S. 1 und 2 LJagdG a.F. mit der Änderung, dass die Ausführungen zur Fütterung nicht mehr vorhanden sind. 3

II. Absatz 2

Grundsätzlich ist die Fütterung von Schalenwild einschließlich der Ablenkungsfütterung verboten. Wie bereits oben ausgeführt, besteht jedoch die Möglichkeit unter den Voraussetzungen der Abs. 2, 3 und 4 ein Fütterungskonzept anzuzeigen. Die Fütterung ist dann zulässig, wenn dieses Fütterungskonzept nach Ablauf von 3 Monaten nach Vorlage bei der obersten Jagdbehörde nicht beanstandet wird. Die Konzeption muss wildtierökologischen Erkenntnissen genügen, sich insbesondere auf den Lebensraum des Schalenwilds beziehen und mindestens 2.500 ha jagdbare Fläche umfassen. Nach dem Wortlaut des Gesetzes müssen die 2.500 ha nicht zusammenhängend vorliegen. Darüber hinaus gelten die Bestimmungen zu den verwendeten Futtermitteln und das Verbot des Betreibens einer Fütterung bis zu einem Abstand von 300 Meter von der Grenze eines Jagdbezirks, bei Ablenkungsfütterung von mehr als 300 Meter zum Waldrand hin. 4

Voraussetzung für die Zulässigkeit einer Fütterung ist eine überörtliche Konzeption, die wildtierökologische Erkenntnisse beachtet. Auf diese Weise soll sichergestellt werden, dass die Fütterung auf das notwendige Maß beschränkt und sie mit den allgemeinen geeigneten Maßnahmen zum Schutz des Wildes vor Futternot abgestimmt wird. Hierzu sind die betroffenen Personen, Einrichtungen und Stellen zu beteiligen. Die Fütterung erfordert schließlich die Genehmigung der obersten Jagdbehörde, welche die Voraussetzung im Einzelfall prüft.

III. Absatz 3

5 Nach Ablauf von drei Monaten und unter der Voraussetzung, dass keine Beanstandung vorliegt, darf die Fütterung auf Grundlage der Konzeption für die folgenden sechs Jahre durchgeführt werden. Der obersten Jagdbehörde steht ein Beanstandungsrecht für den Fall, dass die Konzeption nicht den Anforderungen nach Abs. 2 entspricht, zu. Im Umkreis von 300 Metern um zulässig betriebene Fütterungen ruht die Jagd.

IV. Absatz 4

6 Abs. 4 übernimmt den bewährten Regelungsgehalt des § 19 Abs. 3 LJagdG a. F. Erweitert wurde die Norm um Wildgänse und Schwäne. Allerdings ist eine Fütterung nur dann möglich, wenn die untere Jagdbehörde wegen Futternot eine Fütterung anordnet oder ihre Fütterung zur Ablenkung außerhalb der Jagdzeit und bis spätestens 6 Wochen vor Beginn der Jagdzeit stattfindet.

V. Absatz 5

7 In diesem Absatz wird die Kirrung geregelt. Abs. 5 übernimmt die Regelung des § 20 Abs. 2 LJagdG a. F., wonach das Anlocken von Wildtieren mit geringen Futtermengen zur Erleichterung der Bejagung während der Jagdzeit erlaubt ist.

Während der allgemeinen Schonzeit gemäß § 41 Abs. 2 JWMG ist die Kirrung auch auf den Flächen, auf den die Jagdausübung auf Schwarzwild zulässig bleibt, unzulässig.

In dem Bereich bis zu einem Abstand von 100 Metern von der Grenze eines Jagdbezirks sind Kirrungen und sonstige Maßnahmen zum Anlocken von Wildtieren unzulässig, es sei denn, die in dem angrenzenden Jagdbezirk jagdausübungsberechtigte Person hat den Maßnahmen schriftlich zugestimmt. Die Kirrung von Schwarzwild ist nur im Wald zulässig.

VI. Absatz 6

8 Abs. 6 räumt der unteren Jagdbehörde eine Untersagungsmöglichkeit von Ablenkungsfütterung und Kirrungen ein.

VII. Absatz 7

9 Abs. 7 ermächtigt die oberste Jagdbehörde durch Rechtsverordnung nähere Bestimmungen zutreffen.

§ 34 Abschussziele*

(1) ***Der Abschuss der Wildtiere ist so zu regeln, dass er den Zielen des Gesetzes nach § 2 entspricht. Die unteren Forstbehörden erstellen in den staatlichen und kommunalen Eigenjagdbezirken sowie in den gemeinschaftlichen Jagdbezirken für die einzelnen Jagdreviere forstliche Gutachten über den Einfluss des Wildverbisses auf die Erreichung waldbaulicher Ziele. Die Gutachten sollen Vorschläge zur Abschussplanung enthalten. Die übrigen betroffenen Fachbehörden bei den unteren Verwaltungsbehörden nehmen, soweit erforderlich, zur Erreichung der Ziele nach § 2 Stellung.***

(2) ***Im Falle der Jagdpacht haben die Vertragsparteien eine Zielvereinbarung über den Abschuss von Rehwild im Pachtgebiet zu treffen. In den übrigen Fällen haben die Inhaberinnen oder Inhaber eines Eigenjagdbezirks sowie die Jagdgenossenschaften die Ziele hinsichtlich des Abschusses von Rehwild im jeweiligen Jagdbezirk festzusetzen (Zielsetzung). Zielvereinbarung und Zielsetzung müssen den Vorgaben des Absatzes 1 entsprechen und alle drei Jahre nach Vorliegen des Gutachtens nach Absatz 1 neu erstellt werden; sie sollen Maßnahmen der Hege und des Wildtiermanagements, die das jeweilige Gebiet betreffen, berücksichtigen und können solche Maßnahmen vorsehen. Sie können auch Aussagen über den Abschuss anderer Wildtiere enthalten.***

(3) ***Kommt eine Zielvereinbarung nach Absatz 2 Satz 1 nicht zustande, haben die Vertragsparteien dies der unteren Jagdbehörde binnen einen Monats nach Beginn des Jagdjahres anzuzeigen. Die untere Jagdbehörde kann von den in Absatz 2 genannten Personen verlangen, ihr den Inhalt der Zielvereinbarung oder Zielsetzung mitzuteilen.***

(4) ***Die oberste Jagdbehörde wird ermächtigt, durch Rechtsverordnung nähere Bestimmungen zur Form und zum Inhalt der Zielvereinbarung und der Zielsetzung nach Absatz 2 zu treffen.***

I. Absatz 1

Abs. 1 übernimmt im Wesentlichen die für den Abschuss von Wildtieren leitenden Grundsätze des § 21 Abs. 1 BJagdG und verweist auf die Ziele des JWMG (§ 2). 1

Die unteren Forstbehörden erstellen in den staatlichen und kommunalen Eigenjagdbezirken sowie in den gemeinschaftlichen Jagdbezirken für die einzelnen Jagdreviere forstliche Gutachten. Diese Gutachten sollen Vorschläge zur Abschussplanung enthalten.

---

* § 34 tritt am 1. April 2016 in Kraft.

II. Absatz 2

2 Hier wird im Wesentlichen die versuchsweise bereits auf freiwilliger Basis eingeführte Abschussplanung das Rehwild betreffend geregelt (Rehwild ohne behördliche Abschussplanung, RobA). Das bedeutet, dass die Vertragsparteien eine Zielvereinbarung für den Abschuss von Rehwild im Pachtgebiet selbst treffen. In den übrigen Fällen haben die Inhaberinnen oder Inhaber eines Eigenjagdbezirks sowie die Jagdgenossenschaften die Ziele hinsichtlich des Abschusses von Rehwild im jeweiligen Jagdbezirk festzusetzen. Zielvereinbarung und Zielfestsetzung müssen den Vorgaben des Absatz 1 entsprechen und alle 3 Jahre nach Vorliegen des Gutachtens nach Absatz 1 neu erstellt werden.

Die nun mehr kodifizierten Regelungen zu RobA ersetzen insoweit den bisher geltenden behördlichen Abschussplan. Zur Begründung wird ausgeführt, dass die bisherigen Regelungen mit einem erheblichen Verwaltungsaufwand verbunden waren und nunmehr die Eigenverantwortung der Betroffenen gestärkt wird. Die Zielvereinbarung stellt eine privatrechtliche Vereinbarung dar.

III. Absatz 3

3 Kommt eine Zielvereinbarung nicht zustande, haben die Vertragsparteien dies der unteren Jagdbehörde binnen eines Monats nach Beginn des Jagdjahres anzuzeigen.

IV. Absatz 4

4 Die oberste Jagdbehörde wird ermächtigt, durch Rechtsverordnung nähere Bestimmungen zur Form und zum Inhalt der Zielvereinbarung und Zielsetzung zu treffen.

§ 35 Abschussplan und Streckenliste*

(1) ***Für Rot-, Gams-, Sika-, Dam- und Muffelwild hat die untere Jagdbehörde einen Abschussplan festzusetzen, soweit hierfür keine Hegegemeinschaft nach § 47 Absatz 2 oder 4 zuständig ist oder die oberste Jagdbehörde nach Absatz 8 Nummer 4 nichts anderes bestimmt. In begründeten Ausnahmefällen kann die untere Jagdbehörde abweichend von Satz 1 von der Festsetzung absehen. Besteht keine Zielvereinbarung oder Zielsetzung im Sinne des § 34 Absatz 2, kann sie einen Abschussplan für Rehwild festsetzen, soweit dies erforderlich ist, um***

* § 35 tritt am 1. April 2016 in Kraft.

eine den Vorgaben des § 34 Absatz 1 entsprechende Jagdausübung sicherzustellen.

(2) ***Der Abschussplan legt den Abschuss für einen Zeitraum von ein bis drei Jahren, getrennt nach Wildtierarten und Geschlecht mit Ausnahme von Jungtieren im ersten Lebensjahr, beim Rotwild auch nach Altersstufen, fest.***

(3) ***Die jagdausübungsberechtigten Personen haben für die in Absatz 1 Satz 1 genannten Wildtierarten und bei Aufforderung durch die untere Jagdbehörde auch für Rehwild zum Ende des Abschussplanzeitraums nach Absatz 2 bis zum 15. April einen Vorschlag für den Abschussplan einzureichen. Bei Jagdverpachtung muss der Planvorschlag im Einvernehmen mit der verpachtenden Person erfolgen.***

(4) ***Die untere Jagdbehörde setzt den Abschussplan auf der Grundlage des § 34 Absatz 1 fest. Ist das Gebiet einer bestätigten Hegegemeinschaft betroffen, ist diese anzuhören. Ist ein Abschussplan für eine Wildtierart festgesetzt, dürfen die von dem Plan erfassten Wildtiere nur auf Grund und im Rahmen des Plans erlegt werden.***

(5) ***Die jagdausübungsberechtigte Person ist verpflichtet, den Abschussplan notfalls unter Hinzuziehung anderer Personen, welche die Jagd ausüben dürfen, zu erfüllen. Die untere Jagdbehörde trifft die zur Erfüllung des Abschussplans erforderlichen Anordnungen; § 36 Absatz 4 findet entsprechende Anwendung.***

(6) ***Die jagdausübungsberechtigte Person hat über erlegte und verendete Wildtiere mit Ausnahme der vor Beginn ihrer Jagdzeit verendeten Jungtiere eine Liste (Streckenliste) zu führen, die der unteren Jagdbehörde auf Verlangen jederzeit, spätestens jährlich am Ende des Jagdjahres, zu übermitteln ist. Darüber hinaus kann die untere Jagdbehörde anordnen, ihr jeden Abschuss von Schalenwild, das einem Abschussplan unterliegt, zu melden und das erlegte Stück oder Teile desselben vorzulegen.***

(7) ***In den Fällen des Absatzes 1 Satz 1 setzt eine Hegegemeinschaft nach § 47 Absatz 2 oder 4 den Abschussplan für von ihr bewirtschaftete Wildtierarten anstelle der unteren Jagdbehörde fest und trifft die Anordnungen nach Absatz 5 Satz 2 und Absatz 6 Satz 2.***

(8) ***Die oberste Jagdbehörde wird ermächtigt, durch Rechtsverordnung***

1. ***nähere Bestimmungen über die Abschusspläne, die Überwachung ihrer Einhaltung und ihre zwangsweise Durchsetzung zu treffen,***
2. ***nähere Bestimmungen über die fachlichen Anforderungen und das Verfahren zur Erstellung der Gutachten nach § 34 Absatz 1, die Erhe-***

bung und Verarbeitung von Daten über die Verhältnisse in den Jagdbezirken, insbesondere über den Bestand der Wildtierarten, sowie über den Inhalt und die Übermittlung der Streckenliste zu treffen,
3. ***unter besonderer Berücksichtigung der Hegegrundsätze nach § 5 Absatz 4 Rotwildgebiete auszuweisen, aufzuheben und für die Bejagung des Rotwildes besondere Bestimmungen zu erlassen,***
4. ***zu bestimmen, dass auf die in Absatz 1 Satz 1 genannten Arten die Vorschriften des § 34 und des Absatzes 1 Satz 3 für Rehwild Anwendung finden, wenn die Ziele des Gesetzes nicht entgegenstehen.***

(9) ***In Abweichung von Absatz 4 Satz 3 kann die oberste Jagdbehörde für bestimmte Jagdbezirke***
1. ***zu wissenschaftlichen Zwecken,***
2. ***zu Forschungszwecken oder***
3. ***zur Durchführung von Pilotprojekten***

durch Einzelanordnung die jagdausübungsberechtigte Person von der Pflicht, Abschüsse von Schalenwild nur auf Grund und im Rahmen eines Abschussplans durchzuführen, entbinden. Die Ausnahme ist nur zulässig, wenn die jagdausübungsberechtigte Person und
1. ***bei gemeinschaftlichen Jagdbezirken die Jagdgenossenschaft,***
2. ***bei Eigenjagdbezirken die Inhaberin oder der Inhaber des Eigenjagdbezirks***

zugestimmt haben.

1 § 35 JWMG gestaltet, ausgehend von der Regelung des § 34 JWMG zur Abschussregelung sowie zur Aufstellung seiner Zielvereinbarung oder Zielsetzung, weiteres behördliches Vorgehen aus.

I. Absatz 1

2 Abs. 1 sieht für bestimmte Arten von Wildtieren die Festsetzung eines Abschussplanes vor, soweit die Notwendigkeit nicht entfallen ist. Anstelle der unteren Jagdbehörde ist eine Hegegemeinschaft, wenn sie als Körperschaft des öffentlichen Rechts errichtet ist, für das von ihr erfasste Gebiet für die Festsetzung des Abschussplans zuständig. Damit werden diese Hegegemeinschaften in die Abschussregelung eingebunden. Der Jagdbeirat ist bei Entscheidungen der unteren Jagdbehörde über den Abschussplan gemäß § 60 Abs. 3 Nr. 2 JWMG anzuhören.

Nach dem neuen Regelungssystem zur Abschussplanung gemäß § 34 und § 35 JWMG wird der Inhalt der Regelung des § 21 Abs. 2 BJagdG, § 27 Abs. 1 bis 4 LJagdG a.F. mit wesentlichen Änderungen übernommen. Für

Auer-, Birk- und Rackelwild ist ein Abschussplan gegenüber der bisherigen Regelung nicht mehr vorgesehen.

II. Absatz 2

Abs. 2 enthält in Anlehnung an § 27 Abs. 1 Halbsatz 1 LJagdG a. F. inhaltliche Vorgaben für den Abschussplan, so beispielsweise der Zeitraum von 1 bis 3 Jahren, getrennt nach Wildarten und Geschlecht. 3

III. Absatz 3

Die jagdausübungsberechtigen Personen werden aufgefordert, einen Planvorschlag aufzustellen und einzureichen. Wenn die aufgeforderte Person dem nicht nachkommt, stellt dies entgegen der bisherigen Rechtslage keine Ordnungswidrigkeit mehr dar. Die Nichtaufstellung bleibt insoweit sanktionslos. Die Aufstellung und Einreichung kann von der unteren Jagdbehörde nicht durchgesetzt werden, sie entscheidet vielmehr unabhängig von einem Planvorschlag dann gemäß Abs. 4. 4

IV. Absatz 4

Abs. 4 ermächtigt die untere Jagdbehörde zur Festsetzung des Abschussplans. Hierbei ist die Behörde nicht an den Planvorschlag gemäß Abs. 3 gebunden, sondern setzt diesen auf Grundlage des § 34 Abs. 1 JWMG fest. 5

V. Absatz 5

Abs. 5 übernimmt im Wesentlichen die Regelung des § 27 Abs. 5 LJagdG a. F. 6

VI. Absatz 6

Abs. 6 übernimmt im Wesentlichen die Regelung des § 27 Abs. 6 LJagdG a. F. 7

VII. Absatz 7

Abs. 7 enthält eine Zuständigkeitsregelung für den Fall, dass Hegegemeinschaften als Körperschaften des öffentlichen Rechts gemäß § 47 JWMG eingerichtet sind und ein Abschussplan für die von ihr bewirtschafteten Wildtiere gesetzlich vorgesehen ist. In diesem Falle übernimmt die Hegegemeinschaft die Festsetzung des Abschussplanes. 8

VIII. Absatz 8

Abs. 8 übernimmt im Wesentlichen den Regelungsgehalt des § 27 Abs. 7 LJagdG a. F. zu den Ermächtigungsgrundlagen im Zusammenhang mit der 9

Abschussregelung mit geringfügigen Anpassungen. Eine Ergänzung erfolgt im Rahmen einer Ermächtigung zur Bestimmung zur Datenverarbeitung, insbesondere zur Vorlage und Übermittlung der Streckenlisten, deren Meldung danach auch digital ermöglicht werden kann.

IX. Absatz 9

10 Abs. 9 übernimmt den Regelungsgehalt des § 27 Abs. 8 LJagdG a.F.

§ 36 Steuerung des Wildtierbestandes im Einzelfall

(1) Die untere Jagdbehörde kann anordnen, dass die jagdausübungsberechtigte Person, unabhängig von den Vorschriften zu Jagd- und Schonzeiten, innerhalb einer bestimmten Frist in bestimmtem Umfang den Wildtierbestand zu verringern oder einzelne Wildtiere zu erlegen hat, wenn dies mit Rücksicht auf überwiegende Gründe des öffentlichen Interesses, insbesondere auf die Interessen der Land-, Forst- und Fischereiwirtschaft und die Belange des Naturschutzes, der Landschaftspflege, zur Bekämpfung von Tierseuchen oder zur Abwehr von Gefahren für die öffentliche Sicherheit notwendig ist.

(2) Die untere Jagdbehörde kann die Jagdausübung auf bestimmte Arten von Wildtieren in bestimmten Jagdbezirken oder in bestimmten Revieren dauernd oder zeitweise gänzlich verbieten oder beschränken, soweit dies auf Grund der Bestandssituation der Arten erforderlich ist, um die Bedrohung des Bestandes zu verhindern. Weist der Wildtierbericht für Arten des Entwicklungsmanagements auf ein Erfordernis nach Satz 1 hin, hat die untere Jagdbehörde die geeigneten Maßnahmen nach Satz 1 zu treffen.

(3) Soweit die in Absatz 1 oder 2 genannten Voraussetzungen vorliegen, kann die untere Jagdbehörde im Einzelfall anordnen, dass die jagdausübungsberechtigte Person mit jagdlichen Mitteln an der Umsetzung revierübergreifender Konzepte, die den Zielen des § 5 Absatz 3 und 4 dienen, mitwirkt oder ihre Jagdausübung an derartigen Konzepten ausrichtet, soweit dies erforderlich und der jagdausübungsberechtigten Person zumutbar ist. Die untere Jagdbehörde kann dazu eine bestimmte Art und einen bestimmten Umfang der Jagdausübung vorschreiben.

(4) Kommt die jagdausübungsberechtigte Person einer Anordnung nach den Absätzen 1 bis 3 nicht nach, kann die untere Jagdbehörde die Anordnung nach den Vorschriften des Landesverwaltungsvollstreckungsgesetzes durchsetzen, insbesondere für Rechnung der jagdausübungsberechtigten Person den Wildtierbestand verringern lassen. Die erlegten Wildtiere sind gegen einen angemessenen Aufwendungsersatz der jagdausübungsberechtigten Person zu überlassen.

I. Absatz 1

Abs. 1 enthält für die untere Jagdbehörde eine notwendige Ermächtigungsgrundlage, um im Einzelfall den Abschuss bestimmter Wildtiere ohne die Verringerung des Wildtierbestandes anzuordnen. Nach der Begründung liegt dieser Regelung der § 27 Abs. 1 BJagdG zur Verhinderung übermäßigen Wildschadens zugrunde. Allerdings benennt diese neue Norm nunmehr weitere schützenswerte Rechtsgüter wie die Bekämpfung von Tierseuchen, die eine Anordnung rechtfertigen können, wenn dies im Einzelfall erforderlich und geboten ist. Für Wildtiere, die dem Schutzmanagement unterliegen, besteht keine Anordnungskompetenz der unteren Jagdbehörde. Dies ergibt sich aus § 7 JWMG. Einen Abschuss von Tieren der dem Schutzmanagement unterliegenden Arten kann die zuständige Naturschutzbehörde gemäß § 45 Abs. 7 BNatSchG genehmigen. 1

II. Absatz 2 2

1. Satz 1

Hier liegt im Wesentlichen der Inhalt des § 21 Abs. 3 BJagdG zugrunde. Allerdings kann nunmehr die Jagdausübung insgesamt verboten werden und nicht nur der Abschuss. Eine ungünstige Bestandsituation, die eine Jagdruhe erfordern kann, soll sich unter Berücksichtigung der Entwicklung des Bestandes ergeben. Einschränkend hat die untere Jagdbehörde bei einem Verbot das Eigentumsrecht des Jagdrechtsinhabers zu berücksichtigen und mit dem Allgemeinwohlinteresse an der nachhaltigen jagdlichen Nutzung abzuwägen. Nach der Begründung soll eine Jagdruhe nur dann erforderlich sein, wenn ohne sie eine Gefahr für den Bestand der Wildtiere besteht. Dabei ist nicht lediglich auf den betroffenen Jagdbezirk abzustellen. Anhaltspunkte für die Beurteilung der Bestandssituation sollen dem Wildtierbericht entnommen werden.

2. Satz 2

Von Abs. 2 werden die Tierarten, die dem Entwicklungsmanagement unterliegen, erfasst. Für sie ist bereits bei der Zuordnung zur Managementstufe festgestellt worden, dass kein Bestand mit ausreichender Größe, Vitalität und Stabilität vorliegt, um eine Bejagung ohne Einschränkungen zuzulassen. Die untere Jagdbehörde ist in diesem Fall verpflichtet, den Feststellungen des Wildtierberichts zu folgen. Sie hat insoweit zu prüfen, ob die Feststellung für die Zuständigkeitsgebiete oder Teile davon ergeben, dass eine Bejagung weitere Nachteile für die Bestandssituation einer Art insgesamt mit sich bringt. Formal bieten sich für die untere Jagdbehörde die Einzelverfügung oder die Allgemeinverfügung an, um entsprechende Verbote ge- 3 genüber jagdausübungsberechtigten Personen beziehungsweise deren Jagdgästen zu erlassen.

III. Absatz 3

4 Abs. 3 übernimmt den klarstellenden Regelungsgehalt des § 27 Abs. 2 BJagdG mit geringfügigen Änderungen. In der Begründung werden als Mittel zur Verringerung des Wildbestandes Bewegungsjagden als wirksames Mittel genannt.

IV. Absatz 4

5 Abs. 4 entspricht im Wesentlichen § 27 Abs. 2 BJagdG.

§ 37 Aussetzen von Wildtieren

(1) Tiere der diesem Gesetz unterstellten Arten dürfen nur mit Genehmigung der obersten Jagdbehörde in der freien Natur ausgesetzt werden. Bei Arten, die dem Schutzmanagement unterliegen, bedarf die Genehmigung des Einvernehmens der obersten Naturschutzbehörde; Absatz 3 bleibt unberührt. Dem Aussetzen dürfen die in § 5 Absatz 3 und 4 genannten Ziele und Belange nicht entgegenstehen.

(2) Absatz 1 gilt nicht für eingefangene oder aufgezogene Wildtiere, die der Natur entnommen worden sind, um sie aufzuziehen, gesundzupflegen, tierärztlich oder wissenschaftlich zu untersuchen oder vor dem Verlust zu bewahren, und im Anschluss daran wieder freigelassen werden. Dasselbe gilt für die nach § 13 Absatz 4 gefangenen Wildtiere, sofern sie im Jagdbezirk der jeweiligen Gemeinde freigelassen werden.

(3) Absatz 1 gilt nicht für Fasanen und Rebhühner, die zur Bestandsstützung ausgesetzt werden. Diese Tiere dürfen im laufenden und folgenden Jagdjahr nicht erlegt werden.

I. Absatz 1

1 Nach dieser Norm dürfen Tiere der diesem Gesetz unterstellten Arten nur mit Genehmigung der obersten Jagdbehörde ausgesetzt werden. Es wird damit im Wesentlichen die Regelung des § 14 S. 1 LJagdG DVO aufgegriffen. Für das Aussetzen von Tieren der Tierarten, die nicht dem Jagdrecht unterliegen und deshalb keine Wildtiere im Sinne des Gesetzes sind, gelten die Bestimmungen des Naturschutzrechts.

Bei Arten, die dem Schutzmanagement unterliegen, bedarf die Genehmigung des Einvernehmens der obersten Naturschutzbehörde.

II. Absatz 2

Abs. 2 greift im Wesentlichen den Regelungsgehalt der sachlichen Verbote des § 23 Abs. 1 Nr. 3 LJagdG a.F. auf. Die Verbote des § 23 Abs. 1 Nr. 3 LJagdG a.F. und des § 19 Abs. 1 Nr. 18 BJagdG über den spätesten Zeitpunkt für das Aussetzen von eingefangen und aufgezogenen Wildtieren entfallen jedoch. Dies aufgrund der Tatsache, dass für diese Beschränkung des Aussetzens in Baden-Württemberg nach dem Verbot mit Erlaubnisvorbehalt keine Notwendigkeit mehr besteht. Die bisherige Freistellung vom Aussetzungsverbot wird ergänzt um die Wildtiere, die der Natur entnommen wurden, um sie tierärztlich oder zu wissenschaftlichen Zwecken zu untersuchen. Weiter wird diese Norm um den Regelungsgehalt des § 14 S. 2 LJagdG DVO ergänzt, wonach die in befriedeten Bezirken gefangenen Wildtiere ebenfalls nicht vom Verbot des Abs. 1 erfasst werden, soweit sie im Gebiet der Gemeinde freigelassen werden. Die Unversehrtheit der gefangenen Tiere, die sich aus § 14 S. 2 LJagdG DVO ergibt, ist nunmehr ein Aspekt, der von der Regelung zur Fallenjagd erfasst wird. 2

§ 38 Verhindern vermeidbarer Schmerzen und Leiden der Wildtiere

(1) Die zur Jagdausübung befugten Personen sind verpflichtet, den Wildtieren Schmerzen oder Leiden zu ersparen, die über das unvermeidbare Maß hinausgehen. Um krankgeschossene Wildtiere vor das unvermeidbare Maß übersteigenden Schmerzen oder Leiden zu bewahren, sind diese unverzüglich zu erlegen; das gleiche gilt für schwerkranke oder auf andere Weise schwer verletzte Wildtiere, es sei denn, dass es genügt und möglich ist, sie zu fangen und zu versorgen. Erlegt die zur Jagdausübung befugte Person im Falle des Satzes 2 ein Wildtier der nach den Vorschriften des Bundesnaturschutzgesetzes streng geschützten Arten, hat sie das Wildtier an eines der Chemischen und Veterinäruntersuchungsämter Stuttgart, Karlsruhe oder Freiburg oder an das Staatliche Tierärztliche Untersuchungsamt Aulendorf – Diagnostikzentrum zur Untersuchung abzugeben und unter Vorlage des Untersuchungsbefundes der unteren Jagdbehörde darzulegen, dass das Erlegen zur Verhinderung unnötiger Schmerzen und Leiden erforderlich war; die untere Jagdbehörde setzt die höhere Naturschutzbehörde über den Vorgang in Kenntnis.

(2) Die jagdausübungsberechtigte Person ist verpflichtet, für eine unverzügliche und fachgerechte Nachsuche krank geschossener, schwerkranker oder auf andere Weise schwer verletzter Wildtiere auch über die Grenze des Jagdbezirks hinaus zu sorgen.

(3) Bei Such- und Bewegungsjagden sowie bei jeglicher Bejagung von Federwild sind geeignete Jagdhunde mitzuführen und zur Nachsuche zu

verwenden. Für sonstige Nachsuchen sind brauchbare Jagdhunde bereitzuhalten und einzusetzen, wenn es nach den Umständen erforderlich ist. Die oberste Jagdbehörde wird ermächtigt, durch Rechtsverordnung nähere Bestimmungen zu treffen über die Anforderungen, die nach Absatz 2 sowie Satz 1 und 2 an die Eignung der Jagdhunde zu stellen sind, und die Ausbildung der Jagdhunde zur Wahrung der Belange des Tierschutzes zu regeln.

I. Absatz 1

1 In Abs. 1 S. 1 wird erstmals eine allgemeine tierschutzrechtliche Anforderung ausdrücklich aufgenommen. Diese Anforderung war bisher aus dem Prinzip der Waidgerechtigkeit abzuleiten.

S. 2 übernimmt mit geringen Anpassungen den Regelungsgehalt des § 22a Abs. 1 BJagdG, der S. 1 aus Sicht der jagdausübungsberechtigten Person, die über die entsprechenden Mittel und die Fachkenntnisse zur Tötung von Wildtieren verfügen, konkretisiert. Insoweit ist die jagdausübungsberechtigte Person verpflichtet, diese Mittel einzusetzen, um Wildtieren vermeidbare Schmerzen und Leiden zu ersparen. Satz 3 regelt den Ausnahmefall, bei dem die aus Tierschutzgründen gebotene Tötung eines schwer verletzten Tieres im Einzelfall mit artenschutzrechtlichen Bestimmungen kollidieren kann. Das europäische Artenschutzrecht ist auch in diesen Fällen grundsätzlich zu beachten. Für den Einzelabschuss von Wildtieren der dem Schutzmanagement unterliegenden Arten ist die untere Jagdbehörde nicht zuständig. Die zuständige Naturschutzbehörde entscheidet über Ausnahmen von den naturschutzrechtlichen Bestimmungen gem. § 45 Abs. 7 BNatSchG. Zur Anzeige des Fundes von kranken, verletzen oder verendeten Wildtieren der dem Schutzmanagement unterliegenden Arten ist die jagdausübungsberechtigte Person nunmehr verpflichtet. Muss ein solches Wildtier vor unnötigen Schmerzen und Leiden erlöst werden, hat der Erleger das Wildtier an eines der in der Norm aufgeführten Einrichtungen abzugeben und der unteren Jagdbehörde darzulegen, dass das Erlegen zur Verhinderung unnötiger Schmerzen und Leiden erforderlich war. Dies ist in der Regel aus Tierschutzgründen der Fall.

II. Absatz 2

2 Diese Norm stellt klar, dass die jagdausübungsberechtigte Person zu einer unverzüglichen und fachgerechten Nachsuche verpflichtet ist und schreibt insoweit fest, dass diese auch gegebenenfalls über die Grenze des Jagdbezirks hinaus erfolgen muss. Ergänzt wird diese Norm durch § 39 JWMG (Wildfolge).

III. Absatz 3

Dieser Absatz übernimmt mit sprachlichen Änderungen den bewährten Regelungsgehalt des § 21 LJagdG a.F., wonach jagdausübungsberechtigte Personen zum Bereithalten und zum Einsatz brauchbarer Jagdhunde verpflichtet sind. Anstelle der Begriffe Treib- und Drückjagd wird nunmehr der Begriff der Bewegungsjagd verwendet. 3

Neu hinzugefügt wird in S. 3 eine Ermächtigung zum Erlass von Rechtsverordnungen, die nähere Bestimmungen über die Anforderung an Jagdhunde und deren Ausbildung regeln. Begründet wird dies damit, dass Jagdhunden bei der Nachsuche und bei Bewegungsjagden eine besondere Bedeutung zukommt. Dem Belang des Tierschutzes bei der Jagdausübung ist regelmäßig nur durch den Einsatz entsprechender geeigneter Jagdhunde gerecht zu werden.

§ 39 Wildfolge

(1) Ein krankgeschossenes, schwerkrankes oder aus sonstigen Gründen schwer verletztes Wildtier, das in ein fremdes Jagdrevier wechselt, darf verfolgt werden, um es vor vermeidbaren Schmerzen oder Leiden zu bewahren (Wildfolge), wenn die Wildfolge mit der jagdausübungsberechtigten Person dieses Jagdreviers schriftlich vereinbart worden ist. Die Vereinbarung muss die Wildfolge zumindest nach Maßgabe des Absatzes 2 Nummer 1 bis 5 erlauben.

(2) Wenn eine schriftliche Vereinbarung nach Absatz 1 nicht besteht, darf die Wildfolge nach folgender Maßgabe ausgeübt werden:

1. **Wechselt ein krankgeschossenes, schwerkrankes oder aus sonstigen Gründen schwer verletztes Wildtier über die Grenze des Jagdreviers und ist es für einen sicheren Schuss erreichbar, ist es von der zur Jagdausübung befugten Person von ihrem Jagdrevier aus zu erlegen und am Erlegungsort zu versorgen. Wildtiere sind auch zu versorgen, wenn sie in Sichtweite im Nachbarrevier verenden.**
2. **Wildtiere darf die zur Jagdausübung befugte Person sicherstellen, muss sie aber unverzüglich der Reviernachbarin oder dem Reviernachbarn abliefern.**
3. **Das Erlegen von Wildtieren im benachbarten Revier ist der dort jagdausübungsberechtigten Person oder deren Vertretung durch die das Wildtier erlegende Person unverzüglich zu melden.**
4. **Wechselt ein krankgeschossenes, schwerkrankes oder aus sonstigen Gründen schwer verletztes Wildtier über die Grenze des Jagdreviers und ist es für einen sicheren Schuss nicht erreichbar, hat die zur Jagdausübung befugte Person die Stelle des Überwechselns, gegebenenfalls den Anschuss nach Möglichkeit kenntlich zu machen. Die jagdaus-**

übungsberechtigte Person des Nachbarreviers oder deren Vertretungsperson ist unverzüglich zu benachrichtigen. Für die Nachsuche hat sich die zur Jagdausübung befugte Person oder eine mit den Vorgängen vertraute Person zur Verfügung zu stellen. Kann nur durch sofortige Aufnahme oder Weiterführung der Nachsuche mit einem geeigneten Jagdhund ein krankgeschossenes, schwerkrankes oder aus sonstigen Gründen schwer verletztes Wildtier vor vermeidbaren Schmerzen oder Leiden bewahrt werden, darf die zur Jagdausübung befugte Person Nachbarreviere für die Nachsuche mit geeigneten Jagdwaffen betreten, wenn sie die jeweiligen jagdausübungsberechtigten Personen zuvor nicht oder nicht unverzüglich benachrichtigt hat. Nach Beendigung der Nachsuche sind letztere unverzüglich zu benachrichtigen.

5. **Zum Zwecke der Wildfolge dürfen anerkannte Nachsuchegespanne ohne Zustimmung der jagdausübungsberechtigten Personen des angrenzenden Reviers die Reviergrenzen unter Mitführung geeigneter Jagdwaffen sowie in Begleitung einer weiteren zur Nachsuche ausgerüsteten Person, die Inhaberin eines Jagdscheins ist und ebenfalls geeignete Jagdwaffen führen darf, überschreiten, die Wildtiere erlegen und versorgen. Nach Beendigung der Nachsuche sind die jagdausübungsberechtigten Personen unverzüglich zu benachrichtigen.**

(3) Ein erlegtes Wildtier, das der Abschussplanung unterliegt, ist auf den Abschussplan derjenigen Person anzurechnen, in deren Revier das Wildtier angeschossen wurde.

(4) Die oberste Jagdbehörde wird ermächtigt, zur Sicherstellung einer ordnungsgemäßen und wirksamen Durchführung der Wildfolge durch Rechtsverordnung nähere Bestimmungen über die Anerkennung der Nachsuchegespanne und deren Voraussetzungen zu treffen.

(5) Das Überjagen von Hunden auf angrenzende Jagdreviere ist von den jagdausübungsberechtigten Personen der angrenzenden Jagdreviere bei bis zu drei auf derselben Grundfläche durchgeführten Bewegungsjagden im Jagdjahr zu dulden, wenn ihnen die Durchführung der Bewegungsjagd spätestens 48 Stunden vor Beginn angekündigt wurde. Wenn es die jagdausübungsberechtigte Person des angrenzenden Jagdreviers verlangt, dürfen die auf der Bewegungsjagd eingesetzten Jagdhunde nur mit einem Mindestabstand von 200 Metern zur Reviergrenze geschnallt werden.

I. Absatz 1

1 Abs. 1 übernimmt den Regelungsgehalt des § 22a Abs. 2 S. 1 BJagdG mit geringfügigen Änderungen. Es wird nunmehr klargestellt, dass sich das Recht zur Wildfolge entweder nach dem Inhalt der Vereinbarung mit einem ent-

sprechenden Mindestinhalt oder aber nach den gesetzlichen Vorgaben richtet. § 17 Abs. 1 LJagdG a.F. entfällt insoweit.

II. Absatz 2

In den Nummern 1–3 wird der bewährte Regelungsgehalt des § 17 Abs. 2 LJagdG a.F. mit sprachlichen Anpassungen entsprechend übernommen. Es entfällt das Gebot, Schalenwild am Erlegungsort zu belassen, da dies nicht den Anforderungen einer ordnungsgemäßen Wildbrethygiene entspricht. Insoweit ist der Erleger befugt, das Wild zu versorgen, danach hat er es unverzüglich dem zuständigen und berechtigten Reviernachbarn zu melden und abzuliefern. 2

Der Regelungsgehalt Nummer 4 entspricht im Wesentlichen § 17 Abs. 2 Nr. 4 LJagdG a.F.

Nummer 5 dieser Norm gibt nunmehr anerkannten Nachsuchegespannen bestimmte Rechte zur Wildfolge. Dies unabhängig von den Regelungen Nr. 1 bis 4. Diese bleiben daneben unberührt.

Nachsuchegespanne bestehen aus einer Hundeführerin oder einem Hundeführer die oder der geeignete Jagdwaffen führen darf sowie einem für die Nachsuche geeigneten Jagdhund. Dieses Gespann kann von einer bewaffneten Jagdscheininhaberin oder einem bewaffneten Jagdscheininhaber begleitet werden. Die Anerkennung der Gespanne richtet sich nach den aufgrund der Ermächtigung nach Abs. 4 getroffenen näheren Bestimmungen.

III. Absatz 3

Hier wird der Regelungsgehalt des § 17 Abs. 3 LJagdG a.F. übernommen, wonach ein erlegtes Wildtier, welches der Abschussplanung unterliegt, auf den Abschussplan derjenigen Person anzurechnen ist, in deren Revier das Wildtier angeschossen wurde. 3

IV. Absatz 4

Wie oben bereits ausgeführt, wird das Ministerium ermächtigt, die für die Anerkennung notwendigen näheren Bestimmungen durch Rechtsverordnung zu treffen und deren Voraussetzung zu regeln. Dies sowohl hinsichtlich der Durchführung der Wildfolge als auch hinsichtlich der Anerkennung der Nachsuchegespanne. 4

V. Absatz 5

Diese Regelung ist neu und regelt nunmehr den Fall des Überjagens von Hunden. Sie soll der Vereinfachung der Durchführung der wirksamen Be- 5 jagung der Wildbestände bei Bewegungsjagden dienen. Insoweit ist ein Überjagen von Hunden auf angrenzenden Jagdrevieren bei bis zu 3 auf derselben Grundfläche durchgeführten Bewegungsjagden im Jagdjahr zu dulden, wenn die Durchführung der Bewegungsjagd spätestens 48 Stunden vor Beginn angekündigt wurde. Wenn es die jagdausübungsberechtigte Person des angrenzenden Jagdreviers verlangt, dürfen die auf der Bewegungsjagd eingesetzten Jagdhunde nur mit einem Mindestabstand von 200 Metern zur Reviergrenze geschnallt werden.

Dieser Absatz normiert insoweit eine Duldungspflicht für den Fall des Überjagens der Hunde. Damit soll das bloße Überjagen eines Hundes in diesem Fall noch kein fremdes Jagdausübungsrecht verletzen. Fraglich ist, ob vorliegend nicht ein rechtswidriger Eingriff in § 1004 BGB vorliegt. Insoweit ist bereits die Regelungskompetenz in einem Landesjagdgesetz zweifelhaft.

§ 40 Örtliche Verbote

An Orten, an denen die Jagdausübung nach den Umständen des Einzelfalles die öffentliche Ruhe, Ordnung oder Sicherheit stören oder das Leben von Menschen gefährden würde, darf die Jagd nicht ausgeübt werden.

1 § 40 JWMG übernimmt den bewährten Regelungsgehalt des § 20 Abs. 1 BJagdG. Diese Norm ist ein Schutzgesetz im Sinne des § 823 Abs. 2 BGB. Es verbietet an allen Orten das Jagen, wenn dadurch nach den konkreten (nicht abstrakten) Umständen des Einzelfalls die öffentliche Ruhe, Ordnung und Sicherheit gestört oder das Leben von Menschen gefährdet würde. Die Jagdausübung muss dort unterbleiben, wo sich Menschen aufhalten und durch den Gebrauch der Schusswaffe gefährdet werden können, sei es durch Abpraller oder Verwechselungsgefahr. Insoweit kann es an solchen Orten zweckmäßig und erlaubt sein, beispielsweise die Kaninchenjagd mit Frettchen und/oder als Beizjagd auszuüben. Über die eigentliche Jagdausübung hinaus sind ebenso alle mit der Jagd zusammenhängenden Handlungen erfasst.

2 Sorgfaltspflichten entstehen insbesondere bei Treibjagden in der Nähe öffentlicher Straßen. Fußgänger dürfen Autobahnen nicht betreten. Kraftfahrstraßen dürfen sie nur an Kreuzungen, Einmündungen oder sonstigen dafür vorgesehenen Stellen überschreiten; sonst ist jedes Betreten verboten (§ 18 Abs. 9 StVO). Das Betretungsverbot für Bahnanlagen nach § 62 Abs. 1 EBO kommt einem Jagdverbot gleich. Auf die Möglichkeit der vorübergehenden Sperrung von Grundstücken und von Wald für die Dauer der Durchführung von Jagden wird hingewiesen (vgl. hierzu § 53 NatSchG, § 38 LWaldG und Waldsperrungsverordnung).

Abschnitt 6 Sicherung der Nachhaltigkeit, Wildtierschutz

§ 41 Jagd- und Schonzeiten

(1) Die Jagd auf Wildtiere darf nur zu bestimmten Zeiten ausgeübt werden (Jagdzeiten). Außerhalb der Jagdzeiten sind Wildtiere mit der Jagd zu verschonen (Schonzeiten). Ist eine Jagdzeit für eine Wildtierart nicht bestimmt, ist die Art während des ganzen Jahres mit der Jagd zu verschonen.

(2) In der Zeit vom 1. März bis 30. April sind sämtliche Wildtiere mit der Jagd zu verschonen (allgemeine Schonzeit). Abweichend von Satz 1 sind die Jagd auf Schwarzwild im Wald bis zu einem Abstand von 200 Metern vom Waldaußenrand und in der offenen Landschaft sowie das Aufsuchen und Nachstellen im Rahmen der Ausbildung von Jagdhunden zulässig.

(3) In den Setz- und Brutzeiten dürfen bis zum Selbständigwerden der Jungtiere die für die Aufzucht notwendigen Elterntiere, auch die von Wildtieren ohne Schonzeit, nicht bejagt werden. Die obere Jagdbehörde kann für bestimmte Arten von Wildtieren, die nicht dem Schutzmanagement unterliegen, aus besonderen Gründen, insbesondere bei Störung des biologischen Gleichgewichts oder bei schwerer Schädigung der Landeskultur, oder in Einzelfällen zu wissenschaftlichen Lehr- und Forschungszwecken Ausnahmen unter Beachtung der Vorgaben des § 9 zulassen.

(4) Die oberste Jagdbehörde wird ermächtigt, unter Beachtung der Ziele und Maßgaben dieses Gesetzes sowie der in § 9 genannten Vorgaben durch Rechtsverordnung für die Arten von Wildtieren, die dem Nutzungs- oder Entwicklungsmanagement unterliegen, Jagd- und Schonzeiten im Sinne des Absatzes 1 zu bestimmen. Dabei kann es für verschiedene Gebiete oder Naturräume unterschiedliche Jagd- und Schonzeiten bestimmen.

(5) Die oberen Jagdbehörden werden ermächtigt, unter Beachtung der Ziele und Maßgaben dieses Gesetzes sowie der in § 9 genannten Vorgaben durch Rechtsverordnung

1. **für bestimmte Arten von Wildtieren, die dem Nutzungs- oder Entwicklungsmanagement unterliegen, aus besonderen Gründen, insbesondere aus Gründen der Tierseuchenbekämpfung und der Landeskultur, zur Vermeidung übermäßiger Wildschäden, zu wissenschaftlichen Lehr- und Forschungszwecken, bei Störung des biologischen Gleichgewichts oder der Wildhege, für bestimmte Gebiete die Schonzeiten abzukürzen oder aufzuheben oder besondere Jagdzeiten zu bestimmen,**

2. Ausnahmen von dem Jagdverbot in den Setz- und Brutzeiten nach Absatz 3 Satz 1 unter den Voraussetzungen des Absatzes 3 Satz 2 zu bestimmen.

(6) Die untere Jagdbehörde kann unter Beachtung der Vorgaben des § 9
1. für den Lebendfang von Wildtieren, deren Arten nicht dem Schutzmanagement unterliegen, in Einzelfällen Ausnahmen von Absatz 1 Satz 2 zulassen,
2. für bestimmte Gebiete oder für einzelne Jagdbezirke unter den Voraussetzungen des Absatzes 5 Nummer 1 im Einvernehmen mit der oberen Jagdbehörde auch durch Einzelanordnung die Schonzeiten mit Ausnahme der Schonzeiten nach Absatz 2 abkürzen oder aufheben oder besondere Jagdzeiten bestimmen.

(7) Das Sammeln der Eier von Federwild und Ausnehmen der Gelege ist verboten. Die zuständige Naturschutzbehörde entscheidet über Ausnahmen von Satz 1 nach § 45 Absatz 7 des Bundesnaturschutzgesetzes.

1 Im Rahmen der Jagd- und Schonzeiten sind einige Änderungen zu beachten. Der Regelungsgehalt des § 22 Abs. 4 Satz 3 BJagdG zum Ausforsten von Nestlingen und Ästlingen der Habichte wird nicht übernommen. Insoweit besteht auch kein Aneignungsrecht an lebenden Exemplaren dieser Art. Über die Zulässigkeit von Maßnahmen des Fangs, etwa mit dem Ziel, für Beizzwecke einzelne Exemplare zu gewinnen, entscheidet nunmehr die zuständige Naturschutzbehörde nach den Bestimmungen des Naturschutzrechts.

Ebenfalls nicht übernommen wurde die Regelung des § 22 Abs. 4 S. 4 bis 6 BJagdG zum Ausnehmen der Gelege und zum Sammeln der Eier. Es besteht also kein Aneignungsrecht an den Eiern von Federwild mehr. Über Maßnahmen diesbezüglich entscheidet ebenfalls die zuständige Naturschutzbehörde nach den Bestimmungen des Naturschutzrechts. Mit dieser Zuständigkeitsverlagerung wird die Zuständigkeit für diejenige Entscheidung, die wesentlich von den Vorgaben der Vogelrichtlinie abhängen, bei den Naturschutzbehörden konzentriert.

I. Absatz 1

2 Abs. 1 übernimmt den bewährten Grundgedanken der Regelung zu den Jagd- und Schonzeiten gemäß § 22 Abs. 1 BJagdG. Dazu gehören in Abs. 1 Satz 1 und 2 der Begriff der Jagdzeit und der Begriff der Schonzeit mit den entsprechenden Ge- und Verboten.

Abs. 1 S. 3 übernimmt den bewährten Regelungsgehalt des § 22 Abs. 2 S. 1 BJagdG. Zur Bestimmung der Jagd- und Schonzeiten ist das Ministerium nach Abs. 4 ermächtigt, Abs. 2 ist dabei zu beachten. Von dieser Ermächtigung ausgenommen sind Tierarten, die dem Schutzmanagement unterliegen. Für sie gilt nach Abs. 1 Satz 3 daher eine ganzjährige Schonzeit. Eine Ermächtigung nach Abs. 5 erfasst Tierarten, die dem Schutzmanagement unterliegen, ebenfalls nicht.

II. Absatz 2

Abs. 2 legt nunmehr neu fest, dass in der Zeit vom 1. März bis 30. April 3
sämtliche Wildtiere mit der Jagd zu verschonen sind (allgemeine Schonzeit). Eine Ausnahme betrifft die Jagd auf Schwarzwild im Wald, hier ist bis zu einem Abstand von 200 Metern vom Waldaußenrand und in der offenen Landschaft die Jagd erlaubt. Ausgenommen vom obigen Verbot ist das Aufsuchen und Nachstellen im Rahmen der Ausbildung von Jagdhunden. Diese ist nach wie vor zulässig. Die Bejagung von Schwarzwild im Feld bleibt auch während dieser Zeit zulässig.

Begründet wird die allgemeine Schonzeit damit, dass in den Wintermonaten die Schalenwildarten ihren Stoffwechsel reduzieren. Dies ist zutreffend und auch weitgehend unabhängig von der Witterung. Entscheidend sind insoweit photoperiodische Signale wie die Tageslänge. Weiter wird zur Begründung ausgeführt, dass der neuen Regelung zufolge dann die Wildtiere während der Jagdruhemonate, also März und April, ihren natürlichen, vom anthropogenen Jagddruck unabhängigen Rhythmus entfalten können. Die Jagdruhe in den Monaten März und April ermögliche es insbesondere den trächtigen weiblichen Wildtieren, die sich in der fortgeschrittenen Trächtigkeitsphase befinden, sich von winterlichen Nahrungsengpässen zu erholen. Ständiger Jagddruck könne darüber hinaus zu Verhaltensänderung bei den Wildtieren führen. Ein starker oder zeitlich ungünstiger Jagddruck könne dann Wildschäden hervorrufen. Insoweit können zur Verringerung der Stressbelastung bei den Wildtieren kurze und intervallartige Bejagungszeiten mit intensiver Bejagung beitragen. Ein geringer, aber ständig folgender Jagddruck sei für die Wildtiere ein wesentlich höherer Stressfaktor.

Gegen diese Begründung bestehen grundlegende Bedenken. Neben wildbiologischen Bedenken, vgl. hierzu weiter unten, stellt diese Norm einen einschneidenden und doppelten Eingriff in das Eigentumsrecht dar, dessen Verfassungsmäßigkeit aber auch Nutzen zweifelhaft ist. Zum einen ist nicht ersichtlich, aus welchen Gründen Schwarzwild im Wald, unabhängig von einer 200 Meter Regelung, nicht bejagt werden sollte, wenn der Schwarzwildbestand dies erforderlich macht. Zum anderen führen die Ruhemonate zu einem Anstieg der Schwarzwildpopulation und damit zu einer Vermehrung von schadensersatzpflichtigem Wildschaden. Unberücksichtigt lässt insoweit der Gesetzgeber bei dieser Begründung, dass die Jagdausübungsberechtigten nicht die einzigen möglichen Störungsquellen in der Natur sind. So ist es weiterhin anderen Naturnutzern wie Joggern, Mountainbike Fahrern und Geocachern nicht verboten, den Wald insoweit zu nutzen und Wildtiere zu beunruhigen. Dies sogar zu Nachtzeit und abseits der Wege. Weiter widerspricht sich hier bereits die Begründung, wonach den Monaten Januar und Februar für eine effektive Regulierung der Schalenwildbestände eine große Bedeutung zukommt, denn auch bereits in diesen Monaten hat das Schalenwild seinen Stoffwechsel reduziert.

III. Absatz 3

4 Abs. 3 S. 1 übernimmt den Regelungsgehalt des § 22 Abs. 4 S. 1 BJagdG zum Elterntierschutz. In Anlehnung an § 22 Abs. 4 S. 2 BJagdG enthält diese Norm eine Regelung über Ausnahmen vom Verbot nach Satz 1, soweit sie aus besonderen Gründen erforderlich sind. Die Ausnahmeregelung ist nicht mehr auf die in § 22 Abs. 4 S. 2 BJagdG genannten Arten beschränkt, erfasst aber nicht Tiere der dem Schutzmanagement unterliegenden Arten.

IV. Absatz 4

5 Abs. 4 S. 1 enthält die notwendige Ermächtigungsgrundlage, nach der das Ministerium durch Rechtsverordnung die Jagd- und Schonzeiten bestimmen kann.

Nicht umfasst sind Tierarten, die dem Schutzmanagement unterliegen.

V. Absatz 5

6 Abs. 5 Nr. 1 greift das in Abs. 1 aufgestellte Regelungssystem zu Jagd- und Schonzeiten auf. Die oberen Jagdbehörden werden ermächtig, aus den in Nr. 1 genannten besonderen Gründen abweichende Regelung zu treffen, insbesondere von den durch Rechtsverordnung des Ministeriums bestimmten Jagd- und Schonzeiten abzuweichen. Damit wird das bisher schon im Bundes- und Landesjagdgesetz angelegte gestufte System der Festsetzung, Abkürzung oder Aufhebung der Jagd- und Schonzeiten in das Landesrecht übertragen. Aus der beispielhaften Aufzählung des § 22 Abs. 1 BJagdG entfällt der Begriff der Beseitigung kranken oder kümmernden Wildes, da dies aus Gründen des Tierschutzes auch ohne ausdrückliche Ermächtigung gestattet ist. Die Ermächtigung zur Abweichung erfasst nicht Tierarten, die dem Schutzmanagement unterliegen. Auch zu Einzelanordnungen ist die obere Jagdbehörde befugt.

Abs. 5 Nr. 2 übernimmt den Regelungsgehalt des § 25 Abs. 2 Nr. 6 LJagdG a.F. Die obere Jagdbehörde kann insoweit auch durch Rechtsverordnung Ausnahmen von dem Verbot der Jagd auf Elterntiere nach Absatz 3 zulassen.

VI. Absatz 6

Abs. 6 enthält die gegenüber der bisherigen Rechtslage (§ 25 Abs. 2 LJagdG a. F.) verbleibenden Befugnisse der unteren Jagdbehörden zur Anordnungen im Einzelfall. Die bisherigen Befugnisse gemäß § 25 Abs. 2 Nr. 3 bis 5 LJagdG a. F. entfallen. Abs. 6 Nr. 1 übernimmt den Regelungsgehalt des § 25 Abs. 2 Nr. 1 LJagdG a. F. in Verbindung mit § 22 Abs. 1 Satz 4 BJagdG und ermöglicht für den Lebendfang Ausnahmen von dem Gebot, die Wildtiere während der Schonzeit mit der Jagd zu verschonen. Die Regelung stellt klar, dass dies nicht für Tiere der dem Schutzmanagement unterliegenden Arten gilt. Abs. 6 Nr. 2 lehnt sich an den Regelungsgehalt des § 25 Abs. 2 Nr. 2 LJagdG a. F. an, erfordert aber nunmehr das Einvernehmen mit der oberen Jagdbehörde. Maßgeblich sind die in Abs. 5 genannten Voraussetzungen. 7

§ 42 Wildruhegebiete, Gebiete mit besonderen Schutzanforderungen

(1) Gebiete, in denen ein besonderer Schutz der Wildtiere oder bestimmter Wildtierarten aus wissenschaftlichen oder hegerischen Gründen, wegen ihrer Bedeutung als Ruhe-, Fortpflanzungs- oder Nahrungsstätte oder ihrer Bedeutung für die Verbindung ihrer Lebensräume erforderlich ist, können durch Rechtsverordnung der oberen Jagdbehörde im Benehmen mit der höheren Naturschutzbehörde zu Wildruhegebieten erklärt werden.

(2) In der Rechtsverordnung sind der Schutzgegenstand, der wesentliche Schutzzweck und die dazu erforderlichen Ge- und Verbote sowie Schutz- und Pflegemaßnahmen zu bestimmen. Sie kann auch Regelungen enthalten über notwendige Beschränkungen der Jagdausübung, der wirtschaftlichen Nutzung, des Gemeingebrauchs an oberirdischen Gewässern oder der Befugnis zum Betreten des Gebietes. Soweit eine hiernach getroffene Anordnung enteignende Wirkung hat, ist die betroffene Person in Geld angemessen zu entschädigen; die §§ 7 bis 16 des Landesenteignungsgesetzes gelten entsprechend.

(3) Vor Erlass der Rechtsverordnung sind die betroffenen Eigentümerinnen, Eigentümer und sonstigen Berechtigten anzuhören. § 74 Absatz 1, 2 und 7 sowie § 35 Absatz 2 des Naturschutzgesetzes sind entsprechend anzuwenden.

(4) Die untere Jagdbehörde kann durch Rechtsverordnung oder Einzelanordnung das Betreten von Teilen der offenen Landschaft und des Waldes
1. zum Schutz der den Wildtieren als Setz-, Brut- und Nistgelegenheiten dienenden Lebensbereiche,
2. zur Durchführung zulässiger Fütterungsmaßnahmen

vorübergehend untersagen oder beschränken. Absatz 3 gilt entsprechend.

(5) Die Jagdausübung in Schutzgebieten nach den Vorschriften des Naturschutzrechts und des Landeswaldgesetzes darf dem jeweiligen Schutzzweck nicht widersprechen. Die für die Erklärung zum Schutzgebiet zuständige Behörde trifft für Naturschutzgebiete, Kernzonen von Biosphärengebieten, flächenhafte Naturdenkmale und für Bann- und Schonwälder die dazu erforderlichen Regelungen im Rahmen der hierfür geltenden Vorschriften des Naturschutzrechts und des Landeswaldgesetzes im Benehmen mit der Jagdbehörde derselben Verwaltungsebene. Die Wahrnehmung des Jagdrechts ist zu gestatten, soweit der Schutzzweck nicht entgegensteht. Die Jagd und das Wildtiermanagement im Nationalpark Schwarzwald müssen den Vorschriften des Nationalparkgesetzes und den Vorgaben des Nationalparkplans entsprechen.

(6) Bei Querungshilfen für Wildtiere, insbesondere Grünbrücken und Grünunterführungen, ist die Jagdausübung in einem Umfeld von 250 Metern, gemessen vom Zugangsbereich der Querungshilfe, untersagt. Davon nicht erfasst werden die in §§ 38 und 39 geregelten Rechte und Pflichten. Die untere Jagdbehörde kann abweichend von Satz 1 eine nach Art, Umfang und Dauer bestimmte Jagdausübung im Benehmen mit der höheren Naturschutzbehörde unter Beachtung der Vorgaben des § 9 zulassen, soweit dies aus besonderen Gründen, insbesondere aus Gründen der Tierseuchenbekämpfung oder zur Vermeidung erheblicher land- und forstwirtschaftlicher Schäden, erforderlich ist.

1 § 42 JWMG enthält Regelungen, die Gebiete betreffen, bei denen besondere Anforderungen hinsichtlich des Schutzes der dort vorkommenden Tierarten bestehen.

I. Absatz 1

2 Abs. 1 übernimmt zunächst den Inhalt des § 24 Abs. 1 LJagdG a. F. und enthält Regelungen zu den sogenannten Wildschutzgebieten. Die Norm wurde nunmehr ergänzt um die Begriffe der „Ruhe-, Fortpflanzungs-, oder Nahrungsstätte". Des Weiteren um den Begriff der „die zur Verbindung der Lebensräume erforderlichen Fläche". Unter Fortpflanzungsstätten versteht man insbesondere Balzplätze. Durch Rechtsverordnung können die dort genannten Gebiete zu Wildruhegebieten erklärt werden. Neu ist insoweit auch, dass nunmehr das Benehmen der höheren Naturschutzbehörde erforderlich ist.

II. Absatz 2

Abs. 2 entspricht im Wesentlichen dem § 24 Abs. 2 LJagdG a.F. Der Begriff der „Enteignung" wird durch den Begriff der „enteignenden Wirkung" ersetzt und die Norm wird durch einen Verweis auf Bestimmungen des Landesenteignungsgesetzes ergänzt. 3

III. Absatz 3

Abs. 3 übernimmt den Regelungsgehalt des § 24 Abs. 3 LJagdG a.F. 4

IV. Absatz 4

Abs. 4 regelt die besondere Ermächtigung zur Beschränkung der Betretungsrechte und übernimmt zunächst den Regelungsgehalt des § 24 Abs. 4 LJagdG a.F. Allerdings wird dieser insoweit erweitert, als dass auch das Betreten von Teilen des Waldes eingeschränkt beziehungsweise untersagt werden kann. Begründet wird dies damit, dass im Einzelfall auch dort eine entsprechende Schutzanordnung erforderlich sein könnte. Weiter wird die sogenannte Fortpflanzungsstätte als taugliches Schutzgebiet aufgenommen. 5

Aufgrund des nunmehr neu eingeführten grundsätzlichen Fütterungsverbotes für Schalenwild beschränkt sich Abs. 4 auf Gebiete, deren Betreten deswegen beschränkt werden muss, um den Erfolg der im Ausnahmefall zulässigen Fütterung zu gewährleisten.

V. Absatz 5

Abs. 5 bestimmt, dass die Jagdausübung in den Gebieten, die nach dem Naturschutzrecht und dem Landeswaldgesetz geschützt sind, dem jeweiligen Schutzzweck nicht widersprechen darf. Umgesetzt wird diese Vorgabe von der für das Schutzgebiet zuständigen Behörde im Benehmen mit der Jagdbehörde derselben Verwaltungsebene. Weiter wird klargestellt, dass die Wahrnehmung des Jagdrechts grundsätzlich zu gestatten ist, diese jedoch dem Schutzzweck nicht entgegenstehen darf. 6

Eine Beschränkung kann nur in den Schutzgebietstypen erfolgen, in denen dies bisher schon möglich war, so dass FFH- und Vogelschutzgebiete, Landschaftsschutzgebiete oder Naturparke hiervon ausgenommen sind.

Für die Jagd und das Wildtiermanagement im Nationalpark Schwarzwald gelten als Ausnahme die Vorschriften des Nationalparkgesetzes und die Vorgaben des Nationalparkplans.

VI. Absatz 6

Unter dem Begriff der Querungshilfe werden insbesondere Grünbrücken und Grünunterführungen von entsprechenden Infrastruktureinrichtungen 7 erfasst. Aufgrund der hohen Bedeutung, die diese für den entsprechenden Biotopverbund haben, hat auch die Jagdausübung dem entsprechend Rechnung zu tragen. Insoweit gilt dort ein entsprechendes Jagdverbot in einem Umfeld von 250 Metern, gemessen vom Zugangsbereich der entsprechenden Querungshilfe. Ausdrücklich ausgenommen ist die Nachsuche, das Erlegen von Wildtieren gemäß § 38 JWMG sowie die Wildfolge gemäß § 39 JWMG. Ausnahmeregelung kann die untere Jagdbehörde entsprechend zulassen. Dies insbesondere aus Gründen der Tierseuchenbekämpfung oder zur Vermeidung erheblicher land- und forstwirtschaftlicher Schäden.

§ 43 Beitrag zum Wildtiermonitoring*

Die jagdausübungsberechtigte Person hat der unteren Jagdbehörde zum Ende jeden Jagdjahres über ihre Beobachtungen zu Wildtieren und zu den Verhältnissen im jeweiligen Jagdrevier und Jagdjahr, insbesondere zu Bestand, Lebensraum und Zustand, zu berichten. Die Pflichten zum Monitoring nach dem Tiergesundheitsgesetz und den darauf beruhenden Rechtsvorschriften bleiben unberührt. Die oberste Jagdbehörde wird ermächtigt, zum Zweck der fortlaufenden und systematischen Erfassung, Beobachtung und Überwachung der Wildtiere, für Zwecke der Wildtierforschung und zu dem Zweck, die tatsächlichen Grundlagen für Maßnahmen des Wildtiermanagements zu ermitteln, in einer Rechtsverordnung nähere Bestimmungen über die nach Satz 1 anzugebenden Daten, deren Erhebung und Verarbeitung zu treffen.

1 Neu eingeführt ist nunmehr mit § 43 JWMG die Verpflichtung der jagdausübungsberechtigten Person einen Beitrag zum Wildtiermonitoring zu leisten. Insoweit hat die jagdausübungsberechtigte Person zum Ende eines jeden Jagdjahres über ihre Beobachtungen zu Wildtieren und zu den Verhältnissen im jeweiligen Jagdrevier und Jagdjahr, insbesondere zu Bestand, Lebensraum und Zustand zu berichten. Bisher konnte gemäß § 27 Abs. 7 Nr. 2 LJagdG a. F. in Verbindung mit § 12 LJagdG DVO eine jagdausübungsberechtigte Person verpflichtet werden, auf Verlangen der unteren Jagdbehörde für wissenschaftliche Zwecke oder für Lehr- und Forschungszwecke über die Abgabe der Streckenliste hinaus, Angaben über die Verhältnisse in ihrem Jagdbezirk und über den Bestand der dort vorkommenden Wildarten zu machen. Dies ist nunmehr, ohne auf wissenschaftliche Zwecke oder Lehr- und Forschungszwecke abzustellen, zur allgemeinen gesetzlichen Verpflichtung der jagdausübungsberechtigten Person gemacht worden. Diese zusätzliche Aufgabe, die wirtschaftlich nicht kompensiert

* § 43 tritt am 1. April 2017 in Kraft.

wird, wird zum einen mit der Sozialbindung des eigentumsrechtlichen Jagdrechts und der damit verbundenen Verantwortung für die Aufgabe, diese Erkenntnisse zu beschaffen, begründet. Zum anderen mit der besonderen Sachnähe, da das Jagdrecht in den jeweiligen Jagdbezirken von den Jagdausübungsberechtigten mit ausschließlicher Berechtigung ausgeübt wird und dieser auf diese Weise Kenntnisse über die jeweiligen Verhältnisse erlangt. Weiter soll diese gesetzliche Verpflichtung keine übermäßige Belastung darstellen, da die Jagdausübungsberechtigten die Verhältnisse im Rahmen einer ordnungsgemäßen und waidgerechten Jagdausübung ohnehin berücksichtigen müssen. Die entsprechende Ausgestaltung dieser Verpflichtung bleibt einer Rechtsverordnung vorbehalten. Dass die Verpflichtung zum Wildtiermonitoring keine übermäßige Belastung für den einzelnen Jagdausübungsberechtigten darstellt, mag jedoch bezweifelt werden. In der Regel wird ein Jagdausübungsberechtigter neben der Jagdabgabe bereits Jagdpacht, gegebenenfalls Jagdsteuer, entsprechende Beiträge zur Berufsgenossenschaft und zusätzlich entsprechenden Wildschadensersatz leisten müssen. Dies im Rahmen einer privatrechtlichen Vertragsgestaltung. Der Jagdpächter ist regelmäßig nicht Eigentümer sondern eben Pächter. Hierzu kommt nunmehr noch die gesetzliche und öffentliche Verpflichtung, einen Beitrag zum Wildtiermonitoring zu erstellen.

§ 44 Wildtierbericht

(1) Die oberste Jagdbehörde erstellt alle drei Jahre und bei besonderer Veranlassung einen Wildtierbericht für Baden-Württemberg. Dabei werden wissenschaftliche Einrichtungen und andere betroffene Landesbehörden beteiligt. Die Aussagen des Wildtierberichts zu Wildtierarten, die nach den Vorschriften des Bundesnaturschutzgesetzes streng geschützt sind, trifft die oberste Jagdbehörde im Einvernehmen mit der obersten Naturschutzbehörde.

(2) Grundlage des Wildtierberichts sind die Ergebnisse der Wildtierforschung für Baden-Württemberg. Dazu zählen insbesondere wissenschaftliche Bestandserhebungen, die Gutachten nach § 34 Absatz 1 und Streckenlisten nach § 35 Absatz 6, die Ergebnisse des Wildtiermonitorings nach § 43 sowie die Berichte nach Artikel 17 der Richtlinie 92/43/EWG und Artikel 12 der Richtlinie 2009/147/EG.

(3) Der Wildtierbericht hat Aussagen zu treffen über

1. **die Bestandssituation und Bestandsentwicklung der in Baden-Württemberg vorkommenden Arten der Wildtiere sowie die Ursachen für Bestandsveränderungen,**

2. den Lebensraum dieser Arten,
3. die Gebiete, in denen die Bestandssituation bestimmter Arten von Wildtieren, die dem Entwicklungsmanagement unterliegen, eine Beschränkung der Jagdausübung oder eine Jagdruhe erfordert,
4. die in Baden-Württemberg auftretenden Konflikte mit Wildtieren.

(4) Der Wildtierbericht hat Empfehlungen darüber zu enthalten, ob diesem Gesetz weitere in Baden-Württemberg wild lebende Tierarten unterstellt, in welche Managementstufe nach § 7 die dem Gesetz unterliegenden Arten der Wildtiere zugeordnet und ob Tierarten aus dem Anwendungsbereich des Gesetzes entlassen werden sollen. Er soll Empfehlungen zu Maßnahmen der Hege und des Wildtiermanagements im Sinne des § 5 enthalten.

(5) Die Zuständigkeiten für die europarechtlichen Berichtspflichten bleiben unberührt.

I. Absatz 1

1 Von der obersten Jagdbehörde wird alle 3 Jahre, beziehungsweise bei besonderer Veranlassung, hier könnte beispielsweise eine besondere Tierseuchensituation zählen, einen sogenannten Wildtierbericht erstellt. Beteiligt hieran werden wissenschaftliche Einrichtungen und andere betroffene Landesbehörden.

Aussagen des Wildtierberichts zu den Wildtierarten, die nach den Vorschriften des Bundesnaturschutzgesetzes streng geschützt sind, treffen die oberste Jagdbehörde im Einvernehmen mit der obersten Naturschutzbehörde.

II. Absatz 2

2 Abs. 2 regelt die Grundlagen des Wildtierberichts. Dies sind die Ergebnisse der Wildtierforschung für Baden-Württemberg. Darunter ist nach dem Wortlaut zu zählen, die wissenschaftliche Bestandserhebungen, Gutachten gemäß § 34 Abs. 1 JWMG sowie Streckenlisten gemäß § 35 Abs. 6 JWMG, die Ergebnisse des Wildtiermonitorings gem. § 43 JWMG sowie die Berichte nach Artikel 17 der Richtlinie 92/43/EWG und Artikel 12 der Richtlinie 2009/147/EG.

III. Absatz 3

3 Abs. 3 definiert die Inhalte, die der Wildbericht enthalten muss. Dies sind die Bestandssituation und Bestandsentwicklung der in Baden-Württemberg vorkommenden Arten von Wildtieren sowie die Ursachen für etwaige Bestandsveränderungen. Weiter beinhaltet dieser Aussagen zum Lebens-

raum dieser Arten, Gebiete, in denen die Bestandssituation bestimmter Arten von Wildtieren, die dem Entwicklungsmanagement unterliegen, eine Beschränkung der Jagdausübung oder eine Jagdruhe erfordern sowie die in Baden-Württemberg auftretenden Konflikte mit Wildtieren.

IV. Absatz 4

Welche Wichtigkeit dem Wildtierbericht zukommt, wird in Abs. 4 statuiert. 4
Der Wildtierbericht hat danach Empfehlungen darüber zu enthalten, ob dem JWMG weitere in Baden-Württemberg wildlebende Tierarten unterstellt werden, weiter die Einstufung in die einzelnen Managementarten und darüber hinaus entsprechende Empfehlungen zu Hegemaßnahmen.

§ 45 Besondere Hegemaßnahmen

Die Inhaberinnen und Inhaber des Jagdrechts und die jagdausübungsberechtigten Personen sollen zur Erreichung der Ziele des § 5 Absatz 4 in angemessenem Umfang besondere Hegemaßnahmen, die zugunsten von dem Entwicklungs- und Schutzmanagement zugeordneten Wildtierarten erforderlich werden, ergreifen und sich an der Aufstellung und Umsetzung von revierübergreifenden Konzepten zur Erreichung dieser Ziele beteiligen.

Diese Norm stellt einen Appell an die Inhaberinnen und Inhaber des Jagd- 1
rechts und die jagdausübungsberechtigten Personen dar. Insoweit beinhaltet die Hegeverpflichtung Maßnahmen, die zugunsten der dem Entwicklungs- und Schutzmanagement zugeordneten Wildtierarten erforderlich sind. Aufgrund der Tatsache, dass bereits auch früher sämtliche Wildtierarten, die der Liste der jagdbaren Tierarten unterlagen, unabhängig davon, ob sie Jagdzeiten hatten oder nicht, der Hegeverpflichtung unterfielen, stellt diese Norm lediglich eine Klarstellung der bisher geltenden Rechtslage dar. Festgeschrieben ist nunmehr auch eine mögliche Beteiligung an revierübergreifenden Konzepten. Diese haben je nach Konzept und je nach Abstimmung möglicherweise einen höheren Wirksamkeitsgrad.

§ 46 Generalwildwegeplan

(1) Der Generalwildwegeplan stellt die Flächen und Korridore in Baden-Württemberg dar, die für die Vernetzung der Waldlebensräume der Wildtiere im Rahmen eines länderübergreifenden Biotopverbundes unter Berücksichtigung der gegebenen Flächennutzung erforderlich sind. Der Generalwildwegeplan soll auf bestehende Barrieren, die der Vernetzung der Lebensräume entgegenstehen oder diese erschweren, und auf Maßnahmen, welche die Vernetzung der Lebensräume fördern können, hinweisen.

(2) Die oberste Jagdbehörde erstellt den Generalwildwegeplan unter Beteiligung wissenschaftlicher Einrichtungen alle zehn Jahre oder bei besonderer Veranlassung. § 44 Absatz 2 gilt entsprechend. Der Generalwildwegeplan ist zu begründen.

(3) Der Inhalt des Generalwildwegeplans ist von öffentlichen Stellen als Informations-, Planungs- und Abwägungsgrundlage bei raumbedeutsamen Planungen und Maßnahmen sowie Entscheidungen über die Zulässigkeit raumbedeutsamer Maßnahmen im Rahmen der fachgesetzlichen Abwägungssystematik zu berücksichtigen.

1 Aufgrund der Tatsache, dass unsere heutige Kulturlandschaft durch Straßenbau, Zersiedelung, Zerschneidung und dem damit verbundenen Flächenverbrauch gekennzeichnet ist und damit auf die Tier- und Pflanzenarten einen erheblichen Einfluss haben, ist nunmehr ein Generalwildwegeplan entsprechend aufzustellen und dessen Inhalt von öffentlichen Stellen als Informations-, Planungs- und Abwägungsgrundlage bei raumbedeutsamen Planungen und Maßnahmen sowie Entscheidungen über die Zulässigkeit raumbedeutender Maßnahmen zu berücksichtigen.

Der seitens der forstlichen Versuchs- und Forschungsanstalt Baden-Württemberg bereits erstellte Generalwildwegeplan erhält insoweit eine gesetzliche Grundlage. Ein Auftrag zur Berücksichtigung des Generalwildwegeplans ergab sich bereits aus dem Beschluss des Ministerrates vom 11.5.2010.

I. Absatz 1

2 Abs. 1 definiert den Inhalt des Begriffes Generalwildwegeplan.

II. Absatz 2

3 Abs. 2 enthält die Aufgabenzuweisung.

III. Absatz 3

4 Abs. 3 schreibt vor, dass der Generalwildwegeplan nunmehr entsprechend dem Inhalt der Norm Berücksichtigung finden muss.

§ 47 Hegegemeinschaften

(1) Die jagdausübungsberechtigten Personen, Inhaberinnen und Inhaber der Eigenjagdbezirke und Jagdgenossenschaften mehrerer zusammenhängender Jagdbezirke können sich auf privatrechtlicher Grundlage zusammenschließen, um Maßnahmen der Bejagung, der Hege und des Wildtier-

managements jagdbezirksübergreifend abzustimmen und nach einheitlichen Grundsätzen durchzuführen (Hegegemeinschaft). Die untere Jagdbehörde wirkt auf die Bildung einer Hegegemeinschaft hin, wenn dies aus den in § 5 Absatz 3 und 4 genannten Gründen geboten ist. Entspricht eine Hegegemeinschaft nach ihrer räumlichen Abgrenzung den Erfordernissen der Hege, ist sie von der unteren Jagdbehörde auf Antrag zu bestätigen. Die Hegegemeinschaft soll fachkundige Vertreterinnen und Vertreter betroffener Interessengruppen, Verbände und Einrichtungen beteiligen.

(2) Eine oder mehrere Hegegemeinschaften im Sinne des Absatzes 1 bilden eine Körperschaft des öffentlichen Rechts, wenn

1. **auf ihren Antrag hin die oberste Jagdbehörde feststellt, dass es aus den in § 5 Absatz 3 und 4 genannten Gründen, insbesondere zur großräumigen Bewirtschaftung bestimmter wandernder Wildtierarten oder zum Schutz gefährdeter Wildtierarten, nach wildökologischen und jagdfachlichen Erkenntnissen in dem Gebiet der Hegegemeinschaften erforderlich ist, Maßnahmen der Bejagung, der Hege und des Wildtiermanagements jagdbezirksübergreifend abzustimmen und in abgestimmter Weise durchzuführen, und**
2. **alle jagdausübungsberechtigten Personen, Inhaberinnen und Inhaber der Eigenjagdbezirke und die Jagdgenossenschaften des betroffenen Gebiets Mitglieder der antragstellenden Hegegemeinschaften sind.**

Die Hegegemeinschaft übernimmt als Körperschaft des öffentlichen Rechts die in der Feststellung nach Satz 1 Nummer 1 durch die oberste Jagdbehörde bezeichneten Aufgaben.

(3) Soweit es im Einzelfall aus den in § 5 Absatz 3 und 4 genannten Gründen, insbesondere zur großräumigen Bewirtschaftung bestimmter wandernder Wildtierarten oder zum Schutz gefährdeter Wildtierarten, nach wildökologischen und jagdfachlichen Erkenntnissen in einem bestimmten Gebiet erforderlich ist, im Rahmen einer Hegegemeinschaft Maßnahmen der Bejagung, der Hege und des Wildtiermanagements jagdbezirksübergreifend abzustimmen und in abgestimmter Weise durchzuführen, kann die oberste Jagdbehörde die jagdausübungsberechtigten Personen, die Inhaberinnen und Inhaber der Eigenjagdbezirke und die Jagdgenossenschaften des Gebiets auffordern, innerhalb einer bestimmten Frist eine Hegegemeinschaft zu bilden. Die Aufforderung muss bestimmte Aufgaben der Hegegemeinschaft im Rahmen des Satzes 1 für das betroffene Gebiet bezeichnen und auf die Rechtsfolge des Absatzes 4 hinweisen.

(4) Wird die Aufforderung nach Absatz 3 innerhalb der Frist nicht befolgt, bilden fortan alle jagdausübungsberechtigten Personen, Inhaberinnen und Inhaber der Eigenjagdbezirke und Jagdgenossenschaften des betroffenen Gebiets kraft Gesetzes eine Hegegemeinschaft als Körperschaft des öffent-

lichen Rechts mit den in der Aufforderung bezeichneten Aufgaben. Dies gilt auch, wenn die Aufforderung befolgt wird und die oberste Jagdbehörde den Adressaten der Aufforderung gegenüber nach Ablauf einer diesen gesetzten Frist feststellt, dass die gebildete Hegegemeinschaft die bezeichneten Aufgaben nicht erfüllt.

(5) Aufgaben der Hegegemeinschaft nach Absatz 2 oder 4 können insbesondere sein

1. **die jagdbezirksübergreifende Abstimmung von Hegemaßnahmen zur Gestaltung des Lebensraumes von Wildtieren, auch im Zusammenwirken mit anderen Personen und Einrichtungen im Bereich der Landschaftspflege,**
2. **die Festsetzung und Durchsetzung der Abschusspläne für bestimmte von der Hegegemeinschaft zu bewirtschaftende Arten von Wildtieren,**
3. **die jagdbezirksübergreifende Steuerung des Abschusses, insbesondere zur Anpassung der Wildtierbestände an den Lebensraum unter Beachtung land- und forstwirtschaftlicher Erfordernisse, und die Kontrolle der Abschussregelungen,**
4. **die Entwicklung und Durchführung von jagdbezirksübergreifenden Konzepten im Rahmen des Wildtiermanagements, insbesondere zum Schutz bestimmter Wildtierarten und zur Vermeidung übermäßiger Wildschäden,**
5. **die Vereinbarung von Wildfolgeregelungen.**

(6) Eine Hegegemeinschaft nach Absatz 2 oder 4 steht unter der Aufsicht der unteren Jagdbehörde. Der Aufsichtsbehörde stehen die gleichen Befugnisse zu, wie sie den Rechtsaufsichtbehörden gegenüber den Gemeinden nach Maßgabe der Vorschriften der Gemeindeordnung zustehen.

(7) Eine Hegegemeinschaft nach Absatz 2 oder 4 hat sich eine Satzung zu geben, die der Genehmigung der Aufsichtsbehörde bedarf. Stellt die Hegegemeinschaft innerhalb einer von der Aufsichtsbehörde bestimmten Frist keine Satzung auf, die den Vorschriften dieses Gesetzes oder aufgrund dieses Gesetzes entspricht, erlässt die Aufsichtsbehörde die Satzung und macht sie auf Kosten der Hegegemeinschaft bekannt. Die Satzung hat insbesondere Regelungen zu treffen über die Beschlussfassung, Stimmengewichtung, Organe und Umlagen der Hegegemeinschaft.

(8) Eine Hegegemeinschaft nach Absatz 2 oder 4 kann für ihren durch sonstige Einnahmen nicht gedeckten Finanzbedarf Umlagen von den Mitgliedern erheben. Die Umlagen können wie Gemeindeabgaben beigetrieben werden.

1 Insgesamt regelt diese Norm folgende unterschiedlichen Ausgestaltungen der Hegegemeinschaften. Abs. 1 betrifft eine freiwillige, auf privatrechtli-

cher Grundlage geschaffene Hegegemeinschaft. Diese kann auf Antrag hin entsprechend bestätigt werden.

Abs. 2 betrifft den Sachverhalt, dass eine oder mehrere Hegegemeinschaften die Möglichkeit haben, eine Körperschaft des öffentlichen Rechts zu bilden.

Gemäß Abs. 3 und Abs. 4 kann die oberste Jagdbehörde jagdausübungsberechtigte Personen, Inhaberinnen und Inhaber der Eigenjagdbezirke und die Jagdgenossenschaften eines Gebietes auffordern, innerhalb einer bestimmten Frist eine Hegegemeinschaft zu bilden. Kommen sie dieser Aufforderung nicht nach, so bilden sie dann aufgrund Gesetzes eine Hegegemeinschaft als Körperschaft des öffentlichen Rechts.

Aufgrund des Bestehens von teilweisen kleinen Jagdbezirken kann es sinnvoll sein, entsprechende Hegegemeinschaften zu gründen. Dies insbesondere auch im Hinblick auf sogenannte wandernde Tierarten. In Baden-Württemberg betrifft dies insbesondere das Rotwild. Hier ist mit der erarbeiteten Rotwildkonzeption bereits ein Stück des Weges beschritten worden.

I. Absatz 1

Abs. 1 regelt, so wie bereits zuvor § 10a Abs. 1 BJagdG, den Fall der Bildung einer freiwilligen Hegegemeinschaft auf privatrechtlicher Basis. Im Vergleich zur Regelung des Bundesjagdgesetzes wurde nunmehr diese Norm um abgestimmte Maßnahmen der Bejagung und das Wildtiermanagement insgesamt ergänzt. Der Zusammenschluss erfolgt auf privatrechtlicher Grundlage. Eine bestimmte Rechtsform ist hierbei nicht vorgegeben. 2

Wie bisher in § 7 LJagdG a.F. geregelt, kann sich die Hegegemeinschaft auf Antrag entsprechend vertreten lassen. Weiter kann die Hegegemeinschaft fachkundige Vertreterinnen und/oder Vertreter betroffener Interessengruppen, Verbänden und Einrichtungen beteiligen. Dies stellt jedoch kein Muss dar.

II. Absatz 2

Abs. 2 regelt die Voraussetzungen, unter denen eine oder mehrere Hegegemeinschaften eine Körperschaft des öffentlichen Rechts bilden. Voraussetzung sind die in § 5 Abs. 3 und 4 JWMG genannten Gründe, insbesondere großräumige Bewirtschaftung bestimmter wandernder Wildtierarten oder zum Schutz gefährdeter Wildtierarten, wildtierökologische und jagdfachliche Erkenntnisse, Maßnahmen der Bejagung, der Hege und des Wildtiermanagements sowie das Merkmal der Abstimmung und der Tatsache, dass dieses Konzept jagdbezirksübergreifend durchgeführt wird. 3

III. Absatz 3

4 Abs. 3 regelt den Fall, in dem eine Erforderlichkeit der Hegegemeinschaft festgestellt worden ist. Hier kann die oberste Jagdbehörde die entsprechenden ausübungsberechtigten Personen beziehungsweise Inhaberinnen und Inhaber der Eigenjagdbezirke und die Jagdgenossenschaften des Gebiets auffordern, innerhalb einer bestimmten Frist eine Hegegemeinschaft zu bilden.

IV. Absatz 4

5 Abs. 4 regelt den Fall, dass nach entsprechender Aufforderung keine Hegegemeinschaft gebildet wird. Dies hat dann die Folge, dass eine Hegegemeinschaft kraft Gesetzes als Körperschaft des öffentlichen Rechts gebildet wird.

Weiter wird der Fall geregelt, dass nach entsprechender Aufforderung zwar eine Hegegemeinschaft gebildet worden ist, diese jedoch die ihr obliegenden Aufgaben nicht erfüllt.

V. Absatz 5

6 Abs. 5 definiert die Aufgaben der Hegegemeinschaft. Hierzu gehört die jagdbezirksübergreifende Abstimmung von Hegemaßnahmen zur Gestaltung des Lebensraums von Wildtieren, die Festsetzung und Durchsetzung der Abschusspläne für bestimmte, von der Hegegemeinschaft zu bewirtschafteten Arten von Wildtieren, die jagdbezirksübergreifende Steuerung des Abschusses, die Entwicklung und Durchführung von jagdbezirksübergreifenden Konzepten im Rahmen des Wildtiermanagements sowie eine Vereinbarung von Wildfolgeregelungen.

7 VI. Absatz 6

Die Regelung zur entsprechenden Aufsicht entspricht der Regelung zur Aufsicht der Jagdgenossenschaften.

VII. Absatz 7

8 Abs. 7 regelt, dass sich eine Hegegemeinschaft nach Abs. 2 oder 4 dieser Norm eine Satzung zu geben hat, deren Genehmigung der Aufsichtsbehörde bedarf. Des Weiteren wird bestimmt, dass für den Fall, dass sich die Hegegemeinschaft innerhalb einer bestimmten Frist keine Satzung gibt, die Aufsichtsbehörde eine entsprechende Satzung auf Kosten der Hegegemeinschaft erlässt.

VIII. Absatz 8

9 Abs. 8 regelt die Finanzierung der Hegegemeinschaften.

§ 48 Wildtierschutz

(1) Die jagdausübungsberechtigten Personen können anerkannte Wildtierschützerinnen und Wildtierschützer beauftragen, in ihren Jagdrevieren die Befugnisse des § 49 wahrzunehmen und Aufgaben im Rahmen der Hege und des Wildtiermanagements zu übernehmen. Die Wildtierschützerinnen und Wildtierschützer können in mehreren Jagdrevieren beauftragt werden. Anerkannte Wildtierschützerinnen und Wildtierschützer sind im Rahmen ihrer Beauftragung zur Jagdausübung in den jeweiligen Jagdrevieren befugt. Die Befugnis erlischt spätestens, sobald das Jagdausübungsrecht der beauftragenden Person entfällt.

(2) Die untere Jagdbehörde erkennt eine Person auf Antrag als Wildtierschützerin oder Wildtierschützer für einen bestimmten Jagdbezirk an, wenn auf sie ein gültiger Jagdschein ausgestellt ist, sie die fachliche und persönliche Eignung besitzt und die jeweilige jagdausübungsberechtigte Person ihr Einverständnis erklärt. Die untere Jagdbehörde kann die Anerkennung widerrufen, wenn die Voraussetzungen nach Satz 1 nicht mehr vorliegen oder die Wildtierschützerin oder der Wildtierschützer dies beantragt.

(3) Die unteren Jagdbehörden sollen mit anerkannten Wildtierschützerinnen und Wildtierschützern in deren Aufgabenbereich zusammenarbeiten. In diesem Rahmen können die anerkannten Wildtierschützer den öffentlichen Stellen und privaten Personen insbesondere bei Fragen der Hege und Habitatgestaltung, des Wildtiermonitorings, der Jagd in Schutzgebieten in Abstimmung mit der für die Erklärung zum Schutzgebiet zuständigen Behörde, des Umgangs mit Wildtieren im Siedlungsraum und bei Unfällen mit Wildtieren als Ansprechpartner dienen.

In § 48 JWMG ist nunmehr neu geregelt, dass jagdausübungsberechtigte 1
Personen sogenannte anerkannte Wildtierschützerinnen und Wildtierschützer beauftragen können, in ihren Jagdrevieren die Befugnisse des § 49 JWMG (Schutz der Wildtiere vor Hunden und Hauskatzen) zu übernehmen. Insoweit fallen die bisherigen Regelungen der §§ 23 und 25 BJagdG zum Jagdschutz und zu den Jagdschutzberechtigten inhaltlich weg. Auch begrifflich werden die Begriffe Jagdschutz und Jagdschutzberechtigter nunmehr durch die Begriffe Wildtierschutz beziehungsweise Wildtierschützerinnen und Wildtierschützer ersetzt.

I. Absatz 1

Nur die jagdausübungsberechtigten Personen können anerkannte Wildtier- 2
schützerinnen und Wildtierschützer mit den in § 49 JWMG definierten

Aufgaben beauftragen. Eine Beauftragung durch Dritte ist mithin ausgeschlossen. Die Wildtierschützerinnen und Wildtierschützer können in mehreren Jagdrevieren gleichzeitig beauftragt werden. Sie sind lediglich im Rahmen ihrer Beauftragung zur Jagdausübung in den jeweiligen Jagdrevieren befugt. Sie sind insoweit keine jagdausübungsberechtigten Personen im Sinne des Gesetzes. Folglich können die gesetzlichen Pflichten der jagdausübungsberechtigten Personen auch nicht auf die Wildtierschützerinnen und Wildtierschützer übertragen werden. So endet deren Befugnis spätestens dann, sobald das Jagdausübungsrecht der beauftragenden Person, also des Jagdausübungsberechtigten, entfällt.

II. Absatz 2

3 Die Wildtierschützerinnen und Wildtierschützer werden auf Antrag durch die untere Jagdbehörde als solche anerkannt, wenn sie im Besitz eines gültigen Jagdscheins sind, sie die fachliche und persönliche Eignung besitzen und die jeweilige jagdausübungsberechtigte Person ihr Einverständnis erklärt. Die untere Jagdbehörde kann diese Anerkennung widerrufen, wenn die oben genannten Voraussetzungen nicht mehr vorliegen. Desgleichen endet die Anerkennung auf Antrag der Wildtierschützerinnen oder des Wildtierschützers. Wie bereits oben ausgeführt, wurden die Regelungen zum Jagdschutz und zu den Jagdschutzberechtigten nicht mehr übernommen. Insoweit sind auch die Regelungen zu den bestätigten Jagdaufseherinnen und Jagdaufsehern (§ 25 Abs. 2 BJagdG) sowie die in § 29 Abs. 1 Nr. 1 LJagdG a. F. genannten Rechte des Jagdschutzberechtigten entsprechend entfallen. Nach der Begründung sind diese Rechte nunmehr ausschließlich auf die Polizei übertragen. Die Feststellung und Verfolgung von Verstößen gegen jagdrechtliche Bestimmung obliegt den zuständigen Behörden. Die strafprozessualen Bestimmungen zum Festnahmerecht von Personen bleiben hiervon ausdrücklich unberührt.

Weiter wurde der Regelungsgehalt des § 30 LJagdG a. F. ebenfalls nicht mit übernommen. Insoweit entfallen auch die erhöhten Anforderungen an die fachliche Eignung einer hauptberuflichen Anstellung. Der Begründung ist jedoch zu entnehmen, dass bei einer forstlichen Ausbildung oder Ausbildung zum Berufsjäger die fachliche Eignung im Regelfall anzunehmen sein soll.

III. Absatz 3

4 Dem Inhalt des Abs. 3 ist zu entnehmen, dass die Wildtierschützerinnen und Wildtierschützer mit den unteren Jagdbehörden zusammen arbeiten sollen. Dies kann jedoch nur im Rahmen ihrer Beauftragung gem. Abs. 1 der Fall sein. Sie sollen mit den öffentlichen Stellen und privaten Perso-

nen, insbesondere bei Fragen der Hege und Habitatgestaltung, des Wildtier Monitorings, der Jagd in Schutzgebieten in Abstimmung mit der für die Erklärung zum Schutzgebiert zuständigen Behörde zusammen arbeiten und Ansprechpartner für den Umgang mit Wildtieren im Siedlungsraum sein, sowie Ansprechpartner bei Unfällen mit Wildtieren.

Diese Bestimmung ist eine sogenannte „Sollbestimmung“. Die hier aufgeführten möglichen Aufgaben werden in der Regel mit der jeweiligen konkreten Beauftragung nicht deckungsgleich sein. Insbesondere kann sich die Frage nach der Legitimation stellen, beispielsweise bei einer möglichen Beratung des Umgangs mit Wildtieren im Siedlungsraum. Bei der Frage der Hege und der Habitatgestaltung, sowie im Rahmen des Wildtier Monitorings und der Jagd in Schutzgebieten kann ausschließlich der konkrete Umfang der Beauftragung entscheidend sein, da ansonsten ein Eingriff in die Rechte des Jagdausübungsberechtigten vorläge.

§ 49 Schutz der Wildtiere vor Hunden und Hauskatzen

(1) Die jagdausübungsberechtigte Person und anerkannte Wildtierschützerinnen und Wildtierschützer dürfen in ihrem Jagdbezirk Hunde, die erkennbar Wildtieren nachstellen und diese gefährden, mit schriftlicher Genehmigung der Ortspolizeibehörde im Einzelfall töten, wenn

1. **das Einwirken auf ermittelbare Halterinnen und Halter sowie Begleitpersonen erfolglos war und**
2. **andere mildere und zumutbare Maßnahmen des Wildtierschutzes, insbesondere das Einfangen des Hundes, nicht erfolgsversprechend sind.**

Das Recht nach Satz 1 umfasst nicht die Tötung von Blinden-, Hirten-, Jagd-, Polizei- und Rettungshunden, die als solche kenntlich sind.

(2) Die jagdausübungsberechtigte Person und anerkannte Wildtierschützerinnen und Wildtierschützer dürfen in ihrem Jagdbezirk streunende Hauskatzen mit Genehmigung der unteren Jagdbehörde in Wildruhegebieten nach § 42 und mit Genehmigung der zuständigen Naturschutzbehörde in Schutzgebieten nach den Vorschriften des Naturschutzrechts im Einzelfall töten, sofern der Schutzzweck es erfordert und andere mildere und zumutbare Maßnahmen nicht erfolgversprechend sind.

(3) Lebend gefangene Hunde und Katzen sind als Fundsachen zu behandeln.

Der Schutz vor wildernden Hunden und streunenden Hauskatzen wurde 1
nunmehr erheblich eingeschränkt. Die Regelung des § 29 Abs. 1 Nr. 3 LJagdG a. F. wurde nicht übernommen. Desgleichen wurden die Befugnisse

gemäß § 29 Abs. 1 Nr. 2 LJagdG a.F. erheblich verschärft. Begründet wird dies mit den Belangen des Tierschutzes. Hinsichtlich der streunenden Katzen ist der Begründung zu entnehmen, dass die bisherige Regelung bisher weitgehend „voraussetzungslos" gewesen sein soll und insbesondere aus Gründen des Wildtierschutzes nicht mehr erforderlich sei. Die Belange des Tierschutzes und die gesellschaftlichen Anschauungen veranlassen insoweit zu einer restriktiveren Regelung (informativ hierzu, insbesondere zum Einfluss der Hauskatze auf die Vogelwelt Gutachten der Universität für Bodenkultur Wien „Einfluss von Hauskatzen auf die heimische Fauna und mögliche Mangementmaßnahmen" von *Univ.-Prof. Dipl.- Biol. Dr. rer. nat. Klaus Hackländer*, Februar 2014).

I. Absatz 1

2 Abs. 1 enthält zwar die Befugnis der jagdausübungsberechtigten Person und der anerkannten Wildtierschützerinnen und Wildtierschützer zum Abschuss von wildernden Hunden. Allerdings dies unter der Voraussetzung, dass diese Hunde erkennbar Wildtieren nachstellen (mithin nunmehr eine konkrete Gefährdung erforderlich), eine schriftliche Genehmigung der Ortspolizeibehörde vorliegt und darüber hinaus ein Einwirken auf unmittelbare Halterinnen und Halter sowie Begleitpersonen erfolglos sind und andere, mildere und zumutbare Maßnahmen des Wildtierschutzes, so das Einfangen des Hundes, nicht erfolgversprechend sind. Insbesondere die Einholung der schriftlichen Genehmigung der Ortspolizeibehörde ist angesichts der Tatsache, dass der jeweils wildernde Hund eine konkrete, das heißt eine aktuelle Gefährdung darstellt, nicht zu erfüllen, sodass der Abschuss von wildernden Hunden de facto unmöglich ist. Es dürfte darüber hinaus auch eher unwahrscheinlich sein, dass eine solche Genehmigung erteilt werden wird. Die übrigen oben genannten Voraussetzungen fanden sich bereits entweder auch schon im bisherigen Gesetzestext oder wurden durch die Rechtsprechung entsprechend gebildet, so dass der Abschuss eines wildernden Hundes ohnehin auch nach der alten Gesetzeslage die ultima ratio darstellte.

II. Absatz 2

3 Der Abschuss von streunenden Hauskatzen ist nur mit Genehmigung der unteren Jagdbehörde in Wildruhegebieten nach § 42 JWMG und mit Genehmigung der zuständigen Naturschutzbehörde in Schutzgebieten nach den Vorschriften des Naturschutzrechts im Einzelfall möglich, sofern der Schutzzweck dies erfordert und andere mildere und zumutbare Maßnahmen nicht erfolgversprechend sind. Auch wurde nunmehr der Begriff der

„Hauskatze“ verwendet und soll dem Schutzanspruch der gefährdeten „Wildkatze“ Rechnung tragen.

III. Absatz 3

Abs. 3 übernimmt den Regelungsgehalt des § 29 Abs. 2 LJagdG a.F., wonach lebend gefangene Hunde und Katzen als Fundsachen zu behandeln sind. Insoweit gilt § 965 BGB, wonach eine verlorene Sache dem Verlierer oder dem Eigentümer oder einem sonstigen Empfangsberechtigten unverzüglich anzuzeigen ist. Kennt der Finder die Empfangsberechtigten nicht oder ist ihm ihr Aufenthalt unbekannt, so hat er den Fund und die Umstände, welche für die Ermittlung der Empfangsberechtigten erheblich sein können, unverzüglich der zuständigen Behörde anzuzeigen. In diesem Zusammenhang ist auch auf § 970 BGB zu verwiesen, wonach der Finder für Aufwendungen, die er zum Zwecke der Verwahrung oder Erhaltung der Sache oder zum Zwecke der Ermittlung eines Empfangsberechtigten macht und den Umständen nach für erforderlich halten darf, vom Empfangsberechtigten ersetzt verlangen kann. Darüber hinaus auf § 971 BGB, wonach der Finder unter Umständen einen Finderlohn verlangen kann. 4

Insgesamt ist aufgrund der gesetzlichen Verpflichtung zur Ablieferung mit einem Mehraufwand, insbesondere auch an Wochenenden, bei den zuständigen Behörden zu rechnen.

§ 50 Bekämpfung von Tierseuchen bei Wildtieren

(1) Tritt eine nach den Vorschriften des Tiergesundheitsrechts anzeigepflichtige Tierseuche bei Wildtieren auf oder treten Erscheinungen auf, die den Ausbruch einer solchen Tierseuche befürchten lassen, so haben die jagdausübungsberechtigten Personen und die zur Jagdausübung befugten Personen dies unverzüglich der nach Tiergesundheitsrecht zuständigen Behörde anzuzeigen. Die untere Jagdbehörde wirkt bei den zur Bekämpfung der Seuche erforderlichen Maßnahmen der zuständigen Behörden mit.

(2) Soweit nichts anderes bestimmt ist, haben die jagdausübungsberechtigten Personen und solche Personen, die zur Jagdausübung befugt sind, ohne Jagdausübungsberechtigte zu sein, unverzüglich die erlegten oder verendet aufgefundenen Wildtiere, bei denen sich Erscheinungen zeigen, die den Ausbruch einer anzeigepflichtigen Tierseuche befürchten lassen, oder Teile derselben der Untersuchung zur Abklärung der Krankheitsursache zuzuführen.

I. Absatz 1

1 Abs. 1 übernimmt weitestgehend den Regelungsgehalt des § 24 BJagdG mit geringfügigen Änderungen. Unklar ist, ob neben der jagdausübungsberechtigten Person auch die anerkannten Wildtierschützerinnen und Wildtierschützer hierzu in die Pflicht genommen werden können. Im Gesetzestext ist von der „zur Jagdausübung befugten Personen“ die Rede, allerdings werden die anerkannten Wildtierschützerinnen und Wildtierschützer regelmäßig vom Jagdausübungsberechtigten beauftragt. Die Anzeigepflicht wird dahingehend begrenzt, dass nur die nach dem Tiergesundheitsrecht anzeigepflichtigen Tierseuchen erfasst werden. Damit wird der weiten Begriffsbestimmung zum Begriff der Tierseuche nach § 2 Abs. 1 TierGesundhG Rechnung getragen. Ungeachtet der Verpflichtung aus dem Polizeirecht hat die untere Jagdbehörde bei der Bekämpfung der Seuche mit zu wirken (Satz 2).

II. Absatz 2

2 Abs. 2 enthält eine Ausweitung der Pflichten der jagdausübungsberechtigten Person beziehungsweise der Person, die zur Jagdausübung befugt sind, insoweit, als dass sie unverzüglich die erlegten oder verendeten aufgefundenen Wildtiere, bei denen sich Erscheinungen zeigen, die den Ausbruch einer anzeigepflichtigen Tierseuche befürchten lassen, oder Teile derselben einer Untersuchung und damit Abklärung der Krankheitsursache zuzuführen. Damit wurde dem ursprünglichen Ansinnen, dass eine Verpflichtung zur Beseitigung statuiert werden sollte, eine Absage erteilt. Ein finanzieller Ausgleich für die Tätigkeiten dürfte dann, wenn auch nicht im Gesetz niedergeschrieben, gegenüber der im Polizeirecht eigentlich zuständigen Behörde gegeben sein.

§ 51 Verringerung der Störung und Beunruhigung von Wildtieren

(1) Es ist verboten, Wildtiere unbefugt an ihren Zuflucht-, Nist-, Brut- oder Einständen durch Aufsuchen, Fotografieren, Filmen oder sonstige Handlungen zu stören. Das Verbot steht einer ordnungsgemäßen Ausübung der Land- und Forstwirtschaft, der Jagd und Fischerei nicht entgegen.

(2) Die untere Jagdbehörde kann in Einzelfällen zu wissenschaftlichen Lehr- und Forschungszwecken für bestimmte Arten von Wildtieren Ausnahmen von dem Verbot nach Absatz 1 unter Beachtung der Vorgaben des § 9 zulassen.

(3) Soweit dies zur Verringerung der Beunruhigung von Wildtieren erforderlich ist, kann die untere Jagdbehörde in Notzeiten für bestimmte Gebiete durch Allgemeinverfügung anordnen, dass sich das Recht zum Be-

treten des Waldes und der offenen Landschaft zum Zwecke der Erholung auf das Betreten von Straßen und Wegen beschränkt und Hunde dabei an der Leine zu führen sind. Widerspruch und Anfechtungsklage gegen die Anordnungen nach Satz 1 haben keine aufschiebende Wirkung. Die Notzeit und die Anordnungen nach Satz 1 sind öffentlich bekanntzugeben. Während der Notzeit ruht die Jagd in den von der Anordnung nach Satz 1 erfassten Gebieten.

(4) Notzeit im Sinne des Gesetzes ist der Zeitraum, in dem besondere Umweltbedingungen zu einer schwerwiegenden Beeinträchtigung des Energiehaushaltes der Wildtiere führen und eine besondere Ruhe und Schonung der Wildtiere erfordern.

(5) Soweit dies zur Verringerung der Beunruhigung von Wildtieren erforderlich ist, kann die untere Jagdbehörde für den Zeitraum der allgemeinen Schonzeit (§ 41 Absatz 2) durch Allgemeinverfügung für bestimmte Gebiete anordnen, dass beim Betreten des Waldes zum Zwecke der Erholung Hunde an der Leine zu führen sind.

I. Absatz 1

Im Abs. 1 dieser Norm werden die Regelungen aus § 19a Satz 1 BJagdG und 1
aus § 26 Abs. 1 LJagdG a.F. zusammengefasst und weitgehend übernommen. Anstelle des Begriffes „Wohnstätte" tritt nunmehr der Begriff „Einstände". Bei dieser Norm handelt es sich neben den naturschutzrechtlichen Störungsverboten um eine jagdrechtliche Sondervorschrift.

Unter dem Begriff der „sonstigen Handlungen" zählt beispielsweise auch das Stören von Wildtieren durch freilaufende Hunde oder störendes Geocaching abseits der Wege in Einständen. Dies insbesondere zur Brut- und Setzzeit.

Für Wildtiere, die dem Schutzmanagement unterliegen findet § 51 JWMG keine Anwendung (§ 7 Abs. 7 Satz 3 JWMG), die Vorschriften des Naturschutzrechts bleiben indes unberührt.

II. Absatz 2

Abs. 2 stellt ein Ausnahmetatbestand zu wissenschaftlichen Lehr- und For- 2
schungszwecken dar.

III. Absatz 3

Die untere Jagdbehörde kann in Notzeiten, soweit dies zur Verringerung 3
der Beunruhigung von Wildtieren erforderlich ist, für bestimmte Gebiete Beschränkungen des Rechts zum Betreten des Waldes und der offenen Landschaft zum Zwecke der Erholung auf das Betreten von Straßen und

Wegen beschränken. Desgleichen ein Leinengebot anordnen. Während der Notzeit ruht die Jagd in den betroffenen Gebieten.

IV. Absatz 4

4 Abs. 4 definiert den Begriff der Notzeit. Notzeit ist demnach der Zeitraum, in dem besondere Umweltbedingungen zu einer schwerwiegenden Beeinträchtigung des Energiehaushaltes der Wildtiere führen und eine besondere Ruhe und Schonung der Wildtiere erforderlich ist.

V. Absatz 5

5 Abs. 5 ermächtigt die untere Jagdbehörde auch für den Zeitraum der allgemeinen Schonzeit für bestimmte Gebiete Anordnungen zu treffen, wonach beim Betreten des Waldes zum Zwecke der Erholung Hunde an der Leine zu führen sind.

Abschnitt 7 Wild- und Jagdschaden

§ 52 Fernhalten der Wildtiere

(1) Die jagdausübungsberechtigte Person sowie die Eigentümerin oder der Eigentümer oder die nutzungsberechtigte Person eines Grundstücks sind berechtigt, Wildtiere von den Grundstücken fernzuhalten oder zu verscheuchen, soweit dies zur Verhütung von Wildschäden erforderlich ist. Die Eigentümerin oder der Eigentümer und die nutzungsberechtigte Person eines Grundstücks haben nach Satz 1 erforderliche, vorübergehend vorgesehene Einrichtungen zur Fernhaltung von Wildtieren in zumutbarem Umfang zu dulden, soweit sie nach sonstigen Vorschriften zulässig sind.

(2) Die jagdausübungsberechtigte Person darf bei Maßnahmen im Sinne des Absatzes 1 die Grundstücke nicht beschädigen, die Eigentümerin oder der Eigentümer oder die nutzungsberechtigte Person darf die Wildtiere weder gefährden noch verletzen.

I. Absatz 1

1 Die Norm übernimmt den bisherigen Regelungsinhalt des § 26 Abs. 1 BJagdG.

Neu ist die Festlegung einer Duldungspflicht durch die das Grundstück bewirtschafteten Personen, wodurch vorübergehend vorgesehene Einrichtungen zum Fernhalten von Wildtieren und damit die Vermeidung von Wildschäden ermöglicht werden.

In Betracht kommen „nicht mit dem Erdboden verbundene Einrichtungen“ während besonders schadensträchtiger Zeiträume. Die die Grundflächen bewirtschaftenden Personen trifft eine der Natur der Sache nach mit dem Eigentumsrecht verbundene Mitwirkungspflicht soweit die Beschränkungen der Bewirtschaftung nicht unzumutbar werden. Der hier verwendete Begriff des Wildschadens umfasst im Zusammenhang mit anderen landwirtschaftlichen, forstwirtschaftlichen oder fischereiwirtschaftlichen Nutzung der durch Wild verursachten Schäden, wobei weder hinsichtlich der Art des Schadens noch der schadensverursachenden Wildarten Einschränkungen zu machen sind.

Zur Wildschadensverhütung sind der Eigentümer oder Nutzungsberechtigte des Grundstücks sowie der Jagdausübungsberechtigte berechtigt. Wildschaden ist jeder von Wild verursachte Vermögensschaden, unabhängig davon ob er zu ersetzen ist oder nicht.

II. Absatz 2

Bei den Maßnahmen zur Schadensabwehr darf Wild dabei weder an Leben 2
noch Gesundheit gefährdet oder verletzt werden. Maßnahmen zum Fernhalten des Wildes sind unter anderem Verlappen, Aufstellen von Wildscheuchen, Verstänkern, Knallapparate, Anbringen von Drahthosen, Einzäunen, Beizen von Körnern sowie sonstige Verbiss-, Schäl- und Fegeschutzmittel. Elektrozäune unterliegen nicht dem Verbot des § 13 Nr. 11 TierSchG.

§ 53 Schadensersatzpflicht bei Wildschaden

(1) Wird ein Grundstück, das zu einem gemeinschaftlichen Jagdbezirk gehört oder einem gemeinschaftlichen Jagdbezirk angegliedert ist, durch Schalenwild oder Wildkaninchen beschädigt, so hat die Jagdgenossenschaft der geschädigten Person den Wildschaden zu ersetzen. Der aus dem Vermögen der Jagdgenossenschaft geleistete Ersatz ist von den einzelnen Mitgliedern der Jagdgenossenschaft nach dem Verhältnis des Flächeninhalts ihrer beteiligten Grundstücke zu tragen. Hat bei einer Jagdverpachtung die pachtende Person den Ersatz des Wildschadens ganz oder teilweise übernommen, so trifft die Ersatzpflicht die pachtende Person. Die Ersatzpflicht der Jagdgenossenschaft bleibt bestehen, soweit die geschädigte Person Ersatz von der pachtenden Person nicht erlangen kann. Die Ansprüche der Jagdgenossenschaft gegen ihre Mitglieder werden nach § 15 Absatz 6 Satz 2 beigetrieben.

(2) Wildschaden durch Schalenwild oder Wildkaninchen an Grundstücken, die einem Eigenjagdbezirk angegliedert sind, hat die Eigentümerin

oder der Eigentümer oder die nutznießende Person des Eigenjagdbezirks zu ersetzen. Bei Jagdverpachtung haftet die pachtende Person, wenn diese sich im Jagdpachtvertrag zum Ersatz des Wildschadens verpflichtet hat. In diesem Falle haftet die Eigentümerin oder der Eigentümer oder die nutznießende Person nur, soweit die geschädigte Person Ersatz von der pachtenden Person nicht erlangen kann.

(3) Bei Grundstücken, die zu einem Eigenjagdbezirk gehören, richtet sich, abgesehen von den Fällen des Absatzes 2, die Verpflichtung zum Ersatz von Wildschaden nach dem zwischen der geschädigten Person und der jagdausübungsberechtigten Person bestehenden Rechtsverhältnis. Sofern nichts anderes bestimmt ist, ist die jagdausübungsberechtigte Person ersatzpflichtig, wenn sie durch unzulänglichen Abschuss den Schaden verschuldet hat.

(4) Wird durch ein aus einem Gehege ausgetretenes und dort gehegtes Stück Schalenwild Wildschaden angerichtet, so ist ausschließlich die Person zum Ersatz verpflichtet, der die Aufsicht über das Gehege obliegt.

(5) Wildschaden an Grundstücken, auf denen die Jagd nicht ausgeübt werden darf, wird nicht erstattet. Diese Grundstücke bleiben bei der Berechnung der anteiligen Ersatzleistung für den Wildschaden an anderen Grundstücken gemäß Absatz 1 Satz 2 außer Ansatz, soweit kein Fall des § 14 Absatz 6 vorliegt.

I. Absatz 1 und 2

1 Das Gesetz übernimmt weitgehend die bewährten Regelungsinhalte der §§ 29 und 30 Bundesjagdgesetz.

Die Haftung für Wildschäden durch Schalenwild und Wildkaninchen trifft die zum Wildschadensersatz verpflichtete Jagdgenossenschaft oder den Jagdpächter, soweit er zur Übernahme des Wildschadens im Jagdpachtvertrag verpflichtet ist, ohne Rücksicht darauf ob ihn ein Verschulden trifft oder ob er überhaupt deliktfähig ist. Dies wird als sogenannte verschuldensunabhängige Haftung oder Gefährdungshaftung bezeichnet. Grundsätzlich hat die Jagdgenossenschaft dem Geschädigten die Schäden an einem Grundstück zu ersetzen. Zu den wesentlichen Bestandteilen des Grundstücks gehören auch die mit dem Grund und Boden fest verbundenen Sachen. Ebenso Erzeugnisse des Grundstücks solange sie mit dem Boden zusammenhängen.

Samen wird mit Aussähen wesentlicher Bestandteil des Grundstücks, eine Pflanze mit dem Einpflanzen. Abdeckfolien oder Bienenkästen sind nicht Bestandteil des Grundstücks, da sie nur zu einem vorübergehenden Zweck mit dem Grundstück verbunden sind (§ 95 BGB). Dem Landwirt steht es grundsätzlich frei wie er seine Grundstücke nutzen will. Der Jagdausübungsberechtigte hat keinen Anspruch darauf, dass der Nutzungsberechtigte eines Grundstücks auf den Anbau besonders gefährdeter Früchte verzichtet. Anderseits kann dem Landwirt eine Mitschuld am Wildschaden treffen, wenn es z. B. beim Maisanbau am Waldrand bereits in den vergangenen Jahren zu erheblichen Wildschäden gekommen ist und er die Aussaat dem Jagdausübungsberechtigten nicht rechtzeitig mitgeteilt hat, damit dieser entsprechende Sicherungsmaßnahmen ergreifen kann. Eine Mitschuld kann ihn auch treffen, wenn er durch unsachgemäße Landwirtschaft z. B. durch Unterpflügen von unverhältnismäßig starkem Maiskolbenbruch bei der nachfolgenden Getreidesaat, Wildschäden durch Schwarzwild hervorruft.

Die Übernahme des Wildschadens durch die pachtende Person ist grundsätzlich durch eine Wildschadenspauschale möglich. In diesem Fall erlischt der Anspruch des Geschädigten gegenüber dem Jagdpächter. Die pauschale Abgeltung des Wildschadens in einem Formularvertrag ist jedoch dann ungültig, wenn für den Pächter nicht die Möglichkeit besteht den Nachweis zu führen, dass kein oder nur ein wesentlich geringerer Wildschaden entstanden ist. Die Ersatzpflicht der Jagdgenossenschaft bleibt jedoch bestehen, soweit der Jagdpächter den Schaden wegen Geldknappheit, Privatinsolvenz oder ähnliches nicht bezahlen kann. 2

Mehrere Mitpächter haften gegenüber dem Geschädigten als Gesamtschuldner für den Wildschadensersatz soweit in einem Gesellschaftsvertrag keine andere interne Vereinbarung getroffen wurde.

Bei vertraglicher Übernahme des Wildschadens für weitere Wildarten außer Schalenwild und Wildkaninchen haftet die Jagdgenossenschaft bei Ausfall nicht. Der Wildschadensersatzanspruch verjährt gemäß § 852 BGB nach 3 Jahren.

II. Absatz 3

Die Verpflichtung zum Ersatz des Wildschadens in Eigenjagdbezirken trifft 3 den Pächter, soweit er die Schäden durch unzulänglichen Abschuss verursacht hat. Wildschäden in Eigenjagdbezirken unterliegen der Haftung durch den Eigentümer oder des Nutznießers soweit er selbst die Jagd ausübt oder den Pächter dieser Flächen, wenn es im Vertrag vereinbart ist.

III. Absatz 4

Zum Ersatz des Wildschadens durch ausgebrochenes Gehegewild (z. B. 4 Damwild) ist die zur Aufsicht verpflichtete Person auf Grund der Tierhalterhaftung nach § 833 BGB verpflichtet. Ein Verschulden des Aufsichtspflichtigen wird nicht vorausgesetzt, da es sich um eine sogenannte Gefährdungshaftung handelt. Die Haftung entfällt auch nicht durch höhere

Gewalt, wenn z. B. ein Baum beim Sturm auf die Einzäunung fällt und Schalenwild entkommt.

Sobald das ausgebrochene Wild durch Anordnung der unteren Jagdbehörde herrenlos geworden ist endet die Haftung des Aufsichtspflichtigen. Im Falle eines strittigen Schadens trägt der Geschädigte die Beweislast, dass der Wildschaden durch das ausgebrochene Wild entstanden ist. Wird der Jagdausübungsberechtigte in Anspruch genommen, muss er den Beweis dafür antreten, dass der Wildschaden nicht von herrenlosem Wild verursacht wurde.

IV. Absatz 5

5 Hier wird klargestellt, dass ein Wildschaden an Grundflächen, auf denen die Jagd nicht ausgeübt werden darf, insbesondere wenn die Jagd ruht, nicht erstattet wird. Die folgt nach überwiegender Meinung bereits aus der bisher geltenden Rechtslage, denn diese Flächen liegen außerhalb des Verantwortungsbereichs der jagdausübungsberechtigten Person. Es wird außerdem klargestellt, dass die Eigentümer dieser Fläche auch nicht anteilig den Wildschaden tragen müssen. Sie sind insoweit nicht Mitglieder der Jagdgenossenschaft. Eine Ausnahme gilt für die aus ethischen Gründen befriedeten Grundflächen, für die eine anteilige Verpflichtung zum Ersatz des Wildschadens nach § 14 Abs. 6 gilt.

§ 54 Umfang der Ersatzpflicht bei Wildschäden

(1) Nach § 53 ist auch der Wildschaden zu ersetzen, der an den getrennten, aber noch nicht eingeernteten Erzeugnissen eines Grundstücks eintritt.

(2) Werden Bodenerzeugnisse, deren voller Wert sich erst zur Zeit der Ernte bemessen lässt, vor diesem Zeitpunkt durch Wildtiere beschädigt, so ist der Wildschaden in dem Umfang zu ersetzen, wie er sich zur Zeit der Ernte darstellt. Bei der Feststellung der Schadenshöhe ist jedoch zu berücksichtigen, ob der Schaden nach den Grundsätzen einer ordentlichen Wirtschaft durch Wiederanbau im gleichen Wirtschaftsjahr ausgeglichen werden kann.

(3) Wildschaden an Maiskulturen ist den geschädigten Personen nur zu 80 vom Hundert zu ersetzen, es sei denn, die geschädigte Person weist nach, dass sie die üblichen und allgemein zumutbaren Maßnahmen zur Abwehr von Wildschäden unternommen hat. § 55 Absatz 1 dieses Gesetzes und § 254 des Bürgerlichen Gesetzbuches bleiben unberührt.

I. Absatz 1 und 2

1 Die früheren Regelungsinhalte des § 31 BJagdG wurden übernommen.

Soweit es das Jagdrecht nichts anders bestimmt, finden für den Umfang der Ersatzpflicht die Vorschriften des BGB, insbesondere §§ 249ff. BGB Anwendung. Es ist der Zustand herzustellen, der bestehen würde, wenn der zum Ersatz verpflichtende Umstand nicht eingetreten wäre. Im gemeinschaftlichen Jagdbezirk ist die Jagdgenossenschaft ersatzpflichtig, wobei die einzelnen Jagdgenossen die entstandenen Kosten anteilmäßig tragen. In der Regel übernimmt jedoch der Jagdpächter durch Jagdpachtvertrag den Ersatz des Wildschadens. Kann der Geschädigte vom Pächter keinen Schadensersatz erlangen, haftet ihm gegenüber die Jagdgenossenschaft.

Wildschaden wird auch an den getrennten, aber noch nicht eingetragenen Erzeugnissen eines Grundstücks ersetzt. Wann bei abgetrennten aber noch nicht eingeernteten Erzeugnissen eine Einerntung vorzunehmen ist, ist von einer ordnungsgemäßen Wirtschaftsführung abhängig. Erzeugnisse, die in Mieten untergebracht sind, gelten als eingeerntet. Gleiches gilt für Heu-, Stroh oder Silageballen, die auf dem Feld gelagert werden.

Werden Bodenerzeugnisse bereits vor Erntebeginn beschädigt, ist der Wildschaden zu ersetzen, wie er sich zum Zeitpunkt der Ernte dargestellt hätte.

Der Geschädigte ist zur Schadensminderung verpflichtet. Dies entspricht dem Grundsatz des § 254 Abs. 2 BGB.

Es ist zu berücksichtigen, ob der Schaden nach den Grundsätzen einer ordentlichen Wirtschaftsführung durch entsprechenden Wiederanbau im gleichen Wirtschaftsjahr ausgeglichen werden kann.

Das Schadensrisiko kann gemindert werden durch Nachpflanzung, Bestellung durch Ersatzfrucht oder zusätzliche Düngung.

Der Geschädigte kann danach wählen, ob er im Falle der Beschädigung oder Zerstörung einer Sache Geld oder Naturalersatz verlangen will. Maßgebend für die Berechnung des Schadens ist der Erzeugerpreis, wobei von einem normalen Ertrag auszugehen ist.

II. Absatz 3

2 Hier ist neu eine prozentuale Beschränkung des Ersatzanspruchs bei Wildschaden an Maiskulturen vorgesehen. Der Geschädigte trägt demnach 20 % der entstandenen Wildschäden selbst, es sei denn, er kann sich durch unternommene und nachgewiesene Maßnahmen zur Abwehr von Wildschäden entlasten.

Die besondere Behandlung der Schäden an Maiskulturen gegenüber anderen voll ersatzfähigen Schäden ist gerechtfertigt, weil die Bewirtschaftung der Grundflächen durch den Anbau von Mais ein besonderes, gegenüber anderen Anbaupflanzen, erhöhtes Risiko für Wildschäden in sich birgt. Die Möglichkeiten Wildschaden durch eine gezielte Bejagung zu vermeiden, ist bei Maisanbau erheblich eingeschränkt. Das Zusammenfallen von Deckung und Nahrung betrifft insbesondere die Zeiträume, in denen die Schadenswirkung bei Mais besonders hoch ist. Hinzu tritt der besondere Wert der Maispflanzen als nachgefragte Energiepflanzen. Insoweit besteht bei Maiskulturen eine besondere Schadensträchtigkeit, die auf die Anbauentscheidung der geschädigten Person zurückgeht.

Das Schaffen einer besonders schadensträchtigen Situation rechtfertigt es, den Wildschadensersatzspruch zu Lasten des Gefahrenveranlassers zu beschränken, wie dies auch das Anliegen bei Sonderkulturen nach § 55 Abs. 2 der Fall ist.

Der Anteil des von der geschädigten Person selbst zu tragenden Wildschadens in Höhe von 20 % berücksichtigt, dass die überwiegenden Einflussmöglichkeiten auf die Wildschadenssituation bei den jagdausübungsberechtigten Personen liegen. Mit dem Abschlag wird der Wert von Aufwendungen erfasst, die für geeignete Maßnahmen zur Wildschadensabwehr erforderlich werden können. Die eine Fläche mit Maiskulturen bewirtschafteten Personen haben andererseits durch die Anbauentscheidung und Anbauweise nennenswerte Einflussmöglichkeiten. Die Entlastungsregelung greift den Gedanken der Mitverursachung und die Pflicht des Geschädigten zur Schadensvermeidung auf.

In Betracht kommen insbesondere Maßnahmen, wie die Einhaltung von Abständen zum Waldrand, Schussschneisen oder andere Maßnahmen, mit denen in zumutbarer Weise die effektive Bejagung begünstigt werden, über die die geschädigte Person den vollen Ersatz des Wildschadens erreichen kann.

S. 2 stellt klar, dass im Übrigen § 254 BGB (Mitverschulden) und § 255 Abs. 1 BGB (Wegfall des Ersatzanspruchs durch Verhinderung oder unwirksam machen getroffener Maßnahmen) unberührt bleiben.

Anmerkung: Diese Neuregelung birgt erhebliche rechtliche Unsicherheiten hinsichtlich der „zumutbaren Maßnahmen“ und deren Nachweis. Nähere Klarstellungen werden gerichtlichen Entscheidungen vorbehalten sein.

§ 55 Schutzvorrichtungen gegen Wildschaden

(1) Ein Anspruch auf Ersatz von Wildschaden ist nicht gegeben, wenn die geschädigte Person die zur Abwehr von Wildschaden getroffenen Maßnahmen verhindert oder unwirksam macht.

(2) Gärten, Obstgärten, Baumschulen, Alleen, einzeln stehende Bäume sowie Forstkulturen anderer als der im Jagdbezirk vorkommenden Hauptholzarten und Freilandpflanzungen von Garten- oder hochwertigen Han-

delsgewächsen gelten als Sonderkulturen im Sinne dieses Gesetzes. Wildschaden, der an Sonderkulturen entsteht, wird nicht ersetzt, wenn die Herstellung üblicher Schutzvorrichtungen unterblieben ist, die unter gewöhnlichen Umständen zur Abwendung des Schadens ausreichen. Hauptholzarten sind diejenigen Baumarten, die im jeweiligen Jagdbezirk einen Flächenanteil von mindestens fünf vom Hundert im Ausgangsbestand aufweisen, es sei denn, es ist vertraglich etwas anderes bestimmt.

(3) Streuobstwiesen, die wie Grünland genutzt werden und auf denen regelmäßig weniger als 150 Obstbäume je Hektar stehen, sind keine Sonderkulturen im Sinne des Gesetzes. Nicht ersatzpflichtig sind Wühlschäden an Streuobstwiesen, wenn zum Schadenszeitpunkt das Fallobst nicht fachgerecht abgeerntet ist.

(4) Wildschäden an Weinbergen sind zu ersetzen, auch wenn Schutzvorrichtungen zur Abwendung des Schadens nicht errichtet sind.

I. Absatz 1

Hier ist klargestellt, dass ein Anspruch auf Ersatz von Wildschaden nicht 1
gegeben ist, wenn die geschädigte Person die zur Abwehr von Wildschaden getroffenen Maßnahmen nicht nur unwirksam macht, sondern verhindert, z. B. durch Ausschalten eines um das Maisfeld angebrachten Elektrozauns oder durch das Aussprechen eines Verbotes einen solchen aufzustellen.

II. Absatz 2

Wildschäden an Sonderkulturen wie Gärten, Obstgärten, Baumschulen, Al- 2
leen, einzeln stehenden Bäumen, Forstkulturen aus anderen als im Jagdbezirk vorkommenden Hauptholzarten sowie Freilandpflanzungen von Garten- und hochwertigen Handelsgewächsen werden nicht ersetzt, wenn die Herstellung üblicher Schutzvorrichtungen unterblieben ist, die unter gewöhnlichen Umständen zur Abwendung des Schadens ausreichen.

Als Obstgärten sind im Umkehrschluss zu der Festlegung in Absatz 3 solche anzusehen, auf denen mehr als 150 Bäume je Hektar stehen oder die nicht grünlandähnlich genutzt werden.

Forstkulturen werden durch Saat, Pflanzung oder Naturführung einheimischer oder nicht einheimischer Holzarten herangezogen. Es wird zwischen Kulturen, Dickungen und Stangenhölzern unterschieden. Eine Faustregel zur Abgrenzung besagt, dass man über Kulturen noch hinwegschauen kann.

Freilandpflanzungen von Gartengewächsen sind Gemüse, Obst oder Zierpflanzen, die üblicherweise in Gärten oder gärtnereitypischen Anbauweise gezogen werden, wie z. B. Blumenkohl, Bohnen, Erbsen, Erdbeeren,

Kohlrabi, Kürbisse, Möhren, Spargel, Spinat, Weißkohl, Wirsing. Die Pflanzen können die Eigenschaften eines Gartengewächses verlieren, wenn der feldmäßige Anbau in einem größeren regionalen Bereich dazu führen kann, dass in diesem Bereich der feldmäßige Anbau den gartenmäßigen Anbau völlig verdrängt. **Hochwertige Handelsgewächse** sind für den direkten Endverbrauch nicht geeignet. Sie geben den Rohstoff für wertvolle Waren ab, die durch Be- oder Verarbeitung haltbar gemacht werden und handelsfähig sind. Kriterium kann sein, dass die Markterlöse für derartige Produkte weit über dem üblichen Rahmen herkömmlicher landwirtschaftlicher Produkte liegen. Hochwertige Handelsgewächse sind beispielsweise Arznei-, Farb- Gewürzpflanzen, Tabak, Flachs, Hopfen oder Hybridmais zu Zuchtzwecken.

Die üblichen Schutzvorrichtungen ergeben sich aus § 15 DVO JWMG. Zu dem Pflichten des Grundstückseigentümers oder Nutzungsberechtigten gehören die regelmäßige Kontrolle der Schutzvorrichtung sowie deren funktionsfähige Unterhaltung. Ohne Instandhaltung oder Prüfung ist der Zweck der Einrichtung zum Fernhalten des Wildes nicht gewährleistet.

Ist anzunehmen, dass Wild in die Umzäunung gelangt ist, besteht für den Grundstückseigentümer eine Unterrichtungsverpflichtung des Jagdausübungsberechtigten aus Gründen der Schadensminimierung. Hat der Jagdausübungsberechtigte oder sein Beauftragter Schäden an der Umzäunung festgestellt, sind diese unverzüglich dem Eigentümer mitzuteilen damit dieser sie beheben kann.

Bei den **Hauptholzarten** wird neu klargestellt, dass darunter diejenigen Baumarten zu verstehen sind, die im jeweiligen Jagdbezirk im Ausgangsbestand mit einem Flächenanteil von mindestens 5 von 100 vorkommen. Vertragliche Vereinbarungen bleiben jedoch unberührt. Angesichts des naturnahen Waldumbaus erscheint der Flächenanteil von mindestens 5 Prozent als deutlich zu niedrig. Da davon auszugehen ist, dass in einem Waldbestand nicht nur Hauptbaumarten sondern auch eine ausreichende Anzahl Nebenbaumarten vorhanden sind, hätte sinnvoller Weise von einem Prozentsatz von mindestens 10 Prozent ausgegangen werden müssen.

Bei Mais findet eine Differenzierung zwischen Futter- und Energiemais im Gesetz nicht statt. Die Frage ob **Energiemais** der gesetzlichen Wildschadensersatzpflicht unterliegt oder eine Sonderkultur darstellt, wurde aktuell vom Landgericht Hildesheim (Urteil vom 4.7.2014) geklärt: Mais stelle auch dann kein hochwertiges Handelsgewächs dar, wenn er als Rohstoff für eine Biogasanlage verwendet wird. Abweichend davon kann der Ersatzanspruch entfallen, wenn nach vertraglicher Regelung nur Schäden an **„landwirtschaftlich genutzten“** Flächen zu ersetzen sind. Das AG Plettenberg hat hier einen Anspruch verneint (Az. 1 C 425/13). Die gesetzliche Regelung geht bekanntlich von Schäden an Grundstücken aus.

III. Absatz 3

Hier finden sich klarstellende Kriterien zur Einordnung der in Baden-Württemberg typischen Streuobstwiesen. In der Rechtsprechung werden diese bisher uneinheitlich beurteilt, weshalb die Klarstellung im Gesetz sinnvoll ist. Der Gesetzgeber geht davon aus, dass auf Streuobstwiesen weniger als 150 Obstbäume je Hektar stehen. Im typischen Fall einer bewirtschafteten Streuobstwiese ist davon auszugehen, dass es sich um eine der Grünlandbewirtschaftung ähnliche Art der Bewirtschaftung handeln muss, welche die volle Schadensersatzpflicht auslöst. § 55 Absatz 2 greift in diesem Fall nicht. 3

Eine typische grünlandähnliche Nutzung der Streuobstwiesen setzt eine Mahd oder Beweidung voraus. Mulchen, insbesondere die Rasenmähermahd ist keine Nutzung im Sinne des Satzes 1, da durch den Mulcheffekt in den oberen Bodenschichten besonders günstige Bedingungen für Würmer oder sonstige Bodenbewohner geschaffen werden, die im besonderen Maße die Wildschweine zum Aufwühlen des Bodens verleiten. In der Regel dürfte für eine Nutzung wie Grünland ein bis dreimal pro Jahr gemäht werden müssen.

Von der Ersatzpflicht ausgenommen sind Wühlschäden, wenn das Fallobst nicht fachgerecht geerntet wird. Eine ordnungsgemäße Bewirtschaftung der Streuobstwiese, die einen Ersatz wie bei der Grünlandnutzung rechtfertigt, liegt dann nicht vor.

IV. Absatz 4

Wildschäden an Weinbergen sind auch dann zu ersetzen, wenn Schutzvorrichtungen zur Abwendung des Schadens nicht errichtet sind. Der Gesetzgeber ist damit dem Wunsch der Landwirtschaft auf Beibehaltung dieser bislang bundesweit einzigartigen Regelung nachgekommen. 4

§ 56 Schadensersatzpflicht bei Jagdschaden

(1) Wer die Jagd ausübt, hat dabei die berechtigten Interessen der Eigentümerinnen, Eigentümer und Nutzungsberechtigten von Grundstücken zu beachten, insbesondere besäte Felder und nicht abgemähte Wiesen möglichst zu schonen. Die Ausübung der Treibjagd auf Feldern, die mit reifender Halm- oder Samenfrucht oder mit Tabak bestanden sind, ist verboten; die Such- und sonstige Bewegungsjagd ist nur insoweit zulässig, als sie ohne Schaden für die reifenden Früchte durchgeführt werden kann.

(2) Die jagdausübungsberechtigte Person haftet der Eigentümerin oder dem Eigentümer oder der nutzungsberechtigten Person eines Grundstücks für jeden aus missbräuchlicher Jagdausübung entstehenden Schaden; sie

haftet auch für den Jagdschaden, der von einer ihrer Wildtierschützerinnen, einem ihrer Wildtierschützer oder einem ihrer Jagdgäste verursacht wird.

1 Die Regelungen des § 33 BJagdG wurden hier übernommen.

Jagdschaden ist im Gegensatz zu Wildschaden ein Schaden der durch die Ausübung der Jagd im weitesten Sinne verursacht wird. Sie ergeben sich aus dem Betretungsrecht des Jagdausübungsberechtigten für alle Grundstücke im Jagdbezirk, soweit nicht öffentlich/rechtliche Vorschriften dieses Betretungsrecht ausschließen. Ein Betretungsrecht besteht nicht für Bundesautobahnen, Bahnanlagen oder eingezäunte Grundstücke. Das Betretungsrecht besteht nur, wenn an Feldern, Wiesen oder Waldkulturen kein Schaden entstehen kann. Insbesondere die Ausübung der Treibjagd auf Feldern, die mit reifender Halm- oder Samenfrucht oder mit Tabak bestanden sind, ist verboten.

Absatz 2

2 Der Jagdausübungsberechtigte haftet für jeden vorsätzlich oder fahrlässig aus missbräuchlicher Jagdausübung entstandenen Schaden. Dies gilt auch für den Jagdschaden der von einer Wildtierschützerin, einem Wildtierschützer oder einem ihrer Jagdgäste verursacht wird (analog Haftung des Geschäftsherrn für den Verrichtungsgehilfen nach § 831 BGB).

Beispiel: *Ein Wildschein mit 50 kg Gewicht wird von einem Wildtierschützer auf einer Wiese erlegt. Um sich das Herbeiholen einer Hilfsperson für die Bergung zu ersparen, befährt der Wildtierschützer die nasse Wiese und verursacht einen erheblichen Schaden. Der Jagdausübungsberechtigte ist diesem Fall zum Schadensersatz verpflichtet, der sowohl das Wiederherstellen der Wiese (Schließen der Fahrspuren) als auch der mögliche Ausfall des Grasaufwuchses betrifft. Dabei ist besonders zu berücksichtigen, zu welcher Jahreszeit der Schaden entstand und wie oft die Wiese üblicherweise gemäht wird.*

§ 57 Geltendmachung des Schadens

(1) Der Anspruch auf Ersatz von Wild- oder Jagdschaden erlischt, wenn die geschädigte Person den Schadensfall nicht binnen einer Woche, nachdem sie von dem Schaden Kenntnis erhalten hat oder bei Beachtung gehöriger Sorgfalt erhalten hätte, bei der Gemeinde, auf deren Gemarkung das beschädigte Grundstück liegt, anmeldet. Bei Schaden an forstwirtschaftlich genutzten Grundstücken genügt es, wenn der Schaden einmal jährlich bis zum 15. Mai angemeldet wird. Die Anmeldung soll die als ersatz-

pflichtig in Anspruch genommene Person bezeichnen und den geltend gemachten Schaden beziffern.

(2) Die Gemeinde bescheinigt der geschädigten Person die Anmeldung des Wild- oder Jagdschadens. Sie gibt die Anmeldung unverzüglich der als ersatzpflichtig in Anspruch genommenen Person bekannt.

(3) Nach Ausstellung der Bescheinigung über die Anmeldung des Wild- oder Jagdschadens weist die Gemeinde die geschädigte Person und die als ersatzpflichtig in Anspruch genommene Person auf die von den unteren Jagdbehörden nach Absatz 4 anerkannten Wildschadensschätzerinnen und Wildschadensschätzer hin.

(4) Die unteren Jagdbehörden erkennen Personen auf deren Antrag als Wildschadensschätzerinnen oder Wildschadensschätzer auf die Dauer von fünf Jahren an, wenn diese geeignet und befähigt sind, zum Zweck der gütlichen außergerichtlichen Einigung Wild- und Jagdschäden zu schätzen, hierzu Ortstermine durchzuführen und auf eine gütliche Einigung hinzuwirken. Die oberste Jagdbehörde wird ermächtigt, durch Rechtsverordnung nähere Bestimmungen über das Verfahren in Wild- und Jagdschadenssachen und zum Zwecke der Förderung einer außergerichtlichen gütlichen Einigung in Wild- und Jagdschadenssachen nähere Bestimmungen über die Anforderungen an Personen zu treffen, welche die unteren Jagdbehörden als Wildschadensschätzerinnen oder Wildschadensschätzer anerkennen.

I. Absatz 1

Abs. 1 übernimmt im Wesentlichen die bewährten Regelungen des § 34 BJagdG. 1

Abweichend von der bisherigen Rechtslage ist vorgesehen, dass Schäden an forstwirtschaftlich genutzten Grundflächen nur noch einmal jährlich bis zum 15. Mai angemeldet werden müssen. Die Meldung erfasst dann die seit dem 15. Mai des Vorjahres eingetretenen Schäden im Sommerhalbjahr, die häufig zu vernachlässigen sind und die Schäden des Winterhalbjahres. Aufgrund der fehlenden Differenzierung der Schäden im Sommerhalbjahr bzw. im Winterhalbjahr ist jedoch die Zuordnung erheblich erschwert, so dass von einer Zunahme der Rechtsstreitigkeiten im Zusammenhang mit dem Wildschadensersatz auszugehen ist.

Wild- und Jagdschaden an landwirtschaftlich genutzten Flächen sind binnen einer Woche anzumelden, sobald der Betroffene vom Schaden Kenntnis erlangt oder bei entsprechender Sorgfalt hätte erlangen können. Der Zeitraum innerhalb dessen eine Kenntnisnahme eines Wildschadens möglich sein muss, wird unterschiedlich beurteilt. Dabei wird vor allem die die Schadensgeneigtheit und Schäden in Vorjahren zu berücksichtigen sein. Verschiedene Gerichtsurteile gehen von einem Monat aus, die der Landwirt in der Regel einzuhalten hat. Schäden die länger als einen Monat zurückliegen, werden damit nicht ersetzt. Handelt es sich um Grundstücke die wiederholt beschädigt wurden oder besonders gefährdete Lagen muss in kürzeren Zeitabständen, unter Umständen täglich, kontrolliert werden. Die Beweispflicht eines Wildschadens und der rechtzeitigen Entdeckung obliegt dem Geschädigten.

Im Übrigen kann das Unterlassen der Schadensanzeige als ein erhebliches Mitverschulden bei Folgeschäden gesehen werden.

II. Absatz 2

2 Hier ist gegenüber der bisherigen Rechtslage ausdrücklich vorgesehen, dass die Gemeinde die Anmeldung zu bescheinigen hat und die in Anspruch genommene Person (Jagdausübungsberechtigter) benachrichtigt wird. Die Regelung soll einer schnellen gütlichen Einigung und den Beweissicherungsinteressen der für den Schadensersatz in Anspruch genommenen Person dienen. Die DVO zum JWMG ergänzt dahingehend, dass die geschädigte Person zum Zwecke der Förderung einer schnellen gütlichen Einigung den Schaden bereits beziffern soll, soweit dies möglich ist.

Die Gemeinde gibt die Anmeldung unverzüglich der als ersatzpflichtig in Anspruch genommenen Person bekannt. Die Bescheinigung muss den Tag der Anmeldung und die geschädigte Person bezeichnen, sowie Angaben zum Ort und Art des Schadens enthalten. Soweit die als ersatzpflichtig in Anspruch genommene Person mit Anschrift benannt wird, übermittelt die Gemeinde dieser Person unverzüglich eine Abschrift der Bescheinigung. Mit der Bescheinigung kann der Hinweis auf die anerkannten Wildschadenschätzerin und Wildschadenschätzer verbunden werden (§ 17 DVO JWMG).

III. Absatz 3

3 Die Regelung bezweckt, die Eigenverantwortung der Beteiligten zu stärken, die gütliche Einigung in den Vordergrund zu stellen und die Gemeinde zu entlasten. Das bisher obligatorisch vorgesehene Vorverfahren zur Geltendmachung des Wildschadensersatzanspruches entfällt. Bisher musste vor dem Beschreiten des ordentlichen Rechtsweges von der Gemeinde ein solches Vorverfahren durchgeführt werden. Es stellte im deutschen Rechtssystem bisher eine Besonderheit bei der Geltendmachung privater Schadensersatzansprüche dar. Mit der jetzt erfolgten Abschaffung entfällt jedoch die bewährte Mediations- und Vermittlungsfunktion der Gemeinden, die oft ausgleichend gewirkt hat. Die Entwicklung bleibt deshalb abzuwarten.

Abs. 3 sieht eine Verpflichtung der Gemeinde vor, die Beteiligten zum Zwecke der gütlichen außergerichtlichen Einigung über das Angebot der anerkannten Wildschadensschätzerinnen und Wildschadensschätzer hinzuweisen. An dem Versuch einer gütlichen Einigung selbst müssen die Gemeinden jedoch nicht mitwirken.

Die Wildschadensschätzerinnen und Wildschadensschätzer übernahmen bisher im Rahmen des bisher obligatorischen Vorverfahrens die Aufgabe Wildschäden zu schätzen. Das Angebot wird weiter zur Verfügung gestellt, da zu erwarten ist, dass sich der betroffene Personenkreis weiterhin auf schnelle Abwicklung der Schadenssachen unter Anleitung qualifizierter Personenkreise vor Ort zu einigen versuchen wird, um gerichtliche Verfahren zu vermeiden.

Die Anforderungen an Wildschadenschätzerinnen und Wildschadensschätzer sind in § 16 DVO JWMG festgelegt. Eine Befähigung ist anzunehmen bei

1. öffentlich bestellten und vereidigten Sachverständigen auf dem Gebiet der Land- und Forstwirtschaft einschl. des Garten- und Weinbaus die eine Qualifikation im Bereich der außergerichtlichen Streitschlichtung nachweisen können.
   und
2. bei Antragstellerinnen oder Antragstellern die an einem mehrtägigen Grundlehrgang zum Thema Wildschadensschätzung teilgenommen, die Lehrgangsprüfung bei der Wildforschungsstelle bestanden und mindestens alle fünf Jahre an einem Fortbildungslehrgang teilgenommen haben.

Entsprechende Lehrgänge bieten die Wildforschungsstelle Baden-Württemberg oder andere Stellen, z. B. der Landesjagdverband, an.

Die unteren Jagdbehörden führen Verzeichnisse der anerkannten Wildschadensschätzerinnen und Wildschadensschätzer und stellen diese den Gemeinden zur Wahrnehmung ihrer Aufgaben zur Verfügung. Diese Regelung erfolgt auf der Grundlage des § 57 Abs. 4.

1. Anmeldung und Fristen

Für die Fristberechnung der Anmeldung sind die Vorschriften der §§ 187 Abs. 1, 188 Abs. 2 und 193 BGB maßgebend. Hiernach wird der Feststellungstag nicht mitgerechnet. Sofern der letzte Tag auf einen Sonntag oder gesetzlichen Feiertag fällt endet die Frist mit Ablauf des nächsten Werktages. Maßgebend ist der Eingang bei der Gemeinde. 4

Beispiel: *Der Schaden wird am Montag festgestellt, damit ist Fristablauf am folgenden Montag um 24.00 Uhr. Wird der Schaden am Samstag festgestellt, dann endet der Fristablauf ebenfalls an dem Montag um 24.00 Uhr.*

Wird die Anmeldefrist oder der Stichtag versäumt, besteht kein Anspruch auf Schadensersatz (Ausschlussfrist).

Zweck der Fristenmeldung ist die Beweissicherung, d.h. Klärung der Schadensursache schnellstmöglich nach deren Eintritt. Nur dann sind noch weitere Rückschlüsse auf die Schadensverursachung möglich.

Die Feststellung der Schadenshöhe hat erst kurz vor der Ernte zu erfolgen. Denn diese lässt sich oft erst unmittelbar vor der Ernte feststellen, wenn die Ertragsentwicklung auf den nicht geschädigten Flächen bekannt ist. Kommt eine gütliche Einigung unter Einbeziehung der Wildschadensschätzerinnen und Wildschadensschätzer nicht zustande, erhebt er unmittelbar Klage beim zuständigen Amtsgericht.

Entsteht ein weiterer neuer Schaden z.B. wenn Wildschweine fortlaufend an einer nassen Wiese Wühlschäden oder Fraßschäden in einem Maisacker verursachen und den Wildschaden erweitern, so muss der Berechtigte jeweils von neuem binnen Wochenfrist den zusätzlich entstandenen Schaden anmelden.

Die Frage wann der Berechtigte vom Schaden hätte Kenntnis erhalten können, ist nach § 276 Abs. 1 Satz 2 BGB zu beurteilen, wonach derjenige fahrlässig handelt der die im Verkehr erforderliche Sorgfalt außer Acht lässt. Dies lässt sich daher nur nach den Umständen des Einzelfalls prüfen. In der Erntezeit sind zur rechtzeitigen Anmeldung von Wildschäden sogar wöchentliche oder tägliche Kontrollen erforderlich. In der winterlichen Vegetationspause sind nur monatliche Kontrollen notwendig.

2. Besonderheit in gemeinschaftlichen Jagdbezirken mit aus ethischen Gründen befriedeten Flächen

Ersatz für Wildschäden an Grundstücken, die zu gemeinschaftlichen Jagdbezirken gehören, hat der Grundeigentümer der aus ethischen Gründen nach § 14 JWMG befriedeten Flächen nach dem Verhältnis des Flächenanteils seiner Grundflächen an einer bejagbaren Gesamtfläche des gemeinschaftlichen Jagdbezirks anteilig zu tragen. Dies gilt nicht, sofern die schädigenden Wildtiere auf der befriedeten Grundfläche nicht vorkommen oder der Schaden auch ohne die Befriedung der Grundfläche eingetreten wäre. Die Beweispflicht hierfür hat der Grundeigentümer. Die Regelung ist mit Blick auf die Wildschadensabwehr auch geboten, da Wildtiere an der Grenze zu aus ethischen Gründen befriedeten Grundflächen nicht haltmachen und diese Fläche als Rückzugsraum nutzen können. Auf den befriedeten Grundflächen ist der Aufenthalt von Wildtieren und eine Bejagung dagegen mit besonderen Problemlagen verbunden. Daher ist es angemessen, das anteilige Tragen des Wildschadens abweichend zu regeln. Abweichend von § 6a BJagdG ist allerdings vorgesehen, bei der Berechnung des Anteils lediglich auf die bejagbare Gesamtfläche und nicht auf die gesamte Grundfläche abzustellen.

Abschnitt 8 Verwaltungsbehörden, Beiräte

§ 58 Jagdbehörden

(1) Oberste Jagdbehörde ist das Ministerium für Ländlichen Raum und Verbraucherschutz. Es ordnet und beaufsichtigt das gesamte Jagdwesen und Wildtiermanagement nach den gesetzlichen Vorschriften.

(2) Obere Jagdbehörde ist das zuständige Regierungspräsidium. Die obere Jagdbehörde beaufsichtigt die unteren Jagdbehörden und ist für die ihr nach diesem Gesetz und auf Grund dieses Gesetzes zugewiesenen Aufgaben zuständig. Abweichend von Satz 1 ist auf dem Gebiet des Nationalparks Schwarzwald (§ 2 NLPG) die Nationalparkverwaltung gemäß § 13 Absatz 1 Satz 2 Nummer 3 NLPG obere Jagdbehörde.

(3) Untere Jagdbehörden sind die Landratsämter und in den Stadtkreisen die Gemeinden als untere Verwaltungsbehörden; abweichend hiervon ist auf dem Gebiet des Nationalparks Schwarzwald (§ 2 NLPG) die Nationalparkverwaltung gemäß § 13 Absatz 1 Satz 2 Nummer 3 NLPG untere Jagdbehörde.

In § 58 wird die dreistufige Jagdverwaltung, wie sie in § 33 LJagdG a. F. vorgesehen war, beibehalten. Der Inhalt des § 33 LJagdG a. F. wird mit Ausnahme des § 33 Abs. 3 S. 2 LJagdG a. F. weitgehend übernommen. Im Bereich der unteren Jagdbehörden entfällt das bisherige Kollegialorgan des Kreisjagdamts, wie es nach § 35 LJagdG a. F. ausgestaltet war. § 35 LJagdG a. F. wird nicht übernommen. Die untere Jagdbehörde wird bei den unteren Verwaltungsbehörden, nicht jedoch bei den Großen Kreisstädten und Verwaltungsgemeinschaften, angesiedelt. Insoweit entsprechen die Zuständigkeiten der bisherigen Rechtslage. Das Kollegialorgan des Kreisjagdamts wird nicht beibehalten, um eine effizientere Verwaltungsarbeit auch in Abstimmung mit den übrigen Behörden auf der unteren Verwaltungsebene zu gewährleisten. Bisher war in vielen Fällen die Entscheidung durch das Kollegialorgan und eine dementsprechende Beschlussfassung erforderlich. Dieser Umstand entfällt zugunsten einer einfacheren und rechtssicheren Verwaltungsstruktur. Um die Beteiligung der betroffenen Personenkreise und Stellen zu gewährleisten, wird ein Beirat nach § 60 eingerichtet, der rein beratende Funktion hat. Von Seiten des Landesjagdverbandes, der Bauernverbände und anderer Nutzerverbände, aber auch aus der Politik, wurde wegen der Abschaffung des bewährten Kreisjagdamtes, das ein Entscheidungsorgan war und die direkt Betroffenen unmittelbar eingebunden hat, deutliche Kritik am Gesetzgeber geübt. 1

Auf dem Gebiet des Nationalparks Schwarzwald nimmt die Nationalparkverwaltung die Aufgaben und Befugnisse der unteren und oberen Jagdbehörde wahr (§ 13 Abs. 1 S. 2 des Nationalparkgesetzes). Dort wird kein Jagdbeirat eingerichtet (§ 60 Abs. 1).

§ 59 Landesbeirat Jagd und Wildtiermanagement

(1) Zur Beratung der obersten Jagdbehörde wird ein Beirat gebildet.

(2) Der Beirat besteht aus fünf Vertreterinnen oder Vertretern aus dem Kreis der anerkannten Vereinigungen der Jägerinnen und Jäger, je drei Vertreterinnen oder Vertretern der Landwirtschaft, der Forstwirtschaft sowie aus dem Kreis der anerkannten Naturschutzverbände mit Ausnahme der Vereinigungen der Jägerinnen und Jäger, je zwei Vertreterinnen oder Vertretern aus dem Kreis der Jagdgenossenschaften, der Gemeinden, der Tierschutzverbände, einer Vertreterin oder einem Vertreter der Veterinärverwaltung sowie je einer Vertreterin oder einem Vertreter der im Landtag vertretenen Fraktionen. Vorsitzendes Mitglied des Beirats ist die Ministerin oder der Minister der obersten Jagdbehörde oder die zu ihrer oder seiner Vertretung bestimmte Person. Die oberste Jagdbehörde beruft die Mitglieder des Beirats auf Vorschlag der jeweiligen Fachverbände. Solange ein Fachverband nicht besteht oder wenn kein Vorschlag eingeht, werden die Mitglieder von der obersten Jagdbehörde in entsprechender Zusammensetzung ausgewählt. Für jedes Mitglied ist ein stellvertretendes Mitglied zu bestimmen. Der Vorschlag der Fachverbände und die Berufung der Mitglieder sowie der stellvertretenden Mitglieder sollen Frauen zur Hälfte berücksichtigen.

(3) Der Beirat ist in allen Fragen von grundsätzlicher und allgemeiner Bedeutung sowie in allen wichtigen Einzelfragen zu hören. Er ist ferner einzuberufen, wenn die Mehrheit der Mitglieder dies beantragt.

(4) Die Mitglieder des Beirats sind ehrenamtlich tätig; sie werden auf die Dauer von sechs Jahren berufen. Abberufung aus wichtigem Grund ist zulässig. Den Aufwand, der ihnen bei der Ausübung ihrer Aufgaben entsteht, trägt das Land.

1 Der Regelungsgehalt des § 34 Abs. 1, 3 und 4 LJagdG a. F. wird weitgehend übernommen.

In Abs. 2 wird die Besetzung des Landesbeirats in Anlehnung an § 34 Abs. 2 LJagdG a. F. neu geregelt. Neu eingeführt wird ein Verfahren zur Anerkennung der Vereinigungen der Jägerinnen und Jäger (§ 64). Durch die Besetzungsregelung wird insbesondere die Stellung des Natur- und des Tierschutzes gestärkt, die bislang mit je einer Person vertreten waren, sowie die Veterinärverwaltung einbezogen. Dies entspricht der mit dem Gesetz angestrebten Weiterentwicklung des Jagdrechts und der Bedeutung, die in diesem Rahmen den Belangen des Tierschutzes, der Tiergesundheit, der Lebensmittelsicherheit und des Naturschutzes zukommt.

Vertreter/Vertreterinnen im Landesbeirat (25 Personen und Minister/in bzw. Vertreter/in)

5	3	3	3	2	2	2	1	4
VE der Jäger/ Innen	Landwirtschaft	Forstwirtschaft	Anerkannte Naturschutz Verbände (ohne Jäger)	Jagdgenossen	Gemeinden	Tierschutzverbände	Veterinärverwaltung	Fraktionen (derzeit)

Ist bei der Benennung oder der Berufung der Mitglieder die nach Abs. 2 S. 5 gebotene Berücksichtigung von Frauen zur Hälfte nicht möglich, sind hierfür nachvollziehbare Gründe darzulegen.

Letztere Regelung fand im Beteiligungsverfahren von Seiten einiger Verbände deutliche Kritik, weil sie wohl einem überzogenen Gendergedanken geschuldet ist und die tatsächlichen Verhältnisse nicht widerspiegelt. So waren zum Zeitpunkt der Verabschiedung dieses Gesetzes lediglich 7 % der Jägerinnen und Jäger in Baden-Württemberg Frauen.

§ 60 Beirat bei der unteren Jagdbehörde

(1) Bei der unteren Jagdbehörde mit Ausnahme der Nationalparkverwaltung des Nationalparks Schwarzwald wird ein Beirat eingerichtet. Dem Beirat sollen fünf Vertreterinnen oder Vertreter der Jägerinnen und Jäger, je eine Vertreterin oder ein Vertreter der Jagdgenossenschaften, der Landwirtschaft, der Forstwirtschaft, der Gemeinden im Zuständigkeitsgebiet der unteren Jagdbehörde, der unteren Naturschutzbehörde sowie der unteren Veterinärbehörde angehören. Bestehen auf dem Gebiet, für das die untere Jagdbehörde zuständig ist, Hegegemeinschaften nach § 47 Absatz 1 Satz 3, Absatz 2 oder 4, soll dem Beirat ein Vertreter je Hegegemeinschaft angehören.

(2) Vorsitzendes Mitglied des Beirats ist die Leiterin oder der Leiter der unteren Verwaltungsbehörde oder die sie oder ihn vertretende Person. Die untere Jagdbehörde regelt das Verfahren zur Bestellung und Abberufung der Mitglieder des Beirats sowie das Verfahren zu seiner Beteiligung nach Absatz 3. Die Vorschriften des § 59 Absatz 2 Satz 3 bis 6 sowie Absatz 4 Satz 1 und 2 gelten entsprechend.

(3) Der Beirat soll die untere Jagdbehörde in jagdlichen Fragen von grundsätzlicher Bedeutung beraten. Grundsätzliche Bedeutung haben insbesondere
1. Maßnahmen nach § 51 Absatz 3,
2. Grundsätze der Abschussplanung,
3. die Ausweisung von Wildruhegebieten nach § 42,
4. die Einrichtung von Hegegemeinschaften nach § 47 durch die oberste Jagdbehörde.

I. Absatz 1

1 Anstelle des Kollegialorgans des Kreisjagdamts (§ 35 LJagdG a. F.) wird ein Beirat bei der unteren Jagdbehörde eingerichtet. Absatz 1 Satz 2 regelt die Besetzung des Beirats. Nach den vor Ort bestehenden Umständen kann im begründeten Einzelfall von der Besetzungsregelung abgewichen werden, insbesondere, wenn sich in der genannten Zahl keine Personen für die Mitwirkung zur Verfügung stellen.

Bei der Nationalparkverwaltung wird kein Jagdbeirat eingerichtet. Die Beteiligung von Verbänden und Kommunen ist dort über Nationalparkrat und Nationalparkbeirat gewährleistet.

II. Absatz 2

2 Hier ist der Vorsitz des Beirats geregelt. Nach S. 2 hat die untere Jagdbehörde weitere Regelungen zum Verfahren zu treffen, die den Umständen vor Ort angemessen sind. Über den Verweis auf Regelungen zum Landesbeirat gibt S. 3 hierfür einen Rahmen vor. Der unteren Jagdbehörde wird bei der Besetzung damit ein gewisses Ermessen eingeräumt. Da Vorgaben fehlen und auch nicht sachgerecht sind, wird bei der Besetzung der Vertretung Jägerinnen und Jäger auf aufgrund der Demokratievorgabe allein auf die zahlenmäßige Repräsentanz abzustellen sein.

Beispiel: *Im Landkreis X. gibt es 600 Jagdschein-Inhaber und 2 Vereinigungen der Jäger.*
Vereinigung A repräsentiert 490 Jägerinnen und Jäger. Vereinigung B lediglich 10.
Damit sind 500 Jägerinnen und Jäger organisiert. Bei fünf Sitzen für die Vertreterinnen und Vertreter der Jäger im Beirat, bedeutet dies, dass je 100 Jägerinnen und Jäger ein Sitz zu vertreten ist. Vereinigung A kann damit die 5 Personen entsenden. Vereinigung B hat erst dann die Möglichkeit eine Person zu entsenden, wenn sie mindestens 100 Jägerinnen und Jäger vertritt.

Beirat bei der unteren Jagdbehörde (11 Personen und Leiter Untere Verwaltungsbehörde bzw. Vertreter/in)

5	1	1	1	1	1	1
VE der Jägerinnen/Jäger	Landwirtschaft	Forstwirtschaft	Gemeinden	Jagdgenossen	Untere Naturschutzbehörde	Untere Veterinärbehörde

Fakultativ: Vertreter von Hegegemeinschaften, soweit vorhanden

III. Absatz 3

Abs. 3 S. 1 bestimmt als Aufgabe des Beirats, die untere Jagdbehörde in jagdlichen Fragen und Fragen des Wildtiermanagements zu beraten, soweit sie grundsätzliche Bedeutung haben. Satz 2 nennt bestimmte Entscheidungen, bei denen eine grundsätzliche Bedeutung im Sinne des Satzes 1 anzunehmen ist. Im Einzelnen sind das die Anordnung eines Wegegebots und zum Führen von Hunden an der Leine in Notzeiten, Grundsätze der Abschussplanung, Ausweisung von Wildruhegebieten und die Einrichtung von Hegegemeinschaften. 3

§ 61 Fachberatung

(1) Die unteren Jagdbehörden mit Ausnahme der Nationalparkverwaltung sollen ein Angebot für eine fachkundige Beratung und Unterstützung im Umgang mit Wildtieren und in Fragen des Wildtiermanagements bereithalten. Die bei der unteren Jagdbehörde für die Fachberatung zuständigen Personen (Wildtierbeauftragte) sollen die zur Erfüllung ihrer Aufgaben erforderliche berufliche Qualifikation und eine im Bereich des Jagdwesens, des Wildtiermanagements und des Naturschutzes angemessene Sachkunde besitzen sowie die Voraussetzungen für die Erteilung eines Jagdscheins nach § 15 Absatz 5 Satz 1 des Bundesjagdgesetzes erfüllen. Aufgabe der Fachberatung kann es insbesondere sein,

1. **öffentliche Stellen, insbesondere Gemeinden sowie Hegegemeinschaften, private Personen und die Öffentlichkeit in Fragen des Umgangs mit Wildtieren zu informieren und zu beraten sowie beim Umgang mit Wildtieren zu unterstützen,**
2. **die Aufstellung abgestimmter Konzepte sowie deren Umsetzung, insbesondere im Bereich der Bejagung, zu koordinieren und zu betreuen,**
3. **Kontakte zwischen den im Bereich des Wildtiermanagements tätigen oder von diesem Bereich betroffenen Personen zu vermitteln und den Austausch der Interessen und Kenntnisse zu fördern,**
4. **Maßnahmen im Bereich des Wildtiermonitorings zu unterstützen und zu koordinieren,**

5. die Verbreitung wildtierökologischer Kenntnisse zu fördern.

In arten- und naturschutzfachlichen und -rechtlichen Fragen verbleibt es bei der Zuständigkeit der Naturschutzbehörden.

(2) Die Forstliche Versuchs- und Forschungsanstalt Baden-Württemberg, die Wildforschungsstelle Baden-Württemberg und die Landesanstalt für Umwelt, Messungen und Naturschutz Baden-Württemberg erstellen im Hinblick auf die Aufgaben nach Absatz 1 ein Fortbildungs- und Informationsangebot und fördern den Wissensaustausch der für die Fachberatung zuständigen Personen.

I. Absatz 1

1 Hier ist das Angebot einer Fachberatung zum Thema Wildtiere bei der unteren Jagdbehörde vorgesehen. Von der Regelung ausgenommen bleibt die Nationalparkverwaltung. Von der ursprünglichen Verpflichtung zur Bestellung der sogenannten „Wildtierbeauftragten" wurde aufgrund massiver Bedenken einiger Beteiligter abgesehen und nur eine Soll-Bestimmung aufgenommen. Durch die Regelung wird die in Baden-Württemberg bereits seit einigen Jahren etablierte Tätigkeit der so genannten Wildtierbeauftragten auf eine gesetzliche Grundlage gestellt und deren Aufgabe konkretisiert. Die Tätigkeiten der Fachberatung fallen der Natur der Sache nach bei den unteren Verwaltungsbehörden, bei den unteren Jagd-, Forst- oder Naturschutzbehörden an. Die Regelung enthält sich einer Vorgabe zu den jeweils notwendigen personellen Ressourcen, die von Behörde zu Behörde entsprechend dem Aufgabenanfall deutlich abweichen können. Ein Mehraufwand gegenüber dem bisher bereits bei den unteren Verwaltungsbehörden anfallenden Aufgabenspektrum im Bereich der Information und Beratung ist nach Meinung des Gesetzgebers nicht zu erwarten.

Angesichts der Aufgaben einer Fachberatung durch Wildtierbeauftragte ist eine entsprechende Qualifikation und Sachkunde erforderlich. Insbesondere müssen die zuständigen Personen die Ansprechpartner, Aufgaben und Geschäftsgänge der unteren Verwaltungsbehörde und der betroffenen Fachbereiche (Naturschutz, Tierschutz, Veterinärwesen) kennen. Eine berufliche Qualifikation schreibt Absatz 1 nicht vor. Die Landesregierung ist der Auffassung, dass Forstliche Ausbildungs- und Studiengänge die erforderliche Qualifikation vermitteln können. In Betracht kommen jedoch auch andere Ausbildungs- und Studiengänge. Die Sachkunde im Bereich Jagdwesen und Wildtiermanagement muss nicht im Rahmen der beruflichen Ausbildung erworben sein. Die Ausbildung im Rahmen der Jägerprüfung kann hierfür genügen. Nach Satz 2 ist eine bestandene Jägerprüfung oder gleichgestellte Prüfung notwendige Qualifizierungsvoraussetzung.

Der/die Wildtierbeauftragte muss damit **nicht** im Besitze eines gültigen Jagdscheines sein!

S. 3 beschreibt mögliche Aufgaben der Fachberatung. Sie soll eine die untere Jagdbehörde sowie andere Behörden, öffentliche Stellen und private Personen unterstützende Funktion einnehmen. Der Umfang der Aufgaben und deren Schwerpunkt richten sich nach den jeweiligen Verhältnissen vor Ort. Satz 3 nennt nicht abschließend typische Aufgaben der Fachberatung, die nach Ansicht des Gesetzgebers vorrangige Bedeutung im Rahmen des Wildtiermanagements haben. Danach soll den zuständigen Personen eine beratende und vermittelnde Funktion zukommen; es ist nicht erforderlich, dass sie selbst Maßnahmen der Bejagung und des Wildtiermanagements durchführen. In Erfüllung ihrer Aufgaben fördert die Fachberatung die Belange des Wildtiermanagements und des Jagdwesens insgesamt. Schwerpunkte können sich danach ergeben im Hinblick auf den Umgang mit Wildtieren im Siedlungsraum, auf wirksame abgestimmte Bejagungsstrategien zur Vermeidung besonderer Wildschäden oder von Wildunfällen oder auf abgestimmte Maßnahmen zum Schutz bestimmter Arten, denen im Zuständigkeitsgebiet der jeweiligen unteren Jagdbehörde eine besondere Bedeutung zukommt.

II. Absatz 2

Eine Fachberatung im Rahmen eines staatlich verantworteten Wildtiermanagements setzt voraus, dass sich die zuständigen Personen regelmäßig fortbilden und aktuelle Entwicklungen im Bereich des Jagdwesens und Wildtiermanagements verfolgen. Die dem Geschäftsbereich des Ministeriums angehörenden in Abs. 2 genannten Forschungseinrichtungen haben hierfür ein ausreichendes Fortbildungs- und Informationsangebot bereitzuhalten. Kurz vor Verabschiedung des Gesetzes wurden hier neben der Forstlichen Versuchs- und Forschungsanstalt in Freiburg auch noch die Landesanstalt für Umwelt, Messungen und Naturschutz in Karlsruhe aufgenommen. 2

§ 62 Sachliche Zuständigkeit, Anordnungen im Einzelfall

(1) Soweit nichts anderes bestimmt ist, ist die untere Jagdbehörde zuständige Behörde im Sinne des Bundesjagdgesetzes.

(2) Soweit nichts anderes bestimmt ist, können die unteren Jagdbehörden im Einzelfall die Anordnungen treffen, die zur Beseitigung festgestellter oder zur Verhinderung künftiger Verstöße gegen dieses Gesetz oder die aufgrund dieses Gesetzes erlassenen Rechtsverordnungen erforderlich sind.

(3) Die untere Jagdbehörde kann

1. **bei längerer Erkrankung oder sonstiger längerer Verhinderung der jagdausübungsberechtigten Person oder**
2. **im Falle eines Verbots der Jagdausübung (§ 69),**

die zur ordnungsgemäßen Wahrnehmung des Jagdrechts erforderlichen Maßnahmen auf Kosten der jagdausübungsberechtigten Person treffen.

I. Absatz 1

1 Hier wird der Regelungsgehalt des § 36 LJagdG a. F. übernommen.

II. Absatz 2

2 Hier ist die Möglichkeit für ein behördliches Einschreiten der unteren Jagdbehörde vorgesehen, soweit nichts anderes bestimmt ist. Eine besondere Bestimmung enthält insbesondere § 67 Absatz 4 zur Verfolgung und Ahndung von Ordnungswidrigkeiten. Das behördliche Einschreiten nach Absatz 2 ist auf das Ziel beschränkt, festgestellte Verstöße gegen dieses Gesetz oder die aufgrund dieses Gesetzes erlassenen Rechtsverordnungen zu beseitigen oder künftige Verstöße zu verhindern.

Abs. 3 ergänzt die Bestimmungen des § 10 Abs. 3, § 20 Abs. 2 und § 23 Abs. 2 mit dem Ziel eine ordnungsgemäße Bejagung im Interesse der Allgemeinheit sicherzustellen. Die Maßnahmen sind auf das zur Erreichung des Zweckes Erforderliche zu beschränken.

§ 63 Örtliche Zuständigkeit

Soweit im Bundesjagdgesetz zum Recht der Jagdscheine, in diesem Gesetz oder aufgrund dieses Gesetzes nichts anderes bestimmt ist, ist die Jagdbehörde in allen Angelegenheiten örtlich zuständig, die sich auf Jagdbezirke ihres Gebietes beziehen. Erstreckt sich ein Jagdbezirk oder das Gebiet einer Hegegemeinschaft auf das Gebiet mehrerer Jagdbehörden, so ist die Jagdbehörde zuständig, in deren Gebiet der der Fläche nach größte Teil des Jagdbezirks oder der Hegegemeinschaft liegt. In Zweifelsfällen bestimmt die nächsthöhere gemeinsame Jagdbehörde auf Antrag einer der beteiligten Jagdbehörden oder eines sonstigen Beteiligten die örtlich zuständige Jagdbehörde.

1 § 63 übernimmt den bewährten Regelungsgehalt des § 37 LJagdG a. F. und ergänzt ihn um die Zuständigkeitsregelung zu Angelegenheiten, die eine Hegegemeinschaft betreffen.

§ 64 Anerkennung von Vereinigungen, Übertragung von Aufgaben

(1) Die oberste Jagdbehörde erkennt eine landesweit organisierte Vereinigung der Jägerinnen und Jäger auf Antrag an, wenn sie

1. **nach ihrer Satzung vorwiegend das Jagdwesen, den Tier- und Naturschutz sowie die Ziele dieses Gesetzes fördert,**
2. **nach § 5 Absatz 1 Nummer 9 des Körperschaftsteuergesetzes von der Körperschaftsteuer befreit ist, weil sie gemeinnützige Zwecke verfolgt,**
3. **die Gewähr für eine sachgerechte, rechtmäßige und satzungsgemäße Tätigkeit bietet, wobei Art und Umfang ihrer bisherigen Tätigkeit, der Mitgliederkreis sowie ihre Leistungsfähigkeit zu berücksichtigen sind,**
4. **im Zeitpunkt der Anerkennung seit mindestens drei Jahren im Sinne der Nummer 1 tätig gewesen ist.**

(2) Die oberste Jagdbehörde kann sachkundigen Personen einschließlich anerkannter Vereinigungen der Jägerinnen und Jäger Aufgaben auf dem Gebiet des Jagdwesens, insbesondere im Bereich der Aus- und Fortbildung, der Prüfung von Fallen, der Ausbildung und Prüfung von Jagdhunden und der Anerkennung von Nachsuchegespannen, übertragen, soweit

1. **diese Personen zuverlässig und nach ihrer Organisation, Ausstattung und personellen Besetzung in der Lage sind, die zu übertragenden Aufgaben zu erfüllen,**
2. **sie eine den Zielen des Gesetzes entsprechende Aufgabenerfüllung versprechen,**
3. **keine überwiegenden öffentlichen Interessen entgegenstehen und**
4. **die Personen gewährleisten, dass sie die maßgeblichen rechtlichen Bestimmungen einhalten.**

(3) Die Vorschriften des § 26 Absatz 3 Satz 2 und 3 gelten im Falle einer Beleihung entsprechend.

Die bewährte Regelung in § 38 LJagdG a.F., nach der Vereinigungen der Jäger solche sind, die mehr als die Hälfte der Inhaber eines baden-württembergischen Jagdscheins vertreten und damit eine flächendeckende Umsetzung von Aufgaben gewährleisteten, wurde gestrichen. 1

I. Absatz 1

Hier ist erstmals die Anerkennung von Vereinigungen der Jägerinnen und Jäger auf Antrag vorgesehen. Die Anerkennung ist Voraussetzung dafür, dass den Vereinigungen das Vorschlagsrecht und Anhörungsrecht im Rahmen des Verfahrens zur Verteilung der Jagdabgabemittel nach § 28 Abs. 1 zusteht. Zudem können Vertreterinnen und Vertreter anerkannter Vereinigungen von der obersten Jagdbehörde zu Mitgliedern im Landesbeirat berufen werden. 2

II. Absatz 2 und 3

3 Die bisherige Regelung des § 38 Abs. 2 LJagdG a. F. wird um materielle Kriterien ergänzt, die das Ermessen der obersten Jagdbehörde leiten. Übertragen werden können auch hoheitliche Aufgaben, wie dies für die Jägerprüfung schon geschehen ist (§ 26 Abs. 3). Adressaten sind künftig sachkundige Dritte, nicht lediglich Vereinigungen der Jägerinnen und Jäger. Die Anforderungen an die Übertragung hängen im Einzelfall von der zu übertragenden Aufgabe ab. § 38 Abs. 1 S. 1 LJagdG a. F. (Verfahren zum Entzug des Jagdscheines bei Verstößen gegen die Waidgerechtigkeit) entfällt, da davon auszugehen ist, dass die untere Jagdbehörde entsprechende Anregungen zur Aufnahme eines Verwaltungsverfahrens ohne Einschränkung entgegennimmt, und das bisherige Antragsrecht nicht erforderlich ist.

§ 65 Staatseigene Jagden

(1) Das Jagdrecht in den Eigenjagdbezirken des Landes wird in der Regel von den Forstbehörden ausgeübt.

(2) Die Befugnisse der unteren und der oberen Jagdbehörde werden sowohl bei der in Absatz 1 genannten Nutzungsform des Jagdrechts als auch bei der Verpachtung eines staatlichen Jagdbezirks von den zuständigen Forstbehörden wahrgenommen; ausgenommen davon bleiben die Befugnisse, die sich auf Grund der §§ 15 bis 18 a des Bundesjagdgesetzes sowie auf Grund der §§ 12, 26 und 50 dieses Gesetzes ergeben.

1 § 65 behält die bisherige Regelung zu staatseigenen Jagden (§ 39 LJagdG a. F.) bei.

Baden-Württemberg ist damit eines der wenigen Bundesländer, das sich auch weiterhin eine zweigliedrige Jagdverwaltung leistet.

Die Verweise in Abs. 2 werden, soweit dies infolge der Übernahme von Regelungen des Bundesjagdgesetzes (Regelungen zum Jagdschein) in das Gesetz erforderlich ist, angepasst.

Das Jagdrecht wird in den Eigenjagdbezirken des Landes in der Regel von den Forstbehörden ausgeübt. Die Befugnisse der unteren und oberen Jagdbehörde werden weitgehend von der zuständigen Forstbehörde wahrgenommen.

Ausgenommen sind lediglich Befugnisse zur Tierseuchenbekämpfung, zur Gestaltung von Jagdbezirken und zu Jägerprüfung und Jagdschein.

Abschnitt 9 Straf- und Bußgeldvorschriften

§ 66 Strafvorschriften

(1) Mit Freiheitsstrafe bis zu zwei Jahren oder mit Geldstrafe wird bestraft, wer

1. entgegen einer vollziehbaren Anordnung nach § 36 Absatz 2 Wildtiere erlegt,

2. entgegen § 41 Absatz 1 Satz 3 Wildtiere nicht mit der Jagd verschont,

3. entgegen § 41 Absatz 3 ein Elterntier bejagt.

(2) Handelt der Täter fahrlässig, so ist die Strafe Freiheitsstrafe bis zu einem Jahr oder Geldstrafe; in den Fällen des Absatzes 1 Nummer 3 gilt dies jedoch nur, wenn ein Wildtier der dem Schutzmanagement unterliegenden Arten betroffen ist.

Zunächst gilt zu beachten, dass gemäß § 1 JWMG § 38a Bundesjagdgesetz 1
anwendbar bleibt. Eine abweichende Regel trifft das Gesetz insoweit nicht.

I. Absatz 1

Abs. 1 Nr. 1 bis 3 erfasst die Fälle des vorsätzlichen Handelns und über- 2
nimmt insoweit die bewährten Straftatbestände des § 38 Abs. 1 BJagdG mit entsprechenden Änderungen der Verweise. Unter Nr. 1, der auf § 36 Abs. 2 JWMG verweist, wonach die untere Jagdbehörde die Jagdausübung auf bestimmte Arten von Wildtieren verbieten oder beschränken kann, ist ausdrücklich das Tatbestandsmerkmal des „Erlegens" aufgeführt. Insoweit steht nicht die gesamte Jagdausübung, so wie im § 36 Abs. 2 JWMG aufgeführt, sondern nur der Abschnitt des „Erlegens" unter Strafe.

Nr. 2 erfasst die Wildtiere ohne Jagdzeit (§ 41 Abs. 1 Satz 3 JWMG, ganzjährige Schonzeit).

Nr. 3 erfasst den Elterntierschutz gemäß § 41 Abs. 2 JWMG.

II. Absatz 2

In Abs. 2 wird die fahrlässige Begehungsweise geregelt. Es wird insoweit 3
der Regelungsinhalt des § 38 Abs. 2 BJagdG übernommen. Dies allerdings mit der Änderung, dass ein fahrlässiger Verschuldungsverstoß gegen den Elterntierschutz jetzt nur eine Straftat darstellt, wenn Arten des Schutzmanagements betroffen sind (siehe auch Artikel 3 der Richtlinie 2008/99/EG des europäischen Parlaments und des Rates vom 19.11.2008 über den strafrechtlichen Schutz der Umwelt, ABl. L 328 vom 6.12.2008 Seite 28). Im Übrigen greift bei fahrlässigen Verstößen gegen den Elterntierschutz, also Nutzungsmanagement und Entwicklungsmanagement, § 67 Abs. 3 JWMG (Ordnungswidrigkeit).

§ 67 Ordnungswidrigkeiten

(1) Ordnungswidrig handelt, wer

1. entgegen § 4 Absatz 3 Satz 1 Wildtiere oder sonstige Gegenstände einer der dort genannten Stellen nicht unverzüglich abliefert oder ihr den Besitz oder Gewahrsam nicht unverzüglich anzeigt oder entgegen § 10 Absatz 3 Satz 4 mehr Jagdausübungsberechtigte zulässt, als nach dieser Vorschrift zugelassen werden dürfen,
2. auf vollständig eingefriedeten Grundflächen die Jagd entgegen einer durch Rechtsverordnung nach § 10 Absatz 5 vorgeschriebenen Beschränkung ausübt,
3. entgegen § 13 Absatz 6 Satz 2 in Gebäuden, die dem Aufenthalt von Menschen dienen, jagt,
4. entgegen § 13 Absatz 6 Satz 4 als Grundstückseigentümer oder Grundstückseigentümerin oder nutzungsberechtigte Person Wildtiere nicht herausgibt,
5. in befriedeten Bezirken die Jagd ausübt oder dort einer Beschränkung der Jagd (§ 13) zuwiderhandelt,
6. den Abschluss, die Änderung oder Aufhebung eines Jagdpachtvertrages nicht innerhalb der Frist des § 18 Absatz 1 anzeigt,
7. auf Grund eines nach § 20 Absatz 1 nichtigen Jagdpachtvertrages oder entgegen § 18 Absatz 3 die Jagd ausübt,
8. als Jagdgast entgegen § 25 Absatz 3 die Jagd ausübt,
9. gegen ein Verbot des § 31 Absatz 1 Nummer 3, 8 bis 12, 14, 15, 17 oder 18 verstößt,
10. entgegen § 32 Absatz 1 Satz 2 oder Absatz 4 Fallen verwendet oder unter Missachtung des § 32 Absatz 3 Totfangfallen aufstellt,
11. *entgegen § 33 Absatz 2 oder 3 füttert,**
12. *einen Abschussplan entgegen § 35 Absatz 5 Satz 1 nicht erfüllt,**
13. den Vorschriften des § 37 Absatz 1 oder Absatz 3 Satz 2, § 40 oder § 51 Absatz 1 Satz 1 zuwiderhandelt,
14. es entgegen § 39 Absatz 2 unterlässt, das Überwechseln von krankgeschossenen, schwerkranken oder aus sonstigen Gründen schwer verletzten Wildtieren der jagdausübungsberechtigten Person des Nachbarreviers oder deren Vertreterin oder Vertreter unverzüglich zu melden, oder mitgenommene Wildtiere der jagdausübungsberechtigten Person des Nachbarreviers nicht unverzüglich abliefert,
15. als jagdausübungsberechtigte Person, Wildtierschützerin oder Wildtierschützer entgegen § 49 Absatz 1 oder 2 und ohne sonstige Befugnis Hunde oder Katzen tötet,

---

* § 67 Absatz 1 Nummer 11 und 12 und Absatz 2 Nummer 5 bis 8 treten am 1. April 2016 in Kraft.

16. das berechtigte Aufsuchen, Nachstellen, Erlegen oder Fangen von Wildtieren behindert,
17. zum Verscheuchen von Wildtieren Mittel anwendet, durch die Wildtiere verletzt oder gefährdet werden (§ 52 Absatz 2),
18. den Vorschriften des § 56 Absatz 1 zuwiderhandelt und dadurch Jagdschaden anrichtet.

(2) Ordnungswidrig handelt ferner, wer vorsätzlich oder fahrlässig
1. entgegen § 4 Absatz 4 als die ein Fahrzeug führende Person Schalenwild an- oder überfährt und dies nicht unverzüglich einer der in § 4 Absatz 3 genannten Stellen anzeigt,
2. entgegen einer vollziehbaren Anordnung der unteren Jagdbehörde gemäß § 10 Absatz 3 Satz 3 oder gemäß § 25 Absatz 2 die Jagd ausübt,
3. den Vorschriften des § 31 Absatz 1 Nummer 1, 2, 4 bis 7, 13 oder 16 zuwiderhandelt,
4. gegen die Vorschriften des § 33 Absatz 4 verstößt,
5. *entgegen § 33 Absatz 3 Satz 2 die Jagd ausübt,**
6. *Wildtiere, die nur im Rahmen eines Abschussplans bejagt werden dürfen, erlegt, bevor der Abschussplan festgesetzt ist, oder den Abschussplan überschreitet (§ 35 Absatz 4),**
7. *entgegen § 35 Absatz 6 Satz 1 die Streckenliste nicht, nicht richtig oder nicht rechtzeitig der unteren Jagdbehörde übermittelt,**
8. *entgegen einer vollziehbaren Anordnung nach § 35 Absatz 6 Satz 2 einer Abschussmelde- oder Vorlagepflicht nicht nachkommt,**
9. entgegen § 38 Absatz 3 Satz 1 geeignete Jagdhunde nicht mitführt oder verwendet oder entgegen § 38 Absatz 3 Satz 2 bei sonstigen Nachsuchen nicht bereithält oder den Umständen entsprechend einsetzt,
10. außerhalb einer befugten Jagdausübung Hunde in einem nicht befriedeten Gebiet außerhalb seiner Einwirkungsmöglichkeit frei laufen lässt,
11. die Jagd ausübt, obwohl ihm die Jagdausübung verboten ist (§ 69),
12. entgegen § 41 Absatz 1 Satz 2 oder Absatz 2 Wildtiere nicht mit der Jagd verschont,
13. gegen die Vorschrift des § 42 Absatz 6 verstößt,
14. entgegen § 50 Absatz 1 das Auftreten oder den Verdacht des Auftretens einer Tierseuche bei Wildtieren nicht unverzüglich der zuständigen Behörde anzeigt oder entgegen § 50 Absatz 2 nicht unverzüglich die genannten Wildtiere der Untersuchung zuführt,
15. einer Anordnung nach § 51 Absatz 3 Satz 1 zuwiderhandelt und unbefugt während bekanntgemachter Notzeiten die in der Anordnung bezeichneten Gebiete außerhalb von Straßen oder Wegen betritt oder dort einen Leinenzwang nicht einhält oder wer in Gebieten, für die

* § 67 Absatz 1 Nummer 11 und 12 und Absatz 2 Nummer 5 bis 8 treten am 1. April 2016 in Kraft.

eine Notzeit bekanntgemacht ist, entgegen § 51 Absatz 3 Satz 4 die Jagd während der Notzeit ausübt,

16. einer Anordnung nach § 51 Absatz 5 zuwiderhandelt,

17. einer auf Grund dieses Gesetzes erlassenen Rechtsverordnung zuwiderhandelt, soweit sie für einen bestimmten Tatbestand auf diese Bußgeldvorschrift verweist.

(3) Ordnungswidrig handelt ferner, wer fahrlässig entgegen § 41 Absatz 3 ein Elterntier bejagt, soweit dieser Verstoß nicht bereits nach § 66 Absatz 2 strafbar ist.

(4) Die Ordnungswidrigkeit kann mit einer Geldbuße bis zu 5000 Euro geahndet werden.

(5) Zuständige Verwaltungsbehörde (§ 36 Absatz 1 Nummer 1 des Gesetzes über Ordnungswidrigkeiten) für die Verfolgung und Ahndung von Ordnungswidrigkeiten nach diesem Gesetz und dem Bundesjagdgesetz ist die untere Jagdbehörde.

I. Absatz 1

1 Von Abs. 1 werden zahlreichreiche Zuwiderhandlungen gegen Normen des JWMG erfasst. Größtenteils wurde deren Inhalt aus dem Bundesjagdgesetz und dem Landesjagdgesetz übernommen (§ 39 Abs. 1 BJagdG und § 40 Abs. 1 LJagdG a.F. mit entsprechenden notwendigen Änderungen). Darüber hinaus werden Zuwiderhandlungen gegen neue, beziehungsweise veränderte Gesetzesbestimmungen erfasst.

Demgegenüber sind teilweise Ordnungswidrigkeitstatbestände entfallen, so § 40 Abs. 1 Nr. 3 LJagdG a.F. (Nichtanzeige eines Jagderlaubnisscheins), § 40 Abs. 1 Nr. 14 LJagdG a.F. (falsche oder verweigerte Angaben gegenüber Jagdschutzberechtigten), § 39 Abs. 1 Nr. 5 BJagdG, welche sich auf die sachlichen Verbote des § 19 Abs. 1 BJagdG beziehen, die jedoch vom JWMG nicht übernommen worden sind, so § 19 Abs. 1 Nr. 6, 14, 16 und 17 BJagdG.

Hinsichtlich des Rechts der Jagdscheine gemäß § 39 Abs. 1 Nr. 4 und 9 BJagdG steht dem Gesetzgeber keine Abweichungskompetenz zu.

II. Absatz 2

2 Abs. 2 erfasst sowohl vorsätzliche als auch fahrlässige Zuwiderhandlungen gegen bestimmte Bestimmungen des JWMG. Ein Großteil der Bestimmungen stammt aus dem Bundes- und Landesjagdgesetz und wurde übernommen (so § 39 Abs. 2 BJagdG und § 40 Abs. 2 LJagdG a.F.). Weiter werden erfasst Zuwiderhandlungen gegen Bestimmungen neuen oder veränderten Inhalts, beispielsweise Verbot der Jagdausübung im Umkreis von Querungshilfen. Neu ist insoweit auch, dass nunmehr unter Ziffer 10 klargestellt

wird, dass lediglich außerhalb der befugten Jagdausübung ein Verstoß vorliegt. Dies soll nach der Begründung insoweit dazu dienen, dass die freie Suche des Hundes im Rahmen einer Teilnahme an Bewegungsjagden zulässig ist. Weiter wird die Regelung dahingehend modifiziert, als dass lediglich ein Freilaufenlassen des Hundes dann sanktioniert wird, wenn keine andere Einwirkungsmöglichkeit mehr besteht. § 39 Abs. 2 Nr. 6 BJagdG (unbefugtes Betreten eines fremden Jagdbezirks zur Jagd ausgerüstet) wird mit Blick auf das allgemeine Betretungsrecht nicht übernommen.

§ 39 Abs. 2 Nr. 1 BJagdG wird ohne die erste Alternative übernommen, da diese zum Recht der Jagdscheine zu rechnen ist und insoweit keine Gesetzgebungskompetenz besteht.

III. Absatz 3

Wie bereits oben ausgeführt, ist ein Verstoß gegen das Gebot des Elterntier- **3**
schutzes nunmehr nicht mehr als Straftatbestand einzuordnen, es sei denn, dass die Arten dem Schutzmanagement unterliegen. Ob und inwieweit diese Regelung verfassungskonform ist, ist zweifelhaft. Generell ist das Institut des Tierschutzes nicht teilbar und die Folgen des Erlegens eines zur Aufzucht notwendigen Elterntieres sind für die Jungtiere in gleichem Maße gravierend, unerheblich ob die Wildtierart nunmehr dem Entwicklungsmanagement, Schutzmanagement oder Nutzungsmanagement unterliegt. Insoweit überzeugt die Begründung nicht, wonach aus Gründen der Verhältnismäßigkeit für Arten, die nicht dem Schutzmanagement unterliegen, lediglich eine Ordnungswidrigkeit vorliegen soll.

IV. Absatz 4 und 5

Abs. 4 und 5 übernehmen die bewährten Regelungsgehalte der § 40 Abs. 3 **4**
LJagdG a. F. und § 39 Abs. 3 BJagdG sowie des § 40 Abs. 5 LJagdG a. F.

§ 68 Einziehung von Gegenständen

(1) Ist eine Straftat nach § 66 oder eine Ordnungswidrigkeit nach § 67 Absatz 1 bis 3 dieses Gesetzes oder nach § 39 Absatz 2 Nummer 5 des Bundesjagdgesetzes begangen worden, so können

1. **Gegenstände, auf die sich die Straftat oder Ordnungswidrigkeit bezieht, und**
2. **Gegenstände, die zu ihrer Begehung oder Vorbereitung gebraucht worden oder bestimmt gewesen sind,**

eingezogen werden.

(2) § 74 a des Strafgesetzbuches und § 23 des Gesetzes über Ordnungswidrigkeiten sind anzuwenden.

I. Absatz 1

1 Abs. 1 führt die Regelungsinhalte der § 40 Abs. 1 BJagdG und § 40 Abs. 4 LJagdG a. F. zusammen. Zu beachten ist, dass die Möglichkeit zur Einziehung auf die gesamte Norm des § 67 JWMG erstreckt wird insoweit bei den dort erfassten Verstößen die Voraussetzungen nach Nr. 1 oder 2 anzunehmen sind. § 39 Abs. 2 Nr. 5 BJagdG bleibt gemäß § 1 JWMG anwendbar.

II. Absatz 2

2 Abs. 2 entspricht dem Regelungsinhalt des § 40 Abs. 2 BJagdG.

§ 69 Verbot der Jagdausübung

(1) Wird gegen jemanden

1. **wegen einer Ordnungswidrigkeit nach § 67, die er unter grober oder beharrlicher Verletzung der Pflichten bei der Jagdausübung begangen hat, eine Geldbuße festgesetzt, oder**
2. **wegen einer Straftat, die er bei oder im Zusammenhang mit der Jagdausübung begangen hat, eine Strafe verhängt,**

so kann ihm in der Entscheidung für die Dauer von einem Monat bis zu zwei Jahren verboten werden, die Jagd auszuüben.

(2) Das Verbot der Jagdausübung wird mit der Rechtskraft der Entscheidung wirksam. Für seine Dauer wird ein erteilter Jagdschein, solange er nicht abgelaufen ist, amtlich verwahrt; das gleiche gilt für einen nach Ablauf des Jagdjahres neu erteilten Jagdschein. Wird er nicht freiwillig herausgegeben, so ist er zu beschlagnahmen.

(3) Ist ein Jagdschein amtlich zu verwahren, so wird die Verbotsfrist erst von dem Tage an gerechnet, an dem dies geschieht. In die Verbotsfrist wird die Zeit nicht eingerechnet, in welcher der Täter auf behördliche Anordnung in einer Anstalt verwahrt wird.

(4) Über den Beginn der Verbotsfrist nach Absatz 3 Satz 1 ist der Täter im Anschluss an die Verkündung der Entscheidung oder bei deren Zustellung zu belehren.

§ 69 JWMG übernimmt und führt die Inhalte der § 41 LJagdG a. F. und § 41 a BJagdG zum Verbot der Jagdausübung zusammen. Zu beachten ist, dass die maximale Dauer eines Verbots in Absatz 1 auf zwei Jahre erhöht wird.

Abschnitt 10 Schlussbestimmungen

§ 70 Ermächtigungen

Die oberste Jagdbehörde wird ermächtigt, durch Rechtsverordnung

1. das Nähere zu Hegegemeinschaften nach § 47 Absatz 2 und 4 zu bestimmen hinsichtlich
   a) der Bildung der Hegegemeinschaften sowie des Verfahrens, einschließlich der Bereitstellung und Übermittlung der erforderlichen personenbezogenen Daten, und der Kriterien zur Festlegung deren Gebiets,
   b) der Aufgaben der Hegegemeinschaft,
   c) der Anforderungen an die Satzung der Hegegemeinschaft,
   d) der Organe der Hegegemeinschaft, deren Befugnisse und Aufgaben, der Geschäftsführung und Vertretung,
   e) der Beschlussfassung und Stimmengewichtung, bei der die jeweils vertretene bejagbare Grundfläche zu berücksichtigen ist,
   f) der Umlage von Kosten, die für die Erledigung der Aufgaben der Hegegemeinschaft anfallen, und deren Beitreibung,
   g) der beratenden Mitwirkung der von den Aufgaben und dem Gebiet der Hegegemeinschaft betroffenen Interessengruppen, Verbände und Einrichtungen durch fachkundige Vertreterinnen und Vertreter,
   h) der Neugestaltung des Gebiets der Hegegemeinschaft sowie des Ausscheidens von Mitgliedern.
2. die behördliche Überwachung des gewerbsmäßigen Ankaufs, Verkaufs und Tausches sowie der gewerbsmäßigen Verarbeitung von Wildbret und die behördliche Überwachung der Wildhandelsbücher sowie im Einvernehmen mit der obersten Naturschutzbehörde das Aufnehmen, die Pflege und die Aufzucht verletzter oder kranker Wildtiere und deren Verbleib zu regeln, wobei die Vorschriften sich auch auf tote Wildtiere, auf Teile der Wildtiere sowie auf die Nester und die aus Wildtieren gewonnenen Erzeugnisse erstrecken können,
3. das Nähere über die Bestätigung von Hegegemeinschaften nach § 47 Absatz 1 Satz 3 und die Beteiligung von Hegegemeinschaften nach § 35 Absatz 4 Satz 2 und § 60 Absatz 1 Satz 3 zu regeln,
4. zur Gewährleistung der Ziele nach §§ 2 und 5 Absatz 3 sowie der Anforderungen des § 5 Absatz 4 das Hegen oder Aussetzen bestimmter Wildtierarten zu beschränken oder zu verbieten,
5. die Wildschadensersatzpflicht nach § 53 auf andere Wildtierarten auszudehnen,
6. zu bestimmen, welche Schutzvorkehrungen als üblich anzusehen sind (§ 55 Absatz 2 Satz 2).

1 Das neue JWMG enthält zahlreiche Ermächtigungen. Insoweit sind zur Durchführung der gesetzlichen Bestimmungen darüber hinausgehende gehende Regelungen, mithin Durchführungsverordnungen, erforderlich. Hierzu enthält das Gesetz die notwendigen gesetzlichen Ermächtigungsgrundlagen. § 70 enthält für sich weitere Ermächtigungsgrundlagen, so die Bestätigung von Hegegemeinschaften, Beteiligung an behördlichen Entscheidungen, Hegen und Aussetzen weiterer Wildarten, Ausdehnung der Wildschadensersatzpflicht auf andere Wildarten und die Vorschriften über die üblichen Schutzvorkehrungen gegen Wildschäden.

I. Nummer 1

2 Nr. 1 enthält insbesondere Ermächtigungen zum Erlass von Durchführungsbestimmungen zu Hegegemeinschaften als Körperschaften des öffentlichen Rechts sowie die hiermit verbundenen Bestimmungen hinsichtlich ihres Gebietes und der betroffenen Mitglieder und zu organisationsrechtliche Fragen.

II. Nummer 2

3 Nr. 2 enthält eine Ermächtigung in Abweichung zu § 36 Abs. 2 i. V. m. mit Abs. 3 BJagdG, wobei die bundesrechtliche Regelung, § 36 BJagdG, gem. § 1 JWMG anwendbar bleiben.

§ 71 Unberührtheitsklausel

Vorschriften des Lebensmittelrechts, Tiergesundheitsrechts und Tierschutzrechts bleiben unberührt.

1 Im Wesentlichen übernimmt § 71 JWMG den Regelungsinhalt des § 44 a BJagdG, wobei anstelle des Begriffs des „Seuchenrechts“ nunmehr der Begriff des „Tiergesundheitsrechts“ verwendet wird. Aufgrund der Tatsache, dass das Naturschutzrecht mit dem Jagdrecht ebenfalls zahlreiche Berührungspunkte hat, bedarf es u. U. der Harmonisierung mit den jagdrechtlichen Bestimmungen. Darüber hinaus beinhalten § 3 Abs. 2, § 5 Ab. 2 JWMG besondere Unberührtheitsklauseln.

§ 72 Übergangs- und Schlussbestimmungen

(1) Die Vorschriften dieses Gesetzes über Jagdpachtverträge und Verträge über entgeltliche Jagderlaubnisse finden auf Jagdpachtverträge und Verträge über entgeltliche Jagderlaubnisse, die bei Inkrafttreten dieses Gesetzes rechtswirksam bestehen, keine Anwendung; für diese Verträge gelten

die vor dem Inkrafttreten geltenden Vorschriften. Satz 1 gilt nicht für Verlängerungen dieser Verträge.

(2) Mit Inkrafttreten dieses Gesetzes endet die Amtszeit der vor Inkrafttreten berufenen Mitglieder des Jagdbeirats nach § 34 des Landesjagdgesetzes und der Beisitzer des Kreisjagdamts nach § 35 des Landesjagdgesetzes.

(3) Abweichend von § 1 bleiben die §§ 21 und 39 Absatz 2 Nummer 3 des Bundesjagdgesetzes bis zum Ablauf des 31. März 2016 anwendbar.

(4) Bis zu dem Zeitpunkt, in dem § 19 Absatz 2 Satz 1, § 20 Absatz 1 Satz 1 und 2, § 27, § 40 Absatz 1 Nummer 9 und 13 sowie § 40 Absatz 2 Nummer 4 und 5 des Landesjagdgesetzes außer Kraft treten, ist die untere Jagdbehörde für Maßnahmen aufgrund dieser Vorschriften zuständig sowie zuständige Verwaltungsbehörde (§ 36 Absatz 1 Nummer 1 des Gesetzes über Ordnungswidrigkeiten) für die Verfolgung und Ahndung von Ordnungswidrigkeiten.

(5) Die §§ 68 und 69 finden entsprechende Anwendung, soweit Ordnungswidrigkeiten nach den in Absatz 3 und 4 genannten Vorschriften begangen worden sind.

(6) Rechtsverordnungen, die zur Durchführung des Landesjagdgesetzes ergangen sind, bleiben in Kraft. Die oberste Jagdbehörde wird ermächtigt, die nach Satz 1 fortgeltenden Vorschriften durch Rechtsverordnung aufzuheben.

(7) Wildschutzgebiete, die zum Zeitpunkt des Inkrafttretens dieses Gesetzes bestehen, gelten als Wildruhegebiete (§ 42 Absatz 1).

I. Absatz 1

Aufgrund der Tatsache, dass Jagdpachtverträge und Verträge über entgeltliche Jagderlaubnisse auch über einen längeren Zeitraum geschlossen werden können, trägt das Gesetz diesem Umstand insoweit Rechnung, als Rechtssicherheit für Altverträge, die vor Inkrafttreten dieses Gesetzes abgeschlossen worden sind, besteht. Eine etwaige Verlängerung dieser Verträge nach Inkrafttreten des Gesetzes wird hiervon jedoch nicht erfasst. 1

II. Absatz 2

Um die Neueinrichtung und entsprechende Neubesetzung des Landesbeirates zu ermöglichen, wird in diesem Absatz festgelegt, dass die Amtszeit der berufenen Mitglieder des Jagdbeirates endet. 2

III. Absatz 3

3 Die §§ 21 und 39 Abs. 2 Nr. 3 BJagdG bleiben bis zum Ablauf des 31.3.2016 anwendbar.

IV. Absatz 4

4 Abs. 4 enthält für die dort genannten Normen, insbesondere auch hinsichtlich der Ordnungswidrigkeiten, die entsprechende Zuständigkeitsregelung.

Anlage
(zu § 7 Absatz 1 und 3)

Die im Folgenden aufgeführten Tierarten sind Wildtiere im Sinne des Gesetzes. Die Tierarten sind zum Zeitpunkt des Inkrafttretens des Gesetzes den Managementstufen nach § 7 Absatz 3 bis 6 nach der folgenden Aufstellung zugeordnet; eine abweichende Zuordnung durch Rechtsverordnung nach § 7 Absatz 3 bleibt unberührt:

1. Haarwild

Tierart:	Zuordnung:
Dachs (Meles meles)	Nutzungsmanagement
Damwild (Dama dama)	Nutzungsmanagement
Fuchs (Vulpes vulpes)	Nutzungsmanagement
Gamswild (Rupicapra rupicapra)	Nutzungsmanagement
Hermelin (Mustela erminea)	Nutzungsmanagement
Marderhund (Nyctereutes procyonoides)	Nutzungsmanagement
Mink (Neovison vison)	Nutzungsmanagement
Muffelwild (Ovis ammon musimon)	Nutzungsmanagement
Nutria (Myocastor coypus)	Nutzungsmanagement
Rehwild (Capreolus capreolus)	Nutzungsmanagement
Rotwild (Cervus elaphus)	Nutzungsmanagement
Schwarzwild (Sus scrofa)	Nutzungsmanagement
Sikawild (Cervus nippon)	Nutzungsmanagement
Steinmarder (Martes foina)	Nutzungsmanagement
Waschbär (Procyon lotor)	Nutzungsmanagement
Wildkaninchen (Oryctolagus cuniculus)	Nutzungsmanagement
Baummarder (Martes martes)	Entwicklungsmanagement
Feldhase (Lepus europaeus)	Entwicklungsmanagement
Iltis (Mustela putorius)	Entwicklungsmanagement
Luchs (Lynx lynx)	Schutzmanagement
Wildkatze (Felis silvestris)	Schutzmanagement

2. Federwild

Tierart:	Zuordnung:
Blässhuhn (Fulica atra)	Nutzungsmanagement
Elster (Pica pica)	Nutzungsmanagement
Höckerschwan (Cygnus olor)	Nutzungsmanagement
Kanadagans (Branta canadensis)	Nutzungsmanagement
Nilgans (Alopochen aegyptiacus)	Nutzungsmanagement
Rabenkrähe (Corvus corone)	Nutzungsmanagement
Reiherente (Aythya fuligula)	Nutzungsmanagement
Ringeltaube (Columba palumbus)	Nutzungsmanagement
Stockente (Anas platyrhynchus)	Nutzungsmanagement
Tafelente (Aythya ferina)	Nutzungsmanagement
Türkentaube (Streptopelia decaoctoa)	Nutzungsmanagement
Fasan (Phasianus colchicus)	Entwicklungsmanagement
Graugans (Anser anser)	Entwicklungsmanagement
Krickente (Anas crecca)	Entwicklungsmanagement
Pfeifente (Anas penelope)	Entwicklungsmanagement
Rostgans (Tadorna ferruginea)	Entwicklungsmanagement
Schnatterente (Anas strepera)	Entwicklungsmanagement
Waldschnepfe (Scolopax rusticola)	Entwicklungsmanagement
Auerhuhn (Tetrao urogallus)	Schutzmanagement
Habicht (Accipiter gentilis)	Schutzmanagement
Haselhuhn (Tetrastes bonasia)	Schutzmanagement
Hohltaube (Columba oenas)	Schutzmanagement
Kormoran (Phalacrocorax carbo)	Schutzmanagement
Rebhuhn (Perdix perdix)	Schutzmanagement
übrige Enten (Unterfamilie Anatinae) ohne Säger (Gattung Mergus)	Schutzmanagement
übrige Gänse (Gattungen Anser und Branta)	Schutzmanagement
Wanderfalke (Falco peregrinus)	Schutzmanagement

B. Ergänzende Vorschriften

Bundesjagdgesetz

in der Fassung der Bekanntmachung vom 29. September 1976 (BGBl. I S. 2849), zuletzt geändert durch Gesetz vom 29. Mai 2013 (BGBl. I S. 1386)

I. Abschnitt Das Jagdrecht

§ 1 Inhalt des Jagdrechts

(1) Das Jagdrecht ist die ausschließliche Befugnis, auf einem bestimmten Gebiet wildlebende Tiere, die dem Jagdrecht unterliegen (Wild), zu hegen, auf sie die Jagd auszuüben und sie sich anzueignen. Mit dem Jagdrecht ist die Pflicht zur Hege verbunden.

(2) Die Hege hat zum Ziel die Erhaltung eines den landschaftlichen und landeskulturellen Verhältnissen angepassten artenreichen und gesunden Wildbestandes sowie die Pflege und Sicherung seiner Lebensgrundlagen; auf Grund anderer Vorschriften bestehende gleichartige Verpflichtungen bleiben unberührt. Die Hege muss so durchgeführt werden, dass Beeinträchtigungen einer ordnungsgemäßen land-, forst- und fischereiwirtschaftlichen Nutzung, insbesondere Wildschäden, möglichst vermieden werden.

(3) Bei der Ausübung der Jagd sind die allgemein anerkannten Grundsätze deutscher Weidgerechtigkeit zu beachten.

(4) Die Jagdausübung erstreckt sich auf das Aufsuchen, Nachstellen, Erlegen und Fangen von Wild.

(5) Das Recht zur Aneignung von Wild umfasst auch die ausschließliche Befugnis, krankes oder verendetes Wild, Fallwild und Abwurfstangen sowie die Eier von Federwild sich anzueignen.

(6) Das Jagdrecht unterliegt den Beschränkungen dieses Gesetzes und der in seinem Rahmen ergangenen landesrechtlichen Vorschriften.

§ 2 Tierarten

(1) Tierarten, die dem Jagdrecht unterliegen, sind:

1. Haarwild:
   Wisent (Bison bonasus L.),
   Elchwild (Alces alces L.),
   Rotwild (Cervus elaphus L.),
   Damwild (Dama dama L.),
   Sikawild (Cervus nippon TEMMINCK),
   Rehwild (Capreolus capreolus L.),
   Gamswild (Rupicapra rupicapra L.),
   Steinwild (Capra ibex L.),
   Muffelwild (Ovis ammon musimon PALLAS),
   Schwarzwild (Sus scrofa L.),
   Feldhase (Lepus europaeus PALLAS),
   Schneehase (Lepus timidus L.),
   Wildkaninchen (Oryctolagus cuniculus L.),

Murmeltier (Marmota marmota L.),
Wildkatze (Felis silvestris SCHREBER),
Luchs (Lynx lynx L.),
Fuchs (Vulpes vulpes L.),
Steinmarder (Martes foina ERXLEBEN),
Baummarder (Martes martes L.),
Iltis (Mustela putorius L.),
Hermelin (Mustela erminea L.),
Mauswiesel (Mustela nivalis L.),
Dachs (Meles meles L.),
Fischotter (Lutra lutra L.),
Seehund (Phoca vitulina L.);

2. Federwild:
Rebhuhn (Perdix perdix L.),
Fasan (Phasianus colchicus L.),
Wachtel (Coturnix coturnix L.),
Auerwild (Tetrao urogallus L.),
Birkwild (Lyrurus tetrix L.),
Rackelwild (Lyrus tetrix × Tetrao urogallus),
Haselwild (Tetrastes bonasia L.),
Alpenschneehuhn (Lagopus mutus MONTIN),
Wildtruthuhn (Meleagris gallopavo L.),
Wildtauben (Columbidae),
Höckerschwan (Cygnus olor GMEL.),
Wildgänse (Gattungen Anser BRISSON und Branta SCOPOLI),
Wildenten (Anatinae),
Säger (Gattung Mergus L.),
Waldschnepfe (Scolopax rusticola L.),
Blässhuhn (Fulica atra L.),
Möwen (Laridae),
Haubentaucher (Podiceps cristatus L.),
Großtrappe (Otis tarda L.),
Graureiher (Ardea cinerea L.),
Greife (Accipitridae),
Falken (Falconidae),
Kolkrabe (Corvus corax L.).

(2) Die Länder können weitere Tierarten bestimmen, die dem Jagdrecht unterliegen.

(3) Zum Schalenwild gehören Wisente, Elch-, Rot-, Dam-, Sika-, Reh-, Gams-, Stein-, Muffel- und Schwarzwild.

(4) Zum Hochwild gehören Schalenwild außer Rehwild, ferner Auerwild, Steinadler und Seeadler. Alles übrige Wild gehört zum Niederwild.

§ 3 Inhaber des Jagdrechts; Ausübung des Jagdrechts

(1) Das Jagdrecht steht dem Eigentümer auf seinem Grund und Boden zu. Es ist untrennbar mit dem Eigentum am Grund und Boden verbunden. Als selbständiges dingliches Recht kann es nicht begründet werden.

(2) Auf Flächen, an denen kein Eigentum begründet ist, steht das Jagdrecht den Ländern zu.

(3) Das Jagdrecht darf nur in Jagdbezirken nach Maßgabe der §§ 4 ff. ausgeübt werden.

II. Abschnitt Jagdbezirke und Hegegemeinschaften

1. Allgemeines

§ 4 Jagdbezirke

Jagdbezirke, in denen die Jagd ausgeübt werden darf, sind entweder Eigenjagdbezirke (§ 7) oder gemeinschaftliche Jagdbezirke (§ 8).

§ 5 Gestaltung der Jagdbezirke

(1) Jagdbezirke können durch Abtrennung, Angliederung oder Austausch von Grundflächen abgerundet werden, wenn dies aus Erfordernissen der Jagdpflege und Jagdausübung notwendig ist.

(2) Natürliche und künstliche Wasserläufe, Wege, Triften und Eisenbahnkörper sowie ähnliche Flächen bilden, wenn sie nach Umfang und Gestalt für sich allein eine ordnungsmäßige Jagdausübung nicht gestatten, keinen Jagdbezirk für sich, unterbrechen nicht den Zusammenhang eines Jagdbezirkes und stellen auch den Zusammenhang zur Bildung eines Jagdbezirkes zwischen getrennt liegenden Flächen nicht her.

§ 6 Befriedete Bezirke; Ruhen der Jagd

Auf Grundflächen, die zu keinem Jagdbezirk gehören, und in befriedeten Bezirken ruht die Jagd. Eine beschränkte Ausübung der Jagd kann gestattet werden. Tiergärten fallen nicht unter die Vorschriften dieses Gesetzes.

§ 6a Befriedung von Grundflächen aus ethischen Gründen

(1) Grundflächen, die zu einem gemeinschaftlichen Jagdbezirk gehören und im Eigentum einer natürlichen Person stehen, sind auf Antrag des Grundeigentümers zu befriedeten Bezirken zu erklären (Befriedung), wenn der Grundeigentümer glaubhaft macht, dass er die Jagdausübung aus ethischen Gründen ablehnt. Eine Befriedung ist zu versagen, soweit Tatsachen die Annahme rechtfertigen, dass ein Ruhen der Jagd auf der vom Antrag umfassten Fläche bezogen auf den gesamten jeweiligen Jagdbezirk die Belange

1. der Erhaltung eines artenreichen und gesunden Wildbestandes sowie der Pflege und Sicherung seiner Lebensgrundlagen,
2. des Schutzes der Land-, Forst- und Fischereiwirtschaft vor übermäßigen Wildschäden,
3. des Naturschutzes und der Landschaftspflege,
4. des Schutzes vor Tierseuchen oder
5. der Abwendung sonstiger Gefahren für die öffentliche Sicherheit und Ordnung

gefährdet. Ethische Gründe nach Satz 1 liegen insbesondere nicht vor, wenn der Antragsteller

1. selbst die Jagd ausübt oder die Ausübung der Jagd durch Dritte auf einem ihm gehörenden Grundstück duldet oder
2. zum Zeitpunkt der behördlichen Entscheidung einen Jagdschein gelöst oder beantragt hat.

Der Antrag ist schriftlich oder zur Niederschrift bei der zuständigen Behörde zu stellen. Der Entscheidung über den Antrag hat neben der Anhörung des Antragstellers eine Anhörung der Jagdgenossenschaft, des Jagdpächters, angrenzender Grundeigentümer, des Jagdbeirats sowie der Träger öffentlicher Belange vorauszugehen.

(2) Die Befriedung soll mit Wirkung zum Ende des Jagdpachtvertrages erfolgen. Sofern dies dem Antragsteller unter Abwägung mit den schutzwürdigen Belangen der Jagdgenossenschaft nicht zuzumuten ist, kann die Behörde einen früheren Zeitpunkt, der jedoch nicht vor Ende des Jagdjahres liegt, bestimmen. In den Fällen des Satzes 2 kann die Jagdgenossenschaft vom Grundeigentümer den Ersatz des Schadens verlangen, der ihr durch die vorzeitige Befriedung entsteht.

(3) Die Befriedung kann räumlich auf einen Teil der Antragsfläche sowie zeitlich beschränkt werden, soweit dies zur Wahrung der Belange nach Absatz 1 Satz 2 erforderlich ist.

(4) Die Befriedung erlischt vorbehaltlich der Sätze 2 und 3 drei Monate nach Übergang des Eigentums an der befriedeten Grundfläche auf einen Dritten. Stellt der Dritte während des Laufs der Frist nach Satz 1 einen Antrag auf erneute Befriedung, so erlischt die bestehende Befriedung mit dem Wirksamwerden der behördlichen Entscheidung über den Antrag. Verzichtet der Dritte vor Ablauf der Frist nach Satz 1 auf einen Antrag auf erneute Befriedung, so erlischt die bestehende Befriedung mit dem Zugang der Verzichtserklärung bei der zuständigen Behörde. Der Grundeigentümer hat den Eigentumswechsel der zuständigen Behörde anzuzeigen. Die Befriedung ist zu widerrufen, wenn
1. der Grundeigentümer schriftlich gegenüber der zuständigen Behörde den Verzicht auf die Befriedung erklärt oder
2. der Grundeigentümer die Jagd ausübt, einen Jagdschein löst oder die Ausübung der Jagd durch Dritte auf einem ihm gehörenden Grundstück duldet.

Die Befriedung ist in der Regel zu widerrufen, wenn Tatsachen bekannt werden, die den Anspruch auf Erklärung zum befriedeten Bezirk entfallen lassen. Die Befriedung ist unter den Vorbehalt des Widerrufs zu stellen für den Fall, dass ein oder mehrere weitere begründete Anträge auf Befriedung in demselben Jagdbezirk gestellt werden und nicht allen Anträgen insgesamt ohne Gefährdung der Belange nach Absatz 1 Satz 2 stattgegeben werden kann. Im Übrigen gelten die verwaltungsverfahrensrechtlichen Vorschriften über Rücknahme und Widerruf von Verwaltungsakten.

(5) Die zuständige Behörde kann eine beschränkte Jagdausübung auf den für befriedet erklärten Grundflächen anordnen, soweit dies zur Vermeidung übermäßiger Wildschäden, der Gefahr von Tierseuchen, aus Gründen des Naturschutzes oder des Tierschutzes, der Seuchenhygiene, der Gewährleistung der Sicherheit des Verkehrs auf öffentlichen Verkehrswegen oder der Abwendung sonstiger Gefahren für die öffentliche Sicherheit und Ordnung erforderlich ist. Widerspruch und Klage gegen die Anordnung haben keine aufschiebende Wirkung. Kommt der Grundeigentümer der Anordnung nicht nach, so kann die zuständige Behörde für dessen Rechnung die Jagd ausüben lassen.

(6) Wildschäden an Grundstücken, die zum gemeinschaftlichen Jagdbezirk gehören, hat der Grundeigentümer der befriedeten Grundfläche nach dem Verhältnis des Flächenanteils seiner Grundfläche an der Gesamtfläche des gemeinschaftlichen Jagdbezirks anteilig zu ersetzen. Dies gilt nicht, sofern das schädigende Wild auf der befriedeten Grundfläche nicht vorkommt oder der Schaden auch ohne die Befriedung der Grundfläche eingetreten wäre.

(7) Der Grundeigentümer der befriedeten Fläche hat keinen Anspruch auf Ersatz von Wildschäden.

(8) Die Grundsätze der Wildfolge sind im Verhältnis des gemeinschaftlichen Jagdbezirks zu der nach Absatz 1 für befriedet erklärten Grundfläche entsprechend anzuwenden. Einer Vereinbarung nach § 22a Absatz 2 bedarf es nicht. Der Grundeigentümer des für befriedet erklärten Grundstücks ist über die Notwendigkeit der Wildfolge, soweit Belange des Tierschutzes nicht entgegenstehen bereits vor Beginn der Wildfolge, unverzüglich in Kenntnis zu setzen.

(9) Das Recht zur Aneignung von Wild nach § 1 Absatz 1 Satz 1 steht in den Fällen der nach Absatz 5 behördlich angeordneten Jagd und der Wildfolge nach Absatz 8 dem Jagdausübungsberechtigten des Jagdbezirks oder dem beauftragten Jäger zu.

(10) Die Absätze 1 bis 9 sind auf Grundflächen, die einem Eigenjagdbezirk kraft Gesetzes oder auf Grund behördlicher Entscheidung angegliedert sind, entsprechend anzuwenden.

2. Eigenjagdbezirke

§ 7 (Größe; anwendbare Vorschriften)

(1) Zusammenhängende Grundflächen mit einer land-, forst- oder fischereiwirtschaftlich nutzbaren Fläche von 75 Hektar an, die im Eigentum ein und derselben Person oder einer Personengemeinschaft stehen, bilden einen Eigenjagdbezirk. Die Länder können abweichend von Satz 1 die Mindestgröße allgemein oder für bestimmte Gebiete höher festsetzen. Soweit am Tag des Inkrafttretens des Einigungsvertrages in den Ländern eine andere als die in Satz 1 bestimmte Größe festgesetzt ist, behält es dabei sein Bewenden, falls sie nicht unter 70 Hektar beträgt. Die Länder können, soweit bei Inkrafttreten dieses Gesetzes eine solche Regelung besteht, abweichend von Satz 1 bestimmen, dass auch eine sonstige zusammenhängende Fläche von 75 Hektar einen Eigenjagdbezirk bildet, wenn dies von Grundeigentümern oder Nutznießern zusammenhängender Grundflächen von mindestens je 15 Hektar beantragt wird.

(2) Ländergrenzen unterbrechen nicht den Zusammenhang von Grundflächen, die gemäß Absatz 1 Satz 1 einen Eigenjagdbezirk bilden. In den Fällen des Absatzes 1 Satz 3 besteht ein Eigenjagdbezirk, wenn nach den Vorschriften des Landes, in dem der überwiegende Teil der auf mehrere Länder sich erstreckenden Grundflächen liegt, für die Grundflächen insgesamt die Voraussetzungen für einen Eigenjagdbezirk vorliegen würden. Im übrigen gelten für jeden Teil eines über mehrere Länder sich erstreckenden Eigenjagdbezirkes die Vorschriften des Landes, in dem er liegt.

(3) Vollständig eingefriedete Flächen sowie an der Bundesgrenze liegende zusammenhängende Grundflächen von geringerem als 75 Hektar land-, forst- oder fische-

reiwirtschaftlich nutzbaren Raum können allgemein oder unter besonderen Voraussetzungen zu Eigenjagdbezirken erklärt werden; dabei kann bestimmt werden, dass die Jagd in diesen Bezirken nur unter Beschränkungen ausgeübt werden darf.

(4) In einem Eigenjagdbezirk ist jagdausübungsberechtigt der Eigentümer. An Stelle des Eigentümers tritt der Nutznießer, wenn ihm die Nutzung des ganzen Eigenjagdbezirkes zusteht.

3. Gemeinschaftliche Jagdbezirke

§ 8 Zusammensetzung

(1) Alle Grundflächen einer Gemeinde oder abgesonderten Gemarkung, die nicht zu einem Eigenjagdbezirk gehören, bilden einen gemeinschaftlichen Jagdbezirk, wenn sie im Zusammenhang mindestens 150 Hektar umfassen.

(2) Zusammenhängende Grundflächen verschiedener Gemeinden, die im übrigen zusammen den Erfordernissen eines gemeinschaftlichen Jagdbezirkes entsprechen, können auf Antrag zu gemeinschaftlichen Jagdbezirken zusammengelegt werden.

(3) Die Teilung gemeinschaftlicher Jagdbezirke in mehrere selbständige Jagdbezirke kann zugelassen werden, sofern jeder Teil die Mindestgröße von 250 Hektar hat.

(4) Die Länder können die Mindestgrößen allgemein oder für bestimmte Gebiete höher festsetzen.

(5) In gemeinschaftlichen Jagdbezirken steht die Ausübung des Jagdrechts der Jagdgenossenschaft zu.

§ 9 Jagdgenossenschaft

(1) Die Eigentümer der Grundflächen, die zu einem gemeinschaftlichen Jagdbezirk gehören, bilden eine Jagdgenossenschaft. Eigentümer von Grundflächen, auf denen die Jagd nicht ausgeübt werden darf, gehören der Jagdgenossenschaft nicht an.

(2) Die Jagdgenossenschaft wird durch den Jagdvorstand gerichtlich und außergerichtlich vertreten. Der Jagdvorstand ist von der Jagdgenossenschaft zu wählen. Solange die Jagdgenossenschaft keinen Jagdvorstand gewählt hat, werden die Geschäfte des Jagdvorstandes vom Gemeindevorstand wahrgenommen.

(3) Beschlüsse der Jagdgenossenschaft bedürfen sowohl der Mehrheit der anwesenden und vertretenen Jagdgenossen, als auch der Mehrheit der bei der Beschlussfassung vertretenen Grundfläche.

§ 10 Jagdnutzung

(1) Die Jagdgenossenschaft nutzt die Jagd in der Regel durch Verpachtung. Sie kann die Verpachtung auf den Kreis der Jagdgenossen beschränken.

(2) Die Jagdgenossenschaft kann die Jagd für eigene Rechnung durch angestellte Jäger ausüben lassen. Mit Zustimmung der zuständigen Behörde kann sie die Jagd ruhen lassen.

(3) Die Jagdgenossenschaft beschließt über die Verwendung des Reinertrages der Jagdnutzung. Beschließt die Jagdgenossenschaft, den Ertrag nicht an die Jagdgenossen nach dem Verhältnis des Flächeninhaltes ihrer beteiligten Grundstücke zu

verteilen, so kann jeder Jagdgenosse, der dem Beschluss nicht zugestimmt hat, die Auszahlung seines Anteils verlangen. Der Anspruch erlischt, wenn er nicht binnen einem Monat nach der Bekanntmachung der Beschlussfassung schriftlich oder mündlich zu Protokoll des Jagdvorstandes geltend gemacht wird.

4. Hegegemeinschaften

§ 10 a Bildung von Hegegemeinschaften

(1) Für mehrere zusammenhängende Jagdbezirke können die Jagdausübungsberechtigten zum Zwecke der Hege des Wildes eine Hegegemeinschaft als privatrechtlichen Zusammenschluss bilden.

(2) Abweichend von Absatz 1 können die Länder bestimmen, dass für mehrere zusammenhängende Jagdbezirke die Jagdausübungsberechtigten zum Zwecke der Hege des Wildes eine Hegegemeinschaft bilden, falls diese aus Gründen der Hege im Sinne des § 1 Abs. 2 erforderlich ist und eine an alle betroffenen Jagdausübungsberechtigten gerichtete Aufforderung der zuständigen Behörde, innerhalb einer bestimmten Frist eine Hegegemeinschaft zu gründen, ohne Erfolg geblieben ist.

(3) Das Nähere regeln die Länder.

III. Abschnitt Beteiligung Dritter an der Ausübung des Jagdrechts

§ 11 Jagdpacht

(1) Die Ausübung des Jagdrechts in seiner Gesamtheit kann an Dritte verpachtet werden. Ein Teil des Jagdausübungsrechts kann nicht Gegenstand eines Jagdpachtvertrages sein; jedoch kann sich der Verpächter einen Teil der Jagdnutzung, der sich auf bestimmtes Wild bezieht, vorbehalten. Die Erteilung von Jagderlaubnisscheinen regeln, unbeschadet des Absatzes 6 Satz 2, die Länder.

(2) Die Verpachtung eines Teils eines Jagdbezirkes ist nur zulässig, wenn sowohl der verpachtete als auch der verbleibende Teil bei Eigenjagdbezirken die gesetzliche Mindestgröße, bei gemeinschaftlichen Jagdbezirken die Mindestgröße von 250 Hektar haben. Die Länder können die Verpachtung eines Teiles von geringerer Größe an den Jagdausübungsberechtigten eines angrenzenden Jagdbezirkes zulassen, soweit dies einer besseren Reviergestaltung dient.

(3) Die Gesamtfläche, auf der einem Jagdpächter die Ausübung des Jagdrechts zusteht, darf nicht mehr als 1 000 Hektar umfassen; hierauf sind Flächen anzurechnen, für die dem Pächter auf Grund einer entgeltlichen Jagderlaubnis die Jagdausübung zusteht. Der Inhaber eines oder mehrerer Eigenjagdbezirke mit einer Gesamtfläche von mehr als 1 000 Hektar darf nur zupachten, wenn er Flächen mindestens gleicher Größenordnung verpachtet; der Inhaber eines oder mehrerer Eigenjagdbezirke mit einer Gesamtfläche von weniger als 1 000 Hektar darf nur zupachten, wenn die Gesamtfläche, auf der ihm das Jagdausübungsrecht zusteht, 1 000 Hektar nicht übersteigt. Für Mitpächter, Unterpächter oder Inhaber einer entgeltlichen Jagderlaubnis gilt Satz 1 und 2 entsprechend mit der Maßgabe, dass auf die Gesamtfläche nur die Fläche angerechnet wird, die auf den einzelnen Mitpächter, Unterpächter oder auf den Inhaber einer entgeltlichen Jagderlaubnis, ausgenommen die Erlaubnis zu Einzelabschüssen, nach dem Jagdpachtvertrag oder der Jagderlaubnis anteilig entfällt.

Für bestimmte Gebiete, insbesondere im Hochgebirge, können die Länder eine höhere Grenze als 1 000 Hektar festsetzen.

(4) Der Jagdpachtvertrag ist schriftlich abzuschließen. Die Pachtdauer soll mindestens neun Jahre betragen. Die Länder können die Mindestpachtzeit höher festsetzen. Ein laufender Jagdpachtvertrag kann auch auf kürzere Zeit verlängert werden. Beginn und Ende der Pachtzeit soll mit Beginn und Ende des Jagdjahres (1. April bis 31. März) zusammenfallen.

(5) Pächter darf nur sein, wer einen Jahresjagdschein besitzt und schon vorher einen solchen während dreier Jahre in Deutschland besessen hat. Für besondere Einzelfälle können Ausnahmen zugelassen werden. Auf den in Satz 1 genannten Zeitraum sind die Zeiten anzurechnen, während derer jemand vor dem Tag des Wirksamwerdens des Beitritts eine Jagderlaubnis in der Deutschen Demokratischen Republik besessen hat.

(6) Ein Jagdpachtvertrag, der bei seinem Abschluss den Vorschriften des Absatzes 1 Satz 2 Halbsatz 1, des Absatzes 2, des Absatzes 3, des Absatzes 4 Satz 1 oder des Absatzes 5 nicht entspricht, ist nichtig. Das gleiche gilt für eine entgeltliche Jagderlaubnis, die bei ihrer Erteilung den Vorschriften des Absatzes 3 nicht entspricht.

(7) Die Fläche, auf der einem Jagdausübungsberechtigten oder Inhaber einer entgeltlichen Jagderlaubnis nach Absatz 3 die Ausübung des Jagdrechts zusteht, ist von der zuständigen Behörde in den Jagdschein einzutragen; das Nähere regeln die Länder.

§ 12 Anzeige von Jagdpachtverträgen

(1) Der Jagdpachtvertrag ist der zuständigen Behörde anzuzeigen. Die Behörde kann den Vertrag binnen drei Wochen nach Eingang der Anzeige beanstanden, wenn die Vorschriften über die Pachtdauer nicht beachtet sind oder wenn zu erwarten ist, dass durch eine vertragsmäßige Jagdausübung die Vorschriften des § 1 Abs. 2 verletzt werden.

(2) In dem Beanstandungsbescheid sind die Vertragsteile aufzufordern, den Vertrag bis zu einem bestimmten Zeitpunkt, der mindestens drei Wochen nach Zustellung des Bescheides liegen soll, aufzuheben oder in bestimmter Weise zu ändern.

(3) Kommen die Vertragsteile der Aufforderung nicht nach, so gilt der Vertrag mit Ablauf der Frist als aufgehoben, sofern nicht einer der Vertragsteile binnen der Frist einen Antrag auf Entscheidung durch das Amtsgericht stellt. Das Gericht kann entweder den Vertrag aufheben oder feststellen, dass er nicht zu beanstanden ist. Die Bestimmungen für die gerichtliche Entscheidung über die Beanstandung eines Landpachtvertrages gelten sinngemäß; jedoch entscheidet das Gericht ohne Zuziehung ehrenamtlicher Richter.

(4) Vor Ablauf von drei Wochen nach Anzeige des Vertrages durch einen Beteiligten darf der Pächter die Jagd nicht ausüben, sofern nicht die Behörde die Jagdausübung zu einem früheren Zeitpunkt gestattet. Wird der Vertrag binnen der in Absatz 1 Satz 2 bezeichneten Frist beanstandet, so darf der Pächter die Jagd erst ausüben, wenn die Beanstandungen behoben sind oder wenn durch rechtskräftige gerichtliche Entscheidung festgestellt ist, dass der Vertrag nicht zu beanstanden ist.

§ 13 Erlöschen des Jagdpachtvertrages

Der Jagdpachtvertrag erlischt, wenn dem Pächter der Jagdschein unanfechtbar entzogen worden ist. Er erlischt auch dann, wenn die Gültigkeitsdauer des Jagdscheines abgelaufen ist und entweder die zuständige Behörde die Erteilung eines neuen Jagdscheines unanfechtbar abgelehnt hat oder der Pächter die Voraussetzungen für die Erteilung eines neuen Jagdscheines nicht fristgemäß erfüllt. Der Pächter hat dem Verpächter den aus der Beendigung des Pachtvertrages entstehenden Schaden zu ersetzen, wenn ihn ein Verschulden trifft.

§ 13a Rechtsstellung der Mitpächter

Sind mehrere Pächter an einem Jagdpachtvertrag beteiligt (Mitpächter), so bleibt der Vertrag, wenn er im Verhältnis zu einem Mitpächter gekündigt wird oder erlischt, mit den übrigen bestehen; dies gilt nicht, soweit der Jagdpachtvertrag infolge des Ausscheidens eines Pächters den Vorschriften des § 11 Abs. 3 nicht mehr entspricht und dieser Mangel bis zum Beginn des nächsten Jagdjahres nicht behoben wird. Ist einem der Beteiligten die Aufrechterhaltung des Vertrages infolge des Ausscheidens eines Pächters nicht zuzumuten, so kann er den Vertrag mit sofortiger Wirkung kündigen. Die Kündigung muss unverzüglich nach Erlangung der Kenntnis von dem Kündigungsgrund erfolgen.

§ 14 Wechsel des Grundeigentümers

(1) Wird ein Eigenjagdbezirk ganz oder teilweise veräußert, so finden die Vorschriften der §§ 566 bis 567b des Bürgerlichen Gesetzbuchs entsprechende Anwendung. Das gleiche gilt im Falle der Zwangsversteigerung von der Vorschrift des § 57 des Zwangsversteigerungsgesetzes; das Kündigungsrecht des Erstehers ist jedoch ausgeschlossen, wenn nur ein Teil eines Jagdbezirkes versteigert ist und dieser Teil nicht allein schon die Erfordernisse eines Eigenjagdbezirkes erfüllt.

(2) Wird ein zu einem gemeinschaftlichen Jagdbezirk gehöriges Grundstück veräußert, so hat dies auf den Pachtvertrag keinen Einfluss; der Erwerber wird vom Zeitpunkt des Erwerbes an auch dann für die Dauer des Pachtvertrages Mitglied der Jagdgenossenschaft, wenn das veräußerte Grundstück an sich mit anderen Grundstücken des Erwerbers zusammen einen Eigenjagdbezirk bilden könnte. Das gleiche gilt für den Fall der Zwangsversteigerung eines Grundstücks.

IV. Abschnitt Jagdschein

§ 15 Allgemeines

(1) Wer die Jagd ausübt, muss einen auf seinen Namen lautenden Jagdschein mit sich führen und diesen auf Verlangen den Polizeibeamten sowie den Jagdschutzberechtigten (§ 25) vorzeigen. Zum Sammeln von Abwurfstangen bedarf es nur der schriftlichen Erlaubnis des Jagdausübungsberechtigten. Wer die Jagd mit Greifen oder Falken (Beizjagd) ausüben will, muss einen auf seinen Namen lautenden Falknerjagdschein mit sich führen.

(2) Der Jagdschein wird von der für den Wohnsitz des Bewerbers zuständigen Behörde als Jahresjagdschein für höchstens drei Jagdjahre (§ 11 Abs. 4) oder als Tagesjagdschein für vierzehn aufeinanderfolgende Tage nach einheitlichen, vom Bundes-

ministerium für Ernährung, Landwirtschaft und Verbraucherschutz (Bundesministerium) bestimmten Mustern erteilt.

(3) Der Jagdschein gilt im gesamten Bundesgebiet.

(4) Für Tagesjagdscheine für Ausländer dürfen nur die Gebühren für Inländer erhoben werden, wenn das Heimatland des Ausländers die Gegenseitigkeit gewährleistet.

(5) Die erste Erteilung eines Jagdscheines ist davon abhängig, dass der Bewerber im Geltungsbereich dieses Gesetzes eine Jägerprüfung bestanden hat, die aus einem schriftlichen und einem mündlich-praktischen Teil und einer Schießprüfung bestehen soll; er muss in der Jägerprüfung ausreichende Kenntnisse der Tierarten, der Wildbiologie, der Wildhege, des Jagdbetriebes, der Wildschadensverhütung, des Land- und Waldbaues, des Waffenrechts, der Waffentechnik, der Führung von Jagdwaffen (einschließlich Faustfeuerwaffen), der Führung von Jagdhunden, in der Behandlung des erlegten Wildes unter besonderer Berücksichtigung der hygienisch erforderlichen Maßnahmen, in der Beurteilung der gesundheitlich unbedenklichen Beschaffenheit des Wildbrets, insbesondere auch hinsichtlich seiner Verwendung als Lebensmittel, und im Jagd-, Tierschutz- sowie Naturschutz- und Landschaftspflegerecht nachweisen; mangelhafte Leistungen in der Schießprüfung sind durch Leistungen in anderen Prüfungsteilen nicht ausgleichbar.*

Die Länder können die Zulassung zur Jägerprüfung insbesondere vom Nachweis einer theoretischen und praktischen Ausbildung abhängig machen. Für Bewerber, die vor dem 1. April 1953 einen Jahresjagdschein besessen haben, entfällt die Jägerprüfung. Eine vor dem Tag des Wirksamwerdens des Beitritts in der Deutschen Demokratischen Republik abgelegte Jagdprüfung für Jäger, die mit der Jagdwaffe die Jagd ausüben wollen, steht der Jägerprüfung im Sinne des Satzes 1 gleich.

(6) Bei der Erteilung von Ausländerjagdscheinen können Ausnahmen von Absatz 5 Satz 1 und 2 gemacht werden.

(7) Die erste Erteilung eines Falknerjagdscheines ist davon abhängig, dass der Bewerber im Geltungsbereich dieses Gesetzes zusätzlich zur Jägerprüfung eine Falknerprüfung bestanden hat; er muss darin ausreichende Kenntnisse des Haltens, der Pflege und des Abtragens von Beizvögeln, des Greifvogelschutzes sowie der Beizjagd nachweisen.*

Für Bewerber, die vor dem 1. April 1977 mindestens fünf Falknerjagdscheine besessen haben, entfällt die Jägerprüfung; gleiches gilt für Bewerber, die vor diesem Zeitpunkt mindestens fünf Jahresjagdscheine besessen und während deren Geltungsdauer die Beizjagd ausgeübt haben. Das Nähere hinsichtlich der Erteilung des

---

* Entscheidung des BVerfG vom 5. November 1980 – 1BvR 290/78 – (BGBl. 1981 I S. 41):
§ 15 Absatz 7 Satz 1 in Verbindung mit Absatz 5 Satz 1 des Bundesjagdgesetzes in der Fassung des Artikels 1 Nummer 8 Buchstaben c und d des Zweiten Gesetzes zur Änderung des Bundesjagdgesetzes vom 28. September 1976 (Bundesgesetzbl. I S. 2841) ist mit Artikel 2 Absatz 1 des Grundgesetzes in Verbindung mit dem Rechtsstaatsprinzip unvereinbar und nichtig, soweit die erste Erteilung eines Falknerjagdscheins davon abhängig ist, dass der Bewerber im Rahmen der Jägerprüfung eine Schießprüfung ablegen und ausreichende Kenntnisse des Waffenrechts, der Waffentechnik und der Führung von Jagdwaffen (einschließlich Faustfeuerwaffen) nachweisen muss.

Falknerjagdscheines regeln die Länder. Eine vor dem Tag des Wirksamwerdens des Beitritts in der Deutschen Demokratischen Republik abgelegte Jagdprüfung für Falkner steht der Falknerprüfung im Sinne des Satzes 1 gleich.

§ 16 Jugendjagdschein

(1) Personen, die das sechzehnte Lebensjahr vollendet haben, aber noch nicht achtzehn Jahre alt sind, darf nur ein Jugendjagdschein erteilt werden.

(2) Der Jugendjagdschein berechtigt nur zur Ausübung der Jagd in Begleitung des Erziehungsberechtigten oder einer von dem Erziehungsberechtigten schriftlich beauftragten Aufsichtsperson; die Begleitperson muss jagdlich erfahren sein.

(3) Der Jugendjagdschein berechtigt nicht zur Teilnahme an Gesellschaftsjagden.

(4) Im übrigen gilt § 15 entsprechend.

§ 17 Versagung des Jagdscheines

(1) Der Jagdschein ist zu versagen

1. Personen, die noch nicht sechzehn Jahre alt sind;
2. Personen, bei denen Tatsachen die Annahme rechtfertigen, dass sie die erforderliche Zuverlässigkeit oder körperliche Eignung nicht besitzen;
3. Personen, denen der Jagdschein entzogen ist, während der Dauer der Entziehung oder einer Sperre (§§ 18, 41 Abs. 2);
4. Personen, die keine ausreichende Jagdhaftpflichtversicherung (fünfhunderttausend Euro für Personenschäden und fünfzigtausend Euro für Sachschäden) nachweisen; die Versicherung kann nur bei einem Versicherungsunternehmen mit Sitz in der Europäischen Union oder mit Niederlassung im Geltungsbereich des Versicherungsaufsichtsgesetzes genommen werden; die Länder können den Abschluss einer Gemeinschaftsversicherung ohne Beteiligungszwang zulassen.

Fehlen die Zuverlässigkeit oder die persönliche Eignung im Sinne der §§ 5 und 6 des Waffengesetzes, darf nur ein Jagdschein nach § 15 Abs. 7 erteilt werden.

(2) Der Jagdschein kann versagt werden

1. Personen, die noch nicht achtzehn Jahre alt sind;
2. Personen, die nicht Deutsche im Sinne des Artikels 116 des Grundgesetzes sind;
3. Personen, die nicht mindestens drei Jahre ihren Wohnsitz oder ihren gewöhnlichen Aufenthalt ununterbrochen im Geltungsbereich dieses Gesetzes haben;
4. Personen, die gegen die Grundsätze des § 1 Abs. 3 schwer oder wiederholt verstoßen haben.

(3) Die erforderliche Zuverlässigkeit besitzen Personen nicht, wenn Tatsachen die Annahme rechtfertigen, dass sie

1. Waffen oder Munition missbräuchlich oder leichtfertig verwenden werden;
2. mit Waffen oder Munition nicht vorsichtig und sachgemäß umgehen und diese Gegenstände nicht sorgfältig verwahren werden;
3. Waffen oder Munition an Personen überlassen werden, die zur Ausübung der tatsächlichen Gewalt über diese Gegenstände nicht berechtigt sind.

(4) Die erforderliche Zuverlässigkeit besitzen in der Regel Personen nicht, die

1. a) wegen eines Verbrechens,
   b) wegen eines vorsätzlichen Vergehens, das eine der Annahmen im Sinne des Absatzes 3 Nr. 1 bis 3 rechtfertigt,

c) wegen einer fahrlässigen Straftat im Zusammenhang mit dem Umgang mit Waffen, Munition oder Sprengstoff,
d) wegen einer Straftat gegen jagdrechtliche, tierschutzrechtliche oder naturschutzrechtliche Vorschriften, das Waffengesetz, das Gesetz über die Kontrolle von Kriegswaffen oder das Sprengstoffgesetz

zu einer Freiheitsstrafe, Jugendstrafe, Geldstrafe von mindestens 60 Tagessätzen oder mindestens zweimal zu einer geringeren Geldstrafe rechtskräftig verurteilt worden sind, wenn seit dem Eintritt der Rechtskraft der letzten Verurteilung fünf Jahre nicht verstrichen sind; in die Frist wird die Zeit eingerechnet, die seit der Vollziehbarkeit des Widerrufs oder der Rücknahme eines Jagdscheines oder eines Waffenbesitzverbotes nach § 41 des Waffengesetzes wegen der Tat, die der letzten Verurteilung zugrunde liegt, verstrichen ist; in die Frist nicht eingerechnet wird die Zeit, in welcher der Beteiligte auf behördliche oder richterliche Anordnung in einer Anstalt verwahrt worden ist;

2. wiederholt oder gröblich gegen eine in Nummer 1 Buchstabe d genannte Vorschrift verstoßen haben;
3. geschäftsunfähig oder in der Geschäftsfähigkeit beschränkt sind;
4. trunksüchtig, rauschmittelsüchtig, geisteskrank oder geistesschwach sind.

(5) Ist ein Verfahren nach Absatz 4 Nr. 1 noch nicht abgeschlossen, so kann die zuständige Behörde die Entscheidung über den Antrag auf Erteilung des Jagdscheines bis zum rechtskräftigen Abschluss des Verfahrens aussetzen. Die Zeit der Aussetzung des Verfahrens ist in die Frist nach Absatz 4 Nr. 1 erster Halbsatz einzurechnen.

(6) Sind Tatsachen bekannt, die Bedenken gegen die Zuverlässigkeit nach Absatz 4 Nr. 4 oder die körperliche Eignung nach Absatz 1 Nr. 2 begründen, so kann die zuständige Behörde dem Beteiligten die Vorlage eines amts- oder fachärztlichen Zeugnisses über die geistige und körperliche Eignung aufgeben.

§ 18 Einziehung des Jagdscheines

Wenn Tatsachen, welche die Versagung des Jagdscheines begründen, erst nach Erteilung des Jagdscheines eintreten oder der Behörde, die den Jagdschein erteilt hat, bekanntwerden, so ist die Behörde in den Fällen des § 17 Abs. 1 und in den Fällen, in denen nur ein Jugendjagdschein hätte erteilt werden dürfen (§ 16), sowie im Falle der Entziehung gemäß § 41 verpflichtet, in den Fällen des § 17 Abs. 2 berechtigt, den Jagdschein für ungültig zu erklären und einzuziehen. Ein Anspruch auf Rückerstattung der Jagdscheingebühren besteht nicht. Die Behörde kann eine Sperrfrist für die Wiedererteilung des Jagdscheines festsetzen.

§ 18 a Mitteilungspflichten

Die erstmalige Erteilung einer Erlaubnis nach den §§ 15 und 16, das Ergebnis von Überprüfungen nach § 17 sowie Maßnahmen nach den §§ 18, 40, 41 und 41 a sind der für den Vollzug des Waffengesetzes nach dessen § 48 Abs. 1 und 2 zuständigen Behörde mitzuteilen.

V. Abschnitt Jagdbeschränkungen, Pflichten bei der Jagdausübung und Beunruhigen von Wild

§ 19 Sachliche Verbote

(1) Verboten ist

1. mit Schrot, Posten, gehacktem Blei, Bolzen oder Pfeilen, auch als Fangschuss, auf Schalenwild und Seehunde zu schießen;
2. a) auf Rehwild und Seehunde mit Büchsenpatronen zu schießen, deren Auftreffenergie auf 100 m (E 100) weniger als 1000 Joule beträgt;
   b) auf alles übrige Schalenwild mit Büchsenpatronen unter einem Kaliber von 6,5 mm zu schießen; im Kaliber 6,5 mm und darüber müssen die Büchsenpatronen eine Auftreffenergie auf 100 m (E 100) von mindestens 2000 Joule haben;
   c) auf Wild mit halbautomatischen oder automatischen Waffen, die mehr als zwei Patronen in das Magazin aufnehmen können, zu schießen;
   d) auf Wild mit Pistolen oder Revolvern zu schießen, ausgenommen im Falle der Bau- und Fallenjagd sowie zur Abgabe von Fangschüssen, wenn die Mündungsenergie der Geschosse mindestens 200 Joule beträgt;
3. die Lappjagd innerhalb einer Zone von 300 Metern von der Bezirksgrenze, die Jagd durch Abklingeln der Felder und die Treibjagd bei Mondschein auszuüben;
4. Schalenwild, ausgenommen Schwarzwild, sowie Federwild zur Nachtzeit zu erlegen; als Nachtzeit gilt die Zeit von eineinhalb Stunden nach Sonnenuntergang bis eineinhalb Stunden vor Sonnenaufgang; das Verbot umfasst nicht die Jagd auf Möwen, Waldschnepfen, Auer-, Birk- und Rackelwild;
5. a) künstliche Lichtquellen, Spiegel, Vorrichtungen zum Anstrahlen oder Beleuchten des Zieles, Nachtzielgeräte, die einen Bildwandler oder eine elektronische Verstärkung besitzen und für Schusswaffen bestimmt sind, Tonbandgeräte oder elektrische Schläge erteilende Geräte beim Fang oder Erlegen von Wild aller Art zu verwenden oder zu nutzen sowie zur Nachtzeit an Leuchttürmen oder Leuchtfeuern Federwild zu fangen;
   b) Vogelleim, Fallen, Angelhaken, Netze, Reusen oder ähnliche Einrichtungen sowie geblendete oder verstümmelte Vögel beim Fang oder Erlegen von Federwild zu verwenden;
6. Belohnungen für den Abschuss oder den Fang von Federwild auszusetzen, zu geben oder zu empfangen;
7. Saufänge, Fang- oder Fallgruben ohne Genehmigung der zuständigen Behörde anzulegen;
8. Schlingen jeder Art, in denen sich Wild fangen kann, herzustellen, feilzubieten, zu erwerben oder aufzustellen;
9. Fanggeräte, die nicht unversehrt fangen oder nicht sofort töten, sowie Selbstschussgeräte zu verwenden;
10. in Notzeiten Schalenwild in einem Umkreis von 200 Metern von Fütterungen zu erlegen;
11. Wild aus Luftfahrzeugen, Kraftfahrzeugen oder maschinengetriebenen Wasserfahrzeugen zu erlegen; das Verbot umfasst nicht das Erlegen von Wild aus Kraftfahrzeugen durch Körperbehinderte mit Erlaubnis der zuständigen Behörde;
12. die Netzjagd auf Seehunde auszuüben;
13. die Hetzjagd auf Wild auszuüben;

14. die Such- und Treibjagd auf Waldschnepfen im Frühjahr auszuüben;
15. Wild zu vergiften oder vergiftete oder betäubende Köder zu verwenden;
16. die Brackenjagd auf einer Fläche von weniger als 1000 Hektar auszuüben;
17. Abwurfstangen ohne schriftliche Erlaubnis des Jagdausübungsberechtigten zu sammeln;
18. eingefangenes oder aufgezogenes Wild später als vier Wochen vor Beginn der Jagdausübung auf dieses Wild auszusetzen.

(2) Die Länder können die Vorschriften des Absatzes 1 mit Ausnahme der Nummer 16 erweitern oder aus besonderen Gründen einschränken; soweit Federwild betroffen ist, ist die Einschränkung nur aus den in Artikel 9 Absatz 1 der Richtlinie 2009/147/EG des Europäischen Parlaments und des Rates vom 30. November 2009 über die Erhaltung der wildlebenden Vogelarten (ABl. L 20 vom 26.1.2010, S. 7) in der jeweils geltenden Fassung genannten Gründen und nach den in Artikel 9 Absatz 2 der Richtlinie 2009/147/EG genannten Maßgaben zulässig.

(3) Die in Absatz 1 Nr. 2 Buchstaben a und b vorgeschriebenen Energiewerte können unterschritten werden, wenn von einem staatlichen oder staatlich anerkannten Fachinstitut die Verwendbarkeit der Munition für bestimmte jagdliche Zwecke bestätigt wird. Auf der kleinsten Verpackungseinheit der Munition ist das Fachinstitut, das die Prüfung vorgenommen hat, sowie der Verwendungszweck anzugeben.

§ 19a Beunruhigen von Wild

Verboten ist, Wild, insbesondere soweit es in seinem Bestand gefährdet oder bedroht ist, unbefugt an seinen Zuflucht-, Nist-, Brut- oder Wohnstätten durch Aufsuchen, Fotografieren, Filmen oder ähnliche Handlungen zu stören. Die Länder können für bestimmtes Wild Ausnahmen zulassen.

§ 20 Örtliche Verbote

(1) An Orten, an denen die Jagd nach den Umständen des einzelnen Falles die öffentliche Ruhe, Ordnung oder Sicherheit stören oder das Leben von Menschen gefährden würde, darf nicht gejagt werden.

(2) Die Ausübung der Jagd in Naturschutz- und Wildschutzgebieten sowie in National- und Wildparken wird durch die Länder geregelt.

§ 21 Abschussregelung

(1) Der Abschuss des Wildes ist so zu regeln, dass die berechtigten Ansprüche der Land-, Forst- und Fischereiwirtschaft auf Schutz gegen Wildschäden voll gewahrt bleiben sowie die Belange von Naturschutz und Landschaftspflege berücksichtigt werden. Innerhalb der hierdurch gebotenen Grenzen soll die Abschussregelung dazu beitragen, dass ein gesunder Wildbestand aller heimischen Tierarten in angemessener Zahl erhalten bleibt und insbesondere der Schutz von Tierarten gesichert ist, deren Bestand bedroht erscheint.

(2) Schalenwild (mit Ausnahme von Schwarzwild) sowie Auer-, Birk- und Rackelwild dürfen nur auf Grund und im Rahmen eines Abschussplanes erlegt werden, der von der zuständigen Behörde im Einvernehmen mit dem Jagdbeirat (§ 37) zu bestätigen oder festzusetzen ist. Seehunde dürfen nur auf Grund und im Rahmen eines Abschussplanes bejagt werden, der jährlich nach näherer Bestimmung der Länder

für das Küstenmeer oder Teile davon auf Grund von Bestandsermittlungen aufzustellen ist. In gemeinschaftlichen Jagdbezirken ist der Abschussplan vom Jagdausübungsberechtigten im Einvernehmen mit dem Jagdvorstand aufzustellen. Innerhalb von Hegegemeinschaften sind die Abschusspläne im Einvernehmen mit den Jagdvorständen der Jagdgenossenschaften und den Inhabern der Eigenjagdbezirke aufzustellen, die der Hegegemeinschaft angehören. Das Nähere bestimmt die Landesgesetzgebung. Der Abschussplan für Schalenwild muss erfüllt werden. Die Länder treffen Bestimmungen, nach denen die Erfüllung des Abschussplanes durch ein Abschussmeldeverfahren überwacht und erzwungen werden kann; sie können den körperlichen Nachweis der Erfüllung des Abschussplanes verlangen.

(3) Der Abschuss von Wild, dessen Bestand bedroht erscheint, kann in bestimmten Bezirken oder in bestimmten Revieren dauernd oder zeitweise gänzlich verboten werden.

(4) Den Abschuss in den Staatsforsten regeln die Länder.

§ 22 Jagd- und Schonzeiten

(1) Nach den in § 1 Abs. 2 bestimmten Grundsätzen der Hege bestimmt das Bundesministerium durch Rechtsverordnung mit Zustimmung des Bundesrates die Zeiten, in denen die Jagd auf Wild ausgeübt werden darf (Jagdzeiten). Außerhalb der Jagdzeiten ist Wild mit der Jagd zu verschonen (Schonzeiten). Die Länder können die Jagdzeiten abkürzen oder aufheben; sie können die Schonzeiten für bestimmte Gebiete oder für einzelne Jagdbezirke aus besonderen Gründen, insbesondere aus Gründen der Wildseuchenbekämpfung und Landeskultur, zur Beseitigung kranken oder kümmernden Wildes, zur Vermeidung von übermäßigen Wildschäden, zu wissenschaftlichen, Lehr- und Forschungszwecken, bei Störung des biologischen Gleichgewichts oder der Wildhege aufheben. Für den Lebendfang von Wild können die Länder in Einzelfällen Ausnahmen von Satz 2 zulassen.

(2) Wild, für das eine Jagdzeit nicht festgesetzt ist, ist während des ganzen Jahres mit der Jagd zu verschonen. Die Länder können bei Störung des biologischen Gleichgewichts oder bei schwerer Schädigung der Landeskultur Jagdzeiten festsetzen oder in Einzelfällen zu wissenschaftlichen, Lehr- und Forschungszwecken Ausnahmen zulassen.

(3) Aus Gründen der Landeskultur können Schonzeiten für Wild gänzlich versagt werden (Wild ohne Schonzeit).

(4) In den Setz- und Brutzeiten dürfen bis zum Selbständigwerden der Jungtiere die für die Aufzucht notwendigen Elterntiere, auch die von Wild ohne Schonzeit, nicht bejagt werden. Die Länder können für Schwarzwild, Wildkaninchen, Fuchs, Ringel- und Türkentaube, Silber- und Lachmöwe sowie für nach Landesrecht dem Jagdrecht unterliegende Tierarten aus den in Absatz 2 Satz 2 und Absatz 3 genannten Gründen Ausnahmen bestimmen. Die nach Landesrecht zuständige Behörde kann im Einzelfall das Aushorsten von Nestlingen und Ästlingen der Habichte für Beizzwecke aus den in Artikel 9 Absatz 1 Buchstabe c der Richtlinie 2009/147/EG genannten Gründen und nach den in Artikel 9 Absatz 2 der Richtlinie 2009/147/EG genannten Maßgaben genehmigen. Das Ausnehmen der Gelege von Federwild ist verboten. Die Länder können zulassen, dass Gelege in Einzelfällen zu wissenschaftlichen, Lehr- und Forschungszwecken oder für Zwecke der Aufzucht ausgenommen werden. Die Län-

der können ferner das Sammeln der Eier von Ringel- und Türkentauben sowie von Silber- und Lachmöwen aus den in Artikel 9 Absatz 1 der Richtlinie 2009/147/EG genannten Gründen und nach den in Artikel 9 Absatz 2 der Richtlinie 2009/147/EG genannten Maßgaben erlauben.

§ 22 a Verhinderung von vermeidbaren Schmerzen oder Leiden des Wildes

(1) Um krankgeschossenes Wild vor vermeidbaren Schmerzen oder Leiden zu bewahren, ist dieses unverzüglich zu erlegen; das gleiche gilt für schwerkrankes Wild, es sei denn, dass es genügt und möglich ist, es zu fangen und zu versorgen.

(2) Krankgeschossenes oder schwerkrankes Wild, das in einen fremden Jagdbezirk wechselt, darf nur verfolgt werden (Wildfolge), wenn mit dem Jagdausübungsberechtigten dieses Jagdbezirkes eine schriftliche Vereinbarung über die Wildfolge abgeschlossen worden ist. Die Länder erlassen nähere Bestimmungen, insbesondere über die Verpflichtung der Jagdausübungsberechtigten benachbarter Jagdbezirke, Vereinbarungen über die Wildfolge zu treffen; sie können darüber hinaus die Vorschriften über die Wildfolge ergänzen oder erweitern.

VI. Abschnitt Jagdschutz

§ 23 Inhalt des Jagdschutzes

Der Jagdschutz umfasst nach näherer Bestimmung durch die Länder den Schutz des Wildes insbesondere vor Wilderern, Futternot, Wildseuchen, vor wildernden Hunden und Katzen sowie die Sorge für die Einhaltung der zum Schutz des Wildes und der Jagd erlassenen Vorschriften.

§ 24 Wildseuchen

Tritt eine Wildseuche auf, so hat der Jagdausübungsberechtigte dies unverzüglich der zuständigen Behörde anzuzeigen; sie erlässt im Einvernehmen mit dem beamteten Tierarzt die zur Bekämpfung der Seuche erforderlichen Anweisungen.

§ 25 Jagdschutzberechtigte

(1) Der Jagdschutz in einem Jagdbezirk liegt neben den zuständigen öffentlichen Stellen dem Jagdausübungsberechtigten ob, sofern er Inhaber eines Jagdscheines ist, und den von der zuständigen Behörde bestätigten Jagdaufsehern. Hauptberuflich angestellte Jagdaufseher sollen Berufsjäger oder forstlich ausgebildet sein.

(2) Die bestätigten Jagdaufseher haben innerhalb ihres Dienstbezirkes in Angelegenheiten des Jagdschutzes die Rechte und Pflichten der Polizeibeamten und sind Ermittlungspersonen der Staatsanwaltschaft, sofern sie Berufsjäger oder forstlich ausgebildet sind. Sie haben bei der Anwendung unmittelbaren Zwanges die ihnen durch Landesrecht eingeräumten Befugnisse.

VII. Abschnitt Wild- und Jagdschaden

1. Wildschadensverhütung

§ 26 Fernhalten des Wildes

Der Jagdausübungsberechtigte sowie der Eigentümer oder Nutzungsberechtigte eines Grundstückes sind berechtigt, zur Verhütung von Wildschäden das Wild von den Grundstücken abzuhalten oder zu verscheuchen. Der Jagdausübungsberechtigte darf dabei das Grundstück nicht beschädigen, der Eigentümer oder Nutzungsberechtigte darf das Wild weder gefährden noch verletzen.

§ 27 Verhinderung übermäßigen Wildschadens

(1) Die zuständige Behörde kann anordnen, dass der Jagdausübungsberechtigte unabhängig von den Schonzeiten innerhalb einer bestimmten Frist in bestimmtem Umfange den Wildbestand zu verringern hat, wenn dies mit Rücksicht auf das allgemeine Wohl, insbesondere auf die Interessen der Land-, Forst- und Fischereiwirtschaft und die Belange des Naturschutzes und der Landschaftspflege, notwendig ist.

(2) Kommt der Jagdausübungsberechtigte der Anordnung nicht nach, so kann die zuständige Behörde für dessen Rechnung den Wildbestand vermindern lassen. Das erlegte Wild ist gegen angemessenes Schussgeld dem Jagdausübungsberechtigten zu überlassen.

§ 28 Sonstige Beschränkungen in der Hege

(1) Schwarzwild darf nur in solchen Einfriedungen gehegt werden, die ein Ausbrechen des Schwarzwildes verhüten.

(2) Das Aussetzen von Schwarzwild und Wildkaninchen ist verboten.

(3) Das Aussetzen oder das Ansiedeln fremder Tiere in der freien Natur ist nur mit schriftlicher Genehmigung der zuständigen obersten Landesbehörde oder der von ihr bestimmten Stelle zulässig.

(4) Das Hegen oder Aussetzen weiterer Tierarten kann durch die Länder beschränkt oder verboten werden.

(5) Die Länder können die Fütterung von Wild untersagen oder von einer Genehmigung abhängig machen.

2. Wildschadensersatz

§ 29 Schadensersatzpflicht

(1) Wird ein Grundstück, das zu einem gemeinschaftlichen Jagdbezirk gehört oder einem gemeinschaftlichen Jagdbezirk angegliedert ist (§ 5 Abs. 1), durch Schalenwild, Wildkaninchen oder Fasanen beschädigt, so hat die Jagdgenossenschaft dem Geschädigten den Wildschaden zu ersetzen. Der aus der Genossenschaftskasse geleistete Ersatz ist von den einzelnen Jagdgenossen nach dem Verhältnis des Flächeninhalts ihrer beteiligten Grundstücke zu tragen. Hat der Jagdpächter den Ersatz des Wildschadens ganz oder teilweise übernommen, so trifft die Ersatzpflicht den Jagdpächter. Die Ersatzpflicht der Jagdgenossenschaft bleibt bestehen, soweit der Geschädigte Ersatz von dem Pächter nicht erlangen kann.

(2) Wildschaden an Grundstücken, die einem Eigenjagdbezirk angegliedert sind (§ 5 Abs. 1), hat der Eigentümer oder der Nutznießer des Eigenjagdbezirks zu ersetzen. Im Falle der Verpachtung haftet der Jagdpächter, wenn er sich im Pachtvertrag zum Ersatz des Wildschadens verpflichtet hat. In diesem Falle haftet der Eigentümer oder der Nutznießer nur, soweit der Geschädigte Ersatz von dem Pächter nicht erlangen kann.

(3) Bei Grundstücken, die zu einem Eigenjagdbezirk gehören, richtet sich, abgesehen von den Fällen des Absatzes 2, die Verpflichtung zum Ersatz von Wildschaden (Absatz 1) nach dem zwischen dem Geschädigten und dem Jagdausübungsberechtigten bestehenden Rechtsverhältnis. Sofern nichts anderes bestimmt ist, ist der Jagdausübungsberechtigte ersatzpflichtig, wenn er durch unzulänglichen Abschuss den Schaden verschuldet hat.

(4) Die Länder können bestimmen, dass die Wildschadensersatzpflicht auch auf anderes Wild ausgedehnt wird und dass der Wildschadensbetrag für bestimmtes Wild durch Schaffung eines Wildschadensausgleichs auf eine Mehrheit von Beteiligten zu verteilen ist (Wildschadensausgleichskasse).

§ 30 Wildschaden durch Wild aus Gehege

Wird durch ein aus einem Gehege ausgetretenes und dort gehegtes Stück Schalenwild Wildschaden angerichtet, so ist ausschließlich derjenige zum Ersatz verpflichtet, dem als Jagdausübungsberechtigten, Eigentümer oder Nutznießer die Aufsicht über das Gehege obliegt.

§ 31 Umfang der Ersatzpflicht

(1) Nach den §§ 29 und 30 ist auch der Wildschaden zu ersetzen, der an den getrennten, aber noch nicht eingeernteten Erzeugnissen eines Grundstücks eintritt.

(2) Werden Bodenerzeugnisse, deren voller Wert sich erst zur Zeit der Ernte bemessen lässt, vor diesem Zeitpunkt durch Wild beschädigt, so ist der Wildschaden in dem Umfange zu ersetzen, wie er sich zur Zeit der Ernte darstellt. Bei der Feststellung der Schadenshöhe ist jedoch zu berücksichtigen, ob der Schaden nach den Grundsätzen einer ordentlichen Wirtschaft durch Wiederanbau im gleichen Wirtschaftsjahr ausgeglichen werden kann.

§ 32 Schutzvorrichtungen

(1) Ein Anspruch auf Ersatz von Wildschaden ist nicht gegeben, wenn der Geschädigte die von dem Jagdausübungsberechtigten zur Abwehr von Wildschaden getroffenen Maßnahmen unwirksam macht.

(2) Der Wildschaden, der an Weinbergen, Gärten, Obstgärten, Baumschulen, Alleen, einzelstehenden Bäumen, Forstkulturen, die durch Einbringen anderer als der im Jagdbezirk vorkommenden Hauptholzarten einer erhöhten Gefährdung ausgesetzt sind, oder Freilandpflanzungen von Garten- oder hochwertigen Handelsgewächsen entsteht, wird, soweit die Länder nicht anders bestimmen, nicht ersetzt, wenn die Herstellung von üblichen Schutzvorrichtungen unterblieben ist, die unter gewöhnlichen Umständen zur Abwendung des Schadens ausreichen. Die Länder können bestimmen, welche Schutzvorrichtungen als üblich anzusehen sind.

3. Jagdschaden

§ 33 Schadensersatzpflicht

(1) Wer die Jagd ausübt, hat dabei die berechtigten Interessen der Grundstückseigentümer oder Nutzungsberechtigten zu beachten, insbesondere besäte Felder und nicht abgemähte Wiesen tunlichst zu schonen. Die Ausübung der Treibjagd auf Feldern, die mit reifender Halm- oder Samenfrucht oder mit Tabak bestanden sind, ist verboten; die Suchjagd ist nur insoweit zulässig, als sie ohne Schaden für die reifenden Früchte durchgeführt werden kann.

(2) Der Jagdausübungsberechtigte haftet dem Grundstückseigentümer oder Nutzungsberechtigten für jeden aus missbräuchlicher Jagdausübung entstehenden Schaden; er haftet auch für den Jagdschaden, der durch einen von ihm bestellten Jagdaufseher oder durch einen Jagdgast angerichtet wird.

4. Gemeinsame Vorschriften

§ 34 Geltendmachung des Schadens

Der Anspruch auf Ersatz von Wild- oder Jagdschaden erlischt, wenn der Berechtigte den Schadensfall nicht binnen einer Woche, nachdem er von dem Schaden Kenntnis erhalten hat oder bei Beobachtung gehöriger Sorgfalt erhalten hätte, bei der für das beschädigte Grundstück zuständigen Behörde anmeldet. Bei Schaden an forstwirtschaftlich genutzten Grundstücken genügt es, wenn er zweimal im Jahre, jeweils bis zum 1. Mai oder 1. Oktober, bei der zuständigen Behörde angemeldet wird. Die Anmeldung soll die als ersatzpflichtig in Anspruch genommene Person bezeichnen.

§ 35 Verfahren in Wild- und Jagdschadenssachen

Die Länder können in Wild- und Jagdschadenssachen das Beschreiten des ordentlichen Rechtsweges davon abhängig machen, dass zuvor ein Feststellungsverfahren vor einer Verwaltungsbehörde (Vorverfahren) stattfindet, in dem über den Anspruch eine vollstreckbare Verpflichtungserklärung (Anerkenntnis, Vergleich) aufzunehmen oder eine nach Eintritt der Rechtskraft vollstreckbare Entscheidung (Vorbescheid) zu erlassen ist. Die Länder treffen die näheren Bestimmungen hierüber.

VIII. Abschnitt Inverkehrbringen und Schutz von Wild

§ 36 Ermächtigungen

(1) Das Bundesministerium wird ermächtigt, durch Rechtsverordnung mit Zustimmung des Bundesrates, soweit dies aus Gründen der Hege, zur Bekämpfung von Wilderei und Wildhehlerei, aus wissenschaftlichen Gründen oder zur Verhütung von Gesundheitsschäden durch Fallwild erforderlich ist, Vorschriften zu erlassen über

1. die Anwendung von Ursprungszeichen bei der Verbringung von erlegtem Schalenwild aus dem Erlegungsbezirk und der Verbringung von erlegtem Schalenwild in den Geltungsbereich dieses Gesetzes,
2. den Besitz von
   a) Wild, das nach Rechtsakten der Europäischen Gemeinschaft oder der Europäischen Union aus Gründen des Erhalts der Arten streng oder besonders ge-

schützt oder von den Mitgliedstaaten der Europäischen Union zu schützen ist, oder
   b) sonstigem Wild,
2a. den gewerbsmäßigen Ankauf, Verkauf oder Tausch von
   a) Wild, das nach Rechtsakten der Europäischen Gemeinschaft oder der Europäischen Union aus Gründen des Erhalts der Arten streng oder besonders geschützt oder von den Mitgliedstaaten der Europäischen Union zu schützen ist, oder
   b) sonstigem Wild,
2b. den sonstigen Erwerb, die Ausübung der tatsächlichen Gewalt oder das sonstige Verwenden, die Abgabe, das Anbieten zum Verkauf oder den Tausch, die Zucht, die Beförderung, das Veräußern oder das sonstige Inverkehrbringen von Wild,
3. die Ein-, Durch- und Ausfuhr sowie das sonstige Verbringen von Wild in den, durch den und aus dem Geltungsbereich dieses Gesetzes,
4. die Verpflichtung zur Führung von Wildhandelsbüchern,
5. das Kennzeichnen von Wild.

(2) Die Länder erlassen insbesondere Vorschriften über
1. die behördliche Überwachung des gewerbsmäßigen Ankaufs, Verkaufs und Tausches sowie der gewerbsmäßigen Verarbeitung von Wildbret und die behördliche Überwachung der Wildhandelsbücher,
2. das Aufnehmen, die Pflege und die Aufzucht verletzten oder kranken Wildes und dessen Verbleib.

(3) Die Vorschriften nach Absatz 1 Nr. 2 und 3 und Absatz 2 Nr. 2 können sich auch auf Eier oder sonstige Entwicklungsformen des Wildes, auf totes Wild, auf Teile des Wildes sowie auf die Nester und die aus Wild gewonnenen Erzeugnisse erstrecken.

(4) Rechtsverordnungen nach Absatz 1 Nr. 1 bedürfen des Einvernehmens mit dem Bundesministerium für Wirtschaft und Technologie; Rechtsverordnungen nach Absatz 1 Nr. 3 bedürfen des Einvernehmens mit dem Bundesministerium der Finanzen. Rechtsverordnungen nach Absatz 1 Nr. 2 bis 5 bedürfen, soweit sie Rechtsakte der Europäischen Gemeinschaft oder der Europäischen Union auf dem Gebiet des Artenschutzes oder Verpflichtungen aus internationalen Artenschutzübereinkommen zu beachten haben, des Einvernehmens mit dem Bundesministerium für Umwelt, Naturschutz und Reaktorsicherheit.

(5) Das Bundesministerium der Finanzen und die von ihm bestimmten Zollstellen wirken bei der Ein-, Durch- und Ausfuhr sowie bei dem sonstigen Verbringen von Wild mit. Das Bundesministerium der Finanzen regelt im Einvernehmen mit dem Bundesministerium durch Rechtsverordnung ohne Zustimmung des Bundesrates die Einzelheiten des Verfahrens nach Satz 1; er kann dabei insbesondere Pflichten zu Anzeigen, Anmeldungen, Auskünften und zur Leistung von Hilfsdiensten sowie zur Duldung von Besichtigungen und von Entnahmen unentgeltlicher Muster und Proben vorsehen. Das Bundesministerium gibt im Einvernehmen mit dem Bundesministerium der Finanzen im Bundesanzeiger die Zollstellen bekannt, bei denen Wild zur Ein-, Durch- und Ausfuhr sowie zum sonstigen Verbringen abgefertigt wird, wenn die Ein-, Durch- und Ausfuhr sowie das sonstige Verbringen durch Rechtsverordnung nach Absatz 1 Nr. 3 geregelt ist.

§ 36a *(weggefallen)*

IX. Abschnitt Jagdbeirat und Vereinigungen der Jäger

§ 37 (Jagdbeirat; Mitwirkung von Jägervereinigungen)

(1) In den Ländern sind Jagdbeiräte zu bilden, denen Vertreter der Landwirtschaft, der Forstwirtschaft, der Jagdgenossenschaften, der Jäger und des Naturschutzes angehören müssen.

(2) Die Länder können die Mitwirkung von Vereinigungen der Jäger für die Fälle vorsehen, in denen Jagdscheininhabler gegen die Grundsätze der Weidgerechtigkeit verstoßen (§ 1 Abs. 3).

X. Abschnitt Straf- und Bußgeldvorschriften

§ 38 Strafvorschriften

(1) Mit Freiheitsstrafe bis zu fünf Jahren oder mit Geldstrafe wird bestraft, wer
1. einer vollziehbaren Anordnung nach § 21 Abs. 3 zuwiderhandelt,
2. entgegen § 22 Abs. 2 Satz 1 Wild nicht mit der Jagd verschont oder
3. entgegen § 22 Abs. 4 Satz 1 ein Elterntier bejagt.

(2) Handelt der Täter fahrlässig, so ist die Strafe Freiheitsstrafe bis zu einem Jahr oder Geldstrafe.

§ 38a Strafvorschriften

(1) Mit Freiheitsstrafe bis zu fünf Jahren oder mit Geldstrafe wird bestraft, wer einer Rechtsverordnung nach § 36 Absatz 1 Nummer 2a Buchstabe a oder einer vollziehbaren Anordnung auf Grund einer solchen Rechtsverordnung zuwiderhandelt, soweit die Rechtsverordnung für einen bestimmten Tatbestand auf diese Strafvorschrift verweist.

(2) Mit Freiheitsstrafe bis zu drei Jahren oder mit Geldstrafe wird bestraft, wer einer Rechtsverordnung nach § 36 Absatz 1 Nummer 2 Buchstabe a oder einer vollziehbaren Anordnung auf Grund einer solchen Rechtsverordnung zuwiderhandelt, soweit die Rechtsverordnung für einen bestimmten Tatbestand auf diese Strafvorschrift verweist.

(3) Erkennt der Täter in den Fällen des Absatzes 1 leichtfertig nicht, dass sich die Handlung auf Wild einer Art bezieht, die in § 36 Absatz 1 Nummer 2a Buchstabe a genannt ist, so ist die Strafe Freiheitsstrafe bis zu zwei Jahren oder Geldstrafe.

(4) Erkennt der Täter in den Fällen des Absatzes 2 leichtfertig nicht, dass sich die Handlung auf Wild einer Art bezieht, die in § 36 Absatz 1 Nummer 2 Buchstabe a genannt ist, so ist die Strafe Freiheitsstrafe bis zu einem Jahr oder Geldstrafe.

(5) Die Tat ist nicht strafbar, wenn die Handlung eine unerhebliche Menge der Exemplare betrifft und unerhebliche Auswirkungen auf den Erhaltungszustand der Art hat.

§ 39 Ordnungswidrigkeiten

(1) Ordnungswidrig handelt, wer
1. in befriedeten Bezirken die Jagd ausübt oder einer Beschränkung der Jagderlaubnis (§ 6) zuwiderhandelt;

2. auf vollständig eingefriedeten Grundflächen die Jagd entgegen einer nach § 7 Abs. 3 vorgeschriebenen Beschränkung ausübt;
3. auf Grund eines nach § 11 Abs. 6 Satz 1 nichtigen Jagdpachtvertrages, einer nach § 11 Abs. 6 Satz 2 nichtigen entgeltlichen Jagderlaubnis oder entgegen § 12 Abs. 4 die Jagd ausübt;
4. als Inhaber eines Jugendjagdscheines ohne Begleitperson die Jagd ausübt (§ 16);
5. den Vorschriften des § 19 Abs. 1 Nr. 3 bis 9, 11 bis 14, 16 bis 18, § 19a oder § 20 Abs. 1 zuwiderhandelt;
6. zum Verscheuchen des Wildes Mittel anwendet, durch die Wild verletzt oder gefährdet wird (§ 26);
7. einer Vorschrift des § 28 Abs. 1 bis 3 über das Hegen, Aussetzen und Ansiedeln zuwiderhandelt;
8. den Vorschriften des § 33 Abs. 1 zuwiderhandelt und dadurch Jagdschaden anrichtet;
9. den Jagdschein auf Verlangen nicht vorzeigt (§ 15 Abs. 1).

(2) Ordnungswidrig handelt, wer vorsätzlich oder fahrlässig
1. die Jagd ausübt, obwohl er keinen gültigen Jagdschein mit sich führt oder obwohl ihm die Jagdausübung verboten ist (§ 41 a);
2. den Vorschriften des § 19 Abs. 1 Nr. 1, 2, 10 und 15 zuwiderhandelt;
3. Schalenwild oder anderes Wild, das nur im Rahmen eines Abschussplanes bejagt werden darf, erlegt, bevor der Abschussplan bestätigt oder festgesetzt ist (§ 21 Abs. 2 Satz 1), oder wer den Abschussplan überschreitet;

3a. entgegen § 22 Abs. 1 Satz 2 Wild nicht mit der Jagd verschont;

4. als Jagdausübungsberechtigter das Auftreten einer Wildseuche nicht unverzüglich der zuständigen Behörde anzeigt oder den Weisungen der zuständigen Behörde zur Bekämpfung der Wildseuche nicht Folge leistet (§ 24);
5. einer Rechtsverordnung nach § 36 Absatz 1 Nummer 1, 2 Buchstabe b, Nummer 2a Buchstabe b, Nummer 2b bis 4 oder Nummer 5, Absatz 2 oder Absatz 5 oder einer vollziehbaren Anordnung auf Grund einer solchen Rechtsverordnung zuwiderhandelt, soweit die Rechtsverordnung für einen bestimmten Tatbestand auf diese Bußgeldvorschrift verweist, oder
6. zur Jagd ausgerüstet unbefugt einen fremden Jagdbezirk außerhalb der zum allgemeinen Gebrauch bestimmten Wege betritt.

(3) Die Ordnungswidrigkeit kann mit einer Geldbuße bis zu fünftausend Euro geahndet werden.

§ 40 Einziehung

(1) Ist eine Straftat nach § 38 oder eine Ordnungswidrigkeit nach § 39 Abs. 1 Nr. 5 oder Abs. 2 Nr. 2 bis 3a oder 5 begangen worden, so können
1. Gegenstände, auf die sich die Straftat oder Ordnungswidrigkeit bezieht, und
2. Gegenstände, die zu ihrer Begehung oder Vorbereitung gebraucht worden oder bestimmt gewesen sind,

eingezogen werden.

(2) § 74a des Strafgesetzbuches und § 23 des Gesetzes über Ordnungswidrigkeiten sind anzuwenden.

§ 41 Anordnung der Entziehung des Jagdscheines

(1) Wird jemand wegen einer rechtswidrigen Tat

1. nach § 38 dieses Gesetzes,
2. nach den §§ 113, 114, 223 bis 227, 231, 239, 240 des Strafgesetzbuches, sofern derjenige, gegen den sich die Tat richtete, sich in Ausübung des Forst-, Feld-, Jagd- oder Fischereischutzes befand, oder
3. nach den §§ 292 bis 294 des Strafgesetzbuches

verurteilt oder nur deshalb nicht verurteilt, weil seine Schuldunfähigkeit erwiesen oder nicht auszuschließen ist, so ordnet das Gericht die Entziehung des Jagdscheines an, wenn sich aus der Tat ergibt, dass die Gefahr besteht, er werde bei weiterem Besitz des Jagdscheines erhebliche rechtswidrige Taten der bezeichneten Art begehen.

(2) Ordnet das Gericht die Entziehung des Jagdscheines an, so bestimmt es zugleich, dass für die Dauer von einem Jahr bis zu fünf Jahren kein neuer Jagdschein erteilt werden darf (Sperre). Die Sperre kann für immer angeordnet werden, wenn zu erwarten ist, dass die gesetzliche Höchstfrist zur Abwehr der von dem Täter drohenden Gefahr nicht ausreicht. Hat der Täter keinen Jagdschein, so wird nur die Sperre angeordnet. Die Sperre beginnt mit der Rechtskraft des Urteils.

(3) Ergibt sich nach der Anordnung Grund zu der Annahme, dass die Gefahr, der Täter werde erhebliche rechtswidrige Taten der in Absatz 1 bezeichneten Art begehen, nicht mehr besteht, so kann das Gericht die Sperre vorzeitig aufheben.

§ 41 a Verbot der Jagdausübung

(1) Wird gegen jemanden

1. wegen einer Straftat, die er bei oder im Zusammenhang mit der Jagdausübung begangen hat, eine Strafe verhängt oder
2. wegen einer Ordnungswidrigkeit nach § 39, die er unter grober oder beharrlicher Verletzung der Pflichten bei der Jagdausübung begangen hat, eine Geldbuße festgesetzt,

so kann ihm in der Entscheidung für die Dauer von einem Monat bis zu sechs Monaten verboten werden, die Jagd auszuüben.

(2) Das Verbot der Jagdausübung wird mit der Rechtskraft der Entscheidung wirksam. Für seine Dauer wird ein erteilter Jagdschein, solange er nicht abgelaufen ist, amtlich verwahrt; das gleiche gilt für einen nach Ablauf des Jagdjahres neu erteilten Jagdschein. Wird er nicht freiwillig herausgegeben, so ist er zu beschlagnahmen.

(3) Ist ein Jagdschein amtlich zu verwahren, so wird die Verbotsfrist erst von dem Tage an gerechnet, an dem dies geschieht. In die Verbotsfrist wird die Zeit nicht eingerechnet, in welcher der Täter auf behördliche Anordnung in einer Anstalt verwahrt wird.

(4) Über den Beginn der Verbotsfrist nach Absatz 3 Satz 1 ist der Täter im Anschluss an die Verkündung der Entscheidung oder bei deren Zustellung zu belehren.

§ 42 Landesrechtliche Straf- und Bußgeldbestimmungen

Die Länder können Straf- und Bußgeldbestimmungen für Verstöße gegen die von ihnen erlassenen Vorschriften treffen, soweit solche nicht schon in diesem Gesetz enthalten sind.

XI. Abschnitt Schlussvorschriften

§ 43 *(weggefallen)*

§ 44 Sonderregelungen

Die zuständigen Landesregierungen werden ermächtigt, durch Rechtsverordnung im Benehmen mit dem Bundesministerium die Ausübung des Jagdrechts auf der Insel Helgoland und die Jagd auf Wasservögel auf dem Untersee und dem Rhein bei Konstanz abweichend von den Vorschriften dieses Gesetzes zu regeln.

§ 44 a Unberührtheitsklausel

Vorschriften des Lebensmittelrechts, Seuchenrechts, Fleischhygienerechts und Tierschutzrechts bleiben unberührt.

§ 45 *(weggefallen)*

§ 46 Inkrafttreten des Gesetzes

(1) (Inkrafttreten der ursprünglichen Fassung des Gesetzes)

(2) (Aufhebung von Vorschriften)

(3) Verweisungen auf Vorschriften, die nach Absatz 2 außer Kraft getreten sind, gelten als Verweisungen auf die entsprechenden Vorschriften dieses Gesetzes oder die entsprechenden landesrechtlichen Vorschriften.

Verordnung über die Jagdzeiten

vom 2. April 1977 (BGBl. I S. 531), geändert durch Verordnungen vom 22. März 2000 (BGBl. I S. 243) und vom 25. April 2002 (BGBl. I S. 1487)

Auf Grund des § 22 Abs. 1 Satz 1 des Bundesjagdgesetzes in der Fassung der Bekanntmachung vom 29. September 1976 (BGBl. I S. 2849) wird mit Zustimmung des Bundesrates verordnet:

§ 1 (Jagdzeiten)

(1) Die Jagd darf ausgeübt werden auf

1. Rotwild	
Kälber	vom 1. August bis 28. Februar
Schmalspießer	vom 1. Juni bis 28. Februar
Schmaltiere	vom 1. Juni bis 31. Januar
Hirsche und Alttiere	vom 1. August bis 31. Januar
2. Dam- und Sikawild	
Kälber	vom 1. September bis 28. Februar
Schmalspießer	vom 1. Juli bis 28. Februar
Schmaltiere	vom 1. Juli bis 31. Januar
Hirsche und Alttiere	vom 1. September bis 31. Januar
3. Rehwild	
Kitze	vom 1. September bis 28. Februar
Schmalrehe	vom 1. Mai bis 31. Januar
Ricken	vom 1. September bis 31. Januar
Böcke	vom 1. Mai bis 15. Oktober
4. Gamswild	vom 1. August bis 15. Dezember
5. Muffelwild	vom 1. August bis 31. Januar
6. Schwarzwild	vom 16. Juni bis 31. Januar
7. Feldhasen	vom 1. Oktober bis 15. Januar
8. Stein- und Baummarder	vom 16. Oktober bis 28. Februar
9. Iltisse	vom 1. August bis 28. Februar
10. Hermeline	vom 1. August bis 28. Februar
11. Mauswiesel	vom 1. August bis 28. Februar
12. Dachse	vom 1. August bis 31. Oktober
13. Rebhühner	vom 1. September bis 15. Dezember
14. Fasanen	vom 1. Oktober bis 15. Januar
15. Wildtruthähne	vom 15. März bis 15. Mai und vom 1. Oktober bis 15. Januar
16. Wildtruthennen	vom 1. Oktober bis 15. Januar
17. Ringel- und Türkentauben	vom 1. November bis 20. Februar
18. Höckerschwäne	vom 1. November bis 20. Februar

19.	Graugänse	vom 1. August bis 31. August und vom 1. November bis 15. Januar
20.	Bläss-, Saat-, Ringel- und Kanadagänse	vom 1. November bis 15. Januar
21.	Stockenten	vom 1. September bis 15. Januar
22.	Pfeif-, Krick-, Spieß-, Berg-, Reiher-, Tafel-, Samt- und Trauerenten	vom 1. Oktober bis 15. Januar
23.	Waldschnepfen	vom 16. Oktober bis 15. Januar
24.	Blässhühner	vom 11. September bis 20. Februar
25.	Lach-, Sturm-, Silber-, Mantel- und Heringsmöwen	vom 1. Oktober bis 10. Februar

(2) Vorbehaltlich der Bestimmungen des § 22 Abs. 4 des Bundesjagdgesetzes darf die Jagd das ganze Jahr ausgeübt werden beim Schwarzwild auf Frischlinge und Überläufer, auf Wildkaninchen und Füchse.

(3) Die in Absatz 1 festgesetzten Jagdzeiten umfassen nur solche Zeiträume einschließlich Tageszeiten, in denen nach den örtlich gegebenen äußeren Umständen für einen Jäger die Gefahr der Verwechslung von Tierarten nicht besteht.

§ 2 (Inkrafttreten)

Diese Verordnung tritt am Tage nach der Verkündung in Kraft. Gleichzeitig tritt die Verordnung über die Jagdzeiten vom 13. Juli 1967 (BGBl. I S. 723) außer Kraft.

Verordnung über den Schutz von Wild
(Bundeswildschutzverordnung – BWildSchV)

vom 25. Oktober 1985 (BGBl. I S. 2040), geändert durch Verordnungen vom 14. Oktober 1999 (BGBl. I S. 1955) und vom 16. Februar 2005 (BGBl. I S. 258)

– Auszug –

Auf Grund des § 36 Abs. 1 Nr. 2, 4 und 5 in Verbindung mit § 36 Abs. 3 des Bundesjagdgesetzes in der Fassung der Bekanntmachung vom 29. September 1976 (BGBl. I S. 2849) wird mit Zustimmung des Bundesrates verordnet:

§ 1 Anwendungsbereich, Begriffsbestimmungen

(1) Diese Verordnung findet Anwendung auf Tiere der in den Anlagen 1 und 4 genannten Arten. Für die Abgrenzung der Tierarten im Sinne dieser Verordnung ist ihre wissenschaftliche Bezeichnung maßgebend. Die Art schließt Unterarten ein, auch soweit diese im Geltungsbereich des Bundeswaldgesetzes in der Natur nicht vorkommen.

(2) Der Begriff Tiere im Sinne dieser Verordnung umfasst lebende und tote Tiere, ihre ohne weiteres erkennbaren Teile, ohne weiteres erkennbar aus ihnen gewonnene Erzeugnisse sowie ihre Eier, sonstigen Entwicklungsformen und Nester.

§ 2 Verbote

(1) Es ist verboten, Tiere der in Anlage 1 genannten Arten

1. in Besitz zu nehmen, zu erwerben, die tatsächliche Gewalt über sie auszuüben, sie zu be- oder verarbeiten oder sonst zu verwenden,
2. abzugeben, anzubieten, zu veräußern oder sonst in den Verkehr zu bringen sowie
3. für eine der in Nr. 2 genannten Tätigkeiten zu befördern.

Das Aneignungsrecht des Jagdausübungsberechtigten sowie Vorschriften der Länder nach § 36 Abs. 2 Nr. 2 des Bundesjagdgesetzes über das Aufnehmen, die Pflege und die Aufzucht verletzten oder kranken Wildes und dessen Verbleib bleiben unberührt.

(2) Die Verbote des Absatzes 1 gelten nicht für Tiere, an denen nach Inkrafttreten dieser Verordnung im Rahmen der Ausübung des Jagdrechts Eigentum erworben wurde. Diese Tiere dürfen jedoch nicht an Dritte gegen Entgelt abgegeben oder zu diesem Zweck befördert, gehalten oder angeboten werden. Ausgenommen von diesen Beschränkungen sind

1. Tiere der in Anlage 2 genannten Arten,
2. Tiere der in Anlage 3 genannten Arten, soweit die in Satz 2 aufgeführten Tätigkeiten nicht zu gewerbsmäßigen Zwecken erfolgen sowie
3. in der Natur aufgefundene tote Tiere, soweit sie für Zwecke der Forschung oder Lehre verwendet werden.

Kanadagans, Turteltaube, Höckerschwan dürfen gem. JWMG gejagt werden, jedoch dürfen sie nicht verkauft werden → muss selbst gegessen

(3) Die Verbote des Absatzes 1 gelten ferner nicht für Tiere, die
1. vor Inkrafttreten dieser Verordnung in Übereinstimmung mit den Vorschriften zum Schutz der betreffenden Art im Geltungsbereich des Bundeswaldgesetzes erworben worden sind,
2. in Übereinstimmung mit den Vorschriften zum Schutz der betreffenden Art in den Geltungsbereich des Bundeswaldgesetzes gelangt sind. Für Tiere der in Anlage 1 genannten Arten, die auf Grund einer lediglich zum persönlichen Gebrauch oder als Hausrat zulässigen Einfuhr in den Geltungsbereich des Bundeswaldgesetzes gelangt sind, gelten die Beschränkungen des Absatzes 2 Satz 2 entsprechend.

(4) Die Verbote des Absatzes 1 gelten ferner nicht für Tiere der Arten Rebhuhn, Fasan, Wachtel und Stockente, die im Geltungsbereich des Bundeswaldgesetzes in der Gefangenschaft gezüchtet und nicht herrenlos geworden sind.

(5) Die nach Landesrecht zuständige Behörde kann im Einzelfall Ausnahmen von den Verboten des Absatzes 1 zulassen, soweit dies für die Verwertung beschlagnahmter oder eingezogener Tiere erforderlich ist. Sie kann ferner im Einzelfall Ausnahmen von den Verboten des Absatzes 1 sowie von den Verboten des Absatzes 2 Satz 2 und des Absatzes 3 Satz 2 zulassen, soweit dies
1. für Zwecke der Forschung oder Lehre,
2. zur Ansiedlung von Tieren in der freien Natur oder der damit zusammenhängenden Aufzucht oder
3. aus einem sonstigen vernünftigen Grund für eine Nutzung von Tieren in geringen Mengen

erforderlich ist und Belange des Arten- und Biotopschutzes sowie Rechtsakte des Rates oder der Kommission der Europäischen Gemeinschaften oder Verpflichtungen aus internationalen Artenschutzübereinkommen nicht entgegenstehen.

§ 3 Halten von Greifen und Falken

(1) Die Haltung von Greifen oder Falken der in Anlage 4 genannten Arten ist nur nach Maßgabe der Absätze 2 bis 6 zulässig.

(2) Wer Greife oder Falken hält,
1. muss Inhaber eines auf seinen Namen lautenden gültigen Falknerjagdscheines sein,
2. darf insgesamt nicht mehr als zwei Exemplare der Arten Habicht, Steinadler und Wanderfalke halten,
3. hat unverzüglich die Greife und Falken dauerhaft und unverwechselbar nach Maßgabe des Absatzes 3 zu kennzeichnen und
4. hat der nach Landesrecht zuständigen Stelle
   a) spätestens bis zum 1. Juni 1986, bei späterem Beginn der Haltung binnen vier Wochen nach Begründung des Eigenbesitzes, den Bestand an Greifen und Falken und
   b) nach der Bestandsanzeige jeweils unverzüglich den Zu- und Abgang von Greifen und Falken

schriftlich anzuzeigen; die Anzeige muss Angaben enthalten über Zahl, Art, Alter, Geschlecht, Herkunft, Verbleib, Standort, Verwendungszweck und Kennzeichen der Greife und Falken. Die Verlegung des regelmäßigen Standortes der Greife und Falken ist ebenfalls unverzüglich anzuzeigen. Das durch den Tod eines Tieres freigewordene Kennzeichen ist mit der Anzeige über den Abgang zurückzugeben.

(3) Die Kennzeichnung der gemäß Absatz 1 gehaltenen Greifen und Falken der Anlage 4 hat nach den Bestimmungen der §§ 12 bis 15 der Bundesartenschutzverordnung zu erfolgen.

(4) Die nach Landesrecht zuständige Behörde kann im Einzelfall von den Voraussetzungen des Absatzes 2 Nr. 1 und 2 Ausnahmen zulassen, wenn

1. die Haltung wissenschaftlichen, Lehr- oder Forschungszwecken dient oder die Ausnahme zur Nachzucht für einen der vorstehenden Zwecke, zur Nachzucht für die Ausübung der Beizjagd oder zur Nachzucht für die Ansiedlung in der freien Natur erforderlich ist,
2. der Halter die erforderliche Zuverlässigkeit und ausreichende Kenntnisse über das Halten und die Pflege von Greifen und Falken besitzt und
3. eine fachgerechte Betreuung sowie eine den tierschutzrechtlichen Vorschriften entsprechende Haltung gewährleistet sind.

(5) Absatz 2 Nr. 1 und 2 ist nicht anzuwenden auf Greife und Falken, die bei Inkrafttreten dieser Verordnung in Übereinstimmung mit den zu ihrem Schutz geltenden Vorschriften gehalten werden. Die Anwendung des Absatzes 2 Nr. 1 und 2 auf die Erweiterung solcher Bestände und auf den Ersatz des Abgangs bleibt unberührt.

(6) Die Absätze 2 bis 5 gelten nicht für zoologische Einrichtungen von juristischen Personen des öffentlichen Rechts sowie für behördlich genehmigte oder anerkannte Auffang- und Pflegestationen.

§ 4 Aufzeichnungs- und Kennzeichnungspflichten

(1) Wer gewerbsmäßig

1. tote Tiere der in Anlage 5 genannten Arten oder Teile dieser Tiere präpariert oder
2. lebende oder tote Tiere der in Anlage 5 genannten Arten oder Teile dieser Tiere in den Verkehr bringt oder erwirbt,

hat über diese Tiere ein Aufnahme- und Auslieferungsbuch mit täglicher Eintragung nach dem Muster der Anlage 6 zu führen. Werden Tiere nach Nummer 2 im Einzelhandel abgegeben, brauchen Name und Anschrift des Empfängers sowie der Abgangstag nur bei den Tieren angegeben zu werden, deren Verkaufspreis über 250 Deutsche Mark beträgt.

(2) Alle Eintragungen in das Buch sind in dauerhafter Form vorzunehmen; § 43 Abs. 2 bis 4 Satz 1 und 2 des Handelsgesetzbuches gilt sinngemäß.

(3) Die Bücher mit den Belegen sind der nach Landesrecht zuständigen Stelle auf Verlangen zur Prüfung auszuhändigen.

(4) Die Bücher mit den Belegen sind fünf Jahre aufzubewahren. Die Aufbewahrungsfrist beginnt mit dem Schluss des Kalenderjahres, in dem die letzte Eintragung für ein abgeschlossenens Geschäftsjahr gemacht worden ist.

(5) Die in Absatz 1 genannten Tiere und Teile von Tieren sind zu kennzeichnen, soweit dies mit angemessenem Aufwand möglich ist.

§ 5 Rechtmäßiger Besitz, Nachweispflicht

Wer Tiere der in Anlage 5 genannten Arten besitzt oder die tatsächliche Gewalt darüber ausübt, kann sich gegenüber der zuständigen Behörde auf eine Berechtigung hierzu nur berufen, wenn er auf Verlangen nachweist, dass die Voraussetzungen für eine Ausnahme nach § 2 Abs. 2 bis 5 vorliegen, oder glaubhaft macht, dass er oder ein Dritter die Tiere bei Inkrafttreten dieser Verordnung in Besitz hatte. Für Gegenstände zum persönlichen Gebrauch oder Hausrat gilt dies nur, wenn Tatsachen die Annahme rechtfertigen, dass eine Berechtigung nach § 2 Abs. 2 bis 5 nicht besteht.

§ 6 Ordnungswidrigkeiten

Ordnungswidrig im Sinne des § 39 Abs. 2 Nr. 5 des Bundesjagdgesetzes handelt, wer vorsätzlich oder fahrlässig

1. entgegen § 2 Abs. 1 Satz 1 dort bezeichnete Tiere in Besitz nimmt, erwirbt, die tatsächliche Gewalt über sie ausübt, sie be- oder verarbeitet oder sonst verwendet, in den Verkehr bringt oder befördert,
2. entgegen § 2 Abs. 2 Satz 2 oder Abs. 3 Nr. 2 Satz 2 dort bezeichnete Tiere an Dritte gegen Entgelt abgibt oder zu diesem Zweck befördert, hält oder anbietet,
3. entgegen § 3 Abs. 2 Nr. 1 Greife oder Falken hält,
4. einer Vorschrift des § 3 Abs. 2 Nr. 2, 3 oder 4 über die Haltung oder Kennzeichnung von Greifen oder Falken, über Anzeigepflichten oder über die Pflicht zur Rückgabe eines freigewordenen Kennzeichens zuwiderhandelt oder
5. einer Vorschrift des § 4 Abs. 1 Satz 1, Abs. 2 bis 5 über die Führung, Form, Aushändigung oder Aufbewahrung von Aufnahme- und Auslieferungsbüchern oder Belegen oder über die Kennzeichnung von Tieren oder Teilen von Tieren zuwiderhandelt.

§ 7 (Berlin-Klausel)

§ 8 (Inkrafttreten)

Anlage 1
(zu § 2 Abs. 1)

1. Haarwild
Steinwild *(Capra ibex L.)*,
Schneehase *(Lepus timidus L.)*,
Murmeltier *(Marmorata marmorata L.)*,
Seehund *(Phoca vitulina L.)*;

2. Federwild
Rebhuhn *(Perdix perdix L.)*,
Fasan *(Phasianus colchicus L.)*,
Wachtel *(Coturnix coturnix L.)*,
Auerwild *(Tetrao urogallus L.)*,
Birkwild *(Lyrurus tetrix L.)*,
Rackelwild *(Lyrurus tetrix × Tetrao urogallus)*,
Haselwild *(Tetrastes bonasia L.)*,
Alpenschneehuhn *(Lagopus mutus MONTIN)*,

Wildtruthuhn *(Meleagris gallopavo L.),*
Hohltaube *(Columba oenas L.),*
Ringeltaube *(Columba palumbus L.),*
Turteltaube *(Streptopelia turtur L.),*
Türkentaube *(Streptopelia decaocto FRIVALDSKY),*
Höckerschwan *(Cygnus olor GMELIN),*
Graugans *(Anser anser L.),*
Blässgans *(Anser albifrons SCOPOLI),*
Saatgans *(Anser fabalis LATHAM),*
Kurzschnabelgans *(Anser brachyrhynchos BAILLON),*
Ringelgans *(Branta bernicla L.),*
Weißwangengans *(Branta leucopsis BECHSTEIN),*
Kanadagans *(Branta canadensis L.),*
Stockente *(Anas platyrhynchos L.),*
Löffelente *(Anas clypeata L.),*
Schnatterente *(Anas strepera L.),*
Pfeifente *(Anas penelope L.),*
Krickente *(Anas crecca L.),*
Spießente *(Anas acuta L.),*
Kolbenente *(Netta rufina PALLAS),*
Bergente *(Aythya marila L.),*
Reiherente *(Aythya fuligula L.),*
Tafelente *(Aythya ferina L.),*
Schellente *(Bucephala clangula L.),*
Brandente *(Tadorna tadorna L.),*
Eisente *(Clangula hyemalis L.),*
Samtente *(Melanitta fusca L.),*
Trauerente *(Melanitta nigra L.),*
Eiderente *(Somateria mollissima L.),*
Mittelsäger *(Mergus serrator L.),*
Gänsesäger *(Mergus merganser L.),*
Zwergsäger *(Mergus albellus L.),*
Waldschnepfe *(Scolopax rusticola L.),*
Blässhuhn *(Fulica atra L.),*
Mantelmöwe *(Larus marinus L.),*
Heringsmöwe *(Larus fuscus L.),*
Silbermöwe *(Larus argentatus PONTOPPIDAN),*
Sturmmöwe *(Larus canus L.),*
Lachmöwe *(Larus ridibundus L.),*
Schwarzkopfmöwe *(Larus melanocephalus TEMMINCK),*
Zwergmöwe *(Larus minutus PALLAS),*
Dreizehenmöwe *(Rissa tridactyla L.),*
Haubentaucher *(Podiceps cristatus L.),*
Graureiher *(Ardea cinerea L.),*
Kolkrabe *(Corvus corax L.).*

Anlage 2
(zu § 2 Abs. 2 Satz 3 Nr. 1)

dürfen verkauft werden

Rebhuhn *(Perdix perdix L.)*,
Fasan *(Phasianus colchicus L.)*,
Ringeltaube *(Columba palumbus L.)*,
Graugans *(Anser anser L.)*,
Stockente *(Anas platyrhynchos L.)*,
Pfeifente *(Anas penelope L.)*,
Krickente *(Anas crecca L.)*,
Spießente *(Anas acuta L.)*,
Tafelente *(Aythya ferina L.)*,
Blässhuhn *(Fulica atra L.)*.

Anlage 3
(zu § 2 Abs. 2 Satz 3 Nr. 2)

Blässgans *(Anser albifrons SCOPOLI)*,
Reiherente *(Aythya fuligula L.)*,
Waldschnepfe *(Scolopax rusticola L.)*.

keine kommerzielle Weitergabe
↳ verschenken

Anlage 4
(zu § 3 Abs. 1)

Fischadler *(Pandion haliaeetus L.)*,
Wespenbussard *(Pernis apivorus L.)*,
Schwarzmilan *(Milvus migrans BODDAERT)*,
Rotmilan *(Milvus milvus L.)*,
Seeadler *(Haliaeetus albicilla L.)*,
Rohrweihe *(Circus aeruginosus L.)*,
Kornweihe *(Circus cyaneus L.)*,
Wiesenweihe *(Circus pygargus L.)*,
Sperber *(Accipiter nisus L.)*,
Habicht *(Accipiter gentilis L.)*,
Mäusebussard *(Buteo buteo L.)*,
Rauhfußbussard *(Buteo lagopus BRUENNICH)*,
Steinadler *(Aquila chrysaetos L.)*,
Turmfalke *(Falco tinnunculus L.)*,
Rotfußfalke *(Falco vespertinus L.)*,
Merlin *(Falco columbarius L.)*,
Baumfalke *(Falco subbuteo L.)*,
Wanderfalke *(Falco peregrinus TUNSTALL)*.

Anlage 5
(zu § 4 Abs. 1, § 5)

1. Haarwild
Steinwild *(Capra ibex L.)*,
Schneehase *(Lepus timidus L.)*,
Murmeltier *(Marmota marmota L.)*,
Seehund *(Phoca vitulina L.)*;

2. Federwild
Wachtel *(Coturnix coturnix L.)*,
Auerwild *(Tetrao urogallus L.)*,
Birkwild *(Lyrurus tetrix L.)*,
Rackelwild *(Lyrurus tetrix × Tetrao urogallus)*,
Haselwild *(Tetrastes bonasia L.)*,
Alpenschneehuhn *(Lagopus mutus MONTIN)*,
Hohltaube *(Columba oenas L.)*,
Turteltaube *(Streptopelia turtur L.)*,
Kurzschnabelgans *(Anser brachyrhynchos BAILLON)*,
Weißwangengans *(Branta leucopsis BECHSTEIN)*,
Löffelente *(Anas clypeata L.)*,
Schnatterente *(Anas strepera L.)*,
Kolbenente *(Netta rufina PALLAS)*,
Schellente *(Bucephala clangula L.)*,
Brandente *(Tadorna tadorna L.)*,
Eisente *(Clangula hyemalis L.)*,
Eiderente *(Somateria mollissima L.)*,
Mittelsäger *(Mergus serrator L.)*,
Gänsesäger *(Mergus merganser L.)*,
Zwergsäger *(Mergus albellus L.)*,
Schwarzkopfmöwe *(Larus melanocephalus TEMMINCK)*,
Zwergmöwe *(Larus minutus PALLAS)*,
Dreizehenmöwe *(Rissa tridactyla L.)*,
Haubentaucher *(Podiceps cristatus L.)*,
Graureiher *(Ardea cinerea L.)*,
Kolkrabe *(Corvus corax L.)*.

Anlage 6
(zu § 4 Abs. 1)

Aufnahme- und Auslieferungsbuch
(hier nicht abgedruckt)

Tierschutzgesetz

in der Fassung der Bekanntmachung vom 18. Mai 2006 (BGBl. I S. 1206, ber. S. 1313), zuletzt geändert durch Gesetz vom 28. Juli 2014 (BGBl. I S. 1308)

– Auszug –

§ 1 (Zweck des Gesetzes; Grundsatz)

Zweck dieses Gesetzes ist es, aus der Verantwortung des Menschen für das Tier als Mitgeschöpf dessen Leben und Wohlbefinden zu schützen. Niemand darf einem Tier ohne vernünftigen Grund Schmerzen, Leiden oder Schäden zufügen.

§ 2 (Allgemeine Vorschriften zur Tierhaltung oder -betreuung)

Wer ein Tier hält, betreut oder zu betreuen hat,

1. muss das Tier seiner Art und seinen Bedürfnissen entsprechend angemessen ernähren, pflegen und verhaltensgerecht unterbringen,
2. darf die Möglichkeit des Tieres zu artgemäßer Bewegung nicht so einschränken, dass ihm Schmerzen oder vermeidbare Leiden oder Schäden zugefügt werden,
3. muss über die für eine angemessene Ernährung, Pflege und verhaltensgerechte Unterbringung des Tieres erforderlichen Kenntnisse und Fähigkeiten verfügen.

§ 2a (Ermächtigungen zum Erlass von Rechtsverordnungen)

(1) Das Bundesministerium für Ernährung und Landwirtschaft (Bundesministerium) wird ermächtigt, durch Rechtsverordnung mit Zustimmung des Bundesrates, soweit es zum Schutz der Tiere erforderlich ist, die Anforderungen an die Haltung von Tieren nach § 2 näher zu bestimmen und dabei insbesondere Vorschriften zu erlassen über Anforderungen

1. hinsichtlich der Bewegungsmöglichkeit oder der Gemeinschaftsbedürfnisse der Tiere,
2. an Räume, Käfige, andere Behältnisse und sonstige Einrichtungen zur Unterbringung von Tieren sowie an die Beschaffenheit von Anbinde-, Fütterungs- und Tränkvorrichtungen,
3. hinsichtlich der Lichtverhältnisse und des Raumklimas bei der Unterbringung der Tiere,
4. an die Pflege einschließlich der Überwachung der Tiere; hierbei kann das Bundesministerium auch vorschreiben, dass Aufzeichnungen über die Ergebnisse der Überwachung zu machen, aufzubewahren und der zuständigen Behörde auf Verlangen vorzulegen sind,
5. an Kenntnisse und Fähigkeiten von Personen, die Tiere halten, betreuen oder zu betreuen haben und an den Nachweis dieser Kenntnisse und Fähigkeiten,
6. an Sicherheitsvorkehrungen im Falle technischer Störungen oder im Brandfall.

(1a) Das Bundesministerium wird ermächtigt, durch Rechtsverordnung mit Zustimmung des Bundesrates, soweit es zum Schutz der Tiere erforderlich ist, Anforderungen an Ziele, Mittel und Methoden bei der Ausbildung, bei der Erziehung oder beim Training von Tieren festzulegen.

(1b) Das Bundesministerium wird ermächtigt, durch Rechtsverordnung mit Zustimmung des Bundesrates, soweit es zum Schutz der Tiere erforderlich ist und sich eine Pflicht zur Kennzeichnung nicht aus § 11a Absatz 3 ergibt, Vorschriften zur Kennzeichnung von Tieren, insbesondere von Hunden und Katzen, sowie zur Art und Durchführung der Kennzeichnung zu erlassen.

(2) Das Bundesministerium wird ermächtigt, im Einvernehmen mit dem Bundesministerium für Verkehr und digitale Infrastruktur durch Rechtsverordnung mit Zustimmung des Bundesrates, soweit es zum Schutz der Tiere erforderlich ist, ihre Beförderung zu regeln. Es kann hierbei insbesondere

1. Anforderungen
   a) hinsichtlich der Transportfähigkeit von Tieren,
   b) an Transportmittel für Tiere

   festlegen,

1a. bestimmte Transportmittel und Versendungsarten für die Beförderung bestimmter Tiere, insbesondere die Versendung als Nachnahme, verbieten oder beschränken,

2. bestimmte Transportmittel und Versendungsarten für die Beförderung bestimmter Tiere vorschreiben,

3. vorschreiben, dass bestimmte Tiere bei der Beförderung von einem Betreuer begleitet werden müssen,

3a. vorschreiben, dass Personen, die Tiertransporte durchführen oder hierbei mitwirken, bestimmte Kenntnisse und Fähigkeiten haben und diese nachweisen müssen,

4. Vorschriften über das Verladen, Entladen, Unterbringen, Ernähren und Pflegen der Tiere erlassen,

5. als Voraussetzung für die Durchführung von Tiertransporten bestimmte Bescheinigungen, Erklärungen oder Meldungen vorschreiben sowie deren Ausstellung und Aufbewahrung regeln,

6. vorschreiben, dass, wer gewerbsmäßig Tiertransporte durchführt, einer Erlaubnis der zuständigen Behörde bedarf oder bei der zuständigen Behörde registriert sein muss, sowie die Voraussetzungen und das Verfahren bei der Erteilung der Erlaubnis und bei der Registrierung regeln,

7. vorschreiben, dass, wer Tiere während des Transports in einer Einrichtung oder einem Betrieb ernähren, pflegen oder unterbringen will, einer Erlaubnis der zuständigen Behörde bedarf, und die Voraussetzungen und das Verfahren der Erteilung der Erlaubnis regeln, soweit dies zur Durchführung von Rechtsakten der Europäischen Gemeinschaft oder der Europäischen Union erforderlich ist.

(3) Des Einvernehmens des Bundesministeriums für Bildung und Forschung bedürfen Rechtsverordnungen

1. nach Absatz 1, soweit sie Anforderungen an die Haltung von Tieren festlegen, die zur Verwendung in Tierversuchen bestimmt sind oder deren Gewebe oder Organe dazu bestimmt sind, zu wissenschaftlichen Zwecken verwendet zu werden,
2. nach Absatz 2 Satz 1, soweit sie die Beförderung von Tieren regeln, die zur Verwendung in Tierversuchen bestimmt sind oder deren Gewebe oder Organe dazu bestimmt sind, zu wissenschaftlichen Zwecken verwendet zu werden.

§ 3 (Verbote)

Es ist verboten,

1. einem Tier außer in Notfällen Leistungen abzuverlangen, denen es wegen seines Zustandes offensichtlich nicht gewachsen ist oder die offensichtlich seine Kräfte übersteigen,

1a. einem Tier, an dem Eingriffe und Behandlungen vorgenommen worden sind, die einen leistungsmindernden körperlichen Zustand verdecken, Leistungen abzuverlangen, denen es wegen seines körperlichen Zustandes nicht gewachsen ist,

1b. an einem Tier im Training oder bei sportlichen Wettkämpfen oder ähnlichen Veranstaltungen Maßnahmen, die mit erheblichen Schmerzen, Leiden oder Schäden verbunden sind und die die Leistungsfähigkeit von Tieren beeinflussen können, sowie an einem Tier bei sportlichen Wettkämpfen oder ähnlichen Veranstaltungen Dopingmittel anzuwenden,

2. ein gebrechliches, krankes, abgetriebenes oder altes, im Haus, Betrieb oder sonst in Obhut des Menschen gehaltenes Tier, für das ein Weiterleben mit nicht behebbaren Schmerzen oder Leiden verbunden ist, zu einem anderen Zweck als zur unverzüglichen schmerzlosen Tötung zu veräußern oder zu erwerben; dies gilt nicht für die unmittelbare Abgabe eines kranken Tieres an eine Person oder Einrichtung, der eine Genehmigung nach § 8 Absatz 1 Satz 1 und, wenn es sich um ein Wirbeltier handelt, erforderlichenfalls eine Genehmigung nach Vorschriften, die auf Grund des § 9 Absatz 3 Nummer 1 und 2 erlassen worden sind, für Versuche an solchen Tieren erteilt worden ist,

3. ein im Haus, Betrieb oder sonst in Obhut des Menschen gehaltenes Tier auszusetzen oder es zurückzulassen, um sich seiner zu entledigen oder sich der Halter- oder Betreuerpflicht zu entziehen,

4. ein gezüchtetes oder aufgezogenes Tier einer wildlebenden Art in der freien Natur auszusetzen oder anzusiedeln, das nicht auf die zum Überleben in dem vorgesehenen Lebensraum erforderliche artgemäße Nahrungsaufnahme vorbereitet und an das Klima angepasst ist; die Vorschriften des Jagdrechts und des Naturschutzrechts bleiben unberührt,

5. ein Tier auszubilden oder zu trainieren, sofern damit erhebliche Schmerzen, Leiden oder Schäden für das Tier verbunden sind,

6. ein Tier zu einer Filmaufnahme, Schaustellung, Werbung oder ähnlichen Veranstaltung heranzuziehen, sofern damit Schmerzen, Leiden oder Schäden für das Tier verbunden sind,

7. ein Tier an einem anderen lebenden Tier auf Schärfe abzurichten oder zu prüfen,

8. ein Tier auf ein anderes Tier zu hetzen, soweit dies nicht die Grundsätze weidgerechter Jagdausübung erfordern,

8a. ein Tier zu einem derartig aggressiven Verhalten auszubilden oder abzurichten, dass dieses Verhalten
   a) bei ihm selbst zu Schmerzen, Leiden oder Schäden führt oder
   b) im Rahmen jeglichen artgemäßen Kontaktes mit Artgenossen bei ihm selbst oder einem Artgenossen zu Schmerzen oder vermeidbaren Leiden oder Schäden führt oder
   c) seine Haltung nur unter Bedingungen zulässt, die bei ihm zu Schmerzen oder vermeidbaren Leiden oder Schäden führen,

9. einem Tier durch Anwendung von Zwang Futter einzuverleiben, sofern dies nicht aus gesundheitlichen Gründen erforderlich ist,

10. einem Tier Futter darzureichen, das dem Tier erhebliche Schmerzen, Leiden oder Schäden bereitet,
11. ein Gerät zu verwenden, das durch direkte Stromeinwirkung das artgemäße Verhalten eines Tieres, insbesondere seine Bewegung, erheblich einschränkt oder es zur Bewegung zwingt und dem Tier dadurch nicht unerhebliche Schmerzen, Leiden oder Schäden zufügt, soweit dies nicht nach bundes- oder landesrechtlichen Vorschriften zulässig ist,
12. ein Tier als Preis oder Belohnung bei einem Wettbewerb, einer Verlosung, einem Preisausschreiben oder einer ähnlichen Veranstaltung auszuloben,
13. ein Tier für eigene sexuelle Handlungen zu nutzen oder für sexuelle Handlungen Dritter abzurichten oder zur Verfügung zu stellen und dadurch zu artwidrigem Verhalten zu zwingen.

Satz 1 Nummer 12 gilt nicht, wenn das Tier auf einer in Satz 1 Nummer 12 bezeichneten Veranstaltung ausgelobt wird, bei der erwartet werden kann, dass die Teilnehmer der Veranstaltung im Falle des Gewinns als künftige Tierhalter die Einhaltung der Anforderungen des § 2 sicherstellen können.

§ 4 (Tötung)

(1) Ein Wirbeltier darf nur unter wirksamer Schmerzausschaltung (Betäubung) in einem Zustand der Wahrnehmungs- und Empfindungslosigkeit oder sonst, soweit nach den gegebenen Umständen zumutbar, nur unter Vermeidung von Schmerzen getötet werden. Ist die Tötung eines Wirbeltieres ohne Betäubung im Rahmen weidgerechter Ausübung der Jagd oder auf Grund anderer Rechtsvorschriften zulässig oder erfolgt sie im Rahmen zulässiger Schädlingsbekämpfungsmaßnahmen, so darf die Tötung nur vorgenommen werden, wenn hierbei nicht mehr als unvermeidbare Schmerzen entstehen. Ein Wirbeltier töten darf nur, wer die dazu notwendigen Kenntnisse und Fähigkeiten hat.

(1 a) Personen, die berufs- oder gewerbsmäßig regelmäßig Wirbeltiere zum Zweck des Tötens betäuben oder töten, haben gegenüber der zuständigen Behörde einen Sachkundenachweis zu erbringen. Wird im Rahmen einer Tätigkeit nach Satz 1 Geflügel in Anwesenheit einer Aufsichtsperson zum Zweck des Tötens betäubt oder getötet, so hat außer der Person, die die Tiere zum Zweck des Tötens betäubt oder tötet, auch die Aufsichtsperson den Sachkundenachweis zu erbringen. Werden im Rahmen einer Tätigkeit nach Satz 1 Fische in Anwesenheit einer Aufsichtsperson zum Zweck des Tötens betäubt oder getötet, so genügt es, wenn diese den Sachkundenachweis erbringt. Die Sätze 1 bis 3 gelten nicht für das Betäuben zum Zweck des Tötens und das Töten von Wirbeltieren, die zur Verwendung in Tierversuchen bestimmt sind oder deren Organe oder Gewebe dazu bestimmt sind, zu wissenschaftlichen Zwecken verwendet zu werden.

(2) Für das Schlachten eines warmblütigen Tieres gilt § 4 a.

(3) Für das Töten von Wirbeltieren, ausschließlich um ihre Organe oder Gewebe zu wissenschaftlichen Zwecken zu verwenden, gilt § 7 a Absatz 2 Nummer 1 entsprechend. Hunde, Katzen und Primaten dürfen zu wissenschaftlichen Zwecken nur getötet werden, soweit sie entweder für einen solchen Zweck oder für eine Verwendung in Tierversuchen gezüchtet worden sind. Abweichend von Satz 2 kann die zuständige Behörde, soweit es mit dem Schutz der Tiere vereinbar ist, das Töten von Tieren, die nicht nach Satz 2 gezüchtet worden sind, genehmigen, soweit

1. nach Satz 2 gezüchtete Tiere mit den Eigenschaften, die für den jeweiligen Zweck erforderlich sind, nicht zur Verfügung stehen oder
2. die jeweiligen wissenschaftlichen Zwecke die Verwendung von Tieren erforderlich machen, die nicht nach Satz 2 gezüchtet worden sind.

§ 4a (Schlachten warmblütiger Tiere)

(1) Ein warmblütiges Tier darf nur geschlachtet werden, wenn es vor Beginn des Blutentzugs zum Zweck des Schlachtens betäubt worden ist.

(2) Abweichend von Absatz 1 bedarf es keiner Betäubung, wenn
1. sie bei Notschlachtungen nach den gegebenen Umständen nicht möglich ist,
2. die zuständige Behörde eine Ausnahmegenehmigung für ein Schlachten ohne Betäubung (Schächten) erteilt hat; sie darf die Ausnahmegenehmigung nur insoweit erteilen, als es erforderlich ist, den Bedürfnissen von Angehörigen bestimmter Religionsgemeinschaften im Geltungsbereich dieses Gesetzes zu entsprechen, denen zwingende Vorschriften ihrer Religionsgemeinschaft das Schächten vorschreiben oder den Genuss von Fleisch nicht geschächteter Tiere untersagen oder
3. dies als Ausnahme durch Rechtsverordnung nach § 4b Nr. 3 bestimmt ist.

§ 4b (Ermächtigung zum Erlass von Rechtsverordnungen)

Das Bundesministerium wird ermächtigt, für die Zwecke der §§ 4 und 4a durch Rechtsverordnung mit Zustimmung des Bundesrates
1. a) das Schlachten von Fischen und anderen kaltblütigen Tieren zu regeln,
   b) bestimmte Tötungsarten und Betäubungsverfahren näher zu regeln, vorzuschreiben, zuzulassen oder zu verbieten,
   c) die Voraussetzungen näher zu regeln, unter denen Schlachtungen im Sinne des § 4a Abs. 2 Nr. 2 vorgenommen werden dürfen,
   d) nähere Vorschriften über Art und Umfang der zum Betäuben oder Töten von Wirbeltieren erforderlichen Kenntnisse und Fähigkeiten sowie über das Verfahren zu deren Nachweis zu erlassen,
   e) nicht gewerbliche Tätigkeiten zu bestimmen, die den Erwerb des Sachkundenachweises zum Töten von Wirbeltieren erfordern,

   um sicherzustellen, dass den Tieren nicht mehr als unvermeidbare Schmerzen zugefügt werden,
2. das Schlachten von Tieren im Rahmen der Bestimmungen des Europäischen Übereinkommens vom 10. Mai 1979 über den Schutz von Schlachttieren (BGBl. 1983 II S. 770) näher zu regeln,
3. für das Schlachten von Geflügel Ausnahmen von der Betäubungspflicht zu bestimmen.

Rechtsverordnungen nach Satz 1 Nummer 1 Buchstabe b und d bedürfen,
1. soweit sie das Betäuben oder Töten mittels gefährlicher Stoffe oder Gemische im Sinne des Chemikaliengesetzes oder darauf bezogene Voraussetzungen für den Erwerb eines Sachkundenachweises betreffen, des Einvernehmens der Bundesministerien für Wirtschaft und Energie sowie für Umwelt, Naturschutz, Bau und Reaktorsicherheit,
2. soweit sie das Betäuben oder Töten von Tieren, die zur Verwendung in Tierversuchen bestimmt sind oder deren Gewebe oder Organe dazu bestimmt sind, zu

wissenschaftlichen Zwecken verwendet zu werden, oder darauf bezogene Voraussetzungen für den Erwerb eines Sachkundenachweises betreffen, des Einvernehmens des Bundesministeriums für Bildung und Forschung.

§ 5 (Betäubung von Wirbeltieren)

(1) An einem Wirbeltier darf ohne Betäubung ein mit Schmerzen verbundener Eingriff nicht vorgenommen werden. Die Betäubung warmblütiger Wirbeltiere sowie von Amphibien und Reptilien ist von einem Tierarzt vorzunehmen. Dies gilt nicht, soweit die Betäubung ausschließlich durch äußerliche Anwendung eines Tierarzneimittels erfolgt, das nach arzneimittelrechtlichen Vorschriften zugelassen ist, um eine örtliche Schmerzausschaltung zu erreichen, und nach dem Stand von Wissenschaft und Technik zum Zweck der Durchführung des jeweiligen Eingriffs geeignet ist. Dies gilt ferner nicht für einen Eingriff im Sinne des § 6 Absatz 1 Satz 2 Nummer 2a, soweit die Betäubung ohne Beeinträchtigung des Zustandes der Wahrnehmungs- und Empfindungsfähigkeit, ausgenommen die Schmerzempfindung, durch ein Tierarzneimittel erfolgt, das nach arzneimittelrechtlichen Vorschriften für die Schmerzausschaltung bei diesem Eingriff zugelassen ist. Für die Betäubung mit Betäubungspatronen kann die zuständige Behörde Ausnahmen von Satz 2 zulassen, sofern ein berechtigter Grund nachgewiesen wird. Ist nach den Absätzen 2, 3 und 4 Nr. 1 eine Betäubung nicht erforderlich, sind alle Möglichkeiten auszuschöpfen, um die Schmerzen oder Leiden der Tiere zu vermindern.

(2) Eine Betäubung ist nicht erforderlich,
1. wenn bei vergleichbaren Eingriffen am Menschen eine Betäubung in der Regel unterbleibt oder der mit dem Eingriff verbundene Schmerz geringfügiger ist als die mit einer Betäubung verbundene Beeinträchtigung des Befindens des Tieres,
2. wenn die Betäubung im Einzelfall nach tierärztlichem Urteil nicht durchführbar erscheint.

(3) Eine Betäubung ist ferner nicht erforderlich
1. für das Kastrieren von unter vier Wochen alten männlichen Rindern, Schafen und Ziegen, sofern kein von der normalen anatomischen Beschaffenheit abweichender Befund vorliegt,
1a. weggefallen
2. für das Enthornen oder das Verhindern des Hornwachstums bei unter sechs Wochen alten Rindern,
3. für das Kürzen des Schwanzes von unter vier Tage alten Ferkeln sowie von unter acht Tage alten Lämmern,
4. für das Kürzen des Schwanzes von unter acht Tage alten Lämmern mittels elastischer Ringe,
5. für das Abschleifen der Eckzähne von unter acht Tage alten Ferkeln, sofern dies zum Schutz des Muttertieres oder der Wurfgeschwister unerlässlich ist,
6. für das Absetzen des krallentragenden letzten Zehengliedes bei Masthahnenküken, die als Zuchthähne Verwendung finden sollen, während des ersten Lebenstages,
7. für die Kennzeichnung
   a) durch implantierten elektronischen Transponder,
   b) von Säugetieren außer Schweinen, Schafen, Ziegen und Kaninchen durch Ohr- oder Schenkeltätowierung innerhalb der ersten zwei Lebenswochen,
   c) von Schweinen, Schafen, Ziegen und Kaninchen durch Ohrtätowierung,

   d) von Schweinen durch Schlagstempel und
   e) von landwirtschaftlichen Nutztieren durch Ohrmarke oder Flügelmarke.

(4) Das Bundesministerium wird ermächtigt, durch Rechtsverordnung mit Zustimmung des Bundesrates
1. über Absatz 3 hinaus weitere Maßnahmen von der Betäubungspflicht auszunehmen, soweit dies mit § 1 vereinbar ist,
2. Verfahren und Methoden zur Durchführung von Maßnahmen nach Absatz 3 sowie auf Grund einer Rechtsverordnung nach Nummer 1 bestimmter Maßnahmen vorzuschreiben, zuzulassen oder zu verbieten, soweit dies zum Schutz der Tiere erforderlich ist.

§ 6 (Amputation von Körperteilen, Organentnahme)

(1) Verboten ist das vollständige oder teilweise Amputieren von Körperteilen oder das vollständige oder teilweise Entnehmen oder Zerstören von Organen oder Geweben eines Wirbeltieres. Das Verbot gilt nicht, wenn
1. der Eingriff im Einzelfall
   a) nach tierärztlicher Indikation geboten ist oder
   b) bei jagdlich zu führenden Hunden für die vorgesehene Nutzung des Tieres unerlässlich ist und tierärztliche Bedenken nicht entgegenstehen,

1a. eine nach artenschutzrechtlichen Vorschriften vorgeschriebene Kennzeichnung vorgenommen wird,

1b. eine Kennzeichnung von Pferden durch Schenkelbrand vorgenommen wird,

2. ein Fall des § 5 Abs. 3 Nr. 1 oder 7 vorliegt,

2a. unter acht Tage alte männliche Schweine kastriert werden,

3. ein Fall des § 5 Abs. 3 Nr. 2 bis 6 vorliegt und der Eingriff im Einzelfall für die vorgesehene Nutzung des Tieres zu dessen Schutz oder zum Schutz anderer Tiere unerlässlich ist,
4. das vollständige oder teilweise Entnehmen von Organen oder Geweben erforderlich ist, um zu anderen als zu wissenschaftlichen Zwecken die Organe oder Gewebe zu transplantieren, Kulturen anzulegen oder isolierte Organe, Gewebe oder Zellen zu untersuchen,
5. zur Verhinderung der unkontrollierten Fortpflanzung oder – soweit tierärztliche Bedenken nicht entgegenstehen – zur weiteren Nutzung oder Haltung des Tieres eine Unfruchtbarmachung vorgenommen wird.

Eingriffe nach Satz 2 Nummer 1 und 5 sind durch einen Tierarzt vorzunehmen; im Falle eines Eingriffs nach Satz 2 Nummer 2a gilt dies auch, sofern ein von der normalen anatomischen Beschaffenheit abweichender Befund vorliegt. Eingriffe nach
1. Satz 2 Nummer 1a, 1b, 2 und 3,
2. Nummer 2a, die nicht durch einen Tierarzt vorzunehmen sind, sowie
3. Absatz 3

dürfen auch durch eine andere Person vorgenommen werden, die die dazu notwendigen Kenntnisse und Fähigkeiten hat. Im Anschluss an die Kastration eines über sieben Tage alten Schweines sind schmerzstillende Arzneimittel einschließlich Betäubungsmittel bei dem Tier anzuwenden.

(1a) Für die Eingriffe nach Absatz 1 Satz 2 Nummer 4 gelten
1. § 7 Absatz 1 Satz 2 Nummer 1 und Satz 3, § 7a Absatz 2 Nummer 1, 4 und 5 und § 9 Absatz 5 Satz 1, jeweils auch in Verbindung mit § 9 Absatz 6 Satz 1, sowie

2. Vorschriften in Rechtsverordnungen, die auf Grund des
   a) § 7 Absatz 3 oder
   b) § 9 Absatz 1, 2 und 3 Nummer 2, Absatz 4 Satz 1 Nummer 3 und Satz 2 und Absatz 5 Satz 2, jeweils auch in Verbindung mit Absatz 6 Satz 2,

   erlassen worden sind, soweit dies in einer Rechtsverordnung, die das Bundesministerium mit Zustimmung des Bundesrates erlassen hat, vorgesehen ist,

entsprechend. Derjenige, der einen Eingriff nach Absatz 1 Satz 2 Nummer 4 durchführen will, hat den Eingriff spätestens zwei Wochen vor Beginn der zuständigen Behörde anzuzeigen. Die Frist braucht nicht eingehalten zu werden, wenn in Notfällen eine sofortige Durchführung des Eingriffes erforderlich ist; die Anzeige ist unverzüglich nachzuholen. Die in Satz 2 genannte Frist kann von der zuständigen Behörde bei Bedarf auf bis zu vier Wochen verlängert werden. In der Anzeige sind anzugeben:

1. der Zweck des Eingriffs,
2. die Art und die Zahl der für den Eingriff vorgesehenen Tiere,
3. die Art und die Durchführung des Eingriffs einschließlich der Betäubung,
4. Ort, Beginn und voraussichtliche Dauer des Vorhabens,
5. Name, Anschrift und Fachkenntnisse des verantwortlichen Leiters des Vorhabens und seines Stellvertreters sowie der durchführenden Person und die für die Nachbehandlung in Frage kommenden Personen,
6. die Begründung für den Eingriff.

(2) Verboten ist, beim Amputieren oder Kastrieren elastische Ringe zu verwenden; dies gilt nicht im Falle des Absatzes 3 Nr. 3 oder des § 5 Abs. 3 Nr. 4.

(3) Abweichend von Absatz 1 Satz 1 kann die zuständige Behörde

1. das Kürzen der Schnabelspitzen von Legehennen bei unter zehn Tage alten Küken,
2. das Kürzen der Schnabelspitzen bei Nutzgeflügel, das nicht unter Nummer 1 fällt,
3. das Kürzen des bindegewebigen Endstückes des Schwanzes von unter drei Monate alten männlichen Kälbern mittels elastischer Ringe

erlauben. Die Erlaubnis darf nur erteilt werden, wenn glaubhaft dargelegt wird, dass der Eingriff im Hinblick auf die vorgesehene Nutzung zum Schutz der Tiere unerlässlich ist. Die Erlaubnis ist zu befristen und hat im Falle der Nummer 1 Bestimmungen über Art, Umfang und Zeitpunkt des Eingriffs und die durchführende Person zu enthalten.

(4) Das Bundesministerium wird ermächtigt, durch Rechtsverordnung mit Zustimmung des Bundesrates die dauerhafte Kennzeichnung von Tieren, an denen nicht offensichtlich erkennbare Eingriffe vorgenommen worden sind, vorzuschreiben, wenn dies zum Schutz der Tiere erforderlich ist.

(5) Der zuständigen Behörde ist im Falle des Absatzes 1 Satz 2 Nr. 3 auf Verlangen glaubhaft darzulegen, dass der Eingriff für die vorgesehene Nutzung unerlässlich ist.

(6) Das Bundesministerium wird ermächtigt, durch Rechtsverordnung mit Zustimmung des Bundesrates für Eingriffe im Sinne des Absatzes 1 Satz 2 Nummer 2 a abweichend von § 5 Absatz 1 Satz 2 zuzulassen, dass die Betäubung von bestimmten anderen Personen vorgenommen werden darf, soweit es mit dem Schutz der Tiere vereinbar ist. In der Rechtsverordnung nach Satz 1 sind die Anforderungen zu re-

geln, unter denen diese Personen die Betäubung vornehmen dürfen; dabei können insbesondere

1. Verfahren und Methoden einschließlich der Arzneimittel und der Geräte zur Durchführung der Betäubung sowie des Eingriffes nach Satz 1 vorgeschrieben oder verboten werden,
2. vorgesehen werden, dass die Person, die die Betäubung durchführt, die für diese Tätigkeit erforderliche Zuverlässigkeit und die erforderlichen Kenntnisse und Fähigkeiten zu besitzen und diese nachzuweisen hat, und
3. nähere Vorschriften über die Art und den Umfang der nach Nummer 2 erforderlichen Kenntnisse und Fähigkeiten erlassen sowie Anforderungen an den Nachweis und die Aufrechterhaltung der erforderlichen Kenntnisse und Fähigkeiten festgelegt und das Verfahren des Nachweises geregelt werden.

§ 6a (Geltungsbereich)

Die Vorschriften dieses Abschnittes gelten nicht für Tierversuche nach § 7 Absatz 2 Satz 1, auch in Verbindung mit Satz 2.

§ 10 (Aufgaben)

(1) Einrichtungen und Betriebe, in denen Wirbeltiere oder Kopffüßer,

1. die dazu bestimmt sind, in Tierversuchen verwendet zu werden, oder
2. deren Organe oder Gewebe dazu bestimmt sind, zu wissenschaftlichen Zwecken verwendet zu werden,

gehalten oder verwendet werden, müssen über Tierschutzbeauftragte sowie, soweit dies in einer Rechtsverordnung, die das Bundesministerium im Einvernehmen mit dem Bundesministerium für Bildung und Forschung mit Zustimmung des Bundesrates erlassen hat, bestimmt ist, weitere Personen verfügen, die verpflichtet sind, in besonderem Maße auf den Schutz der Tiere zu achten. Satz 1 gilt auch für Einrichtungen und Betriebe, in denen die dort genannten Tiere gezüchtet oder zum Zwecke der Abgabe an Dritte gehalten werden. Einrichtungen und Betriebe,

1. in denen Wirbeltiere nach § 4 Absatz 3 zu wissenschaftlichen Zwecken getötet werden oder
2. in denen Eingriffe nach § 6 Absatz 1 Satz 2 Nummer 4 vorgenommen werden,

müssen ebenfalls über Tierschutzbeauftragte nach Satz 1 verfügen.

(2) Die Tierschutzbeauftragten und die weiteren Personen nehmen ihre Aufgaben insbesondere durch Beratung der Einrichtung oder des Betriebes, für die oder für den sie tätig sind, und der dort beschäftigten Personen sowie durch die Abgabe von Stellungnahmen wahr. Das Bundesministerium wird ermächtigt, im Einvernehmen mit dem Bundesministerium für Bildung und Forschung durch Rechtsverordnung mit Zustimmung des Bundesrates das Nähere über die Tierschutzbeauftragten und weiteren Personen zu regeln und dabei Vorschriften über

1. das Verfahren ihrer Bestellung,
2. ihre Sachkunde,
3. ihre Aufgaben und Verpflichtungen, insbesondere im Hinblick auf die Sicherstellung einer sachkundigen und tiergerechten Haltung, Tötung und Verwendung der Tiere, und

4. innerbetriebliche Maßnahmen und Vorkehrungen zur Sicherstellung einer wirksamen Wahrnehmung der in Nummer 3 genannten Aufgaben und Verpflichtungen

zu erlassen. Dabei kann das Bundesministerium
1. bestimmen, dass die Tierschutzbeauftragten und weiteren Personen im Rahmen von Beiräten zusammenwirken,
2. das Nähere über die Aufgaben und die Zusammensetzung, einschließlich der Leitung, der Beiräte nach Nummer 1 regeln und
3. vorschreiben, dass über die Tätigkeit der Beiräte nach Nummer 1 Aufzeichnungen zu machen, aufzubewahren und der zuständigen Behörde auf Verlangen vorzulegen sind.

§ 11 (Erlaubnis für Zucht, Halten oder Handel mit Tieren)

(1) Wer
1. Wirbeltiere oder Kopffüßer,
   a) die dazu bestimmt sind, in Tierversuchen verwendet zu werden, oder
   b) deren Organe oder Gewebe dazu bestimmt sind, zu wissenschaftlichen Zwecken verwendet zu werden,

   züchten oder, auch zum Zwecke der Abgabe dieser Tiere an Dritte, halten,
2. Wirbeltiere zu den in § 6 Absatz 1 Satz 2 Nummer 4 genannten Zwecken züchten oder halten,
3. Tiere in einem Tierheim oder in einer ähnlichen Einrichtung halten,
4. Tiere in einem Zoologischen Garten oder einer anderen Einrichtung, in der Tiere gehalten und zur Schau gestellt werden, halten,
5. Wirbeltiere, die nicht Nutztiere sind, zum Zwecke der Abgabe gegen Entgelt oder eine sonstige Gegenleistung in das Inland verbringen oder einführen oder die Abgabe solcher Tiere, die in das Inland verbracht oder eingeführt werden sollen oder worden sind, gegen Entgelt oder eine sonstige Gegenleistung vermitteln,
6. für Dritte Hunde zu Schutzzwecken ausbilden oder hierfür Einrichtungen unterhalten,
7. Tierbörsen zum Zwecke des Tausches oder Verkaufes von Tieren durch Dritte durchführen oder
8. gewerbsmäßig, außer in den Fällen der Nummer 1,
   a) Wirbeltiere, außer landwirtschaftliche Nutztiere und Gehegewild, züchten oder halten,
   b) mit Wirbeltieren handeln,
   c) einen Reit- oder Fahrbetrieb unterhalten,
   d) Tiere zur Schau stellen oder für solche Zwecke zur Verfügung stellen,
   e) Wirbeltiere als Schädlinge bekämpfen oder
   f) für Dritte Hunde ausbilden oder die Ausbildung der Hunde durch den Tierhalter anleiten

   will, bedarf der Erlaubnis der zuständigen Behörde. Für das Zurschaustellen von Tieren an wechselnden Orten darf die Erlaubnis nach Satz 1 Nummer 4 oder nach Satz 1 Nummer 8 Buchstabe d nur insoweit erteilt werden, als die Tiere nicht einer Art angehören, deren Zurschaustellen an wechselnden Orten auf Grund einer Rechtsverordnung nach Absatz 4 verboten ist.

(2) Das Bundesministerium wird ermächtigt, durch Rechtsverordnung mit Zustimmung des Bundesrates in den Fällen des Absatzes 1 Satz 1

1. das Nähere zu der Form und dem Inhalt des Antrags auf Erteilung einer Erlaubnis nach Absatz 1 Satz 1,
2. die Voraussetzungen und das Verfahren für die Erteilung der Erlaubnis,
3. den Inhalt der Erlaubnis, im Falle des Absatzes 1 Satz 1 Nummer 1 nur, soweit dies zur Durchführung von Rechtsakten der Europäischen Union erforderlich ist, sowie
4. das Verfahren im Falle nachträglicher Änderungen der für die Erlaubniserteilung wesentlichen Sachverhalte, einschließlich der Pflicht zur Anzeige solcher Änderungen,

zu regeln. Rechtsverordnungen nach Satz 1 bedürfen, soweit sie das Züchten oder Halten von Tieren nach Absatz 1 Satz 1 Nummer 1 oder 2 betreffen, des Einvernehmens des Bundesministeriums für Bildung und Forschung.

(3) In Rechtsverordnungen nach § 2a Absatz 1 oder § 4b können, soweit dies zur Durchführung von Rechtsakten der Europäischen Union erforderlich ist, über die dort genannten Anforderungen hinaus Anforderungen an die Haltung von Tieren nach Absatz 1 Satz 1 Nummer 1 oder an das Töten von Tieren nach Absatz 1 Satz 1 Nummer 1 vorgeschrieben werden, insbesondere
1. Anforderungen an innerbetriebliche Abläufe zum Zwecke der Vermeidung, Feststellung und Beseitigung von Mängeln,
2. Maßnahmen zum Zwecke der Gewöhnung und des Trainings solcher Tiere im Hinblick auf ihre Haltung und Verwendung und
3. Anforderungen an den Erwerb und die Aufrechterhaltung der für die Betreuung und Pflege und das Töten erforderlichen Kenntnisse und Fähigkeiten; hierbei kann auch vorgeschrieben werden, dass Aufzeichnungen über die Maßnahmen, die zum Zwecke des Erwerbs und der Aufrechterhaltung der Kenntnisse und Fähigkeiten ergriffen werden, zu machen, aufzubewahren und der zuständigen Behörde auf Verlangen vorzulegen sind.

(4) Das Bundesministerium wird ermächtigt, durch Rechtsverordnung mit Zustimmung des Bundesrates das Zurschaustellen von Tieren wildlebender Arten an wechselnden Orten zu beschränken oder zu verbieten, soweit die Tiere der jeweiligen Art an wechselnden Orten nur unter erheblichen Schmerzen, Leiden oder Schäden gehalten oder zu den wechselnden Orten nur unter erheblichen Schmerzen, Leiden oder Schäden befördert werden können. Eine Rechtsverordnung nach Satz 1
1. darf nur erlassen werden, soweit den in Satz 1 bezeichneten erheblichen Schmerzen, Leiden oder Schäden durch andere Regelungen, insbesondere solche mit Anforderungen an die Haltung oder Beförderung der Tiere, nicht wirksam begegnet werden kann,
2. muss vorsehen, dass Tiere, die zum Zeitpunkt des Erlasses der Verordnung gehalten werden, von dem Verbot nur dann erfasst werden, wenn keine Möglichkeiten bestehen, die erheblichen Schmerzen, Leiden oder Schäden bei diesen Tieren auf ein vertretbares Maß zu vermindern.

(5) Mit der Ausübung der Tätigkeit nach Absatz 1 Satz 1 darf erst nach Erteilung der Erlaubnis begonnen werden. Die zuständige Behörde entscheidet schriftlich über den Antrag auf Erteilung einer Erlaubnis innerhalb einer Frist von vier Monaten ab Eingang des Antrags. Die in Satz 2 genannte Frist kann von der zuständigen Behörde um bis zu zwei Monate verlängert werden, soweit der Umfang und die Schwierigkeit der Prüfung des Vorliegens der Voraussetzungen der Erlaubnis dies rechtfertigen. Der Antragsteller ist über die Fristverlängerung vor Ablauf der in Satz 2 genannten

Frist unter Angabe von Gründen zu unterrichten. Bei der Berechnung der Frist bleiben die Zeiten unberücksichtigt, während derer der Antragsteller trotz schriftlicher Aufforderung der Behörde den Anforderungen in einer auf Grund des Absatzes 2 Satz 1 Nummer 1 erlassenen Rechtsverordnung nicht nachgekommen ist. Die zuständige Behörde soll demjenigen die Ausübung der Tätigkeit untersagen, der die Erlaubnis nicht hat.

(6) Wer gewerbsmäßig Gehegewild halten will, hat dies vier Wochen vor Aufnahme der Tätigkeit der zuständigen Behörde anzuzeigen. Das Bundesministerium wird ermächtigt, durch Rechtsverordnung mit Zustimmung des Bundesrates

1. die Form und den Inhalt der Anzeige,
2. die Voraussetzungen, unter denen die Tätigkeit nach Satz 1 untersagt werden kann, und
3. das Verfahren im Falle nachträglicher Änderungen der angezeigten Sachverhalte

zu regeln.

(7) Die Ausübung der nach Absatz 5 Satz 6 oder auf Grund einer Rechtsverordnung nach Absatz 6 Satz 2 Nummer 2 untersagten Tätigkeit kann von der zuständigen Behörde auch durch Schließung der Betriebs- oder Geschäftsräume verhindert werden.

(8) Wer Nutztiere zu Erwerbszwecken hält, hat durch betriebliche Eigenkontrollen sicherzustellen, dass die Anforderungen des § 2 eingehalten werden. Insbesondere hat er zum Zwecke seiner Beurteilung, dass die Anforderungen des § 2 erfüllt sind, geeignete tierbezogene Merkmale (Tierschutzindikatoren) zu erheben und zu bewerten.

§ 11 a (Aufzeichnungs- und Kennzeichnungspflicht; Einfuhrgenehmigung)

(1) Wer

1. eine nach § 11 Absatz 1 Satz 1 Nummer 1 erlaubnispflichtige Tätigkeit ausübt oder
2. Wirbeltiere zu den in § 6 Absatz 1 Satz 2 Nummer 4 genannten Zwecken züchtet oder hält oder mit solchen Wirbeltieren handelt,

hat über die Herkunft und den Verbleib sowie im Falle von Hunden, Katzen und Primaten über die Haltung und Verwendung der Tiere Aufzeichnungen zu machen. Dies gilt nicht, soweit entsprechende Aufzeichnungspflichten auf Grund jagdrechtlicher oder naturschutzrechtlicher Vorschriften bestehen.

(2) Das Bundesministerium wird ermächtigt, im Einvernehmen mit dem Bundesministerium für Bildung und Forschung durch Rechtsverordnung mit Zustimmung des Bundesrates Vorschriften über die Art, die Form und den Umfang der Aufzeichnungen nach Absatz 1 zu erlassen. Es kann dabei bestimmen, dass

1. die Aufzeichnungen zu einem bestimmten Zeitpunkt vorzunehmen sind,
2. die Aufzeichnungen aufzubewahren und der zuständigen Behörde auf Verlangen vorzulegen sind,
3. die Aufzeichnungen oder deren Inhalt an Dritte weiterzugeben sind und
4. Aufzeichnungen auf Grund anderer Rechtsvorschriften als Aufzeichnungen nach Satz 1 gelten.

(3) Wer Hunde, Katzen oder Primaten,
1. die zur Verwendung in Tierversuchen bestimmt sind oder deren Gewebe oder Organe dazu bestimmt sind, zu wissenschaftlichen Zwecken verwendet zu werden, oder
2. die zur Verwendung zu einem der in § 6 Absatz 1 Satz 2 Nummer 4 genannten Zwecke bestimmt sind,

züchtet, hat diese zum Zwecke der Feststellung der Identität des jeweiligen Tieres zu kennzeichnen. Sonstige Kennzeichnungspflichten bleiben unberührt. Das Bundesministerium wird ermächtigt, im Einvernehmen mit dem Bundesministerium für Bildung und Forschung durch Rechtsverordnung mit Zustimmung des Bundesrates
1. Vorschriften über die Art und Weise und den Zeitpunkt der Kennzeichnung nach Satz 1 zu erlassen und dabei vorzusehen, dass diese unter behördlicher Aufsicht vorzunehmen ist, und
2. vorzuschreiben, dass im Falle des Erwerbs von Hunden, Katzen oder Primaten zu den in Satz 1 Nummer 1 oder 2 genannten Zwecken der Erwerber zur Kennzeichnung nach Satz 1 verpflichtet ist und den Nachweis zu erbringen hat, dass es sich um für die genannten Zwecke gezüchtete Tiere handelt.

(4) Andere Wirbeltiere als Pferde, Rinder, Schweine, Schafe, Ziegen, Hühner, Tauben, Puten, Enten, Gänse und Fische, ausgenommen Zebrabärblinge, dürfen
1. zur Verwendung in Tierversuchen,
2. zu dem in § 4 Absatz 3 genannten Zweck oder
3. zu den in § 6 Absatz 1 Satz 2 Nummer 4 genannten Zwecken

aus Drittländern nur mit Genehmigung der zuständigen Behörde eingeführt werden. Die Genehmigung ist zu erteilen, soweit nachgewiesen wird, dass es sich um Tiere handelt, die zu einem der in Satz 1 Nummer 1 bis 3 genannten Zwecke gezüchtet worden sind. Andernfalls kann die Genehmigung nur erteilt werden, soweit
1. nach Satz 2 gezüchtete Tiere mit den Eigenschaften, die für den jeweiligen Zweck erforderlich sind, nicht zur Verfügung stehen oder
2. der jeweilige Zweck die Verwendung von Tieren erforderlich macht, die nicht nach Satz 2 gezüchtet worden sind.

Sonstige Einfuhrvorschriften bleiben unberührt.

(5) Das Bundesministerium wird ermächtigt, im Einvernehmen mit dem Bundesministerium für Bildung und Forschung und, soweit artenschutzrechtliche Belange berührt sind, dem Bundesministerium für Umwelt, Naturschutz, Bau und Reaktorsicherheit durch Rechtsverordnung mit Zustimmung des Bundesrates bei Tieren, die zur Verwendung in Tierversuchen bestimmt waren oder deren Organe oder Gewebe dazu bestimmt waren, zu wissenschaftlichen Zwecken verwendet zu werden, bei denen diese Bestimmung jedoch entfallen ist, die dauerhafte Unterbringung außerhalb eines Betriebes oder einer Einrichtung nach § 10 Absatz 1 Satz 1 oder 2 oder die Freilassung solcher Tiere zu verbieten oder zu beschränken.

§ 11 b (Qualzüchtungen)

(1) Es ist verboten, Wirbeltiere zu züchten oder durch biotechnische Maßnahmen zu verändern, soweit im Falle der Züchtung züchterische Erkenntnisse oder im Falle der Veränderung Erkenntnisse, die Veränderungen durch biotechnische Maßnahmen betreffen, erwarten lassen, dass als Folge der Zucht oder Veränderung

1. bei der Nachzucht, den biotechnisch veränderten Tieren selbst oder deren Nachkommen erblich bedingt Körperteile oder Organe für den artgemäßen Gebrauch fehlen oder untauglich oder umgestaltet sind und hierdurch Schmerzen, Leiden oder Schäden auftreten oder
2. bei den Nachkommen
   a) mit Leiden verbundene erblich bedingte Verhaltensstörungen auftreten,
   b) jeder artgemäße Kontakt mit Artgenossen bei ihnen selbst oder einem Artgenossen zu Schmerzen oder vermeidbaren Leiden oder Schäden führt oder
   c) die Haltung nur unter Schmerzen oder vermeidbaren Leiden möglich ist oder zu Schäden führt.

(2) Die zuständige Behörde kann das Unfruchtbarmachen von Wirbeltieren anordnen, soweit züchterische Erkenntnisse oder Erkenntnisse, die Veränderungen durch biotechnische Maßnahmen betreffen, erwarten lassen, dass deren Nachkommen Störungen oder Veränderungen im Sinne des Absatzes 1 zeigen werden.

(3) Die Absätze 1 und 2 gelten nicht für durch Züchtung oder biotechnische Maßnahmen veränderte Wirbeltiere, die für wissenschaftliche Zwecke notwendig sind.

(4) Das Bundesministerium wird ermächtigt, durch Rechtsverordnung mit Zustimmung des Bundesrates
1. die erblich bedingten Veränderungen und Verhaltensstörungen nach Absatz 1 näher zu bestimmen,
2. das Züchten mit Wirbeltieren bestimmter Arten, Rassen und Linien zu verbieten oder zu beschränken, wenn dieses Züchten zu Verstößen gegen Absatz 1 führen kann.

§ 11 c (Abgabe von Wirbeltieren an Kinder oder Jugendliche)

Ohne Einwilligung der Erziehungsberechtigten dürfen Wirbeltiere an Kinder oder Jugendliche bis zum vollendeten 16. Lebensjahr nicht abgegeben werden.

§ 12 (Verbringungs-, Verkehrs- und Haltungsverbot)

(1) Wirbeltiere, an denen Schäden feststellbar sind, von denen anzunehmen ist, dass sie durch tierschutzwidrige Handlungen verursacht worden sind, dürfen nicht gehalten oder ausgestellt werden, soweit dies durch Rechtsverordnungen nach Absatz 2 Nr. 4 oder 5 bestimmt ist.

(2) Das Bundesministerium wird ermächtigt, durch Rechtsverordnung mit Zustimmung des Bundesrates, soweit es zum Schutz der Tiere erforderlich ist,
1. das Verbringen von Tieren oder Erzeugnissen tierischer Herkunft aus einem Staat, der nicht der Europäischen Union angehört, in das Inland (Einfuhr) von der Einhaltung von Mindestanforderungen hinsichtlich der Tierhaltung oder des Tötens von Tieren und von einer entsprechenden Bescheinigung abhängig zu machen sowie deren Inhalt, Form, Ausstellung und Aufbewahrung zu regeln,
2. die Einfuhr bestimmter Tiere von einer Genehmigung abhängig zu machen,
3. das Verbringen bestimmter Tiere aus dem Inland in einen anderen Staat zu verbieten,
4. das Verbringen von Wirbeltieren in das Inland oder das Halten, insbesondere das Ausstellen von Wirbeltieren im Inland zu verbieten, wenn an den Tieren tierschutzwidrige Amputationen vorgenommen worden sind oder die Tiere erblich bedingte körperliche Defekte, Verhaltensstörungen oder Aggressionssteigerungen

im Sinne des § 11 b Absatz 1 Nummer 1 oder 2 Buchstabe a aufweisen oder soweit ein Tatbestand nach § 11 b Absatz 1 Nummer 2 Buchstabe b oder c erfüllt ist,
5. das Halten von Wirbeltieren, an denen Schäden feststellbar sind, von denen anzunehmen ist, dass sie den Tieren durch tierschutzwidrige Handlungen zugefügt worden sind, zu verbieten, wenn das Weiterleben der Tiere nur unter Leiden möglich ist,
6. vorzuschreiben, dass Tiere oder Erzeugnisse tierischer Herkunft nur über bestimmte Zollstellen mit zugeordneten Überwachungsstellen eingeführt oder ausgeführt werden dürfen, die das Bundesamt für Verbraucherschutz und Lebensmittelsicherheit im Einvernehmen mit dem Bundesministerium der Finanzen im Bundesanzeiger bekannt gemacht hat; das Bundesministerium der Finanzen kann die Erteilung des Einvernehmens auf Mittelbehörden seines Geschäftsbereichs übertragen.

Eine Rechtsverordnung nach Satz 1 Nr. 1 bis 5 kann nicht erlassen werden, soweit Unionsrecht oder völkerrechtliche Verpflichtungen entgegenstehen.

§ 13 (Sonstige Bestimmungen zum Schutz der Tiere)

(1) Es ist verboten, zum Fangen, Fernhalten oder Verscheuchen von Wirbeltieren Vorrichtungen oder Stoffe anzuwenden, wenn damit die Gefahr vermeidbarer Schmerzen, Leiden oder Schäden für Wirbeltiere verbunden ist; dies gilt nicht für die Anwendung von Vorrichtungen oder Stoffen, die auf Grund anderer Rechtsvorschriften zugelassen sind. Vorschriften des Jagdrechts, des Naturschutzrechts, des Pflanzenschutzrechts und des Seuchenrechts bleiben unberührt.

(2) Das Bundesministerium wird ermächtigt, durch Rechtsverordnung mit Zustimmung des Bundesrates zum Schutz des Wildes Maßnahmen anzuordnen, die das Wild vor vermeidbaren Schmerzen oder Schäden durch land- oder forstwirtschaftliche Arbeiten schützen.

(3) Das Bundesministerium wird ermächtigt, im Einvernehmen mit dem Bundesministerium für Wirtschaft und Energie und dem Bundesministerium für Umwelt, Naturschutz, Bau und Reaktorsicherheit durch Rechtsverordnung mit Zustimmung des Bundesrates, soweit es zum Schutz der Tiere erforderlich ist, das Halten von Tieren wildlebender Arten, den Handel mit solchen Tieren sowie ihre Einfuhr oder ihre Ausfuhr aus dem Inland in einen Staat, der der Europäischen Union nicht angehört (Ausfuhr), zu verbieten, zu beschränken oder von einer Genehmigung abhängig zu machen. Als Genehmigungsvoraussetzung kann insbesondere gefordert werden, dass der Antragsteller die für die jeweilige Tätigkeit erforderliche Zuverlässigkeit und die erforderlichen fachlichen Kenntnisse und Fähigkeiten besitzt und nachweist sowie dass eine den Anforderungen des § 2 entsprechende Ernährung, Pflege und Unterbringung der Tiere sichergestellt ist. In der Rechtsverordnung können ferner Anforderungen an den Nachweis der erforderlichen Zuverlässigkeit und der erforderlichen fachlichen Kenntnisse und Fähigkeiten nach Satz 2 festgelegt sowie das Verfahren des Nachweises geregelt werden.

§ 13 a (Ermächtigung zum Erlass von Rechtsverordnungen)

(1) Das Bundesministerium wird ermächtigt, zur Verbesserung des Tierschutzes durch Rechtsverordnung mit Zustimmung des Bundesrates Anforderungen an freiwillige Prüfverfahren zu bestimmen, mit denen nachgewiesen wird, dass serienmä-

ßig hergestellte Aufstallungssysteme und Stalleinrichtungen zum Halten von Nutztieren und beim Schlachten verwendete Betäubungsgeräte und -anlagen über die Anforderungen dieses Gesetzes und die Mindestanforderungen der auf Grund dieses Gesetzes erlassenen Rechtsverordnungen hinausgehen. Es hat hierbei insbesondere Kriterien, Verfahren und Umfang der freiwilligen Prüfverfahren sowie Anforderungen an die Sachkunde der im Rahmen derartiger Prüfverfahren tätigen Gutachter festzulegen.

(2) Das Bundesministerium wird ermächtigt, durch Rechtsverordnung mit Zustimmung des Bundesrates zur Förderung der tierschutzgerechten Haltung das Inverkehrbringen und das Verwenden serienmäßig hergestellter Stalleinrichtungen zum Halten von Nutztieren von einer Zulassung oder Bauartzulassung abhängig zu machen. In der Rechtsverordnung nach Satz 1 können

1. die näheren Voraussetzungen für die Zulassung oder Bauartzulassung und deren Rücknahme, Widerruf oder Ruhen, ihre Bekanntmachung sowie das Zulassungsverfahren, insbesondere Art, Inhalt und Umfang der vorzulegenden Unterlagen oder beizubringenden Nachweise,
2. die Befristung der Zulassung oder Bauartzulassung,
3. die Folgen einer Aufhebung oder Befristung einer Zulassung oder einer Bauartzulassung im Hinblick auf das weitere Inverkehrbringen oder die weitere Verwendung in Verkehr gebrachter Stalleinrichtungen,
4. die Kennzeichnung der Stalleinrichtungen und das Beifügen von Gebrauchsanleitungen und deren Mindestinhalt zum Zwecke der bestimmungsgemäßen und sachgerechten Verwendung der Stalleinrichtungen,
5. Anforderungen an die bestimmungsgemäße und sachgerechte Verwendung der Stalleinrichtungen,
6. die Anerkennung und die Mitwirkung öffentlich-rechtlicher oder privatrechtlicher Einrichtungen bei der Erteilung der Zulassung oder der Bauartzulassung einschließlich des Verfahrens geregelt werden,
7. die Anerkennung serienmäßig hergestellter Stalleinrichtungen, die ein der Zulassung oder der Bauartzulassung entsprechendes Verfahren in einem anderen Mitgliedstaat, der Türkei oder einem EFTA-Staat, der das EWR-Übereinkommen unterzeichnet hat, durchlaufen haben,

geregelt werden. Im Fall einer Regelung nach Satz 2 Nr. 7 kann die Anerkennung insbesondere davon abhängig gemacht werden, dass die Eigenschaften der serienmäßig hergestellten Stalleinrichtung den Anforderungen einer Rechtsverordnung nach Satz 2 Nr. 1 bis 4 gleichwertig sind.

(3) Zuständig für die Erteilung der Zulassungen oder Bauartzulassungen ist die Bundesanstalt für Landwirtschaft und Ernährung. In der Rechtsverordnung nach Absatz 2 Satz 1 ist das Verfahren der Zusammenarbeit der nach Satz 1 zuständigen Behörde mit den für die Überwachung zuständigen Behörden der Länder zu regeln.

(4) Das Bundesministerium wird ermächtigt, durch Rechtsverordnung, die nicht der Zustimmung des Bundesrates bedarf, Aufgaben und Befugnisse der nach Absatz 3 zuständigen Behörde auf eine juristische Person des privaten Rechts ganz oder teilweise zu übertragen. Die Aufgabenübertragung ist nur zulässig, soweit die juristische Person die notwendige Gewähr für die Erfüllung der Aufgaben nach diesem Gesetz bietet. Eine juristische Person bietet die notwendige Gewähr, wenn

1. die Personen, die nach Gesetz, Satzung oder Gesellschaftsvertrag die Geschäftsführung und Vertretung der juristischen Person ausüben, zuverlässig und fachlich geeignet sind,
2. sie die zur Erfüllung ihrer Aufgaben notwendige Ausstattung und Organisation hat.

Die fachliche Eignung im Sinne des Satzes 3 Nummer 1 ist insbesondere gegeben, wenn die Personen über eine erfolgreich abgeschlossene Berufsausbildung im Bereich der Agrarwissenschaft – Fachrichtung Tierproduktion, der Veterinärmedizin oder der Biologie – Fachrichtung Zoologie – verfügen. Durch Rechtsverordnung nach Satz 1 kann sich das Bundesministerium die Genehmigung der Satzung oder des Gesellschaftsvertrages und deren Änderungen vorbehalten.

(5) Das Bundesministerium wird ermächtigt, durch Rechtsverordnung mit Zustimmung des Bundesrates, soweit es zum Schutz der Tiere erforderlich ist, das Inverkehrbringen und das Verwenden serienmäßig hergestellter beim Schlachten verwendeter Betäubungsgeräte oder Betäubungsanlagen davon abhängig zu machen, dass die Geräte oder Anlagen zugelassen sind oder einer Bauartzulassung entsprechen, sowie die näheren Voraussetzungen für die Erteilung der Zulassung oder Bauartzulassung und das Zulassungsverfahren zu regeln. In der Rechtsverordnung nach Satz 1 können insbesondere Art, Inhalt und Umfang der vorzulegenden Unterlagen oder beizubringenden Nachweise näher bestimmt werden.

(6) Die Absätze 1 und 5 gelten nicht für das Inverkehrbringen zum Zwecke des Verbringens in einen anderen Mitgliedstaat oder der Ausfuhr in ein Drittland.

§ 13b (Schutz freilebender Katzen)

Die Landesregierungen werden ermächtigt, durch Rechtsverordnung zum Schutz freilebender Katzen bestimmte Gebiete festzulegen, in denen
1. an diesen Katzen festgestellte erhebliche Schmerzen, Leiden oder Schäden auf die hohe Anzahl dieser Tiere in dem jeweiligen Gebiet zurückzuführen sind und
2. durch eine Verminderung der Anzahl dieser Katzen innerhalb des jeweiligen Gebietes deren Schmerzen, Leiden oder Schäden verringert werden können.

In der Rechtsverordnung sind die Gebiete abzugrenzen und die für die Verminderung der Anzahl der freilebenden Katzen erforderlichen Maßnahmen zu treffen. Insbesondere können in der Rechtsverordnung
1. der unkontrollierte freie Auslauf fortpflanzungsfähiger Katzen in dem jeweiligen Gebiet verboten oder beschränkt sowie
2. eine Kennzeichnung und Registrierung der dort gehaltenen Katzen, die unkontrollierten freien Auslauf haben können, vorgeschrieben

werden. Eine Regelung nach Satz 3 Nummer 1 ist nur zulässig, soweit andere Maßnahmen, insbesondere solche mit unmittelbarem Bezug auf die freilebenden Katzen, nicht ausreichen. Die Landesregierungen können ihre Ermächtigung durch Rechtsverordnung auf andere Behörden übertragen.

§ 14 (Überwachung der Einfuhr und Ausfuhr von Tieren)

(1) Das Bundesministerium der Finanzen und die von ihm bestimmten Zollstellen wirken bei der Überwachung der Einfuhr und Ausfuhr von Tieren mit. Die genannten Behörden können

1. Tiere sowie deren Beförderungsmittel, Behälter, Lade- und Verpackungsmittel bei der Einfuhr zur Überwachung anhalten,
2. den Verdacht von Verstößen gegen Verbote und Beschränkungen dieses Gesetzes oder der nach diesem Gesetz erlassenen Rechtsverordnungen, der sich bei der Abfertigung ergibt, den zuständigen Behörden mitteilen,
3. in den Fällen der Nummer 2 anordnen, dass die Tiere auf Kosten und Gefahr des Verfügungsberechtigten der zuständigen Behörde vorgeführt werden.

(2) Das Bundesministerium der Finanzen regelt im Einvernehmen mit dem Bundesministerium durch Rechtsverordnung ohne Zustimmung des Bundesrates die Einzelheiten des Verfahrens nach Absatz 1. Es kann dabei insbesondere Pflichten zu Anzeigen, Anmeldungen, Auskünften und zur Leistung von Hilfsdiensten sowie zur Duldung der Einsichtnahme in Geschäftspapiere und sonstige Unterlagen und zur Duldung von Besichtigungen vorsehen.

§ 15 (Zuständige Behörden; Berufung von Kommissionen)

(1) Die Durchführung dieses Gesetzes und der auf Grund dieses Gesetzes erlassenen Rechtsverordnungen obliegt, vorbehaltlich des § 13a Abs. 3, auch in Verbindung mit einer Rechtsverordnung nach dessen Absatz 4, den nach Landesrecht zuständigen Behörden. Die nach Landesrecht zuständigen Behörden berufen jeweils eine oder mehrere Kommissionen zur Unterstützung der zuständigen Behörden bei
1. der Entscheidung über die Genehmigung von Versuchsvorhaben und
2. der Bewertung angezeigter Änderungen genehmigter Versuchsvorhaben, soweit dies in einer Rechtsverordnung nach Absatz 4 vorgesehen ist.

(2) Die zuständigen Behörden sollen im Rahmen der Durchführung dieses Gesetzes oder der auf Grund dieses Gesetzes erlassenen Rechtsverordnungen den beamteten Tierarzt als Sachverständigen beteiligen.

(3) Im Bereich der Bundeswehr obliegt die Durchführung dieses Gesetzes und der auf Grund dieses Gesetzes erlassenen Rechtsvorschriften den zuständigen Dienststellen der Bundeswehr. Das Bundesministerium der Verteidigung beruft eine Kommission zur Unterstützung der zuständigen Dienststellen bei
1. der Entscheidung über die Genehmigung von Versuchsvorhaben und
2. der Bewertung angezeigter Änderungen genehmigter Versuchsvorhaben, soweit dies in einer Rechtsverordnung nach Absatz 4 vorgesehen ist.

(4) Das Bundesministerium wird ermächtigt, im Einvernehmen mit dem Bundesministerium für Bildung und Forschung durch Rechtsverordnung mit Zustimmung des Bundesrates das Nähere zu den Kommissionen nach Absatz 1 Satz 2 und Absatz 3 Satz 2 im Hinblick auf
1. deren Zusammensetzung, einschließlich der Sachkunde der Mitglieder,
2. das Verfahren der Berufung der Mitglieder und
3. die Abgabe von Stellungnahmen durch die Kommissionen zu Anträgen auf Genehmigung von Versuchsvorhaben und angezeigten Änderungen genehmigter Versuchsvorhaben sowie das diesbezügliche Verfahren

zu regeln. Rechtsverordnungen, die das Nähere zu der Kommission nach Absatz 3 Satz 2 regeln, bedürfen ferner des Einvernehmens des Bundesministeriums der Verteidigung.

(5) Das Bundesministerium wird ermächtigt, im Einvernehmen mit dem Bundesministerium für Bildung und Forschung durch Rechtsverordnung mit Zustimmung des Bundesrates vorzusehen, dass die zuständigen Behörden dem Bundesministerium, dem Bundesamt für Verbraucherschutz und Lebensmittelsicherheit oder dem Bundesinstitut für Risikobewertung

1. in Fällen von grundsätzlicher Bedeutung oder
2. in Fällen, in denen dies zur Durchführung des Artikels 43 oder 55 der Richtlinie 2010/63/EU erforderlich ist,

Angaben zu Entscheidungen der zuständigen Behörden über die Genehmigung von Versuchsvorhaben oder zu von den zuständigen Behörden genehmigten Versuchsvorhaben übermitteln, und dabei das Nähere über die Form und den Inhalt sowie das Verfahren der Übermittlung zu regeln. Personenbezogene Daten dürfen nicht übermittelt werden. Die Vorschriften zum Schutz des geistigen Eigentums und zum Schutz von Betriebs- und Geschäftsgeheimnissen bleiben unberührt.

§ 15 a (Aufgaben nach EU-Recht)

Das Bundesinstitut für Risikobewertung nimmt die Aufgaben nach Artikel 49 der Richtlinie 2010/63/EU wahr. Das Bundesministerium wird ermächtigt, im Einvernehmen mit dem Bundesministerium für Bildung und Forschung durch Rechtsverordnung mit Zustimmung des Bundesrates das Nähere über die Aufgaben nach Artikel 49 der Richtlinie 2010/63/EU, einschließlich der Befugnisse des Bundesinstitutes für Risikobewertung zum Verkehr mit den zuständigen Behörden anderer Mitgliedstaaten und der Europäischen Kommission, soweit dies zur Durchführung von Rechtsakten der Europäischen Union erforderlich ist, zu regeln.

§ 16 (Überwachung)

(1) Der Aufsicht durch die zuständige Behörde unterliegen

1. Nutztierhaltungen einschließlich Pferdehaltungen,
2. Einrichtungen, in denen Tiere geschlachtet werden,
3. Einrichtungen, in denen
   a) Tierversuche durchgeführt werden,
   b) Wirbeltiere zu den in § 6 Abs. 1 Satz 2 Nr. 4 genannten Zwecken verwendet werden oder
   c) Wirbeltiere zu wissenschaftlichen Zwecken getötet werden,
4. Einrichtungen und Betriebe nach § 11 Abs. 1 Satz 1,
5. Einrichtungen und Betriebe,
   a) die gewerbsmäßig Tiere transportieren,
   b) in denen Tiere während des Transports ernährt, gepflegt oder untergebracht werden,
6. Zirkusbetriebe, die nicht gewerbsmäßig betrieben werden,
7. Tierhaltungen, die auf Grund einer nach § 13 Abs. 3 erlassenen Rechtsverordnung einer Genehmigung bedürfen,
8. Hersteller, Einführer und Inverkehrbringer von Stalleinrichtungen oder beim Schlachten verwendeter Betäubungsgeräte oder Betäubungsanlagen, soweit diese Personen eine Zulassung oder Bauartzulassung beantragt haben.

Einrichtungen und Betriebe nach Satz 1 Nummer 3 und § 11 Absatz 1 Satz 1 Nummer 1 und 2 werden regelmäßig und in angemessenem Umfang unter besonderer Berücksichtigung möglicher Risiken besichtigt. In Einrichtungen und Betrieben nach Satz 1 Nummer 3 soll die Besichtigung mindestens alle drei Jahre erfolgen. In Einrichtungen und Betrieben nach Satz 1 Nummer 3 und § 11 Absatz 1 Satz 1 Nummer 1 und 2, in denen Primaten gezüchtet, gehalten oder verwendet werden, soll die Besichtigung jährlich erfolgen. Die Aufzeichnungen über die Besichtigungen und deren Ergebnisse sind ab dem Zeitpunkt der jeweiligen Aufzeichnung mindestens fünf Jahre aufzubewahren.

(1 a) Wer nach § 11 Absatz 1 Satz 1 Nummer 4 und 8 Buchstabe d und nach Absatz 1 Nummer 6 Tiere an wechselnden Orten zur Schau stellt, hat jeden Ortswechsel spätestens beim Verlassen des bisherigen Aufenthaltsortes der zuständigen Behörde des beabsichtigten Aufenthaltsortes nach Maßgabe des Satzes 2 anzuzeigen. In der Anzeige sind anzugeben:
1. die Art der betroffenen Tiere,
2. der Name der für die Tätigkeit verantwortlichen Person,
3. die Räume und Einrichtungen, die für die Tätigkeit bestimmt sind.

(2) Natürliche und juristische Personen und nicht rechtsfähige Personenvereinigungen haben der zuständigen Behörde auf Verlangen die Auskünfte zu erteilen, die zur Durchführung der der Behörde durch dieses Gesetz übertragenen Aufgaben erforderlich sind.

(3) Personen, die von der zuständigen Behörde beauftragt sind, sowie in ihrer Begleitung befindliche Sachverständige der Europäischen Kommission und anderer Mitgliedstaaten der Europäischen Union (Mitgliedstaaten) dürfen zum Zwecke der Aufsicht über die in Absatz 1 bezeichneten Personen und Einrichtungen und im Rahmen des Absatzes 2
1. Grundstücke, Geschäftsräume, Wirtschaftsgebäude und Transportmittel des Auskunftspflichtigen während der Geschäfts- oder Betriebszeit betreten, besichtigen und dort zur Dokumentation Bildaufzeichnungen, mit Ausnahme von Bildaufzeichnungen von Personen, anfertigen,
2. zur Verhütung dringender Gefahren für die öffentliche Sicherheit und Ordnung
   a) die in Nummer 1 bezeichneten Grundstücke, Räume, Gebäude und Transportmittel außerhalb der dort genannten Zeiten,
   b) Wohnräume des Auskunftspflichtigen

   betreten, besichtigen sowie zur Dokumentation Bildaufzeichnungen, mit Ausnahme von Bildaufzeichnungen von Personen, anfertigen; das Grundrecht der Unverletzlichkeit der Wohnung (Artikel 13 des Grundgesetzes) wird insoweit eingeschränkt,
3. geschäftliche Unterlagen einsehen,
4. Tiere untersuchen und Proben, insbesondere Blut-, Harn-, Kot- und Futterproben, entnehmen,
5. Verhaltensbeobachtungen an Tieren auch mittels Bild- oder Tonaufzeichnungen durchführen.

Der Auskunftspflichtige hat die mit der Überwachung beauftragten Personen zu unterstützen, ihnen auf Verlangen insbesondere die Grundstücke, Räume, Einrichtungen und Transportmittel zu bezeichnen, Räume, Behältnisse und Transportmittel zu öffnen, bei der Besichtigung und Untersuchung der einzelnen Tiere Hilfestellung zu leisten, die Tiere aus den Transportmitteln zu entladen und die geschäftlichen Unterlagen vorzulegen. Die mit der Überwachung beauftragten Personen sind befugt, Abschriften oder Ablichtungen von Unterlagen nach Satz 1 Nummer 3 oder Ausdrucke oder Kopien von Datenträgern, auf denen Unterlagen nach Satz 1 Nummer 3 gespeichert sind, anzufertigen oder zu verlangen. Der Auskunftspflichtige hat auf Verlangen der zuständigen Behörde in Wohnräumen gehaltene Tiere vorzuführen, wenn der dringende Verdacht besteht, dass die Tiere nicht artgemäß oder verhaltensgerecht gehalten werden und ihnen dadurch erhebliche Schmerzen, Leiden oder Schäden zugefügt werden und eine Besichtigung der Tierhaltung in Wohnräumen nicht gestattet wird.

(4) Der zur Auskunft Verpflichtete kann die Auskunft auf solche Fragen verweigern, deren Beantwortung ihn selbst oder einen der in § 383 Abs. 1 Nr. 1 bis 3 der Zivilprozessordnung bezeichneten Angehörigen der Gefahr strafgerichtlicher Verfolgung oder eines Verfahrens nach dem Gesetz über Ordnungswidrigkeiten aussetzen würde.

(4 a) Wer
1. als Betreiber einer Schlachteinrichtung oder als Gewerbetreibender im Durchschnitt wöchentlich mindestens 50 Großvieheinheiten schlachtet oder
2. Arbeitskräfte bereitstellt, die Schlachttiere zuführen, betäuben oder entbluten,

hat der zuständigen Behörde einen weisungsbefugten Verantwortlichen für die Einhaltung der Anforderungen dieses Gesetzes und der auf Grund dieses Gesetzes erlassenen Rechtsverordnungen zu benennen. Wer eine Tierhaltung, eine Einrichtung oder einen Betrieb nach Absatz 1 Nr. 1, 3, 5 oder 6 betreibt oder führt, kann durch die zuständige Behörde im Einzelfall verpflichtet werden, einen weisungsbefugten sachkundigen Verantwortlichen für die Einhaltung der Anforderungen dieses Gesetzes und der darauf beruhenden Verordnungen zu benennen. Dies gilt nicht für Betriebe, die der Erlaubnispflicht nach § 11 Abs. 1 unterliegen.

(5) Das Bundesministerium wird ermächtigt, durch Rechtsverordnung mit Zustimmung des Bundesrates, soweit es zum Schutz der Tiere erforderlich ist, die Überwachung näher zu regeln. Es kann dabei insbesondere
1. die Durchführung von Untersuchungen einschließlich der Probenahme,
2. die Maßnahmen, die zu ergreifen sind, wenn Tiertransporte diesem Gesetz oder den auf Grund dieses Gesetzes erlassenen Rechtsverordnungen nicht entsprechen,
3. Einzelheiten der Duldungs-, Unterstützungs- und Vorlagepflichten und
4. Pflichten zur Aufzeichnung und zur Aufbewahrung von Unterlagen
5. weggefallen

regeln. Rechtsverordnungen nach Satz 2 Nummer 4 bedürfen, soweit sich die Regelungen auf Tiere beziehen, die zur Verwendung in Tierversuchen bestimmt sind oder deren Gewebe oder Organe dazu bestimmt sind, zu wissenschaftlichen Zwecken verwendet zu werden, des Einvernehmens des Bundesministeriums für Bildung und Forschung.

(6) Personenbezogene Daten dürfen nur erhoben oder verwendet werden, soweit die Erhebung oder Verwendung zur Erfüllung von Aufgaben erforderlich ist, die der verantwortlichen Stelle nach diesem Gesetz oder nach einer auf Grund dieses Gesetzes erlassenen Rechtsverordnung obliegen. Das Bundesministerium wird ermächtigt, durch Rechtsverordnung mit Zustimmung des Bundesrates die Einzelheiten der Datenerhebung und -verwendung zu regeln. Das Bundesministerium wird ferner ermächtigt, durch Rechtsverordnung mit Zustimmung des Bundesrates die Einrichtung und Führung von Registern zu regeln, aus denen die zuständigen Behörden die

für die Überwachung von Betrieben nach § 11 Absatz 1 Satz 1 Nummer 8 Buchstabe d mit wechselnden Standorten erforderlichen personenbezogenen Daten automatisiert abrufen können. In den Registern dürfen nur folgende personenbezogene Daten gespeichert werden:

1. Daten zur Identifizierung und Erreichbarkeit des Inhabers der Erlaubnis nach § 11 Absatz 1 Satz 1 Nummer 8 Buchstabe d und der für die Tätigkeit verantwortlichen Person nach Absatz 1a Satz 2 Nummer 2,
2. Daten zur Identifizierung und Erreichbarkeit des Betriebes nach Absatz 1 Satz 1 Nummer 4 in Verbindung mit § 11 Absatz 1 Satz 1 Nummer 8 Buchstabe d und des Inhabers des Betriebes,
3. der Inhalt der Erlaubnis nach § 11 Absatz 1 Satz 1 Nummer 8 Buchstabe d und etwaiger Nebenbestimmungen sowie die Anschrift der erteilenden Behörde,
4. Ergebnisse durchgeführter Kontrollen und Namen der kontrollierenden Personen,
5. auf Grund der Kontrolle erlassene vollziehbare Anordnungen und Maßnahmen des Verwaltungszwangs sowie die Angabe, inwieweit diesen nachgekommen worden ist und
6. die unanfechtbare Ablehnung eines Antrags auf Erteilung, die Rücknahme und der Widerruf einer Erlaubnis nach § 11 Absatz 1 Satz 1 Nummer 8 Buchstabe d.

Im Übrigen bleiben das Bundesdatenschutzgesetz und die Datenschutzgesetze der Länder unberührt.

(6a) Die nach Landesrecht für die Lebensmittelüberwachung, die Tierarzneimittelüberwachung und die für die Erhebung der Daten nach tierseuchenrechtlichen Vorschriften über den Verkehr mit Vieh für die Anzeige und die Registrierung Vieh haltender Betriebe zuständigen Behörden übermitteln der für die Überwachung nach § 15 Absatz 1 Satz 1 zuständigen Behörde auf Ersuchen die zu deren Aufgabenerfüllung erforderlichen Daten. Die Daten dürfen für die Dauer von drei Jahren aufbewahrt werden. Die Frist beginnt mit Ablauf desjenigen Jahres, in dem die Daten übermittelt worden sind. Nach Ablauf der Frist sind die Daten zu löschen. Fristen zur Aufbewahrung, die sich aus anderen Rechtsvorschriften ergeben, bleiben unberührt.

(7) Bestehen bei der zuständigen Behörde erhebliche Zweifel, ob bei bestimmungsgemäßem Gebrauch serienmäßig hergestellte Aufstallungssysteme und Stalleinrichtungen zum Halten landwirtschaftlicher Nutztiere und beim Schlachten verwendete Betäubungsgeräte und -anlagen den Anforderungen dieses Gesetzes sowie der auf Grund dieses Gesetzes erlassenen Rechtsverordnungen entsprechen, kann dem Hersteller oder Anbieter aufgegeben werden, auf seine Kosten eine gutachterliche Stellungnahme einer einvernehmlich zu benennenden unabhängigen Sachverständigenstelle oder Person beizubringen, soweit er nicht auf den erfolgreichen Abschluss einer freiwilligen Prüfung nach Maßgabe einer nach § 13a Abs. 1 erlassenen Rechtsverordnung verweisen kann. Satz 1 gilt nicht, soweit Stalleinrichtungen auf Grund einer Rechtsverordnung nach § 13a Abs. 2 oder Betäubungsgeräte oder Betäubungsanlagen auf Grund einer Rechtsverordnung nach § 13a Abs. 5 zugelassen oder bauartzugelassen sind.

§ 16a (Behördliche Anordnungen)

(1) Die zuständige Behörde trifft die zur Beseitigung festgestellter Verstöße und die zur Verhütung künftiger Verstöße notwendigen Anordnungen. Sie kann insbesondere

1. im Einzelfall die zur Erfüllung der Anforderungen des § 2 erforderlichen Maßnahmen anordnen,
2. ein Tier, das nach dem Gutachten des beamteten Tierarztes mangels Erfüllung der Anforderungen des § 2 erheblich vernachlässigt ist oder schwerwiegende Verhaltensstörungen aufzeigt, dem Halter fortnehmen und so lange auf dessen Kosten anderweitig pfleglich unterbringen, bis eine den Anforderungen des § 2 entsprechende Haltung des Tieres durch den Halter sichergestellt ist; ist eine anderweitige Unterbringung des Tieres nicht möglich oder ist nach Fristsetzung durch die zuständige Behörde eine den Anforderungen des § 2 entsprechende Haltung durch den Halter nicht sicherzustellen, kann die Behörde das Tier veräußern; die Behörde kann das Tier auf Kosten des Halters unter Vermeidung von Schmerzen töten lassen, wenn die Veräußerung des Tieres aus rechtlichen oder tatsächlichen Gründen nicht möglich ist oder das Tier nach dem Urteil des beamteten Tierarztes nur unter nicht behebbaren erheblichen Schmerzen, Leiden oder Schäden weiterleben kann,
3. demjenigen, der den Vorschriften des § 2, einer Anordnung nach Nummer 1 oder einer Rechtsverordnung nach § 2a wiederholt oder grob zuwidergehandelt und dadurch den von ihm gehaltenen oder betreuten Tieren erhebliche oder länger anhaltende Schmerzen oder Leiden oder erhebliche Schäden zugefügt hat, das Halten oder Betreuen von Tieren einer bestimmten oder jeder Art untersagen oder es von der Erlangung eines entsprechenden Sachkundenachweises abhängig machen, wenn Tatsachen die Annahme rechtfertigen, dass er weiterhin derartige Zuwiderhandlungen begehen wird; auf Antrag ist ihm das Halten oder Betreuen von Tieren wieder zu gestatten, wenn der Grund für die Annahme weiterer Zuwiderhandlungen entfallen ist,
4. die Einstellung von Tierversuchen anordnen, die ohne die erforderliche Genehmigung oder entgegen einem tierschutzrechtlichen Verbot durchgeführt werden.

(2) Die zuständige Behörde untersagt die Durchführung eines nach § 8a Absatz 1 oder 3 oder eines auf Grund einer Rechtsverordnung nach § 8a Absatz 4 anzuzeigenden Versuchsvorhabens oder die Vornahme einer auf Grund einer Rechtsverordnung nach § 8 Absatz 3 Nummer 4 oder § 8a Absatz 5 Nummer 4 anzuzeigenden Änderung eines Versuchsvorhabens, soweit die Einhaltung der für die Durchführung von Tierversuchen geltenden Vorschriften dieses Gesetzes und der auf Grund dieses Gesetzes erlassenen Rechtsverordnungen nicht sichergestellt ist und diesem Mangel nicht innerhalb einer von der zuständigen Behörde gesetzten Frist abgeholfen worden ist.

(3) Die zuständige Behörde trifft die erforderlichen Anordnungen um sicherzustellen, dass

1. die Anordnung der Einstellung von Tierversuchen, die Untersagung der Durchführung von Versuchsvorhaben oder der Widerruf oder die Rücknahme der Genehmigung eines Versuchsvorhabens keine nachteiligen Auswirkungen auf das Wohlergehen der Tiere hat, die in den Tierversuchen oder Versuchsvorhaben verwendet werden oder verwendet werden sollen, und

2. die Untersagung der Ausübung einer Tätigkeit nach § 11 Absatz 1 Satz 1 Nummer 1 oder die Rücknahme oder der Widerruf einer Erlaubnis nach § 11 Absatz 1 Satz 1 Nummer 1 keine negativen Auswirkungen auf das Wohlergehen der Tiere hat, die in den der jeweiligen Tätigkeit dienenden Betrieben oder Einrichtungen gehalten werden.

§ 16b (Tierschutzkommission; Ermächtigung zum Erlass einer Rechtsverordnung)

(1) Das Bundesministerium beruft eine Tierschutzkommission zu seiner Unterstützung in Fragen des Tierschutzes. Vor dem Erlass von Rechtsverordnungen und allgemeinen Verwaltungsvorschriften nach diesem Gesetz hat das Bundesministerium die Tierschutzkommission anzuhören.

(2) Das Bundesministerium wird ermächtigt, durch Rechtsverordnung ohne Zustimmung des Bundesrates das Nähere über Zusammensetzung, Berufung der Mitglieder, Aufgaben und Geschäftsführung der Tierschutzkommission zu regeln.

§ 16c (Meldepflicht von Tierversuchen)

Das Bundesministerium wird ermächtigt, durch Rechtsverordnung mit Zustimmung des Bundesrates Personen, Einrichtungen und Betriebe, die Tierversuche an Wirbeltieren oder Kopffüßern durchführen oder die Wirbeltiere nach § 4 Absatz 3 verwenden, sowie Einrichtungen und Betriebe, in denen Wirbeltiere oder Kopffüßerl für die genannten Zwecke gezüchtet oder zum Zwecke der Abgabe an Dritte gehalten werden,

1. zu verpflichten, in bestimmten, regelmäßigen Zeitabständen der zuständigen Behörde Angaben über
   a) Art, Herkunft und Zahl der verwendeten Tiere und
   b) den Zweck und die Art der Versuche oder sonstigen Verwendungen einschließlich des Schweregrads nach Artikel 15 Absatz 1 der Richtlinie 2010/63/EU

   zu melden und
2. das Melde- und Übermittlungsverfahren zu regeln.

§ 16d (Allgemeine Verwaltungsvorschriften)

Das Bundesministerium erlässt mit Zustimmung des Bundesrates die allgemeinen Verwaltungsvorschriften, die zur Durchführung dieses Gesetzes und der auf Grund dieses Gesetzes erlassenen Rechtsverordnungen erforderlich sind.

§ 16e (Bericht der Bundesregierung)

Die Bundesregierung erstattet dem Deutschen Bundestag alle vier Jahre einen Bericht über den Stand der Entwicklung des Tierschutzes.

§ 16f (Informationsaustausch zwischen Behörden der EG)

(1) Die zuständigen Behörden

1. erteilen der zuständigen Behörde eines anderen Mitgliedstaates auf begründetes Ersuchen Auskünfte und übermitteln die erforderlichen Schriftstücke, um ihr die Überwachung der Einhaltung tierschutzrechtlicher Vorschriften zu ermöglichen,

2. überprüfen die von der ersuchenden Behörde mitgeteilten Sachverhalte und teilen ihr das Ergebnis der Prüfung mit.

(2) Die zuständigen Behörden erteilen der zuständigen Behörde eines anderen Mitgliedstaates unter Beifügung der erforderlichen Schriftstücke Auskünfte, die für die Überwachung in diesem Mitgliedstaat erforderlich sind, insbesondere bei Verstößen oder Verdacht auf Verstöße gegen tierschutzrechtliche Vorschriften.

(3) Die zuständigen Behörden können, soweit dies zum Schutz der Tiere erforderlich oder durch Rechtsakte der Europäischen Gemeinschaft oder der Europäischen Union vorgeschrieben ist, Daten, die sie im Rahmen der Überwachung gewonnen haben, den zuständigen Behörden anderer Länder und anderer Mitgliedstaaten, dem Bundesministerium, dem Bundesamt für Verbraucherschutz und Lebensmittelsicherheit und der Kommission der Europäischen Gemeinschaft oder der Europäischen Union mitteilen.

§ 16g (Verkehr mit zuständigen Behörden anderer Mitgliedstaaten)

(1) Der Verkehr mit den zuständigen Behörden anderer Mitgliedstaaten und der Europäischen Kommission obliegt dem Bundesministerium. Es kann diese Befugnis durch Rechtsverordnung ohne Zustimmung des Bundesrates auf das Bundesamt für Verbraucherschutz und Lebensmittelsicherheit und durch Rechtsverordnung mit Zustimmung des Bundesrates auf die zuständigen obersten Landesbehörden übertragen. Ferner kann es im Einzelfall im Benehmen mit der zuständigen obersten Landesbehörde dieser die Befugnis übertragen. Die obersten Landesbehörden können die Befugnis nach den Sätzen 2 und 3 auf andere Behörden übertragen.

(2) Abweichend von Absatz 1 Satz 1 obliegt im Falle des Artikels 47 Absatz 5 der Richtlinie 2010/63/EU der Verkehr mit den zuständigen Behörden anderer Mitgliedstaaten und der Europäischen Kommission dem Bundesinstitut für Risikobewertung, soweit sich das Bundesministerium im Einzelfall nicht etwas anderes vorbehält.

§ 16h (Geltung der §§ 16f und 16 g für EWR-Länder)

Die §§ 16f und 16 g gelten entsprechend für Staaten, die – ohne Mitgliedstaaten zu sein – Vertragsstaaten des Abkommens über den Europäischen Wirtschaftsraum sind.

§ 16i (Schlichtung durch Schiedsspruch bei Streitigkeiten)

(1) Ist eine von der zuständigen Behörde getroffene Maßnahme, die sich auf die Durchführung von Tiertransporten aus anderen Mitgliedstaaten bezieht, zwischen ihr und dem Verfügungsberechtigten streitig, so können beide Parteien einvernehmlich den Streit durch den Schiedsspruch eines Sachverständigen schlichten lassen. Die Streitigkeit ist binnen eines Monats nach Bekanntgabe der Maßnahme einem Sachverständigen zu unterbreiten, der in einem von der Europäischen Kommission aufgestellten Verzeichnis aufgeführt ist. Der Sachverständige hat das Gutachten binnen 72 Stunden zu erstatten.

(2) Auf den Schiedsvertrag und das schiedsgerichtliche Verfahren finden die Vorschriften der §§ 1025 bis 1065 der Zivilprozessordnung entsprechende Anwendung. Gericht im Sinne des § 1062 der Zivilprozessordnung ist das zuständige Verwal-

tungsgericht, Gericht im Sinne des § 1065 der Zivilprozessordnung das zuständige Oberverwaltungsgericht. Abweichend von § 1059 Abs. 3 Satz 1 der Zivilprozessordnung muss der Aufhebungsantrag innerhalb eines Monats bei Gericht eingereicht werden.

§ 16j (Einheitliche Stelle)

Verwaltungsverfahren nach diesem Gesetz können in den Ländern über eine einheitliche Stelle abgewickelt werden.

§ 17 (Straftaten)

Mit Freiheitsstrafe bis zu drei Jahren oder mit Geldstrafe wird bestraft, wer
1. ein Wirbeltier ohne vernünftigen Grund tötet oder
2. einem Wirbeltier
   a) aus Rohheit erhebliche Schmerzen oder Leiden oder
   b) länger anhaltende oder sich wiederholende erhebliche Schmerzen oder Leiden

zufügt.

§ 18 (Ordnungswidrigkeiten)

(1) Ordnungswidrig handelt, wer vorsätzlich oder fahrlässig
1. einem Wirbeltier, das er hält, betreut oder zu betreuen hat, ohne vernünftigen Grund erhebliche Schmerzen, Leiden oder Schäden zufügt,
2. weggefallen
3. einer
   a) nach § 2a oder § 9 Absatz 2, 3, 4 oder 6 Satz 2, jeweils auch in Verbindung mit § 6 Absatz 1a Satz 1 Nummer 2, oder
   b) nach den §§ 4b, 5 Abs. 4, § 6 Abs. 4, § 8a Absatz 4 oder 5 Nummer 1, 2, 3 oder Nummer 4, § 9 Absatz 1 und 5 Satz 2, auch in Verbindung mit § 6 Absatz 1a Satz 1 Nummer 2 oder § 9 Absatz 6 Satz 2, § 10 Absatz 2 Satz 2, § 11 Absatz 3, § 11a Absatz 2, 3 Satz 3 oder Absatz 5, § 11b Absatz 4 Nummer 2, § 12 Abs. 2, § 13 Abs. 2 oder 3, §§ 13a, 14 Abs. 2, § 16 Abs. 5 Satz 1 oder § 16c

   erlassenen Rechtsverordnung zuwiderhandelt, soweit sie für einen bestimmten Tatbestand auf diese Bußgeldvorschrift verweist,
4. einem Verbot nach § 3 Satz 1 zuwiderhandelt,
5. entgegen § 4 Abs. 1 ein Wirbeltier tötet,

5a. entgegen § 4 Absatz 3 Satz 2 einen Hund, eine Katze oder einen Primaten tötet,

6. entgegen § 4a Abs. 1 ein warmblütiges Tier schlachtet,
7. entgegen § 5 Abs. 1 Satz 1 einen Eingriff ohne Betäubung vornimmt oder, ohne Tierarzt zu sein, entgegen § 5 Abs. 1 Satz 2 eine Betäubung vornimmt,
8. einem Verbot nach § 6 Abs. 1 Satz 1 zuwiderhandelt oder entgegen § 6 Abs. 1 Satz 3 einen Eingriff vornimmt,
9. weggefallen

9a. entgegen § 6 Absatz 1a Satz 2 oder Satz 3 zweiter Halbsatz eine Anzeige nicht, nicht richtig, nicht vollständig oder nicht rechtzeitig erstattet,

10. entgegen § 6 Abs. 2 elastische Ringe verwendet,
11. entgegen § 7a Absatz 3 oder 4 Satz 1 Tierversuche durchführt,

12. Versuche an Wirbeltieren ohne die nach § 8 Absatz 1 Satz 1 erforderliche Genehmigung durchführt,
13. weggefallen
14. weggefallen
15. weggefallen
16. weggefallen
17. entgegen § 9 Absatz 6 Satz 1 Nummer 1 Buchstabe b, auch in Verbindung mit § 6 Absatz 1a Satz 1 Nummer 1, nicht sicherstellt, dass die Vorschrift des § 7 Absatz 1 Satz 3 eingehalten wird,
18. weggefallen
19. weggefallen
20. eine Tätigkeit ohne die nach § 11 Abs. 1 Satz 1 erforderliche Erlaubnis ausübt oder einer mit einer solchen Erlaubnis verbundenen vollziehbaren Auflage zuwiderhandelt,
20a. einer vollziehbaren Anordnung nach § 11 Absatz 5 Satz 6 oder § 16a Absatz 1 Satz 2 Nummer 1, 3 oder Nummer 4 oder Absatz 2 oder 3 zuwiderhandelt,
20b. entgegen § 11 Absatz 6 Satz 1 in Verbindung mit einer Rechtsverordnung nach § 11 Absatz 6 Satz 2 Nummer 1 eine Anzeige nicht, nicht richtig, nicht vollständig oder nicht rechtzeitig erstattet,
21. weggefallen
21a. entgegen § 11a Absatz 4 Satz 1 ein Wirbeltier einführt,
22. Wirbeltiere entgegen § 11b Abs. 1 züchtet oder durch biotechnische Maßnahmen verändert,
23. entgegen § 11c ein Wirbeltier an Kinder oder Jugendliche bis zum vollendeten 16. Lebensjahr abgibt,
24. weggefallen
25. entgegen § 13 Abs. 1 Satz 1 eine Vorrichtung oder einen Stoff anwendet,
25a. entgegen § 16 Abs. 1a Satz 1 eine Anzeige nicht, nicht richtig, nicht vollständig oder nicht rechtzeitig erstattet,
26. entgegen § 16 Abs. 2 eine Auskunft nicht, nicht richtig oder nicht vollständig erteilt oder einer Duldungs- oder Mitwirkungspflicht nach § 16 Abs. 3 Satz 2, auch in Verbindung mit einer Rechtsverordnung nach § 16 Abs. 5 Satz 2 Nr. 3, zuwiderhandelt oder
27. weggefallen.

(2) Ordnungswidrig handelt auch, wer, abgesehen von den Fällen des Absatzes 1 Nr. 1, einem Tier ohne vernünftigen Grund erhebliche Schmerzen, Leiden oder Schäden zufügt.

(3) Ordnungswidrig handelt auch, wer vorsätzlich oder fahrlässig
1. einer unmittelbar geltenden Vorschrift in Rechtsakten der Europäischen Gemeinschaft oder der Europäischen Union zuwiderhandelt, die inhaltlich einem in
   a) Absatz 1 Nummer 4 bis 8, 11, 12, 17, 22 und 25 bezeichneten Gebot oder Verbot entspricht, soweit eine Rechtsverordnung nach § 18a Nr. 1 für einen bestimmten Tatbestand auf diese Bußgeldvorschriften verweist,
   b) Absatz 1 Nummer 9a, 10, 21a, 23 und 25a bezeichneten Gebot oder Verbot entspricht, soweit eine Rechtsverordnung nach § 18a Nr. 2 für einen bestimmten Tatbestand auf diese Bußgeldvorschrift verweist, oder

2. einer unmittelbar geltenden Vorschrift in Rechtsakten der Europäischen Gemeinschaft oder der Europäischen Union zuwiderhandelt, die inhaltlich einer Regelung entspricht, zu der die in Absatz 1
   a) Nr. 3 Buchstabe a genannte Vorschrift ermächtigt, soweit eine Rechtsverordnung nach § 18a Nr. 1 für einen bestimmten Tatbestand auf diese Bußgeldvorschrift verweist,
   b) Nr. 3 Buchstabe b genannten Vorschriften ermächtigen, soweit eine Rechtsverordnung nach § 18a Nr. 2 für einen bestimmten Tatbestand auf diese Bußgeldvorschrift verweist.

(4) Die Ordnungswidrigkeit kann in den Fällen des Absatzes 1 Nummer 1 und 3 Buchstabe a, Nummer 4 bis 8, 11, 12, 17, 20, 20a, 22 und 25, des Absatzes 2 sowie des Absatzes 3 Nummer 1 Buchstabe a und Nummer 2 Buchstabe a mit einer Geldbuße bis zu fünfundzwanzigtausend Euro, in den übrigen Fällen mit einer Geldbuße bis zu fünftausend Euro geahndet werden.

Tierschutz-Hundeverordnung

vom 2. Mai 2001 (BGBl. I S. 838), zuletzt geändert Verordnung vom 12. Dezember 2013 (BGBl. I S. 4145)

Das Bundesministerium für Verbraucherschutz, Ernährung und Landwirtschaft verordnet jeweils in Verbindung mit Artikel 56 des Zuständigkeitsanpassungs-Gesetzes vom 18. März 1975 (BGBl. I S. 705) und dem Organisationserlass vom 22. Januar 2001 (BGBl. I S. 127) auf Grund des § 2a Abs. 1, des § 11b Abs. 5 sowie des § 12 Abs. 2 Satz 1 Nr. 4, jeweils in Verbindung mit § 16b Abs. 1 Satz 2 des Tierschutzgesetzes in der Fassung der Bekanntmachung vom 25. Mai 1998 (BGBl. I S. 1105, 1818), von denen § 2a Abs. 1 Nr. 5, § 11b Abs. 5 und § 12 Abs. 2 Satz 1 Nr. 4 durch Artikel 2 des Gesetzes vom 12. April 2001 (BGBl. I S. 530) geändert worden sind, nach Anhörung der Tierschutzkommission:

§ 1 Anwendungsbereich

(1) Diese Verordnung gilt für das Halten und Züchten von Hunden (*Canis lupus* f. familiaris).

(2) Die Vorschriften dieser Verordnung sind nicht anzuwenden

1. während des Transportes,
2. während einer tierärztlichen Behandlung, soweit nach dem Urteil des Tierarztes im Einzelfall andere Anforderungen an die Haltung notwendig sind,
3. bei einer Haltung zu Versuchszwecken im Sinne des § 7 Absatz 2 des Tierschutzgesetzes, soweit für den verfolgten wissenschaftlichen Zweck andere Anforderungen an die Haltung unerlässlich sind.

§ 2 Allgemeine Anforderungen an das Halten

(1) Einem Hund ist ausreichend Auslauf im Freien außerhalb eines Zwingers oder einer Anbindehaltung sowie ausreichend Umgang mit der Person, die den Hund hält, betreut oder zu betreuen hat (Betreuungsperson), zu gewähren. Auslauf und Sozialkontakte sind der Rasse, dem Alter und dem Gesundheitszustand des Hundes anzupassen.

(2) Wer mehrere Hunde auf demselben Grundstück hält, hat sie grundsätzlich in der Gruppe zu halten, sofern andere Rechtsvorschriften dem nicht entgegenstehen. Von der Gruppenhaltung kann abgesehen werden, wenn dies wegen der Art der Verwendung, dem Verhalten oder dem Gesundheitszustand des Hundes erforderlich ist. Nicht aneinander gewöhnte Hunde dürfen nur unter Aufsicht zusammengeführt werden.

(3) Einem einzeln gehaltenen Hund ist täglich mehrmals die Möglichkeit zum länger dauernden Umgang mit Betreuungspersonen zu gewähren, um das Gemeinschaftsbedürfnis des Hundes zu befriedigen.

(4) Ein Welpe darf erst im Alter von über acht Wochen vom Muttertier getrennt werden. Satz 1 gilt nicht, wenn die Trennung nach tierärztlichem Urteil zum Schutz des Muttertieres oder des Welpen vor Schmerzen, Leiden oder Schäden erforderlich ist.

Ist nach Satz 2 eine vorzeitige Trennung mehrerer Welpen vom Muttertier erforderlich, sollen diese bis zu einem Alter von acht Wochen nicht voneinander getrennt werden.

§ 3 Anforderungen an die Betreuung bei gewerbsmäßigem Züchten

Wer gewerbsmäßig mit Hunden züchtet, muss sicherstellen, dass für jeweils bis zu zehn Zuchthunde und ihre Welpen eine Betreuungsperson zur Verfügung steht, die die dafür notwendigen Kenntnisse und Fähigkeiten gegenüber der zuständigen Behörde nachgewiesen hat.

§ 4 Anforderungen an das Halten im Freien

(1) Wer einen Hund im Freien hält, hat dafür zu sorgen, dass dem Hund
1. eine Schutzhütte, die den Anforderungen des Absatzes 2 entspricht, und
2. außerhalb der Schutzhütte ein witterungsgeschützter, schattiger Liegeplatz mit wärmegedämmtem Boden

zur Verfügung stehen. Während der Tätigkeiten, für die ein Hund ausgebildet wurde oder wird, hat die Betreuungsperson dafür zu sorgen, dass dem Hund während der Ruhezeiten ein witterungsgeschützter und wärmegedämmter Liegeplatz zur Verfügung steht.

(2) Die Schutzhütte muss aus wärmedämmendem und gesundheitsunschädlichem Material hergestellt und so beschaffen sein, dass der Hund sich daran nicht verletzen und trocken liegen kann. Sie muss so bemessen sein, dass der Hund
1. sich darin verhaltensgerecht bewegen und hinlegen und
2. den Innenraum mit seiner Körperwärme warm halten kann, sofern die Schutzhütte nicht beheizbar ist.

§ 5 Anforderungen an das Halten in Räumen

(1) Ein Hund darf nur in Räumen gehalten werden, bei denen der Einfall von natürlichem Tageslicht sichergestellt ist. Die Fläche der Öffnungen für das Tageslicht muss bei der Haltung in Räumen, die nach ihrer Zweckbestimmung nicht dem Aufenthalt von Menschen dienen, grundsätzlich mindestens ein Achtel der Bodenfläche betragen. Satz 2 gilt nicht, wenn dem Hund ständig ein Auslauf ins Freie zur Verfügung steht. Bei geringem Tageslichteinfall sind die Räume entsprechend dem natürlichen Tag-Nacht-Rhythmus zusätzlich zu beleuchten. In den Räumen muss eine ausreichende Frischluftversorgung sichergestellt sein.

(2) Ein Hund darf in Räumen, die nach ihrer Zweckbestimmung nicht dem Aufenthalt von Menschen dienen, nur dann gehalten werden, wenn die benutzbare Bodenfläche den Anforderungen des § 6 Abs. 2 entspricht.

(3) Ein Hund darf in nicht beheizbaren Räumen nur gehalten werden, wenn
1. diese mit einer Schutzhütte nach § 4 Abs. 2 oder einem trockenen Liegeplatz, der ausreichend Schutz vor Luftzug und Kälte bietet, ausgestattet sind und
2. außerhalb der Schutzhütte nach Nummer 1 ein wärmegedämmter Liegebereich zur Verfügung steht.

§ 6 Anforderungen an die Zwingerhaltung

(1) Ein Hund darf in einem Zwinger nur gehalten werden, der den Anforderungen nach den Absätzen 2 bis 4 entspricht.

(2) In einem Zwinger muss
1. dem Hund entsprechend seiner Widerristhöhe folgende uneingeschränkt benutzbare Bodenfläche zur Verfügung stehen, wobei die Länge jeder Seite mindestens der doppelten Körperlänge des Hundes entsprechen muss und keine Seite kürzer als zwei Meter sein darf:

Widerristhöhe cm	Bodenfläche mindestens m^2
bis 50	6
über 50 bis 65	8
über 65	10,

2. für jeden weiteren in demselben Zwinger gehaltenen Hund sowie für jede Hündin mit Welpen zusätzlich die Hälfte der für einen Hund nach Nummer 1 vorgeschriebenen Bodenfläche zur Verfügung stehen,
3. die Höhe der Einfriedung so bemessen sein, dass der aufgerichtete Hund mit den Vorderpfoten die obere Begrenzung nicht erreicht.

Abweichend von Satz 1 Nr. 1 muss für einen Hund, der regelmäßig an mindestens fünf Tagen in der Woche den überwiegenden Teil des Tages außerhalb des Zwingers verbringt, die uneingeschränkt benutzbare Zwingerfläche mindestens sechs Quadratmeter betragen.

(3) Die Einfriedung des Zwingers muss aus gesundheitsunschädlichem Material bestehen und so beschaffen sein, dass der Hund sie nicht überwinden und sich nicht daran verletzen kann. Der Boden muss trittsicher und so beschaffen sein, dass er keine Verletzungen oder Schmerzen verursacht und leicht sauber und trocken zu halten ist. Trennvorrichtungen müssen so beschaffen sein, dass sich die Hunde nicht gegenseitig beißen können. Mindestens eine Seite des Zwingers muss dem Hund freie Sicht nach außen ermöglichen. Befindet sich der Zwinger in einem Gebäude, muss für den Hund der freie Blick aus dem Gebäude heraus gewährleistet sein.

(4) In einem Zwinger dürfen bis zu einer Höhe, die der aufgerichtete Hund mit den Vorderpfoten erreichen kann, keine Strom führenden Vorrichtungen, mit denen der Hund in Berührung kommen kann, oder Vorrichtungen, die elektrische Impulse aussenden, vorhanden sein.

(5) Werden mehrere Hunde auf einem Grundstück einzeln in Zwingern gehalten, so sollen die Zwinger so angeordnet sein, dass die Hunde Sichtkontakt zu anderen Hunden haben.

(6) Hunde dürfen in einem Zwinger nicht angebunden gehalten werden.

§ 7 Anforderungen an die Anbindehaltung

(1) Ein Hund darf in Anbindehaltung nur gehalten werden, wenn die Anforderungen der Absätze 2 bis 5 erfüllt sind.

(2) Die Anbindung muss
1. an einer Laufvorrichtung, die mindestens sechs Meter lang ist, frei gleiten können,

2. so bemessen sein, dass sie dem Hund einen seitlichen Bewegungsspielraum von mindestens fünf Metern bietet,
3. so angebracht sein, dass der Hund ungehindert seine Schutzhütte aufsuchen, liegen und sich umdrehen kann.

(3) Im Laufbereich dürfen keine Gegenstände vorhanden sein, die die Bewegungen des Hundes behindern oder zu Verletzungen führen können. Der Boden muss trittsicher und so beschaffen sein, dass er keine Verletzungen oder Schmerzen verursacht und leicht sauber und trocken zu halten ist.

(4) Es dürfen nur breite, nicht einschneidende Brustgeschirre oder Halsbänder verwendet werden, die so beschaffen sind, dass sie sich nicht zuziehen oder zu Verletzungen führen können.

(5) Es darf nur eine Anbindung verwendet werden, die gegen ein Aufdrehen gesichert ist. Das Anbindematerial muss von geringem Eigengewicht und so beschaffen sein, dass sich der Hund nicht verletzen kann.

(6) Bei Begleitung einer Betreuungsperson während der Tätigkeiten, für die der Hund ausgebildet wurde oder wird, kann er abweichend von Absatz 1 nach Maßgabe der Absätze 4 und 5 an einer mindestens drei Meter langen Anbindung angebunden werden.

(7) Die Anbindehaltung ist verboten bei
1. einem Hund bis zu einem Alter von zwölf Monaten,
2. einer tragenden Hündin im letzten Drittel der Trächtigkeit,
3. einer säugenden Hündin,
4. einem kranken Hund, wenn ihm dadurch Schmerzen, Leiden oder Schäden zugefügt würden.

§ 8 Fütterung und Pflege

(1) Die Betreuungsperson hat dafür zu sorgen, dass dem Hund in seinem gewöhnlichen Aufenthaltsbereich jederzeit Wasser in ausreichender Menge und Qualität zur Verfügung steht. Sie hat den Hund mit artgemäßem Futter in ausreichender Menge und Qualität zu versorgen.

(2) Die Betreuungsperson hat
1. den Hund unter Berücksichtigung des der Rasse entsprechenden Bedarfs regelmäßig zu pflegen und für seine Gesundheit Sorge zu tragen;
2. die Unterbringung mindestens einmal täglich und die Anbindevorrichtung mindestens zweimal täglich zu überprüfen und Mängel unverzüglich abzustellen;
3. für ausreichende Frischluft und angemessene Lufttemperaturen zu sorgen, wenn ein Hund ohne Aufsicht in einem Fahrzeug verbleibt;
4. den Aufenthaltsbereich des Hundes sauber und ungezieferfrei zu halten; Kot ist täglich zu entfernen.

§ 9 Ausnahmen für das vorübergehende Halten

Die zuständige Behörde kann von den Vorschriften des § 2 Abs. 2 und 3 sowie § 6 Abs. 1 in Verbindung mit Abs. 2 für das vorübergehende Halten von Hunden in Einrichtungen, die Fundhunde oder durch Behörden eingezogene Hunde aufnehmen, befristete Ausnahmen zulassen, wenn sonst die weitere Aufnahme solcher Hunde gefährdet ist.

§ 10 Ausstellungsverbot

Es ist verboten, Hunde, bei denen Körperteile, insbesondere Ohren oder Rute, tierschutzwidrig vollständig oder teilweise amputiert wurden, auszustellen oder Ausstellungen solcher Hunde zu veranstalten. Das Ausstellungsverbot nach Satz 1 gilt nicht, sofern der Eingriff vor dem 1. September 2001 und in Übereinstimmung mit den Vorschriften des Tierschutzgesetzes in der zum Zeitpunkt des Eingriffs geltenden Fassung vorgenommen wurde.

§ 11 *(weggefallen)*

§ 12 Ordnungswidrigkeiten

(1) Ordnungswidrig im Sinne des § 18 Abs. 1 Nr. 3 Buchstabe a des Tierschutzgesetzes handelt, wer vorsätzlich oder fahrlässig

1. entgegen § 2 Abs. 4 Satz 1 einen Welpen vom Muttertier trennt,
2. entgegen § 3 nicht sicherstellt, dass für jeweils bis zu zehn Zuchthunde und ihre Welpen eine dort genannte Betreuungsperson zur Verfügung steht,
3. entgegen § 4 Abs. 1 Satz 1 Nr. 1 oder Satz 2 nicht dafür sorgt, dass dem Hund eine Schutzhütte oder ein Liegeplatz zur Verfügung steht,
4. entgegen § 5 Abs. 1 Satz 1 oder Abs. 2 oder 3, § 6 Abs. 1 oder 6 oder § 7 Abs. 1 oder 7 einen Hund hält oder
5. entgegen § 8 Abs. 2 Nr. 2 einen Mangel nicht oder nicht rechtzeitig abstellt.

(2) Ordnungswidrig im Sinne des § 18 Abs. 1 Nr. 3 Buchstabe b des Tierschutzgesetzes handelt, wer vorsätzlich oder fahrlässig entgegen § 10 Satz 1 einen Hund ausstellt oder eine Ausstellung veranstaltet.

§ 13 *(weggefallen)*

§ 14 Inkrafttreten, Außerkrafttreten

Diese Verordnung tritt am 1. September 2001 in Kraft. Gleichzeitig tritt die Verordnung über das Halten von Hunden im Freien vom 6. Juni 1974 (BGBl. I S. 1265), geändert durch Artikel 2 Nr. 1 des Gesetzes vom 12. August 1986 (BGBl. I S. 1309), außer Kraft.

Gesetz über Naturschutz und Landschaftspflege
(Bundesnaturschutzgesetz – BNatSchG)

vom 29. Juli 2009 (BGBl. I S. 2542)*, zuletzt geändert durch Gesetz vom 7. August 2013 (BGBl. I S. 3154)

– Auszug –

§ 1 Ziele des Naturschutzes und der Landschaftspflege

(1) Natur und Landschaft sind auf Grund ihres eigenen Wertes und als Grundlage für Leben und Gesundheit des Menschen auch in Verantwortung für die künftigen Generationen im besiedelten und unbesiedelten Bereich nach Maßgabe der nachfolgenden Absätze so zu schützen, dass

1. die biologische Vielfalt,
2. die Leistungs- und Funktionsfähigkeit des Naturhaushalts einschließlich der Regenerationsfähigkeit und nachhaltigen Nutzungsfähigkeit der Naturgüter sowie
3. die Vielfalt, Eigenart und Schönheit sowie der Erholungswert von Natur und Landschaft

auf Dauer gesichert sind; der Schutz umfasst auch die Pflege, die Entwicklung und, soweit erforderlich, die Wiederherstellung von Natur und Landschaft (allgemeiner Grundsatz).

(2) Zur dauerhaften Sicherung der biologischen Vielfalt sind entsprechend dem jeweiligen Gefährdungsgrad insbesondere

1. lebensfähige Populationen wild lebender Tiere und Pflanzen einschließlich ihrer Lebensstätten zu erhalten und der Austausch zwischen den Populationen sowie Wanderungen und Wiederbesiedelungen zu ermöglichen,
2. Gefährdungen von natürlich vorkommenden Ökosystemen, Biotopen und Arten entgegenzuwirken,
3. Lebensgemeinschaften und Biotope mit ihren strukturellen und geografischen Eigenheiten in einer repräsentativen Verteilung zu erhalten; bestimmte Landschaftsteile sollen der natürlichen Dynamik überlassen bleiben.

(3) Zur dauerhaften Sicherung der Leistungs- und Funktionsfähigkeit des Naturhaushalts sind insbesondere

1. die räumlich abgrenzbaren Teile seines Wirkungsgefüges im Hinblick auf die prägenden biologischen Funktionen, Stoff- und Energieflüsse sowie landschaftlichen Strukturen zu schützen; Naturgüter, die sich nicht erneuern, sind sparsam und schonend zu nutzen; sich erneuernde Naturgüter dürfen nur so genutzt werden, dass sie auf Dauer zur Verfügung stehen,
2. Böden so zu erhalten, dass sie ihre Funktion im Naturhaushalt erfüllen können; nicht mehr genutzte versiegelte Flächen sind zu renaturieren, oder, soweit eine

---

* Artikel 1 des Gesetzes zur Neuregelung des Rechts des Naturschutzes und der Landschaftspflege. Gemäß Artikel 27 dieses Gesetzes ist das BNatSchG am 1. März 2010 in Kraft getreten. Dieses Gesetz dient der Umsetzung folgender Richtlinien: 79/409/EWG, 83/129/EWG, 92/43/EWG, 1999/22/EG.

Entsiegelung nicht möglich oder nicht zumutbar ist, der natürlichen Entwicklung zu überlassen,
3. Meeres- und Binnengewässer vor Beeinträchtigungen zu bewahren und ihre natürliche Selbstreinigungsfähigkeit und Dynamik zu erhalten; dies gilt insbesondere für natürliche und naturnahe Gewässer einschließlich ihrer Ufer, Auen und sonstigen Rückhalteflächen; Hochwasserschutz hat auch durch natürliche oder naturnahe Maßnahmen zu erfolgen; für den vorsorgenden Grundwasserschutz sowie für einen ausgeglichenen Niederschlags-Abflusshaushalt ist auch durch Maßnahmen des Naturschutzes und der Landschaftspflege Sorge zu tragen,
4. Luft und Klima auch durch Maßnahmen des Naturschutzes und der Landschaftspflege zu schützen; dies gilt insbesondere für Flächen mit günstiger lufthygienischer oder klimatischer Wirkung wie Frisch- und Kaltluftentstehungsgebiete oder Luftaustauschbahnen; dem Aufbau einer nachhaltigen Energieversorgung insbesondere durch zunehmende Nutzung erneuerbarer Energien kommt eine besondere Bedeutung zu,
5. wild lebende Tiere und Pflanzen, ihre Lebensgemeinschaften sowie ihre Biotope und Lebensstätten auch im Hinblick auf ihre jeweiligen Funktionen im Naturhaushalt zu erhalten,
6. der Entwicklung sich selbst regulierender Ökosysteme auf hierfür geeigneten Flächen Raum und Zeit zu geben.

(4) Zur dauerhaften Sicherung der Vielfalt, Eigenart und Schönheit sowie des Erholungswertes von Natur und Landschaft sind insbesondere
1. Naturlandschaften und historisch gewachsene Kulturlandschaften, auch mit ihren Kultur-, Bau- und Bodendenkmälern, vor Verunstaltung, Zersiedelung und sonstigen Beeinträchtigungen zu bewahren,
2. zum Zweck der Erholung in der freien Landschaft nach ihrer Beschaffenheit und Lage geeignete Flächen vor allem im besiedelten und siedlungsnahen Bereich zu schützen und zugänglich zu machen.

(5) Großflächige, weitgehend unzerschnittene Landschaftsräume sind vor weiterer Zerschneidung zu bewahren. Die erneute Inanspruchnahme bereits bebauter Flächen sowie die Bebauung unbebauter Flächen im beplanten und unbeplanten Innenbereich, soweit sie nicht für Grünflächen vorgesehen sind, hat Vorrang vor der Inanspruchnahme von Freiflächen im Außenbereich. Verkehrswege, Energieleitungen und ähnliche Vorhaben sollen landschaftsgerecht geführt, gestaltet und so gebündelt werden, dass die Zerschneidung und die Inanspruchnahme der Landschaft sowie Beeinträchtigungen des Naturhaushalts vermieden oder so gering wie möglich gehalten werden. Beim Aufsuchen und bei der Gewinnung von Bodenschätzen, bei Abgrabungen und Aufschüttungen sind dauernde Schäden des Naturhaushalts und Zerstörungen wertvoller Landschaftsteile zu vermeiden; unvermeidbare Beeinträchtigungen von Natur und Landschaft sind insbesondere durch Förderung natürlicher Sukzession, Renaturierung, naturnahe Gestaltung, Wiedernutzbarmachung oder Rekultivierung auszugleichen oder zu mindern.

(6) Freiräume im besiedelten und siedlungsnahen Bereich einschließlich ihrer Bestandteile, wie Parkanlagen, großflächige Grünanlagen und Grünzüge, Wälder und Waldränder, Bäume und Gehölzstrukturen, Fluss- und Bachläufe mit ihren Uferzonen und Auenbereichen, stehende Gewässer, Naturerfahrungsräume sowie gartenbau- und landwirtschaftlich genutzte Flächen, sind zu erhalten und dort, wo sie nicht in ausreichendem Maße vorhanden sind, neu zu schaffen.

§ 5 Land-, Forst- und Fischereiwirtschaft

(1) Bei Maßnahmen des Naturschutzes und der Landschaftspflege ist die besondere Bedeutung einer natur- und landschaftsverträglichen Land-, Forst- und Fischereiwirtschaft für die Erhaltung der Kultur- und Erholungslandschaft zu berücksichtigen.

(2) Bei der landwirtschaftlichen Nutzung sind neben den Anforderungen, die sich aus den für die Landwirtschaft geltenden Vorschriften und aus § 17 Absatz 2 des Bundes-Bodenschutzgesetzes ergeben, insbesondere die folgenden Grundsätze der guten fachlichen Praxis zu beachten:

1. die Bewirtschaftung muss standortangepasst erfolgen und die nachhaltige Bodenfruchtbarkeit und langfristige Nutzbarkeit der Flächen muss gewährleistet werden;
2. die natürliche Ausstattung der Nutzfläche (Boden, Wasser, Flora, Fauna) darf nicht über das zur Erzielung eines nachhaltigen Ertrages erforderliche Maß hinaus beeinträchtigt werden;
3. die zur Vernetzung von Biotopen erforderlichen Landschaftselemente sind zu erhalten und nach Möglichkeit zu vermehren;
4. die Tierhaltung hat in einem ausgewogenen Verhältnis zum Pflanzenbau zu stehen und schädliche Umweltauswirkungen sind zu vermeiden;
5. auf erosionsgefährdeten Hängen, in Überschwemmungsgebieten, auf Standorten mit hohem Grundwasserstand sowie auf Moorstandorten ist ein Grünlandumbruch zu unterlassen;
6. die Anwendung von Düngemitteln und Pflanzenschutzmitteln hat nach Maßgabe des landwirtschaftlichen Fachrechtes zu erfolgen; eine Dokumentation über die Anwendung von Düngemitteln ist nach Maßgabe des § 7 der Düngeverordnung in der Fassung der Bekanntmachung vom 27. Februar 2007 (BGBl. I S. 221), die zuletzt durch Artikel 18 des Gesetzes vom 31. Juli 2009 (BGBl. I S. 2585) geändert worden ist, sowie eine Dokumentation über die Anwendung von Pflanzenschutzmittel ist nach Maßgabe des Artikels 67 Absatz 1 Satz 2 der Verordnung (EG) Nr. 1107/2009 zu führen.

(3) Bei der forstlichen Nutzung des Waldes ist das Ziel zu verfolgen, naturnahe Wälder aufzubauen und diese ohne Kahlschläge nachhaltig zu bewirtschaften. Ein hinreichender Anteil standortheimischer Forstpflanzen ist einzuhalten.

(4) Bei der fischereiwirtschaftlichen Nutzung der oberirdischen Gewässer sind diese einschließlich ihrer Uferzonen als Lebensstätten und Lebensräume für heimische Tier- und Pflanzenarten zu erhalten und zu fördern. Der Besatz dieser Gewässer mit nichtheimischen Tierarten ist grundsätzlich zu unterlassen. Bei Fischzuchten und Teichwirtschaften der Binnenfischerei sind Beeinträchtigungen der heimischen Tier- und Pflanzenarten auf das zur Erzielung eines nachhaltigen Ertrages erforderliche Maß zu beschränken.

§ 7 Begriffsbestimmungen

(1) Für dieses Gesetz gelten folgende Begriffsbestimmungen:

1. biologische Vielfalt
   die Vielfalt der Tier- und Pflanzenarten einschließlich der innerartlichen Vielfalt sowie die Vielfalt an Formen von Lebensgemeinschaften und Biotopen;

2. Naturhaushalt
   die Naturgüter Boden, Wasser, Luft, Klima, Tiere und Pflanzen sowie das Wirkungsgefüge zwischen ihnen;
3. Erholung
   natur- und landschaftsverträglich ausgestaltetes Natur- und Freizeiterleben einschließlich natur- und landschaftsverträglicher sportlicher Betätigung in der freien Landschaft, soweit dadurch die sonstigen Ziele des Naturschutzes und der Landschaftspflege nicht beeinträchtigt werden;
4. natürliche Lebensraumtypen von gemeinschaftlichem Interesse
   die in Anhang I der Richtlinie 92/43/EWG aufgeführten Lebensraumtypen;
5. prioritäre natürliche Lebensraumtypen
   die in Anhang I der Richtlinie 92/43/EWG mit dem Zeichen (*) gekennzeichneten Lebensraumtypen;
6. Gebiete von gemeinschaftlicher Bedeutung
   die in die Liste nach Artikel 4 Absatz 2 Unterabsatz 3 der Richtlinie 92/43/EWG aufgenommenen Gebiete, auch wenn ein Schutz im Sinne des § 32 Absatz 2 bis 4 noch nicht gewährleistet ist;
7. Europäische Vogelschutzgebiete
   Gebiete im Sinne des Artikels 4 Absatz 1 und 2 der Richtlinie 2009/147/EG des Europäischen Parlaments und des Rates vom 30. November 2009 über die Erhaltung der wildlebenden Vogelarten (ABl. L 20 vom 26.1.2010, S. 7), wenn ein Schutz im Sinne des § 32 Absatz 2 bis 4 bereits gewährleistet ist;
8. Natura 2000-Gebiete
   Gebiete von gemeinschaftlicher Bedeutung und Europäische Vogelschutzgebiete;
9. Erhaltungsziele
   Ziele, die im Hinblick auf die Erhaltung oder Wiederherstellung eines günstigen Erhaltungszustands eines natürlichen Lebensraumtyps von gemeinschaftlichem Interesse, einer in Anhang II der Richtlinie 92/43/EWG oder in Artikel 4 Absatz 2 oder Anhang I der Richtlinie 2009/147/EG aufgeführten Art für ein Natura 2000-Gebiet festgelegt sind;
10. günstiger Erhaltungszustand
    Zustand im Sinne von Artikel 1 Buchstabe e und i der Richtlinie 92/43/EWG und von Artikel 2 Nummer 4 der Richtlinie 2004/35/EG des Europäischen Parlaments und des Rates vom 21. April 2004 über Umwelthaftung zur Vermeidung und Sanierung von Umweltschäden (ABl. L 143 vom 30.4.2004, S. 56), die zuletzt durch die Richtlinie 2009/31/EG (ABl. L 140 vom 5.6.2009, S. 114) geändert worden ist.

(2) Für dieses Gesetz gelten folgende weitere Begriffsbestimmungen:

1. Tiere
   a) wild lebende, gefangene oder gezüchtete und nicht herrenlos gewordene sowie tote Tiere wild lebender Arten,
   b) Eier, auch im leeren Zustand, sowie Larven, Puppen und sonstige Entwicklungsformen von Tieren wild lebender Arten,
   c) ohne Weiteres erkennbare Teile von Tieren wild lebender Arten und
   d) ohne Weiteres erkennbar aus Tieren wild lebender Arten gewonnene Erzeugnisse;
2. Pflanzen
   a) wild lebende, durch künstliche Vermehrung gewonnene sowie tote Pflanzen wild lebender Arten,

b) Samen, Früchte oder sonstige Entwicklungsformen von Pflanzen wild lebender Arten,
c) ohne Weiteres erkennbare Teile von Pflanzen wild lebender Arten und
d) ohne Weiteres erkennbar aus Pflanzen wild lebender Arten gewonnene Erzeugnisse;

als Pflanzen im Sinne dieses Gesetzes gelten auch Flechten und Pilze;

3. Art
jede Art, Unterart oder Teilpopulation einer Art oder Unterart; für die Bestimmung einer Art ist ihre wissenschaftliche Bezeichnung maßgebend;
4. Biotop
Lebensraum einer Lebensgemeinschaft wild lebender Tiere und Pflanzen;
5. Lebensstätte
regelmäßiger Aufenthaltsort der wild lebenden Individuen einer Art;
6. Population
eine biologisch oder geografisch abgegrenzte Zahl von Individuen einer Art;
7. heimische Art
eine wild lebende Tier- oder Pflanzenart, die ihr Verbreitungsgebiet oder regelmäßiges Wanderungsgebiet ganz oder teilweise
   a) im Inland hat oder in geschichtlicher Zeit hatte oder
   b) auf natürliche Weise in das Inland ausdehnt;
als heimisch gilt eine wild lebende Tier- oder Pflanzenart auch, wenn sich verwilderte oder durch menschlichen Einfluss eingebürgerte Tiere oder Pflanzen der betreffenden Art im Inland in freier Natur und ohne menschliche Hilfe über mehrere Generationen als Population erhalten;
8. gebietsfremde Art
eine wild lebende Tier- oder Pflanzenart, wenn sie in dem betreffenden Gebiet in freier Natur nicht oder seit mehr als 100 Jahren nicht mehr vorkommt;
9. invasive Art
eine Art, deren Vorkommen außerhalb ihres natürlichen Verbreitungsgebiets für die dort natürlich vorkommenden Ökosysteme, Biotope oder Arten ein erhebliches Gefährdungspotenzial darstellt;
10. Arten von gemeinschaftlichem Interesse
die in Anhang II, IV oder V der Richtlinie 92/43/EWG aufgeführten Tier- und Pflanzenarten;
11. prioritäre Arten
die in Anhang II der Richtlinie 92/43/EWG mit dem Zeichen (*) gekennzeichneten Tier- und Pflanzenarten;
12. europäische Vogelarten
in Europa natürlich vorkommende Vogelarten im Sinne des Artikels 1 der Richtlinie 2009/147/EG;
13. besonders geschützte Arten
   a) Tier- und Pflanzenarten, die in Anhang A oder Anhang B der Verordnung (EG) Nr. 338/97 des Rates vom 9. Dezember 1996 über den Schutz von Exemplaren wildlebender Tier- und Pflanzenarten durch Überwachung des Handels (ABl. L 61 vom 3.3.1997, S. 1, L 100 vom 17.4.1997, S. 72, L 298 vom 1.11.1997, S. 70, L 113 vom 27.4.2006, S. 26), die zuletzt durch die Verordnung (EG) Nr. 709/2010 (ABl. L 212 vom 12.8.2010, S. 1) geändert worden ist, aufgeführt sind,

   b) nicht unter Buchstabe a fallende
      aa) Tier- und Pflanzenarten, die in Anhang IV der Richtlinie 92/43/EWG aufgeführt sind,
      bb) europäische Vogelarten,
   c) Tier- und Pflanzenarten, die in einer Rechtsverordnung nach § 54 Absatz 1 aufgeführt sind;

14. streng geschützte Arten
    besonders geschützte Arten, die
    a) in Anhang A der Verordnung (EG) Nr. 338/97,
    b) in Anhang IV der Richtlinie 92/43/EWG,
    c) in einer Rechtsverordnung nach § 54 Absatz 2
    aufgeführt sind;
15. gezüchtete Tiere
    Tiere, die in kontrollierter Umgebung geboren oder auf andere Weise erzeugt und deren Elterntiere rechtmäßig erworben worden sind;
16. künstlich vermehrte Pflanzen
    Pflanzen, die aus Samen, Gewebekulturen, Stecklingen oder Teilungen unter kontrollierten Bedingungen herangezogen worden sind;
17. Anbieten
    Erklärung der Bereitschaft zu verkaufen oder zu kaufen und ähnliche Handlungen, einschließlich der Werbung, der Veranlassung zur Werbung oder der Aufforderung zu Verkaufs- oder Kaufverhandlungen;
18. Inverkehrbringen
    das Anbieten, Vorrätighalten zur Abgabe, Feilhalten und jedes Abgeben an andere;
19. rechtmäßig
    in Übereinstimmung mit den jeweils geltenden Rechtsvorschriften zum Schutz der betreffenden Art im jeweiligen Staat sowie mit Rechtsakten der Europäischen Gemeinschaft auf dem Gebiet des Artenschutzes und dem Übereinkommen vom 3. März 1973 über den internationalen Handel mit gefährdeten Arten freilebender Tiere und Pflanzen (BGBl. 1975 II S. 773, 777) – Washingtoner Artenschutzübereinkommen – im Rahmen ihrer jeweiligen räumlichen und zeitlichen Geltung oder Anwendbarkeit;
20. Mitgliedstaat
    ein Staat, der Mitglied der Europäischen Union ist;
21. Drittstaat
    ein Staat, der nicht Mitglied der Europäischen Union ist.

(3) Soweit in diesem Gesetz auf Anhänge der

1. Verordnung (EG) Nr. 338/97,
2. Verordnung (EWG) Nr. 3254/91 des Rates vom 4. November 1991 zum Verbot von Tellereisen in der Gemeinschaft und der Einfuhr von Pelzen und Waren von bestimmten Wildtierarten aus Ländern, die Tellereisen oder den internationalen humanen Fangnormen nicht entsprechende Fangmethoden anwenden (ABl. L 308 vom 9.11.1991, S. 1),
3. Richtlinien 92/43/EWG und 2009/147/EG,
4. Richtlinie 83/129/EWG des Rates vom 28. März 1983 betreffend die Einfuhr in die Mitgliedstaaten von Fellen bestimmter Jungrobben und Waren daraus (ABl. L 91 vom 9.4.1983, S. 30), die zuletzt durch die Richtlinie 89/370/EWG (ABl. L 163 vom 14.6.1989, S. 37) geändert worden ist,

oder auf Vorschriften der genannten Rechtsakte verwiesen wird, in denen auf Anhänge Bezug genommen wird, sind die Anhänge jeweils in der sich aus den Veröffentlichungen im Amtsblatt Teil L der Europäischen Union ergebenden geltenden Fassung maßgeblich.

(4) Das Bundesministerium für Umwelt, Naturschutz und Reaktorsicherheit gibt die besonders geschützten und die streng geschützten Arten sowie den Zeitpunkt ihrer jeweiligen Unterschutzstellung bekannt.

(5) Wenn besonders geschützte Arten bereits auf Grund der bis zum 8. Mai 1998 geltenden Vorschriften unter besonderem Schutz standen, gilt als Zeitpunkt der Unterschutzstellung derjenige, der sich aus diesen Vorschriften ergibt. Entsprechendes gilt für die streng geschützten Arten, soweit sie nach den bis zum 8. Mai 1998 geltenden Vorschriften als vom Aussterben bedroht bezeichnet waren.

§ 8 Allgemeiner Grundsatz

Die Ziele des Naturschutzes und der Landschaftspflege werden als Grundlage vorsorgenden Handelns im Rahmen der Landschaftsplanung überörtlich und örtlich konkretisiert und die Erfordernisse und Maßnahmen zur Verwirklichung dieser Ziele dargestellt und begründet.

§ 9 Aufgaben und Inhalte der Landschaftsplanung; Ermächtigung zum Erlass von Rechtsverordnungen

(1) Die Landschaftsplanung hat die Aufgabe, die Ziele des Naturschutzes und der Landschaftspflege für den jeweiligen Planungsraum zu konkretisieren und die Erfordernisse und Maßnahmen zur Verwirklichung dieser Ziele auch für die Planungen und Verwaltungsverfahren aufzuzeigen, deren Entscheidungen sich auf Natur und Landschaft im Planungsraum auswirken können.

(2) Inhalte der Landschaftsplanung sind die Darstellung und Begründung der konkretisierten Ziele des Naturschutzes und der Landschaftspflege und der ihrer Verwirklichung dienenden Erfordernisse und Maßnahmen. Darstellung und Begründung erfolgen nach Maßgabe der §§ 10 und 11 in Landschaftsprogrammen, Landschaftsrahmenplänen, Landschaftsplänen sowie Grünordnungsplänen.

(3) Die Pläne sollen Angaben enthalten über

1. den vorhandenen und den zu erwartenden Zustand von Natur und Landschaft,
2. die konkretisierten Ziele des Naturschutzes und der Landschaftspflege,
3. die Beurteilung des vorhandenen und zu erwartenden Zustands von Natur und Landschaft nach Maßgabe dieser Ziele einschließlich der sich daraus ergebenden Konflikte,
4. die Erfordernisse und Maßnahmen zur Umsetzung der konkretisierten Ziele des Naturschutzes und der Landschaftspflege, insbesondere
   a) zur Vermeidung, Minderung oder Beseitigung von Beeinträchtigungen von Natur und Landschaft,
   b) zum Schutz bestimmter Teile von Natur und Landschaft im Sinne des Kapitels 4 sowie der Biotope, Lebensgemeinschaften und Lebensstätten der Tiere und Pflanzen wild lebender Arten,
   c) auf Flächen, die wegen ihres Zustands, ihrer Lage oder ihrer natürlichen Entwicklungsmöglichkeit für künftige Maßnahmen des Naturschutzes und der Landschaftspflege, insbesondere zur Kompensation von Eingriffen in Natur

und Landschaft sowie zum Einsatz natur- und landschaftsbezogener Fördermittel besonders geeignet sind,

d) zum Aufbau und Schutz eines Biotopverbunds, der Biotopvernetzung und des Netzes „Natura 2000“,

e) zum Schutz, zur Qualitätsverbesserung und zur Regeneration von Böden, Gewässern, Luft und Klima,

f) zur Erhaltung und Entwicklung von Vielfalt, Eigenart und Schönheit sowie des Erholungswertes von Natur und Landschaft,

g) zur Erhaltung und Entwicklung von Freiräumen im besiedelten und unbesiedelten Bereich.

Auf die Verwertbarkeit der Darstellungen der Landschaftsplanung für die Raumordnungspläne und Bauleitpläne ist Rücksicht zu nehmen. Das Bundesministerium für Umwelt, Naturschutz und Reaktorsicherheit wird ermächtigt, durch Rechtsverordnung mit Zustimmung des Bundesrates die für die Darstellung der Inhalte zu verwendenden Planzeichen zu regeln.

(4) Die Landschaftsplanung ist fortzuschreiben, sobald und soweit dies im Hinblick auf Erfordernisse und Maßnahmen im Sinne des Absatzes 3 Satz 1 Nummer 4 erforderlich ist, insbesondere weil wesentliche Veränderungen von Natur und Landschaft im Planungsraum eingetreten, vorgesehen oder zu erwarten sind. Die Fortschreibung kann als sachlicher oder räumlicher Teilplan erfolgen, sofern die Umstände, die die Fortschreibung begründen, sachlich oder räumlich begrenzt sind.

(5) In Planungen und Verwaltungsverfahren sind die Inhalte der Landschaftsplanung zu berücksichtigen. Insbesondere sind die Inhalte der Landschaftsplanung für die Beurteilung der Umweltverträglichkeit und der Verträglichkeit im Sinne des § 34 Absatz 1 dieses Gesetzes sowie bei der Aufstellung der Maßnahmenprogramme im Sinne der §§ 45 h und 82 des Wasserhaushaltsgesetzes heranzuziehen. Soweit den Inhalten der Landschaftsplanung in den Entscheidungen nicht Rechnung getragen werden kann, ist dies zu begründen.

§ 13 Allgemeiner Grundsatz

Erhebliche Beeinträchtigungen von Natur und Landschaft sind vom Verursacher vorrangig zu vermeiden. Nicht vermeidbare erhebliche Beeinträchtigungen sind durch Ausgleichs- oder Ersatzmaßnahmen oder, soweit dies nicht möglich ist, durch einen Ersatz in Geld zu kompensieren.

§ 14 Eingriffe in Natur und Landschaft

(1) Eingriffe in Natur und Landschaft im Sinne dieses Gesetzes sind Veränderungen der Gestalt oder Nutzung von Grundflächen oder Veränderungen des mit der belebten Bodenschicht in Verbindung stehenden Grundwasserspiegels, die die Leistungs- und Funktionsfähigkeit des Naturhaushalts oder das Landschaftsbild erheblich beeinträchtigen können.

(2) Die land-, forst- und fischereiwirtschaftliche Bodennutzung ist nicht als Eingriff anzusehen, soweit dabei die Ziele des Naturschutzes und der Landschaftspflege berücksichtigt werden. Entspricht die land-, forst- und fischereiwirtschaftliche Bodennutzung den in § 5 Absatz 2 bis 4 dieses Gesetzes genannten Anforderungen sowie den sich aus § 17 Absatz 2 des Bundes-Bodenschutzgesetzes und dem Recht der Land-, Forst- und Fischereiwirtschaft ergebenden Anforderungen an die gute fachli-

che Praxis, widerspricht sie in der Regel nicht den Zielen des Naturschutzes und der Landschaftspflege.

(3) Nicht als Eingriff gilt die Wiederaufnahme einer land-, forst- und fischereiwirtschaftlichen Bodennutzung, wenn sie zeitweise eingeschränkt oder unterbrochen war

1. auf Grund vertraglicher Vereinbarungen oder auf Grund der Teilnahme an öffentlichen Programmen zur Bewirtschaftungsbeschränkung und wenn die Wiederaufnahme innerhalb von zehn Jahren nach Auslaufen der Einschränkung oder Unterbrechung erfolgt,
2. auf Grund der Durchführung von vorgezogenen Kompensationsmaßnahmen, die vorgezogene Maßnahme aber nicht für eine Kompensation in Anspruch genommen wird.

§ 20 Allgemeine Grundsätze

(1) Es wird ein Netz verbundener Biotope (Biotopverbund) geschaffen, das mindestens 10 Prozent der Fläche eines jeden Landes umfassen soll.

(2) Teile von Natur und Landschaft können geschützt werden

1. nach Maßgabe des § 23 als Naturschutzgebiet,
2. nach Maßgabe des § 24 als Nationalpark oder als Nationales Naturmonument,
3. als Biosphärenreservat,
4. nach Maßgabe des § 26 als Landschaftsschutzgebiet,
5. als Naturpark,
6. als Naturdenkmal oder
7. als geschützter Landschaftsbestandteil.

(3) Die in Absatz 2 genannten Teile von Natur und Landschaft sind, soweit sie geeignet sind, Bestandteile des Biotopverbunds.

§ 21 Biotopverbund, Biotopvernetzung

(1) Der Biotopverbund dient der dauerhaften Sicherung der Populationen wild lebender Tiere und Pflanzen einschließlich ihrer Lebensstätten, Biotope und Lebensgemeinschaften sowie der Bewahrung, Wiederherstellung und Entwicklung funktionsfähiger ökologischer Wechselbeziehungen. Er soll auch zur Verbesserung des Zusammenhangs des Netzes „Natura 2000“ beitragen.

(2) Der Biotopverbund soll länderübergreifend erfolgen. Die Länder stimmen sich hierzu untereinander ab.

(3) Der Biotopverbund besteht aus Kernflächen, Verbindungsflächen und Verbindungselementen. Bestandteile des Biotopverbunds sind

1. Nationalparke und Nationale Naturmonumente,
2. Naturschutzgebiete, Natura 2000-Gebiete und Biosphärenreservate oder Teile dieser Gebiete,
3. gesetzlich geschützte Biotope im Sinne des § 30,
4. weitere Flächen und Elemente, einschließlich solcher des Nationalen Naturerbes, des Grünen Bandes sowie Teilen von Landschaftsschutzgebieten und Naturparken,

wenn sie zur Erreichung des in Absatz 1 genannten Zieles geeignet sind.

(4) Die erforderlichen Kernflächen, Verbindungsflächen und Verbindungselemente sind durch Erklärung zu geschützten Teilen von Natur und Landschaft im Sinne des § 20 Absatz 2, durch planungsrechtliche Festlegungen, durch langfristige vertragliche Vereinbarungen oder andere geeignete Maßnahmen rechtlich zu sichern, um den Biotopverbund dauerhaft zu gewährleisten.

(5) Unbeschadet des § 30 sind die oberirdischen Gewässer einschließlich ihrer Randstreifen, Uferzonen und Auen als Lebensstätten und Biotope für natürlich vorkommende Tier- und Pflanzenarten zu erhalten. Sie sind so weiterzuentwickeln, dass sie ihre großräumige Vernetzungsfunktion auf Dauer erfüllen können.

(6) Auf regionaler Ebene sind insbesondere in von der Landwirtschaft geprägten Landschaften zur Vernetzung von Biotopen erforderliche lineare und punktförmige Elemente, insbesondere Hecken und Feldraine sowie Trittsteinbiotope, zu erhalten und dort, wo sie nicht in ausreichendem Maße vorhanden sind, zu schaffen (Biotopvernetzung).

§ 22 Erklärung zum geschützten Teil von Natur und Landschaft

(1) Die Unterschutzstellung von Teilen von Natur und Landschaft erfolgt durch Erklärung. Die Erklärung bestimmt den Schutzgegenstand, den Schutzzweck, die zur Erreichung des Schutzzwecks notwendigen Gebote und Verbote, und, soweit erforderlich, die Pflege-, Entwicklungs- und Wiederherstellungsmaßnahmen oder enthält die erforderlichen Ermächtigungen hierzu. Schutzgebiete können in Zonen mit einem entsprechend dem jeweiligen Schutzzweck abgestuften Schutz gegliedert werden; hierbei kann auch die für den Schutz notwendige Umgebung einbezogen werden.

(2) Form und Verfahren der Unterschutzstellung, die Beachtlichkeit von Form- und Verfahrensfehlern und die Möglichkeit ihrer Behebung sowie die Fortgeltung bestehender Erklärungen zum geschützten Teil von Natur und Landschaft richten sich nach Landesrecht. Die Unterschutzstellung kann auch länderübergreifend erfolgen.

(3) Teile von Natur und Landschaft, deren Schutz beabsichtigt ist, können für einen Zeitraum von bis zu zwei Jahren einstweilig sichergestellt werden, wenn zu befürchten ist, dass durch Veränderungen oder Störungen der beabsichtigte Schutzzweck gefährdet wird. Die einstweilige Sicherstellung kann unter den Voraussetzungen des Satzes 1 einmalig bis zu weiteren zwei Jahren verlängert werden. In dem einstweilig sichergestellten Teil von Natur und Landschaft sind Handlungen und Maßnahmen nach Maßgabe der Sicherstellungserklärung verboten, die geeignet sind, den Schutzgegenstand nachteilig zu verändern. Die einstweilige Sicherstellung ist ganz oder teilweise aufzuheben, wenn ihre Voraussetzungen nicht mehr oder nicht mehr in vollem Umfang gegeben sind. Absatz 2 gilt entsprechend.

(4) Geschützte Teile von Natur und Landschaft sind zu registrieren und zu kennzeichnen. Das Nähere richtet sich nach Landesrecht.

(5) Die Erklärung zum Nationalpark oder Nationalen Naturmonument einschließlich ihrer Änderung ergeht im Benehmen mit dem Bundesministerium für Umwelt, Naturschutz und Reaktorsicherheit und dem Bundesministerium für Verkehr, Bau und Stadtentwicklung.

§ 23 Naturschutzgebiete

(1) Naturschutzgebiete sind rechtsverbindlich festgesetzte Gebiete, in denen ein besonderer Schutz von Natur und Landschaft in ihrer Ganzheit oder in einzelnen Teilen erforderlich ist

1. zur Erhaltung, Entwicklung oder Wiederherstellung von Lebensstätten, Biotopen oder Lebensgemeinschaften bestimmter wild lebender Tier- und Pflanzenarten,
2. aus wissenschaftlichen, naturgeschichtlichen oder landeskundlichen Gründen oder
3. wegen ihrer Seltenheit, besonderen Eigenart oder hervorragenden Schönheit.

(2) Alle Handlungen, die zu einer Zerstörung, Beschädigung oder Veränderung des Naturschutzgebiets oder seiner Bestandteile oder zu einer nachhaltigen Störung führen können, sind nach Maßgabe näherer Bestimmungen verboten. Soweit es der Schutzzweck erlaubt, können Naturschutzgebiete der Allgemeinheit zugänglich gemacht werden.

§ 24 Nationalparke, Nationale Naturmonumente

(1) Nationalparke sind rechtsverbindlich festgesetzte einheitlich zu schützende Gebiete, die

1. großräumig, weitgehend unzerschnitten und von besonderer Eigenart sind,
2. in einem überwiegenden Teil ihres Gebiets die Voraussetzungen eines Naturschutzgebiets erfüllen und
3. sich in einem überwiegenden Teil ihres Gebiets in einem vom Menschen nicht oder wenig beeinflussten Zustand befinden oder geeignet sind, sich in einen Zustand zu entwickeln oder in einen Zustand entwickelt zu werden, der einen möglichst ungestörten Ablauf der Naturvorgänge in ihrer natürlichen Dynamik gewährleistet.

(2) Nationalparke haben zum Ziel, in einem überwiegenden Teil ihres Gebiets den möglichst ungestörten Ablauf der Naturvorgänge in ihrer natürlichen Dynamik zu gewährleisten. Soweit es der Schutzzweck erlaubt, sollen Nationalparke auch der wissenschaftlichen Umweltbeobachtung, der naturkundlichen Bildung und dem Naturerlebnis der Bevölkerung dienen.

(3) Nationalparke sind unter Berücksichtigung ihres besonderen Schutzzwecks sowie der durch die Großräumigkeit und Besiedlung gebotenen Ausnahmen wie Naturschutzgebiete zu schützen.

(4) Nationale Naturmonumente sind rechtsverbindlich festgesetzte Gebiete, die

1. aus wissenschaftlichen, naturgeschichtlichen, kulturhistorischen oder landeskundlichen Gründen und
2. wegen ihrer Seltenheit, Eigenart oder Schönheit

von herausragender Bedeutung sind. Nationale Naturmonumente sind wie Naturschutzgebiete zu schützen.

§ 25 Biosphärenreservate

(1) Biosphärenreservate sind einheitlich zu schützende und zu entwickelnde Gebiete, die

1. großräumig und für bestimmte Landschaftstypen charakteristisch sind,
2. in wesentlichen Teilen ihres Gebiets die Voraussetzungen eines Naturschutzgebiets, im Übrigen überwiegend eines Landschaftsschutzgebiets erfüllen,

3. vornehmlich der Erhaltung, Entwicklung oder Wiederherstellung einer durch hergebrachte vielfältige Nutzung geprägten Landschaft und der darin historisch gewachsenen Arten- und Biotopvielfalt, einschließlich Wild- und früherer Kulturformen wirtschaftlich genutzter oder nutzbarer Tier- und Pflanzenarten, dienen und
4. beispielhaft der Entwicklung und Erprobung von die Naturgüter besonders schonenden Wirtschaftsweisen dienen.

(2) Biosphärenreservate dienen, soweit es der Schutzzweck erlaubt, auch der Forschung und der Beobachtung von Natur und Landschaft sowie der Bildung für nachhaltige Entwicklung.

(3) Biosphärenreservate sind unter Berücksichtigung der durch die Großräumigkeit und Besiedlung gebotenen Ausnahmen über Kernzonen, Pflegezonen und Entwicklungszonen zu entwickeln und wie Naturschutzgebiete oder Landschaftsschutzgebiete zu schützen.

(4) Biosphärenreservate können auch als Biosphärengebiete oder Biosphärenregionen bezeichnet werden.

§ 26 Landschaftsschutzgebiete

(1) Landschaftsschutzgebiete sind rechtsverbindlich festgesetzte Gebiete, in denen ein besonderer Schutz von Natur und Landschaft erforderlich ist

1. zur Erhaltung, Entwicklung oder Wiederherstellung der Leistungs- und Funktionsfähigkeit des Naturhaushalts oder der Regenerationsfähigkeit und nachhaltigen Nutzungsfähigkeit der Naturgüter, einschließlich des Schutzes von Lebensstätten und Lebensräumen bestimmter wild lebender Tier- und Pflanzenarten,
2. wegen der Vielfalt, Eigenart und Schönheit oder der besonderen kulturhistorischen Bedeutung der Landschaft oder
3. wegen ihrer besonderen Bedeutung für die Erholung.

(2) In einem Landschaftsschutzgebiet sind unter besonderer Beachtung des § 5 Absatz 1 und nach Maßgabe näherer Bestimmungen alle Handlungen verboten, die den Charakter des Gebiets verändern oder dem besonderen Schutzzweck zuwiderlaufen.

§ 27 Naturparke

(1) Naturparke sind einheitlich zu entwickelnde und zu pflegende Gebiete, die

1. großräumig sind,
2. überwiegend Landschaftsschutzgebiete oder Naturschutzgebiete sind,
3. sich wegen ihrer landschaftlichen Voraussetzungen für die Erholung besonders eignen und in denen ein nachhaltiger Tourismus angestrebt wird,
4. nach den Erfordernissen der Raumordnung für Erholung vorgesehen sind,
5. der Erhaltung, Entwicklung oder Wiederherstellung einer durch vielfältige Nutzung geprägten Landschaft und ihrer Arten- und Biotopvielfalt dienen und in denen zu diesem Zweck eine dauerhaft umweltgerechte Landnutzung angestrebt wird und
6. besonders dazu geeignet sind, eine nachhaltige Regionalentwicklung zu fördern.

(2) Naturparke sollen entsprechend ihren in Absatz 1 beschriebenen Zwecken unter Beachtung der Ziele des Naturschutzes und der Landschaftspflege geplant, gegliedert, erschlossen und weiterentwickelt werden.

§ 28 Naturdenkmäler

(1) Naturdenkmäler sind rechtsverbindlich festgesetzte Einzelschöpfungen der Natur oder entsprechende Flächen bis zu fünf Hektar, deren besonderer Schutz erforderlich ist
1. aus wissenschaftlichen, naturgeschichtlichen oder landeskundlichen Gründen oder
2. wegen ihrer Seltenheit, Eigenart oder Schönheit.

(2) Die Beseitigung des Naturdenkmals sowie alle Handlungen, die zu einer Zerstörung, Beschädigung oder Veränderung des Naturdenkmals führen können, sind nach Maßgabe näherer Bestimmungen verboten.

§ 29 Geschützte Landschaftsbestandteile

(1) Geschützte Landschaftsbestandteile sind rechtsverbindlich festgesetzte Teile von Natur und Landschaft, deren besonderer Schutz erforderlich ist
1. zur Erhaltung, Entwicklung oder Wiederherstellung der Leistungs- und Funktionsfähigkeit des Naturhaushalts,
2. zur Belebung, Gliederung oder Pflege des Orts- oder Landschaftsbildes,
3. zur Abwehr schädlicher Einwirkungen oder
4. wegen ihrer Bedeutung als Lebensstätten bestimmter wild lebender Tier- und Pflanzenarten.

Der Schutz kann sich für den Bereich eines Landes oder für Teile des Landes auf den gesamten Bestand an Alleen, einseitigen Baumreihen, Bäumen, Hecken oder anderen Landschaftsbestandteilen erstrecken.

(2) Die Beseitigung des geschützten Landschaftsbestandteils sowie alle Handlungen, die zu einer Zerstörung, Beschädigung oder Veränderung des geschützten Landschaftsbestandteils führen können, sind nach Maßgabe näherer Bestimmungen verboten. Für den Fall der Bestandsminderung kann die Verpflichtung zu einer angemessenen und zumutbaren Ersatzpflanzung oder zur Leistung von Ersatz in Geld vorgesehen werden.

(3) Vorschriften des Landesrechts über den gesetzlichen Schutz von Alleen bleiben unberührt.

§ 30 Gesetzlich geschützte Biotope

(1) Bestimmte Teile von Natur und Landschaft, die eine besondere Bedeutung als Biotope haben, werden gesetzlich geschützt (allgemeiner Grundsatz).

(2) Handlungen, die zu einer Zerstörung oder einer sonstigen erheblichen Beeinträchtigung folgender Biotope führen können, sind verboten:
1. natürliche oder naturnahe Bereiche fließender und stehender Binnengewässer einschließlich ihrer Ufer und der dazugehörigen uferbegleitenden natürlichen oder naturnahen Vegetation sowie ihrer natürlichen oder naturnahen Verlandungsbereiche, Altarme und regelmäßig überschwemmten Bereiche,
2. Moore, Sümpfe, Röhrichte, Großseggenrieder, seggen- und binsenreiche Nasswiesen, Quellbereiche, Binnenlandsalzstellen,
3. offene Binnendünen, offene natürliche Block-, Schutt- und Geröllhalden, Lehm- und Lösswände, Zwergstrauch-, Ginster- und Wacholderheiden, Borst-

grasrasen, Trockenrasen, Schwermetallrasen, Wälder und Gebüsche trockenwarmer Standorte,
4. Bruch-, Sumpf- und Auenwälder, Schlucht-, Blockhalden- und Hangschuttwälder, subalpine Lärchen- und Lärchen-Arvenwälder,
5. offene Felsbildungen, alpine Rasen sowie Schneetälchen und Krummholzgebüsche,
6. Fels- und Steilküsten, Küstendünen und Strandwälle, Strandseen, Boddengewässer mit Verlandungsbereichen, Salzwiesen und Wattflächen im Küstenbereich, Seegraswiesen und sonstige marine Makrophytenbestände, Riffe, sublitorale Sandbänke, Schlickgründe mit bohrender Bodenmegafauna sowie artenreiche Kies-, Grobsand- und Schillgründe im Meeres- und Küstenbereich.

Die Verbote des Satzes 1 gelten auch für weitere von den Ländern gesetzlich geschützte Biotope.

(3) Von den Verboten des Absatzes 2 kann auf Antrag eine Ausnahme zugelassen werden, wenn die Beeinträchtigungen ausgeglichen werden können.

(4) Sind auf Grund der Aufstellung, Änderung oder Ergänzung von Bebauungsplänen Handlungen im Sinne des Absatzes 2 zu erwarten, kann auf Antrag der Gemeinde über eine erforderliche Ausnahme oder Befreiung von den Verboten des Absatzes 2 vor der Aufstellung des Bebauungsplans entschieden werden. Ist eine Ausnahme zugelassen oder eine Befreiung gewährt worden, bedarf es für die Durchführung eines im Übrigen zulässigen Vorhabens keiner weiteren Ausnahme oder Befreiung, wenn mit der Durchführung des Vorhabens innerhalb von sieben Jahren nach Inkrafttreten des Bebauungsplans begonnen wird.

(5) Bei gesetzlich geschützten Biotopen, die während der Laufzeit einer vertraglichen Vereinbarung oder der Teilnahme an öffentlichen Programmen zur Bewirtschaftungsbeschränkung entstanden sind, gilt Absatz 2 nicht für die Wiederaufnahme einer zulässigen land-, forst- oder fischereiwirtschaftlichen Nutzung innerhalb von zehn Jahren nach Beendigung der betreffenden vertraglichen Vereinbarung oder der Teilnahme an den betreffenden öffentlichen Programmen.

(6) Bei gesetzlich geschützten Biotopen, die auf Flächen entstanden sind, bei denen eine zulässige Gewinnung von Bodenschätzen eingeschränkt oder unterbrochen wurde, gilt Absatz 2 nicht für die Wiederaufnahme der Gewinnung innerhalb von fünf Jahren nach der Einschränkung oder Unterbrechung.

(7) Die gesetzlich geschützten Biotope werden registriert und die Registrierung wird in geeigneter Weise öffentlich zugänglich gemacht. Die Registrierung und deren Zugänglichkeit richten sich nach Landesrecht.

(8) Weiter gehende Schutzvorschriften einschließlich der Bestimmungen über Ausnahmen und Befreiungen bleiben unberührt.

§ 31 Aufbau und Schutz des Netzes „Natura 2000“

Der Bund und die Länder erfüllen die sich aus den Richtlinien 92/43/EWG und 2009/147/EG ergebenden Verpflichtungen zum Aufbau und Schutz des zusammenhängenden europäischen ökologischen Netzes „Natura 2000“ im Sinne des Artikels 3 der Richtlinie 92/43/EWG.

§ 32 Schutzgebiete

(1) Die Länder wählen die Gebiete, die der Kommission nach Artikel 4 Absatz 1 der Richtlinie 92/43/EWG und Artikel 4 Absatz 1 und 2 der Richtlinie 2009/147/EG zu benennen sind, nach den in diesen Vorschriften genannten Maßgaben aus. Sie stellen das Benehmen mit dem Bundesministerium für Umwelt, Naturschutz und Reaktorsicherheit her. Dieses beteiligt die anderen fachlich betroffenen Bundesministerien und benennt die ausgewählten Gebiete der Kommission. Es übermittelt der Kommission gleichzeitig Schätzungen über eine finanzielle Beteiligung der Gemeinschaft, die zur Erfüllung der Verpflichtungen nach Artikel 6 Absatz 1 der Richtlinie 92/43/EWG einschließlich der Zahlung eines finanziellen Ausgleichs insbesondere für die Land- und Forstwirtschaft erforderlich ist.

(2) Die in die Liste nach Artikel 4 Absatz 2 Unterabsatz 3 der Richtlinie 92/43/EWG aufgenommenen Gebiete sind nach Maßgabe des Artikels 4 Absatz 4 dieser Richtlinie und die nach Artikel 4 Absatz 1 und 2 der Richtlinie 2009/147/EG benannten Gebiete entsprechend den jeweiligen Erhaltungszielen zu geschützten Teilen von Natur und Landschaft im Sinne des § 20 Absatz 2 zu erklären.

(3) Die Schutzerklärung bestimmt den Schutzzweck entsprechend den jeweiligen Erhaltungszielen und die erforderlichen Gebietsbegrenzungen. Es soll dargestellt werden, ob prioritäre natürliche Lebensraumtypen oder prioritäre Arten zu schützen sind. Durch geeignete Gebote und Verbote sowie Pflege- und Entwicklungsmaßnahmen ist sicherzustellen, dass den Anforderungen des Artikels 6 der Richtlinie 92/43/EWG entsprochen wird. Weiter gehende Schutzvorschriften bleiben unberührt.

(4) Die Unterschutzstellung nach den Absätzen 2 und 3 kann unterbleiben, soweit nach anderen Rechtsvorschriften einschließlich dieses Gesetzes und gebietsbezogener Bestimmungen des Landesrechts, nach Verwaltungsvorschriften, durch die Verfügungsbefugnis eines öffentlichen oder gemeinnützigen Trägers oder durch vertragliche Vereinbarungen ein gleichwertiger Schutz gewährleistet ist.

(5) Für Natura 2000-Gebiete können Bewirtschaftungspläne selbständig oder als Bestandteil anderer Pläne aufgestellt werden.

(6) Die Auswahl und die Erklärung von Gebieten im Sinne des Absatzes 1 Satz 1 und des Absatzes 2 im Bereich der deutschen ausschließlichen Wirtschaftszone und des Festlandsockels zu geschützten Teilen von Natur und Landschaft im Sinne des § 20 Absatz 2 richten sich nach § 57.

§ 33 Allgemeine Schutzvorschriften

(1) Alle Veränderungen und Störungen, die zu einer erheblichen Beeinträchtigung eines Natura 2000-Gebiets in seinen für die Erhaltungsziele oder den Schutzzweck maßgeblichen Bestandteilen führen können, sind unzulässig. Die für Naturschutz und Landschaftspflege zuständige Behörde kann unter den Voraussetzungen des § 34 Absatz 3 bis 5 Ausnahmen von dem Verbot des Satzes 1 sowie von Verboten im Sinne des § 32 Absatz 3 zulassen.

(2) Bei einem Gebiet im Sinne des Artikels 5 Absatz 1 der Richtlinie 92/43/EWG gilt während der Konzertierungsphase bis zur Beschlussfassung des Rates Absatz 1 Satz 1 im Hinblick auf die in ihm vorkommenden prioritären natürlichen Lebensraumtypen und prioritären Arten entsprechend. Die §§ 34 und 36 finden keine Anwendung.

§ 35 Gentechnisch veränderte Organismen

Auf

1. Freisetzungen gentechnisch veränderter Organismen im Sinne des § 3 Nummer 5 des Gentechnikgesetzes und
2. die land-, forst- und fischereiwirtschaftliche Nutzung von rechtmäßig in Verkehr gebrachten Produkten, die gentechnisch veränderte Organismen enthalten oder aus solchen bestehen, sowie den sonstigen, insbesondere auch nicht erwerbswirtschaftlichen, Umgang mit solchen Produkten, der in seinen Auswirkungen den vorgenannten Handlungen vergleichbar ist, innerhalb eines Natura 2000-Gebiets

ist § 34 Absatz 1 und 2 entsprechend anzuwenden.

§ 37 Aufgaben des Artenschutzes

(1) Die Vorschriften dieses Kapitels sowie § 6 Absatz 3 dienen dem Schutz der wild lebenden Tier- und Pflanzenarten. Der Artenschutz umfasst

1. den Schutz der Tiere und Pflanzen wild lebender Arten und ihrer Lebensgemeinschaften vor Beeinträchtigungen durch den Menschen und die Gewährleistung ihrer sonstigen Lebensbedingungen,
2. den Schutz der Lebensstätten und Biotope der wild lebenden Tier- und Pflanzenarten sowie
3. die Wiederansiedlung von Tieren und Pflanzen verdrängter wild lebender Arten in geeigneten Biotopen innerhalb ihres natürlichen Verbreitungsgebiets.

(2) Die Vorschriften des Pflanzenschutzrechts, des Tierschutzrechts, des Seuchenrechts sowie des Forst-, Jagd- und Fischereirechts bleiben von den Vorschriften dieses Kapitels und den auf Grund dieses Kapitels erlassenen Rechtsvorschriften unberührt. Soweit in jagd- oder fischereirechtlichen Vorschriften keine besonderen Bestimmungen zum Schutz und zur Pflege der betreffenden Arten bestehen oder erlassen werden, sind vorbehaltlich der Rechte der Jagdausübungs- oder Fischereiberechtigten die Vorschriften dieses Kapitels und die auf Grund dieses Kapitels erlassenen Rechtsvorschriften anzuwenden.

§ 38 Allgemeine Vorschriften für den Arten-, Lebensstätten- und Biotopschutz

(1) Zur Vorbereitung und Durchführung der Aufgaben nach § 37 Absatz 1 erstellen die für Naturschutz und Landschaftspflege zuständigen Behörden des Bundes und der Länder auf der Grundlage der Beobachtung nach § 6 Schutz-, Pflege- und Entwicklungsziele und verwirklichen sie.

(2) Soweit dies zur Umsetzung völker- und gemeinschaftsrechtlicher Vorgaben oder zum Schutz von Arten, die in einer Rechtsverordnung nach § 54 Absatz 1 Nummer 2 aufgeführt sind, einschließlich deren Lebensstätten, erforderlich ist, ergreifen die für Naturschutz und Landschaftspflege zuständigen Behörden des Bundes und der Länder wirksame und aufeinander abgestimmte vorbeugende Schutzmaßnahmen oder stellen Artenhilfsprogramme auf. Sie treffen die erforderlichen Maßnahmen, um sicherzustellen, dass der unbeabsichtigte Fang oder das unbeabsichtigte Töten keine erheblichen nachteiligen Auswirkungen auf die streng geschützten Arten haben.

(3) Die erforderliche Forschung und die notwendigen wissenschaftlichen Arbeiten im Sinne des Artikels 18 der Richtlinie 92/43/EWG und des Artikels 10 der Richtlinie 2009/147/EG werden gefördert.

§ 39 Allgemeiner Schutz wild lebender Tiere und Pflanzen; Ermächtigung zum Erlass von Rechtsverordnungen

(1) Es ist verboten,

1. wild lebende Tiere mutwillig zu beunruhigen oder ohne vernünftigen Grund zu fangen, zu verletzen oder zu töten,
2. wild lebende Pflanzen ohne vernünftigen Grund von ihrem Standort zu entnehmen oder zu nutzen oder ihre Bestände niederzuschlagen oder auf sonstige Weise zu verwüsten,
3. Lebensstätten wild lebender Tiere und Pflanzen ohne vernünftigen Grund zu beeinträchtigen oder zu zerstören.

(2) Vorbehaltlich jagd- oder fischereirechtlicher Bestimmungen ist es verboten, wild lebende Tiere und Pflanzen der in Anhang V der Richtlinie 92/43/EWG aufgeführten Arten aus der Natur zu entnehmen. Die Länder können Ausnahmen von Satz 1 unter den Voraussetzungen des § 45 Absatz 7 oder des Artikels 14 der Richtlinie 92/43/EWG zulassen.

(3) Jeder darf abweichend von Absatz 1 Nummer 2 wild lebende Blumen, Gräser, Farne, Moose, Flechten, Früchte, Pilze, Tee- und Heilkräuter sowie Zweige wild lebender Pflanzen aus der Natur an Stellen, die keinem Betretungsverbot unterliegen, in geringen Mengen für den persönlichen Bedarf pfleglich entnehmen und sich aneignen.

(4) Das gewerbsmäßige Entnehmen, Be- oder Verarbeiten wild lebender Pflanzen bedarf unbeschadet der Rechte der Eigentümer und sonstiger Nutzungsberechtigter der Genehmigung der für Naturschutz und Landschaftspflege zuständigen Behörde. Die Genehmigung ist zu erteilen, wenn der Bestand der betreffenden Art am Ort der Entnahme nicht gefährdet und der Naturhaushalt nicht erheblich beeinträchtigt werden. Die Entnahme hat pfleglich zu erfolgen. Bei der Entscheidung über Entnahmen zu Zwecken der Produktion regionalen Saatguts sind die günstigen Auswirkungen auf die Ziele des Naturschutzes und der Landschaftspflege zu berücksichtigen.

(5) Es ist verboten,

1. die Bodendecke auf Wiesen, Feldrainen, Hochrainen und ungenutzten Grundflächen sowie an Hecken und Hängen abzubrennen oder nicht land-, forst- oder fischereiwirtschaftlich genutzte Flächen so zu behandeln, dass die Tier- oder Pflanzenwelt erheblich beeinträchtigt wird,
2. Bäume, die außerhalb des Waldes, von Kurzumtriebsplantagen oder gärtnerisch genutzten Grundflächen stehen, Hecken, lebende Zäune, Gebüsche und andere Gehölze in der Zeit vom 1. März bis zum 30. September abzuschneiden oder auf den Stock zu setzen; zulässig sind schonende Form- und Pflegeschnitte zur Beseitigung des Zuwachses der Pflanzen oder zur Gesunderhaltung von Bäumen,
3. Röhrichte in der Zeit vom 1. März bis zum 30. September zurückzuschneiden; außerhalb dieser Zeiten dürfen Röhrichte nur in Abschnitten zurückgeschnitten werden,
4. ständig wasserführende Gräben unter Einsatz von Grabenfräsen zu räumen, wenn dadurch der Naturhaushalt, insbesondere die Tierwelt erheblich beeinträchtigt wird.

Die Verbote des Satzes 1 Nummer 1 bis 3 gelten nicht für
1. behördlich angeordnete Maßnahmen,
2. Maßnahmen, die im öffentlichen Interesse nicht auf andere Weise oder zu anderer Zeit durchgeführt werden können, wenn sie
   a) behördlich durchgeführt werden,
   b) behördlich zugelassen sind oder
   c) der Gewährleistung der Verkehrssicherheit dienen,
3. nach § 15 zulässige Eingriffe in Natur und Landschaft,
4. zulässige Bauvorhaben, wenn nur geringfügiger Gehölzbewuchs zur Verwirklichung der Baumaßnahmen beseitigt werden muss.

Die Landesregierungen werden ermächtigt, durch Rechtsverordnung bei den Verboten des Satzes 1 Nummer 2 und 3 für den Bereich eines Landes oder für Teile des Landes erweiterte Verbotszeiträume vorzusehen. Sie können die Ermächtigung nach Satz 3 durch Rechtsverordnung auf andere Landesbehörden übertragen.

(6) Es ist verboten, Höhlen, Stollen, Erdkeller oder ähnliche Räume, die als Winterquartier von Fledermäusen dienen, in der Zeit vom 1. Oktober bis zum 31. März aufzusuchen; dies gilt nicht zur Durchführung unaufschiebbarer und nur geringfügig störender Handlungen sowie für touristisch erschlossene oder stark genutzte Bereiche.

(7) Weiter gehende Schutzvorschriften insbesondere des Kapitels 4 und des Abschnitts 3 des Kapitels 5 einschließlich der Bestimmungen über Ausnahmen und Befreiungen bleiben unberührt.

§ 40 Nichtheimische, gebietsfremde und invasive Arten

(1) Es sind geeignete Maßnahmen zu treffen, um einer Gefährdung von Ökosystemen, Biotopen und Arten durch Tiere und Pflanzen nichtheimischer oder invasiver Arten entgegenzuwirken.

(2) Arten, bei denen Anhaltspunkte dafür bestehen, dass es sich um invasive Arten handelt, sind zu beobachten.

(3) Die zuständigen Behörden des Bundes und der Länder ergreifen unverzüglich geeignete Maßnahmen, um neu auftretende Tiere und Pflanzen invasiver Arten zu beseitigen oder deren Ausbreitung zu verhindern. Sie treffen bei bereits verbreiteten invasiven Arten Maßnahmen, um eine weitere Ausbreitung zu verhindern und die Auswirkungen der Ausbreitung zu vermindern, soweit diese Aussicht auf Erfolg haben und der Erfolg nicht außer Verhältnis zu dem erforderlichen Aufwand steht. Die Sätze 1 und 2 gelten nicht für in der Land- und Forstwirtschaft angebaute Pflanzen im Sinne des Absatzes 4 Satz 3 Nummer 1.

(4) Das Ausbringen von Pflanzen gebietsfremder Arten in der freien Natur sowie von Tieren bedarf der Genehmigung der zuständigen Behörde. Künstlich vermehrte Pflanzen sind nicht gebietsfremd, wenn sie ihren genetischen Ursprung in dem betreffenden Gebiet haben. Die Genehmigung ist zu versagen, wenn eine Gefährdung von Ökosystemen, Biotopen oder Arten der Mitgliedstaaten nicht auszuschließen ist. Von dem Erfordernis einer Genehmigung sind ausgenommen
1. der Anbau von Pflanzen in der Land- und Forstwirtschaft,
2. der Einsatz von Tieren
   a) nicht gebietsfremder Arten,

b) gebietsfremder Arten, sofern der Einsatz einer pflanzenschutzrechtlichen Genehmigung bedarf, bei der die Belange des Artenschutzes berücksichtigt sind, zum Zweck des biologischen Pflanzenschutzes,
3. das Ansiedeln von Tieren nicht gebietsfremder Arten, die dem Jagd- oder Fischereirecht unterliegen,
4. das Ausbringen von Gehölzen und Saatgut außerhalb ihrer Vorkommensgebiete bis einschließlich 1. März 2020; bis zu diesem Zeitpunkt sollen in der freien Natur Gehölze und Saatgut vorzugsweise nur innerhalb ihrer Vorkommensgebiete ausgebracht werden.

Artikel 22 der Richtlinie 92/43/EWG ist zu beachten.

(5) Genehmigungen nach Absatz 4 werden bei im Inland noch nicht vorkommenden Arten vom Bundesamt für Naturschutz erteilt.

(6) Die zuständige Behörde kann anordnen, dass ungenehmigt ausgebrachte Tiere und Pflanzen oder sich unbeabsichtigt in der freien Natur ausbreitende Pflanzen sowie dorthin entkommene Tiere beseitigt werden, soweit es zur Abwehr einer Gefährdung von Ökosystemen, Biotopen oder Arten erforderlich ist.

§ 41 Vogelschutz an Energiefreileitungen

Zum Schutz von Vogelarten sind neu zu errichtende Masten und technische Bauteile von Mittelspannungsleitungen konstruktiv so auszuführen, dass Vögel gegen Stromschlag geschützt sind. An bestehenden Masten und technischen Bauteilen von Mittelspannungsleitungen mit hoher Gefährdung von Vögeln sind bis zum 31. Dezember 2012 die notwendigen Maßnahmen zur Sicherung gegen Stromschlag durchzuführen. Satz 2 gilt nicht für die Oberleitungsanlagen von Eisenbahnen.

§ 42 Zoos

(1) Zoos sind dauerhafte Einrichtungen, in denen lebende Tiere wild lebender Arten zwecks Zurschaustellung während eines Zeitraumes von mindestens sieben Tagen im Jahr gehalten werden. Nicht als Zoo gelten
1. Zirkusse,
2. Tierhandlungen und
3. Gehege zur Haltung von nicht mehr als fünf Arten von Schalenwild, das im Bundesjagdgesetz aufgeführt ist, oder Einrichtungen, in denen nicht mehr als 20 Tiere anderer wild lebender Arten gehalten werden.

(2) Die Errichtung, Erweiterung, wesentliche Änderung und der Betrieb eines Zoos bedürfen der Genehmigung. Die Genehmigung bezieht sich auf eine bestimmte Anlage, bestimmte Betreiber, auf eine bestimmte Anzahl an Individuen einer jeden Tierart sowie auf eine bestimmte Betriebsart.

(3) Zoos sind so zu errichten und zu betreiben, dass
1. bei der Haltung der Tiere den biologischen und den Erhaltungsbedürfnissen der jeweiligen Art Rechnung getragen wird, insbesondere die jeweiligen Gehege nach Lage, Größe und Gestaltung und innerer Einrichtung art- und tiergerecht ausgestaltet sind,
2. die Pflege der Tiere auf der Grundlage eines dem Stand der guten veterinärmedizinischen Praxis entsprechenden schriftlichen Programms zur tiermedizinischen Vorbeugung und Behandlung sowie zur Ernährung erfolgt,

3. dem Eindringen von Schadorganismen sowie dem Entweichen der Tiere vorgebeugt wird,
4. die Vorschriften des Tier- und Artenschutzes beachtet werden,
5. ein Register über den Tierbestand des Zoos in einer den verzeichneten Arten jeweils angemessenen Form geführt und stets auf dem neuesten Stand gehalten wird,
6. die Aufklärung und das Bewusstsein der Öffentlichkeit in Bezug auf den Erhalt der biologischen Vielfalt gefördert wird, insbesondere durch Informationen über die zur Schau gestellten Arten und ihre natürlichen Biotope,
7. sich der Zoo beteiligt an
   a) Forschungen, die zur Erhaltung der Arten beitragen, einschließlich des Austausches von Informationen über die Arterhaltung, oder
   b) der Aufzucht in Gefangenschaft, der Bestandserneuerung und der Wiederansiedlung von Arten in ihren Biotopen oder
   c) der Ausbildung in erhaltungsspezifischen Kenntnissen und Fähigkeiten.

(4) Die Genehmigung nach Absatz 2 ist zu erteilen, wenn
1. sichergestellt ist, dass die Pflichten nach Absatz 3 erfüllt werden,
2. die nach diesem Kapitel erforderlichen Nachweise vorliegen,
3. keine Tatsachen vorliegen, aus denen sich Bedenken gegen die Zuverlässigkeit des Betreibers sowie der für die Leitung des Zoos verantwortlichen Personen ergeben sowie
4. andere öffentlich-rechtliche Vorschriften der Errichtung und dem Betrieb des Zoos nicht entgegenstehen.

Die Genehmigung kann mit Nebenbestimmungen versehen werden; insbesondere kann eine Sicherheitsleistung für die ordnungsgemäße Auflösung des Zoos und die Wiederherstellung des früheren Zustands verlangt werden.

(5) Die Länder können vorsehen, dass die in Absatz 2 Satz 1 vorgesehene Genehmigung die Erlaubnis nach § 11 Absatz 1 Satz 1 Nummer 2a und 3 Buchstabe d des Tierschutzgesetzes einschließt.

(6) Die zuständige Behörde hat die Einhaltung der sich aus den Absätzen 3 und 4 ergebenden Anforderungen unter anderem durch regelmäßige Prüfungen und Besichtigungen zu überwachen. § 52 gilt entsprechend.

(7) Wird ein Zoo ohne die erforderliche Genehmigung oder im Widerspruch zu den sich aus den Absätzen 3 und 4 ergebenden Anforderungen errichtet, erweitert, wesentlich geändert oder betrieben, so kann die zuständige Behörde die erforderlichen Anordnungen treffen, um die Einhaltung der Anforderungen innerhalb einer angemessenen Frist sicherzustellen. Sie kann dabei auch bestimmen, den Zoo ganz oder teilweise für die Öffentlichkeit zu schließen. Ändern sich die Anforderungen an die Haltung von Tieren in Zoos entsprechend dem Stand der Wissenschaft, soll die zuständige Behörde nachträgliche Anordnungen erlassen, wenn den geänderten Anforderungen nicht auf andere Weise nachgekommen wird.

(8) Soweit der Betreiber Anordnungen nach Absatz 7 nicht nachkommt, ist der Zoo innerhalb eines Zeitraums von höchstens zwei Jahren nach deren Erlass ganz oder teilweise zu schließen und die Genehmigung ganz oder teilweise zu widerrufen. Durch Anordnung ist sicherzustellen, dass die von der Schließung betroffenen Tiere angemessen und im Einklang mit dem Zweck und den Bestimmungen der Richtlinie 1999/22/EG des Rates vom 29. März 1999 über die Haltung von Wildtieren in Zoos

(ABl. L 94 vom 9.4.1999, S. 24) auf Kosten des Betreibers art- und tiergerecht behandelt und untergebracht werden. Eine Beseitigung der Tiere ist nur in Übereinstimmung mit den arten- und tierschutzrechtlichen Bestimmungen zulässig, wenn keine andere zumutbare Alternative für die Unterbringung der Tiere besteht.

§ 43 Tiergehege

(1) Tiergehege sind dauerhafte Einrichtungen, in denen Tiere wild lebender Arten außerhalb von Wohn- und Geschäftsgebäuden während eines Zeitraums von mindestens sieben Tagen im Jahr gehalten werden und die kein Zoo im Sinne des § 42 Absatz 1 sind.

(2) Tiergehege sind so zu errichten und zu betreiben, dass
1. die sich aus § 42 Absatz 3 Nummer 1 bis 4 ergebenden Anforderungen eingehalten werden,
2. weder der Naturhaushalt noch das Landschaftsbild beeinträchtigt werden und
3. das Betreten von Wald und Flur sowie der Zugang zu Gewässern nicht in unangemessener Weise eingeschränkt wird.

(3) Die Errichtung, Erweiterung, wesentliche Änderung und der Betrieb eines Tiergeheges sind der zuständigen Behörde mindestens einen Monat im Voraus anzuzeigen. Diese kann die erforderlichen Anordnungen treffen, um die Einhaltung der sich aus Absatz 2 ergebenden Anforderungen sicherzustellen. Sie kann die Beseitigung eines Tiergeheges anordnen, wenn nicht auf andere Weise rechtmäßige Zustände hergestellt werden können. In diesem Fall gilt § 42 Absatz 8 Satz 2 und 3 entsprechend.

(4) Die Länder können bestimmen, dass die Anforderungen nach Absatz 3 nicht gelten für Gehege,
1. die unter staatlicher Aufsicht stehen,
2. die nur für kurze Zeit aufgestellt werden oder eine geringe Fläche beanspruchen oder
3. in denen nur eine geringe Anzahl an Tieren oder Tiere mit geringen Anforderungen an ihre Haltung gehalten werden.

(5) Weiter gehende Vorschriften der Länder bleiben unberührt.

§ 44 Vorschriften für besonders geschützte und bestimmte andere Tier- und Pflanzenarten

(1) Es ist verboten,
1. wild lebenden Tieren der besonders geschützten Arten nachzustellen, sie zu fangen, zu verletzen oder zu töten oder ihre Entwicklungsformen aus der Natur zu entnehmen, zu beschädigen oder zu zerstören,
2. wild lebende Tiere der streng geschützten Arten und der europäischen Vogelarten während der Fortpflanzungs-, Aufzucht-, Mauser-, Überwinterungs- und Wanderungszeiten erheblich zu stören; eine erhebliche Störung liegt vor, wenn sich durch die Störung der Erhaltungszustand der lokalen Population einer Art verschlechtert,
3. Fortpflanzungs- oder Ruhestätten der wild lebenden Tiere der besonders geschützten Arten aus der Natur zu entnehmen, zu beschädigen oder zu zerstören,

4. wild lebende Pflanzen der besonders geschützten Arten oder ihre Entwicklungsformen aus der Natur zu entnehmen, sie oder ihre Standorte zu beschädigen oder zu zerstören

(Zugriffsverbote).

(2) Es ist ferner verboten,
1. Tiere und Pflanzen der besonders geschützten Arten in Besitz oder Gewahrsam zu nehmen, in Besitz oder Gewahrsam zu haben oder zu be- oder verarbeiten (Besitzverbote),
2. Tiere und Pflanzen der besonders geschützten Arten im Sinne des § 7 Absatz 2 Nummer 13 Buchstabe b und c
   a) zu verkaufen, zu kaufen, zum Verkauf oder Kauf anzubieten, zum Verkauf vorrätig zu halten oder zu befördern, zu tauschen oder entgeltlich zum Gebrauch oder zur Nutzung zu überlassen,
   b) zu kommerziellen Zwecken zu erwerben, zur Schau zu stellen oder auf andere Weise zu verwenden

   (Vermarktungsverbote).

Artikel 9 der Verordnung (EG) Nr. 338/97 bleibt unberührt.

(3) Die Besitz- und Vermarktungsverbote gelten auch für
1. Waren im Sinne des Anhangs der Richtlinie 83/129/EWG, die entgegen den Artikeln 1 und 3 dieser Richtlinie nach dem 30. September 1983 in die Gemeinschaft gelangt sind,
2. Tiere und Pflanzen, die durch Rechtsverordnung nach § 54 Absatz 4 bestimmt sind.

(4) Entspricht die land-, forst- und fischereiwirtschaftliche Bodennutzung und die Verwertung der dabei gewonnenen Erzeugnisse den in § 5 Absatz 2 bis 4 dieses Gesetzes genannten Anforderungen sowie den sich aus § 17 Absatz 2 des Bundes-Bodenschutzgesetzes und dem Recht der Land-, Forst- und Fischereiwirtschaft ergebenden Anforderungen an die gute fachliche Praxis, verstößt sie nicht gegen die Zugriffs-, Besitz- und Vermarktungsverbote. Sind in Anhang IV der Richtlinie 92/43/EWG aufgeführte Arten, europäische Vogelarten oder solche Arten, die in einer Rechtsverordnung nach § 54 Absatz 1 Nummer 2 aufgeführt sind, betroffen, gilt dies nur, soweit sich der Erhaltungszustand der lokalen Population einer Art durch die Bewirtschaftung nicht verschlechtert. Soweit dies nicht durch anderweitige Schutzmaßnahmen, insbesondere durch Maßnahmen des Gebietsschutzes, Artenschutzprogramme, vertragliche Vereinbarungen oder gezielte Aufklärung sichergestellt ist, ordnet die zuständige Behörde gegenüber den verursachenden Land-, Forst- oder Fischwirten die erforderlichen Bewirtschaftungsvorgaben an. Befugnisse nach Landesrecht zur Anordnung oder zum Erlass entsprechender Vorgaben durch Allgemeinverfügung oder Rechtsverordnung bleiben unberührt.

(5) Für nach § 15 zulässige Eingriffe in Natur und Landschaft sowie für Vorhaben im Sinne des § 18 Absatz 2 Satz 1, die nach den Vorschriften des Baugesetzbuches zulässig sind, gelten die Zugriffs-, Besitz- und Vermarktungsverbote nach Maßgabe der Sätze 2 bis 5. Sind in Anhang IV Buchstabe a der Richtlinie 92/43/EWG aufgeführte Tierarten, europäische Vogelarten oder solche Arten betroffen, die in einer Rechtsverordnung nach § 54 Absatz 1 Nummer 2 aufgeführt sind, liegt ein Verstoß gegen das Verbot des Absatzes 1 Nummer 3 und im Hinblick auf damit verbundene unver-

meidbare Beeinträchtigungen wild lebender Tiere auch gegen das Verbot des Absatzes 1 Nummer 1 nicht vor, soweit die ökologische Funktion der von dem Eingriff oder Vorhaben betroffenen Fortpflanzungs- oder Ruhestätten im räumlichen Zusammenhang weiterhin erfüllt wird. Soweit erforderlich, können auch vorgezogene Ausgleichsmaßnahmen festgesetzt werden. Für Standorte wild lebender Pflanzen der in Anhang IV Buchstabe b der Richtlinie 92/43/EWG aufgeführten Arten gelten die Sätze 2 und 3 entsprechend. Sind andere besonders geschützte Arten betroffen, liegt bei Handlungen zur Durchführung eines Eingriffs oder Vorhabens kein Verstoß gegen die Zugriffs-, Besitz- und Vermarktungsverbote vor.

(6) Die Zugriffs- und Besitzverbote gelten nicht für Handlungen zur Vorbereitung gesetzlich vorgeschriebener Prüfungen, die von fachkundigen Personen unter größtmöglicher Schonung der untersuchten Exemplare und der übrigen Tier- und Pflanzenwelt im notwendigen Umfang vorgenommen werden. Die Anzahl der verletzten oder getöteten Exemplare von europäischen Vogelarten und Arten der in Anhang IV Buchstabe a der Richtlinie 92/43/EWG aufgeführten Tierarten ist von der fachkundigen Person der für Naturschutz und Landschaftspflege zuständigen Behörde jährlich mitzuteilen.

§ 45 Ausnahmen; Ermächtigung zum Erlass von Rechtsverordnungen

(1) Von den Besitzverboten sind, soweit sich aus einer Rechtsverordnung nach § 54 Absatz 5 nichts anderes ergibt, ausgenommen

1. Tiere und Pflanzen der besonders geschützten Arten, die rechtmäßig
   a) in der Gemeinschaft gezüchtet und nicht herrenlos geworden sind, durch künstliche Vermehrung gewonnen oder aus der Natur entnommen worden sind,
   b) aus Drittstaaten in die Gemeinschaft gelangt sind,
2. Tiere und Pflanzen der Arten, die in einer Rechtsverordnung nach § 54 Absatz 4 aufgeführt und vor ihrer Aufnahme in die Rechtsverordnung rechtmäßig in der Gemeinschaft erworben worden sind.

Satz 1 Nummer 1 Buchstabe b gilt nicht für Tiere und Pflanzen der Arten im Sinne des § 7 Absatz 2 Nummer 13 Buchstabe b, die nach dem 3. April 2002 ohne eine Ausnahme oder Befreiung nach § 43 Absatz 8 Satz 2 oder § 62 des Bundesnaturschutzgesetzes in der bis zum 1. März 2010 geltenden Fassung oder nach dem 1. März 2010 ohne eine Ausnahme nach Absatz 8 aus einem Drittstaat unmittelbar in das Inland gelangt sind. Abweichend von Satz 2 dürfen tote Vögel von europäischen Vogelarten im Sinne des § 7 Absatz 2 Nummer 13 Buchstabe b Doppelbuchstabe bb, soweit diese nach § 2 Absatz 1 des Bundesjagdgesetzes dem Jagdrecht unterliegen, zum persönlichen Gebrauch oder als Hausrat ohne eine Ausnahme oder Befreiung aus einem Drittstaat unmittelbar in das Inland verbracht werden.

(2) Soweit nach Absatz 1 Tiere und Pflanzen der besonders geschützten Arten keinen Besitzverboten unterliegen, sind sie auch von den Vermarktungsverboten ausgenommen. Dies gilt vorbehaltlich einer Rechtsverordnung nach § 54 Absatz 5 nicht für aus der Natur entnommene

1. Tiere und Pflanzen der streng geschützten Arten und
2. Tiere europäischer Vogelarten.

(3) Von den Vermarktungsverboten sind auch ausgenommen
1. Tiere und Pflanzen der streng geschützten Arten, die vor ihrer Unterschutzstellung als vom Aussterben bedrohte oder streng geschützte Arten rechtmäßig erworben worden sind,
2. Tiere europäischer Vogelarten, die vor dem 6. April 1981 rechtmäßig erworben worden oder in Anhang III Teil A der Richtlinie 2009/147/EG aufgeführt sind,
3. Tiere und Pflanzen der Arten, die den Richtlinien 92/43/EWG und 2009/147/EG unterliegen und die in einem Mitgliedstaat in Übereinstimmung mit den Richtlinien zu den in § 44 Absatz 2 Satz 1 Nummer 2 genannten Handlungen freigegeben worden sind.

(4) Abweichend von den Besitz- und Vermarktungsverboten ist es vorbehaltlich jagd- und fischereirechtlicher Vorschriften zulässig, tot aufgefundene Tiere und Pflanzen aus der Natur zu entnehmen und an die von der für Naturschutz und Landschaftspflege zuständigen Behörde bestimmte Stelle abzugeben oder, soweit sie nicht zu den streng geschützten Arten gehören, für Zwecke der Forschung oder Lehre oder zur Präparation für diese Zwecke zu verwenden.

(5) Abweichend von den Verboten des § 44 Absatz 1 Nummer 1 sowie den Besitzverboten ist es vorbehaltlich jagdrechtlicher Vorschriften ferner zulässig, verletzte, hilflose oder kranke Tiere aufzunehmen, um sie gesund zu pflegen. Die Tiere sind unverzüglich freizulassen, sobald sie sich selbständig erhalten können. Im Übrigen sind sie an die von der für Naturschutz und Landschaftspflege zuständigen Behörde bestimmte Stelle abzugeben. Handelt es sich um Tiere der streng geschützten Arten, so hat der Besitzer die Aufnahme des Tieres der für Naturschutz und Landschaftspflege zuständigen Behörde zu melden. Diese kann die Herausgabe des aufgenommenen Tieres verlangen.

(6) Die nach Landesrecht zuständigen Behörden können Ausnahmen von den Besitz- und Vermarktungsverboten zulassen, soweit dies für die Verwertung beschlagnahmter oder eingezogener Tiere und Pflanzen erforderlich ist und Rechtsakte der Europäischen Gemeinschaft dem nicht entgegenstehen. Ist für die Beschlagnahme oder Einziehung eine Bundesbehörde zuständig, kann diese Behörde Ausnahmen von den Besitz- und Vermarktungsverboten im Sinne von Satz 1 zulassen.

(7) Die nach Landesrecht für Naturschutz und Landschaftspflege zuständigen Behörden sowie im Fall des Verbringens aus dem Ausland das Bundesamt für Naturschutz können von den Verboten des § 44 im Einzelfall weitere Ausnahmen zulassen
1. zur Abwendung erheblicher land-, forst-, fischerei-, wasser- oder sonstiger erheblicher wirtschaftlicher Schäden,
2. zum Schutz der natürlich vorkommenden Tier- und Pflanzenwelt,
3. für Zwecke der Forschung, Lehre, Bildung oder Wiederansiedlung oder diesen Zwecken dienende Maßnahmen der Aufzucht oder künstlichen Vermehrung,
4. im Interesse der Gesundheit des Menschen, der öffentlichen Sicherheit, einschließlich der Verteidigung und des Schutzes der Zivilbevölkerung, oder der maßgeblich günstigen Auswirkungen auf die Umwelt oder
5. aus anderen zwingenden Gründen des überwiegenden öffentlichen Interesses einschließlich solcher sozialer oder wirtschaftlicher Art.

Eine Ausnahme darf nur zugelassen werden, wenn zumutbare Alternativen nicht gegeben sind und sich der Erhaltungszustand der Populationen einer Art nicht verschlechtert, soweit nicht Artikel 16 Absatz 1 der Richtlinie 92/43/EWG weiter gehende Anforderungen enthält. Artikel 16 Absatz 3 der Richtlinie 92/43/EWG und Artikel 9 Absatz 2 der Richtlinie 2009/147/EG sind zu beachten. Die Landesregierungen können Ausnahmen auch allgemein durch Rechtsverordnung zulassen. Sie können die Ermächtigung nach Satz 4 durch Rechtsverordnung auf andere Landesbehörden übertragen.

(8) Das Bundesamt für Naturschutz kann im Fall des Verbringens aus dem Ausland von den Verboten des § 44 unter den Voraussetzungen des Absatzes 7 Satz 2 und 3 im Einzelfall weitere Ausnahmen zulassen, um unter kontrollierten Bedingungen und in beschränktem Ausmaß eine vernünftige Nutzung von Tieren und Pflanzen bestimmter Arten im Sinne des § 7 Absatz 2 Nummer 13 Buchstabe b sowie für gezüchtete und künstlich vermehrte Tiere oder Pflanzen dieser Arten zu ermöglichen.

§ 46 Nachweispflicht

(1) Diejenige Person, die

1. lebende Tiere oder Pflanzen der besonders geschützten Arten, ihre lebenden oder toten Entwicklungsformen oder im Wesentlichen vollständig erhaltene tote Tiere oder Pflanzen der besonders geschützten Arten,
2. ohne Weiteres erkennbare Teile von Tieren oder Pflanzen der streng geschützten Arten oder ohne Weiteres erkennbar aus ihnen gewonnene Erzeugnisse oder
3. lebende Tiere oder Pflanzen der Arten, die in einer Rechtsverordnung nach § 54 Absatz 4 aufgeführt sind,

besitzt oder die tatsächliche Gewalt darüber ausübt, kann sich gegenüber den für Naturschutz und Landschaftspflege zuständigen Behörden auf eine Berechtigung hierzu nur berufen, wenn sie auf Verlangen diese Berechtigung nachweist oder nachweist, dass sie oder ein Dritter die Tiere oder Pflanzen vor ihrer Unterschutzstellung als besonders geschützte Art oder vor ihrer Aufnahme in eine Rechtsverordnung nach § 54 Absatz 4 in Besitz hatte.

(2) Auf Erzeugnisse im Sinne des Absatzes 1 Nummer 2, die dem persönlichen Gebrauch oder als Hausrat dienen, ist Absatz 1 nicht anzuwenden. Für Tiere oder Pflanzen, die vor ihrer Unterschutzstellung als besonders geschützte Art oder vor ihrer Aufnahme in eine Rechtsverordnung nach § 54 Absatz 4 erworben wurden und die dem persönlichen Gebrauch oder als Hausrat dienen, genügt anstelle des Nachweises nach Absatz 1 die Glaubhaftmachung. Die Glaubhaftmachung darf nur verlangt werden, wenn Tatsachen die Annahme rechtfertigen, dass keine Berechtigung vorliegt.

(3) Soweit nach Artikel 8 oder Artikel 9 der Verordnung (EG) Nr. 338/97 die Berechtigung zu den dort genannten Handlungen nachzuweisen ist oder für den Nachweis bestimmte Dokumente vorgeschrieben sind, ist der Nachweis in der in der genannten Verordnung vorgeschriebenen Weise zu führen.

§ 47 Einziehung

Tiere oder Pflanzen, für die der erforderliche Nachweis oder die erforderliche Glaubhaftmachung nicht erbracht wird, können von den für Naturschutz und Landschaftspflege zuständigen Behörden eingezogen werden. § 51 gilt entsprechend; § 51 Absatz 1 Satz 2 gilt mit der Maßgabe, dass auch die Vorlage einer Bescheinigung einer sonstigen unabhängigen sachverständigen Stelle oder Person verlangt werden kann.

§ 63 Mitwirkungsrechte

(1) Einer nach § 3 des Umwelt-Rechtsbehelfsgesetzes vom Bund anerkannten Vereinigung, die nach ihrem satzungsgemäßen Aufgabenbereich im Schwerpunkt die Ziele des Naturschutzes und der Landschaftspflege fördert (anerkannte Naturschutzvereinigung), ist Gelegenheit zur Stellungnahme und zur Einsicht in die einschlägigen Sachverständigengutachten zu geben

1. bei der Vorbereitung von Verordnungen und anderen im Rang unter dem Gesetz stehenden Rechtsvorschriften auf dem Gebiet des Naturschutzes und der Landschaftspflege durch die Bundesregierung oder das Bundesministerium für Umwelt, Naturschutz und Reaktorsicherheit,
2. vor der Erteilung von Befreiungen von Geboten und Verboten zum Schutz von geschützten Meeresgebieten im Sinne des § 57 Absatz 2, auch wenn diese durch eine andere Entscheidung eingeschlossen oder ersetzt werden,
3. in Planfeststellungsverfahren, die von Behörden des Bundes oder im Bereich der deutschen ausschließlichen Wirtschaftszone und des Festlandsockels von Behörden der Länder durchgeführt werden, wenn es sich um Vorhaben handelt, die mit Eingriffen in Natur und Landschaft verbunden sind,
4. bei Plangenehmigungen, die von Behörden des Bundes erlassen werden und an die Stelle einer Planfeststellung im Sinne der Nummer 3 treten, wenn eine Öffentlichkeitsbeteiligung vorgesehen ist,

soweit sie durch das Vorhaben in ihrem satzungsgemäßen Aufgabenbereich berührt wird.

(2) Einer nach § 3 des Umwelt-Rechtsbehelfsgesetzes von einem Land anerkannten Naturschutzvereinigung, die nach ihrer Satzung landesweit tätig ist, ist Gelegenheit zur Stellungnahme und zur Einsicht in die einschlägigen Sachverständigengutachten zu geben

1. bei der Vorbereitung von Verordnungen und anderen im Rang unter dem Gesetz stehenden Rechtsvorschriften der für Naturschutz und Landschaftspflege zuständigen Behörden der Länder,
2. bei der Vorbereitung von Programmen und Plänen im Sinne der §§ 10 und 11,
3. bei der Vorbereitung von Plänen im Sinne des § 36 Satz 1 Nummer 2,
4. bei der Vorbereitung von Programmen staatlicher und sonstiger öffentlicher Stellen zur Wiederansiedlung von Tieren und Pflanzen verdrängter wild lebender Arten in der freien Natur,
5. vor der Erteilung von Befreiungen von Geboten und Verboten zum Schutz von Gebieten im Sinne des § 32 Absatz 2, Natura 2000-Gebieten, Naturschutzgebieten, Nationalparken, Nationalen Naturmonumenten und Biosphärenreservaten, auch wenn diese durch eine andere Entscheidung eingeschlossen oder ersetzt werden,
6. in Planfeststellungsverfahren, wenn es sich um Vorhaben im Gebiet des anerkennenden Landes handelt, die mit Eingriffen in Natur und Landschaft verbunden sind,
7. bei Plangenehmigungen, die an die Stelle einer Planfeststellung im Sinne der Nummer 6 treten, wenn eine Öffentlichkeitsbeteiligung vorgesehen ist,
8. in weiteren Verfahren zur Ausführung von landesrechtlichen Vorschriften, wenn das Landesrecht dies vorsieht,

soweit sie durch das Vorhaben in ihrem satzungsgemäßen Aufgabenbereich berührt wird.

(3) § 28 Absatz 2 Nummer 1 und 2, Absatz 3 und § 29 Absatz 2 des Verwaltungsverfahrensgesetzes gelten entsprechend. Eine in anderen Rechtsvorschriften des Bundes oder der Länder vorgeschriebene inhaltsgleiche oder weiter gehende Form der Mitwirkung bleibt unberührt.

(4) Die Länder können bestimmen, dass in Fällen, in denen Auswirkungen auf Natur und Landschaft nicht oder nur im geringfügigen Umfang zu erwarten sind, von einer Mitwirkung abgesehen werden kann.

§ 65 Duldungspflicht

(1) Eigentümer und sonstige Nutzungsberechtigte von Grundstücken haben Maßnahmen des Naturschutzes und der Landschaftspflege auf Grund von Vorschriften dieses Gesetzes, Rechtsvorschriften, die auf Grund dieses Gesetzes erlassen worden sind oder fortgelten, oder Naturschutzrecht der Länder zu dulden, soweit dadurch die Nutzung des Grundstücks nicht unzumutbar beeinträchtigt wird. Weiter gehende Regelungen der Länder bleiben unberührt.

(2) Vor der Durchführung der Maßnahmen sind die Berechtigten in geeigneter Weise zu benachrichtigen.

(3) Die Befugnis der Bediensteten und Beauftragten der Naturschutzbehörden, zur Erfüllung ihrer Aufgaben Grundstücke zu betreten, richtet sich nach Landesrecht.

§ 69 Bußgeldvorschriften

(1) Ordnungswidrig handelt, wer wissentlich entgegen § 39 Absatz 1 Nummer 1 ein wild lebendes Tier beunruhigt.

(2) Ordnungswidrig handelt, wer

1. entgegen § 44 Absatz 1 Nummer 1 einem wild lebenden Tier nachstellt, es fängt, verletzt oder tötet oder seine Entwicklungsformen aus der Natur entnimmt, beschädigt oder zerstört,
2. entgegen § 44 Absatz 1 Nummer 2 ein wild lebendes Tier erheblich stört,
3. entgegen § 44 Absatz 1 Nummer 3 eine Fortpflanzungs- oder Ruhestätte aus der Natur entnimmt, beschädigt oder zerstört oder
4. entgegen § 44 Absatz 1 Nummer 4 eine wild lebende Pflanze oder ihre Entwicklungsformen aus der Natur entnimmt oder sie oder ihren Standort beschädigt oder zerstört.

(3) Ordnungswidrig handelt, wer vorsätzlich oder fahrlässig

1. ohne Genehmigung nach § 17 Absatz 3 Satz 1 einen Eingriff in Natur und Landschaft vornimmt,
2. einer vollziehbaren Anordnung nach § 17 Absatz 8 Satz 1 oder Satz 2, § 34 Absatz 6 Satz 4 oder Satz 5, § 42 Absatz 7 oder Absatz 8 Satz 1 oder Satz 2, auch in Verbindung mit § 43 Absatz 3 Satz 4, oder § 43 Absatz 3 Satz 2 oder Satz 3 zuwiderhandelt,
3. entgegen § 22 Absatz 3 Satz 3 eine dort genannte Handlung oder Maßnahme vornimmt,
4. entgegen § 23 Absatz 2 Satz 1 in Verbindung mit einer Rechtsverordnung nach § 57 Absatz 2 eine dort genannte Handlung oder Maßnahme in einem Meeresgebiet vornimmt, das als Naturschutzgebiet geschützt wird,

5. entgegen § 30 Absatz 2 Satz 1 ein dort genanntes Biotop zerstört oder sonst erheblich beeinträchtigt,
6. entgegen § 33 Absatz 1 Satz 1, auch in Verbindung mit Absatz 2 Satz 1, eine Veränderung oder Störung vornimmt,
7. entgegen § 39 Absatz 1 Nummer 1 ein wild lebendes Tier ohne vernünftigen Grund fängt, verletzt oder tötet,
8. entgegen § 39 Absatz 1 Nummer 2 eine wild lebende Pflanze ohne vernünftigen Grund entnimmt, nutzt oder ihre Bestände niederschlägt oder auf sonstige Weise verwüstet,
9. entgegen § 39 Absatz 1 Nummer 3 eine Lebensstätte wild lebender Tiere oder Pflanzen ohne vernünftigen Grund erheblich beeinträchtigt oder zerstört,
10. entgegen § 39 Absatz 2 Satz 1 ein wild lebendes Tier oder eine wild lebende Pflanze aus der Natur entnimmt,
11. ohne Genehmigung nach § 39 Absatz 4 Satz 1 eine wild lebende Pflanze gewerbsmäßig entnimmt oder be- oder verarbeitet,
12. entgegen § 39 Absatz 5 Satz 1 Nummer 1 die Bodendecke abbrennt oder eine dort genannte Fläche behandelt,
13. entgegen § 39 Absatz 5 Satz 1 Nummer 2 einen Baum, eine Hecke, einen lebenden Zaun, ein Gebüsch oder ein anderes Gehölz abschneidet oder auf den Stock setzt,
14. entgegen § 39 Absatz 5 Satz 1 Nummer 3 ein Röhricht zurückschneidet,
15. entgegen § 39 Absatz 5 Satz 1 Nummer 4 einen dort genannten Graben räumt,
16. entgegen § 39 Absatz 6 eine Höhle, einen Stollen, einen Erdkeller oder einen ähnlichen Raum aufsucht,
17. ohne Genehmigung nach § 40 Absatz 4 Satz 1 eine Pflanze einer gebietsfremden Art oder ein Tier ausbringt,
18. ohne Genehmigung nach § 42 Absatz 2 Satz 1 einen Zoo errichtet, erweitert, wesentlich ändert oder betreibt,
19. entgegen § 43 Absatz 3 Satz 1 eine Anzeige nicht, nicht richtig, nicht vollständig oder nicht rechtzeitig erstattet,
20. entgegen § 44 Absatz 2 Satz 1 Nummer 1, auch in Verbindung mit § 44 Absatz 3 Nummer 1 oder Nummer 2, diese in Verbindung mit einer Rechtsverordnung nach § 54 Absatz 4, ein Tier, eine Pflanze oder eine Ware in Besitz oder Gewahrsam nimmt, in Besitz oder Gewahrsam hat oder be- oder verarbeitet,
21. entgegen § 44 Absatz 2 Satz 1 Nummer 2, auch in Verbindung mit § 44 Absatz 3 Nummer 1 oder Nummer 2, diese in Verbindung mit einer Rechtsverordnung nach § 54 Absatz 4, ein Tier, eine Pflanze oder eine Ware verkauft, kauft, zum Verkauf oder Kauf anbietet, zum Verkauf vorrätig hält oder befördert, tauscht oder entgeltlich zum Gebrauch oder zur Nutzung überlässt, zu kommerziellen Zwecken erwirbt, zur Schau stellt oder auf andere Weise verwendet,
22. entgegen § 50 Absatz 1 Satz 1 ein Tier oder eine Pflanze nicht, nicht richtig oder nicht rechtzeitig zur Ein- oder Ausfuhr anmeldet oder nicht oder nicht rechtzeitig vorführt,
23. entgegen § 50 Absatz 2 eine Mitteilung nicht, nicht richtig, nicht vollständig oder nicht rechtzeitig macht,
24. entgegen § 52 Absatz 1 eine Auskunft nicht, nicht richtig, nicht vollständig oder nicht rechtzeitig erteilt,

25. entgegen § 52 Absatz 2 Satz 2 eine beauftragte Person nicht unterstützt oder eine geschäftliche Unterlage nicht, nicht richtig, nicht vollständig oder nicht rechtzeitig vorlegt,
26. entgegen § 61 Absatz 1 Satz 1 oder Satz 2 an einem Gewässer eine bauliche Anlage errichtet oder wesentlich ändert oder
27. einer Rechtsverordnung nach
    a) § 49 Absatz 2,
    b) § 54 Absatz 5,
    c) § 54 Absatz 6 Satz 1, Absatz 7 oder Absatz 8

oder einer vollziehbaren Anordnung auf Grund einer solchen Rechtsverordnung zuwiderhandelt, soweit die Rechtsverordnung für einen bestimmten Tatbestand auf diese Bußgeldvorschrift verweist.

(4) Ordnungswidrig handelt, wer gegen die Verordnung (EG) Nr. 338/97 des Rates vom 9. Dezember 1996 über den Schutz von Exemplaren wildlebender Tier- und Pflanzenarten durch Überwachung des Handels (ABl. L 61 vom 3.3.1997, S. 1, L 100 vom 17.4.1997, S. 72, L 298 vom 1.11.1997, S. 70, L 113 vom 27.4.2006, S. 26), die zuletzt durch die Verordnung (EG) Nr. 318/2008 (ABl. L 95 vom 8.4.2008, S. 3) geändert worden ist, verstößt, indem er vorsätzlich oder fahrlässig
1. entgegen Artikel 4 Absatz 1 Satz 1 oder Absatz 2 Satz 1 oder Artikel 5 Absatz 1 oder Absatz 4 Satz 1 eine Einfuhrgenehmigung, eine Ausfuhrgenehmigung oder eine Wiederausfuhrbescheinigung nicht, nicht richtig, nicht vollständig oder nicht rechtzeitig vorlegt,
2. entgegen Artikel 4 Absatz 3 Halbsatz 1 oder Absatz 4 eine Einfuhrmeldung nicht, nicht richtig, nicht vollständig oder nicht rechtzeitig vorlegt,
3. entgegen Artikel 8 Absatz 1, auch in Verbindung mit Absatz 5, ein Exemplar einer dort genannten Art kauft, zum Kauf anbietet, zu kommerziellen Zwecken erwirbt, zur Schau stellt oder verwendet oder ein Exemplar verkauft oder zu Verkaufszwecken vorrätig hält, anbietet oder befördert oder
4. einer vollziehbaren Auflage nach Artikel 11 Absatz 3 Satz 1 zuwiderhandelt.

(5) Ordnungswidrig handelt, wer gegen die Verordnung (EWG) Nr. 3254/91 des Rates vom 4. November 1991 zum Verbot von Tellereisen in der Gemeinschaft und der Einfuhr von Pelzen und Waren von bestimmten Wildtierarten aus Ländern, die Tellereisen oder den internationalen humanen Fangnormen nicht entsprechende Fangmethoden anwenden (ABl. L 308 vom 9.11.1991, S. 1), verstößt, indem er vorsätzlich oder fahrlässig
1. entgegen Artikel 2 ein Tellereisen verwendet oder
2. entgegen Artikel 3 Absatz 1 Satz 1 einen Pelz einer dort genannten Tierart oder eine dort genannte Ware in die Gemeinschaft verbringt.

(6) Die Ordnungswidrigkeit kann in den Fällen der Absätze 1 und 2, des Absatzes 3 Nummer 1 bis 6, 18, 20, 21, 26 und 27 Buchstabe b, des Absatzes 4 Nummer 1 und 3 und des Absatzes 5 mit einer Geldbuße bis zu fünfzigtausend Euro, in den übrigen Fällen mit einer Geldbuße bis zu zehntausend Euro geahndet werden.

(7) Die Länder können gesetzlich bestimmen, dass weitere rechtswidrige und vorwerfbare Handlungen, die gegen Vorschriften dieses Gesetzes oder Rechtsvorschriften verstoßen, die auf Grund dieses Gesetzes erlassen worden sind oder fortgelten, als Ordnungswidrigkeiten geahndet werden können.

Verordnung zum Schutz wild lebender Tier- und Pflanzenarten
(Bundesartenschutzverordnung – BArtSchV)

vom 16. Februar 2005 (BGBl. I S. 258, ber. S. 896)* , zuletzt geändert durch Gesetz vom 21. Januar 2013 (BGBl. I S. 95)

– Auszug –

§ 1 Besonders geschützte und streng geschützte Tier- und Pflanzenarten

Die in Anlage 1 Spalte 2 mit einem Kreuz (+) bezeichneten Tier- und Pflanzenarten werden unter besonderen Schutz gestellt. Die in Anlage 1 Spalte 3 mit einem Kreuz (+) bezeichneten Tier- und Pflanzenarten werden unter strengen Schutz gestellt.

§ 2 Ausnahmen

(1) Die Verbote des § 44 Absatz 1 Nummer 4 und Absatz 2 Satz 1 Nummer 1 des Bundesnaturschutzgesetzes gelten nicht für Pilze der nachstehend aufgeführten Arten, soweit sie in geringen Mengen für den eigenen Bedarf der Natur entnommen werden:

Boletus edulis	Steinpilz
Cantharellus spp.	Pfifferling – alle heimischen Arten
Gomphus clavatus	Schweinsohr
Lactarius volemus	Brätling
Leccinum spp.	Birkenpilz und Rotkappe – alle heimischen Arten
Morchella spp.	Morchel – alle heimischen Arten

Die nach Landesrecht zuständige Behörde kann im Einzelfall für die in Satz 1 genannten Pilze weitergehende Ausnahmen von den dort genannten Verboten zulassen, solange und soweit die Erhaltung der betreffenden Arten landesweit oder in bestimmten Landesteilen nicht gefährdet ist.

(2) Die nach Landesrecht zuständige Behörde kann Ausnahmen von § 44 Absatz 1 Nummer 1 und 3 und Absatz 2 des Bundesnaturschutzgesetzes für Weinbergschnecken (Helix pomatia) mit einem Gehäusedurchmesser von mindestens 30 Millimeter zulassen, soweit die Vorgaben der Artikel 14 und 16 Abs. 1 der Richtlinie 92/43/EWG des Rates vom 21. Mai 1992 zur Erhaltung der natürlichen Lebensräume sowie der wild lebenden Tiere und Pflanzen (FFH-Richtlinie) (ABl. L 206 vom 22.7.1992, S. 7), die zuletzt durch die Richtlinie 2006/105/EG (ABl. L 363 vom 20.12.2006, S. 368) geändert worden ist, nicht entgegenstehen.

(3) Die Besitz- und Vermarktungsverbote des § 44 Absatz 2 Satz 1 des Bundesnaturschutzgesetzes sowie die Vorschriften der §§ 6, 7 und 12 gelten nicht für

---

* Artikel 1 der Verordnung zur Neufassung der Bundesartenschutzverordnung und zur Anpassung weiterer Rechtsvorschriften. Gemäß Artikel 4 dieser Verordnung ist die BArtSchV am 25. Februar 2005 in Kraft getreten.

1. domestizierte Formen von Arten im Sinne von § 7 Absatz 2 Nummer 13 Buchstabe b des Bundesnaturschutzgesetzes,
2. gezüchtete beziehungsweise künstlich vermehrte Exemplare der in Anlage 2 aufgeführten Arten sowie
3. Edelkrebse (Astacus astacus), die rechtmäßig und zum Zweck der Hege dem Gewässer entnommen werden.

Die in Satz 1 genannten Formen sind auch von den Verboten des § 44 Absatz 1 Nummer 1 und 3 des Bundesnaturschutzgesetzes ausgenommen.

§ 3 Verbote für nicht besonders geschützte Tierarten

(1) Die Besitz- und Vermarktungsverbote des § 44 Absatz 2 Satz 1 des Bundesnaturschutzgesetzes gelten nach § 44 Absatz 3 Nummer 2 des Bundesnaturschutzgesetzes für lebende Tiere folgender Arten:

Castor canadensis	Amerikanischer Biber
Chelydra serpentina	Schnappschildkröte
Macroclemys temminckii	Geierschildkröte
Sciurus carolinensis	Grauhörnchen.

Die Regelung des § 45 Absatz 1 Satz 1 Nummer 2 des Bundesnaturschutzgesetzes bleibt unberührt.

(2) Es ist verboten,
1. lebende Tiere der im Absatz 1 Satz 1 genannten Arten anzubieten, zur Abgabe vorrätig zu halten, feilzuhalten oder an andere abzugeben,
2. Tiere der in Absatz 1 Satz 1 genannten Arten zu züchten.

(3) Absatz 2 Nr. 2 gilt nicht für Tierhaltungen unter zoologisch fachkundiger Leitung, die ganz oder überwiegend juristischen Personen des öffentlichen Rechts gehören.

§ 4 Verbotene Handlungen, Verfahren und Geräte

(1) Es ist verboten, in folgender Weise wild lebenden Tieren der besonders geschützten Arten und der nicht besonders geschützten Wirbeltierarten, die nicht dem Jagd- oder Fischereirecht unterliegen, nachzustellen, sie anzulocken, zu fangen oder zu töten:
1. mit Schlingen, Netzen, Fallen, Haken, Leim und sonstigen Klebstoffen,
2. unter Benutzung von lebenden Tieren als Lockmittel,
3. mit Armbrüsten,
4. mit künstlichen Lichtquellen, Spiegeln oder anderen beleuchtenden oder blendenden Vorrichtungen,
5. mit akustischen, elektrischen oder elektronischen Geräten,
6. durch Begasen oder Ausräuchern oder unter Verwendung von Giftstoffen, vergifteten oder betäubenden Ködern oder sonstigen betäubenden Mitteln,
7. mit halbautomatischen oder automatischen Waffen, deren Magazin mehr als zwei Patronen aufnehmen kann, oder unter Verwendung von Visiervorrichtungen für das Schießen bei Nacht mit elektronischen Bildverstärkern oder Bildumwandlern,
8. unter Verwendung von Sprengstoffen,
9. aus Kraftfahrzeugen oder Luftfahrzeugen oder

10. aus Booten mit einer Antriebsgeschwindigkeit von mehr als fünf Kilometer/ Stunde.

Satz 1 Nr. 1 gilt, außer beim Vogelfang, für Netze und Fallen nur, wenn mit ihnen Tiere in größeren Mengen oder wahllos gefangen oder getötet werden können. Satz 1 Nr. 6 gilt nur für Tiere der besonders geschützten Arten.

(2) Abweichend von Absatz 1 Satz 1 Nr. 1 ist es gestattet, Bisams (Ondatra zibethicus) mit Fallen, ausgenommen Käfigfallen mit Klappenschleusen (Reusenfallen), zu bekämpfen, soweit dies zum Schutz gefährdeter Objekte, insbesondere zum Hochwasserabfluss oder zum Schutz gegen Hochwasser oder zur Abwehr von land- oder fischerei- oder sonstiger erheblicher gemeinwirtschaftlicher Schäden erforderlich ist. Die Fallen müssen so beschaffen sein und dürfen nur so verwendet werden, dass das unbeabsichtigte Fangen von sonstigen wild lebenden Tieren weitgehend ausgeschlossen ist.

(3) Die nach Landesrecht zuständige Behörde kann im Einzelfall weitere Ausnahmen von den Verboten des Absatzes 1 zulassen, soweit dies

1. zur Abwendung erheblicher land-, forst-, fischerei-, wasser- oder sonstiger gemeinwirtschaftlicher Schäden,
2. zum Schutz der heimischen Tier- und Pflanzenwelt oder
3. für Zwecke der Forschung, Lehre oder Wiederansiedlung oder zur Nachzucht für einen dieser Zwecke

erforderlich ist, der Bestand und die Verbreitung der betreffenden Population oder Art dadurch nicht nachteilig beeinflusst wird und sonstige Belange des Artenschutzes, insbesondere Artikel 9 Abs. 1 der Richtlinie 2009/147/EG des Europäischen Parlaments und des Rates vom 30. November 2009 über die Erhaltung der wildlebenden Vogelarten (ABl. L 20 vom 26.1.2010, S. 7) und Artikel 16 Abs. 1 der Richtlinie 92/ 43/EWG des Rates nicht entgegenstehen.

(4) Artikel 2 der Verordnung (EWG) Nr. 3254/91 des Rates vom 4. November 1991 zum Verbot von Tellereisen in der Gemeinschaft und der Einfuhr von Pelzen und Waren von bestimmten Wildtierarten aus Ländern, die Tellereisen oder den internationalen humanen Fangnormen nicht entsprechende Fangmethoden anwenden (ABl. EG Nr. L 308 S. 1), bleibt unberührt.

§ 5 Teile und Erzeugnisse

Ohne weiteres erkennbare Teile von Tieren und Pflanzen sowie ohne weiteres erkennbar aus ihnen gewonnene Erzeugnisse im Sinne des § 7 Absatz 2 Nummer 1 Buchstabe c und d oder Nummer 2 Buchstabe c und d des Bundesnaturschutzgesetzes sind

1. alle Teile und Erzeugnisse von Arten im Sinne von § 7 Absatz 2 Nummer 13 Buchstabe b Doppelbuchstabe aa des Bundesnaturschutzgesetzes,
2. die in Anlage 3 bezeichneten Teile und Erzeugnisse von Tieren und Pflanzen der dort genannten Arten,
3. andere Gegenstände, bei denen aus einem Beleg, aus der Verpackung, aus einer Marke, aus einer Aufschrift oder aus sonstigen Umständen hervorgeht, dass es sich um Teile von Tieren und Pflanzen der besonders geschützten Arten oder aus ihnen gewonnene Erzeugnisse handelt.

§ 6 Aufnahme- und Auslieferungsbuch

(1) Wer gewerbsmäßig Tiere oder Pflanzen der besonders geschützten Arten erwirbt, be- oder verarbeitet oder in den Verkehr bringt, hat ein Aufnahme- und Auslieferungsbuch mit täglicher Eintragung zu führen; alle Eintragungen in das Buch sind in dauerhafter Form vorzunehmen. Das Aufnahme- und Auslieferungsbuch ist nach dem Muster in Anlage 4 zu führen; die §§ 239 und 261 des Handelsgesetzbuchs gelten sinngemäß. Bei der Abgabe von Teilen oder Erzeugnissen im Einzelhandel müssen Name und Anschrift des Empfängers nur angegeben werden, wenn der Verkaufspreis der Teile oder Erzeugnisse über 250 Euro beträgt; sind die Teile oder Erzeugnisse mit anderen Materialien fest verbunden, so ist der auf die Teile und Erzeugnisse entfallende Anteil am Verkaufswert maßgebend. Die nach Landesrecht zuständige Behörde kann, sofern Belange des Artenschutzes nicht entgegenstehen, Ausnahmen von den Sätzen 1 bis 3 zulassen, soweit durch gleichwertige Vorkehrungen eine ausreichende Überwachung sichergestellt ist.

(2) Absatz 1 Satz 1 bis 3 gilt nicht

1. für Pilze der in § 2 Abs. 1 Satz 1 aufgeführten und für Tiere der nachstehenden Arten, soweit aus einer Aufschrift auf einem Beleg oder auf der Verpackung die Einhaltung artenschutzrechtlicher Vorschriften hervorgeht:

Acipenseriformes spp.	Störartige – ausgenommen tote Exemplare, Teile und Erzeugnisse
Austropotamobius torrentium	Steinkrebs
Helix aspersa	Gefleckte Weinbergschnecke
Helix pomatia	Gewöhnliche Weinbergschnecke
Homarus gammarus	Hummer,

2. für durch künstliche Vermehrung gewonnene Pflanzenarten,
3. soweit eine gleichwertige Buchführung auf Grund anderer Vorschriften durchgeführt wird,
4. für Tiere und Pflanzen, bei denen auf Grund eines von der nach Landesrecht zuständigen Behörde anerkannten Verfahrens, dem Belange des Artenschutzes nicht entgegenstehen, durch gleichwertige Vorkehrungen eine ausreichende Überwachung sichergestellt ist,
5. für zu Gegenständen verarbeitete Teile und Erzeugnisse von Tieren und Pflanzen, die vor mehr als 50 Jahren erworben wurden, im Sinne von Artikel 2 Buchstabe w der Verordnung (EG) Nr. 338/97 des Rates vom 9. Dezember 1996 über den Schutz von Exemplaren wild lebender Tier- und Pflanzenarten durch Überwachung des Handels (ABl. L 61 vom 3.3.1997, S. 1, L 100 vom 17.4.1997, S. 72, L 298 vom 1.11.1997, S. 70, L 113 vom 27.4.2006, S. 26), die zuletzt durch die Verordnung (EG) Nr. 318/2008 (ABl. L 95 vom 8.4.2008, S. 3) geändert worden ist.

(3) Die Bücher mit den Belegen sind den in § 48 des Bundesnaturschutzgesetzes bestimmten Behörden sowie anderen, nach Landesrecht zuständigen Behörden auf Verlangen zur Prüfung auszuhändigen.

(4) Die Bücher mit den Belegen sind nach Maßgabe des Satzes 2 fünf Jahre aufzubewahren. Die Aufbewahrungsfrist beginnt mit dem Schluss des Kalenderjahres, in dem die letzte Eintragung für ein abgeschlossenes Geschäftsjahr gemacht worden ist. Andere gesetzliche Vorschriften, die eine längere Aufbewahrungspflicht vorsehen, bleiben unberührt.

§ 7 Haltung von Wirbeltieren

(1) Wirbeltiere der besonders geschützten und der in § 3 Abs. 1 Satz 1 genannten Arten dürfen nur gehalten werden, wenn sie keinem Besitzverbot unterliegen und der Halter

1. die erforderliche Zuverlässigkeit und ausreichende Kenntnisse über die Haltung und Pflege der Tiere hat und
2. über die erforderlichen Einrichtungen verfügt, die Gewähr dafür bieten, dass die Tiere nicht entweichen können und die Haltung den tierschutzrechtlichen Vorschriften entspricht.

Satz 1 gilt nicht für Greifvögel der in Anlage 4 der Bundeswildschutzverordnung vom 25. Oktober 1985 (BGBl. I S. 2040), die durch Artikel 3 der Verordnung vom 14. Oktober 1999 (BGBl. I. S. 1955) geändert worden ist, aufgeführten Arten. Das Vorliegen der Anforderungen nach Satz 1 ist der nach Landesrecht zuständigen Behörde auf Verlangen nachzuweisen.

(2) Wer Tiere der unter Absatz 1 fallenden Arten, ausgenommen Tiere der in Anlage 5 aufgeführten Arten, hält, hat der nach Landesrecht zuständigen Behörde unverzüglich nach Beginn der Haltung den Bestand der Tiere und nach der Bestandsanzeige den Zu- und Abgang sowie eine Kennzeichnung von Tieren unverzüglich schriftlich anzuzeigen; die Anzeige muss Angaben enthalten über Zahl, Art, Alter, Geschlecht, Herkunft, Verbleib, Standort, Verwendungszweck und Kennzeichen der Tiere. Die Verlegung des regelmäßigen Standorts der Tiere ist unverzüglich anzuzeigen.

(3) Für Absatz 2 gilt § 3 Abs. 3 entsprechend. Die nach Landesrecht zuständige Behörde kann für andere Tierhaltungen unter zoologisch fachkundiger Leitung Ausnahmen von Absatz 2 zulassen, sofern Belange des Artenschutzes nicht entgegenstehen.

§ 8 Begriffsbestimmungen

Greifvogelhybriden im Sinne dieser Verordnung sind Greifvögel, die genetische Anteile von mindestens einer heimischen sowie einer weiteren Greifvogelart enthalten.

§ 9 Zuchtverbot

(1) Es ist verboten, Greifvogelhybriden zu züchten.

(2) Bis zum 31. Dezember 2014 sind ausgenommen von dem Verbot des Absatzes 1 Züchter, die vor dem 25. Februar 2005 mit der Zucht von Greifvogelhybriden begonnen haben.

§ 10 Haltungsverbot

Es ist verboten, Greifvogelhybriden zu halten. Ausgenommen von dem Verbot sind Tiere, die vor dem 25. Februar 2005 in Übereinstimmung mit den zu ihrem Schutz geltenden Vorschriften gehalten werden, sowie, im Falle der Zucht, Jungvögel bis zur Abgabe an Dritte mit Wohnsitz oder Sitz im Ausland.

§ 11 Flugverbot, Entweichen

(1) Es ist verboten, Greifvogelhybriden in den Flug zu entlassen.

(2) Ausgenommen von dem Verbot des Absatzes 1 ist ein mit telemetrischer Ausrüstung überwachter Flug außerhalb des Zeitraums vom Beginn der Bettelflugperiode bis zum Erreichen der Selbständigkeit des Vogels. Die telemetrische Ausrüstung muss so beschaffen sein, dass die Identifizierung und Ortung des in den Freiflug gestellten Greifvogelhybriden jederzeit kurzfristig möglich ist. Der Halter hat den Greifvogelhybriden nach Abschluss des Fluges unverzüglich in ein Gehege zurückzuführen.

(3) Sobald eine Identifizierung und Ortung nach Absatz 2 Satz 2 nicht mehr möglich ist, hat der Halter unverzüglich alle zumutbaren Maßnahmen zur Rückführung des in den Freiflug gestellten Greifvogelhybriden in ein Gehege zu ergreifen und die nach Landesrecht zuständige Naturschutzbehörde zu informieren.

(4) Für Halter eines Greifvogelhybriden, der aus einem Gehege entwichen ist, gilt Absatz 3 entsprechend.

§ 12 Kennzeichnungspflicht

Wer lebende Säugetiere, Vögel und Reptilien der in Anlage 6 Spalte 1 aufgeführten Arten hält, hat diese unverzüglich zu kennzeichnen. Die Kennzeichnung hat nach Maßgabe

1. des § 13 Abs. 1 Satz 1 und 2, Abs. 2 und 3, des § 15 Abs. 1 bis 3, 5 und 7,
2. des § 13 Abs. 1 Satz 3 bis 10 sowie des § 15 Absatz 6

zu erfolgen.

§ 13 Kennzeichnungsmethoden

(1) Für die Kennzeichnung sind die Kennzeichnungsmethoden zu verwenden, die in Anlage 6 Spalte 2 bis 6 mit einem Kreuz (+) bei den jeweiligen Tierarten bezeichnet sind, sowie für Vogelarten der offene Ring gemäß Satz 2. Sind nach Satz 1 mehrere Kennzeichnungsmethoden vorgesehen, sind die Tiere mit einem Kennzeichen in der folgenden Rangfolge zu versehen:

1. gezüchtete Vögel vorrangig mit dem geschlossenen Ring;
2. Vögel, die nicht unter Nummer 1 fallen, vorrangig nach Wahl des Halters mit dem offenen Ring oder dem Transponder, ansonsten mit der Dokumentation;
3. Säugetiere vorrangig mit dem Transponder, ansonsten mit der Dokumentation oder mit sonstigen Kennzeichen;
4. Reptilien vorrangig nach Wahl des Halters mit dem Transponder oder der Dokumentation.

Die Kennzeichnung mit einem Transponder scheidet aus, soweit die Tiere weniger als 200 Gramm, bei Schildkröten weniger als 500 Gramm, wiegen oder ein solches Gewicht nicht erreichen können. Das Absehen von der jeweils als vorrangig bezeichneten Kennzeichnungsmethode bedarf der Zustimmung der nach Landesrecht zuständigen Behörde. Diese kann das Absehen von den als vorrangig bezeichneten Kennzeichnungsmethode zulassen, wenn diese wegen körperlicher oder verhaltensbedingter Eigenschaften der Tiere einschließlich des Unterschreitens der in Satz 3 genannten Gewichtsgrenzen nicht angewandt werden können. In diesem Fall sind unter den Voraussetzungen von Satz 5 andere für die betreffende Art mit einem Kreuz (+) bezeichneten Kennzeichnungsmethoden anzuordnen. Soweit dies nicht möglich ist, können weitere geeignete Kennzeichnungsmethoden, insbesondere molekulargenetische Methoden, zugelassen werden. Die Entscheidung nach Satz 5 ist mit der Auflage zu verbinden, die Kennzeichnung nachzuholen, sobald mit einem Fortfall der in Satz 5 genannten Hindernisse gerechnet werden kann. Für Tiere der in Anlage 6 Spalte 1 aufgeführten Arten, die in den Spalten 2 bis 6 nicht mit einem Kreuz (+) bezeichnet sind, sowie für Hybride von in Anlage 6 Spalte 1 aufgeführten Vogelarten mit weiteren dort aufgeführten oder anderen Arten hat der Halter spätestens mit Eintritt der Kennzeichnungspflicht bei der nach Landesrecht zuständigen Behörde die Festlegung der verbindlichen Kennzeichnungsmethode zu beantragen. Satz 7 gilt entsprechend.

(2) Ringe müssen eine Größe aufweisen, dass sie nach vollständigem Auswachsen des Beines nur durch Zerstörung des Ringes oder Verletzung des Vogels entfernt werden können. Dazu sind grundsätzlich Ringe der in Anlage 6 Spalte 3 vorgegebenen Größe zu verwenden. Von den Vorgaben in Satz 2 kann für Vögel bestimmter Rassen oder Populationen abgewichen werden, soweit die Verwendung von Ringen der dort genannten Größe entweder zu Verletzungen beim Vogel führt oder – abweichend von Satz 1 – ein Entfernen des Ringes möglich ist.

(3) Eine Dokumentation muss eine zeichnerische oder fotografische Darstellung individueller Körpermerkmale enthalten, die eine Identifizierung ermöglicht. Diese Darstellung ist zu ergänzen um eine Beschreibung des Tieres, die zumindest Angaben umfassen muss zu Größe und Länge, Gewicht, Geschlecht und Alter, sowie eine Beschreibung vorhandener Besonderheiten. Die Dokumentation ist in solchen Zeitabständen zu wiederholen, dass mögliche Änderungen der Körpermerkmale nachvollziehbar sind. Eine Mehrfertigung der ersten Dokumentation hat der Halter der Anzeige nach § 7 Abs. 2 beizufügen, weitere Dokumentationen sind den nach Landesrecht zuständigen Behörden auf Verlangen vorzulegen.

§ 14 Ausnahmen von der Kennzeichnungspflicht

(1) Die Kennzeichnungspflicht nach § 12 entfällt, wenn ein verletztes, hilfloses oder krankes Wirbeltier aufgenommen wird, um es gesund zu pflegen und es wieder in die Freiheit zu entlassen. Die nach Landesrecht zuständige Behörde kann im Einzelfall Ausnahmen von der Kennzeichnungspflicht nach § 12 zulassen für Wirbeltiere, die im Rahmen von bestandsschützenden Maßnahmen oder Wiederansiedlungsmaßnahmen gehalten oder abgegeben werden.

(2) Die Kennzeichnungspflicht nach § 12 entfällt auch, wenn ein Wirbeltier im Vollzug artenschutzrechtlicher Vorschriften der Europäischen Gemeinschaften oder auf Grund von Rechtsvorschriften anderer Mitgliedstaaten bereits mit einem Kennzeichen versehen ist. Vor Inkrafttreten der Kennzeichnungspflicht angebrachte Kennzeichnungen, die nicht unter Satz 1 fallen, kann die nach Landesrecht zuständige Behörde als Kennzeichnung im Sinne des § 12 anerkennen, soweit eine gleichwertige Individualisierung sichergestellt ist.

§ 15 Ausgabe von Kennzeichen

(1) Für die Kennzeichnung nach dieser Verordnung sind nur Ringe und Transponder zu verwenden, die von den nachstehenden Vereinen ausgegeben werden:
1. Bundesverband für fachgerechten Natur- und Artenschutz e. V.,
2. Zentralverband Zoologischer Fachbetriebe Deutschlands e. V.

Sie ermöglichen nicht vereinsangehörigen Personen den Bezug von Kennzeichen zu denselben Bedingungen wie Vereinsmitgliedern.

(2) Nach Absatz 1 ausgegebene Ringe müssen so beschaffen sein, dass sie vom Tier nicht zerstört werden können, ihre Lesbarkeit dauerhaft gewährleistet ist, sie nicht erheblich verformt oder geweitet werden können und eine Entfernung nur durch Zerstörung des Ringes oder Verletzung des Tieres möglich ist. Geschlossene Ringe müssen nahtlos, offene Ringe müssen darüber hinaus so beschaffen sein, dass sie nur einmal verwendet werden können. Ringe müssen tierschutzgerecht sein. Ringe für Greifvogelhybriden sind blau zu färben.

(3) Nach Absatz 1 ausgegebene Ringe müssen eine Beschriftung nach Maßgabe der Anlage 7 aufweisen. Die in Satz 1 genannte Beschriftung muss sich gegenüber eventuell auf dem Ring zusätzlich angebrachten Angaben deutlich hervorheben.

(4) weggefallen

(5) Nach Absatz 1 ausgegebene Transponder müssen in der Codestruktur und dem Informationsgehalt dem Standard ISO 11784: 1996 (e) „Radio-Frequency Identification of Animals – Code Structure"*

entsprechen. Die im Transponder festgelegte Information muss einmalig und darf nach Herstellung nicht veränderbar sein. Die Transponder müssen ferner den im Standard ISO 11785: 1996 (E) „Radio-Frequency Identification of Animals – Technical Concept"* festgelegten technischen Anforderungen entsprechen.

(6) Die in Absatz 1 genannten Vereine haben der nach Landesrecht zuständigen Behörde vierteljährlich die Beschriftung von in ihrem Zuständigkeitsbereich im laufenden Jahr ausgegebenen Kennzeichen sowie Name und Anschrift der Empfänger in für die elektronische Datenverarbeitung geeigneter Form zu übermitteln sowie dieser und dem Bundesamt für Naturschutz auf Anfrage unverzüglich entsprechende Angaben zu machen.

(7) Im Falle der Präparation verbleibt der Ring am Vogel.

§ 16 Ordnungswidrigkeiten

(1) Ordnungswidrig im Sinne des § 69 Absatz 3 Nummer 27 Buchstabe b des Bundesnaturschutzgesetzes handelt, wer vorsätzlich oder fahrlässig entgegen § 3 Abs. 2 ein Tier anbietet, zur Abgabe vorrätig hält, feilhält, an andere abgibt oder züchtet.

(2) Ordnungswidrig im Sinne des § 69 Absatz 3 Nummer 27 Buchstabe c des Bundesnaturschutzgesetzes handelt, wer vorsätzlich oder fahrlässig

1. entgegen § 4 Abs. 1 in der dort bezeichneten Weise einem Tier nachstellt, es anlockt, fängt oder tötet,
2. entgegen § 6 Abs. 1 Satz 1 ein Buch nicht, nicht richtig, nicht vollständig oder nicht in der vorgeschriebenen Weise führt,
3. entgegen § 6 Abs. 3 ein Buch nicht oder nicht rechtzeitig aushändigt,
4. entgegen § 6 Abs. 4 Satz 1 ein Buch nicht oder nicht mindestens fünf Jahre aufbewahrt,
5. entgegen § 7 Abs. 2 eine Anzeige nicht, nicht richtig, nicht vollständig, nicht in der vorgeschriebenen Weise oder nicht rechtzeitig erstattet,
6. entgegen § 9 Greifvogelhybride züchtet,
7. entgegen § 10 Greifvogelhybride hält,
8. entgegen § 11 Greifvogelhybride in den Flug entlässt,

---

* Amtliche Fußnote: Vertrieb: Beuth Verlag, Burggrafenstraße 6, 10787 Berlin.

9. entgegen § 11 Abs. 3 auch in Verbindung mit Abs. 4 eine Maßnahme nicht oder nicht rechtzeitig ergreift oder eine Greifvogelhybride nicht rechtzeitig zurückführt,
10. entgegen § 12 Satz 1 und 2 Nr. 1 ein Tier nicht, nicht richtig, nicht in der vorgeschriebenen Weise oder nicht rechtzeitig kennzeichnet, oder Kennzeichen ohne Zustimmung der nach Landesrecht zuständigen Behörde verändert oder entfernt,
11. entgegen § 13 Abs. 1 Satz 9 die Festlegung einer verbindlichen Kennzeichnungsmethode nicht oder nicht rechtzeitig beantragt,
12. entgegen § 13 Abs. 3 Satz 4 eine dort genannte Unterlage nicht beifügt oder nicht oder nicht rechtzeitig vorlegt.

§ 17 Ländervorbehalt

Die nach Landesrecht zuständigen Behörden können nach § 2 Abs. 1 Satz 2 und Abs. 2, § 4 Abs. 3, § 6 Abs. 1 Satz 4, § 7 Abs. 3 Satz 2 und § 14 Abs. 1 Satz 2 unter den jeweils genannten Voraussetzungen Ausnahmen auch allgemein zulassen.

Anlage 1
(zu § 1)

Schutzstatus wild lebender Tier- und Pflanzenarten*

Erläuterungen zur Anlage 1

1. Die in Anlage 1 aufgeführten Arten werden bezeichnet
   a) mit dem Namen der Art oder
   b) als Gesamtheit der einem höheren Taxon (Ordnungsstufe des Tier- bzw. Pflanzenreiches) oder einem bestimmten Teil derselben angehörenden Arten.
2. Die Abkürzung „spp." wird zur Bezeichnung aller Arten eines höheren Taxons verwendet.
3. Sonstige Bezugnahmen auf höhere Taxa als Arten dienen nur der Information oder Klassifikation.
4. Durch Aufnahme einer Art in Anlage 1 werden auch Bastarde dieser Art mit anderen Arten erfasst. Sind beide an der Bastardierung beteiligten Ausgangsarten geschützt, so richtet sich der Schutz nach den für die am strengsten geschützte Art geltenden Vorschriften.
5. Domestizierte Formen werden durch die Aufnahme einer Art in Anlage 1 nicht erfasst. Als domestizierte Form gilt insbesondere Apis mellifera – Honigbiene.
6. „Europäisch" ist eine wild lebende Tier- oder Pflanzenart, die ihr Verbreitungsgebiet oder regelmäßiges Wanderungsgebiet ganz oder teilweise
   a) in Europa hat oder in geschichtlicher Zeit hatte oder
   b) auf natürliche Weise nach Europa ausdehnt.

   Europa umfasst im Osten und Südosten jenen Teil Eurasiens, der vom Uralgebirge und der Kaspisee, dem Kaukasus, dem Schwarzen Meer, dem Bosporus, dem Marmarameer und den Dardanellen begrenzt wird, dazu alle Ägäischen Inseln und Kreta; im Süden und Südwesten Malta, Sizilien, die Balearen und die

---

* Amtliche Fußnote: Durch § 10 Abs. 2 Nr. 10 Buchstabe a und b des Bundesnaturschutzgesetzes werden weitere Arten unter Schutz gestellt. Anmerkung der Redaktion: jetzt § 7 Abs. 2 Nr. 13 Buchstabe a und b des Bundesnaturschutzgesetzes

Iberische Halbinsel; im Westen die Britischen Inseln und im Norden Skandinavien mit Island sowie Spitzbergen, Franz-Joseph-Land und Nowaja Semlja.

7. Die Taxonomie der in den Anlagen genannten Tier- und Pflanzenarten richtet sich nach folgenden Werken, soweit die Arten dort aufgeführt sind:

Binot, M., Bless, R., Boye, P., Gruttke, H. & Pretscher, P. (Bearb.) (1998): Rote Liste gefährdeter Tiere Deutschlands. – Schriftenreihe für Landschaftspflege und Naturschutz, Heft 55, Bonn-Bad Godesberg.

Böhme, W. (2003): Checklist of the living monitor lizards of the world (family Varanidae). – Zool. Verh. Leiden 341: 4–43.

Bundesamt für Naturschutz (1996): Rote Liste gefährdeter Pflanzen Deutschlands. – Schriftenreihe für Vegetationskunde, Heft 28, Bonn-Bad Godesberg.

McDiarmid, R.W., Campbell, J.A. and Touré, T.A. (1999): Snake Species of the World. A Taxonomic and Geographic Reference. Volume 1. – The Herpetologists' League, Washington. (für Loxocemidae, Pythonidae, Boidae, Bolyeriidae, Tropidophiidae & Viperidae außer für die Beibehaltung der Gattungen Acrantophis, Sanzinia, Calabaria & Lichanura und die Anerkennung von Epicrates maurus als valide Art)

Eschmeier, W.N. (1998): Catalog of fishes. Vol. 1. Introductory materials. Species of fishes A–L: 1–958 pp. Vol. 2. Species of fishes M–Z: 959–1820 pp. Vol. 3. Genera of fishes. Species and genera in a classification. Literature cited and appendices: 1821–2905 pp. – California Academy of Sciences.

Freude, H., Harde, K.W. & Lohse, G.A. (Hrsg.) (1964–1983): Die Käfer Mitteleuropas. – Band 2–11, Krefeld.

Frost, D.R. (1985): Amphibian Species of the World. A Taxonomic and Geographic Reference. – Lawrence.

Frost, D.R. (2002): Amphibian Species of the World. A Taxonomic and Geographic Reference. – Online reference (http://research.amnh.org/herpetology/amphibian/index.html vom 23. August 2002).

Gasc, J.-P., Cabela, A., Crnobrnja-Isailovic, J., Dolmen, D., Grossenbacher, K., Haffner, P., Lescure, J., Martens, H., Martinez Rica, J.P., Maurin, H., Oliveira, M.E., Sofianidou, T.S., Veith, M. & Zuderwijk, A. (eds.) (1997): Atlas of the Amphibians and Reptiles in Europe. – Societas Europaea Herpetologica, Paris.

del Hoyo, J., Elliott, A. & Sargatal, J. eds. (1997): Handbook of the Birds of the World. Vol. 4. Sandgrouse to Cuckoos. – Lynx Edicions, Barcelona, 679 pp. (für Psittacidae)

del Hoyo, J., Elliott, A. & Sargatal, J. eds. (1999): Handbook of the Birds of the World. Vol. 5. Barn-owls to Hummingbirds. – Lynx Edicions, Barcelona, 759 pp. (für Trochilidae)

Karlsholt, O. & Razowski, J. (eds.) (1996): The Lepidoptera of Europe. A Distributional Checklist. – Stenstrup.

Lohse, G.A. & Lucht, W.H. (Hrsg.) (1989–1994): Die Käfer Mitteleuropas – 1.–3. Supplementband mit Katalogteil. – Krefeld.

Mabberley, D.J. (1993): The plant-book. – University Press, Cambridge.

Sibley, C.G. & B.L. Monroe Jr (1990): Distribution and Taxonomy of Birds of the World. – New Haven, London (Yale University Press), 1111 pp. (für Vögel außer Psittacidae und Trochilidae)

Sibley, C.G. & B.L. Monroe Jr (1993): A supplement to Distribution and Taxonomy of Birds of the world. – New Haven, London (Yale University Press), 108 pp. (für Vögel außer Psittacidae und Trochilidae)

Turin, H., Casale, A., Kryzhanovski, O.L., Makarov, K.V. & Penev, L.D. (1993): Checklist and Atlas of the Genus Carabus Linnaeus in Europe (Coleoptera, Carabidae). – Leiden.

Wermuth, H. & Mertens, R. (1996): Schildkröten, Krokodile, Brückenechsen. – Jena (Gustav Fischer Verlag), 506 S.

Willis, J. (1973): A Dictionary of Flowering Plants and Ferns. – Cambridge.

Wilson, D.E. & Reeder, D.M. (1993): Mammal Species of the World. – 2nd edition. Washington & London.

Wissenschaftliche Bezeichnung	Deutscher Name	Besonders geschützte Arten zu § 1 Satz 1	Streng geschützte Arten zu § 1 Satz 2
1		2	3
Fauna			
Mammalia	**Säugetiere**		
Crocidura suaveolens ariadne	Kretische Gartenspitzmaus	+	
Crocidura suaveolens cypria	Zypriotische Gartenspitzmaus	+	
Desmana moschata	Russischer Desman	+	
Gazella subgutturosa	Kropfgazelle	+	
Gulo gulo[1])	Vielfraß	+	
Mesocricetus newtoni	Rumänischer Hamster	+	
Microtus bavaricus	Bayerische Kleinwühlmaus	+	+
Ovibos moschatus	Moschusochse	+	
Phoca hispida ladogensis	Ringelrobbe – nur die Unterart ladogensis	+	
Spalax graecus	Bukowinische Blindmaus	+	
Vormela peregusna	Tigeriltis	+	
Mammalia spp.[2]) [3]) [4])	Säugetiere – alle heimischen Arten, soweit nicht im Einzelnen aufgeführt,	+	
excl.	mit Ausnahme von		
Arvicola terrestris	Schermaus		
Clethrionomys glareolus	Rötelmaus		
Microtus agrestis	Erdmaus		
Microtus arvalis	Feldmaus		
Mus musculus	Hausmaus		
Mustela vison	Amerikanischer Nerz		
Myocastor coypus	Nutria		
Nyctereutes procyonoides	Marderhund		
Ondatra zibethicus	Bisam		

Wissenschaftliche Bezeichnung	Deutscher Name	Besonders geschützte Arten zu § 1 Satz 1	Streng geschützte Arten zu § 1 Satz 2
1		2	3
Procyon lotor	Waschbär		
Rattus norvegicus	Wanderratte		
Rattus rattus	Hausratte		
Aves	**Vögel**		
Acrocephalus arundinaceus[5)]	Drosselrohrsänger		+
Acrocephalus paludicola[5)]	Seggenrohrsänger		+
Acrocephalus schoenobaenus[5)]	Schilfrohrsänger		+
Actitis hypoleucos[5)]	Flussuferläufer		+
Alcedo atthis[5)]	Eisvogel		+
Alectoris graeca[5)]	Steinhuhn		+
Alectoris rufa[5)]	Rothuhn		+
Anthus campestris[5)]	Brachpieper		+
Ardea purpurea[5)]	Purpurreiher		+
Arenaria interpres[5)]	Steinwälzer		+
Aytha nyroca	Moorente		+
Botaurus stellaris[5)]	Rohrdommel		+
Burhinus oedicnemus[5)]	Triel		+
Calidris alpina[5)]	Alpenstrandläufer		+
Caprimulgus europaeus[5)]	Ziegenmelker		+
Carpodacus erythrinus[5)]	Karmingimpel		+
Cathartes aura	Truthahngeier	+	
Cathartes burrovianus	Kleiner Gelbkopfgeier	+	
Cathartes melambrotus	Großer Gelbkopfgeier	+	
Charadrius alexandrinus[5)]	Seeregenpfeifer		+
Charadrius dubius[5)]	Flussregenpfeifer		+
Charadrius hiaticula[5)]	Sandregenpfeifer		+
Chlidonias leucopterus[5)]	Weißflügelseeschwalbe		+
Chlidonias niger[5)]	Trauerseeschwalbe		+
Ciconia ciconia[5)]	Weißstorch		+
Coracias garrulus[5)]	Blauracke		+
Coragyps atratus	Rabengeier	+	
Crex crex[5)]	Wachtelkönig		+
Cygnus cygnus[5)]	Singschwan		+
Dendrocopos leucotos[5)]	Weißrückenspecht		+
Dendrocopos medius[5)]	Mittelspecht		+
Dryocopus martius[5)]	Schwarzspecht		+
Emberiza calandra[5)]	Grauammer		+

Wissenschaftliche Bezeichnung	Deutscher Name	Besonders geschützte Arten zu § 1 Satz 1	Streng geschützte Arten zu § 1 Satz 2
1		2	3
Emberiza cia[5)]	Zippammer		+
Emberiza cirlus[5)]	Zaunammer		+
Emberiza hortulana[5)]	Ortolan		+
Eudromias morinellus[5)]	Mornellregenpfeifer		+
Ficedula albicollis[5)]	Halsbandschnäpper		+
Ficedula parva[5)]	Zwergschnäpper		+
Fratercula arctica[5)]	Papageitaucher		+
Fulmarus glacialis[5)]	Eissturmvogel		+
Galerida cristata[5)]	Haubenlerche		+
Gallinago gallinago[5)]	Bekassine		+
Gallinago media[5)]	Doppelschnepfe		+
Gallinula chloropus[5)]	Teichhuhn		+
Gavia immer[5)]	Eistaucher		+
Gelochelidon nilotica[5)]	Lachseeschwalbe		+
Himantopus himantopus[5)]	Stelzenläufer		+
Hydrobates pelagicus[5)]	Sturmschwalbe		+
Ixobrychus minutus[5)]	Zwergdommel		+
Jynx torquilla[5)]	Wendehals		+
Lanius excubitor[5)]	Raubwürger		+
Lanius minor[5)]	Schwarzstirnwürger		+
Lanius senator[5)]	Rotkopfwürger		+
Limosa limosa[5)]	Uferschnepfe		+
Locustella luscinioides[5)]	Rohrschwirl		+
Lullula arborea[5)]	Heidelerche		+
Luscinia svecica[5)]	Blaukehlchen		+
Lymnocryptes minimus[5)]	Zwergschnepfe		+
Merops apiaster[5)]	Bienenfresser		+
Monticola saxatilis[5)]	Steinrötel		+
Numenius arquata[5)]	Großer Brachvogel		+
Nycticorax nycticorax[5)]	Nachtreiher		+
Oceanodroma leucorhoa[5)]	Wellenläufer		+
Petronia petronia[5)]	Steinsperling		+
Phalaropus lobatus[5)]	Odinshühnchen		+
Philomachus pugnax[5)]	Kampfläufer		+
Phylloscopus bonelli[5)]	Berglaubsänger		+
Picoides tridactylus[5)]	Dreizehenspecht		+
Picus canus[5)]	Grauspecht		+

Wissenschaftliche Bezeichnung	Deutscher Name	Besonders geschützte Arten zu § 1 Satz 1	Streng geschützte Arten zu § 1 Satz 2
1		2	3
Picus viridis[5)]	Grünspecht		+
Plegadis falcinellus[5)]	Braunsichler		+
Pluvialis apricaria[5)]	Goldregenpfeifer		+
Podiceps auritus[5)]	Ohrentaucher		+
Podiceps grisegena[5)]	Rothalstaucher		+
Podiceps nigricollis[5)]	Schwarzhalstaucher		+
Porzana parva[5)]	Kleines Sumpfhuhn		+
Porzana porzana[5)]	Tüpfelsumpfhuhn		+
Porzana pusilla[5)]	Zwergsumpfhuhn		+
Ptyonoprogne rupestris[5)]	Felsenschwalbe		+
Recurvirostra avosetta[5)]	Säbelschnäbler		+
Riparia riparia[5)]	Uferschwalbe		+
Serinus citrinella[5)]	Zitronengirlitz		+
Sterna albifrons[5)]	Zwergseeschwalbe		+
Sterna caspia[5)]	Raubseeschwalbe		+
Sterna dougallii[5)]	Rosenseeschwalbe		+
Sterna hirundo[5)]	Flussseeschwalbe		+
Sterna paradisaea[5)]	Küstenseeschwalbe		+
Sterna sandvicensis[5)]	Brandseeschwalbe		+
Sylvia nisoria[5)]	Sperbergrasmücke		+
Tetrao tetrix	Birkhuhn		+
Tetrao urogallus	Auerhuhn		+
Tringa glareola[5)]	Bruchwasserläufer		+
Tringa ochropus[5)]	Waldwasserläufer		+
Tringa stagnatilis[5)]	Teichwasserläufer		+
Tringa totanus[5)]	Rotschenkel		+
Upupa epops[5)]	Wiedehopf		+
Vanellus vanellus[5)]	Kiebitz		+
Reptilia	**Kriechtiere**		
Lacerta bilineata	Westliche Smaragdeidechse	+	+
Lacerta clarkorum	Clarks Felseneidechse	+	
Lacerta parva	Zwergeidechse	+	
Lacerta princeps	Zagros-Eidechse	+	
Natrix megalocephala	Großkopf-Ringelnatter	+	
Natrix natrix[3)]	Ringelnatter	+	
Rafetus euphraticus	Euphrat-Weichschildkröte	+	
Vipera albizona		+	

Wissenschaftliche Bezeichnung	Deutscher Name	Besonders geschützte Arten zu § 1 Satz 1	Streng geschützte Arten zu § 1 Satz 2
1		2	3
Vipera aspis	Aspisviper	+	+
Vipera barani	Barans Viper	+	
Vipera lebetina	Levanteotter	+	
Vipera pontica	Pontische Viper	+	
Reptilia spp.[3) 4)]	Kriechtiere – alle europäischen Arten, soweit nicht im Einzelnen aufgeführt	+	
Amphibia	**Lurche**		
Bombina orientalis	Chinesische Rotbauchunke	+	
Hyla savignyi	Kleinasiatischer Laubfrosch	+	
Neurergus crocatus	Urmia-Molch	+	
Neurergus strauchi	Türkischer Bergbachmolch	+	
Pelodytes caucasicus	Kaukasischer Schlammtaucher	+	
Rana holtzi		+	
Amphibia spp.[3) 4)]	Lurche – alle europäischen Arten	+	
Pisces et Cyclostomata	**Fische und Rundmäuler**		
Aphanius fasciatus[6)]	Zebrakärpfling	+	
Aphanius iberus[6)]	Spanienkärpfling	+	
Carcharodon charcharias[6)]	Weißer Hai	+	
Lethenteron zanandrai[6)]		+	
Mobula mobular[6)]	Teufelsrochen	+	
Petromyzonidae spp.	Rundmäuler – alle heimischen Arten	+	
Pomatoschistus canestrinii[6)]		+	
Pomatoschistus tortonesi[6)]		+	
Umbra krameri	Hundsfisch	+	
Valencia letourneuxi		+	
Lepidoptera	**Schmetterlinge**		
Acontia lucida	Malveneule	+	+
Acosmetia caliginosa	Färberscharteneule	+	+
Actinotia radiosa	Trockenrasen-Johanniskrauteule	+	+
Adscita spp.	Grünwidderchen – alle heimischen Arten	+	
Alcis jubata	Bartflechten-Baumspanner	+	+
Amata phegea	Weißfleck Widderchen	+	
Amphipyra livida	Tiefschwarze Glanzeule	+	+
Anarta cordigera	Moorbunteule	+	+

Wissenschaftliche Bezeichnung	Deutscher Name	Besonders geschützte Arten zu § 1 Satz 1	Streng geschützte Arten zu § 1 Satz 2
1		2	3
Apatura ilia	Kleiner Schillerfalter	+	
Apatura iris	Großer Schillerfalter	+	
Aporophyla lueneburgensis	Heidekraut-Glattrückeneule	+	+
Aporophyla nigra	Schwarze Glattrückeneule	+	
Arctia spp.	Bärenspinner – alle heimischen Arten, soweit nicht im Einzelnen aufgeführt	+	
Arctia villica	Schwarzer Bär	+	+
Arethusana arethusa	Rotbindiger Samtfalter	+	+
Argynnis laodice	Östlicher Perlmuttfalter	+	+
Argynnis spp.	Perlmuttfalter – alle heimischen Arten, soweit nicht im Einzelnen aufgeführt	+	
Arichanna melanaria	Gefleckter Rauschbeerenspanner	+	
Artiora evonymaria	Pfaffenhütchen-Wellrandspanner	+	+
Boloria spp.	Perlmuttfalter – alle heimischen Arten	+	
Brenthis daphne	Brombeer-Perlmuttfalter	+	+
Brintesia circe	Weißer Waldportier	+	
Calliteara abietis	Fichten-Bürstenspinner	+	
Calyptra thalictri	Wiesenrauten-Kapuzeneule	+	+
Carcharodus floccifera	Heilziest-Dickkopffalter	+	+
Carcharodus lavatherae	Loreley-Dickkopffalter	+	+
Carcharodus spp.	Dickkopffalter – alle heimischen Arten, soweit nicht im Einzelnen aufgeführt	+	
Carsia sororiata	Moosbeeren-Grauspanner	+	+
Catocala pacta	Bruchweidenkarmin	+	+
Catocala spp.	Ordensbänder – alle heimischen Arten, soweit nicht im Einzelnen aufgeführt	+	
Chariaspilates formosaria	Moorwiesen-Striemenspanner	+	+
Chazara briseis	Berghexe	+	
Chelis maculosa	Fleckenbär	+	+
Cleoceris scoriacea	Gebänderte Graslilieneule	+	+
Cleorodes lichenaria	Grüner Rindenflechten-Spanner	+	+
Coenonympha spp.[3)]	Wiesenvögelchen – alle heimischen Arten	+	
Colias spp.[3)]	Gelblinge – alle heimischen Arten	+	

Wissenschaftliche Bezeichnung	Deutscher Name	Besonders geschützte Arten zu § 1 Satz 1	Streng geschützte Arten zu § 1 Satz 2
1		2	3
Conistra veronicae	Eintönige Wintereule	+	+
Cucullia gnaphalii	Goldruten-Mönch	+	+
Cucullia spp.	Mönchseulen – alle heimischen Arten, soweit nicht im Einzelnen aufgeführt	+	
Cupido osiris	Kleiner Alpen-Bläuling	+	+
Cycnia sordida	Alpen-Fleckleibbär	+	+
Dyscia fagaria	Heidekraut-Fleckenspanner	+	+
Epirranthis diversata	Bunter Espen-Frühlingsspanner	+	+
Erebia epiphron epiphron	Brocken-Mohrenfalter	+	+
Erebia spp.[3)]	Mohrenfalter – alle heimischen Arten, soweit nicht im Einzelnen aufgeführt	+	
Eremobina pabulatricula	Helle Pfeifengras-Büscheleule	+	+
Eriogaster rimicola	Eichen-Wollafter	+	+
Eriogaster spp.[3)]	Wollafter	+	
	– alle heimischen Arten, soweit nicht im Einzelnen aufgeführt und		
excl.	mit Ausnahme von		
Eriogaster lanestris	Frühlings-Wollafter		
Eucarta amethystina	Amethysteule	+	+
Euchalcia consona	Mönchskraut-Metalleule	+	+
Euphydryas spp.[3)]	Scheckenfalter – alle heimischen Arten	+	
Euxoa lidia	Schwärzliche Erdeule	+	+
Euxoa vitta	Steppenrasen-Erdeule	+	+
Fagivorina arenaria	Rotbuchen-Flechten-Baumspanner	+	+
Gastropacha populifolia	Pappelglucke	+	+
Gastropacha spp.	Glucken – alle heimischen Arten, soweit nicht im Einzelnen aufgeführt	+	
Glaucopsyche alexis	Großpunkt-Bläuling	+	
Gortyna borelii[3)]	Haarstrangwurzeleule	+	+
Hadena irregularis	Gipskraut-Kapseleule	+	+
Hadena magnolii	Nelken-Kapseleule	+	+
Heliothis maritima warneckei	Warneckes Heidemoor-Sonneneule	+	+
Hemaris fuciformis	Hummelschwärmer	+	
Hemaris tityus	Skabiosenschwärmer	+	
Heterogynis penella	Kleiner Mottenspinner	+	+

Wissenschaftliche Bezeichnung	Deutscher Name	Besonders geschützte Arten zu § 1 Satz 1	Streng geschützte Arten zu § 1 Satz 2
1		2	3
Hipparchia alcyone	Kleiner Waldportier	+	+
Hipparchia fagi	Großer Waldportier	+	+
Hipparchia statilinus	Eisenfarbener Samtfalter	+	+
Hyles spp.[3)]	Schwärmer – alle heimischen Arten, soweit nicht im Einzelnen aufgeführt	+	
Hyles vespertilio	Fledermausschwärmer	+	+
Hyphoraia aulica	Hofdame	+	+
Hypoxystis pluviaria	Blassgelber Besenginsterspanner	+	+
Idaea contiguaria	Fetthennen-Felsflur-Kleinspanner	+	+
Iphiclides podalirius	Segelfalter	+	
Jordanita chloros	Kupferglanz-Grünwidderchen	+	+
Jordanita spp.	Grünwidderchen – alle heimischen Arten, soweit nicht im Einzelnen aufgeführt	+	
Lamellocossus terebra	Zitterpappel-Holzbohrer	+	+
Lamprosticta culta	Obsthaineule	+	+
Lasiommata petropolitana	Kleines Braunauge	+	
Lemonia spp.	Habichtskraut- und Löwenzahnspinner – alle heimischen Arten, soweit nicht im Einzelnen aufgeführt	+	
Lemonia taraxaci	Löwenzahnspinner	+	+
Limenitis camilla	Kleiner Eisvogel	+	
Limenitis populi	Großer Eisvogel	+	
Limenitis reducta	Blauschwarzer Eisvogel	+	
Lithophane lamda	Gagelstrauch-Moor-Holzeule	+	+
Luperina dumerilii	Dumerils Graswurzeleule	+	+
Lycaena helle	Blauschillernder Feuerfalter	+	+
Lycaena spp.[3)]	Feuerfalter – alle heimischen Arten, soweit nicht im Einzelnen aufgeführt	+	
Maculinea spp.[3)]	Ameisen-Bläulinge – alle heimischen Arten	+	
Malacosoma franconica	Frankfurter Ringelspinner	+	+
Malacosoma spp.	Ringelspinner – alle heimischen Arten, soweit nicht im Einzelnen aufgeführt und	+	
excl.	mit Ausnahme von		
Malacosoma neustria	Gewöhnlicher Ringelspinner		
Meganephria bimaculosa	Zweifleckige Plumpeule	+	+

Wissenschaftliche Bezeichnung	Deutscher Name	Besonders geschützte Arten zu § 1 Satz 1	Streng geschützte Arten zu § 1 Satz 2
1		2	3
Nola cristatula	Wasserminzen-Kleinbärchen	+	+
Nola spp.	Kleinbärchen – alle heimischen Arten, soweit nicht im Einzelnen aufgeführt	+	
Nola subchlamydula	Gamander-Kleinbärchen	+	+
Nycteola degenerana	Salweiden-Wicklereulchen	+	+
Nymphalis antiopa	Trauermantel	+	
Nymphalis polychloros	Großer Fuchs	+	
Nymphalis xanthomelas	Östlicher Großer Fuchs	+	+
Ocneria rubea	Rostspinner	+	+
Odontognophos dumetata	Kreuzdorn-Steinspanner	+	+
Orbona fragariae	Große Wintereule	+	+
Orgyia antiquiodes	Heide-Bürstenspinner	+	+
Orgyia spp.	Bürstenspinner – alle heimischen Arten, soweit nicht im Einzelnen aufgeführt und	+	
excl.	mit Ausnahme von		
Orgyia antiqua	Schlehen-Bürstenspinner		
Paidia rica	Mauer-Flechtenbärchen	+	+
Panchrysia deaurata	Große Wiesenrauten-Goldeule	+	+
Papilio machaon	Schwalbenschwanz	+	
Parnassius phoebus	Hochalpen-Apollofalter	+	+
Parocneria detrita	Rußspinner	+	+
Pentophera morio	Trauerspinner	+	
Pericallia matronula	Augsburger Bär	+	+
Periphanes delphinii	Rittersporn-Sonneneule	+	+
Phyllodesma ilicifolia	Weidenglucke	+	+
Phyllodesma spp.	Glucken – alle heimischen Arten, soweit nicht im Einzelnen aufgeführt	+	
Plebeius spp.	Bläulinge – alle heimischen Arten	+	
Polymixis gemmea	Waldrasen-Ziereule	+	
Polymixis polymita	Olivbraune Steineule	+	+
Polyommatus damon	Großer Esparsetten-Bläuling	+	+
Polyommatus galloi	Mt. Pollino-Bläuling	+	
Polyommatus humedusae	Val di Cogne-Bläuling	+	
Polyommatus spp.	Bläulinge – alle heimischen Arten, soweit nicht im Einzelnen aufgeführt	+	

Wissenschaftliche Bezeichnung	Deutscher Name	Besonders geschützte Arten zu § 1 Satz 1	Streng geschützte Arten zu § 1 Satz 2
1		2	3
Polypogon gryphalis	Syrmische Spannereule	+	+
Pseudophilotes spp.	Bläulinge – alle heimischen Arten, soweit nicht im Einzelnen aufgeführt	+	
Pseudophilotes vicrama	Östlicher Quendel-Bläuling	+	+
Pyrgus armoricanus	Zweibrütiger Würfeldickkopffalter	+	+
Pyrgus cirsii	Spätsommer-Würfeldickkopffalter	+	+
Pyrgus spp.	Würfeldickkopffalter – alle heimischen Arten, soweit nicht im Einzelnen aufgeführt	+	
Pyrois cinnamomea	Zimt-Glanzeule	+	+
Rhagades spp.	Grünwidderchen – alle heimischen Arten	+	
Rhyparia purpurata	Purpur-Bär	+	
Rhyparioides metelkana	Metelkana-Bär	+	+
Schinia cardui	Bitterkraut-Sonneneule	+	+
Scolitantides orion	Fetthennen-Bläuling	+	+
Scolitantides spp.	Bläulinge – alle heimischen Arten, soweit nicht im Einzelnen aufgeführt	+	
Scopula decorata	Thymian-Steppenrasen-Kleinspanner	+	+
Scopula tesselaria	Kuhschellen-Kleinspanner	+	+
Scotopteryx coarctaria	Ginsterheiden-Wellenstriemenspanner	+	+
Setina roscida	Felshalden-Flechtenbärchen	+	+
Setina spp.	Flechtenbärchen – alle heimischen Arten, soweit nicht im Einzelnen aufgeführt	+	
Shargacucullia caninae	Hundsbraunwurz-Mönch	+	+
Shargacucullia spp.	Mönchseulen – alle heimischen Arten, soweit nicht im Einzelnen aufgeführt	+	
Sideridis lampra	Bibernell-Bergwieseneule	+	+
Simyra nervosa	Schrägflügel-Striemeneule	+	+
Spaelotis clandestina	Fehrenbachs Erdeule	+	+
Spudaea ruticilla	Graubraune Eichenbuscheule	+	+
Stilbia anomala	Drahtschmieleneule	+	
Syngrapha microgamma	Moor-Goldeule	+	+
Synopsia sociaria	Sandrasen-Braunstreifenspanner	+	+
Tephronia cremiaria	Punktierter Baumflechtenspanner	+	+

Wissenschaftliche Bezeichnung	Deutscher Name	Besonders geschützte Arten zu § 1 Satz 1	Streng geschützte Arten zu § 1 Satz 2
1		2	3
Tephronia sepiaria	Totholzflechtenspanner	+	+
Trichosea ludifica	Gelber Hermelin	+	+
Valeria jaspidea	Schlehen-Jaspiseule	+	+
Valeria oleagina	Olivgrüne Schmuckeule	+	
Watsonarctia casta	Labkraut-Bär	+	
Xanthia sulphurago	Bleich-Gelbeule	+	+
Xestia sincera	Fichtenmoorwald-Erdeule	+	+
Yigoga forcipula	Felsgeröllhalden-Erdeule	+	+
Zygaena angelicae elegans	Elegans-Widderchen	+	+
Zygaena spp.	Widderchen – alle heimischen Arten, soweit nicht im Einzelnen aufgeführt	+	
Hymenoptera	**Hautflügler**		
Apoidea spp.	Bienen und Hummeln – alle heimischen Arten	+	
Bembix spp.	Kreiselwespen – alle heimischen Arten	+	
Cimbex spp.	Knopfhornwespen – alle heimischen Arten	+	
Formica aquilonia	Alpenwaldameise	+	
Formica bruni		+	
Formica exsecta	Große Kerbameise	+	
Formica foreli		+	
Formica forsslundi		+	
Formica lugubris	Gebirgs-Waldameise	+	
Formica nigricans		+	
Formica polyctena	Kahlrückige Waldameise	+	
Formica pratensis		+	
Formica pressilabris	Furchenlippige Kerbameise	+	
Formica rufa	Rote Waldameise	+	
Formica truncorum	Strunkameise	+	
Formica uralensis	Uralameise	+	
Vespa crabro	Hornisse	+	
Coleoptera	**Käfer**		
Acmaeodera degener	Achtzehnfleckiger Ohnschild-Prachtkäfer	+	+
Acmaeoderella flavofasciata	Weißschuppiger Ohnschild-Prachtkäfer	+	+
Aesalus scarabaeoides	Kurzschröter	+	+

Wissenschaftliche Bezeichnung	Deutscher Name	Besonders geschützte Arten zu § 1 Satz 1	Streng geschützte Arten zu § 1 Satz 2
1		2	3
Buprestidae spp.[3)]	Prachtkäfer – alle heimischen Arten, soweit nicht im Einzelnen aufgeführt	+	
excl.	mit Ausnahme von		
Agrilus biguttatus	Zweipunktiger Eichen-Prachtkäfer		
Agrilus viridis	Buchen-Prachtkäfer (Laubholz-Prachtkäfer)		
Anthaxia quadripunctata	Vierpunkt-Kiefern-Prachtkäfer		
Chrysobothris affinis	Goldgruben-Eichen-Prachtkäfer		
Phaenops cyanea	Blauer Kiefern-Prachtkäfer		
Calosoma reticulatum	Smaragdgrüner Puppenräuber	+	+
Calosoma spp.	Puppenräuber – alle heimischen Arten, soweit nicht im Einzelnen aufgeführt	+	
Carabus marginalis	Gerandeter Laufkäfer	+	+
Carabus menetriesi	Hochmoor-Laufkäfer	+	+
Carabus nodulosus	Schwarzer Grubenlaufkäfer	+	+
Carabus spp.[3)]	Laufkäfer – alle europäischen Arten, soweit nicht im Einzelnen aufgeführt	+	
Cerambycidae spp.[3)]	Bockkäfer – alle heimischen Arten, soweit nicht im Einzelnen aufgeführt	+	
excl.	mit Ausnahme von		
Hylotrupes bajulus	Hausbock		
Monochamus spp.	Langhornböcke		
Tetropium spp.	Fichten- und Lärchenböcke		
Cetonia aurata	Rosenkäfer	+	
Cicindela spp.	Sandläufer – alle heimischen Arten	+	
Cicindina arenaria arenaria	Flussufer-Sandlaufkäfer	+	+
Cicindina arenaria viennensis	Wiener Sandlaufkäfer	+	+
Clerus mutillarius	Eichen-Buntkäfer	+	+
Copris lunaris	Mondhornkäfer	+	
Cylindera germanica	Deutscher Sandlaufkäfer	+	+
Dicerca aenea	Gelbstreifiger Zahnflügel-Prachtkäfer	+	+
Dicerca furcata	Scharfzähniger Zahnflügel-Prachtkäfer	+	+
Dicerca moesta	Linienhalsiger Zahnflügel-Prachtkäfer	+	+

Wissenschaftliche Bezeichnung	Deutscher Name	Besonders geschützte Arten zu § 1 Satz 1	Streng geschützte Arten zu § 1 Satz 2
1		2	3
Eurythyrea austriaca	Grünglänzender Glanz-Prachtkäfer	+	+
Eurythyrea quercus	Eckschildiger Glanz-Prachtkäfer	+	+
Gnorimus variabilis	Veränderlicher Edelscharrkäfer	+	+
Hydrophilus spp.	Kolbenwasserkäfer – alle heimischen Arten	+	
Lucanidae spp.	Schröter – alle heimischen Arten, soweit nicht im Einzelnen aufgeführt	+	
Megopis scabricornis	Körnerbock	+	+
Meloë autumnalis	Blauschimmernder Maiwurmkäfer	+	+
Meloë cicatricosus	Narbiger Maiwurmkäfer	+	+
Meloë coriarius	Glänzendschwarzer Maiwurmkäfer	+	+
Meloë decorus	Violetthalsiger Maiwurmkäfer	+	+
Meloë hungarus	Gelbrandiger Maiwurmkäfer	+	+
Meloë rugosus	Mattschwarzer Maiwurmkäfer	+	+
Meloë spp.	Maiwurmkäfer – alle heimischen Arten, soweit nicht im Einzelnen aufgeführt	+	
Necydalis major	Großer Wespenbock	+	+
Necydalis ulmi	Panzers Wespenbock	+	+
Oryctes nasicornis	Nashornkäfer	+	
Palmar festiva	Südlicher Wacholder-Prachtkäfer	+	+
Phytoecia molybdaena	Klatschmohn-Walzenhalsbock	+	+
Phytoecia rubropunctata	Rotpunktierter Walzenhalsbock	+	+
Phytoecia uncinata	Wachsblumenböckchen	+	+
Phytoecia virgula	Südlicher Walzenhalsbock	+	+
Polyphylla fullo	Walker	+	
Protaetia aeruginosa	Großer Goldkäfer	+	+
Protaetia affinis	Ähnlicher Goldkäfer	+	+
Protaetia spp.	Goldkäfer – alle heimischen Arten, soweit nicht im Einzelnen aufgeführt	+	
Purpuricenus kaehleri	Purpurbock	+	+
Scintillatrix mirifica	Wunderbarer Ulmen-Prachtkäfer	+	+
Sitaris muralis	Schmalflügliger Pelzbienenölkäfer	+	
Trachypteris picta	Gefleckter Zahnrand-Prachtkäfer	+	+
Trichodes alvearius	Zottiger Bienenkäfer	+	
Trichodes ircutensis	Sibirischer Bienenkäfer	+	+
Typhoeus typhoeus	Stierkäfer	+	

Wissenschaftliche Bezeichnung	Deutscher Name	Besonders geschützte Arten zu § 1 Satz 1	Streng geschützte Arten zu § 1 Satz 2
1		2	3
Odonata	**Libellen**		
Odonata spp.[3)]	Libellen – alle heimischen Arten, soweit nicht im Einzelnen aufgeführt	+	
Aeshna caerulea	Alpen-Mosaikjungfer	+	+
Aeshna subarctica elisabethae	Hochmoor-Mosaikjungfer	+	+
Brachythemis fuscopalliata	Syrische Kurzlibelle	+	
Calopteryx syriaca	Syrische Prachtlibelle	+	
Ceriagrion tenellum	Scharlachlibelle	+	+
Coenagrion armatum	Hauben-Azurjungfer	+	+
Coenagrion hylas	Bileks-Azurjungfer	+	+
Coenagrion mercuriale	Helm-Azurjungfer	+	+
Coenagrion ornatum	Vogel-Azurjungfer	+	+
Nehalennia speciosa	Zwerglibelle	+	+
Orthetrum albistylum	Östlicher Blaupfeil	+	+
Somatochlora alpestris	Alpen-Smaragdlibelle	+	+
Neuroptera	**Echte Netzflügler**		
Dendroleon pantherinus	Panther-Ameisenjungfer	+	+
Libelloides longicornis	Langfühleriger Schmetterlingshaft	+	+
Myrmeleonidae spp.	Ameisenjungfern – alle heimischen Arten, soweit nicht im Einzelnen aufgeführt	+	
Mantodea	**Fangschrecken**		
Mantis religiosa	Gottesanbeterin	+	
Saltatoria	**Springschrecken**		
Aiolopus thalassinus	Grüne Strandschrecke	+	+
Arcyptera fusca	Große Höckerschrecke	+	+
Arcyptera microptera	Kleine Höckerschrecke	+	+
Bryodema tuberculata	Gefleckte Schnarrschrecke	+	+
Calliptamus italicus	Italienische Schönschrecke	+	
Epacromius tergestinus	Fluss-Strandschrecke	+	+
Ephippiger ephippiger	Steppen-Sattelschrecke	+	+
Gampsocleis glabra	Heideschrecke	+	+
Modicogryllus frontalis	Östliche Grille	+	+
Oedipoda caerulescens	Blauflüglige Ödlandschrecke	+	
Oedipoda germanica	Rotflüglige Ödlandschrecke	+	
Platycleis montana	Steppen-Beißschrecke	+	+
Platycleis tessellata	Braunfleckige Beißschrecke	+	+

Wissenschaftliche Bezeichnung	Deutscher Name	Besonders geschützte Arten zu § 1 Satz 1	Streng geschützte Arten zu § 1 Satz 2
1		2	3
Psophus stridulus	Rotflüglige Schnarrschrecke	+	
Ruspolia nitidula	Große Schiefkopfschrecke	+	+
Sphingonotus caerulans	Blauflüglige Sandschrecke	+	
Arachnida	**Spinnentiere**		
Arctosa cinerea		+	+
Dolomedes fimbriatus		+	
Dolomedes plantarius		+	+
Eresus cinnaberinus		+	
Philaeus chrysops		+	+
Crustacea	**Krebse**		
Astacus astacus[7)]	Edelkrebs	+	+
Austropotamobius torrentium[7)]	Steinkrebs	+	
Branchipus schaefferi		+	+
Chirocephalus diaphanus		+	+
Homarus gammarus[7)]	Hummer	+	
Leptestheria dahalacensis		+	+
Lynceus brachyurus		+	+
Ocypode cursor[6)]	Geisterkrabbe	+	
Pachylasma giganteum[6)]		+	
Tanymastix stagnalis		+	+
Mollusca	**Weichtiere**		
Anodonta anatina[7)]	Flache Teichmuschel	+	
Anodonta cygnea[7)]	Gemeine Teichmuschel	+	
Charonia rubicunda[6)]		+	
Charonia tritonis[6)]	Tritonshorn	+	
Dendropoma petraeum[6)]		+	
Erosaria spurca[6)]		+	
Helix aspersa[7)]	Gefleckte Weinbergschnecke	+	
Helix pomatia[7)]	Gewöhnliche Weinbergschnecke	+	
Luria lurida[6)]		+	
Margaritifera margaritifera[7)]	Flussperlmuschel	+	+
Mitra zonata[6)]		+	
Nucella lapillus[7)]	Nordische Purpurschnecke	+	
Patella nigra[6)]		+	
Pholas dactylus[6)]		+	
Pinna pernula[6)]		+	
Pseudanodonta complanata[7)]	Abgeplattete Teichmuschel	+	+

Wissenschaftliche Bezeichnung	Deutscher Name	Besonders geschützte Arten zu § 1 Satz 1	Streng geschützte Arten zu § 1 Satz 2
1		2	3
Pseudanodonta elongata[7)]	Schlanke Teichmuschel	+	
Pseudanodonta middendorffi[7)]	Donau-Teichmuschel	+	
Ranella olearia[6)]		+	
Schilderia achatidea[6)]		+	
Tonna galea[6)]		+	
Unio pictorum[7)]	Malermuschel	+	
Unio tumidus[7)]	Große Flussmuschel	+	
Zonaria pyrum[6)]		+	
Echinodermata	**Stachelhäuter**		
Asterina panceri[6)]		+	
Echinus esculentus[7)]	Essbarer Seeigel	+	
Ophidiaster ophidianus[6)]		+	
Solaster papposus	Sonnenstern	+	+
Cnidaria	**Nesseltiere**		
Gerardia savaglia[6)]		+	
Porifera	**Schwämme**		
Aplysina cavernicola[6)]		+	
Asbestopluma hypogea[6)]		+	
Axinella polyploides[6)]		+	
Petrobiona massiliana[6)]		+	
Flora			
Pteridophyta et Spermatophyta	**Farn- und Blütenpflanzen**		
Achillea atrata L.[1)]	Schwarze Schafgarbe	+	
Achillea clavennae L.[8)]	Bittere Schafgarbe	+	
Aconitum spp.[3) 8)]	Eisenhut – alle europäischen Arten	+	
Adonis cyllenea Boiss., Heldr. & Orph.	Kyllenisches Adonisröschen	+	
Alkanna pinardii Boiss.	Pinardi-Alkannawurzel	+	
Allium angulosum L.[8)]	Kantiger Lauch	+	
Allium crameri Aschers. & Boiss.	Cramers Lauch	+	+
Allium lineare L.	Steifer Lauch	+	
Allium regelianum A. Becker	Regels Lauch	+	
Allium senescens L. subsp. montanum (Fries) Holub[8)]	Berg-Lauch	+	
Allium vuralii Kit Tan	Vurals Lauch	+	
Althaea officinalis L.[8)]	Echter Eibisch	+	
Alyssum montanum L.[8)]	Berg-Steinkraut	+	

Wissenschaftliche Bezeichnung	Deutscher Name	Besonders geschützte Arten zu § 1 Satz 1	Streng geschützte Arten zu § 1 Satz 2
1		2	3
Alyssum saxatile L.[8)]	Felsen-Steinkraut	+	
Anagallis tenella (L.) L.	Zarter Gauchheil	+	+
Androsace spp.[3) 8)]	Mannsschilde – alle heimischen Arten,	+	
excl.	mit Ausnahme von		
Androsace elongata L.	Langstieliger Mannsschild		
Androsace maxima L.	Großer Mannsschild		
Androsace septentrionalis L.	Nordischer Mannsschild		
Anemone narcissiflora L.[8)]	Narzissen-Windröschen	+	
Anemone sylvestris L.[8)]	Großes Windröschen	+	
Anemone uralensis Nevski	Ural-Windröschen	+	
Antennaria dioica (L.) Gaertner[8)]	Gewöhnliches Katzenpfötchen	+	
Anthericum liliago L.[8)]	Astlose Graslilie	+	
Anthericum racemosum L.[8)]	Ästige Graslilie	+	
Apium inundatum (L.) Reichenb. f.	Flutender Sellerie	+	
Aquilegia ottonis Orph. ex Boiss. ssp. taygetea (Orph.) Strid[8)]	Taygetos-Akelei	+	+
Aquilegia spp.[3) 8)]	Akeleien – alle europäischen Arten, soweit nicht im Einzelnen aufgeführt	+	
Arctostaphylos uva-ursi (L.) Spreng.[8)]	Echte Bärentraube	+	
Armeria maritima (Miller) Willd. ssp. purpurea (Koch) A. & D. Löve[8)]	Ried-Grasnelke	+	+
Armeria spp.[3) 8)]	Grasnelken – alle europäischen Arten, soweit nicht im Einzelnen aufgeführt	+	
Arnica montana L.[8)]	Arnika, Berg-Wohlverleih	+	
Artemisia rupestris L.[8)]	Felsen-Beifuß	+	+
Artemisia umbelliformis Lam.[8)]	Echte Edelraute	+	
Asplenium azoricum Lovis, Rasbach & Reichstein	Azoren-Streifenfarn	+	
Asplenium ceterach L.[8)]	Milzfarn	+	
Asplenium cuneifolium Viv.	Serpentin-Streifenfarn	+	
Asplenium fissum Kit. ex Willd.	Zerschlitzter Streifenfarn	+	
Asplenium fontanum (L.) Bernh.[8)]	Jura-Streifenfarn	+	
Asplenium foreziense Legrand[8)]	Foreser Streifenfarn	+	
Asplenium obovatum Viv. ssp. lanceolatum Silva	Lanzettblättriger Streifenfarn	+	
Asplenium scolopendrium L.[8)]	Hirschzunge	+	

Wissenschaftliche Bezeichnung	Deutscher Name	Besonders geschützte Arten zu § 1 Satz 1	Streng geschützte Arten zu § 1 Satz 2
1		2	3
Aster alpinus L.[8)]	Alpen-Aster	+	
Aster amellus L.[8)]	Berg-Aster	+	
Aster sibiricus L.[8)]	Sibirische Aster	+	+
Astragalus arenarius L.	Sand-Tragant	+	
Betula nana L.[8)]	Zwerg-Birke	+	
Biscutella laevigata L.[8)]	Gewöhnliche Brillenschote	+	
Botrychium matricariifolium A. Braun ex Koch	Ästiger Rautenfarn	+	+
Botrychium multifidum (S. G. Gmelin) Rupr.	Vielteiliger Rautenfarn	+	+
Botrychium spp.[3)]	Rautenfarne, Mondrauten – alle europäischen Arten, soweit nicht im Einzelnen aufgeführt	+	
Brimeura spp.[8)]	Brimeura – alle Arten	+	
Buxus sempervirens L.[7) 8)]	Buchsbaum	+	
Calla palustris L.[8)]	Calla, Sumpf-Schlangenwurz	+	
Calystegia soldanella (L.) R. Br.	Strand-Winde	+	+
Campanula bononiensis L.[8)]	Bologneser Glockenblume	+	
Campanula cervicaria L.[8)]	Borstige Glockenblume	+	
Campanula lanata Friv.[8)]	Wollige Glockenblume	+	
Campanula latifolia L.[8)]	Breitblättrige Glockenblume	+	
Campanula thyrsoides L.[8)]	Strauß-Glockenblume	+	
Carex baldensis L.[8)]	Monte-Baldo-Segge	+	
Carlina acaulis L.[8)]	Silberdistel	+	
Carlina diae (Rech. f.) Meusel & Kästner	Dhia-Eberwurz, Kretische Eberwurz	+	
Centaurium spp.[8)]	Tausendgüldenkräuter – alle heimischen Arten	+	
Chimaphila umbellata (L.) Barton[8)]	Doldiges Winterlieb	+	
Chionodoxa luciliae Boiss.[8)]	Lydischer Schneestolz	+	
Clematis alpina L.[8)]	Alpen-Waldrebe	+	
Cochlearia spp.[8)]	Löffelkraut – alle heimischen Arten	+	
Cornus suecica L.[8)]	Schwedischer Hartriegel	+	
Cortusa matthioli L.[8)]	Alpen Heilglöckchen	+	
Cotoneaster integerrimus Medicus[8)]	Gewöhnliche Zwergmispel	+	
Crambe maritima L.[8)]	Gewöhnlicher Meerkohl	+	
Crocus spp.[3) 8)]	Krokus – alle Arten	+	

Wissenschaftliche Bezeichnung	Deutscher Name	Besonders geschützte Arten zu § 1 Satz 1	Streng geschützte Arten zu § 1 Satz 2
1		2	3
Cryptogramma crispa (L.) A. Br. ex Hooker[8)]	Krauser Rollfarn	+	
Cystopteris montana (Lam.) Desv.	Berg-Blasenfarn	+	
Cystopteris sudetica A. Br. & Milde	Sudeten-Blasenfarn	+	
Daphne spp.[3)] [8)]	Seidelbaste – alle europäischen Arten	+	
Delphinium elatum L.[8)]	Hoher Rittersporn	+	
Dendranthema zawadskyi (Herb.) Tzvel.[8)]	Zawadskys Wucherblume	+	
Dianthus spp.[3)] [8)]	Nelken – alle europäischen Arten	+	
Dictamnus albus L.[8)]	Diptam	+	
Digitalis grandiflora Mill.[8)]	Großblütiger Fingerhut	+	
Digitalis lutea L.[8)]	Gelber Fingerhut	+	
Draba spp.[3)] [8)]	Felsenblümchen – alle europäischen Arten,	+	
excl.	mit Ausnahme von		
Draba muralis L. et	Mauer-Felsenblümchen und		
Draba nemorosa L.	Hain-Felsenblümchen		
Dracocephalum ruyschiana L.[8)]	Nordischer Drachenkopf	+	
Drosera spp.[8)]	Sonnentaue – alle heimischen Arten	+	
Dryopteris cristata (L.) A. Gray[8)]	Kammfarn	+	
Eryngium campestre L.[8)]	Feld-Mannstreu	+	
Eryngium maritimum L.[8)]	Strand-Mannstreu, Stranddistel	+	
Euphorbia lucida Waldstein & Kitaibel[8)]	Glanz-Wolfsmilch	+	
Euphorbia palustris L.[8)]	Sumpf-Wolfsmilch	+	
Fritillaria spp.[3)] [8)]	Schachblumen – alle Arten	+	
Gentiana lutea L.[8)]	Gelber Enzian	+	
Gentiana spp.[3)] [8)]	Enziane – alle europäischen Arten, soweit nicht im Einzelnen aufgeführt	+	
Gentianella lutescens (Velenovsky) Holub	Gelblicher Enzian	+	+
Gentianella spp.[3)] [8)]	Enziane – alle europäischen Arten, soweit nicht im Einzelnen aufgeführt	+	
Gladiolus spp.[3)] [8)]	Siegwurze – alle europäischen Arten	+	

Wissenschaftliche Bezeichnung	Deutscher Name	Besonders geschützte Arten zu § 1 Satz 1	Streng geschützte Arten zu § 1 Satz 2
1		2	3
Globularia spp.[3) 8)]	Kugelblumen – alle europäischen Arten	+	
Gratiola officinalis L.[8)]	Gottes-Gnadenkraut	+	
Gypsophila fastigiata L.[8)]	Ebensträußiges Gipskraut	+	
Haberlea rhodopensis Friv.[8)]	Rhodope-Haberlea	+	
Helianthemum apenninum (L.) Miller[8)]	Apenninen-Sonnenröschen	+	
Helianthemum arcticum (Grosser) Janchen	Arktisches Sonnenröschen	+	
Helianthemum canum (L.) Baumg.[8)]	Graufilziges Sonnenröschen	+	
Helichrysum arenarium (L.) Moench[8)]	Sand-Strohblume	+	
Helleborus spp. L.[8)]	Nieswurze, Christrosen – alle europäischen Arten	+	
Hepatica nobilis Schreber[8)]	Leberblümchen	+	
Horminium pyrenaicum L.[8)]	Pyrenäen-Drachenmaul	+	
Hottonia palustris L.[8)]	Wasserfeder, Wasserprimel	+	
Hymenophyllum tunbrigense (L.) Smith	Hautfarn	+	+
Hypericum elodes L.[8)]	Sumpf-Johanniskraut	+	
Ilex aquifolium L.[8)]	Stechpalme	+	
Inula germanica L.[8)]	Deutscher Alant	+	
Iris lortetii Barbey	Lortets Schwertlilie	+	+
Iris spp.[3) 8)]	Schwertlilien – alle Arten, soweit nicht im Einzelnen aufgeführt	+	
Iris spuria L.[8)]	Wiesen-Schwertlilie	+	+
Iris variegata L.[8)]	Bunte Schwertlilie	+	+
Isoëtes lacustris L.	See-Brachsenkraut	+	
Jovibarba spp.[8)]	Fransenhauswurze – alle europäischen Arten	+	
Juncus stygius L.[8)]	Moor-Binse	+	+
Juniperus cedrus Webb & Berthel.[8)]	Zedern-Wacholder	+	+
Laser trilobum (L.) Borkh.[8)]	Rosskümmel	+	
Lathyrus bauhinii Genty	Schwert-Platterbse	+	
Lathyrus maritimus Bigelow[8)]	Strand-Platterbse	+	
Lathyrus palustris L.[8)]	Sumpf-Platterbse	+	
Lathyrus pannonicus (Jacq.) Garcke[8)]	Ungarische Platterbse	+	
Ledum palustre L.[8)]	Sumpf-Porst	+	

Wissenschaftliche Bezeichnung	Deutscher Name	Besonders geschützte Arten zu § 1 Satz 1	Streng geschützte Arten zu § 1 Satz 2
1		2	3
Leontopodium alpinum Cass.[8)]	Alpen-Edelweiß	+	
Leucojum spp.[3) 8)]	Knotenblumen, Märzenbecher – alle europäischen Arten	+	
Lilium spp.[8)]	Lilien – alle Arten	+	
Limonium anatolicum Hedge	Anatolischer Strandflieder	+	+
Limonium preauxii (Webb & Berthel.) O. Kuntze	Preaux' Strandflieder	+	+
Limonium spp.[3) 8)]	Strandflieder – alle europäischen Arten, soweit nicht im Einzelnen aufgeführt	+	
Linnaea borealis L.[8)]	Moosglöckchen	+	
Linum flavum L.[8)]	Gelber Lein	+	+
Linum perenne L.[8)]	Ausdauernder Lein	+	+
Linum spp.[3) 8)]	Lein – alle europäischen Arten, soweit nicht im Einzelnen aufgeführt	+	
excl.	mit Ausnahme von		
Linum catharticum L.	Purgier-Lein		
Lloydia serotina (L.) Reichenb.	Spätblühende Faltenlilie	+	
Lobelia dortmanna L.[8)]	Wasser-Lobelie	+	+
Lomatogonium carinthiacum (Wulf.) Reichenb.	Kärntner Tauernblümchen	+	
Lunaria rediviva L.[8)]	Ausdauerndes Silberblatt	+	
Lycopodiales spp.	Bärlappgewächse – alle heimischen Arten	+	
Matteuccia struthiopteris (L.) Todaro[8)]	Straußenfarn	+	
Melittis melissophyllum L.[8)]	Immenblatt	+	
Menyanthes trifoliata L.[8)]	Fieberklee	+	
Muscari spp.[3) 8)]	Traubenhyazinthen – alle europäischen Arten	+	
Narcissus spp.[3) 8)]	Narzissen – alle europäischen Arten	+	
Narthecium ossifragum (L.) Huds.[8)]	Beinbrech, Ährenlilie	+	
Nuphar lutea (L.) Sm.[8)]	Gelbe Teichrose	+	
Nuphar pumila (Timm) DC.[8)]	Kleine Teichrose	+	+
Nymphaea alba L.[8)]	Weiße Seerose	+	
Nymphaea candida K. Presl[8)]	Kleine Seerose	+	
Nymphoides peltata (S. G. Gmel.) O. Kuntze[8)]	Seekanne	+	

Wissenschaftliche Bezeichnung	Deutscher Name	Besonders geschützte Arten zu § 1 Satz 1	Streng geschützte Arten zu § 1 Satz 2
1		2	3
Oenothera coronifera Renner	Kronen-Nachtkerze	+	
Onosma arenaria Waldstein & Kitaibel[8)]	Sand-Lotwurz	+	+
Onosma elegantissima Rech. fil. & Goulimy	Zierliche Lotwurz	+	+
Onosma spp.[3)] [8)]	Lotwurze – alle europäischen Arten	+	
Osmunda regalis L.[8)]	Königsfarn	+	
Oxytropis pilosa (L.) DC.	Zottige Fahnenwicke	+	
Papaver alpinum L.[8)]	Alpen-Mohn	+	
Papaver lapponicum (Tolm.) Nordh.[8)]	Lappland-Mohn	+	
Parnassia palustris L.[8)]	Sumpf-Herzblatt	+	
Pedicularis sceptrum-carolinum L.	Karlszepter	+	+
Pedicularis spp.[3)] [8)]	Läusekräuter – alle europäischen Arten, soweit nicht im Einzelnen aufgeführt	+	
Petrocallis pyrenaica (L.) R. Br.[8)]	Pyrenäen-Steinschmückel	+	
Pinguicula alpina L.[8)]	Alpen-Fettkraut	+	
Pinguicula vulgaris L.[8)]	Gewöhnliches Fettkraut	+	
Polemonium caeruleum L.[8)]	Blaue Himmelsleiter	+	
Polystichum spp.[8)]	Schildfarne – alle heimischen Arten	+	
Primula spp.[3)] [8)]	Primeln, Schlüsselblumen – alle europäischen Arten	+	
Pulmonaria angustifolia L.[8)]	Schmalblättriges Lungenkraut	+	
Pulmonaria mollis Wulfen ex Hornem.[8)]	Weiches Lungenkraut	+	
Pulmonaria montana Lejeune[8)]	Berg-Lungenkraut	+	
Pulsatilla alba Reichenb.[8)]	Kleinblütige Küchenschelle	+	+
Pulsatilla spp.[3)] [8)]	Küchenschellen – alle europäischen Arten, soweit nicht im Einzelnen aufgeführt	+	
Pulsatilla vernalis (L.) Miller[8)]	Frühlings-Küchenschelle	+	+
Ranunculus lingua L.[8)]	Zungen-Hahnenfuß	+	
Rhazya orientalis (Decne) A. DC.[8)]	Orientalische Rhazye	+	
Rheum rhaponticum L.[8)]	Pontischer Rhabarber	+	
Rubus chamaemorus L.[7)] [8)]	Moltebeere	+	+
Salvinia natans (L.) All.[8)]	Schwimmfarn	+	
Saxifraga spp.[3)] [8)]	Steinbrech – alle europäischen Arten,	+	

Wissenschaftliche Bezeichnung	Deutscher Name	Besonders geschützte Arten zu § 1 Satz 1	Streng geschützte Arten zu § 1 Satz 2
1		2	3
excl.	mit Ausnahme von		
Saxifraga tridactylites L.	Finger-Steinbrech		
Scheuchzeria palustris L.	Blasenbinse	+	
Scilla spp.[3)] [8)] (incl. Hyacinthoides spp.)	Blausterne (einschl. Hasenglöckchen) – alle Arten	+	
Scorzonera austriaca Willd.[8)]	Österreichische Schwarzwurzel	+	+
Scorzonera hispanica L.[8)]	Spanische Schwarzwurzel	+	
Scorzonera humilis L.[8)]	Niedrige Schwarzwurzel	+	
Scorzonera purpurea L.[8)]	Violette Schwarzwurzel	+	+
Sempervivum spp.[8)]	Hauswurze – alle europäischen Arten	+	
Senecio incanus ssp. carniolicus Willd.[8)]	Krainers Greiskraut	+	
Soldanella spp.[8)]	Alpenglöckchen, Troddelblumen – alle heimischen Arten	+	
Stipa dasyphylla (Lindem.) Trautv.	Weichhaariges Federgras	+	+
Stipa spp.[3)] [8)]	Federgräser, Pfriemengräser – alle europäischen Arten, soweit nicht im Einzelnen aufgeführt	+	
Stratiotes aloides L.[8)]	Krebsschere	+	
Swertia perennis L.[8)]	Blauer Sumpfstern	+	
Taxus baccata L.[8)]	Eibe	+	
Trapa natans L.[8)]	Wassernuss	+	
Trollius europaeus L.[8)]	Trollblume	+	
Tulipa spp.[3)] [8)]	Tulpen – alle Arten	+	
Utricularia bremii Heer	Bremis Wasserschlauch	+	+
Utricularia ochroleuca Hartm.[8)]	Ockergelber Wasserschlauch	+	
Veronica longifolia L.[8)]	Langblättriger Ehrenpreis	+	
Veronica spicata L.[8)]	Ähriger Ehrenpreis	+	
Viola calcarata L.[8)]	Gesporntes Veilchen	+	
Viola guestphalica Nauenburg	Violettes Galmei-Veilchen	+	
Viola lutea Huds. ssp. calaminaria (Ging. in DC.) Rothm.	Gelbes Galmei-Veilchen	+	
Vitis vinifera L. ssp. sylvestris (C. C. Gmelin) Hegi[8)]	Wilde Weinrebe	+	+
Wahlenbergia hederacea (L.) Rchb.[8)]	Efeu-Moorglöckchen	+	
Woodsia spp.[8)]	Wimperfarne – alle heimischen Arten	+	

Wissenschaftliche Bezeichnung	Deutscher Name	Besonders geschützte Arten zu § 1 Satz 1	Streng geschützte Arten zu § 1 Satz 2
1		2	3
Bryophyta	**Moose**		
Hylocomium spp.[8)]	Hainmoose – alle heimischen Arten	+	
Leucobryum spp.[8)]	Weißmoose – alle heimischen Arten	+	
Sphagnum spp.[8)]	Torfmoose – alle heimischen Arten	+	
Lichenes	**Flechten**		
Anaptychia spp.	Wimperflechten – alle heimischen Arten	+	
Cetraria spp.	Moosflechten – alle heimischen Arten	+	
Cladina spp. (Cladonia sect. Cladina)[8)]	Rentierflechten – alle heimischen Arten	+	
Lobaria pulmonaria (L.) Hoffm.	Echte Lungenflechte	+	+
Lobaria spp.	Lungenflechten – alle heimischen Arten, soweit nicht im Einzelnen aufgeführt	+	
Parmelia spp.	Schlüsselflechten – alle heimischen Arten	+	
Usneaceae spp. (incl. Ramalinaceae spp.)	Bartflechten – alle heimischen Arten	+	
Fungi	**Pilze**		
Albatrellus spp.[7) 8)]	Schaf-Porling, Semmel-Porlinge – alle heimischen Arten	+	
Amanita caesarea (Scop. ex Fr.) Pers. ex Schw.[7) 8)]	Kaiserling	+	
Boletus aereus Bull. ex Fr.[7) 8)]	Weißer Bronze-Röhrling	+	
Boletus appendiculatus Schff. ex Fr.[7) 8)]	Gelber Bronze-Röhrling	+	
Boletus edulis Bull. ex Fr.[7) 8)]	Steinpilz	+	
Boletus fechtneri Vel.[7) 8)]	Sommer-Röhrling	+	
Boletus regius Krbh.[7) 8)]	Echter Königs-Röhrling	+	
Boletus speciosus Frost[7) 8)]	Blauender Königs-Röhrling	+	
Cantharellus spp.[7) 8)]	Pfifferlinge – alle heimischen Arten	+	
Gomphus clavatus (Pers. ex Fr.) S. F. Gray[7) 8)]	Schweinsohr	+	
Gyrodon lividus (Bull. ex Fr.) Sacc.[7) 8)]	Erlen-Grübling	+	
Hygrocybe spp.[7) 8)]	Saftlinge – alle heimischen Arten	+	

Wissenschaftliche Bezeichnung	Deutscher Name	Besonders geschützte Arten zu § 1 Satz 1	Streng geschützte Arten zu § 1 Satz 2
1		2	3
Hygrophorus marzuolus (Fr.) Bres.[7)] [8)]	März-Schneckling	+	
Lactarius volemus Fr.[7)] [8)]	Brätling	+	
Leccinum spp.[7)] [8)]	Birkenpilze und Rotkappen – alle heimischen Arten	+	
Morchella spp.[7)] [8)]	Morcheln – alle heimischen Arten	+	
Tricholoma flavovirens (Pers. ex Fr.) Lund & Nannf.[7)] [8)]	Grünling	+	
Tuber spp.[7)] [8)]	Trüffel – alle heimischen Arten	+	

1) Nur europäische wild lebende Populationen.
2) Ausgenommen die nach § 2 Abs. 1 des Bundesjagdgesetzes dem Jagdrecht unterliegenden Arten, soweit nicht im Einzelnen aufgeführt.
3) Ausgenommen die nach § 7 Absatz 2 Nummer 13 Buchstabe b Doppelbuchstabe aa des Bundesnaturschutzgesetzes geschützten Arten und Unterarten.
4) Ausgenommen die nach § 7 Absatz 2 Nummer 13 Buchstabe a des Bundesnaturschutzgesetzes geschützten Arten.
5) Besonders geschützte Art auf Grund § 7 Absatz 2 Nummer 13 Buchstabe b Doppelbuchstabe bb des Bundesnaturschutzgesetzes.
6) Nur Population des Mittelmeeres.
7) Nur heimische Populationen.
8) Nur wild lebende Populationen.

Gesetz zum Schutz der Natur, zur Pflege der Landschaft und über die Erholungsvorsorge in der freien Landschaft (Naturschutzgesetz – NatSchG)

vom 13. Dezember 2005 (GBl. S. 745, ber. 2006 S. 319)*,**, zuletzt geändert durch Gesetz vom 3. Dezember 2013 (GBl. S. 449)

Inhaltsübersicht

---

* Amtliche Fußnote: Dieses Gesetz dient der Umsetzung folgender Richtlinien:
1. Richtlinie 92/43/EWG des Rates vom 21. Mai 1992 zur Erhaltung der natürlichen Lebensräume sowie der wild lebenden Tiere und Pflanzen (ABl. EG Nr. L 206 S. 7)
2. Richtlinie 79/409/EWG des Rates vom 2. April 1979 über die Erhaltung der wild lebenden Vogelarten (ABl. EG Nr. L 103 S. 1)
3. Richtlinie 1999/22/EG des Rates vom 29. März 1999 über die Haltung von Wildtieren in Zoos (ABl. EG Nr. L 94 S. 24)
4. Richtlinie 2001/42/EG des Europäischen Parlaments und des Rates vom 27. Juni 2001 über die Prüfung der Umweltauswirkungen bestimmter Pläne und Programme (ABl. EG Nr. L 197 S. 30)

** Artikel 1 des Gesetzes zur Neuordnung des Naturschutzrechts und zur Änderung weiterer Vorschriften. Gemäß Artikel 6 dieses Gesetzes ist das Naturschutzgesetz am 1. Januar 2006 in Kraft getreten.

Erster Abschnitt Allgemeine Vorschriften

§ 1 Ziele des Naturschutzes und der Landschaftspflege

(1) Natur und Landschaft sind aufgrund ihres eigenen Wertes und als Lebensgrundlagen und Erholungsraum des Menschen auch in Verantwortung für die künftigen Generationen im besiedelten und unbesiedelten Bereich so zu schützen, zu pflegen, zu gestalten, zu entwickeln und, soweit erforderlich, wiederherzustellen, dass

1. die Leistungs- und Funktionsfähigkeit des Naturhaushalts,
2. die Regenerationsfähigkeit und nachhaltige Nutzungsfähigkeit der Naturgüter (Boden, Wasser, Luft, Klima, Tier- und Pflanzenwelt),
3. die biologische Vielfalt einschließlich der Tier- und Pflanzenwelt und ihrer Lebensstätten und Lebensräume sowie
4. die Vielfalt, Eigenart und Schönheit sowie der Erholungswert von Natur und Landschaft

im Sinne einer nachhaltigen umweltgerechten Entwicklung auf Dauer gesichert werden.

(2) Der wild lebenden heimischen Tier- und Pflanzenwelt sind angemessene Lebensräume zu erhalten. Dem Aussterben einzelner Tier- und Pflanzenarten ist wirksam zu begegnen. Ihre Populationen sind in einer dauerhaft überlebensfähigen Größe zu erhalten. Der Verinselung einzelner Populationen ist entgegenzuwirken.

§ 2 Grundsätze des Naturschutzes, der Landschaftspflege und der Erholungsvorsorge

(1) Grundsätze zur Verwirklichung der in § 1 genannten Ziele sind insbesondere:

1. Der Naturhaushalt ist in seinen räumlich abgrenzbaren Teilen so zu sichern, dass die den Standort prägenden biologischen Funktionen, Stoff- und Energieflüsse sowie die landschaftlichen Strukturen erhalten, entwickelt oder wiederhergestellt werden. In geeigneten Landschaftsteilen soll ein möglichst ungestörter Ablauf der Naturvorgänge in ihrer natürlichen Dynamik gewährleistet werden.
2. Die dauerhafte Nutzungsfähigkeit der Naturgüter ist zu gewährleisten. Soweit sich die Naturgüter nicht erneuern, sind sie sparsam und pfleglich zu nutzen. Der Nutzung sich erneuernder Naturgüter kommt besondere Bedeutung zu; sie dürfen nur so genutzt werden, dass sie nachhaltig zur Verfügung stehen.
3. Die Naturgüter sollen nur so genutzt werden, dass das Wirkungsgefüge des Naturhaushalts in möglichst geringem Umfang beeinträchtigt wird; Einwirkungen auf den Naturhaushalt, die seine Leistungs- und Funktionsfähigkeit nachhaltig beeinträchtigen, sollen verhindert, beseitigt oder in Fällen, in denen dies nicht möglich ist, ausgeglichen werden.
4. Böden sind so zu erhalten, zu schützen und nur so zu nutzen, dass sie ihre Funktionen im Naturhaushalt erfüllen können und ein Verlust oder eine Beeinträchtigung ihrer Fruchtbarkeit vermieden wird. Für die landwirtschaftliche Nutzung gut geeignete Böden sollen dieser Nutzungsart vorbehalten bleiben. Natürliche oder von Natur aus geschlossene Pflanzendecken sowie die Ufervegetation sind zu sichern. Für nicht land- oder forstwirtschaftlich oder gärtnerisch genutzte Böden, deren Pflanzendecke beseitigt worden ist, ist eine standortgerechte Vegetationsentwicklung zu ermöglichen.
5. Beim Aufsuchen und bei der Gewinnung von Bodenschätzen, bei Abgrabungen und Aufschüttungen sind wertvolle Landschaftsteile oder Bestandteile der Land-

schaft zu erhalten und dauernde Schäden des Naturhaushalts zu vermeiden; unvermeidbare Beeinträchtigungen durch Eingriffe in Natur und Landschaft sind insbesondere durch Förderung natürlicher Sukzession, Renaturierung, naturnahe Gestaltung, Wiedernutzbarmachung oder Rekultivierung zu minimieren oder auszugleichen.

6. Natürliche oder naturnahe Gewässer, deren Uferzonen und Verlandungsbereiche sowie natürliche Rückhalteflächen sind zu erhalten, zu entwickeln oder wiederherzustellen. Änderungen des Grundwasserspiegels, die zu einer Zerstörung oder nachhaltigen Beeinträchtigung schutzwürdiger Biotope führen können, sind zu vermeiden, unvermeidbare Beeinträchtigungen sind auszugleichen. Gewässer sollen vor Verunreinigung geschützt werden; ihre biologische Selbstreinigungskraft soll erhalten und verbessert werden.
7. Bei Unterhaltung und Ausbau der Gewässer sollen die Erhaltung und Verbesserung ihrer biologischen Selbstreinigungskraft, die Erholungseignung der Landschaft sowie die Sicherung der Lebensräume der Tier- und Pflanzenwelt beachtet sowie ein naturnaher Zustand angestrebt werden. Ein notwendiger Ausbau von Gewässern soll so naturnah wie möglich erfolgen, wobei Bauweisen des naturgemäßen Wasserbaus anzuwenden sind. Die eigendynamische Entwicklung von Gewässern ist zu unterstützen.
8. Schädliche Umwelteinwirkungen sind auch durch Maßnahmen des Naturschutzes und der Landschaftspflege gering zu halten; empfindliche Bestandteile des Naturhaushalts dürfen nicht nachhaltig geschädigt werden. Luftverunreinigungen und Lärmeinwirkungen soll entgegengewirkt werden. Nachteilige Einwirkungen auf den Naturhaushalt durch künstliche Lichtquellen sind zu vermeiden.
9. Beeinträchtigungen des Klimas sind zu vermeiden; hierbei kommt dem Aufbau einer nachhaltigen Energieversorgung insbesondere durch zunehmende Nutzung erneuerbarer Energien besondere Bedeutung zu. Auf den Schutz und die Verbesserung des Klimas, einschließlich des örtlichen Klimas, ist auch durch Maßnahmen des Naturschutzes und der Landschaftspflege hinzuwirken; bei Eingriffen sollen geeignete landschaftspflegerische Maßnahmen durchgeführt werden. Wald, Moore und sonstige Gebiete mit günstiger klimatischer Wirkung sind zu erhalten, zu entwickeln oder wiederherzustellen.
10. Zur Sicherung der Leistungs- und Funktionsfähigkeit des Naturhaushalts ist die biologische Vielfalt zu erhalten und zu entwickeln.
11. Die wild lebenden Tiere und Pflanzen und ihre Lebensgemeinschaften sind als Teil des Wirkungsgefüges des Naturhaushalts in ihrer natürlichen und historisch gewachsenen Artenvielfalt zu schonen. Ihre Biotope und ihre sonstigen Lebensbedingungen sind zu schützen, zu pflegen, zu entwickeln oder wiederherzustellen. Seltene oder in ihrem Bestand bedrohte heimische Tier- und Pflanzenarten sind einschließlich ihres Lebensraums zu erhalten und zu fördern.
12. Die Landschaft ist in ihrer Vielfalt, Eigenart und Schönheit auch wegen ihrer Bedeutung als Erlebnis- und Erholungsraum des Menschen zu sichern. Ihre charakteristischen Strukturen und Elemente sind zu erhalten oder zu entwickeln. Beeinträchtigungen des Erlebnis- und Erholungswertes der Landschaft sind zu vermeiden. Zum Zweck der Erholung sind nach ihrer Beschaffenheit und Lage geeignete Flächen zu schützen und, wo notwendig, zu pflegen, zu gestalten und zugänglich zu erhalten oder zugänglich zu machen. Für die Erholung der Bevölkerung sollen vor allem im siedlungsnahen Bereich sowie in den Verdichtungsräumen und ihren Randzonen in ausreichendem Maße Erholungsgebiete und Er-

holungsflächen geschaffen und gepflegt werden. Zur Erholung im Sinne von Satz 4 gehören auch natur- und landschaftsverträgliche sportliche Betätigungen in der freien Landschaft.

13. Zur Sicherung der Vielfalt, Eigenart und Schönheit sollen Natur und Landschaft in erforderlichem Umfang gepflegt sowie gegen Beeinträchtigungen geschützt werden. Historische Kulturlandschaften und -landschaftsteile von besonderer Eigenart, einschließlich solcher von besonderer Bedeutung für die Eigenart oder Schönheit geschützter oder schützenswerter Kultur-, Bau- und Bodendenkmäler, sind zu erhalten.
14. Auch im besiedelten Bereich sollen Grünflächen und Grünbestände erhalten werden; Grünbestände sollen Wohn- und Gewerbebereichen zweckmäßig zugeordnet werden; noch vorhandene Naturbestände, wie Wald, Hecken, Wegraine, Saumbiotope, Bachläufe, Weiher sowie sonstige ökologisch bedeutsame Kleinstrukturen sind zu erhalten und zu entwickeln.
15. Landschaftsteile, die sich durch ihre Schönheit, Eigenart, Seltenheit oder ihren Erholungswert auszeichnen oder für einen ausgewogenen Naturhaushalt erforderlich sind, sollen von Bebauung und Infrastruktureinrichtungen freigehalten werden.
16. Unbebaute Bereiche sind wegen ihrer Bedeutung für den Naturhaushalt und für die Erholung insgesamt und auch im Einzelnen in der dafür erforderlichen Größe und Beschaffenheit zu erhalten. Große zusammenhängende unzerschnittene Landschaftsräume sind zu erhalten.
17. Mit Boden und Fläche ist sparsam, schonend und haushälterisch umzugehen. Die erneute Inanspruchnahme bereits bebauter Flächen sowie die Bebauung innerörtlicher unbebauter Flächen, soweit sie nicht für Grünflächen vorgesehen sind, hat Vorrang vor der Inanspruchnahme von Freiflächen im Außenbereich. Nicht mehr benötigte versiegelte Flächen sind zu renaturieren oder, soweit eine Entsiegelung nicht möglich oder nicht zumutbar ist, der natürlichen Entwicklung zu überlassen.
18. Die Bebauung soll sich Natur und Landschaft anpassen. Bei der Planung von ortsfesten baulichen Anlagen, Verkehrswegen, Energieleitungen und ähnlichen Vorhaben sind die natürlichen Landschaftsstrukturen zu berücksichtigen. Trassen für Verkehrswege, Energieleitungen und ähnliche Vorhaben sollen möglichst landschaftsgerecht geführt und so zusammengefasst werden, dass die Zerschneidung und die Inanspruchnahme von Landschaft so gering wie möglich gehalten werden.
19. Das allgemeine Verständnis für die Ziele und Aufgaben des Naturschutzes und der Landschaftspflege ist mit geeigneten Mitteln zu fördern. Bei Maßnahmen des Naturschutzes und der Landschaftspflege ist ein frühzeitiger Informationsaustausch mit Betroffenen und der interessierten Öffentlichkeit zu gewährleisten.

(2) Die internationalen Bemühungen und die Verwirklichung der Rechtsakte der Europäischen Gemeinschaften auf dem Gebiet des Naturschutzes und der Landschaftspflege sind zu unterstützen. Die Errichtung des Europäischen ökologischen Netzes „Natura 2000“ ist zu fördern. Sein Zusammenhalt ist zu wahren und, auch durch die Pflege und Entwicklung eines Biotopverbunds, zu verbessern. Der Erhaltungszustand der Biotope von gemeinschaftlichem Interesse, insbesondere der dem Netz „Natura 2000“ angehörenden Gebiete, der Arten von gemeinschaftlichem Interesse und der europäischen Vogelarten ist zu überwachen. Die besonderen Funktionen der Gebiete von gemeinschaftlicher Bedeutung und der Europäischen Vogelschutzge-

biete innerhalb des Netzes „Natura 2000“ sind zu erhalten und bei unvermeidbaren Beeinträchtigungen, soweit wie möglich, wiederherzustellen.

(3) Die sich aus den Zielen und Grundsätzen des Naturschutzes und der Landschaftspflege ergebenden Anforderungen sind, soweit es im Einzelfall zur Verwirklichung erforderlich und möglich ist, untereinander und gegen die sonstigen Anforderungen der Allgemeinheit an Natur und Landschaft abzuwägen.

(4) Unberührt bleiben die Vorschriften des Wasserhaushaltsgesetzes und des Wassergesetzes für Baden-Württemberg (WG), soweit nicht in § 32 und im Fünften Abschnitt besondere Bestimmungen getroffen sind.

§ 3 Schutz unzerschnittener Landschaftsteile

Großflächige zusammenhängende Landschaftsteile, insbesondere unzerschnittene Räume mit hohem Wald- und Biotopanteil, sind vor Zerschneidung zu bewahren. Dies ist bei Planungen und sonstigen Maßnahmen der öffentlichen Planungsträger zu berücksichtigen. Eingriffe mit Trennwirkung sind auf das unvermeidbare Maß zu beschränken; unvermeidbare Zerschneidungen sind aus überwiegenden Gründen des Gemeinwohls zulässig.

§ 4 Biotopverbund

(1) Es ist ein Biotopverbund zu entwickeln und zu erhalten, der mindestens zehn Prozent der Landesfläche umfassen soll. Das Land stimmt sich im Bereich der Landesgrenze mit den angrenzenden Ländern ab.

(2) Der Biotopverbund dient der nachhaltigen Sicherung von heimischen Tier- und Pflanzenarten und deren Populationen einschließlich ihrer Lebensräume und Lebensgemeinschaften sowie der Bewahrung, Wiederherstellung und Entwicklung funktionsfähiger ökologischer Wechselbeziehungen. Der Biotopverbund unterstützt das Europäische ökologische Netz „Natura 2000“.

(3) Der Biotopverbund besteht aus Kernflächen, Verbindungsflächen und Verbindungselementen. Bestandteile des Biotopverbunds können geschützte Gebiete und Biotope nach dem Vierten und Fünften Abschnitt sowie weitere Gebiete sein, soweit sie zur Erreichung der in Absatz 2 genannten Ziele geeignet sind.

(4) Die erforderlichen Kernflächen, Verbindungsflächen und Verbindungselemente sind in den Landschaftsrahmenplänen und Landschaftsplänen darzustellen und, soweit nicht bereits erfolgt, durch planungsrechtliche Festlegungen in Regionalplänen und Flächennutzungsplänen, langfristige Vereinbarungen, die Ausweisung geeigneter Gebiete im Sinne des Vierten Abschnitts, die Verfügungsbefugnis eines öffentlichen oder gemeinnützigen Trägers oder andere geeignete Maßnahmen rechtlich zu sichern, um einen Biotopverbund dauerhaft zu gewährleisten. Die Naturschutzbehörde kann hierzu einen Fachbeitrag als Vorschlag erarbeiten.

§ 5 Regionale Mindestdichte von Biotopvernetzungselementen

Für die freie Landschaft soll eine regionale Mindestdichte von linearen und punktförmigen Elementen, die für den jeweiligen Naturraum typisch und zur Vernetzung von Biotopen erforderlich sind (Biotopvernetzungselemente), erhalten werden. Bei Unterschreiten der regionalen Mindestdichte sollen weitere Biotopvernetzungselemente insbesondere durch Ausgleichs- und Ersatzmaßnahmen nach § 21 Abs. 2 sowie über Förderprogramme, durch geeignete Landschaftspflegemaßnahmen oder andere geeignete Maßnahmen neu eingerichtet werden.

§ 6 Gewässer im Biotopverbund

(1) Alle öffentlichen Planungsträger haben bei wasserwirtschaftlichen Planungen oder Maßnahmen, mit denen Eingriffe in Natur und Landschaft verbunden sind, die Erhaltung des biologischen Gleichgewichts der Gewässer sowie die dauerhafte Sicherung der großräumigen Vernetzungsfunktion und eine naturgemäße Ufergestaltung der oberirdischen Gewässer zu berücksichtigen. Die Lebensmöglichkeiten für eine artenreiche Tier- und Pflanzenwelt sind zu verbessern und geeignete Bereiche für die Erholung zu bewahren.

(2) Oberirdische Gewässer sollen nur so ausgebaut und unterhalten werden, dass sie einschließlich ihrer Gewässerrandstreifen und Uferzonen als Lebensstätten und Lebensräume für heimische Tier- und Pflanzenarten erhalten bleiben. §§ 47, 68a und 68b WG bleiben unberührt.

§ 7 Allgemeine Verpflichtung zum Schutz der Natur

Jeder soll nach seinen Möglichkeiten zur Verwirklichung der Ziele und Grundsätze des Naturschutzes und der Landschaftspflege beitragen und sich so verhalten, dass Natur und Landschaft erhalten, pfleglich genutzt, und vor Schäden bewahrt werden.

§ 8 Pflichten der öffentlichen Hand

(1) Bei der Bewirtschaftung von Grundflächen im Eigentum oder Besitz der Körperschaften, Anstalten und Stiftungen des öffentlichen Rechts sollen die Ziele und Grundsätze des Naturschutzes und der Landschaftspflege in besonderer Weise berücksichtigt werden. Für den Naturschutz besonders wertvolle Grundflächen sollen in ihrer ökologischen Beschaffenheit erhalten und nach Möglichkeit weiterentwickelt werden. Sätze 1 und 2 stehen der Erfüllung bestimmter öffentlicher Zweckbestimmungen von Grundflächen nicht entgegen.

(2) Die Körperschaften, Anstalten und Stiftungen des öffentlichen Rechts haben die in ihrem Eigentum oder Besitz stehenden Grundstücke, die sich nach ihrer natürlichen Beschaffenheit und ihrer Zweckbestimmung für die Erholung der Bevölkerung eignen, insbesondere Uferbereiche, Gewässer, Wälder, Heiden und Grünflächen, der Allgemeinheit offen zu halten.

§ 9 Aufgaben der Behörden und Planungsträger

(1) Die Behörden und die Körperschaften, Anstalten und Stiftungen des öffentlichen Rechts haben im Rahmen ihrer Zuständigkeit zur Verwirklichung der Ziele, Aufgaben und Grundsätze des Naturschutzes, der Landschaftspflege und der Erholungsvorsorge beizutragen. Sie sind verpflichtet, bei Planungen, Maßnahmen und sonstigen Vorhaben, die wesentliche Belange des Naturschutzes, der Landschaftspflege und der Erholungsvorsorge berühren können, die Naturschutzbehörden zu unterrichten und anzuhören, soweit nicht eine weitergehende Form der Beteiligung vorgeschrieben ist.

(2) Die Naturschutzbehörden sind bei der Vorbereitung der Planungen so rechtzeitig zu beteiligen, dass sie die ihnen nach diesem Gesetz obliegenden Aufgaben wirksam wahrnehmen können.

(3) Bei raumbedeutsamen Planungen und Maßnahmen des Naturschutzes, der Landschaftspflege und der Erholungsvorsorge sind die Ziele der Raumordnung zu beachten und die Grundsätze und sonstigen Erfordernisse der Raumordnung zu berücksichtigen.

§ 10 Aufgaben der Naturschutzbehörden

(1) Die Naturschutzbehörden haben dafür zu sorgen, dass die Vorschriften des Rechts des Naturschutzes, der Landschaftspflege und der Erholungsvorsorge und die aufgrund dieser Vorschriften erlassenen Anordnungen eingehalten werden. Sie haben die zur Durchführung dieser Vorschriften notwendigen Maßnahmen und Anordnungen zu treffen.

(2) Die Naturschutzbehörden haben bei ihren Planungen und Maßnahmen alle Behörden und Träger öffentlicher Belange, deren Aufgabenbereich wesentlich berührt sein kann, so rechtzeitig zu beteiligen, dass diese ihre Belange wirksam wahrnehmen können. Soweit wesentliche Belange der Land-, Forst- und Fischereiwirtschaft berührt werden, sind deren Berufsvertretungen zu beteiligen.

§ 11 Naturschutz als Aufgabe für Erziehung, Bildung und Forschung

(1) Die staatlichen, kommunalen und privaten Erziehungs-, Bildungs- und Informationsträger sollen das Verantwortungsbewusstsein der Jugend und der Erwachsenen für ein pflegliches Verhalten gegenüber Natur und Landschaft sowie für eine sachgerechte und dauerhaft umweltschonende Nutzung der Naturgüter sowie das Verständnis für die Aufgaben des Naturschutzes wecken und vertiefen.

(2) Die Ziele und Aufgaben des Naturschutzes und der Landschaftspflege werden in den Lehr- und Bildungsplänen und bei den Lehr- und Lernmitteln berücksichtigt.

(3) Die wissenschaftlichen Einrichtungen des Landes sollen durch Grundlagenuntersuchungen einen besonderen Beitrag zu Naturschutz, Landschaftspflege und Erholungsvorsorge leisten.

§ 12 Land-, Forst- und Fischereiwirtschaft

(1) Land-, Forst- und Fischereiwirtschaft leisten einen besonderen Beitrag zur Erhaltung und Pflege von Natur und Landschaft. Die Naturschutzbehörden und die für die Land-, Forst- und Fischereiwirtschaft zuständigen Behörden unterstützen sich gegenseitig bei der Erfüllung dieser Aufgabe.

(2) Bei Maßnahmen des Naturschutzes und der Landschaftspflege ist die besondere Bedeutung einer natur- und landschaftsverträglichen Land-, Forst- und Fischereiwirtschaft für die Erhaltung der Kultur- und Erholungslandschaft zu berücksichtigen.

(3) Der Ausgleich von Nutzungsbeschränkungen in der Land-, Forst- und Fischereiwirtschaft bestimmt sich nach § 58.

(4) Die Landwirtschaft hat neben den Anforderungen, die sich aus den für die Landwirtschaft geltenden Vorschriften und § 17 Abs. 2 des Bundes-Bodenschutzgesetzes ergeben, insbesondere die folgenden Grundsätze der guten fachlichen Praxis zu beachten:

1. Bei der landwirtschaftlichen Nutzung muss die Bewirtschaftung standortangepasst erfolgen und die nachhaltige Bodenfruchtbarkeit und langfristige Nutzbarkeit der Flächen gewährleistet werden.
2. Vermeidbare Beeinträchtigungen von vorhandenen Biotopen sind zu unterlassen.
3. Die zur Vernetzung von Biotopen erforderlichen Landschaftselemente sind zu erhalten und nach Möglichkeit zu vermehren.
4. Die Tierhaltung hat in einem ausgewogenen Verhältnis zum Pflanzenbau zu stehen; schädliche Umweltauswirkungen sind zu vermeiden.
5. Auf erosionsgefährdeten Hängen, in Überschwemmungskernbereichen, auf Standorten mit hohem Grundwasserstand sowie auf Moorstandorten ist ein Grünlandumbruch zu unterlassen.
6. Die natürliche Ausstattung der Nutzfläche (Boden, Wasser, Flora, Fauna) darf nicht über das zur Erzielung eines nachhaltigen Ertrags erforderliche Maß hinaus beeinträchtigt werden.

(5) Bei der forstlichen Nutzung des Waldes ist das Ziel zu verfolgen, naturnahe Wälder aufzubauen und diese ohne Kahlhiebe nachhaltig zu bewirtschaften. Ein hinreichender Anteil standortheimischer Forstpflanzen ist einzuhalten.

(6) Bei der fischereiwirtschaftlichen Nutzung der oberirdischen Gewässer sind diese einschließlich ihrer Uferzonen als Lebensstätten und Lebensräume für heimische Tier- und Pflanzenarten zu erhalten und zu fördern. Der Besatz dieser Gewässer mit nicht heimischen Tierarten ist grundsätzlich zu unterlassen. Bei Fischzuchten und Teichwirtschaften der Binnenfischerei sind Beeinträchtigungen der heimischen Tier- und Pflanzenarten auf das zur Erzielung eines nachhaltigen Ertrags erforderliche Maß zu beschränken.

§ 13 Vertragliche Vereinbarungen

Bei allen Maßnahmen zur Durchführung dieses Gesetzes und der aufgrund dieses Gesetzes erlassenen Vorschriften soll die Naturschutzbehörde insbesondere bei Betroffenen der Land-, Forst- und Fischereiwirtschaft vorrangig prüfen, ob der Zweck mit angemessenem Aufwand auch durch vertragliche Vereinbarungen erreicht werden kann. Die sonstigen Befugnisse der Naturschutzbehörde nach diesem Gesetz bleiben unberührt.

§ 14 Begriffe

(1) Im Sinne dieses Gesetzes bedeutet

1. Naturhaushalt
   seine Bestandteile Boden, Wasser, Luft, Klima, Tiere und Pflanzen sowie das Wirkungsgefüge zwischen ihnen,
2. Biologische Vielfalt
   die Vielfalt von Ökosystemen, Lebensräumen und Lebensgemeinschaften, von Arten sowie die genetische Vielfalt zwischen und innerhalb von Arten,
3. freie Landschaft
   sämtliche Flächen außerhalb besiedelter Bereiche,

4. Biotope
   Lebensstätten und Lebensräume wild lebender Tiere und Pflanzen,
5. Biotope von gemeinschaftlichem Interesse
   die in Anhang I der Richtlinie 92/43/EWG des Rates vom 21. Mai 1992 zur Erhaltung der natürlichen Lebensräume sowie der wild lebenden Tiere und Pflanzen (ABl. EG Nr. L 206 S. 7), zuletzt geändert durch die Richtlinie 97/62/EG vom 27. Oktober 1997 (ABl. EG Nr. L 305 S. 42), in der am 28. November 1997 geltenden Fassung, aufgeführten Lebensräume,
6. prioritäre Biotope
   die in Anhang I der Richtlinie 92/43/EWG mit (*) gekennzeichneten Biotope,
7. Gebiete von gemeinschaftlicher Bedeutung
   die in die Liste nach Artikel 4 Abs. 2 Unterabs. 3 der Richtlinie 92/43/EWG eingetragenen Gebiete, auch wenn sie noch nicht zu Schutzgebieten im Sinne dieses Gesetzes erklärt worden sind,
8. Europäische Vogelschutzgebiete
   Gebiete im Sinne des Artikels 4 Abs. 1 und 2 der Richtlinie 79/409/EWG des Rates vom 2. April 1979 über die Erhaltung der wild lebenden Vogelarten (ABl. EG Nr. L 103 S. 1), zuletzt geändert durch die Richtlinie 97/49/EG vom 29. Juli 1997 (ABl. EG Nr. L 223 S. 9),
9. Konzertierungsgebiete
   einem Konzertierungsverfahren nach Artikel 5 der Richtlinie 92/43/EWG unterliegende Gebiete von der Einleitung des Verfahrens durch die Kommission bis zur Beschlussfassung des Rates,
10. Europäisches ökologisches Netz „Natura 2000"
    das kohärente Europäische ökologische Netz „Natura 2000" gemäß Artikel 3 der Richtlinie 92/43/EWG, das aus den Gebieten von gemeinschaftlicher Bedeutung und den Europäischen Vogelschutzgebieten besteht,
11. Erhaltungsziele
    Erhaltung oder Wiederherstellung eines günstigen Erhaltungszustands
    a) der in Anhang I der Richtlinie 92/43/EWG aufgeführten natürlichen Lebensräume und der in Anhang II dieser Richtlinie aufgeführten Tier- und Pflanzenarten, die in einem Gebiet von gemeinschaftlicher Bedeutung vorkommen,
    b) der in Anhang I der Richtlinie 79/409/EWG aufgeführten und der in Artikel 4 Abs. 2 dieser Richtlinie genannten Vogelarten sowie ihrer Lebensräume, die in einem Europäischen Vogelschutzgebiet vorkommen,
12. Schutzzweck
    der sich aus Vorschriften über Schutzgebiete ergebende Schutzzweck,
13. Projekte
    a) Vorhaben und Maßnahmen innerhalb eines Gebiets von gemeinschaftlicher Bedeutung oder eines Europäischen Vogelschutzgebiets, sofern sie einer behördlichen Entscheidung oder einer Anzeige an eine Behörde bedürfen oder von einer Behörde durchgeführt werden,
    b) Eingriffe in Natur und Landschaft im Sinne des § 20, sofern sie einer behördlichen Entscheidung oder einer Anzeige an eine Behörde bedürfen oder von einer Behörde durchgeführt werden und
    c) nach dem Bundes-Immissionsschutzgesetz genehmigungsbedürftige Anlagen sowie Gewässerbenutzungen, die nach dem Wasserhaushaltsgesetz einer Erlaubnis oder Bewilligung bedürfen,

soweit sie, einzeln oder im Zusammenwirken mit anderen Projekten oder Plänen, geeignet sind, ein Gebiet von gemeinschaftlicher Bedeutung oder ein Europäisches Vogelschutzgebiet erheblich zu beeinträchtigen; ausgenommen sind Projekte, die unmittelbar der Verwaltung der Gebiete von gemeinschaftlicher Bedeutung oder der Europäischen Vogelschutzgebiete dienen,

14. Pläne
    Pläne und Entscheidungen in vorgelagerten Verfahren, die bei behördlichen Entscheidungen zu beachten oder zu berücksichtigen sind, soweit sie, einzeln oder im Zusammenwirken mit anderen Plänen oder Projekten, geeignet sind, ein Gebiet von gemeinschaftlicher Bedeutung oder ein Europäisches Vogelschutzgebiet erheblich zu beeinträchtigen; ausgenommen sind Pläne, die unmittelbar der Verwaltung der Gebiete von gemeinschaftlicher Bedeutung oder der Europäischen Vogelschutzgebiete dienen,
15. Erholung
    natur- und landschaftsverträglich ausgestaltetes Natur- und Freizeiterleben einschließlich der natur- und landschaftsverträglichen sportlichen Betätigung in der freien Natur, die die Verwirklichung der sonstigen Ziele und Grundsätze des Naturschutzes und der Landschaftspflege nicht beeinträchtigen.

(2) Im Sinne dieses Gesetzes bedeutet

1. Tiere
   a) wild lebende, gefangene oder gezüchtete und nicht herrenlos gewordene sowie tote Tiere wild lebender Arten.
   b) Eier, auch im leeren Zustand, Larven, Puppen und sonstige Entwicklungsformen von Tieren wild lebender Arten,
   c) ohne weiteres erkennbare Teile von Tieren wild lebender Arten und
   d) ohne weiteres erkennbar aus Tieren wild lebender Arten gewonnene Erzeugnisse,
2. Pflanzen
   a) wild lebende, durch künstliche Vermehrung gewonnene sowie tote Pflanzen wild lebender Arten,
   b) Samen, Früchte oder sonstige Entwicklungsformen von Pflanzen wild lebender Arten,
   c) ohne weiteres erkennbare Teile von Pflanzen wild lebender Arten und
   d) ohne weiteres erkennbar aus Pflanzen wild lebender Arten gewonnene Erzeugnisse,
3. Art
   jede Art, Unterart oder Teilpopulation einer Art oder Unterart; für die Bestimmung einer Art ist ihre wissenschaftliche Bezeichnung maßgebend,
4. Population
   eine biologisch oder geographisch abgegrenzte Zahl von Individuen,
5. heimische Art
   eine wild lebende Tier- oder Pflanzenart, die ihr Verbreitungsgebiet oder regelmäßiges Wanderungsgebiet ganz oder teilweise
   a) im Inland hat oder in geschichtlicher Zeit hatte oder
   b) auf natürliche Weise in das Inland ausdehnt oder ausgedehnt hat; als heimisch gilt eine wild lebende Tier- oder Pflanzenart auch, wenn sich verwilderte oder durch menschlichen Einfluss eingebürgerte Tiere oder Pflanzen der betreffenden Art im Inland in freier Natur und ohne menschliche Hilfe über mehrere Generationen als Population erhalten,

6. gebietsfremde Art
eine wild lebende Tier- oder Pflanzenart, wenn sie in dem betreffenden Gebiet in freier Natur nicht oder seit mehr als 100 Jahren nicht mehr vorkommt,
7. Arten von gemeinschaftlichem Interesse
die in den Anhängen II, IV oder V der Richtlinie 92/43/EWG aufgeführten Tier- und Pflanzenarten,
8. prioritäre Arten
die in Anhang II der Richtlinie 92/43/EWG mit (*) gekennzeichneten Tier- und Pflanzenarten,
9. europäische Vogelarten
in Europa natürlich vorkommende Vogelarten im Sinne des Artikels 1 der Richtlinie 79/409/EWG,
10. besonders geschützte Arten
    a) Tier- und Pflanzenarten, die in Anhang A oder B der Verordnung (EG) Nr. 338/97 des Rates vom 9. Dezember 1996 über den Schutz von Exemplaren wild lebender Tier- und Pflanzenarten durch Überwachung des Handels (ABl. EG 1997 Nr. L 61 S. 1, ber. Nr. L 100 S. 72 und Nr. L 298 S. 70), zuletzt geändert durch die Verordnung (EG) Nr. 1579/2001 vom 1. August 2001 (ABl. EG Nr. L 209 S. 14), aufgeführt sind,
    b) nicht unter Buchstabe a fallende
        aa) Tier- und Pflanzenarten, die in Anhang IV der Richtlinie 92/43/EWG aufgeführt sind,
        bb) europäische Vogelarten [gemäß Nr. 9],
    c) Tier- und Pflanzenarten, die in einer Rechtsverordnung nach § 52 Abs. 1 des Bundesnaturschutzgesetzes aufgeführt sind,
11. streng geschützte Arten
besonders geschützte Arten, die
    a) in Anhang A der Verordnung (EG) Nr. 338/97,
    b) in Anhang IV der Richtlinie 92/43/EWG,
    c) in einer Rechtsverordnung nach § 52 Abs. 2 des Bundesnaturschutzgesetzes

    aufgeführt sind,
12. gezüchtete Tiere
Tiere, die in kontrollierter Umgebung geboren oder auf andere Weise erzeugt und deren Elterntiere rechtmäßig erworben worden sind,
13. künstlich vermehrte Pflanzen
Pflanzen, die aus Samen, Gewebekulturen, Stecklingen oder Teilungen unter kontrollierten Bedingungen herangezogen worden sind,
14. Anbieten
Erklärung der Bereitschaft zu verkaufen oder zu kaufen und ähnliche Handlungen, einschließlich der Werbung, der Veranlassung zur Werbung oder der Aufforderung zu Verkaufs- oder Kaufverhandlungen,
15. Inverkehrbringen
das Anbieten, Vorrätighalten zur Abgabe, Feilhalten und jedes Abgeben an andere,
16. rechtmäßig
in Übereinstimmung mit den jeweils geltenden Rechtsvorschriften zum Schutz der betreffenden Art im jeweiligen Staat sowie mit Rechtsakten der Europäischen Gemeinschaften auf dem Gebiet des Artenschutzes und dem Washingtoner

Artenschutzübereinkommen im Rahmen ihrer jeweiligen räumlichen und zeitlichen Geltung oder Anwendbarkeit,

17. Mitgliedstaat
ein Staat, der Mitglied der Europäischen Union ist,
18. Drittland
ein Staat, der nicht Mitglied der Europäischen Union ist,
19. Zoo
dauerhafte Einrichtung, in der lebende Tiere wild lebender Arten zwecks Zurschaustellung während eines Zeitraums von mindestens sieben Tagen im Jahr gehalten werden; nicht als Zoo im Sinne des Halbsatzes 1 gelten
    a) Zirkusse,
    b) Tierhandlungen und
    c) Gehege zur Haltung von nicht mehr als fünf Arten des im Geltungsbereich des Bundesjagdgesetzes heimischen Schalenwildes oder Einrichtungen, in denen nicht mehr als fünf Tiere anderer wild lebender Arten gehalten werden.

(3) Dem Verkaufen im Sinne dieses Gesetzes stehen das Tauschen und das entgeltliche Überlassen zum Gebrauch oder zur Nutzung gleich.

(4) Wenn die in Absatz 2 Nr. 10 genannten Arten bereits aufgrund der bis zum 8. Mai 1998 geltenden Vorschriften unter besonderem Schutz standen, gilt als Zeitpunkt der Unterschutzstellung derjenige, der sich aus diesen Vorschriften ergibt. Entsprechendes gilt für die in Absatz 2 Nr. 11 genannten Arten, soweit sie nach den bis zum 8. Mai 1998 geltenden Vorschriften als vom Aussterben bedroht bezeichnet waren.

(5) Die Begriffsbestimmungen der Verordnung (EG) Nr. 338/97 bleiben unberührt. Soweit in diesem Gesetz auf Anhänge der Verordnung (EG) Nr. 338/97, der Verordnung (EWG) Nr. 3254/91 des Rates vom 4. November 1991 zum Verbot von Tellereisen in der Gemeinschaft und der Einfuhr von Pelzen und Waren von bestimmten Wildtierarten aus Ländern, die Tellereisen oder den internationalen humanen Fangnormen nicht entsprechende Fangmethoden anwenden (ABl. EG Nr. L 308 S. 1), der Richtlinien 92/43/EWG und 79/409/EWG und der Richtlinie 83/129/EWG des Rates vom 28. März 1983 betreffend die Einfuhr in die Mitgliedstaaten von Fellen bestimmter Jungrobben und Waren daraus (ABl. EG Nr. L 91 S. 30), zuletzt geändert durch die Richtlinie 89/370/EWG vom 8. Juni 1989 (ABl. EG Nr. L 163 S. 37), oder auf Vorschriften der genannten Rechtsakte verwiesen wird, in denen auf Anhänge Bezug genommen wird, sind diese jeweils in der geltenden Fassung maßgeblich.

Zweiter Abschnitt Umweltbeobachtung, Landschaftsplanung

§ 15 Naturschutzorientierte Umweltbeobachtung

(1) Zweck der naturschutzorientierten Umweltbeobachtung als Teil der umfassenden Beobachtung der Umweltmedien ist, den Zustand des Naturhaushalts, seine Veränderungen und deren Folgen, die Einwirkungen auf den Naturhaushalt und die Wirkungen von Umweltschutzmaßnahmen auf den Zustand des Naturhaushalts zu ermitteln, auszuwerten und zu bewerten.

(2) Zuständig für die Aufgaben nach Absatz 1 ist die Landesanstalt für Umwelt, Messungen und Naturschutz. Die Naturschutzbehörden wirken insbesondere bei der Erhebung der Daten mit, die übrigen Landesbehörden und -einrichtungen stellen bei

ihnen vorhandene Daten kostenlos zur Verfügung. Die Rechtsvorschriften über Geheimhaltung und Datenschutz bleiben unberührt.

(3) Erhebungskriterien und -methoden für die Umweltbeobachtung nach Absatz 1 sollen mit dem Bund und den Ländern abgestimmt werden.

§ 16 Aufgaben und Inhalte der Landschaftsplanung

(1) Aufgabe der Landschaftsplanung ist, die Ziele, Erfordernisse und Maßnahmen des Naturschutzes und der Landschaftspflege einschließlich der Erholungsvorsorge für den jeweiligen Planungsraum darzustellen und zu begründen. Sie dient der Verwirklichung der Ziele und Grundsätze der §§ 1 und 2 auch in den Planungen und Verwaltungsverfahren anderer Behörden, deren Entscheidungen sich auf Natur und Landschaft auswirken können.

(2) Die Ziele, Erfordernisse und Maßnahmen der Landschaftsplanung sind in einem Landschaftsrahmenprogramm, in Landschaftsrahmenplänen und in Landschaftsplänen darzustellen.

(3) Die Pläne sollen insbesondere Angaben enthalten über
1. den vorhandenen und den zu erwartenden Zustand von Natur und Landschaft,
2. die konkretisierten Ziele und Grundsätze des Naturschutzes und der Landschaftspflege für den Planungsraum einschließlich der Erholungsvorsorge,
3. die Beurteilung des vorhandenen und zu erwartenden Zustands von Natur und Landschaft nach Maßgabe dieser Ziele und Grundsätze, einschließlich der sich daraus ergebenden Konflikte,
4. die Erfordernisse und Maßnahmen
   a) zur Vermeidung, Minderung oder Beseitigung von Beeinträchtigungen von Natur und Landschaft,
   b) zum Schutz, zur Pflege und zur Entwicklung bestimmter Teile von Natur und Landschaft im Sinne des Vierten Abschnitts sowie der Biotope und Lebensgemeinschaften der Tiere und Pflanzen wild lebender Arten,
   c) zum Aufbau und zur Sicherung des Biotopverbunds,
   d) auf Flächen, die wegen ihres Zustands, ihrer Lage oder ihrer natürlichen Entwicklungsmöglichkeiten für künftige Maßnahmen des Naturschutzes und der Landschaftspflege besonders geeignet sind,
   e) zum Aufbau und Schutz des Europäischen ökologischen Netzes „Natura 2000“,
   f) zum Schutz, zur Verbesserung der Qualität und zur Regeneration von Böden, Gewässern, Luft und Klima,
   g) zur Erhaltung und Entwicklung von Vielfalt, Eigenart und Schönheit von Natur und Landschaft, auch als Erlebnis- und Erholungsraum des Menschen.

Zu Nr. 4 Buchst. b, c und e ist ein Fachbeitrag der Naturschutzbehörde zu integrieren. Die Ziele der Raumordnung sind zu beachten; die Grundsätze und sonstigen Erfordernisse der Raumordnung sind zu berücksichtigen. Auf die Verwertbarkeit der Darstellungen der Landschaftsplanung für die Raumordnungspläne und Bauleitpläne ist Rücksicht zu nehmen.

(4) Bei der Aufstellung oder Änderung von Landschaftsplanungen nach § 17 Abs. 1 und 3 sowie nach § 18 Abs. 1 ist eine strategische Umweltprüfung im Sinne der Richtlinie 2001/42/EG des Europäischen Parlaments und des Rates vom 27. Juni 2001 über die Prüfung der Umweltauswirkungen bestimmter Pläne und Programme

(ABl. EG Nr. L 197 S. 30) durchzuführen. In die Darstellungen nach Absatz 3 sind die voraussichtlichen erheblichen Umweltauswirkungen auf die Schutzgüter des § 2 Abs. 1 Satz 2 des Gesetzes über die Umweltverträglichkeitsprüfung in der Fassung vom 25. Juni 2005 (BGBl. I S. 1758), als gesonderter Teil in die Begründung aufzunehmen. Auf die Umweltprüfung nach Satz 1 kann verzichtet werden, wenn Landschaftsplanungen nur geringfügig geändert werden und die Änderung erhebliche Umweltauswirkungen nicht erwarten lässt.

(5) In Planungen und Verwaltungsverfahren, die sich auf Natur und Landschaft im Planungsraum auswirken können, sind die Inhalte der Landschaftsplanung zu berücksichtigen. Insbesondere sind die Inhalte der Landschaftsplanung für die Beurteilung der Umweltverträglichkeit und der Verträglichkeit im Sinne des § 38 Abs. 1 heranzuziehen. Soweit den Inhalten der Landschaftsplanung in den Planungen und Entscheidungen nicht Rechnung getragen werden kann, ist dies zu begründen. Die Schutzziele für Gebiete nach dem Fünften Abschnitt bleiben unberührt.

§ 17 Landschaftsrahmenprogramm und Landschaftsrahmenpläne

(1) Das Landschaftsrahmenprogramm stellt die Zielsetzungen und Planungen des Naturschutzes, der Landschaftspflege und der Erholungsvorsorge zur Erhaltung und Entwicklung von Natur und Landschaft des ganzen Landes dar. Landschaftsrahmenpläne enthalten die für Teile des Landes ausgeformten Zielsetzungen und Planungen des Landschaftsrahmenprogramms und die überörtlichen Maßnahmen zu ihrer Verwirklichung in Text und Karte; sie sind für die gesamte Fläche des Landes zu erstellen.

(2) Das Landschaftsrahmenprogramm wird von dem Ministerium für Ernährung und Ländlichen Raum (Ministerium) aufgestellt und entsprechend der weiteren Entwicklung fortgeschrieben. Das Landschaftsrahmenprogramm soll, soweit erforderlich und geeignet, in den Landesentwicklungsplan aufgenommen werden; für das Verfahren gilt § 9 Abs. 2 bis 5 des Landesplanungsgesetzes.

(3) Die Landschaftsrahmenpläne werden von den Trägern der Regionalplanung aufgestellt und entsprechend der weiteren Entwicklung fortgeschrieben. Die Ausarbeitung des Landschaftsrahmenplans erfolgt im Benehmen mit der höheren Naturschutzbehörde. Für das Verfahren gelten die Vorschriften des Landesplanungsgesetzes zur Aufstellung, Fortschreibung und sonstigen Änderungen von Regionalplänen entsprechend. Die Landschaftsrahmenpläne sollen, soweit erforderlich und geeignet, in die Regionalpläne aufgenommen werden.

§ 18 Landschaftspläne und Grünordnungspläne

(1) Die örtlichen Erfordernisse und Maßnahmen des Naturschutzes, der Landschaftspflege und der naturverträglichen Erholungsvorsorge werden auf der Grundlage des Landschaftsrahmenprogramms und der Landschaftsrahmenpläne flächendeckend in Landschaftsplänen dargestellt. Von der flächendeckenden Darstellung kann für die Teile einer Gemeinde abgesehen werden, für die eine den Zielen und Grundsätzen des Naturschutzes und der Landschaftspflege entsprechende Nutzung gewährleistet und planungsrechtlich gesichert ist.

(2) Die Landschaftspläne werden von den Trägern der Bauleitplanung im Benehmen mit der unteren Naturschutzbehörde aufgestellt. Sie sind fortzuschreiben, wenn wesentliche Veränderungen in der Landschaft vorgesehen oder zu erwarten sind. Die

Fortschreibung kann sich auf diejenigen Bereiche einer Gemeinde oder Gemarkung beschränken, die unmittelbar oder in erheblichem Umfang mittelbar von den Veränderungen betroffen sind. Für das Verfahren gelten § 3 Abs. 2 und § 4 Abs. 2 des Baugesetzbuchs entsprechend mit der Maßgabe, dass die anerkannten Naturschutzvereine nach § 67 Abs. 4 Nr. 2 frühzeitig zu beteiligen sind. Die Landschaftspläne sollen, soweit erforderlich und geeignet, in die Flächennutzungspläne aufgenommen werden.

(3) Die Träger der Bauleitplanung können Grünordnungspläne aufstellen, wenn Teile der Gemeinden nachteiligen Landschaftsveränderungen ausgesetzt sind oder dies erforderlich ist, um einen Biotopverbund einschließlich der Biotopvernetzungselemente bei der Ausweisung von Bauflächen zu erhalten. Dabei kann auf die Darstellung gemäß § 16 Abs. 3 Satz 1 Nr. 1 bis 3 verzichtet werden. Die Darstellungen der Grünordnungspläne können, sofern erforderlich und geeignet, als Festsetzungen in die Bebauungspläne übernommen werden.

§ 19 Zusammenwirken der Länder bei der Planung

(1) Bei der Aufstellung der Programme und Pläne nach den §§ 17 und 18 soll darauf Rücksicht genommen werden, dass die Verwirklichung der Ziele und Grundsätze des Naturschutzes und der Landschaftspflege in benachbarten Ländern und im Gebiet der Bundesrepublik Deutschland in seiner Gesamtheit nicht erschwert werden. Sind erhebliche Auswirkungen auf die Belange des Naturschutzes und der Landschaftspflege in benachbarten Staaten zu erwarten, ist § 8 des Gesetzes über die Umweltverträglichkeitsprüfung entsprechend anzuwenden.

(2) Ist aufgrund der natürlichen Gegebenheiten eine die Grenze des Landes überschreitende Planung erforderlich, sollen bei der Erstellung der Programme und Pläne nach den §§ 17 und 18 die Erfordernisse und Maßnahmen für die betreffenden Gebiete abgestimmt werden.

Dritter Abschnitt Allgemeiner Schutz von Natur und Landschaft

§ 20 Eingriffe in Natur und Landschaft

(1) Eingriffe in Natur und Landschaft im Sinne dieses Gesetzes sind Veränderungen der Gestalt oder Nutzung von Grundflächen oder Veränderungen des mit der belebten Bodenschicht in Verbindung stehenden Grundwasserspiegels, die die Leistungs- und Funktionsfähigkeit des Naturhaushalts, das Landschaftsbild oder den Wert der Landschaft für die naturnahe Erholung erheblich beeinträchtigen können.

Eingriffe können insbesondere sein
1. Veränderungen der Bodengestalt,
2. Errichtung oder wesentliche Änderung von baulichen Anlagen im Sinne von § 2 Abs. 1 der Landesbauordnung für Baden-Württemberg (LBO), Straßen und Wegen,
3. Errichtung oder Änderung von Masten sowie Unterstützungen von Freileitungen,
4. Ausbau von Gewässern, Anlage, Veränderung oder Beseitigung von Wasserflächen.

(2) Die land- und forstwirtschaftliche Bodennutzung und die fischereiwirtschaftliche Nutzung der oberirdischen Gewässer sind nicht als Eingriff anzusehen, soweit dabei die Ziele und Grundsätze des Naturschutzes und der Landschaftspflege berücksichtigt werden und den Anforderungen des § 12 Abs. 4 bis 6 sowie den Regeln der guten fachlichen Praxis, die sich aus dem Recht der Land-, Forst- und Fischereiwirtschaft und § 17 Abs. 2 des Bundes-Bodenschutzgesetzes ergeben, entsprochen wird.

(3) Nicht als Eingriff gilt die Wiederaufnahme einer land- und forstwirtschaftlichen Bodennutzung oder einer fischereiwirtschaftlichen Nutzung der oberirdischen Gewässer, die aufgrund vertraglicher Vereinbarungen oder aufgrund der Teilnahme an öffentlichen Programmen zur Bewirtschaftungsbeschränkung zeitweise eingeschränkt oder unterbrochen war. Dies gilt, soweit die den Bewirtschaftungsbeschränkungen vorangegangene Nutzung innerhalb einer Frist von fünf Jahren nach Auslaufen der Bewirtschaftungsbeschränkungen wieder aufgenommen wird. Die Frist kann auf Antrag einmalig um weitere fünf Jahre verlängert werden.

(4) Die Vorschriften des Landwirtschafts- und Landeskulturgesetzes sowie des Landeswaldgesetzes (LWaldG) bleiben unberührt.

§ 21 Verursacherpflichten, Unzulässigkeit von Eingriffen

(1) Der Verursacher eines Eingriffs ist verpflichtet, vermeidbare Beeinträchtigungen von Natur und Landschaft zu unterlassen.

(2) Der Verursacher ist verpflichtet, unvermeidbare Beeinträchtigungen durch Maßnahmen des Naturschutzes und der Landschaftspflege vorrangig auszugleichen (Ausgleichsmaßnahmen) oder in sonstiger Weise zu kompensieren (Ersatzmaßnahmen). Ausgeglichen ist eine Beeinträchtigung, wenn und sobald die beeinträchtigten Funktionen des Naturhaushalts wieder hergestellt sind und das Landschaftsbild landschaftsgerecht wieder hergestellt oder neu gestaltet ist. In sonstiger Weise kompensiert ist eine Beeinträchtigung, wenn und sobald die beeinträchtigten Funktionen des Naturhaushalts in der betroffenen Großlandschaft in gleichwertiger Weise ersetzt sind oder das Landschaftsbild landschaftsgerecht neu gestaltet ist. Die Ausgleichs- und Ersatzmaßnahmen sollen so gestaltet werden, dass die für den Eingriff in Anspruch genommene Fläche möglichst nicht überschritten wird.

(3) Bei der Festsetzung von Art und Umfang der Maßnahmen sind die Programme und Pläne nach §§ 17 und 18 sowie sonstige naturschutzfachliche Planungen zu berücksichtigen. Ausgleichs- und Ersatzmaßnahmen schließen Maßnahmen zur Sicherung des angestrebten Zustands ein. Verantwortlich für die Ausführung und Sicherung der Ausgleichs- und Ersatzmaßnahmen ist der Verursacher oder dessen Rechtsnachfolger.

(4) Der Eingriff darf nicht zugelassen oder durchgeführt werden, wenn unvermeidbare Beeinträchtigungen nicht oder nicht in angemessener Frist auszugleichen oder in sonstiger Weise zu kompensieren sind und die Belange des Naturschutzes und der Landschaftspflege bei der Abwägung aller Anforderungen an Natur und Landschaft anderen Belangen im Range vorgehen. Werden als Folge des Eingriffs Biotope zerstört, die für dort wild lebende Tiere und wild wachsende Pflanzen der streng geschützten Arten nicht ersetzbar sind, ist der Eingriff nur zulässig, wenn er aus zwingenden Gründen des überwiegenden öffentlichen Interesses gerechtfertigt ist.

(5) Eine Ausgleichsabgabe ist zu entrichten, soweit ein Eingriff nicht ausgleichbar oder in sonstiger Weise kompensierbar ist. Sie ist auch festzusetzen, wenn die Maßnahmen nach Absatz 2 nicht in angemessener Zeit zu einem vollständigen Ausgleich oder einer vollständigen Kompensation führen können. Die Ausgleichsabgabe ist mit der Gestattung des Eingriffs zumindest dem Grunde nach festzusetzen. Sie ist an den Naturschutzfonds beim Ministerium zu leisten. § 12 Abs. 3 Sätze 2 bis 4 und §§ 21 und 22 des Landesgebührengesetzes gelten entsprechend.

(6) Das Ministerium regelt durch Rechtsverordnung im Einvernehmen mit dem Innenministerium, dem Finanzministerium, dem Wirtschaftsministerium und dem Umweltministerium die Höhe der Ausgleichsabgabe und das Verfahren zu ihrer Erhebung. Die Höhe ist nach Dauer und Schwere des Eingriffs, nach dem Zeitraum zwischen Eingriff und voller Funktionsfähigkeit der Ausgleichs- und Ersatzmaßnahmen, Wert oder Vorteil für den Verursacher sowie nach der wirtschaftlichen Zumutbarkeit zu bemessen. Die Schwere des Eingriffs ist bei der Berechnung der Ausgleichsabgabe in der Regel anhand der beanspruchten Fläche und der Menge des entnommenen Materials (Entnahme) zu berücksichtigen.

§ 22 Ökokonto

(1) Wer im eigenen Interesse oder für andere ohne rechtliche Verpflichtung Maßnahmen durchführt, von denen dauerhaft günstige Wirkungen auf die Leistungsfähigkeit und Funktionsfähigkeit des Naturhaushalts und das Landschaftsbild ausgehen, kann eine Anrechnung als Kompensationsmaßnahme bei künftigen Eingriffen verlangen (Ökokonto), wenn

1. die Naturschutzbehörde der Maßnahme zuvor zugestimmt hat,
2. die günstigen Wirkungen zum Zeitpunkt der Anrechnung von der an der Zulassung des Eingriffs beteiligten Naturschutzbehörde festgestellt werden und
3. die Inanspruchnahme des Grundstücks für Zwecke des Naturschutzes tatsächlich und rechtlich gesichert ist.

Der Anspruch auf Anrechnung ist handelbar.

(2) Das Ministerium kann im Einvernehmen mit dem Umweltministerium durch Rechtsverordnung, die der Zustimmung des Landtags bedarf, Regelungen treffen über

1. das Führen von Ökokonten und den Handel mit Ansprüchen auf Anrechnung und
2. die Bewertung von Eingriffen sowie die Eignung und Bewertung von Ausgleichs- und Ersatzmaßnahmen.

Die Verordnung kann bestimmen, dass für die Landwirtschaft besonders wertvolle Flächen für ökokontofähige Maßnahmen nicht in Anspruch genommen werden sollen und dass Maßnahmen nach § 135 a Abs. 2 Satz 2 des Baugesetzbuchs nachrichtlich im Ökokonto geführt werden können.

§ 23 Verfahren bei Gestattungen nach anderen Vorschriften

(1) Bedarf ein Eingriff nach anderen Vorschriften einer Gestattung (Verleihung, Bewilligung, Erlaubnis, Genehmigung, Zustimmung, Planfeststellung, Anzeige) oder wird er von einer Behörde durchgeführt, so ergehen die Entscheidungen der für die Gestattung zuständigen Behörden im Benehmen mit der Naturschutzbehörde, soweit Bundesrecht nicht entgegensteht. Ist bei Großvorhaben das Regierungspräsidium zu-

ständig, so ergeht die Entscheidung im Benehmen mit der höheren Naturschutzbehörde. Die zuständige Behörde bezieht in ihre Entscheidung die Ausgleichsanordnungen nach § 21 und die erforderlichen Maßnahmen zur Sicherung des angestrebten Erfolgs mit ein.

(2) Die zuständige Behörde kann zur Vorbereitung der Entscheidungen die Vorlage von Gutachten und Plänen, die zur Beurteilung der Wirkungen des Eingriffs und der Ausgleichs- und Ersatzmaßnahmen erforderlich sind, innerhalb einer von ihr zu bestimmenden Frist verlangen. Bei einem Eingriff, der aufgrund eines nach öffentlichem Recht vorgesehenen Fachplans vorgenommen werden soll, hat der Planungsträger die zur Vermeidung, zum Ausgleich und zur Kompensation in sonstiger Weise nach § 21 erforderlichen Maßnahmen im Fachplan oder in einem landschaftspflegerischen Begleitplan in Text und Karte darzustellen. Der Begleitplan ist Bestandteil des Fachplans. Die planerische Festlegung der Ausgleichs- und Ersatzmaßnahmen erfolgt im Benehmen mit der Naturschutzbehörde.

(3) Nebenbestimmungen können auch nachträglich erlassen und geändert werden, wenn der mit Ausgleichs- und Ersatzmaßnahmen für Natur und Landschaft angestrebte Erfolg nicht eingetreten ist oder der Fortgang des gestatteten Eingriffs dies zwingend notwendig macht; der mit der Nebenbestimmung angestrebte Zweck darf nicht außer Verhältnis zu dem erforderlichen Aufwand und den wirtschaftlichen Auswirkungen stehen.

(4) Wird ein Eingriff ohne die erforderliche Gestattung vorgenommen, so kann die zuständige Behörde die Fortsetzung des Eingriffs untersagen, die Wiederherstellung des früheren Zustands anordnen oder andere Ausgleichsanordnungen treffen, wenn nicht auf andere Weise ein rechtmäßiger Zustand hergestellt werden kann. Satz 1 gilt entsprechend, wenn eine Gestattung erloschen, widerrufen oder zurückgenommen ist, der Pflichtige trotz Aufforderung und Setzung einer angemessenen Frist Nebenbestimmungen nicht nachkommt oder der mit dem Eingriff verfolgte Zweck dauerhaft weggefallen ist.

(5) Die Beendigung oder eine mehr als einjährige Unterbrechung des Eingriffs sowie der Abschluss von Ausgleichs- und Ersatzmaßnahmen sind der zuständigen Behörde anzuzeigen. Eine nur unwesentliche Weiterführung des Eingriffs steht einer Unterbrechung gleich. Wird der Eingriff länger als ein Jahr unterbrochen, kann die Behörde den Verursacher verpflichten, vorläufige Maßnahmen zur Sicherung der Ausgleichs- und Ersatzmaßnahmen durchzuführen oder, wenn der Abschluss des Eingriffs in angemessener Frist nicht zu erwarten ist, den Eingriff auszugleichen oder in anderer Weise zu kompensieren.

(6) Die zuständige Behörde kann die Leistung einer Sicherheit verlangen, soweit sie erforderlich ist, um die Erfüllung von Auflagen oder sonstigen Verpflichtungen zu sichern. Auf Sicherheitsleistungen sind §§ 232, 234 bis 240 des Bürgerlichen Gesetzbuchs anzuwenden.

(7) Die Naturschutzbehörde führt ein Verzeichnis, in dem die für Ausgleichs- und Ersatzmaßnahmen festgesetzten Flächen sowie die Maßnahmen nach § 22 Abs. 1 erfasst werden (Kompensationsverzeichnis); dieses ist laufend fortzuschreiben. Das Verzeichnis dient auch dem Ziel einer Nachprüfbarkeit der Umsetzung der vorgesehenen Maßnahmen. Die für die Zulassung des Eingriffs zuständige Behörde sowie die Gemeinden stellen die zur Führung des Verzeichnisses erforderlichen Unterlagen zur Verfügung. Die Naturschutzbehörde ist befugt und auf Anforderung ver-

pflichtet, Behörden und Einrichtungen des Landes sowie kommunalen Gebietskörperschaften Auszüge aus dem Verzeichnis zur Verfügung zu stellen, soweit dies zur Wahrnehmung der diesen Stellen obliegenden Aufgaben erforderlich ist.

(8) Das Nähere regelt das Ministerium durch Rechtsverordnung; insbesondere können Bestimmungen getroffen werden über

1. die vorzulegenden Unterlagen und Berechnungen für das Genehmigungsverfahren (Eingriffs-Ausgleichsplan), die Anforderungen an die Darstellungen in einem Fachplan oder einen landschaftspflegerischen Begleitplan im Sinne des Absatzes 2 sowie über Anforderungen an Sachkunde und Erfahrung der Personen, die diese Pläne erstellen,
2. die Sicherung von Verpflichtungen,
3. die Führung des Kompensationsverzeichnisses und
4. die Kontrolle und die Abnahme der ausgeführten Ausgleichs- und Ersatzmaßnahmen.

§ 24 Genehmigung

(1) Wer beabsichtigt, im Außenbereich als selbständiges Vorhaben

1. Kies, Sand, Mergel, Ton, Lehm, Torf, Steine oder andere Bodenbestandteile abzubauen oder zu gewinnen,
2. Abgrabungen, Aufschüttungen, Auf- oder Abspülungen vorzunehmen oder Bodenvertiefungen aufzufüllen,
3. künstliche Wasserflächen, die von den Bestimmungen des Wasserhaushaltsgesetzes und des Wassergesetzes ausgenommen sind (§ 1 Abs. 2 WG), zu schaffen oder zu verändern,

bedarf einer Genehmigung durch die Naturschutzbehörde. Keiner Genehmigung bedürfen Vorhaben, die der Bergaufsicht unterliegen, und Vorhaben im Sinne des Satzes 1, soweit es sich um verfahrensfreie Vorhaben nach § 50 LBO handelt. Unberührt bleiben weitergehende Vorschriften in Rechtsverordnungen über geschützte Gebiete und Gegenstände.

(2) Es bedürfen der Genehmigung

1. die Errichtung und der Betrieb eines durch eine mechanische Aufstiegshilfe erschlossenen Geländes zum Zweck des Abfahrens mit Wintersportgeräten (Skipiste) und zugehöriger Einrichtungen sowie ihre wesentliche Änderung oder Erweiterung sowie
2. die Umwandlung von Ödland oder naturnahen Flächen zu intensiver landwirtschaftlicher Nutzung,

sofern für das Vorhaben nach dem Landesgesetz über die Umweltverträglichkeitsprüfung eine Verpflichtung zur Durchführung einer Umweltverträglichkeitsprüfung (UVP) besteht. Die Aufgaben nach § 3a des Gesetzes über die Umweltverträglichkeitsprüfung in der Fassung vom 25. Juni 2005 (BGBl. I S. 1758) in der jeweils geltenden Fassung in Verbindung mit § 2 Abs. 1 Nr. 3 des Landesgesetzes über die Umweltverträglichkeitsprüfung obliegen der Behörde, die im Falle einer UVP-Pflicht das Genehmigungsverfahren durchführen würde. Die Vorschriften des Landesseilbahngesetzes bleiben unberührt.

(3) Bedarf ein Vorhaben im Sinne der Absätze 1 oder 2 nach anderen Vorschriften einer Gestattung, wird die Gestattung durch die Naturschutzbehörde im Benehmen mit der zuständigen Behörde erteilt, soweit nicht Bundesrecht entgegensteht. Dies gilt nicht für Vorhaben, die einer Planfeststellung oder Plangenehmigung bedürfen.

(4) Der Antrag auf Genehmigung nach Absatz 1 Satz 1 oder Absatz 2 Satz 1 ist schriftlich bei der Naturschutzbehörde einzureichen. Aus dem Antrag müssen alle für die Beurteilung des Vorhabens und des zu erwartenden Endzustandes erforderlichen Einzelheiten ersichtlich sein. § 23 Abs. 2 und 3 gilt entsprechend. Die Zulassung von Torfabbauvorhaben, anderen Abbau- oder Gewinnungsvorhaben im Sinne des Absatzes 1 Satz 1 Nr. 1 und Abgrabungen im Sinne des Absatzes 1 Satz 1 Nr. 2, für die nach dem Landesgesetz über die Umweltverträglichkeitsprüfung eine Verpflichtung zur Durchführung einer Umweltverträglichkeitsprüfung besteht, sowie von Vorhaben im Sinne des Absatzes 2 kann nur in einem Verfahren erteilt werden, das den Anforderungen des Landesgesetzes über die Umweltverträglichkeitsprüfung entspricht.

(5) Der Verursacher oder sein Rechtsnachfolger hat auf Verlangen der Naturschutzbehörde bauliche oder sonstige technische Anlagen, die nach Beendigung oder Unterbrechung des Eingriffs an Ort und Stelle belassen worden sind, zu entfernen.

(6) § 23 Abs. 4 bis 6 gilt entsprechend. Die Genehmigung erlischt, wenn nicht innerhalb von drei Jahren nach Erteilung der Genehmigung mit dem Vorhaben begonnen wird oder die Durchführung länger als drei Jahre unterbrochen wird. Die Frist kann auf Antrag verlängert werden.

§ 25 Werbeanlagen

(1) Werbeanlagen sind außerhalb der im Zusammenhang bebauten Ortsteile unzulässig. Das Gleiche gilt für Werbeanlagen, Himmelsstrahler und ähnliche Einrichtungen, die von der freien Landschaft aus in störender Weise in Erscheinung treten.

(2) Folgende Werbeanlagen können von der Naturschutzbehörde widerruflich zugelassen werden, wenn sie das Landschaftsbild nicht beeinträchtigen:
1. Werbeanlagen an der Stätte der Leistung; Himmelsstrahler jedoch nur mit der Auflage, dass sie in der Zeit des Vogelzugs vom 15. Februar bis 15. Mai sowie vom 1. September bis 30. November nicht betrieben werden;
2. Wegweiser, die auf Gaststätten oder Ausflugsziele hinweisen, die sich in der freien Landschaft befinden;
3. Sammelschilder an öffentlichen Straßen vor Ortseingängen als Hinweis auf ortsansässige Unternehmen und Einrichtungen, die den Belangen der Verkehrsteilnehmer dienen, zum Beispiel Tankstellen, Parkplätze, Werkstätten;
4. Werbeanlagen an und auf Flugplätzen, Nebenbetrieben an den Bundesautobahnen, Sportanlagen und auf abgegrenzten Versammlungsstätten;
5. Werbeanlagen auf Ausstellungs- und Messegeländen;
6. Hinweisschilder auf Selbstvermarktungseinrichtungen land-, forst- und fischereiwirtschaftlicher Betriebe.

Die Naturschutzbehörde kann in sonstigen Fällen widerruflich eine Ausnahme bewilligen, wenn dies zur Vermeidung einer besonderen Härte erforderlich ist oder wenn sonst ein wichtiger Grund vorliegt.

(3) Hinweise auf besondere Veranstaltungen, zum Beispiel sportliche Treffen, Schaustellungen, Feiern, in der freien Landschaft, die in der näheren Umgebung der Veranstaltung angebracht werden sollen, müssen der Naturschutzbehörde vorher angezeigt werden. Der Veranstalter hat die Hinweise unverzüglich nach der Veranstaltung zu entfernen.

(4) Zulassung und Ausnahme werden durch eine nach anderen Vorschriften erforderliche behördliche Gestattung ersetzt, wenn diese im Einvernehmen mit der Naturschutzbehörde erteilt wird. Bestehende Werbeanlagen, die nach Absatz 1 unzulässig und nicht nach Absatz 2 genehmigt sind, sind auf Verlangen der Naturschutzbehörde zu beseitigen.

(5) Weitergehende Schutzvorschriften bleiben unberührt.

Vierter Abschnitt Besonderer Schutz von Natur und Landschaft

§ 26 Naturschutzgebiete

(1) Gebiete, in denen in besonderem Maße der Schutz von Natur und Landschaft in ihrer Ganzheit oder in einzelnen Teilen

1. zur Erhaltung, Entwicklung oder Wiederherstellung von Biotopen sowie von Lebensgemeinschaften bestimmter wild lebender Tier- und Pflanzenarten,
2. aus ökologischen, wissenschaftlichen, naturgeschichtlichen, landeskundlichen oder kulturellen Gründen oder
3. wegen der Seltenheit, Vielfalt, besonderen Eigenart oder hervorragenden Schönheit ihrer naturhaften Ausstattung

erforderlich ist, können durch Rechtsverordnung zu Naturschutzgebieten erklärt werden.

(2) In der Rechtsverordnung sind der Schutzgegenstand, der wesentliche Schutzzweck und die dazu erforderlichen Verbote sowie Schutz- und Pflegemaßnahmen zu bestimmen. Sie kann auch Regelungen enthalten über notwendige Beschränkungen

1. der wirtschaftlichen Nutzung,
2. des Gemeingebrauchs an oberirdischen Gewässern,
3. der Befugnis zum Betreten des Gebiets.

(3) Im Naturschutzgebiet sind nach Maßgabe der Rechtsverordnung alle Handlungen verboten, die das Gebiet, seinen Naturhaushalt oder einzelne seiner Bestandteile zerstören, beschädigen, verändern, nachhaltig stören oder die wissenschaftliche Forschung beeinträchtigen können.

(4) Auch außerhalb eines Naturschutzgebiets kann die Naturschutzbehörde im Einvernehmen mit den zuständigen Fachbehörden im Einzelfall Handlungen untersagen, die geeignet sind, den Bestand des Naturschutzgebiets oder einzelner seiner Teile zu gefährden. Sind Schäden bereits entstanden, so kann die Naturschutzbehörde gegen den Verursacher oder den Inhaber der tatsächlichen Gewalt die zur Beseitigung der Schäden erforderlichen Anordnungen treffen.

(5) Soweit es zur Sicherung des Schutzgegenstandes und Verwirklichung des Schutzzwecks erforderlich ist, sollen angrenzende Gebiete als Landschaftsschutzgebiete ausgewiesen werden.

§ 27 Nationalparke

Nationalparke nach § 24 des Bundesnaturschutzgesetzes können nur durch Gesetz errichtet werden.

§ 28 Biosphärengebiete

(1) Einheitlich zu schützende und zu entwickelnde Gebiete, die
1. großräumig und für bestimmte Kulturlandschaften mit reicher Naturausstattung charakteristisch sind,
2. in wesentlichen Teilen die Voraussetzungen eines Naturschutzgebiets, im Übrigen überwiegend eines Landschaftsschutzgebiets erfüllen,
3. vornehmlich der Erhaltung, Entwicklung oder Wiederherstellung einer durch hergebrachte vielfältige Nutzung geprägten Landschaft und der darin historisch gewachsenen Arten- und Biotopvielfalt, einschließlich Wild- und früherer Kulturformen wirtschaftlich genutzter oder nutzbarer Tier- und Pflanzenarten, dienen.
4. beispielhaft der Entwicklung und Erprobung von die Naturgüter besonders schonenden Wirtschaftsweisen dienen und
5. der Umweltbildung und -erziehung, der ökologischen Forschung und der langfristigen Umweltbeobachtung dienen,

können durch Rechtsverordnung zu Biosphärengebieten erklärt werden. Biosphärengebiete sind unter Berücksichtigung der durch die Großräumigkeit und Besiedlung gebotenen Ausnahmen in Kern-, Pflege- und Entwicklungszonen zu gliedern und zu entwickeln. Kernzonen werden wie Naturschutzgebiete, die übrigen Zonen überwiegend wie Landschaftsschutzgebiete geschützt. § 26 Abs. 2 und 3 gilt entsprechend.

(2) In der Rechtsverordnung sind der Schutzgegenstand, der Schutzzweck differenziert nach Zonen, die zur Verwirklichung der Schutzzwecke erforderlichen Bestimmungen einschließlich der Schutz-, Pflege- und Entwicklungsmaßnahmen oder der Ermächtigung hierzu zu bestimmen.

§ 29 Landschaftsschutzgebiete

(1) Gebiete, in denen ein besonderer Schutz der Natur und Landschaft in ihrer Ganzheit, in einzelnen Teilen oder wegen besonderer Pflege- oder Entwicklungsmaßnahmen erforderlich sind, um
1. die Leistungs- und Funktionsfähigkeit eines ausgewogenen Naturhaushalts,
2. die Regenerationsfähigkeit und nachhaltige Nutzungsfähigkeit der Naturgüter,
3. die Vielfalt, Eigenart oder Schönheit der Natur und Landschaft oder
4. ihre besondere Bedeutung für naturverträgliche Erholung der Allgemeinheit

zu erhalten, zu entwickeln oder wiederherzustellen, können durch Rechtsverordnung zu Landschaftsschutzgebieten erklärt werden. Es können Gebiete einbezogen werden, in denen Lebensräume und Lebensstätten bestimmter Tier- und Pflanzenarten geschützt werden sollen. Landschaftsschutzgebiete können entsprechend ihren Schutzzwecken in Zonen mit entsprechend abgestuftem Schutz gegliedert werden.

(2) In der Rechtsverordnung sind der Schutzgegenstand, der wesentliche Schutzzweck und die dazu erforderlichen Verbote und Erlaubnisvorbehalte sowie Schutz-, Entwicklungs- und Pflegemaßnahmen zu bestimmen. Die Befugnisse zum Betreten und die Bodennutzung im Rahmen der guten fachlichen Praxis in der Land-, Forst- und Fischereiwirtschaft sollen nicht eingeschränkt werden.

(3) Im Landschaftsschutzgebiet sind nach näherer Maßgabe der Rechtsverordnung alle Handlungen verboten, die den Charakter des Gebiets verändern oder dem Schutzzweck zuwiderlaufen, insbesondere wenn dadurch
1. der Naturhaushalt geschädigt,
2. die Nutzungsfähigkeit der Naturgüter nachhaltig gestört,
3. eine geschützte Flächennutzung auf Dauer geändert,
4. das Landschaftsbild nachteilig verändert,
5. der Naturgenuss beeinträchtigt oder
6. im Falle des Absatzes 1 Satz 2 die Qualität der Lebensstätten nachteilig verändert

wird.

§ 30 Naturparke

(1) Großräumige Gebiete, die als vorbildliche Landschaften für eine naturnahe Erholung einheitlich zu planen, zu entwickeln und zu pflegen sind und die
1. sich überwiegend durch Vielfalt, Eigenart und Schönheit von Natur und Landschaft auszeichnen,
2. sich wegen ihrer Naturausstattung für die Erholung größerer Bevölkerungsteile besonders eignen und in denen ein nachhaltiger Tourismus angestrebt wird,
3. Gebiete einschließen, die nach den Erfordernissen der Raumordnung für die Erholung vorgesehen sind,
4. der Erhaltung, Entwicklung oder Wiederherstellung einer durch vielfältige Nutzung geprägten Landschaft und ihrer Arten- und Biotopvielfalt dienen und in denen zu diesem Zweck eine dauerhaft umweltgerechte Landnutzung angestrebt wird und
5. besonders dazu geeignet sind, eine nachhaltige Regionalentwicklung zu fördern,

können durch Rechtsverordnung zu Naturparken erklärt werden.

(2) Naturparke sollen nach ihrer natürlichen Eignung, ihrem Naturschutz- und Erholungszweck und der raumordnerischen Zielsetzung gegliedert werden. Bestehende Landschaftsschutzgebiete sind in den Naturpark einzubeziehen, Naturschutzgebiete können einbezogen werden; die ihnen zugrunde liegenden Rechtsvorschriften bleiben unberührt.

(3) In der Rechtsverordnung sind der Schutzgegenstand, der Träger des Naturparks, der wesentliche Schutzzweck und die dazu erforderlichen Verbote und Erlaubnisvorbehalte zu bestimmen. Die Befugnisse zum Betreten sollen nicht eingeschränkt werden. § 29 Abs. 3 gilt entsprechend.

§ 31 Naturdenkmale

(1) Gebiete mit einer Fläche bis zu 5 ha (flächenhafte Naturdenkmale) oder Einzelbildungen der Natur (Naturgebilde), deren Schutz und Erhaltung
1. zur Sicherung und Entwicklung von Lebensgemeinschaften oder Lebensstätten bestimmter wild lebender Tier- und Pflanzenarten,
2. aus wissenschaftlichen, ökologischen, naturgeschichtlichen, landeskundlichen oder kulturellen Gründen oder
3. wegen ihrer Eigenart, Seltenheit, Schönheit oder landschaftstypischen Kennzeichnung

erforderlich sind, können durch Rechtsverordnung zu Naturdenkmalen erklärt werden. Soweit es erforderlich ist, kann bei Naturgebilden auch die Umgebung geschützt werden.

(2) In der Rechtsverordnung sind der Schutzgegenstand, der wesentliche Schutzzweck, die dazu erforderlichen Verbote und Erlaubnisvorbehalte, Schutz- und Pflegemaßnahmen für das Naturdenkmal sowie seine geschützte Umgebung zu bestimmen. § 26 Abs. 2 Satz 2 gilt entsprechend.

(3) Die Naturschutzbehörde kann Verbote und Schutz- und Pflegemaßnahmen auch durch Einzelanordnungen treffen.

(4) Die Beseitigung des Naturdenkmals und alle Handlungen, die zu einer Zerstörung, Veränderung oder Beeinträchtigung des Naturdenkmals oder seiner geschützten Umgebung führen können, sind nach Maßgabe der Rechtsverordnung verboten.

§ 32 Besonders geschützte Biotope

(1) Die folgenden Biotope in der in der Anlage zu diesem Gesetz beschriebenen Ausprägung sind besonders geschützt:

1. Moore, Sümpfe, naturnahe Bruch-, Sumpf- und Auwälder, Streuwiesen, Röhrichtbestände und Riede, seggen- und binsenreiche Nasswiesen;
2. natürliche und naturnahe Bereiche fließender und stehender Binnengewässer einschließlich ihrer Ufer und der dazugehörigen uferbegleitenden natürlichen oder naturnahen Vegetation sowie ihrer natürlichen oder naturnahen Verlandungsbereiche, Altarme und regelmäßig überschwemmten Bereiche, Quellbereiche, naturnahe Uferbereiche und naturnahe Bereiche der Flachwasserzone des Bodensees;
3. offene Binnendünen, Zwergstrauch-, Ginster- und Wacholderheiden, Trocken- und Magerrasen, Gebüsche und naturnahe Wälder trockenwarmer Standorte, jeweils einschließlich ihrer Staudensäume, Krummholzgebüsche;
4. offene Felsbildungen, offene natürliche Block-, Schutt- und Geröllhalden, Lehm- und Lösswände;
5. Höhlen, Dolinen;
6. Feldhecken, Feldgehölze, Hohlwege, Trockenmauern und Steinriegel, jeweils in der freien Landschaft.

(2) Alle Handlungen, die zu einer Zerstörung oder erheblichen oder nachhaltigen Beeinträchtigung der besonders geschützten Biotope führen können, sind verboten. Weitergehende Verbote in Rechtsverordnungen und Satzungen über geschützte Gebiete und Gegenstände bleiben unberührt.

(3) Abweichend von Absatz 2 Satz 1 ist es zulässig,

1. Pflege- und Unterhaltungsmaßnahmen durchzuführen, die zur Erhaltung oder Wiederherstellung der besonders geschützten Biotope notwendig sind;
2. die land- und forstwirtschaftliche Nutzung in der Art und in dem Umfang fortzusetzen, wie sie am 31. Dezember 1991 ordnungsgemäß ausgeübt wurde;
3. die land-, forst- und fischereiwirtschaftliche Nutzung, die aufgrund vertraglicher Bewirtschaftungsbeschränkungen oder der Teilnahme an einem Extensivierungs- oder Stilllegungsprogramm zeitweise eingeschränkt oder aufgegeben worden war, innerhalb einer Frist von fünf Jahren nach Auslaufen des Vertrages oder Teilnahme am Programm wieder aufzunehmen. Die Frist kann auf Antrag einmalig um weitere fünf Jahre verlängert werden;

4. Nutzungen fortzusetzen oder aufzunehmen, die am 31. Dezember 1991 aufgrund einer behördlichen Gestattung oder einer ausdrücklichen Regelung in einer Rechtsverordnung nach §§ 26 oder 31 ausgeübt werden oder begonnen werden durften;
5. Vorhaben im Sinne von § 35 Abs. 1 Nr. 1 und 2 des Baugesetzbuchs durchzuführen, die in unmittelbarem räumlichen Zusammenhang mit einer landwirtschaftlichen Hofstelle oder einem ausgesiedelten Betriebszweig stehen.

(4) Die Naturschutzbehörde kann Ausnahmen von den Verboten des Absatzes 2 Satz 1 zulassen, wenn
1. überwiegende Gründe des Gemeinwohls diese erfordern oder
2. keine erheblichen oder nachhaltigen Beeinträchtigungen des Biotops und der Lebensstätten gefährdeter Tier- und Pflanzenarten zu erwarten sind oder
3. wenn durch Ausgleichsmaßnahmen in angemessener Zeit ein gleichartiger Biotop geschaffen wird.

Für Ausnahmen nach Satz 1 Nr. 1 gilt § 21 Abs. 1 bis 5 entsprechend. In Naturschutzgebieten lässt die höhere Naturschutzbehörde die Ausnahmen zu. Die Ausnahme wird durch eine nach anderen Vorschriften erforderliche behördliche Gestattung ersetzt, wenn diese im Einvernehmen mit der Naturschutzbehörde erteilt wird.

(5) Bisher erteilte befristete Gestattungen und Genehmigungen, die am 31. Dezember 1991 ausgeübt werden oder begonnen werden durften, sollen verlängert oder erneuert werden, wenn überwiegende Gründe des Gemeinwohls nicht entgegenstehen.

(6) § 26 Abs. 4 gilt entsprechend.

(7) Die Naturschutzbehörde erfasst die besonders geschützten Biotope und trägt sie in Listen und Karten mit deklaratorischer Bedeutung ein. Die Listen und Karten liegen bei der Naturschutzbehörde und den Gemeinden zur Einsicht für jedermann aus. Die Gemeinden weisen auf die Auslegung der Karten und Listen zur Einsicht für jedermann durch ortsübliche Bekanntmachung hin.

(8) Die Naturschutzbehörde teilt Eigentümern und sonstigen Nutzungsberechtigten auf Anfrage mit, ob sich auf ihrem Grundstück ein besonders geschützter Biotop befindet oder ob eine bestimmte Handlung verboten ist.

(9) Für Flächen, die gemäß Absatz 1 Nr. 2 bis 4 erstmals durch dieses Gesetz ein besonders geschützter Biotop oder Teil eines solchen Biotops werden, gilt abweichend von Absatz 3 Nr. 2 und 4 sowie Absatz 5 als maßgeblicher Zeitpunkt der 1. Januar 2006.

§ 33 Geschützte Grünbestände

(1) Grünbestände, deren besonderer Schutz
1. zur Sicherung
   a) der Entwicklung oder Wiederherstellung eines ausgewogenen Naturhaushalts,
   b) von Flächen für die Naherholung,
   c) von Lebensstätten bestimmter wild lebender Tier- und Pflanzenarten,
   d) von Biotopvernetzungselementen,
2. zur Belebung, Gliederung oder Pflege des Orts- oder Landschaftsbilds sowie zur Erhaltung des Kleinklimas,

3. zur Abwehr schädlicher Einwirkungen oder
4. aus landeskundlichen oder kulturellen Gründen erforderlich ist, können durch Satzung unter Schutz gestellt werden. § 31 Abs. 2 gilt entsprechend.

(2) Grünbestände im Sinne dieser Bestimmung sind
1. innerhalb der im Zusammenhang bebauten Ortsteile, in Gebieten, deren Bebauung in absehbarer Zeit zu erwarten ist, oder in den Randzonen von Wohn-, Gewerbe- oder Verkehrsbereichen,
   a) Grünflächen oder Grünzonen,
   b) Parkanlagen, Friedhöfe oder bedeutsame Gartenanlagen oder
   c) Einzelbäume, Baumreihen, Alleen oder Baumgruppen (Bäume), ausgenommen solche in Gärtnereien und Baumschulen, und
   d) Hecken,
2. im besiedelten und freien Bereich Schutzpflanzungen oder Schutzgehölze außerhalb des Waldes.

(3) Außerhalb des Waldes kann sich der Schutz von Bäumen auch auf den Baumbestand des gesamten Gemeindegebiets oder von Teilen des Gemeindegebiets erstrecken.

(4) Vorbehaltlich einer anderweitigen Regelung in der Satzung ist es verboten, geschützte Grünbestände in ihrem Bestand zu beeinträchtigen oder zu verändern, insbesondere sie auf Dauer einer anderen Flächennutzung zuzuführen. Die Satzung kann Vorschriften enthalten über
1. eine Mindestpflege von Grünbeständen und deren Schutz vor Verwilderung, soweit die Grundstücke nicht einer land- oder forstwirtschaftlichen Nutzung unterliegen;
2. Verpflichtungen zu angemessenen und zumutbaren Ersatzpflanzungen oder Ausgleichsabgaben für den Fall der Bestandsminderung durch Eingriffe.

Unberührt bleiben eine ordnungsgemäße Nutzung der Grünbestände, gestalterische Maßnahmen zu ihrer Eingliederung in die Bebauung sowie Maßnahmen, die der Pflege und Erhaltung der Grünbestände dienen.

§ 34 Beeinträchtigung geschützter Flächen

(1) Wird ein Schutzgebiet, geschützter Gegenstand oder besonders geschützter Biotop nach §§ 26 bis 32 unter Verletzung der Schutzbestimmungen beeinträchtigt, so trifft die Naturschutzbehörde die Anordnungen entsprechend § 23 Abs. 4, wenn nicht auf andere Weise ein rechtmäßiger Zustand hergestellt werden kann. Bei der Beeinträchtigung eines geschützten Grünbestands nach § 33 trifft die Gemeinde die Anordnungen.

(2) Die Anwendung chemischer Mittel zur Bekämpfung von Schadorganismen und Pflanzenkrankheiten sowie von Wirkstoffen, die den Entwicklungsablauf von Pflanzen und Tieren beeinflussen, ist in Naturschutzgebieten, in Kern- und Pflegezonen von Biosphärengebieten, in besonders geschützten Biotopen und auf flächenhaften Naturdenkmalen außerhalb von intensiv genutzten land- und fischereiwirtschaftlichen Flächen verboten. Die zuständige Naturschutzbehörde kann die Verwendung dieser Mittel zulassen, soweit eine Gefährdung des Schutzzwecks nicht zu befürchten ist. Weitergehende Vorschriften bleiben unberührt.

§ 35 Schutz von Bezeichnungen und Kennzeichen

(1) Die Bezeichnungen Naturschutzgebiet, Nationalpark, Biosphärengebiet, Landschaftsschutzgebiet, Naturpark, Naturdenkmal, geschützter Grünbestand und besonders geschützter Biotop sowie die amtlichen Kennzeichen dürfen nur für die nach diesem Gesetz geschützten Gebiete und Gegenstände verwendet werden.

(2) Naturschutzgebiete, Landschaftsschutzgebiete und Naturdenkmale sollen durch die Naturschutzbehörde in der Natur kenntlich gemacht werden. Bei Naturschutzgebieten soll auf die Bedeutung des Schutzgebiets und auf die wichtigsten Bestimmungen der Rechtsverordnung hingewiesen werden.

(3) Die amtlichen Kennzeichen werden durch Rechtsverordnung des Ministeriums festgelegt.

Fünfter Abschnitt Europäisches ökologisches Netz „Natura 2000"

§ 36 Errichtung des Europäischen ökologischen Netzes „Natura 2000"

(1) Das Land trägt zum Aufbau und Schutz des Europäischen ökologischen Netzes besonderer Schutzgebiete mit der Bezeichnung „Natura 2000" bei.

(2) Die Landesregierung wählt auf Vorschlag des Ministeriums nach den in den Richtlinien 79/409/EWG und 92/43/EWG genannten Maßstäben und im Verfahren nach § 33 Abs. 1 Satz 2 des Bundesnaturschutzgesetzes die Gebiete von gemeinschaftlicher Bedeutung und die Europäischen Vogelschutzgebiete aus. Das Ministerium teilt die von der Landesregierung ausgewählten Gebiete der zuständigen Stelle des Bundes zur Benennung gegenüber der Kommission mit.

(3) Das Ministerium wird ermächtigt, die nach Absatz 2 von der Landesregierung ausgewählten Europäischen Vogelschutzgebiete sowie die Gebietsabgrenzungen, die wertgebenden Vogelarten und die Erhaltungsziele dieser Gebiete durch Rechtsverordnung festzulegen. Die Ersatzbekanntmachung der Gebietsabgrenzungen erfolgt entsprechend § 3 des Verkündungsgesetzes.

(4) Gebiete von gemeinschaftlicher Bedeutung werden nach den Maßgaben des Artikels 4 Abs. 4 der Richtlinie 92/43/EWG, Europäische Vogelschutzgebiete nach den Maßgaben des Artikels 4 Abs. 1 bis 3 der Richtlinie 79/409/EWG entsprechend den jeweiligen Erhaltungszielen als geschützte Teile von Natur und Landschaft im Sinne des Vierten Abschnitts ausgewiesen. Die Schutzgebietsausweisung bestimmt den Schutzzweck entsprechend den jeweiligen Erhaltungszielen und die erforderlichen Gebietsabgrenzungen. In ihr ist darzustellen, ob prioritäre Biotope oder prioritäre Arten zu schützen sind. Durch geeignete Gebote und Verbote sowie Pflege- und Entwicklungsmaßnahmen ist sicherzustellen, dass den Anforderungen des Artikels 6 der Richtlinie 92/43/EWG entsprochen wird. Soweit für Europäische Vogelschutzgebiete eine Rechtsverordnung nach Absatz 3 besteht, hat die Schutzverordnung die darin enthaltenen Festlegungen zu beachten. Weitergehende Schutzvorschriften bleiben unberührt. Eine gesonderte Schutzgebietsausweisung ist nicht erforderlich, wenn eine bestehende Schutzgebietsausweisung im Sinne des Vierten Abschnitts einen ausreichenden Schutz gewährleistet.

(5) Die Unterschutzstellung nach Absatz 4 kann unterbleiben, soweit nach anderen Rechtsvorschriften, nach Verwaltungsvorschriften, durch die Verfügungsbefugnis ei-

nes öffentlichen oder gemeinnützigen Trägers oder durch vertragliche Vereinbarungen ein gleichwertiger Schutz gewährleistet ist.

§ 37 Allgemeine Schutzvorschriften, Verschlechterungsverbot

Veränderungen oder Störungen, die zu erheblichen Beeinträchtigungen eines Gebiets von gemeinschaftlicher Bedeutung oder eines Europäischen Vogelschutzgebiets in ihren jeweiligen für die Erhaltungsziele maßgeblichen Bestandteilen führen können, sind unzulässig. Weitergehende Schutzvorschriften sowie bestehende Gestattungen, zulässigerweise errichtete Anlagen und deren Nutzung bleiben unberührt. § 34 Abs. 1 Satz 1 gilt entsprechend. Die Naturschutzbehörde kann unter den Voraussetzungen des § 38 Abs. 3 bis 5 Ausnahmen von dem Verbot des Satzes 1 zulassen. Die Ausnahme wird durch eine nach anderen Vorschriften erforderliche behördliche Gestattung ersetzt, wenn diese im Einvernehmen mit der Naturschutzbehörde erteilt wird.

§ 38 Verträglichkeit und Unzulässigkeit von Projekten und Plänen, Ausnahmen

(1) Projekte sind vor ihrer Zulassung oder Durchführung auf ihre Verträglichkeit mit den Erhaltungszielen eines Gebiets von gemeinschaftlicher Bedeutung oder eines Europäischen Vogelschutzgebiets zu überprüfen. Bei Schutzgebieten im Sinne des Vierten Abschnitts ergeben sich die Maßstäbe für die Verträglichkeit aus dem Schutzzweck und den dazu erlassenen Vorschriften.

(2) Ergibt die Prüfung der Verträglichkeit, dass das Projekt zu erheblichen Beeinträchtigungen eines in Absatz 1 genannten Gebiets in seinen für die Erhaltungsziele oder den Schutzzweck maßgeblichen Bestandteilen führen kann, ist es unzulässig.

(3) Abweichend von Absatz 2 darf ein Projekt nur zugelassen oder durchgeführt werden, soweit

1. es aus zwingenden Gründen des überwiegenden öffentlichen Interesses, einschließlich solcher sozialer oder wirtschaftlicher Art, notwendig ist und
2. zumutbare Alternativen, den mit dem Projekt verfolgten Zweck an anderer Stelle ohne oder mit geringeren Beeinträchtigungen zu erreichen, nicht gegeben sind.

(4) Befinden sich in dem vom Projekt betroffenen Gebiet prioritäre Biotope oder prioritäre Arten, können als zwingende Gründe des überwiegenden öffentlichen Interesses nur solche im Zusammenhang mit der Gesundheit des Menschen, der öffentlichen Sicherheit, einschließlich der Landesverteidigung und des Schutzes der Zivilbevölkerung, oder den maßgeblich günstigen Auswirkungen des Projekts auf die Umwelt geltend gemacht werden. Sonstige Gründe im Sinne des Absatzes 3 Nr. 1 können nur berücksichtigt werden, wenn das zuständige Ministerium unter Beteiligung der obersten Naturschutzbehörde zuvor über das Bundesministerium für Umwelt, Naturschutz und Reaktorsicherheit eine Stellungnahme der Kommission eingeholt hat.

(5) Soll ein Projekt nach Absatz 3, auch in Verbindung mit Absatz 4, zugelassen oder durchgeführt werden, sind die zur Sicherung des Zusammenhangs des Europäischen ökologischen Netzes „Natura 2000“ notwendigen Maßnahmen vorzusehen. Das zuständige Ministerium unterrichtet unter Beteiligung der obersten Naturschutzbehörde die Kommission über das Bundesministerium für Umwelt, Naturschutz und Reaktorsicherheit über die getroffenen Maßnahmen.

(6) Bedarf das Projekt nach anderen Vorschriften einer Gestattung, so ergehen die Entscheidungen der für die Gestattung zuständigen Behörden im Benehmen mit der Naturschutzbehörde, soweit Bundesrecht nicht entgegensteht. Ist bei Großvorhaben das Regierungspräsidium zuständig, so ergeht die Entscheidung im Benehmen mit der höheren Naturschutzbehörde. Die Behörde setzt in ihrer Entscheidung die erforderlichen Anordnungen nach Absatz 5 Satz 1 fest. Bedarf ein Projekt keiner Gestattung nach anderen Vorschriften, ist die Naturschutzbehörde zuständig. Dem Antrag sind die Unterlagen beizufügen, die zur Prüfung der Verträglichkeit und der Voraussetzungen zur Erteilung einer Ausnahme sowie der vorgesehenen Maßnahmen nach Absatz 5 erforderlich sind.

(7) Wenn ein im Geltungsbereich dieses Gesetzes geplantes Projekt erhebliche Auswirkungen auf Schutzgebiete nach den Richtlinien 92/43/EWG oder 79/409/EWG in einem anderen Mitgliedstaat der Europäischen Union haben kann, unterrichtet die zuständige Behörde die vom Mitgliedstaat benannte Behörde. § 8 Abs. 1 und 3 des Gesetzes über die Umweltverträglichkeitsprüfung gilt entsprechend.

(8) Absätze 1 bis 5 und 7 sind bei sonstigen Plänen im Sinne des § 35 Satz 1 Nr. 2 des Bundesnaturschutzgesetzes entsprechend anzuwenden.

§ 39 Verhältnis zu anderen Rechtsnormen

(1) Für geschützte Teile von Natur und Landschaft und geschützte Biotope im Sinne des § 32 ist § 38 nur insoweit anzuwenden, als die Schutzvorschriften, einschließlich der Vorschriften über Ausnahmen und Befreiungen, keine strengeren Regelungen für die Zulassung von Projekten enthalten. Die Pflichten nach § 38 Abs. 4 Satz 2 über die Beteiligung der Kommission und nach § 38 Abs. 5 Satz 2 über die Unterrichtung der Kommission bleiben unberührt.

(2) Handelt es sich bei Projekten um Eingriffe in Natur und Landschaft, bleiben §§ 20 bis 23 dieses Gesetzes sowie §§ 20 und 21 des Bundesnaturschutzgesetzes unberührt.

§ 40 Vorläufiger Schutz

§§ 37 bis 39 finden mit Ausnahme von § 38Abs. 4 Satz 2 auch Anwendung auf der Europäischen Kommission nach § 36 Abs. 2 Satz 2 gemeldete, aber noch nicht nach § 36 Abs. 3 bis 5 geschützte Gebiete. In einem Konzertierungsgebiet sind die in § 37 Satz 1 genannten Handlungen, sofern sie zu erheblichen Beeinträchtigungen der in ihm vorkommenden prioritären Biotope oder prioritären Arten führen können, unzulässig.

Sechster Abschnitt Schutz und Pflege wild lebender Tier- und Pflanzenarten

§ 41 Aufgaben des Artenschutzes

Die Vorschriften dieses Abschnitts dienen dem Schutz, der Erhaltung und Pflege der wild lebenden Tier- und Pflanzenarten in ihrer natürlichen und historisch gewachsenen Vielfalt. Unberührt bleiben die Vorschriften des Fischerei-, Forst- und Jagdrechts, soweit nicht in Rechtsverordnungen nach dem Vierten Abschnitt und für Gebiete nach dem Fünften Abschnitt besondere Bestimmungen getroffen sind.

Der Artenschutz umfasst insbesondere
1. den Schutz der Tiere und Pflanzen und ihrer Lebensgemeinschaften vor Beeinträchtigungen durch den Menschen,
2. den Schutz, die Pflege, die Entwicklung und Wiederherstellung der Biotope wild lebender Tier- und Pflanzenarten sowie die Gewährleistung ihrer sonstigen Lebensbedingungen und
3. die Ansiedlung von Tieren und Pflanzen verdrängter Arten in geeigneten Biotopen innerhalb ihres natürlichen Verbreitungsgebiets.

§ 42 Arten- und Biotopschutzprogramm, Rote Listen

(1) Zur Vorbereitung, Durchführung und Überwachung von Maßnahmen zur Erhaltung, Pflege und Entwicklung der wild lebenden Tier- und Pflanzenarten einschließlich der dem Jagdrecht unterliegenden Tierarten wird von der Landesanstalt für Umwelt, Messungen und Naturschutz unter Mitwirkung anderer betroffener Landesbehörden sowie der Naturschutzvereine und sachkundiger Bürger ein Arten- und Biotopschutzprogramm erstellt und fortgeschrieben.

(2) Das Arten- und Biotopschutzprogramm enthält insbesondere
1. Verzeichnisse der im Landesgebiet vorkommenden wild lebenden Tier- und Pflanzenarten, ihrer Lebensgemeinschaften, Lebensräume und Lebensbedingungen sowie ihrer wesentlichen Populationen einschließlich ihrer Veränderungen, soweit sie für den Artenschutz bedeutsam sind,
2. Zustandsbewertungen für die besonders geschützten und die in ihrem Bestand gefährdeten Arten und Lebensgemeinschaften sowie für die Arten von gemeinschaftlichem Interesse und für die europäischen Vogelarten unter Darstellung ihrer wesentlichen Gefährdungsursachen,
3. Vorschläge für Schutzmaßnahmen und Grunderwerb und
4. Hinweise für Maßnahmen zur Lenkung der Bestandsentwicklung.

(3) Zur Vorbereitung von Maßnahmen des Biotop- und Artenschutzes gibt die Landesanstalt für Umwelt, Messungen und Naturschutz in geeigneten Zeitabständen den wissenschaftlichen Stand der Erkenntnisse über ausgestorbene und bedrohte heimische Tier- und Pflanzenarten sowie über die Gefährdung von Biotopen (Rote Listen) bekannt.

§ 43 Allgemeiner Schutz der Pflanzen und Tiere

(1) Es ist verboten,
1. wild wachsende Pflanzen ohne vernünftigen Grund von ihrem Standort zu entnehmen oder zu schädigen,
2. wild lebende Tiere mutwillig zu beunruhigen oder ohne vernünftigen Grund zu fangen, zu verletzen oder zu töten,
3. Lebensstätten wild lebender Tier- und Pflanzenarten ohne vernünftigen Grund zu beeinträchtigen oder zu zerstören,
4. die Vegetation auf Wiesen, Feldrainen, ungenutztem Gelände, an Hecken, Hängen oder Böschungen sowie Hecken, lebende Zäune, Bäume, Gebüsche, Schilf- und Röhrichtbestände abzubrennen oder
5. Gräben, die ständig Wasser führen, unter Einsatz von Grabenfräsen zu räumen.

(2) In der Zeit vom 1. März bis 30. September ist es unbeschadet weitergehender Rechtsvorschriften, insbesondere nach dem Vierten und Fünften Abschnitt, verboten,

1. Hecken, lebende Zäune, Bäume, Gebüsche, Schilf- und Röhrichtbestände zu fällen, zu roden oder auf andere Weise zu zerstören, abzuschneiden oder erheblich zu beeinträchtigen,
2. Bäume mit Horsten oder Wohnhöhlen zu besteigen.

(3) Das Verbot des Absatzes 2 gilt nicht für

1. Maßnahmen, die bei zulässigen Bauvorhaben (insbesondere Hoch- und Tiefbau, Straßenbau) oder bei zugelassenen Abbauvorhaben notwendig werden,
2. Maßnahmen, die bei der Unterhaltung und dem Ausbau oberirdischer Gewässer und Dämme notwendig werden,
3. Maßnahmen, die zur Gewährleistung der Verkehrssicherheit und der Leichtigkeit des Verkehrs notwendig werden,
4. die land- und forstwirtschaftliche Bodennutzung und die fischereiwirtschaftliche Nutzung oberirdischer Gewässer, soweit sie der guten fachlichen Praxis und den in § 12 genannten Anforderungen entspricht, und
5. Form- und Pflegeschnitte zur Beseitigung des Zuwachses von Pflanzen.

Die Maßnahmen sind möglichst schonend durchzuführen.

(4) Die Naturschutzbehörde kann abweichend von den Absätzen 1 und 2 Maßnahmen anordnen oder zulassen, die im öffentlichen Interesse nicht zu anderer Zeit oder auf andere Weise mit dem gleichen Ergebnis durchgeführt werden können, oder die im Einzelfall nach Art und Umfang den Schutzzweck nicht beeinträchtigen.

(5) Die Naturschutzbehörde kann durch Rechtsverordnung oder Einzelanordnung für die Lebensstätten bestimmter Arten, insbesondere ihre Standorte, Brut- und Wohnstätten, zeitlich befristet besondere Schutzmaßnahmen festlegen. § 31 Abs. 1 Satz 2 und Abs. 2 gilt entsprechend.

(6) Das Ministerium kann durch Rechtsverordnung zur Erhaltung der besonders geschützten Arten geeignete Maßnahmen bestimmen sowie Handlungen verbieten oder einschränken, die die Bestände weiter verringern können.

§ 44 Ausbringen und Ansiedeln von Tieren und Pflanzen

(1) Tiere oder gebietsfremde Pflanzen dürfen nur mit Erlaubnis der Naturschutzbehörde in der freien Landschaft ausgebracht oder angesiedelt werden. Als gebietsfremd nach Satz 1 gelten auch Pflanzen außerhalb ihres natürlichen Verbreitungsgebiets. Satz 1 und 2 gilt nicht für

1. den Anbau von Pflanzen in der Land- und Forstwirtschaft,
2. das Einsetzen von anderen Organismen
   a) nicht gebietsfremder Arten,
   b) gebietsfremder Arten, sofern das Einsetzen einer pflanzenschutzrechtlichen Genehmigung bedarf, bei der die Belange des Artenschutzes berücksichtigt sind,

   zum Zweck des biologischen Pflanzenschutzes,
3. das Ansiedeln von dem Jagd- oder Fischereirecht unterliegenden Tieren nicht gebietsfremder Arten.

(2) Die Erlaubnis ist zu versagen, wenn die Gefahr einer Verfälschung der Tier- oder Pflanzenwelt der Mitgliedstaaten oder eine Gefährdung des Bestands oder der Verbreitung wild lebender Tier- und Pflanzenarten der Mitgliedstaaten oder von Populationen solcher Arten nicht auszuschließen ist oder andere Rechtsvorschriften dem Aussetzen von Tieren entgegenstehen. Artikel 22 der Richtlinie 92/43/EWG, Artikel 11 der Richtlinie 79/409/EWG sowie Artikel 8 Buchst. h des Übereinkommens über die biologische Vielfalt vom 5. Juni 1992 (BGBl. II 1993 S. 1741) sind zu beachten.

(3) Soweit es aus Gründen des Artenschutzes erforderlich ist, kann die Naturschutzbehörde anordnen, dass ohne Erlaubnis nach Abs. 1 Satz 1 ausgebrachte oder angesiedelte Pflanzen und Tiere und deren Nachkommen wieder zu beseitigen oder behördliche Maßnahmen zur Beseitigung dieser Tiere und Pflanzen zu dulden sind.

§ 45 Aneignung von Pflanzen und Früchten

(1) Jedermann hat das Recht, in der freien Landschaft wild lebende Pflanzen, Beeren, Früchte oder Pilze der nicht besonders geschützten Arten in ortsüblichem Umfang sich anzueignen sowie Blüten, Blätter oder Zweige in Mengen, die nicht über einen Handstrauß hinausgehen, zu entnehmen. Die Ausübung dieses Rechts hat pfleglich zu erfolgen. Rechtsvorschriften, die das Aneignungsrecht nach Satz 1 sowie das Betreten der Landschaft in Schutzgebieten einschränken, bleiben unberührt.

(2) Das Sammeln von wild lebenden Tieren und Pflanzen der nicht besonders geschützten Arten für den Handel und für gewerbliche Zwecke bedarf, unbeschadet der Rechte Dritter, der Erlaubnis der Naturschutzbehörde. Die Erlaubnis kann zum Schutz der wild lebenden Tiere und Pflanzen mit Nebenbestimmungen verbunden werden. Sie ist zu versagen, wenn ein Schutz durch Nebenbestimmungen nicht gewährleistet ist.

(3) Die Erlaubnis kann auch über einen Einheitlichen Ansprechpartner im Sinne des Gesetzes über Einheitliche Ansprechpartner für das Land Baden-Württemberg abgewickelt werden; § 42 a und §§ 71 a bis 71 e des Landesverwaltungsverfahrensgesetzes in der jeweils geltenden Fassung finden Anwendung.

§ 46 Zoos

(1) Die Errichtung, die wesentliche Änderung und der Betrieb von Zoos bedürfen der Genehmigung.

(2) Zoos sind so zu errichten und zu betreiben, dass

1. bei der Haltung der Tiere den biologischen und den Erhaltungsbedürfnissen der jeweiligen Art Rechnung getragen wird, insbesondere die jeweiligen Gehege nach Lage, Größe und Gestaltung und inneren Einrichtungen verhaltensgerecht ausgestaltet sind,
2. die Haltung der Tiere stets hohen Anforderungen genügt und ein gut durchdachtes Programm zur tiermedizinischen Vorbeugung und Behandlung sowie zur artgerechten Ernährung und Pflege vorliegt und die medizinische Betreuung sichergestellt ist,
3. dem Entweichen der Tiere und dem Eindringen von Schadorganismen vorgebeugt wird,
4. die Aufklärung und das Bewusstsein der Öffentlichkeit in Bezug auf den Erhalt der biologischen Vielfalt, insbesondere durch Informationen über die zur Schau gestellten Arten und ihre natürlichen Lebensräume gefördert wird.

Zoos müssen sich entsprechend ihren besonderen Fähigkeiten und Möglichkeiten an zumindest einer der nachfolgend genannten Aufgaben beteiligen:

1. Forschungsaktivitäten, die zur Erhaltung der Arten beitragen, einschließlich Austausch von Informationen über die Arterhaltung,
2. Aufzucht in Gefangenschaft, der Bestandserneuerung und der Wiederansiedlung von Arten in ihrem natürlichen Lebensraum oder
3. Ausbildung in erhaltungsspezifischen Kenntnissen und Fertigkeiten.

(3) Die Genehmigung nach Absatz 1 darf nur erteilt werden, wenn

1. sichergestellt ist, dass die sich aus Absatz 2 ergebenden Pflichten erfüllt werden,
2. die nach dem Fünften Abschnitt des Bundesnaturschutzgesetzes erforderlichen Nachweise vorliegen,
3. keine Tatsachen vorliegen, aus denen sich Bedenken gegen die Zuverlässigkeit des Betreibers sowie der für die Leitung des Zoos verantwortlichen Personen ergeben,
4. andere öffentlich-rechtliche Vorschriften der Errichtung und dem Betrieb des Zoos nicht entgegenstehen.

Die Genehmigung schließt die tierschutzrechtliche Erlaubnis nach § 11 Abs. 1 Nr. 2 a und 3 d des Tierschutzgesetzes sowie die forstrechtliche Gehegegenehmigung nach § 34 Abs. 1 LWaldG ein. Die Genehmigung kann unter Bedingungen erteilt und mit Auflagen verbunden werden, soweit dies erforderlich ist, um die Erfüllung der in Satz 1 genannten Genehmigungsvoraussetzungen sicherzustellen.

(4) Genehmigungsbehörde ist die untere Verwaltungsbehörde. Die Genehmigungsbehörde kann die Verwendung von Vordrucken für den Antrag und die Unterlagen verlangen.

(5) Zoos haben ein aktuelles Register über ihren Tierbestand zu führen. Das Ministerium wird ermächtigt, durch Rechtsverordnung Vorschriften über Art und Umfang des Registers zu erlassen. Es kann dabei vorsehen, dass Aufzeichnungen aufgrund anderer Rechtsvorschriften als Register im Sinne von Satz 1 gelten.

§ 47 Auskunfts- und Zutrittsrecht, Anordnungen

(1) Natürliche und juristische Personen sowie nicht rechtsfähige Personenvereinigungen, die einen Zoo betreiben, und die ganz oder zum Teil mit der Leitung betrauten Personen haben der Genehmigungsbehörde auf Verlangen die zur Überwachung erforderlichen Auskünfte zu erteilen. § 26 Abs. 2 Satz 4 des Landesverwaltungsverfahrensgesetzes gilt entsprechend.

(2) Die von der Genehmigungsbehörde beauftragten Personen sind befugt, zum Zweck der Überwachung Grundstücke, Wirtschaftsgebäude, Geschäfts-, Betriebs- und Lagerräume während der üblichen Arbeits- oder Betriebszeit zu betreten, dort Prüfungen und Besichtigungen vorzunehmen und das Register über den Tierbestand des Zoos sowie geschäftliche Unterlagen einzusehen und zu prüfen. Der Auskunftspflichtige hat das Register über den Tierbestand sowie geschäftliche Unterlagen vorzulegen. Artikel 13 des Grundgesetzes wird insoweit eingeschränkt.

(3) Wird ein Zoo ohne die erforderliche Genehmigung oder unter Verstoß gegen die Betreiberpflichten des § 46 Abs. 2 oder die Genehmigungsvoraussetzungen des § 46 Abs. 3 errichtet, betrieben oder wesentlich geändert, so kann die Genehmigungsbehörde Anordnungen treffen, die die Einhaltung der Betreiberpflichten und der Ge-

nehmigungsvoraussetzungen innerhalb einer angemessenen Frist sicherstellen. Sie kann auch anordnen, den Zoo während dieser Frist ganz oder teilweise für die Öffentlichkeit zu schließen. Wenn sich die Anforderungen an die Haltung von Tieren in Zoos entsprechend dem Stand der Wissenschaft ändern, soll die Genehmigungsbehörde nachträgliche Anordnungen treffen, wenn nicht auf andere Weise den Anforderungen Rechnung getragen wird.

(4) Kommt der Betreiber des Zoos den Anordnungen nach Absatz 3 nicht nach, hat die Genehmigungsbehörde innerhalb eines Zeitraums von höchstens zwei Jahren nach dem Erlass der Anordnungen die Schließung des Zoos oder eines Teils des Zoos zu verfügen. Die Genehmigung ist ganz oder teilweise zu widerrufen. Die von der Schließung nach Satz 1 betroffenen Tiere sind vom Verfügungsberechtigten angemessen und in Einklang mit dem Zweck und den Bestimmungen der Richtlinie 1999/22/EG des Rates vom 29. März 1999 über die Haltung von Wildtieren in Zoos (ABl. EG Nr. L 94 S. 24) zu behandeln. Ist dies nach den Umständen des Einzelfalls nicht möglich, ergreift die Genehmigungsbehörde geeignete Maßnahmen, um dies sicherzustellen.

(5) Die Genehmigungsbehörde ist zuständige Landesbehörde im Sinne von § 4 Abs. 1 Nr. 20 Buchst. a des Umsatzsteuergesetzes.

(6) Die Bezeichnung „Vogelwarte", „Vogelschutzwarte" oder Bezeichnungen, die ihnen zum Verwechseln ähnlich sind, dürfen nur mit Genehmigung der höheren Naturschutzbehörde geführt werden.

§ 48 Tiergehege

(1) Für Anlagen, in denen besonders geschützte Tiere wild lebender Arten außerhalb von Wohn- und Geschäftsgebäuden gehalten werden und die keine Zoos im Sinne von § 14 Abs. 2 Nr. 19 sind (Tiergehege), gilt § 46 Abs. 2 Satz 1 Nr. 1 bis 3 entsprechend. Besondere Vorschriften für Gehege im Wald bleiben unberührt.

(2) Die Naturschutzbehörde hat ein Auskunfts- und Zutrittsrecht entsprechend § 47 Abs. 1 und 2. Sie kann die erforderlichen Anordnungen treffen oder die Beseitigung eines Geheges anordnen, wenn nicht auf andere Weise rechtmäßige Zustände hergestellt werden können.

Siebter Abschnitt Erholung in Natur und Landschaft

§ 49 Recht auf Erholung

(1) Jedermann hat ein Recht auf Erholung in der freien Landschaft nach Maßgabe dieses Gesetzes.

(2) Das Recht auf Erholung findet seine Schranken in den allgemeinen Gesetzen, den Interessen der Allgemeinheit und in den Rechten Dritter. Bei der Ausübung des Rechts auf Erholung ist jedermann verpflichtet, pfleglich mit Natur und Landschaft umzugehen und Rücksicht insbesondere auf die Belange der Grundstückseigentümer und Nutzungsberechtigten sowie anderer Erholungssuchender zu nehmen.

(3) Die Ausübung des Rechts auf Erholung erfolgt auf eigene Gefahr. Vorbehaltlich anderer Rechtsvorschriften werden dadurch besondere Sorgfalts- oder Verkehrssicherungspflichten der betroffenen Grundstückseigentümer oder sonstigen Berechtigten nicht begründet.

§ 50 Pflichten der öffentlichen Planungsträger

(1) Die öffentlichen Planungsträger haben die Ausübung des Rechts auf Erholung zu gewährleisten und die Voraussetzungen für die Rechtsausübung zu schaffen.

(2) Die öffentlichen Planungsträger haben im Rahmen ihrer Zuständigkeit in raumwirksamen Planungen landschaftlichen Schönheiten Rechnung zu tragen und sollen Erholungsflächen mit ihren Zugängen für die Allgemeinheit freihalten.

§ 51 Betreten der freien Landschaft

(1) Jeder darf die freie Landschaft zum Zweck der Erholung unentgeltlich betreten. Landwirtschaftlich genutzte Flächen dürfen während der Nutzzeit nur auf Wegen betreten werden. Als Nutzzeit gilt die Zeit zwischen Saat oder Bestellung und Ernte, bei Grünland die Zeit des Aufwuchses und der Beweidung. Sonderkulturen, insbesondere Flächen, die dem Garten-, Obst- und Weinbau dienen, dürfen nur auf Wegen betreten werden.

(2) Zum Betreten gehören auch natur- und landschaftsverträgliche sportliche und spielerische Betätigungen in der freien Landschaft, nicht jedoch das unerlaubte Zelten, Fahren und Abstellen von motorgetriebenen Fahrzeugen oder Anhängern.

(3) Das Fahren mit Fahrrädern (ohne Motorkraft) und Krankenfahrstühlen (auch mit Motorantrieb) ist nur auf hierfür geeigneten Wegen erlaubt. Auf Fußgänger ist Rücksicht zu nehmen.

(4) Wer die freie Landschaft betritt, ist verpflichtet, von ihm abgelegte Gegenstände und Abfälle wieder an sich zu nehmen und zu entfernen.

(5) Vorschriften über das Betreten des Waldes einschließlich des Reitens, über den Gemeingebrauch an Gewässern und an öffentlichen Straßen und die Regelungen des Straßenverkehrsrechts bleiben unberührt.

§ 52 Reiten in der freien Landschaft

(1) Das Reiten und Fahren mit bespannten Fahrzeugen ist, unbeschadet straßenverkehrsrechtlicher Vorschriften, nur auf hierfür geeigneten privaten und beschränkt öffentlichen Wegen oder auf besonders ausgewiesenen Flächen gestattet; gekennzeichnete Wanderwege unter drei Metern Breite, Fußwege sowie Sport- und Lehrpfade sind hiervon ausgenommen. Beschränkungen können von Gemeinden und von Grundstückseigentümern aus wichtigem Grund vorgenommen werden, insbesondere soweit diese Wege und Flächen in besonderem Maße der Erholung der Bevölkerung dienen oder erhebliche Schäden oder Beeinträchtigungen anderer Benutzer zu erwarten sind. § 51 Abs. 5, §§ 53 und 54 gelten entsprechend.

(2) In Naturschutzgebieten ist das Reiten und Fahren mit bespannten Fahrzeugen nur auf Straßen und befestigten Wegen sowie auf besonders ausgewiesenen Flächen gestattet, soweit Rechtsverordnungen keine abweichende Regelung enthalten. In Biosphärengebieten ist das Reiten in Kernzonen nicht zulässig, in Pflegezonen ist es nur auf besonders ausgewiesenen Wegen und Flächen gestattet.

§ 53 Beschränkungen des Betretens

(1) Der Eigentümer oder sonstige Berechtigte dürfen unbeschadet sonstiger öffentlich-rechtlicher Vorschriften der Allgemeinheit das Betreten von Grundstücken in der freien Landschaft durch Sperren nur verwehren, soweit

1. bei einem mit einem Gebäude zulässig überbauten Grundstück die berechtigten Wohnbedürfnisse oder betrieblichen Bedürfnisse es erfordern,
2. die zulässige Nutzung eines sonstigen Grundstücks behindert oder eingeschränkt wird, die Beschädigung von landwirtschaftlichen Kulturen zu befürchten ist oder das Grundstück beschädigt oder verunreinigt wird,
3. Maßnahmen der Land- und Forstwirtschaft, des Naturschutzes, der Landschaftspflege, der Jagdausübung, zulässiger sportlicher Veranstaltungen oder sonstige zwingende Gründe eine vorübergehende Absperrung erfordern oder
4. vom Grundstück Gefahren für Leib oder Leben der Erholungssuchenden ausgehen können.

(2) Die Sperren sollen insbesondere durch Schranken, Einfriedigungen, andere tatsächliche Hindernisse oder Beschilderungen kenntlich gemacht werden.

(3) Die Naturschutzbehörde oder die Ortspolizeibehörde können durch Rechtsverordnung oder Einzelanordnung das Betreten von Teilen der freien Landschaft aus Gründen des Naturschutzes, zur Durchführung von landschaftspflegerischen Vorhaben, zur Regelung des Erholungsverkehrs, aus zwingenden Gründen des Absatzes 1 Nr. 2 bis 4 oder aus anderen zwingenden Gründen im Sinne des § 49 Abs. 2 untersagen oder beschränken, soweit das Betretungsrecht nicht nach anderen gesetzlichen Bestimmungen ausgeschlossen oder beschränkt wird. Absatz 2 gilt entsprechend.

§ 54 Genehmigung und Beseitigung von Sperren, Anordnung von Durchgängen

(1) Eine Sperre im Sinne des § 53 Abs. 1 darf in der freien Landschaft nur errichtet werden, wenn sie durch die Naturschutzbehörde oder die Ortspolizeibehörde genehmigt ist. Bedarf eine Sperre einer behördlichen Gestattung nach anderen Vorschriften, so ergeht diese im Einvernehmen mit der Naturschutzbehörde, sofern Bundesrecht nicht entgegensteht. Sperren von intensiv genutzten Flächen landwirtschaftlicher Betriebe bedürfen keiner Genehmigung. Für vorübergehende Sperrungen gemäß § 53 Abs. 1 Nr. 3 genügt eine unverzügliche Anzeige an die Naturschutzbehörde oder die Ortspolizeibehörde.

(2) Die Gestattung oder Genehmigung nach Absatz 1 ist zu versagen, wenn die Sperre den Voraussetzungen des § 53 Abs. 1 und dem gegenwärtigen Erholungsinteresse der Bevölkerung widerspricht. Sie kann befristet erteilt werden, solange nicht das absehbare Erholungsinteresse der Bevölkerung entgegensteht.

(3) Die Naturschutzbehörde oder die Ortspolizeibehörde kann auf einem Grundstück, das nicht frei betreten werden darf, für die Allgemeinheit einen Durchgang anordnen, wenn andere Teile der freien Landschaft, insbesondere Erholungsflächen, Naturschönheiten, Wald oder Gewässer, in anderer zumutbarer Weise nicht zu erreichen sind und wenn der Eigentümer dadurch in seinen Rechten nicht wesentlich beeinträchtigt wird.

§ 55 Erholungsschutzstreifen an Gewässern

(1) Im Außenbereich dürfen bauliche Anlagen innerhalb von 50 m von der Uferlinie der Bundeswasserstraßen und der Gewässer erster Ordnung (Erholungsschutzstreifen) nicht errichtet oder wesentlich erweitert werden. Im Erholungsschutzstreifen ist auch das Aufstellen von Zelten und Wohnwagen nicht zulässig. Die Naturschutzbehörde kann im Außenbereich durch Rechtsverordnung einen Erholungsschutzstreifen auch für bestimmte Gewässer zweiter Ordnung näher festlegen, soweit es das Erholungsinteresse der Bevölkerung erfordert.

(2) Ausnahmen von Absatz 1 können von der Naturschutzbehörde, soweit Ziele und Grundsätze der Raumordnung nicht entgegenstehen, zugelassen werden, insbesondere

1. für bauliche Anlagen, die dem Rettungswesen, dem öffentlichen Verkehr, der Schifffahrt, dem Schiffbau, dem Gewässerschutz, der Unterhaltung oder dem Ausbau eines oberirdischen Gewässers, der Wasser- und Energieversorgung, der Abfallbeseitigung oder lebenswichtigen Wirtschaftsbetrieben dienen, wenn das Interesse der Allgemeinheit an der Durchführung dieser Maßnahmen im Erholungsschutzstreifen das Erholungsinteresse der Bevölkerung überwiegt,
2. für notwendige bauliche Anlagen, insbesondere als Gemeinschaftsanlagen, die ausschließlich der Erholung, insbesondere dem Baden, dem Wassersport oder der Fischerei dienen, soweit dadurch der Naturhaushalt oder das Landschaftsbild nicht beeinträchtigt wird, und
3. für bauliche Vorhaben im Sinne des § 35 Abs. 1 des Baugesetzbuchs und in Gebieten, für die ein Bebauungsplan aufgestellt oder geändert werden soll, wenn Belange des Naturschutzes und der Landschaftspflege nicht entgegenstehen und keine erhebliche Beeinträchtigung der gegenwärtigen oder absehbaren zukünftigen Erholungsinteressen der Bevölkerung zu erwarten ist.

Achter Abschnitt Vorkaufsrecht, Eigentumsbindung, Entschädigung

§ 56 Vorkaufsrecht

(1) Dem Land steht ein Vorkaufsrecht zu an Grundstücken,

1. auf denen sich oberirdische private Gewässer befinden,
2. die in Naturschutzgebieten, Kernzonen von Biosphärengebieten oder flächenhaften Naturdenkmalen liegen oder
3. auf denen Naturdenkmale stehen.

Liegen die Merkmale der Nummern 1 bis 3 nur bei einem Teil des Grundstücks vor, so erstreckt sich das Vorkaufsrecht nur auf diese Teilfläche. Der Eigentümer kann die Übernahme der Restfläche verlangen, wenn es ihm wirtschaftlich nicht zuzumuten ist, das Grundstück zu behalten.

(2) Das Vorkaufsrecht darf nur ausgeübt werden, wenn die gegenwärtigen oder zukünftigen Belange des Naturschutzes, der Landschaftspflege oder der Erholungsvorsorge es erfordern. Es darf nicht ausgeübt werden, wenn das Grundstück an Ehegatten, eingetragene Lebenspartner oder Verwandte ersten Grades oder mit einem land- oder fischereiwirtschaftlichen Betrieb, mit dem es eine Einheit bildet, veräußert wird.

(3) Das Vorkaufsrecht wird durch den Landesbetrieb Vermögen und Bau Baden-Württemberg, Betriebsleitung, ausgeübt, im Einvernehmen mit der höheren Naturschutzbehörde, die die Voraussetzungen nach Absatz 2 zu prüfen hat. Der Inhalt des Kaufvertrags ist gemäß § 469 Abs. 1 des Bürgerlichen Gesetzbuchs unverzüglich der unteren Naturschutzbehörde mitzuteilen. Diese erteilt auf Antrag innerhalb eines Monats ein Negativzeugnis, wenn die Voraussetzungen des Absatzes 1 Satz 1 nicht vorliegen; andernfalls leitet sie die Unterlagen unverzüglich an den Landesbetrieb Vermögen und Bau Baden-Württemberg, Betriebsleitung, und die höhere Naturschutzbehörde weiter und teilt dies dem Verkäufer oder seinem Beauftragten mit.

(4) Das Vorkaufsrecht geht unbeschadet bundesrechtlicher Vorkaufsrechte anderen Vorkaufsrechten im Range vor. Es bedarf nicht der Eintragung in das Grundbuch. Bei einem Eigentumserwerb aufgrund der Ausübung des Vorkaufsrechts erlöschen rechtsgeschäftliche Vorkaufsrechte.

(5) Das Vorkaufsrecht kann vom Land auf Antrag auch zugunsten von Körperschaften des öffentlichen Rechts und von Naturschutzvereinen (§ 66) ausgeübt werden. Liegen mehrere Anträge vor, entscheidet der Landesbetrieb Vermögen und Bau Baden-Württemberg, Betriebsleitung, über die Rangfolge im Einvernehmen mit der höheren Naturschutzbehörde.

(6) Mit der Ausübung des Vorkaufsrechts kommt der Kauf zwischen dem Begünstigten und dem Verpflichteten zustande. Im Falle des Absatzes 5 haftet das Land für die Verpflichtungen aus dem Kaufvertrag neben dem Begünstigten als Gesamtschuldner.

(7) Das Vorkaufsrecht ist nicht übertragbar. Es kann nur innerhalb von drei Monaten nach der Mitteilung des Kaufvertrags ausgeübt werden. §§ 463 bis 468 Abs. 1, §§ 471, 1098 Abs. 2, §§ 1099 bis 1102 des Bürgerlichen Gesetzbuchs sind anzuwenden.

§ 57 Eigentumsbindung, Entschädigung

(1) Einschränkungen der Eigentümerbefugnisse, die sich unmittelbar aus diesem Gesetz oder durch Maßnahmen aufgrund dieses Gesetzes ergeben, sind im Rahmen der Sozialbindung des Eigentums (Artikel 14 Abs. 2 Satz 2 des Grundgesetzes) entschädigungslos zu dulden, soweit in § 58 nichts anderes bestimmt ist.

(2) Soweit dieses Gesetz oder Maßnahmen aufgrund dieses Gesetzes enteignende Wirkung haben, ist eine angemessene Entschädigung zu leisten. §§ 7 bis 16 des Landesenteignungsgesetzes gelten entsprechend. Bei der Bemessung der Entschädigung werden jedoch Vermögensvorteile, die als mittelbare Folge eines zugelassenen Eingriffs, insbesondere durch die Entnahme von Bodenbestandteilen, eingetreten sind oder eintreten können, nur insoweit berücksichtigt, als der Betroffene die Vermögensvorteile durch eigene Aufwendungen von Kapital oder Arbeit zulässigerweise bewirkt hat.

(3) Anstelle einer Entschädigung kann der Eigentümer die Übernahme des Grundstücks durch den Begünstigten verlangen, wenn ihm mit Rücksicht auf die durch die Maßnahme eintretenden Nutzungsbeschränkungen nicht mehr zuzumuten ist, das Grundstück zu behalten.

(4) Kommt eine Einigung über die Geldentschädigung oder die Übernahme nicht zustande, so entscheidet auf Antrag die Enteignungsbehörde in entsprechender Anwendung des Landesenteignungsgesetzes. Für Streitigkeiten steht der Rechtsweg zu den ordentlichen Gerichten offen.

§ 58 Ausgleich von Nutzungsbeschränkungen in der Land-, Forst- und Fischereiwirtschaft

(1) Werden in
1. Rechtsvorschriften, die im Rahmen der §§ 26 bis 33 erlassen worden sind, oder
2. Anordnungen der Naturschutzbehörden zur Verwirklichung der Ziele des Naturschutzes und der Landschaftspflege

standortbedingte erhöhte Anforderungen festgesetzt, die die ausgeübte land- und forstwirtschaftliche Bodennutzung sowie die fischereiwirtschaftliche Nutzung oberirdischer Gewässer über die Anforderungen der guten fachlichen Praxis hinaus erheblich beschränken, die sich aus den für die Land-, Forst- und Fischereiwirtschaft geltenden Vorschriften, aus § 17 Abs. 2 des Bundes-Bodenschutzgesetzes und aus diesem Gesetz ergeben, so kann für die dadurch verursachten wirtschaftlichen Nachteile betroffenen Privatpersonen im Rahmen der verfügbaren Haushaltsmittel ein Ausgleich gewährt werden. Satz 1 findet keine Anwendung, soweit ein Anspruch auf Entschädigung oder anderweitigen Ausgleich nach anderen Rechtsvorschriften oder aufgrund vertraglicher Vereinbarungen besteht.

(2) Im Falle einer nur vorübergehenden Einschränkung oder Unterbrechung der land- und forstwirtschaftlichen Bodennutzung oder der fischereiwirtschaftlichen Nutzung oberirdischer Gewässer gilt als ausgeübt die Nutzung, die vor der Einschränkung oder Unterbrechung ausgeübt wurde.

(3) Absätze 1 und 2 gelten auch für solche Nutzungsbeschränkungen, die nach dem 1. Januar 2006 festgesetzt werden oder fortwirken und auf Rechtsvorschriften beruhen, die nach dem 25. Oktober 2005 erlassen worden sind.

(4) Das Ministerium regelt das Nähere, insbesondere die Grundsätze zur Bemessung der Höhe des Ausgleichs durch Rechtsverordnung, die der Zustimmung des Finanzministeriums bedarf. Sie kann bestimmen, dass der Anspruch nur für den Bewirtschafter des Grundstücks entsteht.

§ 59 Duldungspflicht

(1) Die Eigentümer und sonstigen Berechtigten von Grundstücken in Gebieten nach dem Vierten Abschnitt sind verpflichtet, Maßnahmen zum Schutz, zur Erhaltung und zur Pflege zu dulden. Satz 1 gilt auch für Grundstücke in Gebieten von gemeinschaftlicher Bedeutung und Europäischen Vogelschutzgebieten, soweit auf ihnen Lebensraumtypen nach Anhang I oder Lebensstätten von Arten nach Anhang II und IV der Richtlinie 92/43/EWG oder von für die Gebietsmeldung maßgeblichen Vogelarten nach der Richtlinie 79/409/EWG vorkommen. § 26 des Landwirtschafts- und Landeskulturgesetzes bleibt unberührt. Die Eigentümer und sonstigen Berechtigten sollen mit der Durchführung von Pflegemaßnahmen nach Möglichkeit beauftragt werden (§ 70 Abs. 1). Vor der Durchführung von Maßnahmen sind die Eigentümer und sonstigen Berechtigten in geeigneter Weise zu benachrichtigen.

(2) Absatz 1 gilt für die Durchführung von Maßnahmen des Naturschutzes und der Landschaftspflege auf Grundstücken, die besonderer Pflegemaßnahmen bedürfen, mit der Maßgabe, dass dadurch die Nutzung des Grundstücks nicht beeinträchtigt werden darf.

Neunter Abschnitt Organisation, Zuständigkeit, Verfahren

§ 60 Naturschutzbehörden

(1) Naturschutzbehörden sind
1. das Ministerium als oberste Naturschutzbehörde,
2. die Regierungspräsidien als höhere Naturschutzbehörden und
3. die unteren Verwaltungsbehörden als untere Naturschutzbehörden.

Abweichend von Satz 1 nimmt auf dem Gebiet des Nationalparks Schwarzwald die Nationalparkverwaltung die Aufgaben und Befugnisse der unteren und höheren Naturschutzbehörde wahr.

(2) Die unteren Naturschutzbehörden sind mit mindestens einer hauptamtlichen Naturschutzfachkraft auszustatten. Das Land stellt den Landratsämtern die hierfür erforderlichen Landesbediensteten des gehobenen oder höheren Dienstes.

(3) Soweit bei den unteren Naturschutzbehörden bereits hauptamtliche Naturschutzfachkräfte beschäftigt sind, soll deren Zahl nicht unter den Bestand vom 1. Januar 2000 vermindert werden, es sei denn, die gesetzlichen Aufgaben der unteren Naturschutzbehörden werden reduziert.

§ 61 Naturschutzfachbehörden

(1) Naturschutzfachbehörden sind
1. die Landesanstalt für Umwelt, Messungen und Naturschutz,
2. die Beauftragten für Naturschutz und Landschaftspflege (Naturschutzbeauftragte).

(2) Die Naturschutzbeauftragten sind den unteren Naturschutzbehörden angegliedert. Sie sind als deren Berater weisungsfrei und dürfen wegen der Erfüllung ihrer Aufgaben nicht benachteiligt werden.

(3) Das Ministerium führt die Fachaufsicht über die Landesanstalt für Umwelt, Messungen und Naturschutz.

(4) Die Naturschutzbeauftragten sind ehrenamtlich tätig. Die Stadt- und Landkreise bestellen jeweils für die Dauer von fünf Jahren für ihr Gebiet einen oder mehrere Naturschutzbeauftragte. Die Bestellung ist widerruflich. Die Naturschutzbeauftragten haben Anspruch auf Ersatz ihrer Auslagen. Sie haben ferner Anspruch auf eine angemessene Aufwandsentschädigung durch das Land.

(5) Das Ministerium regelt die fachlichen Anforderungen an die Naturschutzbeauftragten und ihre Obliegenheiten.

§ 62 Aufgaben der Naturschutzfachbehörden

(1) Naturschutzfachbehörden unterstützen und beraten die Naturschutzbehörden und unterstützen die Stiftung Naturschutzfonds in der Planung und Abwicklung von Fördermaßnahmen.

(2) Die Landesanstalt für Umwelt, Messungen und Naturschutz hat neben den Aufgaben, die ihr durch andere Vorschriften dieses Gesetzes übertragen sind, insbesondere
1. das Ministerium fachlich zu beraten und zu unterstützen,

2. die Naturschutzbehörden und die Naturschutzbeauftragten beim Verwaltungsvollzug durch Fachinformationen, allgemeine Daten und Karten sowie durch Arbeitshilfen zu unterstützen,
3. die Öffentlichkeit über Naturschutz und Landschaftspflege zu informieren.

Das Nähere wird in der Satzung der Anstalt im Einvernehmen mit dem Ministerium bestimmt.

(3) Die Naturschutzbeauftragten beraten und unterstützen die unteren Naturschutzbehörden insbesondere bei der Beurteilung von Vorhaben und Planungen, die mit Eingriffen verbunden sind oder diese vorbereiten, bei Stellungnahmen zu Landschafts- und Grünordnungsplänen sowie bei der Beurteilung von Fachplanungen anderer Verwaltungen.

§ 63 Vorlagerecht des Naturschutzbeauftragten

Will die untere Verwaltungsbehörde, die zugleich untere Naturschutzbehörde ist, entgegen der Stellungnahme des Naturschutzbeauftragten entscheiden, so hat sie dies dem Naturschutzbeauftragten mitzuteilen. Der Naturschutzbeauftragte hat in Ausnahmefällen bei einer drohenden schwerwiegenden Beeinträchtigung von Belangen des Naturschutzes und der Landschaftspflege das Recht, umgehend die Vorlage der Angelegenheit an die höhere Naturschutzbehörde zu verlangen. Diese ist berechtigt, in der Sache selbst tätig zu werden oder die Angelegenheit an die untere Naturschutzbehörde zurückzuverweisen.

§ 64 Landesbeirat für Natur- und Umweltschutz

(1) Beim Ministerium wird ein Landesbeirat für Natur- und Umweltschutz aus ehrenamtlich tätigen sachverständigen Personen gebildet. Er berät die für Naturschutz und Umweltschutz zuständigen Ministerien in grundsätzlichen Fragen. Den Vorsitz führt der für Naturschutz zuständige Minister; stellvertretender Vorsitzender ist der für Umweltschutz zuständige Minister. Die Geschäftsführung obliegt dem Ministerium. Das Nähere, insbesondere Zusammensetzung, Stellung und Aufgabe des Landesbeirats, regelt das Ministerium durch Rechtsverordnung im Einvernehmen mit dem für Umweltschutz zuständigen Ministerium.

(2) Bei den Naturschutzbehörden können bei besonderem Bedarf Naturschutzbeiräte zur wissenschaftlichen und fachlichen Beratung gebildet werden.

(3) Die Entschädigung und der Reisekostenersatz für die Mitglieder der Beiräte richten sich nach den allgemeinen Bestimmungen über ehrenamtliche Tätigkeit.

§ 65 Naturschutzfonds

(1) Die bei dem Ministerium bestehende Stiftung „Naturschutzfonds“ ist eine rechtsfähige Stiftung des öffentlichen Rechts.

(2) Das Land bringt in das Vermögen der Stiftung eine Grundausstattung ein.

(3) Außer den Erträgen des Stiftungsvermögens und den Zuwendungen Dritter fließen in den Naturschutzfonds
1. Erträgnisse von öffentlichen Lotterien und Ausspielungen, Ausstellungen, Veranstaltungen oder von Sammlungen,
2. die Ausgleichsabgaben (§ 21 Abs. 5 und § 33 Abs. 4 Nr. 2) und
3. Zuwendungen des Landes nach Maßgabe des Haushaltsplans.

(4) Der Naturschutzfonds fördert die Bestrebungen für die Erhaltung der natürlichen Umwelt und der natürlichen Lebensgrundlagen und trägt zur Aufbringung der benötigten Mittel bei. Der Naturschutzfonds verfolgt ausschließlich und unmittelbar steuerbegünstigte Zwecke im Sinne der §§ 51 bis 68 der Abgabenordnung. Er hat insbesondere die Aufgabe,
1. die Forschung und modellhafte Untersuchungen auf dem Gebiet der natürlichen Umwelt anzuregen und zu fördern,
2. das Ministerium bei der Planung und Verwendung der verfügbaren Forschungsmittel zu beraten,
3. Maßnahmen zur Aufklärung, Ausbildung und Fortbildung zu unterstützen und zu fördern,
4. richtungweisende Leistungen auf dem Gebiet der Erhaltung der natürlichen Umwelt auszuzeichnen,
5. den Erwerb von Grundstücken für Zwecke des Naturschutzes oder der Erholungsvorsorge zu finanzieren und
6. Maßnahmen zum Schutz der Natur und zur Pflege der Landschaft zu fördern.

Der Naturschutzfonds kann Maßnahmen im Sinne von § 22 Abs. 1 durchführen und hierfür Grundstücke erwerben oder bisher mit seinen Mitteln erworbene Grundstücke im Landesbesitz verwenden.

(5) Der Naturschutzfonds wird durch einen Stiftungsrat verwaltet. Den Vorsitz des Stiftungsrats führt der für Naturschutz zuständige Minister oder der von ihm bestimmte Vertreter. Der Landesbeirat für Natur- und Umweltschutz nimmt zugleich die Aufgaben des Stiftungsrats wahr. Zu weiteren Mitgliedern des Stiftungsrats können Vertreter der Ministerien und der Regierungspräsidien berufen werden. Das Nähere regelt die Satzung. Die Mitglieder des Stiftungsrats werden von dem Ministerium jeweils auf fünf Jahre berufen; eine erneute Berufung ist zulässig. § 64 Abs. 3 gilt entsprechend.

(6) Das Ministerium bestellt einen Geschäftsführer. Im Übrigen beschließt der Naturschutzfonds eine Satzung, die der Genehmigung der Stiftungsbehörde bedarf.

§ 66 Mitwirkung der Naturschutzvereine, Landesnaturschutzverband

(1) Die Naturschutzbehörden können juristischen Personen des Privatrechts, die sich nach ihrer Satzung überwiegend dem Naturschutz, der Landschaftspflege oder der Erholungsvorsorge widmen und die Gewähr für eine sachgerechte Förderung der Zielsetzungen dieses Gesetzes bieten (Naturschutzvereine), auf Antrag in bestimmtem Umfang die Betreuung von geschützten Gebieten oder geschützten Gegenständen widerruflich übertragen. Hoheitliche Befugnisse können nicht übertragen werden. Die Naturschutzvereine sind vor einer Änderung oder Aufhebung der Schutzverordnung sowie vor jeder erheblichen Beeinträchtigung der von ihnen betreuten Gebiete und Gegenstände zu hören.

(2) Das Land kann den Naturschutzvereinen auf Antrag im Rahmen der bereitgestellten Haushaltsmittel Zuschüsse oder Aufwendungsersatz für Leistungen gewähren, die im öffentlichen Interesse liegen, insbesondere für
1. den Erwerb von Grundstücken aus Gründen des Naturschutzes oder der Erholungsvorsorge,
2. die Durchführung von Einzelmaßnahmen nach Maßgabe des § 70.

(3) Ein rechtsfähiger Zusammenschluss von überörtlich tätigen Naturschutzvereinen, dessen Tätigkeit sich auf das gesamte Landesgebiet erstreckt, kann auf Antrag von dem Ministerium als Landesnaturschutzverband anerkannt werden, soweit der Zusammenschluss die Anforderungen nach § 67 Abs. 1 erfüllt. Die Anerkennung ist zu widerrufen, wenn ihre Voraussetzungen nicht mehr gegeben sind oder wenn der Zusammenschluss seine Aufgaben nicht oder während eines längeren Zeitraums unzulänglich erfüllt hat. Während des Bestehens eines Landesnaturschutzverbands kann ein weiterer Zusammenschluss von Naturschutzvereinen nicht anerkannt werden.

(4) Der Landesnaturschutzverband hat die Aufgabe, die Stellungnahmen seiner Mitglieder zu koordinieren. Er kann in den Fällen, in denen er nach § 79 Abs. 3 anzuhören ist, verlangen, dass die Weisungen der nächsthöheren Naturschutzbehörde einzuholen sind, soweit die zuständige Naturschutzbehörde entgegen seiner Stellungnahme entscheiden will.

(5) Die Behörden und Einrichtungen des Naturschutzes sollen über die gesetzlichen Beteiligungspflichten hinaus die Zusammenarbeit mit den Naturschutzvereinen pflegen.

§ 67 Anerkennung von Naturschutzvereinen

(1) Ein rechtsfähiger Verein wird auf Antrag anerkannt, wenn er

1. nach seiner Satzung ideell und nicht nur vorübergehend vorwiegend die Ziele des Naturschutzes und der Landschaftspflege fördert,
2. die Gewähr für eine sachgerechte Aufgabenerfüllung bietet, wobei Art und Umfang seiner bisherigen Tätigkeit, der Mitgliederkreis sowie seine Leistungsfähigkeit zu berücksichtigen sind,
3. nach § 5 Abs. 1 Nr. 9 des Körperschaftsteuergesetzes von der Körperschaftsteuer befreit ist, weil er gemeinnützige Zwecke verfolgt,
4. den Eintritt als Mitglied, das in der Mitgliederversammlung volles Stimmrecht hat, jedermann ermöglicht, der die Ziele des Vereins unterstützt; bei Vereinen, deren Mitglieder ausschließlich juristische Personen sind, kann hiervon abgesehen werden, sofern die Mehrzahl dieser juristischen Personen diese Voraussetzungen erfüllt,
5. landesweit tätig ist und
6. im Zeitpunkt der Anerkennung seit mindestens drei Jahren im Sinne der Nummer 1 tätig gewesen ist.

(2) Die Anerkennung wird vom Ministerium erteilt; der satzungsgemäße Aufgabenbereich, für den die Anerkennung gilt, ist zu bezeichnen. Für die Rücknahme und den Widerruf gilt das Landesverwaltungsverfahrensgesetz.

(3) Die einem Naturschutzverein vor dem Inkrafttreten dieses Gesetzes erteilte Anerkennung gilt fort.

(4) Einem anerkannten Verein ist Gelegenheit zur Äußerung und zur Einsicht in die einschlägigen Sachverständigengutachten zu geben

1. bei der Vorbereitung von Verordnungen und anderen im Rang unter dem Gesetz stehenden Rechtsvorschriften der für Naturschutz und Landschaftspflege zuständigen Behörden,
2. bei der Vorbereitung von Programmen und Plänen im Sinne der §§ 17 und 18 Abs. 1,

3. bei der Vorbereitung von Plänen im Sinne des § 35 Satz 1 Nr. 2 des Bundesnaturschutzgesetzes in Verbindung mit § 38 Abs. 8 dieses Gesetzes,
4. bei der Vorbereitung von Programmen staatlicher und sonstiger öffentlicher Stellen zur Wiederansiedlung von Tieren und Pflanzen verdrängter wild lebender Arten in der freien Natur,
5. vor Befreiungen von Verboten und Geboten zum Schutz von Naturschutzgebieten, Nationalparken, Biosphärengebieten und sonstigen Schutzgebieten im Rahmen des § 36 Abs. 4,
6. in Planfeststellungsverfahren oder bei Plangenehmigungen gemäß § 74 Abs. 6 des Landesverwaltungsverfahrensgesetzes, soweit es sich um Vorhaben handelt, die mit Eingriffen in Natur und Landschaft verbunden sind,
7. bei Planfeststellungsverfahren nach § 45 e WG,
8. bei Planfeststellungsverfahren nach § 64 WG und
9. bei Planfeststellungs- oder Plangenehmigungsverfahren nach § 41 des Flurbereinigungsgesetzes oder bei entsprechenden Ausbauplänen der Flurneuordnung.

Der anerkannte Verein ist über die öffentliche Auslegung des Entwurfs der Rechtsverordnung sowie der Planfeststellungs- oder Genehmigungsunterlagen zu unterrichten. Soweit der Verein im Verfahren eine inhaltliche Stellungnahme abgegeben hat, übersendet die Behörde ihm die Entscheidung oder Verordnung.

(5) Das Ministerium kann durch Rechtsverordnung festlegen, in welchen Fällen von einer Mitwirkung abgesehen wird, weil Auswirkungen auf Natur und Landschaft nicht oder nur in geringfügigem Umfang oder Ausmaß zu erwarten sind.

§ 68 Ehrenamtlicher Naturschutzdienst

(1) Zur Unterstützung der Naturschutzbehörden können die unteren Naturschutzbehörden geeignete Personen ehrenamtlich für den Naturschutzdienst (Naturschutzwarte) einsetzen.

(2) Die Naturschutzwarte unterstehen der Aufsicht der Naturschutzbehörde, die sie bestellt hat. Ihnen können folgende Aufgaben übertragen werden

1. Besucher der freien Landschaft über die Vorschriften zum Schutz der Natur und Landschaft zu informieren und Zuwiderhandlungen gegen Rechtsvorschriften, die den Schutz der Natur, die Pflege der Landschaft und die Erholung in der freien Natur regeln und deren Übertretung mit Strafe oder Geldbuße bedroht ist, festzustellen, zu verhüten sowie bei der Verfolgung solcher Zuwiderhandlungen mitzuwirken,
2. die Naturschutzbehörde über nachteilige Veränderungen in Natur und Landschaft zu unterrichten und bei deren Beseitigung mitzuwirken.

Die Naturschutzwarte sind verpflichtet, der Naturschutzbehörde die Verletzung von Vorschriften des Naturschutzrechts zu melden. Sie müssen bei der Ausübung ihrer Tätigkeit ein Dienstabzeichen tragen und einen Ausweis über ihre Bestellung mit sich führen, der auf Verlangen vorzuzeigen ist.

(3) Die Naturschutzwarte sind berechtigt, Personen, die einer Rechtsverletzung verdächtig sind, zur Feststellung der Personalien anzuhalten. Weitere hoheitliche Befugnisse können nicht übertragen werden.

(4) Den Naturschutzwarten können besondere Aufgaben, insbesondere Aufgaben des Artenschutzes, übertragen werden.

(5) Das Ministerium kann Begründung, Ausgestaltung und Umfang des Dienstverhältnisses, die Anforderungen an die Eignung sowie die Aus- und Fortbildung regeln und Vorschriften über den Dienstausweis und die Dienstabzeichen erlassen.

§ 69 Hauptamtlicher Naturschutzdienst

(1) Die unteren und höheren Naturschutzbehörden können hauptamtliche Kräfte für den Außendienst bestellen (hauptamtlicher Naturschutzdienst). Diese haben neben den Aufgaben nach § 68 Abs. 2 insbesondere die Schutzgebiete zu betreuen und deren Besucher über die Besonderheiten und Gefährdungen zu informieren. Sie sollen im Rahmen ihrer Überwachungsaufgabe Verletzungen der Vorschriften zum Schutz der Natur und der Landschaft verhüten, feststellen und bei der Verfolgung von Rechtsverletzungen mitwirken.

(2) Neben dem Recht der Personenfeststellung gemäß § 68 Abs. 3 können die Mitglieder des hauptamtlichen Naturschutzdienstes

1. das Betreten von Teilen der freien Landschaft vorübergehend untersagen oder beschränken, eine Person vorübergehend von einem Ort verweisen oder ihr vorübergehend das Betreten eines Ortes verbieten (Platzverweis), soweit dies aus Gründen des Naturschutzes erforderlich ist,
2. unberechtigt der Natur entnommenes Gut sowie Gegenstände sicherstellen, die bei Zuwiderhandlungen verwendet wurden oder verwendet werden sollten,
3. Verwarnungen gemäß §§ 56 und 57 des Gesetzes über Ordnungswidrigkeiten erteilen und
4. die vorläufige Einstellung rechtswidriger Handlungen verfügen; die Einstellung wird unwirksam, wenn sie nicht innerhalb einer Woche von der Naturschutzbehörde bestätigt wird.

(3) Die Mitglieder des hauptamtlichen Naturschutzdienstes müssen bei der Ausübung ihrer Tätigkeit ein Dienstabzeichen tragen und einen Dienstausweis mit sich führen, der bei Vornahme einer Amtshandlung auf Verlangen vorzuzeigen ist. Das Ministerium kann durch Rechtsverordnung Vorschriften über das Tragen einer Dienstkleidung erlassen.

§ 70 Beauftragung

(1) Die Naturschutzbehörden sollen mit der Durchführung von Maßnahmen des Naturschutzes und der Landschaftspflege insbesondere beauftragen

1. land-, forst- und fischereiwirtschaftliche Betriebe, Betriebe des Garten- und Landschaftsbaus, Zusammenschlüsse solcher Betriebe, die sich zum Zweck der gemeinschaftlichen Bodenbewirtschaftung bilden sowie Selbsthilfeeinrichtungen der Land- und Forstwirtschaft,
2. öffentlich-rechtliche Körperschaften einschließlich Jagdgenossenschaften oder
3. Naturschutzvereine,

soweit das Einverständnis der Beauftragten vorliegt. Hoheitliche Befugnisse können dadurch nicht übertragen werden. Darüber hinaus können die Naturschutzbehörden die personelle und technische Unterstützung durch die staatliche Forstverwaltung gemäß § 66 Abs. 1 und 2 LWaldG in Anspruch nehmen.

(2) Für Maßnahmen des Naturschutzes und der Landschaftspflege kann das Land Aufwendungsersatz gewähren, soweit dies von der Naturschutzbehörde vorher zugesagt wurde.

(3) Art und Inhalt der nach Absatz 1 in Auftrag gegebenen Maßnahmen sowie die Erstattung der notwendigen Kosten regelt das Ministerium durch Verwaltungsvorschrift.

§ 71 Meldepflichten

(1) Schäden in Naturschutzgebieten oder an Naturdenkmalen sind von den Grundstückseigentümern oder den sonstigen Berechtigten unverzüglich der Naturschutzbehörde unmittelbar oder über die Gemeinde mitzuteilen.

(2) Werden bisher unbekannte Naturgebilde, insbesondere größere Findlinge oder Höhlen, aufgefunden oder aufgedeckt, so ist der Fund unverzüglich der Naturschutzbehörde unmittelbar oder über die Gemeinde anzuzeigen und so lange in seinem bisherigen Zustand zu belassen, bis die Naturschutzbehörde umgehend die notwendigen Schutzmaßnahmen getroffen oder den Fund freigegeben hat.

§ 72 Sachliche Zuständigkeit

(1) Für den Vollzug der in § 10 Abs. 1 genannten Rechtsvorschriften ist die untere Naturschutzbehörde zuständig, soweit nichts anderes bestimmt ist.

(2) Für den Vollzug der Satzungen nach § 33 ist die Gemeinde, für den Vollzug von Rechtsverordnungen und Einzelanordnungen der Ortspolizeibehörde nach §§ 53 und 54 ist die erlassende Behörde zuständig.

(3) Die höhere Naturschutzbehörde ist zuständig für

1. konzeptionelle Naturschutzfragen, die Erarbeitung regionaler Schutzgebietskonzepte und der Fachbeiträge zu Landschaftsrahmenplänen gemäß § 4 Abs. 4 und § 16 Abs. 3 Satz 1 Nr. 4 Buchst. e,
2. die Betreuung der Naturschutzgebiete und Natura 2000-Gebiete, insbesondere durch die Erstellung von Pflege- und Entwicklungsplänen, durch die Organisation der Besucherlenkungsmaßnahmen und der notwendigen Pflegemaßnahmen einschließlich des Einsatzes eines Pflegetrupps für fachlich komplexe Maßnahmen sowie durch die Dokumentation der Gebietsentwicklung,
3. die Umsetzung des Arten- und Biotopschutzprogramms nach § 42,
4. die Erlaubnisse nach § 44 Abs. 1,
5. die Mitwirkung bei Verträglichkeitsprüfungen im Zusammenhang mit Natura 2000-Gebieten,
6. die Mitwirkung bei den Landschaftserhaltungsverbänden,
7. die Fachaufsicht und Vertretung des Landes im Stiftungsrat bei den Naturschutzzentren der öffentlichen Hand,
8. die Information der Öffentlichkeit über die Belange des Naturschutzes einschließlich des Betriebs von Ökomobilen.

Sie unterstützt die Stiftung Naturschutzfonds in der Planung und Abwicklung von Fördermaßnahmen. Sie kann die untere Naturschutzbehörde mit der Umsetzung des Arten- und Biotopschutzprogramms sowie mit der Durchführung von Maßnahmen nach den Pflege- und Entwicklungsplänen nach Satz 1 Nr. 2 betrauen.

(4) Die höhere Naturschutzbehörde ist zuständig, wenn bei Gefahr im Verzug ein rechtzeitiges Tätigwerden der unteren Naturschutzbehörde nicht erreichbar erscheint oder bei Vorhaben, die eine einheitliche Regelung für Teile des Landes erfordern, und dies anders nicht sichergestellt werden kann.

(5) Für die Übertragung der Bewilligungsfunktion sowie der Funktion des technischen Prüfdienstes auf die untere Naturschutzbehörde für Ausgaben zu Lasten des Europäischen Garantie- und Ausgleichsfonds Landwirtschaft (EAGFL), Abteilung Garantie, gilt § 29 d des Landwirtschafts- und Landeskulturgesetzes entsprechend.

§ 73 Zuständigkeit für den Erlass von Rechtsvorschriften

(1) Rechtsverordnungen nach § 28 werden von dem Ministerium erlassen.

(2) Rechtsverordnungen nach § 30 werden von der höheren Naturschutzbehörde erlassen; Rechtsverordnungen, mit denen ein Naturpark errichtet oder aufgehoben wird, bedürfen der Zustimmung des Ministeriums. Örtlich zuständige höhere Naturschutzbehörden sind

1. für den Naturpark „Schwäbisch-Fränkischer Wald“ das Regierungspräsidium Stuttgart,
2. für die Naturparke „Neckartal-Odenwald“, „Schwarzwald Mitte/Nord“ und „Stromberg-Heuchelberg“ das Regierungspräsidium Karlsruhe,
3. für die Naturparke „Obere Donau“ und „Schönbuch“ das Regierungspräsidium Tübingen,
4. für den Naturpark „Südschwarzwald“ das Regierungspräsidium Freiburg.

(3) Rechtsverordnungen nach § 26 werden von der höheren Naturschutzbehörde erlassen.

(4) Rechtsverordnungen nach den §§ 29 und 31 werden von den unteren Naturschutzbehörden erlassen. Leistet eine untere Naturschutzbehörde einer ihr erteilten Weisung keine Folge, so kann die höhere Naturschutzbehörde anstelle der unteren Naturschutzbehörde die Rechtsverordnungen nach Satz 1 erlassen, ändern oder aufheben.

(5) Örtlich zuständig ist die Naturschutzbehörde, in deren Bezirk der Schutzgegenstand liegt. Erstreckt sich der Schutzgegenstand über den Bezirk mehrerer Naturschutzbehörden, so kann die gemeinsame übergeordnete Behörde die zuständige Naturschutzbehörde bestimmen oder, soweit sie höhere Naturschutzbehörde ist, die Rechtsverordnung selbst erlassen.

(6) Absätze 4 und 5 gelten auch für den Erlass der Rechtsverordnungen nach § 43 Abs. 5, § 53 Abs. 3 und § 55 Abs. 1.

(7) Satzungen nach § 33 werden von der Gemeinde erlassen.

§ 74 Verfahren bei Unterschutzstellung

(1) Vor dem Erlass der in § 73 genannten Rechtsverordnungen sind den Behörden und Trägern öffentlicher Belange, deren Aufgabenbereich wesentlich berührt sein kann, sowie den Gemeinden Entwürfe der Verordnungen mit einer Übersichtskarte zur Stellungnahme zuzuleiten. Dies gilt auch für die Beteiligung der land- und forstwirtschaftlichen Berufsvertretung, soweit die land- und forstwirtschaftliche Nutzung eingeschränkt werden soll.

(2) Die Naturschutzbehörde hat den Verordnungsentwurf, bei Verweisungen auf eine Karte auch diese, für die Dauer eines Monats zur kostenlosen Einsicht durch jedermann während der Sprechzeiten öffentlich auszulegen. Ort und Dauer der Auslegung sind mindestens eine Woche vorher in der für Verordnungen der unteren Naturschutzbehörde bestimmten Form der Verkündung bekannt zu machen mit dem

Hinweis, dass Bedenken und Anregungen bei der unteren Naturschutzbehörde während der Auslegungsfrist schriftlich, zur Niederschrift oder elektronisch vorgebracht werden können. § 73 Abs. 3 Satz 2 des Landesverwaltungsverfahrensgesetzes gilt entsprechend. Der Verordnungsentwurf mit Karte soll daneben in geeigneten Fällen über Internet der Öffentlichkeit zugänglich gemacht werden; in diesem Fall ist die Internetadresse in die Bekanntmachung nach Satz 2 aufzunehmen.

(3) Die öffentliche Auslegung kann beim Erlass von Rechtsverordnungen nach § 31, § 43 Abs. 5 und § 53 Abs. 3 durch Anhörung der betroffenen Eigentümer und sonstigen Berechtigten ersetzt werden.

(4) Die für den Erlass der Rechtsverordnung zuständige Naturschutzbehörde prüft die fristgemäß vorgebrachten Bedenken und Anregungen und teilt das Ergebnis den Betroffenen mit.

(5) Wird der Entwurf einer Rechtsverordnung räumlich oder sachlich erheblich erweitert, so ist das Verfahren nach den Absätzen 1 bis 4 zu wiederholen.

(6) Absätze 1 bis 4 sind bei Änderung oder Aufhebung einer Rechtsverordnung entsprechend anzuwenden. Bei einer räumlich oder sachlich nicht erheblichen Änderung einer Rechtsverordnung kann das Verfahren nach den Absätzen 1 und 2 durch Anhörung der von der Änderung berührten Behörden, öffentlichen Planungsträger, Gemeinden und land- und forstwirtschaftlichen Berufsvertretungen sowie der von den Änderungen betroffenen Eigentümer und sonstigen Berechtigten ersetzt werden.

(7) Das Schutzgebiet ist
1. in seiner Abgrenzung zu beschreiben oder
2. in seiner Lage nachvollziehbar zu bezeichnen und seine Abgrenzung in Karten darzustellen, die einen Bestandteil der Verordnung bilden.

Die Karten müssen mit hinreichender Klarheit erkennen lassen, welche Grundstücke zum Schutzgebiet gehören. Im Zweifelsfall gelten Grundstücke als nicht betroffen.

(8) Die Naturschutzgebiete, Biosphärengebiete, Landschaftsschutzgebiete und Naturdenkmale sind von der Naturschutzbehörde in Verzeichnisse einzutragen, die bei der Landesanstalt für Umwelt, Messungen und Naturschutz zusammengeführt werden. Die Landesanstalt veröffentlicht in elektronischer Form das Gesamtverzeichnis und die Fortschreibungen einschließlich der Gebiete von gemeinschaftlicher Bedeutung sowie der Europäischen Vogelschutzgebiete, die auch bei den unteren Naturschutzbehörden zur Einsicht durch jedermann bereit gehalten werden.

(9) Für Satzungen nach § 33 gelten die Absätze 1 bis 7 mit der Maßgabe entsprechend, dass anstelle der öffentlichen Auslegung die Anhörung der betroffenen Grundeigentümer und sonstigen Berechtigten treten kann. Bekanntmachungen haben in der für die Gemeinde bestimmten Form zu erfolgen.

§ 75 Einstweilige Sicherstellung, Veränderungsverbot

(1) Bis zum Erlass von Rechtsverordnungen nach §§ 26, 28 bis 31 kann die zuständige Naturschutzbehörde zur einstweiligen Sicherstellung von Schutzgebieten oder Schutzgegenständen Veränderungen für die Dauer von höchstens zwei Jahren durch Rechtsverordnung oder Einzelanordnung untersagen, wenn der beabsichtigte Schutzzweck gefährdet werden kann. Wenn besondere Umstände es erfordern, kann die Frist um höchstens weitere zwei Jahre verlängert werden. Für Satzungen der Gemeinde gelten Satz 1 und 2 entsprechend.

(2) Die einstweilige Sicherstellung ist aufzuheben, sofern nicht innerhalb eines Jahres seit ihrer Bekanntgabe das Verfahren nach § 74 eingeleitet worden ist.

(3) § 73 Abs. 4 Satz 2 gilt entsprechend.

(4) In geplanten Naturschutzgebieten sind ab der Bekanntmachung der Auslegung des Verordnungsentwurfs (§ 74 Abs. 2) bis zum Inkrafttreten der Verordnung, längstens jedoch zwei Jahre, alle Veränderungen verboten, die den Schutzzweck der beabsichtigten Verordnung gefährden können. Die im Zeitpunkt der Bekanntmachung rechtmäßig ausgeübte Bodennutzung bleibt unberührt. In der Bekanntmachung der Auslegung ist auf diese Wirkung hinzuweisen.

§ 76 Heilung von Verfahrensmängeln

Eine Verletzung der in § 74 genannten Verfahrens- und Formvorschriften wird unbeachtlich, wenn sie nicht innerhalb eines Jahres nach Verkündung der Rechtsvorschrift oder Bekanntmachung der Satzung gegenüber der Naturschutzbehörde oder der Gemeinde, die die Rechtsvorschrift erlassen hat, schriftlich unter Angabe des Sachverhalts, der die Verletzung begründen soll, geltend gemacht worden ist. Bei der Verkündung der Verordnung oder der Bekanntmachung der Satzung ist auf die Voraussetzungen für die Geltendmachung der Verletzung von Verfahrens- oder Formvorschriften sowie die Rechtsfolgen des Satzes 1 hinzuweisen.

§ 77 Untersuchungen und Kontrollen

(1) Die Bediensteten und Beauftragten der Naturschutzbehörden und der Landesanstalt für Umwelt, Messungen und Naturschutz sowie der Gemeinden dürfen Grundstücke und Gebäude, Wirtschaftsgebäude, Geschäfts-, Betriebs- und Lagerräume während der üblichen Arbeits- oder Betriebszeit betreten. Sie dürfen dort Prüfungen und Besichtigungen vornehmen, Vermessungen, Bodenuntersuchungen oder ähnliche Arbeiten ausführen, soweit dies zur Vorbereitung oder Durchführung von Maßnahmen nach diesem Gesetz geboten ist. Die Eigentümer und Besitzer der von Untersuchungen betroffenen Grundstücke sollen zuvor in geeigneter Weise benachrichtigt werden. Artikel 13 des Grundgesetzes wird insoweit eingeschränkt.

(2) Die Bediensteten und Beauftragten der Naturschutzbehörden und der Landesanstalt für Umwelt, Messungen und Naturschutz können zur Durchführung der ihnen durch dieses Gesetz übertragenen Aufgaben von natürlichen und juristischen Personen die erforderlichen Auskünfte und Einsicht in geschäftliche Unterlagen verlangen. § 26 Abs. 2 Satz 4 des Landesverwaltungsverfahrensgesetzes gilt entsprechend.

(3) Die Forstschutzbeauftragten haben im Rahmen ihrer Dienstaufgaben die Einhaltung der in § 10 Abs. 1 genannten Rechtsvorschriften zu überwachen.

§ 78 Befreiung

(1) Auf Antrag kann die höhere Naturschutzbehörde von den Bestimmungen der in § 10 Abs. 1 genannten Rechtsvorschriften im Einzelfall Befreiung erteilen, wenn
1. überwiegende öffentliche Belange die Befreiung erfordern,
2. der Vollzug der Bestimmung zu einer offenbar nicht beabsichtigten Härte führen würde und die Abweichung mit den öffentlichen Belangen vereinbar ist oder
3. die Durchführung einer Vorschrift zu einer nicht gewollten Beeinträchtigung von Natur und Landschaft führen würde.

(2) Die Befreiung kann mit Nebenbestimmungen versehen und von einer angemessenen Sicherheitsleistung sowie Kompensationsmaßnahmen abhängig gemacht werden. § 23 Abs. 6 gilt entsprechend.

§ 79 Befreiung von Vorschriften der Rechtsverordnungen und Satzungen

(1) Von den Vorschriften der Rechtsverordnungen oder Satzungen kann auf Antrag Befreiung unter den Voraussetzungen des § 78 Abs. 1 erteilt werden. § 78 Abs. 2 gilt entsprechend.

(2) Über Befreiungen von Vorschriften der Rechtsverordnungen entscheidet die Naturschutzbehörde, die die Verordnung erlassen hat, soweit die Verordnung nichts anderes bestimmt. Über Befreiungen von Satzungen nach § 33 entscheidet die Gemeinde.

(3) Vor einer Befreiung nach Absatz 1 ist der Landesnaturschutzverband anzuhören, soweit das Vorhaben

1. ein Biosphärengebiet, Naturschutzgebiet, ein sonstiges nach § 36 Abs. 4 Satz 1 ausgewiesenes Schutzgebiet oder ein flächenhaftes Naturdenkmal nicht nur unwesentlich betrifft oder
2. in Landschaftsschutzgebieten zu Eingriffen von besonderer Tragweite oder zu einer schwerwiegenden Beeinträchtigung überörtlicher Interessen der Erholung suchenden Bevölkerung führen kann.

(4) Eine Befreiung nach Absatz 1 wird durch eine nach anderen Vorschriften gleichzeitig erforderliche Gestattung ersetzt, soweit Bundesrecht nicht entgegensteht. Die Gestattung darf nur erteilt werden, wenn die Voraussetzungen des Absatz 1 vorliegen, die nach Absatz 2 sonst zuständige Behörde ihr Einvernehmen erklärt hat und die Beteiligung nach Absatz 3 erfolgt ist.

Zehnter Abschnitt Ordnungswidrigkeiten

§ 80 Ordnungswidrigkeiten

(1) Ordnungswidrig handelt, wer vorsätzlich oder fahrlässig

1. entgegen § 24 Abs. 1 Satz 1 ein Vorhaben ohne die erforderliche Genehmigung der Naturschutzbehörde beginnt,
2. einer aufgrund dieses Gesetzes ergangenen Rechtsvorschrift zuwiderhandelt, soweit die Rechtsvorschrift für einen bestimmten Tatbestand auf diese Bußgeldvorschrift oder auf § 64 Abs. 1 Nr. 2 Naturschutzgesetz in der bis zum 31. Dezember 2005 geltenden Fassung verweist,
3. entgegen § 26 Abs. 3 oder § 28 Abs. 1 in Verbindung mit § 26 Abs. 3 Handlungen vornimmt, die zu einer Zerstörung oder Veränderung des Naturschutzgebiets oder des Biosphärengebiets oder seines Naturhaushalts oder zu einer Beeinträchtigung der wissenschaftlichen Forschung führen können,
4. entgegen § 31 Abs. 4 ein Naturdenkmal entfernt oder Handlungen vornimmt, die ein Naturdenkmal oder seine geschützte Umgebung zerstören, verändern oder beeinträchtigen können,
5. entgegen § 32 Abs. 2 Satz 1 Handlungen vornimmt, die zu einer Zerstörung oder erheblichen oder nachhaltigen Beeinträchtigung eines besonders geschützten Biotops führen können; bei Streuwiesen, Rieden, seggen- und binsenreichen Nasswiesen (§ 32 Abs. 1 Nr. 1), bei natürlichen oder naturnahen Bereichen ste-

hender und fließender Binnengewässer einschließlich ihrer Ufer und der dazugehörigen natürlichen und naturnahen Vegetation (§ 32 Abs. 1 Nr. 2), bei Magerrasen, Gebüschen und naturnahen Wäldern trockenwarmer Standorte einschließlich ihrer Staudensäume (§ 32 Abs. 1 Nr. 3) gilt dies nur, wenn eine vollziehbare Anordnung ergangen oder aufgrund von § 32 Abs. 8 oder auf sonstige Weise das Vorhandensein eines Biotops auf einem bestimmten Grundstück amtlich mitgeteilt oder nach § 32 Abs. 7 auf die Auslegung der Karten und Listen zur Einsicht für jedermann durch ortsübliche Bekanntmachung hingewiesen worden ist,
6. entgegen § 37 Satz 1 Handlungen vornimmt, die zu erheblichen Beeinträchtigungen eines Gebiets von gemeinschaftlicher Bedeutung oder eines Europäischen Vogelschutzgebiets in seinen für die Erhaltungsziele maßgeblichen Bestandteilen führen können,
7. entgegen § 40 Handlungen vornimmt, die zu erheblichen Beeinträchtigungen eines gemeldeten Gebiets oder der in einem Konzertierungsgebiet vorkommenden prioritären Biotope oder prioritären Arten führen können,
8. einer vollziehbaren Anordnung nach § 26 Abs. 4 Satz 1, § 31 Abs. 3, § 43 Abs. 5 Satz 1, § 47 Abs. 3 oder § 75 Abs. 1 zuwiderhandelt,
9. ohne die erforderliche Genehmigung nach § 46 Abs. 1 einen Zoo errichtet, wesentlich ändert oder betreibt oder einer vollziehbaren Anordnung zuwiderhandelt,
10. im Erholungsschutzstreifen (§ 55) ohne die Genehmigung der zuständigen Behörde bauliche Anlagen errichtet oder wesentlich erweitert.

(2) Ordnungswidrig handelt ferner, wer vorsätzlich oder fahrlässig
1. den Verboten des § 25 Abs. 1 über Werbeanlagen zuwiderhandelt,
2. entgegen § 34 Abs. 2 chemische Mittel oder Wirkstoffe anwendet,
3. entgegen § 35 geschützte Bezeichnungen oder amtliche Kennzeichen verwendet oder entgegen § 47 Abs. 6 die Bezeichnung „Vogelwarte“, „Vogelschutzwarte“ oder eine Bezeichnung, die ihnen zum Verwechseln ähnlich ist, ohne Genehmigung führt,
4. entgegen § 43 Abs. 1 Nr. 1 wild wachsende Pflanzen ohne vernünftigen Grund von ihrem Standort entnimmt oder schädigt, insbesondere ihre Bestände niederschlägt oder verwüstet,
5. entgegen § 43 Abs. 1 Nr. 2 wild lebende Tiere mutwillig beunruhigt, ohne vernünftigen Grund fängt, verletzt oder tötet,
6. entgegen § 43 Abs. 1 Nr. 3 Lebensstätten wild lebender Tier- und Pflanzenarten ohne vernünftigen Grund beeinträchtigt oder zerstört,
7. entgegen § 43 Abs. 1 Nr. 4 die Vegetation auf Wiesen, Feldrainen, ungenutztem Gelände, an Hecken, Hängen oder Böschungen oder Hecken, lebende Zäune, Bäume, Gebüsche oder Schilf- und Röhrichtbestände abbrennt,
8. entgegen § 43 Abs. 2 in der Zeit vom 1. März bis 30. September Hecken, lebende Zäune, Bäume, Gebüsche oder Röhrichtbestände rodet, abschneidet oder auf andere Weise zerstört oder Bäume mit Horsten oder Wohnhöhlen besteigt,
9. entgegen § 44 Abs. 1 Tiere wild lebender Arten oder nicht gebietsheimische Pflanzen wild wachsender Arten ohne Erlaubnis der Naturschutzbehörde ausbringt oder in der freien Natur ansiedelt,
10. entgegen § 45 Abs. 2 ohne Erlaubnis der Naturschutzbehörde wild wachsende Pflanzen und wild lebende Tiere der nicht besonders geschützten Arten für den Handel und für gewerbliche Zwecke sammelt,
11. entgegen § 48 Abs. 1 Gehege errichtet, betreibt oder erweitert, ohne die Voraussetzungen des § 46 Abs. 2 Satz 1 Nr. 1 bis 3 zu erfüllen,

12. in missbräuchlicher Ausübung des Rechts auf Erholung (§ 49), insbesondere beim Betreten der freien Landschaft (§ 51 Abs. 1 und 4), Grundstücke beschädigt oder verunreinigt oder abgelegte Gegenstände und Abfälle nicht wieder an sich nimmt und entfernt,
13. entgegen § 51 Abs. 1 in der Nutzzeit landwirtschaftlich genutzte Flächen oder Sonderkulturen außerhalb der Wege betritt,
14. auf Flächen, die nicht dafür bestimmt sind, entgegen § 51 Abs. 2 unerlaubt zeltet, mit motorgetriebenen Fahrzeugen oder Anhängern fährt oder sie abstellt,
15. entgegen § 51 Abs. 3 in der freien Landschaft außerhalb von Wegen Fahrrad fährt,
16. auf Flächen und Wegen, die nicht dafür bestimmt sind, entgegen § 52 reitet oder mit bespannten Fahrzeugen fährt,
17. entgegen einer Anordnung nach § 53 Abs. 3 gesperrte Flächen betritt,
18. entgegen § 54 Abs. 1 Satz 1 Sperren ohne die erforderliche Genehmigung errichtet,
19. Vorrichtungen zur Kennzeichnung von geschützten Gebieten oder Gegenständen (§ 35 Abs. 2) beschädigt, zerstört oder auf andere Weise unbrauchbar macht,
20. in der freien Landschaft ausgediente Kraftfahrzeuge abstellt, wenn die Handlung nicht nach anderen Vorschriften geahndet werden kann.

(3) Die Ordnungswidrigkeit nach Absatz 1 kann mit einer Geldbuße bis zu 50 000 Euro, die Ordnungswidrigkeit nach Absatz 2 mit einer Geldbuße bis zu 15 000 Euro geahndet werden.

(4) Gegenstände, auf die sich eine Ordnungswidrigkeit bezieht oder die zur Vorbereitung oder Begehung verwendet worden sind oder die durch eine Ordnungswidrigkeit gewonnen oder erlangt worden sind, können eingezogen werden. § 23 des Gesetzes über Ordnungswidrigkeiten ist anzuwenden.

(5) Verwaltungsbehörden im Sinne des § 36 Abs. 1 Nr. 1 des Gesetzes über Ordnungswidrigkeiten sind die unteren Naturschutzbehörden. Zuständig für die Verfolgung von Ordnungswidrigkeiten nach Absatz 1 Nr. 2 in Verbindung mit §§ 33 und 73 Abs. 7 sind die Gemeinden, in Verbindung mit § 53 Abs. 3 auch die Ortspolizeibehörden; die höheren Naturschutzbehörden sind zuständig, soweit sie eine vollziehbare Anordnung erlassen haben.

Elfter Abschnitt Übergangs- und Schlussvorschriften

§ 81 Fördergrundsätze

(1) Das Land fördert Maßnahmen des Naturschutzes, der Landschaftspflege und der Erholungsvorsorge nach Maßgabe der verfügbaren Haushaltsmittel. Die Gemeinden und Landkreise sind aufgerufen, sich an der Förderung dieser Maßnahmen angemessen zu beteiligen.

(2) Die finanzielle Förderung setzt in der Regel angemessene Eigenleistungen des Geförderten bei der Verwirklichung der Aufgaben und Zielsetzungen dieses Gesetzes voraus. Auf eine angemessene Beteiligung anderer Träger öffentlicher Aufgaben soll hingewirkt werden, sofern die geförderte Maßnahme auch deren Interessen dient.

(3) Das Nähere, insbesondere die Art und Inhalte der geförderten Maßnahmen, die Vorgaben für den Vertragsnaturschutz und die Art und Höhe der Zuwendungen regelt das Ministerium in einer Verwaltungsvorschrift (Landschaftspflegerichtlinie).

§ 82 Überleitungs- und Durchführungsvorschriften

(1) Verfahren, die beim Inkrafttreten dieses Gesetzes bereits eingeleitet waren, sind nach den bisherigen Verfahrensvorschriften weiterzuführen.

(2) Die Verwaltungsvorschriften zur Durchführung dieses Gesetzes erlässt das Ministerium, soweit andere Ministerien beteiligt sind, im Einvernehmen mit diesen.

(3) § 32 gilt nicht für unbebaute Flächen, für die am 1. Januar 1992 ein Bebauungsplan im Sinne von § 30 des Baugesetzbuchs in Kraft war, sowie innerhalb der im Zusammenhang bebauten Ortsteile im Sinne von § 34 des Baugesetzbuchs. § 32 gilt ferner nicht für Flächen, die in einem vor dem 1. Januar 1987 genehmigten Flächennutzungsplan als Bauflächen dargestellt sind; von dem gesetzlichen Schutz des § 32 sind darüber hinaus Biotope ausgenommen, die innerhalb der in diesen Flächennutzungsplänen dargestellten Bauflächen nachweislich nach dem 1. Januar 1987 entstanden sind. § 32 gilt außerdem nicht für Flächen, die erstmals aufgrund dieses Gesetzes ein besonders geschützter Biotop oder Teil eines solchen Biotops werden, sofern für diese Flächen am 1. Januar 2006 ein Bebauungsplan im Sinne von § 30 des Baugesetzbuchs in Kraft war oder ein Flächennutzungsplan genehmigt war, in dem diese Flächen als Bauflächen dargestellt sind.

(4) Genehmigungen nach § 32 a Abs. 1 in der bis zum 31. Dezember 2005 geltenden Fassung, nach § 34 LWaldG sowie Erlaubnisse nach § 11 Abs. 1 Nr. 2 Buchst. a des Tierschutzgesetzes gelten als Genehmigungen nach diesem Gesetz fort. Gleiches gilt für Erlaubnisse nach § 11 Abs. 1 Nr. 3 Buchst. d des Tierschutzgesetzes, sofern die Erlaubnisse auf ortsfeste Einrichtungen bezogen sind. Zoos nach Satz 1 und 2 haben innerhalb einer von der Behörde zu bestimmenden Frist Unterlagen vorzulegen, aus denen sich die Erfüllung der Genehmigungsvoraussetzungen nach § 46 Abs. 3 ergibt. Die Genehmigungsbehörde stellt durch nachträgliche Anordnungen sicher, dass die Genehmigungsvoraussetzungen auf Dauer erfüllt werden.

§ 83 Planfeststellungsverfahren

In Planfeststellungsverfahren für Vorhaben mit überörtlicher Bedeutung, in denen die Gemeinde beteiligt worden ist, finden die Satzungen nach § 33 keine Anwendung, sofern sie der Durchführung des Planfeststellungsbeschlusses entgegenstehen.

Anlage
(zu § 32)

Vorbemerkung:

1. Die nach § 32 besonders geschützten Biotope werden anhand der Standortverhältnisse, der Vegetation und sonstiger Eigenschaften definiert.
2. Zur Verdeutlichung der Biotopdefinitionen sind in der Regel besondere typische Arten aufgeführt. Insbesondere bei Wiesen- und Waldbiotopen begründet nicht das Vorkommen einer einzigen besonderen typischen Art, sondern erst die Kombination von mehreren der genannten Arten das Vorliegen eines besonders geschützten Biotops.
3. Als naturnah werden Biotope bezeichnet, die ohne gezielte Veränderung des Standortes oder ohne direkten menschlichen Einfluss entstanden sind, nicht wesentlich vom Menschen verändert wurden und höchstens extensiv genutzt

werden, sowie künstlich geschaffene Biotope, die nach ihrer Entstehung einer weitgehend natürlichen Entwicklung überlassen wurden und für den Standort typische Pflanzen- und Tierarten aufweisen. Als naturnahe Wälder werden Wälder bezeichnet, deren Baumschicht weitgehend aus standortheimischen Baumarten besteht und die eine weitgehende Übereinstimmung von Standort, Waldbestand und Bodenvegetation aufweisen.

1. Biotope nach § 32 Abs. 1 Nr. 1

1.1 Moore

Moore sind überwiegend natürliche oder naturnahe, baumarme oder mit Moorwäldern bestockte Biotope mit wassergetränkten Böden aus vertorften Pflanzenresten (Moorböden) sowie Moorgewässer (Kolke, Schlenken, nasse Torfstiche) und Schwingrasen.

Zu den Mooren gehören
- Hochmoore, deren Wasser- und Nährstoffversorgung nur vom Niederschlag bestimmt wird, einschließlich wenig veränderter vor- und teilentwässerter Hochmoore,
- Übergangsmoore (Zwischenmoore), die standörtlich Übergänge von Niedermooren zu Hochmooren bilden sowie
- Niedermoore (Flachmoore), deren Böden langfristig von Grund-, Quell- oder Sickerwasser durchtränkt wird.

Erfasst sind auch extensiv als Grünland oder Torfstich genutzte sowie teilabgetorfte Moorflächen.

Nicht erfasst sind Flächen mit standortsfremden Aufforstungen.
Besondere typische Arten der Moore sind:

Hoch- und Übergangsmoore

Torfmoos-Arten (Sphagnum rubellum, Sphagnum magellanicum), Gewöhnliche Moosbeere (Vaccinium oxycoccus), Gewöhnliche Moorbeere (Vaccinium uliginosum), Wollgras-Arten (Eriophorum angustifolium, Eriophorum vaginatum), Rosmarinheide (Andromeda polifolia), Sonnentau-Arten (Drosera spp.), Gewöhnliche Rasenbinse (Trichophorum cespitosum), Heidekraut (Calluna vulgaris), Moor-Bergkiefer (Spirke: Pinus rotundata var. arborea, Latsche: Pinus rotundata var. pumilio), Birken (Betula spp.), Wasserschlauch-Arten (Utricularia minor, Utricularia intermedia, Utricularia ochroleuca), Schlamm-Segge (Carex limosa), Blasenbinse (Scheuchzeria palustris), Weiße Schnabelsimse (Rhynchospora alba), Fieberklee (Menyanthes trifoliata), Sumpf-Blutauge (Potentilla palustris);

Niedermoore

Spezifische Seggen-Arten (Carex nigra, Carex flava, Carex davalliana, Carex echinata), Herzblatt (Parnassia palustris), Faden-Binse (Juncus filiformis), Kopfbinsen-Arten (Schoenus spp.), Gewöhnliche Simsenlilie (Tofieldia calyculata), Mehl-Primel (Primula farinosa), Gewöhnliches Fettkraut (Pinguicula vulgaris), Breitblättriges Wollgras (Eriophorum latifolium).

1.2 Sümpfe

Sümpfe sind überwiegend baumfreie, teils gebüschreiche Standorte auf mineralischen bis anmoorigen Nassböden, die durch Oberflächen-, Quell- oder hochanstehendes Grundwasser geprägt sind. Sümpfe sind nicht genutzte oder extensiv genutzte Biotope, insbesondere Kleinseggen-Sümpfe, Großseggenriede, Schneiden- und Kopfbinsenriede, Waldsimsen-, Schachtelhalm- und Staudensümpfe, Weidensumpfgebüsche.

Besondere typische Arten der Sümpfe sind Arten der Riede, der Niedermoore oder der Quellbereiche sowie folgende Arten:

Riesen-Schachtelhalm (Equisetum telmateia), Wald-Simse (Scirpus sylvaticus), Mädesüß (Filipendula ulmaria), Berg-Kälberkropf (Chaerophyllum hirsutum), spezifische Weiden-Arten (Salix spp.).

1.3 Naturnahe Bruchwälder

Naturnahe Bruchwälder sind naturnahe Wälder und Gebüsche, die auf Moorböden (siehe Nummer 1.1) mit ständig hochanstehendem Grundwasser stocken. Diese Moorböden sind durch eine holzreiche Torfschicht gekennzeichnet. Die Wasserstandsschwankungen sind in Bruchwäldern gering.

Zu den naturnahen Bruchwäldern gehören Erlen-Bruchwälder, Birken- und Waldkiefern-Bruchwälder und Weiden-Faulbaum-Gebüsche.

Besondere typische Arten der naturnahen Bruchwälder sind:

Schwarz-Erle (Alnus glutinosa), Moor-Birke (Betula pubescens), spezifische Seggen-Arten (Carex elongata, Carex acutiformis), Sumpf-Lappenfarn (Thelypteris palustris), Gelbe Schwertlilie (Iris pseudacorus), Königsfarn (Osmunda regalis), Weiden (Salix cinerea, Salix aurita), Faulbaum (Frangula alnus).

1.4 Naturnahe Sumpfwälder

Naturnahe Sumpfwälder sind naturnahe Feuchtwälder und Gebüsche, die auf Mineralböden mit hochanstehendem Grundwasser stocken. Es können größere Wasserstandsschwankungen auftreten. Zu den Sumpfwäldern gehören insbesondere die naturnahen Traubenkirschen-Erlen-Eschenwälder und die feuchten Eichen-Hainbuchenwälder.

Besondere typische Arten der naturnahen Sumpfwälder sind:

Schwarz-Erle (Alnus glutinosa), Gewöhnliche Esche (Fraxinus excelsior), Gewöhnliche Traubenkirsche (Prunus padus) sowie andere Arten der naturnahen Au- und Bruchwälder.

1.5 Naturnahe Auwälder

Naturnahe Auwälder sind naturnahe Wälder und Ufergebüsche im Überflutungsbereich von Fließgewässern. Sie sind im Gegensatz zu Bruchwäldern geprägt von starken Wasserstandsschwankungen bei zum Teil tiefem Grundwasserstand und von regelmäßigen Überschwemmungen. Im Auwald setzen sich die bei Überflutungen im Wasser mitgeführten Schwebstoffe ab. Zu den naturnahen Auwäldern gehören selten gewordene, in ihrer Baumartenzusammensetzung naturnah gebliebene Weichholzauwälder, Hartholzauwälder, Erlen- und Eschenauwälder, Uferweidengebüsche und Galeriewälder an Fließgewässern.

Besondere typische Arten der naturnahen Auwälder sind:

Spezifische Weiden-Arten (Salix alba, Salix purpurea, Salix elaeagnos, Salix viminalis, Salix fragilis), Pappeln (Populus nigra, Populus alba), Erlen (Alnus glutinosa, Alnus incana), Gewöhnliche Esche (Fraxinus excelsior), Gewöhnliche Traubenkirsche (Prunus padus), Ulmen (Ulmus minor, Ulmus laevis), Stiel-Eiche (Quercus robur), Akeleiblättrige Wiesenraute (Thalictrum aquilegiifolium), Winkel-Segge (Carex remota).

1.6 Streuwiesen

Streuwiesen sind Grünlandgesellschaften, insbesondere Pfeifengraswiesen, die durch Nutzung mit einer Mahd im Herbst in der Regel zur Gewinnung von Einstreu auf feuchten oder wechselfeuchten bis nassen Standorten entstanden sind.

Erfasst sind auch nicht mehr genutzte Streuwiesenflächen, auf denen noch überwiegend Arten der Streuwiesen vorkommen.

Besondere typische Arten der Streuwiesen sind:

Pfeifengras (Molinia caerulea, Molinia arundinacea), Teufelsabbiss (Succisa pratensis), Kümmel-Silge (Selinum carvifolia), Nordisches Labkraut (Galium boreale), Schwalbenwurz-Enzian (Gentiana asclepiadea), Lungen-Enzian (Gentiana pneumonanthe), Moor-Labkraut (Galium uliginosum), Niedrige Schwarzwurzel (Scorzonera humilis), Lachenals Wasserfenchel (Oenanthe lachenalii), Kanten-Lauch (Allium angulosum), Sibirische Schwertlilie (Iris sibirica) sowie Arten der Niedermoore oder der Röhrichtbestände und Riede.

1.7 Röhrichtbestände und Riede

Röhrichtbestände und Riede sind durch einen hohen Anteil von Schilf und anderen ähnlichen Pflanzen oder von Seggen (Sauergräser oder Riedgräser) gekennzeichnete Biotope mit zumeist hochanstehendem Grundwasser.

Erfasst sind nicht genutzte oder extensiv genutzte Groß- und Kleinseggenriede sowie Uferröhrichte und Schilfbestände nach Acker- und Wiesenbrache (Landröhrichte).

Besondere typische Arten der Röhrichtbestände und Riede sind:

Schilf (Phragmites australis), Rohrkolben (Typha spp.), Rohr-Glanzgras (Phalaris arundinacea), Schwaden (Glyceria fluitans, Glyceria maxima), Igelkolben (Sparganium erectum, Sparganium emersum), spezifische Seggen-Arten (Carex acuta, Carex acutiformis, Carex disticha, Carex elata, Carex rostrata, Carex riparia), Gewöhnliche Sumpfbinse (Eleocharis palustris agg.), Blut-Weiderich (Lythrum salicaria) sowie Arten der Niedermoore.

1.8 Seggen- und binsenreiche Nasswiesen

Seggen- und binsenreiche Nasswiesen sind Grünlandbestände auf Moor-, Anmoor-, Gley- oder Pseudogleyböden, die aufgrund der hohen Bodenfeuchte in der Regel nur extensiv genutzt werden können.

Seggen- und binsenreiche Nasswiesen sind gekennzeichnet durch einen hohen Anteil von Nässe anzeigenden Pflanzen, insbesondere Seggen und Binsen (Carex und Juncus).

Erfasst sind auch staudenreiche Brachestadien von seggen- und binsenreichen Nasswiesen.

Nicht erfasst sind Flächen, die kleiner als 500 m² sind, es sei denn, sie liegen in engem räumlichen Verbund zueinander oder zu anderen besonders geschützten Biotopen.

Besondere typische Arten der seggen- und binsenreichen Nasswiesen sind:

Spezifische Seggen-Arten (Carex acuta, Carex acutiformis, Carex disticha, Carex nigra, Carex hostiana, Carex davalliana, Carex pulicaris, Carex echinata, Carex canescens), spezifische Binsen-Arten (Juncus acutiflorus, Juncus alpinoarticulatus, Juncus subnodulosus, Juncus conglomeratus, Juncus filiformis), Wald-Simse (Scirpus sylvaticus), Sumpf-Dotterblume (Caltha palustris), Bach-Kratzdistel (Cirsium rivulare), Traubige Trespe (Bromus racemosus), Mädesüß (Filipendula ulmaria), Sumpf-Storchschnabel (Geranium palustre), Sumpf-Ziest (Stachys palustris), Blutweiderich (Lythrum salicaria), Gewöhnlicher Gilbweiderich (Lysimachia vulgaris), Wiesenrauten-Arten (Thalictrum simplex, Th. flavum), Geflügeltes Johanniskraut (Hypericum tetrapterum), Sumpf-Hornklee (Lotus uliginosus), Sumpf-Vergissmeinnicht (Myosotis palustris agg.), Wasser-Greiskraut (Senecio aquaticus), Kopfbinsen-Arten (Schoenus spp.), Gewöhnliche Simsenlilie (Tofieldia calyculata), Mehl-Primel (Primula farinosa), Breitblättriges Wollgras (Eriophorum latifolium), Sumpf-Veilchen (Viola palustris), Hunds-Straußgras (Agrostis canina), Fleischrotes Knabenkraut (Dactylorhiza incarnata), Sumpf-Stendelwurz (Epipactis palustris), Schlauch-Enzian (Gentiana utriculosa), Kohldistel (Cirsium oleraceum), Trollblume (Trollius europaeus), Berg-Kälberkropf (Chaerophyllum hirsutum), Eisenhutblättriger Hahnenfuß (Ranunculus aconitifolius) sowie Arten der Niedermoore, Riede und Streuwiesen.

1.9 Quellbereiche

Quellbereiche umfassen Quellen und deren typische Umgebung. Quellen sind örtlich begrenzte, natürliche, ständig oder zeitweise schüttende Quellwasseraustritte. Die typische Umgebung der Quellen umfasst Quellfluren, Kleinseggen-Sümpfe, Niedermoore, Nasswiesen, nasse Staudenfluren und Quellwälder, die vom Quellwasser beeinflusst sind.

Erfasst sind auch alle naturnah ausgebildeten Quellbereiche an gefassten Quellen sowie Grundwasseraustritte, die zeitweise oder ständig einer Zufuhr von Oberflächenwasser ausgesetzt sind (Gießen oder Karstwasseraustritte).

Besondere typische Arten der Quellbereiche sind:

Quellkraut (Montia fontana), Bitteres Schaumkraut (Cardamine amara), Milzkraut-Arten (Chrysosplenium spp.), Quellmoos-Arten (Philonotis spp.), Starknervmoos-Arten (Cratoneuron spp.), Armleuchter-Algen (Chara aspera, Chara hispida, Tolypella glomerata, Nitella syncarpa), Echte Brunnenkresse (Nasturtium officinale), Schneide (Cladium mariscus), Rispen-Segge (Carex paniculata).

2. Biotope nach § 32 Abs. 1 Nr. 2

2.1 Natürliche und naturnahe Bereiche fließender Binnengewässer einschließlich ihrer Ufer und der dazugehörigen uferbegleitenden natürlichen oder naturnahen Vegetation

Natürliche und naturnahe und unverbaute Bereiche fließender Binnengewässer (naturnahe und unverbaute Bach- und Flussabschnitte) einschließlich der Ufervegetation sind in ihrem Verlauf nicht oder nur unwesentlich künstlich veränderte Fließgewässer einschließlich ihrer typischen Umgebung.

Die Gewässer zeichnen sich aus durch einen oft kleinräumigen Wechsel von träge fließenden und stark strömenden Bereichen oder Wasserfällen, seichten oder tiefen Stellen (Kolken) mit verschiedenartigen Sohlensubstraten. Die typische Umgebung umfasst Prallhänge mit Uferabbrüchen und -rutschungen, Gleithänge und Kies-, Sand- oder Schlammbänke einschließlich der gewässerbegleitenden naturnahen Ufervegetation.

Erfasst sind alle Fließgewässerabschnitte, die einen weitgehend ungestörten Kontakt zum Untergrund, kein durchgehendes Normböschungsprofil und keine oder nur wenige Stellen mit künstlicher Ufersicherung besitzen. Dazu gehören auch Mündungsbereiche.

Nicht erfasst sind naturnahe und unverbaute Bach- und Flussabschnitte unter einer Länge von 20 m.

Besondere typische Arten der natürlichen oder naturnahen Bereiche fließender Binnengewässer einschließlich ihrer Ufer und der dazugehörigen uferbegleitenden Vegetation sind:

Flutender Hahnenfuß (Ranunculus fluitans), Wasserstern (Callitriche obtusangula, Callitriche hamulata), Kamm-Laichkraut (Potamogeton pectinatus), Flutender Schwaden (Glyceria fluitans), Igelkolben-Arten (Sparganium spp.), Rohr-Glanzgras (Phalaris arundinacea), Mädesüß (Filipendula ulmaria), Arznei-Baldrian (Valeriana officinalis subsp. excelsa und Valeriana officinalis subsp. officinalis), Berg-Kälberkropf (Chaerophyllum hirsutum), Weißes Straußgras (Agrostis stolonifera), Roter Fuchsschwanz (Alopecurus aequalis), Wasserkresse (Rorippa amphibia), Braunwurz-Arten (Scrophularia umbrosa, Scrophularia canina), Fluss-Greiskraut (Senecio sarracenicus), Gewöhnliche Pestwurz (Petasites hybridus), Brennnessel (Urtica dioica), Zweizahn-Arten (Bidens tripartitus, Bidens frondosus), Gift-Hahnenfuß (Ranunculus sceleratus), Ufer-Reitgras (Calamagrostis pseudophragmites), Rosmarin-Weidenröschen (Epilobium dodonaei), Ufer-Weiden (Salix spp.) sowie Arten der naturnahen Auwälder oder der Röhrichtbestände und Riede.

2.2 Altarme fließender Gewässer einschließlich der Ufervegetation

Altarme fließender Gewässer einschließlich der naturnahen Ufervegetation sind ehemalige, zumindest zeitweise wasserführende Haupt- oder Nebengerinne von Fließgewässern einschließlich ihrer typischen Umgebung. Die typische Umgebung kann entsprechend der Ufervegetation naturnaher Bach- und Flussabschnitte oder den Verlandungsbereichen stehender Gewässer ausgebildet sein. Nicht erfasst sind Altarme, deren Ufer oder Sohle über längere Strecken künstlich verändert wurde.

Besondere typische Arten der Altarme fließender Gewässer einschließlich der naturnahen Ufervegetation sind Arten der Verlandungsbereiche stehender Gewässer oder Arten der naturnahen unverbauten Bach- und Flussabschnitte einschließlich der Ufervegetation sowie folgende Arten:

Armleuchter-Algen (Chara fragilis, Chara aspera, Chara hispida, Chara vulgaris, Nitellopsis obtusa), Wasserlinsen (Lemna minor, Lemna gibba, Lemna trisulca), Froschbiss (Hydrocharis morsus-ranae).

2.3 Natürliche und naturnahe Bereiche stehender Binnengewässer einschließlich ihrer Ufer und der dazugehörigen uferbegleitenden natürlichen oder naturnahen Vegetation sowie ihrer natürlichen oder naturnahen Verlandungsbereiche (einschließlich der naturnahen Uferbereiche und naturnahen Bereiche der Flachwasserzone des Bodensees)

Natürliche oder naturnahe Bereiche von kleineren Stillgewässern

Zu den kleineren Stillgewässern zählen Hülen und Tümpel einschließlich der Ufervegetation.

Hülen (Hülben) sind von Menschenhand geschaffene oder geformte naturnahe offene Wasserstellen, die früher der Wasserversorgung von Mensch und Vieh dienten.

Tümpel sind naturnahe, in der Regel abflusslose Kleingewässer von geringer Tiefe, die nicht ständig Wasser führen.

Besondere typische Arten der Hülen und Tümpel einschließlich der naturnahen Ufervegetation sind Arten der Verlandungsbereiche stehender Gewässer und folgende Arten:

Sumpfquendel (Lythrum portula), Kröten-Binse (Juncus bufonius), Sand-Binse (Juncus tenageia), Zypergras-Arten (Cyperus spp.), Gelbbauchunke (Bombina variegata), Kreuzkröte (Bufo calamita), Wechselkröte (Bufo viridis).

Natürliche oder naturnahe Bereiche von größeren Stillgewässern (excl. naturnahe Uferbereiche und naturnahe Bereiche der Flachwasserzone des Bodensees)

Zu den größeren Stillgewässern zählen z. B. Seen, Teiche (nicht oder nur extensiv bewirtschaftet), Weiher sowie naturnah entwickelte Abbaugewässer oder Teilbereiche derselben. An den Ufern laufen natürliche Verlandungsprozesse ab oder sind zu erwarten.

Nicht erfasst werden Bereiche, die nicht natürlich oder naturnah entwickelt sind oder Stillgewässer bzw. Teile davon, in denen ein Abbau von Rohstoffen noch direkt im Gewässer stattfindet. Ebenfalls ausgeschlossen sind intensiv bewirtschaftete Stillgewässer oder Teile derselben.

Besondere typische Arten der natürlichen oder naturnahen Bereiche von größeren Stillgewässern einschließlich der naturnahen Ufervegetation sind – soweit nicht natürlich vegetationsfrei – insbesondere die Arten der Verlandungsbereiche stehender Gewässer.

Die Definition in Nummer 3 der Vorbemerkung ist für den Begriff „naturnah" bei den größeren Stillgewässern besonders zu beachten.

Naturnahe Uferbereiche und naturnahe Bereiche der Flachwasserzone des Bodensees

Maßgeblich für die Abgrenzung sind die in den Bodenseeuferplänen der Regionalverbände Hochrhein-Bodensee und Bodensee-Oberschwaben festgelegte Schutzzone I und die naturnahen und renaturierten Bereiche der Schutzzone II.

Naturnahe Uferbereiche und naturnahe Bereiche der Flachwasserzone des Bodensees sind Bereiche,

– deren Ufer sich in weitgehend natürlichem Zustand befindet,

- in denen ein weitgehend geschlossener Schilfgürtel oder eine andere standortspezifische Vegetation (Strandlings- und Strandschmielen-Gesellschaften u.a.) vorhanden ist,
- deren Flachwasserzone die Selbstreinigungsfunktionen weitgehend erfüllt oder Bedeutung als Fischerei- oder Laichschonbezirk hat.

Naturnahe Bereiche der Flachwasserzone reichen seewärts bis zur Halde, landseitig grenzen sie an die Uferbereiche.

Naturnahe Uferbereiche reichen landwärts bis zur Oberkante der Uferböschung einschließlich des Seehags oder, wo keine Uferböschung vorhanden ist, so weit wie die naturnahe oder, bei extensiver Nutzung, halbnatürliche Vegetation von den wechselnden Wasserständen des Bodensees beeinflusst wird.

Besondere typische Arten der naturnahen Uferbereiche und der naturnahen Bereiche der Flachwasserzone des Bodensees sind:

Schilf (Phragmites australis) und andere Arten der Röhrichtbestände und Riede und der Verlandungsbereiche stehender Gewässer sowie Bodensee-Vergissmeinnicht (Myosotis rehsteineri), Strand-Schmiele (Deschampsia rhenana), Ufer-Hahnenfuß (Ranunculus reptans) und Nadelbinse (Eleocharis acicularis).

Verlandungsbereiche stehender Gewässer

Verlandungsbereiche stehender Gewässer (Seen, Teiche, Weiher) sind Bereiche, in denen durch Ablagerung von Pflanzenteilen und Schwebstoffen eine allmähliche Aufhöhung des Gewässerbodens erfolgt. Erfasst sind Bereiche natürlicher Verlandungsprozesse mit einer Vegetationsabfolge von Unterwasser- oder Schwimmblattpflanzen über Röhricht- und Seggenbestände bis zu Ufergehölzen. Verlandungsbereiche sind auch dann erfasst, wenn die Vegetationsabfolge unvollständig oder unterbrochen ist.

Besondere typische Arten der Verlandungsbereiche stehender Gewässer sind:

Laichkraut-Arten (Potamogeton crispus, Potamogeton lucens, Potamogeton pectinatus, Potamogeton perfoliatus, Potamogeton natans), Strandling (Littorella uniflora), Nixenkraut-Arten (Najas spp.), Sumpf-Teichfaden (Zannichelia palustris), Rauhes Hornblatt (Ceratophyllum demersum), Gelbe Teichrose (Nuphar lutea), Weiße Seerose (Nymphaea alba), Tausendblatt-Arten (Myriophyllum spp.), Wasserfeder (Hottonia palustris), Seekanne (Nymphoides peltata), Brachsenkraut-Arten (Isoetes spp.) sowie Arten der Röhrichtbestände und Riede der Zwischen- und Niedermoore, der Sümpfe oder der naturnahen Bruch-, Sumpf- und Auwälder.

2.4 Regelmäßig überschwemmte Bereiche

Regelmäßig überschwemmte Bereiche von Fließgewässern sind Auenbereiche von Gewässerstrecken, an denen zumindest abschnittsweise regelmäßig Überflutungen auftreten.

Zu den regelmäßig überschwemmten Bereichen gehören die durch Rechtsverordnung sowie fachlich festgesetzten Überschwemmungsgebiete des Landes. Geschützt sind nur die Flächen in den Überschwemmungsgebieten als Biotoptyp „regelmäßig überschwemmter Bereich“, die naturnah im Sinne von Nummer 3 in der Vorbemerkung zu dieser Anlage sind.

3. Biotope nach § 32 Abs. 1 Nr. 3

3.1 Offene Binnendünen

Offene Binnendünen sind waldfreie, vom Wind aufgewehte Sandhügel. Die mehr oder weniger lückige Vegetation besteht aus Pionierrasen, Sandrasen oder Zwergstrauchheiden; einzelne Gehölze können eingestreut sein.

Besondere typische Arten der offenen Binnendünen sind:

Silbergras (Corynephorus canescens), Blaugraue Kammschmiele (Koeleria glauca), Sand-Hornkraut (Cerastium semidecandrum), Sand-Strohblume (Helichrysum arenarium), Schmielenhafer-Arten (Aira spp.), Silberscharte (Jurinea cyanoides), Blauflügelige Sandschrecke (Sphingonotus caerulans), Ameisenlöwe (Euroleon nostras), Sandbiene (Andrena argentata), Sandgängerbiene (Ammobates punctatus).

3.2 Zwergstrauch- und Ginsterheiden

Zwergstrauch- und Ginsterheiden sind von Zwergsträuchern, insbesondere Heidekrautgewächsen beherrschte, überwiegend durch Beweidung entstandene Heiden und Triften einschließlich der Brachestadien bis hin zu Gebüschen und lichten Wäldern.

Nicht erfasst sind von Zwergsträuchern dominierte Schlagflächen im Wald.

Besondere typische Arten der Zwergstrauch- und Ginsterheiden sind:

Heide-Ginster (Genista pilosa), Deutscher Ginster (Genista germanica), Heidekraut (Calluna vulgaris) sowie Arten der Magerrasen. Weiden mit Besenginster (Sarothamnus scoparius) sind als Magerrasen (3.5) geschützt.

3.3 Wacholderheiden

Wacholderheiden sind beweidete oder ehemals beweidete Magerrasen, einschließlich deren Brachestadien, mit lockerstehenden Wacholderbüschen sowie anderen Sträuchern und Bäumen, meist auf kalkreichen, zum Teil auch oberflächlich entkalkten Standorten.

Nicht erfasst sind Wacholderheiden unter einer Fläche von 1 000 m², soweit es sich nicht um Magerrasen im Sinne von Nummer 3.5 handelt.

Besondere typische Arten der Wacholderheiden sind Arten der Magerrasen und folgende Arten:

Gewöhnlicher Wacholder (Juniperus communis), Stengellose Silberdistel (Carlina acaulis), Enzian-Arten (Gentianella ciliata, Gentianella germanica, Gentiana verna), Schaf-Schwingel (Festuca ovina agg.), Fieder-Zwenke (Brachypodium pinnatum), Aufrechte Trespe (Bromus erectus).

3.4 Trockenrasen

Trockenrasen sind meist lückige, von niedrigwüchsigen Gräsern und Kräutern geprägte, nicht genutzte oder extensiv genutzte Magerrasen auf trockenen, flachgründigen Böden.

Besondere typische Arten der Trockenrasen sind:

Federschwingel (Vulpia myuros, Vulpia bromoides), Kleines Filzkraut (Filago minima), Bauernsenf (Teesdalia nudicaulis), Kleiner Vogelfuß (Ornithopus perpusillus), Triften-Knäuelkraut (Scleranthus polycarpos), Zierliche Kammschmiele (Koeleria macrantha), Glanz-Lieschgras (Phleum phleoides), Sand-Grasnelke (Armeria vulgaris), Berg-Gamander (Teucrium montanum), Echte Kugelblume (Globularia punctata), Zarter Lein (Linum tenuifolium), Zwergsonnenröschen (Fumana procumbens), Erd-Segge (Carex humilis), Federgras-Arten (Stipa spp.) sowie Arten der Magerrasen, der offenen Felsbildungen und der offenen Binnendünen.

3.5 Magerrasen

Magerrasen sind durch Nährstoffarmut oder geringe Nährstoffverfügbarkeit gekennzeichnete, extensiv nutzbare Weiden und Wiesen sowie deren Brachestadien einschließlich locker mit Gehölzen bestandener Flächen.

Dazu gehören Borstgrasrasen, Flügelginsterweiden, Besenginsterweiden und Trespenrasen.

Nicht erfasst sind Flächen, die kleiner als 500 m^2 sind, es sei denn, sie liegen in engem räumlichen Verbund zueinander oder zu anderen besonders geschützten Biotopen.

Besondere typische Arten der Magerrasen sind:

Wiesen-Salbei (Salvia pratensis), Aufrechte Trespe (Bromus erectus), Knolliger Hahnenfuß (Ranunculus bulbosus), Fingerkraut-Arten (Potentilla incana, Potentilla neumanniana, Potentilla heptaphylla), Gewöhnliche Küchenschelle (Pulsatilla vulgaris), Wohlriechende Skabiose (Scabiosa canescens), Tauben-Skabiose (Scabiosa columbaria), Gewöhnliches Sonnenröschen (Helianthemum nummularium), Wolfsmilch-Arten (Euphorbia seguieriana, Euphorbia cyparissias), Kleine Pimpernelle (Pimpinella saxifraga), Kartäuser-Nelke (Dianthus carthusianorum), Gewöhnlicher Hufeisenklee (Hippocrepsis comosa), Gewöhnlicher Wundklee (Anthyllis vulneraria), Echter Gamander (Teucrium chamaedrys), Aufrechter Ziest (Stachys recta), Trifthafer (Helictotrichon pratensis), Gewöhnlicher Taubenkropf (Silene vulgaris), Skabiosen-Flockenblume (Centaurea scabiosa), Knabenkraut-Arten (Orchis militaris, Orchis simia), Ragwurz-Arten (Ophrys spp.), Hundswurz (Anacamptis pyramidalis), Kreuzblumen-Arten (Polygala comosa, Polygala amarella), Kalk-Blaugras (Sesleria albicans), Echtes Labkraut (Galium verum), Knollige Spierstaude (Filipendula vulgaris), Hügel-Meister (Asperula cynanchica), Großes Schillergras (Koeleria pyramidata), Berg-Klee (Trifolium montanum), Frühlings-Segge (Carex caryophyllea), Borstgras (Nardus stricta), Bärwurz (Meum athamanticum), Kleines Habichtskraut (Hieracium pilosella), Harz-Labkraut (Galium saxatile), Wald-Ehrenpreis (Veronica officinalis), Dreizahn (Danthonia decumbens), Draht-Schmiele (Deschampsia flexuosa), Pillen-Segge (Carex pilulifera), Arnika (Arnica montana), Gelber Enzian (Gentiana lutea), Schweizer Löwenzahn (Leontodon helveticus), Flügel-Ginster (Genista sagittalis), Heide-Nelke (Dianthus deltoides), Knöllchen-Knöterich (Persicaria vivipara), Gewöhnliches Katzenpfötchen (Antennaria dioica), Ausdauernde Sandrapunzel (Jasione laevis), Weißzüngel (Pseudorchis albida), Sparrige Binse (Juncus squarrosus), Wald-Läusekraut (Pedicularis sylvatica), Quendel-Kreuzblume (Polygala serphyllifolia) sowie Arten der Gebüsche trockenwarmer Standorte und ihrer Staudensäume.

3.6 Gebüsche, naturnahe Wälder und Staudensäume trockenwarmer Standorte

Gebüsche trockenwarmer Standorte sind meist süd- bis südwestexponierte Gebüsche in Felsbereichen und an anderen trockenen Standorten sowie sonstige Trockenheit ertragende Gebüsche an meist süd- bis südwestexponierten Waldrändern oder in der Feldflur an Standorten, an denen Frische oder Feuchtigkeit anzeigende Gehölzarten und Lianen weitgehend fehlen.

Naturnahe Wälder trockenwarmer Standorte sind Steppenheidewälder und andere natürliche oder naturnahe Wälder auf Felsstandorten, auf trockenen, flachgründigen oder auf wechseltrockenen Böden sowie auf sonnigen, warmen Steinschutthängen. Dazu gehören Flaumeichenwälder, trockene und wechseltrockene Eichen-Hainbuchenwälder, trockene Birken-Eichenwälder, trockene Seggen-Buchenwälder, trockene Linden-Ahorn-Mischwälder und trockene oder wechseltrockene, natürliche oder naturnahe Kiefernwälder, insbesondere Pfeifengras- und Reitgras-Kiefernwälder, Kiefern-Steppenheidewälder sowie Kalksand-Kiefernwälder und Moos-Kiefernwälder der nördlichen Oberrheinebene (Dünengebiete).

Staudensäume trockenwarmer Standorte sind Staudenfluren an meist süd- bis südwestexponierten Standorten, insbesondere an trockenen Wald- oder Gebüschrändern mit Trockenheit ertragenden und meist wärmebedürftigen Arten.

Besondere typische Arten der Gebüsche, naturnahen Wälder und Staudensäume trockenwarmer Standorte sind:

Gebüsche

Gewöhnliche Felsenbirne (Amelanchier ovalis), Gewöhnliche Zwergmispel (Cotoneaster integerrimus), Felsen-Kirsche (Prunus mahaleb), Schlehe (Prunus spinosa), Gewöhnliche Berberitze (Berberis vulgaris), Gewöhnlicher Liguster (Ligustrum vulgare), Wolliger Schneeball (Viburnum lantana), Echter Kreuzdorn (Rhamnus carthartica), Strauchkronwicke (Hippocrepis emerus), Apfel-Rose (Rosa villosa), Blaugrüne Rose (Rosa vosagiaca), Sanddorn (Hippophae rhamnoides), Gewöhnlicher Besenginster (Cytisus scoparius);

Wälder

Flaum-Eiche (Quercus pubescens), Elsbeere (Sorbus torminalis), Winter-Linde (Tilia cordata), Immergrüner Buchs (Buxus sempervirens), Felsen-Kreuzdorn (Rhamnus saxatilis), Schwarzwerdender Geißklee (Cytisus nigricans), Reckhölderle (Daphne cneorum), Zwergbuchs (Polygala chamaebuxus), Scheiden-Kronwicke (Coronilla vaginalis), Grünliches Wintergrün (Pyrola chlorantha), Winterlieb (Chimaphila umbellata), Blauroter Steinsame (Lithospermum purpurocaeruleum), Immenblatt (Melittis melissophyllum), Habichtskräuter (Hieracium umbellatum, Hieracium glaucinum), Gewöhnlicher Tüpfelfarn (Polypodium vulgare), Waldvöglein-Arten (Cephalanthera damasonium, Cephalanthera rubra, Cephalanthera longifolia), Stinkende Nieswurz (Helleborus foetidus), Vogelfuß-Segge (Carex ornithopoda);

Staudensäume

Blut-Storchschnabel (Geranium sanguineum), Sichelblättriges Hasenohr (Bupleurum falcatum), Graslilien-Arten (Anthericum ramosum, Anthericum liliago), Kronwicken-Arten (Securigera varia, Coronilla coronata), Haarstrang-Arten (Peucedanum cervaria, Peucedanum oreoselinum), Diptam (Dictamnus albus), Kalk-Aster (Aster amellus), Weißes Fingerkraut (Potentilla alba), Hügel-Klee (Trifolium alpestre), Hain-Flockenblume (Centaurea nigra subsp. nemoralis), spezielle Habichtskraut-Arten (Hieracium sabaudum, Hieracium laevigatum, Hieracium racemosum), Salbei-Gamander (Teucrium scorodonia).

3.7 Krummholzgebüsche

Krummholzgebüsche – auch als Gebüsche hochmontaner bis subalpiner Lagen bezeichnet – sind hochstaudenreiche Bestände u. a. aus Großblättriger Weide und/oder Grün-Erle. Sie kommen oft kleinflächig in Lawinenbahnen, Schneerunsen, schluchtartigen Hangeinschnitten, an Rutschhängen und entlang von Wildbächen in den Hochlagen des Schwarzwaldes vor.

Besondere typische Arten der Krummholzgebüsche sind:

Großblättrige Weide (Salix appendiculata), Grün-Erle (Alnus alnobetula), Grauer Alpendost (Adenostyles alliariae), Alpen-Milchlattich (Cicerbita alpina), Alpen-Heckenrose (Rosa pendulina).

4. Biotope nach § 32 Abs. 1 Nr. 4

4.1 Offene Felsbildungen

Offene Felsbildungen umfassen innerhalb und außerhalb des Waldes fast vegetationsfreie, oft nur von Moosen und Flechten bewachsene Felsen, spärlich bewachsene Felsköpfe, Felsspalten und Felsbänder mit zum Teil geringem Gehölzanteil sowie Felsüberhänge (Balmen) mit einer speziellen Balmenvegetation. Eingeschlossen sind auch Steilwände aus Molasse im westlichen Bodenseegebiet.

Besondere typische Arten der offenen Felsbildungen sind:

Streifenfarn-Arten (Asplenium viride, Asplenium septentrionale, Asplenium adiantumnigrum, Asplenium rutamuraria), Trauben-Steinbrech (Saxifraga paniculata), Habichtskräuter (Hieracium humile, Hieracium schmidtii), Gewöhnlicher Tüpfelfarn (Polypodium vulgare), Weißer Mauerpfeffer (Sedum album), Einjährige Fetthenne (Sedum annuum), Felsen-Leimkraut (Silene rupestris), Niedriges Hornkraut (Cerastium pumilum), Kelch-Steinkraut (Alyssum alyssoides), Pfingst-Nelke (Dianthus gratianopolitanus), Bleicher Schwingel (Festuca pallens), Perlgras-Arten (Melica ciliata, Melica transsilvanica), Kalk-Blaugras (Sesleria albicans), Dreiblättriger Baldrian (Valeriana tripteris), Österreichische Rauke (Sisymbrium austriacum), Scharfkraut (Asperugo procumbens) und zahlreiche spezielle Moos- und Flechten-Arten.

4.2 Offene natürliche Block-, Schutt- und Geröllhalden

Offene natürliche Block-, Schutt- und Geröllhalden sind unbewaldete Anhäufungen von Gesteinsblöcken und Geröllen, die weitgehend auf natürliche Weise entstanden sind sowie durch häufige Rutschungen charakterisierte natürliche Mergelhalden und Schutthalden mit einem hohen Anteil an Feinmaterial.

Erfasst sind auch naturnahe Block-, Schutt- und Geröllhalden mit geringem Gehölzanteil.

Besondere typische Arten der offenen Block-, Schutt- und Geröllhalden sind:

Krauser Rollfarn (Cryptogramma crispa), Gelblicher Hohlzahn (Galeopsis segetum), Lanzettblättriges Weidenröschen (Epilobium lanceolatum), Ruprechtsfarn (Gymnocarpium robertianum), Schild-Ampfer (Rumex scutatus), Schwalbwurz (Vincetoxicum hirundinaria), Schlitzblatt-Löwenzahn (Leontodon hispidus subsp. hyoseroides), Alpen-Wundklee (Anthyllis vulneraria subsp. alpestris), Weiße Pestwurz (Petasites albus), Kalk-Blaugras (Sesleria albicans), Buntes Reitgras (Calamagrostis varia), Amethyst-Schwingel (Festuca amethystina), Mauerbiene (Osmina andrenoides), Kegelbiene (Coelioxys afra).

4.3 Lehm- und Lösswände

Lehm- und Lösswände sind Steilwände aus Lockergestein, die durch natürliche Erosion, häufiger jedoch anthropogen an Prallhängen, in Kies-, Sand-, Lehm- und Tongruben, in Lössgebieten häufig auch entlang von Wegen entstanden sind.

Es handelt sich bei diesen Steilwänden aus Lockergesteinen um natürlich durch Erosion oder anthropogen entstandene steile, oft senkrechte Wände, die nicht oder spärlich bewachsen sind, häufig mit Höhlengängen zahlreicher Tierarten.

Nicht geschützt sind Vorkommen in noch aktiven Abbaugebieten. Nicht erfasst sind Lehm- und Lösswände, deren Höhe an der höchsten Stelle weniger als 1,5 m beträgt oder deren Böschungsneigungen an der steilsten Stelle weniger als 45° betragen.

5. Biotope nach § 32 Abs. 1 Nr. 5

5.1 Höhlen

Höhlen sind natürlich entstandene unterirdische Hohlräume. Erfasst sind auch seit längerer Zeit nicht genutzte künstliche Hohlräume, insbesondere Stollen, sowie naturnahe Eingangsbereiche von Höhlen.

Nicht erfasst sind touristisch erschlossene oder intensiv genutzte Höhlenbereiche.

Besondere typische Arten der Höhlen sind:

Fledermaus-Arten (z. B. Myotis myotis), Feuersalamander (Winterquartier) sowie im Eingangsbereich auch Arten der offenen Felsbildungen.

5.2 Dolinen

Dolinen (Erdfälle) sind Einstürze oder trichterförmige Vertiefungen in der Erdoberfläche, die durch Lösung der Gesteine im Untergrund oder durch das Einbrechen von Höhlen entstanden sind.

Die Vegetation der Dolinen ist sehr verschiedenartig.

Nicht erfasst sind intensiv landwirtschaftlich genutzte und aufgefüllte Dolinen.

6. Biotope nach § 32 Abs. 1 Nr. 6

6.1 Feldhecken und Feldgehölze

Feldhecken und Feldgehölze sind kleinere, oft linienhafte Flächen in der freien Landschaft, die von Bäumen und Sträuchern oder nur von Sträuchern bestockt sind und nicht Wald im Sinne des Landeswaldgesetzes sind.

Nicht erfasst sind Feldgehölze von weniger als 250 m^2 Fläche sowie Hecken von weniger als 20 m Länge.

Nicht erfasst sind gebietsfremde Anpflanzungen und Heckenzäune.

Besondere typische Arten der Feldhecken und Feldgehölze sind:

Gewöhnliche Hasel (Corylus avellana), Roter Hartriegel (Cornus sanguinea), Schwarzer Holunder (Sambucus nigra), Gewöhnlicher Liguster (Ligustrum vulgare), Hainbuche (Carpinus betulus), Stiel-Eiche (Quercus robur), Weißdorn (Crataegus spp.) sowie Arten der Gebüsche trockenwarmer Standorte.

6.2 Hohlwege

Hohlwege sind Wege in der freien Landschaft, die sich durch die nutzungsbedingt verstärkte Erosion in das Gelände eingeschnitten haben, einschließlich ihrer Steilböschungen und eines nicht genutzten Streifens entlang der Böschungsoberkante.

Die Vegetation an Hohlwegen kann entsprechend den Feldhecken und Feldgehölzen, den Gebüschen trockenwarmer Standorte mit ihren Staudensäumen oder den Magerrasen entwickelt sein.

Nicht erfasst sind Hohlwege, die weniger als 1 m eingetieft sind oder deren Böschungsneigungen an der steilsten Stelle weniger als 45° betragen.

6.3 Trockenmauern

Trockenmauern sind Mauern in der freien Landschaft, die ohne Verwendung von Mörtel aus Natursteinen aufgeschichtet wurden.

Nicht erfasst sind Trockenmauern mit weniger als 0,5 m Höhe oder einer Mauerfläche von weniger als 2 m^2.

Besondere typische Arten der Trockenmauern sind:

Streifenfarn-Arten (Asplenium spp.), Mauer-Glaskraut (Parietaria judaica), spezielle Moos- und Flechten-Arten, Mauereidechse (Lacerta muralis), Rote Dickfußschrecke (Oedipoda germanica) sowie Arten der offenen Felsbildungen.

6.4 Steinriegel

Steinriegel sind meist linienartige Steinanhäufungen in der freien Landschaft, die dadurch entstanden sind, dass von landwirtschaftlich genutzten Flächen Steine abgesammelt und zumeist an deren Rändern abgelagert wurden. Die Vegetation der Steinriegel kann entsprechend den Feldhecken und Feldgehölzen, den Gebüschen trockenwarmer Standorte und ihrer Staudensäume oder den offenen natürlichen Block- und Geröllhalden entwickelt sein.

Nicht erfasst sind Steinriegel von weniger als 5 m Länge.

Verordnung der Landesregierung zum Schutz der natürlich vorkommenden Tierwelt und zur Abwendung erheblicher fischereiwirtschaftlicher Schäden durch Kormorane (Kormoranverordnung – KorVO)

vom 20. Juli 2010 (GBl. S. 527)

Auf Grund von § 45 Abs. 7 Satz 1 Nr. 1 und 2 und Satz 4 des Bundesnaturschutzgesetzes (BNatSchG) vom 29. Juli 2009 (BGBl. I S. 2542) wird verordnet:

§ 1 Ausnahme vom Tötungsverbot für Kormorane

(1) Zum Schutz der natürlich vorkommenden Tierwelt und zur Abwendung erheblicher fischereiwirtschaftlicher Schäden wird abweichend von § 44 Abs. 1 Nr. 1 BNatSchG gestattet, Kormorane (Phalacrocorax carbo) nach Maßgabe der folgenden Vorschriften zu töten.

(2) Das Töten von Kormoranen darf nicht erfolgen, wenn weniger schädigende Maßnahmen dauerhaft geeignet sind, die natürlich vorkommende Tierwelt zu schützen oder erhebliche fischereiwirtschaftliche Schäden abzuwenden.

§ 2 Örtliche und zeitliche Vorgaben

(1) Kormorane dürfen nur auf oder an Gewässern sowie bewirtschafteten Anlagen der Teichwirtschaft, Fischhaltung und Fischzucht und in einem Abstand von bis zu 200 Metern hierzu durch Abschuss getötet werden.

(2) Von der Gestattung nach § 1 Abs. 1 ausgenommen sind Naturschutzgebiete, Kernzonen von Biosphärengebieten, Naturdenkmale, Europäische Vogelschutzgebiete gemäß der Verordnung des Ministeriums für Ernährung und Ländlichen Raum zur Festlegung von Europäischen Vogelschutzgebieten vom 5. Februar 2010 (GBl. S. 37), befriedete Bezirke nach § 3 Abs. 1 und 2 des Landesjagdgesetzes sowie sonstige überbaute Flächen im Geltungsbereich eines Bebauungsplans und Flächen innerhalb der im Zusammenhang bebauten Ortsteile.

(3) Der Abschuss ist nur zulässig vom 16. August bis zum 15. März und eineinhalb Stunden vor Sonnenaufgang bis eineinhalb Stunden nach Sonnenuntergang.

§ 3 Abschussberechtigte, Inbesitznahme, Vermarktungsverbot

(1) Zum Abschuss berechtigt sind

1. Personen, die in den in § 2 Abs. 1 genannten Bereichen jagdausübungsberechtigt sind und einen gültigen Jagdschein besitzen, und, mit deren Zustimmung, Personen, die im Besitz eines gültigen Jagdscheins oder der Erlaubnisse nach § 10 des Waffengesetzes (WaffG) sind und
2. Betreiber von bewirtschafteten Anlagen der Teichwirtschaft, Fischhaltung und der Fischzucht oder deren Beauftragte für den Bereich ihres Betriebsgeländes, sofern sie im Besitz eines gültigen Jagdscheins oder der Erlaubnisse nach § 10 WaffG sind.

Bei der Beantragung von Erlaubnissen nach § 10 WaffG ist ein Sachkundenachweis über ausreichende Kenntnisse zur Tötung von Kormoranen vorzulegen.

(2) Der Abschuss von Kormoranen durch Personen, die nicht im Besitz eines gültigen Jagdscheins sind, gilt nicht als befugte Jagdausübung im Sinne des § 13 Abs. 6 Satz 2 WaffG.

(3) Erlegte Kormorane sind von den Besitzverboten des § 44 Abs. 2 Satz 1 Nr. 1 BNatSchG ausgenommen. Die Vermarktungsverbote des § 44 Abs. 2 Satz 1 Nr. 2 BNatSchG bleiben unberührt.

(4) Der Fischereiforschungsstelle des Landes Baden-Württemberg oder anderen Forschungseinrichtungen des Landes sind auf Anforderung einzelne Tiere für Untersuchungszwecke zur Verfügung zu stellen.

§ 4 Beachtung der Bestimmungen des Artenschutzes und der Jagd, Berichtspflicht

(1) Die Verbote, wild lebende Tiere der streng geschützten Arten und der europäischen Vogelarten während der Fortpflanzungs-, Aufzucht-, Mauser-, Überwinterungs- und Wanderungszeiten erheblich zu stören und Fortpflanzungs- oder Ruhestätten der wild lebenden Tiere der besonders geschützten Arten aus der Natur zu entnehmen, zu beschädigen oder zu zerstören (§ 44 Abs. 1 Nr. 2 und 3 BNatSchG) sowie die Bestimmungen über verbotene Fangmethoden, Verfahren und Geräte nach § 4 Abs. 1 der Bundesartenschutzverordnung bleiben unberührt.

(2) Die jagdrechtlichen Bestimmungen, insbesondere das Verbot der Verwendung bleihaltiger Schrotmunition an Gewässern, sind entsprechend anzuwenden.

(3) Die Anzahl der erlegten Kormorane, Erlegungsdatum, Gewässer, Gewässerart und bei beringten Vögeln die Ringnummer sind der unteren Jagdbehörde nach Abschluss der Vergrämungsperiode bis spätestens 15. April auf dem Einlegeblatt zur jagdlichen Streckenliste (§ 27 Abs. 6 des Landesjagdgesetzes) mitzuteilen. Die Mitteilung erfolgt im Falle des § 3 Abs. 1 Satz 1 Nr. 1 durch den Jagdausübungsberechtigten und im Falle des § 3 Abs. 1 Satz 1 Nr. 2 durch den Betreiber.

§ 5 Beschränkung des Abschusses, Entzug der Abschussbefugnis, Zulassung weiterer Ausnahmen und Befreiungen

(1) Die höhere Naturschutzbehörde kann den Abschuss von Kormoranen an bestimmten Gewässern oder Gewässerstrecken sowie in örtlicher und zeitlicher Hinsicht beschränken oder verbieten.

(2) Die untere Naturschutzbehörde kann die Berechtigung zum Abschuss (§ 3 Abs. 1 Satz 1) entziehen, wenn gegen die Vorgaben dieser Verordnung verstoßen oder von der Berechtigung missbräuchlicher Gebrauch gemacht wird.

(3) Die höhere Naturschutzbehörde kann weitere Ausnahmen nach § 45 Abs. 7 Satz 1 BNatSchG zulassen oder Befreiungen nach § 67 BNatSchG erteilen.

§ 6 Beobachtung der Bestandsentwicklung

Die Landesanstalt für Umwelt, Messungen und Naturschutz beobachtet durch geeignete Maßnahmen die Bestandsentwicklung des Kormorans in Baden-Württemberg.

§ 7 Inkrafttreten, Außerkrafttreten

(1) Diese Verordnung tritt am Tag nach ihrer Verkündung in Kraft.*

(2) Gleichzeitig tritt die Kormoranverordnung vom 4. Mai 2004 (GBl. S. 213) außer Kraft.

* Die Verkündung erfolgte am 6. August 2010.

Waffengesetz
(WaffG)

vom 11. Oktober 2002 (BGBl. I S. 3970, ber. S. 4592, ber. 2003 I S. 1957)*, zuletzt geändert durch Gesetz vom 7. August 2013 (BGBl. I S. 3154)

Inhaltsübersicht

* Artikel 1 des Gesetzes zur Neuregelung des Waffenrechts (WaffRNeuRegG). Gemäß Artikel 19 des WaffRNeuRegG sind die in § 7 Abs. 2, § 22 Abs. 2, § 25 Abs. 1, § 27 Abs. 7 Satz 2, § 34 Abs. 6, § 36 Abs. 5, §§ 47, 48 Abs. 1, § 50 Abs. 2 und 3, § 55 Abs. 5 und 6 sowie in Artikel 3 Nr. 3 enthaltenen Verordnungsermächtigungen und das in Anlage 2 Abschnitt 1 Nr. 1.2.1 festgesetzte Verbot von Vorderschaftrepetierflinten, bei denen der Hinterschaft durch einen Pistolengriff ersetzt ist, am 17. Oktober 2002 in Kraft getreten. Im Übrigen ist das Waffengesetz am 1. April 2003 in Kraft getreten.

Abschnitt 1 Allgemeine Bestimmungen

§ 1 Gegenstand und Zweck des Gesetzes, Begriffsbestimmungen

(1) Dieses Gesetz regelt den Umgang mit Waffen oder Munition unter Berücksichtigung der Belange der öffentlichen Sicherheit und Ordnung.

(2) Waffen sind
1. Schusswaffen oder ihnen gleichgestellte Gegenstände und
2. tragbare Gegenstände,
   a) die ihrem Wesen nach dazu bestimmt sind, die Angriffs- oder Abwehrfähigkeit von Menschen zu beseitigen oder herabzusetzen, insbesondere Hieb- und Stoßwaffen;
   b) die, ohne dazu bestimmt zu sein, insbesondere wegen ihrer Beschaffenheit, Handhabung oder Wirkungsweise geeignet sind, die Angriffs- oder Abwehrfähigkeit von Menschen zu beseitigen oder herabzusetzen, und die in diesem Gesetz genannt sind.

(3) Umgang mit einer Waffe oder Munition hat, wer diese erwirbt, besitzt, überlässt, führt, verbringt, mitnimmt, damit schießt, herstellt, bearbeitet, instand setzt oder damit Handel treibt.

(4) Die Begriffe der Waffen und Munition sowie die Einstufung von Gegenständen nach Absatz 2 Nr. 2 Buchstabe b als Waffen, die Begriffe der Arten des Umgangs und sonstige waffenrechtliche Begriffe sind in der Anlage 1 (Begriffsbestimmungen) zu diesem Gesetz näher geregelt.

§ 2 Grundsätze des Umgangs mit Waffen oder Munition, Waffenliste

(1) Der Umgang mit Waffen oder Munition ist nur Personen gestattet, die das 18. Lebensjahr vollendet haben.

(2) Der Umgang mit Waffen oder Munition, die in der Anlage 2 (Waffenliste) Abschnitt 2 zu diesem Gesetz genannt sind, bedarf der Erlaubnis.

(3) Der Umgang mit Waffen oder Munition, die in der Anlage 2 Abschnitt 1 zu diesem Gesetz genannt sind, ist verboten.

(4) Waffen oder Munition, mit denen der Umgang ganz oder teilweise von der Erlaubnispflicht oder von einem Verbot ausgenommen ist, sind in der Anlage 2 Abschnitt 1 und 2 genannt. Ferner sind in der Anlage 2 Abschnitt 3 die Waffen und Munition genannt, auf die dieses Gesetz ganz oder teilweise nicht anzuwenden ist.

(5) Bestehen Zweifel darüber, ob ein Gegenstand von diesem Gesetz erfasst wird oder wie er nach Maßgabe der Begriffsbestimmungen in Anlage 1 Abschnitt 1 und 3 und der Anlage 2 einzustufen ist, so entscheidet auf Antrag die zuständige Behörde. Antragsberechtigt sind
1. Hersteller, Importeure, Erwerber oder Besitzer des Gegenstandes, soweit sie ein berechtigtes Interesse an der Entscheidung nach Satz 1 glaubhaft machen können,
2. die zuständigen Behörden des Bundes und der Länder.

Die nach Landesrecht zuständigen Behörden sind vor der Entscheidung zu hören. Die Entscheidung ist für den Geltungsbereich dieses Gesetzes allgemein verbindlich. Sie ist im Bundesanzeiger bekannt zu machen.

§ 3 Umgang mit Waffen oder Munition durch Kinder und Jugendliche

(1) Jugendliche dürfen im Rahmen eines Ausbildungs- oder Arbeitsverhältnisses abweichend von § 2 Abs. 1 unter Aufsicht eines weisungsbefugten Waffenberechtigten mit Waffen oder Munition umgehen.

(2) Jugendliche dürfen abweichend von § 2 Abs. 1 Umgang mit geprüften Reizstoffsprühgeräten haben.

(3) Die zuständige Behörde kann für Kinder und Jugendliche allgemein oder für den Einzelfall Ausnahmen von Alterserfordernissen zulassen, wenn besondere Gründe vorliegen und öffentliche Interessen nicht entgegenstehen.

Abschnitt 2 Umgang mit Waffen oder Munition

Unterabschnitt 1 Allgemeine Voraussetzungen für Waffen- und Munitionserlaubnisse

§ 4 Voraussetzungen für eine Erlaubnis

(1) Eine Erlaubnis setzt voraus, dass der Antragsteller
1. das 18. Lebensjahr vollendet hat (§ 2 Abs. 1),
2. die erforderliche Zuverlässigkeit (§ 5) und persönliche Eignung (§ 6) besitzt,
3. die erforderliche Sachkunde nachgewiesen hat (§ 7),
4. ein Bedürfnis nachgewiesen hat (§ 8) und
5. bei der Beantragung eines Waffenscheins oder einer Schießerlaubnis eine Versicherung gegen Haftpflicht in Höhe von 1 Million Euro – pauschal für Personen- und Sachschäden – nachweist.

(2) Die Erlaubnis zum Erwerb, Besitz, Führen oder Schießen kann versagt werden, wenn der Antragsteller seinen gewöhnlichen Aufenthalt nicht seit mindestens fünf Jahren im Geltungsbereich dieses Gesetzes hat.

(3) Die zuständige Behörde hat die Inhaber von waffenrechtlichen Erlaubnissen in regelmäßigen Abständen, mindestens jedoch nach Ablauf von drei Jahren, erneut auf ihre Zuverlässigkeit und ihre persönliche Eignung zu prüfen sowie in den Fällen des Absatzes 1 Nr. 5 sich das Vorliegen einer Versicherung gegen Haftpflicht nachweisen zu lassen.

(4) Die zuständige Behörde hat drei Jahre nach Erteilung der ersten waffenrechtlichen Erlaubnis das Fortbestehen des Bedürfnisses zu prüfen. Dies kann im Rahmen der Prüfung nach Absatz 3 erfolgen. Die zuständige Behörde kann auch nach Ablauf des in Satz 1 genannten Zeitraums das Fortbestehen des Bedürfnisses prüfen.

§ 5 Zuverlässigkeit

(1) Die erforderliche Zuverlässigkeit besitzen Personen nicht,
1. die rechtskräftig verurteilt worden sind
   a) wegen eines Verbrechens oder
   b) wegen sonstiger vorsätzlicher Straftaten zu einer Freiheitsstrafe von mindestens einem Jahr,

wenn seit dem Eintritt der Rechtskraft der letzten Verurteilung zehn Jahre noch nicht verstrichen sind,

2. bei denen Tatsachen die Annahme rechtfertigen, dass sie
   a) Waffen oder Munition missbräuchlich oder leichtfertig verwenden werden,
   b) mit Waffen oder Munition nicht vorsichtig oder sachgemäß umgehen oder diese Gegenstände nicht sorgfältig verwahren werden,
   c) Waffen oder Munition Personen überlassen werden, die zur Ausübung der tatsächlichen Gewalt über diese Gegenstände nicht berechtigt sind.

(2) Die erforderliche Zuverlässigkeit besitzen in der Regel Personen nicht, die
1. a) wegen einer vorsätzlichen Straftat,
   b) wegen einer fahrlässigen Straftat im Zusammenhang mit dem Umgang mit Waffen, Munition oder explosionsgefährlichen Stoffen oder wegen einer fahrlässigen gemeingefährlichen Straftat,
   c) wegen einer Straftat nach dem Waffengesetz, dem Gesetz über die Kontrolle von Kriegswaffen, dem Sprengstoffgesetz oder dem Bundesjagdgesetz

   zu einer Freiheitsstrafe, Jugendstrafe, Geldstrafe von mindestens 60 Tagessätzen oder mindestens zweimal zu einer geringeren Geldstrafe rechtskräftig verurteilt worden sind oder bei denen die Verhängung von Jugendstrafe ausgesetzt worden ist, wenn seit dem Eintritt der Rechtskraft der letzten Verurteilung fünf Jahre noch nicht verstrichen sind,
2. Mitglied
   a) in einem Verein, der nach dem Vereinsgesetz als Organisation unanfechtbar verboten wurde oder der einem unanfechtbaren Betätigungsverbot nach dem Vereinsgesetz unterliegt, oder
   b) in einer Partei, deren Verfassungswidrigkeit das Bundesverfassungsgericht nach § 46 des Bundesverfassungsgerichtsgesetzes festgestellt hat,

   waren, wenn seit der Beendigung der Mitgliedschaft zehn Jahre noch nicht verstrichen sind,
3. einzeln oder als Mitglied einer Vereinigung Bestrebungen verfolgen oder unterstützen oder in den letzten fünf Jahren verfolgt oder unterstützt haben, die
   a) gegen die verfassungsmäßige Ordnung oder
   b) gegen den Gedanken der Völkerverständigung, insbesondere gegen das friedliche Zusammenleben der Völker, gerichtet sind, oder
   c) durch Anwendung von Gewalt oder darauf gerichtete Vorbereitungshandlungen auswärtige Belange der Bundesrepublik Deutschland gefährden,
4. innerhalb der letzten fünf Jahre mehr als einmal wegen Gewalttätigkeit mit richterlicher Genehmigung in polizeilichem Präventivgewahrsam waren,
5. wiederholt oder gröblich gegen die Vorschriften eines der in Nummer 1 Buchstabe c genannten Gesetze verstoßen haben.

(3) In die Frist nach Absatz 1 Nr. 1 oder Absatz 2 Nr. 1 nicht eingerechnet wird die Zeit, in welcher der Betroffene auf behördliche oder richterliche Anordnung in einer Anstalt verwahrt worden ist.

(4) Ist ein Verfahren wegen Straftaten im Sinne des Absatzes 1 Nr. 1 oder des Absatzes 2 Nr. 1 noch nicht abgeschlossen, so kann die zuständige Behörde die Entscheidung über den Antrag auf Erteilung einer waffenrechtlichen Erlaubnis bis zum rechtskräftigen Abschluss des Verfahrens aussetzen.

(5) Die zuständige Behörde hat im Rahmen der Zuverlässigkeitsprüfung folgende Erkundigungen einzuholen:
1. die unbeschränkte Auskunft aus dem Bundeszentralregister;

2. die Auskunft aus dem zentralen staatsanwaltschaftlichen Verfahrensregister hinsichtlich der in Absatz 2 Nr. 1 genannten Straftaten;
3. die Stellungnahme der örtlichen Polizeidienststelle, ob Tatsachen bekannt sind, die Bedenken gegen die Zuverlässigkeit begründen; die örtliche Polizeidienststelle schließt in ihre Stellungnahme das Ergebnis der von ihr vorzunehmenden Prüfung nach Absatz 2 Nr. 4 ein.

Die nach Satz 1 Nr. 2 erhobenen personenbezogenen Daten dürfen nur für den Zweck der waffenrechtlichen Zuverlässigkeitsprüfung verwendet werden.

§ 6 Persönliche Eignung

(1) Die erforderliche persönliche Eignung besitzen Personen nicht, wenn Tatsachen die Annahme rechtfertigen, dass sie
1. geschäftsunfähig sind,
2. abhängig von Alkohol oder anderen berauschenden Mitteln, psychisch krank oder debil sind oder
3. auf Grund in der Person liegender Umstände mit Waffen oder Munition nicht vorsichtig oder sachgemäß umgehen oder diese Gegenstände nicht sorgfältig verwahren können oder dass die konkrete Gefahr einer Fremd- oder Selbstgefährdung besteht.

Die erforderliche persönliche Eignung besitzen in der Regel Personen nicht, wenn Tatsachen die Annahme rechtfertigen, dass sie in ihrer Geschäftsfähigkeit beschränkt sind. Die zuständige Behörde soll die Stellungnahme der örtlichen Polizeidienststelle einholen. Der persönlichen Eignung können auch im Erziehungsregister eingetragene Entscheidungen oder Anordnungen nach § 60 Abs. 1 Nr. 1 bis 7 des Bundeszentralregistergesetzes entgegenstehen.

(2) Sind Tatsachen bekannt, die Bedenken gegen die persönliche Eignung nach Absatz 1 begründen, oder bestehen begründete Zweifel an vom Antragsteller beigebrachten Bescheinigungen, so hat die zuständige Behörde dem Betroffenen auf seine Kosten die Vorlage eines amts- oder fachärztlichen oder fachpsychologischen Zeugnisses über die geistige oder körperliche Eignung aufzugeben.

(3) Personen, die noch nicht das 25. Lebensjahr vollendet haben, haben für die erstmalige Erteilung einer Erlaubnis zum Erwerb und Besitz einer Schusswaffe auf eigene Kosten ein amts- oder fachärztliches oder fachpsychologisches Zeugnis über die geistige Eignung vorzulegen. Satz 1 gilt nicht für den Erwerb und Besitz von Schusswaffen im Sinne von § 14 Abs. 1 Satz 2.

(4) Das Bundesministerium des Innern wird ermächtigt, durch Rechtsverordnung mit Zustimmung des Bundesrates Vorschriften über das Verfahren zur Erstellung, über die Vorlage und die Anerkennung der in den Absätzen 2 und 3 genannten Gutachten bei den zuständigen Behörden zu erlassen.

§ 7 Sachkunde

(1) Den Nachweis der Sachkunde hat erbracht, wer eine Prüfung vor der dafür bestimmten Stelle bestanden hat oder seine Sachkunde durch eine Tätigkeit oder Ausbildung nachweist.

(2) Das Bundesministerium des Innern wird ermächtigt, durch Rechtsverordnung mit Zustimmung des Bundesrates Vorschriften über die Anforderungen an die waf-

fentechnischen und waffenrechtlichen Kenntnisse, über die Prüfung und das Prüfungsverfahren einschließlich der Errichtung von Prüfungsausschüssen sowie über den anderweitigen Nachweis der Sachkunde zu erlassen.

§ 8 Bedürfnis, allgemeine Grundsätze

Der Nachweis eines Bedürfnisses ist erbracht, wenn gegenüber den Belangen der öffentlichen Sicherheit oder Ordnung

1. besonders anzuerkennende persönliche oder wirtschaftliche Interessen, vor allem als Jäger, Sportschütze, Brauchtumsschütze, Waffen- oder Munitionssammler, Waffen- oder Munitionssachverständiger, gefährdete Person, als Waffenhersteller oder -händler oder als Bewachungsunternehmer, und
2. die Geeignetheit und Erforderlichkeit der Waffen oder Munition für den beantragten Zweck

glaubhaft gemacht sind.

§ 9 Inhaltliche Beschränkungen, Nebenbestimmungen und Anordnungen

(1) Eine Erlaubnis nach diesem Gesetz kann zur Abwehr von Gefahren für die öffentliche Sicherheit oder Ordnung inhaltlich beschränkt werden, insbesondere um Leben und Gesundheit von Menschen gegen die aus dem Umgang mit Schusswaffen oder Munition entstehenden Gefahren und erheblichen Nachteile zu schützen.

(2) Zu den in Absatz 1 genannten Zwecken können Erlaubnisse befristet oder mit Auflagen verbunden werden. Auflagen können nachträglich aufgenommen, geändert und ergänzt werden.

(3) Gegenüber Personen, die die Waffenherstellung oder den Waffenhandel nach Anlage 2 Abschnitt 2 Unterabschnitt 2 Nr. 4 bis 6 oder eine Schießstätte nach § 27 Abs. 2 ohne Erlaubnis betreiben dürfen, können Anordnungen zu den in Absatz 1 genannten Zwecken getroffen werden.

Unterabschnitt 2 Erlaubnisse für einzelne Arten des Umgangs mit Waffen oder Munition, Ausnahmen

§ 10 Erteilung von Erlaubnissen zum Erwerb, Besitz, Führen und Schießen

(1) Die Erlaubnis zum Erwerb und Besitz von Waffen wird durch eine Waffenbesitzkarte oder durch Eintragung in eine bereits vorhandene Waffenbesitzkarte erteilt. Für die Erteilung einer Erlaubnis für Schusswaffen sind Art, Anzahl und Kaliber der Schusswaffen anzugeben. Die Erlaubnis zum Erwerb einer Waffe gilt für die Dauer eines Jahres, die Erlaubnis zum Besitz wird in der Regel unbefristet erteilt.

(1 a) Wer eine Waffe aufgrund einer Erlaubnis nach Absatz 1 Satz 1 erwirbt, hat binnen zwei Wochen der zuständigen Behörde unter Benennung von Name und Anschrift des Überlassenden den Erwerb schriftlich anzuzeigen und seine Waffenbesitzkarte zur Eintragung des Erwerbs vorzulegen.

(2) Eine Waffenbesitzkarte über Schusswaffen, die mehrere Personen besitzen, kann auf diese Personen ausgestellt werden. Eine Waffenbesitzkarte kann auch einem schießsportlichen Verein oder einer jagdlichen Vereinigung als juristischer Person erteilt werden. Sie ist mit der Auflage zu verbinden, dass der Verein der Behörde vor Inbesitznahme von Vereinswaffen unbeschadet des Vorliegens der Voraussetzung

des § 4 Abs. 1 Nr. 5 eine verantwortliche Person zu benennen hat, für die die Voraussetzungen nach § 4 Abs. 1 Nr. 1 bis 3 nachgewiesen sind; diese benannte Person muss nicht vertretungsberechtigtes Organ des Vereins sein. Scheidet die benannte verantwortliche Person aus dem Verein aus oder liegen in ihrer Person nicht mehr alle Voraussetzungen nach § 4 Abs. 1 Nr. 1 bis 3 vor, so ist der Verein verpflichtet, dies unverzüglich der zuständigen Behörde mitzuteilen. Benennt der Verein nicht innerhalb von zwei Wochen eine neue verantwortliche Person, für die die Voraussetzungen nach § 4 Abs. 1 Nr. 1 bis 3 nachgewiesen werden, so ist die dem Verein erteilte Waffenbesitzerlaubnis zu widerrufen und die Waffenbesitzkarte zurückzugeben.

(3) Die Erlaubnis zum Erwerb und Besitz von Munition wird durch Eintragung in eine Waffenbesitzkarte für die darin eingetragenen Schusswaffen erteilt. In den übrigen Fällen wird die Erlaubnis durch einen Munitionserwerbsschein für eine bestimmte Munitionsart erteilt; sie ist für den Erwerb der Munition auf die Dauer von sechs Jahren zu befristen und gilt für den Besitz der Munition unbefristet. Die Erlaubnis zum nicht gewerblichen Laden von Munition im Sinne des Sprengstoffgesetzes gilt auch als Erlaubnis zum Erwerb und Besitz dieser Munition. Nach Ablauf der Gültigkeit des Erlaubnisdokuments gilt die Erlaubnis für den Besitz dieser Munition für die Dauer von sechs Monaten fort.

(4) Die Erlaubnis zum Führen einer Waffe wird durch einen Waffenschein erteilt. Eine Erlaubnis nach Satz 1 zum Führen von Schusswaffen wird für bestimmte Schusswaffen auf höchstens drei Jahre erteilt; die Geltungsdauer kann zweimal um höchstens je drei Jahre verlängert werden, sie ist kürzer zu bemessen, wenn nur ein vorübergehendes Bedürfnis nachgewiesen wird. Der Geltungsbereich des Waffenscheins ist auf bestimmte Anlässe oder Gebiete zu beschränken, wenn ein darüber hinausgehendes Bedürfnis nicht nachgewiesen wird. Die Voraussetzungen für die Erteilung einer Erlaubnis zum Führen von Schreckschuss-, Reizstoff- und Signalwaffen sind in der Anlage 2 Abschnitt 2 Unterabschnitt 3 Nr. 2 und 2.1 genannt (Kleiner Waffenschein).

(5) Die Erlaubnis zum Schießen mit einer Schusswaffe wird durch einen Erlaubnisschein erteilt.

§ 11 Erwerb und Besitz von Schusswaffen oder Munition mit Bezug zu einem anderen Mitgliedstaat der Europäischen Union

(1) Eine Erlaubnis zum Erwerb und Besitz einer Schusswaffe nach Anlage 1 Abschnitt 3 Nr. 1 bis 3 (Kategorien A bis C) oder von Munition für eine solche darf einer Person, die ihren gewöhnlichen Aufenthalt in einem anderen Mitgliedstaat der Europäischen Union (Mitgliedstaat) hat, nur erteilt werden, wenn sie

1. die Schusswaffen oder die Munition in den Mitgliedstaat im Wege der Selbstvornahme verbringen wird oder
2. eine schriftliche Erklärung vorlegt, dass und aus welchen Gründen sie die Schusswaffen oder die Munition nur im Geltungsbereich dieses Gesetzes zu besitzen beabsichtigt.

Die Erlaubnis zum Erwerb oder Besitz einer Schusswaffe nach Anlage 1 Abschnitt 3 Nr. 2 (Kategorie B) oder Munition für eine solche darf nur erteilt werden, wenn über die Voraussetzungen des Satzes 1 hinaus eine vorherige Zustimmung dieses Mitgliedstaates hierzu vorgelegt wird.

(2) Für eine Person mit gewöhnlichem Aufenthalt im Geltungsbereich dieses Gesetzes, die eine Schusswaffe nach Anlage 1 Abschnitt 3 Nr. 2 (Kategorie B) oder Munition für eine solche in einem anderen Mitgliedstaat mit einer Erlaubnis dieses Staates erwerben will, wird eine Erlaubnis erteilt, wenn die Voraussetzungen nach § 4 Abs. 1 Nr. 2 vorliegen.

§ 12 Ausnahmen von den Erlaubnispflichten

(1) Einer Erlaubnis zum Erwerb und Besitz einer Waffe bedarf nicht, wer diese

1. als Inhaber einer Waffenbesitzkarte von einem Berechtigten
   a) lediglich vorübergehend, höchstens aber für einen Monat für einen von seinem Bedürfnis umfassten Zweck oder im Zusammenhang damit, oder
   b) vorübergehend zum Zweck der sicheren Verwahrung oder der Beförderung

   erwirbt;
2. vorübergehend von einem Berechtigten zur gewerbsmäßigen Beförderung, zur gewerbsmäßigen Lagerung oder zur gewerbsmäßigen Ausführung von Verschönerungen oder ähnlicher Arbeiten an der Waffe erwirbt;
3. von einem oder für einen Berechtigten erwirbt, wenn und solange er
   a) auf Grund eines Arbeits- oder Ausbildungsverhältnisses,
   b) als Beauftragter oder Mitglied einer jagdlichen oder schießsportlichen Vereinigung, einer anderen sportlichen Vereinigung zur Abgabe von Startschüssen oder einer zur Brauchtumspflege Waffen tragenden Vereinigung,
   c) als Beauftragter einer in § 55 Abs. 1 Satz 1 bezeichneten Stelle,
   d) als Charterer von seegehenden Schiffen zur Abgabe von Seenotsignalen

   den Besitz über die Waffe nur nach den Weisungen des Berechtigten ausüben darf;
4. von einem anderen,
   a) dem er die Waffe vorübergehend überlassen hat, ohne dass es hierfür der Eintragung in die Erlaubnisurkunde bedurfte, oder
   b) nach dem Abhandenkommen

   wieder erwirbt;
5. auf einer Schießstätte (§ 27) lediglich vorübergehend zum Schießen auf dieser Schießstätte erwirbt;
6. auf einer Reise in den oder durch den Geltungsbereich des Gesetzes nach § 32 berechtigt mitnimmt.

(2) Einer Erlaubnis zum Erwerb und Besitz von Munition bedarf nicht, wer diese

1. unter den Voraussetzungen des Absatzes 1 Nr. 1 bis 4 erwirbt;
2. unter den Voraussetzungen des Absatzes 1 Nr. 5 zum sofortigen Verbrauch lediglich auf dieser Schießstätte (§ 27) erwirbt;
3. auf einer Reise in den oder durch den Geltungsbereich des Gesetzes nach § 32 berechtigt mitnimmt.

(3) Einer Erlaubnis zum Führen von Waffen bedarf nicht, wer

1. diese mit Zustimmung eines anderen in dessen Wohnung, Geschäftsräumen oder befriedetem Besitztum oder dessen Schießstätte zu einem von seinem Bedürfnis umfassten Zweck oder im Zusammenhang damit führt;
2. diese nicht schussbereit und nicht zugriffsbereit von einem Ort zu einem anderen Ort befördert, sofern der Transport der Waffe zu einem von seinem Bedürfnis umfassten Zweck oder im Zusammenhang damit erfolgt;

3. eine Langwaffe nicht schussbereit den Regeln entsprechend als Teilnehmer an genehmigten Sportwettkämpfen auf festgelegten Wegstrecken führt;
4. eine Signalwaffe beim Bergsteigen, als verantwortlicher Führer eines Wasserfahrzeugs auf diesem Fahrzeug oder bei Not- und Rettungsübungen führt;
5. eine Schreckschuss- oder eine Signalwaffe zur Abgabe von Start- oder Beendigungszeichen bei Sportveranstaltungen führt, wenn optische oder akustische Signalgebung erforderlich ist.

(4) Einer Erlaubnis zum Schießen mit einer Schusswaffe bedarf nicht, wer auf einer Schießstätte (§ 27) schießt. Das Schießen außerhalb von Schießstätten ist darüber hinaus ohne Schießerlaubnis nur zulässig
1. durch den Inhaber des Hausrechts oder mit dessen Zustimmung im befriedeten Besitztum
   a) mit Schusswaffen, deren Geschossen eine Bewegungsenergie von nicht mehr als 7,5 Joule (J) erteilt wird oder deren Bauart nach § 7 des Beschussgesetzes zugelassen ist, sofern die Geschosse das Besitztum nicht verlassen können,
   b) mit Schusswaffen, aus denen nur Kartuschenmunition verschossen werden kann,
2. durch Personen, die den Regeln entsprechend als Teilnehmer an genehmigten Sportwettkämpfen nach Absatz 3 Nr. 3 mit einer Langwaffe an Schießständen schießen,
3. mit Schusswaffen, aus denen nur Kartuschenmunition verschossen werden kann,
   a) durch Mitwirkende an Theateraufführungen und diesen gleich zu achtenden Vorführungen,
   b) zum Vertreiben von Vögeln in landwirtschaftlichen Betrieben,
4. mit Signalwaffen bei Not- und Rettungsübungen,
5. mit Schreckschuss- oder mit Signalwaffen zur Abgabe von Start- oder Beendigungszeichen im Auftrag der Veranstalter bei Sportveranstaltungen, wenn optische oder akustische Signalgebung erforderlich ist.

(5) Die zuständige Behörde kann im Einzelfall weitere Ausnahmen von den Erlaubnispflichten zulassen, wenn besondere Gründe vorliegen und Belange der öffentlichen Sicherheit und Ordnung nicht entgegenstehen.

Unterabschnitt 3 Besondere Erlaubnistatbestände für bestimmte Personengruppen

§ 13 Erwerb und Besitz von Schusswaffen und Munition durch Jäger, Führen und Schießen zu Jagdzwecken

(1) Ein Bedürfnis für den Erwerb und Besitz von Schusswaffen und der dafür bestimmten Munition wird bei Personen anerkannt, die Inhaber eines gültigen Jagdscheines im Sinne von § 15 Abs. 1 Satz 1 des Bundesjagdgesetzes sind (Jäger), wenn
1. glaubhaft gemacht wird, dass sie die Schusswaffen und die Munition zur Jagdausübung oder zum Training im jagdlichen Schießen einschließlich jagdlicher Schießwettkämpfe benötigen, und
2. die zu erwerbende Schusswaffe und Munition nach dem Bundesjagdgesetz in der zum Zeitpunkt des Erwerbs geltenden Fassung nicht verboten ist (Jagdwaffen und -munition).

(2) Für Jäger gilt § 6 Abs. 3 Satz 1 nicht. Bei Jägern, die Inhaber eines Jahresjagdscheines im Sinne von § 15 Abs. 2 in Verbindung mit Abs. 1 Satz 1 des Bundesjagdgesetzes sind, erfolgt keine Prüfung der Voraussetzungen des Absatzes 1 Nr. 1 sowie des § 4 Abs. 1 Nr. 4 für den Erwerb und Besitz von Langwaffen und zwei Kurzwaffen, sofern die Voraussetzungen des Absatzes 1 Nr. 2 vorliegen.

(3) Inhaber eines gültigen Jahresjagdscheines im Sinne des § 15 Abs. 2 in Verbindung mit Abs. 1 Satz 1 des Bundesjagdgesetzes bedürfen zum Erwerb von Langwaffen nach Absatz 1 Nr. 2 keiner Erlaubnis. Die Ausstellung der Waffenbesitzkarte oder die Eintragung in eine bereits erteilte Waffenbesitzkarte ist binnen zwei Wochen durch den Erwerber zu beantragen.

(4) Für den Erwerb und vorübergehenden Besitz gemäß § 12 Abs. 1 Nr. 1 von Langwaffen nach Absatz 1 Nr. 2 steht ein Jagdschein im Sinne von § 15 Abs. 1 Satz 1 des Bundesjagdgesetzes einer Waffenbesitzkarte gleich.

(5) Jäger bedürfen für den Erwerb und Besitz von Munition für Langwaffen nach Absatz 1 Nr. 2 keiner Erlaubnis, sofern sie nicht nach dem Bundesjagdgesetz in der jeweiligen Fassung verboten ist.

(6) Ein Jäger darf Jagdwaffen zur befugten Jagdausübung einschließlich des Ein- und Anschießens im Revier, zur Ausbildung von Jagdhunden im Revier, zum Jagdschutz oder zum Forstschutz ohne Erlaubnis führen und mit ihnen schießen; er darf auch im Zusammenhang mit diesen Tätigkeiten die Jagdwaffen nicht schussbereit ohne Erlaubnis führen. Der befugten Jagdausübung gleichgestellt ist der Abschuss von Tieren, die dem Naturschutzrecht unterliegen, wenn die naturschutzrechtliche Ausnahme oder Befreiung die Tötung durch einen Jagdscheininhaber vorsieht.

(7) Inhabern eines Jugendjagdscheines im Sinne von § 16 des Bundesjagdgesetzes wird eine Erlaubnis zum Erwerb und Besitz von Schusswaffen und der dafür bestimmten Munition nicht erteilt. Sie dürfen Schusswaffen und die dafür bestimmte Munition nur für die Dauer der Ausübung der Jagd oder des Trainings im jagdlichen Schießen einschließlich jagdlicher Schießwettkämpfe ohne Erlaubnis erwerben, besitzen, die Schusswaffen führen und damit schießen; sie dürfen auch im Zusammenhang mit diesen Tätigkeiten die Jagdwaffen nicht schussbereit ohne Erlaubnis führen.

(8) Personen in der Ausbildung zum Jäger dürfen nicht schussbereite Jagdwaffen in der Ausbildung ohne Erlaubnis unter Aufsicht eines Ausbilders erwerben, besitzen und führen, wenn sie das 14. Lebensjahr vollendet haben und der Sorgeberechtigte und der Ausbildungsleiter ihr Einverständnis in einer von beiden unterzeichneten Berechtigungsbescheinigung erklärt haben. Die Person hat in der Ausbildung die Berechtigungsbescheinigung mit sich zu führen.

§ 14 Erwerb und Besitz von Schusswaffen und Munition durch Sportschützen

(1) Die Erlaubnis zum Erwerb und Besitz von Schusswaffen und Munition zum Zweck des sportlichen Schießens wird abweichend von § 4 Abs. 1 Nr. 1 nur erteilt, wenn der Antragsteller das 21. Lebensjahr vollendet hat. Satz 1 gilt nicht für den Erwerb und Besitz von Schusswaffen bis zu einem Kaliber von 5,6 mm lfB (.22 l.r.) für Munition mit Randfeuerzündung, wenn die Mündungsenergie der Geschosse höchstens 200 Joule (J) beträgt, und Einzellader-Langwaffen mit glatten Läufen mit Kaliber 12 oder kleiner, sofern das sportliche Schießen mit solchen Waffen durch die genehmigte Sportordnung eines Schießsportverbandes zugelassen ist.

(2) Ein Bedürfnis für den Erwerb und Besitz von Schusswaffen und der dafür bestimmten Munition wird bei Mitgliedern eines Schießsportvereins anerkannt, der einem nach § 15 Abs. 1 anerkannten Schießsportverband angehört. Durch eine Bescheinigung des Schießsportverbandes oder eines ihm angegliederten Teilverbandes ist glaubhaft zu machen, dass

1. das Mitglied seit mindestens zwölf Monaten den Schießsport in einem Verein regelmäßig als Sportschütze betreibt und
2. die zu erwerbende Waffe für eine Sportdisziplin nach der Sportordnung des Schießsportverbandes zugelassen und erforderlich ist.

Innerhalb von sechs Monaten dürfen in der Regel nicht mehr als zwei Schusswaffen erworben werden.

(3) Ein Bedürfnis von Sportschützen nach Absatz 2 für den Erwerb und Besitz von mehr als drei halbautomatischen Langwaffen und mehr als zwei mehrschüssigen Kurzwaffen für Patronenmunition sowie der hierfür erforderlichen Munition wird unter Beachtung des Absatzes 2 durch Vorlage einer Bescheinigung des Schießsportverbandes des Antragstellers glaubhaft gemacht, wonach die weitere Waffe

1. von ihm zur Ausübung weiterer Sportdisziplinen benötigt wird oder
2. zur Ausübung des Wettkampfsports erforderlich ist

und der Antragsteller regelmäßig an Schießsportwettkämpfen teilgenommen hat.

(4) Sportschützen, die dem Schießsport in einem Schießsportverband nach § 15 Abs. 1 als gemeldetes Mitglied nachgehen, wird abweichend von § 10 Abs. 1 Satz 3 unter Beachtung des Absatzes 2 Satz 2 Nr. 1 und Satz 3 eine unbefristete Erlaubnis erteilt, die zum Erwerb von Einzellader-Langwaffen mit glatten und gezogenen Läufen, von Repetier-Langwaffen mit gezogenen Läufen sowie von einläufigen Einzellader-Kurzwaffen für Patronenmunition und von mehrschüssigen Kurz- und Langwaffen mit Zündhütchenzündung (Perkussionswaffen) berechtigt. Die Eintragung von Waffen, die auf Grund dieser unbefristeten Erlaubnis erworben wurden, in die Waffenbesitzkarte ist durch den Erwerber binnen zwei Wochen zu beantragen.

§ 15 Schießsportverbände, schießsportliche Vereine

(1) Als Schießsportverband im Sinne dieses Gesetzes wird ein überörtlicher Zusammenschluss schießsportlicher Vereine anerkannt, der

1. wenigstens in jedem Land, in dem seine Sportschützen ansässig sind, in schießsportlichen Vereinen organisiert ist,
2. mindestens 10 000 Sportschützen, die mit Schusswaffen schießen, als Mitglieder insgesamt in seinen Vereinen hat,
3. den Schießsport als Breitensport und Leistungssport betreibt,
4. a) auf eine sachgerechte Ausbildung in den schießsportlichen Vereinen und
   b) zur Förderung des Nachwuchses auf die Durchführung eines altersgerechten Schießsports für Kinder oder Jugendliche in diesen Vereinen

   hinwirkt,
5. regelmäßig überregionale Wettbewerbe organisiert oder daran teilnimmt,
6. den sportlichen Betrieb in den Vereinen auf der Grundlage einer genehmigten Schießsportordnung organisiert und
7. im Rahmen eines festgelegten Verfahrens die ihm angehörenden schießsportlichen Vereine verpflichtet und regelmäßig darauf überprüft, dass diese
   a) die ihnen nach diesem Gesetz oder auf Grund dieses Gesetzes obliegenden Pflichten erfüllen,

b) einen Nachweis über die Häufigkeit der schießsportlichen Aktivitäten jedes ihrer Mitglieder während der ersten drei Jahre, nachdem diesem erstmalig eine Waffenbesitzkarte als Sportschütze erteilt wurde, führen und
c) über eigene Schießstätten für die nach der Schießsportordnung betriebenen Disziplinen verfügen oder geregelte Nutzungsmöglichkeiten für derartige Schießstätten nachweisen.

(2) Von den Voraussetzungen des Absatzes 1 Nr. 1, 2 oder 4 Buchstabe b kann abgewichen werden, wenn die besondere Eigenart des Verbandes dies erfordert, öffentliche Interessen nicht entgegenstehen und der Verband die Gewähr dafür bietet, die sonstigen Anforderungen nach Absatz 1 an die geordnete Ausübung des Schießsports zu erfüllen. Ein Abweichen von dem Erfordernis nach Absatz 1 Nr. 2 ist unter Beachtung des Satzes 1 nur bei Verbänden zulässig, die mindestens 2000 Sportschützen, die mit Schusswaffen schießen, als Mitglieder in ihren Vereinen haben.

(3) Die Anerkennung nach Absatz 1 erfolgt durch das Bundesverwaltungsamt im Benehmen mit den nach § 48 Abs. 1 zuständigen Behörden des Landes, in dem der Schießsportverband seinen Sitz hat, und, soweit nicht der Schießsportverband nur auf dem Gebiet dieses Landes tätig ist, im Benehmen mit den nach § 48 Abs. 1 zuständigen Behörden der übrigen Länder.

(4) Die zuständige Behörde hat das Recht, jederzeit den Nachweis über das Vorliegen der Voraussetzungen für die Anerkennung zu verlangen. Die Anerkennung kann zurückgenommen werden, wenn die Voraussetzungen nach Absatz 1 für ihre Erteilung nicht vorgelegen haben; sie ist zurückzunehmen, wenn die Voraussetzungen weiterhin nicht vorliegen. Die Anerkennung ist zu widerrufen, wenn eine der Voraussetzungen für ihre Erteilung nachträglich entfallen ist. Anerkennung, Rücknahme und Widerruf sind im Bundesanzeiger zu veröffentlichen. Vom Zeitpunkt der Unanfechtbarkeit der Aufhebung der Anerkennung an sind die Bescheinigungen des betreffenden Verbandes nach § 14 Abs. 2 und 3 nicht mehr als geeignete Mittel zur Glaubhaftmachung anzuerkennen. Sofern der Grund für die Aufhebung der Anerkennung Zweifel an der inhaltlichen Richtigkeit von Bescheinigungen aufkommen lässt, können die Behörden bereits ab der Einleitung der Anhörung von der Anerkennung der Bescheinigungen absehen. Die Anerkennungsbehörde unterrichtet die nach Absatz 3 an der Anerkennung beteiligten Stellen von der Einleitung und dem Abschluss des Verfahrens zur Aufhebung der Anerkennung.

(5) Der schießsportliche Verein ist verpflichtet, der zuständigen Behörde Sportschützen, die Inhaber einer Waffenbesitzkarte sind und die aus ihrem Verein ausgeschieden sind, unverzüglich zu benennen.

(6) (weggefallen)

(7) (weggefallen)

§ 15 a Sportordnungen

(1) Sportliches Schießen liegt dann vor, wenn nach festen Regeln einer genehmigten Sportordnung geschossen wird. Schießübungen des kampfmäßigen Schießens, insbesondere die Verwendung von Zielen oder Scheiben, die Menschen darstellen oder symbolisieren, sind im Schießsport nicht zulässig.

(2) Das Bundesverwaltungsamt entscheidet über die Genehmigung der Teile der Sportordnungen von Verbänden und Vereinen, die für die Ausführung dieses Geset-

zes und der auf seiner Grundlage erlassenen Rechtsverordnungen erheblich sind. Die Genehmigung einer Sportordnung muss im besonderen öffentlichen Interesse liegen. Änderungen von Sportordnungen sind dem Bundesverwaltungsamt zur Prüfung vorzulegen. Sofern das Bundesverwaltungsamt nicht binnen drei Monaten Änderungen verlangt oder dem Betroffenen mitteilt, dass die Prüfung aus anderen wichtigen Gründen nicht abgeschlossen werden kann, gilt die Änderung als genehmigt. Die Frist nach Satz 3 beginnt mit Zugang aller erforderlichen Prüfunterlagen beim Bundesverwaltungsamt.

(3) Die Genehmigung einer Sportordnung ohne gleichzeitige Anerkennung als Verband nach § 15 Abs. 1 kann erfolgen, wenn die Vorgaben des Buchstabens a des § 15 Abs. 1 Nr. 4 und der Buchstaben a bis c des § 15 Abs. 1 Nr. 7 erfüllt sind.

(4) Das Bundesministerium des Innern wird ermächtigt, durch Rechtsverordnung mit Zustimmung des Bundesrates zur Abwehr von Gefahren für die öffentliche Sicherheit oder Ordnung unter Berücksichtigung der berechtigten Interessen des Schießsports Vorschriften über die Anforderungen und die Inhalte der Sportordnungen zum sportlichen Schießen zu erlassen und insbesondere zu bestimmen, dass vom Schießsport bestimmte Schusswaffen wegen ihrer Konstruktion, ihrer Handhabung oder Wirkungsweise ganz oder teilweise ausgeschlossen sind.

§ 15b Fachbeirat Schießsport

Das Bundesministerium des Innern wird ermächtigt, durch Rechtsverordnung mit Zustimmung des Bundesrates einen Ausschuss zu bilden, in den neben Vertretern der beteiligten Bundes- und Landesbehörden auch Vertreter des Sports zu berufen sind und der das Bundesverwaltungsamt in Fragen der Anerkennung eines Schießsportverbandes und der Genehmigung von Schießsportordnungen nach § 15a Abs. 2 und 3 unter Berücksichtigung waffentechnischer Fragen berät.

§ 16 Erwerb und Besitz von Schusswaffen und Munition durch Brauchtumsschützen, Führen von Waffen und Schießen zur Brauchtumspflege

(1) Ein Bedürfnis für den Erwerb und Besitz von Einzellader-Langwaffen und bis zu drei Repetier-Langwaffen sowie der dafür bestimmten Munition wird bei Mitgliedern einer zur Brauchtumspflege Waffen tragenden Vereinigung (Brauchtumsschützen) anerkannt, wenn sie durch eine Bescheinigung der Brauchtumsschützenvereinigung glaubhaft machen, dass sie diese Waffen zur Pflege des Brauchtums benötigen.

(2) Für Veranstaltungen, bei denen es Brauch ist, aus besonderem Anlass Waffen zu tragen, kann für die Dauer von fünf Jahren die Ausnahmebewilligung zum Führen von in Absatz 1 Satz 1 genannten Schusswaffen sowie von sonstigen zur Brauchtumspflege benötigten Waffen im Sinne des § 1 Abs. 2 Nr. 2 einem verantwortlichen Leiter der Brauchtumsschützenvereinigung unter den Voraussetzungen des § 42 Abs. 2 erteilt werden, wenn gewährleistet ist, dass die erforderliche Sorgfalt beachtet wird.

(3) Die Erlaubnis zum Schießen mit den in Absatz 1 Satz 1 genannten Schusswaffen außerhalb von Schießstätten mit Kartuschenmunition bei Veranstaltungen nach Absatz 2 kann für die Dauer von fünf Jahren einem verantwortlichen Leiter der Brauchtumsschützenvereinigung erteilt werden. Sie ist zu versagen, wenn

1. in dessen Person eine Voraussetzung nach § 4 Abs. 1 Nr. 1 bis 4 nicht vorliegt,
2. die Beachtung der erforderlichen Sorgfalt nicht gewährleistet ist,
3. Gefahren oder erhebliche Nachteile für Einzelne oder die Allgemeinheit zu befürchten sind und nicht durch Auflagen verhindert werden können oder
4. kein Haftpflichtversicherungsschutz gemäß § 4 Abs. 1 Nr. 5 nachgewiesen ist.

Die Erlaubnis nach Satz 1 kann mit der Ausnahmebewilligung nach Absatz 2 verbunden werden.

(4) Brauchtumsschützen dürfen in den Fällen der Absätze 2 und 3 oder bei Vorliegen einer Ausnahmebewilligung nach § 42 Abs. 2 die Schusswaffen ohne Erlaubnis führen und damit schießen. Sie dürfen die zur Pflege des Brauchtums benötigten Schusswaffen auch im Zusammenhang mit Veranstaltungen, bei denen es Brauch ist, aus besonderem Anlass Waffen zu tragen, für die eine Erlaubnis nach Absatz 2 oder nach § 42 Abs. 2 erteilt wurde, ohne Erlaubnis führen.

§ 17 Erwerb und Besitz von Schusswaffen oder Munition durch Waffen- oder Munitionssammler

(1) Ein Bedürfnis zum Erwerb und Besitz von Schusswaffen oder Munition wird bei Personen anerkannt, die glaubhaft machen, dass sie Schusswaffen oder Munition für eine kulturhistorisch bedeutsame Sammlung (Waffensammler, Munitionssammler) benötigen; kulturhistorisch bedeutsam ist auch eine wissenschaftlich-technische Sammlung.

(2) Die Erlaubnis zum Erwerb von Schusswaffen oder Munition wird in der Regel unbefristet erteilt. Sie kann mit der Auflage verbunden werden, der Behörde in bestimmten Zeitabständen eine Aufstellung über den Bestand an Schusswaffen vorzulegen.

(3) Die Erlaubnis zum Erwerb und Besitz von Schusswaffen oder Munition wird auch einem Erben, Vermächtnisnehmer oder durch Auflage Begünstigten (Erwerber infolge eines Erbfalls) erteilt, der eine vorhandene Sammlung des Erblassers im Sinne des Absatzes 1 fortführt.

§ 18 Erwerb und Besitz von Schusswaffen oder Munition durch Waffen- oder Munitionssachverständige

(1) Ein Bedürfnis zum Erwerb und Besitz von Schusswaffen oder Munition wird bei Personen anerkannt, die glaubhaft machen, dass sie Schusswaffen oder Munition für wissenschaftliche oder technische Zwecke, zur Erprobung, Begutachtung, Untersuchung oder zu einem ähnlichen Zweck (Waffen-, Munitionssachverständige) benötigen.

(2) Die Erlaubnis zum Erwerb von Schusswaffen oder Munition wird in der Regel
1. für Schusswaffen oder Munition jeder Art und
2. unbefristet

erteilt. Sie kann mit der Auflage verbunden werden, der Behörde in bestimmten Zeitabständen eine Aufstellung über den Bestand an Schusswaffen vorzulegen. Auf den Inhaber einer Waffenbesitzkarte für Schusswaffen jeder Art findet im Fall des Erwerbs einer Schusswaffe § 10 Abs. 1a keine Anwendung, wenn der Besitz nicht länger als drei Monate ausgeübt wird.

§ 19 Erwerb und Besitz von Schusswaffen und Munition, Führen von Schusswaffen durch gefährdete Personen

(1) Ein Bedürfnis zum Erwerb und Besitz einer Schusswaffe und der dafür bestimmten Munition wird bei einer Person anerkannt, die glaubhaft macht,
1. wesentlich mehr als die Allgemeinheit durch Angriffe auf Leib oder Leben gefährdet zu sein und
2. dass der Erwerb der Schusswaffe und der Munition geeignet und erforderlich ist, diese Gefährdung zu mindern.

(2) Ein Bedürfnis zum Führen einer Schusswaffe wird anerkannt, wenn glaubhaft gemacht ist, dass die Voraussetzungen nach Absatz 1 auch außerhalb der eigenen Wohnung, Geschäftsräume oder des eigenen befriedeten Besitztums vorliegen.

§ 20 Erwerb und Besitz von Schusswaffen durch Erwerber infolge Erbfalls

(1) Der Erbe hat binnen eines Monats nach der Annahme der Erbschaft oder dem Ablauf der für die Ausschlagung der Erbschaft vorgeschriebenen Frist die Ausstellung einer Waffenbesitzkarte für die zum Nachlass gehörenden erlaubnispflichtigen Schusswaffen oder ihre Eintragung in eine bereits ausgestellte Waffenbesitzkarte zu beantragen; für den Vermächtnisnehmer oder durch Auflage Begünstigten beginnt diese Frist mit dem Erwerb der Schusswaffen.

(2) Dem Erwerber infolge eines Erbfalls ist die gemäß Absatz 1 beantragte Erlaubnis abweichend von § 4 Abs. 1 zu erteilen, wenn der Erblasser berechtigter Besitzer war und der Antragsteller zuverlässig und persönlich geeignet ist.

(3) Für erlaubnispflichtige Schusswaffen und erlaubnispflichtige Munition, für die der Erwerber infolge eines Erbfalles ein Bedürfnis nach § 8 oder §§ 13 ff. geltend machen kann, sind die Vorschriften des § 4 Abs. 1 Nr. 1 bis 3 und des § 8 und der §§ 13 bis 18 anzuwenden. Kann kein Bedürfnis geltend gemacht werden, sind Schusswaffen durch ein dem Stand der Technik entsprechendes Blockiersystem zu sichern und ist erlaubnispflichtige Munition binnen angemessener Frist unbrauchbar zu machen oder einem Berechtigten zu überlassen. Einer Sicherung durch ein Blockiersystem bedarf es nicht, wenn der Erwerber der Erbwaffe bereits aufgrund eines Bedürfnisses nach § 8 oder §§ 13 ff. berechtigter Besitzer einer erlaubnispflichtigen Schusswaffe ist. Für den Transport der Schusswaffe im Zusammenhang mit dem Einbau des Blockiersystems gilt § 12 Abs. 3 Nr. 2 entsprechend.

(4) Das Bundesministerium des Innern erstellt nach Anhörung eines Kreises von Vertretern der Wissenschaft, der Betroffenen, der beteiligten Wirtschaft und der für das Waffenrecht zuständigen obersten Landesbehörden dem Stand der Sicherheitstechnik entsprechende Regeln (Technische Richtlinie – Blockiersysteme für Erbwaffen) für ein Blockiersystem nach Absatz 3 Satz 2 sowie für dessen Zulassungsverfahren und veröffentlicht diese im Bundesanzeiger. Die Prüfung der Konformität und die Zulassung neu entwickelter Blockiersysteme gemäß der Technischen Richtlinie erfolgt durch die Physikalisch-Technische Bundesanstalt.

(5) Der Einbau und die Entsperrung von Blockiersystemen darf nur durch hierin eingewiesene Inhaber einer Waffenherstellungserlaubnis oder einer Waffenhandelserlaubnis nach § 21 Abs. 1 oder durch deren hierzu bevollmächtigten Mitarbeiter erfolgen. Die vorübergehende Entsperrung aus besonderem Anlass ist möglich. Die Zeitpunkte aller Einbauten und Entsperrungen sind schriftlich festzuhalten. § 39 Abs. 1 Satz 1 gilt entsprechend.

(6) In der Waffenbesitzkarte ist von der Waffenbehörde einzutragen, dass die Schusswaffe mit einem Blockiersystem gesichert wurde.

(7) Die Waffenbehörde hat auf Antrag Ausnahmen von der Verpflichtung, alle Erbwaffen mit einem dem Stand der Sicherheitstechnik entsprechenden Blockiersystem zu sichern, zuzulassen, wenn oder so lange für eine oder mehrere Erbwaffen ein entsprechendes Blockiersystem noch nicht vorhanden ist. Eine Ausnahme kann auch für Erbwaffen erteilt werden, die Bestandteil einer kulturhistorisch bedeutsamen Sammlung gemäß § 17 sind oder werden sollen.

Unterabschnitt 4 Besondere Erlaubnistatbestände für Waffenherstellung, Waffenhandel, Schießstätten, Bewachungsunternehmer

§ 21 Gewerbsmäßige Waffenherstellung, Waffenhandel

(1) Die Erlaubnis zur gewerbsmäßig oder selbstständig im Rahmen einer wirtschaftlichen Unternehmung betriebenen Herstellung, Bearbeitung oder Instandsetzung von Schusswaffen oder Munition wird durch eine Waffenherstellungserlaubnis, die Erlaubnis zum entsprechend betriebenen Handel mit Schusswaffen oder Munition durch eine Waffenhandelserlaubnis erteilt. Sie kann auf bestimmte Schusswaffen- und Munitionsarten beschränkt werden.

(2) Die Waffenherstellungserlaubnis nach Absatz 1 Satz 1 schließt für Schusswaffen oder Munition, auf die sich die Erlaubnis erstreckt, die Erlaubnis zum vorläufigen oder endgültigen Überlassen an Inhaber einer Waffenherstellungs- oder Waffenhandelserlaubnis sowie zum Erwerb für Zwecke der Waffenherstellung ein. Bei in die Handwerksrolle eingetragenen Büchsenmachern schließt die Waffenherstellungserlaubnis die Erlaubnis zum Waffenhandel ein.

(3) Die Erlaubnis ist zu versagen, wenn
1. der Antragsteller die erforderliche Zuverlässigkeit (§ 5) oder persönliche Eignung (§ 6) nicht besitzt,
2. der Antragsteller die für die erlaubnispflichtige Tätigkeit bei handwerksmäßiger Betriebsweise erforderlichen Voraussetzungen nach der Handwerksordnung nicht erfüllt, soweit eine Erlaubnis zu einer entsprechenden Waffenherstellung beantragt wird,
3. der Antragsteller nicht die erforderliche Fachkunde nachweist, soweit eine Erlaubnis zum Waffenhandel beantragt wird; dies gilt nicht, wenn der Antragsteller weder den Betrieb, eine Zweigniederlassung noch eine unselbstständige Zweigstelle selbst leitet.

(4) Die Erlaubnis kann versagt werden, wenn der Antragsteller
1. nicht Deutscher im Sinne des Artikels 116 des Grundgesetzes ist oder
2. weder seinen gewöhnlichen Aufenthalt noch eine gewerbliche Niederlassung im Geltungsbereich dieses Gesetzes hat.

(5) Die Erlaubnis erlischt, wenn der Erlaubnisinhaber die Tätigkeit nicht innerhalb eines Jahres nach Erteilung der Erlaubnis begonnen oder ein Jahr lang nicht ausgeübt hat. Die Fristen können aus besonderen Gründen verlängert werden.

(6) Der Inhaber einer Erlaubnis nach Absatz 1 hat die Aufnahme und Einstellung des Betriebs sowie die Eröffnung und Schließung einer Zweigniederlassung oder einer unselbstständigen Zweigstelle innerhalb von zwei Wochen der zuständigen Behörde anzuzeigen.

(7) Die zuständige Behörde unterrichtet das Bundeskriminalamt, die Landeskriminalämter und das Bundesamt für Wirtschaft und Ausfuhrkontrolle über das Erlöschen einer Erlaubnis nach Absatz 5 Satz 1 und über die Rücknahme oder den Widerruf einer Erlaubnis nach Absatz 1.

§ 21 a Stellvertretungserlaubnis

Wer ein erlaubnisbedürftiges Waffengewerbe durch einen Stellvertreter betreiben will, bedarf einer Stellvertretererlaubnis; sie wird dem Erlaubnisinhaber für einen bestimmten Stellvertreter erteilt und kann befristet werden. Dies gilt auch für die Beauftragung einer Person mit der Leitung einer Zweigniederlassung oder einer unselbstständigen Zweigstelle. Die Vorschriften des § 21 gelten entsprechend.

§ 22 Fachkunde

(1) Die Fachkunde ist durch eine Prüfung vor der zuständigen Behörde nachzuweisen. Die Fachkunde braucht nicht nachzuweisen, wer die Voraussetzungen für die Eintragung eines Büchsenmacherbetriebes in die Handwerksrolle erfüllt.

(2) Das Bundesministerium des Innern wird ermächtigt, durch Rechtsverordnung mit Zustimmung des Bundesrates Vorschriften über

1. die notwendigen Anforderungen an die waffentechnischen und waffenrechtlichen Kenntnisse, auch beschränkt auf bestimmte Waffen- und Munitionsarten (Fachkunde),
2. die Prüfung und das Prüfungsverfahren einschließlich der Errichtung von Prüfungsausschüssen,
3. die Anforderungen an Art, Umfang und Nachweis der beruflichen Tätigkeit nach Absatz 1 Satz 2

zu erlassen.

§ 23 Waffenbücher

(1) Wer gewerbsmäßig Schusswaffen herstellt, hat ein Waffenherstellungsbuch zu führen, aus dem die Art und Menge der Schusswaffen sowie ihr Verbleib hervorgehen. Satz 1 ist nicht anzuwenden auf Schusswaffen, deren Bauart nach den §§ 7 und 8 des Beschussgesetzes zugelassen ist oder die der Anzeigepflicht nach § 9 des Beschussgesetzes unterliegen, sowie auf wesentliche Teile von erlaubnisfreien Schusswaffen.

(2) Wer gewerbsmäßig Schusswaffen erwirbt, vertreibt oder anderen überlässt, hat ein Waffenhandelsbuch zu führen, aus dem die Art und Menge der Schusswaffen, ihre Herkunft und ihr Verbleib hervorgehen. Satz 1 ist nicht anzuwenden auf

1. Schusswaffen im Sinne des Absatzes 1 Satz 2, die vom Hersteller oder demjenigen, der die Schusswaffen in den Geltungsbereich dieses Gesetzes verbracht hat, mit dem auf Grund einer Rechtsverordnung nach § 25 Abs. 1 Nr. 1 Buchstabe c bestimmten Kennzeichen versehen sind,
2. Schusswaffen, über die in demselben Betrieb ein Waffenherstellungsbuch nach Absatz 1 zu führen ist,
3. Verwahr-, Reparatur- und Kommissionswaffen.

§ 24 Kennzeichnungspflicht, Markenanzeigepflicht

(1) Wer gewerbsmäßig Schusswaffen herstellt oder in den Geltungsbereich dieses Gesetzes verbringt, hat unverzüglich mindestens auf einem wesentlichen Teil der Waffe deutlich sichtbar und dauerhaft folgende Angaben anzubringen:

1. den Namen, die Firma oder eine eingetragene Marke eines Waffenherstellers oder -händlers, der im Geltungsbereich dieses Gesetzes eine gewerbliche Niederlassung hat,
2. das Herstellungsland (zweistelliges Landeskürzel nach ISO 3166),
3. die Bezeichnung der Munition oder, wenn keine Munition verwendet wird, die Bezeichnung der Geschosse,
4. bei Importwaffen zusätzlich das Einfuhrland (Landeskürzel nach ISO 3166) und das Einfuhrjahr und
5. eine fortlaufende Nummer (Seriennummer).

Die Seriennummer nach Satz 1 Nr. 5 ist bei zusammengesetzten Langwaffen auf dem Lauf und bei zusammengesetzten Kurzwaffen auf dem Griffstück anzubringen. Satz 2 gilt nur für Schusswaffen, die ab dem 1. April 2008 hergestellt, auf Dauer erworben oder in den Geltungsbereich des Gesetzes verbracht werden. Auf erlaubnispflichtige Schusswaffen, die Bestandteil einer kulturhistorisch bedeutsamen Sammlung im Sinne des § 17 sind oder werden sollen, sind Satz 1 und 2 nicht anzuwenden. Auf Schusswaffen im Sinne des § 23 Abs. 1 Satz 2 ist Satz 1 Nr. 2, 4 und 5 nicht anzuwenden. Wesentliche Teile erlaubnispflichtiger Schusswaffen sind gesondert mit einer Seriennummer zu kennzeichnen und in Waffenbüchern nach § 23 zu erfassen, wenn sie einzeln gehandelt werden.

(2) Schusswaffen, deren Geschossen eine Bewegungsenergie von nicht mehr als 7,5 Joule erteilt wird, müssen eine Typenbezeichnung sowie das Kennzeichen nach Anlage 1 Abbildung 1 zur Ersten Verordnung zum Waffengesetz vom 24. Mai 1976 (BGBl. I S. 1285) in der zum Zeitpunkt des Inkrafttretens dieses Gesetzes geltenden Fassung oder ein durch Rechtsverordnung nach § 25 Abs. 1 Nr. 1 Buchstabe c bestimmtes Zeichen tragen.

(3) Wer gewerbsmäßig Munition herstellt oder in den Geltungsbereich dieses Gesetzes verbringt, hat unverzüglich auf der kleinsten Verpackungseinheit Zeichen anzubringen, die den Hersteller, die Fertigungsserie (Fertigungszeichen), die Zulassung und die Bezeichnung der Munition erkennen lassen; das Herstellerzeichen und die Bezeichnung der Munition sind auch auf der Hülse anzubringen. Munition, die wiedergeladen wird, ist außerdem mit einem besonderen Kennzeichen zu versehen. Als Hersteller gilt auch derjenige, unter dessen Namen, Firma oder Marke die Munition vertrieben oder anderen überlassen wird und der die Verantwortung dafür übernimmt, dass die Munition den Vorschriften dieses Gesetzes entspricht.

(4) Wer Waffenhandel betreibt, darf Schusswaffen oder Munition anderen gewerbsmäßig nur überlassen, wenn er festgestellt hat, dass die Schusswaffen gemäß Absatz 1 gekennzeichnet sind, oder wenn er auf Grund von Stichproben überzeugt ist, dass die Munition nach Absatz 3 mit dem Herstellerzeichen gekennzeichnet ist.

(5) Wer gewerbsmäßig Schusswaffen, Munition oder Geschosse für Schussapparate herstellt, Munition wiederlädt oder im Geltungsbereich dieses Gesetzes mit diesen Gegenständen Handel treibt und eine Marke für diese Gegenstände benutzen will, hat dies der Physikalisch-Technischen Bundesanstalt unter Vorlage der Marke vor-

her schriftlich anzuzeigen. Verbringer, die die Marke eines Herstellers aus einem anderen Staat benutzen wollen, haben diese Marke anzuzeigen.

(6) Absatz 3 Satz 3 und Absatz 4 gelten nicht, sofern es sich um Munition handelt, die Teil einer Sammlung (§ 17 Abs. 1) oder für eine solche bestimmt ist.

§ 25 Ermächtigungen und Anordnungen

(1) Das Bundesministerium des Innern wird ermächtigt, durch Rechtsverordnung mit Zustimmung des Bundesrates zur Durchführung der §§ 23 und 24

1. Vorschriften zu erlassen über
   a) Inhalt und Führung des Waffenherstellungs- und Waffenhandelsbuches,
   b) Aufbewahrung und Vorlage des Waffenherstellungs- und Waffenhandelsbuches,
   c) eine besondere Kennzeichnung bestimmter Waffen- und Munitionsarten sowie über die Art, Form und Aufbringung dieser Kennzeichnung,
2. zu bestimmen,
   a) auf welchen wesentlichen Teilen der Schusswaffe die Kennzeichen anzubringen sind und wie die Schusswaffen nach einem Austausch, einer Veränderung oder einer Umarbeitung wesentlicher Teile zu kennzeichnen sind,
   b) dass bestimmte Waffen- und Munitionsarten von der in § 24 vorgeschriebenen Kennzeichnung ganz oder teilweise befreit sind.

(2) Ist eine kennzeichnungspflichtige Schusswaffe nicht mit einer fortlaufenden Nummer (§ 24 Abs. 1 Satz 1 Nummer 5) gekennzeichnet, so kann die zuständige Behörde – auch nachträglich – anordnen, dass der Besitzer ein bestimmtes Kennzeichen anbringen lässt.

§ 26 Nichtgewerbsmäßige Waffenherstellung

(1) Die Erlaubnis zur nichtgewerbsmäßigen Herstellung, Bearbeitung oder Instandsetzung von Schusswaffen wird durch einen Erlaubnisschein erteilt. Sie schließt den Erwerb von zu diesen Tätigkeiten benötigten wesentlichen Teilen von Schusswaffen sowie den Besitz dieser Gegenstände ein.

(2) Die Erlaubnis ist auf höchstens drei Jahre zu befristen und auf eine bestimmte Zahl und Art von Schusswaffen und wesentlichen Teilen zu beschränken. Personen, denen Schusswaffen zur Erprobung, Begutachtung, Untersuchung oder für ähnliche Zwecke, die insbesondere eine Bearbeitung oder Instandsetzung erforderlich machen können, überlassen werden, kann die Erlaubnis nach Absatz 1 ohne Beschränkung auf eine bestimmte Zahl und Art von Schusswaffen und wesentlichen Teilen erteilt werden.

§ 27 Schießstätten, Schießen durch Minderjährige auf Schießstätten

(1) Wer eine ortsfeste oder ortsveränderliche Anlage, die ausschließlich oder neben anderen Zwecken dem Schießsport oder sonstigen Schießübungen mit Schusswaffen, der Erprobung von Schusswaffen oder dem Schießen mit Schusswaffen zur Belustigung dient (Schießstätte), betreiben oder in ihrer Beschaffenheit oder in der Art ihrer Benutzung wesentlich ändern will, bedarf der Erlaubnis der zuständigen Behörde. Die Erlaubnis darf nur erteilt werden, wenn der Antragsteller die erforderliche Zuverlässigkeit (§ 5) und persönliche Eignung (§ 6) besitzt und eine Versicherung gegen Haftpflicht für aus dem Betrieb der Schießstätte resultierende Schä-

digungen in Höhe von mindestens 1 Million Euro – pauschal für Personen- und Sachschäden – sowie gegen Unfall für aus dem Betrieb der Schießstätte resultierende Schädigungen von bei der Organisation des Schießbetriebs mitwirkenden Personen in Höhe von mindestens 10 000 Euro für den Todesfall und 100 000 Euro für den Invaliditätsfall bei einem im Geltungsbereich dieses Gesetzes zum Geschäftsbetrieb befugten Versicherungsunternehmen nachweist. § 10 Abs. 2 Satz 2 bis 5 gilt entsprechend. Abweichend von Satz 2 richtet sich die Haftpflichtversicherung für Schießgeschäfte, die der Schaustellerhaftpflichtverordnung unterliegen, nach § 1 Abs. 2 Nr. 2 dieser Verordnung. Bei ortsveränderlichen Schießstätten ist eine einmalige Erlaubnis vor der erstmaligen Aufstellung ausreichend. Der Inhaber einer Erlaubnis nach Satz 5 hat Aufnahme und Beendigung des Betriebs der Schießstätte der örtlich zuständigen Behörde zwei Wochen vorher schriftlich anzuzeigen.

(2) Absatz 1 Satz 1 ist nicht anzuwenden auf Schießstätten, bei denen in geschlossenen Räumen ausschließlich zur Erprobung von Schusswaffen oder Munition durch Waffen- oder Munitionshersteller, durch Waffen- oder Munitionssachverständige oder durch wissenschaftliche Einrichtungen geschossen wird. Der Betreiber hat die Aufnahme und Beendigung des Betriebs der Schießstätte der zuständigen Behörde zwei Wochen vorher schriftlich anzuzeigen.

(3) Unter Obhut des zur Aufsichtsführung berechtigten Sorgeberechtigten oder verantwortlicher und zur Kinder- und Jugendarbeit für das Schießen geeigneter Aufsichtspersonen darf

1. Kindern, die das zwölfte Lebensjahr vollendet haben und noch nicht 14 Jahre alt sind, das Schießen in Schießstätten mit Druckluft-, Federdruckwaffen und Waffen, bei denen zum Antrieb der Geschosse kalte Treibgase verwendet werden (Anlage 2 Abschnitt 2 Unterabschnitt 2 Nr. 1.1 und 1.2),
2. Jugendlichen, die das 14. Lebensjahr vollendet haben und noch nicht 18 Jahre alt sind, auch das Schießen mit sonstigen Schusswaffen bis zu einem Kaliber von 5,6 mm lfB (.22 l.r.) für Munition mit Randfeuerzündung, wenn die Mündungsenergie höchstens 200 Joule (J) beträgt und Einzellader-Langwaffen mit glatten Läufen mit Kaliber 12 oder kleiner

gestattet werden, wenn der Sorgeberechtigte schriftlich sein Einverständnis erklärt hat oder beim Schießen anwesend ist. Die verantwortlichen Aufsichtspersonen haben die schriftlichen Einverständniserklärungen der Sorgeberechtigten vor der Aufnahme des Schießens entgegenzunehmen und während des Schießens aufzubewahren. Sie sind der zuständigen Behörde oder deren Beauftragten auf Verlangen zur Prüfung auszuhändigen. Die verantwortliche Aufsichtsperson hat die Geeignetheit zur Kinder- und Jugendarbeit glaubhaft zu machen. Der in Satz 1 genannten besonderen Obhut bedarf es nicht beim Schießen durch Jugendliche mit Waffen nach Anlage 2 Abschnitt 2 Unterabschnitt 2 Nr. 1.1 und 1.2 und nicht beim Schießen mit sonstigen Schusswaffen durch Jugendliche, die das 16. Lebensjahr vollendet haben.

(4) Die zuständige Behörde kann einem Kind zur Förderung des Leistungssports eine Ausnahme von dem Mindestalter des Absatzes 3 Satz 1 bewilligen. Diese soll bewilligt werden, wenn durch eine ärztliche Bescheinigung die geistige und körperliche Eignung und durch eine Bescheinigung des Vereins die schießsportliche Begabung glaubhaft gemacht sind.

(5) Personen in der Ausbildung zum Jäger dürfen in der Ausbildung ohne Erlaubnis mit Jagdwaffen schießen, wenn sie das 14. Lebensjahr vollendet haben und der Sor-

geberechtigte und der Ausbildungsleiter ihr Einverständnis in einer von beiden unterzeichneten Berechtigungsbescheinigung erklärt haben. Die Person hat in der Ausbildung die Berechtigungsbescheinigung mit sich zu führen.

(6) An ortsveränderlichen Schießstätten, die dem Schießen zur Belustigung dienen, darf von einer verantwortlichen Aufsichtsperson Minderjährigen das Schießen mit Druckluft-, Federdruckwaffen und Waffen, bei denen zum Antrieb der Geschosse kalte Treibgase verwendet werden (Anlage 2 Abschnitt 2 Unterabschnitt 2 Nr. 1.1 und 1.2), gestattet werden. Bei Kindern hat der Betreiber sicherzustellen, dass die verantwortliche Aufsichtsperson in jedem Fall nur einen Schützen bedient.

(7) Das kampfmäßige Schießen auf Schießstätten ist nicht zulässig. Das Bundesministerium des Innern wird ermächtigt, durch Rechtsverordnung mit Zustimmung des Bundesrates zur Abwehr von Gefahren für die öffentliche Sicherheit oder Ordnung sowie von sonstigen Gefahren oder erheblichen Nachteilen für die Benutzer einer Schießstätte, die Bewohner des Grundstücks, die Nachbarschaft oder die Allgemeinheit

1. die Benutzung von Schießstätten einschließlich der Aufsicht über das Schießen und der Anforderungen an das Aufsichtspersonal und dessen besondere Ausbildung für die Kinder- und Jugendarbeit zu regeln,
2. Vorschriften über den Umfang der Verpflichtungen zu erlassen, die bei Lehrgängen zur Ausbildung in der Verteidigung mit Schusswaffen und bei Schießübungen dieser Art einzuhalten sind; darin kann bestimmt werden,
   a) dass die Durchführung dieser Veranstaltungen einer Anzeige bedarf,
   b) dass und in welcher Weise der Veranstalter die Einstellung und das Ausscheiden der verantwortlichen Aufsichtsperson und der Ausbilder anzuzeigen hat,
   c) dass nur Personen an den Veranstaltungen teilnehmen dürfen, die aus Gründen persönlicher Gefährdung, aus dienstlichen oder beruflichen Gründen zum Besitz oder zum Führen von Schusswaffen einer Erlaubnis bedürfen,
   d) dass und in welcher Weise der Veranstalter Aufzeichnungen zu führen, aufzubewahren und der zuständigen Behörde vorzulegen hat,
   e) dass die zuständige Behörde die Veranstaltungen untersagen darf, wenn der Veranstalter, die verantwortliche Aufsichtsperson oder ein Ausbilder die erforderliche Zuverlässigkeit, die persönliche Eignung oder Sachkunde nicht oder nicht mehr besitzt,
3. Vorschriften über die sicherheitstechnische Prüfung von Schießstätten zu erlassen.

§ 28 Erwerb, Besitz und Führen von Schusswaffen und Munition durch Bewachungsunternehmer und ihr Bewachungspersonal

(1) Ein Bedürfnis zum Erwerb, Besitz und Führen von Schusswaffen wird bei einem Bewachungsunternehmer (§ 34 a der Gewerbeordnung) anerkannt, wenn er glaubhaft macht, dass Bewachungsaufträge wahrgenommen werden oder werden sollen, die aus Gründen der Sicherung einer gefährdeten Person im Sinne des § 19 oder eines gefährdeten Objektes Schusswaffen erfordern. Satz 1 gilt entsprechend für Wachdienste als Teil wirtschaftlicher Unternehmungen. Ein nach den Sätzen 1 und 2 glaubhaft gemachtes Bedürfnis umfasst auch den Erwerb und Besitz der für die dort genannten Schusswaffen bestimmten Munition.

(2) Die Schusswaffe darf nur bei der tatsächlichen Durchführung eines konkreten Auftrages nach Absatz 1 geführt werden. Der Unternehmer hat dies auch bei seinem Bewachungspersonal in geeigneter Weise sicherzustellen.

(3) Wachpersonen, die auf Grund eines Arbeitsverhältnisses Schusswaffen des Erlaubnisinhabers nach dessen Weisung besitzen oder führen sollen, sind der zuständigen Behörde zur Prüfung zu benennen; der Unternehmer soll die betreffende Wachperson in geeigneter Weise vorher über die Benennung unter Hinweis auf die Erforderlichkeit der Speicherung und Verarbeitung personenbezogener Daten bei der Behörde unterrichten. Die Überlassung von Schusswaffen oder Munition darf erst erfolgen, wenn die zuständige Behörde zugestimmt hat. Die Zustimmung ist zu versagen, wenn die Wachperson nicht die Voraussetzungen des § 4 Abs. 1 Nr. 1 bis 3 erfüllt oder die Haftpflichtversicherung des Bewachungsunternehmers das Risiko des Umgangs mit Schusswaffen durch die Wachpersonen nicht umfasst.

(4) In einen Waffenschein nach § 10 Abs. 4 kann auch der Zusatz aufgenommen werden, dass die in Absatz 3 bezeichneten Personen die ihnen überlassenen Waffen nach Weisung des Erlaubnisinhabers führen dürfen.

§ 28a Erwerb, Besitz und Führen von Schusswaffen und Munition durch Bewachungsunternehmen und ihr Bewachungspersonal für Bewachungsaufgaben nach § 31 Absatz 1 der Gewerbeordnung

(1) Für den Erwerb, Besitz und das Führen von Schusswaffen und Munition durch Bewachungsunternehmen und ihr Bewachungspersonal für Bewachungsaufgaben nach § 31 Absatz 1 der Gewerbeordnung auf Seeschiffen, die die Bundesflagge führen, ist § 28 entsprechend anzuwenden. Abweichend von § 28 Absatz 1 wird ein Bedürfnis für derartige Bewachungsaufgaben bei Bewachungsunternehmen anerkannt, die eine Zulassung nach § 31 Absatz 1 der Gewerbeordnung besitzen. Abweichend von § 28 Absatz 3 wird die Erlaubnis mit Auflagen erteilt, die die Unternehmer verpflichten,

1. als Bewachungspersonal nur Personen zu beschäftigen, welche die Voraussetzungen nach § 4 Absatz 1 Nummer 1 bis 3 erfüllen,
2. der zuständigen Behörde die eingesetzten Personen in einem von der Behörde bestimmten Zeitraum zu benennen und
3. auf Verlangen der zuständigen Behörde Nachweise vorzulegen, die belegen, dass die eingesetzten Personen die Anforderungen nach § 4 Absatz 1 Nummer 1 bis 3 erfüllen.

(2) Die Erlaubnis ist auf die Dauer der Zulassung nach § 31 der Gewerbeordnung zu befristen. Sie kann verlängert werden. Die Verlängerung der Erlaubnis ist insbesondere zu versagen, wenn die Auflagen nach Absatz 1 Satz 3 nicht eingehalten wurden. Im Übrigen gelten die allgemeinen Bestimmungen dieses Gesetzes. Die Erlaubnis schließt die Erlaubnis zum Verbringen an Bord nach § 29 Absatz 1 ein.

(3) Die zuständige Behörde kann zur Prüfung der Zuverlässigkeit, Eignung und Sachkunde der im Bewachungsunternehmen verantwortlichen Geschäftsleitung sowie der mit der Leitung des Betriebes oder einer Zweigniederlassung beauftragten Personen und der im Zusammenhang mit der Bewachungsaufgabe tätigen Personen auf die Erkenntnisse und Bewertungen der für die Zulassung nach § 31 Absatz 2 Satz 1 der Gewerbeordnung zuständigen Behörde zurückgreifen. Abweichend von § 7 Absatz 2 orientieren sich die Anforderungen an die Sachkunde an den auf der

Grundlage von § 31 Absatz 4 Satz 1 Nummer 3 Buchstabe a der Gewerbeordnung in einer Rechtsverordnung festgelegten besonderen Anforderungen für den Einsatz auf Seeschiffen. Die für das gewerberechtliche Verfahren zuständige Behörde sowie die Bundespolizei dürfen der zuständigen Behörde auch ohne Ersuchen Informationen einschließlich personenbezogener Daten übermitteln, soweit dies zur Erfüllung der waffenbehördlichen Aufgaben erforderlich ist. Die Bundespolizei ist im Rahmen der Prüfung nach § 8 Nummer 2 zu beteiligen.

(4) Absatz 3 Satz 3 ist entsprechend anzuwenden auf die Übermittlung von Informationen einschließlich personenbezogener Daten durch die zuständige Behörde, soweit dies zur Erfüllung der Aufgaben nach § 31 Absatz 2 der Gewerbeordnung erforderlich ist.

(5) Hat das Bewachungsunternehmen seinen Sitz im Inland, so erfolgt die Erteilung der Erlaubnis durch die nach § 48 Absatz 1 Satz 2 bestimmte Behörde im Benehmen mit der für die gewerbliche Hauptniederlassung zuständigen Behörde.

(6) Eine auf der Grundlage des § 28 erteilte Erlaubnis gilt befristet bis zum 31. Dezember 2013 für Aufträge nach § 31 der Gewerbeordnung mit der Maßgabe fort, dass der Inhaber der Erlaubnis der zuständigen Behörde unverzüglich anzuzeigen hat, dass er Aufträge im Sinne des § 31 der Gewerbeordnung wahrnimmt oder wahrnehmen möchte. Die nach § 48 Absatz 1 Satz 1 zuständige Behörde übermittelt der nach § 48 Absatz 1 Satz 2 zuständigen Behörde die Anzeige einschließlich der für die Entscheidung erforderlichen Unterlagen. Weist der in Satz 1 genannte Inhaber der Erlaubnis der nach § 48 Absatz 1 Satz 2 zuständigen Behörde bis zum 31. Dezember 2013 die Zulassung nach § 31 Absatz 1 der Gewerbeordnung und das Vorliegen der Voraussetzungen nach Absatz 1 nach, erteilt diese eine auf die Durchführung von Bewachungsaufgaben nach § 31 Absatz 1 der Gewerbeordnung beschränkte Erlaubnis. Absatz 1 Satz 3, Absatz 2 Satz 1, 4 und 5 sowie Absatz 5 gelten für diese Erlaubnis entsprechend.

Unterabschnitt 5 Verbringen und Mitnahme von Waffen oder Munition in den, durch den oder aus dem Geltungsbereich des Gesetzes

§ 29 Verbringen von Waffen oder Munition in den Geltungsbereich des Gesetzes

(1) Die Erlaubnis zum Verbringen von Schusswaffen oder Munition nach Anlage 1 Abschnitt 3 (Kategorien A 1.2 bis D) und sonstiger Waffen oder Munition, deren Erwerb und Besitz der Erlaubnis bedürfen, in den Geltungsbereich des Gesetzes kann erteilt werden, wenn

1. der Empfänger zum Erwerb oder Besitz dieser Waffen oder Munition berechtigt ist und
2. der sichere Transport durch einen zum Erwerb oder Besitz dieser Waffen oder Munition Berechtigten gewährleistet ist.

(2) Sollen Schusswaffen oder Munition nach Anlage 1 Abschnitt 3 (Kategorien A 1.2 bis D) aus einem anderen Mitgliedstaat der Europäischen Union (Mitgliedstaat) in den Geltungsbereich des Gesetzes verbracht werden, wird die Erlaubnis nach Absatz 1 als Zustimmung zu der Erlaubnis des anderen Mitgliedstaates für das betreffende Verbringen erteilt.

§ 30 Verbringen von Waffen oder Munition durch den Geltungsbereich des Gesetzes

(1) Die Erlaubnis zum Verbringen von Waffen oder Munition im Sinne des § 29 Abs. 1 durch den Geltungsbereich des Gesetzes kann erteilt werden, wenn der sichere Transport durch einen zum Erwerb oder Besitz dieser Waffen oder Munition Berechtigten gewährleistet ist. § 29 Abs. 2 gilt entsprechend.

(2) Sollen Schusswaffen oder Munition nach Anlage 1 Abschnitt 3 (Kategorien A 1.2 bis D) aus einem Staat, der nicht Mitgliedstaat der Europäischen Union ist (Drittstaat), durch den Geltungsbereich des Gesetzes in einen Mitgliedstaat verbracht werden, so bedarf die Erlaubnis zu dem Verbringen nach Absatz 1 auch, soweit die Zustimmung des anderen Mitgliedstaates erforderlich ist, dessen vorheriger Zustimmung.

§ 31 Verbringen von Waffen oder Munition aus dem Geltungsbereich des Gesetzes in andere Mitgliedstaaten der Europäischen Union

(1) Die Erlaubnis zum Verbringen von Schusswaffen oder Munition nach Anlage 1 Abschnitt 3 (Kategorien A 1.2 bis D) aus dem Geltungsbereich des Gesetzes in einen anderen Mitgliedstaat kann erteilt werden, wenn die nach dem Recht des anderen Mitgliedstaates erforderliche vorherige Zustimmung vorliegt und der sichere Transport durch einen zum Erwerb oder Besitz dieser Waffen oder Munition Berechtigten gewährleistet ist.

(2) Gewerbsmäßigen Waffenherstellern oder -händlern (§ 21) kann allgemein die Erlaubnis nach Absatz 1 zum Verbringen aus dem Geltungsbereich des Gesetzes zu Waffenhändlern in anderen Mitgliedstaaten für die Dauer von bis zu drei Jahren erteilt werden. Die Erlaubnis kann auf bestimmte Arten von Schusswaffen oder Munition beschränkt werden. Der Inhaber einer Erlaubnis nach Satz 1 hat ein Verbringen dem Bundeskriminalamt vorher schriftlich anzuzeigen.

§ 32 Mitnahme von Waffen oder Munition in den, durch den oder aus dem Geltungsbereich des Gesetzes, Europäischer Feuerwaffenpass

(1) Die Erlaubnis zur Mitnahme von Schusswaffen oder Munition nach Anlage 1 Abschnitt 3 (Kategorien A 1.2 bis D) und sonstiger Waffen oder Munition, deren Erwerb und Besitz der Erlaubnis bedürfen, in den oder durch den Geltungsbereich des Gesetzes kann erteilt werden, wenn die Voraussetzungen des § 4 Abs. 1 Nr. 1 bis 4 vorliegen. Die Erlaubnis kann für die Dauer von bis zu einem Jahr für einen oder für mehrere Mitnahmevorgänge erteilt werden und kann mehrfach um jeweils ein Jahr verlängert werden. Für Personen aus einem Drittstaat gilt bei der Mitnahme von Schusswaffen oder Munition nach Anlage 1 Abschnitt 3 (Kategorien A 1.2 bis D) durch den Geltungsbereich des Gesetzes in einen anderen Mitgliedstaat § 30 Abs. 2 entsprechend.

(2) Eine Erlaubnis nach Absatz 1 darf Personen, die ihren gewöhnlichen Aufenthalt in einem anderen Mitgliedstaat haben und Schusswaffen nach Anlage 1 Abschnitt 3 (Kategorien A 1.2 bis D) und die dafür bestimmte Munition nach Absatz 1 mitnehmen wollen, nur erteilt werden, wenn sie Inhaber eines durch diesen Mitgliedstaat ausgestellten Europäischen Feuerwaffenpasses sind und die Waffen in den Europäischen Feuerwaffenpass eingetragen sind.

(3) Einer Erlaubnis nach Absatz 1 bedarf es unter den Voraussetzungen des Absatzes 2 nicht für

1. Jäger, die bis zu drei Langwaffen nach Anlage 1 Abschnitt 3 der Kategorien C und D und die dafür bestimmte Munition im Sinne des § 13 Abs. 1 Nr. 2, Abs. 5 zum Zweck der Jagd,
2. Sportschützen, die bis zu sechs Schusswaffen nach Anlage 1 Abschnitt 3 der Kategorien B, C oder D und die dafür bestimmte Munition zum Zweck des Schießsports,
3. Brauchtumsschützen, die bis zu drei Einzellader- oder Repetier-Langwaffen nach Anlage 1 Abschnitt 3 Kategorien C und D und die dafür bestimmte Munition zur Teilnahme an einer Brauchtumsveranstaltung

mitnehmen, sofern sie den Grund der Mitnahme nachweisen können.

(4) Zu den in Absatz 3 Nr. 1 bis 3 beschriebenen Zwecken kann für die dort jeweils genannten Waffen und Munition Personen, die ihren gewöhnlichen Aufenthalt in einem Drittstaat haben, abweichend von Absatz 1 eine Erlaubnis erteilt werden, es sei denn, dass Tatsachen die Annahme rechtfertigen, dass die Voraussetzungen des § 4 Abs. 1 Nr. 2 nicht vorliegen.

(5) Einer Erlaubnis zur Mitnahme von Waffen oder Munition in den oder durch den Geltungsbereich des Gesetzes bedarf es nicht

1. für Waffen oder Munition, die durch Inhaber einer Erlaubnis zum Erwerb oder Besitz für diese Waffen oder Munition mitgenommen werden,
2. für Signalwaffen und die dafür bestimmte Munition, die aus Gründen der Sicherheit an Bord von Schiffen mitgeführt werden, oder
3. für Waffen und Munition, die an Bord von Schiffen oder Luftfahrzeugen mitgeführt, während des Aufenthalts im Geltungsbereich dieses Gesetzes unter Verschluss gehalten, der zuständigen Überwachungsbehörde unter Angabe des Hersteller- oder Warenzeichens, der Modellbezeichnung und, wenn die Waffen eine Herstellungsnummer haben, auch dieser, unverzüglich gemeldet und spätestens innerhalb eines Monats wieder aus dem Geltungsbereich des Gesetzes befördert werden.

(6) Personen, die ihren gewöhnlichen Aufenthalt im Geltungsbereich des Gesetzes haben und Schusswaffen oder Munition nach Anlage 1 Abschnitt 3 (Kategorien A 1.2 bis D) in einen anderen Mitgliedstaat mitnehmen wollen, wird ein Europäischer Feuerwaffenpass ausgestellt, wenn sie zum Besitz der Waffen, die in den Europäischen Feuerwaffenpass eingetragen werden sollen, berechtigt sind.

§ 33 Anmelde- und Nachweispflicht bei Verbringen oder Mitnahme von Waffen oder Munition in den oder durch den Geltungsbereich des Gesetzes

(1) Waffen oder Munition im Sinne des § 29 Abs. 1 hat derjenige, der sie aus einem Drittstaat in den oder durch den Geltungsbereich dieses Gesetzes verbringen oder mitnehmen will, bei der nach Absatz 3 zuständigen Überwachungsbehörde beim Verbringen oder bei der Mitnahme anzumelden und auf Verlangen vorzuführen und die Berechtigung zum Verbringen oder zur Mitnahme nachzuweisen. Auf Verlangen sind diese Nachweise den Überwachungsbehörden zur Prüfung auszuhändigen.

(2) Die nach Absatz 3 zuständigen Überwachungsbehörden können Beförderungsmittel und -behälter sowie deren Lade- und Verpackungsmittel anhalten, um zu prü-

fen, ob die für das Verbringen oder die Mitnahme in den Geltungsbereich dieses Gesetzes geltenden Bestimmungen eingehalten sind.

(3) Das Bundesministerium der Finanzen bestimmt die Zolldienststellen, das Bundesministerium des Innern bestimmt die Behörden der Bundespolizei, die bei der Überwachung des Verbringens und der Mitnahme von Waffen oder Munition mitwirken. Soweit der grenzpolizeiliche Einzeldienst von Kräften der Länder wahrgenommen wird (§ 2 Abs. 1 und 3 des Bundespolizeigesetzes), wirken diese bei der Überwachung mit.

Unterabschnitt 6 Obhutspflichten, Anzeige-, Hinweis- und Nachweispflichten

§ 34 Überlassen von Waffen oder Munition, Prüfung der Erwerbsberechtigung, Anzeigepflicht

(1) Waffen oder Munition dürfen nur berechtigten Personen überlassen werden. Die Berechtigung muss offensichtlich sein oder nachgewiesen werden. Werden sie zur gewerbsmäßigen Beförderung überlassen, müssen die ordnungsgemäße Beförderung sichergestellt und Vorkehrungen gegen ein Abhandenkommen getroffen sein. Munition darf gewerbsmäßig nur in verschlossenen Packungen überlassen werden; dies gilt nicht im Fall des Überlassens auf Schießstätten gemäß § 12 Abs. 2 Nr. 2 oder soweit einzelne Stücke von Munitionssammlern erworben werden. Wer Waffen oder Munition einem anderen lediglich zur gewerbsmäßigen Beförderung (§ 12 Abs. 1 Nr. 2, Abs. 2 Nr. 1) an einen Dritten übergibt, überlässt sie dem Dritten.

(2) Der Inhaber einer Erlaubnis nach § 21 Abs. 1 Satz 1, der einem anderen auf Grund einer Erlaubnis nach § 10 Abs. 1 oder einer gleichgestellten anderen Erlaubnis zum Erwerb und Besitz eine Schusswaffe überlässt, hat in die Waffenbesitzkarte unverzüglich Herstellerzeichen oder Marke und – wenn gegeben – die Herstellungsnummer der Waffe, ferner den Tag des Überlassens und die Bezeichnung und den Sitz des Betriebs dauerhaft einzutragen und das Überlassen binnen zwei Wochen der zuständigen Behörde schriftlich anzuzeigen. Überlässt sonst jemand einem anderen eine Schusswaffe, zu deren Erwerb es einer Erlaubnis bedarf, so hat er dies binnen zwei Wochen der zuständigen Behörde schriftlich anzuzeigen und ihr, sofern ihm eine Waffenbesitzkarte oder ein Europäischer Feuerwaffenpass erteilt worden ist, diese zur Berichtigung vorzulegen; dies gilt nicht in den Fällen des § 12 Abs. 1. In der Anzeige nach den Sätzen 1 und 2 sind anzugeben Name, Vorname, Geburtsdatum, Geburtsort und Wohnanschrift des Erwerbers sowie Art und Gültigkeitsdauer der Erwerbs- und Besitzberechtigung. Bei Nachweis der Erwerbs- und Besitzerlaubnis durch eine Waffenbesitzkarte sind darüber hinaus deren Nummer und ausstellende Behörde anzugeben. Bei Überlassung an einen Erlaubnisinhaber nach § 21 Abs. 1 Satz 1 sind in der Anzeige lediglich der Name der Firma und die Anschrift der Niederlassung anzugeben.

(3) Die Absätze 1 und 2 gelten nicht für denjenigen, der Schusswaffen oder Munition einem anderen, der sie außerhalb des Geltungsbereichs des Gesetzes erwirbt, insbesondere im Versandwege unter eigenem Namen überlässt. Die Vorschriften des § 31 bleiben unberührt.

(4) Wer Personen, die ihren gewöhnlichen Aufenthalt in einem anderen Mitgliedstaat der Europäischen Union haben, eine Schusswaffe nach Anlage 1 Abschnitt 3 (Kategorien B und C) oder Munition für eine solche überlässt, hat dies unverzüglich

dem Bundeskriminalamt schriftlich anzuzeigen; dies gilt nicht in den Fällen des § 12 Abs. 1 Nr. 1 und 5.

(5) Wer erlaubnispflichtige Feuerwaffen nach Anlage 1 Abschnitt 1 Unterabschnitt 1 Nr. 2, ausgenommen Einzellader-Langwaffen mit nur glattem Lauf oder glatten Läufen, und deren wesentliche Teile, Schalldämpfer und tragbare Gegenstände nach Anlage 1 Abschnitt 1 Unterabschnitt 1 Nr. 1.2.1 einem anderen, der seinen gewöhnlichen Aufenthalt in einem Mitgliedstaat des Übereinkommens vom 28. Juni 1978 über die Kontrolle des Erwerbs und Besitzes von Schusswaffen durch Einzelpersonen (BGBl. 1980 II S. 953) hat, überlässt, dorthin versendet oder ohne Wechsel des Besitzers endgültig dorthin verbringt, hat dies unverzüglich dem Bundeskriminalamt schriftlich anzuzeigen. Dies gilt nicht

1. für das Überlassen und Versenden der in Satz 1 bezeichneten Gegenstände an staatliche Stellen in einem dieser Staaten und in den Fällen, in denen Unternehmen Schusswaffen zur Durchführung von Kooperationsvereinbarungen zwischen Staaten oder staatlichen Stellen überlassen werden, sofern durch Vorlage einer Bescheinigung von Behörden des Empfangsstaates nachgewiesen wird, dass diesen Behörden der Erwerb bekannt ist, oder
2. soweit Anzeigepflichten nach Absatz 4 oder nach § 31 Abs. 2 Satz 3 bestehen.

(6) Das Bundesministerium des Innern wird ermächtigt, durch Rechtsverordnung mit Zustimmung des Bundesrates zur Abwehr von Gefahren für Leben und Gesundheit von Menschen zu bestimmen, dass in den in den Absätzen 2, 4 und 5 bezeichneten Anzeigen weitere Angaben zu machen oder den Anzeigen weitere Unterlagen beizufügen sind.

§ 35 Werbung, Hinweispflichten, Handelsverbote

(1) Wer Waffen oder Munition zum Kauf oder Tausch in Anzeigen oder Werbeschriften anbietet, hat bei den nachstehenden Waffenarten auf das Erfordernis der Erwerbsberechtigung jeweils wie folgt hinzuweisen:

1. bei erlaubnispflichtigen Schusswaffen und erlaubnispflichtiger Munition: Abgabe nur an Inhaber einer Erwerbserlaubnis,
2. bei nicht erlaubnispflichtigen Schusswaffen und nicht erlaubnispflichtiger Munition sowie sonstigen Waffen: Abgabe nur an Personen mit vollendetem 18. Lebensjahr,
3. bei verbotenen Waffen: Abgabe nur an Inhaber einer Ausnahmegenehmigung,

sowie seinen Namen, seine Anschrift und gegebenenfalls seine eingetragene Marke bekannt zu geben. Anzeigen und Werbeschriften nach Satz 1 dürfen nur veröffentlicht werden, wenn sie den Namen und die Anschrift des Anbieters sowie die von ihm je nach Waffenart mitzuteilenden Hinweise enthalten. Satz 2 gilt nicht für die Bekanntgabe der Personalien des nicht gewerblichen Anbieters, wenn dieser der Bekanntgabe widerspricht. Derjenige, der die Anzeige oder Werbeschrift veröffentlicht, ist im Fall des Satzes 3 gegenüber der zuständigen Behörde verpflichtet, die Urkunden über den Geschäftsvorgang ein Jahr lang aufzubewahren und dieser auf Verlangen Einsicht zu gewähren.

(2) Dürfen Schusswaffen nur mit Erlaubnis geführt oder darf mit ihnen nur mit Erlaubnis geschossen werden, so hat der Inhaber einer Erlaubnis nach § 21 Abs. 1 bei ihrem Überlassen im Einzelhandel den Erwerber auf das Erfordernis des Waffenscheins oder der Schießerlaubnis hinzuweisen. Beim Überlassen von Schreck-

schuss-, Reizstoff- oder Signalwaffen im Sinne des § 10 Abs. 4 Satz 4 hat der Inhaber einer Erlaubnis nach § 21 Abs. 1 überdies auf die Strafbarkeit des Führens ohne Erlaubnis (Kleiner Waffenschein) hinzuweisen und die Erfüllung dieser sowie der Hinweispflicht nach Satz 1 zu protokollieren.

(3) Der Vertrieb und das Überlassen von Schusswaffen, Munition, Hieb- oder Stoßwaffen ist verboten:

1. im Reisegewerbe, ausgenommen in den Fällen des § 55 b Abs. 1 der Gewerbeordnung,
2. auf festgesetzten Veranstaltungen im Sinne des Titels IV der Gewerbeordnung (Messen, Ausstellungen, Märkte), ausgenommen die Entgegennahme von Bestellungen auf Messen und Ausstellungen,
3. auf Volksfesten, Schützenfesten, Märkten, Sammlertreffen oder ähnlichen öffentlichen Veranstaltungen, ausgenommen das Überlassen der benötigten Schusswaffen oder Munition in einer Schießstätte sowie von Munition, die Teil einer Sammlung (§ 17 Abs. 1) oder für eine solche bestimmt ist.

Die zuständige Behörde kann Ausnahmen von den Verboten für ihren Bezirk zulassen, wenn öffentliche Interessen nicht entgegenstehen.

§ 36 Aufbewahrung von Waffen oder Munition

(1) Wer Waffen oder Munition besitzt, hat die erforderlichen Vorkehrungen zu treffen, um zu verhindern, dass diese Gegenstände abhanden kommen oder Dritte sie unbefugt an sich nehmen. Schusswaffen dürfen nur getrennt von Munition aufbewahrt werden, sofern nicht die Aufbewahrung in einem Sicherheitsbehältnis erfolgt, das mindestens der Norm DIN/EN 1143–1 Widerstandsgrad 0 (Stand Mai 1997)* oder einer Norm mit gleichem Schutzniveau eines anderen Mitgliedstaates des Übereinkommens über den Europäischen Wirtschaftsraum (EWR-Mitgliedstaat) entspricht.

(2) Schusswaffen, deren Erwerb nicht von der Erlaubnispflicht freigestellt ist, und verbotene Waffen sind mindestens in einem der Norm DIN/EN 1143–1 Widerstandsgrad 0 (Stand Mai 1997) entsprechenden oder gleichwertigen Behältnis aufzubewahren; als gleichwertig gilt insbesondere ein Behältnis der Sicherheitsstufe B nach VDMA**,*** 24 992 (Stand Mai 1995). Für bis zu zehn Langwaffen gilt die sichere Aufbewahrung auch in einem Behältnis als gewährleistet, das der Sicherheitsstufe A nach VDMA 24992 (Stand Mai 1995) oder einer Norm mit gleichem Schutzniveau eines anderen EWR-Mitgliedstaates entspricht. Vergleichbar gesicherte Räume sind als gleichwertig anzusehen.

(3) Wer erlaubnispflichtige Schusswaffen, Munition oder verbotene Waffen besitzt oder die Erteilung einer Erlaubnis zum Besitz beantragt hat, hat der zuständigen Behörde die zur sicheren Aufbewahrung getroffenen oder vorgesehenen Maßnahmen nachzuweisen. Besitzer von erlaubnispflichtigen Schusswaffen, Munition oder verbotenen Waffen haben außerdem der Behörde zur Überprüfung der Pflichten aus den Absätzen 1 und 2 Zutritt zu den Räumen zu gestatten, in denen die Waffen und die Munition aufbewahrt werden. Wohnräume dürfen gegen den Willen des Inhabers

---

* Amtliche Fußnote: Herausgegeben im Beuth-Verlag GmbH, Berlin und Köln.
** Amtliche Fußnote: Verband Deutscher Maschinen- und Anlagenbau e. V.
*** Amtliche Fußnote: Herausgegeben im Beuth-Verlag GmbH, Berlin und Köln.

nur zur Verhütung dringender Gefahren für die öffentliche Sicherheit betreten werden; das Grundrecht der Unverletzlichkeit der Wohnung (Artikel 13 des Grundgesetzes) wird insoweit eingeschränkt.

(4) Entspricht die bisherige Aufbewahrung von Waffen oder Munition, deren Erwerb und Besitz ihrer Art nach der Erlaubnis bedarf, nicht den in diesem Gesetz oder in einer Rechtsverordnung nach Absatz 5 festgelegten Anforderungen, so hat der Besitzer bis zum 31. August 2003 die ergänzenden Vorkehrungen zur Gewährleistung einer diesen Anforderungen entsprechenden Aufbewahrung vorzunehmen. Dies ist gegenüber der zuständigen Behörde innerhalb der Frist des Satzes 1 anzuzeigen und nachzuweisen.

(5) Das Bundesministerium des Innern wird ermächtigt, nach Anhörung der beteiligten Kreise durch Rechtsverordnung mit Zustimmung des Bundesrates unter Berücksichtigung des Standes der Technik, der Art und Zahl der Waffen, der Munition oder der Örtlichkeit von den Anforderungen an die Aufbewahrung abzusehen oder zusätzliche Anforderungen an die Aufbewahrung oder die Sicherung der Waffe festzulegen. Dabei können

1. Anforderungen an technische Sicherungssysteme zur Verhinderung einer unberechtigten Wegnahme oder Nutzung von Schusswaffen,
2. die Nachrüstung oder der Austausch vorhandener Sicherungssysteme,
3. die Ausstattung der Schusswaffe mit mechanischen, elektronischen oder biometrischen Sicherungssystemen

festgelegt werden.

(6) Ist im Einzelfall, insbesondere wegen der Art und Zahl der aufzubewahrenden Waffen oder Munition oder wegen des Ortes der Aufbewahrung, ein höherer Sicherheitsstandard erforderlich, hat die zuständige Behörde die notwendigen Ergänzungen anzuordnen und zu deren Umsetzung eine angemessene Frist zu setzen.

§ 37 Anzeigepflichten

(1) Wer Waffen oder Munition, deren Erwerb der Erlaubnis bedarf,

1. beim Tode eines Waffenbesitzers, als Finder oder in ähnlicher Weise,
2. als Insolvenzverwalter, Zwangsverwalter, Gerichtsvollzieher oder in ähnlicher Weise

in Besitz nimmt, hat dies der zuständigen Behörde unverzüglich anzuzeigen. Die zuständige Behörde kann die Waffen und die Munition sicherstellen oder anordnen, dass sie binnen angemessener Frist unbrauchbar gemacht oder einem Berechtigten überlassen werden und dies der zuständigen Behörde nachgewiesen wird. Nach fruchtlosem Ablauf der Frist kann die zuständige Behörde die Waffen oder Munition einziehen. Ein Erlös aus der Verwertung steht dem nach bürgerlichem Recht bisher Berechtigten zu.

(2) Sind jemandem Waffen oder Munition, deren Erwerb der Erlaubnis bedarf, oder Erlaubnisurkunden abhanden gekommen, so hat er dies der zuständigen Behörde unverzüglich anzuzeigen und, soweit noch vorhanden, die Waffenbesitzkarte und den Europäischen Feuerwaffenpass zur Berichtigung vorzulegen. Die örtliche Behörde unterrichtet zum Zweck polizeilicher Ermittlungen die örtliche Polizeidienststelle über das Abhandenkommen.

(3) Wird eine Schusswaffe, zu deren Erwerb es einer Erlaubnis bedarf, oder eine verbotene Schusswaffe nach Anlage 2 Abschnitt 1 Nr. 1.2 nach den Anforderungen der Anlage 1 Abschnitt 1 Unterabschnitt 1 Nr. 1.4 unbrauchbar gemacht oder zerstört, so hat der Besitzer dies der zuständigen Behörde binnen zwei Wochen schriftlich anzuzeigen und ihr auf Verlangen den Gegenstand vorzulegen. Dabei hat er seine Personalien sowie Art, Kaliber, Herstellerzeichen oder Marke und – sofern vorhanden – die Herstellungsnummer der Schusswaffe anzugeben.

(4) Inhaber waffenrechtlicher Erlaubnisse und Bescheinigungen sind verpflichtet, bei ihrem Wegzug ins Ausland ihre neue Anschrift der zuletzt für sie zuständigen Waffenbehörde mitzuteilen.

§ 38 Ausweispflichten

Wer eine Waffe führt, muss

1. seinen Personalausweis oder Pass und
   a) wenn es einer Erlaubnis zum Erwerb bedarf, die Waffenbesitzkarte oder, wenn es einer Erlaubnis zum Führen bedarf, den Waffenschein,
   b) im Fall des Verbringens oder der Mitnahme einer Waffe oder von Munition im Sinne von § 29 Abs. 1 aus einem Drittstaat gemäß § 29 Abs. 1, § 30 Abs. 1 oder § 32 Abs. 1 den Erlaubnisschein, im Falle der Mitnahme auf Grund einer Erlaubnis nach § 32 Abs. 4 auch den Beleg für den Grund der Mitnahme,
   c) im Fall des Verbringens einer Schusswaffe nach Anlage 1 Abschnitt 3 (Kategorien A bis D) gemäß § 29 Abs. 1 oder § 30 Abs. 1 aus einem anderen Mitgliedstaat den Erlaubnisschein dieses Staates oder eine Bescheinigung, die auf diesen Erlaubnisschein Bezug nimmt,
   d) im Fall der Mitnahme einer Schusswaffe nach Anlage 1 Abschnitt 3 (Kategorien A bis D) aus einem anderen Mitgliedstaat gemäß § 32 Abs. 1 bis 3 den Europäischen Feuerwaffenpass und im Falle des § 32 Abs. 3 zusätzlich einen Beleg für den Grund der Mitnahme,
   e) im Fall der vorübergehenden Berechtigung zum Erwerb oder zum Führen auf Grund des § 12 Abs. 1 Nr. 1 und 2 oder § 28 Abs. 4 einen Beleg, aus dem der Name des Überlassers, des Besitzberechtigten und das Datum der Überlassung hervorgeht, oder
   f) im Fall des Schießens mit einer Schießerlaubnis nach § 10 Abs. 5 diese, und
2. in den Fällen des § 13 Abs. 6 den Jagdschein

mit sich führen und Polizeibeamten oder sonst zur Personenkontrolle Befugten auf Verlangen zur Prüfung aushändigen. In den Fällen des § 13 Abs. 3 und § 14 Abs. 4 Satz 2 genügt an Stelle der Waffenbesitzkarte ein schriftlicher Nachweis darüber, dass die Antragsfrist noch nicht verstrichen oder ein Antrag gestellt worden ist. Satz 1 gilt nicht in Fällen des § 12 Abs. 3 Nr. 1.

§ 39 Auskunfts- und Vorzeigepflicht, Nachschau

(1) Wer Waffenherstellung, Waffenhandel oder eine Schießstätte betreibt, eine Schießstätte benutzt oder in ihr die Aufsicht führt, ein Bewachungsunternehmen betreibt, Veranstaltungen zur Ausbildung im Verteidigungsschießen durchführt oder sonst den Besitz über Waffen oder Munition ausübt, hat der zuständigen Behörde auf Verlangen oder, sofern dieses Gesetz einen Zeitpunkt vorschreibt, zu diesem Zeitpunkt die für die Durchführung dieses Gesetzes erforderlichen Auskünfte zu ertei-

len; eine entsprechende Pflicht gilt ferner für Personen, gegenüber denen ein Verbot nach § 41 Abs. 1 oder 2 ausgesprochen wurde. Sie können die Auskunft auf solche Fragen verweigern, deren Beantwortung sie selbst oder einen der in § 383 Abs. 1 Nr. 1 bis 3 der Zivilprozessordnung bezeichneten Angehörigen der Gefahr strafrechtlicher Verfolgung oder eines Verfahrens nach dem Gesetz über Ordnungswidrigkeiten aussetzen würde. Darüber hinaus hat der Inhaber der Erlaubnis die Einhaltung von Auflagen nachzuweisen.

(2) Betreibt der Auskunftspflichtige Waffenherstellung, Waffenhandel, eine Schießstätte oder ein Bewachungsunternehmen, so sind die von der zuständigen Behörde mit der Überwachung des Betriebs beauftragten Personen berechtigt, Betriebsgrundstücke und Geschäftsräume während der Betriebs- und Arbeitszeit zu betreten, um dort Prüfungen und Besichtigungen vorzunehmen, Proben zu entnehmen und Einsicht in die geschäftlichen Unterlagen zu nehmen; zur Abwehr dringender Gefahren für die öffentliche Sicherheit oder Ordnung dürfen diese Arbeitsstätten auch außerhalb dieser Zeit sowie die Wohnräume des Auskunftspflichtigen gegen dessen Willen besichtigt werden. Das Grundrecht der Unverletzlichkeit der Wohnung (Artikel 13 des Grundgesetzes) wird insoweit eingeschränkt.

(3) Aus begründetem Anlass kann die zuständige Behörde anordnen, dass der Besitzer von

1. Waffen oder Munition, deren Erwerb der Erlaubnis bedarf, oder
2. in Anlage 2 Abschnitt 1 bezeichneten verbotenen Waffen

ihr diese sowie Erlaubnisscheine oder Ausnahmebescheinigungen binnen angemessener, von ihr zu bestimmender Frist zur Prüfung vorlegt.

Unterabschnitt 7 Verbote

§ 40 Verbotene Waffen

(1) Das Verbot des Umgangs umfasst auch das Verbot, zur Herstellung der in Anlage 2 Abschnitt 1 Nr. 1.3.4 bezeichneten Gegenstände anzuleiten oder aufzufordern.

(2) Das Verbot des Umgangs mit Waffen oder Munition ist nicht anzuwenden, soweit jemand auf Grund eines gerichtlichen oder behördlichen Auftrags tätig wird.

(3) Inhaber einer jagdrechtlichen Erlaubnis und Angehörige von Leder oder Pelz verarbeitenden Berufen dürfen abweichend von § 2 Abs. 3 Umgang mit Faustmessern nach Anlage 2 Abschnitt 1 Nr. 1.4.2 haben, sofern sie diese Messer zur Ausübung ihrer Tätigkeit benötigen. Inhaber sprengstoffrechtlicher Erlaubnisse (§§ 7 und 27 des Sprengstoffgesetzes) und Befähigungsscheine (§ 20 des Sprengstoffgesetzes) sowie Teilnehmer staatlicher oder staatlich anerkannter Lehrgänge dürfen abweichend von § 2 Absatz 3 Umgang mit explosionsgefährlichen Stoffen oder Gegenständen nach Anlage 2 Abschnitt 1 Nummer 1.3.4 haben, soweit die durch die Erlaubnis oder den Befähigungsschein gestattete Tätigkeit oder die Ausbildung hierfür dies erfordern. Dies gilt insbesondere für Sprengarbeiten sowie Tätigkeiten im Katastrophenschutz oder im Rahmen von Theatern, vergleichbaren Einrichtungen, Film- und Fernsehproduktionsstätten sowie die Ausbildung für derartige Tätigkeiten.

(4) Das Bundeskriminalamt kann auf Antrag von den Verboten der Anlage 2 Abschnitt 1 allgemein oder für den Einzelfall Ausnahmen zulassen, wenn die Interessen des Antragstellers auf Grund besonderer Umstände das öffentliche Interesse an

der Durchsetzung des Verbots überwiegen. Dies kann insbesondere angenommen werden, wenn die in der Anlage 2 Abschnitt 1 bezeichneten Waffen oder Munition zum Verbringen aus dem Geltungsbereich dieses Gesetzes, für wissenschaftliche oder Forschungszwecke oder zur Erweiterung einer kulturhistorisch bedeutsamen Sammlung bestimmt sind und eine erhebliche Gefahr für die öffentliche Sicherheit nicht zu befürchten ist.

(5) Wer eine in Anlage 2 Abschnitt 1 bezeichnete Waffe als Erbe, Finder oder in ähnlicher Weise in Besitz nimmt, hat dies der zuständigen Behörde unverzüglich anzuzeigen. Die zuständige Behörde kann die Waffen oder Munition sicherstellen oder anordnen, dass innerhalb einer angemessenen Frist die Waffen oder Munition unbrauchbar gemacht, von Verbotsmerkmalen befreit oder einem nach diesem Gesetz Berechtigten überlassen werden, oder dass der Erwerber einen Antrag nach Absatz 4 stellt. Das Verbot des Umgangs mit Waffen oder Munition wird nicht wirksam, solange die Frist läuft oder eine ablehnende Entscheidung nach Absatz 4 dem Antragsteller noch nicht bekannt gegeben worden ist.

§ 41 Waffenverbote für den Einzelfall

(1) Die zuständige Behörde kann jemandem den Besitz von Waffen oder Munition, deren Erwerb nicht der Erlaubnis bedarf, und den Erwerb solcher Waffen oder Munition untersagen,
1. soweit es zur Verhütung von Gefahren für die Sicherheit oder zur Kontrolle des Umgangs mit diesen Gegenständen geboten ist oder
2. wenn Tatsachen bekannt werden, die die Annahme rechtfertigen, dass der rechtmäßige Besitzer oder Erwerbswillige abhängig von Alkohol oder anderen berauschenden Mitteln, psychisch krank oder debil ist oder sonst die erforderliche persönliche Eignung nicht besitzt oder ihm die für den Erwerb oder Besitz solcher Waffen oder Munition erforderliche Zuverlässigkeit fehlt.

Im Fall des Satzes 1 Nr. 2 ist der Betroffene darauf hinzuweisen, dass er die Annahme mangelnder persönlicher Eignung im Wege der Beibringung eines amts- oder fachärztlichen oder fachpsychologischen Zeugnisses über die geistige oder körperliche Eignung ausräumen kann; § 6 Abs. 2 findet entsprechende Anwendung.

(2) Die zuständige Behörde kann jemandem den Besitz von Waffen oder Munition, deren Erwerb der Erlaubnis bedarf, untersagen, soweit es zur Verhütung von Gefahren für die Sicherheit oder Kontrolle des Umgangs mit diesen Gegenständen geboten ist.

(3) Die zuständige Behörde unterrichtet die örtliche Polizeidienststelle über den Erlass eines Waffenbesitzverbotes.

§ 42 Verbot des Führens von Waffen bei öffentlichen Veranstaltungen

(1) Wer an öffentlichen Vergnügungen, Volksfesten, Sportveranstaltungen, Messen, Ausstellungen, Märkten oder ähnlichen öffentlichen Veranstaltungen teilnimmt, darf keine Waffen im Sinne des § 1 Abs. 2 führen.

(2) Die zuständige Behörde kann allgemein oder für den Einzelfall Ausnahmen von Absatz 1 zulassen, wenn
1. der Antragsteller die erforderliche Zuverlässigkeit (§ 5) und persönliche Eignung (§ 6) besitzt,

2. der Antragsteller nachgewiesen hat, dass er auf Waffen bei der öffentlichen Veranstaltung nicht verzichten kann, und
3. eine Gefahr für die öffentliche Sicherheit oder Ordnung nicht zu besorgen ist.

(3) Unbeschadet des § 38 muss der nach Absatz 2 Berechtigte auch den Ausnahmebescheid mit sich führen und auf Verlangen zur Prüfung aushändigen.

(4) Die Absätze 1 bis 3 sind nicht anzuwenden
1. auf die Mitwirkenden an Theateraufführungen und diesen gleich zu achtenden Vorführungen, wenn zu diesem Zweck ungeladene oder mit Kartuschenmunition geladene Schusswaffen oder Waffen im Sinne des § 1 Abs. 2 Nr. 2 geführt werden,
2. auf das Schießen in Schießstätten (§ 27),
3. soweit eine Schießerlaubnis nach § 10 Abs. 5 vorliegt,
4. auf das gewerbliche Ausstellen der in Absatz 1 genannten Waffen auf Messen und Ausstellungen.

(5) Die Landesregierungen werden ermächtigt, durch Rechtsverordnung vorzusehen, dass das Führen von Waffen im Sinne des § 1 Abs. 2 auf bestimmten öffentlichen Straßen, Wegen oder Plätzen allgemein oder im Einzelfall verboten oder beschränkt werden kann, soweit an dem jeweiligen Ort wiederholt
1. Straftaten unter Einsatz von Waffen oder
2. Raubdelikte, Körperverletzungsdelikte, Bedrohungen, Nötigungen, Sexualdelikte, Freiheitsberaubungen oder Straftaten gegen das Leben

begangen worden sind und Tatsachen die Annahme rechtfertigen, dass auch künftig mit der Begehung solcher Straftaten zu rechnen ist. In der Rechtsverordnung nach Satz 1 soll bestimmt werden, dass die zuständige Behörde allgemein oder für den Einzelfall Ausnahmen insbesondere für Inhaber waffenrechtlicher Erlaubnisse, Anwohner und Gewerbetreibende zulassen kann, soweit eine Gefährdung der öffentlichen Sicherheit nicht zu besorgen ist. Im Falle des Satzes 2 gilt Absatz 3 entsprechend. Die Landesregierungen können ihre Befugnis nach Satz 1 in Verbindung mit Satz 2 durch Rechtsverordnung auf die zuständige oberste Landesbehörde übertragen; diese kann die Befugnis durch Rechtsverordnung weiter übertragen.

§ 42 a Verbot des Führens von Anscheinswaffen und bestimmten tragbaren Gegenständen

(1) Es ist verboten
1. Anscheinswaffen,
2. Hieb- und Stoßwaffen nach Anlage 1 Abschnitt 1 Unterabschnitt 2 Nr. 1.1 oder
3. Messer mit einhändig feststellbarer Klinge (Einhandmesser) oder feststehende Messer mit einer Klingenlänge über 12 cm

zu führen.

(2) Absatz 1 gilt nicht
1. für die Verwendung bei Foto-, Film- oder Fernsehaufnahmen oder Theateraufführungen,
2. für den Transport in einem verschlossenen Behältnis,
3. für das Führen der Gegenstände nach Absatz 1 Nr. 2 und 3, sofern ein berechtigtes Interesse vorliegt.

Weitergehende Regelungen bleiben unberührt.

(3) Ein berechtigtes Interesse nach Absatz 2 Nr. 3 liegt insbesondere vor, wenn das Führen der Gegenstände im Zusammenhang mit der Berufsausübung erfolgt, der Brauchtumspflege, dem Sport oder einem allgemein anerkannten Zweck dient.

Abschnitt 3 Sonstige waffenrechtliche Vorschriften

§ 43 Erhebung und Übermittlung personenbezogener Daten

(1) Die für die Ausführung dieses Gesetzes zuständigen Behörden dürfen personenbezogene Daten auch ohne Mitwirkung des Betroffenen in den Fällen des § 5 Abs. 5 und des § 6 Abs. 1 Satz 3 und 4 erheben. Sonstige Rechtsvorschriften des Bundes- oder Landesrechts, die eine Erhebung ohne Mitwirkung des Betroffenen vorsehen oder zwingend voraussetzen, bleiben unberührt.

(2) Öffentliche Stellen im Geltungsbereich dieses Gesetzes sind auf Ersuchen der zuständigen Behörde verpflichtet, dieser im Rahmen datenschutzrechtlicher Übermittlungsbefugnisse personenbezogene Daten zu übermitteln, soweit die Daten nicht wegen überwiegender öffentlicher Interessen geheim gehalten werden müssen.

§ 43 a Nationales Waffenregister

Bis zum 31. Dezember 2012 ist ein Nationales Waffenregister zu errichten, in dem bundesweit insbesondere Schusswaffen, deren Erwerb und Besitz der Erlaubnis bedürfen, sowie Daten von Erwerbern, Besitzern und Überlassern dieser Schusswaffen elektronisch auswertbar zu erfassen und auf aktuellem Stand zu halten sind.

§ 44 Übermittlung an und von Meldebehörden

(1) Die für die Erteilung einer waffenrechtlichen Erlaubnis zuständige Behörde teilt der für den Antragsteller zuständigen Meldebehörde die erstmalige Erteilung einer Erlaubnis mit. Sie unterrichtet ferner diese Behörde, wenn eine Person über keine waffenrechtlichen Erlaubnisse mehr verfügt.

(2) Die Meldebehörden teilen den Waffenerlaubnisbehörden Namensänderungen, Zuzug, Wegzug und Tod der Einwohner mit, für die das Vorliegen einer waffenrechtlichen Erlaubnis gespeichert ist.

§ 44 a Behördliche Aufbewahrungspflichten

(1) Die für die Ausführung dieses Gesetzes zuständigen Behörden haben alle Unterlagen, die für die Feststellung der gegenwärtigen und früheren Besitzverhältnisse sowie die Rückverfolgung von Verkaufswegen erforderlich sind, aufzubewahren.

(2) Die Aufbewahrungspflicht bezieht sich sowohl auf eigene Unterlagen als auch auf nach § 17 Abs. 6 Satz 2 und 3 der Allgemeinen Waffengesetz-Verordnung vom 27. Oktober 2003 (BGBl. I S. 2123), die zuletzt durch Artikel 2 des Gesetzes vom 26. März 2008 (BGBl. I S. 426) geändert worden ist, übernommene Waffenherstellungs- und Waffenhandelsbücher.

(3) Für die Waffenherstellungsbücher beträgt die Aufbewahrungsfrist mindestens 30 Jahre. Für alle anderen Unterlagen einschließlich der Einfuhr- und Ausfuhraufzeichnungen beträgt die Aufbewahrungsfrist mindestens 20 Jahre.

§ 45 Rücknahme und Widerruf

(1) Eine Erlaubnis nach diesem Gesetz ist zurückzunehmen, wenn nachträglich bekannt wird, dass die Erlaubnis hätte versagt werden müssen.

(2) Eine Erlaubnis nach diesem Gesetz ist zu widerrufen, wenn nachträglich Tatsachen eintreten, die zur Versagung hätten führen müssen. Eine Erlaubnis nach diesem Gesetz kann auch widerrufen werden, wenn inhaltliche Beschränkungen nicht beachtet werden.

(3) Bei einer Erlaubnis kann abweichend von Absatz 2 Satz 1 im Fall eines vorübergehenden Wegfalls des Bedürfnisses, aus besonderen Gründen auch in Fällen des endgültigen Wegfalls des Bedürfnisses, von einem Widerruf abgesehen werden. Satz 1 gilt nicht, sofern es sich um eine Erlaubnis zum Führen einer Waffe handelt.

(4) Verweigert ein Betroffener im Fall der Überprüfung des weiteren Vorliegens von in diesem Gesetz oder in einer auf Grund dieses Gesetzes erlassenen Rechtsverordnung vorgeschriebenen Tatbestandsvoraussetzungen, bei deren Wegfall ein Grund zur Rücknahme oder zum Widerruf einer Erlaubnis oder Ausnahmebewilligung gegeben wäre, seine Mitwirkung, so kann die Behörde deren Wegfall vermuten. Der Betroffene ist hierauf hinzuweisen.

(5) Widerspruch und Anfechtungsklage gegen Maßnahmen nach Absatz 1 und Absatz 2 Satz 1 haben keine aufschiebende Wirkung, sofern die Erlaubnis wegen des Nichtvorliegens oder Entfallens der Voraussetzungen nach § 4 Abs. 1 Nr. 2 zurückgenommen oder widerrufen wird.

§ 46 Weitere Maßnahmen

(1) Werden Erlaubnisse nach diesem Gesetz zurückgenommen oder widerrufen, so hat der Inhaber alle Ausfertigungen der Erlaubnisurkunde der zuständigen Behörde unverzüglich zurückzugeben. Das Gleiche gilt, wenn die Erlaubnis erloschen ist.

(2) Hat jemand auf Grund einer Erlaubnis, die zurückgenommen, widerrufen oder erloschen ist, Waffen oder Munition erworben oder befugt besessen, und besitzt er sie noch, so kann die zuständige Behörde anordnen, dass er binnen angemessener Frist die Waffen oder Munition dauerhaft unbrauchbar macht oder einem Berechtigten überlässt und den Nachweis darüber gegenüber der Behörde führt. Nach fruchtlosem Ablauf der Frist kann die zuständige Behörde die Waffen oder Munition sicherstellen.

(3) Besitzt jemand ohne die erforderliche Erlaubnis oder entgegen einem vollziehbaren Verbot nach § 41 Abs. 1 oder 2 eine Waffe oder Munition, so kann die zuständige Behörde anordnen, dass er binnen angemessener Frist

1. die Waffe oder Munition dauerhaft unbrauchbar macht oder einem Berechtigten überlässt oder
2. im Fall einer verbotenen Waffe oder Munition die Verbotsmerkmale beseitigt und
3. den Nachweis darüber gegenüber der Behörde führt.

Nach fruchtlosem Ablauf der Frist kann die zuständige Behörde die Waffe oder Munition sicherstellen.

(4) Die zuständige Behörde kann Erlaubnisurkunden sowie die in den Absätzen 2 und 3 bezeichneten Waffen oder Munition sofort sicherstellen

1. in Fällen eines vollziehbaren Verbots nach § 41 Abs. 1 oder 2 oder

2. soweit Tatsachen die Annahme rechtfertigen, dass die Waffen oder Munition missbräuchlich verwendet oder von einem Nichtberechtigten erworben werden sollen.

Zu diesem Zweck sind die Beauftragten der zuständigen Behörde berechtigt, die Wohnung des Betroffenen zu betreten und diese nach Urkunden, Waffen oder Munition zu durchsuchen; Durchsuchungen dürfen nur durch den Richter, bei Gefahr im Verzug auch durch die zuständige Behörde angeordnet werden; das Grundrecht der Unverletzlichkeit der Wohnung (Artikel 13 des Grundgesetzes) wird insoweit eingeschränkt. Widerspruch und Anfechtungsklage haben keine aufschiebende Wirkung.

(5) Sofern der bisherige Inhaber nicht innerhalb eines Monats nach Sicherstellung einen empfangsbereiten Berechtigten benennt oder im Fall der Sicherstellung verbotener Waffen oder Munition nicht in dieser Frist eine Ausnahmezulassung nach § 40 Abs. 4 beantragt, kann die zuständige Behörde die sichergestellten Waffen oder Munition einziehen und verwerten oder vernichten. Dieselben Befugnisse besitzt die zuständige Behörde im Fall der unanfechtbaren Versagung einer für verbotene Waffen oder Munition vor oder rechtzeitig nach der Sicherstellung beantragten Ausnahmezulassung nach § 40 Abs. 4. Der Erlös aus einer Verwertung der Waffen oder Munition steht nach Abzug der Kosten der Sicherstellung, Verwahrung und Verwertung dem nach bürgerlichem Recht bisher Berechtigten zu.

§ 47 Verordnungen zur Erfüllung internationaler Vereinbarungen oder zur Angleichung an Gemeinschaftsrecht

Das Bundesministerium des Innern wird ermächtigt, mit Zustimmung des Bundesrates zur Erfüllung von Verpflichtungen aus internationalen Vereinbarungen oder zur Erfüllung bindender Beschlüsse der Europäischen Union, die Sachbereiche dieses Gesetzes betreffen, Rechtsverordnungen zu erlassen, die insbesondere

1. Anforderungen an das Überlassen und Verbringen von Waffen oder Munition an Personen, die ihren gewöhnlichen Aufenthalt außerhalb des Geltungsbereichs des Gesetzes haben, festlegen und
2. das Verbringen und die vorübergehende Mitnahme von Waffen oder Munition in den Geltungsbereich des Gesetzes sowie
3. die zu den Nummern 1 und 2 erforderlichen Bescheinigungen, Mitteilungspflichten und behördlichen Maßnahmen regeln.

§ 48 Sachliche Zuständigkeit

(1) Die Landesregierungen oder die von ihnen durch Rechtsverordnung bestimmten Stellen können durch Rechtsverordnung die für die Ausführung dieses Gesetzes zuständigen Behörden bestimmen, soweit nicht Bundesbehörden zuständig sind. Abweichend von Satz 1 ist für die Erteilung von Erlaubnissen an Bewachungsunternehmen für Bewachungsaufgaben nach § 28a Absatz 1 Satz 1 die für das Gebiet der Freien und Hansestadt Hamburg bestimmte Waffenbehörde zuständig.

(1a) Die Landesregierungen oder die von ihnen durch Rechtsverordnung bestimmten Stellen bestimmen durch Rechtsverordnung die nach Artikel 6 Absatz 5 Satz 2 der Verordnung (EU) Nr. 1214/2011 des Europäischen Parlaments und des Rates vom 16. November 2011 über den gewerbsmäßigen grenzüberschreitenden Straßentransport von Euro-Bargeld zwischen den Mitgliedstaaten des Euroraums (ABl. L 316 vom 29.11.2011, S. 1) zuständige Kontaktstelle.

(2) Das Bundesverwaltungsamt ist die zuständige Behörde für
1. ausländische Diplomaten, Konsularbeamte und gleichgestellte sonstige bevorrechtigte ausländische Personen,
2. ausländische Angehörige der in der Bundesrepublik Deutschland stationierten ausländischen Streitkräfte sowie deren Ehegatten und unterhaltsberechtigte Kinder,
3. Personen, die zum Schutze ausländischer Luftfahrzeuge und Seeschiffe eingesetzt sind,
4. Deutsche im Sinne des Artikels 116 des Grundgesetzes, die ihren gewöhnlichen Aufenthalt außerhalb des Geltungsbereichs dieses Gesetzes haben; dies gilt nicht für die in den §§ 21 und 28 genannten Personen, wenn sich der Sitz des Unternehmens im Geltungsbereich dieses Gesetzes befindet.

(3) Zuständig für die Entscheidungen nach § 2 Abs. 5 ist das Bundeskriminalamt.

(3 a) Das Bundesamt für Wirtschaft und Ausfuhrkontrolle ist die zuständige Behörde zur Erteilung von Genehmigungen nach Artikel 4 der Verordnung (EU) Nr. 258/2012 des Europäischen Parlaments und des Rates vom 14. März 2012 zur Umsetzung des Artikels 10 des Protokolls der Vereinten Nationen gegen die unerlaubte Herstellung von Schusswaffen, dazugehörigen Teilen und Komponenten und Munition und gegen den unerlaubten Handel damit, in Ergänzung des Übereinkommens der Vereinten Nationen gegen die grenzüberschreitende organisierte Kriminalität (VNFeuerwaffenprotokoll) und zur Einführung von Ausfuhrgenehmigungen für Feuerwaffen, deren Teile, Komponenten und Munition sowie von Maßnahmen betreffend deren Einfuhr und Durchfuhr (ABl. L 94 vom 30.3.2012, S. 1).

(4) Verwaltungsverfahren nach diesem Gesetz oder auf Grund dieses Gesetzes können über eine einheitliche Stelle nach den Vorschriften der Verwaltungsverfahrensgesetze abgewickelt werden.

§ 49 Örtliche Zuständigkeit

(1) Die Vorschriften der Verwaltungsverfahrensgesetze über die örtliche Zuständigkeit gelten mit der Maßgabe, dass örtlich zuständig ist
1. für einen Antragsteller oder Erlaubnisinhaber, der keinen gewöhnlichen Aufenthalt im Geltungsbereich dieses Gesetzes hat,
   a) die Behörde, in deren Bezirk er sich aufhält oder aufhalten will, oder,
   b) soweit sich ein solcher Aufenthaltswille nicht ermitteln lässt, die Behörde, in deren Bezirk der Grenzübertritt erfolgt,
2. für Antragsteller oder Inhaber einer Erlaubnis nach § 21 Abs. 1 sowie Bewachungsunternehmer die Behörde, in deren Bezirk sich die gewerbliche Hauptniederlassung befindet oder errichtet werden soll.

(2) Abweichend von Absatz 1 ist örtlich zuständig für
1. Schießerlaubnisse nach § 10 Abs. 5 die Behörde, in deren Bezirk geschossen werden soll, soweit nicht die Länder nach § 48 Abs. 1 eine abweichende Regelung getroffen haben,
2. Erlaubnisse nach § 27 Abs. 1 sowie für Maßnahmen auf Grund einer Rechtsverordnung nach § 27 Abs. 7 bei ortsfesten Schießstätten die Behörde, in deren Bezirk die ortsfeste Schießstätte betrieben wird oder betrieben oder geändert werden soll,

3. a) Erlaubnisse nach § 27 Abs. 1 sowie für Maßnahmen auf Grund einer Rechtsverordnung nach § 27 Abs. 7 bei ortsveränderlichen Schießstätten die Behörde, in deren Bezirk der Betreiber seinen gewöhnlichen Aufenthalt hat,
   b) Auflagen bei den in Buchstabe a genannten Schießstätten die Behörde, in deren Bezirk die Schießstätte aufgestellt werden soll,
4. Ausnahmebewilligungen nach § 35 Abs. 3 Satz 2 die Behörde, in deren Bezirk die Tätigkeit ausgeübt werden soll,
5. Ausnahmebewilligungen nach § 42 Abs. 2 die Behörde, in deren Bezirk die Veranstaltung stattfinden soll oder, soweit Ausnahmebewilligungen für mehrere Veranstaltungen in verschiedenen Bezirken erteilt werden, die Behörde, in deren Bezirk die erste Veranstaltung stattfinden soll,
6. die Sicherstellung nach § 46 Abs. 2 Satz 2, Abs. 3 Satz 2 und Abs. 4 Satz 1 auch die Behörde, in deren Bezirk sich der Gegenstand befindet.

§ 50 Gebühren und Auslagen

(1) Für individuell zurechenbare öffentliche Leistungen nach diesem Gesetz und nach den auf diesem Gesetz beruhenden Rechtsvorschriften werden Gebühren und Auslagen erhoben.

(2) Das Bundesministerium des Innern wird ermächtigt, im Einvernehmen mit dem Bundesministerium für Wirtschaft und Technologie für den Bereich der Bundesverwaltung durch Rechtsverordnung, die nicht der Zustimmung des Bundesrates bedarf, die gebührenpflichtigen Tatbestände näher zu bestimmen und dabei feste Sätze oder Rahmensätze vorzusehen. Die Gebührensätze sind so zu bemessen, dass der mit den individuell zurechenbaren öffentlichen Leistungen verbundene Personal- und Sachaufwand gedeckt wird. Bei begünstigenden Leistungen kann daneben die Bedeutung, der wirtschaftliche Wert oder der sonstige Nutzen für den Gebührenschuldner angemessen berücksichtigt werden. Soweit der Gegenstand der Gebühr in den Anwendungsbereich der Richtlinie 2006/123/EG des Europäischen Parlaments und des Rates vom 12. Dezember 2006 über Dienstleistungen im Binnenmarkt (ABl. L 376 vom 27.12.2006, S. 36) fällt, findet Satz 3 keine Anwendung; inländische Gebührenschuldner dürfen hierdurch nicht benachteiligt werden.

(3) In der Rechtsverordnung nach Absatz 2 kann bestimmt werden, dass die für die Prüfung oder Untersuchung zulässige Gebühr auch erhoben werden darf, wenn die Prüfung oder Untersuchung ohne Verschulden der prüfenden oder untersuchenden Stelle und ohne ausreichende Entschuldigung des Bewerbers oder Antragstellers am festgesetzten Termin nicht stattfinden konnte oder abgebrochen werden musste. In der Rechtsverordnung können ferner die Gebühren- und Auslagenbefreiung, die Gebührengläubigerschaft, die Gebührenschuldnerschaft, der Umfang der zu erstattenden Auslagen und die Gebührenerhebung abweichend von den Vorschriften des Bundesgebührengesetzes geregelt werden.

Abschnitt 4 Straf- und Bußgeldvorschriften

§ 51 Strafvorschriften

(1) Mit Freiheitsstrafe von einem Jahr bis zu fünf Jahren wird bestraft, wer entgegen § 2 Abs. 1 oder 3, jeweils in Verbindung mit Anlage 2 Abschnitt 1 Nr. 1.2.1, eine dort genannte Schusswaffe zum Verschießen von Patronenmunition nach Anlage 1 Ab-

schnitt 1 Unterabschnitt 3 Nr. 1.1 erwirbt, besitzt, überlässt, führt, verbringt, mitnimmt, herstellt, bearbeitet, instand setzt oder damit Handel treibt.

(2) In besonders schweren Fällen ist die Strafe Freiheitsstrafe von einem Jahr bis zu zehn Jahren. Ein besonders schwerer Fall liegt in der Regel vor, wenn der Täter gewerbsmäßig oder als Mitglied einer Bande, die sich zur fortgesetzten Begehung solcher Straftaten verbunden hat, unter Mitwirkung eines anderen Bandenmitgliedes handelt.

(3) In minder schweren Fällen ist die Strafe Freiheitsstrafe bis zu drei Jahren oder Geldstrafe.

(4) Handelt der Täter fahrlässig, so ist die Strafe Freiheitsstrafe bis zu zwei Jahren oder Geldstrafe.

§ 52 Strafvorschriften

(1) Mit Freiheitsstrafe von sechs Monaten bis zu fünf Jahren wird bestraft, wer
1. entgegen § 2 Abs. 1 oder 3, jeweils in Verbindung mit Anlage 2 Abschnitt 1 Nr. 1.1 oder 1.3.4, eine dort genannte Schusswaffe oder einen dort genannten Gegenstand erwirbt, besitzt, überlässt, führt, verbringt, mitnimmt, herstellt, bearbeitet, instand setzt oder damit Handel treibt,
2. ohne Erlaubnis nach
   a) § 2 Abs. 2 in Verbindung mit Anlage 2 Abschnitt 2 Unterabschnitt 1 Satz 1, eine Schusswaffe oder Munition erwirbt, um sie entgegen § 34 Abs. 1 Satz 1 einem Nichtberechtigten zu überlassen,
   b) § 2 Abs. 2 in Verbindung mit Anlage 2 Abschnitt 2 Unterabschnitt 1 Satz 1, eine halbautomatische Kurzwaffe zum Verschießen von Patronenmunition nach Anlage 1 Abschnitt 1 Unterabschnitt 3 Nr. 1.1 erwirbt, besitzt oder führt,
   c) § 2 Abs. 2 in Verbindung mit Anlage 2 Abschnitt 2 Unterabschnitt 1 Satz 1 in Verbindung mit § 21 Abs. 1 Satz 1 oder § 21 a eine Schusswaffe oder Munition herstellt, bearbeitet, instand setzt oder damit Handel treibt,
   d) § 2 Abs. 2 in Verbindung mit Anlage 2 Abschnitt 2 Unterabschnitt 1 Satz 1 in Verbindung mit § 29 Abs. 1, § 30 Abs. 1 Satz 1 oder § 32 Abs. 1 Satz 1 eine Schusswaffe oder Munition in den oder durch den Geltungsbereich dieses Gesetzes verbringt oder mitnimmt,
3. entgegen § 35 Abs. 3 Satz 1 eine Schusswaffe, Munition oder eine Hieb- oder Stoßwaffe im Reisegewerbe oder auf einer dort genannten Veranstaltung vertreibt oder anderen überlässt oder
4. entgegen § 40 Abs. 1 zur Herstellung eines dort genannten Gegenstandes anleitet oder auffordert.

(2) Der Versuch ist strafbar.

(3) Mit Freiheitsstrafe bis zu drei Jahren oder mit Geldstrafe wird bestraft, wer
1. entgegen § 2 Abs. 1 oder 3, jeweils in Verbindung mit Anlage 2 Abschnitt 1 Nr. 1.2.2 bis 1.2.5, 1.3.1 bis 1.3.3, 1.3.5, 1.3.7, 1.3.8, 1.4.1 Satz 1, Nr. 1.4.2 bis 1.4.4 oder 1.5.3 bis 1.5.7, einen dort genannten Gegenstand erwirbt, besitzt, überlässt, führt, verbringt, mitnimmt, herstellt, bearbeitet, instand setzt oder damit Handel treibt,
2. ohne Erlaubnis nach § 2 Abs. 2 in Verbindung mit Anlage 2 Abschnitt 2 Unterabschnitt 1 Satz 1
   a) eine Schusswaffe erwirbt, besitzt, führt oder

b) Munition erwirbt oder besitzt,

wenn die Tat nicht in Absatz 1 Nr. 2 Buchstabe a oder b mit Strafe bedroht ist,

3. ohne Erlaubnis nach § 2 Abs. 2 in Verbindung mit Anlage 2 Abschnitt 2 Unterabschnitt 1 Satz 1 in Verbindung mit § 26 Abs. 1 Satz 1 eine Schusswaffe herstellt, bearbeitet oder instand setzt,
4. ohne Erlaubnis nach § 2 Abs. 2 in Verbindung mit Anlage 2 Abschnitt 2 Unterabschnitt 1 Satz 1 in Verbindung mit § 31 Abs. 1 eine dort genannte Schusswaffe oder Munition in einen anderen Mitgliedstaat verbringt,
5. entgegen § 28 Abs. 2 Satz 1 eine Schusswaffe führt,
6. entgegen § 28 Abs. 3 Satz 2 eine Schusswaffe oder Munition überlässt,
7. entgegen § 34 Abs. 1 Satz 1 eine erlaubnispflichtige Schusswaffe oder erlaubnispflichtige Munition einem Nichtberechtigten überlässt,
8. einer vollziehbaren Anordnung nach § 41 Abs. 1 Satz 1 oder Abs. 2 zuwiderhandelt,
9. entgegen § 42 Abs. 1 eine Waffe führt oder
10. entgegen § 57 Abs. 5 Satz 1 den Besitz über eine Schusswaffe oder Munition ausübt.

(4) Handelt der Täter in den Fällen des Absatzes 1 Nr. 1, 2 Buchstabe b, c oder d oder Nr. 3 oder des Absatzes 3 fahrlässig, so ist die Strafe bei den bezeichneten Taten nach Absatz 1 Freiheitsstrafe bis zu zwei Jahren oder Geldstrafe, bei Taten nach Absatz 3 Freiheitsstrafe bis zu einem Jahr oder Geldstrafe.

(5) In besonders schweren Fällen des Absatzes 1 Nr. 1 ist die Strafe Freiheitsstrafe von einem Jahr bis zu zehn Jahren. Ein besonders schwerer Fall liegt in der Regel vor, wenn der Täter gewerbsmäßig oder als Mitglied einer Bande, die sich zur fortgesetzten Begehung solcher Straftaten verbunden hat, unter Mitwirkung eines anderen Bandenmitgliedes handelt.

(6) In minder schweren Fällen des Absatzes 1 ist die Strafe Freiheitsstrafe bis zu drei Jahren oder Geldstrafe.

§ 52 a Strafvorschriften

Mit Freiheitsstrafe bis zu drei Jahren oder mit Geldstrafe wird bestraft, wer eine in § 53 Absatz 1 Nummer 19 bezeichnete Handlung vorsätzlich begeht und dadurch die Gefahr verursacht, dass eine Schusswaffe oder Munition abhanden kommt oder darauf unbefugt zugegriffen wird.

§ 53 Bußgeldvorschriften

(1) Ordnungswidrig handelt, wer vorsätzlich oder fahrlässig

1. entgegen § 2 Abs. 1 eine nicht erlaubnispflichtige Waffe oder nicht erlaubnispflichtige Munition erwirbt oder besitzt,
2. entgegen § 2 Abs. 1 oder 3, jeweils in Verbindung mit Anlage 2 Abschnitt 1 Nr. 1.3.6, einen dort genannten Gegenstand erwirbt, besitzt, überlässt, führt, verbringt, mitnimmt, herstellt, bearbeitet, instand setzt oder damit Handel treibt,
3. ohne Erlaubnis nach § 2 Abs. 2 in Verbindung mit Abs. 4, dieser in Verbindung mit Anlage 2 Abschnitt 2 Unterabschnitt 1 Satz 1, mit einer Schusswaffe schießt,
4. einer vollziehbaren Auflage nach § 9 Abs. 2 Satz 1, § 10 Abs. 2 Satz 3, § 17 Abs. 2 Satz 2, § 18 Absatz 2 Satz 2 oder § 28a Absatz 1 Satz 3 oder einer vollziehbaren Anordnung nach § 9 Abs. 3, § 36 Abs. 3 Satz 1 oder Abs. 6, § 37 Abs. 1 Satz 2,

§ 39 Abs. 3, § 40 Abs. 5 Satz 2 oder § 46 Abs. 2 Satz 1 oder Abs. 3 Satz 1 zuwiderhandelt,

5. entgegen § 10 Abs. 1a, § 21 Abs. 6 Satz 1 und 4*, § 24 Abs. 5, § 27 Abs. 1 Satz 6, Abs. 2 Satz 2, § 31 Abs. 2 Satz 3, § 34 Absatz 2 Satz 1 oder Satz 2, Abs. 4 oder Abs. 5 Satz 1, § 36 Abs. 4 Satz 2, § 37 Abs. 1 Satz 1, Abs. 2 Satz 1 oder Abs. 3 Satz 1 oder § 40 Abs. 5 Satz 1 eine Anzeige nicht, nicht richtig, nicht vollständig, nicht in der vorgeschriebenen Weise oder nicht rechtzeitig erstattet,
6. entgegen § 10 Absatz 2 Satz 4 oder § 37 Absatz 4 eine Mitteilung nicht, nicht richtig, nicht vollständig oder nicht rechtzeitig macht,
7. entgegen § 13 Abs. 3 Satz 2, § 14 Abs. 4 Satz 2 oder § 20 Absatz 1 die Ausstellung einer Waffenbesitzkarte oder die Eintragung der Waffe in eine bereits erteilte Waffenbesitzkarte nicht beantragt oder entgegen § 34 Absatz 2 Satz 2 den Europäischen Feuerwaffenpass nicht oder nicht rechtzeitig vorlegt,
8. entgegen § 23 Abs. 1 Satz 1 oder Abs. 2 Satz 1, jeweils auch in Verbindung mit einer Rechtsverordnung nach § 25 Abs. 1 Nr. 1 Buchstabe a, das Waffenherstellungs- oder Waffenhandelsbuch nicht, nicht richtig oder nicht vollständig führt,
9. entgegen § 24 Abs. 1, auch in Verbindung mit einer Rechtsverordnung nach § 25 Abs. 1 Nr. 1 Buchstabe c oder Nr. 2 Buchstabe a, oder § 24 Abs. 2 oder 3 Satz 1 und 2, auch in Verbindung mit einer Rechtsverordnung nach § 25 Abs. 1 Nr. 1 Buchstabe c, eine Angabe, ein Zeichen oder die Bezeichnung der Munition auf der Schusswaffe nicht, nicht richtig, nicht vollständig, nicht in der vorgeschriebenen Weise oder nicht rechtzeitig anbringt oder Munition nicht, nicht richtig, nicht vollständig, nicht in der vorgeschriebenen Weise oder nicht rechtzeitig mit einem besonderen Kennzeichen versieht,
10. entgegen § 24 Abs. 4 eine Schusswaffe oder Munition anderen gewerbsmäßig überlässt,
11. ohne Erlaubnis nach § 27 Abs. 1 Satz 1 eine Schießstätte betreibt oder ihre Beschaffenheit oder die Art ihrer Benutzung wesentlich ändert,
12. entgegen § 27 Abs. 3 Satz 1 Nr. 1 und 2 einem Kind oder Jugendlichen das Schießen gestattet oder entgegen § 27 Abs. 6 Satz 2 nicht sicherstellt, dass die Aufsichtsperson nur einen Schützen bedient,
13. entgegen § 27 Abs. 3 Satz 2 Unterlagen nicht aufbewahrt oder entgegen § 27 Abs. 3 Satz 3 diese nicht herausgibt,
14. entgegen § 27 Abs. 5 Satz 2 eine Bescheinigung nicht mitführt,
15. entgegen § 33 Abs. 1 Satz 1 eine Schusswaffe oder Munition nicht anmeldet oder nicht oder nicht rechtzeitig vorführt,
16. entgegen § 34 Abs. 1 Satz 1 eine nicht erlaubnispflichtige Waffe oder nicht erlaubnispflichtige Munition einem Nichtberechtigten überlässt,
17. entgegen § 35 Abs. 1 Satz 4 die Urkunden nicht aufbewahrt oder nicht, nicht vollständig oder nicht rechtzeitig Einsicht gewährt,
18. entgegen § 35 Abs. 2 einen Hinweis nicht, nicht richtig, nicht vollständig oder nicht rechtzeitig gibt oder die Erfüllung einer dort genannten Pflicht nicht, nicht richtig, nicht vollständig oder nicht rechtzeitig protokolliert,
19. entgegen § 36 Abs. 1 Satz 2 oder Abs. 2 eine Schusswaffe aufbewahrt,
20. entgegen § 38 Satz 1 eine dort genannte Urkunde nicht mit sich führt oder nicht oder nicht rechtzeitig aushändigt,

---

* Verweise vom Gesetzgeber noch nicht auf die Änderungen durch Gesetz vom 26. März 2008 (BGBl. I S. 426) angepasst.

21. entgegen § 39 Abs. 1 Satz 1 eine Auskunft nicht, nicht richtig, nicht vollständig oder nicht rechtzeitig erteilt,
21a. entgegen § 42a Abs. 1 eine Anscheinswaffe, eine dort genannte Hieb- oder Stoßwaffe oder ein dort genanntes Messer führt,
22. entgegen § 46 Abs. 1 Satz 1, auch in Verbindung mit Satz 2, eine Ausfertigung der Erlaubnisurkunde nicht oder nicht rechtzeitig zurückgibt oder
23. einer Rechtsverordnung nach § 15a Absatz 4, § 25 Abs. 1 Nr. 1 Buchstabe b, § 27 Abs. 7, § 36 Abs. 5, § 42 Abs. 5 Satz 1, auch in Verbindung mit Satz 2, oder § 47 oder einer vollziehbaren Anordnung auf Grund einer solchen Rechtsverordnung zuwiderhandelt, soweit die Rechtsverordnung für einen bestimmten Tatbestand auf diese Bußgeldvorschrift verweist.

(1a) Ordnungswidrig handelt, wer vorsätzlich oder fahrlässig ohne Genehmigung nach Artikel 4 Absatz 1 Satz 1 der Verordnung (EU) Nr. 258/2012 des Europäischen Parlaments und des Rates vom 14. März 2012 zur Umsetzung des Artikels 10 des Protokolls der Vereinten Nationen gegen die unerlaubte Herstellung von Schusswaffen, dazugehörigen Teilen und Komponenten und Munition und gegen den unerlaubten Handel damit, in Ergänzung des Übereinkommens der Vereinten Nationen gegen die grenzüberschreitende organisierte Kriminalität (VN-Feuerwaffenprotokoll) und zur Einführung von Ausfuhrgenehmigungen für Feuerwaffen, deren Teile, Komponenten und Munition sowie von Maßnahmen betreffend deren Einfuhr und Durchfuhr (ABl. L 94 vom 30.3.2012, S. 1) einen dort genannten Gegenstand ausführt.

(2) Die Ordnungswidrigkeit kann mit einer Geldbuße bis zu zehntausend Euro geahndet werden.

(3) Verwaltungsbehörde im Sinne des § 36 Abs. 1 Nr. 1 des Gesetzes über Ordnungswidrigkeiten ist, soweit dieses Gesetz von der Physikalisch-Technischen Bundesanstalt, dem Bundesverwaltungsamt oder dem Bundeskriminalamt ausgeführt wird, die für die Erteilung von Erlaubnissen nach § 21 Abs. 1 zuständige Behörde.

§ 54 Einziehung und erweiterter Verfall

(1) Ist eine Straftat nach den §§ 51, 52 Abs. 1, 2 oder 3 Nr. 1, 2 oder 3 oder Abs. 5 begangen worden, so werden Gegenstände,
1. auf die sich diese Straftat bezieht oder
2. die durch sie hervorgebracht oder zu ihrer Begehung oder Vorbereitung gebraucht worden oder bestimmt gewesen sind,

eingezogen.

(2) Ist eine sonstige Straftat nach § 52 oder eine Ordnungswidrigkeit nach § 53 begangen worden, so können in Absatz 1 bezeichnete Gegenstände eingezogen werden.

(3) § 74a des Strafgesetzbuches und § 23 des Gesetzes über Ordnungswidrigkeiten sind anzuwenden. In den Fällen der §§ 51, 52 Abs. 1 oder 3 Nr. 1 bis 3 ist § 73d des Strafgesetzbuches anzuwenden, wenn der Täter gewerbsmäßig oder als Mitglied einer Bande handelt, die sich zur fortgesetzten Begehung solcher Straftaten verbunden hat.

(4) Als Maßnahme im Sinne des § 74b Abs. 2 Satz 2 des Strafgesetzbuches kommt auch die Anweisung in Betracht, binnen einer angemessenen Frist eine Entscheidung der zuständigen Behörde über die Erteilung einer Erlaubnis nach § 10 vorzulegen oder die Gegenstände einem Berechtigten zu überlassen.

Abschnitt 5 Ausnahmen von der Anwendung des Gesetzes

§ 55 Ausnahmen für oberste Bundes- und Landesbehörden, Bundeswehr, Polizei und Zollverwaltung, erheblich gefährdete Hoheitsträger sowie Bedienstete anderer Staaten

(1) Dieses Gesetz ist, wenn es nicht ausdrücklich etwas anderes bestimmt, nicht anzuwenden auf

1. die obersten Bundes- und Landesbehörden und die Deutsche Bundesbank,
2. die Bundeswehr und die in der Bundesrepublik Deutschland stationierten ausländischen Streitkräfte,
3. die Polizeien des Bundes und der Länder,
4. die Zollverwaltung

und deren Bedienstete, soweit sie dienstlich tätig werden. Bei Polizeibediensteten und bei Bediensteten der Zollverwaltung mit Vollzugsaufgaben gilt dies, soweit sie durch Dienstvorschriften hierzu ermächtigt sind, auch für den Besitz über dienstlich zugelassene Waffen oder Munition und für das Führen dieser Waffen außerhalb des Dienstes.

(2) Personen, die wegen der von ihnen wahrzunehmenden hoheitlichen Aufgaben des Bundes oder eines Landes erheblich gefährdet sind, wird an Stelle einer Waffenbesitzkarte, eines Waffenscheins oder einer Ausnahmebewilligung nach § 42 Abs. 2 eine Bescheinigung über die Berechtigung zum Erwerb und Besitz von Waffen oder Munition sowie eine Bescheinigung zum Führen dieser Waffen erteilt. Die Bescheinigung ist auf die voraussichtliche Dauer der Gefährdung zu befristen. Die Bescheinigung erteilt für Hoheitsträger des Bundes das Bundesministerium des Innern oder eine von ihm bestimmte Stelle.

(3) Dieses Gesetz ist nicht anzuwenden auf Bedienstete anderer Staaten, die dienstlich mit Waffen oder Munition ausgestattet sind, wenn die Bediensteten im Rahmen einer zwischenstaatlichen Vereinbarung oder auf Grund einer Anforderung oder einer allgemein oder für den Einzelfall erteilten Zustimmung einer zuständigen inländischen Behörde oder Dienststelle im Geltungsbereich dieses Gesetzes tätig werden und die zwischenstaatliche Vereinbarung, die Anforderung oder die Zustimmung nicht etwas anderes bestimmt.

(4) Auf Waffen oder Munition, die für die in Absatz 1 Satz 1 bezeichneten Stellen in den Geltungsbereich dieses Gesetzes verbracht oder hergestellt und ihnen überlassen werden, ist § 40 nicht anzuwenden.

(4 a) Auf den Waffen, die für die in Absatz 1 Satz 1 bezeichneten Stellen in den Geltungsbereich dieses Gesetzes verbracht oder hergestellt und ihnen überlassen werden, sind neben den für Waffen allgemein vorgeschriebenen Kennzeichnungen (§ 24) zusätzlich Markierungen anzubringen, aus denen die verfügungsberechtigte Stelle ersichtlich ist. Bei Aussonderung aus staatlicher Verfügung und dauerhafter Überführung in zivile Verwendung ist die zusätzliche Markierung durch zwei waagerecht dauerhaft eingebrachte Striche zu entwerten. Dabei muss erkennbar bleiben, welche nach Absatz 1 Satz 1 bezeichnete Stelle verfügungsberechtigt über die Waffe war.

(5) Die Bundesregierung kann durch Rechtsverordnung, die nicht der Zustimmung des Bundesrates bedarf, eine dem Absatz 1 Satz 1 entsprechende Regelung für sons-

tige Behörden und Dienststellen des Bundes treffen. Die Bundesregierung kann die Befugnis nach Satz 1 durch Rechtsverordnung, die nicht der Zustimmung des Bundesrates bedarf, auf eine andere Bundesbehörde übertragen.

(6) Die Landesregierungen können durch Rechtsverordnung eine dem Absatz 5 Satz 1 entsprechende Regelung für sonstige Behörden und Dienststellen des Landes treffen. Die Landesregierungen können die Befugnis nach Satz 1 durch Rechtsverordnung auf andere Landesbehörden übertragen.

§ 56 Sondervorschriften für Staatsgäste und andere Besucher

Auf

1. Staatsgäste aus anderen Staaten,
2. sonstige erheblich gefährdete Personen des öffentlichen Lebens aus anderen Staaten, die sich besuchsweise im Geltungsbereich dieses Gesetzes aufhalten, und
3. Personen aus anderen Staaten, denen der Schutz der in den Nummern 1 und 2 genannten Personen obliegt,

ist § 10 und Abschnitt 2 Unterabschnitt 5 nicht anzuwenden, wenn ihnen das Bundesverwaltungsamt oder, soweit es sich nicht um Gäste des Bundes handelt, die nach § 48 Abs. 1 zuständige Behörde hierüber eine Bescheinigung erteilt hat. Die Bescheinigung, zu deren Wirksamkeit es der Bekanntgabe an den Betroffenen nicht bedarf, ist zu erteilen, wenn dies im öffentlichen Interesse, insbesondere zur Wahrung der zwischenstaatlichen Gepflogenheiten bei solchen Besuchen, geboten ist. Es muss gewährleistet sein, dass in den Geltungsbereich dieses Gesetzes verbrachte oder dort erworbene Schusswaffen oder Munition nach Beendigung des Besuches aus dem Geltungsbereich dieses Gesetzes verbracht oder einem Berechtigten überlassen werden. Sofern das Bundesverwaltungsamt in den Fällen des Satzes 1 nicht rechtzeitig tätig werden kann, entscheidet über die Erteilung der Bescheinigung die nach § 48 Abs. 1 zuständige Behörde. Das Bundesverwaltungsamt ist über die getroffene Entscheidung zu unterrichten.

§ 57 Kriegswaffen

(1) Dieses Gesetz gilt nicht für Kriegswaffen im Sinne des Gesetzes über die Kontrolle von Kriegswaffen. Auf tragbare Schusswaffen, für die eine Waffenbesitzkarte nach § 59 Abs. 4 Satz 2 des Waffengesetzes in der vor dem 1. Juli 1976 geltenden Fassung erteilt worden ist, sind unbeschadet der Vorschriften des Gesetzes über die Kontrolle von Kriegswaffen § 4 Abs. 3, § 45 Abs. 1 und 2 sowie die §§ 36 und 53 Abs. 1 Nr. 19 anzuwenden. Auf Verstöße gegen § 59 Abs. 2 des Waffengesetzes in der vor dem 1. Juli 1976 geltenden Fassung und gegen § 58 Abs. 1 des Waffengesetzes in der vor dem 1. April 2003 geltenden Fassung ist § 52 Abs. 3 Nr. 1 anzuwenden. Zuständige Behörde für Maßnahmen nach Satz 2 ist das Bundesamt für Wirtschaft und Ausfuhrkontrolle.

(2) Wird die Anlage zu dem Gesetz über die Kontrolle von Kriegswaffen (Kriegswaffenliste) geändert und verlieren deshalb tragbare Schusswaffen ihre Eigenschaft als Kriegswaffen, so hat derjenige, der seine Befugnis zum Besitz solcher Waffen durch eine Genehmigung oder Bestätigung der zuständigen Behörde nachweisen kann, diese Genehmigung oder Bestätigung der nach § 48 Abs. 1 zuständigen Behörde vorzulegen; diese stellt eine Waffenbesitzkarte aus oder ändert eine bereits erteilte Waf-

fenbesitzkarte, wenn kein Versagungsgrund im Sinne des Absatzes 4 vorliegt. Die übrigen Besitzer solcher Waffen können innerhalb einer Frist von sechs Monaten nach Inkrafttreten der Änderung der Kriegswaffenliste bei der nach § 48 Abs. 1 zuständigen Behörde die Ausstellung einer Waffenbesitzkarte beantragen, sofern nicht der Besitz der Waffen nach § 59 Abs. 2 des Waffengesetzes in der vor dem 1. Juli 1976 geltenden Fassung anzumelden oder ein Antrag nach § 58 Abs. 1 des Waffengesetzes in der vor dem 1. April 2003 geltenden Fassung zu stellen war und der Besitzer die Anmeldung oder den Antrag unterlassen hat.

(3) Wird die Anlage zu dem Gesetz über die Kontrolle von Kriegswaffen (Kriegswaffenliste) geändert und verliert deshalb Munition für tragbare Kriegswaffen ihre Eigenschaft als Kriegswaffe, so hat derjenige, der bei Inkrafttreten der Änderung der Kriegswaffenliste den Besitz über sie ausübt, innerhalb einer Frist von sechs Monaten einen Antrag auf Erteilung einer Erlaubnis nach § 10 Abs. 3 bei der nach § 48 Abs. 1 zuständigen Behörde zu stellen, es sei denn, dass er bereits eine Berechtigung zum Besitz dieser Munition besitzt.

(4) Die Waffenbesitzkarte nach Absatz 2 und die Erlaubnis zum Munitionsbesitz nach Absatz 3 dürfen nur versagt werden, wenn Tatsachen die Annahme rechtfertigen, dass der Antragsteller nicht die erforderliche Zuverlässigkeit oder persönliche Eignung besitzt.

(5) Wird der Antrag nach Absatz 2 Satz 2 oder Absatz 3 nicht gestellt oder wird die Waffenbesitzkarte oder die Erlaubnis unanfechtbar versagt, so darf der Besitz über die Schusswaffen oder die Munition nach Ablauf der Antragsfrist oder nach der Versagung nicht mehr ausgeübt werden. § 46 Abs. 2 findet entsprechend Anwendung.

Abschnitt 6 Übergangsvorschriften, Verwaltungsvorschriften

§ 58 Altbesitz

(1) Soweit nicht nachfolgend Abweichendes bestimmt wird, gelten Erlaubnisse im Sinne des Waffengesetzes in der Fassung der Bekanntmachung vom 8. März 1976 (BGBl. I S. 432), zuletzt geändert durch das Gesetz vom 21. November 1996 (BGBl. I S. 1779), fort. Erlaubnisse zum Erwerb von Munition berechtigen auch zu deren Besitz. Hat jemand berechtigt Munition vor dem Inkrafttreten dieses Gesetzes erworben, für die auf Grund dieses Gesetzes eine Erlaubnis erforderlich ist, und übt er über diese bei Inkrafttreten dieses Gesetzes noch den Besitz aus, so hat er diese Munition bis 31. August 2003 der zuständigen Behörde schriftlich anzumelden. Die Anmeldung muss die Personalien des Besitzers sowie die Munitionsarten enthalten. Die nachgewiesene fristgerechte Anmeldung gilt als Erlaubnis zum Besitz.

(2) Eine auf Grund des Waffengesetzes in der Fassung der Bekanntmachung vom 8. März 1976 (BGBl. I S. 432) erteilte waffenrechtliche Erlaubnis für Kriegsschusswaffen tritt am ersten Tag des sechsten auf das Inkrafttreten dieses Gesetzes folgenden Monats außer Kraft.

(3) Ist über einen vor Inkrafttreten dieses Gesetzes gestellten Antrag auf Erteilung einer Erlaubnis nach § 7 des Waffengesetzes in der Fassung der Bekanntmachung vom 8. März 1976 (BGBl. I S. 432) noch nicht entschieden worden, findet für die Entscheidung über den Antrag § 21 dieses Gesetzes Anwendung.

(4) Bescheinigungen nach § 6 Abs. 2 des Waffengesetzes in der Fassung der Bekanntmachung vom 8. März 1976 (BGBl. I S. 432) gelten im bisherigen Umfang als Bescheinigungen nach § 55 Abs. 2 dieses Gesetzes.

(5) Ausnahmebewilligungen nach § 37 Abs. 3 und § 57 Abs. 7 des Waffengesetzes in der Fassung der Bekanntmachung vom 8. März 1976 (BGBl. I S. 432) gelten in dem bisherigen Umfang als Ausnahmebewilligungen nach § 40 Abs. 4 dieses Gesetzes.

(6) Die nach § 40 Abs. 1 des Waffengesetzes in der Fassung der Bekanntmachung vom 8. März 1976 (BGBl. I S. 432) ausgesprochenen Verbote gelten in dem bisherigen Umfang als Verbote nach § 41 dieses Gesetzes.

(7) Hat jemand am 1. April 2003 eine bislang nicht einem Verbot nach § 37 Abs. 1 des Waffengesetzes in der Fassung der Bekanntmachung vom 8. März 1976 (BGBl. I S. 432) unterliegende Waffe im Sinne der Anlage 2 Abschnitt 1 dieses Gesetzes besessen, so wird das Verbot nicht wirksam, wenn er bis zum 31. August 2003 diese Waffe unbrauchbar macht, einem Berechtigten überlässt oder einen Antrag nach § 40 Abs. 4 dieses Gesetzes stellt. § 46 Abs. 3 Satz 2 und Abs. 5 findet entsprechend Anwendung.

(8) Wer eine am 25. Juli 2009 unerlaubt besessene Waffe bis zum 31. Dezember 2009 unbrauchbar macht, einem Berechtigten überlässt oder der zuständigen Behörde oder einer Polizeidienststelle übergibt, wird nicht wegen unerlaubten Erwerbs, unerlaubten Besitzes oder unerlaubten Verbringens bestraft. Satz 1 gilt nicht, wenn

1. vor der Unbrauchbarmachung, Überlassung oder Übergabe dem bisherigen Besitzer der Waffe die Einleitung des Straf- oder Bußgeldverfahrens wegen der Tat bekannt gegeben worden ist oder
2. der Verstoß im Zeitpunkt der Unbrauchbarmachung, Überlassung oder Übergabe ganz oder zum Teil bereits entdeckt war und der bisherige Besitzer dies wusste oder bei verständiger Würdigung der Sachlage damit rechnen musste.

(9) Besitzt eine Person, die noch nicht das 25. Lebensjahr vollendet hat, am 1. April 2003 mit einer Erlaubnis auf Grund des Waffengesetzes in der Fassung der Bekanntmachung vom 8. März 1976 (BGBl. I S. 432) eine Schusswaffe, so hat sie binnen eines Jahres auf eigene Kosten der zuständigen Behörde ein amts- oder fachärztliches oder fachpsychologisches Zeugnis über die geistige Eignung nach § 6 Abs. 3 vorzulegen. Satz 1 gilt nicht für den Erwerb und Besitz von Schusswaffen im Sinne von § 14 Abs. 1 Satz 2 und in den Fällen des § 13 Abs. 2 Satz 1.

(10) Die Erlaubnispflicht für Schusswaffen im Sinne der Anlage 2 Abschnitt 2 Unterabschnitt 1 Satz 3 gilt für Schusswaffen, die vor dem 1. April 2008 erworben wurden, erst ab dem 1. Oktober 2008.

(11) Hat jemand am 1. April 2008 eine bislang nicht nach Anlage 2 Abschnitt 1 Nr. 1.2.1.2 dieses Gesetzes verbotene Waffe besessen, so wird dieses Verbot nicht wirksam, wenn er bis zum 1. Oktober 2008 diese Waffe unbrauchbar macht, einem Berechtigten überlässt oder der zuständigen Behörde oder einer Polizeidienststelle überlässt oder einen Antrag nach § 40 Abs. 4 dieses Gesetzes stellt. § 46 Abs. 3 Satz 2 und Abs. 5 findet entsprechend Anwendung.

(12) Besitzt der Inhaber einer Waffenbesitzkarte am 1. April 2008 erlaubnisfrei erworbene Teile von Schusswaffen im Sinne der Anlage 2 Abschnitt 2 Unterabschnitt 2 Nr. 2, so sind diese Teile bis zum 1. Oktober 2008 in die Waffenbesitzkarte einzutragen.

§ 59 Verwaltungsvorschriften

Das Bundesministerium des Innern erlässt allgemeine Verwaltungsvorschriften über den Erwerb und das Führen von Schusswaffen durch Behörden und Bedienstete seines Geschäftsbereichs sowie über das Führen von Schusswaffen durch erheblich gefährdete Hoheitsträger im Sinne von § 55 Abs. 2; die anderen obersten Bundesbehörden und die Deutsche Bundesbank erlassen die Verwaltungsvorschriften für ihren Geschäftsbereich im Einvernehmen mit dem Bundesministerium des Innern.

§ 60 Übergangsvorschrift

Die Kostenverordnung zum Waffengesetz in der Fassung der Bekanntmachung vom 20. April 1990 (BGBl. I S. 780), die zuletzt durch Artikel 2 der Verordnung vom 10. Januar 2000 (BGBl. I S. 38) geändert worden ist, gilt in den Ländern bis zum 14. August 2018 fort, solange die Länder keine anderweitigen Regelungen getroffen haben; für die Erhebung von Auslagen ist insoweit § 10 des Verwaltungskostengesetzes vom 23. Juni 1970 in der bis zum 14. August 2013 geltenden Fassung weiter anzuwenden.

Anlage 1
(zu § 1 Abs. 4)

Begriffsbestimmungen

Abschnitt 1: Waffen- und munitionstechnische Begriffe, Einstufung von Gegenständen

Unterabschnitt 1: Schusswaffen

1. Schusswaffen im Sinne des § 1 Abs. 2 Nr. 1

1.1 Schusswaffen
Schusswaffen sind Gegenstände, die zum Angriff oder zur Verteidigung, zur Signalgebung, zur Jagd, zur Distanzinjektion, zur Markierung, zum Sport oder zum Spiel bestimmt sind und bei denen Geschosse durch einen Lauf getrieben werden.

1.2 Gleichgestellte Gegenstände
Den Schusswaffen stehen gleich tragbare Gegenstände,

1.2.1 die zum Abschießen von Munition für die in Nummer 1.1 genannten Zwecke bestimmt sind,

1.2.2 bei denen bestimmungsgemäß feste Körper gezielt verschossen werden, deren Antriebsenergie durch Muskelkraft eingebracht und durch eine Sperrvorrichtung gespeichert werden kann (z. B. Armbrüste). Dies gilt nicht für feste Körper, die mit elastischen Geschossspitzen (z. B. Saugnapf aus Gummi) versehen sind, bei denen eine maximale Bewegungsenergie der Geschossspitzen je Flächeneinheit von 0,16 J/cm² nicht überschritten wird;

1.3 Wesentliche Teile von Schusswaffen, Schalldämpfer
Wesentliche Teile von Schusswaffen und Schalldämpfer stehen, soweit in diesem Gesetz nichts anderes bestimmt ist, den Schusswaffen gleich, für die sie bestimmt

Schalldämpfer nur mit Voreintrag in WBK

sind. Dies gilt auch dann, wenn sie mit anderen Gegenständen verbunden sind und die Gebrauchsfähigkeit als Waffenteil nicht beeinträchtigt ist oder mit allgemein gebräuchlichen Werkzeugen wiederhergestellt werden kann. Teile von Kriegswaffen im Sinne des Gesetzes über die Kontrolle von Kriegswaffen in der Fassung der Bekanntmachung vom 22. November 1990 (BGBl. I S. 2506), zuletzt geändert durch Artikel 24 der Verordnung vom 31. Oktober 2006 (BGBl. I S. 2407), die nicht vom Gesetz über die Kontrolle von Kriegswaffen erfasst und nachstehend als wesentliche Teile aufgeführt sind, sowie Schalldämpfer zu derartigen Waffen werden von diesem Gesetz erfasst;

Wesentliche Teile sind

1.3.1 der Lauf oder Gaslauf, der Verschluss sowie das Patronen- oder Kartuschenlager, wenn diese nicht bereits Bestandteil des Laufes sind; der Lauf ist ein aus einem ausreichend festen Werkstoff bestehender rohrförmiger Gegenstand, der Geschossen, die hindurchgetrieben werden, ein gewisses Maß an Führung gibt, wobei dies in der Regel als gegeben anzusehen ist, wenn die Länge des Laufteils, der die Führung des Geschosses bestimmt, mindestens das Zweifache des Kalibers beträgt; der Gaslauf ist ein Lauf, der ausschließlich der Ableitung der Verbrennungsgase dient; der Verschluss ist das unmittelbar das Patronen- oder Kartuschenlager oder den Lauf abschließende Teil;

Setzpatronen

1.3.2 bei Schusswaffen, bei denen zum Antrieb ein entzündbares flüssiges oder gasförmiges Gemisch verwendet wird, auch die Verbrennungskammer und die Einrichtung zur Erzeugung des Gemisches;

1.3.3 bei Schusswaffen mit anderem Antrieb auch die Antriebsvorrichtung, sofern sie fest mit der Schusswaffe verbunden ist; z.B. Armbrust

1.3.4 bei Kurzwaffen auch das Griffstück oder sonstige Waffenteile, soweit sie für die Aufnahme des Auslösemechanismus bestimmt sind.

Als wesentliche Teile gelten auch vorgearbeitete wesentliche Teile von Schusswaffen sowie Teile/Reststücke von Läufen und Laufrohlingen, wenn sie mit allgemein gebräuchlichen Werkzeugen fertiggestellt werden können. Schalldämpfer sind Vorrichtungen, die der wesentlichen Dämpfung des Mündungsknalls dienen und für Schusswaffen bestimmt sind;

1.4 Unbrauchbar gemachte Schusswaffen (Dekorationswaffen)
Schusswaffen sind dann unbrauchbar, wenn

1.4.1 das Patronenlager dauerhaft so verändert ist, dass weder Munition noch Treibladungen geladen werden können,

1.4.2 der Verschluss dauerhaft funktionsunfähig gemacht worden ist,

1.4.3 in Griffstücken oder anderen wesentlichen Waffenteilen für Handfeuer-Kurzwaffen der Auslösemechanismus dauerhaft funktionsunfähig gemacht worden ist,

1.4.4 bei Kurzwaffen der Lauf auf seiner ganzen Länge, im Patronenlager beginnend,

- bis zur Laufmündung einen durchgehenden Längsschlitz von mindestens 4 mm Breite oder
- im Abstand von jeweils 3 cm, mindestens jedoch 3 kalibergroße Bohrungen oder
- andere gleichwertige Laufveränderungen

aufweist,

Lauf, Griffstück, Patronenlager, Schalldämpfer
bei Revolver: Trommel, Griffstück, Lauf

1.4.5 bei Langwaffen der Lauf in dem dem Patronenlager zugekehrten Drittel
- mindestens 6 kalibergroße Bohrungen oder
- andere gleichwertige Laufveränderungen

aufweist und vor diesen in Richtung der Laufmündung mit einem kalibergroßen gehärteten Stahlstift dauerhaft verschlossen ist,

1.4.6 dauerhaft unbrauchbar gemacht oder geworden ist eine Schusswaffe dann, wenn mit allgemein gebräuchlichen Werkzeugen die Schussfähigkeit der Waffe oder die Funktionsfähigkeit der wesentlichen Teile nicht wiederhergestellt werden kann.

1.5 Salutwaffen
Salutwaffen sind veränderte Langwaffen, die u.a. für Theateraufführungen, Foto-, Film- oder Fernsehaufnahmen bestimmt sind, wenn sie die nachstehenden Anforderungen erfüllen:
- das Patronenlager muss dauerhaft so verändert sein, dass keine Patronen- oder pyrotechnische Munition geladen werden kann,
- der Lauf muss in dem dem Patronenlager zugekehrten Drittel mindestens sechs kalibergroße, offene Bohrungen oder andere gleichwertige Laufveränderungen aufweisen und vor diesen in Richtung der Laufmündung mit einem kalibergroßen gehärteten Stahlstift dauerhaft verschlossen sein,
- der Lauf muss mit dem Gehäuse fest verbunden sein, sofern es sich um Waffen handelt, bei denen der Lauf ohne Anwendung von Werkzeugen ausgetauscht werden kann,
- die Änderungen müssen so vorgenommen sein, dass sie nicht mit allgemein gebräuchlichen Werkzeugen rückgängig gemacht und die Gegenstände nicht so geändert werden können, dass aus ihnen Geschosse, Patronen- oder pyrotechnische Munition verschossen werden können, und
- der Verschluss muss ein Kennzeichen nach Abbildung 11 der Anlage II zur Beschussverordnung tragen;

1.6 Anscheinswaffen
Anscheinswaffen sind

1.6.1 Schusswaffen, die ihrer äußeren Form nach im Gesamterscheinungsbild den Anschein von Feuerwaffen (Anlage 1 Abschnitt 1 Unterabschnitt 1 Nr. 2.1) hervorrufen und bei denen zum Antrieb der Geschosse keine heißen Gase verwendet werden,

1.6.2 Nachbildungen von Schusswaffen mit dem Aussehen von Schusswaffen nach Nummer 1.6.1 oder

1.6.3 unbrauchbar gemachte Schusswaffen mit dem Aussehen von Schusswaffen nach Nummer 1.6.1.

Ausgenommen sind solche Gegenstände, die erkennbar nach ihrem Gesamterscheinungsbild zum Spiel oder für Brauchtumsveranstaltungen bestimmt sind oder die Teil einer kulturhistorisch bedeutsamen Sammlung im Sinne des § 17 sind oder werden sollen oder Schusswaffen, für die gemäß § 10 Abs. 4 eine Erlaubnis zum Führen erforderlich ist. Erkennbar nach ihrem Gesamterscheinungsbild zum Spiel bestimmt sind insbesondere Gegenstände, deren Größe die einer entsprechenden Feuerwaffe um 50 Prozent über- oder unterschreiten, neonfarbene Materialien enthalten oder keine Kennzeichnungen von Feuerwaffen aufweisen.

2. Arten von Schusswaffen

2.1 Feuerwaffen; dies sind Schusswaffen nach Nummer 1.1, bei denen ein Geschoss mittels heißer Gase durch einen oder aus einem Lauf getrieben wird.

2.2 Automatische Schusswaffen; dies sind Schusswaffen, die nach Abgabe eines Schusses selbsttätig erneut schussbereit werden und bei denen aus demselben Lauf durch einmalige Betätigung des Abzuges oder einer anderen Schussauslösevorrichtung mehrere Schüsse abgegeben werden können (Vollautomaten) oder durch einmalige Betätigung des Abzuges oder einer anderen Schussauslösevorrichtung jeweils nur ein Schuss abgegeben werden kann (Halbautomaten). Als automatische Schusswaffen gelten auch Schusswaffen, die mit allgemein gebräuchlichen Werkzeugen in automatische Schusswaffen geändert werden können. Als Vollautomaten gelten auch in Halbautomaten geänderte Vollautomaten, die mit den in Satz 2 genannten Hilfsmitteln wieder in Vollautomaten zurückgeändert werden können. Double-Action-Revolver sind keine halbautomatischen Schusswaffen. Beim Double-Action-Revolver wird bei Betätigung des Abzuges durch den Schützen die Trommel weitergedreht, so dass das nächste Lager mit einer neuen Patrone vor den Lauf und den Schlagbolzen zu liegen kommt, und gleichzeitig die Feder gespannt. Beim weiteren Durchziehen des Abzuges schnellt der Hahn nach vorn und löst den Schuss aus.

2.3 Repetierwaffen; dies sind Schusswaffen, bei denen nach Abgabe eines Schusses über einen von Hand zu betätigenden Mechanismus Munition aus einem Magazin in das Patronenlager nachgeladen wird.

2.4 Einzelladerwaffen; dies sind Schusswaffen ohne Magazin mit einem oder mehreren Läufen, die vor jedem Schuss aus demselben Lauf von Hand geladen werden.

2.5 Langwaffen; dies sind Schusswaffen, deren Lauf und Verschluss in geschlossener Stellung insgesamt länger als 30 cm sind und deren kürzeste bestimmungsgemäß verwendbare Gesamtlänge 60 cm überschreitet; Kurzwaffen sind alle anderen Schusswaffen.

2.6 Schreckschusswaffen; dies sind Schusswaffen mit einem Kartuschenlager, die zum Abschießen von Kartuschenmunition bestimmt sind.

2.7 Reizstoffwaffen; dies sind Schusswaffen mit einem Patronen- oder Kartuschenlager, die zum Verschießen von Reiz- oder anderen Wirkstoffen bestimmt sind.

2.8 Signalwaffen; dies sind Schusswaffen mit einem Patronen- oder Kartuschenlager oder tragbare Gegenstände nach Nummer 1.2.1, die zum Verschießen pyrotechnischer Munition bestimmt sind.

2.9 Druckluft- und Federdruckwaffen und Waffen, bei denen zum Antrieb der Geschosse kalte Treibgase verwendet werden; Federdruckwaffen sind Schusswaffen, bei denen entweder Federkraft direkt ein Geschoss antreibt (auch als Federkraftwaffen bezeichnet) oder ein federbelasteter Kolben in einem Zylinder bewegt wird und ein vom Kolben erzeugtes Luftpolster das Geschoss antreibt. Druckluftwaffen sind Schusswaffen, bei denen Luft in einen Druckbehälter vorkomprimiert und gespeichert sowie über ein Ventilsystem zum Geschossantrieb freigegeben wird. Waffen, bei denen zum Antrieb der Geschosse kalte Treibgase Verwendung finden, sind z. B. Druckgaswaffen.

3. Weitere Begriffe zu den wesentlichen Teilen

3.1 Austauschläufe sind Läufe für ein bestimmtes Waffenmodell oder -system, die ohne Nacharbeit ausgetauscht werden können.

3.2 Wechselläufe sind Läufe, die für eine bestimmte Waffe zum Austausch des vorhandenen Laufes vorgefertigt sind und die noch eingepasst werden müssen.

3.3 Einsteckläufe sind Läufe ohne eigenen Verschluss, die in die Läufe von Waffen größeren Kalibers eingesteckt werden können.

3.4 Wechseltrommeln sind Trommeln für ein bestimmtes Revolvermodell, die ohne Nacharbeit gewechselt werden können.

3.5 Wechselsysteme sind Wechselläufe einschließlich des für sie bestimmten Verschlusses.

3.6 Einstecksysteme sind Einsteckläufe einschließlich des für sie bestimmten Verschlusses.

3.7 Einsätze sind Teile, die den Innenmaßen des Patronenlagers der Schusswaffe angepasst und zum Verschießen von Munition kleinerer Abmessungen bestimmt sind.

4. Sonstige Vorrichtungen für Schusswaffen

4.1 Zielscheinwerfer sind für Schusswaffen bestimmte Vorrichtungen, die das Ziel beleuchten. Ein Ziel wird dann beleuchtet, wenn es mittels Lichtstrahlen bei ungünstigen Lichtverhältnissen oder Dunkelheit für den Schützen erkennbar dargestellt wird. Dabei ist es unerheblich, ob das Licht sichtbar oder unsichtbar (z. B. infrarot) ist und ob der Schütze weitere Hilfsmittel für die Zielerkennung benötigt.

4.2 Laser oder Zielpunktprojektoren sind für Schusswaffen bestimmte Vorrichtungen, die das Ziel markieren. Ein Ziel wird markiert, wenn auf diesem für den Schützen erkennbar ein Zielpunkt projiziert wird.

4.3 Nachtsichtgeräte oder Nachtzielgeräte sind für Schusswaffen bestimmte Vorrichtungen, die eine elektronische Verstärkung oder einen Bildwandler und eine Montageeinrichtung für Schusswaffen besitzen. Zu Nachtzielgeräten zählen auch Nachtsichtvorsätze und Nachtsichtaufsätze für Zielhilfsmittel (Zielfernrohre).

5. Reizstoffe sind Stoffe, die bei ihrer bestimmungsgemäßen Anwendung auf den Menschen eine belästigende Wirkung durch Haut- und Schleimhautreizung, insbesondere durch einen Augenreiz ausüben und resorptiv nicht giftig wirken.

6. Nachbildungen von Schusswaffen sind Gegenstände,
- die nicht als Schusswaffen hergestellt wurden,
- die die äußere Form einer Schusswaffe haben,
- aus denen nicht geschossen werden kann und
- die nicht mit allgemein gebräuchlichen Werkzeugen so umgebaut oder verändert werden können, dass aus ihnen Munition, Ladungen oder Geschosse verschossen werden können.

Unterabschnitt 2: Tragbare Gegenstände

1. Tragbare Gegenstände nach § 1 Abs. 2 Nr. 2 Buchstabe a sind insbesondere

1.1 Hieb- und Stoßwaffen (Gegenstände, die ihrem Wesen nach dazu bestimmt sind, unter unmittelbarer Ausnutzung der Muskelkraft durch Hieb, Stoß, Stich, Schlag oder Wurf Verletzungen beizubringen),

1.2 Gegenstände,

1.2.1 die unter Ausnutzung einer anderen als mechanischen Energie Verletzungen beibringen (z. B. Elektroimpulsgeräte),

1.2.2 aus denen Reizstoffe versprüht oder ausgestoßen werden, die eine Reichweite bis zu 2 m haben (Reizstoffsprühgeräte),

1.2.3 bei denen in einer Entfernung von mehr als 2 m bei Menschen
a) eine angriffsunfähig machende Wirkung durch ein gezieltes Versprühen oder Ausstoßen von Reiz- oder anderen Wirkstoffen oder
b) eine gesundheitsschädliche Wirkung durch eine andere als kinetische Energie, insbesondere durch ein gezieltes Ausstrahlen einer elektromagnetischen Strahlung

hervorgerufen werden kann,

1.2.4 bei denen gasförmige, flüssige oder feste Stoffe den Gegenstand gezielt und brennend mit einer Flamme von mehr als 20 cm Länge verlassen,

1.2.5 bei denen leicht entflammbare Stoffe so verteilt und entzündet werden, dass schlagartig ein Brand entstehen kann, oder in denen unter Verwendung explosionsgefährlicher oder explosionsfähiger Stoffe eine Explosion ausgelöst werden kann,

1.2.6 die nach ihrer Beschaffenheit und Handhabung dazu bestimmt sind, durch Drosseln die Gesundheit zu schädigen,

1.3 Schleudern, die zur Erreichung einer höchstmöglichen Bewegungsenergie eine Armstütze oder eine vergleichbare Vorrichtung besitzen oder für eine solche Vorrichtung eingerichtet sind (Präzisionsschleudern) sowie Armstützen und vergleichbare Vorrichtungen für die vorbezeichneten Gegenstände.

2. Tragbare Gegenstände im Sinne des § 1 Abs. 2 Nr. 2 Buchstabe b sind

2.1 Messer,

2.1.1 deren Klingen auf Knopf- oder Hebeldruck hervorschnellen und hierdurch oder beim Loslassen der Sperrvorrichtung festgestellt werden können (Springmesser),

2.1.2 deren Klingen beim Lösen einer Sperrvorrichtung durch ihre Schwerkraft oder durch eine Schleuderbewegung aus dem Griff hervorschnellen und selbsttätig oder beim Loslassen der Sperrvorrichtung festgestellt werden (Fallmesser),

2.1.3 mit einem quer zur feststehenden oder feststellbaren Klinge verlaufenden Griff, die bestimmungsgemäß in der geschlossenen Faust geführt oder eingesetzt werden (Faustmesser),

2.1.4 Faltmesser mit zweigeteilten, schwenkbaren Griffen (Butterflymesser),

2.2 Gegenstände, die bestimmungsgemäß unter Ausnutzung einer anderen als mechanischen Energie Tieren Schmerzen beibringen (z. B. Elektroimpulsgeräte), mit

Ausnahme der ihrer Bestimmung entsprechend im Bereich der Tierhaltung oder bei der sachgerechten Hundeausbildung Verwendung findenden Gegenstände (z.B. Viehtreiber).

Unterabschnitt 3: Munition und Geschosse

1. Munition ist zum Verschießen aus Schusswaffen bestimmte

1.1 Patronenmunition (Hülsen mit Ladungen, die ein Geschoss enthalten, und Geschosse mit Eigenantrieb),

1.2 Kartuschenmunition (Hülsen mit Ladungen, die ein Geschoss nicht enthalten),

1.3 hülsenlose Munition (Ladung mit oder ohne Geschoss, wobei die Treibladung eine den Innenabmessungen einer Schusswaffe oder eines Gegenstandes nach Unterabschnitt 1 Nr. 1.2 angepasste Form hat),

1.4 pyrotechnische Munition (dies sind Gegenstände, die Geschosse mit explosionsgefährlichen Stoffen oder Stoffgemischen [pyrotechnische Sätze] enthalten, die Licht-, Schall-, Rauch-, Nebel-, Heiz-, Druck- oder Bewegungswirkungen erzeugen und keine zweckbestimmte Durchschlagskraft im Ziel entfalten); hierzu gehört

1.4.1 pyrotechnische Patronenmunition (Patronenmunition, bei der das Geschoss einen pyrotechnischen Satz enthält),

1.4.2 unpatronierte pyrotechnische Munition (Geschosse, die einen pyrotechnischen Satz enthalten),

1.4.3 mit der Antriebsvorrichtung fest verbundene pyrotechnische Munition.

2. Ladungen sind die Hauptenergieträger, die in loser Schüttung in Munition oder als vorgefertigte Ladung oder in loser Form in Waffen nach Unterabschnitt 1 Nr. 1.1 oder Gegenstände nach Unterabschnitt 1 Nr. 1.2.1 eingegeben werden und

- zum Antrieb von Geschossen oder Wirkstoffen oder
- zur Erzeugung von Schall- oder Lichtimpulsen

bestimmt sind, sowie Anzündsätze, die direkt zum Antrieb von Geschossen dienen.

3. Geschosse im Sinne dieses Gesetzes sind als Waffen oder für Schusswaffen bestimmte

3.1 feste Körper,

3.2 gasförmige, flüssige oder feste Stoffe in Umhüllungen.

Abschnitt 2: Waffenrechtliche Begriffe

Im Sinne dieses Gesetzes

1. erwirbt eine Waffe oder Munition, wer die tatsächliche Gewalt darüber erlangt,
2. besitzt eine Waffe oder Munition, wer die tatsächliche Gewalt darüber ausübt,
3. überlässt eine Waffe oder Munition, wer die tatsächliche Gewalt darüber einem anderen einräumt,
4. führt eine Waffe, wer die tatsächliche Gewalt darüber außerhalb der eigenen Wohnung, Geschäftsräume, des eigenen befriedeten Besitztums oder einer Schießstätte ausübt,
5. verbringt eine Waffe oder Munition, wer diese Waffe oder Munition über die Grenze zum dortigen Verbleib oder mit dem Ziel des Besitzwechsels in den,

durch den oder aus dem Geltungsbereich des Gesetzes zu einer anderen Person oder zu sich selbst transportieren lässt oder selbst transportiert,

6. nimmt eine Waffe oder Munition mit, wer diese Waffe oder Munition vorübergehend auf einer Reise ohne Aufgabe des Besitzes zur Verwendung über die Grenze in den, durch den oder aus dem Geltungsbereich des Gesetzes bringt,
7. schießt, wer mit einer Schusswaffe Geschosse durch einen Lauf verschießt, Kartuschenmunition abschießt, mit Patronen- oder Kartuschenmunition Reiz- oder andere Wirkstoffe verschießt oder pyrotechnische Munition verschießt,

8\.

8.1 werden Waffen oder Munition hergestellt, wenn aus Rohteilen oder Materialien ein Endprodukt oder wesentliche Teile eines Endproduktes erzeugt werden; als Herstellen von Munition gilt auch das Wiederladen von Hülsen,

8.2 wird eine Schusswaffe insbesondere bearbeitet oder instand gesetzt, wenn sie verkürzt, in der Schussfolge verändert oder so geändert wird, dass andere Munition oder Geschosse anderer Kaliber aus ihr verschossen werden können, oder wenn wesentliche Teile, zu deren Einpassung eine Nacharbeit erforderlich ist, ausgetauscht werden; eine Schusswaffe wird weder bearbeitet noch instand gesetzt, wenn lediglich geringfügige Änderungen, insbesondere am Schaft oder an der Zieleinrichtung, vorgenommen werden,

9\. treibt Waffenhandel, wer gewerbsmäßig oder selbstständig im Rahmen einer wirtschaftlichen Unternehmung Schusswaffen oder Munition ankauft, feilhält, Bestellungen entgegennimmt oder aufsucht, anderen überlässt oder den Erwerb, den Vertrieb oder das Überlassen vermittelt,

10\. sind Kinder Personen, die noch nicht 14 Jahre alt sind,

11\. sind Jugendliche Personen, die mindestens 14, aber noch nicht 18 Jahre alt sind;

12\. ist eine Waffe schussbereit, wenn sie geladen ist, das heißt, dass Munition oder Geschosse in der Trommel, im in die Waffe eingefügten Magazin oder im Patronen- oder Geschosslager sind, auch wenn sie nicht gespannt ist;

13\. ist eine Schusswaffe zugriffsbereit, wenn sie unmittelbar in Anschlag gebracht werden kann; sie ist nicht zugriffsbereit, wenn sie in einem verschlossenen Behältnis mitgeführt wird.

Abschnitt 3: Einteilung der Schusswaffen oder Munition in die Kategorien A bis D nach der Waffenrichtlinie

1\. Kategorie A

Europ. Feuerwaffenpass

1.1 Kriegsschusswaffen der Nummern 29 und 30 der Kriegswaffenliste (Anlage zu § 1 Abs. 1 des Gesetzes über die Kontrolle von Kriegswaffen),

1.2 vollautomatische Schusswaffen,

1.3 als anderer Gegenstand getarnte Schusswaffen,

1.4 Pistolen- und Revolvermunition mit Expansivgeschossen sowie Geschosse für diese Munition mit Ausnahme solcher für Jagd- und Sportwaffen von Personen, die zur Benutzung dieser Waffen befugt sind,

1.5 panzerbrechende Munition, Munition mit Spreng- und Brandsätzen und Munition mit Leuchtspursätzen sowie Geschosse für diese Munition, soweit die Munition oder die Geschosse nicht von dem Gesetz über die Kontrolle von Kriegswaffen erfasst sind.

2. Kategorie B

2.1 halbautomatische Kurz-Schusswaffen und kurze Repetier-Schusswaffen,

2.2 kurze Einzellader-Schusswaffen für Munition mit Zentralfeuerzündung,

2.3 kurze Einzellader-Schusswaffen für Munition mit Randfeuerzündung mit einer Gesamtlänge von weniger als 28 cm,

2.4 halbautomatische Lang-Schusswaffen, deren Magazin und Patronenlager mehr als drei Patronen aufnehmen kann,

2.5 halbautomatische Lang-Schusswaffen, deren Magazin und Patronenlager nicht mehr als drei Patronen aufnehmen kann und deren Magazin auswechselbar ist oder bei denen nicht sichergestellt ist, dass sie mit allgemein gebräuchlichen Werkzeugen nicht zu Waffen, deren Magazin und Patronenlager mehr als drei Patronen aufnehmen kann, umgebaut werden können,

2.6 lange Repetier-Schusswaffen und halbautomatische Schusswaffen mit glattem Lauf, deren Lauf nicht länger als 60 cm ist,

2.7 zivile halbautomatische Schusswaffen, die wie vollautomatische Kriegswaffen aussehen.

3. Kategorie C

3.1 andere lange Repetier-Schusswaffen als die unter Nummer 2.6 genannten,

3.2 lange Einzellader-Schusswaffen mit gezogenem Lauf/gezogenen Läufen,

3.3 andere halbautomatische Lang-Schusswaffen als die unter den Nummern 2.4 bis 2.7 genannten,

3.4 kurze Einzellader-Schusswaffen für Munition mit Randfeuerzündung, ab einer Gesamtlänge von 28 cm.

4. Kategorie D

4.1 lange Einzellader-Schusswaffen mit glattem Lauf/glatten Läufen.

Anlage 2
(zu § 2 Abs. 2 bis 4)

Waffenliste

Abschnitt 1: Verbotene Waffen

Der Umgang mit folgenden Waffen und Munition ist verboten:

1.1 Waffen (§ 1 Abs. 2), mit Ausnahme halbautomatischer tragbarer Schusswaffen, die in der Anlage zum Gesetz über die Kontrolle von Kriegswaffen (Kriegswaffenliste) in der Fassung der Bekanntmachung vom 22. November 1990 (BGBl. I S. 2506) oder deren Änderungen aufgeführt sind, nach Verlust der Kriegswaffeneigenschaft;

1.2 Schusswaffen im Sinne des § 1 Abs. 2 Nr. 1 nach den Nummern 1.2.1 bis 1.2.3 und deren Zubehör nach Nummer 1.2.4, die

1.2.1

1.2.1.1 Vollautomaten im Sinne der Anlage 1 Abschnitt 1 Unterabschnitt 1 Nr. 2.2 oder

1.2.1.2 Vorderschaftrepetierflinten, bei denen anstelle des Hinterschaftes ein Kurzwaffengriff vorhanden ist oder die Waffengesamtlänge in der kürzest möglichen Verwendungsform weniger als 95 cm oder die Lauflänge weniger als 45 cm beträgt, sind;

1.2.2 ihrer Form nach geeignet sind, einen anderen Gegenstand vorzutäuschen oder die mit Gegenständen des täglichen Gebrauchs verkleidet sind (z. B. Koppelschlosspistolen, Schießkugelschreiber, Stockgewehre, Taschenlampenpistolen);

1.2.3 über den für Jagd- und Sportzwecke allgemein üblichen Umfang hinaus zusammengeklappt, zusammengeschoben, verkürzt oder schnell zerlegt werden können;

1.2.4 für Schusswaffen bestimmte

1.2.4.1 Vorrichtungen sind, die das Ziel beleuchten (z. B. Zielscheinwerfer) oder markieren (z. B. Laser oder Zielpunktprojektoren);

1.2.4.2 Nachtsichtgeräte und Nachtzielgeräte mit Montagevorrichtung für Schusswaffen sowie Nachtsichtvorsätze und Nachtsichtaufsätze für Zielhilfsmittel (z. B. Zielfernrohre) sind, sofern die Gegenstände einen Bildwandler oder eine elektronische Verstärkung besitzen;

1.2.5 mehrschüssige Kurzwaffen sind, deren Baujahr nach dem 1. Januar 1970 liegt, für Zentralfeuermunition in Kalibern unter 6,3 mm, wenn der Antrieb der Geschosse nicht ausschließlich durch den Zündsatz erfolgt;

1.3 Tragbare Gegenstände im Sinne des § 1 Abs. 2 Nr. 2 Buchstabe a nach den Nummern 1.3.1 bis 1.3.8

1.3.1 Hieb- oder Stoßwaffen, die ihrer Form nach geeignet sind, einen anderen Gegenstand vorzutäuschen, oder die mit Gegenständen des täglichen Gebrauchs verkleidet sind;

1.3.2 Stahlruten, Totschläger oder Schlagringe;

1.3.3 sternförmige Scheiben, die nach ihrer Beschaffenheit und Handhabung zum Wurf auf ein Ziel bestimmt und geeignet sind, die Gesundheit zu beschädigen (Wurfsterne);

1.3.4 Gegenstände, bei denen leicht entflammbare Stoffe so verteilt und entzündet werden, dass schlagartig ein Brand entstehen kann oder in denen unter Verwendung explosionsgefährlicher oder explosionsfähiger Stoffe eine Explosion ausgelöst werden kann; Molotow-Cocktail

1.3.5 Gegenstände mit Reiz- oder anderen Wirkstoffen, es sei denn, dass die Stoffe als gesundheitlich unbedenklich amtlich zugelassen sind und die Gegenstände

- in der Reichweite und Sprühdauer begrenzt sind und
- zum Nachweis der gesundheitlichen Unbedenklichkeit, der Reichweiten- und der Sprühdauerbegrenzung ein amtliches Prüfzeichen* tragen;

1.3.6 Gegenstände, die unter Ausnutzung einer anderen als mechanischen Energie Verletzungen beibringen (z. B. Elektroimpulsgeräte), sofern sie nicht als gesundheit-

* PTB = Pyrotechnische Bundesanstalt

(PTB) = freie Waffe // [PTB] = Reizstoff // (F) = Waffen unter 7,5 Joule (Luftdruck)

lich unbedenklich amtlich zugelassen sind und ein amtliches Prüfzeichen tragen zum Nachweis der gesundheitlichen Unbedenklichkeit sowie Distanz-Elektroimpulsgeräte, die mit dem Abschuss- oder Auslösegerät durch einen leitungsfähigen Flüssigkeitsstrahl einen Elektroimpuls übertragen oder durch Leitung verbundene Elektroden zur Übertragung eines Elektroimpulses am Körper aufbringen;

1.3.7 Präzisionsschleudern nach Anlage 1 Abschnitt 1 Unterabschnitt 2 Nr. 1.3 sowie Armstützen und vergleichbare Vorrichtungen für die vorbezeichneten Gegenstände;

1.3.8 Gegenstände, die nach ihrer Beschaffenheit und Handhabung dazu bestimmt sind, durch Drosseln die Gesundheit zu schädigen (z. B. Nun-Chakus);

1.4 Tragbare Gegenstände im Sinne des § 1 Abs. 2 Nr. 2 Buchstabe b nach den Nummern 1.4.1 bis 1.4.4

1.4.1 Spring- und Fallmesser nach Anlage 1 Abschnitt 1 Unterabschnitt 2 Nr. 2.1.1 und 2.1.2. Hiervon ausgenommen sind Springmesser, wenn die Klinge seitlich aus dem Griff herausspringt und der aus dem Griff herausragende Teil der Klinge
- höchstens 8,5 cm lang ist und
- nicht zweiseitig geschliffen ist;

1.4.2 Faustmesser nach Anlage 1 Abschnitt 1 Unterabschnitt 2 Nr. 2.1.3,

1.4.3 Butterflymesser nach Anlage 1 Abschnitt 1 Unterabschnitt 2 Nr. 2.1.4,

1.4.4 Gegenstände, die unter Ausnutzung einer anderen als mechanischen Energie Tieren Verletzungen beibringen (z. B. Elektroimpulsgeräte), sofern sie nicht als gesundheitlich unbedenklich amtlich zugelassen sind und ein amtliches Prüfzeichen tragen zum Nachweis der gesundheitlichen Unbedenklichkeit oder bestimmungsgemäß in der Tierhaltung Verwendung finden;

1.5 Munition und Geschosse nach den Nummern 1.5.1 bis 1.5.7

1.5.1 Geschosse mit Betäubungsstoffen, die zu Angriffs- oder Verteidigungszwecken bestimmt sind;

1.5.2 Geschosse oder Kartuschenmunition mit Reizstoffen, die zu Angriffs- oder Verteidigungszwecken bestimmt sind ohne amtliches Prüfzeichen zum Nachweis der gesundheitlichen Unbedenklichkeit;

1.5.3 Patronenmunition für Schusswaffen mit gezogenen Läufen, deren Geschosse im Durchmesser kleiner sind als die Felddurchmesser der dazugehörigen Schusswaffen und die mit einer Treib- und Führungshülse umgeben sind, die sich nach Verlassen des Laufes vom Geschoss trennt; Treibspiegelgeschosse

1.5.4 Patronenmunition mit Geschossen, die einen Leuchtspur-, Brand- oder Sprengsatz oder einen Hartkern (mindestens 400 HB 25 – Brinellhärte – bzw. 421 HV – Vickershärte –) enthalten, ausgenommen pyrotechnische Munition, die bestimmungsgemäß zur Signalgebung bei der Gefahrenabwehr dient;

1.5.5 Knallkartuschen, Reiz- und sonstige Wirkstoffmunition nach Tabelle 5 der Maßtafeln nach § 1 Abs. 3 Satz 3 der Dritten Verordnung zum Waffengesetz in der Fassung der Bekanntmachung vom 2. September 1991 (BGBl. I S. 1872), die zuletzt durch die Zweite Verordnung zur Änderung von waffenrechtlichen Verordnungen vom 24. Januar 2000 (BGBl. I S. 38) geändert wurde, in der jeweils geltenden Fassung (Maßtafeln), bei deren Verschießen in Entfernungen von mehr als 1,5 m vor der Mündung Verletzungen durch feste Bestandteile hervorgerufen werden können, ausgenommen Kartuschenmunition der Kaliber 16 und 12 mit einer Hülsenlänge von nicht mehr als 47 oder 49 mm;

1.5.6 Kleinschrotmunition, die in Lagern nach Tabelle 5 der Maßtafeln mit einem Durchmesser (P_1) bis 12,5 mm geladen werden kann;

1.5.7 Munition, die zur ausschließlichen Verwendung in Kriegswaffen oder durch die in § 55 Abs. 1 Satz 1 bezeichneten Stellen bestimmt ist, soweit die Munition nicht unter die Vorschriften des Gesetzes über die Kontrolle von Kriegswaffen oder des Sprengstoffgesetzes fällt.

Abschnitt 2: Erlaubnispflichtige Waffen

Unterabschnitt 1: Erlaubnispflicht

Der Umgang, ausgenommen das Überlassen, mit Waffen im Sinne des § 1 Abs. 2 Nr. 1 (Anlage 1 Abschnitt 1 Unterabschnitt 1 Nr. 1 bis 4) und der dafür bestimmten Munition bedarf der Erlaubnis, soweit solche Waffen oder Munition nicht nach Unterabschnitt 2 für die dort bezeichneten Arten des Umgangs von der Erlaubnispflicht freigestellt sind. In Unterabschnitt 3 sind die Schusswaffen oder Munition aufgeführt, bei denen die Erlaubnis unter erleichterten Voraussetzungen erteilt wird. Ist eine erlaubnispflichtige Feuerwaffe in eine Waffe umgearbeitet worden, deren Erwerb und Besitz unter erleichterten und wegfallenden Erlaubnisvoraussetzungen möglich wäre, so richtet sich die Erlaubnispflicht nach derjenigen für die ursprüngliche Waffe. Dies gilt nicht für veränderte Langwaffen nach Anlage 1 Abschnitt 1 Unterabschnitt 1 Nr. 1.5 (Salutwaffen).

Unterabschnitt 2: Erlaubnisfreie Arten des Umgangs

1. Erlaubnisfreier Erwerb und Besitz

1.1 Druckluft-, Federdruckwaffen und Waffen, bei denen zum Antrieb der Geschosse kalte Treibgase Verwendung finden, wenn den Geschossen eine Bewegungsenergie von nicht mehr als 7,5 Joule erteilt wird und die das Kennzeichen nach Anlage 1 Abbildung 1 zur Ersten Verordnung zum Waffengesetz vom 24. Mai 1976 (BGBl. I S. 1285) in der zum Zeitpunkt des Inkrafttretens dieses Gesetzes geltenden Fassung oder ein durch Rechtsverordnung nach § 25 Abs. 1 Nr. 1 Buchstabe c bestimmtes Zeichen tragen;

1.2 Druckluft-, Federdruckwaffen und Waffen, bei denen zum Antrieb der Geschosse kalte Treibgase Verwendung finden, die vor dem 1. Januar 1970 oder in dem in Artikel 3 des Einigungsvertrages genannten Gebiet vor dem 2. April 1991 hergestellt und entsprechend den zu diesem Zeitpunkt geltenden Bestimmungen in den Handel gebracht worden sind; Waffen aus dem ehem. Ostblock

1.3 Schreckschuss-, Reizstoff- und Signalwaffen, die der zugelassenen Bauart nach § 8 des Beschussgesetzes entsprechen und das Zulassungszeichen nach Anlage 1 Abbildung 2 zur Ersten Verordnung zum Waffengesetz vom 24. Mai 1976 (BGBl. I S. 1285) in der zum Zeitpunkt des Inkrafttretens dieses Gesetzes geltenden Fassung oder ein durch Rechtsverordnung nach § 25 Abs. 1 Nr. 1 Buchstabe c bestimmtes Zeichen tragen;

1.4 Kartuschenmunition für die in Nummer 1.3 bezeichneten Schusswaffen;

1.5 veränderte Langwaffen, die zu Theateraufführungen, Foto-, Film- oder Fernsehaufnahmen bestimmt sind (Salutwaffen), wenn sie entsprechend den Anforderungen der Anlage 1 Abschnitt 1 Unterabschnitt 1 Nr. 1.5 abgeändert worden sind;

1.6 Schusswaffen, die vor dem 1. April 1976 entsprechend den Anforderungen des § 3 der Ersten Verordnung zum Waffengesetz vom 19. Dezember 1972 (BGBl. I S. 2522) verändert worden sind;

1.7 einläufige Einzelladerwaffen mit Zündhütchenzündung (Perkussionswaffen), deren Modell vor dem 1. Januar 1871 entwickelt worden ist;

1.8 Schusswaffen mit Lunten- oder Funkenzündung, deren Modell vor dem 1. Januar 1871 entwickelt worden ist;

1.9 Schusswaffen mit Zündnadelzündung, deren Modell vor dem 1. Januar 1871 entwickelt worden ist;

1.10 Armbrüste;

1.11 Kartuschenmunition für die nach Nummer 1.5 abgeänderten Schusswaffen sowie für Schussapparate nach § 7 des Beschussgesetzes;

1.12 pyrotechnische Munition, die das Zulassungszeichen nach Anlage II Abbildung 5 zur Dritten Verordnung zum Waffengesetz in der Fassung der Bekanntmachung vom 2. September 1991 (BGBl. I S. 1872) mit der Klassenbezeichnung PM I trägt.

2. Erlaubnisfreier Erwerb durch Inhaber einer Waffenbesitzkarte (unbeschadet der Eintragungspflicht nach § 10 Abs. 1 a)

2.1 Wechsel- und Austauschläufe gleichen oder geringeren Kalibers einschließlich der für diese Läufe erforderlichen auswechselbaren Verschlüsse (Wechselsysteme);

2.2 Wechseltrommeln, aus denen nur Munition verschossen werden kann, bei der gegenüber der für die Waffe bestimmten Munition Geschossdurchmesser und höchstzulässiger Gebrauchsgasdruck gleich oder geringer sind;

für Schusswaffen, die bereits in der Waffenbesitzkarte des Inhabers einer Erlaubnis eingetragen sind.

2a. Erlaubnisfreier Erwerb und Besitz durch Inhaber einer Waffenbesitzkarte Einsteckläufe und dazugehörige Verschlüsse (Einstecksysteme) sowie Einsätze, die dazu bestimmt sind, Munition mit kleinerer Abmessung zu verschießen, und die keine Einsteckläufe sind;

für Schusswaffen, die bereits in der Waffenbesitzkarte des Inhabers einer Erlaubnis eingetragen sind.

3. Erlaubnisfreies Führen

3.1 Schusswaffen mit Lunten- oder Funkenzündung, deren Modell vor dem 1. Januar 1871 entwickelt worden ist;

3.2 Armbrüste.

4. Erlaubnisfreier Handel und erlaubnisfreie Herstellung

4.1 Schusswaffen mit Lunten- oder Funkenzündung, deren Modell vor dem 1. Januar 1871 entwickelt worden ist;

4.2 Armbrüste.

5. Erlaubnisfreier Handel

5.1 Einläufige Einzelladerwaffen mit Zündhütchenzündung (Perkussionswaffen), deren Modell vor dem 1. Januar 1871 entwickelt worden ist;

5.2 Schusswaffen mit Zündnadelzündung, deren Modell vor dem 1. Januar 1871 entwickelt worden ist.

6. Erlaubnisfreie nichtgewerbsmäßige Herstellung

6.1 Munition.

7. Erlaubnisfreies Verbringen und erlaubnisfreie Mitnahme in den, durch den oder aus dem Geltungsbereich des Gesetzes

7.1 Druckluft-, Federdruckwaffen und Waffen, bei denen zum Antrieb der Geschosse kalte Treibgase Verwendung finden, sofern sie den Voraussetzungen der Nummer 1.1 oder 1.2 entsprechen;

7.2 Schreckschuss-, Reizstoff- und Signalwaffen, die der zugelassenen Bauart nach § 8 des Beschussgesetzes entsprechen und das Zulassungszeichen nach Anlage 1 Abbildung 2 zur Ersten Verordnung zum Waffengesetz vom 24. Mai 1976 (BGBl. I S. 1285) in der zum Zeitpunkt des Inkrafttretens dieses Gesetzes geltenden Fassung oder ein durch Rechtsverordnung nach § 25 Abs. 1 Nr. 1 Buchstabe c bestimmtes Zeichen tragen;

7.3 veränderte Langwaffen, die zu Theateraufführungen, Foto-, Film- oder Fernsehaufnahmen bestimmt sind (Salutwaffen), wenn sie entsprechend den Anforderungen der Anlage 1 Abschnitt 1 Unterabschnitt 1 Nr. 1.5 abgeändert worden sind;

7.4 Schusswaffen, die vor dem 1. April 1976 entsprechend den Anforderungen des § 3 der Ersten Verordnung zum Waffengesetz vom 19. Dezember 1972 (BGBl. I S. 2522) verändert worden sind;

7.5 Munition für die in Nummer 7.2 bezeichneten Waffen;

7.6 einläufige Einzelladerwaffen mit Zündhütchenzündung (Perkussionswaffen), deren Modell vor dem 1. Januar 1871 entwickelt worden ist;

7.7 Schusswaffen mit Lunten- oder Funkenzündung oder mit Zündnadelzündung, deren Modell vor dem 1. Januar 1871 entwickelt worden ist;

7.8 Armbrüste;

7.9 pyrotechnische Munition, die das Zulassungszeichen nach Anlage II Abbildung 5 zur Dritten Verordnung zum Waffengesetz in der Fassung der Bekanntmachung vom 2. September 1991 (BGBl. I S. 1872) mit der Klassenbezeichnung PM I trägt.

8. Erlaubnisfreies Verbringen und erlaubnisfreie Mitnahme aus dem Geltungsbereich des Gesetzes in einen Staat, der nicht Mitgliedstaat der Europäischen Union ist Sämtliche Waffen im Sinne des § 1 Absatz 2.

Unterabschnitt 3: Entbehrlichkeit einzelner Erlaubnisvoraussetzungen

1. Erwerb und Besitz ohne Bedürfnisnachweis (§ 4 Abs. 1 Nr. 4)

1.1 Feuerwaffen, deren Geschossen eine Bewegungsenergie von nicht mehr als 7,5 Joule erteilt wird und die das Kennzeichen nach Anlage 1 Abbildung 1 der Ersten Verordnung zum Waffengesetz vom 24. Mai 1976 (BGBl. I S. 1285) in der zum Zeitpunkt des Inkrafttretens dieses Gesetzes geltenden Fassung oder ein durch Rechtsverordnung nach § 25 Abs. 1 Nr. 1 Buchstabe c bestimmtes Zeichen tragen;

1.2 für Waffen nach Nummer 1.1 bestimmte Munition.

2. Führen ohne Sachkunde-, Bedürfnis- und Haftpflichtversicherungsnachweis (§ 4 Abs. 1 Nr. 3 bis 5) – Kleiner Waffenschein

2.1 Schreckschuss-, Reizstoff- und Signalwaffen nach Unterabschnitt 2 Nr. 1.3.

Abschnitt 3: Vom Gesetz ganz oder teilweise ausgenommene Waffen

Unterabschnitt 1: Vom Gesetz mit Ausnahme von § 2 Abs. 1 und § 41 ausgenommene Waffen

Unterwassersportgeräte, bei denen zum Antrieb der Geschosse keine Munition verwendet wird (Harpunengeräte).

Unterabschnitt 2: Vom Gesetz mit Ausnahme des § 42 a ausgenommene Waffen

1. Schusswaffen (Anlage 1 Abschnitt 1 Unterabschnitt 1 Nr. 1.1, ausgenommen Blasrohre), die zum Spiel bestimmt sind, wenn aus ihnen nur Geschosse verschossen werden können, denen eine Bewegungsenergie von nicht mehr als 0,5 Joule (J) erteilt wird, es sei denn, sie können mit allgemein gebräuchlichen Werkzeugen so geändert werden, dass die Bewegungsenergie der Geschosse über 0,5 Joule (J) steigt.

2. Schusswaffen (Anlage 1 Abschnitt 1 Unterabschnitt 1 Nr. 1.1), bei denen feste Körper durch Muskelkraft ohne Möglichkeit der Speicherung der so eingebrachten Antriebsenergie durch eine Sperrvorrichtung angetrieben werden (z. B. Blasrohre).

3. Gegenstände, die zum Spiel bestimmt sind, wenn mit ihnen nur Zündblättchen, -bänder, -ringe (Amorces) oder Knallkorken abgeschossen werden können, es sei denn, sie können mit allgemein gebräuchlichen Werkzeugen in eine Schusswaffe oder einen anderen einer Schusswaffe gleichstehenden Gegenstand umgearbeitet werden.

4. Unbrauchbar gemachte Schusswaffen (Dekorationswaffen); dies sind

4.1 unbrauchbar gemachte Schusswaffen, die vor dem 1. April 2003 entsprechend den Anforderungen des § 7 der Ersten Verordnung zum Waffengesetz vom 24. Mai 1976 (BGBl. I S. 1285) in der bis zu diesem Zeitpunkt geltenden Fassung unbrauchbar gemacht worden sind;

4.2 unbrauchbar gemachte Schusswaffen, Zier- oder Sammlerwaffen, die in der Zeit vom 1. April 2003 an entsprechend den Anforderungen der Anlage 1 Abschnitt 1 Unterabschnitt 1 Nr. 1.4 unbrauchbar gemacht worden sind und die ein Zulassungszeichen nach Anlage II Abbildung 11 zur Beschussverordnung vom 13. Juli 2006 (BGBl. I S. 1474) aufweisen.

5. Nachbildungen von Schusswaffen nach Anlage 1 Abschnitt 1 Unterabschnitt 1 Nr. 6.

Allgemeine Waffengesetz-Verordnung (AWaffV)

vom 27. Oktober 2003 (BGBl. I S. 2123)*, zuletzt geändert durch Verordnung vom 17. Dezember 2012 (BGBl. I S. 2698)

Auf Grund des § 6 Abs. 4, § 7 Abs. 2, § 15 Abs. 7 Satz 2, § 22 Abs. 2, § 25 Abs. 1, § 27 Abs. 7 Satz 2, § 34 Abs. 6, § 36 Abs. 5 und § 47 des Waffengesetzes vom 11. Oktober 2002 (BGBl. I S. 3970, 4592, 2003 I S. 1957), jeweils auch in Verbindung mit Artikel 17 des Gesetzes vom 11. Oktober 2002 (BGBl. I S. 3970, 4013), verordnet das Bundesministerium des Innern:

Inhaltsübersicht

* Amtliche Fußnote: Die Verpflichtungen aus der Richtlinie 98/34/EG des Europäischen Parlaments und des Rates vom 22. Juni 1998 über ein Informationsverfahren auf dem Gebiet der Normen und technischen Vorschriften und der Vorschriften für die Dienste der Informationsgesellschaft (ABl. EG Nr. L 204 S. 37), geändert durch die Richtlinie 98/48/EG des Europäischen Parlaments und des Rates vom 20. Juli 1998 (ABl. EG Nr. L 217 S. 18), sind beachtet worden.

Abschnitt 1 Nachweis der Sachkunde

§ 1 Umfang der Sachkunde

(1) Die in der Prüfung nach § 7 Abs. 1 des Waffengesetzes nachzuweisende Sachkunde umfasst ausreichende Kenntnisse

1. über die beim Umgang mit Waffen und Munition zu beachtenden Rechtsvorschriften des Waffenrechts, des Beschussrechts sowie der Notwehr und des Notstands,
2. auf waffentechnischem Gebiet über Schusswaffen (Langwaffen, Kurzwaffen und Munition) hinsichtlich Funktionsweise, sowie Innen- und Außenballistik, Reichweite und Wirkungsweise des Geschosses, bei verbotenen Gegenständen, die keine Schusswaffen sind, über die Funktions- und Wirkungsweise sowie die Reichweite,
3. über die sichere Handhabung von Waffen oder Munition einschließlich ausreichender Fertigkeiten im Schießen mit Schusswaffen.

(2) Die nach Absatz 1 nachzuweisenden Kenntnisse über Waffen und Munition brauchen nur für die beantragte Waffen- und Munitionsart und nur für den mit dem Bedürfnis geltend gemachten und den damit im Zusammenhang stehenden Zweck nachgewiesen werden.

(3) Wird eine Erlaubnis nach § 26 des Waffengesetzes beantragt, so umfasst die nachzuweisende Sachkunde außer waffentechnischen Kenntnissen auch Werkstoff-, Fertigungs- und Ballistikkenntnisse.

§ 2 Prüfung

(1) Die zuständige Behörde bildet für die Abnahme der Prüfung Prüfungsausschüsse.

(2) Ein Prüfungsausschuss besteht aus dem Vorsitzenden und zwei Beisitzern. Die Mitglieder müssen sachkundig sein. Nicht mehr als ein Mitglied des Ausschusses darf in der Waffenherstellung oder im Waffenhandel tätig sein.

(3) Die Prüfung besteht aus einem theoretischen und einem praktischen Teil, der den Nachweis der ausreichenden Fertigkeiten nach § 1 Abs. 1 Nr. 3 einschließt. Über das Ergebnis und den wesentlichen Inhalt der Prüfung ist eine Niederschrift anzufertigen, die vom Vorsitzenden des Prüfungsausschusses zu unterzeichnen ist.

(4) Über das Prüfungsergebnis ist dem Bewerber ein Zeugnis zu erteilen, das Art und Umfang der erworbenen Sachkunde erkennen lassen muss und vom Vorsitzenden des Prüfungsausschusses zu unterzeichnen ist.

(5) Eine Prüfung kann bei Nichtbestehen auch mehrmals wiederholt werden. Der Prüfungsausschuss kann bestimmen, dass die Prüfung erst nach Ablauf einer bestimmten Frist wiederholt werden darf.

§ 3 Anderweitiger Nachweis der Sachkunde

(1) Die Sachkunde gilt insbesondere als nachgewiesen, wenn der Antragsteller

1. a) die Jägerprüfung oder eine ihr gleichgestellte Prüfung bestanden hat oder durch eine Bescheinigung eines Ausbildungsleiters für das Schießwesen nachweist, dass er die erforderlichen Kenntnisse durch Teilnahme an einem Lehrgang für die Ablegung der Jägerprüfung erworben hat,
   b) die Gesellenprüfung für das Büchsenmacherhandwerk bestanden hat oder
2. a) seine Fachkunde nach § 22 Abs. 1 Satz 1 des Waffengesetzes nachgewiesen hat,
   b) mindestens drei Jahre als Vollzeitkraft im Handel mit Schusswaffen und Munition tätig gewesen ist oder
   c) die nach § 7 des Waffengesetzes nachzuweisenden Kenntnisse auf Grund einer anderweitigen, insbesondere behördlichen oder staatlich anerkannten Ausbildung oder als Sportschütze eines anerkannten Schießsportverbandes erworben und durch eine Bescheinigung der Behörde, des Ausbildungsträgers oder Schießsportverbandes nachgewiesen hat,

   sofern die Tätigkeit nach Nummer 2 Buchstabe b oder Ausbildung nach Nummer 2 Buchstabe c ihrer Art nach geeignet war, die für den Umgang mit der beantragten Waffe oder Munition erforderliche Sachkunde zu vermitteln.

Ausbildungen im Sinne der Nummer 2 Buchstabe c können auch durchgeführt werden im Rahmen von

1. Ausbildungen, die mit einer zum Führen eines Luft- oder Wasserfahrzeuges berechtigenden staatlichen Prüfung abschließen,
2. staatlich anerkannten Berufsausbildungen der Luft- und Seefahrt.

Der Nachweis der waffenrechtlichen Sachkunde wird durch eine von der Prüfungskommission erteilte Bescheinigung oder einen Eintrag im Prüfungszeugnis oder der Fahrerlaubnis geführt.

(2) Die staatliche Anerkennung von Lehrgängen zur Vermittlung der Sachkunde im Umgang mit Waffen und Munition erfolgt durch die zuständige Behörde; sie gilt für

den gesamten Geltungsbereich des Waffengesetzes. Eine Anerkennung des waffenrechtlichen Teils einer zum Führen eines Luft- oder Wasserfahrzeuges berechtigenden staatlichen Prüfung soll erfolgen, wenn die theoretische Ausbildung auf der Grundlage anerkannter Grundsätze, insbesondere eines zwischen Bund, Ländern und Verbänden abgestimmten Fragenkatalogs, stattfindet und die praktische Unterweisung im Umgang mit Seenotsignalmitteln durch sachkundige Personen erfolgt.

(3) Lehrgänge dürfen nur anerkannt werden, wenn in einem theoretischen Teil die in § 1 Abs. 1 Nr. 1 und 2 bezeichneten Kenntnisse und in einem praktischen Teil ausreichende Fertigkeiten in der Handhabung von Waffen und im Schießen mit Schusswaffen im Sinne des § 1 Abs. 1 Nr. 3 vermittelt werden; § 1 Abs. 2 bleibt unberührt. Außerdem dürfen Lehrgänge nur anerkannt werden, wenn

1. der Antragsteller die erforderliche Zuverlässigkeit und persönliche Eignung für die Durchführung des Lehrgangs besitzt,
2. die fachliche Leitung des Lehrgangs und die von dem Lehrgangsträger beauftragten Lehrkräfte die ordnungsgemäße Durchführung der Ausbildung gewährleisten,
3. die Dauer des Lehrgangs eine ordnungsgemäße Vermittlung der erforderlichen Kenntnisse und Fertigkeiten gewährleistet und
4. der Antragsteller mit den erforderlichen Lehrmitteln ausgestattet ist und über einen geeigneten Unterrichtsraum verfügt.

(4) Der Lehrgang ist mit einer theoretischen und einer praktischen Prüfung abzuschließen. Sie ist vor einem Prüfungsausschuss abzulegen, der von dem Lehrgangsträger gebildet wird. Im Übrigen gilt § 2 entsprechend mit der Maßgabe, dass der Lehrgangsträger verpflichtet ist,

1. die Durchführung der Prüfung und die Namen der Prüfungsteilnehmer der für den Ort der Lehrgangsveranstaltung zuständigen Behörde zwei Wochen vor dem Tag der Prüfung anzuzeigen und
2. einem Vertreter der Behörde die Teilnahme an der Prüfung zu gestatten. Im Falle seiner Teilnahme hat der Vertreter der Behörde die Stellung eines weiteren Beisitzers im Prüfungsausschuss; bei Stimmengleichheit gibt die Stimme des Vorsitzenden den Ausschlag.

(5) Schießsportliche Vereine, die einem nach § 15 Abs. 3 des Waffengesetzes anerkannten Schießsportverband angehören, können Sachkundeprüfungen für ihre Mitglieder abnehmen. Absatz 2, zweiter Halbsatz und die Absätze 3 und 4 finden hierfür entsprechende Anwendung. Zur Durchführung der Prüfung bilden die schießsportlichen Vereine eigene Prüfungsausschüsse.

Abschnitt 2 Nachweis der persönlichen Eignung

§ 4 Gutachten über die persönliche Eignung

(1) Derjenige,

1. dem gegenüber die zuständige Behörde die Vorlage eines amts- oder fachärztlichen oder fachpsychologischen Gutachtens angeordnet hat, weil begründete Zweifel an von ihm beigebrachten Bescheinigungen oder durch Tatsachen begründete Bedenken bestehen, dass er
   a) geschäftsunfähig oder in seiner Geschäftsfähigkeit beschränkt ist,
   b) abhängig von Alkohol oder anderen berauschenden Mitteln, psychisch krank oder debil ist,

c) auf Grund in seiner Person liegender Umstände mit Waffen oder Munition nicht vorsichtig oder sachgemäß umgehen oder diese Gegenstände nicht sorgfältig verwahren kann oder dass die konkrete Gefahr einer Fremd- oder Selbstgefährdung besteht, oder

2. der zur Vorlage eines Gutachtens über die geistige Eignung verpflichtet ist, weil er noch nicht das 25. Lebensjahr vollendet hat und eine erlaubnispflichtige Schusswaffe, ausgenommen Schusswaffen der in § 14 Abs. 1 Satz 2 des Waffengesetzes genannten Art, erwerben und besitzen will,

hat auf eigene Kosten mit der Begutachtung einen sachkundigen Gutachter zu beauftragen.

(2) Die Begutachtung in den Fällen des Absatzes 1 soll von Gutachtern folgender Fachrichtungen durchgeführt werden:

1. Amtsärzten,
2. Fachärzten der Fachrichtungen Psychiatrie, Psychiatrie und Psychotherapie, Psychiatrie und Neurologie, Nervenheilkunde, Kinder- und Jugendpsychiatrie oder Kinder- und Jugendpsychiatrie und -psychotherapie,
3. Psychotherapeuten, die nach dem Psychotherapeutengesetz approbiert sind,
4. Fachärzten für Psychotherapeutische Medizin oder
5. Fachpsychologen der Fachrichtungen Rechtspsychologie, Verkehrspsychologie oder klinische Psychologie.

Das Vorliegen der Sachkunde auf dem betreffenden Gebiet beurteilt sich nach berufsständischen Regeln.

(3) In den Fällen des Absatzes 1 Nr. 1 teilt die Behörde dem Betroffenen unter Darlegung der Gründe für die Zweifel oder der die Bedenken begründenden Tatsachen hinsichtlich seiner persönlichen Eignung mit, dass er sich innerhalb einer von ihr festgelegten Frist auf seine Kosten der Untersuchung zu unterziehen und ein Gutachten beizubringen hat. Der Betroffene hat die Behörde darüber zu unterrichten, wen er mit der Untersuchung beauftragt hat. Die Behörde übersendet zur Durchführung der Untersuchung auf Verlangen des Gutachters bei Vorliegen der Einwilligung des Betroffenen die zur Begutachtung erforderlichen ihr vorliegenden Unterlagen. Der Gutachter ist verpflichtet, sich mit der Erstattung des Gutachtens von den Unterlagen zu entlasten, indem er sie der Behörde übergibt oder vernichtet.

(4) Zwischen dem Gutachter und dem Betroffenen darf in den letzten fünf Jahren kein Behandlungsverhältnis bestanden haben. Der Gutachter hat in dem Gutachten zu versichern, dass der Betroffene in dem vorgenannten Zeitraum nicht in einem derartigen Behandlungsverhältnis stand oder jetzt steht. Die Sätze 1 und 2 schließen eine Konsultation des in den genannten Zeiträumen behandelnden Haus- oder Facharztes durch den Gutachter nicht aus.

(5) Der Gutachter hat sich über den Betroffenen einen persönlichen Eindruck zu verschaffen. Das Gutachten muss darüber Auskunft geben, ob der Betroffene persönlich ungeeignet ist, mit Waffen oder Munition umzugehen; die bei der Erstellung des Gutachtens angewandte Methode muss angegeben werden. In den Fällen des Absatzes 1 Nr. 2 ist in der Regel ausreichend ein Gutachten auf Grund anerkannter Testverfahren über die Frage, ob der Betroffene infolge fehlender Reife geistig ungeeignet ist für den Umgang mit den dort aufgeführten Schusswaffen. Kann allein auf Grund des Tests nicht ausgeschlossen werden, dass der Betroffene geistig ungeeignet ist, ist

mit einer weitergehenden Untersuchung nach dem jeweiligen Stand der Wissenschaft vorzugehen.

(6) Weigert sich in den Fällen des Absatzes 1 Nr. 1 der Betroffene, sich untersuchen zu lassen, oder bringt er der zuständigen Behörde das von ihr geforderte Gutachten aus von ihm zu vertretenden Gründen nicht fristgerecht bei, darf die Behörde bei ihrer Entscheidung auf die Nichteignung des Betroffenen schließen. Der Betroffene ist hierauf bei der Anordnung nach Absatz 1 Nr. 1 in Verbindung mit Absatz 3 Satz 1 hinzuweisen.

(7) Dienstwaffenträger können an Stelle des in § 6 Abs. 3 des Waffengesetzes genannten Zeugnisses eine Bescheinigung ihrer Dienstbehörde vorlegen, dass eine Begutachtung ihrer geistigen Eignung durch einen sachkundigen Gutachter bereits stattgefunden hat und dass sie uneingeschränkt zum Umgang mit Dienstwaffen berechtigt sind.

Abschnitt 3 Schießsportordnungen; Ausschluss von Schusswaffen; Fachbeirat

§ 5 Schießsportordnungen

(1) Die Genehmigung einer Sportordnung für das Schießen mit Schusswaffen setzt insbesondere voraus, dass das Schießen nur auf zugelassenen Schießstätten veranstaltet wird und

1. jeder Schütze den Regeln der Sportordnung unterworfen ist,
2. ausreichende Sicherheitsbestimmungen für das Schießen festgelegt und dabei insbesondere Regelungen zu den erforderlichen verantwortlichen Aufsichtspersonen (§ 10) getroffen sind,
3. mit nicht vom Schießsport ausgeschlossenen Waffen (§ 6) durchgeführt wird,
4. nicht im Schießsport unzulässige Schießübungen (§ 7) durchgeführt werden,
5. jede einzelne Schießdisziplin beschrieben und die für sie zugelassenen Waffen nach Art, Kaliber, Lauflänge und Visierung bezeichnet sind, wobei bei einzelnen Schießdisziplinen auch ausdrücklich festgelegt werden kann, dass nur einzelne oder auch keine speziellen Vorgaben (freie Klassen) erfolgen, und
6. zur Ausübung der jeweiligen Schießdisziplinen zugelassene Schießstätten zur regelmäßigen Nutzung verfügbar sind.

(2) Dem Antrag auf Genehmigung einer Schießsportordnung sind die zur Prüfung des Vorliegens der Voraussetzungen wesentlichen Regelungen und Angaben, insbesondere auch die Beschreibung des Ablaufs der einzelnen Schießdisziplinen, beizufügen. Die Genehmigung von Änderungen der Schießsportordnung, insbesondere von der Neuaufnahme von Schießdisziplinen, ist vor Aufnahme des jeweiligen Schießbetriebs nach den geänderten Regeln einzuholen. Der Wegfall oder der Ersatz der regelmäßigen Nutzungsmöglichkeit von nach Absatz 1 Nr. 6 angegebenen Schießstätten ist unverzüglich anzuzeigen.

(3) Im Einzelfall kann ein Verband oder ein ihm angegliederter Teilverband zur Erprobung neuer Schießübungen Abweichungen von den Schießdisziplinen der genehmigten Schießsportordnung zulassen. Zulassungen nach Satz 1 sind auf höchstens ein Jahr zu befristen und müssen die Art der Abweichung von der genehmigten Schießsportordnung bezeichnen; sie sind dem Bundesverwaltungsamt vor Beginn

der Erprobungsphase anzuzeigen. Das Bundesverwaltungsamt kann zur Abwehr von Gefahren für die öffentliche Sicherheit oder Ordnung Zulassungen nach Satz 1 untersagen oder Anordnungen treffen.

(4) Für das sportliche Schießen im Training und im Einzelfall für Schießsportveranstaltungen können Schießsportordnungen Abweichungen von den in ihr festgelegten Schießdisziplinen zulassen.

§ 6 Vom Schießsport ausgeschlossene Schusswaffen

(1) Vom sportlichen Schießen sind ausgeschlossen:

1. Kurzwaffen mit einer Lauflänge von weniger als 7,62 Zentimeter (drei Zoll) Länge;
2. halbautomatische Schusswaffen, die ihrer äußeren Form nach den Anschein einer vollautomatischen Kriegswaffe hervorrufen, die Kriegswaffe im Sinne des Gesetzes über die Kontrolle von Kriegswaffen ist, wenn
   a) die Lauflänge weniger als 42 Zentimeter beträgt,
   b) das Magazin sich hinter der Abzugseinheit befindet (so genannte Bul-Pup-Waffen) oder
   c) die Hülsenlänge der verwendeten Munition bei Langwaffen weniger als 40 Millimeter beträgt;
3. halbautomatische Langwaffen mit einem Magazin, das eine Kapazität von mehr als zehn Patronen hat.

(2) Das Verbot des Schießsports mit Schusswaffen und Munition im Sinne der Anlage 2 Abschnitt 1 des Waffengesetzes bleibt unberührt.

(3) Das Bundesverwaltungsamt kann auf Antrag eines anerkannten Schießsportverbandes Ausnahmen von den Verboten des Absatzes 1 zulassen, insbesondere wenn es sich um in national oder international bedeutenden Schießsportwettkämpfen verwendete Schusswaffen handelt.

(4) Zuständige Behörde für die Beurteilung der Schusswaffen nach Absatz 1 ist das Bundeskriminalamt.

§ 7 Unzulässige Schießübungen im Schießsport

(1) Im Schießsport sind die Durchführung von Schießübungen in der Verteidigung mit Schusswaffen (§ 22) und solche Schießübungen und Wettbewerbe verboten, bei denen

1. das Schießen aus Deckungen heraus erfolgt,
2. nach der Abgabe des ersten Schusses Hindernisse überwunden werden,
3. das Schießen im deutlich erkennbaren Laufen erfolgt,
4. das schnelle Reagieren auf plötzlich und überraschend auftauchende, sich bewegende Ziele gefordert wird,
   a) ausgenommen das Schießen auf Wurf- und auf laufende Scheiben,
   b) es sei denn, das Schießen erfolgt entsprechend einer vom Bundesverwaltungsamt genehmigten Sportordnung,
5. das Überkreuzziehen von mehr als einer Waffe (Cross Draw) gefordert wird,
6. Schüsse ohne genaues Anvisieren des Ziels (Deutschüsse) abgegeben werden, ausgenommen das Schießen auf Wurfscheiben, oder
7. der Ablauf der Schießübung dem Schützen vor ihrer Absolvierung nicht auf Grund zuvor festgelegter Regeln bekannt ist.

Die Veranstaltung der in Satz 1 genannten Schießübungen und die Teilnahme als Sportschütze an diesen sind verboten.

(2) Das Verbot von Schießübungen des kampfmäßigen Schießens (§ 15 Abs. 6 Satz 2 des Waffengesetzes) und mit verbotenen oder vom Schießsport ausgeschlossenen Schusswaffen oder Teilen von Schusswaffen (§ 6), soweit nicht eine Ausnahme nach § 6 Abs. 3 erteilt ist, bleibt unberührt.

(3) Die Ausbildung und das Training im jagdlichen Schießen einschließlich jagdlicher Schießwettkämpfe werden durch die vorstehenden Regelungen nicht beschränkt.

§ 8 Beirat für schießsportliche Fragen

(1) Beim Bundesministerium des Innern wird ein Beirat für schießsportliche Fragen (Fachbeirat) gebildet. Den Vorsitz führt ein Vertreter des Bundesministeriums des Innern. An den Sitzungen des Fachbeirates nehmen Vertreter des Bundesverwaltungsamtes teil.

(2) Der Fachbeirat setzt sich aus dem Vorsitzenden und aus folgenden ständigen Mitgliedern zusammen:

1. je einem Vertreter jedes Landes,
2. einem Vertreter des Deutschen Olympischen Sportbundes,
3. je einem Vertreter der anerkannten Schießsportverbände,
4. einem Vertreter der Deutschen Versuchs- und Prüf-Anstalt für Jagd- und Sportwaffen e. V.

(3) Die Mitglieder des Fachbeirates sollen auf schießsportlichem Gebiet sachverständig und erfahren sein.

(4) Das Bundesministerium des Innern kann Vertreter weiterer Bundes- und Landesbehörden sowie weitere Sachverständige insbesondere auf schießsportlichem oder waffentechnischem Gebiet zur Beratung hinzuziehen. In den Fällen, in denen der Fachbeirat über die Genehmigung der Schießsportordnung eines nicht anerkannten Schießsportverbandes beraten soll, lädt das Bundesministerium des Innern auch einen Vertreter dieses Verbandes ein.

(5) Das Bundesministerium des Innern beruft

1. die Vertreter jedes Landes einschließlich deren Stellvertreter auf Vorschlag des Landes;
2. die Vertreter der in Absatz 2 Nr. 2, 3 und 4 bezeichneten Verbände und Organisationen nach Anhörung der Vorstände dieser Verbände.

(6) Die Mitglieder des Fachbeirates üben ihre Tätigkeit ehrenamtlich aus, sofern sie keine Behörde vertreten.

Abschnitt 4 Benutzung von Schießstätten

§ 9 Zulässige Schießübungen auf Schießstätten

(1) Auf einer Schießstätte ist unter Beachtung des Verbots des kampfmäßigen Schießens (§ 27 Abs. 7 Satz 1 des Waffengesetzes) das Schießen mit Schusswaffen und Munition auf der Grundlage der für die Schießstätte erteilten Erlaubnis (§ 27 Abs. 1 Satz 1 des Waffengesetzes) nur zulässig, wenn

1. die Person, die zu schießen beabsichtigt, die Berechtigung zum Erwerb und Besitz von Schusswaffen nachweisen kann und das Schießen mit Schusswaffen dieser Art innerhalb des der Berechtigung zugrunde liegenden Bedürfnisses erfolgt,
2. geschossen wird
   a) auf der Grundlage einer genehmigten Schießsportordnung,
   b) im Rahmen von Lehrgängen oder Schießübungen in der Verteidigung mit Schusswaffen (§ 22),
   c) zur Erlangung der Sachkunde (§ 1 Abs. 1 Nr. 3) oder
   d) in der jagdlichen Ausbildung, oder
3. es sich nicht um Schusswaffen und Munition nach § 6 Abs. 1 handelt.

In den Fällen des Satzes 1 Nr. 1, Nr. 2 Buchstabe c und Nr. 3 gilt § 7 Abs. 1 und 3 entsprechend; beim Schießen nach Satz 1 Nr. 2 Buchstabe a bleibt § 7 unberührt. Der Betreiber der Schießstätte hat die Einhaltung der Voraussetzungen nach den Sätzen 1 und 2 zu überwachen.

(2) Die zuständige Behörde kann dem Betreiber einer Schießstätte oder im Einzelfall dem Benutzer Ausnahmen von den Beschränkungen des Absatzes 1 gestatten, soweit Belange der öffentlichen Sicherheit und Ordnung nicht entgegenstehen.

(3) Absatz 1 gilt nicht für Behörden oder Dienststellen und deren Bedienstete, die nach § 55 Abs. 1 des Waffengesetzes oder auf Grund einer nach § 55 Abs. 5 oder 6 des Waffengesetzes erlassenen Rechtsverordnung von der Anwendung des Waffengesetzes ausgenommen sind.

§ 10 Aufsichtspersonen; Obhut über das Schießen durch Kinder und Jugendliche

(1) Der Inhaber der Erlaubnis für die Schießstätte (Erlaubnisinhaber) hat unter Berücksichtigung der Erfordernisse eines sicheren Schießbetriebs eine oder mehrere verantwortliche Aufsichtspersonen für das Schießen zu bestellen, soweit er nicht selbst die Aufsicht wahrnimmt oder eine schießsportliche oder jagdliche Vereinigung oder ein Veranstalter im Sinne des § 22 durch eigene verantwortliche Aufsichtspersonen die Aufsicht übernimmt. Der Erlaubnisinhaber kann selbst die Aufsicht wahrnehmen, wenn er die erforderliche Sachkunde nachgewiesen hat und, sofern es die Obhut über das Schießen durch Kinder und Jugendliche betrifft, die Eignung zur Kinder- und Jugendarbeit besitzt. Aufsichtspersonen müssen das 18. Lebensjahr vollendet haben. Der Schießbetrieb darf nicht aufgenommen oder fortgesetzt werden, solange keine ausreichende Anzahl von verantwortlichen Aufsichtspersonen die Aufsicht wahrnimmt. Die zuständige Behörde kann gegenüber dem Erlaubnisinhaber die Zahl der nach Satz 1 erforderlichen Aufsichtspersonen festlegen.

(2) Der Erlaubnisinhaber hat der zuständigen Behörde die Personalien der verantwortlichen Aufsichtspersonen zwei Wochen vor der Übernahme der Aufsicht schriftlich anzuzeigen; beauftragt eine schießsportliche oder jagdliche Vereinigung die verantwortliche Aufsichtsperson, so obliegt diese Anzeige der Aufsichtsperson selbst. Der Anzeige sind Nachweise beizufügen, aus denen hervorgeht, dass die Aufsichtsperson die erforderliche Sachkunde und, sofern es die Obhut über das Schießen durch Kinder und Jugendliche betrifft, auch die Eignung zur Kinder- und Jugendarbeit besitzt. Der Erlaubnisinhaber hat das Ausscheiden der angezeigten Aufsichtsperson und die Bestellung einer neuen Aufsichtsperson der zuständigen Behörde unverzüglich anzuzeigen.

(3) Bei der Beauftragung der verantwortlichen Aufsichtsperson durch einen schießsportlichen Verein eines anerkannten Schießsportverbandes genügt an Stelle der Anzeige nach Absatz 2 Satz 1 eine Registrierung der Aufsichtsperson bei dem Verein. Dieser hat bei der Registrierung das Vorliegen der Voraussetzungen der erforderlichen Sachkunde und, sofern es die Obhut über das Schießen durch Kinder und Jugendliche betrifft, auch der Eignung zur Kinder- und Jugendarbeit zu überprüfen und zu vermerken. Der Aufsichtsperson ist durch den Verein hierüber ein Nachweisdokument auszustellen. Die Aufsichtsperson hat dieses Dokument während der Wahrnehmung der Aufsicht mitzuführen und zur Kontrolle Befugten auf Verlangen zur Prüfung auszuhändigen. Für eine Überprüfung nach Satz 4 hat der Verein auf Verlangen Einblick in die Registrierung der Aufsichtsperson zu gewähren. Die Sätze 1 bis 5 gelten entsprechend bei der von einer jagdlichen Vereinigung beauftragten verantwortlichen Aufsichtsperson mit der Maßgabe, dass während der Ausübung der Aufsicht ein gültiger Jagdschein nach § 15 Abs. 1 Satz 1 des Bundesjagdgesetzes mitzuführen ist.

(4) Ergeben sich Anhaltspunkte für die begründete Annahme, dass die verantwortliche Aufsichtsperson die erforderliche Zuverlässigkeit, persönliche Eignung oder Sachkunde oder, sofern es die Obhut über das Schießen durch Kinder und Jugendliche betrifft, die Eignung zur Kinder- und Jugendarbeit nicht besitzt, so hat die zuständige Behörde dem Erlaubnisinhaber gegenüber die Ausübung der Aufsicht durch die Aufsichtsperson zu untersagen.

(5) Die Obhut über das Schießen durch Kinder und Jugendliche ist durch eine hierfür qualifizierte und auf der Schießstätte anwesende Aufsichtsperson auszuüben, die

1. für die Schießausbildung der Kinder oder Jugendlichen leitend verantwortlich ist und
2. berechtigt ist, jederzeit der Aufsicht beim Schützen Weisungen zu erteilen oder die Aufsicht beim Schützen selbst zu übernehmen.

(6) Die Qualifizierung zur Aufsichtsperson oder zur Eignung zur Kinder- und Jugendarbeit kann durch die Jagdverbände oder die anerkannten Schießsportverbände erfolgen; bei Schießsportverbänden sind die Qualifizierungsrichtlinien Bestandteil des Anerkennungsverfahrens nach § 15 des Waffengesetzes.

(7) Die Absätze 1 bis 6 gelten nicht für ortsveränderliche Schießstätten im Sinne von § 27 Abs. 6 des Waffengesetzes.

§ 11 Aufsicht

(1) Die verantwortlichen Aufsichtspersonen haben das Schießen in der Schießstätte ständig zu beaufsichtigen, insbesondere dafür zu sorgen, dass die in der Schießstätte Anwesenden durch ihr Verhalten keine vermeidbaren Gefahren verursachen, und zu beachten, dass die Bestimmungen des § 27 Abs. 3 oder 6 des Waffengesetzes eingehalten werden. Sie haben, wenn dies zur Verhütung oder Beseitigung von Gefahren erforderlich ist, das Schießen oder den Aufenthalt in der Schießstätte zu untersagen.

(2) Die Benutzer der Schießstätten haben die Anordnungen der verantwortlichen Aufsichtspersonen nach Absatz 1 zu befolgen.

(3) Eine zur Aufsichtsführung befähigte Person darf schießen, ohne selbst beaufsichtigt zu werden, wenn sichergestellt ist, dass sie sich allein auf dem Schießstand befindet.

§ 12 Überprüfung der Schießstätten

(1) Schießstätten sind vor ihrer ersten Inbetriebnahme hinsichtlich der sicherheitstechnischen Anforderungen zu überprüfen. In regelmäßigen Abständen von mindestens vier Jahren sind sie von der zuständigen Behörde zu überprüfen, wenn auf ihnen mit erlaubnispflichtigen Schusswaffen geschossen wird. Ist das Schießen auf einer Schießstätte nur mit erlaubnisfreien Schusswaffen zulässig, so ist eine Überprüfung mindestens alle sechs Jahre erforderlich. Falls Zweifel an dem ordnungsgemäßen Zustand oder den erforderlichen schießtechnischen Einrichtungen bestehen, kann die zuständige Behörde die Schießstätte in sicherheitstechnischer Hinsicht überprüfen oder von dem Erlaubnisinhaber die Vorlage eines Gutachtens eines anerkannten Schießstandsachverständigen verlangen. Die Kosten hierfür sind von dem Erlaubnisinhaber zu tragen.

(2) Werden bei der Überprüfung Mängel festgestellt, die eine Gefährdung der Benutzer der Schießstätte oder Dritter befürchten lassen, kann die zuständige Behörde die weitere Benutzung der Schießstätte bis zur Beseitigung der Mängel untersagen. Der weitere Betrieb oder die Benutzung der Schießstätte ist im Falle der Untersagung nach Satz 1 verboten.

(3) Die sicherheitstechnischen Anforderungen, die an Schießstätten zu stellen sind, ergeben sich aus den „Richtlinien für die Errichtung, die Abnahme und das Betreiben von Schießständen (Schießstandrichtlinien)". Das Bundesministerium des Innern erstellt die Schießstandrichtlinien nach Anhörung von Vertretern der Wissenschaft, der Betroffenen und der für das Waffenrecht zuständigen obersten Landesbehörden als dem Stand der Sicherheitstechnik entsprechende Regeln und veröffentlicht diese im Bundesanzeiger.*

(4) Anerkannte Schießstandsachverständige nach Absatz 1 sind
1. öffentlich bestellte und vereidigte Sachverständige für das Fachgebiet „Sicherheit von nichtmilitärischen Schießständen", die auf der Grundlage der in Absatz 3 genannten Schießstandrichtlinien in der jeweils geltenden Fassung von Lehrgangsträgern ausgebildet sind,
2. auf der Basis polizeilicher oder militärischer Regelungen als Schießstandsachverständige ausgebildete Personen, die auf der Grundlage der in Absatz 3 genannten Schießstandrichtlinien in der jeweils geltenden Fassung regelmäßig fortgebildet worden sind.

(5) Eine Bestellung darf erfolgen, wenn die fachlichen Bestellungsvoraussetzungen auf dem Sachgebiet „Sicherheit von nichtmilitärischen Schießstätten"**

in einer Prüfung nachgewiesen worden sind. § 16 findet entsprechende Anwendung.

(6) Als anerkannte Schießstandsachverständige gelten auch diejenigen, die bis zum 31. März 2008 auf der Grundlage bisheriger Schießstandrichtlinien ausgebildet und regelmäßig fortgebildet worden sind. Die Anerkennung nach Satz 1 erlischt zum 1. Januar 2015, sofern keine öffentliche Bestellung für das Fachgebiet „Sicherheit von nichtmilitärischen Schießständen" erfolgt ist.

---

* Amtliche Fußnote: Bis zur Veröffentlichung nach Absatz 3 Satz 2 sind Stand der Technik die „Richtlinien für die Errichtung, die Abnahme und das Betreiben von Schießständen (Schießstandrichtlinien), Stand Januar 2000, herausgegeben vom Deutschen Schützenbund, Wiesbaden".

** Amtliche Fußnote: Herausgegeben vom Institut für Sachverständigenwesen e. V., Köln.

Abschnitt 5 Aufbewahrung von Waffen und Munition

§ 13 Aufbewahrung von Waffen oder Munition

(1) In einem Sicherheitsbehältnis, das der Norm DIN/EN 1143-1 Widerstandsgrad 0 (Stand: Mai 1997)* oder einer Norm mit gleichem Schutzniveau eines anderen Mitgliedstaates des Übereinkommens über den Europäischen Wirtschaftsraum (EWR-Mitgliedstaat) oder der Sicherheitsstufe B nach VDMA 24992**,*** (Stand: Mai 1995) entspricht, dürfen nicht mehr als zehn Kurzwaffen (Anlage 1 Abschnitt 1 Unterabschnitt 1 Nr. 2.6, dritter Halbsatz zum Waffengesetz), zu deren Erwerb und Besitz es einer Erlaubnis bedarf, oder zehn nach Anlage 2 Abschnitt 1 Nr. 1.1 bis 1.2.3 zum Waffengesetz verbotene Waffen aufbewahrt werden; unterschreitet das Gewicht des Behältnisses 200 Kilogramm oder liegt die Verankerung gegen Abriss unter einem vergleichbaren Gewicht, so verringert sich die Höchstzahl der aufzubewahrenden Waffen auf fünf. Wird die in Satz 1 genannte Anzahl überschritten, so darf die Aufbewahrung nur in einem Sicherheitsbehältnis, das mindestens der Norm DIN/EN 1143-1 Widerstandsgrad I (Stand: Mai 1997) oder einer Norm mit gleichem Schutzniveau eines anderen EWR-Mitgliedstaates entspricht, oder in einer entsprechenden Mehrzahl von Sicherheitsbehältnissen nach Satz 1 erfolgen.

(2) Werden mehr als zehn Langwaffen (Anlage 1 Abschnitt 1 Unterabschnitt 1 Nr. 2.6, erster und zweiter Halbsatz zum Waffengesetz), zu deren Erwerb und Besitz es einer Erlaubnis bedarf, aufbewahrt, so darf die Aufbewahrung nur in einem Sicherheitsbehältnis, das mindestens einer der in Absatz 1 Satz 1 genannten Normen entspricht, oder in einer entsprechenden Mehrzahl von Sicherheitsbehältnissen nach § 36 Abs. 2 Satz 2 des Waffengesetzes erfolgen.

(3) Munition, deren Erwerb nicht von der Erlaubnispflicht freigestellt ist, darf nur in einem Stahlblechbehältnis ohne Klassifizierung mit Schwenkriegelschloss oder einer gleichwertigen Verschlussvorrichtung oder in einem gleichwertigen Behältnis aufbewahrt werden.

(4) Werden Langwaffen, zu deren Erwerb und Besitz es einer Erlaubnis bedarf, in einem Sicherheitsbehältnis, das der Sicherheitsstufe A nach VDMA 24992 (Stand: Mai 1995) entspricht, aufbewahrt, so ist es für die Aufbewahrung von bis zu fünf Kurzwaffen, zu deren Erwerb und Besitz es einer Erlaubnis bedarf, und der Munition für die Lang- und Kurzwaffen ausreichend, wenn sie in einem Innenfach erfolgt, das den Sicherheitsanforderungen nach Absatz 1 Satz 1 entspricht; in diesem Fall dürfen die Kurzwaffen und die Munition innerhalb des Innenfaches zusammen aufbewahrt werden. Im Falle der Aufbewahrung von Schusswaffen in einem Sicherheitsbehältnis der Sicherheitsstufe A oder B nach VDMA 24992 ist es für die Aufbewahrung der dazugehörigen Munition ausreichend, wenn sie in einem Innenfach aus Stahlblech ohne Klassifizierung mit Schwenkriegelschloss oder einer gleichwertigen Verschlussvorrichtung erfolgt; nicht zu den dort aufbewahrten Waffen gehörige Munition darf zusammen aufbewahrt werden.

(5) Die zuständige Behörde kann eine andere gleichwertige Aufbewahrung der Waffen zulassen. Insbesondere kann von Sicherheitsbehältnissen im Sinne des § 36

* Amtliche Fußnote: Herausgegeben im Beuth-Verlag GmbH, Berlin und Köln.

** Amtliche Fußnote: Verband Deutscher Maschinen- und Anlagenbau e. V.

*** Amtliche Fußnote: Herausgegeben im Beuth-Verlag GmbH, Berlin und Köln.

Abs. 1 und 2 des Waffengesetzes oder im Sinne der Absätze 1 bis 3 abgesehen werden, wenn die Waffen und die Munition in einem Waffenraum aufbewahrt werden, der dem Stand der Technik entspricht.

(6) In einem nicht dauernd bewohnten Gebäude dürfen nur bis zu drei Langwaffen, zu deren Erwerb und Besitz es einer Erlaubnis bedarf, aufbewahrt werden. Die Aufbewahrung darf nur in einem mindestens der Norm DIN/EN 1143–1 Widerstandsgrad I entsprechenden Sicherheitsbehältnis erfolgen. Die zuständige Behörde kann Abweichungen in Bezug auf die Art oder Anzahl der aufbewahrten Waffen oder das Sicherheitsbehältnis auf Antrag zulassen. ohne Munition! Und: 1 Schrank

(7) Die zuständige Behörde kann auf Antrag bei einer Waffen- oder Munitionssammlung unter Berücksichtigung der Art und der Anzahl der Waffen oder der Munition und ihrer Gefährlichkeit für die öffentliche Sicherheit und Ordnung von den Vorgaben der Absätze 1 bis 6 insbesondere unter dem Gesichtspunkt der Sichtbarkeit zu Ausstellungszwecken abweichen und dabei geringere oder höhere Anforderungen an die Aufbewahrung stellen; bei Sammlungen von Waffen, deren Modell vor dem 1. Januar 1871 entwickelt worden ist, und bei Munitionssammlungen soll sie geringere Anforderungen stellen. Dem Antrag ist ein Aufbewahrungskonzept beizugeben.

(8) Die zuständige Behörde kann auf Antrag von Anforderungen an die Sicherheitsbehältnisse nach § 36 Abs. 1 und 2 des Waffengesetzes oder nach den Absätzen 1 bis 3 oder an einen Waffenraum nach Absatz 5 Satz 2 absehen, wenn ihre Einhaltung unter Berücksichtigung der Art und der Anzahl der Waffen und der Munition und ihrer Gefährlichkeit für die öffentliche Sicherheit und Ordnung eine besondere Härte darstellen würde. In diesem Fall hat sie die niedrigeren Anforderungen festzusetzen.

(9) Bestehen begründete Zweifel, dass Normen anderer EWR-Mitgliedstaaten im Schutzniveau den in § 36 Abs. 1 und 2 des Waffengesetzes oder in den Absätzen 1 bis 4 genannten Normen gleichwertig sind, kann die Behörde vom Verpflichteten die Vorlage einer Stellungnahme insbesondere des Deutschen Instituts für Normung verlangen.

(10) Die gemeinschaftliche Aufbewahrung von Waffen oder Munition durch berechtigte Personen, die in einer häuslichen Gemeinschaft leben, ist zulässig.

(11) Bei der vorübergehenden Aufbewahrung von Waffen im Sinne des Absatzes 1 Satz 1 oder des Absatzes 2 oder von Munition außerhalb der Wohnung, insbesondere im Zusammenhang mit der Jagd oder dem sportlichen Schießen, hat der Verpflichtete die Waffen oder Munition unter angemessener Aufsicht aufzubewahren oder durch sonstige erforderliche Vorkehrungen gegen Abhandenkommen oder unbefugte Ansichnahme zu sichern, wenn die Aufbewahrung gemäß den Anforderungen der Absätze 1 bis 8 nicht möglich ist.

§ 14 Aufbewahrung von Waffen oder Munition in Schützenhäusern, auf Schießstätten oder im gewerblichen Bereich

Die zuständige Behörde kann auf Antrag eines Betreibers eines Schützenhauses, einer Schießstätte oder eines Waffengewerbes Abweichungen von den Anforderungen des § 13 Abs. 1 bis 5 und 6 Satz 1 und 2 zulassen, wenn ihr ein geeignetes Aufbewahrungskonzept vorgelegt wird. Sie hat bei ihrer Entscheidung neben der für die Aufbewahrung vorgesehenen Art und der Anzahl der Waffen oder der Munition und des Grades der von ihnen ausgehenden Gefahr für die öffentliche Sicherheit und Ordnung die Belegenheit und Frequentiertheit der Aufbewahrungsstätte besonders zu berücksichtigen.

Abschnitt 6 Vorschriften für das Waffengewerbe

Unterabschnitt 1 Fachkunde

§ 15 Umfang der Fachkunde

(1) Die in der Prüfung nach § 22 Abs. 1 Satz 1 des Waffengesetzes nachzuweisende Fachkunde umfasst ausreichende Kenntnisse

1. der Vorschriften über den Handel mit Schusswaffen und Munition, den Erwerb und das Führen von Schusswaffen sowie der Grundzüge der sonstigen waffenrechtlichen und der beschussrechtlichen Vorschriften,
2. über Art, Konstruktion und Handhabung der gebräuchlichen Schusswaffen, wenn die Erlaubnis für den Handel mit Schusswaffen beantragt ist, und
3. über die Behandlung der gebräuchlichen Munition und ihre Verwendung in der dazugehörigen Schusswaffe, wenn die Erlaubnis für den Handel mit Munition beantragt ist.

(2) Der Antragsteller hat in der Prüfung nach Absatz 1 Kenntnisse nachzuweisen über

1. Schusswaffen und Munition aller Art, wenn eine umfassende Waffenhandelserlaubnis beantragt ist,
2. die in der Anlage aufgeführten Waffen- oder Munitionsarten, für die Erlaubnis zum Handel beantragt ist.

§ 16 Prüfung

(1) Die zuständige Behörde bildet für die Abnahme der Prüfung staatliche Prüfungsausschüsse. Die Geschäftsführung kann auf die örtliche Industrie- und Handelskammer übertragen werden. Es können gemeinsame Prüfungsausschüsse für die Bezirke mehrerer Behörden gebildet werden.

(2) Der Prüfungsausschuss besteht aus dem Vorsitzenden und zwei Beisitzern. Die Mitglieder des Prüfungsausschusses müssen in dem Prüfungsgebiet sachkundig sein. Der Vorsitzende darf nicht im Waffenhandel tätig sein. Als Beisitzer sollen ein selbstständiger Waffenhändler und ein Angestellter im Waffenhandel oder, wenn ein solcher nicht zur Verfügung steht, ein Angestellter in der Waffenherstellung bestellt werden.

(3) Die Prüfung ist mündlich abzulegen.

(4) Für die Erteilung eines Zeugnisses, die Anfertigung einer Niederschrift und die Wiederholung der Prüfung gilt § 2 Abs. 3 Satz 2 und Abs. 4 und 5 entsprechend.

Unterabschnitt 2 Waffenherstellungs- und Waffenhandelsbücher

§ 17 Grundsätze der Buchführungspflicht

(1) Das Waffenherstellungs- und das Waffenhandelsbuch sind in gebundener Form oder in Karteiform oder mit Hilfe der elektronischen Datenverarbeitung im Betrieb oder in dem Betriebsteil, in dem die Schusswaffen hergestellt oder vertrieben wer-

den, zu führen und, gegen Abhandenkommen, Datenverlust und unberechtigten Zugriff gesichert, aufzubewahren.

(2) Wird das Buch in gebundener Form geführt, so sind die Seiten laufend zu nummerieren; die Zahl der Seiten ist auf dem Titelblatt anzugeben. Wird das Buch in Karteiform geführt, so sind die Karteiblätter der zuständigen Behörde zur Abstempelung der Blätter und zur Bestätigung ihrer Gesamtzahl vorzulegen.

(3) Alle Eintragungen in das Buch sind unverzüglich in dauerhafter Form und in deutscher Sprache vorzunehmen; § 239 Abs. 3 des Handelsgesetzbuches gilt entsprechend. Sofern eine Eintragung nicht gemacht werden kann, ist dies unter Angabe der Gründe zu vermerken.

(4) Die Bücher sind zum 31. Dezember jeden zweiten Jahres sowie beim Wechsel des Betriebsinhabers oder bei der Einstellung des Betriebs mit Datum und Unterschrift so abzuschließen, dass nachträglich Eintragungen nicht mehr vorgenommen werden können. Der beim Abschluss der Bücher verbliebene Bestand ist vorzutragen, bevor neue Eintragungen vorgenommen werden. Ein Buch, das nicht mehr verwendet wird, ist unter Angabe des Datums abzuschließen.

(5) Die Bücher mit den Belegen sind auf Verlangen der zuständigen Behörde auch in deren Diensträumen oder den Beauftragten der Behörde vorzulegen.

(6) Der zur Buchführung Verpflichtete hat das Buch mit den Belegen im Betrieb oder in dem Betriebsteil, in dem die Schusswaffen hergestellt oder vertrieben werden, bis zum Ablauf von zehn Jahren, von dem Tage der letzten Eintragung an gerechnet, aufzubewahren. Will er das Buch nach Ablauf der in Satz 1 genannten Frist nicht weiter aufbewahren, so hat er es der zuständigen Behörde zur Aufbewahrung zu übergeben. Gibt der zur Buchführung Verpflichtete das Gewerbe auf, so hat er das Buch seinem Nachfolger zu übergeben oder der zuständigen Behörde zur Aufbewahrung auszuhändigen.

§ 18 Führung der Waffenbücher in gebundener Form

(1) Wird das Waffenherstellungsbuch in gebundener Form geführt, so ist es nach folgendem Muster zu führen:

Linke Seite:

1. Laufende Nummer der Eintragung
2. Datum der Fertigstellung
3. Herstellungsnummer

Rechte Seite:

4. Datum des Abgangs oder der Kenntnis des Verlustes
5. Name und Anschrift des Empfängers oder Art des Verlustes
6. Sofern die Schusswaffe nicht einem Erwerber nach § 21 Abs. 1 des Waffengesetzes überlassen wird, die Bezeichnung der Erwerbsberechtigung unter Angabe der ausstellenden Behörde und des Ausstellungsdatums
7. Sofern die Schusswaffe einem Erwerber nach § 34 Abs. 5 Satz 1 des Waffengesetzes überlassen oder an ihn versandt wird, Bezeichnung und Datum der Bestätigung der Anzeige durch das Bundeskriminalamt.

Für jeden Waffentyp ist ein besonderes Blatt anzulegen, auf dem der Waffentyp und der Name, die Firma oder die Marke, die auf den Waffen angebracht sind, zu vermerken sind.

(2) Wird das Waffenhandelsbuch in gebundener Form geführt, so ist es nach folgendem Muster zu führen:

Linke Seite:
1. Laufende Nummer der Eintragung
2. Datum des Eingangs
3. Waffentyp
4. Name, Firma oder Marke, die auf der Waffe angebracht sind
5. Herstellungsnummer
6. Name und Anschrift des Überlassers

Rechte Seite:
7. Datum des Abgangs oder der Kenntnis des Verlustes
8. Name und Anschrift des Empfängers oder Art des Verlustes
9. Sofern die Schusswaffe nicht einem Erwerber nach § 21 Abs. 1 des Waffengesetzes überlassen wird, die Bezeichnung der Erwerbsberechtigung unter Angabe der ausstellenden Behörde und des Ausstellungsdatums
10. Sofern die Schusswaffe einem Erwerber nach § 34 Abs. 5 Satz 1 des Waffengesetzes überlassen oder an ihn versandt wird, Bezeichnung und Datum der Bestätigung der Anzeige durch das Bundeskriminalamt.

(3) Die Eintragungen nach den Absätzen 1 und 2 sind für jede Waffe gesondert vorzunehmen. Eine Waffe gilt im Sinne des Absatzes 1 Satz 1 Nr. 2 als fertiggestellt,
1. sobald sie nach § 3 des Beschussgesetzes geprüft worden ist,
2. wenn die Waffe nicht der amtlichen Beschussprüfung unterliegt, sobald sie zum Verkauf vorrätig gehalten wird.

(4) Von der Eintragung des Namens und der Anschrift des Überlassers nach Absatz 2 Nr. 6 kann abgesehen werden bei Schusswaffen, deren Modell vor dem 1. Januar 1871 entwickelt worden ist,
1. mit Zündnadelzündung,
2. mit Zündhütchenzündung (Perkussionswaffen), soweit es sich um einläufige Einzelladerwaffen handelt,
3. mit Lunten- oder Funkenzündung.

§ 19 Führung der Waffenbücher in Karteiform

(1) Wird das Waffenherstellungsbuch oder das Waffenhandelsbuch in Karteiform geführt, so können die Eintragungen für mehrere Waffen desselben Typs (Waffenposten) nach Absatz 2 oder 3 zusammengefasst werden. Auf einer Karteikarte darf nur ein Waffenposten nach Absatz 2 Nr. 1 oder Absatz 3 Nr. 1 eingetragen werden. Neueingänge dürfen auf demselben Karteiblatt erst eingetragen werden, wenn der eingetragene Waffenposten vollständig abgebucht ist. Abgänge sind mit den Angaben nach Absatz 2 Nr. 2 oder Absatz 3 Nr. 2 gesondert einzutragen. Für jeden Waffentyp ist ein besonderes Blatt anzulegen, auf dem der Waffentyp und der Name, die Firma oder die Marke, die auf der Waffe angebracht sind, zu vermerken sind.

(2) Das Waffenherstellungsbuch ist nach folgendem Muster zu führen:
1. bei der Eintragung der Fertigstellung:
   a) Datum der Fertigstellung
   b) Stückzahl
   c) Herstellungsnummern
2. bei der Eintragung von Abgängen:
   a) laufende Nummer der Eintragung
   b) Datum des Abgangs oder der Kenntnis des Verlustes
   c) Stückzahl
   d) Herstellungsnummern
   e) Name und Anschrift des Empfängers oder Art des Verlustes
   f) sofern die Schusswaffe nicht einem Erwerber nach § 21 Abs. 1 des Waffengesetzes überlassen wird, die Bezeichnung der Erwerbsberechtigung unter Angabe der ausstellenden Behörde und des Ausstellungsdatums
   g) sofern die Schusswaffe einem Erwerber nach § 34 Abs. 5 Satz 1 des Waffengesetzes überlassen oder an ihn versandt wird, Bezeichnung und Datum der Bestätigung der Anzeige durch das Bundeskriminalamt.

(3) Das Waffenhandelsbuch ist nach folgendem Muster zu führen:
1. bei der Eintragung des Eingangs:
   a) Datum des Eingangs
   b) Stückzahl
   c) Herstellungsnummern
   d) Name und Anschrift des Überlassers
2. bei der Eintragung von Abgängen:
   a) laufende Nummer der Eintragung
   b) Datum des Abgangs oder der Kenntnis des Verlustes
   c) Stückzahl
   d) Herstellungsnummern
   e) Name und Anschrift des Empfängers oder Art des Verlustes
   f) sofern die Schusswaffe nicht einem Erwerber nach § 21 Abs. 1 des Waffengesetzes überlassen wird, die Bezeichnung der Erwerbsberechtigung unter Angabe der ausstellenden Behörde und des Ausstellungsdatums
   g) sofern die Schusswaffe einem Erwerber nach § 34 Abs. 5 Satz 1 des Waffengesetzes überlassen oder an ihn versandt wird, Bezeichnung und Datum der Bestätigung der Anzeige durch das Bundeskriminalamt.

(4) Von der Eintragung des Namens und der Anschrift des Überlassers nach Absatz 3 Nr. 1 Buchstabe d kann abgesehen werden bei Schusswaffen, deren Modell vor dem 1. Januar 1871 entwickelt worden ist,
1. mit Zündnadelzündung,
2. mit Zündhütchenzündung (Perkussionswaffen), soweit es sich um einläufige Einzelladerwaffen handelt,
3. mit Lunten- oder Funkenzündung.

(5) § 17 Abs. 3, 5 und 6 ist auf die Eintragungen in den Karteiblättern sowie auf die Vorlage und Aufbewahrung der Karteiblätter und der Belege entsprechend anzuwenden.

§ 20 Führung der Waffenbücher in elektronischer Form

(1) Wird das Waffenherstellungs- oder das Waffenhandelsbuch in elektronischer Form geführt, so müssen die gespeicherten Datensätze (aufzeichnungspflichtigen Vorgänge) die nach § 19 geforderten Angaben enthalten. Die Datensätze sind unverzüglich zu speichern; sie sind fortlaufend zu nummerieren. Die Bestimmungen des Bundesdatenschutzgesetzes sind zu beachten.

(2) Die gespeicherten Datensätze sind nach Ablauf eines jeden Monats in Klarschrift auszudrucken. Der Ausdruck ist nach Maßgabe des § 19 in Karteiform vorzunehmen. Der Name des Überlassers, des Erwerbers und die Erwerbsberechtigung können auch in verschlüsselter Form ausgedruckt werden. In diesem Fall ist dem Ausdruck ein Verzeichnis beizugeben, das eine unmittelbare Entschlüsselung der bezeichneten Daten ermöglicht. Die Bestände sind auf den nächsten Monat vorzutragen.

(3) § 17 Abs. 3, 5 und 6 ist auf die Eintragungen in den Karteiblättern sowie auf die Vorlage und Aufbewahrung der Karteiblätter und der Belege entsprechend anzuwenden. Der Ausdruck der nach dem letzten Monatsabschluss gespeicherten Datensätze ist auf Verlangen der zuständigen Behörde auch in deren Diensträumen oder den Beauftragten der Behörde auch während des laufenden Monats jederzeit vorzulegen.

(4) Die zuständige Behörde kann Ausnahmen von Absatz 2 Satz 1 und 5 zulassen, wenn der Gesamtbestand an Waffen zu Beginn eines jeden Jahres und die Zu- und Abgänge monatlich in Klarschrift ausgedruckt werden und sichergestellt ist, dass die während des Jahres gespeicherten Daten auf Verlangen der zuständigen Behörde jederzeit in Klarschrift ausgedruckt werden können.

Unterabschnitt 3 Kennzeichnung von Waffen

§ 21 Kennzeichnung von Schusswaffen

(1) Wird die Kennzeichnung nach § 24 Abs. 1 Satz 1 Nr. 1 des Waffengesetzes auf mehreren wesentlichen Teilen angebracht, so müssen die Angaben auf denselben Hersteller oder Händler hinweisen.

(2) Bei Schusswaffen mit glatten Läufen sind auf jedem glatten Lauf der Laufdurchmesser, der 23 Zentimeter ± 1 Zentimeter vom Stoßboden gemessen wird, und die Lagerlänge anzubringen. Schusswaffen, bei denen der Lauf oder die Trommel ohne Anwendung von Hilfsmitteln ausgetauscht werden kann, sind auf dem Verschluss nach § 24 Abs. 1 Satz 1 Nr. 1 und 3 des Waffengesetzes zu kennzeichnen. Auf dem Lauf und der Trommel sind Angaben über den Hersteller und die Bezeichnung der Munition (§ 24 Abs. 1 Satz 1 Nr. 1 und 2 des Waffengesetzes) anzubringen.

(3) Wer eine Schusswaffe gewerbsmäßig verändert oder wesentliche Teile einer Schusswaffe nach Anlage 1 Abschnitt 1 Unterabschnitt 1 Nr. 1.3 zum Waffengesetz gewerbsmäßig austauscht und dabei die Angaben über den Hersteller (§ 24 Abs. 1 Satz 1 Nr. 1 des Waffengesetzes) entfernt, hat seinen Namen, seine Firma oder seine Marke auf der Schusswaffe anzubringen. Auf der Schusswaffe und den ausgetauschten Teilen darf keine Kennzeichnung angebracht sein, die auf verschiedene Hersteller oder Händler hinweist.

(4) Wer gewerbsmäßig Schusswaffen
1. so verkürzt, dass die Länge nicht mehr als 60 Zentimeter beträgt,
2. in ihrer Schussfolge verändert,

3. mit einer Bewegungsenergie der Geschosse von nicht mehr als 7,5 Joule in Schusswaffen mit einer höheren Bewegungsenergie der Geschosse umarbeitet,
4. mit einer Bewegungsenergie der Geschosse von mehr als 7,5 Joule in Schusswaffen mit einer geringeren Bewegungsenergie der Geschosse umarbeitet,
5. mit einer Bewegungsenergie der Geschosse von weniger als 0,08 Joule in Schusswaffen mit einer höheren Bewegungsenergie der Geschosse umarbeitet oder
6. in Waffen nach Anlage 2 Abschnitt 2 Unterabschnitt 2 Nr. 1.5 zum Waffengesetz oder in Gegenstände nach Anlage 1 Abschnitt 1 Unterabschnitt 1 Nr. 1.4 zum Waffengesetz abändert,

hat seinen Namen, seine Firma oder seine Marke auch dann auf der Schusswaffe dauerhaft anzubringen, wenn er die Angaben über den Hersteller (§ 24 Abs. 1 Satz 1 Nr. 1 des Waffengesetzes) nicht entfernt. Haben die Veränderungen nach Satz 1 Nr. 1 bis 3 oder 5 zur Folge, dass die Bewegungsenergie der Geschosse 7,5 Joule überschreitet, so ist auf der Schusswaffe auch die Herstellungsnummer (§ 24 Abs. 1 Satz 1 Nr. 3 des Waffengesetzes) anzubringen und das Kennzeichen nach § 24 Abs. 2 des Waffengesetzes zu entfernen. Neben der auf Grund der Änderung angebrachten Kennzeichnung ist dauerhaft der Buchstabe „U“ anzubringen.

Abschnitt 7 Ausbildung in der Verteidigung mit Schusswaffen

§ 22 Lehrgänge und Schießübungen

(1) In Lehrgängen zur Ausbildung in der Verteidigung mit Schusswaffen oder bei Schießübungen dieser Art sind unter Beachtung des Verbots des kampfmäßigen Schießens (§ 27 Abs. 7 Satz 1 des Waffengesetzes) Schießübungen und insbesondere die Verwendung solcher Hindernisse und Übungseinbauten nicht zulässig, die der Übung über den Zweck der Verteidigung der eigenen Person oder Dritter hinaus einen polizeieinsatzmäßigen oder militärischen Charakter verleihen. Die Verwendung von Zielen oder Scheiben, die Menschen darstellen oder symbolisieren, ist gestattet. Die Veranstaltung der in Satz 1 genannten Schießübungen und die Teilnahme als Schütze an diesen Schießübungen sind verboten.

(2) Wer Lehrgänge zur Ausbildung in der Verteidigung mit Schusswaffen oder Schießübungen dieser Art veranstalten will, hat die beabsichtigte Tätigkeit und den Ort, an dem die Veranstaltung stattfinden soll, zwei Wochen vorher der zuständigen Behörde schriftlich anzuzeigen. Auf Verlangen der zuständigen Behörde ist ein Lehrgangsplan oder Übungsprogramm vorzulegen, aus dem die zu vermittelnden Kenntnisse und die Art der beabsichtigten Schießübungen erkennbar sind. Die Beendigung der Lehrgänge oder Schießübungen ist der zuständigen Behörde innerhalb von zwei Wochen ebenfalls anzuzeigen. Der Betreiber der Schießstätte darf die Durchführung von Veranstaltungen der genannten Art nur zulassen, wenn der Veranstalter ihm gegenüber schriftlich erklärt hat, dass die nach Satz 1 erforderliche Anzeige erfolgt ist.

(3) In der Anzeige über die Aufnahme der Lehrgänge oder Schießübungen hat der Veranstalter die Personalien der volljährigen verantwortlichen Aufsichtsperson und der Ausbilder anzugeben. § 10 Abs. 2 Satz 2 ist entsprechend anzuwenden. Die spätere Einstellung oder das Ausscheiden der genannten Personen hat der Veranstalter der zuständigen Behörde unverzüglich anzuzeigen.

(4) Auf die Verpflichtung des Veranstalters zur Bestellung einer verantwortlichen Aufsichtsperson und von Ausbildern ist § 10 Abs. 1 entsprechend anzuwenden.

§ 23 Zulassung zum Lehrgang

(1) Zur Teilnahme an den Lehrgängen oder Schießübungen im Sinne des § 22 dürfen nur Personen zugelassen werden,

1. die auf Grund eines Waffenscheins oder einer Bescheinigung nach § 55 Abs. 2 des Waffengesetzes zum Führen einer Schusswaffe berechtigt sind oder
2. denen ein in § 55 Abs. 1 des Waffengesetzes bezeichneter Dienstherr die dienstlichen Gründe zum Führen einer Schusswaffe bescheinigt hat oder denen von der zuständigen Behörde eine Bescheinigung nach Absatz 2 erteilt worden ist.

Die verantwortliche Aufsichtsperson hat sich vor der Aufnahme des Schießbetriebs vom Vorliegen der in Satz 1 genannten Erfordernisse zu überzeugen.

(2) Die zuständige Behörde kann Inhabern einer für Kurzwaffen ausgestellten Waffenbesitzkarte und Inhabern eines Jagdscheins, die im Sinne des § 19 des Waffengesetzes persönlich gefährdet sind, die Teilnahme an Lehrgängen oder Schießübungen der in § 22 genannten Art gestatten.

§ 24 Verzeichnisse

(1) Der Veranstalter hat ein Verzeichnis der verantwortlichen Aufsichtspersonen, der Ausbilder und der Teilnehmer gemäß Absatz 2 zu führen.

(2) Aus dem Verzeichnis müssen folgende Angaben über die in Absatz 1 genannten Personen hervorgehen:

1. Vor- und Familiennamen, Geburtsdatum und -ort, Wohnort und Anschrift;
2. Nummer, Ausstellungsdatum und ausstellende Behörde des Waffenscheins, der Bescheinigung nach § 55 Abs. 2 des Waffengesetzes oder der Bescheinigung des Dienstherrn nach § 23 Abs. 1 Satz 1 Nr. 2 oder der Ausnahmeerlaubnis nach § 23 Abs. 2;
3. in welchem Zeitraum (Monat und Jahr) sie als Aufsichtsperson oder als Ausbilder tätig waren oder an einer Veranstaltung teilgenommen haben.

(3) Das Verzeichnis ist vom Veranstalter auf Verlangen der zuständigen Behörde auch in deren Diensträumen oder den Beauftragten der Behörde vorzulegen.

(4) Der Veranstalter hat das Verzeichnis bis zum Ablauf von fünf Jahren, vom Tage der letzten Eintragung an gerechnet, sicher aufzubewahren. Gibt der Veranstalter die Durchführung des Verteidigungsschießens auf, so hat er das Verzeichnis seinem Nachfolger zu übergeben oder der zuständigen Behörde zur Aufbewahrung auszuhändigen.

§ 25 Untersagung von Lehrgängen oder Lehrgangsteilen; Abberufung von Aufsichtspersonen oder Ausbildern

(1) Die zuständige Behörde kann Veranstaltungen im Sinne des § 22 untersagen, wenn Tatsachen die Annahme rechtfertigen, dass der Veranstalter, die verantwortliche Aufsichtsperson oder ein Ausbilder die erforderliche Zuverlässigkeit, persönliche Eignung oder Sachkunde nicht oder nicht mehr besitzt. Ergeben sich bei einer verantwortlichen Aufsichtsperson oder einem Ausbilder Anhaltspunkte für die begründete Annahme des Vorliegens von Tatsachen nach Satz 1, so hat die zuständige Behörde vom Veranstalter die Abberufung dieser Person zu verlangen.

(2) Der Veranstalter hat auf Verlangen der zuständigen Behörde die Durchführung einzelner Lehrgänge oder Schießübungen einstweilen einzustellen. Die Behörde kann die einstweilige Einstellung verlangen, solange der Veranstalter

1. eine verantwortliche Aufsichtsperson oder die unter Berücksichtigung der Erfordernisse eines sicheren Schießbetriebs erforderliche Anzahl von Ausbildern nicht bestellt hat oder
2. dem Verlangen der Behörde, eine verantwortliche Aufsichtsperson oder einen Ausbilder wegen fehlender Zuverlässigkeit, persönlicher Eignung oder Sachkunde von seiner Tätigkeit abzuberufen, nicht nachkommt.

Abschnitt 8 Vorschriften mit Bezug zur Europäischen Union und zu Drittstaaten

Unterabschnitt 1 Anwendung des Gesetzes auf Bürger der Europäischen Union

§ 26 Allgemeine Bestimmungen

(1) Auf Staatsangehörige eines Mitgliedstaates der Europäischen Union (Mitgliedstaat) ist § 21 Abs. 4 Nr. 1 des Waffengesetzes nicht anzuwenden.

(2) Auf Staatsangehörige eines Mitgliedstaates, die in einem anderen Mitgliedstaat ihren gewöhnlichen Aufenthalt haben, ist § 21 Abs. 4 Nr. 2 des Waffengesetzes nicht anzuwenden, soweit die Erlaubnis darauf beschränkt wird,
1. Bestellungen auf Waffen oder Munition bei Inhabern einer Waffenherstellungs- oder Waffenhandelserlaubnis aufzusuchen und diesen den Erwerb, den Vertrieb oder das Überlassen solcher Gegenstände zu vermitteln und
2. den Besitz nur über solche Waffen oder Munition auszuüben, die als Muster, als Proben oder als Teile einer Sammlung mitgeführt werden.

(3) Absatz 2 ist entsprechend anzuwenden auf Gesellschaften, die nach den Rechtsvorschriften eines Mitgliedstaates gegründet sind und ihren satzungsmäßigen Sitz, ihre Hauptverwaltung oder ihre Hauptniederlassung innerhalb der Europäischen Union haben. Soweit diese Gesellschaften nur ihren satzungsmäßigen Sitz, jedoch weder ihre Hauptverwaltung noch ihre Hauptniederlassung innerhalb der Europäischen Union haben, gilt Satz 1 nur, wenn ihre Tätigkeit in tatsächlicher und dauerhafter Verbindung mit der Wirtschaft eines Mitgliedstaates steht.

(4) Die Vorschriften der Absätze 1 bis 3 zugunsten von Staatsangehörigen eines Mitgliedstaates sind nicht anzuwenden, soweit dies zur Beseitigung einer Störung der öffentlichen Sicherheit oder Ordnung oder zur Abwehr einer bevorstehenden Gefahr für die öffentliche Sicherheit oder Ordnung im Einzelfall erforderlich ist.

(5) Auf Staatsangehörige eines Mitgliedstaates ist § 4 Abs. 2 des Waffengesetzes nicht anzuwenden, soweit sie im Geltungsbereich des Waffengesetzes ihren gewöhnlichen Aufenthalt haben und eine selbstständige oder unselbstständige Tätigkeit ausüben, die den Erwerb, den Besitz oder das Führen einer Waffe oder von Munition erfordert.

§ 27 Besondere Bestimmungen zur Fachkunde

(1) Der Nachweis der Fachkunde für den Waffenhandel im Sinne des § 22 des Waffengesetzes ist für einen Staatsangehörigen eines Mitgliedstaates als erbracht anzusehen, wenn er in einem anderen Mitgliedstaat im Handel mit Waffen und Munition wie folgt tätig war:
1. drei Jahre ununterbrochen als Selbstständiger oder in leitender Stellung,

2. zwei Jahre ununterbrochen als Selbstständiger oder in leitender Stellung, wenn er für die betreffende Tätigkeit eine vorherige Ausbildung nachweisen kann, die durch ein staatlich anerkanntes Zeugnis bestätigt oder von einer zuständigen Berufsinstitution als vollwertig anerkannt ist,
3. zwei Jahre ununterbrochen als Selbstständiger oder in leitender Stellung sowie außerdem drei Jahre als Unselbstständiger oder
4. drei Jahre ununterbrochen als Unselbstständiger, wenn er für den betreffenden Beruf eine vorherige Ausbildung nachweisen kann, die durch ein staatlich anerkanntes Zeugnis bestätigt oder von einer zuständigen Berufsinstitution als vollwertig anerkannt ist.

(2) In den in Absatz 1 Nr. 1 und 3 genannten Fällen darf die Tätigkeit als Selbstständiger oder in leitender Stellung höchstens zehn Jahre vor dem Zeitpunkt der Antragstellung beendet worden sein.

(3) Als ausreichender Nachweis ist auch anzusehen, wenn der Antragsteller die dreijährige Tätigkeit nach Absatz 1 Nr. 1 nicht ununterbrochen ausgeübt hat, die Ausübung jedoch nicht mehr als zwei Jahre vor dem Zeitpunkt der Antragstellung beendet worden ist.

(4) Eine Tätigkeit in leitender Stellung im Sinne des Absatzes 1 übt aus, wer in einem industriellen oder kaufmännischen Betrieb des entsprechenden Berufszweigs tätig war

1. als Leiter des Unternehmens oder einer Zweigniederlassung,
2. als Stellvertreter des Unternehmers oder des Leiters des Unternehmens, wenn mit dieser Stellung eine Verantwortung verbunden ist, die der des vertretenen Unternehmers oder Leiters entspricht, oder
3. in leitender Stellung mit kaufmännischen Aufgaben und mit der Verantwortung für mindestens eine Abteilung des Unternehmens.

(5) Der Nachweis, dass die Voraussetzungen der Absätze 1 bis 4 erfüllt sind, ist vom Antragsteller durch eine Bescheinigung der zuständigen Stelle des Herkunftslandes zu erbringen.

Unterabschnitt 2 Erwerb von Waffen und Munition in anderen Mitgliedstaaten; Verbringen und Mitnahme

§ 28 Erlaubnisse für den Erwerb von Waffen und Munition in einem anderen Mitgliedstaat

Eine Erlaubnis nach § 11 Abs. 2 des Waffengesetzes wird als Zustimmung durch einen Erlaubnisschein der zuständigen Behörde erteilt. Für die Erteilung hat der Antragsteller folgende Angaben zu machen:

1. über seine Person:
   Vor- und Familienname, Geburtsdatum und -ort, Anschriften sowie Nummer, Ausstellungsdatum und ausstellende Behörde des Passes oder des Personalausweises;
2. über die Waffe:
   bei Schusswaffen Anzahl, Art, Kaliber und Kategorie nach Anlage 1 Abschnitt 3 zum Waffengesetz und gegebenenfalls CIP-Beschusszeichen; bei sonstigen Waffen Anzahl und Art der Waffen;
3. über die Munition:
   Anzahl, Art, Kaliber und gegebenenfalls CIP-Prüfzeichen.

§ 29 Erlaubnisse zum Verbringen von Waffen und Munition

(1) Eine Erlaubnis oder Zustimmung nach den §§ 29 bis 31 des Waffengesetzes wird durch einen Erlaubnisschein der zuständigen Behörde erteilt.

(2) Für die Erteilung einer Zustimmung nach § 29 Abs. 2 und § 30 Abs. 1 Satz 2 des Waffengesetzes hat der Antragsteller folgende Angaben zu machen:

1. über die Person des Überlassers und des Erwerbers oder desjenigen, der die Waffen oder Munition ohne Besitzwechsel in einen anderen Mitgliedstaat verbringt: Vor- und Familienname, Geburtsdatum und -ort, Wohnort und Anschrift, bei Firmen auch Telefon- oder Telefaxnummer, sowie Nummer, Ausstellungsdatum und ausstellende Behörde des Passes oder des Personalausweises und die Angabe, ob es sich um einen Waffenhändler oder um eine Privatperson handelt;
2. über die Waffen:
bei Schusswaffen Anzahl und Art der Waffen, Kategorie nach der Anlage 1 Abschnitt 3 zum Waffengesetz, Firma oder eingetragenes Markenzeichen des Herstellers, Modellbezeichnung, Kaliber, Herstellungsnummer und gegebenenfalls CIP-Beschusszeichen; bei sonstigen Waffen Anzahl und Art der Waffen;
3. über die Munition:
Anzahl und Art der Munition, Kategorie nach der Richtlinie 93/15/EWG des Rates vom 5. April 1993 zur Harmonisierung der Bestimmungen über das Inverkehrbringen und die Kontrolle von Explosivstoffen für zivile Zwecke (ABl. EG Nr. L 121 S. 20), Firma oder eingetragenes Markenzeichen des Herstellers, Kaliber und gegebenenfalls CIP-Munitionsprüfzeichen;
4. über die Lieferanschrift:
genaue Angabe des Ortes, an den die Waffen oder die Munition versandt oder transportiert werden.

Die Angaben nach Satz 1 sind auch für die Erteilung einer Erlaubnis zum Verbringen aus einem Drittstaat nach § 29 Abs. 1 oder § 30 Abs. 1 Satz 1 des Waffengesetzes erforderlich; in diesen Fällen muss der Erlaubnisschein alle in Satz 1 genannten Angaben enthalten.

(3) Wird gewerbsmäßigen Waffenherstellern oder -händlern (§ 21 des Waffengesetzes) die Zustimmung nach § 29 Abs. 2 des Waffengesetzes allgemein zum Verbringen von Waffen und Munition von einem gewerbsmäßigen Waffenhersteller oder -händler, der Inhaber einer allgemeinen Erlaubnis des anderen Mitgliedstaats zum Verbringen von Waffen und Munition nach Artikel 11 Abs. 3 der Richtlinie 91/477/EWG des Rates vom 18. Juni 1991 über die Kontrolle des Erwerbs und des Besitzes von Waffen (ABl. EG Nr. L 256 S. 51) ist, befristet erteilt, so kann bei Schusswaffen auf die Angaben des Kalibers und der Herstellungsnummer verzichtet werden. Auf die in Satz 1 genannten Angaben kann auch bei der Erteilung einer Erlaubnis zum Verbringen aus einem Drittstaat zwischen gewerbsmäßigen Waffenherstellern oder -händlern nach § 29 Abs. 1 oder § 30 Abs. 1 des Waffengesetzes verzichtet werden, wenn besondere Gründe hierfür glaubhaft gemacht werden. Im Falle des Satzes 2 müssen die genannten Angaben den nach § 33 Abs. 3 des Waffengesetzes zuständigen Überwachungsbehörden bei dem Verbringen mitgeteilt werden.

(4) Für die Erteilung einer Erlaubnis nach § 31 Abs. 1 des Waffengesetzes hat der Antragsteller neben den in Absatz 2 Satz 1 genannten Angaben über die Versendung der Waffen oder der Munition das Beförderungsmittel, den Tag der Absendung und den voraussichtlichen Ankunftstag mitzuteilen.

(5) Für die Erteilung einer Erlaubnis nach § 31 Abs. 2 des Waffengesetzes hat der Antragsteller Angaben über Name und Anschrift der Firma, Telefon- oder Telefaxnummer, Vor- und Familienname, Geburtsort und -datum des Inhabers der Erlaubnis nach § 21 Abs. 1 des Waffengesetzes, Empfängermitgliedstaat und Art der Waffen und Munition zu machen. Bei dem Transport der Schusswaffen oder der Munition innerhalb der Europäischen Union zu einem Waffenhändler in einem anderen Mitgliedstaat durch einen oder im Auftrag eines Inhabers der Erlaubnis nach § 31 Abs. 2 des Waffengesetzes kann an Stelle des Erlaubnisscheins nach Absatz 1 eine Erklärung mitgeführt werden, die auf diesen Erlaubnisschein verweist. Die Erklärung muss auf dem hierfür vorgesehenen amtlichen Vordruck erfolgen und folgende Angaben enthalten:

1. die Bezeichnung des Versender- und des Empfängermitgliedstaates, der Durchgangsländer, der Beförderungsart und des Beförderers;
2. über den Versender, den Erklärungspflichtigen und den Empfänger:
   Name und Anschrift der Firma, Telefon- oder Telefaxnummer;
3. über die Erlaubnis nach § 31 Abs. 2 des Waffengesetzes:
   Ausstellungsdatum und -nummer, ausstellende Behörde und Geltungsdauer;
4. über die vorherige Zustimmung des anderen Mitgliedstaates oder die Freistellung von der vorherigen Zustimmung:
   Ausstellungsdatum und ausstellende Behörde, Angabe der Waffen; ein Doppel der vorherigen Zustimmung oder der Freistellung ist der Erklärung beizufügen;
5. über die Waffen:
   bei Schusswaffen Anzahl und Art der Waffen, Kategorie nach der Anlage 1 Abschnitt 3 des Waffengesetzes, Firma oder eingetragenes Markenzeichen des Herstellers, Modellbezeichnung, Kaliber, Herstellungsnummer und gegebenenfalls CIP-Beschusszeichen; bei sonstigen Waffen Anzahl und Art der Waffen;
6. über die Munition:
   Anzahl und Art der Munition, Kategorie nach der Richtlinie 93/15/EWG des Rates vom 5. April 1993 zur Harmonisierung der Bestimmungen über das Inverkehrbringen und die Kontrolle von Explosivstoffen für zivile Zwecke (ABl. EG Nr. L 121 S. 20), Firma oder eingetragenes Markenzeichen des Herstellers, Kaliber und gegebenenfalls CIP-Munitionsprüfzeichen;
7. über die Lieferanschrift:
   genaue Angabe des Ortes, an den die Waffen oder die Munition versandt oder transportiert werden.

§ 30 Erlaubnisse für die Mitnahme von Waffen und Munition nach oder durch Deutschland

(1) Eine Erlaubnis nach § 32 Abs. 1 Satz 1 des Waffengesetzes wird durch einen Erlaubnisschein der zuständigen Behörde erteilt. Für die Erteilung der Erlaubnis nach Satz 1 hat der Antragsteller folgende Angaben zu machen:

1. über seine Person:
   Vor- und Familienname, Geburtsdatum und -ort, Wohnort und Anschrift, bei Firmen auch Telefon- oder Telefaxnummer, sowie Nummer, Ausstellungsdatum und ausstellende Behörde des Passes oder des Personalausweises;
2. über die Waffen:
   bei Schusswaffen Anzahl und Art der Waffen, Kategorie nach der Anlage 1 Abschnitt 3 zum Waffengesetz, Firma oder eingetragenes Markenzeichen des Her-

stellers, Modellbezeichnung, Kaliber, Herstellungsnummer und gegebenenfalls CIP-Beschusszeichen; bei sonstigen Waffen Anzahl und Art der Waffen;

3. über die Munition:
   Anzahl und Art der Munition, Kategorie nach der Richtlinie 93/15/EWG des Rates vom 5. April 1993 zur Harmonisierung der Bestimmungen über das Inverkehrbringen und die Kontrolle von Explosivstoffen für zivile Zwecke (ABl. EG Nr. L 121 S. 20), Firma oder eingetragenes Markenzeichen des Herstellers, Kaliber und gegebenenfalls CIP-Munitionsprüfzeichen;
4. über den Grund der Mitnahme:
   genaue Angabe des Ortes, zu dem die Waffen oder die Munition mitgenommen werden sollen, und der Zweck der Mitnahme.

Der Erlaubnisschein für die Mitnahme von Waffen oder Munition aus einem Drittstaat muss alle in Satz 2 genannten Angaben enthalten.

(2) Bei der Erteilung einer Erlaubnis nach § 32 Abs. 1 Satz 1 des Waffengesetzes kann die Sachkunde auch als nachgewiesen angesehen werden, wenn eine ausreichende Kenntnis der geforderten Inhalte durch einen Beleg des Staates, in dem die Person ihren gewöhnlichen Aufenthalt hat, glaubhaft gemacht wird.

(3) Bei der Erteilung einer Erlaubnis nach § 32 Abs. 4 des Waffengesetzes kann die zuständige Behörde auf einzelne der in Absatz 1 Satz 2 Nr. 2 und 3 aufgeführten Angaben verzichten, wenn diese nicht rechtzeitig gemacht werden können. Die Angaben sind der zuständigen Behörde unverzüglich nachzureichen und bei der Einreise den nach § 33 Abs. 3 des Waffengesetzes zuständigen Überwachungsbehörden mitzuteilen.

(4) Die zuständige Behörde kann in besonderen Fällen gestatten, dass Antragstellungen für die Erteilung einer Erlaubnis nach § 32 Abs. 4 des Waffengesetzes durch mehrere Personen gemeinsam auf dem hierfür vorgesehenen amtlichen Vordruck erfolgen. Im Falle des Satzes 1 sind für die Antragsteller jeweils die Angaben nach Absatz 1 Satz 2 Nr. 1 und 4 vollständig zu machen, die Angaben nach Absatz 1 Satz 2 Nr. 2 und 3, soweit die Behörde hierauf nicht verzichtet hat.

§ 31 Anzeigen

(1) Eine Anzeige nach § 31 Abs. 2 Satz 3 des Waffengesetzes an das Bundeskriminalamt ist mit dem hierfür vorgesehenen amtlichen Vordruck in zweifacher Ausfertigung zu erstatten. Die Anzeige muss die in § 29 Abs. 5 Satz 3 genannten Angaben enthalten. Das Bundeskriminalamt bestätigt dem Anzeigenden den Eingang auf dem Doppel der Anzeige.

(2) Eine Anzeige nach § 34 Abs. 4, erster Halbsatz des Waffengesetzes an das Bundeskriminalamt ist mit dem hierfür vorgesehenen amtlichen Vordruck zu erstatten und muss folgende Angaben enthalten:

1. über die Person des Überlassers:
   Vor- und Familiennamen oder Firma, Wohnort oder Firmenanschrift, bei Firmen auch Telefon- oder Telefaxnummer, Datum der Überlassung;
2. über die Person des Erwerbers:
   Vor- und Familiennamen, Geburtsdatum und -ort, Anschriften in Mitgliedstaaten sowie Nummer, Ausstellungsdatum und ausstellende Behörde des Passes oder des Personalausweises;
3. über die Waffen oder die Munition:
   die Angaben nach § 29 Abs. 2 Satz 1 Nr. 2 und 3.

(3) Eine Anzeige nach § 34 Abs. 5 Satz 1 des Waffengesetzes an das Bundeskriminalamt ist mit dem hierfür vorgesehenen amtlichen Vordruck in zweifacher Ausfertigung zu erstatten und muss folgende Angaben enthalten:

1. über die Person des Erwerbers oder denjenigen, der eine Schusswaffe zum dortigen Verbleib in einen anderen Mitgliedstaat verbringt:
   Vor- und Familiennamen, Geburtsdatum und -ort, Wohnort und Anschrift, Beruf sowie Nummer, Ausstellungsdatum und ausstellende Behörde des Passes oder des Personalausweises, ferner Nummer, Ausstellungsdatum und ausstellende Behörde der Waffenerwerbsberechtigung;
2. über die Schusswaffe:
   Art der Waffe, Name, Firma oder eingetragene Marke des Herstellers, Modellbezeichnung, Kaliber und Herstellungsnummer;
3. über den Versender:
   Name und Anschrift des auf dem Versandstück angegebenen Versenders.

Beim Erwerb durch gewerbliche Unternehmen sind die Angaben nach Satz 1 Nr. 1 über den Inhaber des Unternehmens, bei juristischen Personen über eine zur Vertretung des Unternehmens befugte Person mitzuteilen und deren Pass oder Personalausweis vorzulegen. Bei laufenden Geschäftsbeziehungen entfällt die wiederholte Vorlage des Passes oder des Personalausweises, es sei denn, dass der Inhaber des Unternehmens gewechselt hat oder bei juristischen Personen zur Vertretung des Unternehmens eine andere Person bestellt worden ist. Wird die Schusswaffe oder die Munition einer Person überlassen, die sie außerhalb des Geltungsbereichs des Waffengesetzes, insbesondere im Versandwege erwerben will, so ist die Angabe der Erwerbsberechtigung nach Satz 1 Nr. 1 nicht erforderlich, ferner genügt an Stelle des Passes oder des Personalausweises eine amtliche Beglaubigung dieser Urkunden. Das Bundeskriminalamt bestätigt dem Anzeigenden den Eingang auf dem Doppel der Anzeige.

§ 32 Mitteilungen der Behörden

(1) Die zuständige Behörde übermittelt dem Bundeskriminalamt die Angaben nach § 29 Abs. 4 durch ein Doppel des Erlaubnisscheins.

(2) Das Bundeskriminalamt

1. übermittelt dem anderen Mitgliedstaat die Angaben nach § 31 Abs. 1 Satz 2 und Abs. 2 und die nach Absatz 1 erhaltenen Angaben;
2. übermittelt die von anderen Mitgliedstaaten in den Fällen des § 29 Abs. 1 und des § 30 Abs. 1 des Waffengesetzes erhaltenen Angaben sowie die von anderen Mitgliedstaaten erhaltenen Angaben über das Überlassen von Waffen nach Anlage 1 Abschnitt 3 Nr. 1 bis 3 (Kategorien A 1.2 bis C) zum Waffengesetz oder von Munition an Personen und den Besitz von solchen Waffen oder Munition durch Personen, die jeweils ihren gewöhnlichen Aufenthalt im Geltungsbereich des Waffengesetzes haben, an die zuständige Behörde;
3. übermittelt die von anderen Vertragsstaaten des Übereinkommens vom 28. Juni 1978 über die Kontrolle des Erwerbs und Besitzes von Schusswaffen durch Einzelpersonen (BGBl. 1980 II S. 953) erhaltenen Mitteilungen über das Verbringen oder das Überlassen der in § 34 Abs. 5 Satz 1 des Waffengesetzes genannten Schusswaffen erhaltenen Angaben an die zuständige Behörde;
4. soll den Erwerb von Schusswaffen und Munition durch die in § 34 Abs. 5 Satz 1 des Waffengesetzes genannten Personen der zuständigen zentralen Behörde des

Heimat- oder Herkunftsstaates des Erwerbers mitteilen, sofern Gegenseitigkeit gewährleistet ist; die Mitteilung soll die Angaben nach § 31 Abs. 3 Satz 1 Nr. 1 und 2 enthalten.

(3) Die nach § 33 Abs. 3 des Waffengesetzes zuständigen Überwachungsbehörden übermitteln den zuständigen Behörden die nach § 29 Abs. 3 Satz 3 und nach § 30 Abs. 3 Satz 2 mitgeteilten Angaben.

§ 33 Europäischer Feuerwaffenpass

(1) Die Geltungsdauer des Europäischen Feuerwaffenpasses nach § 32 Abs. 6 des Waffengesetzes beträgt fünf Jahre; soweit bei Jägern oder Sportschützen in ihm nur Einzellader-Langwaffen mit glattem Lauf oder mit glatten Läufen eingetragen sind, beträgt sie zehn Jahre. Die Geltungsdauer kann zweimal um jeweils fünf Jahre verlängert werden. § 9 Abs. 1 und 2 und § 37 Abs. 2 des Waffengesetzes gelten entsprechend.

(2) Der Antragsteller hat die Angaben nach § 30 Abs. 1 Satz 2 Nr. 1 bis 3 zu machen. Er hat ein Lichtbild aus neuerer Zeit in der Größe von mindestens 45 Millimeter × 35 Millimeter im Hochformat ohne Rand abzugeben. Das Lichtbild muss das Gesicht im Ausmaß von mindestens 20 Millimeter darstellen und den Antragsteller zweifelsfrei erkennen lassen. Der Hintergrund muss heller sein als die Gesichtspartie.

Abschnitt 9 Ordnungswidrigkeiten und Schlussvorschriften

§ 34 Ordnungswidrigkeiten

Ordnungswidrig im Sinne des § 53 Abs. 1 Nr. 23 des Waffengesetzes handelt, wer vorsätzlich oder fahrlässig

1. entgegen § 7 Abs. 1 Satz 2 oder § 22 Abs. 1 Satz 3 eine Schießübung veranstaltet oder an ihr teilnimmt,
2. entgegen § 9 Abs. 1 Satz 1 auf einer Schießstätte schießt,
3. entgegen § 9 Abs. 1 Satz 3 die Einhaltung der dort genannten Voraussetzungen nicht überwacht,
4. entgegen § 10 Abs. 1 Satz 4 den Schießbetrieb aufnimmt oder fortsetzt,
5. entgegen § 10 Abs. 2 Satz 1 oder 3 oder § 22 Abs. 2 Satz 1 oder 3 oder Abs. 3 Satz 3 eine Anzeige nicht, nicht richtig, nicht vollständig, nicht in der vorgeschriebenen Weise oder nicht rechtzeitig erstattet,
6. entgegen § 10 Abs. 3 Satz 4 das dort genannte Dokument nicht mitführt oder nicht oder nicht rechtzeitig aushändigt,
7. entgegen § 10 Abs. 3 Satz 5 Einblick nicht oder nicht rechtzeitig gewährt,
8. entgegen § 11 Abs. 1 Satz 1 das Schießen nicht beaufsichtigt,
9. entgegen § 11 Abs. 1 Satz 2 das Schießen oder den Aufenthalt in der Schießstätte nicht untersagt,
10. entgegen § 11 Abs. 2 eine Anordnung nicht befolgt,
11. entgegen § 12 Abs. 2 Satz 2 eine Schießstätte betreibt oder benutzt,
12. entgegen § 13 Abs. 1, 2, 3 oder 6 Satz 1 oder 2 Waffen oder Munition aufbewahrt,
13. entgegen § 17 Abs. 5, auch in Verbindung mit § 19 Abs. 5 oder § 20 Abs. 3 Satz 1, oder § 24 Abs. 3 das Buch, ein Karteiblatt oder das Verzeichnis nicht oder nicht rechtzeitig vorlegt,

14. entgegen § 17 Abs. 6 Satz 1, auch in Verbindung mit § 19 Abs. 5 oder § 20 Abs. 3 Satz 1, das Buch oder ein Karteiblatt nicht oder nicht mindestens zehn Jahre aufbewahrt,
15. entgegen § 17 Abs. 6 Satz 2, auch in Verbindung mit § 19 Abs. 5 oder § 20 Abs. 3 Satz 1, das Buch oder ein Karteiblatt nicht oder nicht rechtzeitig übergibt,
16. entgegen § 17 Abs. 6 Satz 3, auch in Verbindung mit § 19 Abs. 5 oder § 20 Abs. 3 Satz 1, oder § 24 Abs. 4 Satz 2 das Buch, ein Karteiblatt oder das Verzeichnis nicht oder nicht rechtzeitig übergibt oder nicht oder nicht rechtzeitig aushändigt,
17. entgegen § 22 Abs. 2 Satz 2 den Lehrgangsplan oder das Übungsprogramm nicht oder nicht rechtzeitig vorlegt,
18. entgegen § 22 Abs. 2 Satz 4 die Durchführung einer Veranstaltung zulässt,
19. entgegen § 23 Abs. 1 Satz 2 sich vom Vorliegen der dort genannten Erfordernisse nicht oder nicht rechtzeitig überzeugt,
20. entgegen § 24 Abs. 1 ein Verzeichnis nicht, nicht richtig, nicht vollständig oder nicht in der vorgeschriebenen Weise führt,
21. entgegen § 24 Abs. 4 Satz 1 das Verzeichnis nicht oder nicht mindestens fünf Jahre aufbewahrt oder
22. entgegen § 25 Abs. 2 Satz 1 die Durchführung eines Lehrgangs oder einer Schießübung nicht oder nicht rechtzeitig einstellt.

§ 35 *(weggefallen)*

§ 36 Inkrafttreten, Außerkrafttreten

Diese Verordnung tritt am 1. Dezember 2003 in Kraft. Gleichzeitig treten die Erste Verordnung zum Waffengesetz in der Fassung der Bekanntmachung vom 10. März 1987 (BGBl. I S. 777), zuletzt geändert durch Artikel 10 des Gesetzes vom 11. Oktober 2002 (BGBl. I S. 3970), sowie die Zweite Verordnung zum Waffengesetz vom 13. Dezember 1976 (BGBl. I S. 3387) außer Kraft.

Anlage
(zu § 15 Abs. 2 Nr. 2)

Waffen- und Munitionsarten

1. Schusswaffen und ihnen gleichstehende Geräte

1.1 Büchsen und Flinten einschließlich Flobertwaffen und Zimmerstutzen

1.2 Pistolen und Revolver zum Verschießen von Patronenmunition; Schalldämpfer

1.3 Schreckschuss-, Reizstoff- und Signalwaffen gemäß Anlage 1 Abschnitt 1 Unterabschnitt 1 Nr. 2.7 bis 2.9 des Waffengesetzes

1.4 Signalwaffen mit einem Patronen- oder Kartuschenlager von mehr als 12,5 mm Durchmesser

1.5 Druckluft-, Federdruck- und Druckgaswaffen

1.6 Schusswaffen, die vor dem 1. Januar 1871 hergestellt worden sind

1.7 Schusswaffen und ihnen gleichstehende Geräte, die nicht unter 1.1 bis 1.5 fallen.

2. Munition

2.1 Munition zum Verschießen aus Büchsen und Flinten (1.1)

2.2 Munition zum Verschießen aus Pistolen und Revolvern (1.2)

2.3 Munition zum Verschießen aus Schreckschuss-, Reizstoff- und Signalwaffen (1.3)

2.4 Munition zum Verschießen aus Signalwaffen mit einem Kartuschenlager von mehr als 12,5 mm Durchmesser (1.4)

2.5 Munition zum Verschießen aus Schusswaffen, die vor dem 1. Januar 1871 hergestellt worden sind, und aus sonstigen ihnen gleichstehenden Geräten (1.6 und 1.7).

Allgemeine Verwaltungsvorschrift zum Waffengesetz (WaffVwV)

vom 5. März 2012 (BAnz. Nr. 47 a vom 22. März 2012 S. 1)

– Auszug –

Nach Artikel 84 Absatz 2 des Grundgesetzes erlässt die Bundesregierung folgende allgemeine Verwaltungsvorschrift:*

Zu § 1: Begriffsbestimmungen

1.1 Die Begriffsbestimmungen der Waffen ergeben sich aus Anlage 1 Abschnitt 1.

1.2 Die in § 1 Absatz 3 aufgezählten einzelnen Umgangsarten mit Waffen oder Munition sind in Anlage 1 Abschnitt 2 näher beschrieben. Auf die Erläuterungen hierzu wird verwiesen.

Sofern in dieser Verwaltungsvorschrift der Begriff „erlaubnisfrei" verwendet wird, bezieht sich dieser nur auf den Erwerb und Besitz.

1.3 Ergänzend zu der in § 1 Absatz 4 genannten Anlage 1 sind die zur Klärung von Zweifelsfragen im Verfahren nach § 2 Absatz 5 erlassenen und im Bundesanzeiger veröffentlichten Feststellungsbescheide heranzuziehen. Andere Beurteilungen unterhalb der Schwelle eines Feststellungsbescheides des Bundeskriminalamts (BKA), die ebenfalls in geeigneter Weise (auf der Homepage des BKA) zu veröffentlichen sind, können berücksichtigt werden.

Zu § 2: Grundsätze des Umgangs mit Waffen oder Munition, Waffenliste

2.1 § 2 Absatz 1 statuiert einen allgemeinen Grundsatz hinsichtlich des Umgangs mit Waffen oder Munition; zu Ausnahmen siehe § 3 Absatz 3, §§ 13 und 27. Das Mindestalter von 18 Jahren gilt also unabhängig von der Erlaubnispflichtigkeit (für diese Fälle siehe § 4 Absatz 1 Nummer 1). Es gilt allerdings nicht für vom Waffengesetz (WaffG) ausgenommene Waffen (Anlage 2 Abschnitt 3 Unterabschnitt 2) sowie für Nicht-Waffen, z. B. bloße Imitate von Hieb- und Stoßwaffen.

2.2 Die Kategorie der Erlaubnispflichtigkeit ist nach Anlage 2 Abschnitt 2 ausschließlich für Schusswaffen einschließlich der in Anlage 1 Abschnitt 1 Unterabschnitt 1 Nummer 1 bis 4 genannten Gegenstände (gleichgestellte Gegenstände, wesentliche Teile von Schusswaffen etc.) und die dafür bestimmte Munition vorgesehen. Eine Erlaubnispflicht für andere Waffen (insbesondere für Hieb- und Stoßwaffen) besteht nicht. Unberührt bleibt hiervon die Möglichkeit, Waffenverbote im Einzelfall (§ 41) zu verhängen. Für derartige Waffen sind jedoch das Erfordernis eines Mindestalters (dazu Nummer 2.1), das Gebot der sicheren Aufbewahrung (§ 36 Absatz 1 Satz 1) und das Verbot des Führens von Waffen (§§ 42, 42 a) zu beachten.

---

* Amtliche Fußnote: Soweit nicht ausdrücklich etwas anderes vermerkt ist, beziehen sich in dieser Verwaltungsvorschrift angeführte Paragrafen auf die Bestimmungen des Waffengesetzes.

2.3 § 2 Absatz 5 eröffnet ein Verfahren, durch das Zweifel über die Einstufung eines Gegenstandes geklärt werden können. Das Antragsrecht einer Waffenbehörde regelt das Landesrecht; dort vorgesehene Konzentrationspflichten (etwa die Pflicht zur Zuleitung von Anträgen über das Landeskriminalamt – LKA) sind zu beachten. Die Aufgaben, Befugnisse und Zuständigkeiten des BKA nach § 2 Absatz 5 in Verbindung mit § 48 Absatz 3 und die daraus resultierende Bindungswirkung der Einstufung erstrecken sich nicht auf die Rechtsfolgen einer Einstufung. Deshalb kann nur die örtlich und sachlich zuständige Waffenbehörde eine rechtsverbindliche (konstitutive) Entscheidung über die Notwendigkeit und ggf. die Erteilung einer bestimmten waffenrechtlichen Erlaubnis für einen bestimmten Sachverhalt treffen.

Das BKA sammelt die Entscheidungen und richtet eine elektronische Abrufadresse im Internet ein.

Bevor die Waffenbehörde einen Antrag stellt, ist durch Abgleich mit bereits ergangenen Feststellungsbescheiden und Einzelbeurteilungen zu prüfen, ob ein Feststellungsverfahren nötig ist.

Zu § 3: Umgang mit Waffen und Munition durch Kinder oder Jugendliche

3.1 Jugendliche sind Personen zwischen dem Beginn des fünfzehnten und dem Ende des achtzehnten Lebensjahres (Anlage 1 Abschnitt 2 Nummer 11); Kinder sind Personen, die noch nicht 14 Jahre alt sind (Anlage 1 Abschnitt 2 Nummer 10). Die Freistellungen für Jugendliche in § 3 Absatz 1 sind auf vertraglich oder in ähnlicher Weise begründete und ausgestaltete Ausbildungs- und Arbeitsverhältnisse beschränkt.

3.2 Die Regelungen des § 3 Absatz 2 beziehen sich auf Geräte, die nach den entsprechenden beschussrechtlichen Vorschriften amtlich geprüft, zugelassen und gekennzeichnet sind. Zur Tierabwehr bestimmte und als solche hergestellte und vertriebene Reizstoffsprays sind keine Waffen und keine Reizstoffsprühgeräte im Sinne des WaffG. Der Umgang mit ihnen ist frei.

3.3 Ausnahmen vom Alterserfordernis (§ 3 Absatz 3, ggf. in Verbindung mit § 4 Absatz 1 Nummer 1) kommen für den selbstständigen Umgang mit Schusswaffen nur in Betracht, wenn der Antragsteller trotz seiner Jugend die erforderliche Besonnenheit (vgl. § 6) besitzt und imstande ist, die Waffe vor unbefugtem Zugriff zu sichern. Nach § 3 Absatz 3 darf eine Ausnahme nur zugelassen werden, wenn die erforderliche geistige Reife vom Antragsteller in geeigneter Weise nachgewiesen wird. Hierzu können geeignete Personen befragt werden, z. B. Sorgeberechtigte, Ausbilder und Betreuer in Vereinen. § 6 Absatz 3 bleibt unberührt. Durch die Wörter „allgemein oder für den Einzelfall" soll klargestellt werden, dass die zuständige Behörde bei Veranstaltungen der Schützenvereine (z. B. Tag der offenen Tür im Schützenheim, Kinderkönigsschießen) die Möglichkeit hat, auch pauschal für mehrere Minderjährige Ausnahmen von geltenden Alterserfordernissen zuzulassen. Nicht zulässig ist allerdings eine dauerhafte vereinsbezogene Ausnahmezulassung. Der Ausnahmecharakter der Entscheidung darf aber in Anbetracht der gesetzlichen Grundrichtung und der besonderen Belange des Kinder- und Jugendschutzes nicht außer Acht gelassen werden.

3.4 Für den beaufsichtigten Umgang mit Schusswaffen oder tragbaren Gegenständen außerhalb der in § 27 Absatz 3 bis 6 geregelten Fälle, z. B. bei Öffentlichkeitsveranstaltungen zur Nachwuchswerbung oder bei speziell ausgeschriebenen Schießveranstaltungen für Kinder zur Belustigung, sind besondere formale Anforderungen (z. B. ärztliches Attest, schriftliche Einverständniserklärung) nicht zu stellen.

Ausnahmen von Alterserfordernissen nach § 3 Absatz 3 können nicht nur personenbezogen, sondern auch veranstaltungsbezogen (z. B. zur Durchführung von sogenannten „Schnupper"-Tagen oder zur Durchführung eines Projekts der schießsportlichen Früherziehung mit Druckluftwaffen) erteilt werden.

Der Ausnahmecharakter der Entscheidung darf aber in Anbetracht der gesetzlichen Grundrichtung und der besonderen Belange des Kinder- und Jugendschutzes nicht außer Acht gelassen werden.

Das Zulassen einer Ausnahme für Veranstaltungen dieser Art ist mit folgenden Auflagen zu verbinden:

- Die (mobile) Schießstätte muss entsprechend den gültigen Schießstandrichtlinien hergerichtet sein.
- Es darf nur mit altersgerechten Waffen (z. B. Druckluftwaffen) geschossen werden. Das Gewehr ist von einer Aufsichtsperson zu laden. Dem Schützen verbleiben nur das Feinjustieren und das Auslösen des Schusses.
- Es ist sicherzustellen, dass hinsichtlich der Aufsicht die §§ 10 und 11 der Allgemeinen Waffengesetz-Verordnung (AWaffV) beachtet werden.
- Die Aufsichtsperson darf nur solche Kinder zum Schießen zulassen, die die erforderliche geistige und körperliche Eignung zum Schießen besitzen.

Zu § 4: Voraussetzungen für eine Erlaubnis

4.1 § 4 Absatz 1 fasst die zwingenden Voraussetzungen für die Erteilung einer waffenrechtlichen Erlaubnis zusammen. Ausnahmen sind nur auf Grund gesetzlicher Regelungen möglich. Fehlt eine dieser Voraussetzungen, ist die Erlaubnis zu versagen.

Im Falle des § 4 Absatz 2 steht die Versagung der Erlaubnis im Ermessen der Waffenbehörde; von diesem Versagungsgrund wird die Waffenbehörde Gebrauch machen, wenn ihr eigene sachnotwendige Erkenntnisse fehlen und der Antragsteller keine ausreichenden aussagekräftigen Nachweise beibringt. Die Erlaubnis soll insbesondere dann nach § 4 Absatz 2 versagt werden, wenn die Zuverlässigkeit (§ 5) wegen des Aufenthalts außerhalb des Bundesgebietes nicht den gesetzlichen Vorschriften voll entsprechend überprüft werden kann. § 4 Absatz 2 stellt auf den gewöhnlichen Aufenthalt und nicht darauf ab, ob der Antragsteller Deutscher, EU-Bürger oder Drittausländer ist. Nach Maßgabe des § 26 Absatz 5 AWaffV ist § 4 Absatz 2 auf EU-Bürger nicht anwendbar; diese Privilegierung gilt auch für deutsche Staatsangehörige.

4.2 Die Versagung einer Waffenbesitzkarte (WBK), eines Munitionserwerbsscheins oder eines Waffenscheins wegen Unzuverlässigkeit oder fehlender persönlicher Eignung ist, sobald die Entscheidung vollziehbar oder nicht mehr anfechtbar ist, dem Bundeszentralregister mitzuteilen (§ 10 Absatz 1 Nummer 3 Buchstabe b in Verbindung mit § 20 Absatz 1 des Bundeszentralregistergesetzes – BZRG). Wird eine eingetragene vollziehbare Entscheidung unanfechtbar, so ist dies dem Bundeszentralregister ebenfalls mitzuteilen (§ 10 Absatz 3 in Verbindung mit § 20 Absatz 1 BZRG).

Bei der Mitteilung sind die Vorschriften der Allgemeinen Verwaltungsvorschrift zur Durchführung des Bundeszentralregistergesetzes (BZRGVwV) vom 16. Dezember 2008 (BAnz. S. 4612) zu beachten.

4.3 Der Versicherungsschutz als Voraussetzung für eine Schießerlaubnis ist alle drei Jahre nachzuweisen. Auf die Regelung in Nummer 27.2 wird hingewiesen.

4.4 Die Möglichkeit der Waffenbehörde, aus konkretem Anlass (z.B. bei Anhaltspunkten für Missbrauch) im Einzelfall das Fortbestehen des Bedürfnisses zu überprüfen (vgl. § 45), bleibt unberührt.

Mit der Regelung des § 4 Absatz 4 Satz 3 wird der Behörde das Ermessen eingeräumt, auch nach der bisher einmaligen Regelüberprüfung nach drei Jahren, das Fortbestehen des Bedürfnisses zu überprüfen. Die Überprüfung erfolgt anlassbezogen, d.h. wenn Anhaltspunkte vorliegen, dass der Waffenbesitzer kein Bedürfnis mehr hat. Mit § 4 Absatz 4 Satz 3 wird keine Regelüberprüfung alle drei Jahre eingeführt. Hiermit soll die Grundlage geschaffen werden, Fällen nachgehen zu können, in denen der Waffenerlaubnisinhaber offensichtlich kein Bedürfnis mehr hat. Der Prüfungszeitraum umfasst in der Regel die letzten zwölf Monate

Für die Bedürfnisüberprüfung nach Satz 3 gelten nicht die Voraussetzungen bei der Ersterteilung. Für Mitglieder eines Vereins, die einem anerkannten Schießsportverband angehören, genügt es bei der Überprüfung des Fortbestehens des Bedürfnisses nach § 4 Absatz 4, dass die fortbestehende schießsportliche Aktivität und die Mitgliedschaft im Verband durch geeignete Nachweise, z.B. durch eine Bescheinigung des Vereins oder durch Vorlage eines Schießbuchs bestätigt wird, dass der Sportschütze weiterhin schießsportlich aktiv und dem anerkannten Verband als Mitglied gemeldet ist. Bei Jägern kann das Fortbestehen des Bedürfnisses grundsätzlich bei einem gelösten Jagdschein unterstellt werden.

Die schießsportliche Aktivität orientiert sich für diejenigen, die das Waffenkontingent überschreiten an § 14 Absatz 3.

Anknüpfungspunkt für die Feststellung eines fortbestehenden Bedürfnisses ist damit eine gewisse Teilnahmehäufigkeit, die den Schluss zulässt, dass sich der Sportschütze aktiv am Schießsport beteiligt. Die unterschiedlichen Verbandsregeln und Wettkampforganisationsformen lassen es nicht zu, eine konkrete Mindestzahl festzulegen.

Für alle anderen Sportschützen gelten für die Überprüfung des Bedürfnisses dieselben Grundsätze wie für die Prüfung der Erteilung der waffenrechtlichen Erlaubnis.

Die schießsportliche Betätigung unterliegt als Freizeitsport – wie im Übrigen in jeder Sportart – zeitlichen Schwankungen hinsichtlich der ausgeübten Intensität. Dabei muss berücksichtigt werden, dass es sich beim Sportschießen nicht nur um spitzensportliche Betätigung handelt, sondern vor allem auch um breitensportliches Schießen.

Im Rahmen der Überprüfung hat die Behörde daher auch die Gründe zu berücksichtigen, aus denen der Sportschütze bei fortbestehender Mitgliedschaft nachvollziehbar gehindert war, den Schießsport auszuüben (z.B. bei einem vorübergehenden Aufenthalt im Ausland, einem vorübergehenden Aussetzen insbesondere aus beruflichen, gesundheitlichen Gründen oder familiären Gründen). Dies gilt entsprechend auch für eine Überprüfung des Bedürfnisses bei Jägern.

Für die erneute Überprüfung des Bedürfnisses nach § 4 Absatz 4 Satz 1 gelten ansonsten dieselben Grundsätze wie für die Prüfung bei der Ersterteilung der waffenrechtlichen Erlaubnis.

Zu § 5: Zuverlässigkeit

5.1 Die waffenrechtliche Zuverlässigkeit nach dieser Vorschrift ist unabhängig von der Zuverlässigkeitsprüfung auf Grund anderer Rechtsnormen zu prüfen.

An die Zuverlässigkeit eines Ausländers sind grundsätzlich die gleichen Anforderungen zu stellen wie an die Zuverlässigkeit eines deutschen Staatsangehörigen.

§ 5 Absatz 1 nennt die Fälle der absoluten Unzuverlässigkeit. Gegenstand eines Verbrechens oder einer sonstigen Straftat können alle entsprechenden Tatbestände des Strafrechts oder des Nebenstrafrechts sein. Liegt ein derartiger Fall absoluter Unzuverlässigkeit vor, so ist der Antrag für eine Erlaubnis nach § 4 Absatz 1 Nummer 2 abzulehnen. Eine bereits erteilte Erlaubnis ist nach § 45 Absatz 1 zurückzunehmen oder nach § 45 Absatz 2 Satz 1 zu widerrufen.

Sofern die Erteilung einer Erlaubnis zum Waffenherstellungs- oder Waffenhandelsgewerbe beantragt wird (§ 21), ist die Zuverlässigkeit darüber hinaus nach allgemeinen gewerberechtlichen Grundsätzen zu prüfen. Hierzu sind regelmäßig auch Auskünfte aus dem Gewerbezentralregister einzuholen. Von besonderer Bedeutung sind die Fähigkeit und der Wille des Gewerbetreibenden zur Beachtung seiner Aufsichtspflicht gegenüber den für die Einhaltung der waffenrechtlichen Vorschriften verantwortlichen Beschäftigten; auf diese Weise wird auch auf eine verantwortungsvolle Ausübung der Weisungsbefugnis gegenüber jugendlichen Auszubildenden oder Arbeitnehmern nach § 3 Absatz 1 geachtet.

5.2 In Absatz 1 ist – gerade auch in Abgrenzung zur Regelunzuverlässigkeit nach Absatz 2 – keine Härtefallregelung vorgesehen.

Im Fall der Nummer 1 ist die rechtskräftig abgeurteilte Verletzung der Rechtsordnung von einem solchen Gewicht, dass das Vertrauen in die Zuverlässigkeit im Umgang mit Waffen und Munition für die Dauer der Zehn-Jahres-Frist als nicht wieder herstellbar anzusehen ist. Die inhaltliche Richtigkeit rechtskräftiger Verurteilungen der Strafgerichte ist insofern ebenso wie in den Fällen des § 5 Absatz 2 Nummer 1 durch die Waffenbehörden weder im Hinblick auf die Verurteilung an sich noch im Zusammenhang mit dem ausgesprochenen Strafmaß in Frage zu stellen.

Im Fall der Nummer 2 geht es um die auf Tatsachen gestützte Prognose eines spezifisch waffenrechtlich bedenklichen Verhaltens, aus dem mit hoher Wahrscheinlichkeit der Eintritt von Schäden für hohe Rechtsgüter resultiert, sei es durch das Verhalten des Antragstellers selbst (Buchstabe a und b erste Alternative) oder anderer (Buchstabe b zweite Alternative und Buchstabe c). Die Tatsachen müssen nachgewiesen und so erheblich sein, dass sie den Schluss auf die Unzuverlässigkeit des Antragstellers zulassen.

5.3 § 5 Absatz 2 nennt die Fälle der Regelunzuverlässigkeit. Hier wird die Unzuverlässigkeit widerlegbar vermutet.

Die Behörde hat strafgerichtliche Feststellungen allenfalls dann ihrer Entscheidung nicht oder doch nicht ohne weitere Ermittlungen zugrunde zu legen, wenn für sie ohne Weiteres erkennbar ist, dass die Verurteilung auf einem Irrtum beruht, oder wenn sie ausnahmsweise in der Lage ist, den Vorfall besser als die Strafverfolgungsorgane aufzuklären. Eine Unterscheidung danach, ob die begangene Straftat aus dem beruflichen Umfeld des Verurteilten herrührt, ist vom Gesetz nicht vorgesehen. Auch die Heranziehung einer Verurteilung aus der Vergangenheit verletzt keine Aspekte des Vertrauensschutzes des Antragstellers.

Nicht ausgeschlossen ist jedoch, dass im Einzelfall die Regelunzuverlässigkeitsvermutung ausnahmsweise durchbrochen werden kann. Die dazu vorliegende obergerichtliche Rechtsprechung hat diesen Ausnahmefall z. B. dann angenommen, wenn sich aus der Straftat, aus dem Strafverfahren oder aus sonstigen gewichtigen Gründen ergibt, dass sich der vorliegende Fall deutlich von den normalen Fällen, in denen die Vorschrift anzuwenden ist, abweicht. Eine bisher tadelsfreie Lebensweise genügt dafür nicht, auch nicht die Begehung von Straftaten ohne Waffenbezug wie z. B. das Vorenthalten oder die Verurteilung von Arbeitsentgelt oder Betrug.

Bei Verurteilungen, die nur im Regelfall und nicht absolut zur Unzuverlässigkeit führen, ist in jedem Einzelfall durch die Behörde zu prüfen, ob besondere Umstände ausnahmsweise den Schluss auf die Zuverlässigkeit zulassen. In Fällen, die keinen Waffen-, Gewalt- oder Trunkenheitsbezug haben (z. B. bei bloßen Vermögens- oder Abgabedelikten) soll besonders genau geprüft werden, ob ein Regel- oder Ausnahmefall vorliegt.

Bei Jugendlichen sind nur Strafen nach dem Jugendgerichtsgesetz (JGG) berücksichtigungsfähig. Andere Folgen einer Jugendstraftat dürfen in diese Beurteilung nicht einbezogen werden.

Im Bezug auf die in § 5 Absatz 2 Nummer 1 Buchstabe b genannten Straftaten ist zu beachten: Ist beim Strafmaß eine Verurteilung nicht waffenrechtlich relevant, so ist sie außer Betracht zu lassen und lediglich auf die Summe der Einzelstrafen für die waffenrechtsrelevanten Straftaten abzustellen.

5.4 In Nummer 2 reicht die bloße Mitgliedschaft in einer als verfassungswidrig anerkannten Organisation aus, wobei die Organisation die Verbotsmerkmale besessen haben muss, als der Betreffende Mitglied der Organisation war.

Nummer 3 verlangt konkrete Aktivitäten mit entsprechender Zielrichtung in oder außerhalb einer Vereinigung. Während in § 5 Absatz 2 Nummer 2 die bloße Mitgliedschaft in einer als verfassungswidrig anerkannten Organisation ausreicht, verlangt § 5 Absatz 2 Nummer 3 aktives, ziel- und zweckgerichtetes, nicht notwendigerweise aggressiv-kämpferisches Vorgehen in oder außerhalb einer Vereinigung gegen ein in Nummer 3 genanntes Schutzgut, ohne dass vorher zwingend ein Gericht entschieden hat. Damit können auch bei entsprechender Betätigung Mitglieder einer Vereinigung unterhalb der Funktionärsebene von der Vorschrift erfasst werden.

In Nummer 5 sind auch Strafverfahren ohne Verurteilung und Ordnungswidrigkeiten zu berücksichtigen. Die Fünf-Jahres-Frist des § 5 Absatz 2 Nummer 1 gilt hier nicht. „Gröblich" meint eine schuldhafte (vorsätzliche oder fahrlässige), nach objektivem Gewicht und Vorwerfbarkeit schwerwiegende, womöglich mit Nachdruck begangene Zuwiderhandlung. Für „wiederholt" reicht eine einmalige Wiederholung aus, sodass schon der zweite Verstoß mit obigem Inhalt die Zuverlässigkeit ernstlich in Frage stellt.

5.5 § 5 Absatz 5 enthält eine Regelung zu den Erkenntnisquellen, die nach Bundesrecht verpflichtend bei der Zuverlässigkeitsprüfung heranzuziehen sind. Diese Regelung nennt die nutzbaren Erkenntnisquellen nicht abschließend. Beispielsweise bietet sich ergänzend zur Anfrage bei der örtlichen Polizeidienststelle im Einzelfall eine Anfrage bei der zuständigen Landesbehörde für Verfassungsschutz nach dort vorhandenen Erkenntnissen im Hinblick auf Unzuverlässigkeitsgründe nach § 5 Absatz 2 Nummer 2 Buchstabe b und Nummer 3 in Verbindung mit § 43 Absatz 2 an. Diese sollte insbesondere dann erfolgen, wenn sich entsprechende Hinweise aus den

Stellungnahmen der nach § 5 Absatz 5 zwingend anzufragenden Stellen ergeben. Die Landesbehörde für Verfassungsschutz darf auf eine entsprechende Anfrage bei ihr vorhandene Erkenntnisse einschließlich personenbezogener Daten an die Waffenbehörde auf der Grundlage der Übermittlungsvorschriften des Landesverfassungsschutzgesetzes übermitteln; auf § 43 Absatz 2 wird hingewiesen.

Die Anfrage der Waffenbehörde bei der örtlichen Polizei nach § 5 Absatz 5 Satz 1 Nummer 3 kann auch über eine übergeordnete Polizeidienststelle (z. B. LKA) erfolgen. Sie stellt auf die Abfrage vorhandener Erkenntnisse ab. Dies sollte im Anschreiben an die Polizei mit aufgenommen werden.

Zu § 6: Persönliche Eignung

6.1 Hinsichtlich der nach § 6 Absatz 1 Satz 3 vorgesehenen Stellungnahme der örtlichen Polizeidienststelle wird auf die diesbezüglichen Ausführungen in Nummer 5.5 verwiesen.

6.2 § 6 Absatz 1 Satz 2 ist letztlich funktionslos. Beschränkte Geschäftsfähigkeit gibt es nur bei Minderjährigen (§ 106 des Bürgerlichen Gesetzbuches – BGB); kein Fall der beschränkten Geschäftsfähigkeit ist § 105 Absatz 2 BGB. Hier ist jedoch durch die waffenrechtlichen Altersbeschränkungen bereits Vorsorge getroffen, um den Umgang mit Waffen durch noch nicht hinreichend reife Personen zu unterbinden. Nicht mit beschränkter Geschäftsfähigkeit zu verwechseln sind die Institute der Betreuung bzw. des Einwilligungsvorbehaltes nach § 1903 BGB. Hier kann allerdings – je nach Einzelfall – ein Mangel der Geschäftsfähigkeit zugrunde liegen. In diesen Fällen soll die Waffenbehörde beim Vormundschaftsgericht Erkundigungen einholen. Ergeben sich in Bezug auf die Geschäftsfähigkeit keine klaren Aussagen aus den Unterlagen des Vormundschaftsgerichts, so ist das Vorgehen nach § 6 Absatz 2 eröffnet.

6.3 Ein amts- oder fachärztliches oder fachpsychologisches Zeugnis ist in den Fällen des § 6 Absatz 2 vorzulegen, wenn entweder Tatsachen bekannt sind, die Bedenken gegen die persönliche Eignung begründen (z. B. amtliche Feststellung einer Blutalkoholkonzentration von mindestens 1,6 ‰ oder wiederholt auch von weniger als 1,6 ‰ im Zusammenhang mit einer Verhaltensauffälligkeit) oder wenn begründete Zweifel an beigebrachten Bescheinigungen bestehen. Wird das Zeugnis während der von der Waffenbehörde gesetzten Frist nicht vorgelegt, gilt die persönliche Eignung als nicht nachgewiesen.

6.4 Unter Beachtung der nach § 6 Absatz 3 Satz 2 bestehenden Ausnahme bei Schusswaffen nach § 14 Absatz 1 Satz 2 sind Gutachten nach § 6 Absatz 3 z. B. notwendig für

- verantwortliche Personen nach § 10 Absatz 2 Satz 3, die das 25. Lebensjahr noch nicht vollendet haben;
- Büchsenmacher, die das 25. Lebensjahr noch nicht vollendet haben und als Sportschütze den privaten Erwerb und Besitz einer Sportwaffe begehren;
- die Erteilung einer WBK an Sportschützen/Biathleten unter 25 Jahren;
- die Erteilung einer WBK für Erben, Sammler etc. unter 25 Jahren;
- die Erteilung einer Gelben WBK für Personen unter 25 Jahren, es sei denn, sie soll eine inhaltliche Beschränkung enthalten, dass nur der Erwerb und Besitz von Schusswaffen im Sinne von § 14 Absatz 1 Satz 2 zulässig ist (vgl. Nummer 14.1 Absatz 2 Satz 1);

- die Erteilung einer uneingeschränkten Waffenherstellungs- oder Waffenhandelserlaubnis an Personen, die das 25. Lebensjahr noch nicht vollendet haben;
- die Zustimmung zur Überlassung von Schusswaffen an Mitarbeiter von Bewachungsunternehmen gemäß § 28 Absatz 3 Satz 2, sofern diese das 25. Lebensjahr noch nicht vollendet haben.

Auf einen Jäger, für den § 6 Absatz 3 gemäß § 13 Absatz 2 Satz 1 nicht gilt, ist § 6 Absatz 3 auch dann nicht anzuwenden, wenn er eine entsprechende Schusswaffe in anderer Eigenschaft (z. B. als Sportschütze) erwerben will, da die persönliche Eignung einer Person insoweit nur einheitlich beurteilt werden kann.

Die Begriffe „Zeugnis" und „Gutachten" werden beide vom Gesetz- und Verordnungsgeber gebraucht. Entscheidend ist, dass das der zuständigen Behörde vorzulegende Zeugnis über die Eignung nur die für eine Entscheidung der Behörde erforderlichen Ergebnisse des Gutachtens enthalten darf.

Es umfasst sowohl in den Fällen des Absatzes 2 – hier handelt es sich um die konkrete Fragestellung der Behörde – als auch des Absatzes 3 des § 6 – hier stellt sich kraft Rechtsvorschrift die Frage der hinreichenden Reife – nur die Antworten zu der jeweiligen Fragestellung. Hierbei ist streng zu differenzieren: Bei der Fragestellung nach § 6 Absatz 3 geht es um die Prüfung, ob der Antragsteller die geistige Reife aufweist, die von einem Menschen verlangt werden kann, der eine Schusswaffe erwerben und besitzen will, die in § 14 Absatz 1 Satz 2 nicht genannt ist. Sie ist von der Prüfung, ob eignungsausschließende Merkmale nach § 6 Absatz 2 vorliegen, deutlich zu unterscheiden. Im Regelfall wird keine Exploration des Antragstellers verlangt, sondern eine eher summarische Prüfung, ob Anhaltspunkte vorliegen, die Bedenken an der erforderlichen Eignung begründen. Erst wenn begründete Bedenken bestehen, kommt eine weitergehende Untersuchung (Exploration) in Betracht. Erforderlich ist die wertende Aussage, ob eine Eignung vorliegt oder nicht.

Außerdem sind Angaben zum Umfang der Untersuchung und der Methode, nach der das Gutachten erstellt wurde, erforderlich. Das Zeugnis muss weiter die Bestätigung nach § 4 Absatz 4 Satz 2 AWaffV enthalten, dass der Gutachter in keinem Behandlungsverhältnis zu dem Begutachteten stand oder steht und dass sich der Gutachter nach § 4 Absatz 5 Satz 1 AWaffV einen persönlichen Eindruck von dem Begutachteten verschafft hat (Vorstellungspflicht).

Das Gutachten selbst verbleibt beim Gutachter und wird entsprechend den standesrechtlichen Vorschriften aufbewahrt.

6.5 Ein Zeugnis nach § 6 Absatz 2 ist nur dann von Ärzten/Psychologen der in § 4 Absatz 2 AWaffV genannten Fachrichtungen zu erstellen, wenn Fragen der Begutachtung der geistigen Eignung überhaupt betroffen sind; in Fällen, in denen ausschließlich die körperliche Eignung zum Schießen zweifelhaft ist (z. B. infolge eines Augen- oder Ohrenleidens), kommen dagegen auch Gutachten von Ärzten der entsprechenden Fachrichtung in Betracht.

6.6 Die Prüfung der Waffenbehörde beschränkt sich in den Fällen sowohl des Absatzes 2 als auch des Absatzes 3 des § 6 auf die Feststellungen, dass der Gutachter einer der rechtlich vorgeschriebenen oder der angeordneten Fachrichtungen angehört, die Methodik der Begutachtung benannt, die persönliche Vorstellung des zu Begutachtenden, das Nichtbestehen eines Behandlungsverhältnisses versichert und ein eindeutiges Urteil zur Eignung oder Nichteignung abgegeben hat. Die erforderliche Sachkunde nach § 4 Absatz 2 Satz 2 AWaffV sowie bestimmte Fachqualifikationen als Gutachter in Waffenangelegenheiten bestimmen sich nach den Maßgaben der jeweiligen Berufs- und Standesorganisation; dasselbe gilt für die Begutachtungsstandards und die anerkannten Begutachtungsmethoden einschließlich standardisierter oder halbstandardisierter Testverfahren.

Bis zum Vorliegen ergänzender Regelungen des Bundes können die Waffenbehörden im Zusammenhang mit den letztgenannten Erfordernissen grundlegend ohne weitere Prüfung davon ausgehen, dass alle Angehörigen der in § 4 Absatz 2 Satz 1 AWaffV genannten Fachrichtungen beim Erreichen der entsprechenden Fachabschlüsse die zur Begutachtung in waffenrechtlichen Fragestellungen erforderliche Qualifikation besitzen und dass es sich bei den von diesen Gutachtern ggf. benutzten Testverfahren auch um anerkannte Testverfahren im Sinne etwa des § 4 Absatz 5 Satz 3 AWaffV handelt. Ein Anzweifeln der ausreichenden Qualifikation des konkret auftretenden Gutachters einer zugelassenen Fachrichtung oder die Ablehnung eines von diesem ausgewählten Testverfahrens werden somit im Regelfall nur bei Existenz konkreter Zweifel geboten sein.

6.7 Ein Mangel an persönlicher Eignung kann sich auch daraus ergeben, dass die für den Umgang mit Waffen und Munition erforderliche Kenntnis der deutschen Sprache in Wort und Schrift fehlt und dieser Mangel im Einzelfall nicht durch Hilfspersonen, z. B. den Betriebsleiter in einer Büchsenmacherei, ausgeglichen wird; dieser Gesichtspunkt gilt in erster Linie bei Erlaubnissen für einen dauerhaften Umgang mit Waffen in Deutschland, nicht jedoch etwa bei Fällen vorübergehenden Aufenthalts z. B. zur Teilnahme an einer jagdlichen oder schießsportlichen (Wettkampf oder Training), Brauchtums- oder Sammlerveranstaltung.

6.8 Ausnahmen für Dienstwaffenträger sind in § 4 Absatz 7 AWaffV geregelt. Der sogenannte „Amtsbonus" ist auf Soldaten nicht anzuwenden (Begr. BR-Drs. 415/03).

Zu § 7: Sachkunde

7.1 Der Umfang der zu fordernden Sachkunde und das Prüfungsverfahren sind in den §§ 1 und 2 AWaffV, der anderweitige Nachweis der Sachkunde ist in § 3 AWaffV geregelt. Nach altem Recht vor einem staatlichen Prüfungsausschuss erfolgreich abgelegte Sachkundeprüfungen und anerkannte anderweitige Sachkundenachweise gelten im bisherigen Umfang weiter.

7.2 Als anderweitige Nachweise der Sachkunde gelten die Jägerprüfung und die in § 3 Absatz 1 Nummer 1 Buchstabe a AWaffV der Jägerprüfung gleichgestellten Prüfungen, z. B. Zeugnisse, die im Rahmen des Studiums der Forstwirtschaft/-wissenschaft erworben worden sind und die den Anforderungen eines Jagdscheins nach dem Bundesjagdgesetz (BJagdG) genügen oder die Prüfung im Fach Jagd und Fischerei an Fachhochschulen für Forstwirtschaft.

Anderweitige Ausbildungen nach § 3 Absatz 1 Nummer 2 Buchstabe c AWaffV sind alle behördlich oder staatlich anerkannten Ausbildungen, die mit einer Prüfung abschließen und die ihrer Art nach geeignet sind, die für den Umgang mit der beantragten Waffe oder Munition erforderliche Sachkunde zu vermitteln (z. B. im Polizeidienst, in der Regel nicht die Ableistung des Wehrdienstes).

7.3 Die Sachkundevermittlung und -prüfung (u. a. für nichtorganisierte Sportschützen, Bewachungsgewerbe, gefährdete Personen) kann sich – je nach Antrag – auf verschiedene Kombinationen der Schusswaffen- und Munitionsarten (Kurzwaffe, Langwaffe, Signalwaffe) oder auf eine umfassende Sachkunde beziehen. Der Regelfall dürfte die Kombination Kurz- und Langwaffen sein, es sei denn, dass sich das Bedürfnis nur auf eine Waffenart bezieht.

Da die im Rahmen der Sachkundeprüfung nachzuweisenden Kenntnisse nur über die beantragten Waffen- und Munitionsarten und nur für den mit dem Bedürfnis geltend gemachten und den damit im Zusammenhang stehenden Zweck nachgewiesen werden müssen, reicht es aus, wenn nur Kenntnisse über die Schusswaffen- und Munitionsarten verlangt werden, die der Prüfling angibt. Die Schusswaffen- und Munitionsarten (z.B. Kurzwaffen, Langwaffen, Signalwaffen mit einem Patronenlager mit mehr als 12 mm Durchmesser) sind vor der Prüfung vom Prüfungsausschuss festzulegen. Aus der Sachkundebescheinigung müssen Art und Umfang der nachgewiesenen Sachkunde hervorgehen (§ 2 Absatz 4 AWaffV). Hierzu sind insbesondere Aussagen zu folgenden Punkten erforderlich: Bedürfniszweck des Prüflings, Umfang der Sachkundeprüfung (geprüfte Waffenarten), Aussage zu Schießfertigkeiten.

Die Prüfungsausschüsse nach § 2 AWaffV legen der Prüfung den vom Bundesverwaltungsamt (BVA) herausgegebenen Fragenkatalog zugrunde.

7.4 Die Prüfung der Schießfertigkeit umfasst den Nachweis der sicheren Handhabung von Waffe und Munition im Zusammenhang mit der Schussabgabe; der Nachweis eines bestimmten Trefferniveaus ist ebenfalls abhängig von dem mit dem Bedürfnis geltend gemachten Zweck. So müssen Sportschützen ein bestimmtes Trefferniveau nicht erreichen, wohl aber Personen, die die Waffe führen wollen. Bei Waffensammlern, die keine Munitionserwerbsberechtigung besitzen (siehe auch Nummer 10.10), kann ggf. auf den Nachweis von Schießfertigkeiten verzichtet werden.

7.5 Für Sachkundelehrgänge, die gemäß § 3 Absatz 2 AWaffV staatlich anerkannt werden, gelten die vorgenannten Grundsätze entsprechend.

7.5.1 Die Anerkennung eines Sachkundelehrgangs setzt nach § 3 Absatz 3 AWaffV voraus, dass die nach § 1 Absatz 1 Nummer 1 bis 3 AWaffV erforderlichen Kenntnisse in einem theoretischen und einem praktischen Teil vermittelt werden.

Da die Dauer des Lehrgangs eine ordnungsgemäße Vermittlung gewährleisten muss, sind als Mindestdauer (ohne Prüfung) grundsätzlich 16 Vollstunden bzw. 22 Unterrichtseinheiten (zu je 45 Minuten) vorauszusetzen. Eine Unterschreitung kann nur in Ausnahmefällen in Betracht kommen, z.B. wenn eine Fertigkeit im Schießen nicht nachgewiesen werden muss. Demgegenüber ist im Hinblick auf die besonderen Anforderungen an Erlaubnisinhaber im Bewachungsgewerbe eine Lehrgangsdauer von 24 Vollzeitstunden (dies entspricht 32 Unterrichtseinheiten) Voraussetzung. In der zusätzlichen Unterrichtszeit sind über die Grundqualifikation hinaus vertiefte Rechtskenntnisse (insbesondere zu Notwehr, Notstand) sowie besondere Fertigkeiten im Schießen (insbesondere mit Kurzwaffen) zu vermitteln. Der Lehrgang mit abschließender Prüfung ist unabhängig von der nach § 34a der Gewerbeordnung (GewO) in Verbindung mit der Bewachungsverordnung (BewachV) vorgesehenen Unterrichtung und Prüfung zu absolvieren.

Um zu prüfen, ob die Lehrgangsleitung sowie die Lehrkräfte geeignet sind, ist der Lehrgangsplan mit Benennung der fachlichen Leitung und der Lehrkräfte für das jeweilige Fachgebiet vorzulegen. Sowohl die Lehrkräfte als auch die Lehrgangsleitung müssen grundsätzlich sachkundig sein, d.h. eine eigene umfassende Sachkundeprüfung oder nach § 3 Absatz 1 AWaffV gleichgestellte Ausbildung oder Prüfung abgelegt haben. Allerdings sind die erforderlichen Qualifikationen der einzelnen Lehrkräfte auch unter Berücksichtigung des jeweils nach dem laut Lehrplan zu unterrichtenden Fach zu beurteilen. So kann z. B. für die Unterrichtung im Waffenrecht einschließlich Notwehr/Notstand auch eine juristische Qualifikation, hingegen für die praktische Handhabung der Waffen ein Schießausbilder oder Schießsportleiter als geeignet angesehen werden.

Unter „erforderliche Lehrmittel" sind sowohl Fachliteratur als auch Anschauungsmaterial (Waffen, Munition) zu verstehen.

Ein Unterrichtsraum muss konkret benannt werden. Ebenso muss ein Schießstand (Nachweis der Anmietung) für die praktische Ausbildung und Prüfung vorhanden sein.

7.5.2 Auch die nach § 3 Absatz 4 AWaffV zu bildenden Prüfungsausschüsse legen den vom BVA herausgegebenen Fragenkatalog zu Grunde. Bis zur Herausgabe durch das BVA sind auch die Prüfungsunterlagen Gegenstand des Anerkennungsverfahrens nach § 3 Absatz 2 AWaffV. Die Prüfung gliedert sich in einen theoretischen und einen praktischen Teil. Die theoretische Prüfung kann einen mündlichen Teil enthalten. Bei einer Prüfung im multiple-choice-Verfahren ist besonderes Augenmerk auf den Schwierigkeitsgrad und das Vorhandensein verschiedener Fragebögen zu richten; insbesondere darf die Zusammenstellung der Fragen nicht so erfolgen, dass die richtige Antwort durch einfache Plausibilitätsüberlegungen auch ohne die entsprechende Sachkunde herausgefunden werden kann.

7.5.3 Die staatliche Anerkennung gilt nach § 3 Absatz 2, 2. Halbsatz AWaffV bundesweit. Daher bedarf es auch in den Fällen, in denen der Lehrgangsträger an verschiedenen Orten Sachkundelehrgänge durchführt, keiner gesonderten Anerkennung. Hinsichtlich der Prüfung einzelner Voraussetzungen (Eignung des Unterrichtsraums) ist es aber in der Regel geboten, die Behörde(n) zu beteiligen, die für den Ort der Lehrgangsveranstaltung zuständig ist.

7.5.4 Die Sachkundebescheinigung gemäß § 3 Absatz 4 Satz 3 in Verbindung mit § 2 Absatz 4 AWaffV muss über die in Nummer 7.1 aufgeführten Inhalte hinaus auch eine Aussage über die erfolgte Anerkennung des Lehrgangs (Anerkennungsbehörde, Datum und Aktenzeichen der Anerkennung) enthalten.

7.6 Sachkundelehrgänge von schießsportlichen Verbänden und Vereinen, die einem anerkannten Schießsportverband angehören, erfolgen unter Anwendung des vom Bundesverwaltungsamt genehmigten Fragenkatalogs des jeweiligen Verbandes. Sie bedürfen im Falle des § 3 Absatz 5 AWaffV keiner staatlichen Anerkennung. Zwar sieht § 3 Absatz 5 AWaffV vor, dass die Vereine die Sachkundeprüfung nur für ihre Mitglieder abnehmen können; dem steht nicht entgegen, dass mehrere Vereine eines anerkannten Verbandes einen gemeinsamen Prüfungsausschuss bilden können. Gemäß § 3 Absatz 5 Satz 2 in Verbindung mit Absatz 4 Satz 2 und § 2 Absatz 4 AWaffV ist dem Bewerber über das Prüfungsergebnis ein Zeugnis zu erteilen, das Art und Umfang der erworbenen Sachkunde erkennen lassen muss und vom Vorsitzenden des Prüfungsausschusses zu unterzeichnen ist (Sachkundenachweis des anerkannten Verbandes).

Die als Sportschütze erworbene Sachkunde ist nicht geeignet, die Sachkunde für das Bewachungsgewerbe oder für gefährdete Personen zu vermitteln.

Zu § 8: Bedürfnis

§ 8 regelt als Generalklausel das Bedürfnis als ein zentrales Element des Waffenrechts.

Vorrang vor dieser Auffangnorm haben die in den §§ 13 ff. besonders geregelten Gründe für ein Bedürfnis. Das schließt nicht aus, dass in speziellen Einzelfällen auch bei den dort genannten Personengruppen das Bedürfnis an den Vorgaben des § 8 zu messen ist. Dies kann der Fall sein, wenn eine Spezialregelung keine oder eine nicht vollständige Aussage hinsichtlich der Verwendungsinteressen enthält. Die in § 8 durch das Nennen von Personengruppen umrissenen Verwendungsinteressen für Waffen sind nicht abschließend.

Das Bedürfnis wird über spezifische Interessen und über die Geeignetheit und Erforderlichkeit der Waffen und Munition hierfür konkretisiert.

8.1 Ein Bedürfnis zum Erwerb von Schusswaffen und Munition kann nach § 8 anerkannt werden, wenn von der Rechtsordnung gebilligte persönliche oder wirtschaftliche Interessen bestehen.

Sportschützen im Sinne der Vorschrift sind grundsätzlich Personen, die einem Verein angehören, der einem anerkannten Schießsportverband (§ 15) angehört (organisierte Sportschützen). Personen, die einem Schießsportverein angehören, der nicht Mitglied in einem anerkannten Schießsportverband ist (nicht organisierte Sportschützen), können ein Bedürfnis nach § 8 nur in Ausnahmefällen geltend machen. Sportschütze ist somit nicht, wer ohne Einbindung in den organisatorischen und sportlichen Rahmen (Schießübungen, Wettkämpfe) eines schießsportlichen Vereins (Mitglied oder Gast) lediglich als individueller Einzelschütze regelmäßig auf einer Schießstätte schießt, auch wenn er vorgibt, dabei eine genehmigte Sportordnung beachten zu wollen.

Folgende Fallkonstellationen außerhalb von § 14 können in Betracht kommen:

8.1.1 Der Sportschütze ist
- Mitglied einer schießsportlichen Vereinigung, die einem rechtsfähigen Verband angehört, der nicht gemäß § 15 anerkannt ist,
- Mitglied eines schießsportlichen Vereins, der keinem Verband angehört.

Schießsportausübende, die nicht Mitglied in einem schießsportlichen Verein sind und Auslandsschützen sind keine Sportschützen im engeren Sinne.

Insbesondere gebietet es die Vereinigungsfreiheit nicht, dass der Schießsportausübende, der keinem schießsportlichen Verein im Inland angehört, über eigene Waffen verfügt.

Dabei ist zu beachten, dass der Begriff „sportliches Schießen“ als die Beschreibung der Tätigkeit eines Sportschützen auch im Sinne von § 8 Nummer 1 nach § 15 a Absatz 1 Satz 1 auf das Schießen nach festen Regeln einer genehmigten Sportordnung beschränkt ist. Die Ausübung des Schießsports setzt daher immer eine genehmigte Sportordnung voraus.

Geprägt wird die Ausübung des Schießsports neben der breitensportlichen Betätigung durch regelmäßiges Training und die Teilnahme an Wettkämpfen bzw. zumindest vereinsinternen Vergleichsschießen.

Personen, die sich in ausländischen Schützenvereinen sportlich betätigen, können sich nur auf ein unbenanntes persönliches Interesse im Sinne des § 8 Nummer 1 berufen. Dabei ist darauf zu achten, dass bei der diesbezüglichen Einzelfallprüfung ein äußerst strenger Maßstab anzulegen ist, schon um bei inländischen Waffenbesitzern ein Ausweichen auf den nicht reglementierten Sport im Ausland zu verhindern. Gleiches gilt für Personen, die sportlich schießen, ohne einer schießsportlichen Vereinigung im Inland anzugehören, da hier das regelmäßige Training und die Teilnahme an Wettkämpfen generell in Frage gestellt werden kann.

Nicht organisierte Sportschützen dürfen nicht besser gestellt werden als Sportschützen nach § 14. Auf sie sind die Beschränkungen nach § 14 Absatz 1 und 2 uneingeschränkt anzuwenden.

Im Gegensatz zu § 14 Absatz 2 bis 4 genügt eine Glaubhaftmachung des Bedürfnisses durch den Sportschützen nach § 8 nicht. Vielmehr hat der Erlaubnisbewerber das Bedürfnis im Einzelfall zu begründen und hierzu Nachweise vorzulegen, die in vollem Umfang von der Waffenbehörde überprüfbar sind. Durch Schießnachweise und Bescheinigungen eines Schießsportvereins ist insbesondere die regelmäßige Tätigkeit als Sportschütze zu belegen. Für die Prüfung der Geeignetheit und Erforderlichkeit der Waffe sind detaillierte Angaben zur ausgeübten Disziplin und die Vorlage der Schießsportordnung und deren Genehmigung erforderlich. Ferner ist die Vorlage von Unterlagen, die Aufschluss über den Verein und die genutzte Schießstätte geben, sowie eine Aussage zur Wettkampfbetätigung unerlässlich. Nach Lage des Einzelfalls kann die Waffenbehörde weitere geeignete Nachweise fordern.

Bei der Prüfung der Erforderlichkeit des Erwerbs und Besitzes der Waffe ist auch zu berücksichtigen, ob nicht anderweitig auf eine Waffe zurückgegriffen werden kann, z. B. auf die Waffe eines Vereins, bei dem der Antragsteller den Schießsport ausübt.

Die Anerkennung eines den Regelungen des § 14 Absatz 3 vergleichbaren Bedürfnisses kommt bei nicht organisierten Sportschützen als Abweichen vom gesetzlichen Regelfall nicht in Betracht. Ebenso ist die Erteilung einer WBK nach § 14 Absatz 4 für diesen Personenkreis ausgeschlossen.

Kommt die Waffenbehörde nach sorgfältiger Prüfung zur Anerkennung eines Bedürfnisses zum Erwerb und Besitz von Schusswaffen für nicht organisierte Sportschützen, so ist die Erlaubnis mit der Auflage zu versehen, dass der Sportschütze verpflichtet ist, die Aufgabe seiner schießsportlichen Tätigkeit unverzüglich der zuständigen Waffenbehörde anzuzeigen.

Die Verpflichtung des schießsportlichen Vereins, der Waffenbehörde ausgeschiedene Mitglieder unverzüglich zu benennen, ergibt sich aus § 15 Absatz 5.

8.1.2 Voraussetzung für die Erteilung einer Vereins-WBK nach § 10 Absatz 2 Satz 2 ist der Nachweis eines Bedürfnisses nach § 8. Ein Bedürfnis ist grundsätzlich für solche Waffen anzuerkennen, die der Verein zur Ausstattung des Mitgliederkreises benötigt, der sich noch in der Übungs-/Probephase nach § 14 Absatz 2 Satz 2 Nummer 1 befindet und aus diesem Grund (noch) keine eigenen waffenrechtlichen Erlaubnisse/Waffen erhalten kann. Ferner kann die im Rahmen des Leistungssports erforderliche Ausstattung von Leistungsschützen berücksichtigt werden. Ein Reservekontingent für Mitglieder, Neumitglieder und ein Grundbestand für Waffen, die für Öffentlichkeitsveranstaltungen vorgesehen sind, kann vom Verein angeschafft werden. Ansonsten dürfen Nicht-Mitglieder in die Bedarfsanalyse nicht einbezogen werden.

Die Zahl der einem Verein zuzubilligenden Vereinswaffen bemisst sich nach den Regelungen in der Satzung und der Zahl der in der Übungs-/Probephase befindlichen Mitglieder des Vereins und der vom Verein in diesem Zusammenhang konkret nutzbaren Schießstättenkapazitäten (verfügbare Bahnen, Häufigkeit der Nutzung etc.). Unter Beachtung dieser Parameter wird dem Verein ein Waffenkontingent zugestanden, welches bei umfassender Nutzung aller in diesem enthaltenen Vereinswaffen einen nach objektiven Maßstäben effektiven Schießbetrieb in diesem Bereich ermöglicht. Bei der Festlegung der Anzahl der Vereinswaffen soll das ggf. längerfristige personenbezogene Überlassen einzelner Waffen an (Neu-)Mitglieder nicht berücksichtigt werden.

Bei der Festlegung der konkreten Zusammensetzung dieses Kontingentes sollte neben den allgemeinen Vorgaben (Zulässigkeit nach der Sportordnung) auch das Interesse des Vereins und der (Neu-)Mitglieder an den Möglichkeiten zur Nutzung einer bestimmten Bandbreite an Waffen berücksichtigt werden. Das Bedürfnis darf jedoch nicht so weit ausgelegt werden, als dass es alle nach der Sportordnung zugelassenen Waffen oder Disziplinen komplett abdecken würde. Die Zusammensetzung des Kontingentes sollte sich auf eine Auswahl von bei den vom Verein geschossenen Disziplinen möglichst breit einsetzbaren Waffen konzentrieren.

8.1.3 Die Anerkennung eines Bedürfnisses zum Erwerb und Besitz von erlaubnispflichtigen Schusswaffen in anderen als den in § 8 Nummer 1 genannten Beispielsfällen kann insbesondere in Betracht kommen bei

- dem Abschuss oder der Immobilisierung von Gehegewild,
- volljährige Personen in der Ausbildung zum Jäger,
- Flugplatzbetreibern,
- berufsständischen Verbänden, schulischen Einrichtungen und sonstigen Trägern, deren Lehrgänge zur Vermittlung der Sachkunde staatlich anerkannt sind,
- der Vogel- oder Schädlingsbekämpfung durch Landwirte, Erwerbsfischer oder Winzer,
- Bergsteigern und Wassersportlern,
- Eignern und Charterern von seegehenden Schiffen,
- kommerziellen Schießstandbetreibern.

Je nach Art des Bedürfnisses kann es sich auch um erlaubnispflichtige Signalwaffen handeln.

Bei der Anerkennung wirtschaftlicher Interessen zum Erwerb und Besitz von Schusswaffen durch Betreiber kommerzieller Schießstätten sollen Art und Anzahl der vorgehaltenen Waffen im Interesse der öffentlichen Sicherheit und Ordnung begrenzt werden. Unter dem Gesichtspunkt der Deliktrelevanz sollten keine Waffen in größerer Zahl dort angehäuft werden.

8.1.4 Bei Eignern oder Charterern von Schiffen und Booten, die für Fahrten seewärts der Basislinie (Küstenmeer, küstennahe Seegewässer und Hohe See) geeignet und bestimmt sind, sowie bei Eignern von Schiffen und Booten, die vorwiegend auf großen Binnengewässern (z.B. Bodensee) verkehren, gilt ein Bedürfnis für Erwerb und Besitz von erlaubnispflichtigen Signalpistolen mit einem Patronenlager von mehr als 12 mm als nachgewiesen, wenn glaubhaft gemacht wurde, dass die Verwendung der erlaubnispflichtigen Waffen unter Zweckmäßigkeitsgesichtspunkten (Verschlussmöglichkeit von Bergungsleinen, Schutz des Riggs durch höhere Anfangsgeschwindigkeit der Munition, einhändige Bedienbarkeit) dem Einsatz erlaubnisfreier Signalmittel im Seenotfall vorzuziehen ist.

8.1.5 Bei Personen, die die Waffe außerhalb Deutschlands verwenden wollen, z.B. Jägern und überwiegend im Ausland tätigen und dort besonders gefährdeten Personen wie Ingenieuren, Geschäftsleuten, Entwicklungshelfern, gilt zur Feststellung des Bedürfnisses Folgendes:

Zum Nachweis des Bedürfnisses hat der Antragsteller aussagekräftige Stellungnahmen der deutschen Auslandsvertretung in dem betreffenden Staat oder – ggf. übersetzt – der Auslandsvertretung des betreffenden Staates in der Bundesrepublik Deutschland beizubringen, aus denen sich zweifelsfrei ergibt, dass unter Berücksichtigung der konkret beabsichtigten Verwendung gegen Einfuhr, Besitz sowie das jeweils erforderliche Führen der beantragten Waffen in dem Staat durch den Antragsteller keine Bedenken bestehen und der konkret angegebene Zweck für diesen dort auch grundsätzlich verwirklicht werden kann. Im Einzelfall kann die Waffenbehörde auch anderweitige Belege mit gleicher Aussagekraft anerkennen und bei Vorliegen der entsprechenden Voraussetzungen auf eine Nachweisführung durch den Antragsteller verzichten.

8.1.6 Ein Bedürfnis zum Erwerb von Schalldämpfern oder von Waffen mit eingebautem Schalldämpfer kommt nur in Ausnahmefällen in Betracht (z.B. Abschuss von Gehegewild bei weitergehend nachgewiesener Unumgänglichkeit der Verwendung eines Schalldämpfers).

Zu § 9: Inhaltliche Beschränkungen, Nebenbestimmungen und Anordnungen

9.1 Waffenrechtliche Erlaubnisse können zur Abwehr von Gefahren für die öffentliche Sicherheit und Ordnung inhaltlich beschränkt, befristet oder mit Auflagen versehen werden (§ 9 Absatz 1 in Verbindung mit Absatz 2). Derartige Maßnahmen geben die Möglichkeit, durch individuelle Regelung hinsichtlich einer für den Betroffenen nachteiligen Entscheidung (Versagung oder Entzug einer Rechtsposition) dem Übermaßverbot und hinsichtlich einer für den Betroffenen vorteilhaften Entscheidung (Gewährung einer Erlaubnis, Ausnahmebewilligung usw.) dem Untermaßverbot Rechnung zu tragen; Wiederholungen gesetzlicher Regelungen ohne individuelle Modifikation sind keine Nebenbestimmungen und sollen daher im Grundsatz unterbleiben. Denkbare Maßnahmen, die auch nachträglich ausgesprochen werden können (§ 9 Absatz 1 Satz 2), sind örtliche oder zweckgebundene Nutzungsbeschränkungen sowie besondere Anforderungen an die sichere Aufbewahrung. Befristungen kommen u.a. in Betracht für Ausländer, die sich nur vorübergehend in Deutschland aufhalten, oder wenn für den Erwerb der Waffe nur ein vorübergehendes Bedürfnis nachgewiesen wird.

9.2 Denselben Zweck verfolgen die durch § 9 Absatz 3 eröffneten Anordnungen im an sich erlaubnisfreien gewerblichen Bereich.

9.3 In einzelnen Regelungen (z.B. in § 10 Absatz 2 Satz 3, Absatz 4 Satz 2 und 3) ist der Erlass von Nebenbestimmungen ausdrücklich vorgesehen.

Zu § 10: Erteilung von Erlaubnissen zum Erwerb, Besitz, Führen und Schießen

10.1 § 10 verlangt folgende Unterscheidungen:
- die materielle Erlaubnis als Verwaltungsakt (in den Absätzen 1 und 3 die Erlaubnis zum Erwerb und Besitz, in Absatz 4 die Erlaubnis zum Führen, in Absatz 5 die Erlaubnis zum Schießen),
- die Verkörperung der jeweiligen Erlaubnis in einer Urkunde (nach Absatz 1 in Verbindung mit Absatz 2 sowie nach Absatz 3 Satz 1 die WBK, nach Absatz 3 Satz 2 der Munitionserwerbsschein, nach Absatz 4 der Waffenschein, nach Absatz 5 der (Schieß-Erlaubnisschein) und
- das Herbeiführen der Übereinstimmung von materieller Erlaubnis und Erlaubnisurkunde (die Anzeige- und Vorlagepflicht zwecks Eintragung nach Absatz 1 a, die Mitteilungspflicht bei der Vereins-WBK nach § 10 Absatz 2 Satz 4).

Die Übernahme des Regelungsgehalts des bisherigen Absatzes 1 Satz 4 in den neuen Absatz 1 a bringt die Unterscheidung der Erteilung der materiellen Erlaubnis und der Sicherung der formalen Richtigkeit der Erlaubnis deutlich zum Ausdruck. Diese Unterscheidung ist wichtig vor dem Hintergrund, dass die Anzeige- und Eintragungspflicht nicht entfällt, wenn der Erwerb materiell von der Erlaubnispflicht, wie dies in Anlage 2 Abschnitt 2 Unterabschnitt 2 Nummer 2 der Fall ist, freigestellt ist.

10.2 Die materielle Erlaubnispflicht nach § 10 richtet sich nach Anlage 2 Abschnitt 2 Unterabschnitt 1. Sie bezieht sich ausschließlich auf Schusswaffen und ihnen gleichgestellte Gegenstände sowie die dafür bestimmte Munition, nicht jedoch z. B. auf Hieb- und Stoßwaffen. Die Erlaubnispflicht ist nach der Systematik der Absatzfolge des § 2 der Regelfall für die vorgenannten Gegenstände (§ 2 Absatz 2). Für einzeln genannte Gegenstände besteht nach § 2 Absatz 3 ein Verbot mit der Möglichkeit der Ausnahmebewilligung nach § 40 Absatz 4. Nach § 2 Absatz 4 wird der Grundsatz der Erlaubnispflicht gelockert oder durchbrochen; die Systematik der Anlage 2 Abschnitt 2 stellt für die Lockerung in Unterabschnitt 2 auf die jeweils genannten Umgangsarten ab und statuiert je nach Umgangsart eine Alles-oder-Nichts-Regel; in Unterabschnitt 3 werden einzelne Erlaubnisvoraussetzungen für entbehrlich erklärt.

10.3 Der Inhaber einer Erlaubnis nach § 21 ist nur in dem durch diese Erlaubnis abgedeckten Umfang von der Erlaubnispflicht nach § 10 befreit. Für die Beschäftigten des Inhabers einer Erlaubnis nach § 21 gilt § 12 Absatz 1 Nummer 3 Buchstabe a.

10.4 Die WBK dokumentieren die Erlaubnis für den Erwerb und die Ausübung der tatsächlichen Gewalt über darin genannte Waffen und dienen zugleich dem Nachweis der Berechtigung. Umfasst eine Erlaubnis nach § 10 mehrere Waffen, so ist in der WBK für die Eintragung jeder einzelnen Waffe eine Zeile zu verwenden.

Die WBK gelten im gesamten Geltungsbereich des WaffG. Auf Antrag wird für jede Waffe eine gesonderte WBK ausgestellt. Werden mehrere WBK für dieselbe Person ausgestellt, so sind diese zusätzlich in geeigneter Weise zu kennzeichnen. Auf Antrag können auch Einsteckläufe und Einstecksysteme nach Anlage 1 Abschnitt 1 Unterabschnitt 1 Nummer 3.3 und 3.6 eingetragen werden.

10.5 Die Pflicht, in bestimmten Fällen (z. B. § 37 Absatz 1, § 40 Absatz 5) den Erwerb unverzüglich anzuzeigen, bleibt unberührt.

10.6 Für Schusswaffen, über die mehrere Personen die tatsächliche Gewalt ausüben, kann eine gemeinsame WBK ausgestellt werden. In diesen Fällen müssen die Voraussetzungen für die Erteilung der WBK bei jedem der Berechtigten vorliegen. Eine gemeinsame WBK kann z. B. für Familienangehörige (Vater und Tochter/Sohn, Eheleute, Erbengemeinschaft) ausgestellt werden.

Die WBK ist auf eine Person (Berechtigter) auszustellen; die weiteren Personen (weitere Berechtigte), für die diese Erlaubnis auch gelten soll, sind zusätzlich unter „Amtliche Eintragungen" aufzuführen. Die Eintragung weiterer Berechtigter kann auf Antrag sowohl bei der Ausstellung der WBK als auch nachträglich erfolgen.

10.7 Eine Vereins-WBK nach § 10 Absatz 2 Satz 2 kann einem schießsportlichen Verein oder einer jagdlichen Vereinigung für Schusswaffen des Vereins oder der Vereinigung erteilt werden, wenn er die Rechtsform einer juristischen Person aufweist (z. B. eingetragener Verein, nicht ausreichend ist jedoch die Organisation als nichtrechtsfähiger Verein oder als Schießleistungs(sport)gruppe ohne Rechtspersönlichkeit). Die Mitgliedschaft des Vereins in einem anerkannten Schießsportverband ist in der Regel nicht erforderlich. Voraussetzung ist jedoch, dass der Schießsport nach den Regeln einer genehmigten Sportordnung (siehe Nummer 8.1) betrieben wird.

10.7.1 Die Vereins-WBK nach § 10 Absatz 2 Satz 2 wird durch die für den Sitz des Vereins zuständige Waffenbehörde in Form einer WBK erteilt und berechtigt die dort eingetragene(n) verantwortliche(n) Person(en) zum Erwerb und Besitz der dort aufgeführten Waffen. Der Verein ist bei Erlaubniserteilung auf die Zweckmäßigkeit der Benennung mehrerer verantwortlicher Personen (in der Regel zwei bis drei) sowie auf seine Pflichten nach § 10 Absatz 2 Satz 4 und 5 hinzuweisen.

10.7.2 Der Verein hat bei Antragstellung eine oder mehrere verantwortliche Person(en) zu benennen und alle zur waffenrechtlichen Überprüfung erforderlichen Angaben dieser Person(en) zu übermitteln. Die Betroffenen sind durch den Verein über die Benennung und die Erforderlichkeit der Übermittlung und Verarbeitung der entsprechenden personenbezogenen Daten zu informieren; ihr Einverständnis ist zu dokumentieren. Der Antragstellung ist eine Erklärung der benannten Person beizufügen, dass das Ergebnis der waffenrechtlichen Prüfung nach § 4 Absatz 1 Nummer 1 bis 3 dem Verein übermittelt werden darf.

Die Benennung als „verantwortliche Person" hat nicht zur Voraussetzung, dass es sich bei dieser Person um ein vertretungsberechtigtes Organ des Vereins oder um ein in leitender Stellung im Verein tätiges Mitglied o. Ä. handelt; es kommt auch die Benennung „einfacher" Vereinsmitglieder in Betracht.

Soll(en) die verantwortliche(n) Person(en) erst nach der Ausstellung der WBK benannt werden, ist die WBK mit der Auflage zu verbinden, dass der Verein der Waffenbehörde vor Inbesitznahme von Vereinswaffen eine verantwortliche Person zu benennen hat, für die die Voraussetzungen nach § 4 Absatz 1 Nummer 1 bis 3 nachgewiesen sind (vgl. § 10 Absatz 2 Satz 3 Halbsatz 1).

10.7.3 Die „verantwortlichen Personen" müssen alle Voraussetzungen des § 4 Absatz 1 Nummer 1 bis 3 erfüllen. § 4 Absatz 3 findet ebenfalls Anwendung. Hat die verantwortliche Person noch nicht das 25. Lebensjahr vollendet und soll die Erlaubnis nicht nur Waffen nach § 14 Absatz 1 Satz 2 erfassen, hat der Verein ein Gutachten nach § 6 Absatz 3 über die geistige Eignung der Person oder den Nachweis beizubringen, dass ein solches Gutachten in anderem Zusammenhang erbracht worden ist.

Hat eine verantwortliche Person ihren gewöhnlichen Aufenthalt nicht im Bezirk der für den Sitz des Vereins zuständigen Waffenbehörde, so hat diese Behörde im Rahmen ihrer Prüfungen eine Stellungnahme der für den gewöhnlichen Aufenthalt der Person zuständigen Waffenbehörde zur Zuverlässigkeit und Eignung einzuholen. Über die Benennung als verantwortliche Person ist die für sie zuständige Waffenbehörde zu informieren.

10.7.4 Schießsportlichen Vereinen und jagdlichen Vereinigungen als juristischen Personen kann eine Erlaubnis nach § 27 Absatz 1 zum Betreiben einer Schießstätte erteilt werden. Auch hier ist eine verantwortliche Person zu benennen, die dann die Betreiberpflichten (siehe § 10 AWaffV) zu übernehmen hat. Ansonsten gilt Nummer 10.7.2 entsprechend.

10.8 Will eine sonstige Vereinigung Schusswaffen erwerben, so ist – anders als in der Sonderregelung in § 10 Absatz 2 Satz 2 – die WBK bei juristischen Personen auf eine von einem Vertretungsberechtigten bevollmächtigte und alle einschlägigen waffenrechtlichen Erlaubnisvoraussetzungen erfüllende Person als Erlaubnisinhaber auszustellen. Beim Wechsel des Vertretungsberechtigten, auf dessen Namen die WBK ausgestellt worden ist, ist eine neue WBK auf den Namen des alle einschlägigen waffenrechtlichen Erlaubnisvoraussetzungen erfüllenden Nachfolgers als Erlaubnisinhaber auszustellen. Für die Anzahl der auf diese Weise erwerbbaren Waffen gilt Nummer 8.1.2 entsprechend.

10.9 In die WBK einzutragen hat die zuständige Behörde folgende Angaben:

10.9.1 Name, Geburtstag und Geburtsort des Inhabers;

10.9.2 laufende Nummer, konkrete Bezeichnung der Munition oder – sofern eine derartige Angabe nicht möglich ist – das Kaliber, Art der Schusswaffen und Seriennummer.

In der WBK ist die Art der zu erwerbenden oder erworbenen Waffe möglichst genau zu bestimmen.

Langwaffen können im Wesentlichen wie folgt definiert werden:
- Einzellader: z. B. Einzelladerbüchse, Einzelladerflinte;
- Repetierwaffen: Repetierwaffen mit glatten Läufen (z. B. Vorderschaftrepetierflinte, Unterhebelrepetierflinte);
- Repetierwaffen mit gezogenen Läufen (z. B. Vorderschaftrepetierbüchse, Unterhebelrepetierbüchse);
- Halbautomaten: z. B. halbautomatische Büchse, halbautomatische Flinte.

Kurzwaffen können grundsätzlich wie folgt differenziert werden:
- Revolver: z. B. Double-Action- oder Single-Action-Revolver, Vorderladerrevolver;
- Pistole: z. B. Einzelladerpistole, halbautomatische Pistole, Signalpistole.

Sonstige erlaubnispflichtige Schusswaffen und ihnen gleichgestellte Gegenstände, wie z. B. bestimmte Druckluft-, Federdruckwaffen, Schreckschuss-, Reizstoff- und Signalwaffen, Perkussionswaffen.

10.9.3 In die WBK sind der Tag und der Ort der Ausstellung einzutragen.

Identifikationsmerkmale von Waffen, die erst nach dem abgeschlossenen Erwerbsvorgang festzustellen sind (z. B. Hersteller- und Modellbezeichnung, Seriennummer), werden unter Angabe des Überlassungsdatums von der für den Erwerber zuständigen Waffenbehörde in den Fällen eingetragen, in denen der Erwerber nicht Erlaubnisinhaber nach § 21 ist. Wird dieser Waffenbehörde die WBK zur Eintragung des Erwerbs vorgelegt, ohne dass sie zuvor hiervon auch durch die für den Überlassenden zuständige Waffenbehörde unterrichtet worden ist, so benachrichtigt die für den Erwerber zuständige Waffenbehörde ihrerseits die Waffenbehörde des Überlassenden.

Seitens des Überlassenden erfolgt gegenüber der für ihn zuständigen Waffenbehörde die Mitteilung, wem die Waffe überlassen wurde. Die Austragung der überlassenen Waffe erfolgt durch diese Behörde, die umgehend auch die für den Erwerber zuständige Waffenbehörde über den Vorgang des Überlassens informiert. Bei einem Eintragungsvorgang nicht benötigte Zeilen und Spalten dürfen nicht ungültig gemacht werden.

10.10 Als eine Form der Erteilung einer Berechtigung zum Erwerb und Besitz von Munition für dort bereits eingetragene Schusswaffen sieht § 10 Absatz 3 Satz 1 die behördliche Eintragung/Stempelung in der WBK (Spalte 7) vor. Die auf diesem Weg erteilte Berechtigung erstreckt sich über die in Spalte 3 der WBK konkret bezeichnete Munition (z. B. .357 Magnum) hinaus auf alle für die betreffende Waffe ebenfalls zugelassenen Munitionsvarianten (gleiches Kaliber; gleicher oder geringerer Gasdruck ..., im Beispiel etwa auch Munition .38 Spezial oder .38 Spezial WC). Die Waffenbehörden sind insofern im Rahmen der betreffenden Erteilungsverfahren berechtigt, das Vorliegen eines waffenrechtlichen Bedürfnisses auch für die in Bezug auf die betreffende Waffe ebenfalls zugelassenen Munitionsvarianten zu unterstellen; eine inhaltliche Beschränkung der erteilten Berechtigung soll nur im Ausnahmefall und nur dann erfolgen; wenn im Hinblick auf einzelne konkrete Munitionsvarianten unter jedem erdenklichen Gesichtspunkt eine Verwendungsmöglichkeit unzweifelhaft ausgeschlossen werden kann.

10.11 Solange keine neuen bundeseinheitlichen Vordrucke für waffenrechtliche Erlaubnisse eingeführt sind, sind die von der Bundesdruckerei zu beziehenden Vordrucke zu verwenden und ggf. anzupassen.

10.12 Wird eine WBK unübersichtlich, unleserlich oder gerät sie in Verlust, so ist eine neue mit dem Datum der Erstausfertigung auszustellen, die als Ersatzausfertigung zu kennzeichnen ist. Gegebenenfalls ist die Erstausfertigung einzuziehen oder zu entwerten.

10.13 Wird für einen Finder nach § 973 BGB, der auch Inhaber einer WBK ist, eine gefundene Schusswaffe in die WBK eingetragen, so ist „Fund" in die Spalte der WBK einzutragen.

10.14 Munitionserwerbsschein (§ 10 Absatz 3 Satz 2)

Ein Munitionserwerbsschein kommt in Betracht z. B. bei Munitionssammlern, Munitionssachverständigen und Besitzern von Einstecksystemen, die nicht in der WBK eingetragen sind.

10.14.1 In dem Munitionserwerbsschein ist die amtliche Bezeichnung der Munition anzugeben, sofern die Erlaubnis nicht für Munition jeder Art erteilt wird. Bei Erteilung einer Munitionserwerbserlaubnis nach § 10 Absatz 3 Satz 2 hat der Antragsteller die gewünschten Kaliber zu benennen. Eine Beschränkung der Erlaubnis auf ein bestimmtes Kaliber soll nur dann erfolgen, wenn ein weitergehendes Bedürfnis auszuschließen ist.

Eine mengenmäßige Beschränkung ist nur bei Munitionssammlern vorzusehen; die Erlaubnis ist grundsätzlich auf Munitionsarten in ihrer kleinsten Verpackungseinheit zu beschränken. Der Munitionserwerbsschein gilt im gesamten Geltungsbereich des WaffG. Nicht erworben werden darf verbotene Munition nach Anlage 2 Abschnitt 1 Nummer 1.5.1 bis 1.5.7, es sei denn, es liegt zusätzlich eine Ausnahmebewilligung für verbotene Munition nach § 40 vor.

10.14.2 Keiner Munitionserwerbs- und besitzerlaubnis (WBK oder Munitionserwerbsschein) bedarf es insbesondere zum Erwerb und Besitz von

10.14.2.1 Munition in den Fällen des § 12 Absatz 2,

10.14.2.2 Munition durch Inhaber einer Bescheinigung nach § 55 Absatz 2 für die in dieser Bescheinigung eingetragene Munition,

10.14.2.3 Munition durch Inhaber eines gültigen Jahres- oder Tagesjagdscheins für Langwaffen nach § 13 Absatz 1,

10.14.2.4 Patronen- und Kartuschenmunition, die für Schusswaffen bestimmt ist, zu deren Erwerb und Besitz es ihrer Art nach keiner Erlaubnis bedarf (z. B. Anlage 2 Abschnitt 2 Unterabschnitt 2 Nummer 1.4),

10.14.2.5 pyrotechnischer Munition nach Anlage 2 Abschnitt 2 Unterabschnitt 2 Nummer 1.12.

10.14.3 Die Erlaubnis zum nicht gewerblichen Laden von Munition im Sinne des Sprengstoffgesetzes (SprengG) gilt als Erlaubnis zum Erwerb und Besitz der dabei hergestellten Munition (§ 27 Absatz 1a SprengG).

10.14.4 § 10 Absatz 3 Sätze 3 und 4

Für (nicht gewerbliche) Wiederlader wird der Munitionserwerbsschein durch die entsprechende sprengstoffrechtliche Genehmigung zum Laden von Munition substituiert.

10.15 Waffenschein (§ 10 Absatz 4 Satz 1)

10.15.1 Besonderheiten der Ausstellung des Waffenscheines:

10.15.1.1 In dem Waffenschein ist die Schusswaffe mit den Angaben nach Nummer 10.9 genau zu bezeichnen. In einen Waffenschein können mehrere Schusswaffen eingetragen werden. Nummer 10.4 gilt entsprechend. Der Waffenschein kann auch mit Auflagen, insbesondere über die Art des Führens der Schusswaffe, verbunden werden.

10.15.1.2 Der Waffenschein wird in den Fällen des § 28 auf den Beauftragten des Unternehmens, d. h. den Unternehmer selbst oder eine von der Geschäftsführung beauftragte Person, ausgestellt. Der Waffenschein ist inhaltlich entsprechend § 28 Absatz 2 Satz 1 zu beschränken. In dem Zusatz nach § 28 Absatz 4 sind die Wachpersonen dem Namen oder ihrer Funktion nach zu benennen. Unter Umständen kann es zweckmäßig sein, für jede Waffe einen Waffenschein auszustellen. Wachpersonen kann formlos eine Bescheinigung erteilt werden, aus der sich ergibt, dass sie auf der Grundlage eines Waffenscheins nach § 28 für den Zeitraum seiner Gültigkeit berechtigt sind, dienstlich eine Waffe zu führen. Die Bescheinigung muss folgende Angaben enthalten: Genaue Personalien, Name des Bewachungsunternehmens, Aufgabenbereich und sich ggf. hieraus ergebende Beschränkungen.

Der Waffenschein ist gemäß § 14 Bewachungsverordnung mit der Auflage zu erteilen, dass der Erlaubnisinhaber dafür zu sorgen hat, dass das Überlassen der Waffe nach Zeit und Person schriftlich festgehalten wird.

Nachdem der Erlaubnisinhaber die Namen der Bediensteten, die Schusswaffen führen sollen, mitgeteilt hat, prüft die Behörde deren Zuverlässigkeit, Sachkunde und persönliche Eignung. Hinsichtlich der Erwerbsberechtigung dieser Bediensteten gilt § 12 Absatz 1 Nummer 3 Buchstabe a.

10.15.1.3 In Zweifelsfällen hat sich die Behörde darüber zu vergewissern, dass der Antragsteller über die Schusswaffe, die er führen will, befugt die tatsächliche Gewalt ausübt. Gegebenenfalls ist § 39 Absatz 3 anzuwenden.

10.15.2 Eine Erteilung kommt nur in Betracht, wenn das Bedürfnis des Waffenscheininhabers, das sich in der Regel aus § 19 und/oder § 28 ergibt, darauf gerichtet ist, die Waffe auch außerhalb des befriedeten Besitztums schussbereit und zugriffsbereit bei sich zu haben. Die Versagung des Waffenscheins wegen Unzuverlässigkeit oder fehlender persönlicher Eignung ist, sobald die Entscheidung vollziehbar oder nicht mehr anfechtbar ist, nach Nummer 4.2 dem Bundeszentralregister mitzuteilen (§ 10 Absatz 1 Nummer 3 BZRG).

10.15.3 Bei der Verlängerung des Waffenscheins sind sämtliche Erteilungsvoraussetzungen erneut zu prüfen.

10.15.4 Der **Kleine Waffenschein** ist ein Waffenschein eigener Art. Das bringt § 10 Absatz 4 Satz 4 zum Ausdruck, der – schon auf Grund der Unterschiedlichkeit der Erteilungsvoraussetzungen (die sich beim Kleinen Waffenschein nach Anlage 2 Abschnitt 2 Unterabschnitt 3 Nummer 2.1 auf das Alterserfordernis, die Zuverlässigkeit und die persönliche Eignung beschränken), aber auch der für Schreckschuss-, Reizstoff- und Signalwaffen geltenden rechtlichen Bestimmungen im Vergleich zu „scharfen" Schusswaffen – so zu lesen ist, dass die Bestimmungen des § 10 Absatz 4 Satz 2 und 3 nicht bzw. nur modifiziert gelten.

Der Kleine Waffenschein ist – im Unterschied zu § 10 Absatz 4 Satz 2 und 3
- für die Gattung der Schreckschuss-, Reizstoff- und Signalwaffen mit Zeichen der Physikalisch-Technischen Bundesanstalt (PTB),
- unbefristet und
- ohne ausdrückliche Beschränkung auf bestimmte Anlässe oder Gebiete

zu erteilen. Das Verbot des Führens von Waffen bei öffentlichen Veranstaltungen nach § 42 Absatz 1 bleibt unberührt; für die Erteilung insoweit erforderlicher Ausnahmebewilligungen gelten auch im Hinblick auf Schreckschuss-, Reizstoff- und Signalwaffen die in § 42 Absatz 2 genannten Voraussetzungen uneingeschränkt.

Der Kleine Waffenschein erstreckt sich nur auf solche Schreckschuss-, Reizstoff- und Signalwaffen, die das kreisförmige Zulassungszeichen der PTB tragen und daher im Erwerb und Besitz erlaubnisfrei sind (Anlage 2 Abschnitt 2 Unterabschnitt 2 Nummer 1.3). Für sonstige Schreckschuss-, Reizstoff- und Signalwaffen kommt bei Vorliegen der jeweiligen Voraussetzungen lediglich die Ausstellung eines allgemeinen Waffenscheines in Betracht.

10.16 Schießerlaubnis (§ 10 Absatz 5)

10.16.1 Wie bei der Erteilung von Waffenscheinen muss auch bei der Erteilung von Erlaubnissen nach § 10 Absatz 5 der Nachweis der vorgeschriebenen Haftpflichtversicherung gefordert werden (§ 4 Absatz 1 Nummer 5).

10.16.2 Ein Bedürfnis kommt für die Bekämpfung von Schädlingen in Betracht, soweit der Waffengebrauch ein geeignetes Mittel zur Bekämpfung der jeweiligen Tierart (z. B. Schadvogelvergrämung in der Fischereiwirtschaft und im Obst- oder Weinbau außerhalb des § 12 Absatz 4) darstellt. Weitere Bedürfnisgründe können im Brauchtumsbereich sowie beim Abschießen von Gehegewild oder anderen frei lebenden Tierarten vorliegen. Die Regelungen der Tierschutzschlachtverordnung und des Fleischhygienegesetzes, der jagd- und naturschutzrechtlichen Vorschriften sowie andere Vorschriften bleiben unberührt. Die Erlaubnis wird durch Bescheid der Waffenbehörde unter den zur Wahrung der Belange der öffentlichen Sicherheit und Ordnung erforderlichen Auflagen erteilt.

Zu § 11: Erwerb und Besitz von Schusswaffen oder Munition mit Bezug zu einem anderen Mitgliedstaat der Europäischen Union

11.1 § 11 beruht auf Artikel 7 Absatz 1 Satz 2 der EG-Waffenrichtlinie. Danach bedarf eine Person, die ihren gewöhnlichen Aufenthalt in einem anderen Mitgliedstaat hat, zum Erwerb einer Waffe nach Anlage 1 Abschnitt 3 Nummer 2 (Kategorie B) oder von dafür bestimmter Munition neben der waffenrechtlichen Erlaubnis des Mitgliedstaates, in dem der Erwerb stattfinden soll, auch der vorherigen Zustimmung ihres Heimatstaates. Der Erwerb der Schusswaffe unterliegt in diesem Fall mithin der Erlaubnispflicht sowohl des Wohnsitzstaates, als auch des Staates, in dem die Waffe erworben wird.

Der Erwerb von Waffen nach Anlage 1 Abschnitt 3 Nummer 1 bis 3 (Kategorie A bis C) oder von für diese bestimmte Munition ist in den genannten Fällen zusätzlich von einer Erlaubnis zum Verbringen der Gegenstände in den anderen EU-Mitgliedstaat oder von der Erklärung abhängig, dass und aus welchen Gründen die Gegenstände nicht in den Heimatstaat verbracht werden, sondern in dem EU-Mitgliedstaat, in dem der Erwerb stattfindet, verbleiben sollen (Artikel 9 Absatz 1 der EG-Waffenrichtlinie).

Unter die genannten Regelungen fallen auch Angehörige von Drittstaaten, die in einem EU-Mitgliedstaat ihren gewöhnlichen Aufenthalt haben.

Eine Person hat ihren gewöhnlichen Aufenthalt an dem Ort, an dem sie sich aus persönlichen oder beruflichen Gründen ständig oder nicht nur vorübergehend aufhält; die Grundsätze des Verwaltungsverfahrensrechts finden Anwendung.

11.2 § 11 Absatz 1 erfasst Staatsangehörige eines anderen EU-Mitgliedstaates, aber auch sonstige Personen, die ihren gewöhnlichen Aufenthalt in einem anderen EU-Mitgliedstaat haben, und ergänzt grundsätzlich die allgemeinen Erlaubnisvoraussetzungen des § 4 Absatz 1.

Erwerb und Besitz von in § 11 Absatz 1 Satz 1 genannten Waffen oder von Munition für diese setzen – neben den allgemeinen Vorschriften – entweder eine Erlaubnis zum Verbringen der Gegenstände in den anderen Mitgliedstaat (§ 31 Absatz 1) oder – unter Angabe von Gründen – die schriftliche Erklärung voraus, sie nur in Deutschland besitzen zu wollen.

Eine Selbstvornahme des Verbringens liegt dann vor, wenn die Person, die die Waffen oder die Munition nach den Vorschriften des Waffengesetzes selbst erwirbt, sie anschließend in eigener Person verbringt oder dieses veranlasst.

Im Falle der Selbstvornahme können die in § 4 Absatz 1 Nummer 1 bis 4 aufgeführten Voraussetzungen für die Erlaubnis zum Verbringen der Gegenstände in den anderen EU-Mitgliedstaat wie folgt glaubhaft gemacht werden:

Das notwendige Alterserfordernis von 18 Jahren nach § 4 Absatz 1 Nummer 1 kann durch ein amtliches Ausweispapier mit ggf. deutscher Übersetzung hierzu glaubhaft gemacht werden.

Die erforderliche Zuverlässigkeit, die persönliche Eignung und die ausreichende Sachkunde können durch aussagekräftige amtliche Mitteilungen des Heimatstaates mit deutscher Übersetzung glaubhaft gemacht werden.

Das Bedürfnis kann anerkannt werden, wenn die Voraussetzungen nach § 8 vorliegen. Dabei ist zu beachten, dass bei sofortigem Verbringen in einen anderen EU-Mitgliedstaat die persönlichen oder wirtschaftlichen Interessen des Antragstellers höher zu bewerten sind als bei langfristigem Besitz im Geltungsbereich des Waffengesetzes. In diesen Fällen findet die Regelung in § 4 Absatz 2 keine Anwendung.

Der Europäische Feuerwaffenpass ersetzt die entsprechenden Nachweise über das Mindestalter, die Zuverlässigkeit, die persönliche Eignung und die Sachkunde.

Im Falle der Selbstvornahme soll die Erlaubnis nur befristet erteilt werden.

Liegt ein Fall des § 11 Absatz 1 Satz 1 Nummer 2 vor, gelten die Erleichterungen für die Glaubhaftmachung der Voraussetzungen des § 4 Absatz 1 Nummer 1 bis 4 wie bei der Selbstvornahme nicht.

Bei Waffen nach Anlage 1 Abschnitt 3 Nummer 2 (Kategorie B) und dafür bestimmter Munition ist zusätzlich die vorherige Zustimmung des anderen EU-Mitgliedstaates erforderlich (§ 11 Absatz 1 Satz 2).

11.3 § 11 Absatz 2 erfasst hauptsächlich deutsche Staatsangehörige – aber auch andere Personen, die ihren gewöhnlichen Aufenthalt in Deutschland haben –, die in einem anderen EU-Mitgliedstaat eine Waffe nach Anlage 1 Abschnitt 3 Nummer 2 (Kategorie B) oder Munition für diese erwerben und dort die tatsächliche Gewalt über diese Waffen oder Munition ausüben wollen. Der Erwerb kann auch mit dem Ziel des Verbringens nach Deutschland im Wege der Selbstvornahme erfolgen.

Die (nach Artikel 7 der EG-Waffenrichtlinie) innerhalb der EU erforderliche Erlaubnis der deutschen Behörde erfolgt nach § 28 AWaffV als (vorherige) Zustimmung durch einen Erlaubnisschein und auf der Grundlage der dort genannten Angaben.

Voraussetzung der Erlaubnis ist, dass der Antragsteller zuverlässig und persönlich geeignet ist (§ 4 Absatz 1 Nummer 2 in Verbindung mit den §§ 5 und 6).

Die Zustimmung nach § 11 Absatz 2 ist zu trennen von einer ggf. zusätzlich erforderlichen Zustimmung zu einem Verbringen der Waffen oder der Munition nach § 29.

11.4 Das Überlassen von Waffen nach Anlage 1 Abschnitt 3 Nummer 1 bis 3 (Kategorie A bis C) oder von dafür bestimmter Munition an Personen mit gewöhnlichem Aufenthalt in einem anderen EU-Mitgliedstaat und der Besitz dieser Gegenstände durch solche Personen müssen dem EU-Mitgliedstaat mitgeteilt werden, in dem diese Person ihren gewöhnlichen Aufenthalt hat. Zu diesem Zweck übermittelt das Bundeskriminalamt einerseits solche von einem anderen EU-Mitgliedstaat erhaltenen Angaben an die zuständige Behörde (§ 32 Absatz 2 Nummer 2 AWaffV) und andererseits entsprechende Angaben, die ihm auf der Grundlage des § 34 Absatz 4 angezeigt wurden, an die zuständigen Stellen des anderen EU-Mitgliedstaates (§ 32 Absatz 2 Nummer 1 AWaffV).

Zu § 12: Ausnahmen von den Erlaubnispflichten

12.1 Zu § 12 Absatz 1:

12.1.1 Die Freistellung nach Nummer 1 von der Erlaubnispflicht wird nur Inhabern von WBK oder diesen gleich zu achtenden Erwerbs- und Besitzerlaubnissen gewährt. Beispiele hierfür sind: Waffenhandelserlaubnis für erlaubnispflichtige Waffen, gültige Tages- oder Jahres-Jagdscheine, Ersatzbescheinigung nach § 55 Absatz 2.

Soll die Waffe erlaubnisfrei geführt werden (§ 12 Absatz 3), so ist der Name des Überlassenden, der Name des nach § 12 Absatz 1 Nummer 1 Besitzberechtigten und das Datum des Überlassens in einem Beleg festzuhalten (vgl. § 38 Satz 1 Nummer 1 Buchstabe e).

Es wird empfohlen, diese Bescheinigung in jedem Fall des Überlassens auszustellen.

12.1.1.1 Mit Nummer 1 Buchstabe a wird die vorübergehende Entleihe von Schusswaffen vor allem unter Sportschützen und Jägern aus Gründen der öffentlichen Sicherheit als unbedenklich auf eine eindeutige gesetzliche Grundlage gestellt. Die Befristung auf einen Monat soll das Vagabundieren von Schusswaffen – insbesondere die Dauerentleihe – verhindern. Für eine längere Entleihe ist eine Besitzerlaubnis der Waffenbehörde notwendig.

Die Freistellung ist auf das Bedürfnis des Entleihers beschränkt; Sportschützen dürfen nach dieser Vorschrift keine nach § 6 AWaffV ausgeschlossenen Waffen, Jäger keine jagdrechtlich verbotenen Waffen entleihen. Diese Beschränkung soll sicherstellen, dass der von einer Erlaubnis zum Erwerb und Besitz Freigestellte die Waffe nicht gegenüber dem ihm anerkannten Bedürfnis zweckentfremdet.

Aus Gründen der Rechtsklarheit hat es der Gesetzgeber als erforderlich angesehen, in den Regelungen des § 12 – wie hier in Absatz 1 Nummer 1 Buchstabe a – ausdrücklich auch den Umgang „im Zusammenhang“ mit dem vom Bedürfnis umfassten Zweck zu gestatten. Damit sollen Tätigkeiten gestattet werden, die zur Nutzung der Waffe gehören und auf die sich daher auch das Bedürfnis erstreckt. Beispielsweise wird ein Sportschütze eine fremde Sportwaffe mit Gebrauchsanweisung zu Hause darauf prüfen können, ob ein Erwerb für ihn als Sportschütze günstig ist. Nicht gestattet ist jedoch der bedürfnisfremde (im Sinne von das Bedürfnis wechselnde oder verändernde) Umgang (etwa die Tätigkeit als „Türsteher“ in einer Diskothek durch einen Sportschützen mit seiner Sportwaffe). Auch dürfen Waffen, die z. B. als Sammler erworben wurden, zum Schießen auf eine Schießstätte mitgenommen werden. Denn auch Sammler haben zuweilen ein Interesse daran, das Schießverhalten ihrer Waffen zu testen, weil es sich um eine verkehrswesentliche und wertbestimmende Eigenschaft handelt.

Auf die Eintragungen in den WBK des Verleihers und des Entleihers ist zu achten.

12.1.1.2 Der Erwerb nach § 12 Absatz 1 Nummer 1 Buchstabe b ist nur zum Zwecke der vorübergehenden sicheren Verwahrung (z. B. Urlaubs- oder berufsbedingte Abwesenheit) oder der nicht gewerbsmäßigen Beförderung zu einem Berechtigten zulässig.

Im Unterschied zu Nummer 2 wird auch hier der die Waffe übernehmende Personenkreis auf Inhaber einer WBK oder dieser gleich zu achtenden Erwerbs- und Besitzerlaubnis beschränkt. Der Zeitraum, der hinsichtlich der Verwahrung als vorübergehend angesehen werden kann, beurteilt sich nach den Umständen des Einzelfalles (z. B. Dauer einer Ortsabwesenheit wegen Urlaub, Krankheit). Das Ende

– insbesondere der Verwahrzeit – muss allerdings von vornherein festgelegt oder zumindest absehbar sein.

12.1.2 Absatz 1 Nummer 2 trägt den Bedürfnissen der gewerblichen Beförderung und Lagerung Rechnung und bezieht Personen in die Freistellung von der Erlaubnispflicht ein, die – ohne Inhaber einer Erlaubnis nach § 21 Absatz 1 zu sein – Waffen gewerbsmäßig verschönern, z. B. brünieren, vernickeln oder durch Gravuren verzieren; die Befreiung tritt nur ein, wenn die Waffen von einem Berechtigten und nur vorübergehend (siehe Nummer 12.1.1.2) überlassen werden, wobei die Frist von einem Monat der Nummer 1 Buchstabe a nicht gilt. Auch für die Personen, die unter Anwendung des § 12 Absatz 1 Nummer 2 Waffen oder Munition gewerblich befördern oder lagern gelten die Verpflichtungen des § 36 zur sicheren Aufbewahrung von Waffen.

Soll die Waffe zum Zweck des Transports erlaubnisfrei (§ 12 Absatz 3) geführt werden, so ist auch hier der Name des Überlassenden, der Name des nach § 12 Absatz 1 Nummer 2 Besitzberechtigten und das Datum der Überlassung in einem Beleg festzuhalten (vgl. § 38 Satz 1 Nummer 1 Buchstabe e). Es wird empfohlen, diese Bescheinigung in jedem Fall des Überlassens auszustellen.

Für den gewerbsmäßigen Transport im Inland gelten die nachfolgenden Bestimmungen.

Die Mengenangaben beziehen sich dabei auf die vom Versender dem Spediteur übergebenen Sendungen.

Der Transport von Waffen in den nachfolgend genannten Mengen:
- 20 bis 99 Feuerwaffen der Kategorie A
- 20 bis 249 erlaubnispflichtige Feuerwaffen der Kategorien B bis D

ist zulässig, wenn die nachfolgend genannten Sicherungsmaßnahmen gewährleistet werden:
- Die Verpackung darf keine sichtbaren Hinweise auf die Art der Waren enthalten.
- Die Verpackung muss so beschaffen sein, dass ein unbeabsichtigtes Öffnen unterbunden wird.
- Die Verpackung muss mit einem Etikett oder Ähnlichem versehen sein, durch das ein Öffnen erkennbar wird.
- Die Spedition muss eine ständige Rückverfolgbarkeit der Ware gewährleisten.

12.1.3 Die Anwendbarkeit der Freistellungsregeln in Absatz 1 Nummer 3 setzt voraus, dass der konkrete Umfang der durch die Weisungen des Berechtigten eingeräumten Befugnisse deutlich erkennbar und nachprüfbar ist. Ausreichend sind insoweit bei vertraglichen Weisungsverhältnissen die Bestimmungen des jeweiligen Vertrages, im Übrigen die Erklärungen des Berechtigten, die – wenn der Berechtigte z. B. wegen der räumlichen Distanz keine unmittelbare und zeitnahe Einwirkungsmöglichkeit auf den Weisungsunterworfenen hat – von der weisungsabhängigen Person in schriftlicher Form mitzuführen sind.

Der Berechtigte darf dem Weisungsabhängigen nur die Befugnisse einräumen, die zur Erfüllung konkreter Aufgaben erforderlich sind.

Insgesamt ist von einer auch zeitlich an konkrete Aufgaben gebundenen Freistellung auszugehen.

12.1.3.1 Unter die Fallgruppe Absatz 1 Nummer 3 Buchstabe a fallen auch Prüfungen im Rahmen oder als Abschluss einer Ausbildung.

Nach Buchstabe b können Sorgeberechtigte, die selbst nicht Inhaber einer waffenrechtlichen Erlaubnis sind, für ihre Schutzbefohlenen (minderjährige Jäger/Personen in der Ausbildung zum Jäger und Sportschützen) im Auftrag des schießsportlichen Vereins oder der jagdlichen Vereinigung Schusswaffen transportieren, wenn die übrigen Tatbestandsvoraussetzungen des § 12 Absatz 1 Nummer 3 Buchstabe b vorliegen.

12.1.3.2 Das Überlassen von Vereinswaffen durch Schießsportvereine an neue Mitglieder für die gesamte Dauer des ersten Jahres nach Vereinseintritt ist nach Absatz 1 Nummer 3 Buchstabe b nicht zulässig (Verbot der Umgehung des § 14 Absatz 2 Satz 2 Nummer 1).

12.1.3.3 Die Möglichkeit der erlaubnisfreien Besitzdienerschaft seitens einer Privatperson, die nicht dem Bereich der Dienstwaffenträger zuzurechnen ist, wird – einem praktischen Bedürfnis folgend – auf den Bereich der Dienstwaffen nach Absatz 1 Nummer 3 Buchstabe c erweitert.

12.1.3.4 Die Regelung in Absatz 1 Nummer 3 Buchstabe d ermöglicht den erlaubnisfreien Erwerb und Besitz von – vom Gegenstand her erlaubnispflichtigen – Seenotsignalwaffen durch Charterer seegehender Schiffe vom Schiffseigner. Damit ist die Ausrüstung durch den Schiffseigner möglich. Wenn der Schiffseigner Seenotsignalwaffen nach Satz 1 nicht zur Verfügung stellt oder zur Verfügung stellen kann, ist für den Charterer eine Bedürfnisprüfung nach § 8 möglich.

12.1.4 § 12 Absatz 1 Nummer 4 betrifft Fälle des Wiedererwerbs nach nur vorübergehendem (Buchstabe a) oder unfreiwilligem (Buchstabe b) Besitzverlust. Im Falle von Buchstabe b kommt es für die Erfüllung des Freistellungstatbestandes nicht darauf an, ob das Abhandenkommen schuldhaft erfolgte.

12.2 § 12 Absatz 2 stellt von der Erwerbs- und Besitzerlaubnispflicht von Munition und damit sowohl von dessen Dokumentation durch eine WBK als auch durch einen Munitionserwerbsschein frei.

Als Nachweis der Berechtigung wird eine Bescheinigung nach § 38 Absatz 1 Nummer 1 Buchstabe e und eine Kopie der WBK empfohlen.

Der Erwerb und Besitz von erwerbspflichtiger Munition durch beauftragte Helfer in der Weinbergshut von durch zum Erwerb und Besitz dieser Munition Berechtigten zum Zwecke des Vertreibens von Vögeln bedarf nach § 12 Absatz 2 Nummer 1 keiner Erlaubnis, wenn die Helfer in der Weinbergshut unter den Personenkreis des § 12 Absatz 1 Nummer 1 a oder Nummer 3 a fallen.

Die in § 12 Absatz 2 Nummer 2 verwendeten Wörter „zum sofortigen Verbrauch lediglich auf dieser Schießstätte (§ 27)" stellen klar, dass die Munition auf der Schießstätte verbleiben muss.

12.3 Zu § 12 Absatz 3:

Neben der Erlaubnispflichtigkeit des Führens, die für bestimmte Gegebenheiten durch § 12 Absatz 3 aufgehoben wird, sind besondere Führensverbote, insbesondere die der §§ 42 und 42 a, zu beachten.

12.3.1 Im Falle des § 12 Absatz 3 Nummer 1 wird neben der Zustimmung des Hausrechtsinhabers gefordert, dass zum Führen einer Schusswaffe in fremdem Besitztum ein Bedürfnis (z. B. Bewachungsunternehmer oder Bewacher auf dem Grundstück des bewachten Objekts) vorliegen muss. Mit dieser Regelung soll einer missbräuchlichen Verwendung von Schusswaffen begegnet werden.

Ein Bedürfnis in diesem Sinne ist festzustellen,
- wenn eine Erwerbs- und Besitzerlaubnis erforderlich ist, nach Sinn und Zweck dieser Erlaubnis,
- wenn für einen Berechtigten gehandelt wird (z. B. in den Fällen des § 12 Absatz 1 Nummer 3), nach Sinn und Zweck der dem Berechtigten erteilten Erlaubnis,
- wenn für die Erteilung einer Erwerbs- oder Besitzerlaubnis der Nachweis eines Bedürfnisses nicht erforderlich ist, insbesondere im Fall des § 20 Absatz 2, nach dem Sinn und Zweck der gesetzlichen Einräumung des Besitzrechts (z. B. besteht dieser im Falle des Erbenprivilegs darin, Waffen lediglich behalten und erhalten zu dürfen),
- wenn es keiner Erwerbs- und Besitzerlaubnis bedarf, nach der Zweckbestimmung der Waffe nach Anlage 1 Abschnitt 1 Unterabschnitt 1 Nummer 1.1.

12.3.2 § 12 Absatz 3 Nummer 2 betrifft die Fälle, in denen jemand Schusswaffen von seiner Wohnung, seiner eigenen Betriebsstätte, seinem eigenen Geschäftsraum oder einem anderen eigenen befriedeten Besitztum zur Schießstätte, zum Ort der Instandsetzung oder in ein anderes befriedetes Besitztum, wo er sie mit Zustimmung des Hausrechtsinhabers bei sich haben soll, bringt oder von dort wieder zurückbringt.

12.3.3 Wer Schusswaffen von einem Ort, also z. B. von seiner Wohnung zu einem anderen Ort befördern will, muss Folgendes beachten:

12.3.3.1 Jäger dürfen Jagdwaffen auf dem Weg z. B. von ihrer Wohnung in das Revier zum Zwecke der befugten Jagdausübung, zur Ausbildung von Jagdhunden, zum Jagdschutz oder zum Forstschutz nicht schussbereit führen. Dies bedeutet, dass die Waffe nicht geladen sein darf (siehe Nummer 12.3.3.2). Die Waffe kann jedoch zugriffsbereit sein, also z. B. ohne Futteral, z. B. auf der Rückbank eines Personenkraftwagens (PKW) auf einem Motorrad oder einem Fahrrad befördert werden. Dabei ist es unerheblich, ob es sich um Kurz- oder Langwaffen handelt, sofern diese Waffen zur Jagdausübung nach dem BJagdG nicht verboten sind.

Ein Jäger darf Jagdwaffen nur zur befugten Jagdausübung einschließlich des Ein- und Anschießens im Revier, zur Ausbildung von Jagdhunden im Revier und zum Jagdschutz oder zum Forstschutz uneingeschränkt führen. Die Waffe darf also auch geladen sein. Auf § 13 Absatz 6 und die Einhaltung der Sicherheitsbestimmungen gemäß Unfallverhütungsvorschrift (UVV-)Jagd wird hingewiesen.

Der Jäger darf die Jagdwaffen auch im Zusammenhang mit diesen Tätigkeiten, z. B. auf dem direkten Hin- und Rückweg zum Jagdrevier zum Zwecke der befugten Jagdausübung führen, allerdings darf die Waffe nicht schussbereit sein. Sie darf lediglich zugriffsbereit sein.

12.3.3.2 Nach § 12 Absatz 3 Nummer 2 WaffG dürfen die Schusswaffen beim Transport zum Schießstand oder Büchsenmacher weder schuss- noch zugriffsbereit sein; dies gilt auch für den Transport durch Jäger.

Für die Fahrt zum Schießstand oder Büchsenmacher folgt daraus, dass die Schusswaffe im Fahrzeug am besten in einem (mit einem Zahlen- oder Vorhängeschloss) verschlossenen Futteral oder Waffenkoffer transportiert wird, da die Waffe dann auf jeden Fall „nicht zugriffsbereit“ im Sinne der Vorschrift ist.

Soweit Waffen in unverschlossenen Behältnissen transportiert werden, sind sie nur dann „nicht zugriffsbereit", wenn sie nicht innerhalb von drei Sekunden und mit weniger als drei Handgriffen unmittelbar in Anschlag gebracht werden können, vgl. BT-Drs. 16/8224, S. 32 f. (weil sie sich während der Fahrt im Kofferraum eines Fahrzeugs befindet).

Wer Schusswaffen im Fahrzeug auf Reisen beispielsweise zu einer weiter entfernten Jagdveranstaltung transportiert, muss stets gemäß § 36 Absatz 1 Satz 1 die erforderlichen Vorkehrungen treffen, um zu verhindern, dass Waffen und Munition abhanden kommen oder Dritte sie unbefugt an sich nehmen. Darüber hinaus sind Schusswaffen grundsätzlich getrennt von der Munition aufzubewahren, sofern sie nicht in einem entsprechenden Sicherheitsbehältnis aufbewahrt werden (vgl. § 36 Absatz 1 Satz 2). Welche Vorkehrungen konkret zu treffen sind, ist abhängig vom Einzelfall und vom verantwortungsbewussten Waffenbesitzer in der jeweiligen Situation abzuwägen. Dies bedeutet, dass ein Fahrzeug mit Schusswaffen nicht über einen längeren Zeitraum unbeaufsichtigt abgestellt werden darf und die Waffen nicht von außen erkennbar sein sollten. Bei Hotelübernachtungen ist die Waffe ggf. im Hotelzimmer oder Hotelsafe einzuschließen, damit sie nicht aus einem abgestellten Fahrzeug entwendet werden kann. Zusätzliche Sicherungen an der Schusswaffe in Form von Abzugs- oder Waffenschlössern sind eine sinnvolle Ergänzung. Sinnvoll sind jedenfalls auch die von der PTB zugelassenen elektronischen Sicherungssysteme. Ebenso kann die Entfernung wesentlicher Waffenteile (z. B. Schloss, Kammerstängel, Vorderschaft) sinnvoll sein.

12.3.4 Von § 12 Absatz 3 Nummer 3 erfasst ist sowohl die Wintersportdisziplin Biathlon als auch die Sportart Sommerbiathlon. Die Begriffe „genehmigte Sportwettkämpfe" und „festgelegte Wegstrecken" machen deutlich, dass es auf organisatorische Erfordernisse hinsichtlich des konkreten Ereignisses und des konkreten Parcours ankommt. „Genehmigt" bedeutet, dass die Sportart nach einer genehmigten Sportordnung abläuft. Als Sportwettkampf ist auch das Training anzusehen.

12.3.5 Keines Waffenscheins für das Führen einer Signalwaffe bedürfen nach der Regelung in § 12 Absatz 3 Nummer 4 u. a. die Bergwacht und Führer von Wasserfahrzeugen, wenn sie eine erlaubnispflichtige Signalwaffe an Bord mitführen wollen.

Die Freistellung für Not- und Rettungsübungen gilt auch für und im Zusammenhang mit Einsätzen im Ernstfall. Die Befreiungen nach § 12 Absatz 3 Nummer 3 bis 5 gelten auch bei öffentlichen Veranstaltungen im Sinne von § 42.

12.4 Zu § 12 Absatz 4:

12.4.1 In § 12 Absatz 4 Nummer 1 wird das Schießen auf befriedetem Besitztum mit Zustimmung des Hausrechtsinhabers aus zugelassenen SRS-Waffen freigestellt, wenn dabei die Geschosse das Grundstück nicht verlassen können und es nicht in der Nähe leicht entflammbarer Objekte erfolgt. Die sonstigen Tatbestandsvoraussetzungen (z. B. nur Kartuschenmunition, Geschossenergie unter 7,5 Joule) müssen ebenfalls gegeben sein. Pyrotechnische Munition der Klasse PM I erfüllt diese Voraussetzungen.

Inhaber des Hausrechts ist, wer die Berechtigung zum Zugang gestatten oder verwehren kann. Es muss sich dabei nicht zwingend um den Eigentümer oder Besitzer handeln. Auch ein Veranstaltungsleiter kann Inhaber des Hausrechts sein.

Diese Regelung gilt nicht außerhalb des befriedeten Besitztums. Die Eigenschaft des befriedeten Besitztums richtet sich nach dem Schutzgut des § 123 des Strafgesetzbuches (StGB).

12.4.2 § 12 Absatz 4 Nummer 2:

Diese Regelung betrifft den Biathlon-Sport.

Bei den Schießständen für Sportwettkämpfe wird es sich regelmäßig um Schießstätten im Sinne der Begriffsbestimmung in § 27 Absatz 1 Satz 1 handeln.

12.4.3 Zu den in § 12 Absatz 4 Nummer 3 Buchstabe a genannten „gleich zu achtenden Vorführungen" gehören z. B. Film- und Fernsehaufnahmen oder Öffentlichkeitsvorführungen in Film- und Fernsehstudios.

„Landwirtschaftliche Betriebe" nach § 12 Absatz 4 Nummer 3 Buchstabe b umfassen u. a. Wein- und Obstbau und die Fischereiwirtschaft.

Aus einer Zusammenschau der Vorschriften des § 12 Absatz 3 Nummer 2, Absatz 4 Satz 2 Nummer 1 und 3 Buchstabe b ergibt sich, dass es für den Transport von erlaubnisfreien Schreckschuss-, Reizstoff- und Signalwaffen zum Weinberg und das Schießen aus solchen Waffen mit Kartuschenmunition oder pyrotechnischer Munition zum Zwecke des Vertreibens von Vögeln in Weinbergen einer Schießerlaubnis nicht bedarf. Sofern der Weinberg nicht als befriedetes Besitztum anzusehen ist, bedarf es aber für das mit dem Schießen untrennbar verbundene Führen auch dann eines Kleinen Waffenscheines, wenn die Waffe mit Zustimmung des Verfügungsberechtigten geführt werden soll.

12.5 Sinn und Zweck der Vorschrift des § 12 Absatz 5 ist in erster Linie die Verhinderung vom Gesetzgeber nicht gewollter unverhältnismäßiger Rechtsfolgen in den Fällen, die beim Erlass des WaffG auf Grund der Vielgestaltigkeit und Dynamik der Lebensverhältnisse nicht oder noch nicht vorhergesehen werden konnten.

Die Ausnahmeregelung des § 12 Absatz 5 dient insoweit nicht dazu, vorhandene Erlaubniserfordernisse generell zu umgehen. Vielmehr sollen nur solche Fälle erfasst werden, die den gesetzlichen Ausnahmen in § 12 Absatz 1 bis 4 oder an anderer Stelle des WaffG vergleichbar sind und in denen materiell sonst gegebene Erlaubnisvoraussetzungen entweder bereits feststehen oder auf Grund einer besonderen Sachlage nicht geprüft werden können.

Der Begriff „im Einzelfall" lässt auch den Erlass von Allgemeinverfügungen zu, wenn sich die Regelung auf einen als bestimmten Sonderfall klassifizierbaren, insbesondere örtlich und zeitlich eingrenzbaren, Lebenssachverhalt (z. B. bei schießsportlichen Wettkämpfen) beschränkt.

Zu § 13: Erwerb und Besitz von Schusswaffen und Munition durch Jäger, Führen und Schießen zu Jagdzwecken

13.1 Bei Jägern im Sinne des § 13 Absatz 1 wird im Allgemeinen ein besonderes Bedürfnis für den Erwerb und Besitz von Jagdwaffen und Munition anerkannt, wenn diese für die Jagdausübung in Deutschland nicht ausdrücklich nach dem BJagdG verboten sind und jeweils für die beabsichtigte Jagdausübung, das Training oder den Wettkampf im jagdlichen Schießen benötigt werden.

Jäger im Sinne des § 13 Absatz 1 ist, wer einen gültigen Jagdschein nach § 15 Absatz 1 BJagdG hat:

- Jahresjagdschein (§ 15 Absatz 1 in Verbindung mit Absatz 2 BJagdG),
- Tagesjagdschein (§ 15 Absatz 1 in Verbindung mit Absatz 2 BJagdG),
- Jahresjagdschein für Ausländer (§ 15 Absatz 1 in Verbindung mit Absatz 2 und 6 BJagdG),
- Tagesjagdschein für Ausländer (§ 15 Absatz 1 in Verbindung mit Absatz 2 und 6 BJagdG).

Jäger im waffenrechtlichen Sinn ist nicht, wer lediglich die Jägerprüfung abgelegt hat.

Gemäß der jagdrechtlichen Wertung (vgl. § 15 Absatz 4 BJagdG) ist der Ausländerjagdschein ein vollwertiger Jagdschein und damit ein Unterfall des Jahres- oder Tagesjagdscheins, zumal außer dem Bestehen der deutschen Jägerprüfung alle sonstigen Erteilungsvoraussetzungen verlangt werden.

Inhaber von Tagesjagdscheinen müssen vor dem auf Dauer angelegten Erwerb und Besitz einer Waffe ein Bedürfnis hierfür in jedem Einzelfall glaubhaft machen. Für den Erwerb und Besitz von Lang- und Kurzwaffen bedürfen sie der vorherigen behördlichen Erlaubnis (Voreintrag).

Ein Falknerjagdschein nach § 15 Absatz 1 Satz 3 BJagdG berechtigt nicht zum Erwerb und Besitz von Jagdwaffen und Munition.

In besonders zu begründenden Einzelfällen kann für die Jagd im Ausland auch ein Bedürfnis zum Erwerb und Besitz von Waffen und Munition, welche nach dem BJagdG nicht zugelassen sind, anerkannt werden; hier ist aber wie auch beim Vorliegen lediglich einer ausländischen Jagderlaubnis das Bedürfnis nach den allgemeinen Grundsätzen des § 8 zu prüfen (siehe auch Nummer 8.1.5).

In Zweifelsfällen kann eine Stellungnahme des örtlichen Kreisjagdmeisters, des Jagdberaters, des Landesjagdverbandes oder einer sonstigen sachverständigen Stelle eingeholt werden.

13.2 Bei Inhabern eines gültigen Jahresjagdscheines nach § 15 Absatz 2 BJagdG entfällt die Bedürfnisprüfung bei der Erlaubniserteilung für den Erwerb und Besitz von nach BJagdG nicht verbotenen Langwaffen und bis zu zwei Kurzwaffen sowie der zugehörigen Munition. Diese Kurzwaffen müssen nicht für den Fangschuss (Mündungsenergie der Geschosse mindestens 200 Joule, vgl. das Verbot des § 19 Absatz 1 Nummer 2 Buchstabe d BJagdG) zugelassen sein. Ein Bedürfnis für weitere Kurzwaffen (z. B. für die Bau- und Fallenjagd, zur Abgabe von Fangschüssen, das jagdliche Übungsschießen) ist jeweils im Einzelfall glaubhaft zu machen; zur Glaubhaftmachung können auch Stellungnahmen des örtlichen Kreisjägermeisters, des Jagdberaters, des Landesjagdverbandes oder einer sonstigen sachverständigen Stelle vorgelegt werden.

Ein Bedürfnis für den Erwerb und Besitz einer dritten oder weiteren Kurzwaffe ist jedoch nur dann anzuerkennen, wenn der Antragsteller insofern nachgewiesen hat, dass er sowohl die bereits vorhandenen Kurzwaffen als auch die nunmehr beantragte weitere Kurzwaffe konkret zur Jagdausübung einschließlich des jagdlichen Schießens benötigt, ihm also insbesondere auch der Verzicht auf eine bereits in seinem Bestand befindliche Kurzwaffe nicht zuzumuten ist.

13.3 Nach dem BJagdG nicht ausdrücklich verbotene Langwaffen können allein auf Grund eines gültigen Jahresjagdscheines erworben werden.

Der Erwerb von Kurzwaffen bedarf der vorherigen behördlichen Erlaubnis (Voreintrag in WBK).

Die Erlaubnis für den fortwährenden Besitz solcher Jagdwaffen ist nach dem Erwerb binnen zwei Wochen bei der zuständigen Behörde zu beantragen und wird durch Ausstellung einer WBK bzw. Eintragung in eine bereits vorhandene WBK erteilt.

13.4 Keine weitere Erlaubnis benötigen Inhaber eines gültigen Jahres- wie auch Tagesjagdscheines nach § 15 Absatz 2 BJagdG für den Erwerb und vorübergehenden Besitz von Langwaffen nach § 12 Absatz 1 Nummer 1 (z. B. Leihe für höchstens einen Monat oder für die – ggf. auch über einen längeren Zeitraum notwendige – sichere Aufbewahrung oder Beförderung für einen anderen Berechtigten). Insoweit steht nach § 13 Absatz 4 der Jagdschein einer WBK gleich.

Der Inhaber einer WBK kann darüber hinaus gestützt auf § 12 Absatz 1 Nummer 1 von einem Berechtigten auch eine Kurzwaffe erwerben und vorübergehend besitzen (siehe auch Nummer 12.1.1).

13.5 Für Langwaffen geeignete Munition kann ein Jäger allein auf Grund eines gültigen Jahres- oder Tagesjagdscheines erwerben, sofern diese zum Zeitpunkt des Erwerbs nicht nach dem BJagdG verboten ist.

Wegen des Rechts zum Besitz empfiehlt es sich für den Jäger zur Vermeidung von Rechtsunsicherheiten (z. B. in Fällen, in denen die Verlängerung eines Jagdscheins aus persönlichen Gründen zunächst nicht beantragt wird), die Erlaubnis zum Erwerb und Besitz von Langwaffenmunition in die WBK eintragen zu lassen. Gegebenenfalls kann auch ein Munitionserwerbsschein (z. B. Jagdscheininhaber jagt nur gelegentlich mit Leihwaffen) ausgestellt werden. Anderenfalls macht sich der Munitionsbesitzer nach § 52 Absatz 3 Nummer 2 b strafbar.

13.6 Inhaber eines gültigen Jagdscheines nach § 15 Absatz 1 Satz 1 BJagdG dürfen auf Grund dieser Erlaubnis Jagdwaffen und -munition zur befugten Jagdausübung einschließlich des Ein- und Anschießens im Revier, zur Ausbildung von Jagdhunden im Revier, zum Jagd- oder Forstschutz mit sich führen und mit ihnen schießen.

Zur befugten Jagdausübung gehört auch die beschränkte Jagdausübung in befriedeten Bezirken, sofern eine entsprechende Erlaubnis von der zuständigen Jagdbehörde erteilt wurde. Eine gesonderte Schießerlaubnis nach § 10 Absatz 5 ist dann nicht erforderlich.

Der befugten Jagdausübung gleichgestellt ist der Abschuss von Tieren, die dem Naturschutzrecht unterliegen, wenn die naturschutzrechtliche Ausnahme oder Befreiung die Tötung durch einen Jagdscheininhaber vorsieht. In diesem Fall sind für das Führen einer Schusswaffe und das Schießen zu diesem Zweck ein Waffenschein und ein Erlaubnisschein nicht erforderlich.

Inhaber eines gültigen Jagdscheins benötigen auch zum Führen von Schreckschuss-, Reizstoff- und Signalwaffen innerhalb des Jagdreviers keinen Kleinen Waffenschein. Sie dürfen mit diesen Waffen im Rahmen der befugten Jagdausübung (z. B. Jagdhundeausbildung, Wildschadensverhütung, Jagdschutz) schießen. Insoweit liegt mit dem Jagdschein bereits eine äquivalente Erlaubnis vor (siehe auch Nummer 10.15.4).

Im Zusammenhang mit der befugten Jagdausübung einschließlich des Ein- und Anschießens im Revier, zur Ausbildung von Jagdhunden im Revier, dem Jagdschutz und Forstschutz kann ein Jagdscheininhaber die zur Jagd benötigten Waffen nicht schussbereit (siehe Nummer 12.3.3.1) führen. Einer Erlaubnis bedarf es somit weder auf den direkten Hin- und Rückwegen zur und von der Jagd, noch im Zusammenhang mit anderen jagdlichen Tätigkeiten und Veranstaltungen (z. B. Vorführungen für Aus-, Weiterbildungs- und Prüfungszwecke) sowie im Rahmen der damit einhergehenden Erledigungen und Besorgungen wie „Abstecher" zur Bank oder Post.

13.7 Inhabern von Jugendjagdscheinen im Sinne des § 16 BJagdG wird eine Erlaubnis zum Erwerb und Besitz von Schusswaffen und der dafür bestimmten Munition nicht erteilt.

Unter Berücksichtigung der jagdgesetzlichen Vorgaben, wonach ein Jugendjagdschein nur zur Ausübung der Einzeljagd in Begleitung eines jagdlich erfahrenen Erziehungs- bzw. Sorgeberechtigten oder einer von diesem schriftlich beauftragten, jagdlich erfahrenen Aufsichtsperson berechtigt, dürfen Jugendjagdscheininhaber für die Dauer der Jagdausübung bzw. des jagdlichen Übungs- und Wettkampfschießens im erforderlichen Umfang Jagdwaffen und die dafür bestimmte Munition führen und damit schießen (§ 13 Absatz 7 Satz 2).

Insbesondere dürfen sie auch Schusswaffen anderer Berechtigter (Leihwaffen) im Zusammenhang mit diesen Tätigkeiten nicht schussbereit führen; z. B. also auch Jagdwaffen und Munition auf dem Weg zur Jagdausübung bzw. zur Schießstätte (insoweit auch ohne jagdlich erfahrene Aufsichtsperson) getrennt und nicht zugriffsbereit ohne behördliche Erlaubnis transportieren (siehe dazu auch Nummer 12.1.1).

13.8 Personen in der Ausbildung zum Jäger (Jagdscheinanwärter) dürfen nicht schussbereite Jagdwaffen in der Ausbildung unter Aufsicht eines Ausbilders unter den Voraussetzungen des § 13 Absatz 8 erwerben, besitzen und führen.

Der verantwortliche Ausbildungsleiter oder der von der Jagdbehörde bestätigte Lehrherr erklären hierfür zuvor schriftlich ihr Einverständnis. Diese Berechtigungsbescheinigung ist in der Ausbildung mitzuführen und muss bei jugendlichen Jagdscheinanwärtern (vom vollendeten 14. bis zur Vollendung des 18. Lebensjahres) zusätzlich auch vom Sorgeberechtigten unterzeichnet sein. Entsprechende Regelungen zum erlaubnisfreien Ausbildungsschießen finden sich in § 27 Absatz 5.

Jagdscheinanwärtern kann darüber hinaus zur Erlangung der erforderlichen Schießfertigkeiten unter folgenden Voraussetzungen ein Bedürfnis auf der Grundlage des § 8 zum Erwerb und Besitz einer Einzelladerlangwaffe mit glattem Lauf/glatten Läufen (Doppel- oder Bockdoppelflinte) mit Kaliber 12 oder kleiner anerkannt werden, wenn eine geeignete Waffe ausnahmsweise vom Ausbilder nicht zur Verfügung gestellt werden kann. Voraussetzungen hierfür sind:

- Vollendung des 18. Lebensjahres,
- Zuverlässigkeit und persönliche Eignung nach den §§ 5 und 6,
- Sachkundenachweis nach § 3 Absatz 1 Nummer 1 Buchstabe a, 3. Fall AWaffV oder geeigneter anderweitiger Nachweis der Sachkunde,
- Bedürfnisnachweis, Darlegung der Erforderlichkeit durch die verantwortliche Ausbildungsstelle oder die zuständige Kreisgruppe (Landesjagdverband).

Die WBK ist unter den Vorbehalt des Bestehens der Jägerprüfung zu stellen und daher mit Blick auf eine mögliche Wiederholungsprüfung in der Regel längstens für die Dauer von zwei Jahren zu befristen; maßgeblich sind die jeweiligen Jägerprüfungsordnungen der Länder. Die WBK berechtigt nicht zum Erwerb von Munition.

Zu § 36: Aufbewahrung von Waffen und Munition

36.1 Adressaten der Pflichten nach § 36 Absatz 1 bis 3 und den §§ 13 und 14 AWaffV sind alle Waffen- und Munitionsbesitzer. Für die sichere Aufbewahrung von Waffen und Munition bei der Unterbrechung eines gewerblichen Transports (etwa durch Umladung oder Zwischenlagerung) gelten die entsprechenden Bestimmungen über die sichere Aufbewahrung zu Nummer 29.3 entsprechend.

36.2 Der Verpflichtete hat die notwendigen Sicherungsvorkehrungen zu treffen. Sofern sie nicht ausreichen, sind die notwendigen Änderungen oder Ergänzungen von der zuständigen Waffenbehörde unter angemessener Fristsetzung anzuordnen.

Die gesetzlichen Standards (§ 36 Absatz 1 und 2, § 13 Absatz 1 bis 4 AWaffV) sind wie folgt festgelegt:

36.2.1 Als Mindeststandard für die Aufbewahrung von erlaubnisfreien Gegenständen, die den Waffenbegriff des Gesetzes erfüllen (also z.B. Druckluftwaffen für Sportschützen), reicht ein festes verschlossenes Behältnis oder eine vergleichbare Sicherung wie z.B. die Sicherung von Blankwaffen an der Wand durch aufschraubbare oder gleichwertig gesicherte (abschließbare) Wandhalterungen.

Als festes verschlossenes Behältnis gilt der verschlossene Schießwagen oder die verschlossene Schießbude insgesamt.

36.2.2 Als Mindeststandard für die Aufbewahrung von Munition (unabhängig, ob erlaubnisfrei oder erlaubnispflichtig) ist ebenfalls ein festes verschlossenes Behältnis anzusehen (gleichwertiges Behältnis). Geschosse, z.B. Diabolos für Druckluftwaffen, sind keine Munition.

36.2.3 Für bis zu zehn erlaubnispflichtige Langwaffen reicht ein Behältnis der Sicherheitsstufe A nach VDMA 24992 aus.

Für mehr als zehn erlaubnispflichtige Langwaffen gibt es bei der Aufbewahrung eine Wahlmöglichkeit:

Die Aufbewahrung kann in einer entsprechenden Mehrzahl von Sicherheitsbehältnissen der Sicherheitsstufe A nach VDMA 24992 erfolgen, also bis zu 20 solcher Schusswaffen in zwei Sicherheitsbehältnissen der Stufe A, bis zu 30 solcher Schusswaffen in drei Sicherheitsbehältnissen der Stufe A usw. Alternativ hierzu ist auch die Aufbewahrung einer unbegrenzten Anzahl erlaubnispflichtiger Langwaffen in einem Sicherheitsbehältnis der Stufe B nach VDMA 24992 oder in einem Sicherheitsbehältnis der Norm DIN/EN 1143–1 Widerstandsgrad 0 möglich.

36.2.4 In einem Sicherheitsbehältnis der Sicherheitsstufe B nach dem VDMA 24992 dürfen grundsätzlich nicht mehr als fünf erlaubnispflichtige Kurzwaffen aufbewahrt werden. Die Aufbewahrung von mehr als fünf und bis zu zehn Kurzwaffen in einem Sicherheitsbehältnis der Sicherheitsstufe B nach dem VDMA 24992 oder in einem Sicherheitsbehältnis der Norm DIN/EN 1143–1 Widerstandsgrad 0 setzt voraus, dass das Sicherheitsbehältnis ein Gewicht von mindestens 200 kg hat oder es mit einem mit 200 kg vergleichbaren Gewicht gegen Abrisskräfte verankert ist. Alternativ hierzu ist auch die Aufbewahrung einer unbegrenzten Anzahl erlaubnispflichtiger Kurzwaffen in einem Sicherheitsbehältnis der Norm DIN/EN 1143–1 Widerstandsgrad I möglich.

Für mehr als zehn erlaubnispflichtige Kurzwaffen gibt es wiederum eine Wahlmöglichkeit bei der Aufbewahrung:

Die Aufbewahrung kann in einer entsprechenden Mehrzahl von Sicherheitsbehältnissen der Stufe B nach VDMA 24992 oder der Norm DIN/EN 1143–1 Widerstandsgrad 0 erfolgen. Das System ist wie bei erlaubnispflichtigen Langwaffen, also bis zwanzig Kurzwaffen zwei Behältnisse usw. Bei mehr als 30 Kurzwaffen soll im Sinne des § 36 Absatz 6 geprüft werden, ob eine einzelfallbezogene Festlegung eines höheren Sicherheitsstandards erforderlich ist.

36.2.5 Werden erlaubnispflichtige Langwaffen in einem Sicherheitsbehältnis, das der Sicherheitsstufe A nach VDMA 24992 entspricht, aufbewahrt, so ist es für die gemeinsame Aufbewahrung von bis zu fünf Kurzwaffen und der Munition für die Lang- und Kurzwaffen ausreichend, wenn sie in einem Innenfach erfolgt, das der Sicherheitsstufe B nach VDMA 24992 entspricht.

36.2.6 Werden Schusswaffen in einem Sicherheitsbehältnis, das der Sicherheitsstufe A oder B entspricht, aufbewahrt, so genügt nach § 13 Absatz 4 Satz 2 1. Halbsatz AWaffV für die Aufbewahrung der dazugehörigen Munition ein unklassifiziertes Innenfach aus Stahlblech mit Schwenkriegelschloss. Die Aufbewahrung „über Kreuz“ von Schusswaffen und nicht dazugehöriger Munition in einem Sicherheitsbehältnis der Sicherheitsstufen A oder B ist nach § 13 Absatz 4 Satz 2 2. Halbsatz AWaffV zulässig.

36.2.7 Für die gemeinsame Aufbewahrung von Waffen und Munition in einem B-Schrank genügt als Innenfach für die Aufbewahrung von Munition ein festes verschlossenes Behältnis.

36.2.8 Für verbotene Schusswaffen gilt § 13 Absatz 1 AWaffV, es sind also dieselben Sicherheitsstandards wie bei erlaubnispflichtigen Kurzwaffen einzuhalten. Für sonstige verbotene Waffen gilt § 36 Absatz 2.

36.2.9 Bei nicht dauerhaft bewohnten Gebäuden nach § 13 Absatz 6 AWaffV handelt es sich um Gebäude, in denen nur vorübergehend Nutzungsberechtigte verweilen, wie z. B. Jagdhütten, Wochenend- oder Ferienhäuser oder -wohnungen. Die Eigenschaft als dauerhaft bewohntes Gebäude geht nicht dadurch verloren, dass sich Nutzungsberechtigte dort zeitweise nicht aufhalten, sei es infolge der Erledigung von Besorgungen oder Besuchen oder von normalen Urlaubsabwesenheiten. Auch die Wohnungen von Pendlern, die sich nur einen Teil der Woche am Arbeitsort, den anderen Teil am Hauptwohnsitz aufhalten, sind im Regelfall als dauerhaft bewohnte Gebäude einzustufen. Museen, die dem Publikumsverkehr zugänglich sind, gelten als dauerhaft bewohnte Gebäude.

36.2.10 Ist nach Prüfung des Einzelfalles auf Grund der Art der Waffen, des hohen Waffen- oder Munitionsbestandes oder wegen des Ortes der Aufbewahrung ein höherer Sicherheitsstandard notwendig, ist eine Anordnung nach § 36 Absatz 6 erforderlich.

36.2.11 Für die Aufbewahrung von Waffen- und Munitionssammlungen in anderen als der sonst vorgeschriebenen Art, z. B. in Vitrinen oder durchsichtigen Ausstellungsschränken, sind die Regelungen des § 13 Absatz 7 AWaffV anzuwenden. Danach kann auf Antrag des Sammlers die Waffenbehörde nach Prüfung des Einzelfalles geringere oder höhere Anforderungen an die Aufbewahrung stellen.

36.2.12 Härtefälle im Sinne des § 13 Absatz 8 AWaffV können z. B. in folgenden Fällen gegeben sein:

- für den Besitz nur einer üblichen Einzellader- oder Repetier-Langwaffe bei Biathleten oder Traditions- und Gebirgsschützen, reicht ein festes verschlossenes Behältnis aus;
- für den Besitz von Langwaffen und Munition nach Anlage 2 Abschnitt 2 Unterabschnitt 3 (Feuerwaffen, deren Geschosse eine Bewegungsenergie von nicht mehr als 7,5 Joule erteilt wird) reicht ein festes verschlossenes Behältnis aus; für Kurzwaffen der gleichen Art ist ein A-Schrank ausreichend.

In den vorgenannten Fällen bedarf es immer einer Festsetzung der Waffenbehörde.

36.2.13 Bestehen auf konkreten Tatsachen beruhende begründete Zweifel nach § 13 Absatz 9 AWaffV, kann die Waffenbehörde eine fachlich kompetente Stellungnahme z. B. von zertifizierten Firmen der Sicherheitstechnik, kriminalpolizeilichen Beratungsstellen, dem DIN, dem TÜV, der Deutschen Versuchs- und Prüf-Anstalt für Jagd- und Sportwaffen e. V. (DEVA) oder den Materialprüfungsanstalten der Länder verlangen. Diese Gutachten sind auf eigene Kosten durch den Verwahrer von Waffen und Munition beizubringen.

36.2.14 Der Begriff „häusliche Gemeinschaft" in § 13 Absatz 10 AWaffV ist so auszulegen, dass neben dem Normalfall des gemeinsamen Bewohnens eines Hauses oder einer Wohnung durch nahe Familienangehörige auch Fälle von Studenten, Wehrpflichtigen, Wochenendheimfahrern etc. als in häuslicher Gemeinschaft Lebende anzusehen sind. Dies gilt auch, wenn ein naher Angehöriger in gewissen Abständen das Familienheim aufsucht und eine jederzeitige Zutrittsmöglichkeit besitzt. Der Begriff „berechtigte Personen" begrenzt die Statthaftigkeit der gemeinschaftlichen Aufbewahrung und des damit eingeräumten gemeinschaftlichen Zugriffs auf solche Personen, die grundsätzlich die Berechtigung zum Erwerb und Besitz von solchen Waffen haben, die gemeinschaftlich aufbewahrt werden. Alle auf die jeweilige Waffe Zugriffsberechtigten müssen also das gleiche Erlaubnisniveau aufweisen. Zulässig ist die gemeinschaftliche Aufbewahrung von Kurzwaffen z. B., wenn ein Aufbewahrer Jäger, der andere Sportschütze ist. Nicht zulässig ist die gemeinschaftliche Aufbewahrung, wenn ein Nichtberechtigter Zugriff auf Schusswaffen erhält (z. B. Inhaber eines Reizstoffsprühgeräts, einer SRS-Waffe oder einer erlaubnispflichtigen Signalwaffe auf Jagdwaffen oder Sportpistolen).

36.2.15 Bei der vorübergehenden Aufbewahrung von Waffen und Munition nach § 13 Absatz 11 AWaffV müssen sich die erforderlichen Sicherheitsvorkehrungen nach der Dauer der Aufbewahrung und der Art und Menge der zu schützenden Gegenstände richten. Bei einem Transport von Waffen und Munition in einem Fahrzeug reicht es bei kurzfristigem Verlassen des Fahrzeuges (Einnahme des Mittagessens, Tanken, Schüsseltreiben, Einkäufe etc.) aus, wenn die Waffen und die Munition in dem verschlossenen Fahrzeug so aufbewahrt werden, dass keine unmittelbaren Rückschlüsse auf die Art des Inhaltes erkennbar sind. Bei notwendigen Hotelaufenthalten, z. B. am Ort der Jagd, am Ort der Sportausübung oder im Zusammenhang mit Vertreter- oder Verkaufstätigkeiten, ist die Aufbewahrung im Hotelzimmer – auch bei kurzfristigem Verlassen des Hotelzimmers – dann möglich, wenn die Waffen und die Munition in einem Transportbehältnis oder in einem verschlossenen Schrank oder einem sonstigen verschlossenen Behältnis aufbewahrt werden. Auch das Entfernen eines wesentlichen Teils oder die Anbringung einer Abzugssperrvorrichtung ist möglich.

36.2.16 Die zentrale Geschäftsstelle Kriminalpolizeiliche Prävention (KPK) gibt Arbeitsanleitungen für die kriminalpolizeilichen Beratungsstellen betreffend der Aufbewahrung von Waffen und Munition heraus. Diese Arbeitsanleitungen sind im Rahmen der diesen Stellen obliegenden Bürgerberatung als Grundlage für ein alle Angebote des Marktes ausschöpfendes Aufbewahrungskonzept anzusehen, die weit über die gesetzlichen Anforderungen hinausgehen. Die Regelungen im und der AWaffV stellen hingegen den unter Sicherheitsaspekten erforderlichen Standard für die Aufbewahrung auf. Die Waffenbehörde hat Aufbewahrungskonzepte der Antragsteller unter Beachtung der unterschiedlichen Voraussetzungen dieser Regelungen und auf Grund der jeweiligen örtlichen und sachlichen Gegebenheiten zu beurteilen.

36.2.17 Die nach § 14 AWaffV beizubringenden Aufbewahrungskonzepte im Bereich von Schützenhäusern, Schießstätten oder im Waffengewerbe (Handel, Herstellung, Bewachung) müssen dem Stand der Technik entsprechen.

36.3 Befördert jemand, z. B. ein Erlaubnisinhaber nach § 21, Schusswaffen oder Munition, zu deren Erwerb es der Erlaubnis bedarf, so hat er sie auch während des Transportes gegen Abhandenkommen und gegen unbefugten Zugriff zu sichern. Dabei dürfen die verwendeten Fahrzeuge keine sichtbaren Hinweise auf die Art der Waren enthalten. Kennzeichnungsverpflichtungen auf Grund von Vorschriften über die Beförderung gefährlicher Güter – z. B. auf Grund der Gefahrgutverordnung Straße, Eisenbahn und Binnenschifffahrt (GGVSEB) in der Fassung der 1. Änderungsverordnung vom 4. März 2011 (BGBl. I S. 347) bleiben unberührt.

Lässt der Erlaubnisinhaber Schusswaffen oder Munition, zu deren Erwerb es der Erlaubnis bedarf, durch ein gewerbliches Unternehmen befördern, so ist er verpflichtet,

36.3.1 dafür zu sorgen, dass der Beförderer über den Inhalt der Warensendung informiert ist;

36.3.2 sicherzustellen, dass ihm der Beförderer das Abhandenkommen von Schusswaffen oder Munition unverzüglich mitteilt;

36.3.3 auf den Verpackungen von Schusswaffen keine sichtbaren Hinweise auf die Art der Waren anzubringen.

36.4 Adressat der Pflichten nach § 36 ist auch der selbstständige Beförderer von Schusswaffen und Munition. Diese Gegenstände hat der Beförderer beim Transport im Geltungsbereich des WaffG gegen Abhandenkommen und gegen unbefugten Zugriff zu sichern.

36.5 Für die Aufbewahrung erlaubnispflichtiger Seenotsignalpistolen gelten folgende Besonderheiten:

36.5.1 Für die vorübergehende Aufbewahrung einer erlaubnispflichtigen Seenotsignalpistole an Bord einer seegehenden Motor- oder Segelyacht ist ein nicht zertifiziertes Aufbewahrungsbehältnis als ausreichend anzuerkennen, wenn es die nachstehenden Sicherheitsstandards erfüllt:

- Behältnisse müssen aus Stahlblech – möglichst rostfrei – gearbeitet sein;
- das Stahlblech der Tür/Klappe muss mindestens eine Stärke von 4 mm aufweisen;
- eine Verankerung des Behältnisses mit dem Schiff ist erforderlich;

– das Behältnis muss zu verschließen sein (elektronisch codiertes Schloss, Zahlenschloss oder Riegelschloss können zum Einsatz kommen).

Die Munition ist in einem abschließbaren Blechkasten mit innenliegendem Schloss, z. B. eine Geldkassette, an den keine weiteren Anforderungen gestellt werden, aufzubewahren.

36.5.2 In Fällen der längeren und erkennbaren Abwesenheit hat der Inhaber der Erlaubnis Waffe und Munition in seiner Wohnung oder seinem Haus entsprechend den allgemeinen Vorschriften in einem Sicherheitsbehältnis der Stufe 0 oder B aufzubewahren. Erkennbar wäre dies beim Abschließen des Schiffes bei längerer Abwesenheit des Skippers oder ein längerer Aufenthalt des Schiffes zu Reparaturzwecken in einer Werft oder das Saisonende zum Winter, wenn die Schiffe im Yachthafen liegen und überholt werden.

36.6 Grundsätzlich ist der Verwendungszweck der Waffen zu berücksichtigen.

36.7 § 36 Absatz 3 Satz 1 stellt klar, dass die Maßnahmen zur sicheren Aufbewahrung auch bereits bei Antragstellung für eine Besitzerlaubnis nachgewiesen werden müssen. Es besteht also eine „Bringschuld“ des Waffenbesitzers bzw. Antragsstellers, da die Nachweispflicht unabhängig von einem behördlichen Verlangen besteht. Diese Verpflichtung zur Nachweisführung gilt allerdings nicht für die Besitzer, die der Behörde bis zu dem Tag des Inkrafttretens des Gesetzes bereits den Nachweis über die sichere Aufbewahrung erbracht haben.

§ 36 Absatz 3 Satz 2 räumt der Behörde die Möglichkeit ein, verdachtsunabhängig die sorgfältige Aufbewahrung von erlaubnispflichtigen Schusswaffen, Munition oder verbotenen Waffen überprüfen zu können. Bei den durchzuführenden Kontrollen ist nicht nur der Waffenschrank sondern auch der Inhalt zu überprüfen und mit dem aktenkundigen Bestand abzugleichen. Das ist notwendig, um Fällen, in denen nachlässige Aufbewahrung das Leben von Kindern und Eltern nachhaltig beeinträchtigt hat, die Täter oder Opfer einer unachtsamen Handhabung waren, wirksam entgegentreten zu können. Nicht zuletzt ist der furchtbare Amoklauf von Winnenden im März 2009 erst durch eine nicht ordnungsgemäß verwahrte Waffe möglich gewesen. Ein wirksamer Schutz kann nur erreicht werden, wenn mit einer verdachtsunabhängigen Kontrolle (allerdings nicht zur Unzeit 21 bis 6 Uhr, vgl. hierzu auch die Regelung für Maßnahmen nach § 758a ZPO zur Nachtzeit und an Sonn- und Feiertagen) gerechnet werden muss und dadurch sowohl das Risiko des Waffenmissbrauchs als auch die Notwendigkeit sorgfältiger Aufbewahrung jederzeit im Bewusstsein ist. Wer als Waffenbesitzer bei einer verdachtsunabhängigen Kontrolle den Zutritt zum Aufbewahrungsort der Waffen oder Munition verweigert, muss wegen der zu respektierenden Unverletzlichkeit der Wohnung (Artikel 13 Absatz 1 des Grundgesetzes – GG) zwar nicht mit einer Durchsuchung gegen seinen Willen rechnen; dennoch bleibt eine nicht nachvollziehbare Verweigerung der Mitwirkungspflicht nicht folgenlos. Denn wer wiederholt oder gröblich gegen Vorschriften des WaffG verstößt, gilt gemäß § 5 Absatz 2 Nummer 5 regelmäßig als unzuverlässig und schafft damit selbst die Voraussetzungen für den möglichen Widerruf seiner waffenrechtlichen Erlaubnis nach § 45 Absatz 2.

Die verdachtsunabhängigen Kontrollen liegen im öffentlichen Interesse, es sollten deswegen keine Gebühren erhoben werden.

Durch die Übernahme von § 36 Absatz 3 Satz 3 der geltenden Fassung wird klargestellt, dass Wohnräume gegen den Willen nur zur Verhütung dringender Gefahren für die öffentliche Sicherheit betreten werden dürfen.

Wer vorsätzlich oder fahrlässig gegen die Aufbewahrungspflichten nach § 36 Absatz 1 Satz 2 oder Absatz 2 oder gegen eine im Zusammenhang mit der Aufbewahrung vollziehbaren Anordnung nach § 36 Absatz 3 Satz 1, Absatz 6 verstößt, kann wegen einer Ordnungswidrigkeit mit einer Geldbuße belegt werden (§ 53 Absatz 1 Nummer 4, 5 und 19). Ordnungswidrig im Sinne des § 53 Absatz 1 Nummer 19 handelt beispielsweise derjenige, der seinen Waffenschrank versehentlich nicht abgeschlossen hat und daraus eine Waffe abhandenkommt. Vorsätzliche Verstöße gegen § 36 Absatz 1 Satz 2 oder Absatz 2, durch die eine konkrete Gefahr des Abhandenkommens oder des unbefugten Zugriffs Dritter auf Schusswaffen oder Munition verursacht wird, ist nach § 52a strafbewehrt.

Zu § 37: Anzeigepflichten

37.1 Die vorübergehende Inbesitznahme von Waffen und Munition nach § 37 Absatz 1 ist nicht an das Erlaubniserfordernis nach § 2 Absatz 2 gebunden.

Die Aufzählung der Anlässe für den Erwerb ist nicht abschließend, ihnen gemeinsam ist jedoch, dass dieser bei Gelegenheit der Wahrnehmung einer anderen Aufgabe stattfindet. So könnte beispielsweise auch das Auffinden einer Waffe durch die Zollbehörde, die in ganz anderem Zusammenhang tätig wird, oder durch einen Arzt oder Pfleger, der sich um eine Betreuungsperson kümmert, in Betracht kommen.

Die Anzeige nach § 37 Absatz 1 Satz 1 muss ohne schuldhaftes Zögern erfolgen.

Nach § 37 Absatz 1 Satz 2 hat die zuständige Behörde die Wahlmöglichkeit, die Waffen/Munition sofort sicherzustellen oder durch Anordnung festzulegen, dass die Waffen/Munition unverzüglich unbrauchbar gemacht werden müssen oder an Berechtigte abzugeben sind. Die „angemessene Frist“ ist bei Besitznehmern von Waffen/Munition im Wege des Erbfalles so zu bemessen, dass der Betroffene Gelegenheit zu einer wirtschaftlichen Verwertung hat. Im Rahmen der Anordnung nach § 37 Absatz 1 Satz 2 kann die Behörde auch anordnen, dass die Waffen/Munition im Wege des Transportes der Waffenbehörde oder einem anderen Berechtigten, z.B. einem Waffenhändler, zuzuleiten sind.

Hinsichtlich § 37 Absatz 1 Satz 4 wird auf Nummer 46.5 verwiesen.

37.2 Erlaubnisurkunden im Sinne des § 37 Absatz 2 sind alle Erlaubnisse nach dem WaffG.

37.3 Die Fundbehörden teilen Fundanzeigen (§ 965 Absatz 2 BGB), die unter die Erlaubnispflicht fallende Schusswaffen oder Munition betreffen, unverzüglich der zuständigen Waffenbehörde mit; diese schaltet zwecks Klärung der bisherigen Besitzverhältnisse an der Waffe die Polizeidienststelle ein.

37.4 Die WBK ist nach dem Abhandenkommen einer eingetragenen Schusswaffe wie folgt zu berichtigen: In Spalte 10 ist das Datum der Verlustanzeige, der Vermerk „Abhandenkommen angezeigt“ einzutragen und Spalte 12 mit dem Dienstsiegel zu versehen. Erlangt der Berechtigte die tatsächliche Gewalt über die abhandengekommene Schusswaffe zurück, so ist die Schusswaffe mit den Ursprungsdaten neu einzutragen.

37.5 Insbesondere bei dem Personenkreis nach § 48 Absatz 2 Nummer 4 führt die Notwendigkeit der Ermittlung der aktuellen Anschrift beim BVA zu einem unverhältnismäßigen Kosten- und Zeitaufwand. Die Beteiligung der zuletzt zuständigen Behörde erscheint sinnvoll, da diese dem Inhaber der waffenrechtlichen Bescheinigung eher bekannt sein dürfte als die zukünftig zuständige Stelle. Außerdem ist es der abgebenden Behörde dann möglich, die dort befindliche Waffenakte unter Angabe der aktuellen Anschrift zu übersenden (§ 37 Absatz 4).

Zu § 38: Ausweispflichten

38.1 In den Fällen, in denen ein Verbringen aus einem Drittstaat zwischen „gewerbsmäßigen“ Waffenherstellern oder -händlern auf der Grundlage einer längerfristigen Erlaubnis hierzu erfolgt (vgl. Nummer 29.4), kann an Stelle des Erlaubnisscheins auch eine Bescheinigung mitgeführt werden, die auf diesen Erlaubnisschein Bezug nimmt.

38.2 Eine Bescheinigung nach § 38 Satz 1 Nummer 1 Buchstabe c ist mitzuführen.

38.3 Jäger im Sinne des § 13 Absatz 1 müssen bei Ausübung der Jagd einen Personalausweis oder Reisepass, die WBK und den Jagdschein mitführen. Das Mitführen der WBK ist verzichtbar, sofern sie als Mitglied einer Jagdgesellschaft eine Waffe des Gastgebers führen. In diesem Fall ist ausreichend, wenn der Gastgeber als Mitglied derselben Jagdgesellschaft die entsprechende WBK mit sich führt.

Zu § 39: Auskunfts- und Vorzeigepflicht, Nachschau

39.1 Auskunft nach § 39 Absatz 1 bedeutet die Beantwortung von im Einzelfall gestellten Fragen, nicht aber eine allgemeine fortlaufende Benachrichtigung über Geschäftsvorfälle. Die Pflicht, Auskunft zu erteilen, umfasst auch die Verpflichtung, Abschriften, Auszüge und Zusammenstellungen vorzulegen. Auskünfte, die einer allgemeinen Ausforschung dienen, dürfen nicht verlangt werden.

39.2 Eine Nachschau soll grundsätzlich mit der angemessenen Rücksichtnahme durchgeführt werden. Die betrieblichen Belange sind, soweit möglich, zu wahren.

Bei Erlaubnisinhabern nach § 21 soll der Geschäftsbetrieb insbesondere anhand der Waffenherstellungs- bzw. Waffenhandelsbücher in unregelmäßigen Abständen – mindestens jedoch alle zwei Jahre – überprüft werden. Hierbei ist durch Stichproben festzustellen, ob der Gewerbetreibende die ihm nach dem WaffG und den Durchführungsbestimmungen hierzu obliegenden Pflichten erfüllt. Bei der Überprüfung der Bücher eines Hersteller- oder Großhandelsbetriebes soll die Behörde stichprobenweise Art und Menge der abgegebenen Schusswaffen unter Angabe des Empfängerbetriebes zusammenstellen und die Zusammenstellung der für die Überwachung des jeweiligen Empfängerbetriebes zuständigen Behörde übersenden. Diese überprüft anlässlich der nächsten Betriebsprüfung, ob der Empfänger die angegebenen Waffen in seinem Waffenbuch ordnungsgemäß verbucht hat.

Die behördliche Nachprüfung ist im Waffenherstellungs- oder im Waffenhandelsbuch unter Angabe des Datums zu vermerken. Das Ergebnis der behördlichen Nachprüfung ist durch die Waffenbehörde schriftlich zu dokumentieren. Der Erlaubnisinhaber nach § 21 erhält eine Durchschrift dieses Vermerks. Wesentliche Beanstandungen sind in den Vermerk aufzunehmen.

Ergeben sich bei der Prüfung der Waffenbücher aus den Eintragungen, insbesondere aus Zahl und Art der getätigten Geschäfte, oder aus anderen Umständen Anhaltspunkte dafür, dass ein Gewerbe nicht oder nicht mehr ausgeübt wird, so ist zu prüfen, ob die Erlaubnis erloschen oder ob sie zurückzunehmen oder zu widerrufen ist.

39.3 Bei nicht gewerblicher Ausübung der in § 39 Absatz 1 genannten Tätigkeiten gelten die Nummern 39.1 und 39.2 entsprechend.

Bürgerliches Gesetzbuch
(BGB)

in der Fassung der Bekanntmachung vom 2. Januar 2002 (BGBl. I S. 42, ber. S. 2909, ber. 2003 I S. 738), zuletzt geändert durch Gesetz vom 22. Juli 2014 (BGBl. I S. 1218)

– Auszug –

§ 90 Begriff der Sache

Sachen im Sinne des Gesetzes sind nur körperliche Gegenstände.

§ 90 a Tiere

Tiere sind keine Sachen. Sie werden durch besondere Gesetze geschützt. Auf sie sind die für Sachen geltenden Vorschriften entsprechend anzuwenden, soweit nicht etwas anderes bestimmt ist.

§ 104 Geschäftsunfähigkeit

Geschäftsunfähig ist:

1. wer nicht das siebente Lebensjahr vollendet hat,
2. wer sich in einem die freie Willensbestimmung ausschließenden Zustand krankhafter Störung der Geistestätigkeit befindet, sofern nicht der Zustand seiner Natur nach ein vorübergehender ist.

§ 106 Beschränkte Geschäftsfähigkeit Minderjähriger

Ein Minderjähriger, der das siebente Lebensjahr vollendet hat, ist nach Maßgabe der §§ 107 bis 113 in der Geschäftsfähigkeit beschränkt.

§ 107 Einwilligung des gesetzlichen Vertreters

Der Minderjährige bedarf zu einer Willenserklärung, durch die er nicht lediglich einen rechtlichen Vorteil erlangt, der Einwilligung seines gesetzlichen Vertreters.

§ 117 Scheingeschäft

(1) Wird eine Willenserklärung, die einem anderen gegenüber abzugeben ist, mit dessen Einverständnis nur zum Schein abgegeben, so ist sie nichtig.

(2) Wird durch ein Scheingeschäft ein anderes Rechtsgeschäft verdeckt, so finden die für das verdeckte Rechtsgeschäft geltenden Vorschriften Anwendung.

§ 121 Anfechtungsfrist

(1) Die Anfechtung muss in den Fällen der §§ 119, 120 ohne schuldhaftes Zögern (unverzüglich) erfolgen, nachdem der Anfechtungsberechtigte von dem Anfechtungsgrund Kenntnis erlangt hat. Die einem Abwesenden gegenüber erfolgte Anfechtung gilt als rechtzeitig erfolgt, wenn die Anfechtungserklärung unverzüglich abgesendet worden ist.

(2) Die Anfechtung ist ausgeschlossen, wenn seit der Abgabe der Willenserklärung zehn Jahre verstrichen sind.

§ 126 Schriftform

(1) Ist durch Gesetz schriftliche Form vorgeschrieben, so muss die Urkunde von dem Aussteller eigenhändig durch Namensunterschrift oder mittels notariell beglaubigten Handzeichens unterzeichnet werden.

(2) Bei einem Vertrag muss die Unterzeichnung der Parteien auf derselben Urkunde erfolgen. Werden über den Vertrag mehrere gleichlautende Urkunden aufgenommen, so genügt es, wenn jede Partei die für die andere Partei bestimmte Urkunde unterzeichnet.

(3) Die schriftliche Form kann durch die elektronische Form ersetzt werden, wenn sich nicht aus dem Gesetz ein anderes ergibt.

(4) Die schriftliche Form wird durch die notarielle Beurkundung ersetzt.

§ 133 Auslegung einer Willenserklärung

Bei der Auslegung einer Willenserklärung ist der wirkliche Wille zu erforschen und nicht an dem buchstäblichen Sinne des Ausdrucks zu haften.

§ 138 Sittenwidriges Rechtsgeschäft; Wucher

(1) Ein Rechtsgeschäft, das gegen die guten Sitten verstößt, ist nichtig.

(2) Nichtig ist insbesondere ein Rechtsgeschäft, durch das jemand unter Ausbeutung der Zwangslage, der Unerfahrenheit, des Mangels an Urteilsvermögen oder der erheblichen Willensschwäche eines anderen sich oder einem Dritten für eine Leistung Vermögensvorteile versprechen oder gewähren lässt, die in einem auffälligen Missverhältnis zu der Leistung stehen.

§ 187 Fristbeginn

(1) Ist für den Anfang einer Frist ein Ereignis oder ein in den Lauf eines Tages fallender Zeitpunkt maßgebend, so wird bei der Berechnung der Frist der Tag nicht mitgerechnet, in welchen das Ereignis oder der Zeitpunkt fällt.

(2) Ist der Beginn eines Tages der für den Anfang einer Frist maßgebende Zeitpunkt, so wird dieser Tag bei der Berechnung der Frist mitgerechnet. Das Gleiche gilt von dem Tage der Geburt bei der Berechnung des Lebensalters.

§ 188 Fristende

(1) Eine nach Tagen bestimmte Frist endigt mit dem Ablauf des letzten Tages der Frist.

(2) Eine Frist, die nach Wochen, nach Monaten oder nach einem mehrere Monate umfassenden Zeitraum – Jahr, halbes Jahr, Vierteljahr – bestimmt ist, endigt im Falle des § 187 Abs. 1 mit dem Ablauf desjenigen Tages der letzten Woche oder des letzten Monats, welcher durch seine Benennung oder seine Zahl dem Tage entspricht, in den das Ereignis oder der Zeitpunkt fällt, im Falle des § 187 Abs. 2 mit dem Ablauf desjenigen Tages der letzten Woche oder des letzten Monats, welcher dem Tage vor-

hergeht, der durch seine Benennung oder seine Zahl dem Anfangstag der Frist entspricht.

(3) Fehlt bei einer nach Monaten bestimmten Frist in dem letzten Monat der für ihren Ablauf maßgebende Tag, so endigt die Frist mit dem Ablauf des letzten Tages dieses Monats.

§ 193 Sonn- und Feiertag; Sonnabend

Ist an einem bestimmten Tage oder innerhalb einer Frist eine Willenserklärung abzugeben oder eine Leistung zu bewirken und fällt der bestimmte Tag oder der letzte Tag der Frist auf einen Sonntag, einen am Erklärungs- oder Leistungsort staatlich anerkannten allgemeinen Feiertag oder einen Sonnabend, so tritt an die Stelle eines solchen Tages der nächste Werktag.

§ 194 Gegenstand der Verjährung

(1) Das Recht, von einem anderen ein Tun oder Unterlassen zu verlangen (Anspruch), unterliegt der Verjährung.

(2) Ansprüche aus einem familienrechtlichen Verhältnis unterliegen der Verjährung nicht, soweit sie auf die Herstellung des dem Verhältnis entsprechenden Zustands für die Zukunft oder auf die Einwilligung in eine genetische Untersuchung zur Klärung der leiblichen Abstammung gerichtet sind.

§ 195 Regelmäßige Verjährungsfrist

Die regelmäßige Verjährungsfrist beträgt drei Jahre.

§ 227 Notwehr

(1) Eine durch Notwehr gebotene Handlung ist nicht widerrechtlich.

(2) Notwehr ist diejenige Verteidigung, welche erforderlich ist, um einen gegenwärtigen rechtswidrigen Angriff von sich oder einem anderen abzuwenden.

§ 228 Notstand

Wer eine fremde Sache beschädigt oder zerstört, um eine durch sie drohende Gefahr von sich oder einem anderen abzuwenden, handelt nicht widerrechtlich, wenn die Beschädigung oder die Zerstörung zur Abwendung der Gefahr erforderlich ist und der Schaden nicht außer Verhältnis zu der Gefahr steht. Hat der Handelnde die Gefahr verschuldet, so ist er zum Schadensersatz verpflichtet.

§ 249 Art und Umfang des Schadensersatzes

(1) Wer zum Schadensersatz verpflichtet ist, hat den Zustand herzustellen, der bestehen würde, wenn der zum Ersatz verpflichtende Umstand nicht eingetreten wäre.

(2) Ist wegen Verletzung einer Person oder wegen Beschädigung einer Sache Schadensersatz zu leisten, so kann der Gläubiger statt der Herstellung den dazu erforderlichen Geldbetrag verlangen. Bei der Beschädigung einer Sache schließt der nach Satz 1 erforderliche Geldbetrag die Umsatzsteuer nur mit ein, wenn und soweit sie tatsächlich angefallen ist.

§ 251 Schadensersatz in Geld ohne Fristsetzung

(1) Soweit die Herstellung nicht möglich oder zur Entschädigung des Gläubigers nicht genügend ist, hat der Ersatzpflichtige den Gläubiger in Geld zu entschädigen.

(2) Der Ersatzpflichtige kann den Gläubiger in Geld entschädigen, wenn die Herstellung nur mit unverhältnismäßigen Aufwendungen möglich ist. Die aus der Heilbehandlung eines verletzten Tieres entstandenen Aufwendungen sind nicht bereits dann unverhältnismäßig, wenn sie dessen Wert erheblich übersteigen.

§ 254 Mitverschulden

(1) Hat bei der Entstehung des Schadens ein Verschulden des Beschädigten mitgewirkt, so hängt die Verpflichtung zum Ersatz sowie der Umfang des zu leistenden Ersatzes von den Umständen, insbesondere davon ab, inwieweit der Schaden vorwiegend von dem einen oder dem anderen Teil verursacht worden ist.

(2) Dies gilt auch dann, wenn sich das Verschulden des Beschädigten darauf beschränkt, dass er unterlassen hat, den Schuldner auf die Gefahr eines ungewöhnlich hohen Schadens aufmerksam zu machen, die der Schuldner weder kannte noch kennen musste, oder dass er unterlassen hat, den Schaden abzuwenden oder zu mindern. Die Vorschrift des § 278 findet entsprechende Anwendung.

§ 427 Gemeinschaftliche vertragliche Verpflichtung

Verpflichten sich mehrere durch Vertrag gemeinschaftlich zu einer teilbaren Leistung, so haften sie im Zweifel als Gesamtschuldner.

§ 457 Haftung des Wiederverkäufers

(1) Der Wiederverkäufer ist verpflichtet, dem Wiederkäufer den gekauften Gegenstand nebst Zubehör herauszugeben.

(2) Hat der Wiederverkäufer vor der Ausübung des Wiederkaufsrechts eine Verschlechterung, den Untergang oder eine aus einem anderen Grund eingetretene Unmöglichkeit der Herausgabe des gekauften Gegenstandes verschuldet oder den Gegenstand wesentlich verändert, so ist er für den daraus entstehenden Schaden verantwortlich. Ist der Gegenstand ohne Verschulden des Wiederverkäufers verschlechtert oder ist er nur unwesentlich verändert, so kann der Wiederkäufer Minderung des Kaufpreises nicht verlangen.

§ 543 Außerordentliche fristlose Kündigung aus wichtigem Grund

(1) Jede Vertragspartei kann das Mietverhältnis aus wichtigem Grund außerordentlich fristlos kündigen. Ein wichtiger Grund liegt vor, wenn dem Kündigenden unter Berücksichtigung aller Umstände des Einzelfalls, insbesondere eines Verschuldens der Vertragsparteien, und unter Abwägung der beiderseitigen Interessen die Fortsetzung des Mietverhältnisses bis zum Ablauf der Kündigungsfrist oder bis zur sonstigen Beendigung des Mietverhältnisses nicht zugemutet werden kann.

(2) Ein wichtiger Grund liegt insbesondere vor, wenn

1. dem Mieter der vertragsgemäße Gebrauch der Mietsache ganz oder zum Teil nicht rechtzeitig gewährt oder wieder entzogen wird,

2. der Mieter die Rechte des Vermieters dadurch in erheblichem Maße verletzt, dass er die Mietsache durch Vernachlässigung der ihm obliegenden Sorgfalt erheblich gefährdet oder sie unbefugt einem Dritten überlässt oder
3. der Mieter
   a) für zwei aufeinander folgende Termine mit der Entrichtung der Miete oder eines nicht unerheblichen Teils der Miete in Verzug ist oder
   b) in einem Zeitraum, der sich über mehr als zwei Termine erstreckt, mit der Entrichtung der Miete in Höhe eines Betrages in Verzug ist, der die Miete für zwei Monate erreicht.

Im Falle des Satzes 1 Nr. 3 ist die Kündigung ausgeschlossen, wenn der Vermieter vorher befriedigt wird. Sie wird unwirksam, wenn sich der Mieter von seiner Schuld durch Aufrechnung befreien konnte und unverzüglich nach der Kündigung die Aufrechnung erklärt.

(3) Besteht der wichtige Grund in der Verletzung einer Pflicht aus dem Mietvertrag, so ist die Kündigung erst nach erfolglosem Ablauf einer zur Abhilfe bestimmten angemessenen Frist oder nach erfolgloser Abmahnung zulässig. Dies gilt nicht, wenn
1. eine Frist oder Abmahnung offensichtlich keinen Erfolg verspricht,
2. die sofortige Kündigung aus besonderen Gründen unter Abwägung der beiderseitigen Interessen gerechtfertigt ist oder
3. der Mieter mit der Entrichtung der Miete im Sinne des Absatzes 2 Nr. 3 in Verzug ist.

(4) Auf das dem Mieter nach Absatz 2 Nr. 1 zustehende Kündigungsrecht sind die §§ 536b und 536d entsprechend anzuwenden. Ist streitig, ob der Vermieter den Gebrauch der Mietsache rechtzeitig gewährt oder die Abhilfe vor Ablauf der hierzu bestimmten Frist bewirkt hat, so trifft ihn die Beweislast.

§ 548 Verjährung der Ersatzansprüche und des Wegnahmerechts

(1) Die Ersatzansprüche des Vermieters wegen Veränderungen oder Verschlechterungen der Mietsache verjähren in sechs Monaten. Die Verjährung beginnt mit dem Zeitpunkt, in dem er die Mietsache zurückerhält. Mit der Verjährung des Anspruchs des Vermieters auf Rückgabe der Mietsache verjähren auch seine Ersatzansprüche.

(2) Ansprüche des Mieters auf Ersatz von Aufwendungen oder auf Gestattung der Wegnahme einer Einrichtung verjähren in sechs Monaten nach der Beendigung des Mietverhältnisses.

§ 561 Sonderkündigungsrecht des Mieters nach Mieterhöhung

(1) Macht der Vermieter eine Mieterhöhung nach § 558 oder § 559 geltend, so kann der Mieter bis zum Ablauf des zweiten Monats nach dem Zugang der Erklärung des Vermieters das Mietverhältnis außerordentlich zum Ablauf des übernächsten Monats kündigen. Kündigt der Mieter, so tritt die Mieterhöhung nicht ein.

(2) Eine zum Nachteil des Mieters abweichende Vereinbarung ist unwirksam.

§ 581 Vertragstypische Pflichten beim Pachtvertrag

(1) Durch den Pachtvertrag wird der Verpächter verpflichtet, dem Pächter den Gebrauch des verpachteten Gegenstands und den Genuss der Früchte, soweit sie nach den Regeln einer ordnungsmäßigen Wirtschaft als Ertrag anzusehen sind, während

der Pachtzeit zu gewähren. Der Pächter ist verpflichtet, dem Verpächter die vereinbarte Pacht zu entrichten.

(2) Auf den Pachtvertrag mit Ausnahme des Landpachtvertrags sind, soweit sich nicht aus den §§ 582 bis 584b etwas anderes ergibt, die Vorschriften über den Mietvertrag entsprechend anzuwenden.

§ 823 Schadensersatzpflicht

(1) Wer vorsätzlich oder fahrlässig das Leben, den Körper, die Gesundheit, die Freiheit, das Eigentum oder ein sonstiges Recht eines anderen widerrechtlich verletzt, ist dem anderen zum Ersatz des daraus entstehenden Schadens verpflichtet.

(2) Die gleiche Verpflichtung trifft denjenigen, welcher gegen ein den Schutz eines anderen bezweckendes Gesetz verstößt. Ist nach dem Inhalt des Gesetzes ein Verstoß gegen dieses auch ohne Verschulden möglich, so tritt die Ersatzpflicht nur im Falle des Verschuldens ein.

§ 831 Haftung für den Verrichtungsgehilfen

(1) Wer einen anderen zu einer Verrichtung bestellt, ist zum Ersatz des Schadens verpflichtet, den der andere in Ausführung der Verrichtung einem Dritten widerrechtlich zufügt. Die Ersatzpflicht tritt nicht ein, wenn der Geschäftsherr bei der Auswahl der bestellten Person und, sofern er Vorrichtungen oder Gerätschaften zu beschaffen oder die Ausführung der Verrichtung zu leiten hat, bei der Beschaffung oder der Leitung die im Verkehr erforderliche Sorgfalt beobachtet oder wenn der Schaden auch bei Anwendung dieser Sorgfalt entstanden sein würde.

(2) Die gleiche Verantwortlichkeit trifft denjenigen, welcher für den Geschäftsherrn die Besorgung eines der im Absatz 1 Satz 2 bezeichneten Geschäfte durch Vertrag übernimmt.

§ 832 Haftung des Aufsichtspflichtigen

(1) Wer kraft Gesetzes zur Führung der Aufsicht über eine Person verpflichtet ist, die wegen Minderjährigkeit oder wegen ihres geistigen oder körperlichen Zustands der Beaufsichtigung bedarf, ist zum Ersatz des Schadens verpflichtet, den diese Person einem Dritten widerrechtlich zufügt. Die Ersatzpflicht tritt nicht ein, wenn er seiner Aufsichtspflicht genügt oder wenn der Schaden auch bei gehöriger Aufsichtsführung entstanden sein würde.

(2) Die gleiche Verantwortlichkeit trifft denjenigen, welcher die Führung der Aufsicht durch Vertrag übernimmt.

§ 833 Haftung des Tierhalters

Wird durch ein Tier ein Mensch getötet oder der Körper oder die Gesundheit eines Menschen verletzt oder eine Sache beschädigt, so ist derjenige, welcher das Tier hält, verpflichtet, dem Verletzten den daraus entstehenden Schaden zu ersetzen. Die Ersatzpflicht tritt nicht ein, wenn der Schaden durch ein Haustier verursacht wird, das dem Beruf, der Erwerbstätigkeit oder dem Unterhalt des Tierhalters zu dienen bestimmt ist, und entweder der Tierhalter bei der Beaufsichtigung des Tieres die im Verkehr erforderliche Sorgfalt beobachtet oder der Schaden auch bei Anwendung dieser Sorgfalt entstanden sein würde.

§ 834 Haftung des Tieraufsehers

Wer für denjenigen, welcher ein Tier hält, die Führung der Aufsicht über das Tier durch Vertrag übernimmt, ist für den Schaden verantwortlich, den das Tier einem Dritten in der im § 833 bezeichneten Weise zufügt. Die Verantwortlichkeit tritt nicht ein, wenn er bei der Führung der Aufsicht die im Verkehr erforderliche Sorgfalt beobachtet oder wenn der Schaden auch bei Anwendung dieser Sorgfalt entstanden sein würde.

§ 839 Haftung bei Amtspflichtverletzung

(1) Verletzt ein Beamter vorsätzlich oder fahrlässig die ihm einem Dritten gegenüber obliegende Amtspflicht, so hat er dem Dritten den daraus entstehenden Schaden zu ersetzen. Fällt dem Beamten nur Fahrlässigkeit zur Last, so kann er nur dann in Anspruch genommen werden, wenn der Verletzte nicht auf andere Weise Ersatz zu erlangen vermag.

(2) Verletzt ein Beamter bei dem Urteil in einer Rechtssache seine Amtspflicht, so ist er für den daraus entstehenden Schaden nur dann verantwortlich, wenn die Pflichtverletzung in einer Straftat besteht. Auf eine pflichtwidrige Verweigerung oder Verzögerung der Ausübung des Amts findet diese Vorschrift keine Anwendung.

(3) Die Ersatzpflicht tritt nicht ein, wenn der Verletzte vorsätzlich oder fahrlässig unterlassen hat, den Schaden durch Gebrauch eines Rechtsmittels abzuwenden.

§ 854 Erwerb des Besitzes

(1) Der Besitz einer Sache wird durch die Erlangung der tatsächlichen Gewalt über die Sache erworben.

(2) Die Einigung des bisherigen Besitzers und des Erwerbers genügt zum Erwerb, wenn der Erwerber in der Lage ist, die Gewalt über die Sache auszuüben.

§ 855 Besitzdiener

Übt jemand die tatsächliche Gewalt über eine Sache für einen anderen in dessen Haushalt oder Erwerbsgeschäft oder in einem ähnlichen Verhältnis aus, vermöge dessen er den sich auf die Sache beziehenden Weisungen des anderen Folge zu leisten hat, so ist nur der andere Besitzer.

§ 904 Notstand

Der Eigentümer einer Sache ist nicht berechtigt, die Einwirkung eines anderen auf die Sache zu verbieten, wenn die Einwirkung zur Abwendung einer gegenwärtigen Gefahr notwendig und der drohende Schaden gegenüber dem aus der Einwirkung dem Eigentümer entstehenden Schaden unverhältnismäßig groß ist. Der Eigentümer kann Ersatz des ihm entstehenden Schadens verlangen.

§ 905 Begrenzung des Eigentums

Das Recht des Eigentümers eines Grundstücks erstreckt sich auf den Raum über der Oberfläche und auf den Erdkörper unter der Oberfläche. Der Eigentümer kann jedoch Einwirkungen nicht verbieten, die in solcher Höhe oder Tiefe vorgenommen werden, dass er an der Ausschließung kein Interesse hat.

§ 958 Eigentumserwerb an beweglichen herrenlosen Sachen

(1) Wer eine herrenlose bewegliche Sache in Eigenbesitz nimmt, erwirbt das Eigentum an der Sache.

(2) Das Eigentum wird nicht erworben, wenn die Aneignung gesetzlich verboten ist oder wenn durch die Besitzergreifung das Aneignungsrecht eines anderen verletzt wird.

§ 960 Wilde Tiere

(1) Wilde Tiere sind herrenlos, solange sie sich in der Freiheit befinden. Wilde Tiere in Tiergärten und Fische in Teichen oder anderen geschlossenen Privatgewässern sind nicht herrenlos.

(2) Erlangt ein gefangenes wildes Tier die Freiheit wieder, so wird es herrenlos, wenn nicht der Eigentümer das Tier unverzüglich verfolgt oder wenn er die Verfolgung aufgibt.

(3) Ein gezähmtes Tier wird herrenlos, wenn es die Gewohnheit ablegt, an den ihm bestimmten Ort zurückzukehren.

§ 1004 Beseitigungs- und Unterlassungsanspruch

(1) Wird das Eigentum in anderer Weise als durch Entziehung oder Vorenthaltung des Besitzes beeinträchtigt, so kann der Eigentümer von dem Störer die Beseitigung der Beeinträchtigung verlangen. Sind weitere Beeinträchtigungen zu besorgen, so kann der Eigentümer auf Unterlassung klagen.

(2) Der Anspruch ist ausgeschlossen, wenn der Eigentümer zur Duldung verpflichtet ist.

Strafgesetzbuch
(StGB)

in der Fassung der Bekanntmachung vom 13. November 1998 (BGBl. I S. 3322), zuletzt geändert durch Gesetz vom 21. Januar 2015 (BGBl. I S. 10)

– Auszug –

§ 32 Notwehr

(1) Wer eine Tat begeht, die durch Notwehr geboten ist, handelt nicht rechtswidrig.

(2) Notwehr ist die Verteidigung, die erforderlich ist, um einen gegenwärtigen rechtswidrigen Angriff von sich oder einem anderen abzuwenden.

§ 33 Überschreitung der Notwehr

Überschreitet der Täter die Grenzen der Notwehr aus Verwirrung, Furcht oder Schrecken, so wird er nicht bestraft.

§ 34 Rechtfertigender Notstand

Wer in einer gegenwärtigen, nicht anders abwendbaren Gefahr für Leben, Leib, Freiheit, Ehre, Eigentum oder ein anderes Rechtsgut eine Tat begeht, um die Gefahr von sich oder einem anderen abzuwenden, handelt nicht rechtswidrig, wenn bei Abwägung der widerstreitenden Interessen, namentlich der betroffenen Rechtsgüter und des Grades der ihnen drohenden Gefahren, das geschützte Interesse das beeinträchtigte wesentlich überwiegt. Dies gilt jedoch nur, soweit die Tat ein angemessenes Mittel ist, die Gefahr abzuwenden.

§ 35 Entschuldigender Notstand

(1) Wer in einer gegenwärtigen, nicht anders abwendbaren Gefahr für Leben, Leib oder Freiheit eine rechtswidrige Tat begeht, um die Gefahr von sich, einem Angehörigen oder einer anderen ihm nahestehenden Person abzuwenden, handelt ohne Schuld. Dies gilt nicht, soweit dem Täter nach den Umständen, namentlich weil er die Gefahr selbst verursacht hat oder weil er in einem besonderen Rechtsverhältnis stand, zugemutet werden konnte, die Gefahr hinzunehmen; jedoch kann die Strafe nach § 49 Abs. 1 gemildert werden, wenn der Täter nicht mit Rücksicht auf ein besonderes Rechtsverhältnis die Gefahr hinzunehmen hatte.

(2) Nimmt der Täter bei Begehung der Tat irrig Umstände an, welche ihn nach Absatz 1 entschuldigen würden, so wird er nur dann bestraft, wenn er den Irrtum vermeiden konnte. Die Strafe ist nach § 49 Abs. 1 zu mildern.

§ 222 Fahrlässige Tötung

Wer durch Fahrlässigkeit den Tod eines Menschen verursacht, wird mit Freiheitsstrafe bis zu fünf Jahren oder mit Geldstrafe bestraft.

§ 223 Körperverletzung

(1) Wer eine andere Person körperlich misshandelt oder an der Gesundheit schädigt, wird mit Freiheitsstrafe bis zu fünf Jahren oder mit Geldstrafe bestraft.

(2) Der Versuch ist strafbar.

§ 227 Körperverletzung mit Todesfolge

(1) Verursacht der Täter durch die Körperverletzung (§§ 223 bis 226 a) den Tod der verletzten Person, so ist die Strafe Freiheitsstrafe nicht unter drei Jahren.

(2) In minder schweren Fällen ist auf Freiheitsstrafe von einem Jahr bis zu zehn Jahren zu erkennen.

§ 229 Fahrlässige Körperverletzung

Wer durch Fahrlässigkeit die Körperverletzung einer anderen Person verursacht, wird mit Freiheitsstrafe bis zu drei Jahren oder mit Geldstrafe bestraft.

§ 230 Strafantrag

(1) Die vorsätzliche Körperverletzung nach § 223 und die fahrlässige Körperverletzung nach § 229 werden nur auf Antrag verfolgt, es sei denn, dass die Strafverfolgungsbehörde wegen des besonderen öffentlichen Interesses an der Strafverfolgung ein Einschreiten von Amts wegen für geboten hält. Stirbt die verletzte Person, so geht bei vorsätzlicher Körperverletzung das Antragsrecht nach § 77 Abs. 2 auf die Angehörigen über.

(2) Ist die Tat gegen einen Amtsträger, einen für den öffentlichen Dienst besonders Verpflichteten oder einen Soldaten der Bundeswehr während der Ausübung seines Dienstes oder in Beziehung auf seinen Dienst begangen, so wird sie auch auf Antrag des Dienstvorgesetzten verfolgt. Dasselbe gilt für Träger von Ämtern der Kirchen und anderen Religionsgesellschaften des öffentlichen Rechts.

§ 240 Nötigung

(1) Wer einen Menschen rechtswidrig mit Gewalt oder durch Drohung mit einem empfindlichen Übel zu einer Handlung, Duldung oder Unterlassung nötigt, wird mit Freiheitsstrafe bis zu drei Jahren oder mit Geldstrafe bestraft.

(2) Rechtswidrig ist die Tat, wenn die Anwendung der Gewalt oder die Androhung des Übels zu dem angestrebten Zweck als verwerflich anzusehen ist.

(3) Der Versuch ist strafbar.

(4) In besonders schweren Fällen ist die Strafe Freiheitsstrafe von sechs Monaten bis zu fünf Jahren. Ein besonders schwerer Fall liegt in der Regel vor, wenn der Täter
1. eine andere Person zu einer sexuellen Handlung nötigt,
2. eine Schwangere zum Schwangerschaftsabbruch nötigt oder
3. seine Befugnisse oder seine Stellung als Amtsträger missbraucht.

§ 241 Bedrohung

(1) Wer einen Menschen mit der Begehung eines gegen ihn oder eine ihm nahestehende Person gerichteten Verbrechens bedroht, wird mit Freiheitsstrafe bis zu einem Jahr oder mit Geldstrafe bestraft.

(2) Ebenso wird bestraft, wer wider besseres Wissen einem Menschen vortäuscht, dass die Verwirklichung eines gegen ihn oder eine ihm nahestehende Person gerichteten Verbrechens bevorstehe.

§ 242 Diebstahl

(1) Wer eine fremde bewegliche Sache einem anderen in der Absicht wegnimmt, die Sache sich oder einem Dritten rechtswidrig zuzueignen, wird mit Freiheitsstrafe bis zu fünf Jahren oder mit Geldstrafe bestraft.

(2) Der Versuch ist strafbar.

§ 243 Besonders schwerer Fall des Diebstahls

(1) In besonders schweren Fällen wird der Diebstahl mit Freiheitsstrafe von drei Monaten bis zu zehn Jahren bestraft. Ein besonders schwerer Fall liegt in der Regel vor, wenn der Täter

1. zur Ausführung der Tat in ein Gebäude, einen Dienst- oder Geschäftsraum oder in einen anderen umschlossenen Raum einbricht, einsteigt, mit einem falschen Schlüssel oder einem anderen nicht zur ordnungsmäßigen Öffnung bestimmten Werkzeug eindringt oder sich in dem Raum verborgen hält,
2. eine Sache stiehlt, die durch ein verschlossenes Behältnis oder eine andere Schutzvorrichtung gegen Wegnahme besonders gesichert ist,
3. gewerbsmäßig stiehlt,
4. aus einer Kirche oder einem anderen der Religionsausübung dienenden Gebäude oder Raum eine Sache stiehlt, die dem Gottesdienst gewidmet ist oder der religiösen Verehrung dient,
5. eine Sache von Bedeutung für Wissenschaft, Kunst oder Geschichte oder für die technische Entwicklung stiehlt, die sich in einer allgemein zugänglichen Sammlung befindet oder öffentlich ausgestellt ist,
6. stiehlt, indem er die Hilflosigkeit einer anderen Person, einen Unglücksfall oder eine gemeine Gefahr ausnutzt oder
7. eine Handfeuerwaffe, zu deren Erwerb es nach dem Waffengesetz der Erlaubnis bedarf, ein Maschinengewehr, eine Maschinenpistole, ein voll- oder halbautomatisches Gewehr oder eine Sprengstoff enthaltende Kriegswaffe im Sinne des Kriegswaffenkontrollgesetzes oder Sprengstoff stiehlt.

(2) In den Fällen des Absatzes 1 Satz 2 Nr. 1 bis 6 ist ein besonders schwerer Fall ausgeschlossen, wenn sich die Tat auf eine geringwertige Sache bezieht.

§ 248 a Diebstahl und Unterschlagung geringwertiger Sachen

Der Diebstahl und die Unterschlagung geringwertiger Sachen werden in den Fällen der §§ 242 und 246 nur auf Antrag verfolgt, es sei denn, dass die Strafverfolgungsbehörde wegen des besonderen öffentlichen Interesses an der Strafverfolgung ein Einschreiten von Amts wegen für geboten hält.

§ 292 Jagdwilderei

(1) Wer unter Verletzung fremden Jagdrechts oder Jagdausübungsrechts
1. dem Wild nachstellt, es fängt, erlegt oder sich oder einem Dritten zueignet oder
2. eine Sache, die dem Jagdrecht unterliegt, sich oder einem Dritten zueignet, beschädigt oder zerstört,

wird mit Freiheitsstrafe bis zu drei Jahren oder mit Geldstrafe bestraft.

(2) In besonders schweren Fällen ist die Strafe Freiheitsstrafe von drei Monaten bis zu fünf Jahren. Ein besonders schwerer Fall liegt in der Regel vor, wenn die Tat
1. gewerbs- oder gewohnheitsmäßig,
2. zur Nachtzeit, in der Schonzeit, unter Anwendung von Schlingen oder in anderer nicht weidmännischer Weise oder
3. von mehreren mit Schusswaffen ausgerüsteten Beteiligten gemeinschaftlich

begangen wird.

(3) Die Absätze 1 und 2 gelten nicht für die in einem Jagdbezirk zur Ausübung der Jagd befugten Personen hinsichtlich des Jagdrechts auf den zu diesem Jagdbezirk gehörenden nach § 6 a des Bundesjagdgesetzes für befriedet erklärten Grundflächen.

§ 294 Strafantrag

In den Fällen des § 292 Abs. 1 und des § 293 wird die Tat nur auf Antrag des Verletzten verfolgt, wenn sie von einem Angehörigen oder an einem Ort begangen worden ist, wo der Täter die Jagd oder die Fischerei in beschränktem Umfang ausüben durfte.

§ 295 Einziehung

Jagd- und Fischereigeräte, Hunde und andere Tiere, die der Täter oder Teilnehmer bei der Tat mit sich geführt oder verwendet hat, können eingezogen werden. § 74 a ist anzuwenden.

Strafprozessordnung
(StPO)

in der Fassung der Bekanntmachung vom 7. April 1987 (BGBl. I S. 1074, ber. S. 1319), zuletzt geändert durch Gesetz vom 21. Januar 2015 (BGBl. I S. 10)

– Auszug –

§ 127 (Vorläufige Festnahme)

(1) Wird jemand auf frischer Tat betroffen oder verfolgt, so ist, wenn er der Flucht verdächtig ist oder seine Identität nicht sofort festgestellt werden kann, jedermann befugt, ihn auch ohne richterliche Anordnung vorläufig festzunehmen. Die Feststellung der Identität einer Person durch die Staatsanwaltschaft oder die Beamten des Polizeidienstes bestimmt sich nach § 163b Abs. 1.

(2) Die Staatsanwaltschaft und die Beamten des Polizeidienstes sind bei Gefahr im Verzug auch dann zur vorläufigen Festnahme befugt, wenn die Voraussetzungen eines Haftbefehls oder eines Unterbringungsbefehls vorliegen.

(3) Ist eine Straftat nur auf Antrag verfolgbar, so ist die vorläufige Festnahme auch dann zulässig, wenn ein Antrag noch nicht gestellt ist. Dies gilt entsprechend, wenn eine Straftat nur mit Ermächtigung oder auf Strafverlangen verfolgbar ist.

(4) Für die vorläufige Festnahme durch die Staatsanwaltschaft und die Beamten des Polizeidienstes gelten die §§ 114a bis 114c entsprechend.

Verordnung des Ministeriums für Ernährung, Landwirtschaft und Forsten über die Bildung von Rotwildgebieten

vom 28. März 1958 (GBl. S. 121)

Auf Grund des § 21 Abs. 5 des Landesjagdgesetzes vom 15. März 1954 (Ges. Bl. S. 35) wird verordnet:

§ 1

(1) Es werden folgende Rotwildgebiete gebildet:
1. im Regierungsbezirk Nordbaden das Rotwildgebiet „Odenwald“;
2. in den Regierungsbezirken Südbaden und Südwürttemberg-Hohenzollern das Rotwildgebiet „Nördlicher Schwarzwald“;
3. im Regierungsbezirk Südbaden das Rotwildgebiet „Südlicher Schwarzwald“;
4. in den Regierungsbezirken Nordwürttemberg und Südwürttemberg-Hohenzollern das Rotwildgebiet „Schönbuch“;
5. im Regierungsbezirk Südwürttemberg-Hohenzollern das Rotwildgebiet „Allgäu“.

(2) Die Grenzen der Rotwildgebiete ergeben sich aus der Anlage zu dieser Verordnung.

(3) Die obere Jagdbehörde kann beim Vorliegen besonderer Umstände in Jagdbezirken, in welchen die nach Abs. 2 bestimmte Rotwildgebietsgrenze den Jagdbezirk durchschneidet, mit Zustimmung der obersten Jagdbehörde den Grenzverlauf ändern, wenn dies aus Gründen einer ordnungsgemäßen Jagdpflege und Jagdausübung notwendig ist und berechtigte Ansprüche der Land- und Forstwirtschaft nicht entgegenstehen. Die Änderung ist im Staatsanzeiger bekanntzumachen.

§ 2

(1) Der Abschuss des Rotwildes ist unter Berücksichtigung der Belange der Landeskultur für jedes Rotwildgebiet einheitlich zu planen und festzusetzen.

(2) Die obere Jagdbehörde hat im Benehmen mit der Staatsforstverwaltung und nach Anhörung der beteiligten unteren Jagdbehörden Richtlinien für die Abschussplanung in den einzelnen Rotwildgebieten zu geben und jeweils eine untere Jagdbehörde zu bestimmen, die unbeschadet der in § 34 des Landesjagdgesetzes für die staatseigenen Jagden getroffenen Zuständigkeitsregelungen für die Planung und Festsetzung des Abschusses im gesamten Rotwildgebiet zuständig ist.

(3) Erstreckt sich ein Rotwildgebiet auf das Gebiet mehrerer Regierungsbezirke, so haben die nach Abs. 2 zuständigen unteren Jagdbehörden die Planung und Festsetzung des Abschusses im gegenseitigen Benehmen durchzuführen.

§ 3

(1) Außerhalb der Rotwildgebiete ist das gesamte Rotwild mit Ausnahme der Kronenhirsche während der Jagdzeit abzuschießen. Der Abschuss ist von den unteren Jagdbehörden durch eine allgemeine Abschussgenehmigung im Abschussplan freizugeben.

(2) Die untere Jagdbehörde kann auf Antrag den Abschuss von Kronenhirschen ausnahmsweise freigeben, wenn dies zur Verhinderung übermäßigen Wildschadens erforderlich ist.

§ 4

(1) Über den Abschuss von Rotwild innerhalb und außerhalb der Rotwildgebiete hat der Jagdausübungsberechtigte der unteren Jagdbehörde binnen 3 Tagen eine schriftliche Abschussmeldung unter Angabe von Geschlecht, Alter und Stärkeklasse zu erstatten.

(2) Der Jagdausübungsberechtigte hat den Kopfschmuck des erlegten Rotwildes der unteren Jagdbehörde auf Verlangen vorzulegen.

§ 5

(1) Eine Ordnungswidrigkeit im Sinne des § 35 Abs. 1 Nr. 12 und Abs. 2 des Landesjagdgesetzes begeht, wer

1. die vorgeschriebene Abschussmeldung nicht oder nicht rechtzeitig erstattet (§ 4 Abs. 1);
2. den Kopfschmuck des erlegten Rotwildes auf Verlangen der unteren Jagdbehörde nicht vorlegt (§ 4 Abs. 2).

(2) Zuständige Verwaltungsbehörden im Sinne des § 73 Abs. 1 des Gesetzes über Ordnungswidrigkeiten vom 25. März 1952 (RGBl. I S. 177) sind die Landratsämter und in den Stadtkreisen, bei denen Kreisjagdämter errichtet sind, die Bürgermeisterämter.

§ 6

Die Verordnung tritt am Tage nach ihrer Verkündung in Kraft.

Anlage
(zu § 1 Abs. 2)

Lfde. Nr.	Bezeichnung des Rotwild-gebietes	Abgrenzung
1	Odenwald	Umfasst im Landkreis Buchen die Jagdbezirke der Gemarkungen Oberscheidental, Schlossau und Reisenbach; im Landkreis Heidelberg die Jagdbezirke Heddesbach, Brombach, Eberbach und Friedrichsdorf; im Landkreis Mosbach die Jagdbezirke Lindach, Zwingenberg, Schollbrunn, Waldkatzenbach, Ober- und Unterdielbach, Strümpfelbrunn, Weisbach, Mülben, Neckargerach, Wagenschwend, Robern und die Waldgemarkung Michelherd der Gemeinde Mosbach mit der Maßgabe, dass im Süden der Neckar und im Osten die Linie Neckargerach – das Seebachtal aufwärts bis zur Markungsgrenze Robern und dann entlang der Landstraße Robern–Wagenschwend–Oberscheidental–Waldauerbach–Schlossau–Ernsttal bis zur Landesgrenze die Grenze des Rotwildgebiets bildet.
2	Nördl. Schwarzwald	Von der Einmündung des Rotenbach in die Enz (südl. Neuenbürg) entlang der Enz bis Höfen, Straße Höfen–Langenbrand–Schömberg–Igelsloch–Siehdichfür, Eselstraße–Sägmühle Naislach–Naislach–Agenbach, Kirchweg, Weinstraße bis Hofstett, Straße Hofstett–Aichhalden–Oberweiler–Simmersfeld–Kreisgrenze nach Westen bis zur Schwarzwaldhochstraße, Schwarzwaldhochstraße bis Besenfeld, dann Straße Besenfeld–Schönegründ–Röt–Klosterreichenbach–Baiersbronn–Friedrichstal–Freudenstadt–Steinwald–Schömberg, Straße Schömberg südwestwärts über Reinerzau bis zur Regierungsbezirksgrenze, dieser Grenze entlang bis zur Kinzig, die Kinzig abwärts bis zur Einmündung des Sulzbachs, den Sulzbach aufwärts über St. Roman dem Tiefenbach entlang bis zur Wolfach, die Wolfach aufwärts bis Wildschapbach, Straße Wildschapbach–Bad Peterstal–Ibach–Oppenau–Ramsbach–Ottenhöfen–Brandmatt–Neusatz–Bühlertal–Lichtental über Müllenbach–Loffenau (unter Ausschluss der Markung Gernsbach)–Herrenalb, die Albtalstraße abwärts bis zur Kullenmühle, entlang der Regierungsbezirksgrenze bis ostwärts Langenalb, Straße Conweiler–Rotenbach.

Lfde. Nr.	Bezeichnung des Rotwildgebietes	Abgrenzung
3	Südl. Schwarzwald	Vom Hebelhof auf Gemarkung Feldberg in südlicher Richtung über die Grafenmatte bis zum Ursprung des Prägbaches, diesem abwärts folgend bis zur Straße Bernau–Präg, dieser Straße entlang bis zu ihrem Schnittpunkt mit Gemarkungsgrenze Bernau, entlang dieser Gemarkungsgrenze in südlicher Richtung bis zur Langhaldenhütte, den Fußweg entlang bis zum Gasthaus in Mutterslehen; Fahrweg zur Oberibacher Säger, entlang dem Steinenbächle bis zur Urberger Säge–Dachsbergstraße bis zur Horbacher Höhe–Kreisstraße bis Rüttewies, Feldweg in nordwestlicher Richtung über das Weidfeld zur Pflanzschule des Staatswalds Abt. IV, 6, anschließend der verpfählten Linie über die Leonhofwiese entlang der Abteilungslinien zwischen Staatswald Abt. IV, 5–6, zum Glockenbächle bis zum Albstausee – der Staatswaldgrenze entlang über Stein Nr. 67 – Starkstromleitung zur Straße Höchenschwand – Häusern über den Scheibenfelsen – Taubach bis zu seiner Einmündung in die Schwarza – aufwärts bis zu dem Knickpunkt der Gemarkungsgrenze von Schönenbach, dieser Gemarkungsgrenze folgend bis zur Mettma, die Mettma aufwärts bis zur Forstbezirksgrenze von Schluchsee (etwa 250 m südwestlich Amertsfeld) – dieser Grenze entlang, dann Gemarkungsgrenze Fischbach bis zur Glasbrennerei, von da entlang der Straße bis zur Wegegabelung, dann längs der Straße nach Hinterhäuser bis zum Schnittpunkt mit der Gemarkungsgrenze von Fischbach, dieser Gemarkungsgrenze entlang bis zur Höhe 1 095,9 über Kapelle Raitenbuch, Hochspirn, Berger Stierhütte bis Falkauweiher, der Starkstromleitung in südlicher Richtung entlang bis zu ihrem Schnittpunkt mit der Straße Bärental–Altglashütten, dann Straße nach Bärental bis zum Schnittpunkt mit der Gemarkungsgrenze Altglashütten, hierauf in westlicher Richtung längs der Gemarkungsgrenze Altglashütten und Menzenschwand bis zum Hebelhof.

Lfde. Nr.	Bezeichnung des Rotwild-gebietes	Abgrenzung
4	Schönbuch	Die staatseigenen Jagdbezirke innerhalb der Linie von der Straßengabel Kälberstelle nach Osten über Punkt 504.6 – Walddorfer Sträßchen bis Punkt 500.6 Hofmeisterweg nach Süden bis zu Punkt 447.4, von da die Judenallee entlang nach Westen bis Punkt 466.2, Einsiedler-Sträßle bis zur Zeitungseiche, der Staatswaldgrenze entlang bis zum Punkt 455.2, von dort in gerader Linie nach Nordwesten bis Kauzwieslesbruck, dann in südwestlicher Richtung der Staatswaldgrenze folgend bis zum Sträßchen Bebenhausen–Entringen, dieses Sträßchen entlang bis zur Wegegabel bei Punkt 435.1, von da in nordwestlicher Richtung über Punkt 460.3 zur Wegspinne südwestlich Paulineneiche, dann über Punkt 473.3 in nordwestlicher Richtung der Schneise entlang bis zum Kaihtal, dieses Tal aufwärts bis Punkt 446.2 (Neue Brücke), von da in gerader Linie bis zu Punkt 551.9 (Eselstritt), der Staatswaldgrenze nach Osten folgend bis Punkt 512.1, dann in südöstlicher Richtung der Straße entlang bis zur Kälberstelle.
5	Allgäu	Von der Friesenhofer Sägmühle (nördlich Friesenhofen) der Eschach entlang bis zur bayerischen Landesgrenze ostwärts Schmidsfelden; im Osten und Süden der bayer. Landesgrenze entlang bis Nellenbruck, von Nellenbruck dem Verlauf der unteren Argen entlang über Großholzleute–Rotenbach bis zur Bahnlinie, die Bahnlinie entlang bis Aigeltshofen, von da Straße Aigeltshofen–Rimpach–Friesenhofen–Friesenhofer Sägmühle.

Verordnung zum Schutz gegen die Tollwut
(Tollwut-Verordnung)

in der Fassung der Bekanntmachung vom 4. Oktober 2010 (BGBl. I S. 1313), geändert durch Verordnungen vom 17. April 2014 (BGBl. I S. 388) und vom 29. Dezember 2014 (BGBl. I S. 2481)

Inhaltsübersicht

Abschnitt 1 Begriffsbestimmungen

§ 1 Begriffsbestimmungen

Im Sinne dieser Verordnung liegen vor:

1. Ausbruch der Tollwut, wenn diese durch virologische Untersuchung nach einem in den vom Bundesministerium für Ernährung und Landwirtschaft im Bundesanzeiger bekannt gemachten Arbeitsanleitungen zur Labordiagnostik von anzeigepflichtigen Tierseuchen (BAnz. S. 18304 vom 12. September 2000) beschriebenen Untersuchungsverfahren festgestellt worden ist;
2. Verdacht des Ausbruchs der Tollwut, wenn das Ergebnis der klinischen Untersuchung, der pathologisch-anatomischen Untersuchung, der molekularbiologischen Untersuchung oder der histologischen Untersuchung, jeweils in Verbindung mit epizootiologischen Anhaltspunkten, den Ausbruch der Tollwut befürchten lässt;

3. wirksamer Impfschutz bei Hunden und Katzen, wenn eine Impfung gegen Tollwut
   a) im Falle einer Erstimpfung bei Welpen im Alter von mindestens zwölf Wochen mindestens 21 Tage nach Abschluss der Grundimmunisierung und längstens um den Zeitraum zurückliegt, den der Impfstoffhersteller für eine Wiederholungsimpfung angibt, oder
   b) im Falle von Wiederholungsimpfungen jeweils innerhalb des Zeitraumes durchgeführt worden ist, den der Impfstoffhersteller für die jeweilige Wiederholungsimpfung angibt;
4. wild lebendes Tier: jedes für die Tollwut empfängliche wild lebende Tier, das in der Lage ist, die Tollwut zu verbreiten, insbesondere Füchse, Waschbären, Marderhunde und Fledermäuse.

Abschnitt 2 Schutzmaßregeln

Unterabschnitt 1 Allgemeine Schutzmaßregeln

§ 2 Impfungen und Heilversuche

(1) Gegen die Tollwut darf nur mit Impfstoffen aus nicht vermehrungsfähigen (inaktivierten) Erregern geimpft werden. Impfungen seuchenkranker oder verdächtiger Tiere gegen die Tollwut sind verboten. Die Sätze 1 und 2 gelten nicht für die Impfung wild lebender Tiere.

(2) Die zuständige Behörde kann Impfungen gegen die Tollwut anordnen, soweit dies
1. aus Gründen der Tierseuchenbekämpfung oder
2. zum Schutz vor der Tierseuche

erforderlich ist.

(3) Heilversuche an verdächtigen Tieren sind verboten.

§ 3 Ausnahmen

Die zuständige Behörde kann Ausnahmen zulassen, sofern Belange der Tierseuchenbekämpfung nicht entgegenstehen,
1. von § 2 Absatz 1 Satz 1 für die Impfung mit anderen als den dort bezeichneten Impfstoffen,
2. von § 2 Absatz 1 Satz 1 und 2 für wissenschaftliche Versuche,
3. von § 2 Absatz 1 Satz 2 für ansteckungsverdächtige Tiere, sofern sie zu dem Zeitpunkt, an dem sie tatsächlich oder vermutlich mit seuchenkranken oder seuchenverdächtigen Tieren in Berührung gekommen sind, unter wirksamem Impfschutz gestanden haben.

§ 3 a Untersuchungen

Die zuständige Behörde hat
1. kranke, verhaltensgestörte oder anderweitig auffällige erlegte wild lebende Füchse, Marderhunde und Waschbären,
2. verendet aufgefundene Füchse, Marderhunde und Waschbären

virologisch auf Tollwut zu untersuchen oder untersuchen zu lassen. Zur Durchführung dieser Untersuchung haben Jagdausübungsberechtigte die Tiere nach Satz 1 nach näherer Anordnung der zuständigen Behörde dieser selbst oder einer von ihr bestimmten Untersuchungseinrichtung zuzuleiten. Mit der Zuleitung müssen dem Empfänger des jeweiligen Tieres Angaben zur Abschuss- oder Fundstelle, zum Datum des Abschusses oder Fundes, zur Tierart und zum Verhalten des Tieres vor dem Erlegen mitgeteilt werden.

§ 4 Anzeige von Ausstellungen

(1) Hunde- und Katzenausstellungen sowie Veranstaltungen ähnlicher Art mit Hunden und Katzen im gefährdeten Bezirk sind der zuständigen Behörde mindestens vier Wochen vor Beginn anzuzeigen.

(2) Soweit Hunde oder Katzen aus einem Mitgliedstaat oder einem Drittland an einer Hunde- oder Katzenausstellung oder einer Veranstaltung ähnlicher Art teilnehmen, ist diese Veranstaltung stets der zuständigen Behörde mindestens vier Wochen vor Beginn anzuzeigen.

(3) Die zuständige Behörde kann eine in Absatz 1 oder 2 bezeichnete Ausstellung oder Veranstaltung beschränken oder verbieten, soweit es aus Gründen der Tierseuchenbekämpfung erforderlich ist.

§ 5 Kennzeichnung

In einem gefährdeten Bezirk ist es verboten, Hunde außerhalb geschlossener Räume frei laufen zu lassen oder mit sich zu führen, wenn sie nicht ein Halsband, einen Gurt oder ein sonstiges Hundegeschirr tragen, auf oder an dem Name und Anschrift des Besitzers angegeben sind oder an dem eine Steuermarke befestigt ist. Dies gilt nicht für Hunde auf umfriedeten Grundstücken, von denen sie nicht entweichen können, und für Jagdhunde bei jagdlicher Verwendung.

Unterabschnitt 2 Besondere Schutzmaßregeln bei Haustieren

A. Vor amtlicher Feststellung

§ 6 Verhalten bei Ausbruch oder Verdacht des Ausbruchs

Im Falle des Ausbruchs oder des Verdachts des Ausbruchs der Tollwut in einem Betrieb oder an einem sonstigen Standort gilt vor der amtlichen Feststellung für seuchenverdächtige Haustiere Folgendes:

1. Der Besitzer muss alle Haustiere an ihrem jeweiligen Standort so absondern, dass sie nicht mit Haustieren anderer Besitzer sowie mit Menschen in Berührung kommen können.
2. Verendete oder getötete Haustiere sind so aufzubewahren, dass sie Witterungseinflüssen nicht ausgesetzt sind und dass Menschen oder Tiere nicht mit ihnen in Berührung kommen können. Sie dürfen nur mit Genehmigung der zuständigen Behörde und nur zu diagnostischen Zwecken oder zur unschädlichen Beseitigung aus dem Betrieb oder von dem sonstigen Standort verbracht werden.
3. Führt die amtstierärztliche Untersuchung bei einem als seuchenverdächtig gemeldeten Haustier nicht zu einem eindeutigen Ergebnis, so ordnet die zuständige Behörde die behördliche Beobachtung des Tieres an; hierzu ist es sicher einzusperren. Die Beobachtung wird aufgehoben, wenn sich der Verdacht auf Grund amtstierärztlicher Untersuchung als unbegründet erwiesen hat.

B. Nach amtlicher Feststellung

§ 7 Tötung und unschädliche Beseitigung

(1) Ist der Ausbruch oder der Verdacht des Ausbruchs der Tollwut in einem Betrieb oder an einem sonstigen Standort amtlich festgestellt, so kann die zuständige Behörde die sofortige Tötung und unschädliche Beseitigung der seuchenverdächtigen Tiere anordnen; bei seuchenverdächtigen Hunden und Katzen hat sie die Tötung und unschädliche Beseitigung anzuordnen.

(2) Abweichend von Absatz 1 kann die zuständige Behörde bei seuchenverdächtigen Hunden oder Katzen anstelle der Tötung und unschädlichen Beseitigung die behördliche Beobachtung bis zur Bestätigung oder Beseitigung des Verdachts anordnen, wenn diese Tiere
1. einen Menschen gebissen haben oder
2. nachweislich unter wirksamem Impfschutz stehen.

(3) Das Schlachten und Abhäuten seuchenverdächtiger Tiere sowie der Verkauf oder Verbrauch einzelner Teile, der Milch oder sonstiger Erzeugnisse solcher Tiere sind verboten.

§ 8 Schutzmaßregeln für den gefährdeten Bezirk

(1) Ist der Ausbruch oder der Verdacht des Ausbruchs der Tollwut bei einem Haustier oder einem wild lebenden Tier, ausgenommen bei einer Fledermaus, amtlich festgestellt worden und kann im Falle der amtlichen Feststellung des Ausbruchs der Tollwut bei einem Haustier eine Infektion in diesem Gebiet auf Grund epizootiologischer Nachforschungen nicht ausgeschlossen werden, so erklärt die zuständige Behörde unter Berücksichtigung der örtlichen Gegebenheiten ein Gebiet mit einer Fläche von mindestens 5000 Quadratkilometern oder mit einem Radius von mindestens 40 Kilometern um die Tierhaltung, die Abschuss-, Tötungs- oder Fundstelle zum gefährdeten Bezirk und gibt dies öffentlich bekannt.

(2) Die zuständige Behörde bringt an den Zugängen zu dem gefährdeten Bezirk und an anderen geeigneten Stellen Schilder mit der deutlichen und haltbaren Aufschrift „Tollwut! Gefährdeter Bezirk“ gut sichtbar an.

(3) Im gefährdeten Bezirk dürfen Hunde und Katzen nicht frei laufen gelassen werden. Hiervon ausgenommen sind Hunde, die nachweislich unter wirksamem Impfschutz stehen und die von einer Person begleitet werden, der sie zuverlässig gehorchen, sowie Katzen, die nachweislich unter wirksamem Impfschutz stehen.

(4) Ist der Ausbruch oder der Verdacht des Ausbruchs der Tollwut bei einer Fledermaus amtlich festgestellt worden, so kann die zuständige Behörde das betreffende Gebiet nach Maßgabe des Absatzes 1 Satz 1 zum gefährdeten Bezirk erklären. Die Erklärung ist öffentlich bekannt zu geben. Die Absätze 2 und 3 gelten entsprechend.

§ 9 Schutzmaßregeln bei Ansteckungsverdacht

(1) Für Hunde und Katzen ordnet die zuständige Behörde die sofortige Tötung an, wenn anzunehmen ist, dass sie mit seuchenkranken Tieren in Berührung gekommen sind. Sie kann die sofortige Tötung dieser Hunde und Katzen anordnen, wenn anzunehmen ist, dass sie mit seuchenverdächtigen Tieren in Berührung gekommen sind.

(2) Andere als in Absatz 1 bezeichnete Haustiere, von denen anzunehmen ist, dass sie mit seuchenkranken oder seuchenverdächtigen Tieren in Berührung gekommen sind, sind sofort behördlich zu beobachten.

(3) Absatz 1 gilt nicht für Hunde und Katzen, die nachweislich bei der Berührung unter wirksamem Impfschutz standen. Solche Hunde und Katzen sind sofort behördlich zu beobachten und unverzüglich erneut gegen Tollwut zu impfen. Die zuständige Behörde kann zulassen, dass von der Impfung abgesehen wird, wenn die Tiere bereits mehrmals in kurzen Abständen gegen Tollwut geimpft worden sind.

(4) Die zuständige Behörde kann im Einzelfall für nicht unter wirksamem Impfschutz stehende Hunde und Katzen Ausnahmen von Absatz 1 zulassen, sofern die Tiere sofort für mindestens drei Monate sicher eingesperrt werden und Belange der Seuchenbekämpfung nicht entgegenstehen. Die zuständige Behörde kann in der Entscheidung nach Satz 1 oder nachträglich die Dauer der dort genannten Maßnahme verkürzen, soweit Belange der Tierseuchenbekämpfung nicht entgegenstehen.

§ 10 Behördliche Beobachtung

(1) Die Dauer der behördlichen Beobachtung nach § 9 Absatz 2 und 3 beträgt sechs Monate. Die zuständige Behörde kann die Dauer bis auf zwei Monate verkürzen, sofern die ansteckungsverdächtigen Tiere vor dem Zeitpunkt, an dem sie tatsächlich oder vermutlich mit tollwutkranken oder seuchenverdächtigen Tieren in Berührung gekommen sind, unter wirksamem Impfschutz standen und unverzüglich erneut gegen Tollwut geimpft werden. § 9 Absatz 3 Satz 3 gilt entsprechend.

(2) Während der behördlichen Beobachtung darf das Tier nur mit Genehmigung der zuständigen Behörde von seinem Standort entfernt werden. Die Nutzung und der Weidegang von Einhufern, Rindern, Schweinen, Schafen und Ziegen sind gestattet; die Nutzung der Hunde bedarf der Genehmigung der zuständigen Behörde. Wird das Tier vom Standort entfernt, so unterliegt es der Beobachtung am neuen Standort.

(3) Statt der behördlichen Beobachtung kann die zuständige Behörde für ansteckungsverdächtige Einhufer, Rinder, Schweine, Schafe und Ziegen die Tötung und unschädliche Beseitigung anordnen, sofern dies aus Gründen der Seuchenbekämpfung erforderlich ist.

Unterabschnitt 3 Besondere Schutzmaßregeln bei wild lebenden Tieren

§ 11 Schutzmaßregeln im Verdachtsfall

Jagdausübungsberechtigte haben dafür zu sorgen, dass seuchenverdächtigen wild lebenden Tieren sofort nachgestellt wird und dass diese erlegt und unverzüglich unschädlich beseitigt werden. Ausgenommen von der Verpflichtung zur unschädlichen Beseitigung ist Untersuchungsmaterial zur Feststellung der Tollwut; bei Füchsen und kleineren Tieren ist das der ganze Tierkörper, bei größeren Tieren nur der Kopf. Wird das Untersuchungsmaterial nicht der zuständigen Behörde oder einem staatlichen Veterinäruntersuchungsamt abgeliefert, so ist der zuständigen Behörde mitzuteilen, wo es sich befindet.

§ 12 Schutzmaßregeln nach Feststellung des Ausbruchs und in sonstigen Fällen

(1) Ist der Ausbruch der Tollwut bei einem wild lebenden Tier, ausgenommen bei einer Fledermaus, amtlich festgestellt worden oder liegen sonst gesicherte Anhaltspunkte vor, dass die Tollwut durch ein wild lebendes Tier verbreitet wird, ordnet die zuständige Behörde zusätzlich zu den Untersuchungen nach § 3a

1. eine verstärkte Bejagung,
2. eine orale Immunisierung und
3. die Untersuchung nach der Anlage

wild lebender Tiere an, soweit ein Gebiet zum gefährdeten Bezirk nach § 8 Absatz 1 erklärt worden ist. Der Jagdausübungsberechtigte ist im Falle der behördlichen Anordnung nach Satz 1 zur verstärkten Bejagung und zur Mitwirkung bei der Auslegung der Impfköder im Rahmen der oralen Immunisierung verpflichtet.

(2) Den Zeitraum und den örtlichen Bereich, in denen die orale Immunisierung nach Absatz 1 Satz 1 Nummer 2 durchzuführen ist, die Art der Impfköderauslage, die Impfstrategie, die Anzahl der Impfköder, die Kontrolle des Impferfolges und den Abschluss der Impfmaßnahmen bestimmt die zuständige Behörde im Benehmen mit dem Friedrich-Loeffler-Institut. Dabei sind die Epidemiologie der Tollwut und die landschaftsstrukturellen Gegebenheiten zugrunde zu legen. Ferner muss der Zeitraum für die orale Immunisierung nach Absatz 1 Satz 1 Nummer 2 mindestens zwei Jahre nach dem letzten Tollwutfall im gefährdeten Bezirk andauern.

§ 12 a Feststellung des Ausbruchs auf dem Gebiet eines benachbarten Mitgliedstaates oder Drittlandes

Wird auf dem Gebiet eines benachbarten Mitgliedstaates oder Drittlandes der Ausbruch oder der Verdacht des Ausbruchs der Tollwut bei einem wild lebenden Tier innerhalb einer Entfernung von 100 Kilometern von der deutschen Grenze amtlich festgestellt und der für das angrenzende Gebiet im Inland zuständigen Behörde amtlich zur Kenntnis gebracht, so kann diese Maßnahmen nach § 12 anordnen.

Unterabschnitt 4 Desinfektion

§ 13 Pflicht zur Reinigung und Desinfizierung

Nach Tötung und unschädlicher Beseitigung der verdächtigen Tiere muss der Besitzer die Ställe oder sonstigen Standorte sowie sämtliche Gegenstände, die Träger des Seuchenerregers sein können, unverzüglich nach näherer Anweisung der zuständigen Behörde reinigen und desinfizieren.

Unterabschnitt 5 Aufhebung der Schutzmaßregeln

§ 14 Aufhebung von Schutzmaßregeln; Erlöschen der Tollwut

(1) Die zuständige Behörde hebt Schutzmaßregeln auf, die sie wegen des Ausbruchs oder des Verdachts des Ausbruchs der Tollwut bei einem Haustier angeordnet hat, wenn die Tollwut bei Haustieren erloschen ist oder der Verdacht auf Tollwut bei Haustieren beseitigt ist oder sich als unbegründet erwiesen hat. Die Tollwut bei Haustieren gilt als erloschen und der Verdacht auf Tollwut bei Haustieren gilt als beseitigt, wenn die seuchenkranken Haustiere oder seuchenverdächtigen Hunde und

Katzen verendet oder getötet worden sind, die toten Tiere unschädlich beseitigt worden sind und die Desinfektion nach näherer Anweisung des beamteten Tierarztes durchgeführt und von ihm abgenommen worden ist.

(2) Die zuständige Behörde hebt Schutzmaßregeln auf, die sie wegen des Ausbruchs der Tollwut oder des Verdachts des Ausbruchs der Tollwut bei einem wild lebenden Tier angeordnet hat, wenn die Tollwut bei wild lebenden Tieren erloschen ist oder der Verdacht auf Tollwut bei wild lebenden Tieren beseitigt ist oder sich als unbegründet erwiesen hat. Die Tollwut bei wild lebenden Tieren gilt als erloschen, wenn in dem gefährdeten Bezirk über einen Zeitraum von mindestens zwei Jahren Tollwut amtlich nicht festgestellt und eine Untersuchung wild lebender Tiere nach § 3a durchgeführt worden ist.

(3) Die zuständige Behörde kann ein Teilgebiet des gefährdeten Bezirks als tollwutfrei bestimmen, soweit

1. in diesem Gebiet über einen Zeitraum von mindestens zwei Jahren Tollwut amtlich nicht festgestellt worden ist und
2. ein gefährdeter Bezirk mit einer Fläche von mindestens 5 000 Quadratkilometern oder mit einem Radius von 40 Kilometern um die Abschuss-, Tötungs- oder Fundstelle, in dem die Feststellung des Ausbruchs der Tollwut weniger als zwei Jahre zurückliegt, bestehen bleibt.

Abschnitt 3 Schlussbestimmungen

§ 15 Ordnungswidrigkeiten

Ordnungswidrig im Sinne des § 32 Absatz 2 Nummer 4 Buchstabe a des Tiergesundheitsgesetzes handelt, wer vorsätzlich oder fahrlässig

1. entgegen § 2 Absatz 1 Satz 1 oder Satz 2 oder Absatz 3 eine Impfung oder einen Heilversuch vornimmt,
2. einer vollziehbaren Anordnung nach § 2 Absatz 2, § 3a Satz 2, § 4 Absatz 3, § 6 Nummer 3 Satz 1, § 7 Absatz 1, § 9 Absatz 1, § 10 Absatz 3 oder § 12 Absatz 1 Satz 1, auch in Verbindung mit § 12a, oder nach § 13 zuwiderhandelt,
3. einer mit einer Zulassung nach § 3, § 9 Absatz 3 Satz 3, auch in Verbindung mit § 10 Absatz 1 Satz 3, oder nach § 9 Absatz 4 verbundenen vollziehbaren Auflage zuwiderhandelt,
4. entgegen § 4 Absatz 1 oder Absatz 2 eine Anzeige nicht oder nicht rechtzeitig erstattet,
5. entgegen § 5 Satz 1 einen Hund frei laufen lässt oder mit sich führt,
6. entgegen § 6 Nummer 1 ein Haustier nicht, nicht richtig oder nicht rechtzeitig absondert,
7. entgegen § 6 Nummer 2 Satz 1 ein Haustier nicht oder nicht richtig aufbewahrt,
8. ohne Genehmigung nach § 6 Nummer 2 Satz 2 ein Haustier verbringt,
9. einer mit einer Genehmigung nach § 6 Nummer 2 Satz 2 oder § 10 Absatz 2 Satz 1 oder Satz 2 verbundenen vollziehbaren Auflage zuwiderhandelt,
10. entgegen § 7 Absatz 3 ein Tier schlachtet oder abhäutet oder ein Teil oder ein Erzeugnis eines Tieres verkauft oder verbraucht,
11. entgegen § 8 Absatz 3 Satz 1 einen Hund oder eine Katze frei laufen lässt,
12. ohne Genehmigung nach § 10 Absatz 2 Satz 1 ein Tier entfernt,
13. ohne Genehmigung nach § 10 Absatz 2 Satz 2 einen Hund nutzt oder

14. entgegen § 11 Satz 1 nicht dafür sorgt, dass einem wild lebenden Tier nachgestellt wird, dieses erlegt und unschädlich beseitigt wird.

§ 15 a Weitergehende Maßnahmen

Die Befugnis der zuständigen Behörde, bei Feststellung der Tollwut bei einem Haustier oder einem wild lebenden Tier weitergehende Maßnahmen nach § 38 Absatz 11 in Verbindung mit § 6 Absatz 1 und 3 bis 5 des Tiergesundheitsgesetzes anzuordnen, soweit diese zur Tierseuchenbekämpfung erforderlich sind und Rechtsakte der Europäischen Gemeinschaften oder der Europäischen Union nicht entgegenstehen, bleibt unberührt.

Abschnitt 4 (Inkrafttreten, Außerkrafttreten)

Anlage
(zu § 12 Absatz 1)

Untersuchung wild lebender Tiere, ausgenommen Fledermäuse, zur Kontrolle des Impferfolges

1. **Stichprobenumfang**

In einem Gebiet mit einer Fläche von mindestens 5 000 Quadratkilometern oder mit einem Radius von mindestens 40 Kilometern um die Abschuss-, Tötungs- oder Fundstelle sind zur Kontrolle des Impferfolges jährlich mindestens 60 erlegte wild lebende Füchse serologisch zu untersuchen. Übersteigt die Fläche eines Impfgebietes eine Fläche von 5 000 Quadratkilometer, kann die zuständige Behörde Untersuchungen in von ihr ausgewählten Gebieten innerhalb des Impfgebietes anordnen.

2. **Auswahlkriterien**

a) Die Stichproben sind auf das gesamte Untersuchungsgebiet gleichmäßig zu verteilen.
b) Die Stichproben sind zufällig auszuwählen, wobei in einem Zeitraum von vier Wochen nach der Köderauslage keine Stichproben erfolgen und Jungtiere wild lebender Tiere, insbesondere von Füchsen und Marderhunden, bis zur Herbstauslage nicht untersucht werden sollten, soweit nicht besondere Untersuchungsprogramme durchgeführt werden. Im Falle einer Untersuchung auf Grund eines besonderen Untersuchungsprogramms sind die Jungtiere altersmäßig zu kennzeichnen.

Verordnung zum Schutz gegen die Schweinepest und die Afrikanische Schweinepest
(Schweinepest-Verordnung)

in der Fassung der Bekanntmachung vom 29. September 2011 (BGBl. I S. 1958)*, geändert durch Verordnungen vom 17. April 2014 (BGBl. I S. 388) und vom 29. Dezember 2014 (BGBl. I S. 2481)

Auf Grund des Artikels 4 der Verordnung vom 29. September 2011 (BGBl. I S. 1954) wird nachstehend der Wortlaut der Schweinepest-Verordnung in der vom 7. Oktober 2011 an geltenden Fassung bekannt gemacht. Die Neufassung berücksichtigt:

1. die Fassung der Bekanntmachung der Verordnung vom 20. Dezember 2005 (BGBl. I S. 3547),
2. den am 16. April 2009 in Kraft getretenen Artikel 7 der Verordnung vom 6. April 2009 (BGBl. I S. 749),
3. den am 24. Dezember 2009 in Kraft getretenen Artikel 3 der Verordnung vom 18. Dezember 2009 (BGBl. I S. 3939),
4. den am 9. Oktober 2010 in Kraft getretenen Artikel 4 der Verordnung vom 4. Oktober 2010 (BGBl. I S. 1308),
5. den am 7. Oktober 2011 in Kraft tretenden Artikel 2 der eingangs genannten Verordnung.**

---

* Amtliche Fußnote: Diese Verordnung dient der Umsetzung folgender EG-Rechtsakte:
1. Richtlinie 2001/89/EG des Rates vom 23. Oktober 2001 über Maßnahmen der Gemeinschaft zur Bekämpfung der klassischen Schweinepest (ABl. EG Nr. L 316 S. 5),
2. Richtlinie 2002/60/EG des Rates vom 27. Juni 2002 zur Festlegung von besonderen Vorschriften für die Bekämpfung der Afrikanischen Schweinepest sowie zur Änderung der Richtlinie 92/119/EWG hinsichtlich der Teschener Krankheit und der Afrikanischen Schweinepest (ABl. EG Nr. L 192 S. 27).

** Die Rechtsgrundlage für den Erlass der Verordnung wird in ihrer ursprünglichen Fassung vom 3. August 1988 (BGBl. I S. 1559) wie folgt angegeben:
„Auf Grund des § 79 Abs. 1 Nr. 1 in Verbindung mit § 17 Abs. 1 Nr. 4, des § 79 Abs. 1 Nr. 2 in Verbindung mit den §§ 18, 19 Abs. 1, 2 und 4, § 20 Abs. 1 bis 3, § 21 Abs. 1 und 2, den §§ 22 bis 24 Abs. 1 und den §§ 26 bis 30 sowie des § 79 Abs. 1 Nr. 3 in Verbindung mit § 78 des Tierseuchengesetzes in der Fassung der Bekanntmachung vom 28. März 1980 (BGBl. I S. 386) wird verordnet:“

Inhaltsübersicht

Abschnitt 1 Begriffsbestimmungen

§ 1 Begriffsbestimmungen

(1) Im Sinne dieser Verordnung liegen vor:

1. Ausbruch der Schweinepest (Klassische oder Europäische Schweinepest), wenn diese
   a) durch virologische Untersuchung (Virus-, Antigen- oder Genomnachweis),
   b) im Falle von Sekundärausbrüchen durch klinische, pathologisch-anatomische und epidemiologische Untersuchung oder
   c) durch serologische Untersuchung (Antikörpernachweis) in Verbindung mit epidemiologischen Anhaltspunkten

   festgestellt ist;
2. Verdacht auf Schweinepest, wenn das Ergebnis der
   a) klinischen,
   b) pathologisch-anatomischen oder
   c) serologischen

   Untersuchung den Ausbruch der Schweinepest befürchten lässt;
3. Ausbruch der Afrikanischen Schweinepest, wenn diese durch
   a) virologische Untersuchung (Virus- oder Antigennachweis) oder
   b) serologische Untersuchung (Antikörpernachweis)

   festgestellt ist;
4. Verdacht auf Afrikanische Schweinepest, wenn das Ergebnis einer klinischen oder pathologisch-anatomischen Untersuchung den Ausbruch der Afrikanischen Schweinepest befürchten lässt.

Satz 1 Nummer 1 Buchstabe c und Nummer 2 Buchstabe c gilt nicht für Schweine, die nachweislich gegen Schweinepest geimpft sind.

(2) Im Sinne dieser Verordnung sind:

1. Betrieb:
   alle Schweineställe oder sonstigen Standorte zur ständigen oder vorübergehenden Haltung von Schweinen einschließlich der dazugehörigen Nebengebäude und des dazugehörigen Geländes, die hinsichtlich der tatsächlichen Nutzung und der räumlichen Anordnung, insbesondere der Ver- und Entsorgung, eine Einheit bilden, mit Ausnahme von Schlachtstätten und Transportmitteln sowie Gehegen, die größer als 25 Hektar sind, mit Wildschweinebesatz;
2. gesonderte Betriebsabteilung:
   ein räumlich und lüftungstechnisch abgegrenzter Bereich eines Betriebs, der auf Grund seiner Struktur, seines Umfangs und seiner Funktion in Bezug auf die Haltung einschließlich der Betreuung, Fütterung und Entsorgung vollständig getrennt von anderen Bereichen des Betriebs ist.

Abschnitt 2 Schutzmaßregeln

Unterabschnitt 1 Allgemeine Schutzmaßregeln

§ 2 Impfverbot

(1) Impfungen gegen die Schweinepest oder die Afrikanische Schweinepest sowie Heilversuche an seuchenkranken und seuchenverdächtigen Schweinen sind verboten, soweit in dieser Verordnung nichts anderes bestimmt ist.

(2) Die zuständige Behörde kann im Einzelfall bei der Schweinepest abweichend von Absatz 1 Impfungen für wissenschaftliche Versuche und Impfstoffprüfungen genehmigen, sofern Belange der Seuchenbekämpfung nicht entgegenstehen.

§ 2 a Verbot des Verfütterns von Küchen- und Speiseabfällen

Das Verfüttern von Küchen- und Speiseabfällen an Schweine, die keine Nutztiere im Sinne des Artikels 3 Nummer 6 Buchstabe a der Verordnung (EG) Nr. 1069/2009 des Europäischen Parlaments und des Rates vom 21. Oktober 2009 mit Hygienevorschriften für nicht für den menschlichen Verzehr bestimmte tierische Nebenprodukte und zur Aufhebung der Verordnung (EG) Nr. 1774/2002 (ABl. L 300 vom 14.11.2009, S. 1), die zuletzt durch die Verordnung (EU) Nr. 1385/2013 (ABl. L 354 vom 28.12.2013, S. 86) geändert worden ist, sind, ist verboten.

§ 3 Behördliche Anordnungen

Die zuständige Behörde kann, soweit es aus Gründen der Seuchenbekämpfung erforderlich ist,

1. für Schweine eines bestimmten Gebiets eine amtstierärztliche Untersuchung auf Schweinepest oder Afrikanische Schweinepest einschließlich der Entnahme erforderlicher Proben zur Untersuchung,
2. für Schweine, die in einen Betrieb eingestellt werden,
   a) eine Untersuchung,
   b) eine Absonderung,
   c) eine behördliche Beobachtung

anordnen.

§ 3 a Amtliche Untersuchungen

Bei amtlichen oder amtlich angeordneten Untersuchungen ist das Diagnosehandbuch mit Diagnosemethoden, Probenahmeverfahren und Kriterien für die Auswertung von Laboruntersuchungen zur Bestätigung

1. der Schweinepest nach dem Anhang der Entscheidung 2002/106/EG der Kommission vom 1. Februar 2002 zur Genehmigung eines Diagnosehandbuchs mit Diagnosemethoden, Probenahmeverfahren und Kriterien für die Auswertung von Laboruntersuchungen zur Bestätigung der Klassischen Schweinepest (ABl. EG Nr. L 39 S. 71) oder
2. der Afrikanischen Schweinepest nach dem Anhang der Entscheidung 2003/422/EG der Kommission vom 26. Mai 2003 zur Genehmigung eines Diagnosehandbuchs für die Afrikanische Schweinepest (ABl. EU Nr. L 143 S. 35)

in der jeweils geltenden Fassung anzuwenden.

Unterabschnitt 2 Besondere Schutzmaßregeln

A. Vor amtlicher Feststellung der Schweinepest und der Afrikanischen Schweinepest

§ 4 Anordnungen; Pflichten des Tierhalters

(1) Im Falle des Verdachts auf Schweinepest oder Afrikanische Schweinepest in einem Betrieb ordnet die zuständige Behörde in Bezug auf den betroffenen Betrieb (Verdachtsbetrieb)

1. die klinische, virologische und serologische Untersuchung der Schweine sowie
2. eine Überprüfung des Bestandsregisters und der Kennzeichnung der Schweine nach der Viehverkehrsverordnung auf Übereinstimmung

an. Ergeben sich auf Grund einer der in Satz 1 Nummer 1 aufgeführten Untersuchungen Anhaltspunkte für einen Ausbruch der Schweinepest oder der Afrikanischen Schweinepest, so ordnet die zuständige Behörde
1. die serologische und virologische Untersuchung weiterer Schweine des Verdachtsbetriebs, die nicht bereits nach Satz 1 Nummer 1 untersucht worden sind, sowie
2. die Tötung und unschädliche Beseitigung aller Schweine des Verdachtsbetriebs

an und führt epidemiologische Nachforschungen durch. Diese Nachforschungen erstrecken sich mindestens auf
1. den Zeitraum, in dem das Virus der Schweinepest oder der Afrikanischen Schweinepest bereits im Betrieb vorhanden gewesen sein kann, bevor der Verdacht angezeigt wurde,
2. die mögliche Ursache der Schweinepest oder der Afrikanischen Schweinepest,
3. die Ermittlung anderer Betriebe, aus denen Schweine in den betroffenen Betrieb oder in die Schweine aus dem betroffenen Betrieb verbracht worden sind,
4. Personen, Fahrzeuge, Schweinefleisch, Sperma und alle Gegenstände, mit denen das Virus in den oder aus dem betroffenen Betrieb verschleppt worden sein kann.

Die zuständige Behörde kann von der Tötungsanordnung nach Satz 2 Nummer 2 absehen, soweit Belange der Seuchenbekämpfung nicht entgegenstehen. In diesem Fall ordnet die zuständige Behörde die behördliche Beobachtung des Verdachtsbetriebs an.

(2) Bis zur Bekanntgabe der Anordnung nach Absatz 1 Satz 1 hat der Tierhalter des Verdachtsbetriebs im Falle des Verdachts auf Schweinepest oder Afrikanische Schweinepest
1. sämtliche Schweine des Betriebs abzusondern,
2. täglich Aufzeichnungen über
   a) die Besuche betriebsfremder Personen unter Angabe von Namen, Anschrift und Besuchsdatum sowie
   b) bereits erkrankte, verendete und ansteckungsverdächtige Tiere, getrennt nach Ferkeln, Mast- und Zuchtschweinen,

   zu machen,
3. verendete oder getötete Schweine so aufzubewahren, dass sie Witterungseinflüssen nicht ausgesetzt sind und Menschen oder Tiere nicht mit ihnen in Berührung kommen können,
4. für das Verbringen verendeter oder getöteter Schweine aus dem Betrieb die Genehmigung der zuständigen Behörde einzuholen, die nur zu diagnostischen Zwecken oder zur unschädlichen Beseitigung erteilt werden darf,
5. an den Ein- und Ausgängen der Ställe Matten oder sonstige saugfähige Bodenauflagen auszulegen und sie mit einem wirksamen Desinfektionsmittel zu tränken und feucht zu halten,
6. sicherzustellen,
   a) dass der Betrieb nur mit Schutzkleidung betreten wird und diese unverzüglich nach Verlassen des Stalls oder sonstigen Standorts abgelegt, gereinigt und desinfiziert oder, im Falle von Einwegschutzkleidung, unverzüglich

nach Gebrauch so beseitigt wird, dass eine Seuchenverbreitung vermieden wird,
b) dass Schuhwerk vor dem Betreten und Verlassen des Betriebs sowie nach Verlassen eines Stalls oder sonstigen Standorts gereinigt und desinfiziert wird,
c) dass Schweine weder in den noch aus dem Betrieb verbracht werden,
d) dass
aa) Schweinefleisch, Schweinefleischerzeugnisse,
bb) Sperma, Eizellen und Embryonen von Schweinen,
cc) Dung, flüssige Stallabgänge und Einstreu,
dd) Futtermittel,
ee) Wildschweinefleisch und Fleischerzeugnisse aus Wildschweinefleisch, soweit Tatsachen die Annahme rechtfertigen, dass damit der Erreger der Schweinepest oder der Afrikanischen Schweinepest verschleppt werden kann,
ff) Gegenstände und Abfälle, die den Erreger der Schweinepest oder der Afrikanischen Schweinepest übertragen können, insbesondere wenn sie mit Schweinen in Berührung gekommen sind,
nicht aus dem Betrieb verbracht werden.

Die zuständige Behörde kann zur Vermeidung unbilliger Härten Ausnahmen von Satz 1 Nummer 6 Buchstabe c und d genehmigen, soweit Belange der Seuchenbekämpfung nicht entgegenstehen.

(3) Mit der Bekanntgabe der Anordnung nach Absatz 1 Satz 1 gilt für den Verdachtsbetrieb zusätzlich zu Absatz 2 Folgendes:
1. Betriebsfremde Personen dürfen den Betrieb nur mit schriftlicher Genehmigung der zuständigen Behörde betreten.
2. Fahrzeuge dürfen nur mit schriftlicher Genehmigung der zuständigen Behörde in den oder aus dem Betrieb gefahren werden. Transportmittel sind vor dem Verlassen des Betriebs nach näherer Anweisung der zuständigen Behörde
a) im Falle der Schweinepest unter Berücksichtigung des Anhangs II Nummer 1 der Richtlinie 2001/89/EG des Rates vom 23. Oktober 2001 über Maßnahmen der Gemeinschaft zur Bekämpfung der klassischen Schweinepest (ABl. EG Nr. L 316 S. 5),
b) im Falle der Afrikanischen Schweinepest unter Berücksichtigung des Anhangs II Nummer 1 der Richtlinie 2002/60/EG des Rates vom 27. Juni 2002 zur Festlegung von besonderen Vorschriften für die Bekämpfung der Afrikanischen Schweinepest sowie zur Änderung der Richtlinie 92/119/EWG hinsichtlich der Teschener Krankheit und der Afrikanischen Schweinepest (ABl. EG Nr. L 192 S. 27)
in der jeweils geltenden Fassung zu reinigen, zu desinfizieren und, soweit erforderlich, zu entwesen.
3. Aus dem Betrieb dürfen abweichend von Absatz 2 Satz 1 Nummer 6 Buchstabe d
a) Schweinefleisch, Schweinefleischerzeugnisse,
b) Sperma, Eizellen, Embryonen von Schweinen,
c) Dung, flüssige Stallabgänge und Einstreu,
d) Futtermittel,
e) Wildschweinefleisch und Fleischerzeugnisse aus Wildschweinefleisch, soweit Tatsachen die Annahme rechtfertigen, dass damit der Erreger der

Schweinepest oder der Afrikanischen Schweinepest verschleppt werden kann,

f) Gegenstände und Abfälle, die den Erreger der Schweinepest oder der Afrikanischen Schweinepest übertragen können, insbesondere wenn sie mit Schweinen in Berührung gekommen sind,

nur mit Genehmigung der zuständigen Behörde – im Falle der Buchstaben a und b jedoch nicht zum Zwecke des innergemeinschaftlichen Handels – verbracht werden, soweit Belange der Seuchenbekämpfung nicht entgegenstehen. Die Genehmigung nach Satz 1 Buchstabe c darf nur erteilt werden, wenn der Dung, die flüssigen Stallabgänge oder die Einstreu

a) im Falle der Schweinepest nach Maßgabe des Anhangs II Nummer 3 der Richtlinie 2001/89/EG,
b) im Falle der Afrikanischen Schweinepest nach Maßgabe des Anhangs II Nummer 3 der Richtlinie 2002/60/EG

desinfiziert worden sind.

(4) Die zuständige Behörde kann anordnen, dass
1. im Verdachtsbetrieb nach ihrer näheren Anweisung eine Schadnager- und Insektenbekämpfung durchgeführt wird,
2. andere Haustiere als Schweine, ausgenommen Bienen, nur mit Genehmigung der zuständigen Behörde aus dem oder in den Verdachtsbetrieb verbracht werden dürfen.

(5) Die zuständige Behörde kann, wenn die Seuchenlage dies erfordert, um den Verdachtsbetrieb zeitlich befristet eine Kontrollzone festlegen. Die Absätze 1 und 2 Satz 1 Nummer 1 bis 6 Buchstabe a bis c und Absatz 3 gelten für die in der Kontrollzone liegenden Betriebe entsprechend.

B. Nach amtlicher Feststellung der Schweinepest und der Afrikanischen Schweinepest

1. Öffentliche Bekanntmachung

§ 5 Öffentliche Bekanntmachung

Die zuständige Behörde macht den Ausbruch der Schweinepest oder der Afrikanischen Schweinepest öffentlich bekannt.

2. Schutzmaßregeln für den Seuchenbetrieb

§ 6 Anordnungen im Bezug auf den Seuchenbetrieb

(1) Ist der Ausbruch der Schweinepest oder der Afrikanischen Schweinepest in einem Betrieb amtlich festgestellt, so ordnet die zuständige Behörde in Bezug auf den betroffenen Betrieb (Seuchenbetrieb)
1. im Falle eines Primärausbruchs eine Genotypisierung des Erregerisolates dieser Schweine,
2. die sofortige Tötung der nicht bereits nach § 4 Absatz 1 Satz 2 Nummer 2 getöteten und die sofortige unschädliche Beseitigung der nicht bereits nach § 4 Absatz 1 Satz 2 Nummer 2 beseitigten Schweine,
3. die unschädliche Beseitigung von Fleisch, Fleischerzeugnissen, Sperma, Eizellen und Embryonen von Schweinen, das oder die zwischen der mutmaßlichen

Einschleppung der Seuche in den Betrieb und ihrer amtlichen Feststellung gewonnen worden ist oder sind, sowie
4. im Falle der Afrikanischen Schweinepest, soweit erforderlich,
   a) die Suche nach Zecken der Art Ornithodorus erraticus im Seuchenbetrieb und in seiner unmittelbaren Umgebung nach Anhang III der Richtlinie 2002/60/EG,
   b) die Untersuchung aufgefundener Zecken dieser Art auf das Virus der Afrikanischen Schweinepest

an. Im Falle des Satzes 1 Nummer 4 unterrichtet die zuständige Behörde das Bundesministerium für Ernährung und Landwirtschaft (Bundesministerium) über die Durchführung der Maßnahmen zum Zwecke der Mitteilung an die Europäische Kommission.

(2) Mit Bekanntgabe der Anordnung nach Absatz 1 hat der Tierhalter über die Vorschriften des § 4 Absatz 2 Satz 1 hinaus
1. an den Zufahrten und Eingängen des Betriebs Schilder mit der deutlichen und haltbaren Aufschrift
   a) im Falle der Schweinepest „Schweinepest – Unbefugter Zutritt verboten“,
   b) im Falle der Afrikanischen Schweinepest „Afrikanische Schweinepest – Unbefugter Zutritt verboten“

   gut sichtbar anzubringen,
2. Hunde und Katzen einzusperren.

(3) Unbeschadet des § 4 Absatz 2 dürfen in den oder aus dem Seuchenbetrieb andere Haustiere als Schweine, ausgenommen Bienen, nur mit Genehmigung der zuständigen Behörde verbracht werden.

§ 7 *(weggefallen)*

§ 8 Ausnahmen

(1) Bei Seuchenbetrieben mit gesonderten Betriebsabteilungen kann die zuständige Behörde für nicht betroffene Betriebsabteilungen Ausnahmen von § 4 Absatz 1 Satz 2 Nummer 2 und § 6 Absatz 1 Satz 1 Nummer 2 genehmigen.

(2) Die zuständige Behörde kann bei einem Ausbruch der Schweinepest oder der Afrikanischen Schweinepest in einer Untersuchungseinrichtung, einem Zoo, einem Wildpark oder einer vergleichbaren Einrichtung, in denen Schweine zu wissenschaftlichen Zwecken, zur Arterhaltung oder zur Erhaltung seltener Rassen gehalten werden, Ausnahmen von § 4 Absatz 1 Satz 2 Nummer 2 und § 6 Absatz 1 Satz 1 Nummer 2 genehmigen, sofern die Einrichtung auf Grund ihrer Struktur, ihres Umfangs und ihrer Funktion in Bezug auf die Haltung einschließlich der Betreuung, Entsorgung und Fütterung so vollständig getrennt von anderen Betrieben mit Schweinehaltung ist, dass eine Verbreitung des Seuchenerregers ausgeschlossen werden kann. Die genannten Einrichtungen teilen der zuständigen Behörde spätestens drei Monate nach ihrer Inbetriebnahme die Voraussetzungen und Vorkehrungen mit, die Grundlage für eine Genehmigung nach Satz 1 sein können. Änderungen der Voraussetzungen oder Vorkehrungen sind der zuständigen Behörde unverzüglich mitzuteilen.

(3) Zum Zwecke der Mitteilung an die Europäische Kommission teilt die zuständige Behörde dem Bundesministerium unverzüglich die nach den Absätzen 1 und 2 erteilten Ausnahmegenehmigungen mit.

§§ 9 und 10 *(weggefallen)*

3. Schutzmaßregeln für den Sperrbezirk und das Beobachtungsgebiet

§ 11 Sperrbezirk

(1) Ist die Schweinepest oder die Afrikanische Schweinepest in einem Betrieb amtlich festgestellt, so legt die zuständige Behörde ein Gebiet um den Seuchenbetrieb mit einem Radius von mindestens drei Kilometern als Sperrbezirk fest. Hierbei berücksichtigt sie die Ergebnisse durchgeführter epidemiologischer Untersuchungen, Strukturen des Handels und der örtlichen Schweinehaltung, das Vorhandensein von Schlachtstätten und Verarbeitungsbetrieben für Material der Kategorie 1 oder 2 nach Artikel 24 Absatz 1 Buchstabe a der Verordnung (EG) Nummer 1069/2009, natürlichen Grenzen sowie Überwachungsmöglichkeiten.

(2) Die zuständige Behörde
1. bringt an den Hauptzufahrtswegen zu dem Sperrbezirk Schilder mit der deutlichen und haltbaren Aufschrift
   a) im Falle der Schweinepest „Schweinepest – Sperrbezirk",
   b) im Falle der Afrikanischen Schweinepest „Afrikanische Schweinepest – Sperrbezirk"

   gut sichtbar an,
2. führt in den im Sperrbezirk gelegenen Betrieben innerhalb von sieben Tagen eine klinische Untersuchung der Schweine durch,
3. überprüft innerhalb von sieben Tagen die Bestandsregister und die Kennzeichnung der Schweine nach der Viehverkehrsverordnung in diesen Betrieben auf Übereinstimmung und
4. führt in den im Sperrbezirk gelegenen Betrieben, in denen Schweine verendet oder erkrankt sind, eine serologische und virologische Untersuchung der Schweine durch,
5. kann anordnen, dass Jagdausübungsberechtigte von jedem erlegten Wildschwein Proben zur virologischen und serologischen Untersuchung auf Schweinepest oder Afrikanische Schweinepest zu entnehmen, zu kennzeichnen und zusammen mit dem Tierkörper, dem Aufbruch und dem Begleitschein der von der zuständigen Behörde festgelegten Wildsammelstelle oder Aufnahmestelle zuzuführen haben.

(3) Mit Bekanntgabe der Festlegung des Sperrbezirks haben Tierhalter im Sperrbezirk
1. der zuständigen Behörde unverzüglich die Anzahl der
   a) gehaltenen Schweine unter Angabe ihrer Nutzungsart und ihres Standorts,
   b) verendeten oder erkrankten, insbesondere fieberhaft erkrankten Schweine

   anzuzeigen,
2. sämtliche Schweine abzusondern.

(4) Außerdem gilt, vorbehaltlich des § 11b, für den Sperrbezirk Folgendes:
1. Schweine dürfen weder in einen noch aus einem Betrieb verbracht werden.
2. Hausschlachtungen von Schweinen sind verboten.
3. Verendete oder getötete Schweine, Fleisch, Sperma, Eizellen und Embryonen von Schweinen dürfen oder darf nur mit Genehmigung der zuständigen Behörde und nur zu diagnostischen Zwecken oder zur unschädlichen Beseitigung aus einem Betrieb im Sperrbezirk verbracht werden.

4. Die künstliche Besamung von Schweinen ist verboten.
5. Auf öffentlichen oder privaten Straßen oder Wegen, ausgenommen auf betrieblichen Wegen, dürfen Schweine nicht getrieben oder transportiert werden. Dies gilt nicht für den Transport im Durchgangsverkehr auf Autobahnen, anderen Straßen des Fernverkehrs oder Schienenverbindungen, sofern das Transportmittel nicht anhält und die Schweine nicht entladen werden.
6. Die Durchführung von Ausstellungen, Märkten oder Veranstaltungen ähnlicher Art mit Klauentieren sowie der Handel mit Klauentieren ohne vorherige Bestellung ist verboten.
7. Andere Haustiere als Schweine, ausgenommen Bienen, dürfen nur mit Genehmigung der zuständigen Behörde aus einem oder in einen Betrieb mit Schweinehaltung verbracht werden.
8. Fahrzeuge und Ausrüstungen für den Transport von Schweinen, anderen Tieren oder Gegenständen, die mit dem Seuchenerreger in Kontakt gekommen sein können, sind unverzüglich nach der Benutzung
   a) im Falle der Schweinepest nach Maßgabe des Anhangs II Nummer 1 der Richtlinie 2001/89/EG,
   b) im Falle der Afrikanischen Schweinepest nach Maßgabe des Anhangs II Nummer 1 der Richtlinie 2002/60/EG

   und nach näherer Anweisung der zuständigen Behörde zu reinigen, zu desinfizieren und, soweit erforderlich, zu entwesen.
9. § 4 Absatz 2 Satz 1 Nummer 6 Buchstabe a und b und Absatz 3 Nummer 1 gilt entsprechend.

§ 11 a Beobachtungsgebiet

(1) Ist die Schweinepest oder die Afrikanische Schweinepest in einem Betrieb amtlich festgestellt, so legt die zuständige Behörde um den den Seuchenbetrieb umgebenden Sperrbezirk ein Beobachtungsgebiet fest. Hierbei berücksichtigt sie die mögliche Weiterverbreitung des Erregers, Strukturen des Handels und der örtlichen Schweinehaltung, das Vorhandensein von Schlachtstätten, natürlichen Grenzen, Überwachungsmöglichkeiten sowie die Ergebnisse der durchgeführten epidemiologischen Untersuchungen. Der Radius von Sperrbezirk und Beobachtungsgebiet zusammen beträgt mindestens zehn Kilometer.

(2) Die zuständige Behörde
1. bringt an den Hauptzufahrtswegen zu dem Beobachtungsgebiet Schilder mit der deutlichen und haltbaren Aufschrift
   a) im Falle der Schweinepest „Schweinepest – Beobachtungsgebiet",
   b) im Falle der Afrikanischen Schweinepest „Afrikanische Schweinepest – Beobachtungsgebiet"

   gut sichtbar an,
2. führt in den im Beobachtungsgebiet gelegenen Betrieben, in denen Schweine verendet oder erkrankt sind, eine serologische und virologische Untersuchung der Schweine durch.

(3) Andere Haustiere als Schweine, ausgenommen Bienen, dürfen innerhalb von sieben Tagen seit Festlegung des Beobachtungsgebiets nur mit Genehmigung der zuständigen Behörde aus einem oder in einen Betrieb mit Schweinehaltung im Beobachtungsgebiet verbracht werden. § 4 Absatz 2 Satz 1 Nummer 6 Buchstabe a und b

und Absatz 3 Nummer 1 sowie § 11 Absatz 2 Nummer 5, Absatz 3 Nummer 1 und Absatz 4 Nummer 1, 3, 4, 5, 6 und 8 gelten entsprechend.

§ 11 b Ausnahmen

(1) Die zuständige Behörde kann Ausnahmen von § 11 Absatz 4 Nummer 1 und 5 Satz 1 und § 11 a Absatz 3 Satz 2 für das Verbringen oder den Transport von Schweinen

1. zur sofortigen Schlachtung in eine von ihr bestimmte Schlachtstätte,
2. zur sofortigen Tötung und unschädlichen Beseitigung oder
3. in einen anderen Betrieb im Sperrbezirk oder Beobachtungsgebiet

genehmigen. Eine Genehmigung darf nur erteilt werden, wenn

1. im Falle der Schweinepest
   a) seit der Grobreinigung und Vordesinfektion des Seuchenbetriebs nach Maßgabe des Anhangs II Nummer 2 Buchstabe a der Richtlinie 2001/89/EG
      aa) im Falle des Verbringens aus einem Sperrbezirk mindestens 30 Tage,
      bb) im Falle des Verbringens aus einem Beobachtungsgebiet mindestens 21 Tage

   vergangen sind,
   b) eine klinische Untersuchung sämtlicher Schweine des Betriebs durch den beamteten Tierarzt keinen Hinweis auf Schweinepest ergeben hat,
2. im Falle der Afrikanischen Schweinepest
   a) seit der Grobreinigung, Vordesinfektion und, soweit erforderlich, der vorläufigen Entwesung des Seuchenbetriebs nach Maßgabe des Anhangs II der Richtlinie 2002/60/EG, vorbehaltlich des Satzes 4,
      aa) im Falle des Verbringens aus einem Sperrbezirk mindestens 40 Tage,
      bb) im Falle des Verbringens aus einem Beobachtungsgebiet mindestens 30 Tage

   vergangen sind,
   b) eine klinische Untersuchung sämtlicher Schweine des Betriebs durch den beamteten Tierarzt keinen Hinweis auf Afrikanische Schweinepest ergeben hat,
3. die Übereinstimmung des Bestandsregisters mit der Kennzeichnung der Schweine nach der Viehverkehrsverordnung von der zuständigen Behörde überprüft worden ist,
4. im Falle des Satzes 1 Nummer 3 der Tierhalter glaubhaft dargelegt hat, dass auf Grund der Dauer der Maßnahmen nach § 11 Absatz 3 und 4 eine ordnungsgemäße Haltung der Schweine gefährdet ist und
5. sichergestellt ist, dass
   a) von den Schweinen eine ausreichende Anzahl Proben für eine serologische und virologische Untersuchung genommen wird,
   b) die Schweine in verplombten Fahrzeugen befördert werden,
   c) die Schweine, die geschlachtet werden sollen, in der Schlachtstätte getrennt von anderen Schweinen gehalten und geschlachtet werden und
   d) das erschlachtete Fleisch mit dem Stempel nach Artikel 5 a der Richtlinie 72/461/EWG des Rates vom 12. Dezember 1972 zur Regelung viehseuchenrechtlicher Fragen beim innergemeinschaftlichen Handelsverkehr mit frischem Fleisch (ABl. EG Nr. L 302 S. 24) in der jeweils geltenden Fassung gekennzeichnet wird, anschließend gemäß Artikel 4 Absatz 1 der Richtlinie 80/215/EWG des Rates vom 22. Januar 1980 zur Regelung viehseuchenrechtlicher Fragen beim innergemeinschaftlichen Handelsverkehr mit Fleischerzeug-

nissen (ABl. EG Nr. L 47 S. 4) in der jeweils geltenden Fassung in einem von der zuständigen Behörde bestimmten Betrieb behandelt wird, zu diesem Betrieb in verplombten Transportmitteln befördert wird und die Fahrzeuge und die beim Transport benutzten Ausrüstungsgegenstände unverzüglich nach dem Transport von dem Transportunternehmer nach näherer Anweisung der zuständigen Behörde und im Falle der Schweinepest nach Maßgabe des Anhangs II Nummer 1 der Richtlinie 2001/89/EG, im Falle der Afrikanischen Schweinepest nach Maßgabe des Anhangs II Nummer 1 der Richtlinie 2002/60/EG gereinigt und desinfiziert werden.

Satz 2 gilt nicht in Fällen, in denen Schlachtschweine aus außerhalb des Sperrbezirks oder Beobachtungsgebiets gelegenen Betrieben

1. mit Genehmigung der zuständigen Behörde in innerhalb des Sperrbezirks gelegene Schlachtstätten oder
2. in innerhalb des Beobachtungsgebiets gelegene Schlachtstätten

zur sofortigen Schlachtung transportiert werden. Die Genehmigung nach Satz 3 Nummer 1 darf nur erteilt werden, wenn zuvor über das Bundesministerium eine Stellungnahme der Europäischen Kommission eingeholt worden ist. Die zuständige Behörde kann die Frist nach Satz 2 Nummer 2 Buchstabe a

1. im Falle des Verbringens aus einem Sperrbezirk auf mindestens 30 Tage,
2. im Falle des Verbringens aus einem Beobachtungsgebiet auf mindestens 21 Tage

verkürzen, wenn die amtlichen oder die amtlich angeordneten Untersuchungen ergeben haben, dass die Afrikanische Schweinepest in dem Betrieb ausgeschlossen werden kann.

(2) Im Falle einer Genehmigung nach

1. Absatz 1 Satz 1 Nummer 1 unterrichtet die für den Betrieb zuständige Behörde die für die Schlachtstätte zuständige Behörde über das Verbringen der Schweine; letztere bestätigt der für den Betrieb zuständigen Behörde die Ankunft der Schweine;
2. Absatz 1 Satz 1 Nummer 3 unterrichtet die zuständige Behörde unverzüglich das Bundesministerium zum Zwecke der Mitteilung an die Europäische Kommission.

(3) Die zuständige Behörde kann Ausnahmen von § 11 Absatz 4 Nummer 4, auch in Verbindung mit § 11 a Absatz 3 Satz 2, genehmigen, wenn die Besamung vom Tierhalter mit Samen durchgeführt wird, der

1. sich bereits zum Zeitpunkt der Festlegung des Sperrbezirks im Betrieb befunden hat oder
2. mit Genehmigung der zuständigen Behörde unmittelbar von einer Besamungsstation geliefert worden ist.

Die Genehmigung nach Satz 1 Nummer 2 darf nur erteilt werden, wenn die Besamungsstation außerhalb eines Sperrbezirks liegt oder, sofern sie innerhalb eines Sperrbezirks liegt, wenn

1. alle Eber der Besamungsstation
   a) im Rahmen einer einmaligen serologischen und virologischen Untersuchung und
   b) im Rahmen einer täglichen klinischen Untersuchung, die eine rektale Messung der Körpertemperatur einschließt,

mit negativem Ergebnis auf Schweinepest oder Afrikanische Schweinepest untersucht worden sind und
2. sichergestellt ist, dass alle Eber der Besamungsstation im Abstand von nicht mehr als zehn Tagen virologisch auf Schweinepest oder Afrikanische Schweinepest untersucht werden.

§ 11 c Seuchenausbruch in benachbartem Mitgliedstaat

Wird auf dem Gebiet eines benachbarten Mitgliedstaats der Ausbruch der Schweinepest innerhalb einer Entfernung von zehn Kilometern von der deutschen Grenze amtlich festgestellt und der für das angrenzende Gebiet im Inland zuständigen Behörde amtlich zur Kenntnis gebracht, so ordnet diese die Maßnahmen entsprechend den §§ 11 und 11 a an. § 11 b gilt entsprechend.

§ 11 d Weitergehende Schutzmaßregeln

(1) In Zeiten erhöhter Seuchengefahr kann die zuständige Behörde die Durchführung von Schweineausstellungen, Schweinemärkten und Veranstaltungen ähnlicher Art, den Handel mit Schweinen ohne vorherige Bestellung, das Aufsuchen durch Besteller unter Mitführen von Schweinen, das Umherziehen mit Schweinen sowie das gewerbsmäßige Kastrieren von Schweinen durch Personen, die nicht Tierärzte sind, verbieten.

(2) Besteht wegen des Auftretens der Schweinepest ein Verbringungsverbot nach § 11 der Binnenmarkt-Tierseuchenschutzverordnung, so ordnet die zuständige Behörde für das von dem Verbot betroffene Gebiet die zur Unterstützung des Verbotes erforderlichen ergänzenden Maßnahmen nach den §§ 8, 24 Absatz 3, den §§ 25 und 38 Absatz 11 in Verbindung mit § 26 Absatz 2 des Tiergesundheitsgesetzes an.

§ 11 e *(weggefallen)*

4. Schutzmaßregeln für den Kontaktbetrieb

§ 12 Schutzmaßregeln für den Kontaktbetrieb

(1) Führt die epidemiologische Nachforschung nach § 4 Absatz 1 Satz 2 zu dem Ergebnis, dass die Schweinepest oder die Afrikanische Schweinepest aus einem anderen Betrieb eingeschleppt oder bereits in andere Betriebe weiterverschleppt worden sein kann, oder bestehen Anhaltspunkte dafür, dass die Schweinepest oder die Afrikanische Schweinepest durch Wildschweine in einen Betrieb eingeschleppt worden ist, so ordnet die zuständige Behörde für diese Betriebe (Kontaktbetriebe) die behördliche Beobachtung für die Dauer von mindestens 40 Tagen an.

(2) Für die der behördlichen Beobachtung unterstellten Kontaktbetriebe gelten § 4 Absatz 2 Satz 1 Nummer 1 bis 6 Buchstabe a bis c, Absatz 3 und 4 und § 6 Absatz 3 entsprechend.

(3) Sofern die Seuchenlage dies erfordert, ordnet die zuständige Behörde
1. eine serologische und virologische Untersuchung der Schweine der Kontaktbetriebe,
2. die Tötung und unschädliche Beseitigung der Schweine der Kontaktbetriebe unter Berücksichtigung der Kriterien des Anhangs V der Richtlinie 2001/89/EG oder

3. die unschädliche Beseitigung von Fleisch, Fleischerzeugnissen, Sperma, Eizellen und Embryonen von Schweinen, das oder die zwischen der mutmaßlichen Einschleppung der Seuche in den Betrieb und der Anordnung der behördlichen Beobachtung nach Absatz 1 gewonnen worden ist oder sind,

an.

5. Notimpfung bei Hausschweinen

§ 13 Notimpfung bei Hausschweinen

(1) Die zuständige oberste Landesbehörde kann, vorbehaltlich der Zustimmung durch die Europäische Kommission, für ein bestimmtes Gebiet die Notimpfung gegen Schweinepest anordnen, wenn die Schweinepest amtlich festgestellt worden ist und auf Grund des Ergebnisses der epidemiologischen Untersuchung und unter Berücksichtigung der Kriterien des Anhangs VI der Richtlinie 2001/89/EG eine Ausbreitung der Schweinepest zu befürchten ist. Zu diesem Zweck erstellt die zuständige oberste Landesbehörde einen Impfplan, der insbesondere Angaben über die Seuchensituation, über das Impfgebiet, die Zahl der Schweine haltenden Betriebe im Impfgebiet, die voraussichtliche Zahl, die Nutzungsart und die Kennzeichnung der zu impfenden Schweine, die Dauer der Impfmaßnahmen, den zu verwendenden Impfstoff und die nach der Impfung vorgesehenen Untersuchungen und sonstigen Überwachungsmaßnahmen enthält.

(2) Im Falle einer Anordnung nach Absatz 1 Satz 1 gilt für das Impfgebiet Folgendes:

1. Für die Dauer der Anordnung muss der Tierhalter bei der Impfung die erforderliche Hilfe leisten und Schweine, die gegen die Schweinepest geimpft worden sind, unverzüglich und deutlich sichtbar durch Ohrmarken mit den Buchstaben „I.SP" als geimpft kennzeichnen. Die zuständige Behörde kann anstelle der Kennzeichnung durch Ohrmarken bei Mastschweinen, die aus dem Betrieb nur zur Schlachtung abgegeben werden, eine Körpertätowierung in der Schulterblattregion oder Ohrtätowierung genehmigen oder anordnen.
2. Während des Impfzeitraums und für die Dauer von mindestens sechs Monaten, gerechnet von dem von der zuständigen Behörde bekannt gegebenen Tag der Beendigung der Impfung an,
   a) dürfen geimpfte Schweine außer zur sofortigen Schlachtung in einer von der zuständigen Behörde bezeichneten, innerhalb oder in der Nähe des Impfgebiets gelegenen Schlachtstätte oder zur sofortigen Tötung und unter amtlicher Aufsicht erfolgenden unschädlichen Beseitigung nicht aus dem Impfgebiet verbracht werden,
   b) ist frisches Fleisch, das von geimpften Schweinen erschlachtet worden ist, unschädlich zu beseitigen oder, sofern es für den menschlichen Genuss bestimmt ist,
      aa) nur zum Zwecke des innerstaatlichen Handels abzugeben und
      bb) mit dem Stempel nach Artikel 5a der Richtlinie 72/461/EWG zu kennzeichnen, anschließend gemäß Artikel 4 Absatz 1 der Richtlinie 80/215/EWG in einem von der zuständigen Behörde bestimmten Betrieb zu behandeln und zu diesem Betrieb in verplombten Transportmitteln zu befördern; die Fahrzeuge und die beim Transport benutzten Ausrüstungsgegenstände sind unverzüglich nach dem Transport von dem Transportunternehmer nach näherer Anweisung der zuständigen Behörde und nach

Maßgabe des Anhangs II Nummer 1 der Richtlinie 2001/89/EG zu reinigen und zu desinfizieren,

c) dürfen Ferkel geimpfter Sauen aus dem Ursprungsbetrieb nur
   aa) direkt oder über einen von der zuständigen Behörde benannten Betrieb in eine Schlachtstätte zur sofortigen Schlachtung oder
   bb) in einen anderen Betrieb nach serologischer Untersuchung mit negativem Ergebnis auf Antikörper gegen Schweinepest

verbracht werden,

d) dürfen Sperma, Eizellen und Embryonen den geimpften Schweinen nicht entnommen werden,
e) sind Sperma, Eizellen und Embryonen, die während eines Zeitraums von 30 Tagen vor der Impfung entnommen wurden, unter amtlicher Aufsicht unschädlich zu beseitigen.

6. Tötung im Sperrbezirk, im Beobachtungsgebiet oder im Impfgebiet

§ 14 Tötung von Schweinen

Die zuständige Behörde kann über § 4 Absatz 1 Satz 2 Nummer 2 und § 6 Absatz 1 Satz 1 Nummer 2 hinaus die Tötung von Schweinen im Sperrbezirk, im Beobachtungsgebiet oder im Impfgebiet sowie in Kontaktbetrieben anordnen, wenn dies aus Gründen der Seuchenbekämpfung, insbesondere zur schnelleren Beseitigung eines Infektionsherdes, erforderlich ist.

7. Schutzmaßregeln beim Auftreten der Schweinepest oder der Afrikanischen Schweinepest bei Wildschweinen

§ 14 a Gefährdeter Bezirk

(1) Im Falle des Verdachts auf Schweinepest oder Afrikanische Schweinepest bei einem Wildschwein ordnet die zuständige Behörde die serologische und virologische Untersuchung der erlegten oder verendeten Wildschweine an und führt epidemiologische Nachforschungen durch.

(2) Ist der Ausbruch der Schweinepest oder der Afrikanischen Schweinepest bei einem Wildschwein amtlich festgestellt, so legt die zuständige Behörde das Gebiet um die Abschuss- oder Fundstelle als gefährdeten Bezirk fest. Hierbei berücksichtigt sie die mögliche Weiterverbreitung des Erregers, die Wildschweinepopulation, Tierbewegungen innerhalb der Wildschweinepopulation, natürliche Grenzen sowie Überwachungsmöglichkeiten. Die Festlegung eines gefährdeten Bezirks und dessen Änderung oder Aufhebung werden von der zuständigen Behörde öffentlich bekannt gemacht und nachrichtlich im Bundesanzeiger veröffentlicht.

(3) Die zuständige Behörde bringt an den Hauptzufahrtswegen zu dem gefährdeten Bezirk und an geeigneten Stellen Schilder mit der deutlichen und haltbaren Aufschrift

1. im Falle der Schweinepest „Schweinepest bei Wildschweinen – Gefährdeter Bezirk“,
2. im Falle der Afrikanischen Schweinepest „Afrikanische Schweinepest bei Wildschweinen – Gefährdeter Bezirk“

gut sichtbar an.

(4) Mit Bekanntgabe der Festlegung des gefährdeten Bezirks haben Tierhalter im gefährdeten Bezirk

1. der zuständigen Behörde unverzüglich
   a) die Anzahl der gehaltenen Schweine unter Angabe ihrer Nutzungsart und ihres Standorts,
   b) verendete oder erkrankte, insbesondere fieberhaft erkrankte Schweine

   anzuzeigen,
2. die Schweine so abzusondern, dass sie nicht mit Wildschweinen in Berührung kommen können,
3. geeignete Desinfektionsmöglichkeiten an den Ein- und Ausgängen der Ställe oder sonstigen Standorte einzurichten,
4. verendete und erkrankte Schweine, bei denen der Verdacht auf Schweinepest oder Afrikanische Schweinepest nicht ausgeschlossen werden kann, nach näherer Anweisung der zuständigen Behörde serologisch oder virologisch auf Schweinepest oder Afrikanische Schweinepest untersuchen zu lassen,
5. Futter, Einstreu und sonstige Gegenstände, mit denen Schweine in Berührung kommen können, für Wildschweine unzugänglich aufzubewahren,
6. sicherzustellen, dass Hunde das Betriebsgelände nur unter Aufsicht verlassen.

(5) Außerdem gilt für den gefährdeten Bezirk Folgendes:

1. Auf öffentlichen oder privaten Straßen oder Wegen, ausgenommen auf betrieblichen Wegen, dürfen Schweine nicht getrieben werden.
2. Schweine dürfen weder in einen noch aus einem Betrieb im gefährdeten Bezirk verbracht werden.
3. Sperma, Eizellen und Embryonen von Schweinen dürfen zum Zwecke des innergemeinschaftlichen Handels aus dem gefährdeten Bezirk nicht verbracht werden.
4. Personen, die mit Wildschweinen in Berührung gekommen sind, haben Reinigungs- und Desinfektionsmaßnahmen nach näherer Anweisung der zuständigen Behörde durchzuführen.
5. Teile erlegter oder verendet aufgefundener Wildschweine sowie Gegenstände, mit denen Wildschweine in Berührung gekommen sein können, dürfen in einen Betrieb nicht verbracht werden.
6. Frisches Wildschweinefleisch oder ein Fleischerzeugnis aus frischem Wildschweinefleisch, das Wildschweinefleisch von im gefährdeten Bezirk erlegten Tieren enthält, darf aus dem gefährdeten Bezirk nicht verbracht werden.
7. Wildschweine dürfen aus dem gefährdeten Bezirk nicht verbracht werden.

(6) Die zuständige Behörde kann Ausnahmen genehmigen

1. von Absatz 5 Nummer 2
   a) für das Verbringen von Schweinen aus einem Betrieb im gefährdeten Bezirk
      aa) in einen Betrieb im gefährdeten Bezirk, soweit die Schweine aus einem Betrieb stammen, in dem alle Schweine innerhalb von 24 Stunden vor dem Versand klinisch mit negativem Ergebnis auf Schweinepest oder Afrikanische Schweinepest untersucht worden sind, oder
      bb) unmittelbar zur Schlachtung in eine Schlachtstätte innerhalb des gefährdeten Bezirks,
   b) für das Verbringen von Schweinen aus einem Betrieb im gefährdeten Bezirk in einen Betrieb außerhalb des gefährdeten Bezirks im Inland, soweit

aa) die Schweine aus einem Betrieb stammen, in dem alle Schweine innerhalb von 24 Stunden vor dem Versand klinisch mit negativem Ergebnis auf Schweinepest oder Afrikanische Schweinepest untersucht worden sind,

bb) innerhalb von sieben Tagen vor dem Verbringen bei den zu verbringenden Schweinen eine virologische Stichprobenuntersuchung durchgeführt worden ist, um mit einer Wahrscheinlichkeit von 95 vom Hundert und einer angenommenen Rate von 5 vom Hundert bei den zu verbringenden Schweinen Schweinepest oder Afrikanische Schweinepest festzustellen, und

cc) sichergestellt ist, dass

aaa) die Schweine von einer amtstierärztlichen Bescheinigung nach dem Muster der Anlage begleitet werden, aus der sich die Kennzeichnung der Tiere sowie das Vorliegen der Voraussetzungen nach Buchstabe b Doppelbuchstabe aa und bb ergibt,

bbb) die Schweine unmittelbar und nicht zusammen mit anderen Schweinen zu dem Bestimmungsbetrieb befördert werden und

ccc) der Versand mindestens vier Arbeitstage vorher der für den Versandort zuständigen Behörde unter Angabe des Bestimmungsbetriebes angezeigt wird,

oder

c) für das Verbringen von Schweinen aus einem Betrieb im gefährdeten Bezirk in eine von der zuständigen Behörde benannte Schlachtstätte im Inland, soweit die Schweine nach Verlassen des gefährdeten Bezirks unmittelbar zur Schlachtung verbracht werden und sichergestellt ist, dass der Versand mindestens vier Arbeitstage vorher der für den Versandort zuständigen Behörde unter Angabe der Schlachtstätte angezeigt wird;

2. von Absatz 5 Nummer 6 für das Versenden von frischem Wildschweinefleisch oder Fleischerzeugnissen aus frischem Wildschweinefleisch aus dem gefährdeten Bezirk in das sonstige Inland, soweit die Wildschweine, von denen das Fleisch gewonnen worden ist, virologisch mit negativem Ergebnis auf klassische Schweinepest untersucht worden sind.

(7) Die zuständige Behörde kann für das Verbringen von Schweinen in einen Betrieb im gefährdeten Bezirk Ausnahmen von Absatz 5 Nummer 2 genehmigen, soweit Belange der Tierseuchenbekämpfung nicht entgegenstehen.

(8) Die zuständige Behörde kann für den gefährdeten Bezirk, unter Berücksichtigung epidemiologischer Erkenntnisse

1. Maßnahmen in Bezug auf die Tötung von Wildschweinen einschließlich der Verpflichtung der Jagdausübungsberechtigten zur Mitwirkung und
2. die Reinigung von Personen und Fahrzeugen, die mit Wildschweinen in Berührung kommen können,

anordnen.

(9) Liegen gesicherte Anhaltspunkte dafür vor, dass die Schweinepest oder die Afrikanische Schweinepest durch Wildschweine verbreitet wird und ist eine Einschleppung der Schweinepest oder der Afrikanischen Schweinepest in ein bisher seuchenfreies Gebiet zu befürchten, kann die zuständige Behörde geeignete jagdliche Maßnahmen zur verstärkten Bejagung auch in diesem Gebiet anordnen.

§ 14b Notimpfung bei Wildschweinen

Die zuständige oberste Landesbehörde kann, vorbehaltlich der Zustimmung durch die Europäische Kommission, für den gefährdeten Bezirk oder für ein bestimmtes Gebiet innerhalb des gefährdeten Bezirks die Durchführung von Notimpfungen gegen Schweinepest bei Wildschweinen anordnen, wenn dies aus Gründen der Seuchenbekämpfung erforderlich ist. Zu diesem Zweck erstellt die zuständige oberste Landesbehörde einen Notimpfplan, der insbesondere Angaben enthält über die Seuchensituation, das Impfgebiet, die voraussichtliche Zahl der zu impfenden Wildschweine, das Impfverfahren einschließlich Maßnahmen zur Impfung von Jungtieren, die Dauer der Impfmaßnahmen, die Wirksamkeit des zu verwendenden Impfstoffs, Maßnahmen zur Vermeidung einer Ausbreitung des Impfvirus, zur Reduzierung der Jungtiere und zur Überprüfung der Ergebnisse durch die zuständige Behörde. Im Falle einer behördlichen Anordnung nach Satz 1 ist der Jagdausübungsberechtigte zur Mitwirkung bei der Auslegung der Impfköder im Rahmen der Notimpfung verpflichtet.

§ 14c Maßregeln zur Erkennung der Schweinepest oder der Afrikanischen Schweinepest

(1) Zur Erkennung der Schweinepest oder der Afrikanischen Schweinepest bei Wildschweinen gilt im gefährdeten Bezirk Folgendes:

1. Jagdausübungsberechtigte haben
   a) jedes erlegte Wildschwein unverzüglich nach näherer Anweisung der zuständigen Behörde zu kennzeichnen und einen von ihr vorgegebenen Begleitschein auszustellen;
   b) von jedem erlegten Wildschwein unverzüglich Proben nach näherer Anweisung der zuständigen Behörde zur virologischen und serologischen Untersuchung auf Schweinepest oder Afrikanische Schweinepest zu entnehmen, zu kennzeichnen und zusammen mit dem Tierkörper, dem Aufbruch und dem Begleitschein der durch die zuständige Behörde festgelegten Wildsammel- oder Annahmestelle zuzuführen;
   c) dafür Sorge zu tragen, dass bei Gesellschaftsjagden das Aufbrechen der Tiere und die Sammlung des Aufbruchs zentral an einem Ort erfolgt;
   d) jedes verendet aufgefundene Wildschwein
      aa) unverzüglich unter Angabe des Fundortes der zuständigen Behörde anzuzeigen und
      bb) nach näherer Anweisung der zuständigen Behörde zu kennzeichnen, einen von ihr vorgegebenen Begleitschein auszustellen und der zuständigen Untersuchungseinrichtung zur virologischen und serologischen Untersuchung auf Schweinepest oder Afrikanischer Schweinepest zuzuleiten.
2. Die zuständige Behörde ordnet an, dass der Aufbruch jedes erlegten Wildschweins oder jedes verendet aufgefundene Wildschwein in einem Verarbeitungsbetrieb für Material der Kategorie 1 oder 2 nach Artikel 24 Absatz 1 Buchstabe a der Verordnung (EG) Nr. 1069/2009 unschädlich zu beseitigen ist.
3. Wird bei einem erlegten Wildschwein Schweinepest oder Afrikanische Schweinepest auf Grund eines virologischen Untersuchungsergebnisses amtlich festgestellt, so ordnet die zuständige Behörde die unschädliche Beseitigung des Tierkörpers in einem Verarbeitungsbetrieb für Material der Kategorie 1 oder 2 nach

Artikel 24 Absatz 1 Buchstabe a der Verordnung (EG) Nr. 1069/2009 an; sie ordnet die unschädliche Beseitigung weiterer Tierkörper an, wenn diese durch Kontakt kontaminiert sein können.

4. Wird bei einem erlegten Wildschwein ein serologischer Befund (Antikörpernachweis) erhoben, so kann die zuständige Behörde die unschädliche Beseitigung des Tierkörpers in einem Verarbeitungsbetrieb für Material der Kategorie 1 oder 2 nach Artikel 24 Absatz 1 Buchstabe a der Verordnung (EG) Nr. 1069/2009 anordnen.

Die zuständige Behörde kann anordnen, dass erlegte Wildschweine nur an von ihr bestimmten Stellen aufgebrochen werden dürfen. Die zuständige Behörde kann ferner anordnen, dass verendet aufgefundene Wildschweine abweichend von Satz 1 Nummer 1 Buchstabe d Doppelbuchstabe bb zu einer von ihr bestimmten Wildsammel- oder Annahmestelle verbracht werden, soweit eine nachteilige Beeinflussung der dort vorhandenen Lebensmittel ausgeschlossen werden kann.

(2) Zur Erkennung der Schweinepest oder der Afrikanischen Schweinepest bei Wildschweinen kann die zuständige Behörde für ein von ihr bestimmtes Gebiet anordnen, dass Jagdausübungsberechtigte

1. von erlegten Wildschweinen Proben entnehmen und der zuständigen Untersuchungseinrichtung zur virologischen und serologischen Untersuchung auf Schweinepest oder Afrikanische Schweinepest zuleiten und
2. verendet aufgefundene Wildschweine unter Angabe des Fundorts der zuständigen Behörde anzeigen und der zuständigen Untersuchungseinrichtung zur virologischen und serologischen Untersuchung auf Schweinepest oder Afrikanische Schweinepest zuleiten.

(3) Die zuständige oberste Landesbehörde kann, sofern eine Notimpfung der Wildschweine nach § 14b durchgeführt worden ist, frühestens sechs Monate nach dem letzten Nachweis von Schweinepest oder Afrikanischer Schweinepest bei Wildschweinen Ausnahmen von den Kennzeichnungs- und Untersuchungspflichten nach Absatz 1 Nummer 1 Buchstabe a, b und d genehmigen, soweit Belange der Seuchenbekämpfung nicht entgegenstehen.

§ 14d Tilgungsplan

Die zuständige Behörde legt dem Bundesministerium

1. im Falle der Schweinepest bei Wildschweinen einen Plan zur Tilgung gemäß Artikel 16 Absatz 1 und 3 der Richtlinie 2001/89/EG,
2. im Falle der Afrikanischen Schweinepest bei Wildschweinen einen Plan zur Tilgung gemäß Artikel 16 Absatz 1 und 3 der Richtlinie 2002/60/EG

in der jeweils geltenden Fassung vor.

§ 14e Seuchenausbruch bei Wildschweinen in einem benachbarten Mitgliedstaat

Wird auf dem Gebiet eines benachbarten Mitgliedstaats der Ausbruch der Schweinepest oder der Afrikanischen Schweinepest bei Wildschweinen innerhalb einer Entfernung von zehn Kilometern von der deutschen Grenze festgestellt und der für das angrenzende Gebiet im Inland zuständigen Behörde amtlich zur Kenntnis gebracht, so ordnet diese die Maßnahmen entsprechend den §§ 14a bis 14d an.

§ 14f *(weggefallen)*

2. *(weggefallen)*

§ 15 bis 21 *(weggefallen)*

C. *(weggefallen)*

§ 22 *(weggefallen)*

Abschnitt 3 Schutzmaßregeln in Schlachtstätten und auf dem Transport

§ 23 Schutzmaßregeln in Schlachtstätten und auf dem Transport

(1) Im Falle des Verdachts auf Schweinepest oder Afrikanische Schweinepest in einer Schlachtstätte oder in einem Transportmittel ordnet die zuständige Behörde eine klinische, virologische und serologische Untersuchung der seuchenverdächtigen Schweine sowie epidemiologische Nachforschungen an. Ferner kann sie

1. die sofortige Tötung und unschädliche Beseitigung der in der Schlachtstätte oder dem Transportmittel befindlichen Schweine,
2. die unschädliche Beseitigung von Fleisch der in der Schlachtstätte geschlachteten Schweine,
3. die Reinigung, Desinfektion und, soweit erforderlich, Entwesung der Schlachtstätte sowie des Transportmittels nach näherer Anweisung der zuständigen Behörde und
   a) nach Maßgabe des Anhangs II Nummer 2 Buchstabe a der Richtlinie 2001/89/EG im Falle der Schweinepest,
   b) nach Maßgabe des Anhangs II der Richtlinie 2002/60/EG im Falle der Afrikanischen Schweinepest

anordnen.

(2) Wird bei Schweinen, die sich in einer Schlachtstätte oder in einem Transportmittel befinden, der Ausbruch der Schweinepest oder der Afrikanischen Schweinepest amtlich festgestellt, so ordnet die zuständige Behörde die in Absatz 1 Satz 2 vorgesehenen Maßnahmen an.

(3) Frühestens 24 Stunden nach Abschluss der Maßnahmen nach Absatz 1 Nummer 3 in Verbindung mit Absatz 2 dürfen erneut Schweine in die Schlachtstätte oder in das Transportmittel verbracht werden.

(4) Der Betreiber einer Schlachtstätte hat Teile und Rohstoffe bereits geschlachteter Schweine, die ansteckungsverdächtig waren oder bei denen sich nach der Schlachtung Veränderungen zeigen, die auf einen Seuchenverdacht hinweisen, unverzüglich unschädlich zu beseitigen oder beseitigen zu lassen.

Abschnitt 4 Aufhebung der Schutzmaßregeln, Wiederbelegung von Betrieben

§ 24 Aufhebung der Schutzmaßregeln

(1) Die zuständige Behörde hebt angeordnete Schutzmaßregeln auf, wenn die Schweinepest bei Hausschweinen oder die Afrikanische Schweinepest erloschen ist, wenn der Verdacht auf Schweinepest bei Hausschweinen beseitigt ist oder wenn der Verdacht auf Schweinepest bei Hausschweinen oder Afrikanische Schweinepest sich als unbegründet erwiesen hat.

(2) Die Schweinepest bei Hausschweinen gilt als erloschen, wenn
1. a) alle Schweine des Betriebs verendet oder getötet und unschädlich beseitigt worden sind oder
   b) im Falle des § 8 Absatz 1 alle Schweine der betroffenen gesonderten Betriebsabteilungen verendet oder getötet und unschädlich beseitigt worden sind und bei den Schweinen der nicht betroffenen gesonderten Betriebsabteilungen innerhalb von 40 Tagen nach der Tötung und unschädlichen Beseitigung der Schweine aus der betroffenen gesonderten Betriebsabteilung keine weiteren Erkrankungen festgestellt worden sind oder
   c) im Falle des § 8 Absatz 2 die seuchenkranken Schweine verendet oder getötet und unschädlich beseitigt worden sind und bei den übrigen Schweinen der betroffenen Einrichtung innerhalb von 40 Tagen nach der Tötung und unschädlichen Beseitigung der Schweine in der betroffenen Einrichtung keine weiteren Erkrankungen festgestellt worden sind,
2. eine Grobreinigung und eine Vordesinfektion nach Maßgabe des Anhangs II Nummer 2 Buchstabe a der Richtlinie 2001/89/EG, eine Feinreinigung und eine Schlussdesinfektion nach Maßgabe des Anhangs II Nummer 2 Buchstabe b der Richtlinie 2001/89/EG und eine Schadnagerbekämpfung nach näherer Anweisung der zuständigen Behörde durchgeführt und von ihr abgenommen worden sind und
3. im Falle der Nummer 1 Buchstabe a, ausgenommen bei Anordnung einer Notimpfung nach § 13 Absatz 1 Satz 1, im Rahmen von Untersuchungen
   a) im Sperrbezirk frühestens 30 Tage nach Abnahme der Grobreinigung und Vordesinfektion nach Nummer 2 die Schweine in allen Betrieben klinisch und serologisch mit negativem Ergebnis auf Antikörper gegen Schweinepest untersucht worden sind,
   b) im Beobachtungsgebiet frühestens 20 Tage nach Abnahme der Grobreinigung und Vordesinfektion nach Nummer 2 die Schweine in allen Betrieben klinisch und, soweit erforderlich, serologisch mit negativem Ergebnis auf Antikörper gegen Schweinepest untersucht worden sind.

(2a) Die zuständige Behörde hebt in einem Impfgebiet angeordnete Schutzmaßregeln auf, wenn alle Schweine in Betrieben, in denen Schweine geimpft worden sind,
1. entweder geschlachtet und das Fleisch nach Artikel 5a der Richtlinie 72/461/EWG gekennzeichnet oder nach Artikel 4 Absatz 1 der Richtlinie 80/215/EWG behandelt worden ist oder
2. getötet und unschädlich beseitigt worden sind und
3. in allen Betrieben eine Feinreinigung und Schlussdesinfektion nach näherer Anweisung der zuständigen Behörde und nach Maßgabe des Anhangs II Nummer 2 Buchstabe b der Richtlinie 2001/89/EG durchgeführt worden ist.

(3) Der Verdacht auf Schweinepest bei Hausschweinen gilt als beseitigt, wenn
1. die seuchenverdächtigen Schweine verendet oder getötet und unschädlich beseitigt worden sind und bei den übrigen Schweinen des Betriebs innerhalb von 40 Tagen nach der Beseitigung der seuchenverdächtigen Schweine keine Anzeichen festgestellt wurden, die auf Schweinepest hinweisen, oder
2. dieser Verdacht auf Grund einer serologischen Untersuchung ausgeräumt werden konnte.

(4) Die Afrikanische Schweinepest bei Hausschweinen gilt als erloschen, wenn
1. a) alle Schweine des Betriebs verendet oder getötet und unschädlich beseitigt worden sind oder
   b) im Falle des § 8 Absatz 1 alle Schweine der betroffenen gesonderten Betriebsabteilungen verendet oder getötet und unschädlich beseitigt worden sind und bei den Schweinen der nicht betroffenen gesonderten Betriebsabteilungen innerhalb von 45 Tagen nach der Tötung und unschädlichen Beseitigung der Schweine aus der betroffenen gesonderten Betriebsabteilung keine weiteren Erkrankungen festgestellt worden sind oder
   c) im Falle des § 8 Absatz 2 die seuchenkranken Schweine verendet oder getötet und unschädlich beseitigt worden sind und bei den übrigen Schweinen der betroffenen Einrichtung innerhalb von 45 Tagen nach der Tötung und unschädlichen Beseitigung der Schweine in der betroffenen Einrichtung keine weiteren Erkrankungen festgestellt worden sind,
2. eine Grobreinigung und eine Vordesinfektion nach Maßgabe des Anhangs II Nummer 2 Buchstabe a der Richtlinie 2002/60/EG, eine Feinreinigung und eine Schlussdesinfektion nach Maßgabe des Anhangs II Nummer 2 Buchstabe b der Richtlinie 2002/60/EG, eine Schadnagerbekämpfung und, soweit erforderlich, eine Entwesung nach Maßgabe des Anhangs II der Richtlinie 2002/60/EG nach näherer Anweisung der zuständigen Behörde durchgeführt und von ihr abgenommen worden sind, und
3. im Falle der Nummer 1 Buchstabe a im Rahmen von Untersuchungen vorbehaltlich des Satzes 2
   a) im Sperrbezirk frühestens 45 Tage nach Abnahme der Grobreinigung und Vordesinfektion nach Nummer 2 die Schweine in allen Betrieben klinisch und serologisch mit negativem Ergebnis auf Antikörper gegen Afrikanische Schweinepest untersucht worden sind,
   b) im Beobachtungsgebiet frühestens 40 Tage nach Abnahme der Grobreinigung und Vordesinfektion nach Nummer 2 die Schweine in allen Betrieben klinisch und, soweit erforderlich, serologisch mit negativem Ergebnis auf Antikörper gegen Afrikanische Schweinepest untersucht worden sind.

Die zuständige Behörde kann die Frist nach Satz 1 Nummer 3
1. im Sperrbezirk auf mindestens 30 Tage und
2. im Beobachtungsgebiet auf mindestens 20 Tage

verkürzen, wenn die amtlichen oder amtlich angeordneten Untersuchungen ergeben haben, dass die Afrikanische Schweinepest in dem Betrieb ausgeschlossen werden kann.

(5) Die zuständige Behörde hebt die Festlegung des gefährdeten Bezirks vorbehaltlich des Satzes 2 frühestens sechs Monate nach dem letzten Nachweis von Schweinepest oder Afrikanischer Schweinepest bei Wildschweinen auf. Sind in einem nach Artikel 16 Absatz 1 der Richtlinie 2001/89/EG oder nach Artikel 16 Absatz 1

der Richtlinie 2002/60/EG genehmigten Tilgungsplan Schutzmaßregeln für den gefährdeten Bezirk vorgesehen, hebt die zuständige Behörde die Festlegung des gefährdeten Bezirks mit der Maßgabe auf, dass § 14c in dem Gebiet, das als gefährdeter Bezirk festgelegt war, zwölf Monate nach dem letzten Nachweis von Schweinepest oder Afrikanischer Schweinepest anzuwenden ist. Die zuständige Behörde kann, auch nach der Aufhebung der Festlegung des gefährdeten Bezirks, den in Satz 2 genannten Zeitraum in Abhängigkeit von der Seuchensituation um bis zu sechs Monate verlängern.

§ 24a Wiederbelegung

(1) Betriebe, in denen nach einem Ausbruch der Schweinepest auf Anordnung der zuständigen Behörde die Schweine getötet und unschädlich beseitigt worden sind, dürfen vorbehaltlich der Absätze 2 und 3 und des § 24b mit Schweinen erst wiederbelegt werden, wenn die Schweinepest nach § 24 Absatz 2 als erloschen gilt.

(2) Bei der Wiederbelegung nach Absatz 1 hat der Tierhalter sicherzustellen, dass die Schweine

1. innerhalb von 20 Tagen eingestellt werden,
2. nicht aus Betrieben stammen, die Beschränkungen im Zusammenhang mit der Schweinepest unterliegen,
3. frühestens 40 Tage nach der Einstellung klinisch und stichprobenweise serologisch auf Schweinepest untersucht werden,
4. im Betrieb verbleiben, bis die Negativbefunde der nach Nummer 3 durchgeführten Untersuchung vorliegen.

(3) Bei der Wiederbelegung nach Absatz 1 eines Betriebs mit Freilandhaltung hat der Tierhalter sicherzustellen, dass

1. im Rahmen einer Teilbelegung Schweine eingestellt werden, die
   a) mit negativem Ergebnis auf Antikörper gegen das Schweinepestvirus untersucht worden sind oder die aus Betrieben stammen, die keinen Beschränkungen im Zusammenhang mit der Schweinepest unterliegen,
   b) über den gesamten Betrieb verteilt werden,
   c) frühestens 40 Tage nach ihrer Einstellung klinisch und stichprobenweise serologisch auf Schweinepest untersucht werden,
   d) im Betrieb verbleiben, bis die Negativbefunde der nach Buchstabe c durchgeführten Untersuchung vorliegen und
2. eine Vollbelegung erst nach Vorliegen der Negativbefunde nach Nummer 1 Buchstabe d erfolgt.

(4) Betriebe, in denen nach einem Ausbruch der Afrikanischen Schweinepest auf Anordnung der zuständigen Behörde die Schweine getötet und unschädlich beseitigt worden sind, dürfen vorbehaltlich des Satzes 2 und der Absätze 5 und 6 mit Schweinen erst wiederbelegt werden, wenn die Afrikanische Schweinepest nach § 24 Absatz 4 als erloschen gilt. Betriebe, in denen die Afrikanische Schweinepest durch Zecken der Art Ornithodorus erraticus verursacht worden ist, dürfen frühestens sechs Jahre nach dem Zeitpunkt, ab dem die Afrikanische Schweinepest nach § 24 Absatz 4 als erloschen gilt, wiederbelegt werden, es sei denn, die Zecken konnten vor Ablauf der sechs Jahre vollständig getilgt werden.

(5) Bei der Wiederbelegung nach Absatz 4 hat der Tierhalter sicherzustellen, dass die Schweine

1. innerhalb von 20 Tagen eingestellt werden,
2. nicht aus Betrieben stammen, die Beschränkungen im Zusammenhang mit der Afrikanischen Schweinepest unterliegen,
3. frühestens 45 Tage nach der Einstellung stichprobenweise serologisch auf Afrikanische Schweinepest untersucht werden,
4. im Betrieb verbleiben, bis die Negativbefunde der nach Nummer 3 durchgeführten Untersuchung vorliegen.

(6) Bei der Wiederbelegung nach Absatz 4 eines Betriebs mit Freilandhaltung hat der Tierhalter sicherzustellen, dass
1. im Rahmen einer Teilbelegung Schweine eingestellt werden, die
   a) mit negativem Ergebnis auf Antikörper gegen das Virus der Afrikanischen Schweinepest untersucht worden sind oder die aus Betrieben stammen, die keinen Beschränkungen im Zusammenhang mit der Afrikanischen Schweinepest unterliegen,
   b) über den gesamten Betrieb verteilt werden,
   c) frühestens 45 Tage nach ihrer Einstellung stichprobenweise serologisch auf Afrikanische Schweinepest untersucht werden,
   d) im Betrieb verbleiben, bis die Negativbefunde der nach Buchstabe c durchgeführten Untersuchung vorliegen und
2. eine Vollbelegung erst nach Vorliegen der Negativbefunde nach Nummer 1 Buchstabe d erfolgt.

(7) Die zuständige Behörde kann Ausnahmen von Absatz 2, 3, 5 oder 6 für Betriebe genehmigen, in denen die Wiederbelegung frühestens sechs Monate nach Abschluss der Reinigung und Desinfektion nach § 24 Absatz 2 Nummer 2 oder Absatz 4 Satz 1 Nummer 2 erfolgt.

§ 24 b Wiederbelegung von Betrieben im Impfgebiet

(1) Betriebe, in denen nach § 13 geimpft worden ist, dürfen mit Schweinen erst wiederbelegt werden, wenn
1. alle Schweine der Betriebe, in denen geimpft worden ist, geschlachtet oder getötet und unschädlich beseitigt worden sind und
2. seit Abnahme der Feinreinigung und Schlussdesinfektion nach Maßgabe der Anlage II Nummer 2 Buchstabe b der Richtlinie 2001/89/EG mindestens zehn Tage vergangen sind.

(2) Die zuständige Behörde ordnet in Bezug auf nach Absatz 1 wiederbelegte Betriebe eine klinische und serologische Untersuchung der Schweine frühestens 40 Tage nach der Wiederbelegung an. Ferner ordnet sie an, dass bis zum Vorliegen des Ergebnisses der Untersuchung nach Satz 1 Schweine nicht aus dem Betrieb verbracht werden dürfen.

Abschnitt 5 Ordnungswidrigkeiten

§ 25 Ordnungswidrigkeiten

Ordnungswidrig im Sinne des § 32 Absatz 2 Nummer 4 Buchstabe a des Tiergesundheitsgesetzes handelt, wer vorsätzlich oder fahrlässig
1. entgegen § 2 Absatz 1 eine Impfung oder einen Heilversuch vornimmt,

2. einer mit einer Genehmigung nach § 2 Absatz 2, § 8 Absatz 1 oder Absatz 2 Satz 1, § 11 Absatz 4 Nummer 3 oder Nummer 7, § 11 a Absatz 3 Satz 1, § 14 a Absatz 6 oder Absatz 7 oder § 24 a Absatz 7 verbundenen vollziehbaren Auflage zuwiderhandelt,
2a. entgegen § 2 a Küchen- oder Speiseabfälle verfüttert,
3. einer vollziehbaren Anordnung nach § 3, § 6 Absatz 1 Satz 1, § 11 c Satz 1, § 11 d, § 12 Absatz 1 oder Absatz 3, § 13 Absatz 1 Satz 1 oder Absatz 2 Nummer 1 Satz 2 oder Nummer 2 Buchstabe b Doppelbuchstabe bb zweiter Halbsatz, § 14, § 14 a Absatz 1 oder Absatz 4 Nummer 4, Absatz 5 Nummer 4 oder Absatz 8, § 14 b Satz 1, § 14 c Absatz 1 Satz 1 Nummer 1 Buchstabe a, b oder Buchstabe d Doppelbuchstabe bb, Nummer 3 oder Nummer 4, § 14 c Absatz 1 Satz 2 oder Satz 3 oder Absatz 2, § 14 e, § 23 Absatz 1 oder Absatz 2 oder § 24 b Absatz 2 zuwiderhandelt,
4. einer vollziehbaren Anordnung nach § 4 Absatz 1 Satz 1, 2 oder Satz 5, jeweils auch in Verbindung mit § 4 Absatz 5 Satz 2, zuwiderhandelt,
5. entgegen § 4 Absatz 2 Satz 1 Nummer 1, auch in Verbindung mit § 4 Absatz 5 Satz 2 oder § 12 Absatz 2, oder entgegen § 11 Absatz 3 Nummer 2 oder § 14 a Absatz 4 Nummer 2 ein Schwein nicht, nicht richtig oder nicht rechtzeitig absondert,
6. entgegen § 4 Absatz 2 Satz 1 Nummer 2, auch in Verbindung mit § 4 Absatz 5 Satz 2 oder § 12 Absatz 2, eine Aufzeichnung nicht, nicht richtig, nicht vollständig oder nicht rechtzeitig macht,
7. entgegen § 4 Absatz 2 Satz 1 Nummer 3, auch in Verbindung mit § 4 Absatz 5 Satz 2 oder § 12 Absatz 2, ein Schwein nicht oder nicht richtig aufbewahrt,
8. ohne Genehmigung nach § 4 Absatz 2 Satz 1 Nummer 4, auch in Verbindung mit § 4 Absatz 5 Satz 2 oder § 12 Absatz 2, ein Schwein verbringt,
9. entgegen § 4 Absatz 2 Satz 1 Nummer 5, auch in Verbindung mit § 12 Absatz 2, eine Matte oder eine sonstige Bodenauflage nicht oder nicht rechtzeitig auslegt, nicht oder nicht rechtzeitig tränkt oder nicht oder nicht rechtzeitig feucht hält,
10. entgegen § 4 Absatz 2 Satz 1 Nummer 6 Buchstabe a oder Buchstabe b, jeweils auch in Verbindung mit § 4 Absatz 5 Satz 2, § 11 Absatz 4 Nummer 9, § 11 a Absatz 3 Satz 2 oder § 12 Absatz 2, nicht sicherstellt, dass der Betrieb nur mit Schutzkleidung betreten wird oder die Schutzkleidung oder das Schuhwerk abgelegt, gereinigt, desinfiziert oder beseitigt wird,
11. entgegen § 4 Absatz 2 Satz 1 Nummer 6 Buchstabe c, auch in Verbindung mit § 4 Absatz 5 Satz 2 oder § 12 Absatz 2, oder entgegen § 4 Absatz 2 Satz 1 Nummer 6 Buchstabe d nicht sicherstellt, dass ein Schwein, ein dort genanntes Erzeugnis, ein dort genannter Gegenstand oder Abfall nicht verbracht wird,
12. einer mit einer Genehmigung nach § 4 Absatz 2 Satz 2 oder Absatz 3 Nummer 1, auch in Verbindung mit § 4 Absatz 5 Satz 2, § 11 Absatz 4 Nummer 9, § 11 a Absatz 3 Satz 2 oder § 12 Absatz 2, verbundenen vollziehbaren Auflage zuwiderhandelt,
13. ohne Genehmigung nach § 4 Absatz 3 Nummer 1, auch in Verbindung mit § 4 Absatz 5 Satz 2, § 11 Absatz 4 Nummer 9, § 11 a Absatz 3 Satz 2 oder § 12 Absatz 2, einen Betrieb betritt,
14. ohne Genehmigung nach § 4 Absatz 3 Nummer 2 Satz 1, auch in Verbindung mit § 4 Absatz 5 Satz 2 oder § 12 Absatz 2, ein Fahrzeug fährt,
15. einer mit einer Genehmigung nach § 4 Absatz 3 Nummer 2 Satz 1 oder Nummer 3 Satz 1, jeweils auch in Verbindung mit § 4 Absatz 5 Satz 2 oder § 12 Absatz 2, verbundenen vollziehbaren Auflage zuwiderhandelt,

16. einer vollziehbaren Anordnung nach § 4 Absatz 3 Nummer 2 Satz 2, auch in Verbindung mit § 4 Absatz 5 Satz 2 oder § 12 Absatz 2, zuwiderhandelt,
17. ohne Genehmigung nach § 4 Absatz 3 Nummer 3 Satz 1, auch in Verbindung mit § 4 Absatz 5 Satz 2 oder § 12 Absatz 2, dort genanntes Fleisch, ein dort genanntes Fleischerzeugnis, einen dort genannten Gegenstand oder Abfall verbringt,
18. einer vollziehbaren Anordnung nach § 4 Absatz 4, auch in Verbindung mit § 12 Absatz 2, zuwiderhandelt,
19. entgegen § 6 Absatz 2 Nummer 1 ein Schild nicht oder nicht rechtzeitig anbringt,
20. entgegen § 6 Absatz 2 Nummer 2 einen Hund oder eine Katze nicht oder nicht rechtzeitig einsperrt,
21. ohne Genehmigung nach § 6 Absatz 3, auch in Verbindung mit § 12 Absatz 2, ein Haustier verbringt,
22. einer mit einer Genehmigung nach § 6 Absatz 3, auch in Verbindung mit § 12 Absatz 2, verbundenen vollziehbaren Auflage zuwiderhandelt,
23. entgegen § 11 Absatz 3 Nummer 1, auch in Verbindung mit § 11a Absatz 3 Satz 2, entgegen § 14a Absatz 4 Nummer 1 oder § 14c Absatz 1 Satz 1 Nummer 1 Buchstabe d Doppelbuchstabe bb eine Anzeige nicht, nicht richtig, nicht vollständig oder nicht rechtzeitig erstattet,
24. entgegen § 11 Absatz 4 Nummer 1, auch in Verbindung mit § 11a Absatz 3 Satz 2, ein Schwein verbringt,
25. entgegen § 11 Absatz 4 Nummer 2 eine Hausschlachtung vornimmt,
26. ohne Genehmigung nach § 11 Absatz 4 Nummer 3, auch in Verbindung mit § 11a Absatz 3 Satz 2, oder § 11 Absatz 4 Nummer 7 ein dort genanntes Tier, Fleisch oder ein Teil eines dort genannten Tieres verbringt,
27. entgegen § 11 Absatz 4 Nummer 4, auch in Verbindung mit § 11a Absatz 3 Satz 2, ein dort genanntes Tier besamt,
28. entgegen § 11 Absatz 4 Nummer 5 Satz 1, auch in Verbindung mit § 11a Absatz 3 Satz 2, oder entgegen § 14a Absatz 5 Nummer 1 ein dort genanntes Tier treibt oder transportiert,
29. entgegen § 11 Absatz 4 Nummer 6, auch in Verbindung mit § 11a Absatz 3 Satz 2, eine Ausstellung, einen Markt oder eine Veranstaltung durchführt oder mit einem dort genannten Tier handelt,
30. einer vollziehbaren Anordnung nach § 11 Absatz 4 Nummer 8, auch in Verbindung mit § 11a Absatz 3 Satz 2, zuwiderhandelt,
31. ohne Genehmigung nach § 11a Absatz 3 Satz 1 ein dort genanntes Tier verbringt,
32. einer mit einer Genehmigung nach § 11b Absatz 1 Satz 1 oder Satz 3 Nummer 1 oder Absatz 3 Satz 1, jeweils auch in Verbindung mit § 11c Satz 2, verbundenen vollziehbaren Auflage zuwiderhandelt,
33. entgegen § 13 Absatz 2 Nummer 2 Buchstabe a oder Buchstabe c, § 14a Absatz 5 Nummer 2, 3, 5, 6 oder Nummer 7 oder § 23 Absatz 3 ein dort genanntes Tier, ein Teil eines Tieres, Fleisch, ein dort genanntes Fleischerzeugnis oder einen dort genannten Gegenstand verbringt,
34. entgegen § 13 Absatz 2 Nummer 2 Buchstabe d Sperma, eine Eizelle oder einen Embryo entnimmt,
35. entgegen § 14a Absatz 4 Nummer 3 eine Desinfektionsmöglichkeit nicht oder nicht rechtzeitig einrichtet,
36. entgegen § 14a Absatz 4 Nummer 5 Futter, Einstreu oder einen sonstigen Gegenstand nicht, nicht richtig oder nicht rechtzeitig aufbewahrt,

37. entgegen § 14a Absatz 4 Nummer 6 nicht sicherstellt, dass ein Hund das Betriebsgelände nur unter Aufsicht verlässt,
38. entgegen § 23 Absatz 4 einen Teil oder Rohstoff eines geschlachteten Schweines nicht, nicht richtig, nicht vollständig oder nicht rechtzeitig beseitigt und nicht, nicht richtig, nicht vollständig oder nicht rechtzeitig untersuchen lässt oder
39. entgegen § 24a Absatz 1 oder Absatz 4 oder § 24b Absatz 1 einen Betrieb wiederbelegt.

Abschnitt 6 Schlussvorschriften

§ 25a Weitergehende Maßnahmen

Die Befugnis der zuständigen Behörde, bei Feststellung der Schweinepest oder Afrikanischen Schweinepest bei einem Hausschwein oder einem Wildschwein weitergehende Maßnahmen nach § 38 Absatz 11 in Verbindung mit § 6 Absatz 1 und 3 bis 5 des Tiergesundheitsgesetzes anzuordnen, soweit diese zur Seuchenbekämpfung erforderlich sind und Rechtsakte der Europäischen Gemeinschaften oder der Europäischen Union nicht entgegenstehen, bleibt unberührt.

§ 25b Übergangsbestimmungen

(1) Am 25. Juli 2003 bestehende Einrichtungen nach § 8 Absatz 2 Satz 1 haben der zuständigen Behörde die Voraussetzungen und Vorkehrungen, die Grundlage einer Genehmigung nach § 8 Absatz 2 Satz 1 sein können, spätestens bis zum 31. Juli 2004 mitzuteilen.

(2) Am 24. Juli 2003 vorhandene Sperrbezirke, Verdachtssperrbezirke, Beobachtungsgebiete, gefährdete Bezirke und Überwachungsgebiete bleiben bestehen, bis die zuständige Behörde ihre Festlegung aufhebt. Auf Sperrbezirke, Beobachtungsgebiete und gefährdete Bezirke nach Satz 1 sind die ab dem 25. Juli 2003 für solche Gebiete geltenden Vorschriften anzuwenden. Auf Verdachtssperrbezirke nach Satz 1 sind die ab dem 25. Juli 2003 für Kontrollzonen geltenden Vorschriften anzuwenden. Auf Überwachungsgebiete nach Satz 1 sind die ab dem 25. Juli 2003 für gefährdete Bezirke geltenden Vorschriften anzuwenden.

§ 26 (Inkrafttreten)

Anlage
(zu § 14a Absatz 6 Satz 1 Nummer 1 Buchstabe b Doppelbuchstabe cc Dreifachbuchstabe aaa)

Tiergesundheitsbescheinigung für den inländischen Versand von Schweinen aus gefährdeten Bezirken im Sinne der SchweinepestVerordnung

Ausstellende Behörde: ....

Versandort und -land: ....

I. Anzahl der Tiere: ....
(in Worten)

II. Herkunft der Tiere:

Name(n) und Anschrift(en) des (der) Herkunftsbetriebs(-e): ....

....

Die Tiere werden versandt von ....
(vollständige Anschrift des Verladeorts)

Name und Anschrift des Versenders: ....

III. Bestimmung der Tiere:

Name und Anschrift des Empfängers: ....

Die Tiere werden versandt nach ....
(Bestimmungsland und -ort)

mit folgendem Transportmittel: ....

IV. Angaben zur Identifizierung der Tiere:

Amtliches Alter

Geschlecht Rasse

Kennzeichen (Monate)

V. Bescheinigung:

Der unterzeichnende beamtete Tierarzt bescheinigt, dass die vorstehend genannten Tiere den Bestimmungen des § 14a Absatz 6 Satz 1 Nummer 3 Buchstabe a der Schweinepest-Verordnung

entsprechen.

Ausgefertigt in .... am ....
(Ort) (Datum)

(Dienstsiegel)[1)]

....
(Unterschrift des beamteten Tierarztes)

....
(Name in Großbuchstaben,
Amtsbezeichnung des Unterzeichners)

1) Unterschrift und Siegel müssen sich farblich von der Druckfarbe der Bescheinigung unterscheiden.

Tierische Nebenprodukte-Beseitigungsgesetz (TierNebG)*

vom 25. Januar 2004 (BGBl. I S. 82), zuletzt geändert durch Verordnung vom 22. Dezember 2011 (BGBl. I S. 3044)

– Auszug –

§ 1 Geltungsbereich

Dieses Gesetz dient der Durchführung der Verordnung (EG) Nr. 1774/2002 des Europäischen Parlaments und des Rates vom 3. Oktober 2002 mit Hygienevorschriften für nicht für den menschlichen Verzehr bestimmte tierische Nebenprodukte (ABl. EG Nr. L 273 S. 1), zuletzt geändert durch die Verordnung (EG) Nr. 777/2008 vom 4. August 2008 (ABl. L 207 vom 5.8.2008, S. 9), und der zu ihrer Durchführung ergangenen Rechtsakte der Europäischen Gemeinschaft oder der Europäischen Union.

§ 2 Zuständigkeit

Die Durchführung der in § 1 genannten unmittelbar geltenden Rechtsakte der Europäischen Gemeinschaft oder der Europäischen Union, der Vorschriften dieses Gesetzes und der auf Grund dieses Gesetzes erlassenen Rechtsvorschriften obliegt den zuständigen Landesbehörden, im Bereich der Bundeswehr den zuständigen Dienststellen der Bundeswehr, soweit gesetzlich nichts anderes bestimmt ist.

§ 3 Verpflichtung zur Verarbeitung und Beseitigung

(1) Die nach Landesrecht zuständigen Körperschaften des öffentlichen Rechts (Beseitigungspflichtige) haben, soweit nach der Verordnung (EG) Nr. 1774/2002 tierische Nebenprodukte

1. der Kategorie 1 im Sinne des Artikels 4 Abs. 1 der Verordnung (EG) Nr. 1774/2002 oder
2. der Kategorie 2 im Sinne des Artikels 5 Abs. 1 der Verordnung (EG) Nr. 1774/2002 – ausgenommen Milch, Kolostrum, Gülle sowie Magen- und Darminhalt –

abzuholen, zu sammeln, zu befördern, zu lagern, zu behandeln, zu verarbeiten oder zu beseitigen sind, die Voraussetzungen für die Abholung, Sammlung, Beförderung, Lagerung, Behandlung, Verarbeitung und Beseitigung zu schaffen. Sie sind vorbehaltlich des § 4 und unbeschadet des Artikels 24 der Verordnung (EG) Nr. 1774/2002 verpflichtet, das in ihrem Gebiet anfallende

1. Material der Kategorie 1 gemäß Artikel 4 Abs. 2 und 3 der Verordnung (EG) Nr. 1774/2002,
2. Material der Kategorie 2 – ausgenommen Milch, Kolostrum, Gülle sowie Magen- und Darminhalt – gemäß Artikel 5 Abs. 2 und 3 der Verordnung (EG) Nr. 1774/2002,*

---

* Artikel 1 des Gesetzes zur Durchführung gemeinschaftsrechtlicher Vorschriften über die Verarbeitung und Beseitigung von nicht für den menschlichen Verzehr bestimmten tierischen Nebenprodukten. Gemäß Artikel 6 dieses Gesetzes ist das TierNebG am 29. Januar 2004 in Kraft getreten.

abzuholen, zu sammeln, zu befördern, zu lagern, zu behandeln, zu verarbeiten und zu beseitigen. Sie können sich zur Erfüllung dieser Pflicht Dritter bedienen. Satz 2 gilt auch für verendete wild lebende Tiere, sofern die zuständige Behörde eine Verarbeitung und Beseitigung anordnet.

(2) Die zuständige Behörde kann nach Anhörung der Beseitigungspflichtigen einer natürlichen oder juristischen Person des Privatrechts, die einen Verarbeitungsbetrieb, eine Verbrennungsanlage oder eine Mitverbrennungsanlage betreibt, für das in Absatz 1 Satz 1 bezeichnete Material die Pflicht zur Abholung, Sammlung, Beförderung, Lagerung, Behandlung, Verarbeitung oder Beseitigung von tierischen Nebenprodukten übertragen, soweit

1. keine überwiegenden öffentlichen Interessen entgegenstehen,
2. der Verarbeitungsbetrieb, die Verbrennungsanlage oder die Mitverbrennungsanlage die in Artikel 12 bis 14 der Verordnung (EG) Nr. 1774/2002 genannten Bedingungen für die jeweilige Art der Verarbeitung erfüllt und
3. gewährleistet ist, dass die übrigen Vorschriften der Verordnung (EG) Nr. 1774/2002, dieses Gesetzes sowie der auf Grund dieses Gesetzes erlassenen Rechtsvorschriften beachtet werden.

Die Übertragung kann ganz oder teilweise erfolgen. Bei Teilübertragung kann sie mit der Auflage verbunden werden, dass der Verarbeitungsbetrieb, die Verbrennungsanlage oder die Mitverbrennungsanlage das in einem Gebiet anfallende Material abzuholen, zu sammeln, zu befördern, zu lagern, zu behandeln, zu verarbeiten oder zu beseitigen hat, sofern das öffentliche Interesse dies erfordert. Ein Rechtsanspruch auf Übertragung besteht nicht.

(3) Die zuständige Behörde kann den Verarbeitungsbetrieb, die Verbrennungsanlage oder die Mitverbrennungsanlage verpflichten, gegen angemessenes Entgelt, bei dem Aufwand und Ertrag zu berücksichtigen sind, einer anderen Beseitigungspflichtigen vorübergehend die Mitbenutzung des Betriebs zur Verarbeitung oder Beseitigung des in Absatz 1 Satz 1 bezeichneten Materials, das außerhalb des Einzugsbereichs des Verarbeitungsbetriebs, der Verbrennungsanlage oder der Mitverbrennungsanlage anfällt, zu gestatten, soweit dies zumutbar ist und die Beseitigungspflichtige das Material anders nicht zweckmäßig oder nur mit erheblichen Mehrkosten verarbeiten oder beseitigen kann. Kommt eine Einigung über das Entgelt nicht zustande, so wird es durch die zuständige Behörde festgesetzt.

(4) Soweit und solange dem Verarbeitungsbetrieb, der Verbrennungsanlage oder der Mitverbrennungsanlage Tätigkeiten nach Absatz 2 übertragen worden sind, ist dieser Betrieb oder diese Anlage Beseitigungspflichtige im Sinne dieses Gesetzes, soweit im Folgenden nichts anderes bestimmt ist. Im gleichen Umfange ist die Beseitigungspflichtige nach Absatz 1 Satz 1 von ihrer Verpflichtung entbunden.

§ 4 Ausnahmen

Die zuständige Behörde kann Ausnahmen von § 3 Abs. 1 Satz 1 und 2 genehmigen

1. für tierische Nebenprodukte, die
   a) zu Diagnose-, Lehr- und Forschungszwecken oder
   b) zum Zwecke der Präparation von Tierkörpern und Tierkörperteilen in nach Artikel 18 der Verordnung (EG) Nr. 1774/2002 zugelassenen Anlagen

verwendet werden,

2. für die Verfütterung von Material der Kategorie 2 im Sinne des Artikels 5 Abs. 1 der Verordnung (EG) Nr. 1774/2002, sofern es von Tieren stammt, die nicht auf Grund einer auf Mensch oder Tier übertragbaren Krankheit verendet sind oder getötet wurden, an in Artikel 23 Abs. 2 Buchstabe c der Verordnung (EG) Nr. 1774/2002 genannte Tiere.

Ferner kann die zuständige Behörde Ausnahmen von Artikel 6 Abs. 2 und 3 der Verordnung (EG) Nr. 1774/2002 genehmigen für Material der Kategorie 3 im Sinne des Artikels 6 Abs. 1 Buchstabe a bis j der Verordnung (EG) Nr. 1774/2002 und – vorbehaltlich des Artikels 22 der Verordnung (EG) Nr. 1774/2002 – des Artikels 6 Abs. 1 Buchstabe l der Verordnung (EG) Nr. 1774/2002, das an in Artikel 23 Abs. 2 Buchstabe c der Verordnung (EG) Nr. 1774/2002 genannte Tiere verfüttert werden oder zu den in Satz 1 Nr. 1 genannten Zwecken verwendet werden soll.

§ 7 Meldepflicht

(1) Der Besitzer hat der Beseitigungspflichtigen, in deren Einzugsbereich das in § 3 Abs. 1 Satz 1 bezeichnete Material anfällt, unverzüglich zu melden, wenn das Material angefallen ist.

(2) Der Meldung bedarf es nicht, wenn
1. das in § 3 Abs. 1 Satz 1 bezeichnete Material regelmäßig abgeholt wird,
2. Tiere auf behördliche Anordnung getötet worden sind oder ihre Beseitigung behördlich angeordnet worden ist,
3. es sich um Material im Sinne des § 3 Abs. 1 Satz 1 Nr. 2 handelt, das an in Artikel 23 Abs. 2 Buchstabe c der Verordnung (EG) Nr. 1774/2002 genannte Tiere verfüttert werden soll,
4. verendete Tiere von dem Besitzer bei der Beseitigungspflichtigen abgeliefert werden,
5. verendete oder getötete Tiere zu diagnostischen Zwecken in eine staatliche Untersuchungseinrichtung oder in eine von der zuständigen Behörde bestimmte Untersuchungseinrichtung verbracht werden,
6. die Beseitigung toter Heimtiere durch Vergraben zugelassen ist.

(3) Fremde oder herrenlose Körper von Vieh, Wild, Hunden oder Katzen sind,
1. wenn sie auf einem Grundstück anfallen, von dem Grundstücksbesitzer,
2. wenn sie auf öffentlichen Straßen oder Plätzen anfallen, von dem Straßenbaulastträger,
3. wenn sie in Gewässern anfallen, von dem zur Unterhaltung Verpflichteten

unverzüglich zu melden.

(4) Der Besitzer des in § 3 Abs. 1 Satz 1 bezeichneten Materials hat dieses der Beseitigungspflichtigen zu überlassen.

§ 8 Abholungspflicht

(1) Die Beseitigungspflichtige hat das in § 3 Abs. 1 Satz 1 bezeichnete Material nach Maßgabe des Artikels 7 Abs. 1, 2 und 5 der Verordnung (EG) Nr. 1774/2002 unverzüglich abzuholen, zu sammeln, zu befördern und zu lagern. Satz 1 gilt nicht für die in § 7 Abs. 2 Nr. 4 bezeichneten Tiere sowie für kleine Heimtiere aus privaten Haushaltungen, mit Ausnahme von Hunden und Katzen.

(2) Die Beseitigungspflichtige hat ferner das in § 3 Abs. 1 Satz 1 bezeichnete Material, sofern es in zugelassenen Zwischenbehandlungsbetrieben gelagert wird, zeitlich in solchen Abständen abzuholen, dass eine ordnungsgemäße Verarbeitung und Beseitigung gesichert ist.

(3) Bei der Abholung hat der Besitzer das in § 3 Abs. 1 Satz 1 bezeichnete Material herauszugeben. Er hat die Beseitigungspflichtige darüber hinaus unentgeltlich zu unterstützen, insbesondere bei der Heranschaffung der tierischen Nebenprodukte aus besonders verkehrsungünstig gelegenem Gelände bis zur nächsten befahrbaren Straße.

§ 9 Ablieferungspflicht

(1) Soweit eine Verarbeitung und Beseitigung des in § 3 Abs. 1 Satz 1 bezeichneten Materials vorgeschrieben ist und eine Abholungspflicht nach § 8 nicht besteht, ist der Besitzer von tierischen Nebenprodukten verpflichtet, diese bei einem von der Beseitigungspflichtigen bestimmten Verarbeitungsbetrieb, zugelassenen Zwischenbehandlungsbetrieb oder einer von dieser bestimmten Verbrennungsanlage oder Mitverbrennungsanlage unverzüglich abzuliefern.

(2) Die Pflicht nach Absatz 1 besteht nicht, wenn der Besitzer sichergestellt hat, dass die Beseitigungspflichtige die tierischen Nebenprodukte abholt.

§ 10 Aufbewahrungspflicht

Bis zur Abholung durch die Beseitigungspflichtige oder bis zur Ablieferung hat der Besitzer das in § 3 Abs. 1 Satz 1 bezeichnete Material jeweils getrennt nach den in der Verordnung (EG) Nr. 1774/2002 bestimmten Kategorien und getrennt von anderen Abfällen sowie geschützt vor Witterungseinflüssen so aufzubewahren, dass Menschen nicht unbefugt und Tiere nicht mit diesem Material in Berührung kommen können. Verendete oder getötete Tiere dürfen während dieser Zeit nicht abgehäutet, geöffnet oder zerlegt werden. Nach der Abholung hat der Besitzer die Behältnisse oder Örtlichkeiten, in denen das in § 3 Abs. 1 Satz 1 bezeichnete Material aufbewahrt worden ist, unverzüglich zu reinigen und zu desinfizieren. Das Verbot nach Satz 2 gilt nicht für Zerlegungen durch den beamteten Tierarzt oder die beamtete Tierärztin oder – im Falle seiner oder ihrer Verhinderung – durch einen beauftragten anderen Tierarzt oder eine beauftragte andere Tierärztin.

Gesetz zur Ausführung des Tierische Nebenprodukte-Beseitigungsgesetzes (AGTierNebG)

vom 14. Dezember 2004 (GBl. S. 914)

– Auszug –

§ 1 Beseitigungspflichtige

Die Stadt- und Landkreise sind Beseitigungspflichtige im Sinne von § 3 Abs. 1 des Tierische Nebenprodukte-Beseitigungsgesetzes (TierNebG) vom 25. Januar 2004 (BGBl. I S. 82). Das Gesetz über kommunale Zusammenarbeit bleibt unberührt.

§ 2 Einzugsbereiche

(1) Die Einzugsbereiche werden nach § 6 Abs. 1 TierNebG vom Ministerium für Ernährung und Ländlichen Raum im Einvernehmen mit dem Innenministerium nach Anhörung der Beseitigungspflichtigen durch Rechtsverordnung bestimmt. Die ungefähre Beschreibung der Einzugsbereiche genügt, wenn diese in Karten dargestellt sind, die einen Bestandteil der Rechtsverordnung bilden.

(2) Das in § 3 Abs. 1 Satz 1 TierNebG bezeichnete Material kann mit Zustimmung des Regierungspräsidiums in Verarbeitungsbetrieben, Verbrennungsanlagen oder Mitverbrennungsanlagen im Sinne von § 3 Abs. 2 TierNebG auch außerhalb der nach Absatz 1 bestimmten Einzugsbereiche behandelt, verarbeitet oder beseitigt werden.

(3) Tierkörper von Heimtieren nach Artikel 2 Buchst. h der Verordnung (EG) Nr. 1174/2002 des Europäischen Parlaments und des Rates vom 3. Oktober 2002 mit Hygienevorschriften für nicht für den menschlichen Verzehr bestimmte tierische Nebenprodukte (ABl. EG Nr. L 273 S. 1) in der jeweils geltenden Fassung (Verordnung (EG) Nr. 1774/2002) unterfallen nicht der Einzugsbereichsregelung nach Absatz 1, wenn sie

1. auf hierfür besonders zugelassenen Plätzen vergraben oder
2. auf eigenem Gelände, nicht jedoch in Wasserschutzgebieten und nicht in unmittelbarer Nähe öffentlicher Wege und Plätze unter einer mindestens 50 cm starken Erdschicht vergraben oder
3. durch Verbrennen in einer zugelassenen Verbrennungsanlage gemäß Artikel 4 Abs. 2 der Verordnung (EG) Nr. 1774/2002 beseitigt werden.

§ 5 Zuständigkeiten

(1) Das Ministerium für Ernährung und Ländlichen Raum regelt durch Rechtsverordnung die Zuständigkeit zur Durchführung der Vorschriften über die Verarbeitung und Beseitigung von nicht für den menschlichen Verzehr bestimmten tierischen Nebenprodukten. Soweit nichts anderes bestimmt ist, ist die untere Verwaltungsbehörde zuständig; an ihrer Stelle ist das Regierungspräsidium zuständig, wenn die Gebietskörperschaft, für deren Bezirk die untere Verwaltungsbehörde zuständig ist, selbst unmittelbar beteiligt ist.

(2) Die zuständige Behörde erlässt die erforderlichen Anordnungen und trifft sonstige Maßnahmen zur Beseitigung festgestellter Verstöße und zur Verhütung künftiger Verstöße gegen die in Absatz 1 genannten Vorschriften.

(3) Die übergeordneten Behörden können im Einzelfall die Zuständigkeit an sich ziehen, soweit eine Aufgabe in den Dienstbezirken mehrerer nachgeordneter Behörden sachgerecht nur einheitlich wahrgenommen werden kann.

Waldgesetz für Baden-Württemberg
(Landeswaldgesetz – LWaldG)

in der Fassung der Bekanntmachung vom 31. August 1995 (GBl. S. 685), zuletzt geändert durch Verordnung vom 25. November 2014 (GBl. S. 592)

– Auszug –

§ 1 Gesetzeszweck

Zweck dieses Gesetzes ist

1. den Wald wegen seines wirtschaftlichen Nutzens (Nutzfunktion) und wegen seiner Bedeutung für die Umwelt, insbesondere für die dauernde Leistungsfähigkeit des Naturhaushalts, das Klima, den Wasserhaushalt, die Reinhaltung der Luft, die Bodenfruchtbarkeit, die Tier- und Pflanzenwelt, das Landschaftsbild, die Agrar- und Infrastruktur und die Erholung der Bevölkerung (Schutz- und Erholungsfunktion) zu erhalten, erforderlichenfalls zu mehren und seine ordnungsgemäße Bewirtschaftung nachhaltig zu sichern,
2. die Forstwirtschaft zu fördern und den Waldbesitzer bei der Erfüllung seiner Aufgaben nach diesem Gesetz zu unterstützen,
3. einen Ausgleich zwischen dem Interesse der Allgemeinheit und den Belangen der Waldbesitzer herbeizuführen.

§ 2 Wald

(1) Wald im Sinne dieses Gesetzes ist jede mit Forstpflanzen (Waldbäume und Waldsträucher) bestockte Grundfläche.

(2) Als Wald gelten auch kahlgeschlagene oder verlichtete Grundflächen, Waldwege, Waldeinteilungs- und Sicherungsstreifen, Waldblößen und Lichtungen, Waldwiesen, Wildäsungsplätze sowie Holzlagerplätze.

(3) Als Wald gelten ferner im Wald liegende oder mit ihm verbundene

1. Pflanzgärten und Leitungsschneisen,
2. Waldparkplätze und Flächen mit Erholungseinrichtungen,
3. Teiche, Weiher, Gräben und andere Gewässer von untergeordneter Bedeutung unbeschadet der wasser-, fischerei- und naturschutzrechtlichen Vorschriften,
4. Moore, Heiden und Ödflächen, soweit sie zur Sicherung der Funktionen des angrenzenden Waldes erforderlich sind,

sowie weitere dem Wald dienende Flächen.

(4) In der Flur oder im bebauten Gebiet gelegene kleinere Flächen, die mit einzelnen Baumgruppen, Baumreihen oder mit Hecken bestockt sind oder als Baumschulen verwendet werden, Weihnachtsbaum- und Schmuckreisigkulturen sowie zum Wohnbereich gehörende Parkanlagen sind nicht Wald im Sinne dieses Gesetzes.

(5) Wald im Sinne der Absätze 1 bis 3 ist in Waldverzeichnisse einzutragen. Geschützte Waldgebiete sind als solche zu kennzeichnen. Die Waldverzeichnisse werden von der Forstbehörde geführt.

§ 4 Begriffsbestimmungen

Im Sinne dieses Gesetzes sind

1. Waldbesitzer:
   Waldeigentümer sowie Nutzungsberechtigte, die unmittelbare Besitzer des Waldes sind;
2. Walderzeugnisse:
   pflanzliche Erzeugnisse des Waldes wie
   a) Waldbäume und -sträucher oder Teile davon,
   b) Samen, Nüsse, Beeren, Zapfen, Pilze und sonstige wildwachsende Waldfrüchte (Waldfrüchte),
   c) Moose, Farne, Gräser, Schilf, Blumen und Kräuter (Waldpflanzen),
   d) Harz und Streu;
3. Waldwege:
   die nicht dem öffentlichen Verkehr gewidmeten Wege im Staats-, Körperschafts- und Privatwald;
4. Erholungseinrichtungen:
   landschaftsbezogene Einrichtungen im und am Wald, die der Erholung der Bevölkerung dienen.

§ 5 Ziele und Aufgaben der forstlichen Rahmenplanung

(1) Zur Ordnung und Verbesserung der Waldstruktur kann eine forstliche Rahmenplanung durchgeführt werden mit dem Ziel, die für die Entwicklung der Lebens- und Wirtschaftsverhältnisse notwendigen Funktionen des Waldes nach § 1 Nr. 1 zu sichern.

(2) Die Ziele der Raumordnung und Landesplanung sind bei der forstlichen Rahmenplanung zu beachten.

§ 22 Umweltvorsorge im Rahmen der Bewirtschaftung des Waldes

(1) Die Umwelt, der Naturhaushalt und die Naturgüter sind bei der Bewirtschaftung des Waldes zu erhalten und zu pflegen.

(2) Die Vielfalt und natürliche Eigenart der Landschaft sind zu berücksichtigen. Auf die Anlage und Pflege naturgemäß aufgebauter Waldränder ist besonders zu achten. Der einheimischen Tier- und Pflanzenwelt sind ausreichende Lebensräume zu erhalten; die Erfordernisse zur Erhaltung eines gesunden und angemessenen Wildbestandes sind zu berücksichtigen.

(3) Natürliche Erholungsmöglichkeiten sind zu erhalten und zu entwickeln.

(4) Die Forstbehörden sollen darauf hinwirken, dass bei der Bewirtschaftung des Waldes die in Absatz 1 bis 3 genannten Grundsätze, insbesondere die Belange der Landschaftspflege, berücksichtigt werden.

§ 30 a Biotopschutzwald

(1) Biotopschutzwald ist Wald, der dem Schutz und der Erhaltung von seltenen Waldgesellschaften sowie von Lebensräumen seltener wild wachsender Pflanzen und wild lebender Tiere dient.

(2) Zum Biotopschutzwald gehören
1. naturnahe Schlucht-, Blockhalden- und Hangschuttwälder,
2. regional seltene, naturnahe Waldgesellschaften,
3. Tobel, Klingen, Kare und Toteislöcher im Wald mit naturnaher Begleitvegetation,
4. Wälder als Reste historischer Bewirtschaftungsformen und strukturreiche Waldränder

in der in der Anlage zu diesem Gesetz beschriebenen Ausprägung. Der Schutz weiterer Biotope im Wald, insbesondere von naturnahen Bruch-, Sumpf- und Auwäldern sowie von naturnahen Wäldern trockenwarmer Standorte einschließlich ihrer Staudensäume, richtet sich nach § 32 des Naturschutzgesetzes.

(3) Alle Handlungen, die zu einer Zerstörung oder erheblichen oder nachhaltigen Beeinträchtigung von Biotopschutzwald führen können, sind verboten. Weitergehende Verbote in Rechtsverordnungen und Satzungen über geschützte Gebiete und Gegenstände nach dem Naturschutzgesetz sowie nach §§ 29 bis 33 und § 36 bleiben unberührt.

(4) Die Pflege von Biotopschutzwald sowie von nach § 32 des Naturschutzgesetzes besonders geschützten Biotopen im Wald erfolgt unbeschadet der besonderen Zweckbestimmung im Rahmen der Bewirtschaftung des Waldes nach den Vorschriften des § 12. Zulässig ist weiterhin, Pflege- und Unterhaltungsmaßnahmen durchzuführen, die zur Erhaltung oder Wiederherstellung der Biotopschutzwälder notwendig sind.

(5) Die Forstbehörde kann Ausnahmen von den Verboten des Absatzes 3 Satz 1 zulassen, wenn
1. überwiegende Gründe des Gemeinwohls diese erfordern,
2. keine erheblichen oder nachhaltigen Beeinträchtigungen des Biotopschutzwaldes und der Lebensstätten gefährdeter Tier- und Pflanzenarten zu erwarten sind oder
3. durch Ausgleichsmaßnahmen in angemessener Zeit ein gleichartiger Biotopschutzwald geschaffen wird.

In Naturschutzgebieten lässt die höhere Naturschutzbehörde die Ausnahmen zu. Die Ausnahme wird durch eine nach anderen Vorschriften erforderliche behördliche Gestattung ersetzt, wenn diese im Einvernehmen mit der für die Erteilung der Ausnahme zuständigen Behörde erteilt wird.

(6) Wenn dem Waldbesitzer die Beibehaltung der seitherigen Art des Biotopschutzwaldes wirtschaftlich nicht zumutbar ist, sollen die Nachteile im Rahmen der verfügbaren Haushaltsmittel vertraglich bezahlt oder angemessen ausgeglichen werden. Vertragliche Regelungen haben Vorrang. Ein Ausgleich ist auch zu gewähren, wenn dem Waldbesitzer Einschränkungen im Interesse der nachhaltigen Sicherung des Biotopschutzwaldes oder die Durchführung von Maßnahmen auferlegt werden. § 30 Abs. 2 Satz 2 gilt entsprechend.

(7) Biotopschutzwald wird durch die Waldbiotopkartierung (§ 7 Abs. 4) abgegrenzt und beschrieben sowie in Karten und Verzeichnisse mit deklaratorischer Bedeutung eingetragen, die fortgeschrieben werden sollen. Die Karten und Verzeichnisse liegen bei der Forstbehörde und den Gemeinden zur Einsicht für jedermann aus. Die Forstbehörden weisen auf die Auslegung der Karten und Listen zur Einsicht für jedermann durch ortsübliche Bekanntmachung hin.

(8) Das Ministerium regelt das Verfahren zur Einbeziehung der nach § 32 des Naturschutzgesetzes besonders geschützten Biotope im Wald in die Waldbiotopkartierung sowie zur Beteiligung der Waldbesitzer bei der Abgrenzung dieser Biotope durch Verwaltungsvorschrift.

(9) Die Forstbehörde teilt Eigentümern und sonstigen Nutzungsberechtigten auf Anfrage mit, ob sich auf ihrem Grundstück ein Biotopschutzwald befindet oder ob eine bestimmte Handlung verboten ist.

§ 32 Waldschutzgebiete

(1) Wald kann mit Zustimmung des Waldbesitzers durch Rechtsverordnung der höheren Forstbehörde zum Waldschutzgebiet (Bannwald oder Schonwald) erklärt werden, wenn es zur Sicherung der ungestörten natürlichen Entwicklung einer Waldgesellschaft mit ihren Tier- und Pflanzenarten oder zur Erhaltung oder Erneuerung einer bestimmten Waldgesellschaft mit ihren Tier- und Pflanzenarten oder eines bestimmten Bestandsaufbaus geboten erscheint, forstliche Maßnahmen zu unterlassen oder durchzuführen. Der Schutzzweck ist in der Rechtsverordnung festzulegen. Soweit die Rechtsverordnung Bestimmungen zum Artenschutz enthält, sind diese mit der höheren Naturschutzbehörde abzustimmen.

(2) Bannwald ist ein sich selbst überlassenes Waldreservat. Pflegemaßnahmen sind nicht erlaubt; anfallendes Holz darf nicht entnommen werden. Die Forstbehörde kann Bekämpfungsmaßnahmen zulassen oder anordnen, wenn Forstschädlinge oder Naturereignisse angrenzende Wälder erheblich gefährden. Die Anlage von Fußwegen ist zulässig.

(3) Schonwald ist ein Waldreservat, in dem eine bestimmte Waldgesellschaft mit ihren Tier- und Pflanzenarten, ein bestimmter Bestandsaufbau oder ein bestimmter Waldbiotop zu erhalten, zu entwickeln oder zu erneuern ist. Die Forstbehörde legt Pflegemaßnahmen mit Zustimmung des Waldbesitzers fest.

(4) Angrenzender Wald ist so zu bewirtschaften, dass Waldschutzgebiete nicht beeinträchtigt werden.

(5) In der Rechtsverordnung nach Absatz 1 können
1. Pflegemaßnahmen im Wald nach Art und Umfang vorgeschrieben werden,
2. Vorschriften über das Verhalten der Waldbesucher erlassen werden,
3. die Jagdausübung besonders geregelt werden.

(6) Waldschutzgebiete, die durch Erklärung der höheren Forstbehörde festgesetzt wurden, sind innerhalb eines Zeitraums von zehn Jahren nach Inkrafttreten dieses Gesetzes durch Rechtsverordnung neu auszuweisen. Eine Beteiligung der Träger öffentlicher Belange oder benachbarter Waldbesitzer ist nicht erforderlich, wenn die Abgrenzung der Waldschutzgebiete nicht oder nur unwesentlich verändert wird. § 36 Abs. 2, 3 und 4 kommt in diesen Fällen nicht zur Anwendung.

§ 33 Erholungswald

(1) Wald in verdichteten Räumen, in der Nähe von Städten und größeren Siedlungen, Heilbädern, Kur- und Erholungsorten sowie in Erholungsräumen kann durch Rechtsverordnung zu Erholungswald erklärt werden, wenn es das Wohl der Allgemeinheit erfordert, Waldflächen für Zwecke der Erholung zu schützen, zu pflegen oder zu gestalten.

(2) Soweit es sich um einen Erholungswald mit überwiegend örtlicher Bedeutung handelt und der Erholungswald auf dem Gebiet nur einer Gemeinde liegt, kann die Erklärung nach Absatz 1 durch Satzung der Gemeinde erfolgen. Die Satzung bedarf der Zustimmung der höheren Forstbehörde.

(3) In der Rechtsverordnung oder der Satzung können
1. die Bewirtschaftung des Waldes nach Art und Umfang vorgeschrieben werden,
2. die Jagdausübung zum Schutze der Waldbesucher beschränkt werden,
3. die Waldbesitzer verpflichtet werden, den Bau, die Errichtung und die Unterhaltung von Waldwegen und Erholungseinrichtungen sowie die Beseitigung von störenden Anlagen oder Einrichtungen zu dulden und
4. Vorschriften über das Verhalten der Waldbesucher erlassen werden.

(4) Privatwald soll nur dann zu Erholungswald erklärt werden, wenn Staatswald und Körperschaftswald zur Sicherung des Erholungsbedürfnisses nicht ausreichen oder wegen ihrer Lage nicht oder nur geringfügig für die Erholung in Anspruch genommen werden.

(5) Im Erholungswald können Erholungseinrichtungen geschaffen und unterhalten werden. Im Körperschaftswald und im Privatwald obliegt dies den Gemeinden als freiwillige Aufgabe.

§ 34 Gehege im Wald

(1) Die Errichtung und die Erweiterung eines Geheges im Wald bedarf der Genehmigung der Forstbehörde. Sie entscheidet im Einvernehmen mit den beteiligten Behörden; § 46 Abs. 3 Satz 2 des Naturschutzgesetzes bleibt unberührt.

(2) Die Genehmigung ist zu versagen, wenn
1. der Wald erheblich geschädigt wird,
2. die Unterbringung und Pflege der Tiere den Anforderungen der Tierhygiene und des Tierschutzes nicht entsprechen,
3. für die Allgemeinheit dringend erforderliche Waldflächen für den allgemeinen Zutritt gesperrt werden müssen oder
4. Landschaftspflege, Naturschutz und Umweltvorsorge wesentlich beeinträchtigt werden.

(3) Die Forstbehörde ist zuständige Landesbehörde im Sinne von § 4 Nr. 20 Buchst. a des Umsatzsteuergesetzes, sofern sie nach § 34 Abs. 1 Satz 1 Genehmigungsbehörde ist.

(4) Sofern bei Gehegen, die bei Inkrafttreten dieses Gesetzes bestehen, Versagungsgründe nach Absatz 2 vorliegen, kann die höhere Forstbehörde die erforderlichen Maßnahmen anordnen. Die Beseitigung des Geheges kann angeordnet werden, soweit nicht auf andere Weise rechtmäßige Zustände hergestellt werden können.

§ 37 Betreten des Waldes

(1) Jeder darf Wald zum Zwecke der Erholung betreten. Das Betreten des Waldes erfolgt auf eigene Gefahr. Neue Sorgfalts- oder Verkehrssicherungspflichten der betroffenen Waldbesitzer oder sonstiger Berechtigter werden dadurch, vorbehaltlich anderer Rechtsvorschriften, nicht begründet. Wer den Wald betritt, hat sich so zu verhalten, dass die Lebensgemeinschaft Wald und die Bewirtschaftung des Waldes

nicht gestört, der Wald nicht gefährdet, beschädigt oder verunreinigt sowie die Erholung anderer nicht beeinträchtigt wird.

(2) Organisierte Veranstaltungen bedürfen der Genehmigung durch die Forstbehörde.

(3) Das Fahren mit Krankenfahrstühlen (auch mit Motorantrieb), das Radfahren und das Reiten im Wald sind nur auf Straßen und hierfür geeigneten Wegen gestattet. Auf Fußgänger ist Rücksicht zu nehmen. Nicht gestattet sind das Reiten auf gekennzeichneten Wanderwegen unter 3 m Breite und auf Fußwegen, das Radfahren auf Wegen unter 2 m Breite sowie das Reiten und Radfahren auf Sport- und Lehrpfaden; die Forstbehörde kann Ausnahmen zulassen. § 52 Abs. 2 Satz 2 des Naturschutzgesetzes bleibt unberührt.

(4) Ohne besondere Befugnis ist nicht zulässig
1. das Fahren und das Abstellen von Kraftfahrzeugen oder Anhängern im Wald,
2. das Zelten und das Aufstellen von Bienenstöcken im Wald,
3. das Betreten von gesperrten Waldflächen und Waldwegen,
4. das Betreten von Waldflächen und Waldwegen während der Dauer des Einschlags oder der Aufbereitung von Holz,
5. das Betreten von Naturverjüngungen, Forstkulturen und Pflanzgärten,
6. das Betreten von forstbetrieblichen und jagdbetrieblichen Einrichtungen.

(5) Der Waldbesitzer hat die Kennzeichnung von Waldwegen zur Ausübung des Betretens zu dulden. Die Kennzeichnung bedarf der Genehmigung der Forstbehörde.

(6) Die Vorschriften des Straßenverkehrsrechts bleiben unberührt, ebenso andere Vorschriften des öffentlichen Rechts, die das Betreten des Waldes (Absatz 1 und Absatz 3) einschränken oder solche Einschränkungen zulassen.

(7) Zäune sind auf das zur Durchführung einer ordnungsgemäßen Forstwirtschaft notwendige Maß zu beschränken und dürfen das zulässige Betreten des Waldes unbeschadet des Absatzes 4 Nr. 2 bis 5 nicht verhindern oder unzumutbar erschweren. Zäune sind zu beseitigen, soweit sie nicht für die Erhaltung der Bewirtschaftung des Waldes erforderlich sind. Die Beseitigung von Zäunen, die nach anderen öffentlich-rechtlichen Vorschriften angeordnet worden sind, kann nur im Einvernehmen mit der hierfür zuständigen Behörde verlangt werden.

§ 38 Sperren von Wald

(1) Der Waldbesitzer kann aus wichtigem Grund, insbesondere aus Gründen des Forstschutzes, der Wald- und Wildbewirtschaftung, zum Schutze der Waldbesucher, zur Vermeidung erheblicher Schäden oder zur Wahrung anderer schutzwürdiger Interessen des Waldbesitzers das Betreten des Waldes einschränken (Sperrung). Die Sperrung bedarf der Genehmigung der Forstbehörde. Die Sperrung kann auch von Amts wegen erfolgen. Die höhere Forstbehörde wird ermächtigt, Waldgebiete aus den Gründen des Satzes 1 durch Rechtsverordnung zu sperren. § 54 Abs. 1 des Naturschutzgesetzes findet keine Anwendung.

(2) Eine Sperrung für die Dauer bis zu zwei Monaten bedarf keiner Genehmigung. Sie ist der Forstbehörde unverzüglich anzuzeigen; sie kann die Aufhebung der Sperre anordnen.

(3) Das Ministerium wird ermächtigt, durch Rechtsverordnung die Art und Kennzeichnung der Sperrung zu bestimmen.

§ 40 Aneignung von Waldfrüchten und Waldpflanzen

(1) Jeder darf sich Waldfrüchte, Streu und Leseholz in ortsüblichem Umfang aneignen und Waldpflanzen, insbesondere Blumen und Kräuter, die nicht über einen Handstrauß hinausgehen, entnehmen. Die Entnahme hat pfleglich zu erfolgen. Die Entnahme von Zweigen von Waldbäumen und -sträuchern bis zur Menge eines Handstraußes ist nicht strafbar. Dies gilt nicht für die Entnahme von Zweigen in Forstkulturen und von Gipfeltrieben sowie das Ausgraben von Waldbäumen und -sträuchern.

(2) Vorschriften des öffentlichen Rechts, die diese Vorschriften einschränken, bleiben unberührt.

§ 41 Waldgefährdung durch Feuer

(1) Wer in einem Wald oder in einem Abstand von weniger als 100 Meter vom Wald

1. außerhalb einer eingerichteten und gekennzeichneten Feuerstelle ein Feuer anzündet oder unterhält oder offenes Licht gebraucht,
2. Bodendecken sowie Pflanzen oder Pflanzenreste unbeschadet der abfall- und naturschutzrechtlichen Vorschriften flächenweise abbrennt,
3. eine Anlage, mit der die Einrichtung oder der Betrieb einer Feuerstelle verbunden ist, errichtet,

bedarf der vorherigen Genehmigung der Forstbehörde. Die Genehmigung darf nur erteilt werden, wenn eine Gefährdung des Waldes durch Feuer nicht zu befürchten ist.

(2) Einer Genehmigung nach Absatz 1 bedürfen nicht

1. in den Fällen des Absatzes 1 Nr. 1
   a) der Waldbesitzer und Personen, die er in seinem Wald beschäftigt,
   b) die zur Jagdausübung Berechtigten und die Imker während der Ausübung ihrer Tätigkeit,
   c) Personen bei der Durchführung behördlich angeordneter oder genehmigter Arbeiten,
   d) Besitzer auf ihrem Grundstück, sofern der Abstand des Feuers zum Wald mindestens 30 Meter beträgt;
2. in den Fällen des Absatzes 1 Nr. 3 Personen für die Errichtung einer Anlage, die baurechtlich oder gewerberechtlich genehmigt wurde.

(3) In der Zeit vom 1. März bis 31. Oktober darf im Wald nicht geraucht werden. Dies gilt nicht für den in Absatz 2 Nr. 1 Buchst. a und b genannten Personenkreis.

(4) Brennende oder glimmende Gegenstände dürfen im Wald sowie im Abstand von weniger als 100 Meter vom Wald nicht weggeworfen oder sonst unvorsichtig gehandhabt werden.

§ 64 Zuständigkeit von Forstbehörden

(1) Soweit in diesem Gesetz oder in den auf Grund dieses Gesetzes erlassenen Rechtsverordnungen nichts anderes bestimmt ist, ist die untere Forstbehörde sachlich zuständig.

(2) Für den Körperschaftswald mit Ausnahme des Gebiets des Nationalparks Schwarzwald nimmt die Körperschaftsforstdirektion die Aufgaben der höheren Forstbehörde nach diesem Gesetz wahr.

(3) Örtlich zuständig ist die Forstbehörde, in deren Bezirk die Aufgaben wahrzunehmen sind. Erstreckt sich die Aufgabe auf die Bezirke mehrerer Forstbehörden, so bestimmt die gemeinsame übergeordnete Behörde die zuständige Forstbehörde.

(4) Die höhere Forstbehörde ist in ihrem Bezirk nach fachlicher Weisung der obersten Forstbehörde für die Steuerung und Koordinierung der Wahrnehmung der Aufgaben der Landesforstverwaltung zuständig. Dies gilt auch für die Dienstleistungsaufgaben der unteren Forstbehörden im Körperschaftswald und Privatwald. Die Fachaufsicht im Rahmen der Erfüllung der Aufgaben nach § 65 Abs. 1 bleibt unberührt.

(5) Für die Übertragung der Bewilligungsfunktion sowie der Funktion des technischen Prüfdienstes auf die Forstbehörden für Ausgaben zu Lasten der Europäischen Gemeinschaft gilt § 29 d des Landwirtschafts- und Landeskulturgesetzes in seiner jeweils geltenden Fassung entsprechend.

§ 78 Forstschutz

Der Forstschutz umfasst die Aufgabe
1. Gefahren, die dem Wald und den seinen Funktionen dienenden Einrichtungen durch Dritte drohen, abzuwehren und Störungen der öffentlichen Sicherheit oder Ordnung im Wald zu beseitigen sowie
2. rechtswidrige Handlungen Dritter zu verfolgen, die einen Bußgeldtatbestand im Sinne des § 83 oder des § 85 Abs. 2 oder einen sonstigen auf den Schutz des Waldes oder seiner Einrichtungen gerichteten Straf- oder Bußgeldtatbestand verwirklichen.

§ 81 Weitere Aufgaben der Forstschutzbeauftragten

(1) Die Forstschutzbeauftragten sind im Rahmen ihrer Dienstaufgaben verpflichtet, rechtswidrige Handlungen, die einen auf den Schutz der Natur oder Umwelt gerichteten Straf- oder Bußgeldtatbestand verwirklichen,
1. zu verhüten,
2. ihre Fortsetzung zu verhindern und
3. anzuzeigen.

(2) Die Forstschutzbeauftragten haben bei der Verfolgung der in Absatz 1 genannten Handlungen mitzuwirken, soweit dies gesetzlich besonders bestimmt ist.

§ 83 Allgemeine Ordnungswidrigkeiten

(1) Ordnungswidrig handelt, wer vorsätzlich oder fahrlässig im Wald oder in einem Abstand von weniger als 100 Meter von einem Wald
1. ein Vorhaben nach § 41 Abs. 1 ohne die erforderliche Genehmigung ausführt,
2. entgegen § 41 Abs. 4 brennende oder glimmende Gegenstände wegwirft oder sonst unvorsichtig handhabt,
3. ein genehmigtes offenes Feuer oder Licht, ein Feuer in einer eingerichteten und gekennzeichneten Feuerstelle, oder ein offenes Feuer oder Licht, das keiner Genehmigung bedarf, unbeaufsichtigt oder ohne ausreichende Sicherungsmaßnahmen läßt, oder Auflagen, die mit der Genehmigung verbunden sind, nicht befolgt.

(2) Ordnungswidrig handelt auch, wer vorsätzlich oder fahrlässig

1. entgegen § 37 Abs. 3 im Wald außerhalb von Straßen und Wegen oder auf gekennzeichneten Wanderwegen unter 3 Meter Breite, auf Fußwegen oder auf Sport- und Lehrpfaden reitet, oder im Wald außerhalb von Straßen und Wegen oder auf Wegen unter 2 Meter Breite oder auf Sport- und Lehrpfaden radfährt,
2. entgegen § 37 Abs. 1 im Wald die Erholung anderer Waldbesucher beeinträchtigt, insbesondere durch ungebührlichen Lärm, wie Schreien, Gröhlen, Missbrauch von Musikinstrumenten oder Musikapparaten,
3. entgegen § 37 Abs. 4 Wald oder forstbetriebliche oder jagdbetriebliche Einrichtungen, deren Betreten nicht zulässig ist, unbefugt betritt,
4. entgegen § 37 Abs. 4 unbefugt fährt, Kraftfahrzeuge oder Anhänger abstellt, zeltet oder unbefugt Verkaufsstände aufstellt,
5. entgegen § 37 Abs. 2 organisierte Veranstaltungen ohne Genehmigung der Forstbehörde durchführt oder an solchen Veranstaltungen teilnimmt,
6. entgegen § 41 Abs. 3 in der Zeit vom 1. März bis 31. Oktober im Wald unbefugt raucht,
7. einer auf Grund von § 70 Nr. 2 oder 3 ergangenen Polizeiverordnung zuwiderhandelt, wenn diese ausdrücklich auf diese Bußgeldvorschrift verweist,
8. Erholungseinrichtungen im Wald missbräuchlich benutzt oder verunreinigt oder im Bereich von Kinderspielplätzen, Spiel- und Liegewiesen und Wassertretanlagen Hunde frei laufen läßt,
9. im Wald Vorrichtungen, die zum Sperren von Wegen oder die dem Schutz der Einrichtungen nach § 37 Abs. 4 Nr. 5 und 6 dienen, unbefugt öffnet, offenstehen läßt, entfernt oder unbrauchbar macht,
10. im Wald Zeichen oder Vorrichtungen, die zur Abgrenzung, Absperrung, Vermessung oder als Wegweiser dienen, oder Zeichen, die zur Kennzeichnung an Walderzeugnissen angebracht sind, unbefugt zerstört, beschädigt, unbrauchbar macht, verändert oder entfernt,
11. im Wald Zeichen oder Vorrichtungen der in Nummer 10 genannten Art unbefugt anbringt,
12. das zur Bewässerung eines Waldgrundstückes dienende Wasser unbefugt ableitet und dadurch dieses oder ein anderes Waldgrundstück nachteilig beeinflusst oder Gräben, Wälle, Rinnen oder andere Anlagen, die der Be- oder Entwässerung von Waldgrundstücken dienen, unbefugt verändert, beschädigt oder beseitigt,
13. geerntete Walderzeugnisse unbefugt von ihrem Standort entfernt, ihre Stützen wegnimmt oder diese umwirft,
14. im Wald Aufschüttungen oder Abgrabungen unbefugt vornimmt,
15. im Wald Ameisenhaufen zerstört oder beschädigt oder Ameisen oder deren Puppen unbefugt einsammelt,
16. im Wald unbefugt Vieh treibt, Vieh weidet oder weiden läßt.

(3) Ordnungswidrig handelt auch, wer vorsätzlich oder fahrlässig einer auf Grund dieses Gesetzes ergangenen Rechtsverordnung, Satzung oder Anordnung zuwiderhandelt, wenn diese für einen bestimmten Tatbestand auf diese Bußgeldvorschrift verweist.

(4) Die Ordnungswidrigkeit kann mit einer Geldbuße bis zu 2 500 Euro, in besonders schweren Fällen bis zu 10 000 Euro, geahndet werden.

Sozialgesetzbuch (SGB) Siebtes Buch (VII) – Gesetzliche Unfallversicherung

vom 7. August 1996 (BGBl. I S. 1254), zuletzt geändert durch Gesetz vom 23. Dezember 2014 (BGBl. I S. 2462)

– Auszug –

§ 1 Prävention, Rehabilitation, Entschädigung

Aufgabe der Unfallversicherung ist es, nach Maßgabe der Vorschriften dieses Buches

1. mit allen geeigneten Mitteln Arbeitsunfälle und Berufskrankheiten sowie arbeitsbedingte Gesundheitsgefahren zu verhüten,
2. nach Eintritt von Arbeitsunfällen oder Berufskrankheiten die Gesundheit und die Leistungsfähigkeit der Versicherten mit allen geeigneten Mitteln wiederherzustellen und sie oder ihre Hinterbliebenen durch Geldleistungen zu entschädigen.

§ 2 Versicherung kraft Gesetzes

(1) Kraft Gesetzes sind versichert

1. Beschäftigte,
2. Lernende während der beruflichen Aus- und Fortbildung in Betriebsstätten, Lehrwerkstätten, Schulungskursen und ähnlichen Einrichtungen,
3. Personen, die sich Untersuchungen, Prüfungen oder ähnlichen Maßnahmen unterziehen, die aufgrund von Rechtsvorschriften zur Aufnahme einer versicherten Tätigkeit oder infolge einer abgeschlossenen versicherten Tätigkeit erforderlich sind, soweit diese Maßnahmen vom Unternehmen oder einer Behörde veranlaßt worden sind,
4. behinderte Menschen, die in anerkannten Werkstätten für behinderte Menschen oder in Blindenwerkstätten im Sinne des § 143 des Neunten Buches oder für diese Einrichtungen in Heimarbeit tätig sind,
5. Personen, die
   a) Unternehmer eines landwirtschaftlichen Unternehmens sind und ihre im Unternehmen mitarbeitenden Ehegatten oder Lebenspartner,
   b) im landwirtschaftlichen Unternehmen nicht nur vorübergehend mitarbeitende Familienangehörige sind,
   c) in landwirtschaftlichen Unternehmen in der Rechtsform von Kapital- oder Personenhandelsgesellschaften regelmäßig wie Unternehmer selbständig tätig sind,
   d) ehrenamtlich in Unternehmen tätig sind, die unmittelbar der Sicherung, Überwachung oder Förderung der Landwirtschaft überwiegend dienen,
   e) ehrenamtlich in den Berufsverbänden der Landwirtschaft tätig sind,

   wenn für das Unternehmen die landwirtschaftliche Berufsgenossenschaft zuständig ist,
6. Hausgewerbetreibende und Zwischenmeister sowie ihre mitarbeitenden Ehegatten oder Lebenspartner,

7. selbständig tätige Küstenschiffer und Küstenfischer, die zur Besatzung ihres Fahrzeugs gehören oder als Küstenfischer ohne Fahrzeug fischen und regelmäßig nicht mehr als vier Arbeitnehmer beschäftigen, sowie ihre mitarbeitenden Ehegatten oder Lebenspartner,
8. a) Kinder während des Besuchs von Tageseinrichtungen, deren Träger für den Betrieb der Einrichtungen der Erlaubnis nach § 45 des Achten Buches oder einer Erlaubnis aufgrund einer entsprechenden landesrechtlichen Regelung bedürfen sowie während der Betreuung durch geeignete Tagespflegepersonen im Sinne von § 23 des Achten Buches,
   b) Schüler während des Besuchs von allgemein- oder berufsbildenden Schulen und während der Teilnahme an unmittelbar vor oder nach dem Unterricht von der Schule oder im Zusammenwirken mit ihr durchgeführten Betreuungsmaßnahmen,
   c) Studierende während der Aus- und Fortbildung an Hochschulen,
9. Personen, die selbständig oder unentgeltlich, insbesondere ehrenamtlich im Gesundheitswesen oder in der Wohlfahrtspflege tätig sind,
10. Personen, die
   a) für Körperschaften, Anstalten oder Stiftungen des öffentlichen Rechts oder deren Verbände oder Arbeitsgemeinschaften, für die in den Nummern 2 und 8 genannten Einrichtungen oder für privatrechtliche Organisationen im Auftrag oder mit ausdrücklicher Einwilligung, in besonderen Fällen mit schriftlicher Genehmigung von Gebietskörperschaften ehrenamtlich tätig sind oder an Ausbildungsveranstaltungen für diese Tätigkeit teilnehmen,
   b) für öffentlich-rechtliche Religionsgemeinschaften und deren Einrichtungen oder für privatrechtliche Organisationen im Auftrag oder mit ausdrücklicher Einwilligung, in besonderen Fällen mit schriftlicher Genehmigung von öffentlich-rechtlichen Religionsgemeinschaften ehrenamtlich tätig sind oder an Ausbildungsveranstaltungen für diese Tätigkeit teilnehmen,
11. Personen, die
   a) von einer Körperschaft, Anstalt oder Stiftung des öffentlichen Rechts zur Unterstützung einer Diensthandlung herangezogen werden,
   b) von einer dazu berechtigten öffentlichen Stelle als Zeugen zur Beweiserhebung herangezogen werden,
12. Personen, die in Unternehmen zur Hilfe bei Unglücksfällen oder im Zivilschutz unentgeltlich, insbesondere ehrenamtlich tätig sind oder an Ausbildungsveranstaltungen dieser Unternehmen teilnehmen,
13. Personen, die
   a) bei Unglücksfällen oder gemeiner Gefahr oder Not Hilfe leisten oder einen anderen aus erheblicher gegenwärtiger Gefahr für seine Gesundheit retten,
   b) Blut oder körpereigene Organe, Organteile oder Gewebe spenden oder bei denen Voruntersuchungen oder Nachsorgemaßnahmen anlässlich der Spende vorgenommen werden,
   c) sich bei der Verfolgung oder Festnahme einer Person, die einer Straftat verdächtig ist oder zum Schutz eines widerrechtlich Angegriffenen persönlich einsetzen,
14. Personen, die
   a) nach den Vorschriften des Zweiten oder des Dritten Buches der Meldepflicht unterliegen, wenn sie einer besonderen, an sie im Einzelfall gerichteten Aufforderung der Bundesagentur für Arbeit, des nach § 6 Absatz 1 Satz 1 Num-

mer 2 des Zweiten Buches zuständigen Trägers oder eines nach § 6a des Zweiten Buches zugelassenen kommunalen Trägers nachkommen, diese oder eine andere Stelle aufzusuchen,

b) an einer Maßnahme teilnehmen, wenn die Person selbst oder die Maßnahme über die Bundesagentur für Arbeit, einen nach § 6 Absatz 1 Satz 1 Nummer 2 des Zweiten Buches zuständigen Träger oder einen nach § 6a des Zweiten Buches zugelassenen kommunalen Träger gefördert wird,

15. Personen, die
 a) auf Kosten einer Krankenkasse oder eines Trägers der gesetzlichen Rentenversicherung oder der landwirtschaftlichen Alterskasse stationäre oder teilstationäre Behandlung oder stationäre, teilstationäre oder ambulante Leistungen zur medizinischen Rehabilitation erhalten,
 b) zur Vorbereitung von Leistungen zur Teilhabe am Arbeitsleben auf Aufforderung eines Trägers der gesetzlichen Rentenversicherung oder der Bundesagentur für Arbeit einen dieser Träger oder eine andere Stelle aufsuchen,
 c) auf Kosten eines Unfallversicherungsträgers an vorbeugenden Maßnahmen nach § 3 der Berufskrankheiten-Verordnung teilnehmen,
16. Personen, die bei der Schaffung öffentlich geförderten Wohnraums im Sinne des Zweiten Wohnungsbaugesetzes oder im Rahmen der sozialen Wohnraumförderung bei der Schaffung von Wohnraum im Sinne des § 16 Abs. 1 Nr. 1 bis 3 des Wohnraumförderungsgesetzes oder entsprechender landesrechtlicher Regelungen im Rahmen der Selbsthilfe tätig sind,
17. Pflegepersonen im Sinne des § 19 des Elften Buches bei der Pflege eines Pflegebedürftigen im Sinne des § 14 des Elften Buches; die versicherte Tätigkeit umfasst Pflegetätigkeiten im Bereich der Körperpflege und – soweit diese Tätigkeiten überwiegend Pflegebedürftigen zugute kommen – Pflegetätigkeiten in den Bereichen der Ernährung, der Mobilität sowie der hauswirtschaftlichen Versorgung (§ 14 Abs. 4 des Elften Buches).

(1a) Versichert sind auch Personen, die nach Erfüllung der Schulpflicht auf der Grundlage einer schriftlichen Vereinbarung im Dienst eines geeigneten Trägers im Umfang von durchschnittlich mindestens acht Wochenstunden und für die Dauer von mindestens sechs Monaten als Freiwillige einen Freiwilligendienst aller Generationen unentgeltlich leisten. Als Träger des Freiwilligendienstes aller Generationen geeignet sind inländische juristische Personen des öffentlichen Rechts oder unter § 5 Abs. 1 Nr. 9 des Körperschaftsteuergesetzes fallende Einrichtungen zur Förderung gemeinnütziger, mildtätiger oder kirchlicher Zwecke (§§ 52 bis 54 der Abgabenordnung), wenn sie die Haftpflichtversicherung und eine kontinuierliche Begleitung der Freiwilligen und deren Fort- und Weiterbildung im Umfang von mindestens durchschnittlich 60 Stunden je Jahr sicherstellen. Die Träger haben fortlaufende Aufzeichnungen zu führen über die bei ihnen nach Satz 1 tätigen Personen, die Art und den Umfang der Tätigkeiten und die Einsatzorte. Die Aufzeichnungen sind mindestens fünf Jahre lang aufzubewahren.

(2) Ferner sind Personen versichert, die wie nach Absatz 1 Nr. 1 Versicherte tätig werden. Satz 1 gilt auch für Personen, die während einer aufgrund eines Gesetzes angeordneten Freiheitsentziehung oder aufgrund einer strafrichterlichen, staatsanwaltlichen oder jugendbehördlichen Anordnung wie Beschäftigte tätig werden.

(3) Absatz 1 Nr. 1 gilt auch für

1. Personen, die im Ausland bei einer amtlichen Vertretung des Bundes oder der Länder oder bei deren Leitern, Mitgliedern oder Bediensteten beschäftigt und in der gesetzlichen Rentenversicherung nach § 4 Absatz 1 Satz 2 des Sechsten Buches pflichtversichert sind,
2. Personen, die
   a) im Sinne des Entwicklungshelfer-Gesetzes Entwicklungsdienst oder Vorbereitungsdienst leisten,
   b) einen entwicklungspolitischen Freiwilligendienst „weltwärts" im Sinne der Richtlinie des Bundesministeriums für wirtschaftliche Zusammenarbeit und Entwicklung vom 1. August 2007 (BAnz. 2008 S. 1297) leisten,
   c) einen Internationalen Jugendfreiwilligendienst im Sinne der Richtlinie Internationaler Jugendfreiwilligendienst des Bundesministeriums für Familie, Senioren, Frauen und Jugend vom 20. Dezember 2010 (GMBl S. 1778) leisten,
3. Personen, die
   a) eine Tätigkeit bei einer zwischenstaatlichen oder überstaatlichen Organisation ausüben und deren Beschäftigungsverhältnis im öffentlichen Dienst während dieser Zeit ruht,
   b) als Lehrkräfte vom Auswärtigen Amt durch das Bundesverwaltungsamt an Schulen im Ausland vermittelt worden sind oder
   c) für ihre Tätigkeit bei internationalen Einsätzen zur zivilen Krisenprävention durch einen Sekundierungsvertrag nach dem Sekundierungsgesetz abgesichert werden.

Die Versicherung nach Satz 1 Nummer 3 Buchstabe a und c erstreckt sich auch auf Unfälle oder Krankheiten, die infolge einer Verschleppung oder einer Gefangenschaft eintreten oder darauf beruhen, dass der Versicherte aus sonstigen mit seiner Tätigkeit zusammenhängenden Gründen, die er nicht zu vertreten hat, dem Einflussbereich seines Arbeitgebers oder der für die Durchführung seines Einsatzes verantwortlichen Einrichtung entzogen ist. Gleiches gilt, wenn Unfälle oder Krankheiten auf gesundheitsschädigende oder sonst vom Inland wesentlich abweichende Verhältnisse bei der Tätigkeit oder dem Einsatz im Ausland zurückzuführen sind. Soweit die Absätze 1 bis 2 weder eine Beschäftigung noch eine selbständige Tätigkeit voraussetzen, gelten sie abweichend von § 3 Nr. 2 des Vierten Buches für alle Personen, die die in diesen Absätzen genannten Tätigkeiten im Inland ausüben; § 4 des Vierten Buches gilt entsprechend. Absatz 1 Nr. 13 gilt auch für Personen, die im Ausland tätig werden, wenn sie im Inland ihren Wohnsitz oder gewöhnlichen Aufenthalt haben.

(4) Familienangehörige im Sinne des Absatzes 1 Nr. 5 Buchstabe b sind

1. Verwandte bis zum dritten Grade,
2. Verschwägerte bis zum zweiten Grade,
3. Pflegekinder (§ 56 Abs. 2 Nr. 2 des Ersten Buches)

der Unternehmer, ihrer Ehegatten oder ihrer Lebenspartner.

§ 4 Versicherungsfreiheit

(1) Versicherungsfrei sind

1. Personen, soweit für sie beamtenrechtliche Unfallfürsorgevorschriften oder entsprechende Grundsätze gelten; ausgenommen sind Ehrenbeamte und ehrenamtliche Richter,

2. Personen, soweit für sie das Bundesversorgungsgesetz oder Gesetze, die eine entsprechende Anwendung des Bundesversorgungsgesetzes vorsehen, gelten, es sei denn, dass
   a) der Versicherungsfall zugleich die Folge einer Schädigung im Sinne dieser Gesetze ist oder
   b) es sich um eine Schädigung im Sinne des § 5 Abs. 1 Buchstabe e des Bundesversorgungsgesetzes handelt,
3. satzungsmäßige Mitglieder geistlicher Genossenschaften, Diakonissen und Angehörige ähnlicher Gemeinschaften, wenn ihnen nach den Regeln der Gemeinschaft Anwartschaft auf die in der Gemeinschaft übliche Versorgung gewährleistet und die Erfüllung der Gewährleistung gesichert ist.

(2) Von der Versicherung nach § 2 Abs. 1 Nr. 5 sind frei
1. Personen, die aufgrund einer vom Fischerei- oder Jagdausübungsberechtigten erteilten Erlaubnis als Fischerei- oder Jagdgast fischen oder jagen,
2. Unternehmer von Binnenfischereien, Imkereien und Unternehmen nach § 123 Abs. 1 Nr. 2, wenn diese Unternehmen nicht gewerbsmäßig betrieben werden und nicht Neben- oder Hilfsunternehmen eines anderen landwirtschaftlichen Unternehmens sind, sowie ihre im Unternehmen mitarbeitenden Ehegatten oder Lebenspartner; das gleiche gilt für Personen, die in diesen Unternehmen als Verwandte oder Verschwägerte bis zum zweiten Grad oder als Pflegekind der Unternehmer, ihrer Ehegatten oder Lebenspartner unentgeltlich tätig sind. Ein Unternehmen der Imkerei gilt als nicht gewerbsmäßig betrieben, wenn nicht mehr als 25 Bienenvölker gehalten werden.

(3) Von der Versicherung nach § 2 Abs. 1 Nr. 9 sind frei selbständig tätige Ärzte, Zahnärzte, Tierärzte, Psychologische Psychotherapeuten, Kinder- und Jugendlichenpsychotherapeuten, Heilpraktiker und Apotheker.

(4) Von der Versicherung nach § 2 Abs. 2 ist frei, wer in einem Haushalt als Verwandter oder Verschwägerter bis zum zweiten Grad oder als Pflegekind der Haushaltsführenden, der Ehegatten oder der Lebenspartner unentgeltlich tätig ist, es sei denn, er ist in einem in § 124 Nr. 1 genannten Haushalt tätig.

(5) Von der Versicherung nach § 2 Abs. 2 sind frei Personen, die als Familienangehörige (§ 2 Abs. 4) der Unternehmer, ihrer Ehegatten oder Lebenspartner in einem Unternehmen nach § 123 Abs. 1 Nr. 1 bis 5 unentgeltlich tätig sind, wenn sie die Voraussetzungen für den Anspruch auf eine Rente wegen Alters nach dem Recht der gesetzlichen Rentenversicherung einschließlich der Alterssicherung der Landwirte erfüllen und die Rente beantragt haben.

§ 15 Unfallverhütungsvorschriften

(1) Die Unfallversicherungsträger können unter Mitwirkung der Deutschen Gesetzlichen Unfallversicherung e. V. als autonomes Recht Unfallverhütungsvorschriften über Maßnahmen zur Verhütung von Arbeitsunfällen, Berufskrankheiten und arbeitsbedingten Gesundheitsgefahren oder für eine wirksame Erste Hilfe erlassen, soweit dies zur Prävention geeignet und erforderlich ist und staatliche Arbeitsschutzvorschriften hierüber keine Regelung treffen; in diesem Rahmen können Unfallverhütungsvorschriften erlassen werden über
1. Einrichtungen, Anordnungen und Maßnahmen, welche die Unternehmer zur Verhütung von Arbeitsunfällen, Berufskrankheiten und arbeitsbedingten Ge-

sundheitsgefahren zu treffen haben, sowie die Form der Übertragung dieser Aufgaben auf andere Personen,
2. das Verhalten der Versicherten zur Verhütung von Arbeitsunfällen, Berufskrankheiten und arbeitsbedingten Gesundheitsgefahren,
3. vom Unternehmer zu veranlassende arbeitsmedizinische Untersuchungen und sonstige arbeitsmedizinische Maßnahmen vor, während und nach der Verrichtung von Arbeiten, die für Versicherte oder für Dritte mit arbeitsbedingten Gefahren für Leben und Gesundheit verbunden sind,
4. Voraussetzungen, die der Arzt, der mit Untersuchungen oder Maßnahmen nach Nummer 3 beauftragt ist, zu erfüllen hat, sofern die ärztliche Untersuchung nicht durch eine staatliche Rechtsvorschrift vorgesehen ist,
5. die Sicherstellung einer wirksamen Ersten Hilfe durch den Unternehmer,
6. die Maßnahmen, die der Unternehmer zur Erfüllung der sich aus dem Gesetz über Betriebsärzte, Sicherheitsingenieure und andere Fachkräfte für Arbeitssicherheit ergebenden Pflichten zu treffen hat,
7. die Zahl der Sicherheitsbeauftragten, die nach § 22 unter Berücksichtigung der in den Unternehmen für Leben und Gesundheit der Versicherten bestehenden arbeitsbedingten Gefahren und der Zahl der Beschäftigten zu bestellen sind.

In der Unfallverhütungsvorschrift nach Satz 1 Nr. 3 kann bestimmt werden, dass arbeitsmedizinische Vorsorgeuntersuchungen auch durch den Unfallversicherungsträger veranlaßt werden können. Die Deutsche Gesetzliche Unfallversicherung e. V. wirkt beim Erlass von Unfallverhütungsvorschriften auf Rechtseinheitlichkeit hin.

(1 a) In der landwirtschaftlichen Unfallversicherung ist Absatz 1 mit der Maßgabe anzuwenden, dass Unfallverhütungsvorschriften von der landwirtschaftlichen Berufsgenossenschaft erlassen werden.

(2) Soweit die Unfallversicherungsträger Vorschriften nach Absatz 1 Satz 1 Nr. 3 erlassen, können sie zu den dort genannten Zwecken auch die Erhebung, Verarbeitung und Nutzung von folgenden Daten über die untersuchten Personen durch den Unternehmer vorsehen:
1. Vor- und Familienname, Geburtsdatum sowie Geschlecht,
2. Wohnanschrift,
3. Tag der Einstellung und des Ausscheidens,
4. Ordnungsnummer,
5. zuständige Krankenkasse,
6. Art der vom Arbeitsplatz ausgehenden Gefährdungen,
7. Art der Tätigkeit mit Angabe des Beginns und des Endes der Tätigkeit,
8. Angaben über Art und Zeiten früherer Tätigkeiten, bei denen eine Gefährdung bestand, soweit dies bekannt ist,
9. Datum und Ergebnis der ärztlichen Vorsorgeuntersuchungen; die Übermittlung von Diagnosedaten an den Unternehmer ist nicht zulässig,
10. Datum der nächsten regelmäßigen Nachuntersuchung,
11. Name und Anschrift des untersuchenden Arztes.

Soweit die Unfallversicherungsträger Vorschriften nach Absatz 1 Satz 2 erlassen, gelten Satz 1 sowie § 24 Abs. 1 Satz 3 und 4 entsprechend.

(3) Absatz 1 Satz 1 Nr. 1 bis 5 gilt nicht für die unter bergbehördlicher Aufsicht stehenden Unternehmen.

(4) Die Vorschriften nach Absatz 1 bedürfen der Genehmigung durch das Bundesministerium für Arbeit und Soziales. Die Entscheidung hierüber wird im Benehmen mit den zuständigen obersten Verwaltungsbehörden der Länder getroffen. Soweit die Vorschriften von einem Unfallversicherungsträger erlassen werden, welcher der Aufsicht eines Landes untersteht, entscheidet die zuständige oberste Landesbehörde über die Genehmigung im Benehmen mit dem Bundesministerium für Arbeit und Soziales. Die Genehmigung ist zu erteilen, wenn die Vorschriften sich im Rahmen der Ermächtigung nach Absatz 1 halten und ordnungsgemäß von der Vertreterversammlung beschlossen worden sind. Die Erfüllung der Genehmigungsvoraussetzungen nach Satz 4 ist im Antrag auf Erteilung der Genehmigung darzulegen. Dabei hat der Unfallversicherungsträger insbesondere anzugeben, dass

1. eine Regelung der in den Vorschriften vorgesehenen Maßnahmen in staatlichen Arbeitsschutzvorschriften nicht zweckmäßig ist,
2. das mit den Vorschriften angestrebte Präventionsziel ausnahmsweise nicht durch Regeln erreicht wird, die von einem gemäß § 18 Abs. 2 Nr. 5 des Arbeitsschutzgesetzes eingerichteten Ausschuss ermittelt werden, und
3. die nach Nummer 1 und 2 erforderlichen Feststellungen in einem besonderen Verfahren unter Beteiligung von Arbeitsschutzbehörden des Bundes und der Länder getroffen worden sind.

Für die Angabe nach Satz 6 reicht bei Unfallverhütungsvorschriften nach Absatz 1 Satz 1 Nr. 6 ein Hinweis darauf aus, dass das Bundesministerium für Arbeit und Soziales von der Ermächtigung zum Erlass einer Rechtsverordnung nach § 14 des Gesetzes über Betriebsärzte, Sicherheitsingenieure und andere Fachkräfte für Arbeitssicherheit keinen Gebrauch macht.

(5) Die Unternehmer sind über die Vorschriften nach Absatz 1 zu unterrichten und zur Unterrichtung der Versicherten verpflichtet.

§ 209 Bußgeldvorschriften

(1) Ordnungswidrig handelt, wer vorsätzlich oder fahrlässig

1. einer Unfallverhütungsvorschrift nach § 15 Abs. 1 oder 2 zuwiderhandelt, soweit sie für einen bestimmten Tatbestand auf diese Bußgeldvorschrift verweist,
2. einer vollziehbaren Anordnung nach § 19 Abs. 1 zuwiderhandelt,
3. entgegen § 19 Abs. 2 Satz 2 eine Maßnahme nicht duldet,
4. entgegen § 138 die Versicherten nicht unterrichtet,
5. entgegen § 165 Abs. 1 Satz 1, entgegen § 165 Abs. 1 Satz 1 in Verbindung mit einer Satzung nach Satz 2 oder 3 oder entgegen § 194 eine Meldung nicht, nicht richtig, nicht vollständig, nicht in der vorgeschriebenen Weise oder nicht rechtzeitig macht,
6. entgegen § 165 Absatz 2 Satz 1 in Verbindung mit einer Satzung nach § 34 Absatz 1 Satz 1 des Vierten Buches einen dort genannten Nachweis nicht, nicht richtig, nicht vollständig oder nicht rechtzeitig einreicht,
7. entgegen § 165 Abs. 4 eine Aufzeichnung nicht führt oder nicht oder nicht mindestens fünf Jahre aufbewahrt,

7a. entgegen § 183 Absatz 6 Satz 1 in Verbindung mit einer Satzung nach § 34 Absatz 1 Satz 1 des Vierten Buches eine Auskunft nicht, nicht richtig, nicht vollständig oder nicht rechtzeitig gibt,

8. entgegen § 192 Abs. 1 Nr. 1 bis 3 oder Abs. 4 Satz 1 eine Mitteilung nicht, nicht richtig, nicht vollständig oder nicht rechtzeitig macht,

9. entgegen § 193 Abs. 1 Satz 1, auch in Verbindung mit Satz 2, Abs. 2, 3 Satz 2, Abs. 4 oder 6 eine Anzeige nicht, nicht richtig oder nicht rechtzeitig erstattet,
10. entgegen § 193 Abs. 9 einen Unfall nicht in das Schiffstagebuch einträgt, nicht darstellt oder nicht in einer besonderen Niederschrift nachweist oder
11. entgegen § 198 oder 203 Abs. 1 Satz 1 eine Auskunft nicht, nicht richtig, nicht vollständig oder nicht rechtzeitig erteilt.

In den Fällen der Nummer 5, die sich auf geringfügige Beschäftigungen in Privathaushalten im Sinne von § 8 a des Vierten Buches beziehen, findet § 266 a Abs. 2 des Strafgesetzbuches keine Anwendung.

(2) Ordnungswidrig handelt, wer als Unternehmer Versicherten Beiträge ganz oder zum Teil auf das Arbeitsentgelt anrechnet.

(3) Die Ordnungswidrigkeit kann in den Fällen des Absatzes 1 Nr. 1 bis 3 mit einer Geldbuße bis zu zehntausend Euro, in den Fällen des Absatzes 2 mit einer Geldbuße bis zu fünftausend Euro, in den übrigen Fällen mit einer Geldbuße bis zu zweitausendfünfhundert Euro geahndet werden.

§ 210 Zuständige Verwaltungsbehörde

Verwaltungsbehörde im Sinne des § 36 Abs. 1 Nr. 1 des Gesetzes über Ordnungswidrigkeiten ist der Unfallversicherungsträger.

Vorschriften für Sicherheit und Gesundheitsschutz der Landwirtschaftlichen Berufsgenossenschaften
– VSG Teil 4.4. –

Unfallverhütungsvorschrift vom 1.1.2000
(Stand: 14. Dezember 2007)

§ 1 Grundsätze

Diese Unfallverhütungsvorschrift gilt für den Umgang mit Waffen und Munition sowie für die Ausübung der Jagd.

§ 2 Waffen und Munition

(1) Es dürfen nur Schusswaffen verwendet werden, die den Bestimmungen des Waffengesetzes entsprechen und nach dem Bundesjagdgesetz für jagdliche Zwecke zugelassen sind. Die Waffen müssen funktionssicher sein und dürfen nur bestimmungsgemäß verwendet werden.

Durchführungsanweisung zu Absatz 1:
- Eine Waffe ist z. B. funktionssicher, wenn sie zuverlässig gesichert werden kann, ihr Verschluss dicht ist und wenn sie keine Laufaufbauchungen, Laufdellen oder die Funktionssicherheit beeinträchtigende Rostnarben aufweist.
- Keine bestimmungsgemäße Verwendung ist z. B. die Benutzung der Waffe zum
  - Niederhalten von Zäunen beim Übersteigen,
  - Aufstoßen von Hochsitzluken,
  - Erschlagen des Wildes.
- Auf die einschlägigen Bestimmungen
  - des Waffengesetzes (WaffG),
  - der Verordnungen zum Waffengesetz (WaffV),
  - der Verwaltungsvorschrift zum Waffengesetz (WaffVwV),
  - des Bundesjagdgesetzes (BJagdG)

  wird hingewiesen.

(2) Es darf nur die für die jeweilige Schusswaffe bestimmte Munition in einwandfreiem Zustand verwendet werden.

Durchführungsanweisung zu Absatz 2:
- Hinweise auf die verwendbare Munition geben z. B. die Angaben auf der Schusswaffe.
- In nicht einwandfreiem Zustand ist z. B. feucht gewordene Munition, selbst wenn sie getrocknet wurde.

(3) Auch nicht gewerbsmäßig hergestellte Munition muss den gesetzlichen Bestimmungen entsprechen.

Durchführungsanweisung zu Absatz 3:
- Hierzu gehört z. B. wiedergeladene Munition.
- Auf die einschlägigen Bestimmungen des Waffengesetzes und des Sprengstoffgesetzes wird hingewiesen.

(4) Flintenlaufgeschosspatronen müssen so mitgeführt werden, dass Verwechslungen mit Schrotpatronen ausgeschlossen sind.

§ 3 Ausübung der Jagd

(1) Schusswaffen dürfen nur während der tatsächlichen Jagdausübung geladen sein. Die Laufmündung ist stets – unabhängig vom Ladezustand – in eine Richtung zu halten in der niemand gefährdet wird. Nach dem Laden ist die Waffe zu sichern.

(2) Eine gestochene Waffe ist sofort zu sichern und zu entstechen, falls der Schuss nicht abgegeben wurde.

(3) Beim Besteigen von Fahrzeugen und während der Fahrt muss die Schusswaffe entladen sein. Beim Besteigen oder Verlassen eines Hochsitzes, beim Überwinden von Hindernissen oder in ähnlichen Gefahrlagen müssen die Läufe (Patronenlager) entladen sein.

(4) Ein Schuss darf erst abgegeben werden, wenn sich der Schütze vergewissert hat, dass niemand gefährdet wird.

Durchführungsanweisung zu Absatz 4:

Eine Gefährdung ist z. B. dann gegeben, wenn
- Personen durch Geschosse oder Geschossteile verletzt werden können, die an Steinen, gefrorenem Boden, Ästen, Wasserflächen oder am Wildkörper abprallen oder beim Durchschlagen des Wildkörpers abgelenkt werden,
- beim Schießen mit Einzelgeschossen kein ausreichender Kugelfang vorhanden ist.

(5) Von Wasserfahrzeugen aus darf im Stehen nur geschossen werden, wenn das Fahrzeug gegen Umschlagen und der Schütze gegen Stürzen gesichert sind.

(6) Bei einer mit besonderen Gefahren verbundenen Jagdausübung ist ein Begleiter zur Hilfeleistung mitzunehmen.

Durchführungsanweisung zu Absatz 6:
- Besondere Gefahren können sich ergeben z. B. durch Witterungs-, Gelände- und Bodenverhältnisse, vor allem im Hochgebirge, auf Gewässern und in Mooren oder bei der Nachsuche auf wehrhaftes Wild.

(7) Fangeisen dürfen nur mit einer entsprechenden Vorrichtung gespannt und nur mit einem geeigneten Gegenstand ge- bzw. entsichert werden.

(8) Fangeisen dürfen fängisch nur so aufgestellt werden, dass keine Personen gefährdet werden.

Durchführungsanweisung zu Absatz 8:
- Eine Gefährdung kann z. B. vermieden werden, wenn Fangeisen in verblendeten Fangbunkern, Fallenkästen oder Fangburgen aufgestellt werden.

§ 4 Besondere Bestimmungen für Gesellschaftsjagden

(1) Bei Gesellschaftsjagden muss der Unternehmer einen Jagdleiter bestimmen, wenn er nicht selbst diese Aufgabe wahrnimmt. Die Anordnungen des Jagdleiters sind zu befolgen.

Durchführungsanweisung zu Absatz 1:
- Zur Gesellschaftsjagd gehören z. B. Treibjagden und Drückjagden.

(2) Der Jagdleiter hat den Schützen und Treibern die erforderlichen Anordnungen für den gefahrlosen Ablauf der Jagd zu geben. Er hat insbesondere die Schützen und Treiber vor Beginn der Jagd zu belehren und ihnen die Signale bekannt zu geben.

Durchführungsanweisung zu Absatz 2:

– Zur Belehrung gehört insbesondere der Hinweis auf die Vorschriften in Absatz 3 sowie in den Absätzen 6 bis 11.

(3) Sofern der Jagdleiter nichts anderes anordnet, ist die Waffe erst auf dem Stand zu laden und nach Beendigung des Treibens sofort zu entladen.

(4) Der Jagdleiter hat Personen, die infolge mangelnder geistiger und körperlicher Eignung besonders unfallgefährdet sind, die Teilnahme an der Jagd zu untersagen.

(5) Der Jagdleiter kann für einzelne Aufgaben Beauftragte einsetzen.

Durchführungsanweisung zu Absatz 5:

– Zu den Aufgaben des Beauftragten können z. B. das Einweisen der Schützen in die Schützenstände und das Führen der Treiberwehr gehören.

(6) Bei Standtreiben haben der Jagdleiter oder die von ihm zum Anstellen bestimmten Beauftragten den Schützen ihre jeweiligen Stände anzuweisen und den jeweils einzuhaltenden Schussbereich genau zu bezeichnen. Nach Einnehmen der Stände haben sich die Schützen mit den jeweiligen Nachbarn zu verständigen; bei fehlender Sichtverbindung hat der Jagdleiter diese Verständigung sicherzustellen.

Sofern der Jagdleiter nichts anderes bestimmt, darf der Stand vor Beendigung des Treibens weder verändert noch verlassen werden. Verändert oder verlässt ein Schütze mit Zustimmung des Jagdleiters seinen Stand, so hat er sich vorher mit seinen Nachbarn zu verständigen.

(7) Wenn sich Personen in gefahrbringender Nähe befinden, darf in diese Richtung weder angeschlagen noch geschossen werden. Ein Durchziehen mit der Schusswaffe durch die Schützen- oder Treiberlinie ist unzulässig.

(8) Mit Büchsen- oder Flintenlaufgeschossen darf nicht in das Treiben hineingeschossen werden. Ausnahmen kann der Jagdleiter nur unter besonderen Verhältnissen zulassen, sofern hierdurch eine Gefährdung ausgeschlossen ist.

Durchführungsanweisung zu Absatz 8:

– Besondere Verhältnisse können z. B. gegeben sein durch die Geländeform oder bei Ansitzdrückjagden.

(9) Bei Kesseltreiben bestimmt der Jagdleiter, ab wann nicht mehr in den Kessel geschossen werden darf; spätestens darf jedoch nach dem Signal „Treiber rein" nicht mehr in den Kessel geschossen werden.

(10) Die Waffe ist außerhalb des Treibens stets ungeladen, mit geöffnetem Verschluss und mit der Mündung nach oben oder abgeknickt, zu tragen. Bei besonderen Witterungsverhältnissen kann der Jagdleiter zulassen, dass Waffen geschlossen und mit der Mündung nach unten getragen werden, wenn sie entladen sind.

(11) Durchgeh- oder Treiberschützen dürfen während des Treibens nur entladene Schusswaffen mitführen. Dies gilt nicht für Feldstreifen und Kesseltreiben.

Durchführungsanweisung zu Absatz 11: Das Mitführen der Schusswaffe kann für den Durchgeh- oder Treiberschützen zweckmäßig sein

– für den Fangschuss,

– für den Schuss auf vom Hund gestelltes Wild.

(12) Bei Gesellschaftsjagden müssen sich alle an der Jagd unmittelbar Beteiligten deutlich farblich von der Umgebung abheben.

Durchführungsanweisung zu Absatz 12: Als deutlich farbliche Abhebung eignen sich bei Treibern, Treiber- und Durchgehschützen
– z. B. gelbe Regenbekleidung oder Brustumhänge in orange-roter Signalfarbe, bei Schützen
– z. B. ein orangerotes Signalband am Hut.

(13) Bei schlechten Sichtverhältnissen hat der Jagdleiter die Jagd einzustellen.

Durchführungsanweisung zu Absatz 13:
– Schlechte Sichtverhältnisse liegen z. B. vor bei dichtem Nebel, einsetzender Dunkelheit oder Schneetreiben.

§ 5 Nachsuche

(1) Der Hundeführer wird durch den Unternehmer oder seinen Beauftragten als Jagdleiter bestimmt; er hat damit Weisungsrecht bei der Nachsuche, falls weitere Personen beteiligt sind.

(2) Der Hundeführer muss die notwendige persönliche Schutzausrüstung benutzen.

Durchführungsanweisung zu Absatz 2:
– Hierzu kann z. B. das Tragen von Schutzbrille und Schutzhandschuhen gehören.

(3) Der Lauf der Waffe ist vor eindringenden Fremdkörpern zu schützen.

Durchführungsanweisung zu Absatz 3:
– Hierzu eignen sich z. B. Klebestreifen aus durchschießbarem Material. (4) Kinder und Jugendliche dürfen nicht an der Nachsuche teilnehmen.

(5) Der Unternehmer hat bei der Nachsuche für die Bereitstellung von Erste-Hilfe-Material zu sorgen.

Durchführungsanweisung zu Absatz 5:
– Auf die Unfallverhütungsvorschrift „Erste Hilfe" (VSG 1.3) wird verwiesen. (6) Es gelten im Übrigen die Vorschriften von § 4 Absätze 2, 3, 5, 6, 7, 10 und 12 entsprechend.

§ 6 Übungsschießen

(1) Das Übungsschießen ist nur auf behördlich zugelassenen Schießständen erlaubt.

Durchführungsanweisung zu Absatz 1:
– Die behördliche Zulassung kann auf Grundlage des Bundesimmissionsschutzgesetzes oder des Waffengesetzes erfolgen.
– Auf die Schießstandordnung und die Schießvorschrift des Deutschen Jagdschutz-Verbandes e. V. wird hingewiesen.

(2) Beim Schießen ist geeigneter Gehörschutz zu tragen.

Durchführungsanweisung zu Absatz 2:
– Als geeigneter Gehörschutz sind z. B. Gehörschutzkapseln anzusehen. Auf die Unfallverhütungsvorschrift „Allgemeine Vorschriften für Sicherheit und Gesundheitsschutz" (VSG 1.1) wird verwiesen.

§ 7 Hochsitze

(1) Der Unternehmer muss sicherstellen, dass
- Hochsitze, ihre Zugänge sowie Stege fachgerecht errichtet und mit Einrichtungen gegen das Abstürzen von Personen gesichert sind,
- bei ortveränderlichen Hochsitzen die Standsicherheit gewährleistet ist,
- Hochsitze vor jeder Benutzung, mindestens jedoch einmal jährlich, geprüft werden,
- nicht mehr benötigte Einrichtungen abgebaut werden.

Durchführungsanweisung zu Absatz 1 Ziffer 1
- Als Absturzsicherung bei Ansitzleitern wird die Waffenauflage angesehen.
- Auf die Unfallverhütungsvorschrift „Allgemeine Vorschriften für Sicherheit und Gesundheitsschutz" (VSG 1.1) und die Unfallverhütungsvorschrift „Arbeitsstätten, bauliche Anlagen und Einrichtungen" (VSG 2.1) wird verwiesen.
- Als fachgerecht hergestellt gelten Jagdeinrichtungen, wenn z. B. die Hinweise in der Broschüre „Sichere Hochsitzkonstruktion" beachtet sind. Durchführungsanweisung zu 3.1 wird verwiesen.

(2) Aufgenagelte Sprossen sind nur an geneigt stehenden Leitern zulässig. Sie sind mit den Leiterholmen fest zu verbinden und auf diesen nach unten hin abzustützen.

§ 8 Ordnungswidrigkeiten

Ordnungswidrig im Sinne des § 209 Absatz 1 Nr. 1 Siebtes Buch Sozialgesetzbuch (SGB VII) handelt, wer vorsätzlich oder fahrlässig den Bestimmungen des
- § 2 Abs. 1,
- § 3 Abs. 1 Satz 1,
- § 4 Abs. 1 Satz 1, Abs. 2, 3, 6, 7, Abs. 8 Satz 1, Abs. 10 Satz 1 oder Abs. 11 Satz 1,
- § 5 Abs. 4,
- § 6 Abs. 1 oder
- § 7 Abs. 1 Ziffern 3 oder 4

zuwiderhandelt.

§ 9 Inkrafttreten

Diese Unfallverhütungsvorschrift tritt am 1. Januar 2000 in Kraft. Gleichzeitig tritt die Unfallverhütungsvorschrift „Jagd" (UVV 4.4) vom 1. Januar 1981 außer Kraft.

Verordnung über Anforderungen an die Hygiene beim Herstellen, Behandeln und Inverkehrbringen von Lebensmitteln
(Lebensmittelhygiene-Verordnung – LMHV)

vom 8. August 2007 (BGBl. I S. 1816), zuletzt geändert durch Verordnung vom 14. Juli 2010 (BGBl. I S. 929)

– Auszug –

§ 1 Anwendungsbereich

Diese Verordnung dient der Regelung spezifischer lebensmittelhygienischer Fragen sowie der Umsetzung und Durchführung von Rechtsakten der Europäischen Gemeinschaft oder der Europäischen Union auf dem Gebiet der Lebensmittelhygiene.

§ 2 Begriffsbestimmungen

(1) Im Sinne dieser Verordnung sind

1. nachteilige Beeinflussung: eine Ekel erregende oder sonstige Beeinträchtigung der einwandfreien hygienischen Beschaffenheit von Lebensmitteln, wie durch Mikroorganismen, Verunreinigungen, Witterungseinflüsse, Gerüche, Temperaturen, Gase, Dämpfe, Rauch, Aerosole, tierische Schädlinge, menschliche und tierische Ausscheidungen sowie durch Abfälle, Abwässer, Reinigungsmittel, Pflanzenschutzmittel, Tierarzneimittel, Biozid-Produkte oder ungeeignete Behandlungs- und Zubereitungsverfahren,
2. leicht verderbliches Lebensmittel: ein Lebensmittel, das in mikrobiologischer Hinsicht in kurzer Zeit leicht verderblich ist und dessen Verkehrsfähigkeit nur bei Einhaltung bestimmter Temperaturen oder sonstiger Bedingungen erhalten werden kann,
3. Erlegen: Töten von Groß- und Kleinwild nach jagdrechtlichen Vorschriften.

(2) Im Übrigen gelten die Begriffsbestimmungen des

1. Artikels 2 Abs. 1 der Verordnung (EG) Nr. 852/2004 des Europäischen Parlaments und des Rates vom 29. April 2004 über Lebensmittelhygiene (ABl. EU Nr. L 139 S. 1, Nr. L 226 S. 3) und
2. Anhangs I der Verordnung (EG) Nr. 853/2004 des Europäischen Parlaments und des Rates vom 29. April 2004 mit spezifischen Hygienevorschriften für Lebensmittel tierischen Ursprungs (ABl. EU Nr. L 139 S. 55, Nr. L 226 S. 22)

entsprechend.

§ 3 Allgemeine Hygieneanforderungen

Lebensmittel dürfen nur so hergestellt, behandelt oder in den Verkehr gebracht werden, dass sie bei Beachtung der im Verkehr erforderlichen Sorgfalt der Gefahr einer nachteiligen Beeinflussung nicht ausgesetzt sind. Mit lebenden Tieren nach § 4 Abs. 1 Nr. 1 des Lebensmittel- und Futtermittelgesetzbuches darf nur so umgegangen werden, dass von ihnen zu gewinnende Lebensmittel bei Beachtung der im Verkehr erforderlichen Sorgfalt der Gefahr einer nachteiligen Beeinflussung nicht ausgesetzt sind.

§ 4 Schulung

(1) Leicht verderbliche Lebensmittel dürfen nur von Personen hergestellt, behandelt oder in den Verkehr gebracht werden, die auf Grund einer Schulung nach Anhang II Kapitel XII Nr. 1 der Verordnung (EG) Nr. 852/2004 über ihrer jeweiligen Tätigkeit entsprechende Fachkenntnisse auf den in Anlage 1 genannten Sachgebieten verfügen. Die Fachkenntnisse nach Satz 1 sind auf Verlangen der zuständigen Behörde nachzuweisen. Satz 1 gilt nicht, soweit ausschließlich verpackte Lebensmittel gewogen, gemessen, gestempelt, bedruckt oder in den Verkehr gebracht werden. Satz 1 gilt nicht für die Primärproduktion und die Abgabe kleiner Mengen von Primärerzeugnissen nach § 5.

(2) Bei Personen, die eine wissenschaftliche Ausbildung oder eine Berufsausbildung abgeschlossen haben, in der Kenntnisse und Fertigkeiten auf dem Gebiet des Verkehrs mit Lebensmitteln einschließlich der Lebensmittelhygiene vermittelt werden, wird vermutet, dass sie für eine der jeweiligen Ausbildung entsprechende Tätigkeit

1. nach Anhang II Kapitel XII Nr. 1 der Verordnung (EG) Nr. 852/2004 in Fragen der Lebensmittelhygiene geschult sind und
2. über nach Absatz 1 erforderliche Fachkenntnisse verfügen.

§ 5 Anforderungen an die Abgabe kleiner Mengen bestimmter Primärerzeugnisse

(1) Wer kleine Mengen der in Absatz 2 genannten Primärerzeugnisse direkt an Verbraucher oder an örtliche Betriebe des Einzelhandels zur unmittelbaren Abgabe an Verbraucher abgibt, hat bei deren Herstellung und Behandlung unbeschadet der Anforderungen der Tierische Lebensmittel-Hygieneverordnung die Anforderungen der Anlage 2 einzuhalten. Örtliche Betriebe des Einzelhandels sind im Falle von Absatz 2 Nr. 2 Betriebe des Einzelhandels, die im Umkreis von nicht mehr als 100 Kilometern vom Wohnort des Jägers oder dem Erlegeort des Wildes gelegen sind.

(2) Kleine Mengen im Sinne des Absatzes 1 Satz 1 sind im Falle von

1. pflanzlichen Primärerzeugnissen, Honig, lebenden, frischen oder zubereiteten Fischereierzeugnissen, deren Beschaffenheit nicht wesentlich verändert wurde, oder lebenden Muscheln aus eigener Erzeugung, eigenem Fang oder eigener Ernte:
   a) bei direkter Abgabe an Verbraucher haushaltsübliche Mengen,
   b) bei Abgabe an Betriebe des Einzelhandels Mengen, die der für den jeweiligen Betrieb tagesüblichen Abgabe an Verbraucher entsprechen,
2. erlegtem Wild: die Strecke eines Jagdtages,
3. Eiern: Eier aus eigener Erzeugung von Betrieben mit weniger als 350 Legehennen.

§ 10 Ordnungswidrigkeiten

Ordnungswidrig im Sinne des § 60 Abs. 2 Nr. 26 Buchstabe a des Lebensmittel- und Futtermittelgesetzbuches handelt, wer vorsätzlich oder fahrlässig

1. entgegen § 3 Satz 1 Lebensmittel herstellt, behandelt oder in den Verkehr bringt,

2. entgegen § 3 Satz 2 mit einem lebenden Tier umgeht,
3. entgegen § 4 Abs. 1 Satz 1 ein leicht verderbliches Lebensmittel herstellt, behandelt oder in den Verkehr bringt,
4. entgegen § 5 Abs. 1 Satz 1 in Verbindung mit Anlage 2 Nr. 2 Buchstabe g Umhüllungen oder Verpackungen nicht richtig lagert,
5. entgegen § 5 Abs. 1 Satz 1 in Verbindung mit Anlage 2 Nr. 3 Buchstabe c nicht sicherstellt, dass dort genannte Personen nicht mit Primärerzeugnissen umgehen,
6. entgegen § 7 Abs. 2 oder 3 oder § 8 Abs. 2 Satz 1 oder Abs. 3 einen dort genannten Nachweis nicht, nicht richtig, nicht vollständig oder nicht rechtzeitig übergibt oder nicht, nicht richtig oder nicht vollständig mit sich führt,
7. entgegen § 7 Abs. 4 oder § 8 Abs. 5 einen dort genannten Nachweis nicht, nicht vollständig oder nicht rechtzeitig vorlegt,
8. entgegen § 8 Abs. 2 Satz 2 die dort bezeichnete Angabe nicht, nicht richtig, nicht vollständig oder nicht rechtzeitig anbringt oder
9. entgegen § 8 Abs. 4 Satz 1 oder 3 einen dort genannten Nachweis nicht oder nicht mindestens ein Jahr aufbewahrt.

Anlage 1
(zu § 4 Abs. 1 Satz 1)

Anforderungen an Fachkenntnisse in der Lebensmittelhygiene

1. Eigenschaften und Zusammensetzung des jeweiligen Lebensmittels
2. Hygienische Anforderungen an die Herstellung und Verarbeitung des jeweiligen Lebensmittels
3. Lebensmittelrecht
4. Warenkontrolle, Haltbarkeitsprüfung und Kennzeichnung
5. Betriebliche Eigenkontrollen und Rückverfolgbarkeit
6. Havarieplan, Krisenmanagement
7. Hygienische Behandlung des jeweiligen Lebensmittels
8. Anforderungen an Kühlung und Lagerung des jeweiligen Lebensmittels
9. Vermeidung einer nachteiligen Beeinflussung des jeweiligen Lebensmittels beim Umgang mit Lebensmittelabfällen, ungenießbaren Nebenerzeugnissen und anderen Abfällen
10. Reinigung und Desinfektion

Anlage 2
(zu § 5 Abs. 1 Satz 1)

Anforderungen an die Abgabe kleiner Mengen von Primärerzeugnissen

1. Zur Vermeidung einer nachteiligen Beeinflussung von Primärerzeugnissen sind die jeweils angemessenen Maßnahmen zu treffen, um
   a) Wände, Böden und Arbeitsflächen in Betriebsstätten sowie Verkaufseinrichtungen, Anlagen, Ausrüstungsgegenstände, Behältnisse, Container und Fahrzeuge, die mit Primärerzeugnissen in Berührung kommen können, instand zu halten, regelmäßig zu reinigen und erforderlichenfalls in geeigneter Weise zu desinfizieren,

b) hygienische Herstellungs-, Transport- und Lagerungsbedingungen für die Primärerzeugnisse sowie deren Sauberkeit in angemessener Weise sicherzustellen,
c) beim Umgang mit und bei der Reinigung von Primärerzeugnissen Trinkwasser oder, falls angemessen, sauberes Wasser oder sauberes Meerwasser zu verwenden,
d) Abfälle und gefährliche Stoffe so zu lagern, damit so umzugehen und sie so zu entsorgen, dass eine Kontamination der Primärerzeugnisse verhindert wird.

2. Zur Sicherstellung einer guten Lebensmittelhygiene in Betrieben und Verkaufseinrichtungen gilt zusätzlich Folgendes:
   a) Bei der Lagerung von Primärerzeugnissen ist das Risiko einer Verunreinigung so weit wie möglich zu vermeiden.
   b) Erforderlichenfalls muss eine ausreichende Versorgung mit kaltem oder warmem Trinkwasser oder mit sauberem Wasser vorhanden sein.
   c) Erforderlichenfalls müssen geeignete Vorrichtungen zum Reinigen und Desinfizieren von Räumlichkeiten, Arbeitsgeräten und Ausrüstungsgegenständen vorhanden sein.
   d) Erforderlichenfalls müssen geeignete Vorrichtungen zur Ermöglichung einer angemessenen Personalhygiene, Vorrichtungen zum hygienischen Waschen und Trocknen der Hände sowie hygienische Sanitäreinrichtungen und Umkleidemöglichkeiten zur Verfügung stehen.
   e) Erforderlichenfalls müssen zur Säuberung von Primärerzeugnissen geeignete Vorrichtungen für eine hygienische Vorgehensweise vorhanden sein.
   f) Erforderlichenfalls müssen angemessene Vorrichtungen oder Einrichtungen zur Einhaltung geeigneter Temperaturbedingungen für die Primärerzeugnisse vorhanden sein.
   g) Umhüllungen und Verpackungen müssen so gelagert werden, dass sie nicht verunreinigt werden können.
3. Es sind die jeweils angemessenen Maßnahmen zu treffen, um sicherzustellen, dass
   a) das für die Behandlung von Primärerzeugnissen eingesetzte Personal gesund und in Bezug auf Gesundheitsrisiken und in Fragen der Lebensmittelhygiene geschult ist,
   b) Personen, die mit Primärerzeugnissen umgehen, ein hohes Maß an persönlicher Hygiene halten sowie geeignete und saubere Arbeitskleidung und erforderlichenfalls Schutzkleidung tragen,
   c) Personen mit infizierten Wunden, Hautinfektionen oder Geschwüren nicht mit Primärerzeugnissen umgehen, wenn nicht ausgeschlossen werden kann, dass Primärerzeugnisse direkt oder indirekt kontaminiert werden können.

Verordnung über Anforderungen an die Hygiene beim Herstellen, Behandeln und Inverkehrbringen von bestimmten Lebensmitteln tierischen Ursprungs (Tierische Lebensmittel-Hygieneverordnung – Tier-LMHV)

vom 8. August 2007 (BGBl. I S. 1816, 1828), zuletzt geändert durch Artikel 1 der Verordnung vom 10. November 2011 (BGBl. I S. 2233)

– Auszug –

§ 1 Anwendungsbereich

Diese Verordnung dient der Regelung von Fragen des Herstellens, Behandelns und Inverkehrbringens bestimmter Lebensmittel tierischen Ursprungs sowie der Umsetzung und Durchführung von Rechtsakten der Europäischen Gemeinschaft oder der Europäischen Union auf dem Gebiet der Lebensmittelhygiene bei Lebensmitteln tierischen Ursprungs.

§ 2 Begriffsbestimmungen

(1) Im Sinne dieser Verordnung sind

1. Lebensmittel tierischen Ursprungs: Erzeugnisse tierischen Ursprungs im Sinne des Anhangs I Nr. 8.1 Spiegelstrich 1 der Verordnung (EG) Nr. 853/2004 des Europäischen Parlaments und des Rates vom 29. April 2004 mit spezifischen Hygienevorschriften für Lebensmittel tierischen Ursprungs (ABl. EU Nr. L 139 S. 55, Nr. L 226 S. 22) in der geltenden Fassung,
2. Erlegen: Töten von Groß- und Kleinwild nach jagdrechtlichen Vorschriften,
3. Schlachten: Töten von Huftieren, Geflügel, Hasentieren oder Zuchtlaufvögeln durch Blutentzug.

(2) Im Übrigen gelten die Begriffsbestimmungen des

1. Artikels 2 Abs. 1 der Verordnung (EG) Nr. 852/2004 des Europäischen Parlaments und des Rates vom 29. April 2004 über Lebensmittelhygiene (ABl. EU Nr. L 139 S. 1, Nr. L 226 S. 3) und
2. Anhangs I der Verordnung (EG) Nr. 853/2004

entsprechend.

§ 2 a Hausschlachtungen

(1) Wer als Haustiere oder Farmwild gehaltene Huftiere außerhalb eines zugelassenen Schlachthofes für den eigenen häuslichen Verbrauch schlachten oder töten will, hat das jeweilige Tier bei der zuständigen Behörde

1. zur amtlichen Schlachttieruntersuchung anzumelden, wenn der Verfügungsberechtigte unmittelbar vor der beabsichtigten Schlachtung eine Störung des Allgemeinbefindens des Tieres festgestellt hat, die nicht auf einen unmittelbar zuvor eingetretenen Unglücksfall zurückzuführen ist,
2. zur amtlichen Fleischuntersuchung anzumelden und

3. im Falle von Schweinen, Pferden oder anderen Huftieren, die Träger von Trichinen sein können, zur amtlichen Untersuchung auf Trichinen anzumelden.

(2) Die Anmeldung nach Absatz 1 hat unter Angabe des in Aussicht genommenen Zeitpunktes der Schlachtung oder Tötung zu erfolgen.

§ 2 b Verwendung von erlegtem Großwild für den eigenen häuslichen Verbrauch

(1) Wer von ihm selbst erlegtes Großwild für den eigenen häuslichen Verbrauch in Eigenbesitz genommen hat, hat das Wild vor der weiteren Bearbeitung bei der für den Erlegeort oder seinen Wohnort zuständigen Behörde

1. zur amtlichen Fleischuntersuchung anzumelden, wenn vor oder nach dem Erlegen des Wildes Merkmale nach Anlage 4 Nummer 1.3 von ihm festgestellt worden sind, und
2. im Falle von Wildschweinen oder anderen Tieren, die Träger von Trichinen sein können, zur amtlichen Untersuchung auf Trichinen anzumelden.

(2) Im Falle des § 6 Absatz 2 Satz 1 Nummer 1 der Tierische Lebensmittel-Überwachungsverordnung hat der Jäger das Wild zur Untersuchung auf Trichinen nach Absatz 1 Nummer 2 unter Verwendung eines Wildursprungsscheins nach Form und Inhalt des Musters der Anlage 8a anzumelden. Der Wildursprungsschein nach Satz 1 hat unbeschadet weitergehender landesrechtlicher Vorschriften aus einem für die zuständige Behörde bestimmten Original und zwei Durchschriften zu bestehen. Der Jäger darf einen Tierkörper oder Fleisch von Wildschweinen oder Dachsen nicht für den eigenen häuslichen Verbrauch verwenden, bevor

1. der Untersucher im Wildursprungsschein vermerkt hat, dass Trichinen nicht nachgewiesen worden sind, oder
2. der Zeitpunkt erreicht ist, ab dem der Jäger laut Eintragung des Untersuchers im Wildursprungsschein über das Wildbret verfügen darf, und der Untersucher dem Jäger bis zu diesem Zeitpunkt nicht mitgeteilt hat, dass Trichinen nachgewiesen worden sind.

Die zuständige Behörde kann dem Jäger eine Durchschrift des Wildursprungsscheins elektronisch übermitteln.

§ 2 c Verbote und Beschränkungen

(1) Es ist verboten, Fleisch von nach § 2 a Absatz 1 geschlachteten Tieren vor Abschluss einer nach § 2a Absatz 1 erforderlichen amtlichen Untersuchung für den menschlichen Verzehr im eigenen häuslichen Bereich zuzubereiten oder zu be- oder verarbeiten. Die zuständige Behörde kann die Zubereitung, Be- oder Verarbeitung von in Satz 1 bezeichnetem Fleisch vor Abschluss der Untersuchung nach § 2 a Absatz 1 Nummer 3 genehmigen, sofern der zur Anmeldung der Untersuchung Verpflichtete sicherstellt, dass der Verzehr dieses Fleisches bis zur Bestätigung, dass Trichinen nicht nachgewiesen worden sind, ausgeschlossen ist.

(2) Es ist verboten, nach § 2 b Absatz 1 erlegtes Wild vor Abschluss einer nach § 2 b Absatz 1 erforderlichen amtlichen Untersuchung für den menschlichen Verzehr im eigenen häuslichen Bereich zuzubereiten oder zu be- oder verarbeiten.

§ 3 Anforderungen an die Abgabe kleiner Mengen bestimmter Primärerzeugnisse und Lebensmittel tierischen Ursprungs

(1) Wer kleine Mengen der in Absatz 2 genannten Primärerzeugnisse oder Lebensmittel tierischen Ursprungs direkt an Verbraucher oder an örtliche Betriebe des Einzelhandels zur unmittelbaren Abgabe an Verbraucher abgibt, hat unbeschadet der Anforderungen der Lebensmittelhygiene-Verordnung bei der Herstellung oder Behandlung im Falle von

1. Fischereierzeugnissen die Anforderungen der Anlage 1 Nr. 1 und 2,
2. lebenden Muscheln die Anforderungen der Anlage 1 Nr. 1 und 3,
3. Eiern die Anforderungen der Anlage 2,
4. frischem Fleisch von im eigenen landwirtschaftlichen Betrieb geschlachtetem Geflügel oder im eigenen landwirtschaftlichen Betrieb geschlachteten Hasentieren die Anforderungen der Anlage 3,
5. erlegtem Wild oder Fleisch von erlegtem Wild die Anforderungen der Anlage 4

einzuhalten. Satz 1 Nr. 4 gilt nicht, wenn ausschließlich einzelne Tierkörper oder deren Teile im landwirtschaftlichen Betrieb unmittelbar an Verbraucher abgegeben werden. Örtliche Betriebe des Einzelhandels sind im Falle von Satz 1 Nr. 5 Betriebe des Einzelhandels, die im Umkreis von nicht mehr als 100 Kilometern um den Wohnort des Jägers oder den Erlegeort des Wildes gelegen sind.

(2) Kleine Mengen im Sinne des Absatzes 1 Satz 1 sind im Falle von

1. lebenden, frischen oder zubereiteten Fischereierzeugnissen, deren Beschaffenheit nicht wesentlich verändert wurde, und lebenden Muscheln aus eigener Erzeugung, eigenem Fang oder eigener Ernte:
   a) bei direkter Abgabe an Verbraucher haushaltsübliche Mengen,
   b) bei Abgabe an Betriebe des Einzelhandels Mengen, die der für den jeweiligen Betrieb tagesüblichen Abgabe an Verbraucher entsprechen,
2. Eiern: Eier aus eigener Erzeugung von Betrieben mit weniger als 350 Legehennen,
3. Fleisch von im eigenen landwirtschaftlichen Betrieb geschlachtetem Geflügel oder im eigenen landwirtschaftlichen Betrieb geschlachteten Hasentieren: Fleisch von nicht mehr als insgesamt 10.000 Stück Geflügel oder Hasentieren jährlich,
4. erlegtem Wild oder Fleisch von erlegtem Wild: Wild von nicht mehr als der Strecke eines Jagdtages.

§ 4 Zusätzliche Anforderungen an die Abgabe kleiner Mengen von erlegtem Wild

(1) Kleine Mengen von erlegtem Wild oder von Fleisch von erlegtem Wild dürfen nur von Personen abgegeben werden, die auf den Gebieten des Körperbaus (Anatomie), der Lebensfunktionen (Physiologie), des normalen und abnormen Verhaltens und krankhafter Veränderungen des Wildes sowie der hygienischen Anforderungen im Umgang mit Wild ausreichend geschult sind, um

1. das Wild vor und nach dem Erlegen einer Untersuchung insbesondere auf die in Anlage 4 Nr. 1.3 bezeichneten Merkmale unterziehen zu können, die das Fleisch als bedenklich zum Verzehr für Menschen erscheinen lassen, und
2. eine hygienische Behandlung des Wildes bei der Vorbereitung zur Abgabe sowie bei seiner Lagerung und Beförderung sicherstellen zu können.

Bei Personen, die nach dem 1. Februar 1987 die Jägerprüfung nach § 15 Abs. 5 Satz 1 des Bundesjagdgesetzes bestanden haben, wird vermutet, dass sie im Sinne des Satzes 1 ausreichend geschult sind.

(2) Wer kleine Mengen von erlegtem Wild zum Zweck der Abgabe nach § 3 Abs. 1 Satz 1 in Eigenbesitz genommen hat, hat das Wild unbeschadet der Regelung in Anlage 4 Nr. 1.1 vor der weiteren Bearbeitung oder vor der Abgabe bei der für den Erlegeort oder den Wohnort zuständigen Behörde

1. zur amtlichen Fleischuntersuchung anzumelden, wenn vor oder nach dem Erlegen des Wildes Merkmale nach Anlage 4 Nr. 1.3 festgestellt worden sind und
2. im Falle von Wildschweinen, Sumpfbibern, Dachsen oder anderen Tieren, die Träger von Trichinen sein können, zur amtlichen Untersuchung auf Trichinen anzumelden.

Abweichend von Satz 1 muss das erlegte Wild nicht zur amtlichen Fleischuntersuchung oder Untersuchung auf Trichinen angemeldet werden, wenn es an einen Betrieb des Einzelhandels oder an einen Jäger abgegeben wird. In diesem Fall hat die abgebende Person nach Satz 1 Nr. 1 festgestellte Merkmale bei der Abgabe mitzuteilen; die Pflichten nach Satz 1 gelten in diesem Fall für die für den Betrieb des Einzelhandels verantwortliche Person oder den Jäger entsprechend.

(3) Im Falle des § 6 Absatz 2 Satz 1 Nummer 2 der Tierische Lebensmittel-Überwachungsverordnung hat der Jäger das Wild zur Untersuchung auf Trichinen nach Absatz 2 Satz 1 Nummer 2 unter Verwendung eines Wildursprungsscheins nach Form und Inhalt des Musters der Anlage 8a anzumelden. Der Wildursprungsschein nach Satz 1 hat unbeschadet weitergehender landesrechtlicher Vorschriften aus einem für die zuständige Behörde bestimmten Original und zwei Durchschriften zu bestehen. Der Jäger darf einen Tierkörper oder Fleisch von Wildschweinen oder Dachsen nicht in den Verkehr bringen, es sei denn,

1. der Untersucher hat im Wildursprungsschein als Ergebnis der Untersuchung auf Trichinen vermerkt, dass Trichinen nicht nachgewiesen worden sind, oder
2. der Zeitpunkt ist erreicht, ab dem der Jäger laut Eintragung des Untersuchers im Wildursprungsschein über das Wildbret verfügen darf, und der Untersucher hat dem Jäger bis zu diesem Zeitpunkt nicht mitgeteilt, dass Trichinen nachgewiesen worden sind.

Die zuständige Behörde kann dem Jäger eine Durchschrift des Wildursprungsscheins elektronisch übermitteln.

§ 4 a Inverkehrbringen von erlegten Wildschweinen und Dachsen, bei denen die Probenahme zur Untersuchung auf Trichinen durch den Jäger erfolgt ist

Ein Tierkörper eines Wildschweins oder Dachses, bei dem die Entnahme von Proben zur Untersuchung auf Trichinen durch einen Jäger erfolgt ist, auf den diese Aufgabe nach § 6 Absatz 2 Satz 1 der Tierische Lebensmittel-Überwachungsverordnung übertragen worden ist, darf nur in den Verkehr gebracht werden, wenn

1. dem Tierkörper ein Wildursprungsschein nach Form und Inhalt des Musters der Anlage 8a beigefügt und
2. der Tierkörper mit einer von der zuständigen Behörde oder einer von ihr benannten Stelle ausgegebenen Wildmarke gekennzeichnet

ist.

§ 5 Verbote und Beschränkungen

(1) Kleine Mengen von Fischereierzeugnissen, die zu den Arten der Schlangenmakrelen, Ölfische oder Rhizinusfische (Gempylidae) gehören, insbesondere Buttermakrelen der Arten Ruvettus pretiosus und Lepidocybium flavobrunneum, dürfen nur mit einem Hinweis, dass das Fischereierzeugnis Stoffe enthalten kann, die nach dem Verzehr zu Verdauungsstörungen führen können, abgegeben werden. Bei der Abgabe in umhüllter oder verpackter Form sind zusätzlich zu dem Hinweis nach Satz 1

1. der wissenschaftliche Name und die Handelsbezeichnung der Art des Fisches und
2. Zubereitungshinweise

nach Maßgabe des Satzes 3 auf der Verpackung oder Umhüllung anzugeben. Für die Art und Weise der Kennzeichnung gilt § 3 Abs. 3 Satz 1, 2 und 3 Halbsatz 1 der Lebensmittel-Kennzeichnungsverordnung entsprechend.

(2) Es ist verboten, kleine Mengen von lebenden Muscheln abzugeben, die nicht aus Erzeugungsgebieten stammen, die von der zuständigen Behörde nach Anhang II Kapitel II Buchstabe A der Verordnung (EG) Nr. 854/2004 des Europäischen Parlaments und des Rates vom 29. April 2004 mit besonderen Verfahrensvorschriften für die amtliche Überwachung von zum menschlichen Verzehr bestimmten Erzeugnissen tierischen Ursprungs (ABl. EU Nr. L 139 S. 206, Nr. L 226 S. 83) als Gebiet der Klasse A eingestuft worden sind.

(3) Es ist verboten, kleine Mengen von erlegtem Wild

1. vor Abschluss der amtlichen Fleischuntersuchung nach § 4 Abs. 2 Satz 1 Nr. 1 oder der amtlichen Untersuchung auf Trichinen nach § 4 Abs. 2 Satz 1 Nr. 2 oder
2. unausgeweidet

an Verbraucher abzugeben.

§ 11 Zerlegung und Verarbeitung von Fleisch

Es ist verboten, Fleisch in Schlachträumen zu zerlegen oder zu verarbeiten. Abweichend von Satz 1 darf in Schlachträumen handwerklich strukturierter Schlachthöfe in beengter räumlicher Lage Fleisch zerlegt werden, wenn Vorkehrungen zur Vermeidung einer Kontamination des Fleisches getroffen worden sind und die zuständige Behörde dies genehmigt hat.

§ 12 a Ausnahmen für Wildfarmen mit geringem Produktionsvolumen an Schalenwild

(1) Im Falle der Durchführung der Schlachttieruntersuchung nicht innerhalb von 24 Stunden vor der Schlachtung oder Tötung auf Grund einer behördlichen Genehmigung nach § 7 b Absatz 1 der Tierische Lebensmittel-Überwachungsverordnung ist dem Tierkörper abweichend von Anhang III Abschnitt III Nummer 3 Buchstabe j der Verordnung (EG) Nr. 853/2004 bei der Beförderung zum Schlachthof beizufügen:

1. die schriftliche Erklärung der in § 7 b Absatz 1 der Tierische Lebensmittel-Überwachungsverordnung bezeichneten Person,
   a) nach der vor der Schlachtung oder Tötung keine Verhaltensstörungen zu beobachten waren und kein Verdacht auf schädliche Einwirkungen durch die Umwelt (Umweltkontamination) besteht und

b) in der
   aa) das Datum und der Zeitpunkt der Schlachtung oder Tötung sowie
   bb) das vorschriftsgemäße Schlachten und das ordnungsgemäße Entbluten bescheinigt werden,

und

2. die in § 7b Absatz 2 Satz 1 der Tierische Lebensmittel-Überwachungsverordnung bezeichnete Gesundheitsbescheinigung.

(2) In den Fällen des Absatzes 1 und des § 7b Absatz 2 Satz 2 der Tierische Lebensmittel-Überwachungsverordnung darf das von dem jeweiligen Schalenwild gewonnene Fleisch nur

1. im Inland und
2. direkt an Verbraucher oder an Betriebe des Einzelhandels zur direkten Abgabe an Verbraucher

abgegeben werden.

§ 13 Abgabe von Wild an Wildbearbeitungsbetriebe

Wer als Jäger Wildkörper an einen Wildbearbeitungsbetrieb abgibt, hat auf Anweisung der zuständigen Behörde abweichend von Anhang III Abschnitt IV Kapitel II Nr. 4 Buchstabe a Satz 3 der Verordnung (EG) Nr. 853/2004 den Kopf oder die Eingeweide beizufügen, soweit dies zur Untersuchung auf

1. in Anhang I Gruppe B Nr. 3 der Richtlinie 96/23/EG des Rates vom 29. April 1996 über Kontrollmaßnahmen hinsichtlich bestimmter Stoffe und ihrer Rückstände in lebenden Tieren und tierischen Erzeugnissen und zur Aufhebung der Richtlinien 85/358/EWG und 86/469/EWG und der Entscheidungen 89/187/EWG und 91/664/EWG (ABl. EG Nr. L 125 S. 10) in der jeweils geltenden Fassung genannte Stoffe oder
2. Krankheitserreger insbesondere zur Überwachung von Zoonosen und Zoonoseerregern

erforderlich ist.

§ 15 Gebote, Verbote und Beschränkungen

(1) Als Haustiere gehaltene Huftiere dürfen nur zur Schlachtung an einen Schlachthof abgeben werden, wenn die Tiere so gekennzeichnet sind, dass der Herkunftsbetrieb eindeutig feststellbar ist.

(2) Wer nach Artikel 5 Abs. 1 Buchstabe b der Verordnung (EG) Nr. 853/2004 Erzeugnisse mit einem Identitätskennzeichen in den Verkehr bringt, hat bei umhülltem oder verpacktem zerlegtem Fleisch oder bei umhüllten oder verpackten Nebenprodukten der Schlachtung das Identitätskennzeichen so auf der Umhüllung oder Verpackung zu befestigen oder aufzudrucken, dass es beim Öffnen der Umhüllung oder Verpackung zerstört wird.

(3) Es dürfen, bezogen auf die Innentemperatur des Lebensmittels,

1. Fleisch von als Haustiere gehaltenen Huftieren nur bei einer Temperatur von nicht mehr als + 7 °C,
2. Nebenprodukte der Schlachtung von als Haustiere gehaltenen Huftieren nur bei einer Temperatur von nicht mehr als + 3 °C,
3. Fleisch von Geflügel oder Hasentieren nur bei einer Temperatur von nicht mehr als + 4 °C,

4. Wildkörper erlegten
   a) Großwildes nur bei einer Temperatur von nicht mehr als + 7 °C,
   b) Kleinwildes nur bei einer Temperatur von nicht mehr als + 4 °C,
5. Separatorenfleisch nur bei einer Temperatur von nicht mehr als + 2 °C und gefrorenes Separatorenfleisch nur bei einer Temperatur von nicht mehr als – 18 °C

gelagert und befördert werden. Satz 1 Nr. 1 gilt nicht für die in Anhang III Abschnitt I Kapitel VII Nr. 3 Satz 2 der Verordnung (EG) Nr. 853/2004 bezeichneten Fälle.

(4) Fischereierzeugnisse, die zu den Arten der Schlangenmakrelen, Ölfische oder Rhizinusfische (Gempylidae) gehören, insbesondere Buttermakrelen der Arten Ruvettus pretiosus und Lepidocybium flavobrunneum, dürfen nur umhüllt oder verpackt abgegeben werden. Auf der Umhüllung oder Verpackung sind
1. der wissenschaftliche Name und die Handelsbezeichnung der Art des Fisches,
2. Zubereitungshinweise und
3. ein Hinweis, dass das Fischereierzeugnis Stoffe enthalten kann, die nach dem Verzehr zu Verdauungsstörungen führen können,

nach Maßgabe des Satzes 3 anzugeben. Für die Art und Weise der Kennzeichnung gilt § 3 Abs. 3 Satz 1, 2 und 3 Halbsatz 1 der Lebensmittel-Kennzeichnungsverordnung entsprechend.

§ 22 Verbote und Beschränkungen

(1) Es ist verboten,
1. Fleisch von als Haustiere gehaltenen Huftieren, Geflügel, Hasentieren oder Zuchtlaufvögeln, die nicht durch Schlachten getötet worden sind,
2. Fleisch von Groß- oder Kleinwild, das nicht durch Erlegen getötet worden ist,

in den Verkehr zu bringen.

(1 a) Es ist verboten, Fleisch von Hunden, Katzen, anderen hundeartigen und katzenartigen Tieren (Caniden und Feliden) sowie von Affen zum Zwecke des menschlichen Verzehrs zu gewinnen oder in den Verkehr zu bringen.

(2) Es ist verboten, mit Wasserbindern behandeltes Geflügelfleisch als frisches Fleisch in den Verkehr zu bringen.

(3) Es ist verboten, Eier nach Ablauf des 21. Tages nach dem Legen an Verbraucher abzugeben.

§ 23 Straftaten

(1) Nach § 58 Abs. 1 Nr. 18, Abs. 4 bis 6 des Lebensmittel- und Futtermittelgesetzbuches wird bestraft, wer vorsätzlich oder fahrlässig
1. entgegen § 5 Abs. 2 kleine Mengen der dort bezeichneten lebenden Muscheln abgibt,
2. entgegen § 5 Abs. 3 Nr. 2 kleine Mengen von erlegtem Wild abgibt,
3. entgegen § 8 Eiprodukte, Flüssigei, Hackfleisch, Fleischzubereitungen aus Hackfleisch oder Fleischerzeugnisse herstellt oder ein Lebensmittel in den Verkehr bringt,
4. entgegen § 11 Satz 1 Fleisch zerlegt oder verarbeitet,
5. entgegen § 12 Abs. 2 Satz 3 Fleisch abgibt,

5a. entgegen § 12a Absatz 2 Fleisch von Schalenwild abgibt,
6. entgegen § 17 Abs. 1 Rohmilch oder Rohrahm abgibt,
7. entgegen § 18 Abs. 2 Satz 1 oder 3 dort bezeichnete Tiere nicht von der Gewinnung von Vorzugsmilch ausschließt oder in einen Bestand Vorzugsmilch liefernder Tiere einstellt,
8. entgegen § 20a Absatz 1 Satz 1 oder Absatz 2 Satz 1 ein dort bezeichnetes Lebensmittel an Verbraucher abgibt,
9. entgegen § 22 Absatz 1 Fleisch in den Verkehr bringt,
10. entgegen § 22 Absatz 1a Fleisch zum Zwecke des menschlichen Verzehrs gewinnt oder in den Verkehr bringt oder
11. entgegen § 22 Abs. 3 Eier an Verbraucher abgibt.

(2) Nach § 59 Abs. 1 Nr. 21 Buchstabe a des Lebensmittel- und Futtermittelgesetzbuches wird bestraft, wer
1. entgegen § 4 Absatz 3 Satz 3 einen Tierkörper oder Fleisch in den Verkehr bringt
2. entgegen § 5 Abs. 1 Satz 1 kleine Mengen von Fischereierzeugnissen abgibt,
3. entgegen § 5 Abs. 3 Nr. 1 kleine Mengen von erlegtem Wild abgibt,
4. entgegen § 15 Abs. 4 Satz 1 in Verbindung mit Satz 2 Nr. 3 ein Fischereierzeugnis ohne den dort bezeichneten Hinweis abgibt,
5. entgegen § 16 Satz 1 die dort bezeichneten Lebensmittel in Fertigpackungen in den Verkehr bringt,
6. entgegen § 16a ein dort bezeichnetes Lebensmittel an Verbraucher abgibt oder
7. entgegen § 22 Abs. 2 Geflügelfleisch in den Verkehr bringt.

§ 24 Ordnungswidrigkeiten

(1) Wer eine in § 23 Abs. 2 bezeichnete Handlung fahrlässig begeht, handelt nach § 60 Abs. 1 des Lebensmittel- und Futtermittelgesetzbuches ordnungswidrig.

(2) Ordnungswidrig im Sinne des § 60 Abs. 2 Nr. 26 Buchstabe a des Lebensmittel- und Futtermittelgesetzbuches handelt, wer vorsätzlich oder fahrlässig
1. entgegen § 3 Abs. 1 Satz 1 Nr. 1 oder 2, jeweils in Verbindung mit Anlage 1 Nr. 1.4 Satz 1, nicht Trinkwasser verwendet,
2. entgegen § 3 Abs. 1 Satz 1 Nr. 2 in Verbindung mit Anlage 1 Nr. 3.3 oder 3.4 Satz 1 Austern nicht richtig aufbewahrt oder lebende Muscheln befördert oder abgibt,
3. entgegen § 3 Abs. 1 Satz 1 Nr. 4 in Verbindung mit Anlage 3 Nr. 1, 2, 3 oder 5 Fleisch von Geflügel oder Hasentieren gewinnt oder behandelt,
4. entgegen § 3 Abs. 1 Satz 1 Nr. 5 in Verbindung mit
   a) Anlage 4 Nr. 1.1 Kleinwild nicht oder nicht rechtzeitig aufbricht oder nicht oder nicht rechtzeitig ausweidet oder
   b) Anlage 4 Nr. 1.4 Halbsatz 1 Eingeweide nicht oder nicht richtig kennzeichnet,
5. entgegen § 4 Abs. 1 Satz 1 kleine Mengen von erlegtem Wild oder Fleisch von erlegtem Wild abgibt,
6. entgegen § 4 Abs. 2 Satz 1, auch in Verbindung mit Satz 3, Wild nicht, nicht richtig oder nicht rechtzeitig zu den dort bezeichneten amtlichen Untersuchungen anmeldet,
6a. entgegen § 4a Nummer 1 einen Tierkörper in den Verkehr bringt,
7. entgegen § 5 Abs. 1 Satz 2 eine Angabe nicht, nicht richtig, nicht vollständig oder nicht rechtzeitig macht,
8. entgegen § 7 Satz 1 in Verbindung mit Anlage 5

a) Kapitel I Nr. 1.4 unverpacktes Fleisch nicht getrennt von verpacktem Fleisch lagert,
b) Kapitel I Nr. 2.2 Fleisch nicht auf den dort genannten Temperaturen hält,
c) Kapitel I Nr. 3.1 Satz 1 oder 2 Großwild in der Decke tieffriert oder nicht oder nicht rechtzeitig enthäutet,
d) Kapitel I Nr. 3.1 Satz 3 Wildkörper von Kleinwild nicht oder nicht rechtzeitig ausweidet,
e) Kapitel I Nr. 3.2 Satz 1 unverpacktes Fleisch nicht richtig lagert oder nicht richtig befördert,
f) Kapitel II Nr. 1.2 oder 1.3 Hackfleisch oder Fleischzubereitungen herstellt,
g) Kapitel II Nr. 2.1, 2.2.2 oder 3.1 Satz 1 Fleisch für die Herstellung von Hackfleisch oder Fleischzubereitungen verwendet,
h) Kapitel II Nr. 3.3 Satz 1 Hackfleisch oder Fleischzubereitungen nicht oder nicht rechtzeitig umhüllt oder nicht oder nicht rechtzeitig verpackt oder nicht oder nicht rechtzeitig kühlt oder nicht oder nicht rechtzeitig gefriert,
i) Kapitel II Nr. 3.3 Satz 2 eine dort bezeichnete Temperatur nicht einhält,
j) Kapitel II Nr. 3.4 Hackfleisch oder Fleischzubereitungen einfriert,
k) Kapitel III Nr. 1 Fleisch für die Herstellung von Fleischerzeugnissen verwendet,
l) Kapitel IV Nr. 2.2.1 oder 2.2.4 Satz 1 Schalen von Eiern oder Rohstoffe für die Herstellung von Eiprodukten oder Flüssigei verwendet oder
m) Kapitel V Nr. 1.1 Milch zur Herstellung von Milcherzeugnissen verwendet,
n) (weggefallen)

9. entgegen § 12 Abs. 1 einen Tierkörper befördert,
10. entgegen § 15 Abs. 3 Satz 1 Fleisch, Nebenprodukte der Schlachtung, Wildkörper oder Separatorenfleisch lagert oder befördert,
11. entgegen § 15 Abs. 4 Satz 1 in Verbindung mit Satz 2 Nr. 1 oder 2 ein Fischereierzeugnis abgibt,
12. entgegen § 18 Abs. 2 Satz 2 eine Untersuchung nicht, nicht richtig oder nicht rechtzeitig durchführt,
13. entgegen § 20 Hühnereier nicht richtig lagert oder nicht richtig befördert,
14. entgegen § 20a Absatz 2 Satz 2 eine Rückstellprobe nicht, nicht richtig oder nicht rechtzeitig anfertigt oder nicht, nicht richtig oder nicht für die vorgeschriebene Dauer aufbewahrt,
15. entgegen § 20a Absatz 2 Satz 3 eine Rückstellprobe nicht oder nicht rechtzeitig vorlegt oder nicht oder nicht rechtzeitig aushändigt,
16. entgegen § 21 Abs. 1 eine Überprüfung nicht, nicht richtig oder nicht rechtzeitig durchführt oder
17. entgegen § 21 Abs. 1, 2 oder 3 einen Nachweis nicht, nicht richtig oder nicht vollständig führt.

(3) Ordnungswidrig im Sinne des § 60 Abs. 2 Nr. 26 Buchstabe b des Lebensmittel- und Futtermittelgesetzbuches handelt, wer vorsätzlich oder fahrlässig

1. entgegen § 4a Nummer 2 einen Tierkörper in den Verkehr bringt,
2. entgegen § 12 Abs. 2 Satz 1 Fleisch von Huftieren in den Verkehr bringt,
3. entgegen § 15 Abs. 1 als Haustiere gehaltene Huftiere abgibt oder
4. entgegen § 15 Abs. 2 ein Identitätskennzeichen nicht richtig befestigt oder nicht richtig aufdruckt.

Anlage 4

(zu § 3 Abs. 1 Satz 1 Nr. 5, § 4 Abs. 1 Satz 1 Nr. 1 und Abs. 2 Satz 1)

Anforderungen an die Abgabe kleiner Mengen von erlegtem Wild oder Fleisch von erlegtem Wild

1. Beim Gewinnen des Fleisches ist Folgendes zu beachten:

1.1 Großwild ist so schnell wie möglich, Kleinwild spätestens bei der Abgabe aufzubrechen und auszuweiden. Das Enthäuten und eine Zerlegung von Großwild am Erlegeort ist nur zulässig, wenn der Transport sonst nicht möglich ist.

1.2 Großwild ist unmittelbar nach dem Aufbrechen und Ausweiden so aufzubewahren, dass es gründlich auskühlen und in den Körperhöhlen abtrocknen kann. Kleinwild ist unmittelbar nach dem Erlegen so aufzubewahren, dass es gründlich auskühlen kann. Großwild muss alsbald nach dem Erlegen auf eine Innentemperatur von höchstens + 7 °C, Kleinwild auf eine Innentemperatur von höchstens + 4 °C abgekühlt sein; erforderlichenfalls ist das erlegte Wild dazu in eine geeignete Kühleinrichtung zu verbringen.

1.3 Beim Erlegen, Aufbrechen, Zerwirken und weiteren Behandeln ist auf Merkmale zu achten, die das Fleisch als gesundheitlich bedenklich erscheinen lassen. Diese liegen vor bei

1.3.1 abnormen Verhaltensweisen oder Störungen des Allgemeinbefindens;

1.3.2 Fehlen von Anzeichen äußerer Gewalteinwirkung als Todesursache (Fallwild);

1.3.3 Geschwülsten oder Abszessen, wenn sie zahlreich oder verteilt in inneren Organen oder in der Muskulatur vorkommen;

1.3.4 Schwellungen der Gelenke oder Hoden, Hodenvereiterung, Leber- oder Milzschwellung, Darm- oder Nabelentzündung, bei Federwild Entzündung des Herzens, des Drüsen- oder Muskelmagens;

1.3.5 fremdem Inhalt in den Körperhöhlen, insbesondere Magen- und Darminhalt oder Harn, wenn Brust- oder Bauchfell verfärbt ist;

1.3.6 erheblicher Gasbildung im Magen- und Darmkanal mit Verfärbung der inneren Organe;

1.3.7 erheblichen Abweichungen der Muskulatur oder der Organe in Farbe, Konsistenz oder Geruch;

1.3.8 offenen Knochenbrüchen, soweit sie nicht unmittelbar mit dem Erlegen in Zusammenhang stehen;

1.3.9 erheblicher Abmagerung;

1.3.10 frischen Verklebungen oder Verwachsungen von Organen mit Brust- oder Bauchfell;

1.3.11 Geschwülste oder Wucherungen im Kopfbereich oder an den Ständern bei Federwild;

1.3.12 verklebten Augenlidern, Anzeichen von Durchfall, insbesondere im Bereich der Kloake, sowie Verklebungen und sonstigen Veränderungen der Befiederung, Haut- und Kopfanhänge sowie Ständer bei Federwild;

1.3.13 sonstigen erheblichen sinnfälligen Veränderungen außer Schussverletzungen.

1.4 Eingeweide, die Veränderungen aufweisen, sind so zu kennzeichnen, dass die Zugehörigkeit zu dem betreffenden Wildkörper festgestellt werden kann; sie müssen bis zum Abschluss der amtlichen Untersuchungen beim Wildkörper verbleiben.

2. Es ist durch geeignete Maßnahmen oder Vorrichtungen sicherzustellen, dass beim Zerlegen und Umhüllen Fleisch von Großwild auf einer Temperatur von nicht mehr als + 7 °C und Fleisch von Kleinwild auf einer Temperatur von nicht mehr als + 4 °C gehalten wird.

3. Räume zum Sammeln von Groß- und Kleinwild nach dem Erlegen (Wildkammern) müssen über

3.1 eine geeignete Kühleinrichtung verfügen, wenn auf andere Weise eine gründliche Auskühlung des erlegten Wildes nicht erreicht werden kann;

3.2 einen geeigneten Platz zum Enthäuten und Zerlegen verfügen, wenn diese Arbeiten darin ausgeführt werden.

4. In den Räumen und gegebenenfalls in Wildkammern gilt für die Bearbeitung des erlegten Wildes Folgendes:

4.1 Untersuchungspflichtiges erlegtes Wild ist so rechtzeitig der Untersuchung zuzuführen, dass Veränderungen bei der amtlichen Untersuchung erkannt und beurteilt werden können.

4.2 Erlegtes Großwild ist auf Ersuchen des amtlichen Untersuchers zur Untersuchung zu enthäuten; der Brustkorb ist zu öffnen. Die Wirbelsäule und der Kopf sind längs zu spalten, wenn nach Feststellung des Untersuchers gesundheitliche Gründe dies erforderlich machen. Erlegtes Großwild in der Decke darf nicht eingefroren werden.

4.3 Erlegtes Federwild ist auf Verlangen des Untersuchers zur Untersuchung so herzurichten, dass die nach der fachlichen Beurteilung erforderlichen Untersuchungen durchgeführt werden können. Ungerupftes und nicht ausgenommenes Federwild darf nicht eingefroren werden.

4.4 Großwild in der Decke oder Kleinwild in der Decke oder im Federkleid darf Fleisch von erlegtem Wild nicht berühren.

Verordnung zur Regelung bestimmter Fragen der amtlichen Überwachung des Herstellens, Behandelns und Inverkehrbringens von Lebensmitteln tierischen Ursprungs (Tierische Lebensmittel-Überwachungsverordnung – Tier-LMÜV)

vom 8. August 2007 (BGBl. I S. 1816, 1864), zuletzt geändert durch Artikel 2 der Verordnung vom 11. November 2010 (BGBl. I S. 1537)

– Auszug –

§ 1 Anwendungsbereich

Diese Verordnung dient der Regelung der amtlichen Überwachung des Herstellens, Behandelns und des Inverkehrbringens von Lebensmitteln tierischen Ursprungs sowie der Umsetzung und Durchführung von Rechtsakten der Europäischen Gemeinschaft oder der Europäischen Union auf dem Gebiet der Überwachung des Verkehrs mit Lebensmitteln tierischen Ursprungs.

§ 6 Fleischuntersuchung und Untersuchung auf Trichinen vor Abgabe kleiner Mengen erlegten Wildes

(1) Bei kleinen Mengen erlegten Wildes, das nach § 4 Absatz 2 Satz 1 Nummer 1 oder 2, auch in Verbindung mit Absatz 3, der Tierische Lebensmittel-Hygieneverordnung zur amtlichen Fleischuntersuchung oder zur amtlichen Untersuchung auf Trichinen angemeldet wurde, ist

1. die amtliche Fleischuntersuchung nach Anhang I Abschnitt IV Kapitel VIII Buchstabe A in Verbindung mit Abschnitt II Kapitel V Nr. 1 der Verordnung (EG) Nr. 854/2004 in der jeweils geltenden Fassung oder
2. die amtliche Untersuchung auf Trichinen nach Artikel 2 Abs. 3 Unterabsatz 3 in Verbindung mit Anhang I Kapitel I oder II und Anhang III der Verordnung (EG) Nr. 2075/2005 der Kommission vom 5. Dezember 2005 mit spezifischen Vorschriften für die amtlichen Fleischuntersuchungen auf Trichinen (ABl. EU Nr. L 338 S. 60) in der jeweils geltenden Fassung

durchzuführen. Für die Beurteilung auf Grund der Ergebnisse der Untersuchungen nach Satz 1 gilt Anhang I Abschnitt IV Kapitel VIII Buchstabe B und Kapitel IX Buchstabe C der Verordnung (EG) Nr. 854/2004 entsprechend.

(2) Die zuständige Behörde kann einem Jäger, der Inhaber eines gültigen Jahresjagdscheines ist und

1. nach § 2b der Tierische Lebensmittel-Hygieneverordnung Wild zum Zweck der Verwendung als Lebensmittel für den eigenen häuslichen Verbrauch erlegt oder
2. nach § 3 Absatz 1 Satz 1 Nummer 5 der Tierische Lebensmittel-Hygieneverordnung kleine Mengen von erlegtem Wild oder Fleisch von erlegtem Wild abgibt,

im Fall von Wildschweinen oder Dachsen die Entnahme von Proben zur Untersuchung auf Trichinen nach Absatz 1 Satz 1 Nummer 2 übertragen. Eine Übertragung nach Satz 1 darf nur erfolgen, wenn

1. der Jäger von der zuständigen Behörde für die Wahrnehmung dieser Tätigkeit geschult worden ist und
2. keine Tatsachen vorliegen, die die Annahme rechtfertigen, dass der Jäger die erforderliche Zuverlässigkeit für diese Tätigkeit nicht besitzt.

§ 7 a Amtliche Untersuchungen bei der Gewinnung von Fleisch für den eigenen häuslichen Verbrauch

(1) Bei Tieren, die nach § 2 a Absatz 1 der Tierische Lebensmittel-Hygieneverordnung zur amtlichen Untersuchung angemeldet worden sind, ist

1. die amtliche Schlachttieruntersuchung nach Anhang I Abschnitt I Kapitel II Teil B und Abschnitt II Kapitel III, auch in Verbindung mit Abschnitt IV Kapitel IV Teil A oder Kapitel VII Teil A sowie mit Kapitel IX Teil A, E und F der Verordnung (EG) Nr. 854/2004,
2. die amtliche Fleischuntersuchung nach Anhang I Abschnitt I Kapitel II Teil D und Abschnitt II Kapitel V Nummer 1, auch in Verbindung mit Abschnitt IV Kapitel I, II, III, IV Teil B oder Kapitel VII Teil B sowie mit Kapitel IX Teil A, B und D bis F der Verordnung (EG) Nr. 854/2004,
3. die amtliche Untersuchung auf Trichinen nach Anhang I Abschnitt IV Kapitel IX Teil C der Verordnung (EG) Nr. 854/2004 in der jeweils geltenden Fassung in Verbindung mit Artikel 2 Absatz 3 Unterabsatz 3 in Verbindung mit Anhang I Kapitel I oder II und Anhang III der Verordnung (EG) Nr. 2075/2005

durchzuführen. Die zuständige Behörde kann abweichend von Satz 1 Nummer 3 die Untersuchung auf Trichinen nach Artikel 2 Absatz 3 Unterabsatz 3 in Verbindung mit Anhang I Kapitel III der Verordnung (EG) Nr. 2075/2005 durchführen.

(2) Bei erlegtem Großwild, das nach § 2 b der Tierische Lebensmittel-Hygieneverordnung zur amtlichen Fleischuntersuchung oder zur amtlichen Untersuchung auf Trichinen angemeldet worden ist, gilt § 6 Absatz 1 entsprechend.

§ 7 b Amtliche Untersuchungen in Wildfarmen mit geringem Produktionsvolumen an Schalenwild

(1) Im Rahmen der Genehmigung der Schlachtung oder Tötung von Schalenwild zur Gewinnung von Fleisch für den menschlichen Verzehr am Herkunftsort nach Anhang III Abschnitt III Nummer 3 der Verordnung (EG) Nr. 853/2004 kann die zuständige Behörde auf Antrag auch genehmigen, dass in Wildfarmen mit geringem Produktionsvolumen die Schlachtung oder Tötung abweichend von Artikel 5 Nummer 1 Buchstabe b in Verbindung mit Anhang I Abschnitt I Kapitel II Teil B Nummer 1 Buchstabe b der Verordnung (EG) Nr. 854/2004 auch dann erfolgen darf, wenn die amtliche Schlachttieruntersuchung abweichend von Artikel 5 Nummer 1 Buchstabe b in Verbindung mit Anhang I Abschnitt I Kapitel II Teil B Nummer 1 Buchstabe b der Verordnung (EG) Nr. 854/2004 nicht innerhalb von 24 Stunden, jedoch innerhalb von 28 Tagen vor der Schlachtung durchgeführt worden ist, sofern eine Person mit den Kenntnissen einer kundigen Person nach Anhang III Abschnitt IV Kapitel I der Verordnung (EG) Nr. 853/2004 unmittelbar vor der Schlachtung oder Tötung festgestellt hat, dass bei dem zu schlachtenden oder zu tötenden Tier keine Verhaltensstörungen zu beobachten sind und ein Verdacht auf schädliche Einwirkungen durch die Umwelt (Umweltkontamination) nicht besteht.

(2) Im Falle des Absatzes 1 hat der amtliche oder zugelassene Tierarzt, der die Schlachttieruntersuchung durchgeführt hat, in Nummer 5 der Gesundheitsbeschei-

nigung nach Anhang I Abschnitt IV Kapitel X Teil B der Verordnung (EG) Nr. 854/2004 den zweiten Anstrich der Erklärung zu streichen. Die Genehmigung nach Anhang III Abschnitt III Nummer 3 der Verordnung (EG) Nr. 853/2004 darf unter den Voraussetzungen des Absatzes 1 auch dann erteilt werden, wenn der Betrieb nicht über Verfahren nach Anhang III Abschnitt III Nummer 3 Buchstabe e der Verordnung (EG) Nr. 853/2004 verfügt.

(3) Wildfarmen mit geringem Produktionsvolumen im Sinne dieser Vorschrift sind Wildfarmen, die jährlich nicht mehr als 50 Stück Schalenwild schlachten oder zur Gewinnung von Fleisch für den menschlichen Verzehr töten oder zur Schlachtung abgeben.

§ 8 Kennzeichnung der Genusstauglichkeit

(1) Bei Fleisch von als Haustieren gehaltenen Huftieren, die außerhalb eines Schlachthofes notgeschlachtet worden sind, hat die Kennzeichnung der Genusstauglichkeit nach Anhang I Abschnitt I Kapitel III Nr. 7 der Verordnung (EG) Nr. 854/2004 mit einem Kennzeichen nach Form und Inhalt des Musters der Anlage 1 Nr. 1 zu erfolgen.

(2) Kleine Mengen erlegten Großwildes, bei dem keine Fleischuntersuchung nach § 6 Absatz 1 Satz 1 Nr. 1 durchgeführt, das aber nach § 6 Absatz 1 Satz 1 Nr. 2 auf Trichinen untersucht und nicht nach § 6 Absatz 1 Satz 2 in Verbindung mit Anhang I Abschnitt IV Kapitel VIII Buchstabe B der Verordnung (EG) Nr. 854/2004 für genussuntauglich erklärt worden ist, sind auf den frei liegenden Fleischteilen oder dem Brustfell mit einem Kennzeichen nach Form und Inhalt des Musters der Anlage 1 Nr. 2 zu kennzeichnen. Satz 1 gilt nicht im Falle des § 6 Absatz 2 Satz 1 Nummer 2.

(3) Kleine Mengen erlegten Großwildes, das nach § 6 Absatz 1 Satz 1 Nr. 1 untersucht und nicht nach § 6 Absatz 1 Satz 2 in Verbindung mit Anhang I Abschnitt IV Kapitel VIII Buchstabe B der Verordnung (EG) Nr. 854/2004 für genussuntauglich erklärt worden ist, sind mit einem Kennzeichen nach Form und Inhalt des Musters der Anlage 1 Nr. 3 entsprechend Anhang I Abschnitt I Kapitel III Nr. 2 Buchstabe b der Verordnung (EG) Nr. 854/2004 zu kennzeichnen.

(4) Fleisch im Sinne des Artikels 4 Unterabs. 1 der Verordnung (EG) Nr. 2076/2005 der Kommission vom 5. Dezember 2005 zur Festlegung von Übergangsregelungen für die Durchführung der Verordnungen (EG) Nr. 853/2004, (EG) Nr. 854/2004 und (EG) Nr. 882/2004 des Europäischen Parlaments und des Rates sowie zur Änderung der Verordnungen (EG) Nr. 853/2004 und (EG) Nr. 854/2004 (ABl. EU Nr. L 338 S. 83) ist mit einem Kennzeichen nach Form und Inhalt des Musters der Anlage 1 Nr. 4 zu kennzeichnen.

(5) Fleisch von Schalenwild,

1. bei dem auf Grund einer behördlichen Genehmigung nach § 7b Absatz 1 die Schlachttieruntersuchung nicht innerhalb von 24 Stunden vor der Schlachtung durchgeführt oder die Schlachtung am Herkunftsort unter den Voraussetzungen des § 7b Absatz 2 Satz 2 genehmigt worden ist und
2. das nicht für genussuntauglich erklärt worden ist,

ist abweichend von Anhang I Abschnitt I Kapitel III Nummer 3 der Verordnung (EG) Nr. 854/2004 mit einem Kennzeichen nach Form und Inhalt des Musters der Anlage 1 Nummer 5 zu kennzeichnen.

(6) Fleisch, ausgenommen Fleisch von Geflügel oder Hasentieren, das nach Anhang I Abschnitt II Kapitel V Nr. 1 oder Abschnitt IV Kapitel VIII Buchstabe B der Verordnung (EG) Nr. 854/2004 genussuntauglich erklärt wurde, ist mit einem Kennzeichen nach Form und Inhalt des Musters der Anlage 1 Nr. 5 in der in den Absätzen 1 bis 3 geregelten Weise zu kennzeichnen.

(7) Materialien zur Kennzeichnung, die vor dem 15. August 2007 verwendet worden sind und den Anforderungen nach dem jeweiligen Inhalt der Muster der Anlage 1 nicht entsprechen, können bis zum 31. Dezember 2010 weiterverwendet werden.

Anlage 1
(zu § 8)

Stempel zur Kennzeichnung der Genusstauglichkeit

(Fundstelle: BGBl. I 2007, 1868–1969;
bzgl. der einzelnen Änderungen vgl. Fußnote)

1. Stempel für genusstaugliches Fleisch von als Haustieren gehaltenen Huftieren, die außerhalb eines Schlachthofes notgeschlachtet wurden

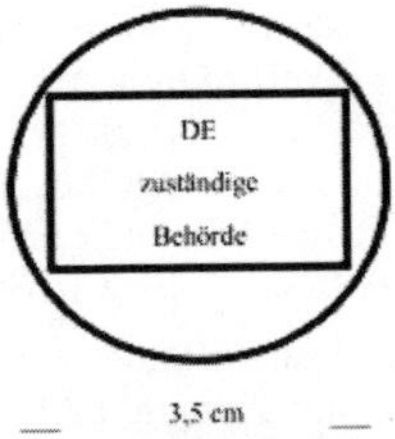

2. Stempel für genusstaugliches Fleisch von erlegtem Großwild, das der Untersuchung auf Trichinen unterzogen wurde

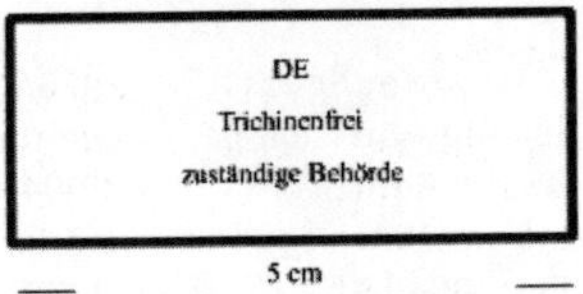

3. Stempel für genusstaugliches Fleisch von erlegtem Großwild, das der Fleischuntersuchung unterzogen wurde

4. Stempel für genusstaugliches Fleisch aus Schlachthöfen im Sinne des Artikels 4 der Verordnung (EG) Nr. 2076/2005

5. Stempel für genusstaugliches Fleisch von Schalenwild nach § 7b

6. Stempel für genussuntaugliches Fleisch

Anlage 2
(zu § 9)

(hier nicht abgedruckt)

Verordnung (EG) Nr. 852/2004 des Europäischen Parlaments und des Rates über Lebensmittelhygiene

vom 29. April 2004, zuletzt geändert durch Verordnung (EG) Nr. 219/2009 des Europäischen Parlaments und des Rates vom 11. März 2009

– Auszug –

Artikel 6 Amtliche Kontrollen, Registrierung und Zulassung

(1) Die Lebensmittelunternehmer arbeiten gemäß anderen anwendbaren Gemeinschaftsregelungen oder, wenn solche Regelungen nicht bestehen, gemäß den einzelstaatlichen Rechtsvorschriften mit den zuständigen Behörden zusammen.

(2) Insbesondere haben die Lebensmittelunternehmer der entsprechenden zuständigen Behörde in der von dieser verlangten Weise die einzelnen ihrer Kontrolle unterstehenden Betriebe, die auf einer der Stufen der Produktion, der Verarbeitung oder des Vertriebs von Lebensmitteln tätig sind, zwecks Registrierung zu melden.

Ferner stellen die Lebensmittelunternehmer sicher, dass die Kenntnisse der zuständigen Behörde über die Betriebe stets auf dem aktuellen Stand sind, indem sie unter anderem alle wichtigen Veränderungen bei den Tätigkeiten und Betriebsschließungen melden.

(3) Die Lebensmittelunternehmer stellen jedoch sicher, dass die Betriebe von der zuständigen Behörde nach mindestens einer Kontrolle an Ort und Stelle zugelassen werden, wenn eine solche Zulassung vorgeschrieben ist:

a) nach dem einzelstaatlichen Recht des Mitgliedstaats, in dem der Betrieb sich befindet,
b) nach der Verordnung (EG) Nr. 853/2004
oder
c) aufgrund eines von der Kommission gefassten Beschlusses. Diese Maßnahme zur Änderung nicht wesentlicher Bestimmungen dieser Verordnung wird nach dem in Artikel 14 Absatz 3 genannten Regelungsverfahren mit Kontrolle erlassen.

Ein Mitgliedstaat, der gemäß Buchstabe a) die Zulassung bestimmter auf seinem Gebiet niedergelassener Unternehmen nach seinem einzelstaatlichen Recht vorschreibt, setzt die Kommission und die anderen Mitgliedstaaten von den einschlägigen einzelstaatlichen Vorschriften in Kenntnis.

Verordnung des Ministeriums für Ländlichen Raum, Ernährung und Verbraucherschutz über die Jägerprüfung (Jägerprüfungsordnung – JPrO)

vom 7. Februar 2011 (GBl. S. 66)

Auf Grund von § 14 Absatz 2 des Landesjagdgesetzes in der Fassung vom 1. Juni 1996 (GBl. S. 369), zuletzt geändert durch Artikel 14 des Gesetzes vom 14. Dezember 2004 (GBl. S. 895, 902) wird verordnet:

§ 1 Prüfungsstelle, Prüfungsausschuss

(1) Die Prüfung wird durch die nach § 14 Absatz 3 des Landesjagdgesetzes Beliehenen durchgeführt (Prüfungsstellen).

(2) Zur Durchführung der Jägerprüfung setzt die Prüfungsstelle für jeden Prüfungsort einen Prüfungsausschuss ein. Dieser setzt sich zusammen aus dem Prüfungsvorsitzenden, der die Prüfung leitet, sowie mindestens vier weiteren Prüfern. Der Vorsitzende und die weiteren Mitglieder werden von der Prüfungsstelle im Benehmen mit dem Kreisjagdamt, das für das zu bestellende Mitglied örtlich zuständig ist, auf die Dauer von vier Jahren berufen. Die Berufung erfolgt jeweils auf Widerruf. Die Prüfer können in Abstimmung mit der Prüfungsstelle landesweit tätig sein. Dem Prüfungsausschuss darf niemand angehören, der bei der Ausbildung von Prüflingen, die dem Prüfungsausschuss zugewiesen sind, im Ausbildungslehrgang mitgewirkt hat. Die Prüfer müssen im Sinne von § 11 Absatz 5 des Bundesjagdgesetzes jagdpachtfähig sein und müssen mindestens einmal innerhalb des Berufungszeitraumes an einer Fortbildung nach Maßgabe der obersten Jagdbehörde teilnehmen. Die Mitglieder des Prüfungsausschusses sind bei ihrer Prüfungstätigkeit unabhängig und nicht an Weisungen gebunden. Ihre Tätigkeit ist ehrenamtlich; eine Aufwandsentschädigung wird gewährt.

(3) Der Prüfungsausschuss ist beschlussfähig, wenn mindestens vier seiner Mitglieder anwesend sind. Beschlüsse bedürfen der Stimmenmehrheit; Stimmenenthaltung ist nicht möglich.

§ 2 Schriftführung

Die Prüfungsstelle bestellt für jeden Prüfungsausschuss eine ausreichende Anzahl von Personen, die die Schriftführung übernehmen. Sie unterstützen die Vorsitzenden der Prüfungsausschüsse bei der Vorbereitung und Durchführung der Prüfung und führen über den Hergang der Prüfung eine Niederschrift (§ 16).

§ 3 Gegenstand der Prüfung

(1) Die Prüfung besteht aus folgenden Prüfungsabschnitten:

1. dem „Jagdlichen Schießen“, mit Handhabung von Jagdwaffen (einschließlich Kurzwaffen);
2. dem „Schriftlichen Teil“;
3. dem „Mündlich-praktischen Teil“.

Die Prüfungsstelle entscheidet im Einvernehmen mit den Vorsitzenden der Prüfungsausschüsse über die Reihenfolge der Prüfungsabschnitte.

(2) In den Prüfungsabschnitten „Schriftlicher Teil" und „Mündlich-praktischer Teil" haben die Prüflinge ausreichende Kenntnisse in den in § 15 Absatz 5 des Bundesjagdgesetzes aufgeführten Sachgebieten nachzuweisen. Diese gliedern sich in folgende Prüfungsfächer:

1. Tierarten, Wildbiologie, Wildhege, Land- und Waldbau, Wildschadensverhütung;
2. Waffentechnik, Waffenrecht und Führen von Jagdwaffen (einschließlich Kurzwaffen);
3. Jagdbetrieb (insbesondere Jagdausübung, Jagdarten, Jagdeinrichtungen, Fanggeräte, Tierschutz- und artgerechte Haltung, Führung und Einsatz von Jagdhunden, Sicherheitsbestimmungen);
4. Jagd-, Tierschutz- sowie Naturschutz- und Landschaftspflegerecht, Jagdethik;
5. Wildkrankheiten und Behandlung von erlegtem Wild (insbesondere Erkennungsmerkmale der wichtigsten Wildkrankheiten, hygienisch erforderliche Maßnahmen und Beurteilung der gesundheitlich unbedenklichen Beschaffenheit des Lebensmittels Wildbret).

Näheres zu den Prüfungsfächern regelt der Prüfungs- und Ausbildungsrahmenplan des Ministeriums für Ländlichen Raum, Ernährung und Verbraucherschutz.

§ 4 Zuständigkeit, Anmeldung

(1) Die Prüflinge haben sich mindestens vier Wochen vor dem Termin des schriftlichen Teils der Prüfung bei der Prüfungsstelle anzumelden. Bei Minderjährigen ist zusätzlich eine schriftliche Einverständniserklärung einer gesetzlichen Vertretung beizufügen.

(2) Die Prüfungsstelle entscheidet über die Zuweisung der Prüflinge zu einem Prüfungsausschuss. Der Wunsch des Prüflings nach Zuweisung zu einem bestimmten Prüfungsort soll möglichst berücksichtigt werden.

(3) Der Anmeldung ist ein Nachweis beizufügen, dass für den Prüfling eine ausreichende Haftpflichtversicherung besteht (Mindestdeckungssummen im Sinne von § 17 Absatz 1 Satz 1 Nummer 4 des Bundesjagdgesetzes) und die Prüfungsgebühr bezahlt ist.

§ 5 Prüfungserleichterungen für behinderte Menschen

(1) Beim Vorliegen einer körperlichen Behinderung mit einem Grad der Behinderung von mindestens 50 oder einer Legasthenie sind auf Antrag angemessene Prüfungserleichterungen zuzulassen. Dabei ist es insbesondere möglich, Hilfsmittel zuzulassen oder die Prüfungszeit zu verlängern. Unzulässig ist der Verzicht auf die Prüfungsanforderungen. Die gewährten Maßnahmen dürfen gleichzeitig den Vorgaben für die Erteilung des Jagdscheines oder des Waffenrechtes nicht widersprechen.

(2) Das Vorliegen der körperlichen Behinderung oder der Legasthenie und die zugelassenen Prüfungserleichterungen sind in der Niederschrift nach § 16 zu dokumentieren. Prüfungserleichterungen dürfen sich nicht nachteilig auf die Bewertung der Prüfungsleistungen auswirken und dürfen nicht in das Zeugnis aufgenommen werden.

(3) Der Antrag auf Zulassung von Prüfungserleichterungen ist spätestens mit der Anmeldung bei der Prüfungsstelle zu stellen. Dabei sind Nachweise über den Grad der Behinderung oder die Legasthenie vorzulegen.

§ 6 Jagdliche Ausbildung

(1) Die jagdliche Ausbildung erfolgt in einem Ausbildungslehrgang zur Vorbereitung auf die Jägerprüfung an einer vom Kreisjagdamt anerkannten Ausbildungsstätte (Jagdschule). Eine Ausbildungsstätte ist vom Kreisjagdamt anzuerkennen, wenn deren Leitung im Sinne von § 11 Absatz 5 des Bundesjagdgesetzes jagdpachtfähig und Inhaber eines Jahresjagdscheins ist, Zugang zu einem für die jagdliche Ausbildung geeigneten Jagdrevier hat, über einen brauchbaren Jagdhund verfügt und erfolgreich zertifiziert wurde. Die Zertifizierung erfolgt durch eine von der obersten Jagdbehörde anerkannte unabhängige Stelle. Diese muss bei der nationalen Akkreditierungsstelle akkreditiert sein und die Leitung muss jagdpachtfähig sein. Das Weitere wird durch Verwaltungsvorschrift des Ministeriums für Ländlichen Raum, Ernährung und Verbraucherschutz geregelt. Die Anerkennung ist vom Kreisjagdamt auf Antrag zu verlängern, wenn die Zertifizierung erneut innerhalb der in der Verwaltungsvorschrift genannten Fristen erfolgt.

(2) Der Lehrgang beinhaltet eine theoretische und eine praktische Ausbildung; er umfasst mindestens 130 Stunden. Zeiten für Übungsschießen dürfen bei der Berechnung der Mindestausbildungszeit nach Satz 1 nicht berücksichtigt werden. Die anrechenbare Mindestausbildungszeit soll zehn Unterrichtsstunden zu je 60 Minuten am Tag nicht überschreiten.

(3) Die Ausbildung umfasst im Bereich „Jagdliches Schießen“, neben den nach § 10 zu prüfenden Disziplinen, eine Schussabgabe auf mindestens 150 Wurfscheiben und je zehn Schuss mit Revolver und Pistole mit scharfer Munition. Die Schussabgabe auf Wurfscheiben muss in mindestens zwei Teilen an verschiedenen Tagen erfolgen. Bei Prüflingen mit Behinderung ist § 5 entsprechend anzuwenden.

(4) Von der nach Absatz 2 vorgeschriebenen Mindestausbildungszeit soll ein Drittel auf eine praktische Ausbildung entfallen. Näheres wird durch Verwaltungsvorschrift des Ministeriums für Ländlichen Raum, Ernährung und Verbraucherschutz geregelt.

(5) Die Ausbildungsstätten haben für jeden Prüfling einen Nachweis über die jagdliche Ausbildung zu führen. Der Nachweis enthält die Bestätigung der Mindestausbildungszeit, die Gesamtausbildungsdauer, Ort, Zeit und Inhalte der theoretischen und praktischen Ausbildung, die Namen der Ausbilder und Ausbilderinnen, die Bestätigung der beschossenen Wurfscheiben und des Kurzwaffenschießens. Er ist von der Leitung der Ausbildungsstätte und dem Prüfling zu unterzeichnen.

(6) Die Ausbildungsnachweise sind von der Jagdschule nach Ablauf des Jahres, in welchem der Unterricht abgeschlossen worden ist, bis zur nächsten Zertifizierung aufzubewahren und der obersten Jagdbehörde oder den von ihr nach Absatz 1 Satz 3 anerkannten, unabhängigen Stellen auf Verlangen zur Prüfung vorzulegen.

(7) Als Nachweis über die jagdliche Ausbildung gelten auch entsprechende Nachweise von behördlich zugelassenen Ausbildungsstätten anderer Bundesländer. Diese sind bei der Anmeldung zur Prüfung vorzulegen. Sie dürfen zu diesem Zeitpunkt nicht älter als zwei Jahre sein.

§ 7 Zulassung zur Prüfung

(1) Personen, die zur Prüfung zugelassen werden, müssen spätestens zwei Wochen vor Prüfungsbeginn eine Ladung durch die Prüfungsstelle erhalten (Zulassung).

(2) Wer zum Zeitpunkt der schriftlichen Prüfung das 15. Lebensjahr noch nicht vollendet hat, wird zur Prüfung nicht zugelassen.

(3) Wer zur Prüfung nicht zugelassen wird, erhält einen schriftlichen Bescheid.

§ 8 Zeit, Ort und Form der Prüfung

(1) In jedem Jahr sind an verschiedenen Prüfungsorten mindestens vier Prüfungstermine anzubieten. Die Prüfungstermine für den Prüfungsabschnitt „Schriftlicher Teil" werden von der Prüfungsstelle festgesetzt und öffentlich bekannt gemacht.

(2) Die Prüfungsstelle bestimmt im Einvernehmen mit den Prüfungsvorsitzenden Ort, Tag und Uhrzeit der Prüfungsabschnitte „Jagdliches Schießen" und „Mündlich-praktischer Teil".

(3) Der Vorsitzende des Prüfungsausschusses bereitet die Prüfung vor und leitet sie. Ihm obliegt insbesondere:
1. die Verteilung der Prüfungsfächer auf die Mitglieder des Prüfungsausschusses im Einvernehmen mit diesen,
2. die Bereitstellung eines geeigneten Schießstandes, einer ausreichenden Anzahl von Waffen und der erforderlichen Munition.

Näheres wird durch Verwaltungsvorschrift des Ministeriums für Ländlichen Raum, Ernährung und Verbraucherschutz geregelt.

(4) Die Prüfungsstelle hat die Vorsitzenden der Prüfungsausschüsse bei der Erfüllung ihrer Aufgaben zu unterstützen.

(5) Die Prüfung ist nicht öffentlich; eine Vertretung der Jagdbehörden und der Prüfungsstelle, Mitglieder des Prüfungsausschusses sowie notwendige Hilfskräfte können bei allen Prüfungsabschnitten anwesend sein. Im Rahmen der Schießprüfung ist darüber hinaus dem erforderlichen Schießstandpersonal die Anwesenheit gestattet.

§ 9 Rücktritt von der Prüfung, Verhinderung

(1) Im Falle des unentschuldigten Fernbleibens von einem Prüfungsabschnitt wird der Prüfling nicht mehr zu den folgenden Abschnitten zugelassen. Die bis zu diesem Zeitpunkt erbrachten Prüfungsleistungen sind nichtig. Kann ein Prüfling aus Gründen, die er nicht zu vertreten hat, an Prüfungsabschnitten nicht teilnehmen und erbringt er einen entsprechenden Nachweis, so wird er trotzdem zu den anderen Abschnitten zugelassen. Die Prüfungsgebühr ist jedoch in voller Höhe zu bezahlen. Die fehlenden Prüfungsabschnitte können bei einem der nächsten Prüfungstermine absolviert werden. Dabei wird die Prüfungsgebühr für die jeweilige Teilprüfung erhoben.

(2) Meldet sich ein Prüfling bis spätestens 14 Tage vor dem ersten Prüfungsabschnitt schriftlich bei der Prüfungsstelle von der gesamten Prüfung ab, so wird die Prüfungsgebühr in voller Höhe erstattet. Meldet sich ein Prüfling weniger als 14 Tage vor dem ersten Prüfungsabschnitt schriftlich bei der Prüfungsstelle von der gesamten Prüfung ab, oder kann er aus Gründen, die er nicht zu vertreten hat, nicht an der gesamten Prüfung teilnehmen, so werden zwei Drittel der Prüfungsgebühr erstattet.

§ 10 Prüfungsabschnitt „Jagdliches Schießen"

(1) Der Prüfungsabschnitt „Jagdliches Schießen" besteht aus den drei Prüfungsteilen Waffenhandhabung, Büchsenschießen und Flintenschießen. Die Waffenhandhabung soll vor Beginn des Schießens geprüft werden.

(2) Im Prüfungsteil Waffenhandhabung haben die Prüflinge den Nachweis zu erbringen, dass sie Jagdwaffen (einschließlich Kurzwaffen), die bei der Jagdausübung oder für den Jagdschutz üblicherweise verwendet werden, sicher handhaben können und dass sie unter Einhaltung der Allgemeinen Sicherheitsbestimmungen und der Schießstandordnung (beide Bestandteile der Schießvorschrift des Deutschen Jagdschutzverbandes e. V. – DJV-Schießvorschrift in der jeweils geltenden Fassung) in der Lage sind, den Anforderungen im Büchsen- und Flintenschießen nach Absatz 3 bis 6 zu genügen. Die Prüfungszeit soll in der Regel 15 Minuten nicht übersteigen. Besteht der Prüfling den Prüfungsteil Waffenhandhabung nicht, so hat er den ganzen Prüfungsabschnitt nicht bestanden. Eine Wiederholung des Prüfungsabschnitts ist frühestens beim nächsten Prüfungstermin möglich. Näheres wird durch Verwaltungsvorschrift des Ministeriums für Ländlichen Raum, Ernährung und Verbraucherschutz geregelt.

(3) Beim Prüfungsteil Büchsenschießen sind mit einem mindestens auf Rehwild zugelassenen Kaliber und beliebiger Visierung und Optik abzugeben:
1. fünf Schüsse auf die stehende Rehbockscheibe aus 100 m Entfernung;
2. fünf Schüsse auf die flüchtige Überläuferscheibe aus 50 m oder 60 m Entfernung.

(4) Beim Prüfungsteil Flintenschießen sind zehn in gleicher Richtung laufende Kipphasen aus circa 35 m Entfernung zu beschießen.

(5) Die Anforderungen im Büchsen- und Flintenschießen sind erfüllt, wenn
1. beim Büchsenschießen insgesamt fünf Treffer,
2. beim Flintenschießen fünf Treffer

erzielt werden, wobei in den beiden Büchsen-Disziplinen jeweils mindestens zwei Treffer erzielt werden müssen. Näheres wird durch Verwaltungsvorschrift des Ministeriums für Ländlichen Raum, Ernährung und Verbraucherschutz geregelt.

(6) Der Prüfungsabschnitt „Jagdliches Schießen" kann bei den Prüflingen abgebrochen werden, die die Anforderungen nach Absatz 5 vorzeitig erfüllt haben oder bei denen feststeht, dass sie diese nicht mehr erreichen können.

(7) Erfüllen Prüflinge die Anforderungen in den Prüfungsteilen Büchsen- und Flintenschießen nicht, so können sie während der laufenden Prüfung einmal zu einem vom Vorsitzenden des Prüfungsausschusses zu bestimmenden Zeitpunkt die nicht bestandenen Prüfungsteile Büchsen- und Flintenschießen wiederholen.

(8) Prüflinge, die die Anforderungen nach den Absätzen 2 und 5 auch nach der Wiederholung gemäß Absatz 7 nicht erfüllt oder gegen die Schießvorschrift des Deutschen Jagdschutzverbandes e. V. nach Absatz 2 erheblich verstoßen haben, haben den Prüfungsabschnitt „Jagdliches Schießen" und somit die Jägerprüfung nicht bestanden. Die Prüflinge sind durch mündliche Erklärung des Vorsitzenden des Prüfungsausschusses vom Nichtbestehen der Prüfung zu unterrichten. Die Prüflinge können jedoch in beiden Fällen an den anderen Prüfungsabschnitten teilnehmen.

§ 11 Prüfungsabschnitt „Schriftlicher Teil"

(1) Im Prüfungsabschnitt „Schriftlicher Teil" haben die Prüflinge je Prüfungsfach 25 Fragen im Multiple-Choice-System zu beantworten. Die Fragen und Lösungen werden von der Prüfungsstelle erstellt.

(2) Die Fragebögen werden in ausreichender Zahl in versiegelten Umschlägen an ein Mitglied der jeweiligen Prüfungsausschüsse übersandt. Die Umschläge dürfen erst

bei Beginn der schriftlichen Prüfung in Gegenwart der Prüflinge durch ein Mitglied des Prüfungsausschusses geöffnet werden.

(3) Die Zeit für die Beantwortung der Fragen beträgt 150 Minuten. Vor Beginn des Prüfungsabschnitts „Schriftlicher Teil“ sind die Prüflinge auf die Folgen der Verwendung unerlaubter Hilfsmittel oder sonstiger Täuschungshandlungen (§ 17) hinzuweisen. Prüflinge, die Antworten in einem Prüfungsfach nicht oder nicht rechtzeitig abgeben, erhalten für dieses Prüfungsfach die Bewertung „nicht bestanden“.

(4) Mindestens zwei Personen, die entweder Mitglied des Prüfungsausschusses oder Schriftführerin beziehungsweise Schriftführer sind, führen die Aufsicht, kontrollieren die Antworten und ermitteln das Ergebnis in jedem Prüfungsfach. Die Ergebnisse werden den Prüflingen am Tag der schriftlichen Prüfung bekanntgegeben.

§ 12 Prüfungsabschnitt „Mündlich-praktischer Teil“

(1) Im Prüfungsabschnitt „Mündlich-praktischer Teil“ werden die Prüfungsfächer nach § 3 Absatz 2 Satz 2 Nummer 1 und 3 in der Regel im Gelände geprüft; die anderen Prüfungsfächer können im Gelände geprüft werden. Die Prüfungsvorsitzenden können bei ungeeigneter Witterung im Einvernehmen mit der Prüfungsstelle in begründeten Fällen Ausnahmen zulassen. Die Prüfung soll die Erfordernisse des praktischen Jagdbetriebes berücksichtigen und unter Zuhilfenahme von Anschauungsmaterial und anhand praktischer Fälle durchgeführt werden.

(2) Es wird in Prüfungsgruppen von mindestens zwei Mitgliedern des Prüfungsausschusses geprüft. Die Prüfung soll je Prüfling und Prüfungsfach in der Regel 15 Minuten dauern. Es dürfen bis zu drei Prüflinge zusammen geprüft werden. Für jedes Prüfungsfach erfolgt eine Bewertung der Leistung der Prüflinge mit „bestanden“ oder „nicht bestanden“ (§ 13 Absatz 1).

§ 13 Bewertung, Prüfungsergebnis

(1) Die Leistungen der Prüflinge werden in jedem Prüfungsabschnitt und im Prüfungsabschnitt „Mündlich-praktischer Teil“ zusätzlich in jedem Prüfungsfach wie folgt bewertet:

„bestanden“	=	für eine Leistung, die, abgesehen von einzelnen Mängeln, den Anforderungen entspricht oder besser ist oder
„nicht bestanden“	=	für eine mit erheblichen Mängeln behaftete oder völlig unbrauchbare Leistung.

(2) Die Jägerprüfung ist insgesamt bestanden, wenn ein Prüfling den „Schriftlichen Teil“, den „Mündlich-praktischen Teil“ und das „Jagdliche Schießen“ bestanden hat.

(3) Der Prüfungsabschnitt „Schriftlicher Teil“ ist bestanden, wenn in jedem Prüfungsfach mindestens 13 Fragen richtig beantwortet sind. Der Prüfungsabschnitt „Jagdliches Schießen“ ist bestanden, wenn die Prüflinge die Anforderungen nach § 10 Absatz 2 und 5 erfüllt haben. Der Prüfungsabschnitt „Mündlich-praktischer Teil“ ist bestanden, wenn jedes Prüfungsfach mit „bestanden“ bewertet wird.

(4) Die Mitglieder des Prüfungsausschusses stellen das Ergebnis fest. In Zweifelsfällen obliegt die endgültige Entscheidung dem Prüfungsvorsitzenden, gegebenenfalls unter Beteiligung der Prüfungsstelle.

(5) Die Entscheidung des Prüfungsausschusses ist dem Prüfling durch den Vorsitzenden mündlich bekanntzugeben. Der Vorsitzende des Prüfungsausschusses benachrichtigt unverzüglich die Prüfungsstelle.

§ 14 Prüfungszeugnis

(1) Prüflinge, die die Prüfung bestanden haben, erhalten ein Zeugnis, das von dem Vorsitzenden des Prüfungsausschusses und der Prüfungsstelle zu unterzeichnen ist.

(2) Prüflinge, die die Prüfung nicht bestanden haben, erhalten von der Prüfungsstelle hierüber einen schriftlichen Bescheid mit Rechtsbehelfsbelehrung.

§ 15 Wiederholung der Prüfung

(1) Wer die Prüfung nicht bestanden hat, kann die Prüfung auch mehrfach wiederholen.

(2) Prüflinge, die bei einer Prüfung Prüfungsabschnitte nicht bestanden haben, müssen bei einer Wiederholung nur noch diese Prüfungsabschnitte absolvieren. Die bestandenen Prüfungsabschnitte sind 13 Monate gültig. Nach Ablauf dieser Frist muss die gesamte Jägerprüfung wiederholt werden.

(3) Prüflinge, die die Prüfungsteile „Schriftlicher Teil" und „Mündlich-praktischer Teil" vor dem Inkrafttreten dieser Verordnung nicht bestanden haben, müssen beide Prüfungsteile nach dieser Vorschrift wiederholen.

§ 16 Niederschrift

(1) In die Niederschrift über den Hergang der Prüfung sind insbesondere aufzunehmen:

1. die Namen der Mitglieder des Prüfungsausschusses, der Schriftführerinnen beziehungsweise Schriftführer und die Namen der Prüflinge;
2. die Ergebnisse in den drei Prüfungsabschnitten, einschließlich des Gesamturteils;
3. im Prüfungsabschnitt „Mündlich-praktischer Teil" sind die gestellten Fragen und deren Bewertung zu dokumentieren; bei einer Bewertung eines Prüfungsfaches mit „nicht bestanden" sind die gegebenen Antworten kurz zu skizzieren.

(2) Die Niederschrift ist von allen Mitgliedern des Prüfungsausschusses, die an der Prüfung teilgenommen haben, und von der Schriftführerin beziehungsweise vom Schriftführer zu unterzeichnen.

(3) Die Niederschrift kann auch aufgrund einer Aufzeichnung auf Tonträger angefertigt werden. Näheres wird durch Verwaltungsvorschrift des Ministeriums für Ländlichen Raum, Ernährung und Verbraucherschutz geregelt.

§ 17 Rechtsfolgen bei Täuschungsversuch und Verstößen gegen Sicherheitsvorschriften

(1) Unternimmt es ein Prüfling, das Ergebnis der Prüfung durch Täuschung oder Benutzung nicht zugelassener Hilfsmittel zu beeinflussen oder verstößt er im Prüfungsabschnitt „Jagdliches Schießen" oder „Mündlich-praktischer Teil" erheblich gegen die Schießvorschriften des Deutschen Jagdschutzverbandes e. V. nach § 10 Absatz 2, so kann der Prüfungsausschuss den Prüfling von der weiteren Teilnahme an der Prü-

fung ausschließen. Erfordert die Aufrechterhaltung der Ordnung oder die Sicherheit ein sofortiges Eingreifen, so kann der Vorsitzende des Prüfungsausschusses den Ausschluss mündlich verfügen.

(2) Wird ein Prüfling von der weiteren Teilnahme an der Prüfung ausgeschlossen, gilt die Prüfung in allen Teilen als „nicht bestanden".

(3) Erweist sich nachträglich, dass ein Fall des Absatz 1 vorlag oder dass Prüflinge die Zulassung zur Prüfung durch falsche Angaben erreicht haben, so kann die Prüfungsstelle, im ersten Fall nach Anhörung des Prüfungsausschusses, die Prüfung für „nicht bestanden" erklären und das Prüfungszeugnis einziehen.

§ 18 Eingeschränkte Jägerprüfung für die Falknerprüfung

(1) Die §§ 1 bis 17 gelten vorbehaltlich der nachfolgenden Absätze für die Durchführung der Jägerprüfung, die zur Erlangung des Falknerjagdscheins nach § 15 Absatz 7 Satz 1 des Bundesjagdgesetzes abgelegt werden muss (eingeschränkte Jägerprüfung).

(2) Der Anmeldung nach § 4 ist zusätzlich eine Erklärung beizufügen, dass eine Teilnahme an der eingeschränkten Jägerprüfung beabsichtigt ist. Eine ohne diese Erklärung abgelegte Jägerprüfung kann im Nachhinein, insbesondere nach Nichtbestehen des Prüfungsabschnittes „Jagdliches Schießen", nicht als eingeschränkte Jägerprüfung anerkannt werden.

(3) Die eingeschränkte Jägerprüfung umfasst in den Prüfungsabschnitten „Schriftlicher Teil" und „Mündlich-praktischer Teil" die Prüfungsfächer des § 3 Absatz 2 Satz 2 Nummer 1, 3, 4 und 5. Der Prüfungsabschnitt „Jagdliches Schießen" entfällt.

(4) Prüflinge, die die Prüfung bestanden haben, erhalten ein Zeugnis, das vom Vorsitzenden des Prüfungsausschusses und der Prüfungsstelle zu unterzeichnen ist.

(5) Prüflinge, die die eingeschränkte Jägerprüfung für Falknerinnen und Falkner bestanden haben und zu einem späteren Zeitpunkt einen Jahresjagdschein nach § 15 Absatz 5 des Bundesjagdgesetzes erwerben wollen, müssen den Prüfungsabschnitt „Jagdliches Schießen", sowie die in den Prüfungsabschnitten „Schriftlicher Teil" und „Mündlich-praktischer Teil" in Absatz 3 ausgenommenen Teilbereiche nachholen.

(6) Dem Zulassungsantrag zur Durchführung der Prüfung nach Absatz 5 ist das Prüfungszeugnis nach Absatz 4 beizufügen. Die Nachweise über die Teilnahme an einem Ausbildungslehrgang nach § 6, bei dem die Kenntnisse und Fertigkeiten in den noch abzulegenden Prüfungsteilbereichen vermittelt wurden, sind nach § 6 Absatz 5 von der Ausbildungsstätte zu führen und nach § 6 Absatz 6 nach Ablauf des Jahres, in welchem der Unterricht abgeschlossen worden ist, bis zur nächsten Zertifizierung aufzubewahren und der obersten Jagdbehörde oder den von ihr nach § 6 Absatz 1 Satz 3 anerkannten, unabhängigen Stellen auf Verlangen zur Prüfung vorzulegen.

§ 19 Gleichgestellte Prüfungen

Als Jägerprüfung gelten auch:

1. die bestandene Diplomvorprüfung im Rahmen des Studiums der Forstwissenschaft an der Albert-Ludwigs-Universität Freiburg in Verbindung mit der bestandenen Prüfung im „Jagdlichen Schießen" einschließlich der Waffenhandhabung und der bestandenen, in der Diplomprüfungsordnung vom 28. Januar 1987 der Universität vorgeschriebenen Zusatzprüfung,

2. der erfolgreiche Abschluss des forstwissenschaftlichen Bachelor- oder Master-Studiengangs der Albert-Ludwigs-Universität Freiburg in Verbindung mit der erfolgreichen Absolvierung der Jagdausbildung an der Albert-Ludwigs-Universität Freiburg, einschließlich bestandener Prüfungen in „Jagdlichem Schießen", Waffenhandhabung und Jagdkunde sowie dem Nachweis von Praxistagen,
3. die vor dem Inkrafttreten der Diplomprüfungsordnung vom 28. Januar 1987 für Studierende der Forstwissenschaft an der Albert-Ludwigs-Universität Freiburg bestandene Vorprüfung im Rahmen des Studiums der Forstwissenschaft an der Universität Freiburg,
4. die bestandene Prüfung im Fach Jagd und Fischerei an der Hochschule für Forstwirtschaft Rottenburg und an deren Vorgängereinrichtungen,
5. die bestandene Diplom- oder Bachelorvorprüfung im Studiengang Forstwirtschaft einschließlich der erfolgreich erbrachten Prüfungsleistungen in den Lehrfächern Zoologie, Wildökologie, Wildbiologie, Jagdwirtschaft und Jagdbetriebslehre in Verbindung mit dem Waffensachkundenachweis und den erfüllten Mindestanforderungen im „Jagdlichen Schießen" (entsprechend der jeweils gültigen Jägerprüfungsordnung) an der Hochschule für Forstwirtschaft Rottenburg,
6. die vor dem 1. März 1983 bestandene Laufbahnprüfung für den mittleren Forstdienst.

§ 20 Fehlen einer Beleihung

(1) Fehlt eine Beleihung nach § 14 Absatz 3 des Landesjagdgesetzes, ist Prüfungsstelle im Sinne dieser Verordnung und nach Maßgabe der Absätze 2 bis 4 das Kreisjagdamt. Für die Festsetzung der Prüfungsgebühren gilt in diesem Fall das Landesgebührengesetz.

(2) Mehrere Kreisjagdämter können einen oder mehrere gemeinsame Prüfungsausschüsse nach § 1 Absatz 2 bilden. Wenn im Bereich eines Kreisjagdamtes eine zu geringe oder zu hohe Zahl von Prüflingen die Prüfung ablegen will, kann die obere Jagdbehörde die Bewerberinnen beziehungsweise Bewerber einem anderen Kreisjagdamt zuweisen. Das abgebende Kreisjagdamt entscheidet über die Zulassung.

(3) Die obere Jagdbehörde bestimmt ein oder mehrere Kreisjagdämter, die mit der Durchführung der Jägerprüfung betraut werden.

(4) Die oberste Jagdbehörde setzt die Termine des „Schriftlichen Teils" der Prüfung landeseinheitlich fest. Sie gibt die Prüfungsfragen, die Musterlösungen sowie einen Bewertungsschlüssel vor. Sie kann diese Aufgaben auch an ein Regierungspräsidium übertragen.

(5) Feststellungen des Kreisjagdamtes nach § 14 erfolgen durch den Vorsitzenden des Kreisjagdamtes.

§ 21 Inkrafttreten

Diese Verordnung tritt am Tag nach ihrer Verkündung in Kraft.*

* Die Verkündung erfolgte am 14. Februar 2011.
Gleichzeitig tritt die Jägerprüfungsordnung vom 20. Juli 2006 (GBl. S. 270) außer Kraft.

Verwaltungsvorschrift des Ministeriums für Ländlichen Raum und Verbraucherschutz zur Durchführung der Jägerprüfungsordnung
(JPrOVwV)

vom 26. Februar 2013 (GABl. S. 271, ber. S. 627)

Az.: 55-9210.50 Die näheren Bestimmungen zur Durchführung der Jägerprüfungsordnung vom 7. Februar 2011 ergeben sich aus dieser Verwaltungsvorschrift. Soweit nicht ausdrücklich etwas anderes vermerkt ist, beziehen sich die in dieser Verwaltungsvorschrift angeführten Paragraphen auf die Bestimmungen der Jägerprüfungsordnung (JPrO).

– Auszug –

2 (Zu § 3)

2.1 Der Prüfungs- und Ausbildungsrahmenplan des Ministeriums für Ländlichen Raum, Ernährung und Verbraucherschutz gem. § 3 Absatz 2 Satz 3 ergibt sich aus Anlage 1.

Anlage 1
(zu Nummer 2.1 JPrOVwV)

Prüfungs- und Ausbildungsrahmenplan zur Jäger- und Jägerinnenausbildung in Baden-Württemberg

1. Ausbildungs- und Prüfungsfach 1

Folgende Themen sind Bestandteil der theoretischen und praktischen Ausbildung und der Prüfung im Prüfungsfach 1:

1.1. Tierarten/Wildbiologie

1.1.1 Einteilung der Wildarten:

- **Haarwild**
- Schalenwild
  - Wiederkäuendes Schalenwild
  - Geweihträger (Cerviden)
  - Hornträger (Boviden)
  - hornlose Paarhufer (Schwarzwild)
- Unterschiede im Verdauungsapparat
  - Wiederkäuer
  - Monogastrier
  - Gallenblase
- Ernährungstypen bei wiederkäuendem Schalenwild
- Haarraubwild

- **Federwild**
- Äußeres Erscheinungsbild
- Anatomie und innere Organe
- Fortpflanzung
- Bruttypen
  - Einzelbrüter
  - Koloniebrüter
  - o Brutorte
  - Boden
  - Fels
  - Baum
  - Höhle
  - o Zugverhalten
  - o Anpassungsfähigkeit
  - Kulturfolger
  - Kulturflüchter
  - o Naturschutz
- **Hoch- und Niederwild**

1.1.2 Kenntnisse über die Wildarten, die nach § 2 BJagdG und nach § 8 LJagdGDVO dem Jagdrecht in Deutschland beziehungsweise in Baden-Württemberg unterliegen sowie Tierarten, die dem Naturschutzrecht unterliegen und die im Rahmen von Sonderregelungen von Jägern oder Jägerinnen getötet werden dürfen oder für jagdbares Wild von besonderer Bedeutung sein können:

- **Haarwild:**
  - o Vertiefende Kenntnisse, insbesondere
  - Systematische Einordnung
  - Lebensraum, Lebensweise, Anpassungsvermögen in der Kulturlandschaft
  - Verbreitung Baden-Württemberg/Deutschland
  - Körperbau, Haarkleid, Haarwechsel
  - Unterscheidung der Geschlechter
  - Unterscheidung verwandter Arten
  - Gebiss, Gebissentwicklung (nur Schalenwild)
  - Brunft/Rausche/Ranz, Fortpflanzung
  - Entwicklung von Geweih beziehungsweise Gehörn (wiederkäuendes Schalenwild)
  - Ernährung
  - Sozialverhalten, jahreszeitliches Verhalten
  - Ansprechen und Altersschätzung nach Körpermerkmalen, Haltung, Verhalten und am erlegten Stück

<u>bei folgenden Tierarten:</u>

Schalenwild	Rotwild Damwild Rehwild Gamswild Schwarzwild

Hasenartige	Feldhase
	Wildkaninchen
Echte Marder	Steinmarder
	Baummarder
	Dachs
Stinkmarder	Iltis
	Großes Wiesel
Katzenartige	Luchs
	Wildkatze
Hundeartige	Fuchs

o Grundkenntnisse, insbesondere
- Systematische Einordnung
- Verbreitung in Baden-Württemberg/Deutschland
- Lebensraum, Lebensweise
- Ernährung
- Unterscheidung der Geschlechter – Jungtiere/Adulte (nur Schalenwild)
- Artspezifische Besonderheiten

<u>bei folgenden Tierarten:</u>

Schalenwild	Sikawild
	Muffelwild
	Steinwild
	Wisent
	Elchwild
Hasenartige	Schneehase
Echte Marder	Fischotter
Stinkmarder	Mauswiesel
	Mink
Hundeartige	Seehund
	Wolf
	Marderhund
	Waschbär
Nagetiere	Nutria
	Bisam
	Alpenmurmeltier

– **Federwild:**

o Vertiefende Kenntnisse, insbesondere
- Systematische Einordnung
- Lebensweise, Lebensraum, Verbreitung
- Ernährung
- Unterscheidung der Geschlechter, Jung- und Altvögel (Federkleid, Größe)
- Bejagung/Bejagbarkeit
- Beeinträchtigung und Schutzmaßnahmen
- Unterscheidung von (ähnlichen) Arten
- Paarungs-, Balz- und Sozialverhalten, Nestbau, Zugverhalten

- Möglichkeiten der Altersbestimmung am lebenden und am erlegten Stück (Rebhuhn, Fasan, Stockente)
- Ansprechen im Flug (Greife und Falken)

<u>bei folgenden Arten:</u>

Wildtauben		Ringeltaube
Hühnervögel	Feldhühner	Rebhuhn
		Fasan
	Waldhühner	Auerwild
Greife		Mäusebussard
		Habicht
		Sperber
		Rotmilan
		Schwarzmilan
Falken		Turmfalke
		Wanderfalke
Singvögel – Rabenvögel		Rabenkrähe
		Elster
Enten	Schwimmenten	Stockente
	Tauchenten	Reiherente
Gänse		Graugans

- o Grundkenntnisse, insbesondere
- Systematische Einordnung
- Lebensweise, Lebensraum, Verbreitung
- Unterscheidung der Geschlechter, Jung- und Altvögel (Federkleid, Größe)
- Bejagung und Naturschutz, Beeinträchtigungen und Schutzmaßnahmen
- Ansprechen im Flug (Enten, Greife und Falken)

<u>bei folgenden Tierarten:</u>

Wildtauben		Türkentaube
		Hohltaube
		Turteltaube
		Felsentaube (Haustaube)
Hühnervögel	Feldhühner	Wachtel
	Waldhühner	Haselwild
		Birkwild
		Alpenschneehuhn
Greife		Seeadler
		Steinadler
		Fischadler
		Raufußbussard
		Wespenbussard
		Kornweihe
		Wiesenweihe
		Rohrweihe
Falken		Baumfalke
		Merlin
Eulen		Uhu

		Schleiereule
		Waldohreule
		Sumpfohreule
		Waldkauz
		Steinkauz
		Raufußkauz
		Sperlingskauz
Singvögel – Rabenvögel		Kolkrabe
		Saatkrähe
		Dohle
		Alpendohle
		Eichelhäher
		Tannenhäher
Watvögel und Möwen		Waldschnepfe
		Bekassine
		Großer Brachvogel
		Möwen
Enten- und Gänsevögel		Schwimmenten (übrige Schwimmenten)
		Tauchenten (übrige Tauchenten)
		Meeresenten
	Halbgänse	Brandgans
	Säger	Gänsesäger
		Mittelsäger
		Zwergsäger
		Gänse (übrige Gänse)
	Schwäne	Höckerschwan
		Singschwan
Sonstige		Kormoran
		Blässhuhn
		Haubentaucher
		Graureiher
		Silberreiher
		Wildtruthühner
		Weißstorch
		Schwarzstorch

1.2. Wildhege

1.2.1 Grundsätzliches:

- Beeinflussung von Wildlebensräumen durch menschliche Nutzung
- Verluste und Verkleinerung von Lebensräumen
- Landschaftszerschneidung
- Landschaftsnutzung und Störungen (Landbewirtschaftung, Freizeitnutzung, Jagd)
- Notwendigkeit und Ziele der Hege

1.2.2 Wildhege:

- Allgemeine Grundsätze der Hege, Notwendigkeit und Ziele
- Wildbestandserfassung
  - o Schätzung

  o Zählung
  o Telemetrie
- Wildbestände und Lebensräume
  o Einflüsse
  o tragbare Wilddichte
- Weiser für den Wildbestand
  o Kondition des Wildes
  o Zustand der Vegetation
  • Forstliches Gutachten
  • Wildschäden
  o Wildunfälle
- Geschlechterverhältnis
- Zuwachs, Populationsdynamik
- Altersklassenaufbau
- Verminderung von Wildunfällen
- Hege des Schalenwildes (einschließlich Rehwild)
  o Hegemaßnahmen und artgerechte Bejagung der einzelnen Schalenwildarten
  o Hegegemeinschaften
  o Abschussplanung
  o Streckenanalyse
  o Revierübergreifende Abschussplanung und -bejagung
  o Jagddruck; Intervalljagd (zeitliche, räumliche), Schwerpunktbejagung
  o Artgerechte Fütterung und Kirrung
- Hege des Niederwildes (ohne Rehwild)
  o Hegemaßnahmen und artgerechte Bejagung der einzelnen Niederwildarten
  o Hegegemeinschaften
  o Räuber-Beute-Beziehungen, Prädatorenkontrolle
  o Streckenanalysen
  o Wahl der Bejagungszeitpunkte
  o Artgerechte Fütterung

1.3. Biotoppflege

1.3.1 Schutz und Erhaltung von Wildlebensräumen

1.3.2 Biotopvernetzung: Kleinbiotope als Trittsteine

1.3.3 Lebensraumverbesserung und Reviergestaltung:

- im Feld
  o Feldraine und Altgrasstreifen
  o Hecken/Feldgehölze
  • Anlage (Pflanzung, Benjeshecke)
  • Pflege
  o Äsung und Deckung auf landwirtschaftlichen Flächen
  • Brachen
  • Randstreifen
  • Wildäcker
  • Erhaltung und Pflege von Grünland

- im Wald
  - o Wildäsungsflächen im Wald
    - • Polderplätze, Wegränder, Leitungstrassen, Sturmflächen, Wildwiesen
    - • Prossholzflächen
    - • Äsungsverbesserung durch waldbauliche Maßnahmen
  - o Waldrandgestaltung
  - o Ruhezonen
  - o Salzlecken
  - o Suhlen und Malbäume
- Wasserfläche für Wasserwild

1.3.4 Praktische Ausbildung: Mitarbeit bei biotopgestaltenden Maßnahmen

1.4. Land- und Waldbau

1.4.1 Landbau

- Standortfaktoren
  - o Licht
  - o Luft
  - o Wasser
  - o Boden
    - • Bodenarten
    - • pH-Wert
- Düngung
  - o Organische Düngung
  - o Mineraldüngung
  - o Hauptnährstoffe
  - o Spurenelemente
- Pflanzenschutz
  - o mechanisch
  - o chemisch
  - o biologisch
  - o integriert
- Grundbegriffe des Landbaus
  - o Fruchtwechsel
  - o Fruchtfolge
  - o Zwischenfruchtanbau
- Landwirtschaftliche Geräte
  - o Bodenbearbeitung
  - o Saat- und Bestellung
  - o Düngung
  - o Ernte und Mähen
- Landwirtschaftliche Kulturen
  - o Getreide
    - • Weizen
    - • Gerste
    - • Hafer
    - • Roggen
  - o Mais

    - Körnermais
    - Silomais
  - Hackfrüchte
    - Kartoffeln
    - Zucker- und Futterrüben
  - Ölfrüchte
    - Raps
    - Sonnenblume
  - Hülsenfrüchte
    - Ackerbohne
    - Erbse
  - Ackerfutter
  - Grünland
  - Wildackerpflanzen
  - Sonderkulturen
    - Weinbau
    - Tabak
    - Hopfen
    - Obstbau
    - Gemüse
- Erkennen von Pflanzen und gegebenenfalls Früchten und Samen
- Bedeutung für Wild (Äsung/Deckung) und Jagd (Wildschäden)

1.4.2 Waldbau

- Waldfunktionen
  - Schutzfunktion
  - Nutzfunktion
  - Erholungsfunktion
- Waldentstehung – Verjüngung
  - Naturverjüngung
  - Künstliche Verjüngung/Pflanzung
  - Stockausschlag
- Entwicklungsstadien
  - Jungwuchs
  - Dickung
  - Stangenholz
  - Baumholz
  - Altholz
  - Bedeutung für Wild
    - Äsung
    - Deckung
- Naturnaher Waldbau
- Einteilung von Baumarten
  - (Licht-) Ansprüche
    - Lichtbaumarten
    - Schattenbaumarten
    - Pionierbaumarten
  - Wurzel
    - Flachwurzler

  - Pfahlwurzler
  - Herzwurzler
- Heimische Baumarten
  - o Fichte
  - o Tanne
  - o Kiefer
  - o Lärche
  - o Douglasie
  - o Rotbuche
  - o Hainbuche
  - o Eichen
  - o Ahorne
  - o Esche
  - o Pappeln und Weide
  - o Birke
  - o Kirsche
  - o Eberesche (Vogelbeere)
  - o Faulbaum
- Heimische Sträucher
  - o Haselnuss
  - o Himbeere
  - o Brombeere
  - o Weißdorn
  - o Heckenrose
  - o Schlehe
  - o Holunder (schwarzer, roter)
  - o Liguster
  - o Pfaffenhütchen
  - o Kreuzdorn
  - o Ginster
  - o Heidelbeere
- Erkennen der Art am lebenden Exemplar oder anhand von Blättern/Nadeln, Früchten
- Bedeutung für Wild (Äsung/Deckung) und Jagd (Wildschäden)

1.5. Wildschadensverhütung in Feld und Wald

1.5.1 Wildschaden im Feld

- Grundlagen
  - o Verursachende Wildarten
  - o Schadensanfällige Kulturen und Entwicklungsstadien
  - o Schadensarten
  - Fraß
  - Lagerschäden
  - Brechen (Schwarzwild)
  - o Unterscheidung von Schadensverursachern
  - Schalenwild
  - Hase
  - Kaninchen
  - Mäuse

  - Insekten
  - Vögel
  - Witterung
- Wildschadensverhütung
  - o Saatgutbeizung
  - o Elektrozaun
  - o Verstänkerungs- und Vergrämungsmittel
  - o optische und akustische Scheuchen
  - o Bejagung
  - o Ablenkungsfütterung/Wildäsungsflächen

1.5.2 Wildschaden im Wald

- Grundlagen
  - o Verursachende Wildarten
  - o Schadensarten
  - Verbiss
  - Verfegen
  - Schälen
  - o Schadensanfällige Baumarten und Entwicklungsstadien
- Wildschadensverhütung
  - o Flächenschutz
  - Zäunung (Vor- und Nachteile)
  - Schwerpunktbejagung gefährdeter Flächen
  - o Einzelschutz
  - mechanisch
  - chemisch
- Monitoring
  - o Forstliches Gutachten

2. Ausbildungs- und Prüfungsfach 2

Folgende Themen sind Bestandteil der theoretischen und praktischen Ausbildung und der Prüfung im Prüfungsfach 2:

2.1. Waffenrecht

2.1.1 Vermitteln der einschlägigen waffenrechtlichen Bestimmungen für Jäger aus WaffG und AWaffV

- Waffenbegriff; Gegenstand und Zweck des Gesetzes
- Grundsätze des Umgangs mit der Waffe und Munition
- Zuverlässigkeit und persönliche Eignung
- Sachkunde und Bedürfnis
- Ausübung der tatsächlichen Gewalt über Schusswaffe und Munition
- Erwerben, Besitzen von Schusswaffen und Munition
- Führen und Transportieren von Schusswaffen
- Aufbewahren und Überlassen von Schusswaffen und Munition
- Kontrolle der Waffenaufbewahrung
- Schießen – Anschießen – Einschießen
- § 13 WaffG („Jägerparagraph“)
- Anzeige- und Auskunftspflicht

- Verhalten auf dem Schießstand (Hinweis auf die DJV-Schießstandordnung)
- Beschusszeichen
- Verbotene Gegenstände
- Straf- und Bußgeldvorschriften

2.2. Unfallverhütungsvorschrift „Jagd"
Umgang mit Waffen, Munition und Sicherheitsbestimmungen im Jagdbetrieb

2.3. Waffentechnik und Führen von Jagdwaffen (einschließlich Kurzwaffen)

2.3.1 Grundlagenwissen über die jagdlich relevanten Waffen (Lang-, Kurz- und kalte Waffen) und deren Einsatzgebiete sollen bekannt sein, beschrieben werden und ihrer typischen Verwendung nach eingestuft werden können. Dazu gehört, dass die wesentlichen Bauteile und ihre Funktion bekannt sind, ohne dass auf die Besonderheiten bestimmter Fabrikate oder auf komplizierte technische Funktionen, wie zum Beispiel bei Selbstladern eingegangen wird.

2.3.2 Praktische Ausbildung: Sichere Waffenhandhabung im praktischen Jagdbetrieb und auf dem Schießstand

- Ausbildung und Prüfung anhand von exemplarischen Waffen (Drilling, Repetierer, Flinte, Revolver, Pistole); dabei vor allem: sicherer Umgang beim Laden/Entladen, Sichern/Entsichern, Spannen/Entspannen, Stechen/Entstechen, Verhalten bei Funktionsstörungen.
- Sicherer Umgang mit der Waffe in geschlossenen Räumen, auf dem Schießstand, im PKW, während der Jagdausübung/Gesellschaftsjagden.
- Grundlagen der Innen-, Außen- und Zielballistik
- Kenntnis der Grundlage der Pflege von Waffen und Jagdoptik

2.3.3 Langwaffen:

- Büchsen:
  - o Einzellader
  - o Repetierer
  - o Selbstlader
- Flinten:
  - o Doppelflinte
  - o Bockflinte
  - o Repetierflinte
  - o Selbstladeflinte
- Mehrläufige (kombinierte) Waffen:
  - o Bock- beziehungsweise Büchsflinte
  - o Bockdrilling
  - o Drilling
  - o Bergstutzen
  - o Bockbüchse
  - o Doppelbüchse
  - o Doppelbüchsdrilling
- Bauteile der Langwaffen:
  - o Läufe Büchse:

- Gezogener Lauf, Polygonlauf
- Züge- und Felder: Bedeutung, Drall
- Patronenlager

o Läufe Flinte:

- Glatter Lauf
- Lauf- und Würgebohrung

o Verschlüsse:

- Zylinderverschluss
- Kipplaufverschluss
- Blockverschluss
- Kenntnisse des Konstruktionsprinzips

o Schlosse:

- Seitenschloss
- Hahnschloss
- Kastenschloss
- Handspannerschloss
- Aufgaben des Schlosses
- Beschreibung der Konstruktionsprinzipien, ohne auf Details einzugehen, Vor- und Nachteile von Schlossen im Hinblick auf die Sicherheit

o Mehrladeeinrichtungen, Magazine

o Patronenauszieher, Ausstoßer, Auswerfer:

o Abzugssysteme:

- Druckpunktabzug
- Direktabzug
- Stecherabzug
- Kombiabzug
- Vor- und Nachteile

o Sicherungssysteme:

- Abzugssicherung
- Stangensicherung
- Schlagstücksicherung
- Schlagbolzensicherung

Aufgabe, Beschreibung der Funktionsprinzipien zur Einschätzung der jeweiligen tatsächlichen Zuverlässigkeit der Sicherungskonstruktion. Es ist nicht erforderlich, konstruktive Details erklären zu können, schematische Funktionszusammenhänge reichen aus.

o Schäfte:

- Aufgabe des Schaftes bei Büchsen und Flinten

2.3.4 Kurzwaffen:

– Pistole

– Revolver

o Bauarten und Funktionen gängiger Typen, keine ausgefallenen Konstruktionen

o Vor- und Nachteile im Jagdbetrieb

– Bauteile der Kurzwaffen:

o Abzugsarten:

- single action-Funktion
- double action-Funktion

- o Sicherungsarten:
- • Hebelsicherung
- • Magazinsicherung
- • Fallsicherung
- • Besonderheiten beim Revolver (Rückspringfunktion des Hahns, Entspannen unter Freigabe des Abzugs)

2.3.5 Kalte Waffen:

- – Arten und Wirkung von Jagdtaschenmesser, Waidmesser, Waidblatt, Hirschfänger, Saufeder

Munition

- – Büchsenpatronen
  - o Aufbau
  - o Laborierung
  - o Geschosse und Geschossarten (Vollmantel- und Teilmantelgeschosse, Zerlegungsgeschoss, Deformationsgeschoss)
  - o bleifreie Geschosse
  - o Ballistisches Verhalten
    Grundbegriffe: E0, E100, ballistische Kurven (gerade, gekrümmt), Schnittpunkte mit Visierlinie, Treffpunktlage (Fleckschuss, GEE), Trefferlage
  - o Wirkung der Geschosse auf den Wildkörper und im Wildkörper
  - o Gefahrenbereiche der Geschosse bei unterschiedlichen Kalibern
  - o Verwendung der verschiedenen Kaliber und Geschosse im Jagdbetrieb
- – Schrotpatronen
  - o Aufbau
  - o Kaliber
  - o bleifreie Schrote
  - o Streupatronen
  - o Wirkung des Schrotschusses
  - o Gefahrenbereiche verschiedener Schrotgrößen
  - o Zuordnung von Schrotkorngröße zu Wildarten
- – Flintenlaufpatronen
  - o Aufbau, Material
  - o Verwendung im Jagdbetrieb
  - o Gefahrenbereich Flintenlaufgeschosse
- – Kurzwaffenpatronen (Pistole – Revolver)
  - o Aufbau
  - o Kaliber
  - o Verwendung im Jagdbetrieb
  - o Gefahrenbereich der Kurzwaffengeschosse

2.3.6 Zubehör

- – Einsteckläufe
- – Wechselläufe
- – Reduzierpatronen
- – Einsteckpatronen (Fangschussgeber)
- – Rückstoßminderer
- – Mündungsschoner

– Schaftmagazine
– Pufferpatronen

Wo erforderlich, auch Hinweise auf Gefahren.

2.3.7 Jagdoptik

– Ferngläser, Spektive
– Entfernungsmesser
– Visiereinrichtungen:
  o Kimme und Korn
  o Diopter
  o Zielfernrohre
– Erläuterung von Grundbegriffen (Objektiv, Okular, Dachkantprismen)
– optische Kenndaten (Vergrößerung, Objektivdurchmesser, Austrittspupille, Sehfeld, Dämmerungsleistung)
– Erläuterung allgemeiner Qualitätsmerkmale (Auflösungsvermögen, Randschärfe, Kontrast, Bildhelligkeit, Vergütung, Farbtreue), ohne in die Tiefe zu gehen
– Absehen (Arten von Absehen, Entfernungsschätzung mit Hilfe des Absehens, Korrektur)
– Zielfehler
– Zielfernrohrmontage
– Verwendung im Jagdbetrieb

2.3.8 Beschuss und Beschusszeichen

– Waffenbeschuss
  o Staatlicher Beschuss (Beschussämter-Status)
  o Aufgabe (Einzelprüfung, Hinweis auf Beschusspflicht wesentlicher Bauteile)
  o Beschussprüfung (Maßhaltigkeit, Handhabungssicherheit, Haltbarkeit, Kennzeichnung)
  o Bestandteile der deutschen Beschusszeichen
  o Arten des Beschusses (Standard-, verstärkter und Stahlschrotbeschuss)
– Munitionsprüfung
  o Aufgabe
  o Kennzeichnung der Verpackung (C.I.P.-Prüfzeichen)

2.3.9 Praktische Schießausbildung:

Es soll die Fertigkeit erlangt werden, lebendes Wild bei allen Jagdarten mit der Jagdwaffe tierschutzgerecht zu töten.

– Büchsenschießen:
  o Kennenlernen und praktisches Üben aller jagdlich relevanten Anschlagsarten unter ständiger fachkompetenter Korrektur auftretender Fehler beim Schießen
  o Erlangung der in der Prüfung geforderten Schießfertigkeiten im Teilbereich Büchsenschießen
– Flintenschießen:
  o Übungsschießen auf Wurfscheiben: Vermitteln der Grundlagen des Flintenschießens, praktische Übungen auf Wurfscheiben die nur geradeaus fliegen und auf variable Wurfscheiben

  - o Erlangung der in der Prüfung geforderten Schießfertigkeiten im Teilbereich Flintenschießen (Kipphase)
- Kurzwaffe:
  - o Sichere Handhabung und sicherer Umgang mit Pistole und Revolver
  - o Schussabgabe auf eine feststehende Scheibe

3. Ausbildungs- und Prüfungsfach 3

Folgende Themen sind Bestandteil der theoretischen und praktischen Ausbildung und der Prüfung im Prüfungsfach 3:

3.1. Halten, Ausbilden und Führen von Jagdhunden

3.1.1 Gesetzliche Verpflichtung zum Führen brauchbarer Jagdhunde

3.1.2 Kenntnis der gebräuchlichen Jagdhunderassen und ihre Verwendung im Jagdbetrieb

- Bracken
- Apportierhunde
- Deutsche Vorstehhunde
- Englische Vorstehhunde
- Erdhunde
- Stöberhunde
- Schweißhunde

3.1.3 Auswahl eines passenden Jagdhundes für das jeweilige Revier

3.1.4 Tierschutzgerechte Haltung – Unterbringung

- Verhaltensgerechte Unterbringung
- Ernährung und Pflege
- Transport von Hunden
- Haftpflichtversicherung des Jagdhundes

3.1.5 Teilnahme an Prüfungen

- Leistungs- und Brauchbarkeitsprüfung
- Zucht- und Prüfungsvereine

3.1.6 Erziehung und Ausbildung von Jagdhunden

- Früherfahrungen, Sozialisation von Welpen und Junghunden
- Angeborenes/erlerntes Verhalten
- Erkennen von Verhaltenssignalen des Hundes
- Verhaltensgerechte Erziehung und Ausbildung
- Verhaltensgerechte Korrektur von Fehlverhalten

3.1.7 praktischer Hundeeinsatz im Jagdbetrieb

- Arbeiten vor dem Schuss
  - o Suchjagd
  - o Buschieren
  - o Stöbern
  - o Brackieren
  - o Baujagd
- Arbeiten nach dem Schuss
  - o Nachsuche

3.1.8 Grundlagenwissen zu folgenden Krankheiten des Hundes

- Infektionskrankheiten
  - o Impfungen
    - Tollwut
    - Staupe
    - Hepatitis
    - Parvovirose
    - Leptospirose
    - Zwingerhusten
  - o Tollwut
  - o Aujeszkysche Krankheit (Pseudowut)
- parasitäre Erkrankungen
  - o Bandwürmer
  - o Zeckenbefall
  - o Befall mit Flöhen, Räudemilben
- sonstige Erkrankungen
  - o Augenerkrankungen, Augenfehler (En-/Ektropium)
  - o Gebiss-/Zahnfehler
  - o Magendrehung
  - o Hüftgelenks- und Ellbogengelenksdysplasie
  - o Vergiftungen

3.2. Jagdbetrieb

3.2.1 Jagdliche Praxis

- Aufgaben der Jagd
- Bedeutung äußerer Einflüsse (zum Beispiel Witterung) für den Jagderfolg

3.2.2 Kenntnis der verschiedenen Jagdarten (einschließlich Fallenjagd und Drückjagdbetrieb) und deren Anwendungsbereich:

- Einzeljagd
  - o Ansitz (unter anderem an Luderplatz, Kirrung)
  - o Pirsch
  - o Lockjagd, Reiz- und Rufjagd
  - o Frettieren
  - o Ausneuen, Kreisen
  - o Beizjagd
- Gesellschaftsjagd (Bewegungsjagden)
  - o Abgrenzung Treibjagd – Drückjagd
  - o Planung und Durchführung
  - o Verantwortung der Jagdleitung
  - o Verhalten auf dem Stand
  - o Arten der Treiben
  - o Jagdsignale (An- und Abblasen des Treibens)
- Wasserjagd
- Fangjagd und Fallenjagd
  - o Fallenarten für den Lebendfang und Totfang (Schwerpunkt auf zugelassenen Fallen)
  - o Fangpraxis
  - o Vorsichtsmaßnahmen bei der Fangjagd

3.2.3 Unfallverhütungsvorschrift „Jagd“

- **Praktische Ausbildung:** **Teilnahme an Einzeljagden und mindestens einer Gesellschaftsjagd (diese kann auf Grund der Jahreszeit auch nachgestellt werden)**

3.2.4 Einschätzen jagdlicher Situationen

- Schusszeichen (Reaktion des Wildes beim Schuss)
- Pirschzeichen (Zeichen am Anschuss)
- Bestätigen des Wildes im Revier
- Fangschuss, Abfangen

3.2.5 Bruchzeichen

- Anschussbruch
- Erlegerbruch
- letzter Bissen

3.2.6 Streckelegen

- Verblasen der Strecke
  - „Jagd vorbei“
  - „Reh tot“
  - „Sau tot“
  - „Fuchs tot“
  - „Hase tot“
  - „Zum Essen“
- Jagdhörner
  - Fürst-Pleß-Horn
  - Parforcehorn

- **Praktische Ausbildung:** **Reviereinrichtung und Bau jagdlicher Einrichtungen**

- Revierkarte
- Kanzeln, Leitern, Drückjagdsitze, Erdsitze, Schirme
- Fütterungen, Kirrungen, Salzlecken, Luderplätze
- Pirschwege
- Sicherheitsbestimmungen (Berufsgenossenschaft) beim Bau jagdlicher Einrichtungen

4. Ausbildungs- und Prüfungsfach 4

Folgende Themen sind Bestandteil der theoretischen und praktischen Ausbildung und der Prüfung im Prüfungsfach 4:

4.1. Jagd-, Tierschutz- sowie Naturschutz- und Landschaftspflegerecht

4.1.1 Grundsätze und Inhalte des BJagdG, des LJagdG und der LJagdGDVO

- Jagdgeschichte und Jagdsysteme
- Systematik des Jagdrechts
- Inhalt des Jagdrechts
- Wildarten, die dem Jagdrecht unterliegen
- Inhaber des Jagdrechts <> Jagdausübungsrecht
- Jagdbezirke

  - Gestaltung
  - Eigenjagdbezirke
  - Gemeinschaftliche Jagdbezirke
  - Befriedete Bezirke
- Jagdgenossenschaft
- Jagdnutzung
- Hegegemeinschaften
- Jagdpacht und Jagdpachtverträge
- Wegerecht (Jägernotweg <> beschränkt öffentliche Wege)
- Jagdschein und Jugendjagdschein
  - Erteilung
  - Versagung
  - Einziehung
- Jagderlaubnis, Jägerprüfung
- Sachliche Verbote
- Beunruhigen von Wild, Wildschutzgebiete
- Abschuss und Abschussplan, RobA
- Jagd- und Schonzeiten
- Verhinderung vermeidbarer Leiden und Schmerzen, Wildfolge, Nachsuche
- Verwendung brauchbarer Jagdhunde
- Jagdschutz
  - Inhalt des Jagdschutzes
  - Wildseuchen
  - Fütterung, Ablenkfütterung, Kirrung
- Jagdschutzberechtigte
  - Voraussetzungen
  - Aufgaben und Grenzen
- Jagdwilderei
- Beschränkungen der Hege und Verbot des Aussetzens von Wild
- Wildschaden, Jagdschaden
  - Umfang
  - Ersatzpflichtiges Wild
  - Schutzvorrichtungen
  - Gehegewild
  - Schadensersatzplicht
  - Verfahren
- Jagdeinrichtungen
- Gesellschaftsjagd, Verkehrssicherungspflicht
- Jagdbeirat, Jagdbehörden
- Straftaten, Ordnungswidrigkeiten

4.1.2 BWildSchV (Grundzüge)

4.1.3 Rotwildverordnung

4.1.4 Tierschutzrecht

- Grundsatz
- Verbote (§ 3 des Tierschutzgesetzes)
- Töten von Tieren
- Hundeausbildung

4.1.5 Naturschutzrecht

- Bundesnaturschutzgesetz und Naturschutzgesetz des Landes
  - o Schutz bestimmter Teile von Natur- und Landschaft/Jagd in Schutzgebieten: Europäische und nationale Schutzgebiete
    - • FFH-Gebiete
    - • Vogelschutzgebiete (NATURA 2000)
    - • Nationalpark
    - • Biosphärengebiet
    - • Naturschutzgebiet
    - • Landschaftsschutzgebiet
    - • (flächenhaftes) Naturdenkmal
    - • besonders geschützte Biotope
  - o Schutz der wildlebenden Tier- und Pflanzenarten, ihrer Lebensstätten und Biotope (§§ 39 ff. des Bundesnaturschutzgesetzes)
    - • Allgemeiner Schutz/Bezug zur Jagd
    - • Schutz von Gehölzen und Röhrichten
    - • Nichtheimische, gebietsfremde und invasive Arten
    - • Besonderer Artenschutz, insbesondere Besitz- und Vermarktungsverbote; Beziehung zu jagdbaren Arten
  - o Erholung in Natur und Landschaft
    - • Betreten der freien Landschaft, Reiten, Beschränkungen des Betretens
- Verordnung über Ausnahmen von den Schutzvorschriften für Rabenvögel
- Kormoranverordnung

4.1.6 Sonstiges Recht

- Landeswaldgesetz
  - o Geschützte Waldgebiete
    - • Schutzwald
    - • Bodenschutzwald
    - • Waldschutzgebiete
    - • Erholungswald
  - o Betreten des Waldes (einschließlich Reiten und Fahren)
    - • Grenzen
    - • Sperren
    - • Betreten jagdlicher Einrichtungen
  - o Aneignen von Früchten und Pflanzen
  - o Forstbehörden
    - • Zuständigkeiten

4.2. Jagdethik

Jagdethik bildet den sittlich-moralischen Hintergrund für Verhalten und Handeln des Jägers und der Jägerin gegenüber

- o Wildtieren (bejagbaren und nicht bejagbaren) und ihren Lebensräumen
- o Jagdhunden
- o anderen Jägern und Jägerinnen
- o der nicht-jagenden Öffentlichkeit

Daraus leiten sich das Selbstverständnis der Jäger oder Jägerinnen und ihre Aufgaben und Tätigkeiten in der und für die Gesellschaft ab.

Es wird empfohlen die entsprechenden Sachverhalte bei der Behandlung der jeweiligen Sachgebiete mit einfließen zu lassen.

4.2.1 Ethischer Hintergrund für Verhalten und Handeln des Jägers und der Jägerin

- gegenüber Wildtieren und seinen Lebensräumen
  - Ansprechen von Wild
  - Schonung bedrohter Wildarten
  - Elterntierschutz/Muttertierschutz (vorbehaltlich tierseuchenrechtlich notwendiger Maßnahmen)
  - Nachsuchen/Kontrollsuchen
  - regelmäßiges Übungsschießen
  - tierschutzgerechtes Töten von krankem und verletztem Wild
  - Erhaltung und Verbesserung der Lebensbedingungen von Wild
  - Wildfütterung
  - Biotoppflege (Verbesserung von Äsung und Deckung, Jagd als Naturschutz)
  - Jagd in Schutzgebieten
  - Aussetzen von Wild
  - Eingriffe in Räuber-Beute-Beziehungen
  - Einhaltung jagdrechtlicher, natur- und artenschutzrechtlicher Vorschriften bei der Jagdausübung
  - Weiterbildung von Jägern und Jägerinnen
  - Ehrfurcht gegenüber erlegtem Wild
  - • Wildtransport
  - • Streckelegen
  - • Verblasen der Strecke
  - • Brüche
  - Beseitigung von Wildunfallschwerpunkten
  - Störung durch Jagdausübung, Intervalljagd
  - Verwendung (jagdlicher) Hilfsmittel
  - • Fallen
  - • sonstige Hilfsmittel zum Beispiel Nachtsichttechnik, Lockmittel etc.
  - • freiwillige Selbstbeschränkung beim Einsatz technischer Hilfsmittel
- Verhalten gegenüber Jagdhunden
  - Zwingerhaltung
  - Wildschärfe
  - Hundeausbildung
  - • Elektroreizgeräte
  - • Lebende Ente
  - • Schliefanlage
  - • Schwarzwildgatter
- Verhalten gegenüber Mitjägern und Mitjägerinnen
  - Wildfolge
  - Nachsuchenvereinbarung
  - Jagdeinrichtungen/Jagdverhalten an der Reviergrenze
  - Umgang mit Reviernachbarn/Reviernachbarinnen
  - Betreten und Befahren von fremdem Jagdrevier (außer Jägernotweg)
  - gemeinschaftliches Jagen (revierübergreifende Drückjagd)
  - Jagdneid
- Verhalten gegenüber Nicht-Jägern bzw. Nicht-Jägerinnen
  - Auftreten in der Öffentlichkeit

- o Befahren von Feld- und Waldwegen
- o Sonn- und Feiertagsgesetz
- o Umgang mit Grundeigentümern und Landbewirtschaftern
- o Störungen der Jagdausübung und des Wildes durch Erholungsnutzung
- o Umgang mit Haustieren (Jagdschutz Hunde und Katzen)
- o Jagdkritikerinnen und Jagdkritiker bzw. Jagdgegner und Jagdgegnerinnen

4.2.2 Selbstverständnis des Jägers bzw. der Jägerin in der Gesellschaft

- – Jagd als Notwendigkeit und öffentliche Aufgabe
  - o Seuchen- und Wildschadensvermeidung/-minderung
  - o Erzeugung eines gesunden Lebensmittels
  - o Wertschöpfung
  - o Jagd als Instrument des Natur- und Artenschutzes/Freiwillige Leistungen der Jäger und Jägerinnen für Natur- und Artenschutz
- – Prinzip der Nachhaltigkeit („Jagd als Ernte")
- – Jagd als Urtrieb des Menschen
- – Instrumentalisierung der Jagd (Schädlingsbekämpfung)
- – (Persönliche) Motive für Jagd: Kann Jagd „Spaß machen?"

5. Ausbildungs- und Prüfungsfach 5

Folgende Themen sind Bestandteil der theoretischen und praktischen Ausbildung und der Prüfung im Prüfungsfach 5:

5.1. Wildkrankheiten

5.1.1 Normale Anatomie, Physiologie und Verhaltensweisen von frei lebendem Wild

- – Kenntnis des Skeletts und der Organe des Wildes und ihre Lage im Wildkörper
- – Unterschiede bei den Wildarten

5.1.2 Wildkrankheiten und tierseuchenrechtliche Bestimmungen

- – Einteilung der Wildkrankheiten
- – Erkennen von Wildkrankheiten
- – Übertragbarkeit von Wildkrankheiten
- – Zoonosen
- – Wildseuchen und Anzeigepflicht
  - o Überwachung/Monitoring (präventive Kontrolluntersuchungen)
  - o Mitwirkung der Jäger bzw. Jägerin im Rahmen der Seuchenprävention
- – Mitwirkung der Jäger bzw. Jägerin im Seuchenfall
  - o Maßnahmen
  - o Überwachung/Monitoring
- – Beseitigung von Tierkörpern und tierischen Nebenprodukten
- – Untersuchungs- und Veterinärämter
- – Bakterielle Erkrankungen
  - o Tularämie (Nager-/Hasenpest)
  - o Tuberkulose (Tbc)
  - o Yersiniose (Nagerseuche)
  - o Staphylokokkose
  - o Pasteurellose (Hasenseuche, Geflügelcholera)

- Aktinomykose (Strahlenpilzerkrankung)
- Brucellose
- Salmonellose
- Gamsblindheit
- Milzbrand
- Botulismus

– Viruserkrankungen
- Tollwut
- Aujeszkysche Krankheit (AK)
- Maul- und Klauenseuche (MKS)
- Europäische Schweinepest (ESP)
- Myxomatose
- Staupe
- Virale Leberentzündung/European Brown Hare Syndrome (EBHS)
- Rabbit Haemorrhagic Disease (RHD, Chinaseuche)
- Geflügelpest/Vogelgrippe

– Parasitäre Krankheiten
- Ektoparasiten
- • Flöhe
- • Läuse
- • Zecken
- • Haar- und Federlinge
- • Lausfliegen
- • Räudemilben
- Endoparasiten
- • Trichinen
- • Echinokokkose (E. multilocularis = kleiner Fuchsbandwurm)
- • Bandwürmer
- • Rachendasseln, Hautdasseln
- • Große und kleine Lungenwürmer
- • Magen- und Darmwürmer
- • Großer und kleiner Leberegel
- • Kokzidiose (Coccidien)

– Pilzerkrankungen
- Hautpilze (Dermatophyten)

– Verpflichtungen der Jäger und Jägerinnen gemäß
- Nationale Verordnung Tollwut
- Nationale Verordnung Schweinepest
- Nationale Verordnung Geflügelpest

5.1.3 Wildkrankheiten u. a. Faktoren, die für die Verwendung des Wildes als Lebensmittel von Bedeutung sind

– lebensmittelrechtliche Beurteilung des Wildes durch den Jäger/die Jägerin vor und unmittelbar nach dem Erlegen

– abnorme Verhaltensweisen und pathologische Veränderungen infolge von Wildkrankheiten, Umweltverschmutzung oder sonstigen Faktoren, die die menschliche Gesundheit bei Verzehr von Wildbret schädigen können

– Beurteilung vor dem Schuss
Erkennen bedenklicher Merkmale

5.1.4 Erkrankungen des Menschen, die u. a. im Zusammenhang mit der Jagdausübung auftreten können

- Frühsommer-Meningoenzephalitis (FSME)
- Lyme-Borreliose
- Hanta Virus

5.2. Hygienische Behandlung des erlegten Wildes, Inverkehrbringen von Wildbret nach den lebensmittelhygienerechtlichen Vorschriften

5.2.1 Hygienische Behandlung des erlegten Wildes

- Hygiene- und Verfahrensvorschriften für den Umgang mit Wildkörpern nach dem Erlegen, ihr Befördern, Ausweiden, Transport, Lagerung, Kühlung (Frostung) usw.
  Wesentliche Inhalte folgender Rechtsverordnungen (gemäß Schulungs-CD zur kundigen Person)
  - o VO EG 178/2002
  - o VO EG 852/2004
  - o VO EG 853/2004
  - o LMHV
  - o Tier-LMHV
  - o VO EG 1774/2002 (Hygienische Vorschriften für nicht für den menschlichen Verzehr bestimmte tierische Nebenprodukte)
  - o Tierische-Nebenprodukte-Beseitigungsgesetz
- Erlegtes Wild, Fallwild, Unfallwild
- Versorgen von Haar- und Federwild
  - o Aufbrechen der einzelnen Wildarten
  - o Technik und Verfahrensweise
  - o Besonderheiten
  - o Behandlung schlechter Schüsse, Reinigung des Körperinneren
- Beurteilung der Innereien anhand von Aufbrüchen
  - o Reh
  - o Schwarzwild
  - o Hase
  - o Federwild
- Feststellung von Anomalien
  - o bedenkliche Merkmale
  - o Entscheidung über Genusstauglichkeit beziehungsweise tierärztliche Untersuchung
- Transport, Zwischenlagerung und Kühlung des erlegten Wildes
- Zerwirken und Verwerten der Stücke
- Verwertung von Haarraubwild, Möglichkeiten der Balggewinnung

5.2.2 Inverkehrbringen von Wildbret nach den lebensmittelhygienerechtlichen Vorschriften

- Gesetzliche Vorschriften zum Inverkehrbringen von Wild
- Jäger/Jägerin als Lebensmittelunternehmer
- Jäger/Jägerin als kundige Person
- Vermarktungswege für Wildbret, Abgabe an Dritte
- Untersuchungspflichten Fleisch-, Trichinenuntersuchung

- Untersuchungspflichten Umweltverschmutzung und Vergiftungen
  - Rückstände, zum Beispiel Umweltkontaminationen und Biozide
  - Radioaktivität

6. Zusatzausbildung: Entnahme von Trichinenproben durch den Jäger oder die Jägerin (fakultativ)

- **Praktische Ausbildung:** **Die Schulung hat durch die zuständige Behörde zu erfolgen, auch wenn diese im Rahmen der Jungjägerausbildung organisiert wird (hier: am Sitz der Ausbildungsstätte). Die Teilnahme wird durch die Behörde bestätigt. Sie ist Voraussetzung für eine Übertragung der amtlichen Trichinenprobenentnahme auf den Jäger oder die Jägerin durch die jeweils örtlich zuständige Behörde (Erlegeort und/oder Wohnsitz).**

Stichwortverzeichnis

Die **fettgedruckten Zahlen** bezeichnen die Paragrafen, die mageren die Randnummern im Kommentar zum Jagd- und Wildtiermanagementgesetz (Teil A). Die Seitenzahlen verweisen auf die in Teil B abgedrucken Vorschriften.

(Beispiel: **13**/2 = § 13 Rdnr. 2 JWMG)